KB015507

변호사
시험

민사법
사례형 · 기록형 연습

법학전문대학원 민사법교수 20인

김준호(총괄위원장)

강구욱 권영준 김상중 김순석 김재범
김태관 김태선 박동진 박재완 서인겸
송옥렬 안병하 오지용 이동진 이점인
전병서 정경영 정상현 제철웅 최진수

공저

法 文 社

머 리 말

2007년 7월에 제정된 「법학전문대학원 설치·운영에 관한 법률」에 기초하여 2009년 3월에 전국 25개 법학전문대학원이 개원하였다. 그리고 법학전문대학원 졸업생을 대상으로 변호사에게 필요한 직업윤리와 직무수행 능력을 검증하는 변호사시험의 시행을 위해 2009년 4월에 「변호사시험법」이 제정되었다.

법과대학 및 사법시험 체제에서 법학전문대학원(로스쿨) 및 변호사시험 체제로 전환된 지 올해로 7년째가 되는 셈이다. 지난 1월에는 제4회 변호사시험이 치러졌고, 내년 1월에는 제5회 변호사시험이 예정되어 있다.

변호사시험은 공법·민사법·형사법 및 선택과목 총 4과목을 보는데, 그 배점(만점)은 민사법 700점, 공법 400점, 형사법 400점, 선택과목 160점, 총점 1,660점으로 되어 있다. 이중 민사법 700점은 선택형이 175점, 논술형(사례형)이 350점, 논술형(기록형)이 175점으로 되어 있다.

변호사시험은 로스쿨의 교육과정과 유기적으로 연계하여 출제되어야 하는 것으로 변호사시험법에서 정하고 있다. 교육과정은 법률지식과 실무능력을 갖춘 법조인을 양성할 수 있는 것이어야 하고, 변호사시험은 이것을 검증할 수 있는 수준의 것이어야 한다. 시험이 교육과정을 반영하지 못하고 너무 어렵게 출제되면 자연히 시험과목 위주로 재편될 수밖에 없어 다양한 교육을 통해 다양한 분야의 법조인을 양성하고자 하는 로스쿨의 근본취지는 무너지고 만다. 변호사시험은 학생들이 로스쿨 교육과정을 충실히 이수하면 무난히 합격할 수 있는 수준으로 내는 것이 로스쿨의 도입 취지에 부합하는 것이다.

전국 25개 법학전문대학원 협의기구인 「법학전문대학원협의회」가 작년에 교육부에 제출한 '민사법 사례중심 교재개발 연구'가 연구과제로 승인되었고, 본인이 그 총괄위원장을 맡게 되었다. 2014년 6월부터 2015년 5월까지 1년을 연구기간으로 하여 민사법 영역, 즉 민법, 상법, 민사소송법 및 민사기록형의 사례를 개발하는 것이 과제였다.

그래서 먼저 과목별로 책임연구원을 선임하고, 공동연구원을 두어 작업을 시작하게 되었다. 사례의 출제방향은 로스쿨의 교육과정과 연계하여 난이도와 범위를 정하고, 민사법의 관련 규정과 기본이론을 정확하게 적용하여 문제를 풀 수 있는 능력을 검증할 수 있는 사례를 개발하기로 하였다. 사례는 민사법의 일반적인 목차에 따라 고루 분포되게끔 하였다. 그리고 연구결과물을 따로 책으로 출간하여 변호사시험을 준비하는 전국의 로스쿨 학생들에게 민사법의 연습서로서 기능할 수 있게 하였다.

1년 동안 수많은 회의와 문제의 검토 작업을 거쳐, 사례형으로 민법 40문제, 민사소송법 20문제, 상법 20문제를, 그리고 기록형으로 6문제, 총 86문제를 출제하고 그에 대한 해설을 달 수 있게 되었다. 그리고 이 연구결과물을 금년 5월에 교육부에 제출한 이후, 두 달간의 수정 및 보완 작업을 거쳐 따로 책으로 출간하게 된 것이 본서인 「민사법 – 사례형·기록형 연습 –」이다.

법률, 특히 민사법을 공부하는 목적은 관련 법규를 정확하게 이해하고, 구체적인 사안에서 어느 법규가 적용되어 어떤 결론이 나오는지를 도출할 수 있는 능력을 키우는 데 있다. 기본이론에 대한 이해 없이 연습을 한다는 것은 의미가 크지 않다. 그렇다고 기본이론을 아는 것만으로는 충분치 않다. 구체적인 사안에서 어느 법규와 이론이 적용되어 어떤 결론이 나오는지를 연습해 봄으로써 기본이론에 대한 이해의 정확도를 높일 수 있는 것이다. 본서는 바로 그러한 역할을 선도할 수 있을 것으로 본다.

본서가 출간되는 데에는 여러분의 지원과 참여가 있었다. 먼저 연구과제를 기획하고 집행하신 법학전문대학원협의회 전임 이사장 신현윤 교수님, 이후 작업을 독려하고 본서의 출간을 지원해 주신 법학전문대학원협의회 이사장 신영호 교수님께 감사의 말씀을 드린다. 그리고 1년 동안 묵묵히 수준 높은 문제를 출제하시느라 많은 수고를 하신 민법 분야의 박동진 교수님(연세대), 권영준 교수님(서울대), 김상중 교수님(고려대), 안병하 교수님(강원대), 정상현 교수님(성균관대), 제철웅 교수님(한양대), 김태선 교수님(중앙대), 김태관 교수님(동아대), 민사소송법 분야의 이점인 교수님(동아대), 전병서 교수님(중앙대), 강구욱 교수님(한국외국어대), 최진수 변호사님, 박재완 교수님(한양대), 상법 분야의 정경영 교수님(성균관대), 김순석 교수님(전남대), 김재범 교수님(경북대), 송옥렬 교수님(서울대), 기록형 분야의 서인겸 교수님(경희대), 오지용 교수님(충북대), 이동진 교수님(서울대), 모두 스무 분의 전국 법학전문대학원 교수님께 깊은 감사의 말씀을 드린다.

본서가 나오기까지 많은 실무작업을 지원해 주신 법학전문대학원협의회 김명기 사무국장님과 맹주애 팀장님도 잊을 수 없다. 그리고 본서의 출간을 흔쾌히 수락해 주신 법문사 사장님, 여러 집필진의 원고를 모아 좋은 책으로 만들어주신 법문사 편집부 김제원 부장님, 실무적으로 수고를 많이 한 영업부 장지훈 부장님께도 감사의 말씀을 드린다.

2015년 7월 17일
스무 분의 공동집필교수를 대표해서
김 준 호 씀

민법 사례형 답안 작성에 대한 조언

서울대학교 법학전문대학원 교수 권영준

이 자료는 서울대학교 법학전문대학원 7기 신입생들을 위한 특강자료 일부를 수정 · 보완한 것입니다. 이 자료는 민법 사례형 답안작성에 필요한 모든 사항을 망라하여 체계적으로 제시한 것이 아님을 밝혀둡니다. 민법 사례풀이에 관한 체계적이고 학술적인 분석으로는 강원대 안병하 교수의 "민법사례의 효율적 풀이를 위한 일 제언"(강원법학 제33권, 2011. 6)을 참고하시기 바랍니다.

1. 왜 좋은 답안 작성을 위해 고민해야 하는가?

- 좋은 답안을 작성한다는 것은 곧 좋은 글을 쓴다는 것을 의미함.
- 좋은 글을 쓰는 능력은 훌륭한 법률가라면 반드시 갖추어야 할 중요한 능력임.
- 좋은 답안을 작성할 수 있는 사람은 좋은 소장, 좋은 준비서면, 좋은 의견서, 좋은 판결문, 좋은 논문을 작성하는 법률가 또는 법학자로 성장할 가능성이 높음.
- 따라서 "답안작성"은 단지 시험점수를 높이기 위한 기술적 문제가 아니라 훌륭한 법률가가 되기 위한 근본적 문제에 해당함.
- 좋은 답안은 대부분 그 답안의 내용(contents)에 의해 결정됨. 답안작성의 기술(skill)은 좋은 내용이 갖추어졌을 때 의미를 가짐. 민법에 대한 체계적이고 풍성한 이해가 좋은 답안 작성의 지름길임.

2. 답안 작성의 요체는 무엇인가? (민사 사례형 기준)

◎ 개 관

- 최근 대부분의 민법시험은 과거와 달리 논술형이 아니라 사례형으로 출제됨.
- 사례형 문제에서 중요한 것은 ① 문제되는 바를 인식하고, ② 그것을 타당한 법리에 따라 해결하는 것임. 문제되는 바를 인식하려면 질문을 정확히 파악해야 함. 질문을 정확하게 파악하면 시간과 지면의 낭비를 줄일 수 있음. 질문의 의도는 이른바 규범적 해석방법에 따라(합리적 상대방의 관점에서) 파악하고, 필요 이상으로 출제자 내면의 진의를

파악하려고 하지 말아야 함.

- 좋은 답안은 ① 사실관계를 정확히 파악한 뒤, ② 그 사실관계로부터 법적 쟁점을 추려내고, ③ 그 쟁점에 대한 법리를 전개하며, ④ 이를 구체적 사안에 적용하여 해답을 이끌어내는 답안임.

◎ 사실관계의 정확한 파악

- 사실관계를 주의 깊게 읽고 요령껏 메모하여야 함. 메모에 대해서는 학교 선배들의 노하우가 축적되어 있을 터이니 이를 토대로 그림, 약어, 표 등을 이용한 효율적인 메모 기법을 익히도록 권장함.
- 중립적인 입장에서 사실관계를 있는 그대로 재구성해야 하고, 편견에 사로잡히거나 지레짐작으로 사실관계를 왜곡하여서는 안 됨. 출제자들은 잘 알려진 판례상의 사실관계를 살짝 틀어 결론이 다르게 나오는 방향으로 출제하기도 함. 실무에서도 사실관계의 정확한 파악이 업무의 80% 이상을 차지한다는 점을 기억.

◎ 질문에 따른 쟁점의 파악

- 개별 쟁점을 제시하고 그에 대한 답변만 요구하는 사례형 문제도 있으나(최근 변호사시험 사례에는 그러한 경향이 발견되고 있음), 쟁점을 스스로 추출하는 능력을 배양하는 것은 수험생에게 필요한 법학실력 양성, 나아가 실무가로서의 능력 함양에 크게 도움이 됨. 따라서 학교시험에서는 쟁점을 스스로 추출하게 하는 사례형도 자주 출제됨.
- 이러한 쟁점파악능력은 ① 민법의 체계와 내용을 정확히 이해하는 토대 위에서, ② 수많은 사례들을 접하여 쟁점을 추출하는 노력을 반복함으로써 비로소 배양될 수 있음. 요건사실론적 사고, 권리중심적 사고는 쟁점파악에 크게 도움이 됨.
- 출제자들은 쟁점별로 점수를 배정하는 경우가 많다는 점을 기억. 하나의 쟁점을 상세하게 다루다가 나머지 쟁점을 놓치면 좋은 점수를 받기 어려움.

◎ 쟁점에 따른 법리의 파악

- 일단 쟁점이 정리되면 그 쟁점에 관한 법리를 전개할 수 있어야 함. 법리는 1차적으로는 법조문, 2차적으로는 판례, 3차적으로는 학설에 의하여 형성됨.
- 법리는 주로 개념-요건-효과-기타(한계나 관련 문제 등)의 틀로 이해하고 암기하는 것이 좋음.
- 시험 직진에 빠르게 훑어볼 수 있도록 법리를 요약하여 정리해 놓을 것. 평소의 공부는 바로 이러한 최후의 한 방(벼락치기)이 가능하도록 준비하는 과정임.

- 다만 구체적 사안과 무관한 법리 일반론을 장황하게 늘어놓는 것은 자신의 지식을 자랑하는 것 이외에는 유익이 없고, 경우에 따라서는 나쁜 인상을 줄 수도 있으므로 피해야 함.

◎ **구체적 사안에 대한 법리 적용**

- 사례형 문제에서는 법리의 일반적 서술보다 그 법리를 구체적 사안에 적용하는 과정이 더욱 중요함. 법리를 잘 파악하고 있어도 주어진 사안에 이를 잘못 적용하면 좋은 점수를 받기 어려움.
- 이 과정에서는 특히 요건–효과를 정확히 서술하는 것이 중요한데, 우선 구체적 사안의 어떤 내용이 어떤 요건에 해당하는지 서술한 뒤 그 효과로서 결론(또는 소결론)을 이끌어냄.

3. 답안 작성의 구체적 방법은 무엇인가?

◎ **초안 작성**

- 초안을 작성한 뒤에 본격적인 답안작성에 들어가면 시간 낭비를 줄일 수 있음. 초안 작성과정에서는 쟁점들을 열거하고 그 쟁점에 관련된 법리를 매우 간단하게 표시하며 이를 기초로 목차를 세워나가는 것이 보통임. 이른바 답안기획이라고 할 수 있음(답안기획에 대한 지침으로는 별도 자료 『사례형 문제에 대한 답안기획』 참조).
- 일반적으로 법학 답안에는 목차를 잡는 것이 바람직함. 목차 자체가 내용을 좌우하는 것은 아니지만 목차를 잡는 것은 답안을 체계적으로 구성하는 데에 크게 도움이 될 뿐만 아니라 채점자의 입장에서도 목차만으로 답안의 논리적 체계와 흐름을 쉽게 파악할 수 있어 편리함.
- 다만 목차를 너무 세부적으로 잡아 뼈대만 있는 듯한 답안이 되어서는 곤란함. 변호사시험에서는 甲이 乙에게 어떠한 청구를 할 수 있고, 그 청구가 법원에서 인용/기각될 것인지를 묻는 유형의 문제가 자주 출제되므로, 甲의 주장, 乙의 항변, (필요하면) 甲의 재항변 등으로 순서를 구성하는 것이 도움이 될 수 있음.

◎ **답안 작성**

- 사실관계/쟁점/법리의 파악과 초안의 목차 작성까지 끝나면 이제 이에 기초하여 답안을 작성하는 실행단계만 남게 됨. 가급적 초안 단계에서 자기 생각을 어느 정도 정리한 뒤 답안을 작성하는 것이 안전함. 일단 답안작성에 풍덩 뛰어들어 헤엄치면서 목차를

세워나가거나 법리를 전개하다보면 나중에 수습할 수 없는 혼란에 빠질 위험이 있음. 특히 컴퓨터로 시험을 보는 것이 아니라 종이 위에 직접 쓰면서 시험을 보므로 처음에 방향을 잘못 잡은 채 답안지를 작성하다 보면 나중에 바로잡기가 매우 어렵다는 점도 유의.

– 답안작성시 세부적인 유의사항은 다음과 같음. 질문에 답해야 함. 결론에 의미 있는 내용을 중심으로 작성해야 함. 결론에 의미 있는 내용이라면 가급적 빠뜨리지 말고 언급해야 함. 출제자가 다 알고 있으므로 내가 굳이 쓸 필요가 있나 하는 안일한 생각은 버려야 함. 반면 불필요한 일반론은 답안작성에 필요한 시간을 갉아먹고 지면을 낭비할 뿐만 아니라, 답안의 밀도와 긴장감을 떨어뜨리는 부작용을 수반함. 결국 결론에 필요한 내용의 범위를 현장에서 잘 판단하여 균형을 잡아야 함. 정확한 용어와 표현을 구사해야 함. 전체적으로는 타당한 내용인데 구체적인 서술을 읽어보면 민법학에 대한 기본적 이해가 결여되어 있음이 발견되면 감점될 수 있음. 가능한 범위 내에서 근거를 충실히 제시해야 함(특히 법조문). 글씨는 해독이 가능해야 함. 약칭 사용(손배, 동이항 등)은 자제하는 것이 안전함. 특별법 명칭은 "주택임대차보호법(이하 '주임법'이라고 한다)" 등의 형식으로 인용하는 것이 안전하고 품위 있음. 특히 학교시험에서 답안의 무미건조함을 지우거나 형편없는 답안으로 인한 겸연쩍음을 떨치기 위해 답안에 장난어린 거짓말을 하지 말 것("교수님, 죽을 죄를 지었습니다", "교수님, 사랑해요♡", "좋은 강의 늘 감사합니다" 등).

4. 답안작성을 통해 채점자들에게 무엇을 보일 것인가?

– 문제(더 정확하게는 출제의도)를 제대로 이해했다는 점 (묻는 말에 답하기)
– 쟁점을 제대로 파악했다는 점 (쟁점파악능력을 "의식적으로" 배양하기)
– 쟁점간 상호관계를 알고 있다는 점 (Cross-over식 학습의 중요성)
– 쟁점에 대한 법조문과 판례를 알고 있다는 점
– 쟁점에 대한 학설의 주요 내용도 어느 정도 알고 있다는 점
– 쟁점에 대한 법조문, 판례, 학설에 기초해서 법리를 전개할 수 있다는 점
– 법리를 사실관계에 제대로 포섭할 능력이 있다는 점
– 대부분의 사람이 고개를 끄덕일 합리적 결론을 제시할 수 있다는 점
– 사건의 전체 구도, 쟁점의 강약과 우선순위를 이해하고 있다는 점
– 이에 따라 시간배분과 지면배분을 지혜롭게 하는 균형감각이 있다는 점
– 한국의 법률가가 당연히 갖추어야 할 국어문법실력과 문장능력이 있다는 점

- 급박한 상황에서도 체계와 글씨체에 신경을 쓸 정도로 여유와 센스가 있다는 점
- 위와 같은 능력이 떨어지더라도 답안작성에 최선을 다하는 태도를 갖추었다는 점

5. 기타 조언

- 문제를 읽으면서 머릿속에 떠오르는 쟁점들은 바로 초안지에 메모. 나중에 버리게 되더라도 일단 조금이라도 관련성이 있으면 놓치지 말고 기재. 대체로 이 단계에서 상당수의 쟁점들을 포착할 수 있음. 그 이후 다시 분쟁구조의 체계 속에서 빠뜨린 쟁점이 없는지 스크린함.
- 민법은 권리 중심 규범이므로 누가(주체) 누구에게(상대방) 왜(근거) 무슨(내용) 권리를 언제(발생시기와 종기) 가지는지를 하나씩 살펴보면 많은 쟁점들을 찾고 구조화할 수 있음.
- 민사분쟁에 관하여 법리를 적용하여 결론을 도출해 내는 방식은 『요건/효과』의 틀 속에서 실무에 알맞게 변형, 발전되어 왔음. 이러한 틀을 『요건사실론』이라고 부르기도 함. 세상사나 인간사는 결국 비슷하므로 분쟁 역시 비슷한 모습으로 반복하여 발생하는 경향이 있음. 따라서 그 분쟁해결도 비슷한 모습으로 반복하여 이루어지고, 그 과정에서 분쟁해결의 법리적 메커니즘이 축적, 형성됨. 그 법리적 메커니즘을 아는 것은 분쟁을 법적으로 이해하고 해결하는 데에 큰 도움이 됨. 요건사실론은 이러한 메커니즘을 익히기 위한 효율적인 도구임. 소장이나 답변서, 준비서면의 작성, 변론의 진행, 판결서 작성 등 소송과 관련된 제반 과정은 이 틀을 염두에 두고 진행됨. 그 점에서 이 틀은 법조인들 사이에 통용되는 일종의 프로토콜(protocol)이면서, 법조인과 비법조인 사이에 가로놓인 진입장벽이기도 함.
- 일정한 요소가 등장하면 바로 일정한 법리나 쟁점을 연상시키는 이른바 조건반사적 훈련을 쌓아 놓으면 유용함(경험의 중요성!). 사실관계는 법적인 쟁점을 내포하고 있으므로 사실관계를 면밀히 읽으면 쟁점이 스스로 모습을 드러내는 경우도 많음. 가령 날짜가 나오면 각종 기산점이나 시효 또는 제척기간 문제를, 여러 개의 일방향 권리가 등장하면 권리간 경합 내지 우선순위 문제를, 여러 개의 쌍방향 권리가 등장하면 동시이행이나 상계 문제를, 권리나 지위나 점유가 이전되면 하자나 대항사유 또는 종된 권리나 지위의 수반 문제를, 여러 사람이 등장하면 다수 당사자와 관련된 제반 문제를, 주택이나 상가가 등장하면 주임법이나 상임법을, 제3자를 통한 이행에서는 사용자책임이나 이행보조자를, 목적물 멸실시에는 이행불능이나 위험부담 혹은 대상청구권 문제를, 채무자의 무자력이 발견되면 채권자대위권이나 채권자취소권 문제를, 사망에는 상속 문제를, 상속자가 수인이고 상속재산이 부동산일 경우 공유 문제를, 법인에서는 대표권 문제를,

종중이 등장하면 비법인사단 문제를, 손해배상책임에서는 과실상계나 손익상계 문제를, 손해배상액의 예정에서는 직권감액 문제를, 명의대여나 명의모용에서는 당사자확정 문제를, 나이가 어린 당사자가 등장하면 미성년자의 능력이나 친권 문제를, 부부가 등장하면 일상가사대리권과 표현대리 문제를, 상행위를 하는 개인이나 회사가 당사자로 등장하면 상법상 특칙(이율, 소멸시효 등)을 각각 반사적으로 떠올려야 함. 다만 이러한 연상작용에 너무 집착하여 큰 그림을 놓치거나 답안의 균형을 상실하지 않도록 관조적인 태도도 유지해야 함.

- 변호사시험에서는 민법과 민사소송법이 함께 출제되므로, 민법과 민사소송법을 함께 공부하는 것이 좋음. 몇 가지 예를 들자면 비법인사단을 공부할 때는 비법인사단의 소송상 당사자능력 쟁점을, 소멸시효나 취득시효를 공부할 때는 (변론주의와 관련하여) 각 기산점이 주요사실인지 여부를, 채권자대위권을 공부할 때는 중복 소제기, 재소금지, 기판력 쟁점들을, 상계를 공부할 때는 상계항변과 기판력 쟁점을, 각종 선이행의무를 공부할 때는 선이행판결 쟁점을, 상속을 공부할 때는 상속포기/한정승인과 청구이의의 소 쟁점을, 이중매매 문제를 공부할 때는 독립당사자참가 쟁점을 연결시켜 공부해두면 도움이 됨.

- 당연하다고 생각하는 것에 함정이 있을 수도 있음(가령 등기명의자가 늘 유효한 물권을 가지고 있는 것은 아니고, 채권자대위권이나 채권자취소권에서 늘 피보전권리가 존재하는 것도 아님). 당연한 전제처럼 여겨지는 것에도 의문을 제기하는 것은 법률가의 기본 태도이기도 하지만, 학생의 기본 태도이기도 함.

- 법리 가운데에는 다른 개별 법리가 놓치는 상황을 마무리하는 이른바 스위퍼(sweeper) 법리들이 있음. 우리 민법에서는 부당이득, 불법행위, 신의칙 등이 그러한 역할을 수행함. 한번쯤은 그러한 스위퍼 법리의 적용가능성을 떠올려 보기 바람. 예컨대 소유권에 기한 반환청구에는 부당이득반환 문제가 수반되고, 소유권에 기한 철거청구에는 권리남용 문제가 수반되는 경우가 많음.

- 결론이 나오면 다시 한 번 상식의 검증을 받기 바람. 너무 법학의 수학적 재미에 빠져든 나머지 결론의 엉뚱함은 발견하지 못하는 경우가 종종 있음.

사례형 문제에 대한 답안기획

서울대학교 법학전문대학원 교수 권영준

이 자료는 서울대학교 법학전문대학원 7기 신입생들을 위한 특강자료 일부를 발췌한 것입니다.

○ 답안작성시 문제를 파악하고 쟁점을 추출하여 답안을 기획하는 단계(이른바 초안잡기)가 필요함. 이를 위해 별도의 시간을 할애하여야 함. 어느 정도 시간을 할애할지는 답안의 완성도와 분량을 고려하여 결정. 개인적으로는 1:5의 비율을 선호하나 사람마다 다를 것임.

○ 이 단계에서 사실상 승부가 좌우됨. 고도의 집중력과 순발력이 필요함. 그 짧은 시간, 乾坤一擲의 승부를 위해 沐浴齋戒하고 준비하여야 함. 평소에도 一觸卽發의 긴장상황을 재연하여 짧은 시간에 집중적으로 쟁점을 추출하는 훈련을 반복하도록 권고함.

○ 문제를 파악하는 것이 출발점임. 東問西答은 정치 현장에서는 하나의 전략일 수 있으나 시험 현장에서는 패망의 지름길임. 易地思之의 마음을 가지고 출제자로 憑依하여 그가 묻는 바를 떠올림. 문제의 최종 물음에서 시작하는 것도 좋은 방법.

○ 문제를 읽으면서 쟁점을 추출하여야 함. 쟁점추출능력을 제고하는 최선의 방법은 평소에도 그러한 틀로 공부하는 것임. 일단 어떤 법리가 마음에 익으면 이제 그 법리가 구체적 분쟁상황에서 누구에 의해 어떻게 주장될지, 그 주장은 타당한지를 떠올림.

○ 좀 더 현실적인 조언을 드리자면, 言中有骨을 염두에 두는 것이 쟁점 추출에 유용함. 법학은 언어에서 출발하여 언어로 끝나는 것임. 문제에 언어의 형태로 표현된 각각의 단어에 연계된 쟁점들을 떠올리는 능력을 갖춘다면 쟁점추출에 큰 도움이 될 것임.

○ 처음부터 一目瞭然한 목차를 써내려갈 수는 없음. 오히려 衆口難防식으로 머릿속에 떠오르는 모든 쟁점들을 빠뜨림 없이 적어놓는 것이 중요함. 사람의 첫인상 못지않게 법학문제의 첫인상도 무척 중요하나 揮發性이 강하므로 떠오르는 즉시 옮겨놓음.

○ 문제를 읽어나가고 쟁점들을 기재하면서 사건 구조가 머릿속에 정리되어야 함. 要件事實의 틀은 그 점에서 유용함. 하지만 不世出의 천재가 아니라면 머리로만 정리하는 데에는 한계가 있음. 사건 구조를 그림으로 視覺化할 것. 법률가는 좋은 화가리야 함.

○ 사건구조를 시각화하는 과정에서 목차가 서서히 형성되어야 함. 목차는 사람중심방식과 쟁점중심방식, 그리고 양자의 혼합방식이 있으니 사안의 특성에 따라 적절히 활용. 쟁점들

의 상호비중을 적절히 가늠하여 過猶不及의 遇를 범하지 않도록 유의하기 바람.

○ 결국 답안기획의 목적은 ① 쟁점을 포착하고, ② 이를 논리적 체계 속에 목차화하며, ③ 합리적 결론을 도출하는 것임. 목차(소목차 포함)와 그 안에 쓸 내용을 담아내는 핵심어들을 적어놓아 답안작성단계에서 左顧右眄하지 않고 一筆揮之하고자 하는 것임.

○ 天方地軸, 虛張聲勢, 語不成說, 自家撞着, 本末顚倒, 小貪大失, 目不忍見 등 阿鼻叫喚의 상태에 이른 답안지들을 보며 悲憤慷慨하던 중 내가 그들을 가르쳤음을 불현듯 깨닫고 啞然失色하다가 內視反聽했던 기억이 아직도 뇌리에서 지워지지 않고 있음.

○ 이러한 참상은 대체로 답안기획의 실패로부터 비롯된 것이니 답안기획의 중요성을 刻骨銘心하기 바람. 어려운 법학문제도 결국은 甲男乙女의 세계일 뿐이니 年富力强한 학생들이 心機一轉하여 답안기획훈련에 몰입한다면 결국 苦盡甘來의 기쁨을 맛볼 것임.

차 례

사 례 형

● 민 법

[민법총칙]

[물권법]

🔵 민사소송법

● 상 법

기 록 형

변호사시험

사례형

사례형 문제

민 법

01 행위능력

기본 사실관계

1995. 3. 13. 출생한 A는 고등학교를 졸업하던 해인 2013. 3. 1. 부모님 집을 떠나 상경하여 곧바로 백화점에서 파트타임으로 일하면서 야간대학을 다니고 있다. 물론 A의 이러한 상황에 대해 그의 부모인 B(父)와 C(母)는 정확히 알고 있으며 또 측은한 마음도 가지고 있기에, A 스스로 조달하기로 한 서울에서의 생활비와 용돈을 제외한 월세와 학비는 그들이 지급해 주고 있다. A는 매달 80만 원씩 받는 월급 중 40만 원은 갑자기 목돈이 필요한 경우를 대비하여 저축하고 나머지 40만 원을 생활비 및 용돈으로 사용하고 있다.

* 이하 추가된 사실관계들은 상호 독립적임.

추가된 사실관계 1

백화점에서 일을 시작한 지 6개월이 다 되어 가던 어느 날 직장 상사인 D가 A에게 자신의 아내가 X은행에 다니고 있는데 신용카드계약 실적이 저조하다며 A 명의의 신용카드를 하나 만들어 줄 것을 부탁하였다. 그렇지 않아도 신용카드를 하나 가지고 싶었던 A는 이를 흔쾌히 수락하였고, 다음날 D가 그의 아내로부터 받아 온 신용카드이용계약서에 필요한 사항을 기재한 후에 서명하여 주었다. X은행은 은행원들에 대한 실적압박에 힘입어 갑자기 증가한 신용카드이용계약업무를 서둘러 처리하였고, 며칠 뒤 A는 등기우편을 통하여 X은행으로부터 매월 사용한도액이 200만 원대인 신용카드 한 장을 수령하였다. 생애 처음으로 신용카드를 만져본 A는 신이 나서 종종 백화점으로 가 의류, 구두, 가방, 문구류 등을 샀고, 또 그 사이 사귄 친구들과 함께 좋은 레스토랑에 가서 식사하는 기회도 자주 가졌다. 그러나 다음달 예정된 카드결제일이 다 되어 X은행으로부터 배송되어 온 카드이용대금청구서에 합계 110만 원(개별 품목 중 최고가는 200,000원이었으며, 최저가는 15,000원이었다)이 적혀 있는 것을 보고는 신용카드 취득을 후회하기 시작하였다.

* 아래 문제들은 상호 독립적임.

문제 ❶

A는 X은행에게 신용카드이용계약의 취소와 함께 카드이용대금을 지급하지 않겠다는 의사를 표시하였다. 그러자 X은행은 A의 신용카드이용계약의 취소는 법적 근거가 없거나 신의칙에 반하는 것이며, 만약 그렇지 않다 하더라도 X은행이 대신 변제한 것으로 인해 A는 신용카드로 구매한 물품 및 용역의 대가의 지급을 면하였으므로 신용카드 이용대금액에 상당하는 이익을 부당이득으로 반환하여야 한다고 주장하였다. 이에 A는 다시 자신이 신용카드를 사용하여 행한 모든 구매계약들을 취소한다고 하면서 이로 인해 결과적으로 자신에게 아무런 이익이 없음을 항변하였다. 이들 주장의 법적 타당성을 검토해 보시오. (20점)

문제 ❷

A는 첫 달치 카드이용대금을 별다른 이의 없이 X은행에 지급하였지만, 신용카드로 인한 과소비를 크게 반성하고서 그 후로는 신용카드를 전혀 사용하지 않았다. 그러던 중 2014. 3. 13. 저녁 생일파티 준비를 위해 갑자기 현금이 필요한 일이 생겼는데 마침 지갑에 현금이 없어 X은행으로부터 발급받은 위 신용카드를 오랜만에 사용하여 100,000원의 현금서비스를 받았다. 그로부터 한 달 뒤 대학에서 생활법률 시간에 행위능력에 관한 강의를 들은 A는 크게 느낀 바가 있어 X은행을 상대로 그와의 신용카드이용계약을 취소하니 자신이 이미 결제한 카드이용대금 110만 원을 돌려 달라고 청구하였다. 또 위 취소로 인해 자신이 받은 현금서비스 100,000원을 갚을 계약상 의무도 소멸하였다고 주장하였다. 이러한 A의 청구와 주장은 법적 근거가 있는가? (10점)

추가된 사실관계 2

월세로 빌린 방과 백화점, 그리고 학교 간의 거리가 멀어서 힘들어 하고 있던 A는 2013. 9.경 만 18세 이상이면 운전면허증을 취득할 수 있다는 말을 친구로부터 듣고는 운전면허 학원에 등록하여 타고난 순발력으로 단숨에 면허를 취득하였다. 그 후 A는 날마다 인터넷 중고차 매매사이트로 들어가서 적당한 차를 물색하였다. 그러던 어느 날 가격은 원래 생각했던 것보다 비쌌지만 연식, 주행거리, 편의사양 등이 아주 마음에 드는 차를 발견하고는 다음날 담당 중고차딜러 E를 방문하여 가격흥정을 하였다. 인터넷상에 게시된 가격보다 100만 원이나 저렴해진 1,200만 원으로 가격절충이 되면서 A와 E는 그 자동차에 대한 매매계약을 체결하였다. 다만 대금지급방법과 관련하여 A가 그간 저축해서 모은 200만 원을 일시금으로 지급한 후 나머지 1,000만 원은 다음달인 2013. 10. 20.부터 매달 50만 원씩 20개월에 걸쳐 매월 20일에 지급하기로 약정하였다. 그리고 이를 담보하기 위하여 매매대금이 완납될 때까지 해당 자동차의 소유권은 E가 계속 보유하기로 하였다. 계약 당시 나이에 대해 묻는 E에게 A는 자신의 부모님께서 출생신고를 늦게 하시는 바람에 자신의 공식적인 나이가 적을 뿐 사실은 벌써 20

세가 훌쩍 넘었다라고 거짓말을 하였고, 차를 팔고 싶은 마음이 급했던 E는 별 의심 없이 이를 그대로 믿었다.

문제 ③

A는 위 계약 다음날 E로부터 자동차를 인도받아 이를 몰고 다니다가 운전미숙으로 가로수를 들이받는 사고를 일으켜 크게 다쳤다. 아무 것도 모르고 있다가 이 소식을 듣고 놀란 A의 부모님 B와 C는 E를 찾아와 A와 E 간의 자동차매매계약을 취소한다고 하면서 사고로 훼손된 자동차를 그대로 반환하겠으니 A로부터 이미 받은 200만 원을 돌려 달라고 하였다. 그러자 E는 A와의 매매계약은 A가 처분할 수 있는 재산의 범위 내에서 행해진 것이고 또 계약체결 당시 A가 나이를 속였기 때문에 취소될 수 없는 것이라 주장하면서, 백번 양보하여 취소가 가능하다고 하더라도 사고로 인한 차량수리비가 200만 원보다 더 들기에 오히려 A가 그 차액만큼 배상하여야 한다고 도리어 큰 소리를 쳤다. 이들 각 주장들의 법적 당부를 검토해 보시오. (20점)

예시답안

문제 ①

Ⅰ. A의 취소권 유무

1. 신용카드이용계약의 취소

(1) 법적 근거

A는 민법 제5조 제2항(이하에서 언급되는 법조문은 법명이 따로 부기되지 아니하는 한 민법의 그 것을 가리킴) 및 제140조에 기하여 X은행과 체결한 신용카드이용계약을 취소할 수 있을 것이다. 그러기 위해서 A는 신용카드이용계약체결 당시 미성년자였어야 하며, 법정대리인의 동의 없이 그 계약을 체결하였어야 한다(제5조 제1항 본문 참조). 또한 신용카드이용계약이 A에게 권리만을 주거나 의무만을 면하게 하는 것이 아니어야 하며(제5조 제1항 단서 참조), 기타 미성년자가 혼자서 확정적으로 유효한 법률행위를 할 수 있는 사유(예컨대 제6조, 제8조 등)가 존재하지 않아야 한다.

제4조는 만 19세를 성년기로 규정하고 있는데 사안에서 A는 1995. 3. 13. 출생한 자로서 신용카드이용계약을 체결한 시점으로 추정되는 2013. 8월 말경이나 동년 9월 초경에는 아직

만 19세가 되지 않은 미성년자였다. 또한 신용카드이용계약에 관한 법정대리인, 즉 그의 부모님의 동의도 보이지 아니한다. 신용카드이용계약을 통해 A는 연회비 외에도 매달 정해진 결제일에 그 이용대금을 A은행에게 지급할 채무를 부담하게 되므로, 이러한 계약이 A에게 권리만을 부여하거나 의무만을 면하게 해주는 것이 아님은 분명하다.

혹시 위 신용카드이용계약이 제6조의 '처분을 허락한 재산'의 범위 내에서 행해진 것이 아닌지 의문이 들 수도 있으나 사안에 나타난 A의 부모님의 태도를 아무리 관대하게 해석하여도 A에게 그가 백화점으로부터 받는 월급의 처분을 허락한 것으로 해석할 수 있을 뿐이므로, 매월 그 이상의 지출 및 과소비를 초래할 수 있는 신용카드이용계약의 체결은 그러한 허락의 범위에 포함되지 않는다고 하겠다.

제140조는 제한능력자도 단독으로 취소할 수 있음을 명정하고 있으므로 결국 A는 제5조 제2항에 근거하여 X은행과의 신용카드이용계약을 취소할 수 있다.

(2) 취소권의 행사와 신의칙

민법상 미성년자 보호규정은 사적 자치를 온전히 실현하기 위한 강행규정으로서, 스스로 계약을 체결한 미성년자가 미성년임을 이유로 하여 그 계약을 취소하는 것은 강행규정의 취지를 실현하기 위한 것으로 신의칙 위반으로 되지 않는다.

2. 신용구매계약의 취소

A는 제5조 제2항 및 제140조에 기하여 X은행으로부터 발급받은 신용카드를 사용하여 재화와 용역을 구매한 구체적 신용구매계약들에 대해서도 취소의 의사표시를 하였다. 이들 계약들이 행해질 당시 그의 부모의 동의가 있었다는 사정은 보이지 않으며, 이들 계약을 통해서 A는 그 대금지급채무를 부담하게 되므로 제5조 제1항 단서의 규정도 적용되지 않아 일응 A의 취소가 가능할 것으로 보이기도 한다. 하지만 A의 부모님은 A가 백화점으로부터 받는 월급에 대한 처분을 허락한 것으로 보이고, 그 월급 및 이에 기초한 그간의 저축액의 범위를 넘지 않는 위 사안의 신용구매계약들은 그러한 처분허락의 범위 내에 속하는 것으로 판단되기에 제6조에 기해 미성년자인 A가 혼자서 확정적으로 유효하게 행할 수 있는 법률행위라 할 것이다. 따라서 A는 위 신용구매계약들을 취소할 수 없다.

Ⅱ. 신용카드이용계약의 취소로 인한 X은행과의 법률관계

1. 취소의 효과

제141조 제1문에 따르면 취소된 법률행위는 처음부터 무효였던 것으로 간주된다. 그러므로

A의 취소권 행사로 인해 A와 X은행 사이의 신용카드이용계약도 소급하여 무효로 되며 따라서 양자 사이에 이미 행해진 급부가 있다면 제741조에 따라 반환되어야 한다.

2. 부당이득 반환청구권

A는 아직 아무런 급부도 X은행에게 행하지 않았으므로 그 급부의 반환은 문제로 되지 않으나, X은행은 A가 행한 신용구매계약의 상대방인 가맹점에게 이미 A의 대금채무를 지급함으로써 신용카드이용계약상의 A에 대한 채무를 이행하였다. 이로 인해 X은행은 그 금액만큼 손실을 입었고, 반면 A는 신용구매계약의 상대방에 대한 대금지급의무를 면하게 되는 이익을 얻었다. 그리고 A의 이러한 이익은 신용카드이용계약의 소급적 소멸로 인해 법률상 원인이 없는 것으로 되었다. 따라서 X은행은 제741조에 의해 A에게 그가 취득한 이익의 반환을 청구할 수 있다. 다만 그 이익은 성질상 원물반환이 불가능하므로 제747조 제1항에 따라 가액으로 반환되어야 한다. 그 가액은 신용카드이용액에 상응할 것이다.

A는 미성년자인 제한능력자이기에 제141조 단서에 따라 그의 반환의무 범위는 현존이익으로 제한되는데, A가 취득한 대금지급의무의 면제라는 이익은 일종의 금전적 이익으로서 판례에 따르면 그 현존이 추정된다.

Ⅲ. 결 론

이상 살펴본 바에 따르면 A는 비록 X은행과의 신용카드이용계약을 취소할 수 있지만, 가맹점과의 신용구매계약을 취소할 수는 없어, 특별한 사정이 없는 한, X은행이 마지막으로 주장한 바와 같이 신용카드이용액 상당액을 X은행에게 지급하여야 한다.

문제 ❷

Ⅰ. A의 취소권의 소멸 여부

1. 서 설

문제에 나타난 A의 주장은 일단 A의 취소권 행사가 유효해야지만 타당한 것으로 될 가능성이 있는데, 이미 〈문제 1〉에서 살펴 본 바와 같이 A와 X은행 사이에 체결된 신용카드이용계약은 원칙적으로 A가 취소할 수 있는 법률행위임에 틀림이 없다. 그러므로 여기서는 A의 취소권 행사를 불가능하게 만드는 사유가 존재하지 않는지 살펴보는 것만으로 족하다.

2. 신용카드 이용대금 변제의 의미

취소할 수 있음에도 불구하고 A는 X은행과의 신용카드이용계약을 취소하지 않은 채 동 계약에 따른 자신의 급부를 이행하였다. 이로 인해 혹시 A의 취소권이 소멸한 것은 아닌지 의문이 든다. 그러한 이행이 묵시적 취소권의 포기로 해석될 수도 있기 때문이다.

그러나 제144조 제1항에 따르면 취소권의 포기인 추인은 취소의 원인이 소멸된 후에 하여야만 효력이 있는데, A가 신용카드이용대금을 지급했을 때인 2013. 10.경에 A는 여전히 미성년자였으므로 유효하게 취소권을 포기할 수 없는 상태에 있었다. 마찬가지 이유로 위 이행행위가 제145조 제1호에 따른 법정추인으로도 인정되지 아니 한다. 이 또한 취소원인의 소멸을 전제로 하고 있기 때문이다.

3. 현금서비스기능 이용의 의미

A는 자신의 19번째 생일날인 2014. 3. 13. 저녁에 X은행으로부터 발급받은 신용카드를 사용하여 X은행으로부터 현금서비스를 받았는데 그 법적 의미가 문제로 된다. 나이의 계산은 초일을 산입하여 행하므로 A는 2014. 3. 13. 0시를 기해 성년으로 되어 완전한 행위능력을 취득하였다. 그리고 위 현금서비스기능의 이용을 통하여 X은행에게 신용카드이용계약상의 급부를 청구하였고 또 이를 수령하였다. 이러한 A의 행위는 취소의 원인이 소멸된 후의 행위로서 제145조 제2호에 의해 곧바로 추인으로 의제된다. A가 이의를 보류하지 않은 이상, 그가 현금서비스기능의 이용시 추인의 의사를 가지고 있었는지 여부는 묻지 않는다. 사안에서 A가 이의를 보류하였다는 사정은 보이지 아니 한다.

Ⅱ. 결   론

A가 성년으로 된 후 신용카드의 현금서비스기능을 이용함으로써 신용카드이용계약에 따른 급부의 이행을 X은행에게 청구한 것으로 되어 제145조 제2호에 따라 A의 취소권은 소멸하였기에 A의 카드대금반환청구 및 현금서비스 변제의무 소멸의 주장은 아무런 법적 근거가 없다.

문제 **3**

Ⅰ. B와 C의 취소권 행사의 당부

1. 서 설

A는 사안의 자동차 매매계약 시점인 2013. 9.경 아직 만 19세가 되지 아니한 미성년자이다. 그럼에도 불구하고 A는 법정대리인인 부모님의 동의 없이 단독으로 E와 자동차매매계약을 체결하였다. 자동차매매계약은 쌍무계약으로서 A가 이를 통해 권리만을 얻거나 의무만을 면하는 것 또한 아니다. 그러므로 일응 A가 행한 위 매매계약은 제5조 제2항, 제140조에 기해 그의 부모가 취소할 수 있는 법률행위로 보인다.

2. 처분을 허락한 재산의 범위 내인지 여부

그런데 E는 위 자동차 매매계약이 A가 단독으로 처분가능한 재산의 범위 내에서 행해진 것이므로 제6조에 의해 취소될 수 없는 것이라 주장한다. 하지만 사안에서의 자동차 매매계약이 과연 A가 부모님으로부터 처분을 허락받은 재산의 범위 내에서 행해졌는지 의문이다. 다수견해에 따라 부모가 지정한 처분의 목적에 구속될 필요가 없다고 하더라도 A가 지급해야 할 매매대금이 무려 1,200만 원에 이르기 때문이다. 비록 A가 일시불로 지급한 200만 원은 A가 그간 월급을 저축해서 모은 것이고, 매달 E에게 지급해야 하는 할부금은 50만 원으로 A가 매달 받는 월급의 범위 내에 속하는 것이지만, 미성년자 보호의 취지상 A가 선급한 일정액이나 매달 부담하는 할부금이 아니라 가격 총액을 기준으로 하여 그 매매계약이 민법 제6조에 해당하는 것인지 판단함이 타당하다고 할 것이다.[1) 그렇지 않으면 대금지급의 한 방법인 할부제도가 미성년자 보호규정을 우회하는 수단으로 악용될 여지가 크기 때문이다.

이렇게 보면 A가 부담하는 매매대금 1,200만 원은 그의 부모로부터 처분을 허락받은 재산의 범위 내에 속하는 것으로 보기 어려울 것이다.

---

1) 지원림, 민법강의(제13판), 2015, 81면에는 이와 반대되는 취지의 서술이 보인다. 이는 아마도 "이 사건 각 신용구매계약은 대부분 식료품·의류·화장품·문구 등 비교적 소규모의 일상적인 거래행위였을 뿐만 아니라, 그 대부분이 할부구매라는 점을 감안하면 월 사용액이 원고의 소득범위를 벗어나지 않는 것으로 볼 수 있는바, 이러한 제반 사정을 종합하면, 원고가 당시 스스로 얻고 있던 소득에 대하여는 법정대리인의 묵시적 처분허락이 있었고, 이 사건 각 신용구매계약은 위와 같이 처분허락을 받은 재산범위 내의 처분행위에 해당한다고 볼 수 있다 할 것이다."라고 한 대판 2007.11.16, 2005나1659, 71666, 71673에서 영향을 받은 것으로 보인다. 대법원은 이 판결에서 분명히 할부구매시 월 사용액에 초점을 맞추는 듯한 모습을 보이고 있기는 하지만, 그보다 앞서 "비교적 소규모의 일상적인 거래행위"였다는 점을 언급하고 있다는 것을 참작해 보면 대법원이 매매대금액 총액을 무시한 채 할부액에만 관심을 기울이고 있는 것은 아니라 생각된다.

3. 속임수에 의한 취소권의 배제 여부

E는 다음으로 제17조 제1항에 따른 취소권의 배제를 주장하고 있으나, 미성년자 보호의 취지상 여기서의 속임수는 적극적 속임수를 의미하는 것으로 해석함이 타당하기에 A가 단순히 공식적인 나이와 다르게 실제 나이는 이미 성년에 달했다고 말한 것만으로 취소권을 배제시키는 속임수를 행했다고 보기는 어렵다. 더구나 민법상의 나이는 출생신고로부터 기산되는 공식적인 나이를 의미하는 것이므로 A의 속임수는 법률상 아무런 의미가 없는 속임수이다.

4. 중간결론

그러므로 사안에서 A의 법정대리인인 B와 C는 A와 E 사이의 자동차 매매계약을 취소할 수 있다.

Ⅱ. B와 C의 200만 원 반환청구의 가부

1. 취소로 인한 계약의 소급적 소멸

제141조 제1문에 따라 위 취소가 행해지면 A와 E 사이의 매매계약은 처음부터 무효였던 것으로 다루어진다. 즉 계약은 소급하여 실효되는 것이다.

2. 부당이득반환청구권을 통한 계약의 청산

계약이 취소로 소급하여 효력을 잃으면, 그 계약에 기해 이미 행해진 급부는 법률상 원인이 없는 것으로 되어 제741조에 따라 반환되어야 한다. 사안에서 A는 매매계약체결 당시 E에게 200만 원을 지급하였으며 E는 그 다음날 A에게 자동차의 점유를 이전해 주었다. 그리고 양 당사자는 계약의 유효를 전제로 이러한 급부를 한 것이므로 모두 선의의 수익자로서 취급되며, 이는 이들이 설사 계약의 취소가능성을 알았다고 하더라도 마찬가지이다.

A측이 주장가능한 부당이득반환청구권의 구체적 내용을 살펴보면 A는 E에게 제747조 제1항 및 제748조 제1항에 따라 200만 원의 반환을 청구할 수 있다. E가 선의의 수익자라 하더라도 금전적 이익은 현존하는 것이 추정된다고 함이 판례의 태도이므로 E가 이 추정을 번복시킬 수 없는 한 E는 A에게 200만 원을 반환하여야 하는 것이다.

3. 부모의 대리행사

부당이득반환청구권을 행사하는 것은 일종의 최고(催告)로서 의사의 통지이지 법률행위가 아니다. 다만 준법률행위에도 법률행위에 관한 규정이 유추적용될 수 있다고 함이 다수의 견해이므로 A의 법정대리인인 B와 C는 이 또한 대리행사 할 수 있다고 하겠다.

4. 중간결론

B와 C가 E에게 200만 원을 반환하라고 요구하는 것은 타당하다.

Ⅲ. E의 자동차 수리비 청구의 당부

E는 A에게 매도한 자동차의 소유권을 여전히 가지고 있으므로 A와의 매매계약이 취소되어 A가 그 자동차를 점유할 권원을 상실하게 되면 제213조에 기해 A에게 훼손된 자동차의 반환을 청구할 수 있다(물론 제741조에 기해서도 A에게 자동차 점유의 반환을 청구할 수 있으나 소유물반환청구권이 인정되는 한 이 청구권은 그리 큰 의미가 없다). 이와 동시에 A에게 그 수리비의 지급도 청구할 수 있는지 문제된다.

1. 제202조 제2문에 기한 일반원칙의 적용

A는 선의의 점유자이기는 하였지만 타주점유자였기에 그에게 책임 있는 사유로 인한 자동차의 훼손에 대해 제202조 제2문에 기하여 일반불법행위책임을 부담하게 된다.

2. 불법행위로 인한 손해배상청구권의 성부

E는 A에게 제750조에 기한 손해배상책임을 물을 수 있을 것이다. A와 E는 자동차에 관해 소유권유보부매매를 체결하였으며, A는 아직 대금을 완납하지 않아 자동차의 소유권이 E에게 있는 상태에서 자신의 운전상의 과실로 인해 그 자동차를 훼손하여 E의 소유권을 침해하였다. 이에 대한 특별한 위법성조각사유는 보이지 않으며, A는 만 18세의 미성년자로 책임능력이 있는 자라 하겠다. 따라서 A의 자동차 훼손행위는 제750조의 모든 요건을 충족하므로 E는 A에게 적극적 손해인 수리비를 청구할 수 있다고 하겠다.

혹시 E가 A의 부모인 B와 C에게도 위 수리비를 청구할 수 있는지 생각해볼 수도 있겠으나, A가 성년에 거의 이르고 있는 점, 부모와 독립하여 생활하고 있는 점 등을 고려하면 E가 위 자동차의 훼손과 관련하여 B와 C의 감독소홀이 제750조의 요건을 충족한다는 것을 증명하기는 어려울 것으로 판단된다.

Ⅳ. E의 상계권 행사의 당부

E가 민법 제492조에 기해 상계를 하기 위해서는 자신이 A에 대해 가지는 자동차 수리비

배상채권(자동채권)과 A가 자신에 대해 가지는 200만 원의 반환채권(수동채권)이 상계적상에 있어야 한다. 이를 위해서는 (ⅰ) 이 두 채권이 동종의 목적을 가진 것이어야 하며, (ⅱ) 최소한 자동채권은 변제기에 있어야 하고, (ⅲ) 채권의 성질이 상계를 허용하는 것이어야 하며, (ⅳ) 당사자의 의사나 법률에 의해 상계가 금지되어 있지 않아야 한다.

사안에서 E와 A가 서로에 대해 가진 채권은 모두 금전채권으로서 동종의 목적을 가진 것이고, 자동채권인 E의 채권은 불법행위로 인한 손해배상청구권으로서 불법행위성립시 바로 변제기가 도래한 상태이고, 또 채권의 성질상, 당사자의 의사나 법률상 상계가 금지될 사유가 보이지 아니한다.

Ⅴ. 결   론

A는 훼손된 자동차를 E에게 반환하면서 그 수리비를 또한 지급하여야 하고, E는 그 수리비채권을 A가 자신에 대해 가진 200만 원의 반환채권과 상계할 수 있으므로, 결과적으로 B와 C는 E에게 훼손된 자동차의 반환과 함께 수리비와 200만 원의 차액을 E에게 지급하여야 한다.

해 설

Ⅰ. 행위능력제도의 의의

민법의 기본이념인 사적 자치의 원칙을 실현시키는 주요 도구로서 법률행위가 제대로 기능하기 위해서는 최소한 그 행위를 하는 자에게 자신이 행하는 법률행위의 의미를 이해할 수 있는 지적(知的) 능력(이른바 의사능력)이 있어야 한다. 이러한 능력조차 없는 자가 행한 행위는 진정한 의미의 자기결정에 기한 것이라 할 수 없기 때문이다. 따라서 법률행위 당시 그 주체에게 의사능력이 없었다면 그러한 법률행위는 효력을 가질 수 없음이 원칙이다. 그런데 이러한 이상(理想)을 관철시키는 데에는 많은 비용이 든다. 즉 의사능력의 유무에 대한 증명이 용이하지 않으며, 이로 인하여 거래의 안전 또한 위협받게 된다. 그리하여 민법은 이러한 부작용을 가능한 한 줄이기 위하여 연령이나 법원의 심판에 따른 획일적 판단을 기초로 하는 행위능력제도를 만들었다. 그리하여 원칙적으로 19세 미만의 미성년자이거나 피성년후견인 또는 피한정후견인(법원으로부터 동의유보결정을 받은 경우에 그 범위에 한함)을 제한능력자로 규정하여 이들의 행위는 취소가능한 것으로 규정하고 있다.

II. 제6조(처분을 허락한 재산)의 해석과 관련된 문제점들

1. 총 설

제6조에 따르면 법정대리인이 범위를 정하여 처분을 허락한 재산은 미성년자가 임의로 처분할 수 있다. 부모가 미성년인 자녀에게 준 용돈이나 여행경비 등이 주로 이에 해당하는데 이 경우 처분의 허락은 그 처분행위에 대한 사전 동의와 같은 의미를 갖는 것이기에 미성년자는 재산의 처분행위를 단독으로 유효하게 할 수 있는 것이다. 다만 전 재산의 처분에 대한 허락과 같이 그 처분허락의 범위가 제한능력자제도의 목적에 반할 정도로 포괄적인 것이어서는 안 된다.

2. 처분목적의 지정

제6조와 관련하여 논의가 있는 문제로 우선 처분목적의 지정과 관련된 문제를 들 수 있다. 즉 법정대리인이 재산의 처분을 허락하면서 재산의 범위뿐만 아니라 그 사용목적을 지정한 경우에, 미성년자는 그 사용목적의 범위 내에서만 유효한 처분권을 갖는가 아니면 그 사용목적에 구애됨이 없이 어떠한 용도로도 유효하게 처분할 수 있는가가 문제로 되는 것이다. 거래안전을 강조하는 다수의 견해에서는 정해진 재산의 범위 내에서라면 사용목적과 상관없는 처분이 가능하다고 한다. 하지만 행위능력제도가 거래안전보다 제한능력자 보호에 더 비중을 두고 있다는 점을 생각한다면 이러한 다수의 견해가 온전히 관철되기는 어려울 것으로 보인다. 최소한 객관적으로 보아 부모 등의 법정대리인이 재산처분을 허락하지 않았을 것으로 보이는 거래와 관련하여서는(예컨대 성인용품, 담배 등) 비록 처분이 허락된 재산의 범위 내의 행위라 하더라도 그 유효성을 인정하지 않는 것이 타당하지 않을까?

3. 의무부담행위와 처분행위

처분허락은 처분행위에만 미치는가 아니면 처분행위의 전제가 되는 의무부담행위(채권행위)에도 미치는가? 예컨대 미성년자가 용돈으로 3만 원의 대금을 지급하고 시계를 사온 경우에는 미성년자가 3만 원을 이미 처분한 경우이기 때문에 당연히 제6조에 따라 확정적으로 유효한 행위로 된다는 데 의문이 없다. 그런데 미성년자가 시계방의 주인과 3만 원짜리 시계에 대한 매매계약만 체결하고 대금은 그 다음날 지급하기로 약정한 경우 아직 처분행위가 이루어지지 않았는데 이 경우 그 시계의 매매계약은 취소할 수 있는 것인가 아니면 제6조에 의해 확정적으로 유효한 것인가? 후자로 해석함이 타당할 것으로 보인다. 처분행위에 대한 허락이 있었다면 그 처분의 전제가 되는 의무부담행위에 대해서도 허락이 있었다고 보는 것이 자연스럽기 때문이다. 대판 2007.11.16, 2005다71659, 71666, 71673에서 묵시적 처분허락을 이유로 하여 신용구매계약의 취소를 허용하지 않는 것도 같은 맥락으로 보인다.

4. 처분이 허락된 재산으로 취득한 재산의 처분

미성년자가 처분이 허락된 재산으로 취득한 재산을 다시 처분하는 경우에 법정대리인의 동의는 필요 없는 것인가? 이것은 결국 법정대리인의 처분허락에 대한 해석(의사표시의 해석)의 문제이다. 새로이 취득한 재산이 처음에 처분이 허락된 재산을 현저히 초과하는 것이 아닌 한 원칙적으로 새로운 처분에 다시 법정대리인의 허락을 얻을 필요는 없을 것으로 보인다. 이러한 법리는 처분을 허락받은 용돈을 저축하여 모은 금전의 처분에도 마찬가지로 적용된다고 하겠다.

Ⅲ. 법률행위의 취소 및 추인

1. 취소의 의의

취소란 일단 유효하게 성립한 법률행위의 효력을 취소권자의 일방적 의사표시에 의하여 소급적으로 소멸시키는 것을 말하는데, 제한능력의 경우 이외에도 착오나 사기·강박을 이유로 하여 법률행위의 취소가 인정된다. 해제의 효과에 관해 직접효과설 중 물권적 효과설을 취하는 다수설에 따른다면 그 법적 효과의 면에서 해제와 취소는 구별이 되지 아니한다. 다만 해제는 법률행위 일반이 아닌 계약의 경우에만 인정되며, 또 그 청산에 관해 원상회복의무에 관한 특별규정이 마련되어 있다는 점($^{제548조}_{참조}$)에서 일반 부당이득반환관계를 발생시키는 취소와 구별된다.

2. 취소의 방법

취소는 취소권자의 일방적 의사표시로써 행해진다. 취소권자에는 제한능력자, 하자 있는 의사표시(착오, 사기, 강박에 기한 의사표시)를 한 자뿐만 아니라 그 대리인 및 승계인도 포함된다. 취소할 수 있는 법률행위의 상대방이 확정되어 있을 때에는 그 상대방에 대해 취소의 의사표시를 하여야 하므로($^{제142조}_{참조}$), 그 상대방이 취소할 수 있는 법률행위로 취득한 권리를 이미 타인에게 양도하였다고 하더라도 취소의 의사표시는 원래의 상대방에게 하여야 한다. 상대방이 불확정한 때에는 객관적으로 취소의 의사표시로 인정되는 행위가 있으면 된다.

3. 취소의 효과

취소된 법률행위는 소급하여 무효로 된다($^{제141조}_{참조}$). 취소의 이러한 효과는 제한능력을 이유로 하는 취소의 경우에는 절대적인 것이지만, 착오나 사기·강박을 이유로 하는 경우에는 선의의 제3자에게는 주장할 수 없는 상대적인 것이다($^{제109조 제2항, 제}_{110조 제3항 참조}$). 취소된 법률행위에 기해 이미 급부한 것이 있으면 부당이득반환청구권을 통해 반환받을 수 있는데(이 외에도 그 급부의 대상이 물건인 경우에는 물권행위 유인성설에 따를 때에 물권적 반환청구권에 기해서도 반환받을 수 있음. 다만 이 청구권은 점유의 반환에만 한정되며 예컨대 사용이익 등의 청산은 다시 부당이득법에 따라 행해진다) 민법은 제한능력자의 보호를 위하여 제141조 단서에서 제한능력자의 반환범위를 현존이익으로 제한하고 있다. 다만 판례는 금전상의 이득은 그 현존이 추정된다고 하고 있음을 주의하여야 한다($^{대판 2007.11.16, 2005다}_{71659, 71666, 71673 참조}$). 또 판례에 따를 때 이 규정은 의사무능력으로 말미암아 법률행위가 무효로 된 경우에 의사무능력자가 이미 수령한 급부를 반환할 때에도 유추적용된다($^{대판 2009.1.15,}_{2008다58367 참조}$).

4. 추인 및 법정추인

취소할 수 있는 법률행위의 추인은 그 법률행위를 취소하지 않겠다는 의사표시이며 이로써 그 법률행위는 확정적으로 유효하게 된다. 추인은 취소권자만이 행할 수 있는데, 그는 그 행위가 취소할 수 있는 것임을 알고서 해야 하며 또 취소의 원인이 종료된 후에만 할 수 있다. 그리하여 제한능력자는 능력자로 된 뒤에, 착오나 사기·강박으로 의사표시를 한 자는 착오나 두려움의 상태를 벗어난 뒤에 추인을 하여야 유효한 추인이 된다. 다만 제한능력자의 법정대리인은 언제든지 추인을 할 수 있으며, 제한능력자가 법정대리인의 동의를 얻어 추인을 하는 경우에도 마찬가지이다. 추인은 취소권의 포기이므로 추인이 행해지면 그 법률행위는 이제 다시 취소될 수 없다($^{제143조}_{제1항 참조}$).

법정추인이란 일반적으로 추인이라고 인정할 만한 특정의 사실($^{제145조 제1호}_{내지 제6호 참조}$)이 있는 경우에 취소권자의 추인의사 유무를 불문하고 법률상 추인을 의제하는 것을 말한다. 일견 묵시적 추인과 비슷한 것으로 보이지만, 묵시적 추인은 명시적 추인과 마찬가지로 취소권자의 추인의사가 요구된다는 점에서 의사표시인 반면, 법정추인은 법률상 의제로서 의사표시가 아님을 주의하여야 한다. 따라서 법정추인의 경우 취소할 수 있는 행위라는 점에 대한 취소권자의 인식이 요구되지도 않는다. 다만 취소의 원인이 종료된 후에 그 특정한 사실이 발생하여야 하며 또 취소권자의 이의가 보류되지 않은 경우에만 인정된다($^{제145조}_{참조}$).

심화문제

Ⅰ. 신용카드 이용의 법률관계

신용카드사용을 둘러싼 법률관계에 대해서도 학설은 분분하나 그 기초적 부분만을 간략하게 정리하면 다음과 같다.

① 신용카드를 이용하고자 하는 자는 우선 신용카드발행인과 사이에 신용카드이용계약(회원계약)을 체결하고 신용카드를 발급받아야 하며, 신용카드를 발급받은 후 가맹점에서 위 신용카드를 제시하면서 매출전표에 신용카드상의 서명과 동일한 서명을 함으로써 상품을 구입하거나 용역을 제공받고, 위 신용카드이용계약에서 정한 대금결제일에 신용카드발행인이 청구한 금액을 지급하여야 한다.

② 신용카드발행인은 상품 또는 용역을 판매 또는 제공하는 상점 등과 사이에 가맹점계약을 체결하는데, 이 경우 가맹점은 신용카드소지인이 유효한 카드를 제시하면 상품 또는 용역을 신용으로 판매하거나 제공한 다음, 신용카드회원으로부터 제공받은 매출전표를 신용카드발행인에게 제시하여 그 액면금액으로부터 미리 가맹점계약에서 정한 일정 비율의 수수료를 공제한 금액을 신용카드발행인으로부터 지급받게 된다.

③ 가맹점에 신용카드회원의 신용카드이용대금을 지급한 신용카드발행인은 신용카드회원이 약정한 매월 대금결제일에 신용카드회원으로부터 그 이용대금액과 약정한 수수료 등을 지급받게 된다.

④ 이와 같이 신용카드회원이 신용카드를 사용하여 가맹점으로부터 물품을 구입하거나 용역을 제공받고 그 대금을 일단 신용카드발행인이 대신 변제한 다음 사후에 그 대금에 수수료 등을 가산한 금원을 신용카드회원으로부터 추심하는 일련의 법률관계는 상품의 구매와 일정 기간 내의 대금지급의무가 결합된 특수한 신용대부의 한 형태라고 할 것이고, 신용카드발행인이 가맹점과 사이에서 가맹점규약에 의하여 신용카드이용대금을 지급하기로 한 약정부분은 일종의 병존적 채무인수로서의 법적 성격을 가지며, 다른 한편 신용카드회원과 가맹점 사이의 신용구매계약의 효력은 원칙적으로 양 당사자 사이에서 독립적으로 결정될 뿐, 신용카드이용자의 신용카드발행인에 대한 권리·의무에 의하여 영향을 받지 않는다.

⑤ 신용카드이용계약에 따라 신용카드를 발급받은 자가 미성년자임을 이유로 그 법률행위를 취소한다면, 신용카드이용계약은 소급하여 그 효력을 잃게 되고, 이에 따라 신용카드회원이 그 계약에 터잡아 신용카드발행인에게 부담하게 되는 신용카드대금이나 수수료 등의 지급채무는 더 이상 존재하지 않게 되며, 이미 납부한 신용카드대금 등은 신용카드발행인의 편에서 볼 때 법률상 원인 없이 취득한 이익으로 되어 부당이득의 법리에 따라 신용카드회원에게

반환되어야 한다. 그런데 이때 신용카드대금채무의 발생원인인 신용카드회원과 해당 가맹점 사이의 개별적인 구매계약들이 유효하게 존속한다면, 신용카드발행인이 그 가맹점들에 대하여 그 대금을 지급한 것은 해당 신용카드회원의 신용구매계약대금에 대한 변제로서 유효하고 이로써 신용카드회원은 법률상 원인 없이 자신의 가맹점에 대한 물품 및 용역대금 지급채무를 면함과 아울러 신용카드발행인에게 동액 상당의 손해를 가한 것으로 되는바, 따라서 신용카드회원 역시 부당이득의 법리에 따라 해당 신용카드발행인에게 이를 반환할 의무를 지게 된다(대판 2007.11.16. 2005다 71659, 71666, 71673 참조).

Ⅱ. 소유권유보부매매

소유권유보부매매란, 매도인이 매매목적물의 점유는 매수인에게 이전하지만, 매매목적물의 소유권은 매매대금채권의 확보를 위하여 매매대금이 완납되었을 때 비로소 매수인에게 이전할 것을 내용으로 하는 매매를 말한다. 보통은 할부거래시에 소유권유보의 특약을 하지만 꼭 그런 것은 아니며 또 할부매매가 아닌 경우에도 소유권유보부매매가 이루어지는 경우가 있다. 소유권유보부매매는 동산을 대상으로 함이 일반적이다. 부동산 또는 등기, 등록으로 소유권이 공시되는 동산의 경우 등기나 등록을 대금완납시까지 미룸으로써 담보의 목적을 달성할 수 있기에 굳이 소유권유보부매매를 행할 필요성이 적기 때문이다.

판례는 이러한 소유권유보부매매의 법적 성질을 물권행위가 대금완납을 정지조건으로 하여 행해지는 특수한 매매로 파악한다. 따라서 비록 목적물이 매수인에게 인도되었다 하더라도, 특별한 사정이 없는 한, 매도인은 대금이 모두 지급될 때까지 매수인뿐만 아니라 제3자에 대하여도 유보된 목적물의 소유권을 주장할 수 있고, 다만 대금이 모두 지급되었을 때에는 위 정지조건이 완성되어 별도의 의사표시 없이 목적물의 소유권이 매수인에게 이전된다고 한다(대판 1996.6.28. 96다14807 참조). 그리고 매도인이 유보한 소유권은 담보권의 실질을 가지고 있으므로 담보 목적의 양도와 마찬가지로 매수인에 대한 회생절차에서 회생담보권으로 취급함이 타당하고, 매도인이 환취권을 행사하는 것은 허용되지 않는다고 한다(대판 2014.4.10. 2013다61190). 또 매도인으로부터 소유권유보부매매를 통하여 인도받은 철강제품을 매수인이 타인의 건물에 부합시킨 경우에 매도인이 건물주에게 직접 부당이득반환청구권을 행사할 수 있는지 여부는 건물주가 선의취득의 요건을 갖추었는가 여부에 달려 있다고 한 판결도 주의를 요한다(대판 2009.9.24. 2009다15602 참조).

기본 사실관계 [2]

A는 B와 재개발지역으로 지정된 X지역 일대에서 공동으로 아파트 건축사업을 하기로 하고, 그 지역 주민들을 상대로 조합원을 모집하여 2001. 6. 9. "X-1주택재개발정비사업조합"(이하 'X-1조합'이라 함), 동년 10. 27. "X-2주택재개발정비사업조합"(이하 'X-2조합'이라 함)을 설립하고서 관할청으로부터 각 인가를 받은 후 설립등기를 마쳤다. 당시 A는 X-1조합의 조합장으로 선임되었으며, B는 X-2조합의 조합장으로 선임되었는데, B는 사실 A의 부하직원으로서 재개발사업에 대해서는 전혀 모르는 문외한이었기에 처음부터 X-2조합의 대표자로서의 모든 권한을 A에게 일괄적으로 위임하였고, 이에 A가 X-2조합장의 직인 및 B의 신분증 등을 소지하면서 X-2조합의 대표자의 업무를 사실상 수행하였다. 그러던 중 X-2조합 사업부지 약 8,000평 중 약 3,000평이 자연녹지로 지정되어 X-2조합의 아파트 건축사업 추진이 어렵게 되자, A는 조합원을 추가 모집하여 자금을 확보함으로써 추가 부지를 매입하는 방법으로 문제를 해결하고자 하였다. C를 비롯한 다수의 X지역 주민은 X-2조합의 조합원 추가모집에 응하여 A와 조합원가입계약(일종의 분양계약)을 체결하였다. 그런데 이들이 작성한 계약서 표지에는 "X주택재개발정비사업조합(이하 'X조합'이라 함) 가입신청서"라 적혀 있었으며(당시 그 지역에서는 X-1조합과 X-2조합을 통칭할 때 X조합이라는 용어를 사용하였다), C 등이 계약금 및 중도금 등의 명목으로 X-2조합 명의의 예금계좌로 입금한 돈에 대한 영수증의 발행인도 X조합으로 되어 있었다. 그 후 X-2조합의 사업 진행이 불가능한 것으로 확정되자 C는 X-2조합을 상대로 위 조합원가입계약의 해제를 주장하면서 그 원상회복으로 이미 납입한 계약금과 중도금 및 이에 대한 그 지급일로부터의 이자 등의 반환을 청구하였다.

아래 문제들은 상호 독립적임.

문제 ❶

이러한 C의 해제권 행사 및 이에 따른 원상회복청구는 법적 근거가 있는가? (15점)

---

2) 대판 2011. 4. 28. 2008다15438의 사안을 기초로 한 사실관계임.

문제 2

(위 〈문제 1〉의 답과 전혀 상관없이) 만약 위 해제권 행사가 불가하다면 C는 X-2조합을 상대로 하여 어떠한 법적 구제수단을 행사할 수 있는가? (15점)

추가된 사실관계

A는 관할청으로부터 X-1조합의 설립을 인가받은 후 그 설립등기 전에 X-1조합의 사업자금 조달 명목으로 D은행으로부터 2억 원의 대출을 받았다. 그러나 A는 사실 X-1조합과 전혀 상관없는 자신의 아들 Y의 유학자금을 저리로 마련하고자 위 대출을 받은 것이었다. 당시 설립 인가 후 X-1조합은 조합사업을 왕성히 추진하고 있던 단계였기 때문에 D은행으로서는 A의 말을 믿을 수밖에 없다. 한편 X-1조합의 정관에서는 "조합의 대표자가 5,000만 원 이상의 조합의 채무를 발생시키는 계약을 체결하는 경우 총회결의를 거쳐야 하며, 정관에서 정한 권한을 유월하여 조합대표가 체결한 어떠한 계약도 무효이다."라고 규정하고 있었는데 A는 위 대출과 관련하여 총회결의를 거치지 않았다. D은행은 위 정관규정에 대해 전혀 알지 못했으며 또 이전에도 여러 번 X-1조합을 위해 5,000만 원 이상의 대출을 해 준 적이 있는데 그 때마다 별 문제없이 변제가 이루어졌으므로 아무런 의심도 품지 않았다. 위 대출이 있고 보름 후에 X-1조합의 설립등기가 행해졌으며 또 위 정관규정의 취지도 등기되었다.

문제 3

위 대출계약에서 정한 변제기가 도래한 후 D은행은 X-1조합을 상대로 하여 대출계약에 기한 대여금반환청구권을 행사할 수 있겠는가? (20점)

문제 ❶

Ⅰ. C의 해제권 행사의 가부

1. 서　설

C는 아마도 X-2조합이 조합원가입계약에 기해 부담하는 채무의 이행불능을 이유로 하여 민법 제546조(이하에서 언급되는 법조문은 법명이 따로 부기되지 아니하는 한 민법의 그것을 가리킴)의 해제를 주장하고 있는 듯하다. 따라서 이러한 해제권의 행사가 타당한지 살펴보기 위해서는 우선 C와 X-2조합 간에 조합원가입계약이 유효하게 성립되었는지 여부부터 검토해보아야 한다. 계약이 유효하게 성립하지 않았다면 X-2조합의 채무도 성립하지 않아 이행불능이라는 채무불이행이 성립할 여지가 없기 때문이다.

2. C와 X-2조합 간의 조합원가입계약 성립 및 그 효력 여부

(1) 계약의 당사자

먼저 사안에 나타난 조합원가입계약의 당사자가 X-2조합이 맞는지 문제된다. 왜냐하면 C와 X-2조합이 작성한 계약서에는 당사자로 X-2조합이 아닌 X조합이 표시되어 있었으며 또한 C가 계약금 및 중도금을 지급하고 받은 영수증의 발행인도 X-2조합이 아닌 X조합으로 표시되어 있었기 때문이다. 즉 X-2조합은 자신의 정확한 명칭이 아닌 X조합이라는 이름으로 C와 법률행위를 한 것이다.

이 경우 우리 판례는 법률행위의 해석을 통하여 당사자가 누구인지 파악하고 있는바, 사안에서 C와 X-2조합의 대리인인 A 모두 C와 X-2조합이 위 조합원가입계약의 당사자라고 하는 데에 의사의 일치를 보이고 있다고 판단된다. 계약금 및 중도금이 X-2조합의 계좌로 입금된 사정을 보아도 그러하다. 그러므로 자연적 해석에 기해 실제 표시에 구애됨이 없이 당사자의 진의대로 위 조합원가입계약의 당사자는 C와 X-2조합이라 할 것이다.

(2) 계약의 효력 여부

X-2조합은 재개발지역에서 아파트 건축사업을 목적으로 하여 설립된 사단법인이므로 C 등과 조합원가입계약을 체결하는 것은 직접 그 목적을 달성하기 위한 것으로 목적범위내의 행위라 할 수 있다. 다만 사안에서 문제된 C와의 계약은 X-2조합의 대표이사인 B가 동 조합

을 대표하여 체결한 것이 아니라 그로부터 포괄적 위임을 받은 A가 X-2조합을 위하여 체결한 것이다. 제62조는 법인의 "이사는 정관 또는 총회의 결의로 금지하지 아니한 사항에 한하여 타인으로 하여금 특정한 행위를 대리하게 할 수 있다."고 규정하고 있으므로, X-2조합의 대표이사인 B는 A에게 법인의 특정사무를 위임하고 이를 위한 대리권을 수여하여 A를 법인의 대리인으로 선임할 수 있으나, 사안과 같은 포괄적 위임에 기초하여 포괄적 대리권을 수여할 수는 없다. 따라서 사안에서의 A의 대리행위는 제62조에 위반하는 것으로서 X-2조합에 효력을 미치지 아니한다.

3. 중간결론

그렇다면 X-2조합은 동 계약에 기한 채무를 부담하지 않으며 그 귀결로서 채무불이행책임도 부담하지 아니한다. 결국 C는 제546조에 기해 위 계약을 해제할 수 없다.

Ⅱ. C의 원상회복청구권 행사의 가부

C는 계약해제의 의사표시를 한 후 그 청산을 위해 제548조에 따른 원상회복청구권을 행사하고 있으나, 앞서 본 바와 같이 C에게는 계약해제권이 인정되지 않으므로 계약해제의 효과로 규정되어 있는 원상회복청구권도 인정되지 아니한다.

Ⅲ. 결   론

C의 해제권행사 및 그에 따른 원상회복청구는 법적 근거가 없다.

문제 2

Ⅰ. 부당이득반환청구권

위에서 살펴본 바와 같이 C와 X-2조합 간에 체결된 조합원가입계약은 무효이므로, C가 X-2조합에게 지급한 계약금(계약금계약도 무효로 되었음) 및 중도금은 법률상 원인을 결여한 급부로 된다. 따라서 C는 제741조에 기해 X-2조합을 상대로 그 반환을 청구할 수 있다. 계약의 무효에 대한 X-2조합의 대표이사 B의 악의가 인정되지 않는 한, 제546조의 원상회복청구권을 행사한 경우와는 달리, C는 그 이자에 관해서는 X-2가 이를 실제로 수익한 경우에만 통상적 범위에서 반환을 청구할 수 있다.

Ⅱ. 불법행위로 인한 손해배상청구권

1. X-2조합의 불법행위 책임

C는 무효인 계약에 기하여 X-2조합에게 계약금 및 중도금을 헛되이 지급하는 재산적 손해를 입었으므로 제35조 제1항에 기하여 X-2조합을 상대로 불법행위책임을 물을 수 있을 것이다. 이를 위해서는 X-2조합의 대표자가 그 직무에 관하여 한 행위가 제750조의 요건을 충족하여야 하는데, 사안에서 X-2조합의 대표자 B가 동 조합 사무의 처리와 관련하여 A에게 포괄적 위임 및 수권을 한 것이 C가 입은 구체적 손해와 관련하여 제750조의 요건을 충족하는 것인지는 의문이다.

하지만 사안에서 C와 계약을 직접 체결한 A는 X-2조합을 실질적으로 운영하면서 사실상 X-2조합을 대표하는 자의 지위에 있었으므로 제35조 제1항의 대표자에 해당한다고 볼 수도 있다. 법률행위효과 귀속을 위한 대표자 요건과 불법행위책임성립을 위한 대표자 요건의 의미는 다를 수 있는 것이며, 후자의 경우 피해자의 보호를 위해 보다 넓게 해석할 여지가 있기 때문이다. 그리고 A가 실질적 대표자로서, 하지만 대표권이나 대리권도 없이 C와 조합원가입계약을 체결하여 결국 C에게 위에서 본 바와 같은 손해를 끼친 것은 제750조의 요건을 충족하는 불법행위라 할 수 있다.

따라서 C는 제35조 제1항에 기하여 X-2조합을 상대로 손해배상을 청구할 수 있다.

2. X-2조합의 사용자책임

법률상 엄격히 보면 A의 지위는 X-2조합의 대표자인 B로부터 조합사무에 관해 포괄적 수권을 받은 X-2조합의 대리인이다. 그러므로 C는 X-2조합을 상대로 하여 제756조의 사용자책임을 묻는 것도 고려해 볼 수 있다. 이를 위해 우선 X-2조합과 A 간에 사용관계, 즉 실질적 지휘·감독관계가 인정되어야 하는데, 사안에 나타난 바에 따르면 X-2조합의 대표자인 B는 A의 부하직원으로서 재개발사업에 대해서는 전혀 모르는 자이고 또 자신의 업무를 A에게 포괄적으로 위임하고 있었으므로 A가 C와 계약을 체결할 때에 X-2조합으로부터 실질적으로 지휘·감독을 받는 관계에 있었다고 보기는 어려울 것으로 판단된다. 또한 앞서 본 바와 같이 제35조의 대표자를 사실상의 대표자를 포함하는 것으로 넓게 이해한다면 사실상의 대표자는 더 이상 제756조의 피용자에는 포함되지 않는다고 보는 것이 규범논리에 부합한다.

그러므로 C는 X-2조합을 상대로 제756조의 사용자책임을 물을 수는 없다.

Ⅲ. 결 론

C는 X-2조합을 상대로 하여 제741조에 기해 부당이득반환청구권을 행사할 수도 있고, 제 35조에 기해 손해배상책임을 물을 수도 있다.

문제 ③

Ⅰ. X-1조합과 D은행 사이의 대출계약의 성립 및 그 효력

변제기가 도래한 후 D은행이 이제 법인으로 된 X-1조합을 상대로 하여 대출계약에 기한 대여금반환청구권을 행사하기 위해서는 먼저 법인 아닌 사단의 상태에서 체결된 X-1조합과 D은행 사이에 대출계약이 유효한 것인지 살펴보아야 한다.

1. 법인 아닌 사단의 법률행위

X-1조합은 그 설립등기 전에 D은행과 대출계약을 체결하였으므로, 그 당시 법인 아닌 사단의 지위를 가지고 있었다. 다만 판례는 법인 아닌 사단에 대해서도 법인격을 전제로 하는 것이 아닌 한 사단법인에 관한 민법규정이 유추적용된다고 하고 있으므로, 우선 X-1조합이 행한 위 대출계약이 동 조합의 목적범위내의 행위인지 살펴보아야 할 것인데, 외형상 위 대출계약은 X-1조합의 사업자금 조달을 위한 것이었으므로 그 목적 범위 내에 속한다고 보는 것에 별 어려움이 없다. 또한 위 대출계약은 X-1조합의 대표자인 A에 의해 행해졌기에 그 방식면에서도 별 문제가 없다.

2. 대표권 제한 위반 시의 법률관계

사안의 대출계약은 총유물의 관리·처분행위가 아닌 단순한 채무부담행위이므로 민법 제276조의 적용을 받지는 않는다. 다만 사안에 나타나 있듯이 X-1조합의 정관은 채무부담행위에 대해서도 대표권을 제한하고 있는데, A가 X-1조합의 사업자금 조달 명목으로 행한 위 2억 원의 대출계약은 이러한 정관규정을 위반하여 행해진 대표권유월의 행위로서 그 효력이 문제된다.

사단법인의 경우 이사의 대표권 제한은 정관에 기재하여야 효력이 있고(제41조), 이를 등기하지 않으면 제3자에게 대항하지 못한다(제60조). 그런데 이 중 제60조는 법인등기와 관련된 규정으로 법인 아닌 사단에는 유추적용될 수 없다. 그래서 판례는 법인 아닌 사단의 대표자의 대표권이 정관에 의해 제한되어 있는 경우 제126조의 표현대리규정을 유추적용하여 거래상대방이 그와 같은 대표권 제한 및 그 위반사실을 알았거나 과실로 인하여 알지 못한 때에는 그 거래행위가 무효로 된다고 한다.

사안에서 D은행은 A의 대표권을 제한하는 정관규정 및 그 위반사실을 알지 못했고 또 이를 알지 못한 데에 과실이 있는 것으로 보이지 않기 때문에 A의 대표권 유월에도 불구하고 A와 D은행이 체결한 대출계약의 효력은 X-1조합에 귀속된다.

3. 대표권 남용행위의 효력

사안에서 A는 X-1조합의 사업자금 조달이라는 명목을 내세웠지만 사실은 자신의 아들인 Y의 유학자금 마련을 위해 D은행으로부터 2억 원의 대출을 받았다. 이것은 자신의 이익을 위해 대표권을 남용하는 일종의 배임행위로서 그 효력이 과연 X-1조합에 귀속되는지 문제된다.

이와 관련하여 제107조 제1항 단서 유추적용설, 권리남용설, 무권대리설 등이 다투어지고 있으나, 판례는 주로 제107조 제1항 단서 유추적용설을 따르고 있다. 대표자가 실제로는 법인 등을 위한 대표의사를 갖고 있지 않으면서 대표행위를 하는 것이 마치 비진의표시가 행해진 상황과 유사하다고 보기 때문이다.

사안에서 D은행은 대표자 A의 배임적 의사를 알았거나 알 수 있었다고 보기 어려우므로 위 대출계약의 효력은 여전히 X-1조합에 미치는 것으로 판단된다.

4. 중간결론

법인 아닌 사단 X-1과 D은행 사이에는 유효한 대출계약이 성립되었다.

Ⅱ. 설립중의 사단법인이 취득한 권리 · 의무의 승계

동일성이 인정되는 한 설립 중의 사단법인이 한 행위의 효과는 당연히 설립 후의 사단법인에 미치므로 설립등기 전에 X-1조합이 행한 위 대출계약의 효력은 설립등기로 인해 법인으로 된 X-1조합에도 당연히 미친다.

Ⅲ. 결 론

변제기가 도래하였다면 D은행은 이제는 법인으로 된 X-1조합을 상대로 하여 대출계약에 기한 대출금반환청구권을 행사할 수 있다.

해 설

Ⅰ. 대표권제한

1. 법인의 권리능력과 행위능력

민법은 제34조에서 법인의 권리능력에 관하여 규정하고 있는데 이에 따르면 법인의 권리능력은 법률의 규정과 정관으로 정한 목적에 의해 제한된다. 또한 동 규정에는 포함되어 있지만 육체가 없는 법인의 성질상 일정한 권리(예컨대 가족법상의 권리나 초상권 등)를 취득할 수 없는 제한도 있다. 이와 같은 권리능력의 범위 내에서 법인은 모든 행위를 할 수 있는 행위능력을 가진다. 법인은 연령이나 의사능력의 불완전이 문제될 여지가 없기 때문이다. 물론 법인의 행위는 대표기관에 의해 행해진다. 대표기관인 이사는 정관 또는 총회의 결의로 금지하지 아니한 사항에 한하여 타인으로 하여금 특정한 행위를 대리하도록 할 수 있다(제62조). 따라서 이사가 그 직무를 타인에게 포괄적으로 위임하여 수권하는 것은 금지되며 그 수임인의 대리행위는 법인에 대하여 효력이 없다(대판 2011.4.28. 2008다15438 참조).

2. 대표권 제한

(1) 대표권

법인의 대표기관으로 이사가 있다(제59조 제1항 참조). 법인의 대표에 관하여는 대리에 관한 규정이 적용되는데(제59조 제2항 참조), 이사의 대표권의 범위는 원칙적으로 법인의 행위능력 범위에 속하는 모든 사항에 미친다. 이 점에서 특정행위에 대해 대리권이 수여되는 일반적인 임의대리의 경우와 큰 차이를 보인다.

(2) 대표권의 제한

1) 법인의 경우

이사의 대표권은 위에서 본 바와 같이 아주 넓으므로 이를 제한할 수 있는데(제59조 제1항 단서 참조), 그 제한이 정관에 기재되지 않으면 효력이 없으며(제41조 참조), 또 등기하지 않으면 제3자에게 대항할 수 없다(제60조). 이러한 법률의 메커니즘에 따르면 이사가 대표권의 제한을 위반하여 대표행위를 한 경우에도 그 제한이 등기되어 있지 않다면 제3자의 선의·악의를 불문하고 법인은 그 제3자에게 대표권이 제한된 사실을 가지고 대항할 수 없게 된다(예컨대 대판 1992. 2.14. 91다24564). 이는 일반적인 대리에서 제3자 보호를 표현대리제도를 통해 행하는 것과 차이를 보이는 점이다. 다만 대표권 제한을 유월한 무권대표행위라 해도 법인이 이를 추인하면 유효한 대표행위로 되어 법인에게 그 효과가 귀속된다는 점에서 대리와 동일한 법리를 보인다. 이와 관련하여 주의할 점은 강행법규에 의해 대표권이 제한되어 있는 경우 그 제한에 위반하는 대표행위는 강행규정 위반으로 인해 확정적으로 무효이므로 법인의 추인에 의해서도 유효로 될 수 없으며, 또 표현대리의 법리도 적용될 여지가 없다는 점이다(대판 1987.4.28, 86다카2534; 대판 1983.12.27, 83다548 참조).

2) 권리능력 없는 사단 또는 재단의 경우

권리능력 없는 사단 또는 재단의 경우에도 법인에 관한 규정이 유추적용되지만, 대표권의 제한과 관련하여서는 이를 등기할 방법이 없으므로 등기가 아닌 제126조의 표현대리 법리에 의해 제3자 보호를 행하게 된다. 다만, 앞서 본 바와 같이 대표기관의 대표권은 임의대리의 경우와는 달리 원칙적으로 법인의 행위능력 범위 내에 속하는 모든 행위에 광범위하게 미치므로 "정당한 사유"의 유무에 대한 증명책임을 상대방이 아닌 권리능력 없는 사단 또는 재단 측에서 지게 된다는 점에 특색이 있다(대판 2003.7.22, 2002다64780 참조). 그리고 특히 권리능력 없는 사단의 경우 그 대표기관이 총유물의 처분에 관한 제267조 제1항을 위반한 경우 판례는 마치 강행규정에 의한 대표권의 제한이 위반된 것과 동일하게 다루고 있음을 주의하여야 한다(대판 2009.2.12, 2006다23312 참조).

Ⅱ. 대표권남용

대표권남용이란 대리권남용과 마찬가지로 이사가 대표권의 범위 내에서 법인이 아닌 자신 또는 제3자의 이익을 꾀하기 위하여 대표행위를 한 경우를 말한다. 이러한 대표행위의 법률효과가 법인에게 귀속되는가 여부와 관련하여 제107조 제1항 단서 유추적용설, 권리남용설, 무권대리설 등이 주장되고 있는데 판례는 권리남용설을 취한 경우도 있기는 하지만(예컨대 대판 1987.10.13, 86다카1522) 대체로 제107조 제1항 단서 유추적용설을 따르고 있다. 하지만 대표권이 남용된 경우 대표자는 그 대표행위의 법률효과를 법인에게 귀속시킬 대표의사를 실제로 가지고 있었다는 점에서 이를 비진의표시와 유사한 경우로 보기는 어려우므로 판례의 태도에는 의문이 간다.

Ⅲ. 법인의 불법행위능력

법인의 불법행위는 제35조에 따라 그 대표기관이 직무에 관하여 제750조의 요건을 충족시키는 불법행위를 한 경우에 성립한다. 이 경우 대표기관에는 사실상의 대표자도 포함된다고 함이 판례의 태도이다(대판 2011.4.28, 2008다15438 참조). 또 판례는 직무관련성 판단을 위해서는 제756조의 경우와 같이 외형이론을 기본적으로 적용하고 있다.

법인의 불법행위가 성립하는 경우에도 대표기관은 스스로 불법행위책임을 져야 하며(제35조 제1항 2문) 또 이에 가담한 자들도 제760조에 따라 공동불법행위책임을 지게 된다(대판 2009.1.30, 2006다37465 참조).

이러한 공동불법행위책임은 법인의 불법행위책임이 성립하지 않는 경우에 사원 등이 지게 되는 제35조 제2항의 책임과는 구별되는 것임을 주의하여야 한다. 법인의 대표자가 고의의 불법영득행위를 범한 경우 그 대표자는 피해자의 부주의를 이유로 하여 과실상계를 주장할 수 없지만 법인은 이를 주장할 수 있음도 주의하여야 한다(대판 1987.12.8, 86다카1170 참조).

Ⅳ. 계약당사자의 확정

계약의 당사자가 자신의 명의를 사용하지 않고 타인이나 허무인의 명의를 사용하여 계약을 체결한 경우에는 법률적으로 두 가지의 문제가 발생한다. 먼저 계약의 당사자가 행위자인가 명의인인가 하는 계약당사자 확정의 문제가 생기고, 다음으로 그렇게 확정된 계약당사자가 행위자와 다른 자일 때에 그에게 계약의 효력이 미치는가의 문제가 발생한다. 후자의 문제는 대리권이나 처분권 유무의 문제로 다루면 될 것인데, 전자의 문제와 관련하여서는 논의가 분분하였다. 근래 판례는 이 문제를 법률행위 해석의 문제로 파악하여 제반사정을 토대로 상대방이 합리적인 인간이라면 행위자와 명의자 중 누구를 계약당사자로 이해할 것인가를 기준으로 하여 당사자를 확정할 것이라 하고 있다(대판 1995.9.29, 94다4912; 대판(전) 2009.3.19, 2008다45828 참조).

03 공서양속 위반의 법률행위

기본 사실관계 ▶ 3)

X토지의 소유자이던 A가 사망하자 그의 장남인 B와 차남인 C가 X토지에 대해 각 1/2 지분 비율로 공동상속인이 되었다. 그런데 무역업을 하는 B는 몇 년 전에 사업상 필요에 의해 당시 생존해 있던 A의 도움을 받아 암달러상으로부터 마련한 50만 달러($) 상당의 미화를 외국으로 밀반출한 일이 있었는데, 이 사실을 잘 알고 있던 C는 A의 장례가 끝나자마자 계속해서 B에게 전화를 걸어 B가 상속지분을 포기하지 않으면 그의 외화밀반출 사실을 사직당국에 고발하겠으며, 그럴 경우 B는 당장 구속되어 몇 년간 구금생활을 하게 될 것이라고 끈질기게 협박하였다. 심장질환을 오래 앓고 있던 B는 이러한 협박을 받고 겁을 먹은 나머지 결국 C의 요구에 응하여 C가 제시하는 X토지 지분증여계약서에 날인을 해주었다.

그 후 아무리 생각해도 억울한 마음이 들었던 B는 이내 마음의 평정을 되찾고 평소 법적 자문을 구해 오던 친구 D를 찾아가 위 증여계약서를 작성하게 된 경위를 설명해주며 사후대책을 상의하였는데, D는 위 증여계약은 강박에 의하여 이루어진 것으로 취소할 수 있다고 하면서 일단 B를 안심시킨 후, 마침 자신이 토지를 필요로 하므로 X토지에 대한 B의 상속지분을 자신에게 처분하여 먼저 이전등기를 경료하는 방법으로 재산권을 실질적으로 확보한 후에 취소권을 행사하는 것이 좋겠다고 권유하였고 어차피 X토지 그 자체에는 별 관심이 없었던 B는 D의 권유에 따라 X토지에 관한 자신의 상속지분을 3억 원에 양도하기로 하는 매매계약을 D와 체결하고 이어서 곧바로 D에게 X토지의 1/2지분에 대한 소유권이전등기를 해주었다.

그러나 그 후 B는 어차피 X토지에 대한 자신의 상속지분을 이미 D에게 처분하였고 그 대금까지 수령하였기에 다시 C와 분란이 생기는 것이 싫어서 C에게 위 증여계약을 취소한다는 의사표시를 하는 것을 차일피일 미루었고 결국 그렇게 5년의 세월이 흘렀다.

문제 1

X토지를 점유하고 있던 C는 얼마 전에서야 B와 D의 거래사실을 알고서 등기부를 확인해 보고는

---

3) 대판 2002.12.27, 2000다47361의 사안을 기초로 한 사실관계임.

B와 D사이에 행해진 매매계약의 무효를 주장하며 B를 대위하여 D에게 공유지분의 말소등기를 청구하였다. 법적 근거가 있는가? (20점)

문제 **2**

C는 위 청구와 함께 예비적으로 B를 상대로 하여 B의 채무불이행을 주장하면서 B가 D로부터 취득한 3억 원의 반환을 청구하였다. 이에 맞서 B는 이미 D에게서 들은 바대로 강박을 이유로 하여 민법 제110조 제1항에 기해 위 증여계약을 취소한다는 의사를 변론 중 표하였고, 이에 더하여 C와의 증여계약은 진의 아닌 의사표시로서 민법 제107조에 따라 무효이거나 C의 협박으로 인해 사회질서에 반하는 법률행위로 민법 제103조에 따라 무효라고 주장하였다. B의 주장의 당부를 검토한 후 C 청구의 당부를 판단하시오. (25점)

예시답안

문제 **1**

Ⅰ. C의 채권자 대위권 행사 가부

C는 사안에 나타난 B와의 증여계약을 통하여 B에게 공유지분이전등기청구권을 갖는데 이러한 특정채권도 채권자대위권의 피보전권리로 인정된다. 그리고 D의 공유지분등기가 말소되지 않는 한 C의 공유지분이전등기청구권이 실현되기 어려우므로 보전의 필요성 또한 인정된다고 하겠다. 문제는 C가 B를 대위하여 D에게 행사하고 있는 피대위권리가 과연 존재하는 것인지 여부에 있다. 공유지분말소등기청구권은 민법 제214조(이하에서 언급되는 법조문은 법명이 따로 부기되지 아니하는 한 민법의 그것을 가리킴)에 근거한 소유물방해제거청구권으로서 이것이 인정되기 위해서는 일단 피대위자인 B에게 X토지의 소유권(공유지분)이 존재하고 D 명의의 공유지분등기가 실체에 부합하지 않는 위법한 것이어서 B의 소유권(공유지분) 행사를 방해하고 있는 상태에 있어야 한다. 이러한 요건이 충족되는지 여부는 결국 C의 주장과 같이 B와 D 사이의 매매계약이 무효인지 여부에 달려있다.

Ⅱ. B와 D 간의 매매계약 효력

C는 B와 D 간의 매매계약이 무효라고 주장하고 있는바, 그 무효사유로 생각해 볼 수 있는

것은 제103조이다. 판례는 제2매수인이 매도인의 제1매수인에 대한 배임행위에 적극 가담한 경우의 부동산 이중매매는 원칙적으로 사회질서에 반하는 위법한 것으로 무효라 한다. 사안에서 D는 B의 C에 대한 증여사실을 알면서도 적극적으로 B를 부추겨 그로부터 증여의 대상인 해당 지분을 매수하였기에 B와 D 사이의 공유지분 매매계약은 일응 판례에 의해 위법한 것으로 평가되는 법률행위인 것처럼 보인다.

하지만 B와 C 사이의 증여계약은 C의 위법한 강박행위에 의한 것으로 제110조 제1항에 따라 B가 취소할 수 있는 법률행위이다. C가 부정한 이익을 취할 목적으로 고의로 B에게 해악을 고지해 그로 하여금 공포심에 사로잡히게 하여 C 자신이 원하는 의사표시를 하도록 하였기 때문이다. 다만 C가 B의 범죄행위를 사직당국에 신고하겠다고 한 것이 과연 위법한 강박으로 평가될 수 있는지 문제될 수 있으나, 부정한 이익을 얻기 위해 그러한 신고를 예고한 것은 목적의 정당성을 결여하여 위법한 강박행위로 된다고 할 것이다.

그렇다면 B와 D가 사안에 나타난 바와 같이 위 증여계약의 사후적 취소를 전제로 하여 매매계약을 체결한 것인 한, 그러한 행위 속에는 C에 대한 B의 배임의사 및 B의 배임행위에 대한 D의 적극가담이라는 위법성의 요소가 있다고 말하기는 어려울 것이다. B와 D 모두 위 증여계약의 사후적 실효(失效)를 믿고서 행위로 나아간 것이기 때문이다.

따라서 C의 주장과는 달리 B와 D간의 매매계약은 유효한 것으로 평가된다.

Ⅲ. 결 론

B와 D 사이의 매매계약은 유효하며, 이에 따른 소유권(공유지분)이전등기도 행해졌기 때문에 D는 유효하게 해당 공유지분을 취득하였다. 그러므로 B는 더 이상 소유자가 아니고 D는 위법한 방해자가 아니므로 D에게 소유물방해제거청구권을 행사할 수 없다. 결국 C의 지분말소등기청구권 대위행사는 피대위권리의 부존재로 말미암아 법적 근거가 없다.

문제 ②

Ⅰ. B가 한 주장의 당부

1. B의 취소권 행사의 당부

앞서 살펴본 바와 같이 B는 C의 강박을 이유로 하여 제110조 제1항에 기하여 C와의 증여계약을 취소할 수 있다. 다만 그 취소권은 제146조에 따라 "추인할 수 있는 날로부터 3년 내에 법률행위를 한 날로부터 10년 내에" 행사하여야 하는데, 강박의 경우 피강박자가 공포심으로부터 벗어난 때에 취소의 원인이 소멸하여 추인할 수 있으므로$^{(\text{제144조}}_{\text{제1항}})$, 사안에서 B는 늦어도 평정심을 되찾아 D에게 법률자문을 구한 때 강박상태를 벗어나 추인할 수 있는 상태에 도달한 것으로 보인다. 하지만 B는 그 후로 5년이 지나도록 취소권을 행사하지 않았으므로 제146조의 단기제척기간에 걸려 그의 취소권은 소멸하였다고 하겠다. 그러므로 B의 증여계약 취소는 타당하지 않다.

2. B의 무효주장의 당부

(1) 비진의표시 여부

비진의표시란 표의자가 의사와 표시의 불일치를 알면서 (다만 상대방과 통정하지 않고) 하는 의사표시를 말한다. 제107조 제1항은 비진의표시를 원칙적으로 유효한 것으로 다루면서 다만 "상대방이 표의자의 진의아님을 알았거나 이를 알 수 있었을 경우"에만 비진의표시를 무효로 하고 있다.

그런데 사안에 나타난 B와 C 사이의 증여계약은 비록 C의 강박에 의해 B가 겁을 먹고서 행한 것이지만, 행위 당시 B에게 진의와 표시의 불일치가 있었던 것으로 보이지는 않는다. 내키지 않지만 어쩔 수 없는 상황에서 한 의사표시라 하더라도 일단 표의자가 의사표시 당시 그러한 의사표시의 효과를 감수할 의사를 지니고 있었다면 비진의표시는 아니기 때문이다. 사안에서 B는 비록 겁에 질려 그리 한 것이기는 하지만 X토지에 대한 자신의 상속지분을 C에게 증여한다는 내심의 의사를 지니고 있었던 것으로 파악되기에 B의 제107조에 기한 무효주장은 타당하지 않다.

(2) 공서양속 위반 여부

증여계약에 이르는 과정에 강박이라는 위법한 수단이 사용되었다고 하더라도 이로 인하여 그 증여계약의 내용이 공서양속에 반하는 것으로 되지는 않기에 제103조에 기한 B의 무효주장 또한 타당하지 않다.

Ⅱ. C가 한 청구의 당부

채무불이행을 이유로 B에게 D로부터 취득한 매매대금 3억 원의 반환을 청구하는 C는 대상청구권을 행사하고 있는 것으로 보인다. 대상청구권은 민법상 규정되어 있지 않으나 판례와 학실은 공히 이를 인정하고 있다. 그 요건을 들자면 일단 B와 C 사이의 증여계약이 유효하게 성립해 있어야 하며, 이 계약에 기한 B의 채무이행이 사후적으로 불능으로 되어야 한다. 이때 채무자인 B의 귀책사유가 반드시 요구되는 것은 아니다. 또 B는 그 불능의 원인에 기해 급부와 관념적 동일성을 가지는 대체이익(代償)을 취득하여야 한다.

앞서 살펴본 바와 같이 B의 취소권이 제척기간의 도과로 소멸하였으므로 B와 C 사이의 증여계약은 확정적으로 유효한 것으로 되었다. 그런데 B는 그 증여계약의 체결 후에 증여의 대상인 X토지의 지분을 D에게 매도하고서 그 이전등기까지 해줌으로써 D로 하여금 유효하게 X토지의 지분을 취득하게 하였고, 이로 인해 위 증여계약에 기한 B의 C에 대한 채무이행은 이제 불능으로 되었다. 그리고 그 이행불능사유에 기하여 B는 X토지 지분의 대체이익인 매매대금 3억 원을 D로부터 취득하였다.

따라서 위 요건이 모두 충족되므로 C는 B에게 3억 원의 반환을 청구할 수 있다고 하겠다.

해 설

I. 제103조의 취지

특정의 법률행위가 행위자의 효과의사대로 법률효과를 발생시키는 것은 바로 법질서가 그 법률행위라는 법률요건을 승인하고 있기 때문이다. 따라서 법질서에 의해 허용되지 않는 것을 목적이나 내용으로 하고 있는 법률행위는 법에 의해 승인될 수 없는 것이기에 무효로 될 수밖에 없다. 법이 한편으로는 특정내용의 실현을 금지하면서, 다른 한편으로는 그러한 내용의 법률효과를 발생시키는 법률행위를 승인한다는 것은 법질서의 자기모순으로 되기 때문이다. 법률행위 목적의 적법성 및 사회적 타당성이 법률행위의 일반적 효력요건으로 요구되고 있는 이유가 바로 여기에 있다. 특히 법률행위의 사회적 타당성을 규정하고 있는 제103조의 해석과 관련하여 헌법상의 기본권적 가치질서를 항상 염두에 둘 것이 요구된다.

II. 부동산 이중양도의 법적 처리에 대한 판례 및 학설의 태도와 문제점

판례는 양도인의 배임행위에 적극 가담하는 등의 사유로 부동산의 제2양수인에게 책임귀속사유가 인정되는 경우에 한하여 부동산을 이중으로 양도·양수한 행위는 사회질서에 반하여 무효라고 한다(예컨대 대판 2009.9.10, 2009다23283 참조). 그러한 사유가 없고 단지 제1양도계약에 대한 제2양수인의 악의만이 존재하는 경우에는 시장경제질서가 전제로 하는 자유경쟁의 원칙에 입각하여 제2양도계약의 효력을 부정하지 않는다. 이러한 판례의 태도는 부동산에 대한 점유취득시효가 완성된 경우 그 사실을 안 부동산의 소유자가 제3자에게 이를 처분한 경우(예컨대 대판 2002.3.15, 2001다77352 참조),

또 부동산의 명의수탁자가 그 부동산을 제3자에게 무단 처분한 경우에도 적용되고 있음을 주의하여야 한다(대판 1992.6.9. 91다29842).

문제는 제2양도계약이 무효인 경우 어떠한 법적 메커니즘을 통하여 제1양수인에게 부동산의 소유권을 귀속시켜줄 수 있는가이다. 판례는 이중매매가 무효로 되는 경우 제1매수인은 매도인을 대위하여 제2매수인 앞으로 행하여진 등기의 말소를 청구할 수 있다고 한다(대판 1983.4. 26. 83다카57). 이렇게 매도인 명의로 등기가 회복되면 제1매수인은 매도인에게 매매계약에 기한 소유권이전등기청구권을 행사하여 결국 해당 부동산의 소유권을 취득할 수 있을 것이다. 그런데 이러한 판례의 논리에는 하나의 약점이 있는데, 매도인의 제2매수인에 대한 말소등기청구권이 제746조 때문에 부정되므로 이를 제1매수인이 대위행사한다는 것은 불가능하다는 점이다. 이러한 문제점을 해결하기 위하여 일부 하급심 판결은 불법비교설을 취하여 제2매수인의 행위에 더 큰 불법성을 인정하기도 하고 또 부동산 이중양도가 무효로 되는 경우 무효의 주장은 제1매수인만이 할 수 있으며 매도인이나 제2매수인은 그 무효를 주장할 수 없다는 논리로 맞서기도 한다(수원지법 2001. 1.19. 99나17767). 그러나 제2매수인의 행위가 매도인의 행위보다 더 큰 불법성을 보인다는 것은 오히려 예외적인 경우에 해당할 것이며, 제103조에 기한 무효를 상대적 무효로 보려는 시도도 옳은 것으로 보이지 않는다.

이런 이유로 학설에서는 채권자취소권이나 불법행위로 인한 손해배상청구권 등을 활용하여 제1매수인을 보호하여야 한다는 이론들이 주장되고 있으나, 전자의 견해는 특정채권을 위한 채권자취소권이 인정되지 않는다는 점에서(물론 사해행위에 의해 제1매수인의 매도인에 대한 손해배상채권의 기초가 형성된다는 점에서 금전채권인 손해배상채권을 피보전채권으로 볼 수도 있으나 그렇다 하더라도 채권자취소권의 행사에는 채무자의 무자력 요건이 엄격히 요구된다는 점에서 이 이론의 적용에는 한계가 있으며 또 채권자취소권의 행사로 인해 매도인에게 회복된 매매목적물에 대해 제1매수인은 자신의 손해배상채권의 강제집행을 행할 수 있을 뿐이라는 점에서도 이 견해는 난점을 보인다), 후자의 견해는 우리법상 손해의 배상은 원칙적으로 금전으로 행해진다는 점(제394조)에서 맹점을 보인다.

그러므로 판례의 결론에 따르면서 그 이론적 근거를 제시하는 것이 타당하리라 생각되는데 다음 두 가지가 그 근거로 작용할 수 있을 것이다. 먼저 제746조의 취지가 스스로 불법원인급여를 한 자에게 법이 조력을 하지 않겠다는 의도를 표현한 것이라면, 그 급여가 반환되어 종국적으로 불법원인급여를 한 자가 아닌, 보호할 가치가 있는 제3자에게 귀속된다면 그 반환을 거부할 이유가 없다는 것이다. 다른 한편으로는 이중양도가 제746조의 불법에 해당하는 것인지도 의문이다. 경쟁을 본질로 하는 자유시장경제질서에서 이중양도는 원칙적으로 유효한 것이며 단지 제2양수인이 양도인의 배임행위에 적극 가담한 경우에만 제103조 위반으로 인하여 무효로 되는데, 유효인 이중양도와 무효인 이중양도의 차이가 큰 것이 아니므로 무효인 이중양도라 하더라도 그것이 제746조에서 말하는 심각한 불법에 해당하지는 않는다고 할 수도 있을 것이다. 특히 후자와 같이 이해하는 경우에는 제2매수인이 매도인에게 급부한 것도 제746조의 불법원인급여에는 해당하지 않게 되어 제2매수인은 이의 반환을 매도인에게 청구할 수 있고 그 반환과 등기말소는 동시이행관계에 있으므로 제1매수인의 대위행사에 맞서서 제2매수인은 동시이행항변권을 행사할 수 있다고 하겠다.

마지막으로 판례의 입장에 대해서 양도인이 제2양수인에게 정상적으로 소유권이전등기를 해 주지 않는 대신 그와 짜고서 제2양수인이 양도인을 상대로 소유권이전등기철차이행의 소를 제기하게 한 후 양도인이 이를 다투지 않음으로써 제2양수인이 승소의 확정판결을 받고 이에 기해서 소유권이전등기를 받는 경우에는 확정판결의 기판력 때문에 양도인은 제2양수인에게 등기말소를 청구할 수 없게 되고, 따라서 제1양수인도 양도인의 등기말소청구권을 대위행사할 수 없게 되는 문제점이 지적되기도 된다. 그러나 이와 같은 경우에 기판력에 반하면서까지 제1매수인을 절대적으로 보호해야 한다는 명제는 성립하지 않는 것으로 보이기에 제도의 악용에 기한 회피가능성을 들어 판례를 비판할 것은 아니다. 물론 판례의 입장에 따를 때에 등기를 하지 않은 제1매수인이 제2매수인으로부터 선의로 전득하여 등기까지 구비한 자보다 더 보호를 받게 되는 결과가 나타나지만 이는 공서양속위반으로 인한 무효와 관련하여 선의의 제3자를 보호하는 규정을 두고 있지 않은 입법자의 결단으로부터 초래되는 것이라 하겠다.

유 제

기본 사실관계

A는 2008. 12. 서울 광진구에서 운영하던 휴게텔을 B에게 1억 원에 양도하는 계약을 체결하면서 B의 부탁으로 계약서상 양수인 명의는 사실과 달리 C로 하였다. 그런데 이 휴게텔은 일종의 변태 성매매업소로 각 방안에는 윤락행위를 할 수 있도록 샤워시설, 침대 등이 설치되어 있었으며 B는 이러한 시설, 집기 일체도 A로부터 넘겨받아 C 명의로 사업자 등록을 하고서 계속하여 성매매업소 영업을 하다가 2009. 4. 단속에 걸려 그해 7월에 폐업하게 되었다. 계약 당일 계약금 및 중도금조로 5,000만 원을 받은 이후 잔금지급을 요구하던 A는 2009년 3월 B로부터 2009. 12.까지 잔금 5,000만 원을 지급하기로 하는 차용증을 받았다. 약정된 날이 도래되어도 B가 잔금을 지급하지 않자 A는 B에게 잔금지급을 독촉하였으나 B는 자신은 양수인 C를 소개한 것에 불과하다며 발뺌하였다. 이에 A는 B를 상대로 하여 대여금 반환청구의 소를 제기하였다.

문제 ①

위 휴게텔 영업양도계약의 당사자는 누구인가? (5점)

문제 ②

A는 B에게 대여금 반환을 청구할 권리가 있는가? (15점)

예시답안

문제 ①

휴게텔 영업양도계약의 양도인이 A임에는 아무런 의문이 없다. 그런데 양수인이 B인지 C인지는 문제가 될 수 있다. A와 실제로 법률행위를 한 자는 B이지만 계약서상으로는 양수인이 C로 되어 있고 또한 양수받은 휴게텔의 사업자 등록도 C의 명의도 이루어졌기 때문이다.

계약의 당사자 확정문제는 계약 해석의 문제이므로 법률행위 해석의 일반원칙에 따라 풀어나가는 것이 옳다. 우선 B가 C의 대리인 자격으로 위 계약을 행하였거나 그러한 의사를 표시하였다는 사정은 보이지 아니 한다. A 또한 단순히 B의 부탁을 들어주어 편의상 계약서 명의를 C로 하는 것을 허용해 주었을 뿐 B와 실제로 행하는 법률행위의 효과가 C에게 귀속한다고 생각하지는 않았던 것으로 보인다. B에게 잔금지급을 최고하고 있다는 사정은 이를 반증한다.

그러므로 표시와 상관없이 당사자간의 합치되는 진의를 기준으로 하는 자연적 해석방법에 따르면 위 영업양도계약의 당사자는 A와 B라고 하겠다. 이러한 결론은 B가 A에게 잔금 5,000만 원을 지급하기로 하는 차용증을 교부한 것으로 보아도 타당함을 알 수 있다.

문제 ②

Ⅰ. A와 B간의 준소비대차계약의 성립

A는 B에게 영업양도계약상의 잔금지급을 청구하고 있는 것이 아니라 대여금의 반환을 청구하고 있다. 그러면 그 청구권의 근거는 제598조가 될 것이다. 그런데 이에 기해 B에게 대여

금의 반환을 청구하려면 우선 A와 B간에 금 5,000만 원에 대한 금전소비대차계약이 성립해 있어야 한다.

사안에서는 영업양도대금의 잔금 5,000만 원의 지급을 요구하는 A에게 B는 차용증을 교부하였다는 언급이 있다. 통상 당사자 사이에 금전이 교부되면서 차용증이 수수된다면 차용증은 일종의 금전소비대차계약의 계약서로 기능할 것이다. 그렇다면 사안에서 B가 A에게 준 차용증도 그러한 의미를 가지는가?

사안에서 B는 차용증을 써 주면서 A로부터 현실로 5,000만 원을 받은 것은 아니고 다만 자신이 그에 대해 부담하는 5,000만 원의 잔금채무를 지급하지 못하는 사정이 있자 차용증으로써 잔금채무를 대여금채무로 전환하고자 하며 이와 동시에 변제기한의 유예도 받고자 하는 것으로 보인다. 그렇다면 A와 B간에 혹시 제605조에 규정된 준소비대차계약이 성립한 것은 아닌지 살펴보아야 할 것이다.

준소비대차계약이 성립하기 위해서는 (ⅰ) 당사자 중의 쌍방이 서로에게 또는 일방이 상대방에게 금전 기타 대체물을 지급할 채무를 지고 있어야 하며, (ⅱ) 원래의 채무를 소비대차상의 채무로 한다는 데 관하여 당사자 간의 합의가 있어야 한다. 사안을 보면 B는 A에게 금전 5,000만 원을 지급할 채무를 부담하고 있었고, 이의 지급을 재촉하는 A에게 B가 금 5,000만 원의 차용증을 교부하고 A가 이를 수령함으로써 양자 간에는 기존의 잔금채무를 새로운 소비대차계약상의 채무로 전환한다는 합의가 존재한다고 할 수 있다.

따라서 A와 B간에는 제605조에 따른 준소비대차계약이 성립하였고, 동조에 따라 소비대차의 효력이 발생한다고 할 수 있다.

Ⅱ. A와 B간의 준소비대차계약의 유효성 여부

A와 B간의 준소비대차의 합의는 무인채무를 부담한다는 내용이 아니므로 그 준소비대차의 기초로 된 채무가 유효한 것이 아니라면 준소비대차계약도 유효하게 성립할 수 없을 터인데 사안에서는 B가 A에 대해 부담하던 애초의 잔금지급채무가 유효하게 존재하던 것이었는지 의구심이 든다. 왜냐하면 그 채무의 발생원인인 A와 B간의 휴게텔영업양도계약이 사안에 따르면 제103조에 의해 무효로 될 가능성이 농후하기 때문이다. 이를 자세히 검토해 보자.

일단 A와 B간의 휴게텔 영업양도계약 그 자체는 제103조와 관련하여 어떠한 무효의 원인을 제공하지 아니한다. 휴게텔은 다양한 용도로 쓰일 수 있는 것이기에 휴게텔 영업 그 자체가 선량한 풍속 또는 기타 사회질서에 반하는 것이라고 하기는 어렵다. 그러나 A는 휴게텔을 매춘의 용도로 이용하고 있었고 B 또한 동일한 목적을 위하여 A로부터 휴게텔영업을 양수하였다. 그렇다면 A와 B간의 휴게텔영업양도계약은 그 동기가 건전한 성윤리에 반하는 것이라고 하겠다.

소위 동기의 불법이 민법상 어떻게 취급되어야 하는지에 대해서는 여러 견해가 있으나 현재에는 인식설이 많은 지지를 얻고 있다. 이에 의하면 꼭 동기가 표시되지 않았다고 하더라도 다른 경로를 통하여 상대방이 그 불법의 동기를 인식한 경우에는 법률행위 전체가 무효로 된다고 한다. 제103조의 이상을 실현하면서도 상대방 보호를 기할 수 있기에 이 견해가 타당한 것으로 보인다(판례의 입장도 유사한 것으로 보인다. 예컨대 대판 1984. 12. 11, 84다카1402).

사안에서 양수인 B의 매춘영업 계속의 동기는 A에게 인식되었다고 할 수 있으므로 A와 B간의 휴게텔영업양도계약은 전체가 제103조에 반하여 무효이다. 그렇다면 B는 A에게 잔금지급의무를 부담하지 아니 함에도 불구하고 그 채무를 기초로 하여 A와 준소비대차계약을 체결한 셈이 된다. 따라서 A와 B간의 준소비대차계약 또한 존재하지 않는 채무를 기초를 한 것으로서 무효로 된다.

Ⅲ. 결   론

결국 A는 B에게 대여금의 반환을 청구할 수 없다.

04 불공정한 법률행위

Y아파트 재건축정비사업조합 A는 E와 X토지의 공유 지분 3/7에 대한 매매계약을 체결하였는데 그 사정은 다음과 같다.

X토지는 A의 재건축 사업부지 내 귀퉁이에 있는 작고 쓸모없는 땅이지만, A로서는 이를 매수하지 아니하면 착공신고도 할 수 없는 등 재건축 사업을 추진하기 위해서 꼭 필요한 토지였다. 그래서 A는 X토지의 원래 소유자이던 B(2/7지분), C(2/7지분), D(3/7지분)와 매매협상을 하였지만 성사되지 않아 결국 그들을 상대로 매도청구권(도시 및 주거환경정비법 제39조 및 집합건물의 소유 및 관리에 관한 법률 제48조 참조)을 행사하면서 소유권이전등기를 청구하는 소(이하 선행소송이라 함)를 제기하였는데, 그 직전에 (그의 딸이 A조합 경리직원으로 근무하고 있어 A의 사정을 잘 알고 있는) E는 소위 '알박기'를 통하여 큰돈을 벌고자 위 D로부터 그의 X토지에 관한 지분(즉 X토지의 3/7지분)을 3억 원에 매수하였다. 그러자 A는 위 선행소송중 D에 대한 소송을 취하하고 E를 상대로 매도청구권을 행사하면서 그 지분의 이전을 청구하는 소송을 다시 제기하였으나 패소판결을 받게 되었다(다만, 이 소송중 E는 매매대금이 6억 원 정도라면 매도에 응할 용의가 있음을 적극적으로 표시한 적이 있었다). 이에 A는 항소를 하면서도 다급해진 마음에 보다 적극적으로 E와의 협상에 나섰다. 1심에서의 승소로 느긋해진 E는 이제 18억 원을 주지 않으면 팔지 않겠다고 완강히 주장하였고 공사착공 지연 등으로 인한 손실을 염려한 A는 결국 울며 겨자 먹기로 X토지의 3/7지분에 대하여 대금 18억 원으로 하는 매매계약을 E와 체결하면서 E의 요구에 따라 "이 계약 이후 가격의 높고 낮음에 관한 일체의 민·형사상 문제나 민·형사상의 소송은 양측이 제기하지 아니한다."라는 내용의 조항도 매매계약서에 포함시켰다. 그리고 이어서 위 항소도 취하하였다.

한편 A는 그 사이 B 및 C로부터 X토지의 지분 2/7씩을 각 2억 5천만 원의 대금으로 매수하였고 이로써 위 선행소송은 종결되었다.

아래 문제들은 상호 독립적임.

---

4) 대판 2010.7.15, 2009다50308 및 대판 2011.4.28, 2010다106702의 사안을 기초로 한 사실관계임.

문제 ①

E가 A에게 18억 원의 매매대금 지급을 청구하자 A는 E와 체결한 매매계약은 무효라고 주장하면서 그 청구에 응하지 않았다. 대신 E의 X토지에 대한 3/7지분에 대해 6억 원을 매매대금으로 하는 매매계약이 성립된 것으로 볼 수 있다고 주장하면서 6억 원만 지급하겠다고 하였다. 이러한 A의 주장은 법적 근거가 있는가? (20점)

문제 ②

A가 E에게 이미 18억 원을 지급하였고 또 위 〈문제 1〉에 나타난 A의 주장이 옳다고 가정하면 A는 어떠한 청구권을 행사하여 그 차액을 회복할 수 있는가? 그리고 이 때 E는 자신이 18억 원이라는 과도한 매매대금을 요구한 것은 A와의 협상과정에서 A가 먼저 신의를 저버린 행위를 한 데서 비롯된 것이라고 하면서(협상과정에서 A의 경미한 약속 위반 등이 있었던 것은 사실임) 이를 참작하여야 한다고 주장할 수 있겠는가? (20점)

문제 ③

사안의 A와 E 사이의 매매계약이 있은 후 5년이 지나 Y아파트 재건축이 완료되고 A가 해산되어 청산종결등기까지 마쳐졌다면 A는 위 〈문제 2〉의 청구를 할 수 있는가? (10점)

예시답안

문제 ①

먼저 E의 청구에 대한 당부를 검토한 후 A 주장의 당부를 최종적으로 검토해 보도록 한다.

Ⅰ. E의 18억 원 지급청구의 당부

1. A와 E 사이의 매매계약 성립 여부

E가 A에게 매매대금 18억 원의 지급을 청구하기 위해서는 우선 A와 E 간에 매매계약이 성립해 있어야 하며 그 내용상 매매대금이 18억 원으로 정해져 있어야 하는데 사안에서 이미 이러한 사실은 서술되어 있다.

2. A와 E 사이에 성립된 매매계약의 효력

그러나 A와 E 사이에 성립한 매매계약은 불공정한 법률행위로서 민법 제104조(이하에서 언급되는 법조문은 법명이 따로 부기되지 아니하는 한 민법의 그것을 가리킴)에 기해 무효로 될 수 있다. 이를 위해 제104조가 요구하고 있는 요건을 살펴보면 (ⅰ) 객관적으로 급부와 반대급부 간에 현저한 불균형이 존재하여야 하며, (ⅱ) 주관적으로 그와 같이 균형을 잃은 거래행위가 피해 당사자의 궁박, 경솔, 무경험을 가해자가 이용하여 이루어진 것이어야 한다.

(1) 급부의 현저한 불균형

먼저 객관적 요건부터 살펴보면 사안에서 E는 A와의 매매계약 당시 일단 자신이 매수한 가격의 6배에 해당하는 매매대금을 요구하여 관철시켰는데, E가 당해 토지의 지분을 매수한 동기, 비교적 단기간의 보유기간, 당해 토지의 다른 공유자인 B와 C가 A에게 각각 자신들의 2/7 지분을 2억 5천만 원에 매도하였다는 사실 및 당해 토지가 A의 사업부지의 귀퉁이에 있는 별 쓸모가 없는 땅이라는 점 등을 종합적으로 고려하여 보면 E의 X토지에 대한 3/7 지분의 대가로 18억 원이 약정된 것은 현저히 균형을 잃은 것이라 판단된다.

(2) A의 궁박, 경솔, 무경험

다음으로 A에게 궁박, 경솔, 무경험이라는 주관적 요건이 있는지 살펴보아야 할 것인데 궁박, 경솔, 무경험은 모두 구비되어야 하는 요건이 아니라 그 중 일부만 갖추어져도 상관없다. 사안을 살펴보면 A로서는 그의 사업을 추진하기 위하여 이 사건 토지 X 전부를 반드시 매수하여야만 했다는 사정이 나와 있고 그럼에도 불구하고 E에 대한 매도청구권을 행사한 선행소송에서는 패소판결을 받았다는 사실 또한 나타나 있다. 그렇다면 재건축을 진행하려는 A는 E와의 매매계약 체결 당시 자신의 존재기반이 되는 재건축사업을 아예 시작조차 할 수 없게 될 위험에 직면하여 궁박한 상태에 있었다고 판단된다.

(3) E의 폭리행위의 악의

마지막으로 E에게는 A의 그러한 궁박상태를 이용하려는 의사, 즉 폭리행위의 악의가 있어야 한다. 사안을 살펴보면 당해 X토지는 재건축 사업부지 내에 존재하고 또 귀퉁이에 있는 별 쓸모없는 토지인데도 불구하고 E가 그 지분을 취득하였다는 사실, 더구나 당해 토지 전체를 취득하지 않고 3/7 지분만을 취득하였다는 점, A조합에 근무하는 딸을 통하여 A의 궁박한 상태를 잘 알고 있었을 것이라는 점 및 마지막으로 소위 알박기를 하여 폭리를 취할 의사를 E가 가지고 있었다는 점 등이 나타나 있는데 이런 사정들을 참작하면 E에게 폭리행위의 악의는 무리 없이 인정될 수 있을 것이라 판단된다.

(4) 중간결론

A와 E 사이에 체결된 매매계약은 제104조에서 말하는 불공정한 법률행위의 모든 요건을 충족하고 있으므로 무효이다.

3. A와 E 사이에 체결된 특약의 효력

A와 E가 사안에 나타난 바와 같은 내용의 조항을 합의하여 매매계약서에 편입하였다고 하더라도 이러한 내용의 특약 또한 A의 궁박한 상태를 이용하여 체결된 것이며 또 E가 취득한 폭리를 유지하기 위한 목적을 가진 것이므로 그 자체로 불공정한 법률행위에 해당하여 무효라고 보아야 한다. 또 제104조는 강행규정이므로 본 계약인 매매계약이 제104조 위반으로 인정되는 한, 그 계약에 부수되어 있으면서 그 불공정을 다툴 수 없도록 하고 있는 위와 같은 내용의 합의는 강행규정의 적용을 배제하려는 것으로 그 효력이 인정될 수 없다.

4. 결   론

결론적으로 E의 청구는 법적 근거가 없다.

Ⅱ. A 주장의 당부

A는 6억 원을 매매대금으로 하는 매매계약의 성립을 주장하고 있는데 A와 E 사이에 새로운 매매계약이 체결된 사정이 보이지 아니하므로 A의 이러한 청구는 일부무효의 법리 또는 무효행위의 전환에 기초하고 있을 것으로 판단된다.

1. 일부무효의 법리

A는 제137조를 원용하면서 일부무효의 법리를 주장할 수도 있을 것이다. 즉 애초에 E와 맺은 무효인 불공정한 매매계약은 적정가격을 초과하는 한도에서 무효라는 주장을 하면서 동시에 A와 E는 그 무효부분이 없더라도 매매계약을 체결하였을 터인데 그러한 가정적 매매계약은 아마 양 당사자 모두 감내할 수준인 6억 원을 대금으로 하여 성립하였을 것이라고 주장하는 것이다.

그러나 폭리행위가 제104조에 의해 무효로 되는 경우 그 폭리행위 전부가 무효로 되는 것이지 그 일부만이 무효로 되는 것이라고 보기는 어려울 것으로 생각된다. 불공정한 법률행위를 무효로 만드는 사유가 단순히 급부가치의 현저한 차이에만 있는 것은 아니기 때문이다.[5]

---

5) 사안과 같은 토지매매계약의 경우 매매계약 중 대금약정 부분이 무효로 되면 목적에 관한 계약부분은 독자적으로 존

그러므로 이와 같이 법률행위 전부의 무효가 인정되는 경우 제137조의 일부무효의 법리는 적용될 여지가 없다고 할 것이다.

2. 무효행위의 전환

그렇다면 A를 위해 고려될 수 있는 유일한 가능성은 제138조에 규정되어 있는 무효행위 전환의 법리이다. 이를 위한 요건으로 요구되는 것은 (ⅰ) 어떠한 법률행위가 무효이어야 하고, (ⅱ) 그 무효인 법률행위가 다른 법률행위의 요건을 구비하고 있어야 하며, (ⅲ) 당사자가 그 법률행위의 무효를 알았더라면 그 다른 법률행위를 하는 것을 의욕하였으리라 인정되어야 한다.

사안과 관련하여 보면 A와 E가 18억 원의 매매대금으로 체결한 매매계약은 제104조에 의해 무효이다. 그리고 이러한 무효인 매매계약은 당연히 당해 매매목적물에 대해 그 보다 더 적은 액수를 매매대금으로 정하는 매매계약의 모든 요건을 갖추고 있다(이른바 大는 小를 포함한다).

문제는 마지막 요건으로 요구되는 당사자들의 가정적 의사인데 이러한 의사는 현재 당사자가 실제로 가지고 있는 의사가 아니라 당사자들이 계약체결시와 같은 구체적 사정 아래 있다고 가정하는 경우에 거래관행을 고려하여 신의성실의 원칙에 비추어 가졌을 가정적 의사를 의미한다. 사안에서 A는 어떠한 일이 있더라도 E가 가진 X토지의 지분을 매수하여야만 하는 처지이다. E 또한 자신에게는 전혀 쓸모없는 지분을 A에게 매도할 목적으로 당해 지분을 매수한 자이며, 나아가 그에게 행사된 매도청구권에 관한 선행소송에서 6억 원 정도이면 매도에 응하겠다는 의사를 표한 적이 있고, 이러한 매매대금 6억 원은 A와 B, C와의 매매계약으로부터 추단되는 당해 지분의 객관적 시가보다는 상당히 높은 금액이므로 E가 신의칙상 거절할 수 없을 것이라 판단된다. 그러므로 A와 E가 애초의 매매계약이 무효임을 알았더라면 6억 원을 매매대금으로 하는 매매계약을 체결하였으리라는 가정적 의사를 양 당사자에게 인정하는 것이 그리 불합리 하지 않을 것이라 판단된다.

Ⅲ. 결 론

그렇다면 A와 E 사이에 체결된 매매대금 18억 원의 매매계약은 무효로 되었지만, 그 무효

속할 수 없어 전부무효로 된다고 보는 견해도 있다. 그런데 이 견해에 대해서는 대금약정 부분이 전부무효가 아니라 일부무효인 경우에는 어떻게 처리되어야 하는지 의문이 든다는 점을 지적할 수 있겠다. 그 뿐만 아니라 불공정 법률행위를 제103조의 무효가 아니니 제104조의 무효로 만드는 것은 단순히 급부 간의 불균형만이 아니라 이와 더불어 궁박, 경솔, 무경험이라는 주관적 요소 및 이를 이용하려는 폭리자의 폭리의사에 대한 종합적 가치판단이므로 불공정한 법률행위를 단지 대금약정 부분에만 무효사유가 있는 것으로 보는 것부터 이미 잘못된 시각에 근거한 것이 아닌가 하는 의문을 자아낸다.

인 매매계약이 이제는 6억 원을 매매대금으로 하는 유효한 매매계약으로 전환되었다고 할 수 있다. 따라서 A의 주장은 근거가 있다.

문제 ②

I. A가 행사 가능한 청구권

1. 부당이득반환청구권

A는 제741조에 기하여 E에게 12억 원의 반환을 청구할 수 있을 것이다. 이를 위해서는 (ⅰ) A에게 12억 원의 손실, (ⅱ) E에게 12억 원의 이득, (ⅲ) 이러한 손실과 이득 간의 인과관계 및 (ⅳ) E의 이득에 법률상 원인이 결여되어 있을 것이 필요하다.

사안에서 A는 E와의 무효인 매매계약에 기하여 18억 원을 지급하였는데, 그 무효인 매매계약이 대금을 6억 원으로 하는 매매계약으로 전환되었으므로 그 차액인 12억 원에 관한 한 위 요건이 모두 충족된다고 하겠다.

다만, A가 이와 같은 부당이득반환청구권을 행사하는 데에 혹시 제742조 및 제746조가 걸림돌이 될 수 있지 않을까 생각되기도 하지만 전자와 관련하여서는 A의 악의 여부가 불확실할 뿐만 아니라 또 동 규정은 손실자가 궁박한 상황에서 어쩔 수 없이 급부를 행한 경우에는 적용되지 않는다는 점을, 후자와 관련해서는 불공정한 법률행위가 언제나 제746조의 불법원인으로 평가되는 것은 아닐 뿐만 아니라 만일 그것이 불법원인으로 인정되는 경우라 하더라도 위 사안에서는 불법원인이 수익자인 E에게만 존재한다는 점을 고려하면 양 규정은 A의 부당이득반환청구권의 행사에 방해가 되지 않을 것으로 보인다.

2. 불법행위로 인한 손해배상청구권

E는 A의 궁박한 상황을 이용하여 A에게 현저히 과도한 매매대금을 지출하도록 강요하였다. 이러한 사실에서 (ⅰ) E의 행위로 인한 A의 의사결정의 자유 침해, (ⅱ) E 행위의 위법성, (ⅲ) E의 고의, (ⅳ) A의 결과적 손해(12억 원의 추가 지출) 등 제750조에서 요구하는 모든 요건이 충족됨을 알 수 있다. 그러므로 A는 제750조에 기해 E에게 12억 원의 손해배상을 청구할 수도 있다.

Ⅱ. E의 과실상계 주장의 당부

E는 협상과정에서 보인 A의 부주의를 이유로 하여 과실상계를 주장하고 있는 듯하다. 그

런데 과실상계는 손해배상청구와 관련된 것이므로 A가 부당이득반환청구권을 행사하는 한 적용될 여지가 없다. 그리고 설사 A가 불법행위로 인한 손해배상청구권을 행사하는 경우라 하더라도 고의의 위법한 영득행위를 행한 자가 과실상계를 주장하는 것은 신의칙에 반하는 것이어서 그의 주장은 배척될 것이다.

Ⅲ. 결   론

A는 E에 대해 부당이득반환청구권이나 불법행위로 인한 손해배상청구권을 선택적으로 행사하여 12억 원을 되찾을 수 있으며, 이에 대해 E는 과실상계를 주장할 수 없다.

문제 ③

A가 청산절차종결등기를 하였다고 하더라도 아직 청산사무가 실제로 종료되지 않았다면 청산의 목적범위 내에서 A법인은 여전히 존속한다. A가 E에게 부당이득반환이나 불법행위로 인한 손해배상을 청구하는 것은 채권의 추심으로서 청산사무에 속하는 것이므로 청산법인으로 존속하고 있는 A는 이를 청구할 수 있다고 하겠다.

다만 그 소멸시효의 완성 여부를 살펴보아야 할 것인데, 부당이득반환채권의 소멸시효 기산점은 부당이득이 발생한 때이고, 그 기간은 10년이므로 A의 E에 대한 부당이득반환청구권의 소멸시효는 아직 완성되지 않았다. 반면 불법행위로 인한 손해배상청구권의 소멸시효는 제766조에 따라 피해자나 그 법정대리인이 그 손해 및 가해자를 안 날로부터 3년, 불법행위를 한 날로부터 10년이 지나면 완성되는데, 여기서는 3년의 단기소멸시효의 완성 여부가 문제로 된다. 이 기간은 피해자가 가해자가 누구인지 그리고 그 가해자가 행한 행위가 불법행위의 요건을 충족한다는 사실을 안 날로부터 진행되는 것이기에 사안에서 E의 폭리행위에 A가 마지못해 응했던 양자 간의 매매계약체결 시에 이미 A(그 대표이사)는 이러한 사실을 알았다고 볼 수 있을 것이므로 그로부터 5년이 지났다면 단기소멸시효의 완성으로 인해 A는 E에게 불법행위로 인한 손해배상청구는 더 이상 할 수 없다고 하겠다.

해 설

Ⅰ. 불공정한 법률행위

제104조는 어떤 자가 다른 자의 궁박, 경솔, 무경험을 이용하여 폭리를 취하는 것을 막고자 하는 취지의 것으로 공서양속에 반하는 법률행위의 무효를 규정하고 있는 제103조의 특별규정이다. 법률행위가 제104조에 따라 불공정한 법률행위라는 이유로 무효가 되기 위해서는 우선 (ⅰ) 급부와 반대급부 사이에 현저한 불균형이 존재하여야 하며, (ⅱ) 피해자에게 궁박, 경솔 또는 무경험이라는 사유가 존재하여야 한다. 그리고 마지막으로 (ⅲ) 피해자에게 그와 같은 불리한 사정이 있음을 알고서 이를 이용하려는 폭리자의 의사가 있어야 한다. 이러한 요건이 모두 충족되면 그 법률행위는 무효가 된다. 불공정한 법률행위의 경우 일부무효가 인정될 수 있다고 주장하는 학설도 있지만, 위 요건에서 보듯이 단순히 급부의 불균형만으로 불공정한 법률행위가 성립하는 것이 아니고 그 외에 피해자의 사정 및 폭리자의 악의 등이 요구되므로 제104조의 무효는 전부무효라 해석함이 타당하다. 주의할 점은 제104조의 요건에서 이미 급부와 반대급부 간의 비교가 요구되고 있으므로, 불공정한 법률행위는 유상행위의 경우에만 성립될 수 있으며 증여와 같은 무상행위에는 성립할 여지가 없다는 것이다.

Ⅱ. 일부무효의 법리

제137조에 규정되어 있는 일부무효의 법리는 법률행위의 일부분이 무효인 경우 원칙적으로 그 전부가 무효로 되며, 예외적으로 그 무효부분이 없더라도 당사자들이 법률행위를 하였을 것이라고 인정될 때에는 나머지 부분은 무효가 되지 아니한다는 것을 그 내용으로 하고 있다. 당사자들의 의사를 존중하여 사적 자치의 원칙을 고수하고자 하는 뜻이 그 안에 담겨 있다.

일부무효가 되기 위한 요건을 살펴보면 먼저 (ⅰ) 하나의 일체적인 법률행위가 존재하여야 하며, (ⅱ) 그 법률행위가 분할가능하여야 하며, (ⅲ) 그 분할 가능한 법률행위의 일부에 무효사유가 존재하여야 하며, 마지막으로 (ⅳ) 당사자가 그 무효부분이 없더라도 그 법률행위를 하였을 것이라고 인정될 것이 요구된다. 특히 (ⅰ)의 요건과 관련하여 객관적으로는 수개의 행위가 당사자의 의사에 따라 일체적 법률행위로 인정될 수 있다는 점(예컨대 토지와 그 지상 건물의 매매)을 주의하여야 하며 (ⅳ)의 요건과 관련하여 단순히 주관적 의사만이 사실적으로 탐구되는 것이 아니라 신의칙 등에 의한 규범적 평가가 함께 행해진다는 점을 주의하여야 한다.

이러한 일부무효의 법리는 법률행위의 일부에만 취소사유가 존재하는 경우에도 유추적용
되기도 하지만, 다른 한편으로는 민법의 다른 규정이나 특별법에 의해 그 적용이 제한되기도
한다$\binom{\text{예컨대 민법 제385조 제1항, 이자제한법 제2조}}{\text{제3항, 약관의 규제에 관한 법률 제16조 등 참조}}$.

Ⅲ. 무효행위의 전환

무효행위의 전환은 제138조에 규정되어 있는데, 어떤 법률행위가 무효이지만 다른 법률행
위의 요건을 갖추고 있는 경우에, 당사자가 자신들의 법률행위가 무효라는 것을 알았더라면
그 다른 법률행위를 하였으리라고 인정되는 경우 그 다른 법률행위로서 효력을 인정하는 것
을 일컫는다. 이 제도는 당사자들의 애초 의도가 법률행위의 무효로 인하여 완전히 좌절되는
것을 막고 비록 수정된 형태이지만 어느 정도 유지될 수 있는 계기를 마련해 주는 데에 의미
가 있다.

그 요건으로는 (ⅰ) 어느 법률행위가 전부무효일 것, (ⅱ) 그 무효인 법률행위가 다른 유효
한 법률행위의 요건을 충족하고 있을 것, (ⅲ) 당사자들이 원래의 법률행위가 무효임을 알았
더라면 그 다른 법률행위를 하였으리라 인정될 것이 요구된다. (ⅱ)의 요건과 관련해서 특히
문제가 되는 것은 요식행위로의 전환인데, 불요식행위가 요식행위로 전환되는 것은 어려울
터이나 요식행위에서 다른 요식행위로의 전환은 그 다른 요식행위가 방식을 요구하고 있는
취지를 검토하여 결정하여야 한다는 것이 일반적 견해이다. 그리하여 특정 방식이 법률행위
의 본질적 구성부분으로 되어 있는 경우(예컨대 어음행위 등)에는 그 특정 방식이 구비되어 있
지 않는 한 전환이 인정될 수 없지만, 방식이 단지 의사표시의 신중 또는 명확성을 기하기 위
해 요구되는 경우(예컨대 인지, 입양 등)에는 전환이 인정될 수 있다고 함이 다수의 견해이다.
(ⅲ)의 요건인 당사자의 가정적 의사와 관련하여 주의할 점은 당사자의 원래의 의도를 뛰어넘
는 무리한 의사의 추정은 법관에 의해 강요된 계약으로 연결되기에 피해야 한다는 것이다. 그
한도 내에서 당사자의 이익을 규범적으로 평가하여 가정적 의사의 확정이 이루어져야 할 것
이다.

05 법률행위의 무효

기본 사실관계 [6]

남편 A가 교통사고로 정신이상증이 생겨 자택에서 2개월간 치료하다 정신병원에 입원하게 되자 장기간의 투병생활에 드는 치료비 및 생계비 등을 걱정한 그의 처인 B는 집에 보관하고 있던 A의 인감도장, 인감증명서 및 등기권리증 등을 제시하여 A의 대리인인양 하면서 남편 A 소유의 부동산인 대지X와 그 위의 건물Y에 대해 C와 매매계약을 체결하였다. B는 그 매각 대금으로써 우선 남편의 입원비, 생활비, 자녀들의 양육비에 충당할 작정이었으며 또 A가 퇴원한 뒤 함께 거처할 조용한 아파트의 구입도 생각하고 있었다. B는 이러한 사용목적을 C에게도 설명해 주었다. B는 계약 당일 계약금 5,000만 원을 C로부터 수령하였으며, 위 대지와 건물의 이전등기에 필요한 서류는 4개월 후에 4억 5,000만 원의 잔금지급과 동시에 교부하기로 하였다. 이 과정에서 C는 B가 위 매매계약에 관한 대리권을 A로부터 실제로 수여받았는지 A에게 직접 확인을 하려 했지만 A는 가족을 포함한 그 누구와도 면회가 금지되어 있는 관계로 확인을 할 수 없었으며, 이러한 상황을 참작할 때 C로서는 B에게 B가 말한 목적을 위해 위 매매계약에 관한 대리권이 있음을 의심할 수 없었다. 한편 A 소유의 대지 X는 국토의 계획 및 이용에 관한 법률상 토지거래허가구역 내에 있는 토지였지만, B와 C는 그 사실을 알지 못하고 있었다.

그런데 약 3개월 정도가 지난 뒤 A는 극적으로 정신상태를 회복하였다.

문제 1

A는 정신상태 회복 직후 한편으로는 B에게 대리권을 수여한 바가 없다는 이유로, 다른 한편으로는 위 매매계약이 관할청으로부터 토지거래허가를 득하지 않았다는 이유로 B와 C 간의 X토지 및 Y건물에 대한 매매계약은 전부 무효라고 주장한다. 그러자 C는 이에 대해 표현대리를 주장하면서 또 최소한 Y건물의 매매는 허가의 대상이 아니어서 유효한 것이라 주장하면서 맞섰다. 누구의 어떠한 주장이 타당한지 각 검토해 보시오. (25점)

---

6) 대판 1970.10.30. 70다1812의 사안을 기초로 한 사실관계임.

문제 2

A의 주장으로 위 Y건물의 대지인 X토지가 토지거래허가구역 안에 존재한다는 사실을 알게 된 C는 A에게 내용증명우편으로 X토지거래의 허가절차에 협력해 줄 것을 요청하였으나 A가 이에 응하지 아니할 뿐만 아니라, A가 잔금지급기일이 도래해도 잔금수령을 하지 않을 것이며 또 등기서류의 이전도 해 줄 수 없다는 뜻을 확고히 밝히자 골머리를 앓다가 위 매매계약을 해제하고 또 자신이 이미 지급한 5천만 원의 반환도 받고자 한다. 해제권 행사가 가능한지 또 5천만 원을 반환받을 수 있는 길이 있는지 각각 별도로 법률검토를 해보시오. (25점)

예시답안

문제 1

Ⅰ. B의 대리권 유무 및 표현대리의 성부

1. B의 대리권 유무

사안에서 A가 B에게 X토지와 그 위의 Y건물에 대한 매매계약을 체결할 대리권을 수여한 정황을 발견할 수 없다. 단지 인감도장, 인감증명서, 등기권리증 등을 집에 보관하고 있었다는 것만으로는 그러한 수권행위가 있었다고 보기는 어려울 것이다.

다른 한편 B는 A의 아내로서 민법 제827조 제1항(이하에서 언급되는 법조문은 법명이 따로 부기되지 아니하는 한 민법의 그것을 가리킴)에 기하여 일상가사대리권이라는 법정대리권을 당연히 가지지만 사안에서 B가 행한 부동산의 처분은 일상가사의 추상적·일반적 범위를 벗어나는 것으로서 그 목적과 관계없이 동 대리권의 범위에 포함되지 않는다고 함이 다수설 및 판례의 입장이다.

그러므로 B가 A의 부동산을 C에게 매도한 행위는 무권대리행위이다.

2. 제126조의 표현대리 성립 여부

문제에서 C가 그 성립을 주장하는 표현대리로 고려 가능한 것은 일상가사대리권을 기본대리권으로 하는 제126조의 표현대리이다. 그 요건으로는 기본대리권의 존재 이외에 대리인이 그러한 기본대리권의 범위 밖의 법률행위를 하였을 것과 상대방이 대리인에게 그러한 행위를 할 대리권이 있다고 믿을 만한 정당한 이유가 존재할 것이 요구된다.

사안과 관련하여 먼저 일상가사대리권이 제126조 표현대리의 요건인 기본대리권으로 될 수 있는지에 대해서 논의가 있기는 하지만 압도적 다수의 견해 및 판례는 그 기본대리권성을 인정하고 있다. 그리고 앞서 살펴본 바와 같이 B는 남편인 A 소유의 부동산인 X토지와 Y건물을 매각함으로 인해 그녀에게 있는 일상가사대리권의 범위를 벗어나는 대리행위를 하였다. C에게 과연 B가 그러한 행위를 할 대리권이 있다고 믿을 만한 정당한 이유가 있었는가와 관련해서 다수견해 및 판례는 A가 B에게 그러한 행위에 대해 별도의 수권을 행하였다고 믿을만 한 정당한 이유가 있었는지 여부를 심사한다. 사안에서 B가 C에게 필요한 서류들을 제시하였으며, 또 가족공동체를 위한 부동산 처분 목적을 설명하였고, A는 면회조차 금지되어 있는 상태에 있었다는 점 등을 고려한다면 A가 B에게 재산관리 및 처분에 관한 대리권을 수여했으리라고 C가 믿은 데에 과실이 있는 것으로 보이지는 않는다.

따라서 제126조의 표현대리가 성립하여 위 매매계약의 효력은 A에게 귀속된다.

Ⅱ. 토지거래허가제도와 건물 및 그 대지에 관한 매매계약의 효력

A와 B의 두 번째 주장들의 당부를 판단하기 위해서는 표현대리의 성립으로 인해 A와 C 사이에 성립한 것으로 인정되는 X토지 및 Y건물에 대한 매매계약이 아직 토지거래허가를 받지 않은 사정으로 인해 어떠한 효력를 갖게 되는지 검토해 보아야 한다.

1. X토지 매매계약의 효력

국토의 계획 및 이용에 관한 법률 제118조 제6항은 허가구역 내의 토지에 대해 허가를 받지 아니하고 체결한 토지거래계약은 그 효력이 발생하지 아니한다고 규정하고 있는데 여기서 '그 효력이 발생하지 아니한다'는 것의 의미를 판례는, 애초부터 관할청의 허가를 배제하거나 잠탈할 목적으로 행해진 것이 아닌 한(이러한 경우에는 확정적 무효를 인정하고 있다), 유동적 무효로 이해하고 있다. 이러한 해석에 따른다면 사안에서 A와 C 사이에 성립한 것으로 인정되는 X토지의 매매계약은 유동적 무효상태에 있다고 할 수 있다.

2. Y건물 매매계약의 효력

우리 법제상 토지와 건물은 각각 별개의 독립된 물건이므로 매매계약 또한 각각 별개로 체결되었다고 볼 수도 있겠지만 거래관념상 건물과 그 대지에 대한 매매계약은 보통 하나의 일체적 법률행위로 인정되고 있기에 건물대지의 매매계약이 유동적 무효인 것과 관련하여 제137조에 규정되어 있는 일부무효의 법리가 적용될 수 있는지가 문제로 된다.

제137조에 따르면 법률행위의 일부분이 무효인 때에는 그 전부가 무효로 됨이 원칙이다. 다만 예외적으로 일부만의 무효가 인정되어 나머지 부분은 유효한 것으로 존속할 수 있는데 그 요건을 살펴보면 (i) 일체적 법률행위의 일부만이 무효이어야 하고 (ii) 무효인 부분과 나머지 부분이 분할가능하여야 하며 (iii) 당사자들이 그 무효부분이 없더라도 당해 법률행위를 하였을 것이라는 가정적 의사가 인정되어야 한다.

사안과 관련하여 이를 살펴보면 전술한 바와 같이 토지와 그 위의 건물이 함께 거래되는 경우 일체의 법률행위가 성립하므로 토지에 대한 매매계약이 (유동적) 무효라고 한다면 일체적 법률행위의 일부가 무효인 경우라 할 수 있을 것이며, 또한 법률상 토지와 건물은 별개의 물건인 까닭에 무효인 부분과 나머지 부분의 분할가능성도 인정된다고 하겠다. 그러나 일반적으로 토지 및 그 위의 건물을 일괄하여 매매하는 자는 그 총체적 상태에 대해 관심을 갖는 것이지 건물 혹은 토지에만 관심을 갖는 것은 이례적인 것이어서 건물과 그 대지의 법률상 운명을 같게 하는 것이 거래의 관행 및 당사자의 의사에 부합하는 것이라 할 수 있다. 더군다나 건물만을 C에게 매도한다면 C의 건물소유를 위한 관습상의 법정지상권의 성립 여부가 또한 문제로 되는데 이러한 점까지 B와 C가 의욕하였으리라 생각되지는 않는다. 그렇다면 거래 당시 B와 C가 X토지의 매매계약의 무효를 알았더라면 Y건물만이라도 매매하였을 것이라는 가정적 의사는 인정하기가 힘들 것이라 판단된다.

그리하여 결국 A과 C 사이에 성립한 것으로 인정되는 Y건물에 대한 매매계약 또한 X토지에 대한 매매계약과 함께 유동적 무효의 상태에 있는 것으로 볼 수밖에 없다.

3. 결 론

C의 표현대리 주장 및 A의 전부무효 주장이 타당하다.

문제 ②

I . C의 해제권 행사 가부

1. 계약금 계약에 기한 해제권 행사

B와 C는 위 매매계약시 계약금 5,000만 원을 수수하였고, 이행의 착수라는 사정이 양 당사자측에 아직 보이지 아니하므로(C가 A에게 토지거래허가절차에 협력할 것을 청구한 것은 매매계약 그 자체의 내용과는 상관없는 것이므로 이행의 착수로 인정되지 않음) C는 제565조 제1항에 따라 위 매매계약을 해제할 수 있다. 하지만 이 경우 C는 자신이 이미 지급한 계약금을 포기하여야 하므로 이러한 해제권의 행사는 그의 의도에 전혀 부합하지 않는다.

2. A의 이행거절로 인한 해제권 행사

아직 이행기가 도래하지 않았지만 벌써부터 A는 갖가지 사유로 위 매매계약의 무효를 주장하면서 이행기가 도래하더라도 자신의 채무를 이행하지 않을 뜻을 확정적으로 표하고 있다. 이는 소위 이행거절이라는 채무불이행의 유형에 속할 수 있는 행태인데, 이러한 경우 판례는 원칙적으로 이행기전의 해제를 인정하고 있다.

하지만, 이미 살펴보았듯이 A와 C 간의 매매계약은 유동적 무효인 상태에 있어 아직 아무런 급부의무도 발생하지 않았으므로 사안에 나타난 A의 이행거절의 의사표시가 채무불이행으로서의 이행거절로 평가될 수는 없는 일이다.

따라서 이행거절로 인한 해제권의 행사는 C에게 인정되지 않는다.

3. 협력의무 위반으로 인한 해제권 행사

토지거래허가를 받지 않아 유동적 무효인 계약을 체결한 당사자 사이에서는 그 계약이 효력있는 것으로 완성될 수 있도록 서로 협력할 의무가 신의칙상 인정되므로 이러한 의무에 위반하는 것은 일종의 부수적 의무위반으로 인정될 수 있다. 다만 판례는 이러한 협력의무 위반으로 손해배상청구권은 발생할 수 있을지언정 계약해제권은 발생하지 않는다는 입장이다. 따라서 C는 A의 협력의무 위반을 이유로 해서도 해제권을 행사할 수 없다.

4. 중간결론

C의 의도에 어울리는 해제권의 행사는 불가능하다.

Ⅲ. 5,000만 원 반환청구의 가부

앞서 본 바와 같이 위 매매계약이 유동적 무효의 상태에 있는 한 C의 해제권 행사는 계약금을 포기하고 하는 해제 외에는 불가능하므로 C가 5,000만 원을 반환받을 수 있는 방법으로 고려될 수 있는 것은 제741조의 부당이득반환청구권이 유일하다.

그러나 판례는 매매계약이 확정적으로 무효로 된 것이 아닌 한, 유동적 무효의 상태라고 하여 이미 이행한 급부에 법률상 원인이 결여되어 있다고 보지 않는다. 유동적 무효는 언제든지 유효로 바뀔 수 있는 법적 상태이기 때문이다. 따라서 유동적 무효의 상태에서 C는 부당이득반환청구권에 의해서도 이미 지급한 계약금 5,000만 원을 반환받을 수 없다.

다만, 사안에서 A가 허가신청협력을 거절하고 있고 C 또한 위 매매계약의 구속력으로부터 벗어나고자 하는 의사를 가지고 있으므로 C도 A에게 허가신청협력 거절의사를 명확히 표시하면 위 매매계약은 확정적 무효로 되어 C는 부당이득반환청구권에 기해 A로부터 5,000만 원의 반환을 받을 수 있다. C의 허가신청협력 거절의사의 표시는 부당이득을 이유로 A에게 5,000만 원의 반환을 청구하는 행위 내에 포함되어 묵시적으로 행해질 수도 있다.

Ⅲ. 결　론

C도 허가신청협력 거절의사를 밝히면 위 매매계약은 확정적 무효로 되므로 C는 이미 지급한 5,000만 원을 부당이득반환청구권을 통하여 반환받을 수 있다.

해　설

Ⅰ. 일상가사대리권과 표현대리

표현대리가 본인에게 외관형성에 어느 정도 책임이 있다는 점에 착안하고 있는 제도라면 법정대리권을 기본대리권으로 하는 제126조의 표현대리가 인정되기는 쉽지 않을 터이나 제827조 제1항에 규정되어 있는 부부간의 일상가사대리권을 기본대리권으로 하는 제126조의 표현대리는 성립 가능하다는 것이 다수설 및 판례의 견해이다. 이러한 견해는 일상가사대리권자에 대해서는 본인의 감독가능성이 있어 월권행위에 대한 본인의 책임이 인정될 여지가 있으며 또 일상가사대리권의 구체적 범위가 부부공동체의 사회적 지위, 직업, 재산, 수입능력 등이나 부부의 생활장소인 지역사회의 관습 등에 의하여 정해지는 유동적인 것이라서 상대방 보호의 필요성이 크다는 것을 그 근거로 한다.

다만 제126조의 표현대리는 원칙적으로 기본대리권에 대한 상대방의 신뢰를 기반으로 하는 것이므로 일상가사대리권처럼 애초부터 그 권한의 범위가 정해져 있는 기본대리권의 경우 월권행위로 인한 표현대리는 어떠한 요건 하에 성립할 수 있을지에 대해 논의가 있을 수밖에 없다. 일부 견해에 따르면 일상가사대리권의 범위를 개별적·구체적인 범위와 일반적·추상적인 범위로 나누어서 개별적·구체적인 범위를 벗어난 대리행위가 일반적·추상적 범위 내에 있는 경우에만 일상가사대리권을 기본대리권으로 하는 제126조의 표현대리가 성립할 수 있다고 한다. 반면 다수설 및 판례는 일상가사대리권의 일반적·추상적 범위를 벗어난 대리행위에 대해서도 일상가사내리권을 기본대리권으로 하는 제126조의 표현대리의 성립을 일반적으로 긍정하고 있으며, 이에 따라 상대방에게 정당한 사유가 존재하는지 여부에 대한 판단시에도 월권행위가 기본대리권인 일상가사대리권의 범위에 속하는 것이라고 상대방이 정당하게 신뢰하였는가 여부에 초점을 맞추고 있는 것이 아니라, 기본대리권인 일상가사대리권과는 별도로 본인이 그 배우자에게 월권행위에 관한 임의대리권을 수여했다고 상대방이 정당하게 믿었는가 여부에 초점을 맞추고 있음을 주의하여야 한다. 그리하여 근래 대법원은 남편이 납북되어 장기간 홀로 생계를 유지하던 아내가 생활비 마련을 위해 남편의 부동산을 처분한 경우에 남편이 아내에게 그 부동산의 처분에 관한 대리권을 별도로 수여할 수 없는 상황에 처해 있음을 매수인이 이미 알고 있었던 경우에는 제126조의 표현대리가 성립할 여지가 없다고 판단하였다(대판 2009.4.23. 2008다95861 참조).

Ⅱ. 토지거래허가제도와 유동적 무효의 법리

토지거래허가제는 토지소유의 편중 및 무절제한 사용의 시정과 투기로 인한 비합리적인 지가형성을 방지하는 토지거래의 공적 규제를 강화하기 위해 시행하는 제도로 국토의 계획 및 이용에 관한 법률에 근거를 두고 있는 제도이다. 동법 제117조에 따르면 국토교통부장관 또는 시·도지사는 국토의 이용 및 관리에 관한 계획의 원활한 수립과 집행, 합리적인 토지이용 등을 위하여 토지의 투기적인 거래가 성행하거나 지가(地價)가 급격히 상승하는 지역과 그러한 우려가 있는 지역으로서 대통령령으로 정하는 지역에 대해서는 토지거래계약에 관한 허가구역으로 지정할 수 있다. 이러한 허가구역 내에 있는 토지에 관한 소유권·지상권을 이전하거나 설정하는 계약을 체결하려는 당사자는 공동으로 시장·군수 또는 구청장의 허가를 받아야 하는데(동법 제118조 제1항), 이러한 허가를 받지 않고 체결된 그러한 계약은 무효이다(동법 동조 제6항).

이때 위 무효의 의미가 무엇인지 문제로 되었으나 대법원은 허가를 받기 전의 거래계약이 처음부터 허가를 배제하거나 잠탈하는 내용의 계약일 경우에는 확정적으로 무효이지만 그렇지 않은 경우에는 유동적 무효라 해석하면서 이에 맞추어 위 허가의 성질도 허가 전의 유동적 무효 상태에 있는 법률행위의 효력을 완성시켜 주는 인가(認可)적 성질을 띤 것이라고 하였다(대판(전) 1991.12.24. 90다12243 참조). 이 판결 이후 이와 관련하여 많은 판결이 축적되어 소위 토지거래허가제도와 관련된 유동적 무효의 법리가 형성되었는데 그 중 중요한 것 몇 개를 언급하면 다음과 같다.

(ⅰ) 매수인 지위의 인수 및 매도인 지위의 인수: 매매계약이 유동적 무효인 상태에서 매도인과 매수인 및 제3자 사이에 매수인 지위의 이전에 관한 합의가 행하여졌다고 하더라도 그와 같은 합의는 우선 매도인과 매수인 사이의 매매계약에 대한 관할 관청의 허가가 있어야 비로소 효력이 발생한다고 보아야 하고, 그 허가가 없는 이상 그 3 당사자 사이의 합의만으로 매수인 지위가 이전되어 제3자가 매도인에 대하여 직접 토지거래허가 신청절차 협력의무의 이행을 구할 수 있다고 할 수는 없다(대판 1996.7.26. 96다7762 참조). 이는 토지의 투기적 거래를 방지하려는 토지거래허가제도의 취지에 충실한 해석이다. 따라서 제3자가 토지거래허가를 받기 전의 토지

매매계약상 매도인 지위를 인수하는 경우에는 최초매도인과 매수인 사이의 매매계약에 대하여 관할 관청의 허가가 있어야만 매도인 지위의 인수에 관한 합의의 효력이 발생한다고 볼 것은 아니다(대판 2013.12.26, 2012다1863 참조).

(ii) 급부의무의 불성립: 토지거래계약이 유동적 무효상태에 있는 한 그 계약으로부터 급부의무는 발생하지 않으므로 일방 당사자는 상대방에 대하여 이행청구를 할 수 없으며 또 채무불이행을 이유로 하여 거래계약을 해제하거나 손해배상을 청구할 수도 없다(대판 1997.7.25, 97다4357, 4364 참조).

(iii) 신의칙상 협력의무 성립: 유동적 무효상태에 있는 거래계약의 당사자는 공동허가신청절차에 협력할 신의칙상의 의무가 있으므로, 이에 협력하지 않는 당사자에 대하여 상대방은 그 이행을 소구할 수 있다(대판(전) 1991.12.24, 90다12243 참조). 그리고 이러한 협력의무 이행청구권을 보전하기 위하여 채권자대위권을 행사할 수도 있으며 매도인을 대위하여 제3자에게 말소등기절차의 이행을 청구할 수도 있으며(대판 1994.12.27, 94다4806 참조), 또 협력의무를 이행하지 않는 상대방에게 손해배상을 청구할 수도 있다(대판 1995.4.28, 93다26397 참조). 다만 협력의무의 불이행을 이유로 하여 유동적 무효상태에 있는 거래계약 자체를 해제할 수는 없다(대판(전) 1999.6.17, 98다40459 참조).

(iv) 해약금에 기한 해제의 가능: 토지거래계약이 유동적 무효인 상태에 있다고 하더라도 그 계약에 부수하여 계약금이 수수되었다면 당사자는 민법 제565조 제1항에 따라 해약금에 기한 해제권을 행사할 수 있다(대판 1997.6.27, 97다9369; 그런데 계약금계약을 종된 계약으로 보아 주된 계약이 무효로 되면 계약금계약도 무효로 된다고 하는 것이 일반적인 설명인데, 토지거래허가를 받지 않은 주된 계약이 유동적 무효인 경우에는 어떠한 이유로 계약금계약이 유효로 되는지 그 근거가 제시되어 있지 않아 위 판례의 결론을 이해하는 것이 쉽지는 않다).

(v) 부당이득 반환청구 불가: 유동적 무효 상태의 매매계약을 체결하면서 임의로 지급한 계약금 등은 그 계약이 유동적 무효 상태로 있는 한 부당이득으로서 반환을 구할 수 없고 유동적 무효 상태가 확정적으로 무효가 되었을 때 비로소 부당이득으로 그 반환을 구할 수 있다(대판 1997.11.11, 97다36965 참조).

(vi) 확정적 무효로 되는 경우: 유동적 무효 상태의 거래계약은 관할 관청의 불허가처분이 있을 때뿐만 아니라 당사자 쌍방이 허가신청협력의무의 이행거절 의사를 명백히 표시한 경우에 그 계약관계는 확정적으로 무효가 된다고 할 것이고, 그와 같은 법리는 거래계약상 일방의 채무가 이행불능임이 명백하고 나아가 그 상대방이 거래계약의 존속을 더 이상 바라지 않고 있는 경우에도 마찬가지이다(대판 2010.8.19, 2010다31860 참조).

주의 대판 1993.6.22, 91다21435에서는 "당사자 일방이 허가신청협력의무의 이행거절의사를 명백히 표시한 경우에는 허가 전 거래계약관계 즉 계약의 유동적 무효상태가 더 이상 지속한다고 볼 수는 없고" 라고 표현하여 마치 당사자 일방의 이행거절의사 표시만으로 확정적 무효가 될 수 있는 것 같은 오해를 불러일으키고 있으나, 해당 판결의 사안을 자세히 보면 매도인인 피고가 허가절차에 협력하는 것을 거부하면서 계약해제를 주장하고 있는 상태에서 매수인인 원고가 계약금 반환을 소로써 청구하고 있는 경우라 결국 양 당사자 모두 허가신청협력의무의 이행거절의사를 명백히 표시하고 있는 경우임을 주의하여야 한다.

(vii) 허가구역 지정의 기간만료 또는 지정해제: 토지거래허가구역 지정기간 중에 허가구역 안의 토지에 대하여 토지거래허가를 받지 아니하고 토지거래계약을 체결한 후 허가구역 지정이 해제되거나 허가구역 지정기간이 만료되었음에도 재지정을 하지 아니한 때에는 그 토지거래계약이 이미 확정적으로 무효로 된 경우를 제외하고는 더 이상 관할 행정청으로부터 토지거래허가를 받을 필요가 없이 확정적으로 유효로 되어 거래 당사자는 그 계약에 기하여 바로 토지의 소유권 등 권리의 이전 또는 설정에 관한 이행청구를 할 수 있고, 상대방도 반대급부의 청구를 할 수 있다(대판 2010.3.25, 2009다41465 참조).

06 표현대리

A는 가정법원에 의하여 성년후견개시의 심판을 받은 자로서, B와 C가 각각 성년후견인과 후견감독인으로 선임되어 있었다. B는 상당기간 A의 재산을 관리하여 왔는데, 그러던 중 C의 동의 없이 A를 대리하여 A소유 X부동산을 D에게 매각하는 계약을 체결하였다. D는 부동산 중개업자를 통하여 B가 후견인으로 선임된 후 1년 이상 X부동산의 관리를 전담하여 온 사실을 확인했는데 별도로 후견감독인의 동의에 관해서는 확인하지 않았다. 그런데 D는 이후 X부동산의 소유권이전등기를 경료함에 있어서는 B가 C의 허위의 동의서를 교부하여 주어 이를 첨부하여 등기를 마칠 수 있었다. 한편 A에 대한 성년후견개시의 선고는 A의 신청에 의한 서울가정법원 심판에 의하여 취소 확정되었다.

문제 1

A는 D를 상대로 X부동산에 대한 매매계약을 취소하고 X부동산의 소유권이 D에게 이전된 등기의 말소를 청구한다. 이에 대해서 소유권을 유지하고자 하는 D가 주장할 수 있는 법적으로 가능한 근거를 제시하고 검토하시오. (20점)

문제 2

능력이 회복된 A는 은행에서 대출을 받기 위해 E에게 인감증명서 등 서류와 인감도장을 교부하고 대출과 관련한 대리권을 수여하였다. A의 인감도장 등을 갖고 있던 E는 친구인 F로부터 자신의 채무를 담보해 줄 연대보증인을 찾아 달라는 부탁을 받았다. 이에 E는 A의 위임장을 위조하여 용도가 '연대보증용'으로 된 A의 인감증명서를 발급받아 인감도장과 함께 이를 F에게 교부하였다. F는 이를 가지고 A의 대리인으로써 A가 연대보증인이 되는 연대보증계약을 G와 체결하였다. G는 A에게 연대보증채무의 이행을 구하고 있다. 이에 대해 A는 G와의 연대보증계약은 F가 대리권 없이 이루어진 대리행위로서 효력이 없다고 주장한다. 이에 대해서 G는 A가 보증계약상 채무를 이행해야 한다고 주장한다. G의 주장의 법적 근거를 찾아보고 A가 항변할 수 있는 사유까지 고려하여 그 타당성을 검토하시오. (20점)

예시답안

문제 ①

Ⅰ. 쟁점의 정리

피성년후견인이었던 A의 X부동산에 대해 후견인 B가 A를 대리하여 D에게 매각하였다. 이러한 매매계약과 X부동산의 물권변동이 유효하기 위해서는 먼저 A의 계약취소의 권리행사가 적법하게 이루어졌는지가 검토되어야 한다. 만일 이러한 취소권행사가 적법한 것이라면 원칙적으로 D에게 X부동산의 소유권이 귀속될 수 없을 것인데, 혹 표현대리의 법리에 의하여 D가 보호될 여지가 없는지 살펴볼 필요가 있다. 이와 관련하여서는 법정대리의 표현대리 적용 가능성, 정당한 이유의 판단시기 등이 문제가 될 것이다.

Ⅱ. A의 취소권행사의 효력 (5점)

피성년후견인의 행위는 원칙적으로 취소할 수 있다(제10조 제1항). 이때 성년후견인이 피성년후견인의 법정대리인이 되는데(제938조 제1항), 후견인이 피후견인을 대리하여 일정한 행위를 함에 있어서는 후견감독인이 있으면 그의 동의를 받아야 한다(제950조 제1항 참조). 가령 부동산 또는 중요한 재산에 관한 권리의 득실변경을 목적으로 하는 행위와 같은 것이 그에 해당한다. 만일 후견인이 이러한 행위를 함에 있어 후견감독인의 동의 없이 하였을 때에는 피후견인 또는 후견감독인이 그 행위를 취소할 수 있다(제950조 제3항).

사안에서 A의 후견인인 B는 A를 대리하여 법률행위를 할 수 있지만 다만 부동산을 매각하는 경우에는 후견감독인인 C의 동의를 얻어야 한다. 그러나 사안에서 B는 이러한 동의를 얻지 않고 매각행위를 하였다. 따라서 A 또는 C가 그 행위를 취소할 수 있다고 할 것이다. 따라서 A가 그 취소의 의사표시를 한 것은 적법하다. D는 원칙적으로 X부동산의 소유권을 취득할 수 없다.

그러나 이러한 법률관계는 대리인 B가 자신에게 주어진 대리권한의 범위를 넘어서 대리행위를 한 것과 유사한 모습으로 보이므로 이에 대하여 제126조의 표현대리가 성립할 수 있는지가 논의될 필요가 있다.

Ⅲ. 표현대리규정의 (유추)적용 (15점)

1. 법정대리의 경우 표현대리가 적용될 수 있는지

법정대리의 경우에도 제126조의 표현대리규정이 적용 또는 유추적용될 수 있는지 하는 문제가 검토되어야 한다. 법정대리는 본인의 의사와 관계없이 대리권이 발생된다는 특징이 있기 때문이다. 제한능력자의 법정대리인에 대해서도 본조의 표현대리를 인정하면 제한능력자를 보호하려는 제도의 취지에 반하게 되므로 이와 같은 경우에는 본조를 적용할 수 없다는 부정설과, 제126조의 표현대리는 본인의 행위에 기할 것을 필요로 하지 않으므로 제126조의 표현대리는 법정대리에도 적용될 수 있다는 긍정설이 대립하고 있다.

판례는 제126조 소정의 권한을 넘는 표현대리 규정은 거래의 안전을 도모하여 거래상대방의 이익을 보호하려는 데에 그 취지가 있다고 하여 법정대리에도 이를 적용하는 것으로 해석될 수 있다. 민법개정 이전에 한정치산자의 후견인이 친족회 동의 없이 피후견인의 부동산을 처분하는 행위를 한 경우에도 상대방이 친족회의 동의가 있다고 믿은 데 정당한 사유가 있다면 본인인 한정치산자에게 효력이 미친다고 본 것이다.[7]

특이한 점은 제950조의 대리권제한에 따른 무권대리의 효과가 일반적인 무권대리의 효과와 차이가 있다는 점이다. 일반적으로 대리권한 없는 자가 대리행위를 하였을 경우, 그 효과는 원칙적으로 무효가 되고 표현대리 등이 성립하는 경우에는 유효하게 취급된다. 그러나 제950조에 의해 대리권한이 제한된 후견인의 무권대리는 취소할 수 있는 법률행위의 성격을 갖는다. 이러한 점에서 제950조가 갖는 조항의 성격이 무엇인지는 논란이 있을 수 있다. 이를 후견인의 대리권한에 대한 제한이 아니라 후견인의 대리행위에 있어서 요구되는 별도의 효력요건으로 보는 것도 불가능한 것은 아니다. 제950조의 후견감독인의 동의를 얻지 않은 후견인의 대리행위에 대해 표현대리의 규정이 적용된다고 하면 이는 일종의 유추적용의 문제가 된다고 보는 것이 합리적일 것이다.

제한능력자 보호의 취지에서는 부정설의 입장도 상당히 설득력이 있다. 특히 강행법규를 위반한 대리행위에는 표현대리가 적용되지 않는다는 판례[8]를 고려해 볼 때 제950조는 강행법규이므로 이를 위반한 대리행위에는 표현대리가 성립하지 않는다고 볼 수도 있다. 다만 제126조의 표현대리규정을 통하여 제한능력자 보호와 거래안전의 보호를 적절히 조절하는 것도 구체적 타당성의 측면에서 고려해 볼 수 있으리라 본다. 요컨대 판례와 긍정설의 입장에

---

7) 대판 1997.6.27. 97다3828. 여기서 친족회의 동의는 2013년 민법 개정으로 후견감독인의 동의(제950조)로 대체하여 생각할 수 있다.

8) 대판 1996.8.23. 94다38199(증권회사의 지점장이 강행법규에 반하여 무효인 투자수익보장약정을 체결한 경우 표현대리의 법리가 준용될 여지가 없다고 판시한 사건); 대판 1983.12.27. 83다548(강행법규인 사립학교법 규정에 반하여 이사회의 심의·결정 없이 학교법인의 이사장이 학교법인의 기본재산을 처분한 것에 대해서는 표현대리에 관한 규정이 적용되지 않는다고 판시한 사례).

의한다면 제126조 표현대리의 유추적용이 가능하다.

2. 표현대리 요건구비 여부

(1) 기본대리권과 월권행위의 존재

제126조의 표현대리가 성립하기 위해서는 먼저 기본대리권이 존재해야 한다. 이때 기본대리권으로 법정대리권한도 포함되는 것인지 논의되는데, 앞서 살핀 바와 같이 긍정설과 판례는 이를 포함하는 것으로 해석하고 있다. 이에 따르면 일응 기본대리권이 존재하는 것으로 볼 수 있을 것이다. 한편 제950조에서는 일정한 경우에 법정대리인인 후견인의 대리행위에는 후견감독인의 동의를 얻도록 하고 있다. 그러나 사안에서 성년후견인 B는 그러한 동의없이 대리권을 행사하고 있는 것이어서 권한을 넘은 대리행위에 해당하는 것으로 볼 수 있다. 그렇다면 D에게 그 권한이 있다고 믿을 만한 정당한 이유가 있는가? 이에 대해서는 항을 바꾸어 살피기로 한다.

(2) 정당한 이유

1) 정당한 이유의 의미

제126조의 정당한 이유의 의미에 대해서는 상대방이 대리인의 대리권한이 있다고 믿는데 과실이 없었음을 의미한다는 무과실설과 과실보다 더 객관적인 판단에 맡겨야 한다는 독자적 판단설이 대립하고 있으나 판례는 일반적으로 무과실설의 입장을 취하고 있다. 즉 제126조 표현대리에 있어서 표현대리인이 대리권을 갖고 있다고 믿은 데 상대방의 과실이 있는지 여부를 살피고 있다.

2) 정당한 이유의 판단시기

아울러 정당한 이유의 판단시기도 사안과 관련하여 중요한 의미를 갖는다. 이에 대해서는 무권대리행위 당시의 사정을 기초로 판단해야 한다는 견해와 사실심변론종결시, 즉 정당한 이유유무를 판단할 때까지 존재하는 일체의 사정을 고려하여 판단해야 한다는 견해가 나뉜다. 판례는 권한을 넘은 표현대리에 있어서 정당한 이유의 유무는 대리행위 당시를 기준으로 판단해야 한다는 입장이다.

사안의 경우 판례에 의하면 D에게 정당한 이유를 인정하기 곤란할 것으로 생각된다. D는 부동산 중개업자를 통해 B가 후견인으로 선임된 후 1년 이상 부동산의 관리를 전담하여 온 사실은 확인하였으나 별도로 후견감독인의 동의를 받았는지는 확인하지 않았기 때문이다. 또한 비록 모든 후견인에게 후견감독인이 있는 것은 아니지만, 후견감독인이 있는 경우에는 후견인의 대리행위에 후견감독인의 동의가 필요하기 때문에 상대방은 후견감독인이 있는지를 확인하지 않은 것에 과실이 있는 것으로 평가할 수 있다. D가 X부동산의 소유권이전등기를 경료할 때에는 B가 허위의 동의서를 교부하여 주어 이를 첨부하여 등기를 경료할 수는 있었으나 정작 매매계약을 체결할 당시에는 이러한 동의서가 첨부되어 있지 않았으므로 이러한 사유만으로 정당한 이유가 있다고 인정하기에도 곤란하다 할 것이다.

Ⅳ. 사안의 해결

A는 피성년후견인이었을 당시 자신의 후견인이었던 B가 후견감독인의 동의 없이 대리하였던 부동산 매각행위를 이후 그러한 상태에서 벗어난 후 적법하게 취소하였다. 이에 대해 표현대리의 규정을 유추적용할 수 있는지 문제가 되며 구체적으로 법정대리에 제126조의 표현대리를 적용할 수 있는가가 쟁점이 된다. 판례는 법정대리에도 이를 인정하고 있다. 다만 사안의 경우에는 제126조에 의하더라도 D를 보호하기 곤란하다. D에게 B의 적법한 대리권이 있다고 믿은 데 대한 과실이 존재한다고 보이기 때문이다. 즉 정당한 이유를 인정하기 곤란하다. 소유권이전등기 당시에 교부되었던 허위의 후견감독인의 동의서도 그것이 매매계약당시에 있었던 사정이 아니므로 이를 고려하기 어려울 것으로 보인다.

문제 **2**

Ⅰ. 쟁점의 정리

A가 E에게 대출에 대한 대리권한을 수여하여 E는 임의대리인 되었는데 E에게 복대리인을 선임할 수 있는 복임권이 있는지 검토되어야 할 것이다. 복대리인 선임에 관한 묵시적 승낙이 인정되어 복임권이 인정된다고 하더라도 대리인이 원대리권의 범위를 벗어나 복대리권을 수여한 경우에는 복대리인 F에게는 어떠한 대리권도 없다고 할 것인데, 이에 대해 표현대리가 성립할 수 있는지 문제된다. 특히 제126조의 표현대리와 관련하여 기본대리권의 존재여부가 불명확하다는 점이 고려되어야 한다.

Ⅱ. F에게 복임권이 있는지, 복임행위가 있었는지의 여부 (5점)

임의대리인은 원칙적으로 복임권이 없고 예외적으로 본인의 승낙이 있거나 부득이한 사유가 있는 때에만 복임권이 있다($^{제120조}_{참조}$). 승낙에는 묵시적 승낙도 포함된다. 채권자를 특정하지 아니한 채 부동산을 담보로 제공하여 금원을 차용해 줄 것을 위임한 사람의 의사에는 '복대리인 선임에 관한 승낙'이 포함되어 있다고 볼 수 있다($^{대판 1993.8.27,}_{93다21156}$). 사안에서도 복대리인 선임에 관한 본인의 묵시적 승낙이 인정될 수 있다.

나아가 사안에서 대리인 E가 F를 복대리인으로 선임한 것으로 볼 수 있다. 본인 A로부터 받은 인감도장과 위임장을 위조하여 A의 인감증명서를 발급받아 이를 F에게 교부한 것은 연대보증행위에 대한 복대리권을 수여한 것으로 볼 수 있다.

Ⅲ. 원대리권을 벗어난 복대리인의 대리행위에 대하여 제126조의 표현대리책임의 인정여부 (10점)

대리인 E는 원대리권의 범위(대출계약의 대리)를 벗어난 대리행위(연대보증계약의 대리)를 할 수 있도록 복대리권을 F에게 수여했다. 복대리권은 원대리권의 범위내에서만 인정된다는 점에서 원대리인 E의 대리권범위를 벗어난 F의 대리행위는, 그 대리행위가 원대리인에 의하여 수여되었더라도, 본인에 대해서는 무권대리행위가 된다.

하지만 복임권이 있는 대리인으로부터 복대리권을 수여받았으나 복대리권이 원대리권의 범위를 벗어난 경우에 표현대리가 성립할 수 있는지 여부를 검토한다.

1. 기본대리권의 범위를 넘는 대리행위

원대리인이 본인 A의 인감도장을 교부하고 보증계약을 위한 인감증명서도 발급받아 주었다면 이는 원대리인의 의사에 기초하여 복대리인의 연대보증계약에 관여한 것이다.[9]

이때 원대리인이 본인으로부터 기본대리권을 수여받은 이상 복대리인이 전혀 다른 대리행위를 하더라도 제126조의 표현대리를 인정할 수 있다. 판례는 F가 설사 사자이거나 복임권 없는 원대리인에 의하여 선임된 복대리인이라도 그 복대리인을 통하여 권한 외의 법률행위를 한 경우 상대방이 행위자인 F가 대리권을 가진 대리인으로 믿었고 또한 그렇게 믿는 데에 정당한 이유가 있다면 복대리인의 권한도 기본대리권으로 인정하고 있다(대판 1997.7.8. 97다9895). 이 때의 기본대리권은 원대리인이 갖고 있는 대리권, 즉 대출계약에 대한 대리권이 될 것이다.

2. 대리권 있음을 신뢰할 만한 정당한 이유

상대방인 G가 복대리인 F를 대리인으로 믿은 데 대하여 정당한 이유가 있어야 제126조의 표현대리책임이 인정된다. 특별한 사정이 없는 한 보증채무를 대리하여 계약을 체결하는 경우 본인의 의사를 확인해야 할 의무까지는 없다고 해야 할 것이다.[10]

---

9) 원심은 제126조에서 말하는 대리인에는 복대리인이 포함될 수는 있으나, 사안과 같은 경우 복대리인에게는 본인을 위하여 어떠한 법률행위를 적법히 대리할 수 있는 기본대리권이 없다고 판시했으나 대법원은 이를 파기환송했다.
10) 이와는 달리 대판 1998.3.27. 97다48982에서는 정당한 이유를 부정했다. 그러나 이와 같은 결과는 A의 이름 옆의 인영 바로 옆에 X표시로 말소된 인영이 있었던 점, 인감증명서가 대리발급되었다는 점, 보증금액이 다액이었다는 점 등

사실관계를 보면 G는 F로부터 A의 인감도장과 연대보증용 인감증명서를 제시받았음을 고려해 볼 때 이와 같은 신뢰에 대하여 정당한 이유가 인정될 수 있다.

Ⅳ. 대리권 남용의 법리 (5점)

G가 표현대리를 주장함에 대하여 A는 대리권이 남용되었음을 이유로 대리행위의 효력이 자신에게 미치지 않음을 주장할 가능성이 있다. 대리행위가 표현대리가 되는지의 문제와 대리권의 남용문제는 별도로 판단되어야 하며, 표현대리에서 상대방의 선의·무과실과 대리권 남용에서 상대방의 선의·무과실은 판단대상이 서로 다르다.

대리권남용과 관련하여 제107조 제1항 단서 유추적용설과 신의칙설(권리남용설) 등이 대립하고 있다. 판례는 대리권 남용에 있어서 제107조 제1항 단서 유추적용설의 태도인 것으로 해석한다.[11]

다만 사안에서는 G가 그러한 대리행위자의 사익도모여부에 대해 알았거나 알 수 있었다는 사정은 보이지 않는다. 따라서 대리권 남용을 이유로 대리행위의 효력이 부정될 것은 아니다.

Ⅴ. 사안의 해결

사안에서는 임의대리인 E가 복대리인 선임권한이 없음에도 임의로 복대리인 F를 선임하였고, F가 복대리권 없이 E의 대리권의 범위를 초과한 대리행위를 함으로써 무권대리행위가 된다. 다만 F의 대리행위는 표현대리가 될 수 있다. 상대방인 G는 F가 제시한 A의 인감도장과 연대보증용 인감증명서가 유효한 것이라면 보증계약체결에 대해서 대리권 있음을 믿은데 대한 정당한 이유가 인정되므로 제126조의 표현대리책임이 성립된다. A는 대리권남용을 주장할 가능성이 있으나 사안에서는 G가 대리행위의 사익도모여부에 대해 알았거나 알 수 있었다는 사정은 보이지 않는다.

사실관계의 특수성이 고려되었다. 이와 같은 경우라면 보증인의 기명날인을 위조 또는 도용하거나 다른 목적을 위하여 교부받은 인장을 함부로 보증의 기명날인에 유용할 가능성이 있는 점을 고려하여 확인해야 할 의무가 있다고 하여 이를 믿은데 대해 정당한 이유가 없다고 하였다.

11) 대판 2001.1.19, 2000다20694; 대판 1999.1.15, 98다39602 등 참조. 이때 그 상대방이 대리인의 표시의사가 진의 아님을 알았거나 알 수 있었는가의 여부는 표의자인 대리인과 상대방 사이에 있었던 의사표시 형성 과정과 그 내용 및 그로 인하여 나타나는 효과 등을 객관적인 사정에 따라 합리적으로 판단하여야 한다고 보고 있다.

해 설

I. 성년후견제도

2011. 3. 7., 법률 제10429호로 개정되어 2013. 7. 1.부터 시행되고 있는 이른바 성년후견 제도는, 획일적으로 행위능력을 제한하는 문제점을 내포하고 있는 기존의 금치산·한정치산 제도 대신 더욱 능동적이고 적극적인 사회복지시스템인 성년후견·한정후견·특정후견제도를 도입하고 기존 금치산·한정치산 선고의 청구권자에 '후견감독인'과 '지방자치단체의 장'을 추가하여 후견을 내실화하고 성년후견 등을 필요로 하는 노인, 장애인 등에 대한 보호를 강화하기 위하여 성년후견·한정후견·특정후견제도를 도입하였다.

이중 피성년후견인은 질병, 장애, 노령, 그 밖의 사유로 인한 정신적 제약으로 사무를 처리할 능력이 지속적으로 결여된 사람으로 가정법원이 일정한 자의 청구에 의하여 성년후견개시의 심판을 내린 자를 말한다($\frac{제9조}{참조}$). 피성년후견인의 법률행위는 언제나 취소할 수 있는 것이 원칙이며, 피성년후견인은 대리행위를 통해서만 법률효과를 취득할 수 있다. 다만 가정법원은 취소할 수 없는 피성년후견인의 법률행위의 범위를 결정할 수 있고, 일용품 등 일상생활을 영위하는데 필요한 행위로 그 대가가 과도하지 아니한 법률행위는 취소할 수 없다($\frac{제10조}{참조}$). 성년후견인은 당연히 피후견인의 법정대리인이 되는데($\frac{제938조}{제1항}$), 피성년후견인에게는 대리권($\frac{제949}{조}$), 취소권($\frac{제14}{조}$), 추인권($\frac{제143}{조}$)이 인정되며 가정법원의 직권에 의하여 선임된다($\frac{제929조, 제}{936조 제1항}$). 원칙적으로 성년후견인에게 동의권은 인정되지 않는다. 가정법원은 성년후견인의 법정대리권의 범위를 결정하고($\frac{제938조}{제2항}$), 피후견인의 신상에 관하여 결정할 수 있는 범위를 결정한다($\frac{제938}{조 제}{3항}$). 수인의 성년후견인도 가능하고 법인도 성년후견인이 될 수 있다($\frac{제930조}{참조}$). 한편, 제950조는 후견인이 피후견인을 대리하여 일정한 행위를 하는 경우 등에 있어서는 후견감독인이 있으면 그의 동의를 받아야 함을 명시하고 있다($\frac{제1}{항}$). 즉 영업에 관한 행위, 금전을 빌리는 행위, 의무만을 부담하는 행위, 부동산 또는 중요한 재산에 관한 권리의 득실변경을 목적으로 하는 행위, 소송행위, 상속의 승인, 한정승인 또는 포기 및 상속재산의 분할에 관한 협의를 할 경우가 이에 해당한다. 만일 후견감독인의 동의가 필요한 법률행위를 후견인이 후견감독인의 동의 없이 하였을 때에는 피후견인 또는 후견감독인이 그 행위를 취소할 수 있다($\frac{제3}{항}$). 성년후견개시의 원인이 소멸한 경우 일정한 사람의 청구에 의해 가정법원의 후견종료 심판으로 성년후견이 종료되고 피성년후견인은 행위능력을 회복한다. 성년후견종료심판의 효력은 장래적으로 발생한다.

피한정후견인은 질병, 장애, 노령, 그 밖의 사유로 인한 정신적 제약으로 사무를 처리할 능력이 부족한 사람으로 가정법원이 일정한 자의 청구에 의하여 한정후견개시의 심판을 내린

자를 말한다($^{제12조}_{참조}$). 원칙적으로 피한정후견인은 유효한 법률행위를 할 수 있는데, 다만 가정법원은 피한정후견인이 한정후견인의 동의를 얻어야 하는 행위의 범위를 정할 수 있다($^{제13조}_{제1항}$). 그러나 일용품 등 일상생활을 영위하는데 필요한 행위로 그 대가가 과도하지 아니한 법률행위는 취소할 수 없다($^{제13조}_{제4항}$). 한정후견인은 가정법원에 의해 동의유보된 법률행위에 대해서 동의권이 인정되는데, 당연히 대리권을 갖는 것은 아니다. 민법은 가정법원이 한정후견인에게 대리권을 수여하는 심판을 할 수 있음을 정하고 있을 뿐이기 때문이다($^{제959조}_{의4 제1항}$). 대리권이 있는 한정후견인의 경우 취소권을 갖는다($^{제140}_{조}$). 한정후견인에게 인정되는 대리권은 법정대리권이므로 취소를 위한 별도의 수권없이도 취소가 가능하고, 취소할 수 있는 한정후견인에게는 추인권도 인정된다($^{제143조}_{제1항}$). 한정후견인도 제950조의 적용을 받는다. 한편 한정후견개시의 원인이 소멸한 경우 일정한 자의 청구에 의한 가정법원의 한정후견종료의 심판으로 한정후견은 종료한다($^{제14}_{조}$). 이러한 심판 또한 장래적으로 효력이 있다.

피특정후견인은 질병, 장애, 노령, 그 밖의 사유로 인한 정신적 제약으로 일시적 후원 또는 특정한 사무에 관한 후원이 필요한 사람으로 가정법원이 특정후견개시의 심판을 내린 자이다($^{제14}_{조의2}$). 원칙적으로 피특정후견인의 행위능력에는 어떠한 제한도 가해지지 않는데, 다만 가정법원은 피특정후견인의 후원을 위하여 필요한 처분을 명할 수 있다($^{제959}_{조의8}$). 그러한 처분행위 중 하나로 후원 또는 대리하기 위한 특정후견임을 선임할 수 있고($^{제959조}_{의9 제1항}$), 특정후견인이 선임된 경우 다시 특정후견인에게 기간이나 범위를 정한 대리권을 수여하는 심판이 가능하다($^{제959}_{조의}$ $^{11 제}_{1항}$). 이때 대리권 없는 특정후견인이 존재할 수도 있다. 특정후견인은 취소권, 동의권, 추인권이 없다. 피특정후견인의 행위능력이 제한되지 않기 때문이다. 특정후견종료의 심판에 대해서는 명문의 규정을 두고 있지 않다. 특정후견은 본질적으로 1회적 보호제도이므로 특정후견으로 처리되어야 할 사무의 성질에 의해 존속기간이 정해지는 것이다. 다만 특별한 경우 가정법원은 직권으로 종료심판을 할 수는 있을 것이다($^{제14조의3, 제959}_{조의20 제2항}$).

Ⅱ. 법정대리에도 표현대리가 적용될 수 있는지 여부

1. 제125조의 표현대리

법정대리에 제125조가 적용될 수 있는가를 두고 논란이 있다. 법정대리에도 본조의 적용을 인정해야 한다는 적용긍정설과 제한능력자의 법정대리는 거래안전보다 제한능력자보호를 우선시키는 제도이므로 제125조를 적용해서는 안된다는 제한적 긍정설이 주장되고 있지만 통설은 법정대리에는 제125조의 적용이 없다고 한다. 법정대리인은 본인이 선임하는 것이 아니므로 본인이 어떤 자에게 법정대리권을 주었다는 뜻을 통시한나는 것은 무의미하기 때문이다.

2. 제126조의 표현대리

법정대리에 있어서는 본인의 의사와 무관하게 대리권이 발생하기 때문에 제126조를 법정대리에서 적용할 수 있는지 여부를 두고 견해대립이 있다. 본조의 표현대리가 성립하기 위해서는 본인의 과실이나 행위에 기할 것을 필요로 하지 않으므로 본조는 법정대리에도 적용된다는 긍정설과 제한능력자의 법정대리인에 관해서도 본조 표현대리를 인정하면 제한능력자를 보호하려는 제한능력자제도의 목적에 반하게 되므로, 법정대리인의 권한이 후견감독인의 동의를 요하는 경우($\binom{제950}{조 등}$)에 법정대리인이 그 동의 없이 대리행위를 할 때에는 본조를 적용할 수 없다는 부정설이 대립하고 있다. 판례는 제126조의 권한을 넘는 표현대리규정은 거래의 안전을 도모하여 거래상대방의 이익을 보호하려는 데에 그 취지가 있다고 하여 법정대리에도 이를 적용하고 있다($\binom{대판 1997.6.27.}{97다3828}$). 민법개정전 한정치산자의 후견인이 친족회 동의 없이 피후견인의 부동산을 처분하는 행위를 한 경우에도 상대방이 친족회의 동의가 있다고 믿은 데 정당한 사유가 있다면 본인인 한정치산자에게 효력이 미친다고 보았던 것이다.

3. 제129조의 표현대리

법정대리에 대해서 제129조의 표현대리를 적용할 것인가의 문제에 있어서 제한능력자의 법정대리인에 대해서는 제한능력자보호의 취지를 고려하여 그 적용을 부정하는 견해가 있으나 다수설은 이를 긍정하고 있다. 판례도 대리권소멸 후의 표현대리에 관한 민법 제129조는 법정대리인의 대리권소멸에 관하여도 적용이 있다고 하였다($\binom{대판 1975.1.28.}{74다1199}$).

Ⅲ. 제126조의 표현대리에서 정당한 이유의 의미와 판단시기

1. 정당한 이유의 의미

제126조의 정당한 이유의 의미에 대해서는, 상대방이 믿는데 과실이 없었음을 의미한다는 견해(무과실설)와 과실보다 더 객관적인 판단에 맡겨야 한다는 견해(독자적 판단설)가 대립하고 있다. 후자의 견해는 정당한 이유를 무과실보다 좁은 개념으로 이해하여 제126조의 표현대리의 인정에 보다 엄격해야 한다는 의미를 지닌다.

이른바 무과실설은 상대방이 대리인의 권한을 믿었더라도 믿는 데 과실이 있으면 정당한 이유는 없다고 하고, 정당한 이유의 유무는 보통인의 판단능력을 기초로 거래 당시의 사정으로부터 객관적으로 거래의 통념에 따라 판단한다고 한다. 이에 대해 독자적 판단설은 법관이 변론종결시 종합적으로 판단하여 대리권의 존재가 명백하다고 여겨지는 경우에 정당한 이유가 있다고 하는데, 이 견해에 따를 때 정당한 이유의 판단기준은 보통인보다 사리판단력이 높은 이성인이 기준이 되며 판단의 기준시점도 반드시 월권행위시일 것을 요하지 않는다고 한다. 판례는 일반적으로는 무과실설과 같은 입장을 취하여 "표현대리에 있어서 표현대리인이 대리권을 갖고 있다고 믿는 데 상대방의 과실이 있는지 여부는 계약성립 당시의 제반사정을 객관적으로 판단하여 결정하여야 하고 표현대리인의 주관적 사정을 고려하여서는 안된다."라고 판시하고 있다($\binom{대판 1989.4.11,}{88다카13219}$). 다만 일상가사의 범위를 넘은 대리행위에 대해 제126조를 적용함에 있어서는 대리권을 주었다고 믿었음을 정당화할 만한 다른 객관적 사정이 있어야 한다고 하여 달리 보고 있다($\binom{대판 1989.4.11, 69}{다2218, 70다1812}$).

2. 정당한 이유의 판단시기

정당한 이유의 판단시기에 대해서는 무권대리행위 당시의 사정을 기초로 판단해야 한다는 견해와 사실심변론종결시, 즉 정당한 이유유무를 판단할 때까지 존재하는 일체의 사정을 고려하여 판단해야 한다는 견해가 대립한다. 판례는 권한을 넘은 표현대리에 있어서 정당한 이유의 유무는 대리행위 당시를 기준으로 판단해야 한다는 입장이다($\binom{대판 1997.6.27,}{97다3828}$).

문제1 설문에 있어서는 판례에 따르면 D에게 정당한 이유를 인정할 수 없다. D는 부동산 중개업자를 통해 B가 후견인으로 선임된 후 1년 이상 부동산의 관리를 전담하여 온 사실은 확인하였으나 별도로 후견감독인의 동의를 받았는지는 확인하지 않았기 때문이다. 또한 D가 X 부동산의 소유권이전등기를 경료할 때에는 B가 허위의 동의서를 교부하여 주어 이를 첨부하여 등기를 경료할 수는 있었으나 정작 매매계약을 체결할 당시에는 이러한 동의서가 첨부되어 있지 않았으므로 이러한 사유만으로 정당한 이유가 있다고 인정하기에도 곤란하다. 정당한 이유의 판단시기는 대리행위 당시이기 때문이다.

Ⅳ. 복대리인의 복임권

1. 임의대리

임의대리인은 원칙적으로 복임권이 없고, 예외적으로 본인의 '승낙'이 있거나 '부득이한 사유'가 있는 때에만 복임권이 있다($\binom{제120}{조}$). 부득이한 사유는 통상적으로 본인의 승낙을 얻을 수 없거나 사임할 수 없는 사정을 의미한다. 또한 본인의 승낙에는 묵시적 승낙이 포함된다. 즉 대리의 목적인 법률행위의 성질상 대리인 자신에 의한 처리가 필요하지 아니한 경우에는 본인이 복대리금지의 의사를 명시하지 않은 이상 복대리인의 선임에 관해 묵시적 승낙이 있는 것으로 볼 수 있다. 가령 채권자를 특정하지 않은 채 부동산을 담보로 제공하여 금원을 차용해 줄 것을 위임한 자의 의사에는 복대리인 선임에 관한 승낙이 포함되어 있다고 볼 수 있다($\binom{대판 1998.8.27,}{93다21156}$). 그러나 오피스텔의 분양업무는 그 성질상 대리인의 능력에 따라 본인의 분양사업의 성공여부가 결정되는 것이므로 묵시적 승낙을 인정하기 어렵다$\left(\substack{대판 1996.1.26.\\94다30690}\right)$.

임의대리인이 예외적으로 복대리인을 선임할 수 있는 경우에는 본인에게 대하여 선임감독상의 과실책임을 진다$\left(\substack{제121조\\제1항}\right)$. 다만 본인이 복대리인을 지명한 경우에는 책임이 완화된다. 즉 그 부적임 또는 불성실함을 알고 본인에게 대한 통지나 그 해임을 태만히 한 때에만 책임이 있다$\left(\substack{제121조\\제2항}\right)$.

2. 법정대리

법정대리인은 언제든지 복임권이 있다. 즉 자유롭게 복대리인을 선임할 수 있다$\left(\substack{제122조\\본문}\right)$. 다만 대리인은 책임에 있어서 무과실책임을 지는 것이 원칙이고$\left(\substack{제122조\\본문}\right)$, 예외적으로 법정대리인이 부득이한 사유로 복대리인을 선임한 때에는 선임감독상 과실이 있을 때에만 책임을 진다$\left(\substack{제122조\\단서}\right)$.

Ⅴ. 복임권 없는 대리인에 의해 선임된 복대리인의 대리행위의 표현대리 가능성

복임권 없는 대리인이 선임한 복대리인의 대리행위는 무권대리이다. 다만 복임권이 없는 대리인에 의하여 선임된 복대리인의 복대리행위에 표현대리가 성립할 수 있는지는 논란이 있을 수 있다. 가령 임의대리인이 본인승낙이나 부득이한 사정 없이 복대리인을 선임하고 그가 대리인의 대리권한을 넘는 복대리행위를 한 경우 표현대리가 성립할 수 있는지 분명하지 않다. 이 경우 처음부터 기본대리권이 존재하지 않는 것으로 볼 여지도 있다. 그러나 판례는 일정한 경우 표현대리의 성립가능성을 인정하고 있다. 즉 대리인이 사자 내지 임의로 선임한 복대리인을 통해 권한 외의 법률행위를 한 경우, 상대방이 그 행위자를 대리권을 가진 대리인으로 믿었고 또한 그렇게 믿는 데에 정당한 이유가 있는 때에는, 복대리인 선임권이 없는 대리인에 의하여 선임된 복대리인의 권한도 기본대리권이 될 수 있을 뿐만 아니라, 그 행위자가 사자라고 하더라도 대리행위의 주체가 되는 대리인이 별도로 있고 그들에게 본인으로부터 기본대리권이 수여된 이상, 민법 제126조를 적용함에 있어서 기본대리권의 흠결 문제는 생기기 않는다고 보는 것이다$\left(\substack{대판 1998.3.27.\\97다48982}\right)$.

위 〈문제 2〉 예시답안의 Ⅲ과는 달리 표현대리의 책임의 근거를 제125조의 표현대리에서 찾을 수도 있다. 이 때의 구성은 다음과 같을 것이다.

Ⅵ. 제125조의 표현대리의 인정여부

1. 복대리인에게 기본대리권이 존재하는지의 여부

제125조의 표현대리가 성립하기 위해서는 제3자에 대하여 수권의 표시만 있지 실제로 수권행위가 없었으므로 어떤 대리권도 존재하지 않거나, 존재한 적이 없어야 한다. 이 점이 제126조의 표현대리 내지 제129조의 표현대리와의 구별되는 특징이다.

사안에서는 대리인 E는 자신의 대리권의 범위(대출계약체결의 대리)를 넘어서 F에게 보증계약을 체결할 수 있는 (복)대리권을 수여했다. 즉 대리인은 복대리인에게 대리권을 수여할 수 있는 권한범위를 넘어서 복임행위를 한 것이다. 이는 복대리인에게 대출계약체결의 대리권을 주었는데, 복대리인이 임의로 보증계약체결의 대리행위행위를 하여 복대리행위에 제126조의 표현대리가 적용되는 경우(대판 1970.6.30.70다908)와는 다르다. 기본대리권의 존재가 부정되는 경우에는 제125조의 표현대리가 성립여부가 검토되어야 한다.

사안에서 원대리인 E의 의사가 보증계약체결에 대한 수권 이외에 대출계약의 체결의 수권까지 포함되지 않는 것으로 해석된다면 복대리인 F에게는 기본대리권이 없으므로 제125조의 표현대리의 요건이 검토되어야 한다.

2. 대리권수여의 표시가 있었는지의 여부

F의 권한범위를 넘는 수권이 본인 A가 선임한 원대리인의 행위에 의하여 야기되었다는 점에서 F에게 대리권이 수여된 것처럼 표시되었다는 점에서 대리권이 있는 것처럼 보이는 외관창출의 본인 A가 제공한 것으로 볼 수 있을 것이다.[12] 인감도장을 E에게 맡기는 행위를 통하여 그것이 제3자에게 다른 목적으로 사용됨에 원인을 제공한 것을 통하여 수권의 표시가 인정될 수 있다. 수권표시는 본인이 직접 하지 않고 대리인이 될 자를 통해서 하더라도 무방하다.

3. 표시된 대리권의 범위내의 행위인지의 여부

원대리인 F는 자신의 대리권 범위를 초과하여 F에게 보증계약체결의 대리에 대한 수권행위를 했고 수권을 받은 F가 그 수권범위내에서 대리행위를 한 경우에 F에게는 기본대리권이 없다고 할 것이다.[13]

---

12) 직접적인 판결은 아니지만 수권표시는 본인이 직접 하지 않고 대리인이 될 자를 통해서 하더라도 무방하다. 즉 제125조의 대리인은 본인으로부터 직접 대리권을 수여받은 자(원시대리인)에 한하는 것은 아니다(대판 1970.6.30, 70다908 참조).

13) 이와 같은 판단이 대판 1998.3.27, 97다48982의 원심법원의 판단이었다.

다만 F에게 표시된 대리권, 즉 연대보증계약체결의 대리행위를 한 것이므로 수권표시의 범위내에서 대리행위를 한 것이 된다.

4. 대리권 없음에 대해서 선의 · 무과실인지

상대방인 G는 F와 보증계약을 체결할 때 A의 보증의사 또는 대리권 수여의 유무를 확인할 필요가 있었음에도 불구하고 이를 하지 않았다면 대리권 없음에 대해서 과실이 인정될 수 있다. F가 대리인으로서 보증계약을 체결할 때 제시한 A의 인감도장과 연대보증용 인감증명서가 허위가 아니라는 점에서 통상적으로 상대방은 이를 통하여 대리권 있음을 신뢰할 수 있을 것이므로 제125조의 표현대리가 성립할 수 있다.

통상적으로 보증채무를 대리하여 계약을 체결하는 경우 본인의 의사를 확인해야 할 의무까지는 없으므로 표현대리책임이 인정된다.[14]

5. 표현대리에 과실상계 적용가능성

표현대리가 성립하는 경우에 그 본인은 표현대리행위에 대해 전적인 책임을 져야 하고, 상대방에게 과실이 있다고 하더라도 과실상계의 법리를 유추적용하여 본인의 책임을 경감할 수는 없다(대판 1996.7.12. 95다49554). 과실상계는 원칙적으로 채무불이행 내지는 불법행위로 인한 손해배상책임에 대해 인정되는 것이지 채무내용에 따른 본래의 급부의 이행을 청구하는 경우에 적용될 수 있는 성질의 것이 아니기 때문이다(대판 2001.2.9. 99다48801).

---

14) 대판 1997.7.8, 97다9895. 연대보증계약 체결 당시 대리인이 본인이 직접 발급받은 본인의 인감증명과 납세증명원, 본인의 인감도장을 보증보험회사 직원에게 교부하였고, 대리인이 자신 소유의 승용차를 구입할 때에도 본인을 대리하여 보증보험계약을 체결하면서 본인 명의의 인감증명과 납세증명원, 본인의 인감도장을 이용하였으므로 담당직원이 위 거래를 통하여 대리인과 본인의 관계를 알게 되어 대리인에게 본인을 대리할 권한이 있는지 여부를 의심할 만한 특별한 사정이 없었으며, 회사를 대리하여 보증보험계약을 체결하는 직원이 연대보증인 본인에 대하여 직접 보증의사를 확인하고 서명날인을 받도록 하는 업무지침이나 실무관행이 없어 회사가 전문금융기관이라는 것만으로 회사의 직원이 본인에게 직접 보증의사를 확인할 주의의무가 있다고 보기 어려우며, 연대보증약정서에 기재된 연대보증인의 전화번호는 차후 연락을 위한 것으로 반드시 연대보증인 본인의 전화번호만을 기재하여야 하는 것도 아니라면, 회사의 직원으로서는 대리인이 본인을 대리하여 연대보증계약을 체결할 대리권이 있다고 믿을 만한 정당한 이유가 있다고 보았다.

유제 – 무권대리(표현대리)

기본 사실관계

A는 이장이자 리 농협조합장인 B에게 인감 및 인감증명서를 교부하면서 C조합으로부터의 외상비료구입과 대여양곡 차용의 권한을 위임했다. 이에 따라 B는 C로부터 외상비료를 구입하고 대여양곡의 차용행위를 마쳤다. 그런데 B는 아직 A의 인감을 반환하지 않고 있음을 기화로 A를 주채무자로 하여 C조합으로부터 개토비(改土費)를 차용하는 계약을 임의로 체결하였고, 그 과정에서 자신이 A의 대리인이라고 말하였다. C는 B가 이장이자 리 농협조합장으로 그 주민들의 대리인으로 외상비료 구입과 농자금차용을 수차례 해가고 있다는 점, 실제 그런 방법으로 채권이 성립하고 반환된 적이 있다는 점, 인감도장과 인감증명서가 있다는 점 등을 기초로 대리권이 있다고 믿고 대출을 하여 주었다.

문제 ①

상환기일이 되어 C는 A에게 개토비차용금의 상환을 요구하고 있다. A는 차용금의 지급책임을 지는가?

해설

제129조의 표현대리와 제126조의 표현대리의 중복적용가능성이 문제된다. 즉 제126조의 표현대리가 성립하기 위해서는 기본대리권이 존재해야 하는데, 제129조에 의한 표현대리행위를 기본대리권으로 인정될 수 있는가 하는 점이다. 제125조의 표현대리가 성립하였는데 대리권수여표시의 범위를 초과한 대리행위를 한 경우 또는 제129조의 소멸한 대리권의 범위를 초과한 대리행위시 제126조의 적용을 긍정하는 것이 통설의 태도이다. 판례도 표현대리의 중복적용가능성을 인정하고 있으나 실제로 인정한 판결은 본 유제의 사실관계와 동일한 대판 1970.2.10, 69다2149가 거의 유일하다.

제126조에서 말하는 권한을 넘은 표현대리는 현재에 대리권을 가진 자가 그 권한을 넘은 경우에 성립하는 것이지 현재 아무런 대리권도 가지지 아니한 자가 본인을 위하여 한 어떤 대리행위가 과거에 이미 가졌던 대리권을 넘은 경우에까지 성립하는 것은 아니라고 할 것이다. 다만 과거에 가졌던 대리권이 소멸되어 민법 제129조에 의하여 표현대리로 인정되는 경우에 그 표현대리의 권한을 넘는 대리행위가 있을 때에는 민법 제126조에 의한 표현대리가 성립할 수 있다(대판 2008.1.31, 2007다74713 참조). 판례는 어떤 대리행위가 과거에 이미 가졌던 대리권을 넘은 경우와 과

거에 가졌던 대리권이 소멸되어 민법 제129조에 의하여 표현대리로 인정되는데 그 표현대리의 권한을 넘는 대리행위가 있는 경우를 구별하고 있다.

사안에서 B는 외상비료구입과 대여양곡 차용의 대리행위를 이미 종료하였음에도 A의 인감을 소지하고 있음을 기화로 C로부터 개토비(改土費)를 차용하는 계약을 임의로 체결하였다. 이미 대리행위가 종료하였으나 C는 B가 이장이자 리 농협조합장으로 그 주민들의 대리인으로 외상비료 구입과 농자금차용을 수차례 해가고 있다는 점 등을 토대로 살펴볼 때 제129조의 표현대리의 성립을 인정할 수 있다. 이를 기본대리권으로 하여 개토비차용이라는 월권행위에 대한 표현대리가 성립하려면 정당한 이유가 인정될 수 있어야 할 텐데. A와 B의 관계와 실제 그런 방법으로 채권이 성립하고 반환된 적이 있다는 점, 인감도장과 인감증명서가 있다는 점 등을 고려한다면 제126조의 표현대리의 성립도 인정할 수 있을 것이다.

문제 ②

만일 B가 개토비차용금을 개인적인 이익을 위하여 임의로 사용하고자 대리행위로서 위와 같은 계약을 체결한 것이고, C조합이 이러한 사정을 알고 있었다면 A는 차용금채무를 부담하지 않는 것인가?

해 설

B가 개토비차용금을 개인적인 이익을 위하여 임의로 사용하고자 대리행위로서 개토비차용계약을 체결한 것이라면 대리권남용이 문제될 여지가 있다. 제126조 등 표현대리의 요건으로 고의·과실이나 정당한 이유의 판단에 있어 상대방의 주관적 인식이나 주의의무위반상태에 대한 평가가 이미 이루어지는 것이므로 별도로 논이될 여지가 없는 것은 아닌지 문제되지만, 표현대리에서의 상대방의 선의·무과실(정당한 이유)은 대리권 객관적 유월여부 등에 대한 것임에 반하여, 대리권남용에서의 상대방의 선의·무과실은 대리행위자의 사익도모여부에 대한 것이어서 양자의 판단대상이 다르다고 할 수 있다. 따라서 대리행위가 표현대리가 되는지의 문제와 대리권남용의 문제는 별도로 판단되어야 한다. 판례도 표현대리가 성립하는 경우에도 대리권 남용의 주장을 인정하여 같은 취지에 있는 것으로 평가된다(대판 1987.7.7, 86다카1004). 사안에서 C가 B의 배임적 사정을 이미 알고 있었다면 대리권남용으로 그러한 법률행위의 효과를 부인해야 할 것이다. 대리권남용의 이론구성에 있어서는 제107조 제1항 단서 유추적용설과 신의칙설 등이 대립하고 있다. 전자는 대리권남용의 사례에서 상대방이 선의·무과실인 경우 유권대리행위가 되며, 상대방이 악의 또는 과실이 있는 경우에는 무효행위가 된다고 이해한다. 후자는 상대방이 악의 또는 중과실인 경우에 대리행위가 외형적·형식적으로 대리권의 범위 내에서 이루어진 것이라 하더라도 그러한 대리행위의 효과를 부인하는 것이다.

B는 2004. 8. 12. A로부터 X건물을 임대보증금 6억 5천만 원, 기간을 2008. 8. 30.까지로 정하여 임차하면서, 실제로는 전세권설정계약을 체결하지 아니하였으면서도 임차보증금반환채권을 담보할 목적으로 임대보증금 중 6억 원에 대하여는 A로부터 전세권을 설정받았다.

※ 각각의 문제는 독립적이다.

문제 ①

B는 전세권을 C에게 담보로 제공하기로 하고 C가 전세권에 대하여 근저당권을 취득하였다. C는 B가 사실은 X건물을 매월 차임이 있는 임대차계약으로 빌렸다는 사정을 알고 있었다. 한편 D는 C에 대한 대여금채권을 가지고 있었는데, C의 B에 대한 근저당권부 채권을 가압류하고 압류명령을 얻었다(D는 설문과 같은 사정을 알지 못했으나 알지 못한 데에 과실이 있었음). 그러나 전세권의 존속기간이 만료되어 전세권 자체에 대해 저당권을 실행할 수 없게 되자, D는 저당권실행의 방법으로 전세권에 갈음하여 존속하는 전세권부채권에 대하여 추심명령을 받았고, A를 상대로 추심금청구소송을 제기하였다. 그런데 A는 B의 연체한 차임을 공제해야 한다는 주장을 하고 있다. A 주장의 법적 근거가 무엇인지 찾아서 검토하고, 연체한 차임을 공제하지 않으려는 D가 주장할 수 있는 법적으로 가능한 근거를 제시하고 검토하시오. (25점)

문제 ②

B는 A에 대한 임차보증금반환채권과 자기 소유의 Y토지를 절친한 친구가 대표이사를 맡고 있는 법인 F에 통정하여 허위로 양도하였고 채권양도의 통지와 등기이전을 마쳤다. 이후 이러한 사정을 모르는 A는 F에게 보증금을 반환하였고, F는 채권자 H, I 등에 대한 채무를 견디지 못하고 결국 파산하였다. F의 파산관재인으로는 G가 선임되었는데 G와 H는 F가 통정하여 허위로 Y부동산을 취득하였다는 사실을 알고 있었으나, I는 그러한 사실을 알지 못하였다. B는 F에게 A에 대한 채권과 Y부동산을 양도한 것은 통정허위표시에 해당되어 무효임을 A와 G에 대해서 주장한다. 이에 대해 A는 자신의 보증금 지급이 유효하다는 점을, G는 Y부동산이 파산재단에 속하는 것임을 주장한다. A와 G의 주장의 법적 근거를 찾아보고 그 타당성을 검토하시오. (15점)

Ⅰ. 쟁점의 정리

A의 연체차임공제주장은 A와 B 사이의 임대차관계를 전제로 한 것이다. A 주장은 전세권설정계약이 통정허위표시로서 무효라는 사실과 은닉행위로서 임대차계약이 유효하다는 점을 근거로 한 것이다. 이에 대해 D가 연체차임을 공제하지 않을 것을 주장하기 위해서는 자신이 제108조 제2항의 선의의 제3자에 해당함을 주장해야 한다. 특히 직접 법률상 이해관계를 가지는 것이 아닌 경우에도 제108조 제2항에 의하여 보호받을 수 있는지, 과실 있는 제3자도 보호될 수 있는지의 문제가 논의되어야 할 것이다.

Ⅱ. A의 연체차임 공제 주장의 법적근거와 타당성 (10점)

1. A주장의 내용

전세권부채권은 전세권설정계약에 따라 전세권설정 기간이 만료하면 전세권자가 설정자에게 전세금의 반환을 구할 수 있는 청구권으로 본래 차임이 존재하지 않는 전세권설정계약의 성질에 비추어 차임 공제 항변은 주장 자체로 성립할 수가 없다. 하지만 전세권설정계약이 통정허위표시에 해당하여 무효이며, 실질을 이루고 있는 임대차관계가 유효한 것으로 인정된다면 A의 연체차임공제의 주장은 타당할 수 있다. 임차보증금반환채권은 성질상 연체차임의 공제를 전제하기 때문이다.

2. 전세권설정계약이 통정허위표시에 해당하는지 여부

통정허위표시가 성립하기 위해서는 의사표시가 존재하지만 의사와 표시가 불일치해야 하며, 표의자가 진의와 다른 표시를 하는 데 대해 상대방과 통정이 있을 것이 요구된다.

사안의 경우, 실제로는 전세권설정계약을 체결하지 아니하였으면서도 임대차계약에 기한 임차보증금반환채권을 담보할 목적으로 A와 B 사이의 합의에 따라 B명의로 전세권설정등기를 경료한 것으로서 통정허위표시에 해당한다. 우리 민법은 제108조 제1항에서 통정허위표시를 무효로 하고 있다.

3. 임대차계약이 은닉행위로서 유효한지 여부

A와 B 사이에 전세권설정계약은 통정허위표시로서 무효이나, 임대차계약은 유효한 것으로 볼 수 있다. 일종의 가장행위 속에 감추어진 은닉행위에 해당한다. 통정허위표시는 무효가 되더라도 은닉행위는 유효할 수 있고, 사안에서 임차보증금반환채권도 유효하게 존재하는 것으로 볼 것이다.

Ⅲ. D가 주장할 수 있는 법적 근거 및 그 타당성 (15점)

1. 제108조 제2항 선의의 제3자의 지위

D가 민법 제108조 제2항에서의 제3자에 해당한다면 A의 연체차임 공제 주장에 대항할 수 있게 된다. A는 전세권설정계약이 통정허위표시로서 무효임을 D에 대해서는 대항할 수 없게 되기 때문이다.

제108조 제2항에서 말하는 제3자는 허위표시의 당사자와 그의 포괄승계인 이외의 자 모두를 가리키는 것이 아니고 그 가운데서 허위표시행위를 기초로 하여 새로운 이해관계를 맺은 자를 의미하는 것이다. 가령 가장매매의 매수인으로부터 저당권을 설정받은 자나 통정허위표시에 의하여 외형상 형성된 법률관계로 생긴 채권을 가압류한 경우의 가압류권자 등이 이에 해당할 수 있다.

2. 허위표시의 당사자를 상대로 직접 이해관계를 가지는 자만이 보호되는지 여부

사안에서 D는 허위표시에 의하여 형성된 법률관계로 생긴 채권을 가압류 및 압류한 자로 일응 제108조 제2항의 제3자에 해당하는 것으로 보인다. 문제는 D가 허위표시의 당사자를 상대로 하여 직접 법률상 이해관계를 가지는 자가 아니라 그러한 법률상 이해관계를 바탕으로 하여 다시 법률상 이해관계를 가진 자라는 점에 있다. 이러한 제3자도 제108조 제2항에 의해 보호될 수 있는지가 문제이다.

판례(대표적으로는 대판 1983.1.18, 82다594)에 따르면 제108조 제2항에서 제3자는 허위표시를 기초로 새로운 이해관계를 맺은 자를 의미한다고 보면서, 이때 새로운 이해관계의 의미에 있어서 허위표시의 당사자를 상대로 하여 직접 법률상 이해관계를 가지는 경우 외에도 그 법률상 이해관계를 바탕으로 하여 다시 허위표시에 의하여 형성된 법률관계와 새로이 법률상 이해관계를 가지게 되는 경우도 포함하는 것으로 해석한다. 따라서 D는 제108조 제2항의 제3자에 해당하고 선의라면 보호될 수 있을 것이다.

3. 과실 있는 제3자의 보호 여부

제108조 제2항은 허위표시의 무효는 선의의 제3자에게 대항하지 못함을 규정하고 있다. 이와 관련하여 무과실이 요건이 되는지 문제될 수 있으나, 판례는 제108조 제2항에서 선의란 당해 의사표시가 허위표시임을 알지 못하는 것을 말하며 무과실을 요구하지 않는다고 한다. 설문에서 D는 허위로 전세권설정계약을 체결한 사실에 대해 과실이 있지만 선의라고 할 수 있다. 따라서 D는 제108조 제2항의 선의의 제3자에 해당한다.

Ⅳ. 사안의 해결

사안에서 A와 B 사이의 전세권설정계약은 통정허위표시에 해당하여 무효가 된다. 다만 D는 제108조 제2항에 의해 보호되는 제3자에 해당하므로 이러한 허위표시의 무효를 D에게만은 주장할 수 없을 것이다. 즉 A는 D에게 전세권설정계약이 무효임과 AB간 법률관계의 실질이 임대차관계이므로 연체된 차임이 공제되어야 함을 대항할 수 없다.

문제 ②

Ⅰ. 쟁점의 정리

B는 A에 대한 임차보증금반환채권과 자기 소유의 Y토지를 F에게 통정한 허위표시로 양도하였는데, 이후 A는 F에게 보증금을 반환하였고, F는 파산하여 G가 파산관재인으로 선임되었다. B의 채권양도와 부동산의 양도는 통정허위표시로서 무효라고 할 것이다. 문제는 A와 G가 제108조 제2항에 의해 보호되는 제3자에 해당하는가 하는 점이다. 이와 관련해서는 채권의 허위양도에 있어서 채무자나 파산관재인이 허위표시를 기초로 새로운 이해관계를 맺은 제3자에 해당하는지가 검토되어야 한다. 특히 파산관재인과 관련해서는 파산관재인이나 채권자 중 일부가 허위표시의 사실을 알고 있었던 경우에도 보호받는 제3자에 해당하는지 살펴보아야 할 것이다.

Ⅱ. 채권의 가장양도에서 채무자가 제108조 제2항으로 보호되는 제3자에 해당하는지 여부 (5점)

민법 제108조에 의하면 통정허위표시는 무효이나 선의의 제3자에게는 그러한 무효를 주장하지 못한다. 이때 제3자는 통정한 허위표시의 당사자와 포괄승계인 이외의 자로서 그러한 허위의 의사표시에 의하여 외형상 형성된 법률관계를 토대로 실질적으로 새로운 법률상 이해관계를 맺은 선의자를 말한다.

그러나 채권의 가장양도에 있어서 채무자는 가장양수인에게 채무를 변제하지 않고 있는 동안에 양도계약이 허위표시임이 밝혀진 경우에는 허위표시의 선의의 제3자임을 내세워 진정한 채권자에게 채권액의 지급을 거절할 수는 없다고 보아야 할 것이다. 새로운 이해관계가 발생한 바가 없기 때문이다. 다만 이와 달리 채무자가 허위의 채권양도임을 모르고 변제를 한 경우에는 제3자로 인정하는 것이 타당하다. 허위표시를 기초로 형성된 법률관계를 토대로 변제라는 실질적으로 새로운 이해관계를 맺은 것으로 볼 수 있기 때문이다. 사안에서 A는 가장 채권양수인 F에게 그러한 사실을 모르고 채무를 변제하였으므로 제108조 제2항의 제3자로 보호된다.

Ⅲ. 파산관재인이 제108조 제2항의 제3자에 해당하는지 여부와 선의판단의 기준 (10점)

1. G가 제108조 제2항의 제3자에 해당하는지 여부

파산자가 통정한 허위의 의사표시를 통하여 부동산을 양수한 후에 파산선고된 경우 그러한 부동산도 파산재단에 속하게 되고 파산선고에 따라 파산자와는 독립한 지위에서 파산채권자 전체의 공동의 이익을 위해 직무를 행하게 된 파산관재인은 허위표시에 따라 외형상 형성된 법률관계를 토대로 실질적으로 새로운 법률상 이해관계를 가지게 된 제3자에 해당한다고 할 것이다. 판례도 가장소비대차의 대주가 파산선고를 받은 경우, 그 파산관재인이 통정허위표시의 제3자에 해당한다고 본 예가 있다.

2. G의 선의판단의 기준

파산관재인은 파산채권자 전체의 공동의 이익을 위하여 선량한 관리자의 주의로써 직무를 행하여야 하는 지위에 있기 때문에 그 선의 · 악의도 파산관재인 개인의 선의 · 악의를 기준으로 할 수 없고 총파산채권자를 기준으로 파산채권자 모두가 악의가 되지 않는 한 파산관재인은 선의의 제3자로 보게 된다. 파산관재인이 개인적인 사유로 통정허위표시의 사실을 알았다고 하더라도 이것만으로 파산관재인이 악의자에 해당할 수는 없는 것이다.

사안의 경우, 파산관재인 G와 채권자 H는 통정허위표시의 사실을 알고 있었지만 파산채권자 I가 악의가 되지 않는 한 파산관재인은 선의의 제3자로 보게 될 것이다.

Ⅳ. 사안의 해결

B의 채권양도와 부동산의 양도는 통정허위표시로서 무효이다. 다만 A는 가장채권양수인에게 선의로 변제함으로써 새로운 이해관계를 형성하였으므로 채권의 가장양도가 무효임을 A에게는 대항할 수 없다. 마찬가지로 부동산의 양도 또한 원칙적으로 무효인 것이지만, F가 파산함으로써 F가 가장으로 양수받은 부동산도 파산재단에 일단 속하게 되고, 파산관재인 G는 제108조 제2항에서의 제3자에 해당하므로 B는 그 무효를 주장할 수 없다. 특히 사안의 경우 G와 H가 악의라고 하더라도 I가 선의인 이상 이러한 결론이 달라지는 것은 아니다.

해 설

Ⅰ. 통정허위표시의 요건

민법 제108조는 제1항에서 상대방과 통정한 허위의 의사표시는 무효로 하고 있다. 제108조 제1항에 의하여 의사표시가 무효로 되기 위해서는 의사표시가 존재하지만 의사와 표시가 불일치해야 하며, 표의자가 진의와 다른 표시를 하는 데 대해 상대방과 통정이 있을 것이 요구된다. 다만 임대차계약상의 임차보증금반환채권을 담보하기 위하여 임차인이 임대인의 동의하에 전세권설정등기를 경료한 경우 의사와 표시의 불일치가 있는지가 문제이다. 이러한 경우 통정허위표시의 요건을 갖춘 것인지는 실제로 전세권설정계약을 체결한 사실을 인정할 수 있는가 여부에 달려있다. 판례도 실제로는 전세권설정계약을 체결하지 아니하였으면서도 임대차계약에 기한 임차보증금반환채권을 담보할 목적 등으로 임차인과 임대인 사이의 합의에 따라 임차인 명의로 전세권설정등기를 경료한 경우 전세권설정계약이 통정허위표시에 해당하여 무효라고 보고 있다(대판 2013.2.15. 2012다49292; 대판 2010.3.25. 2009다35743). 그러나 실제로 전세권설정계약을 체결한 사실이 있다면 통정허위표시로 볼 수는 없을 것이다. 가령 전세권설정계약체결의 사실이 존재한다면 임대차계약에 바탕을 두고 임차보증금반환채권을 담보할 목적으로 임대인, 임차인 등이 합의에 따라 전세권설정등기를 경료한 것도 유효한 것이다(대판 2005.5.26. 2003다12311). 이 판결은 당사자들 사이에 전세권설정계약이 새로 체결된 사정이 있음을 인정하고 전세권설정등기의 효력을 유효로 인정한 것이며, 나아가 전세권자와 전세권설정자 및 제3자 사이에 합의가 있으면 그 전세권자의 명의를 제3자로 하는 것도 가능하다는 점을 밝히고 있다.

사례에서 A와 B는 임차보증금반환채권을 담보하기 위해 B 명의로 전세권설정등기를 경료한 것일 뿐, 전세권설정에 대한 합의가 없었다는 점을 명확히 제시하고 있다. 따라서 A와 B 사이의 전세권설정계약은 제108조 제1항의 통정허위표시에 해당한다고 할 것이다.

한편 통정허위표시의 증명책임과 관련하여 통정허위의 요건은 그 무효를 주장하는 자가 주장·증명해야 할 것이다 $\left(\begin{smallmatrix} \text{대판 2008.8.12,} \\ \text{2008다7772, 7789 등} \end{smallmatrix}\right)$. 다만 장인과 사위 사이 $\left(\begin{smallmatrix} \text{대판 1965.5.31,} \\ \text{65다623} \end{smallmatrix}\right)$, 부부 사이 $\left(\begin{smallmatrix} \text{대판 1978.4.25,} \\ \text{78다226 등} \end{smallmatrix}\right)$ 등과 같이 특별한 신분관계가 있는 경우 경험칙상 통정허위표시로 추정된다.

Ⅱ. 통정허위표시의 효과

1. 무 효

통정한 허위의 의사표시는 허위표시의 당사자와 포괄승계인 이외의 자로서 그 허위표시에 의하여 외형상 형성된 법률관계를 토대로 실질적으로 새로운 법률상 이해관계를 맺은 선의의 제3자를 제외한 누구에 대하여서나 무효이고, 또한 누구든지 그 무효를 주장할 수 있다 $\left(\begin{smallmatrix} \text{대판 2003.3.28,} \\ \text{2002다72125} \end{smallmatrix}\right)$. 법률효과가 무효이므로 무효가 된 법률효과를 침해하는 것처럼 보이는 행위가 있다고 하더라도 손해가 발생할 여지가 없음은 물론이다. 판례도 당사자가 통정하여 허위로 부동산을 매매하는 계약을 체결하면서 매수인이 법무사에게 해당 부동산에 대한 소유권이전 등기청구권 보전을 위한 처분금지가처분을 하도록 의뢰하였는데 법무사가 과실로 가처분의 효력이 부정된 사례에서, 과실이 있다고 하더라도 통정허위표시로 무효인 이상 손해가 발생할 여지가 없다고 하여 손해배상청구를 인용하지 않았다 $\left(\begin{smallmatrix} \text{대판 2003.3.28,} \\ \text{2002다72125} \end{smallmatrix}\right)$. 다만 통정허위표시의 법률행위와 별개로 은닉행위는 유효한 것으로 다루어진다. 가령 실제로는 증여계약을 체결하였으면서 외관상 매매계약의 형식으로 합의한 경우에는 매매계약은 통정허위표시로 무효가 되더라도 증여계약은 유효할 수 있고, 따라서 이를 통해 부동산의 물권변동 등을 의욕하였다면 실제로 물권의 변동효과가 무효가 되지는 않는다. 사례의 경우에도 전세권설정계약이 무효가 되더라도 당사자들이 실제로 의욕한 임대차계약의 효력이 함께 무효로 되는 것은 아니다.

한편 통정허위표시가 무효라고 제103조에 위반한 법률행위가 되는 것은 아니다. 예컨대 강제집행을 면할 목적으로 부동산에 허위의 근저당권설정등기를 경료하였다고 하더라도 제103조 위반의 법률행위가 되지 않는 것이다 $\left(\begin{smallmatrix} \text{대판 2004.5.28,} \\ \text{2003다70041} \end{smallmatrix}\right)$. 따라서 부동산의 원래 소유자가 그 반환을 구하거나 부당이득반환청구권을 행사하는 것이 제746조의 불법원인급여에 해당하여 금지되는 것은 아닌 것이다. 나아가 허위표시가 채권자취소권$\left(\begin{smallmatrix} \text{제406} \\ \text{조} \end{smallmatrix}\right)$의 요건을 갖추었다면 통정허위표시를 한 채무자의 채권자는 채권자취소권을 행사할 수도 있을 것이다(무효취소의 이중효).

2. 선의의 제3자 보호

(1) 제3자의 의미

1) 허위표시를 기초로 새로운 이해관계를 맺은 자

일반적으로 제3자라 함은 당사자와 그의 포괄승계인 외의 자라고 이해할 수 있는데, 제108조 제2항에서의 제3자의 의미와 관련하여 통설과 판례는 추가적 요건을 요구하고 있다. 즉, 판례는 "민법 제108조 제2항에서 말하는 제3자는 허위표시의 당사자와 그의 포괄승계인 이외의 자 모두를 가리키는 것이 아니고 그 가운데서 허위표시행위를 기초로 하여 새로운 이해관계를 맺은 자"로 한정한다$\binom{대판 1983.1.18.}{82다594}$. 다만 이때의 '새로운 이해관계'와 관련하여 판례는, 허위표시의 당사자를 상대로 하여 직접 법률상 이해관계를 가지는 경우 외에도 그 법률상 이해관계를 바탕으로 하여 다시 허위표시에 의하여 형성된 법률관계와 새로이 법률상 이해관계를 가지게 되는 경우도 포함하는 것으로 해석한다$\binom{대판 2013.2.15.}{2012다49292}$.

사안과 같이 A가 B의 임차보증금반환채권을 담보하기 위하여 통정허위표시로 B에게 전세권설정등기를 마친 후 C가 이러한 사정을 알면서도 B에 대한 채권을 담보하기 위하여 위 전세권에 대하여 전세권근저당권설정등기를 마치고, D가 병의 전세권근저당권부 채권을 가압류하고 압류명령을 받은 경우에는 D가 통정허위표시에 관하여 선의라면 비록 C가 악의라 하더라도 허위표시자는 그에 대하여 전세권이 통정허위표시에 의한 것이라는 이유로 대항할 수 없는 것이다.

2) 구체적 판단

허위표시의 당사자와 포괄승계인 이외의 자로서 허위표시에 의하여 외형상 형성된 법률관계를 토대로 실질적으로 새로운 법률상 이해관계를 맺은 선의의 제3자에 대하여는 허위표시의 당사자뿐만 아니라 그 누구도 허위표시의 무효를 대항하지 못하는데, 허위표시를 선의의 제3자에게 대항하지 못하게 한 취지는 이를 기초로 하여 별개의 법률원인에 의하여 고유한 법률상의 이익을 갖는 법률관계에 들어간 자를 보호하기 위한 것이므로, 제3자의 범위는 권리관계에 기초하여 형식적으로만 파악할 것이 아니라 허위표시행위를 기초로 하여 새로운 법률상 이해관계를 맺었는지 여부에 따라 실질적으로 파악하여야 한다$\binom{대판 2000.7.6.}{99다51258}$. 예컨대 가장양수인으로부터 그 목적물을 다시 매수한 후 소유권이전청구권 보전을 위한 가등기를 취득한 자$\binom{대판 1970.9.29.}{70다466}$, 가장저당권설정행위에 기한 저당권의 실행에 의하여 부동산을 경락받은 자$\binom{대판 1957.3.23.}{4289민상580}$, 가장매매의 매수인으로부터 저당권을 설정받은 자$\binom{대판 2006.2.9.}{2005다59864}$, 통정한 허위표시에 의하여 외형상 형성된 법률관계로 생긴 채권을 가압류한 경우의 가압류권자$\binom{대판 2004.5.28.}{2003다70041}$ 등은 민법 제108조 제2항에서 말하는 제3자에 해당한다. 그러나 채권의 가장양수인으로부터 추심을 위하여 채권을 양수한 자, 가장양수인의 일반채권자는 제3자에 포함되지 않고, 가장소비대차에서 대주의 계약상의 지위를 인수받은 자도 제3자에 해당하지 않는다$\left(\substack{\text{대판 2004.1.15,} \\ \text{2002다31537}}\right)$. 또한 채권의 가장양도에서 채무자는 가장양수인에게 채무를 변제하지 않고 있는 동안에 양도 계약이 허위표시임이 밝혀진 경우에는 허위표시 선의의 제3자임을 내세워 진정한 채권자에 게 채권액의 지급을 거절할 수 없다$\left(\substack{\text{대판 1983.1.18,} \\ \text{82다594}}\right)$. 다만 채무자가 허위의 채권양도임을 모르고 변제를 한 경우에는 제3자로 인정할 수 있다. 정확히 일치하는 사례는 아니지만 판례도 보증 인이 허위의 주채무에 대하여 보증채무자로서 채무까지 이행한 경우에는 구상권취득에 관한 법률상 이해관계를 가지게 되었다고 보아 제3자에 해당한다고 본 사례가 있다$\left(\substack{\text{대판 2000.7.6,} \\ \text{99다51258}}\right)$. 따 라서 사안에서 채권의 가장양수인에 대해 채무를 변제한 A는 제3자에 해당한다.

(2) 선의의 의미

통정허위표시의 무효로서 대항할 수 없는 제3자는 선의이어야 하는데, 선의란 당해 의사 표시가 허위표시임을 알지 못하는 것을 말하며 무과실을 요구하지 않는다$\left(\substack{\text{대판 2004.5.28,} \\ \text{2003다70041}}\right)$. 사안 에서 D는 과실이 있는 자이지만 선의에 해당한다면 제108조 제2항의 제3자로서 보호될 수 있 는 것이다. 다만 선의이지만 중과실이 있는 경우에는 신의칙을 근거로 제108조 제2항의 보호 가 제한될 수 있다. 판례도 보증인이 채권자에 대하여 보증채무를 부담하지 아니함을 주장할 수 있었는데도 그 주장을 하지 아니한 채 보증채무의 전부를 이행하였다면 그 주장을 할 수 있는 범위 내에서는 신의칙상 그 보증채무의 이행으로 인한 구상금채권에 대한 연대보증인들 에 대하여도 그 구상금을 청구할 수 없다고 판시하였다$\left(\substack{\text{대판 2006.3.10,} \\ \text{2002다1321}}\right)$.

제3자가 선의인가는 법률상 새로운 이해관계를 맺을 당시를 기준으로 하여 결정하며, 제3 자의 선의는 추정되므로 무효를 주장하는 측이 제3자의 악의를 증명하여야 한다$\left(\substack{\text{대판 2006.3.10,} \\ \text{2002다1321}}\right)$. 한편 선의의 제3자로부터 권리를 취득한 자는 악의이더라도 선의자의 지위를 승계하므로 유 효하게 권리를 취득한다.

Ⅲ. 파산관재인도 민법 제108조 제2항의 선의의 제3자에 해당하는지 여부

파산관재인은 제3자에 해당한다$\left(\substack{\text{대판 2003.6.24,} \\ \text{2002다48214}}\right)$. 즉 파산자가 파산선고 전에 상대방과 통정허 위표시로 가장채권을 보유하고 있다가 파산한 경우 파산관재인은 제108조 제2항의 제3자에 해당하므로 그자에게 가장채권의 무효임을 대항할 수 없다. 특히 주의할 것은 제108조 제2항 의 제3자로 보호받기 위해서 요구되는 '선의'라는 요건과 관련하여서 파산관재인은 파산채권 자 전체의 공동의 이익을 위하여 선량한 관리자의 주의로써 그 직무를 행하여야 하는 지위에 있기 때문이므로, 그 선의·악의도 파산관재인 개인의 선의·악의를 기준으로 할 수는 없고 총파산채권자를 기준으로 하여 파산채권자 모두가 악의로 되지 않는 한 파산관재인은 선의의 제3자로 본다는 점이다$\left(\substack{\text{대판 2005.5.12,} \\ \text{2004다68366}}\right)$. 나아가 파산관재인이 파산선고 전에 개인적인 사유로 파산자가 체결한 대출계약이 통정허위표시에 의한 것임을 알게 되었다고 하더라도 그러한 사정만을 가지고 파산선고시 파산관재인이 악의자에 해당한다고 할 수 없다(대판 2006.11.10, 2004다10299). 설문에서 파산관재인과 채권자 중 일부인 G, H가 각각 악의자에 해당한다고 하더라도 다른 파산채권자 I가 여전히 선의라면 G를 악의자로 보아야 하는 것은 아니다.

유 제

기본 사실관계

A는 자신의 X부동산을 B에게 허위로 매도하고 등기를 이전하였는데, 이를 악용하여 B는 C에게 X부동산을 매도하고 소유권이전등기를 경료하였다(한편 C는 해당 부동산이 A의 것임을 전혀 알지 못하였지만 이를 알 수 있음에도 불구하고 파악하지 못한 데에 과실이 있었다). 그 후, C는 자신이 매수한 X부동산을 다시 이웃인 D에게 매도하여 소유권 이전등기를 경료하였다(매수 당시 D는 A, B, C 간의 이러한 구체적 사실관계를 알고 있었다).

문제 1

A와 B, B와 C, C와 D 사이에 체결된 부동산 매매계약의 유효여부와 A, B, C 각각의 부동산 취득 여부를 설명하시오.

해 설

I. A와 B의 매매계약

A와 B 사이의 부동산매매계약과 소유권이전의 물권적 합의는 통정허위표시로서 무효이다(제108조 제2항). 따라서 B는 부동산 소유권을 취득하지 못한다.

II. B와 C의 매매계약

유효한 매매계약이 있음에도 불구하고 매도인인 B가 무권리자이기 때문에 C는 원칙적으로 부동산을 적법하게 취득할 수 없다. 그러나 민법 제108조 제2항에 의해 당사자 및 포괄승계인 이외의 자로서 C가 허위표시에 의하여 외형상 형성된 법률관계를 토대로 실질적으로 새로운 법률상 이해관계를 맺은 선의의 제3자에 해당하면, A와 B의 통정허위표시도 표시된 대로 효력이 있게 된다. C는 가장매수인으로부터 부동산을 매수하고 소유권을 이전받은 자로서 새로운 법률상 이해관계를 맺은 자에 해당한다. 따라서 C가 선의이면 제108조 제2항에 의해 보호될 수 있을 것인데, 이때 선의의 의미와 관련하여 무과실을 요건으로 하는 것은 아니다(대판 2006.3.10, 2002다1321). 결국 제108조 제2항에 따라 선의인 C는 유효하게 부동산 소유권을 취득하게 된다.

Ⅲ. C와 D의 매매계약

C가 적법하게 부동산을 취득한 이상 전득자는 권리자로부터 소유권을 승계취득받는 것으로 되어 선악을 불문하고 부동산을 적법하게 취득할 수 있다(엄폐물의 법칙). 사안에서 D는 부동산을 적법하게 취득한다.

문제 2

만일 C가 유효하게 부동산을 취득하게 되어 A가 B에 대한 손해배상채권을 보유하게 될 경우, 그 손해배상채권을 A가 이러한 사정을 알고 있는 직장동료 G에게 양도한다면 G는 손해배상채권을 취득할 수 있는가?

해 설

제108조 제2항에 의해 보호되는 선의의 제3자는 "당사자와 그 포괄승계인 이외의 자로서 허위표시에 의하여 외형상 형성된 법률관계를 토대로 실질적으로 새로운 법률관계를 맺은 자"를 의미한다(대판 2000.7.6, 99다51258). 해당 허위표시에 의하여 외형상 형성된 법률관계인 부동산 매매계약을 토대로 새로운 법률관계를 맺은 가장매매 부동산의 양수인, 가장매매 대금채권의 양수인 등은 제108조 제2항에 의해 보호되는 선의의 제3자가 될 수 있으나, 이와 달리 본 사안처럼 A가 B에 대해 보유하게 된 손해배상채권은 '가장매매'라는 외형상 형성된 법률관계를 토대로 성립된 것이 아닌, C의 적법한 부동산 취득으로 인해 B에서 A로의 소유권이전이 불가능해짐에 따라 발생된 것이다. 따라서 이 채권의 양수인은 민법 제108조 제2항과 무관한 일반 채권자로서 선악을 불문하고 보호받게 된다. 따라서 G는 선악을 불문하고 위 손해배상채권을 취득할 수 있다.

추가된 사실관계

부동산 매수 당시 C는 부족한 매수자금을 E은행으로부터 대출받기를 희망하였으나 대출한도를 초과하여 대출을 받을 수 없었고, 이에 친구인 F가 금전소비대차 약정서 등 대출관련서류에 자신을 주채무자로 기재하고 직접 서명 및 날인하였다. 이때 친구 사이인 C와 F는 E은행으로부터 대출금 전액을 C가 소비하고 C의 부담으로 상환하기로 약속하였다.

문제 ③

E은행이 C가 아닌 대출관련서류에 주채무자로 기재된 친구 F에게 대여금 반환을 청구할 경우 F는 자신이 채무자가 아님을 주장하여 거절할 수 있는가?

해 설

이 문제는 소위 차명대출의 문제이다. 즉 실제로 대여금을 쓸 사람은 따로 있는데 법령 및 여신한도의 회피를 위해 금융기관의 양해 아래 명의대여자 명의로 금전대차계약을 체결한 경우 채무를 부담하는 주체는 누구인가의 문제이다.

이와 관련해 판례는 법률행위의 당사자확정의 문제로 접근하지 않고, 대출명의자와 은행 간의 계약의 존재를 전제로 그 계약의 효력문제로 다루고 있다. 즉 F는 통정허위표시나 비진의의사표시임을 통해 자신이 주채무를 부담할 의사가 없었음을 주장할 여지가 있으나, "통정허위표시가 성립하기 위하여는 의사표시의 진의와 표시가 일치하지 아니하고, 그 불일치에 관하여 상대방과 사이에 합의가 있어야 하는바, 제3자가 은행을 직접 방문하여 금전소비대차 약정서에 주채무자로서 서명·날인하였다면 제3자는 자신이 당해 소비대차계약의 주채무자임을 은행에 대하여 표시한 셈이고, 제3자가 은행이 정한 동일인에 대한 여신한도 제한을 회피하여 타인으로 하여금 제3자 명의로 대출을 받아 이를 사용하도록 할 의도가 있었다거나 그 원리금을 타인의 부담으로 상환하기로 하였더라도, 특별한 사정이 없는 한 이는 소비대차계약에 따른 경제적 효과를 타인에게 귀속시키려는 의사에 불과할 뿐, 그 법률상의 효과까지도 타인에게 귀속시키려는 의사로 볼 수는 없으므로 제3자의 진의와 표시에 불일치가 있다고 보기는 어렵다."라고 보고 있는 것이다(대판 1998.9.4. 98다17909). 다만 "동일인에 대한 대출액 한도를 제한한 법령이나 금융기관 내부규정의 적용을 회피하기 위하여 실질적인 주채무자가 실제 대출받고자 하는 채무액에 대하여 제3자를 형식상의 주채무자로 내세우고, 금융기관도 이를 양해하여 제3자에 대하여는 채무자로서의 책임을 지우지 않을 의도 하에 제3자 명의로 대출관계 서류를 작성 받은 경우, 제3자는 형식상의 명의만을 빌려준 자에 불과하고 제3자 명의로 되어 있는 대출약정은 그 금융기관의 '양해'하에 그에 따른 채무부담의 의사 없이 형식적으로 이루어진 것에 불과한 경우로써 통정한 허위표시에 해당하여 무효인 법률행위로 볼 수 있다."라고 한다(대판 2007.11.29, 2007다53013). 사안의 경우에는 이러한 양해가 있었다고 보여지지는 않는다. 따라서 판례에 의한다면 F는 통정허위표시나 비진의의사표시임을 주장하며 E은행의 청구를 거절할 수 없다.

　그러나 이 문제는 계약의 효력문제로 다루기보다는 선행하는 당사자확정의 문제가 검토될 필요가 있어 보인다. 당사자확정의 문제로 본다면 사안의 경우에는 F와 E은행이 대출계약의 당사자로 해석된다. 그리고 앞선 대법원 판결이 판시하듯이(대판 1998.9.4, 98다17909) 이에 대해 통정한 허위표시나 비진의표시를 인정하기 어려울 것으로 본다. 한편 사안과 달리 제3자가 형식상의 명의만을 빌려주고 실질적인 채무자는 달리 있으며 금융기관과 이러한 점이 양해가 된 경우에는 대출계약의 당사자는 실질적인 채무자와 금융기관이라고 할 수 있다(자연적 해석). 이때에는 명의대여자인 제3자는 출발점인 당사자확정의 단계에서 대출계약의 당사자에서 제외되는 것이기 때문에 이를 신뢰한 선의의 제3자가 있더라도 보호되지 못할 것이다. 가령 사안에서 이와 같은 양해가 존재하는 경우에는 C와 E가 대출계약의 당사자가 되는 것이고, E가 대출명의자 F에 대한 채권을 양도하더라도 이는 부존재하는 채권에 대한 양도로서 효력이 없게 된다. 결국 F는 어떠한 책임도 지지 않고, 채권의 양수인은 양도인 E에 대하여 그 요건이 구비되면 사기 또는 동기의 착오 등을 이유로 계약을 취소하거나 불법행위책임 등을 물을 수 있게 되는 것이다.

08 착오에 의한 의사표시

기본 사실관계

A는 공장을 신축하기 위하여 B로부터 X토지를 10억 원에 매수하였다. A는 매매계약 체결 당시 B에게 공장의 건축을 목적으로 하여 부동산을 매수하려 한다고 하였고, B도 이러한 사실을 알고 매매계약을 체결하게 된 것이다. 그러나 X토지는 관련 법령에 따르면 지상에 공장을 지을 수 없는 토지였다.

문제 1

A는 매매계약체결당시 B에게 X토지에 공장건축이 가능한지 여부를 물었는데, B는 이에 대해 별다른 확인을 하지는 않았으나 당연히 공장건축이 가능할 것이라 생각하여 "확인해보지 않아서 확실하지는 않지만 아마도 그럴 것이다."라고 답하였다. A의 말만을 믿고 관할 관청에 문의해보지 않고 매매계약을 체결한 B와의 매매계약을 취소하고자 하는 A가 주장할 수 있는 법적으로 가능한 근거를 제시하고 검토하시오. (25점)

추가된 사실관계

A는 X토지를 취득한 후 부동산중개업자 D의 중개를 통해 이를 C에게 7억 원에 매도하기로 계약을 체결하고 같은 날 계약금으로 1억 원을 수령하였다. 그러나 C는 X토지 옆에 위치한 A 소유의 Y토지를 사고자 하였던 것인데, D가 그 Y토지를 'X토지'라고 지칭함에 따라 이를 신뢰하고 계약을 체결한 것이었다. C는 이러한 사정을 뒤늦게 알고 A에게 잔금을 지급하지 않았고, A는 이행지체를 이유로 손해배상액의 이점인 계약금을 몰취하고 C와의 매매계약을 적법하게 해제하였다.

문제 2

C는 A와의 매매계약을 취소하고자 한다. C가 주장할 수 있는 법적 근거를 검토하고, 만일 C에게 경과실이 있는 경우 매매계약이 취소된 후 A가 주장할 수 있는 법적 구제수단을 아울러 검토해 보시오. (20점)

예시답안

문제 ①

Ⅰ. 쟁　점

A가 X토지의 매매계약을 취소할 수 있는 근거로는 사기, 착오에 의한 의사표시에 관한 민법규정을 고려해 볼 수 있다. 특히 착오취소가 가능한가의 문제에 있어서는 동기의 착오에 대한 검토가 필요하며, 그 외에도 중요부분에 착오가 있는지, 표의자에게 중대한 과실이 존재하는 것은 아닌지 등이 검토되어야 한다.

Ⅱ. 사기를 이유로 한 매매계약의 취소주장 (5점)

사기에 의한 의사표시를 취소하기 위해서는 사기자에게 2단의 고의가 필요하다. 즉 표의자를 기망하여 착오에 빠지게 하려는 고의와 그 착오를 바탕으로 하여 표의자로 하여금 일정한 의사표시를 하게 하려는 고의가 있어야 한다. 또한 기망행위가 있어야 하고, 사기가 위법한 것이어야 하며, 기망행위와 의사표시 사이에 인과관계가 있을 것이 요구된다. 사기가 성립하기 위해 반드시 행위자의 고의가 필요한가 또는 과실이 있는 것으로 충분한가에 대해서는 견해대립이 있으나, 대체로 사기자에게는 고의가 있어야 하며 과실만으로는 충분하지 않다는 고의필수설의 태도가 일반적이다.

사안에서 B는 공장건축의 가능성을 물어보는 A에 대하여 당연히 공장건축이 가능한 것으로 생각하여 그럴 것이라고 대답한 바가 있다. 설문의 사실관계를 보면 B에게 사기의 고의를 인정하기는 어려울 것이다.

Ⅲ. 착오를 이유로 한 매매계약의 취소주장 (20점)

1. 동기의 착오를 이유로 매매계약을 취소할 수 있는지 여부

공장을 신축하기 위하여 법률행위를 하였는데, 법률상 공장의 신축이 불가능하다는 점은 이른바 동기의 착오에 해당한다. 민법 제109조는 법률행위 내용의 중요부분에 착오가 있을 때 의사표시를 취소할 수 있는 것으로 규정하고 있는데 A가 동기의 착오를 이유로 민법 제109조에 기해 X토지 매매계약을 취소할 수 있을 것인지가 문제된다.

동기의 착오를 이유로 의사표시를 취소할 수 있는가, 어떤 경우에 동기에 관한 착오가 법률행위 내용의 착오에 해당하는가 하는 점을 둘러싸고 견해가 대립하고 있다. 다수설인 동기표시설은 동기의 불법에서와 마찬가지로 동기의 착오는 본래 고려되는 착오가 아니지만 동기를 당해 의사표시의 내용으로 삼을 것을 상대방에게 표시한 경우, 즉 동기가 표시되어 상대방이 그 동기를 알고 그것이 의사표시의 내용임을 알고 있는 경우에는 그러한 동기는 의사표시의 내용이 되므로 이와 같은 동기의 착오는 제109조의 착오가 된다고 한다. 판례도 이와 유사한 입장에서 동기를 계약내용으로 하는 의사표시가 없는 한 동기착오를 이유로 의사표시를 취소할 수 없다고 한다. 결국 다수설이나 판례에 의하면 동기의 착오를 이유로 표의자가 법률행위를 취소하려면 그 동기를 당해 의사표시의 내용으로 삼을 것을 상대방에게 표시하고 의사표시의 해석상 법률행위의 내용으로 되어 있다고 인정되어야 한다. 이때 당사자들 사이에 별도로 그 동기를 의사표시의 내용으로 삼기로 하는 합의까지 이루어질 필요는 없을 것이다.

A가 이 사건 매매계약 체결 당시에 X토지에 공장을 지을 수 있다고 생각하여 매매계약을 체결한 것은 동기의 착오라고 할 것이다. 또한 A의 질문을 통하여 B도 상대방이 공장을 신축할 목적으로 토지를 매수한다는 사실은 계약 체결 과정에서 현출되어 B도 이를 알고 있었다고 인정된다. 따라서 사안에서는 동기가 의사표시의 해석상 법률행위의 내용으로 되어 있다고 할 수 있다. A는 그 내용이 중요부분에 해당하고 중대한 과실이 없다면 착오를 이유로 매매계약을 취소할 수 있다.

2. A가 공장을 지을 수 없다는 사실이 중요부분에 대한 착오인지 여부

동기가 법률행위 내용으로 되어 있다고 인정되는 경우에도 A가 착오를 이유로 매매계약을 취소할 수 있기 위해서는 착오가 중요한 부분에 관한 것이어야 한다. 법률행위의 중요 부분의 착오에 해당하기 위해서는 착오가, 표의자가 그러한 착오가 없었더라면 그 의사표시를 하지 않으리라고 생각될 정도로 중요한 것이어야 하고 보통 일반인도 표의자의 처지에 섰더라면 그러한 의사표시를 하지 않았으리라고 생각될 정도로 중요한 것이어야 한다.

사안의 경우 A는 X토지에 공장을 신축할 수 없다는 점을 알았다면 매매계약을 체결하지 않았을 것이며, 일반인이라도 A의 입장에서라면 이 사건 토지를 매수하지 아니하였으리라는 사정이 인정되므로 결국 A는 B와의 매매계약을 체결함에 있어 그 내용의 중요부분에 관한 착오가 있었다고 보아야 할 것이다.

3. 중대한 과실이 있었는지 여부

착오에 의한 의사표시에서 취소할 수 없는 표의자의 '중대한 과실'이라 함은 표의자의 직업, 행위의 종류, 목적 등에 비추어 보통 요구되는 주의를 현저히 결여하는 것을 의미한다. 그런데 사안에서 A는 먼저 X토지에 자신이 설립하고자 하는 공장을 건축할 수 있는지의 여부를 관할관청에 알아보아야 할 주의의무가 있다고 보여지고, 또 이와 같이 알아보았다면 위 토지상에 원고가 의도한 공장의 건축이 불가능함을 쉽게 알 수 있었다고 보이므로, A가 이러한 주의의무를 다하지 아니한 채 매매계약을 체결한 것에는 중대한 과실이 있다고 보아야 할 것이다. 다만 중대한 과실이 있다는 점에 대해서는 착오자가 아니라 의사표시의 취소를 막으려는 상대방이 증명책임을 부담한다.

Ⅳ. 사안의 해결

B에게 사기의 고의를 인정하기 곤란하므로 A는 사기를 이유로 매매계약을 취소할 수 없다. 또한 공장을 신축할 수 있는 것으로 동기의 착오에 빠진 A는, 그 착오의 내용이 법률행위 중요부분에 대한 착오에 해당하지만 착오에 중대한 과실이 있기 때문에 민법 제109조에 기해 매매계약을 취소할 수 없다.

문제 2

Ⅰ. 쟁점의 정리

A와 C는 D의 중개를 통해 토지매매계약을 체결하였는데, 우선 매매의 대상이 되는 토지가 무엇인지 확정이 되어야 한다. 이는 법률행위해석의 문제일 것이다. 만일 X토지가 매매대상토지로 확정된다면 매수인 C가 매매계약을 취소할 수 있는지를 살펴야 할 것이다. 이는 목적물 동일성의 착오인데 특히 부동산중개업자의 말을 신뢰하고 계약을 체결하였다는 점에서 중과실여부의 판단이 달라질 여지가 있다. 또한 이미 해제된 계약을 착오로 취소할 수 있는가 하는 점도 검토해 보아야 한다. 한편 C에게 경과실이 있는 경우 A가 C를 상대로 손해배상을 청구할 수 있는가 하는 점도 종래 학설 등을 통해 논의되어 오고 있다. 이하에서는 이러한 논점들을 중심으로 C의 착오취소의 가능성과 손해배상의무 부담여부를 결론내리도록 한다.

Ⅱ. 매매대상 토지의 확정(법률행위의 해석) (5점)

결론적으로 사안에서 A와 C 간의 매매계약은 X토지에 대하여 이루어진 것으로 보는 것이 타당하다. 비록 C는 Y토지를 매수하고자 하는 내심의 의사를 가지고 있었지만, X토지를 매수하겠다는 의사를 표시함으로써 상대방의 입장에서는 X토지에 대한 매수의사로 신뢰할 수밖에 없기 때문이다. 이는 규범적 해석의 결과이다.

다만 이러한 해석결과 C의 내심적 효과의사와 표시상의 효과의사에 불일치가 발생하므로 착오취소의 가능성을 검토해 보아야 한다.

Ⅲ. C의 착오취소 가능성 (10점)

1. 착오취소의 요건을 구비하였는지 여부

(1) 법률행위 내용의 중요부분의 착오

C가 Y토지를 X토지인 것으로 착각하여 매수의사를 표시한 것은 목적물의 동일성에 대한 착오가 있는 경우라 할 수 있다. 이는 법률행위 내용의 착오에 해당한다. 또한 법률행위에서 객체는 매우 중요하므로 객체의 동일성에 관한 착오는 일반적으로 중요부분의 착오로 볼 수 있다. 사안의 경우 표의자와 일반인의 입장에서 보았을 때 모두 X토지와 Y토지의 동일성에 대한 착오는 중요부분의 착오로서 다루어질 수 있는 것이다. 판례도 부동산중개업자가 다른 점포를 매매목적물로 잘못 소개하여 매수인이 매매목적물에 관하여 착오를 일으킨 경우, 목적물의 동일성에 대한 착오로서 중요부분의 착오에 해당한다고 본 바가 있다.

(2) 중대한 과실이 없을 것

사안에서 C의 착오에는 중대한 과실이 있는 것으로 보기는 어려울 것이다. 다른 여러 사정들을 종합적으로 고려해 보아야 할 것이지만, 일반인으로서는 부동산중개업자가 전문적인 지식과 경험을 가진 것으로 신뢰하고 그의 개입에 의한 거래 조건의 지시, 설명에 과오가 없을 것이라고 믿고 거래하는 것이 일반적이며, 중개인을 통하여 하는 부동산 매매 거래에 있어 언제나 매수인 측에서 매매 목적물을 현장에서 확인하여야 할 의무까지 있다고 할 수는 없기 때문이다. 더욱이 매매 당사자에게 중개업자가 매매 목적물을 혼동한 상태에 있는지의 여부까지 미리 확인하거나 주의를 촉구할 의무까지는 없다고 보아야 한다. 따라서 사안의 경우 C는 일응 매매계약을 착오를 이유로 취소할 수 있는 것으로 보인다.

2. 해제된 계약을 착오 취소할 수 있는지 여부

사안에서는 A가 C의 잔금지급의무불이행을 이유로 매매계약을 해제하였는바, 착오취소의 대상이 없어 취소가 허용되지 않는지 문제될 수 있다. 결론적으로 해제된 계약에 대해서도 착오취소를 인정할 수 있어야 한다. A가 C의 잔금지급의무불이행을 이유로 매매계약을 적법하게 해제한 후에도 C로서는 채무불이행의 효과로서 발생하는 손해배상책임을 지거나 매매계약에 따른 계약금의 반환을 받을 수 없는 불이익을 면하기 위해 착오를 이유로 한 취소권을 행사할 실익이 있기 때문이다. C는 착오취소를 통해 매매계약 전체를 무효로 돌릴 수 있다고 보아야 한다.

Ⅳ. A의 손해배상청구 가능성 (5점)

착오자가 의사표시를 취소하여 상대방이 예측하지 않은 불이익을 입은 경우 취소권자가 취소와 더불어 상대방의 신뢰이익을 배상해야 하는지에 대한 논의가 있다. 민법은 독일민법 등 다른 입법례와 달리 착오취소에 따른 손해배상책임을 인정하지 않으므로 해석론으로서 이 책임을 인정해서는 안 된다는 책임부정설도 있으나, 착오취소 상대방이 예측하지 못한 불이익을 입은 경우 그를 보호할 필요가 있다고 보아, 계약체결상의 과실책임을 유추적용하여 착오취소자는 이행이익을 넘지 않는 한도에서 상대방에게 발생한 신뢰이익손해를 배상해야 한다는 책임긍정설이 다수의 입장이다.

판례는, 민법 제109조에서 중과실이 없는 착오자의 착오를 이유로 한 의사표시의 취소를 허용하고 있는 이상 과실이 있다고 하더라도 착오를 이유로 한 취소가 위법하다고 볼 수는 없다고 하여 불법행위의 성립을 인정하지 않은 바가 있다.

V. 사안의 해결

사안의 경우, A와 C의 매매계약은 X토지에 대하여 이루어졌다. 다만 C는 Y토지를 사고자 한 것으로 객체의 동일성에 대한 착오를 이유로 A와의 매매계약을 취소할 수 있다. 즉 객체의 동일성의 착오는 법률행위 내용의 중요부분의 착오로 인정할 수 있고, 부동산중개업자와 같은 전문가를 신뢰한 C에게 중대한 과실을 인정하기는 곤란하다고 할 것이다. 또한 해제된 계약을 착오를 이유로 취소할 수 있는지가 논의될 수 있겠으나, 계약이 해제되어 있다고 할지라도 착오취소를 통해 계약관계를 소급적으로 무효로 돌려 손해배상책임을 면하거나 계약금의 반환을 받는 등의 실익이 있을 수 있으므로 착오취소가 인정된다고 할 것이다.

한편 착오를 이유로 매매계약을 취소한 C에게 경과실이 있는 경우, 상대방에 대해 손해배상책임을 부담시킬 수 있는지가 문제되는데 다수설에 의하면 신뢰이익의 배상을 인정할 수 있겠으나, 판례에 의하면 이를 인정하기 어려울 것이다.

해 설

Ⅰ. 동기의 착오와 취소가능성

동기의 착오를 이유로 의사표시를 취소할 수 있는가, 어떤 경우에 동기에 관한 착오가 법률행위 내용의 착오에 해당하는가 하는 점을 둘러싸고 견해가 대립하고 있다. 다수설인 동기표시설은 동기의 불법에서와 마찬가지로 동기의 착오는 본래 고려되는 착오가 아니지만 동기를 당해 의사표시의 내용으로 삼을 것을 상대방에게 표시한 경우, 즉 동기가 표시되어 상대방이 그 동기를 알고 그것이 의사표시의 내용임을 알고 있는 경우에는 그러한 동기는 의사표시의 내용이 되므로 동기의 착오도 제109조의 착오가 된다고 한다. 이에 대해서는 동기가 표시되었는지 여부와 무관하게 법률행위 내용의 중요부분에 관한 착오는 제109조의 적용 또는 유추적용에 의해 취소할 수 있다고 보는 견해가 있다. 그 외에도 동기의 착오는 비록 동기가 표시되어 상대방이 이를 알고 있다 하더라도 제109조에 의하여 고려되지 않으며, 동기의 진실함에 대한 위험은 스스로 부담하여야 하고, 그 위험을 상대방에게 지우려면 동기를 법률행위의 내용으로 고양시켜야 한다는 동기배제설도 존재한다.

일반적으로 동기의 착오와 관련하여 판례는 동기를 계약내용으로 하는 의사표시가 없는 한 동기착오를 이유로 의사표시를 취소할 수 없다고 하여 기본적으로 다수설인 동기표시설과 동일한 태도에 있다. 예컨대 소를 키울 목적으로 우사를 짓기 위해 매수하였으나 우사를 지을 수 없는 토지인 경우, 이를 이유로 계약을 취소하기 위해서는 동기를 계약의 내용으로 삼았어야 한다는 것이다(대판 1984.10.23, 83다카1187). 다만 동기의 착오를 이유로 법률행위를 취소하기 위해 당사자들 사이에 별도로 그 동기를 의사표시의 내용으로 삼기로 하는 합의까지 이루어질 필요는 없다고 한다(대판 2000.5.12, 2000다12259). 사안의 경우에는 공장을 신축하기 위하여 X토지를 매수한다는 A의 동기가 계약과정에서 표시되어 의사표시의 내용이 되었다고 평가될 수 있다. 따라서 이는 동기의 착오이지만 민법 제109조의 다른 요건을 갖춘 경우에는 착오취소가 가능하다.

한편 동기의 착오에 있어 동기가 표시되지 않았더라도 동기가 상대방으로부터 유발되거나 제공된 경우에는 취소가 가능하다(대판 1978.7.11, 78다719). 예컨대 공원휴게소 설치시행허가를 받음에 있어 담당공무원이 법규오해로 인하여 잘못 회시한 공문에 따라 동기의 착오를 일으켜 법률상 기부채납의무가 없는 휴게소부지의 16배나 되는 토지 전부와 휴게소건물을 시에 증여한 경우 휴게소부지와 그 지상시설물에 관한 부분을 제외한 나머지 토지에 관해서 법률행위의 중요부분에 관한 착오가 된다(대판 1990.7.10, 90다카7460; 이 판례는 일부취소를 인정한 사례로도 의미가 있음). 또한 금융기관이 연체가 발생하여 신용보증 제한 대상이 되는 기업에 대한 거래상황 확인서를 신용보증기금에 발급함에 있어서 아무런 연체가 없는 것처럼 기재함으로써 신용보증기금이 신용보증을 하게 된 경우 동기의 착오이지만 중요부분의 착오로 인정되어 착오취소가 인정된다$\binom{\text{대판 1992.2.25.}}{\text{91다38419}}$. 그 밖에도 경계선을 침범하였다는 상대방의 강력한 주장에 의하여 착오로 그간의 경계침범에 대한 보상금 내지 위로금 명목으로 금원을 지급한 경우, 진정한 경계선에 관한 착오는 위 금원 지급약정을 하게 된 동기의 착오이지만, 그와 같은 동기의 착오는 상대방의 강력한 주장에 의하여 생긴 것으로서 표의자가 그 동기를 의사표시의 내용으로 표시하였다고 보아야 하고, 중요부분이므로 위 금원지급 의사표시는 그 내용의 중요 부분에 착오가 있는 것이 되어 이를 취소할 수 있다$\binom{\text{대판 1997.8.26.}}{\text{97다6063}}$.

그런데 동기의 착오를 이유로 법률행위를 취소할 수 있기 위해서는 동기를 의사표시의 내용으로 삼을 것을 상대방에게 표시하고 의사표시의 해석상 법률행위의 내용으로 되어 있다고 인정되어야 할 뿐만 아니라, 제109조의 다른 요건들도 갖추어야 한다. 즉 착오는 중요부분에 대한 것이어야 하고, 표의자에게 중대한 과실이 없어야 할 것이다$\binom{\text{대판 2000.5.12.}}{\text{2000다12259 참조}}$.

Ⅱ. 중요부분에 대한 착오

1. 판단기준

판례는 법률행위 내용의 중요 부분에 착오가 있다고 보기 위해서는, "표의자에 의하여 추구된 목적을 고려하여 합리적으로 판단하여 볼 때 표시와 의사의 불일치가 객관적으로 현저한 경우$\binom{\text{소위 '객관적 기준설'을 취한 판례:}}{\text{대판 2003.4.11. 2002다70884 등}}$" 또는 "그러한 착오가 없었더라면 그 의사표시를 하지 않으리라고 생각될 정도로 중요한 것이어야 하고 보통 일반인도 표의자의 처지에 섰더라면 그러한 의사표시를 하지 않았으리라고 생각될 정도로 중요한 경우$\binom{\text{소위 '이중기준설'을 취한 판례:}}{\text{대판 1999.4.23. 98다45546}}$"에 해당하여야 한다고 본다.

2. 구체적 판단

(1) 사람의 동일성에 관한 착오

사람이 누구인가를 중요시하는 법률행위인 증여, 대차, 위임, 고용 등에서는 사람의 동일성에 관한 착오는 중요부분의 착오에 해당한다. 이때 동일성의 착오의 대상은 의사표시의 상대방뿐만 아니라 제3자를 위한 계약에서의 제3자 또는 보증계약에서의 주채무자와 관련될 수도 있다. 근저당권설정계약시 채무자의 동일성에 대한 착오는 일반적으로 '중요부분'에 관한 착오로 인정된다. 예컨대 甲이 채무자란이 백지로 된 근저당권설정계약서를 제시받고 그 채무자가 乙인 것으로 알고 근저당권설정자로 서명날인을 하였는데 그 후 채무자가 丙으로 되어 근저당권설정등기가 경료된 경우, 중요부분에 관한 착오에 해당한다$\binom{\text{대판 1995.12.22.}}{\text{95다37087}}$. 다만 근저당권설정자가 계약당시에 채무자가 다른 사람인 것을 알았다 하더라도 그 계약을 맺었을 것이라고 보여지는 특별한 사정이 있으면 중요부분의 착오로 되지 않는다(대판 1986.8.19. 86다카448). 한편 사람이 누구이냐를 중시하지 않는 법률행위인 현실매매나 동시이행을 조건으로 하는 쌍무계약 등에서는 사람의 동일성에 대한 착오는 중요부분의 착오가 되지 않는다.

(2) 객체의 동일성에 관한 착오

법률행위에서 객체는 매우 중요하므로 일반적으로 객체의 동일성에 관한 착오는 중요부분의 착오가 된다. 가령 부동산중개업자가 다른 점포를 매매목적물로 잘못 소개하여 매수인이 매매목적물에 관하여 착오를 일으킨 경우, 목적물의 동일성에 대한 착오로서 중요부분의 착오에 해당한다(대판 1997.11.28. 97다32772, 32789). 문제 2의 사례에서도 X토지와 Y토지의 동일성에 대한 착오는 중요부분의 착오로 인정될 수 있다.

(3) 토지의 현황, 경계에 관한 착오

토지의 현황, 경계에 관한 착오는 중요부분의 착오에 해당한다. 예컨대 판례는 토지 1,389평 전부를 경작할 수 있는 농지인 줄 알고 매수하였으나 측량결과 약 600평이 하천인 경우 매매계약의 중요부분의 착오에 해당한다고 보았다(대판 1968.3.26. 67다2160). 또한 외형적인 경계(담장)를 기준으로 하여 갑과 을 사이에 인접토지에 관한 교환계약이 이루어졌으나 그 경계가 실제의 경계와 일치하지 아니함으로써, 결국 을이 그 소유대지와 교환으로 제공받은 갑의 대지 또한 그 대부분이 을의 소유인 것으로 판명되었다면, 이는 토지의 경계(소유권의 귀속)에 관한 착오로서 특단의 사정이 없는 한 법률행위의 중요부분에 관한 착오라 봄이 상당하다고 한다(대판 1993.9.28. 93다31634).

(4) 주채무자의 신용에 관한 보증인의 착오

채권자인 은행이 주채무자의 거래상황확인서를 발급하면서 거기에 연체이자의 발생사실을 누락함으로써 그러한 기재를 믿은 신용보증기금이 주채무자가 신용이 있는 것으로 오인하여 보증을 한 경우 보증인의 주채무자의 신용상태에 관한 착오는 중요부분의 착오에 해당한다(대판 1996.7.26. 94다25964).

(5) 지적의 부족, 목적물의 시가, 수량에 관한 착오

지적의 부족, 목적물의 시가, 수량에 관한 착오는 일반적으로 법률행위의 중요부분의 착오로 보지 않는다. 즉 특정한 지번의 임야 전부에 관한 매매계약서에 표시된 지적이 실제 면적보다 적은 경우, 특히 부동산의 시가에 관한 착오는 동기의 착오에 불과할 뿐 중요부분에 관한 착오가 아니기 때문에 취소가 불가능하다고 설명한다(대판 1969.5.13, 69다196; 대판 1991.2.12, 90다17927 참조). 그러나 시가에 관한 착오는 동기의 착오이지만 동기가 표시된 경우에는 이를 이유로 취소할 수 있다는 판례도 있다(대판 1998.2.10, 97다44737). 즉 시가의 착오는 동기의 착오이지만 표시된 경우에 있어서는 정상가격의 85%를 초과하는 매매대금의 결정은 중요부분의 착오로 인정되기도 한 것이다.

(6) 소유권의 귀속에 관한 착오(타인권리매매나 타인권리임대차)

소유권의 귀속에 관한 착오는 중요부분의 착오가 아니다. 타인소유의 부동산을 임대한 경우에는 목적물이 반드시 임대인의 소유일 것을 특히 계약의 내용으로 삼은 경우에야 착오를 이유로 임차인이 임대차계약을 취소할 수 있다(대판 1975.1.28, 74다2069).

(7) 착오하였으나 경제적 불이익이 없는 경우의 문제

착오로 인해 법률행위를 하였다고 하더라도 경제적 불이익을 입은 바가 없다면 착오취소가 인정되지 않는다(대판 1999.2.23, 98다47924).

Ⅲ. 표의자의 중대한 과실

1. 중대한 과실의 의미

착오가 중대한 과실로 인한 때에는 취소하지 못한다(제109조 제1항 단서). 중대한 과실이란 표의자의 직업, 행위의 종류, 목적 등에 비추어 보통 요구되는 주의를 현저하게 결여한 것을 말한다(대판 2000.5.12, 2000다12259). 중대한 과실의 유무는 구체적 사실관계에서 보통인이 베풀어야 할 주의를 표준으로 객관적으로 판단하는데, 표의자에게 중대한 과실이 있다하여 언제나 취소권이 배제되는 것은 아니다. 즉 상대방이 표의자의 착오를 알면서 이를 이용한 경우에 표의자에게 중대한 과실이 있다 하더라도 표의자는 그 의사표시를 취소할 수 있다(대판 1955.11.10, 4288민상321). 민법 제109조 제1항 단서는 상대방의 이익을 보호하기 위한 것이므로 착오제도의 목적에 비추어 볼 때 상대방이 착오를 이용한 경우에는 보호되어서는 안 되며 또한 악의의 상대방이 표의자에게 중과실을 주장하는 것은 신의성실의 원칙에 배치되기 때문이다.

2. 구체적 판단

(1) 중대한 과실을 인정한 예

판례는 매수인이 자신이 운영하는 공장이 협소하여 새로운 공장을 설립할 목적으로 토지를 매수할 때, 매수인으로서는 먼저 그 토지에 공장을 건축할 수 있는지의 여부를 관할관청에 알아보아야 할 주의의무가 있고, 또 이와 같이 알아보았다면 위 토지상에 원고가 의도한 공장의 건축이 불가능함을 쉽게 알 수 있었으므로, 매수인이 이러한 주의의무를 다하지 아니한 채 그 토지의 매매계약을 체결한 것에는 중대한 과실이 있다고 하였다(대판 1993.6.29. 92다38881). 문제 1의 사례도 이에 해당하는 것이다. 또한 신용보증기금의 신용보증서를 담보로 금융채권자금을 대출해 준 금융기관이 위 대출자금이 모두 상환되지 않았음에도 착오로 신용보증기금에게 신용보증서 담보설정 해지를 통지한 경우, 그 해지의 의사표시는 민법 제109조 제1항 단서 소정의 중대한 과실에 기한 것이다(대판 2000.5.12. 99다64995).

(2) 중대한 과실을 인정하지 않은 예

판례는 소액대출임을 감안하여 간이심사 방식으로 신용조사를 한 점 등에 비추어 볼 때 신용보증기관 직원이 실제 경영주가 신용보증을 신청하면서 제출한 신청명의인의 주민등록증 사진을 통하여 신청명의인과 실제 경영주를 구분하지 못하고, 신청명의인의 학력과 경력이 실제 경영주의 것임을 발견하지 못하였다는 사정만으로 신용보증기관이 보증대상 기업의 경영주와 그 신용상태에 대한 착오를 일으킨 데 중대한 과실이 있다고 단정할 수 없다고 한 예가 있고(대판 2007.8.23. 2006다52815), 건물에 대한 매매계약 체결 직후 건물이 건축선을 침범하여 건축된 사실을 알았으나 매도인이 법률전문가의 자문에 의하면 준공검사가 난 건물이므로 행정소송을 통해 구청장의 철거 지시를 취소할 수 있다고 하여 매수인이 그 말을 믿고 매매계약을 해제하지 않고 대금지급의무를 이행한 경우라면 매도인의 적극적인 행위에 의하여 매수인이 착오에 빠지게 된 점, 매수인이 그 건물의 일부가 철거되지 아니할 것이라고 믿게 된 경위 등 제반 사정에 비추어 보면 착오가 매수인의 중대한 과실에 기인한 것이라고 할 수 없다고 한 사례도 있다(대판 1997.9.30. 97다26210).

한편 설계용역계약 체결을 전후하여 건축사 자격이 없다는 것을 묵비한 채 자신이 미국에서 공부한 건축학교수이고 'ㅇㅇ건축연구소'라는 상호로 사업자등록까지 마치고 건축설계업을 하며 상당한 실적까지 올린 사람이라고 소개한 경우, 일반인의 입장에서는 그에게 당연히 건축사 자격이 있는 것으로 믿을 수밖에 없었을 것이므로, 재건축조합 측이 그를 무자격자로 의심하여 건축사자격증의 제시를 요구한다거나 건축사단체에 자격 유무를 조회하여 이를 확인하여야 할 주의의무가 있다고 볼 수는 없어 재건축조합의 착오가 중대한 과실로 인한 것이 아니라고 하고(대판 2003.4.11. 2002다70884), 고려청자로 알고 매수한 도자기가 진품이 아닌 것으로 밝혀진 경우 매수인이 도자기를 매수하면서 자신의 골동품 식별 능력과 매매를 소개한 자를 과신한 나머지 고려청자 진품이라고 믿고 소장자를 만나 그 출처를 물어 보지 아니하고 전문적 감정인의 감정을 거치지 아니한 채 그 도자기를 고가로 매수하고 만일 고려청자가 아닐 경우를 대비하여 필요한 조치를 강구하지 아니한 잘못이 있다고 하더라도, 그와 같은 사정만으로는 매수인이 매매계약 체결시 요구되는 통상의 주의의무를 현저하게 결여하였다고 보기는 어렵다고 하였다(대판 1997.8.22. 96다26657). 그리고 판례는 문제 2의 사안과 유사하게 부동산중개업자가 다른 점포를 매매 목적물로 잘못 소개하여 매수인이 매매 목적물에 관하여 착오를 일으킨 경우, 매수인에게 중대한 과실이 없다고 보았다(대판 1997.11.28. 97다32772). "거래 당사자 사이의 권리의 득실변경에 관한 행위의 알선을 업으로 삼고 있어 고도의 직업적인 주의의무를 부담하고 있는 부동산중개업자의 지위나 중개행위를 함에 있어 고의 또는 과실로 거래 당사자에게 재산상의 손해를 받게 할 때에는 그 손해를 배상하도록 한 부동산중개업법 제19조의 규정에 비추어 보면, 부동산중개업자에게 중개를 의뢰하여 매매 등의 계약을 체결하는 일반인으로서는 부동산중개업자가 전문적인 지식과 경험을 가진 것으로 신뢰하고 그의 개입에 의한 거래 조건의 지시, 설명에 과오가 없을 것이라고 믿고 거래하는 것이라는 점, 매수인이 중개업자의 말을 믿어 착오에 빠지게 되었지만 중개업자가 착오에 빠지게 된 과정에 명확하게 당해 점포를 지적하지 아니하였던 매도인의 잘못도 개입되어 있는 점, 중개인을 통하여 하는 부동산 매매 거래에 있어 언제나 매수인 측에서 매매 목적물을 현장에서 확인하여야 할 의무까지 있다고 할 수 없을 뿐만 아니라 매매 당사자에게 중개업자가 매매 목적물을 혼동한 상태에 있는지의 여부까지 미리 확인하거나 주의를 촉구할 의무까지는 없다고 할 것인 점 등 매매 중개와 계약 체결의 경위 및 부동산 매매 중개업의 제반 성질에 비추어 볼 때, 매수인이 다른 점포를 매매계약의 목적물이라고 오인한 과실이 중대한 과실이라고 단정하기는 어렵고, 매수인과 매도인 쌍방을 위하여 중개행위를 한 중개업자 스스로 매매계약의 목적물을 다른 점포로 오인한 채 매수인에게 알려 준 과실을 바로 매수인 자신의 중대한 과실이라고 평가할 수도 없"기 때문이다.

3. 중대한 과실의 증명책임

중대한 과실의 증명책임은 착오자가 아니라 의사표시를 취소하지 못하게 하려는 상대방이 부담한다(대판 2005.5.12. 2005다6228).

Ⅳ. 계약의 해제와 착오취소

매매계약이 일방의 귀책사유로 인하여 적법하게 해제되면 당사자는 착오를 이유로 매매계약을 더 이상 취소할 수 없는지 문제될 수 있다. 착오취소의 목적이 되는 계약이 존재하지 아니하기 때문이다. 그러나 매도인이 매수인의 중도금 지급채무불이행을 이유로 매매계약을 적법하게 해제한 후라도 매수인으로서는 상대방이 한 계약해제의 효과로서 발생하는 손해배상책임을 지거나 매매계약에 따른 계약금의 반환을 받을 수 없는 불이익을 면하기 위하여 착오를 이유로 한 취소권을 행사하여 위 매매계약 전체를 무효로 돌리게 할 수 있다고 볼 것이다

$\left(\begin{array}{l}\text{대판 1996.12.6,}\\\text{95다24982}\end{array}\right)$.

V. 착오취소자의 상대방에 대한 손해배상책임

판례는 전문건설공제조합이 도급금액이 허위로 기재된 계약보증신청서를 믿고서 조합원이 수급할 공사의 도급금액이 조합원의 도급한도액 내인 것으로 잘못 알고 계약보증서를 발급한 것을 법률행위의 중요부분에 대한 착오로 취소하자, 취소의 상대방이 취소자에게 불법행위책임을 주장한 사안에서, "불법행위로 인한 손해배상책임이 성립하기 위하여는 가해자의 고의 또는 과실 이외에 행위의 위법성이 요구되므로, 전문건설공제조합이 계약보증서를 발급하면서 조합원이 수급할 공사의 실제 도급금액을 확인하지 아니한 과실이 있다고 하더라도 민법 제109조에서 중과실이 없는 착오자의 착오를 이유로 한 의사표시의 취소를 허용하고 있는 이상, 전문건설공제조합이 과실로 인하여 착오에 빠져 계약보증서를 발급한 것이나 그 착오를 이유로 보증계약을 취소한 것이 위법하다고 할 수는 없다."라고 하여 불법행위책임을 부정하였다$\left(\begin{array}{l}\text{대판 1997.8.22,}\\\text{97다13023}\end{array}\right)$.

이에 통설은 계약체결상의 과실책임$\left(\begin{smallmatrix}\text{제535}\\\text{조}\end{smallmatrix}\right)$를 유추적용하여 착오취소 상대방을 보호할 필요가 있다고 본다. 참고로 독일민법 제122조에서는 착오취소자에 대한 손해배상책임을 별도로 규정하고 있으며, 이에 국내에서도 착오취소자의 손해배상규정을 별도로 신설하자는 개정안이 주장되었다.

유 제

기본 사실관계

A는 자신의 부동산을 'B 외 1인'에게 매도하는 계약을 체결하였다. B는 자연인이었으나 '외 1인'은 C회사였고, A는 '외 1인'이 회사인줄 알지 못하고 B처럼 자연인인 것으로 알고 부동산매매계약을 체결하였다(매매계약 체결시 '외 1인'이 누구인지에 대하여 A도 이를 자세히 알아보지 않은 경과실이 있다). 이 사건 매매계약 체결 당시 시행되던 소득세법 및 같은 법 시행령의 관계 규정에 의하면, 양도소득세액 산정에 있어서 양도가액은, 자연인에게 양도하는 경우에는 기준시가에 의하나 법인에게 양도하는 경우에는 실지거래가액에 의하도록 되어 있어 법인에게 양도하는 경우에는 다액의 양도소득세를 부담하게 되어 있었다. A는 '만일 이 사건 매매계약 체

결 당시 법인인 회사가 매수당사자인 것을 알았더라면 이 사건 매매계약을 체결하지 아니하였거나 적어도 매매조건에서 양도소득세 문제와 관련하여 회사가 이를 부담하는 조건으로 계약 내용을 달리 정하였을 터인데도 매수인들이 회사가 매매당사자라는 점을 숨기는 바람에 자연인에게 양도하는 것인 줄 알고 이 사건 매매계약을 체결하게 된 것'이라고 하며 이 사건 매매계약을 착오를 이유로 취소하고자 한다. B외 1인은 이 사건 부동산을 매수하기 위하여 중개수수료를 지불한 상태이다.

문제 ❶

A는 착오를 이유로 이 사건 매매계약을 취소할 수 있는가?

해 설

양도소득세는 양도인에게 당연히 부과되는 것으로서, 부동산 매매계약 체결에 있어 당사자 사이에 양도소득세 부담에 관하여 특히 논의된 적이 없었다면 특별한 사정이 없는 한 양도소득세 부담에 관한 문제가 그 매매계약의 내용이 되는 것은 아니라 할 것이지만, 그 매수인이 개인인지 법인인지, 법인이라도 주택건설사업자인지 및 주택건설사업자라도 그가 면제신청을 할 것인지 여부 등은 매도인이 부담하게 될 양도소득세액 산출에 중대한 영향을 미치게 되므로, 이 점에 관한 착오가 있었다면 이는 법률행위의 내용의 중요부분에 관한 것이라고 할 수 있다는 것이 판례의 태도이다(대판 1995.3.24, 94다44620). 따라서 이 사건에 있어서는 A는 위 '외 1인'도 B와 같은 개인일 것으로 생각하여 기준시가에 의한 양도소득세액만 부담하면 된다고 계산하고 이 사건 매매계약의 체결에 임하였던 것으로서, 결국 매매계약의 중요부분에 착오가 있는 것으로 A는 이 사건 매매계약을 취소할 수 있다.

문제 ❷

그 후에 소득세법이 개정되어 A는 당초 예상한 바와 같이 기준시가에 의한 양도소득세액만 부담하면 족한 것으로 확정되었다면, 이 경우에도 A는 착오를 이유로 매매계약을 취소할 수 있는가?

해 설

판례는 착오로 인해 법률행위를 하였다고 하더라도 경제적 불이익을 입은 바가 없다면 착오취소가 인정되지 않는다고 한다. 사안과 유사한 사건에서 판례는 "설사 이 사건 매매계약의 체결에 있어 위와 같은 착오가 있었다 하더라도 그 불이익이 이미 소멸되었으므로 A가 소득세법 개정 이후에 착오로 인한 취소 주장을 하는 것은 신의성실의 원칙에 비추어 보더라도 허용될 수 없다."라고 판시하였다(대판 1995.3.24. 94다44620). 따라서 착오로 인한 불이익이 소멸한 경우에 A의 취소권은 신의성실의 원칙상 인정되지 않는다.

기본 사실관계

A는 B은행으로부터 1억 원을 대출받으려고 하는데, B은행은 연대보증인을 내세울 것을 요구하였다. A는 직장동료 C를 찾아가 연대보증을 부탁하였는데 C는 이를 거절하였고, 민망해진 A는 C에게 아들의 취업소식을 전하였다. 이때 A의 또 다른 동료인 D는 우연히 대화를 듣게 되었는데, C가 A의 아들이 취직하는 데 필요한 신원보증을 거절한 것으로 알고 "내가 신원보증 서 줄게"라고 말하면서 A가 들고 있는 연대보증서류에 서명날인을 하였다.

문제 ①

A가 채무를 상환하지 않자, B는 D에게 보증채무의 이행을 구하는 소를 제기하였다. D가 보증채무를 이행하지 않기 위하여 주장할 수 있는 법적 근거를 제시하고 검토하시오. (25점)

추가된 사실관계

A는 대출받은 돈을 가지고 E 소유 X부동산을 매수하고자 하였다. A는 부동산 매수경험이 풍부한 F를 대리인으로 하여 E와 X부동산을 1억 원에 매매하기로 하는 계약을 체결하고 이전등기를 경료하였다. 사실 E는 아버지가 물려준 X부동산을 매각할 의사가 전혀 없었는데, F가 자신의 개인적인 범죄 사실을 알고는 범죄 사실을 경찰에 신고하겠다고 말하며 협박하자 어쩔 수 없이 계약을 체결한 것이었다. A는 이러한 사정을 전혀 알지 못했다.

문제 ②

E는 A에 대하여 매매계약이 무효이거나 그렇지 않더라도 이를 취소한다는 취지의 주장을 하였는데, 이후 A는 X부동산을 이러한 사정을 모르는 G에게 매도하고 그 소유권이전등기를 경료하여 주었다. E가 G를 상대로 이전등기의 말소를 구하는 경우 E가 주장할 수 있는 법적으로 가능한 근거를 X부동산에 대한 소유권을 유지하고자 하는 G의 예상가능한 주장까지로 고려하여 검토하시오. (25점)

예시답안

문제 ①

Ⅰ. 쟁   점

D는 A 아들의 취업에 필요한 단순한 신원보증서류라고 잘못 알고 연대보증의 서류에 서명 날인하였는데, 이는 이른바 기명날인의 착오에 해당한다. 이 경우 D는 A의 부작위에 의한 기망을 이유로 B은행과 체결한 연대보증계약을 민법 제110조 제2항에 의하여 취소할 수 있는지 아니면 민법 제109조에 기해 취소할 수 있는지가 문제된다.

Ⅱ. 민법 제110조 제2항에 의한 취소 (18점)

1. 기망행위의 인정여부

제110조의 사기에 의한 의사표시에 해당하여 법률행위를 취소하고자 하는 경우에는 그 요건으로 기망행위가 있어야 한다. 이때 기망행위에는 적극적 기망행위뿐만 아니라 소극적 기망행위, 단순한 침묵, 의견평가의 진술 등도 경우에 따라서 포함될 수 있는 것으로 본다. 특히 부작위에 의한 기망이 인정되기 위해서는 '법률상 고지의무'가 인정되어야 한다. 이러한 고지의무는 직접적인 법령의 규정뿐 아니라 널리 계약상, 관습상 또는 조리상의 일반원칙에 의하여도 인정될 수 있다. 사안에서 주채무자인 A는 연대보증이 아닌 신원보증을 위한 것이라고 알고 있는 D에게 사실대로 고지해야 할 신의칙상 의무가 있다고 할 수 있다. 따라서 D는 A의 부작위에 의한 기망에 의해 B은행과 보증계약을 체결할 것으로 볼 수 있다.

2. B은행이 A의 기망행위를 알았거나 알 수 있었는지 여부

사안에서 연대보증계약의 당사자는 B은행과 D이며, A는 계약의 당사자에 해당하지 않는다. 따라서 제3자가 상대방의 대리인인 경우 등과 같이 제3자를 상대방과 동일시할 수 있는 특별한 사정이 있지 않은 이상, 제3자인 A의 기망행위가 인정된다고 하더라도 D가 연대보증계약을 취소할 수 있기 위해서는 B은행이 이러한 사실을 알았거나 알 수 있었어야 한다 (제110조 제2항 참조). 그러나 사안에서는 이를 인정할 사정이 보이지 않는다. 따라서 A는 B은행과의 연대보증계약을 사기를 이유로 취소할 수 없다. 다만 만일 B은행이 이와 같은 사실을 알았거나 알 수 있었다고 하더라도 기명날인의 착오에 대하여 사기취소가 가능한지는 다시금 논해볼 필요가 있다.

3. 기명날인의 착오사례의 사기취소 가능성

판례는 의사와 표시의 불일치인 표시상의 착오 내지 내용의 착오에 관하여는 민법 제110조 제2항의 사기에 의한 취소를 배제한다. 즉 사기에 의한 의사표시란 타인의 기망행위로 말미암아 착오에 빠지게 된 결과 어떠한 의사표시를 하게 되는 경우이므로 거기에는 의사와 표시의 불일치가 있을 수 없고, 단지 의사의 형성과정 즉 의사표시의 동기에 착오가 있는 것에 불과하다는 것이다. 판례는 사기취소의 적용영역을 그저 의사형성 과정에 놓인 동기의 착오에만 한정한다. 즉 판례는 의사와 표시의 불일치인 표시상의 착오 내지 내용의 착오에 관하여는 민법 제110조 제2항의 사기에 의한 착오를 배제하는 것이다. 따라서 판례에 의한다면 사안과 같이 제3자의 기망에 의해 유발된 의사와 표시의 불일치인 표시상의 착오는 민법 제110조 제2항의 규정을 적용할 것이 아니라, 착오에 의한 의사표시에 관한 법리만을 적용하여 취소권 행사의 가부를 가려야 한다.

Ⅲ. 민법 제109조에 의한 취소 (7점)

어떤 사람이 자신의 의사와 다른 법률효과를 발생시키는 내용의 서면에, 그것을 읽지 않거나 올바르게 이해하지 못한 채 기명날인을 하는 경우에는 이른바 표시상의 착오에 해당한다. 이는 법률행위 내용에 착오가 있는 것이 되므로, 만일 중요부분의 착오가 있고 표의자에게 중대한 과실이 없다면 민법 제109조에 의하여 취소가 가능할 것이다. 사안의 경우에는 연대보증을 신원보증으로 착오한 경우인데, 이는 양 보증책임이 성격이 매우 상이하다는 점에서 중요부분에 대한 착오에 해당한다고 할 수 있다. 또한 사안에서는 D에게 중대한 과실이 보이지 않는다. 따라서 D는 B은행과의 보증계약을 민법 제109조에 기해 취소할 수 있다.

Ⅳ. 사안의 해결

제3자인 A의 부작위에 의한 기망행위에 따라 취업에 필요한 단순한 신원보증서류라고 잘못 알고 연대보증의 서류에 서명 날인한 이른바 기명날인의 착오에 빠진 D는 B와의 보증계약을 민법 제109조의 착오를 이유로만 취소할 수 있다. 사안에서는 B가 A의 기망사실을 알았거나 알 수 있었다고 볼 사정이 없으므로 제3자의 사기를 이유로 한 취소가 불가능할 뿐만 아니라, 기명날인의 착오사례의 경우에는 의사와 표시가 불일치한다는 점에서, 의사와 표시의 불일치가 있을 수 없고 단지 의사의 형성과정 즉 의사표시의 동기에 착오가 있는 것에 불과한 사기에 의한 의사표시의 구조와 구별되기 때문이다.

문제 ②

Ⅰ. 쟁　점

E가 G의 이전등기의 말소를 구하면서 주장할 수 있는 법적 근거로는 제107조 제1항 단서와 제103조, 제110조 제1항 등을 들 수 있다. 제107조 제1항 단서와 관련해서는 비진의표시에서 '진의'의 의미가, 제103조와 관련해서는 법률행위의 성립 과정에서 불법적 방법이 사용된 데 불과한 경우에도 반사회적 법률행위에 해당하는지가 문제될 수 있을 것이다. 제110조 강박에 의한 의사표시와 관련해서는 범죄사실을 신고하겠다는 것이 위버하 강박에 해당하는지, 대리인의 강박을 제2항의 제3자의 강박으로 볼 수 있는 것인지가 문제되고, 이와 더불어 취소의 의사표시 이후에 권리를 취득하는 등 이해관계를 맺게 된 제3자가 제3항에서 보호되는 제3자에 해당하는지가 문제된다.

Ⅱ. A와 E의 매매계약이 비진의표시로서 무효인지 여부 (5점)

진의 아닌 의사표시에 있어서의 진의란 특정한 내용의 의사표시를 하고자 하는 표의자의 의사를 말하는 것이지 표의자가 진정으로 마음속에서 바라는 사항을 뜻하는 것은 아니다. 따라서 표의자가 의사표시의 내용을 진정으로 마음속에서 바라지는 아니하였다고 하더라도 당시의 상황에서는 그것을 최선이라고 판단하여 그 의사표시를 하였을 경우에는 이를 내심의 효과의사가 결여된 진의 아닌 의사표시라고 할 수 없다. 이러한 법리구성은 강박에 의하여 원하지 않는 의사표시를 하는 경우에도 마찬가지이다.

사안에서 E는 A의 대리인인 F로부터 강박을 받은 끝에 부동산을 매매하겠다는 의사표시를 한 것이지만 내심의 효과의사가 결여된 것은 아니다. 따라서 비진의표시로서 무효에 해당할 여지는 없다.

Ⅲ. A와 E의 매매계약이 반사회질서 법률행위로서 무효인지 여부 (5점)

선량한 풍속 기타 사회질서에 위반하는 법률행위는 무효이지만($\binom{\text{제103조}}{\text{참조}}$), 단지 법률행위의 성립 과정에서 불법적 방법이 사용된 데 불과한 때에는, 그 불법이 의사표시의 형성에 영향을 미친 경우에는 의사표시의 하자를 이유로 그 효력을 논의할 수는 있을지언정, 반사회질서의 법률행위로서 무효라고 할 수는 없다. 즉 기망행위, 강박행위 등이 법률행위의 성립 과정에서 사용된 데 불과한 때에는 제103조에 의해 무효가 되는 것은 아니다. 사안에서도 A와 E의 매매계약이 제103조에 의하며 무효가 되는 것은 아니다.

Ⅳ. E의 강박을 이유로 한 취소주장과 G의 제3자 지위의 항변 (15점)

1. 의사표시를 취소할 수 있는 위법한 강박이 있었는지 여부

본 사안에서는 C가 저지른 범죄 사실을 경찰에 신고하겠다고 말한 것이 위법한 강박에 해당하는지 여부가 문제된다. 강박에 의한 의사표시라고 하려면 상대방이 불법으로 어떤 해악을 고지함으로 말미암아 공포를 느끼고 의사표시를 한 것이어야 하는데, 여기서 어떤 해악을 고지하는 강박행위가 위법하다고 하기 위하여는 강박행위 당시의 거래관념과 제반 사정에 비추어 해악의 고지로써 추구하는 이익이 정당하지 아니하거나 강박의 수단으로 상대방에게 고지하는 해악의 내용이 법질서에 위배된 경우 또는 어떤 해악의 고지가 거래관념상 그 해악의 고지로써 추구하는 이익의 달성을 위한 수단으로 부적당한 경우 등에 해당하여야 할 것이다. 사안의 경우 F의 강박은 '어떤 해악의 고지가 거래관념상 그 해악의 고지로써 추구하는 이익의 달성을 위한 수단으로 부적당한 경우 등'에 해당한다고 볼 수 있다. 따라서 위법한 강박에 해당된다.

2. 제3자에 의한 강박에 해당하는지 여부

C가 강박을 이유로 위 매매계약을 취소할 수 있는지와 관련하여 사안에서 A의 대리인 B가 강박을 하였는데 이것이 상대방의 강박에 해당하는지 아니면 제110조 제2항의 제3자의 강박에 해당하는지 여부가 문제된다. 만일 제3자에 의한 강박에 해당한다면 본인 A가 그러한 강박사실을 알았거나 알 수 있었음을 인정하기 어려운 본 사안의 경우에는 E가 강박을 이유로 매매계약을 취소하기 곤란할 것이다.

판례는 의사표시의 상대방이 아닌 자로서 기망행위를 하였으나 민법 제110조 제2항에서 정한 제3자에 해당되지 아니한다고 볼 수 있는 자란 그 의사표시에 관한 상대방의 대리인 등 상대방과 동일시할 수 있는 자만을 의미하고, 단순히 상대방이 사용자책임을 져야 할 관계에 있는 피용자에 지나지 않는 자는 상대방과 동일시할 수는 없어 이 규정에서 말하는 제3자에 해당한다고 보고 있다. 따라서 A의 대리인 F가 강박을 한 본 사안에서는 F의 강박은 제3자의 강박이 아닌 상대방의 강박에 해당하므로 A가 그 사실을 몰랐다 하더라도 C는 강박을 이유로 매매계약을 취소할 수 있다.

3. 취소의 의사표시 후 X부동산을 전득한 G가 제110조 제3항의 제3자에 해당하는지 여부

제110조 제3항의 제3자란 취소권이 행사되기 전에 표의자의 상대방과 법률행위를 한 제3

자를 의미하는 것이 원칙이다. 다만 동적 거래안전을 위하여 취소한 후에 그 상대방과 법률행위를 한 제3자도 선의라면 보호될 수 있다. 즉 취소를 주장하는 자와 양립되지 않는 법률관계를 가졌던 것이 취소 전인가 후인가를 불문하고 선의자라면 보호될 수 있는 것이다. 설문에서 G는 선의이므로 제110조 제3항에 의하여 보호되는 제3자에 해당한다. 따라서 E는 강박을 이유로 매매계약을 취소하더라도 G에게 대항할 수 없다.

V. 사안의 해결

사안에서 E는 A의 대리인인 F로부터 강박을 받은 끝에 부동산을 매매하겠다는 의사표시를 한 것이지만 내심의 효과의사가 결여된 것은 아니므로 비진의표시로서 무효임을 주장할 수는 없다. 또한 강박행위 등이 법률행위의 성립 과정에서 사용된 데 불과한 때에는 제103조에 의해 무효가 되는 것은 아니므로 A와 E의 매매계약이 제103조에 의하며 무효가 되는 것도 아니다. 다만 F의 강박은 '어떤 해악의 고지가 거래관념상 그 해악의 고지로써 추구하는 이익의 달성을 위한 수단으로 부적당한 경우 등'에 해당하여 제110조의 위법한 강박에 해당하고, 사안에서 F의 강박은 제3자의 강박이 아닌 상대방의 강박에 해당하므로 A가 그 사실을 몰랐다 하더라도 C는 강박을 이유로 매매계약을 취소할 수 있다. 그러나 G는 제110조 제3항에 의하여 보호되는 제3자에 해당하여 E는 강박을 이유로 매매계약을 취소하더라도 이를 가지고 G에게 대항할 수 없다.

해 설

Ⅰ. 사기에 의한 의사표시

1. 사기에 의한 의사표시 일반

사기에 의한 의사표시에 해당하여 제110조에 의하여 이를 취소하기 위해서는 사기자에게 2단의 고의가 있어야 하며, 기망행위가 인정되고, 사기가 위법한 것이어야 하며, 기망행위와 의사표시 사이에 인과관계가 있어야 한다. 2단의 고의란 표의자를 기망하여 착오에 빠지게 하려는 고의와 그 착오를 바탕으로 표의자로 하여금 일정한 의사표시를 하게 하려는 고의의 두 가지를 말한다. 사기에 의한 의사표시에서의 기망행위란 적극적 기망행위뿐만 아니라 소극적 기망행위, 단순한 침묵, 의견이나 평가의 진술 등도 포함될 수 있다. 사기는 위법해야 하는데, 상품의 선전광고에 있어서는 거래의 중요한 사항에 관하여 구체적 사실을 신의성실의 의무에 비추어 비난받을 정도의 방법으로 허위로 고지한 경우에는 기망행위에 해당한다고 할 것이지만 그 선전광고에 다소의 과장이나 허위가 수반되는 것은 일반 상거래의 관행과 신의 칙에 비추어 시인될 수 있는 한 기망성이 결여된다(대판 2001.5.29. 99다55601, 55618). 사기에 있어서는 인과관계도 2단의 인과관계를 뜻하는 것인데, 즉 기망행위와 착오 사이에, 착오와 표의자의 의사표시 사이에 각각 인과관계가 요구되는 것이다.

2. 부작위에 의한 기망행위

민법 제110조에 의한 사기취소를 인정하기 위해서는 기망행위가 인정되어야 하는데, 일정한 경우에는 부작위에 의한 기망행위도 인정될 수 있다. 다만 부작위에 의한 기망이 인정되기 위해서는 '법률상 고지의무'가 인정되어야 한다. 이러한 고지의무는 신의칙에 비추어서도 인정될 수 있다. 판례는 형사법상 사기죄가 문제된 사안이기는 하지만 임대차계약 당시 임차할 여관건물에 관하여 법원의 경매개시결정에 따른 경매절차가 이미 진행 중이었는데 임대인이 이를 알려주지 않은 사례에서 신의칙에 근거한 법률상의 고지의무를 인정한 바가 있다 (대판 1998.12.8. 98도3263). 또한 그와 같은 고지의무의 대상이 되는 것은 직접적인 법령의 규정뿐 아니라 널리 계약상, 관습상 또는 조리상의 일반원칙에 의하여도 인정될 수 있다고 한다(대판 2007.6.1. 2005다5812, 5829, 5836). 예컨대 아파트 분양자는 아파트 단지 인근에 쓰레기 매립장이 건설예정인 사실이나 (대판 2006.10.12. 2004다48515), 아파트단지 인근에 공동묘지가 조성되어 있는 사실(대판 2007.6.1, 2005 다5812, 5829, 5836)을 수분양자에게 고지할 신의칙상의 의무를 부담한다. 문제 2에서 D가 신원보증의 의사로 연대보증계약서에 서명날인하고 있음을 잘 알고 있는 C에게는 이를 고지할 법령상·계약상의 의무가 존재하는 것은 아니지만, 조리상 또는 신의칙상의 의무는 부담한다고 보여진다. 따라서 일응 부작위에 의한 기망행위로 인정될 수 있다. 그러나 통상의 교환계약의 경우에는 어느 일방이 교환목적물의 시가나 그 가액 결정의 기초가 되는 사항에 관하여 상대방에게 설명 내지 고지를 할 주의의무를 부담한다고 할 수 없다. 교환계약의 어느 일방이 자기가 소유하는 목적물의 시가를 묵비하여 상대방에게 고지하지 않거나 허위로 시가보다 높은 가액을 시가라고 고지했다고 하더라도 상대방의 의사결정에 불법적인 간섭을 한 것은 아닌 것이다(대판 2002.9.4, 2000 다54406, 54413).

Ⅱ. 사기와 착오의 경합문제

판례는 동기의 착오와 표기상의 착오(또는 내용의 착오)를 분리하여 사기와의 경합여부를 다르게 판단한다.

1. 동기의 착오와 사기에 의한 의사표시

상대방의 사기에 의해 의사표시가 동기의 착오에 빠진 경우 예컨대 표의자가 동기를 표시하였는데 상대방이 기망의 고의로 설명을 행하지 않은 때에는 판례와 다수설은 착오와 사기 취소의 경합을 인정한다(대판 2005.5.27. 2004다43824).

2. 표시상의 착오(또는 내용의 착오)와 사기에 의한 의사표시

판례는 양자의 경합을 부정하고 착오취소만 가능하다고 본다(대판 2005.5.27. 2004다43824). 즉 문제 2와 유사한 사례에서 판례는 "사기에 의한 의사표시란 타인의 기망행위로 말미암아 착오에 빠지게 된 결과 어떠한 의사표시를 하게 되는 경우이므로 거기에는 의사와 표시의 불일치가 있을 수 없고, 단지 의사의 형성과정 즉 의사표시의 동기에 착오가 있는 것에 불과하며, 이 점에서 고유한 의미의 착오에 의한 의사표시와 구분되는데, 신원보증서류에 서명날인한다는 착각에 빠진 상태로 연대보증의 서면에 서명날인한 경우, 결국 위와 같은 행위는 강학상 기명날인의 착오(또는 서명의 착오), 즉 어떤 사람이 자신의 의사와 다른 법률효과를 발생시키는 내용의 서면에, 그것을 읽지 않거나 올바르게 이해하지 못한 채 기명날인을 하는 이른바 표시상의 착오에 해당하므로, 비록 위와 같은 착오가 제3자의 기망행위에 의하여 일어난 것이라 하더라도 그에 관하여는 사기에 의한 의사표시에 관한 법리, 특히 상대방이 그러한 제3자의 기망행위 사실을 알았거나 알 수 있었을 경우가 아닌 한 의사표시자가 취소권을 행사할 수 없다는 민법 제110조 제2항의 규정을 적용할 것이 아니라, 착오에 의한 의사표시에 관한 법리만을 적용하여 취소권 행사의 가부를 가려야 한다."라고 보았다.

Ⅲ. 강박에 의한 의사표시

1. 제110조에 의한 취소

민법 제110조 제1항에 의하면 사기나 강박에 의한 의사표시는 취소할 수 있다. 그러나 상대방있는 의사표시에 관하여 제3자가 사기나 강박을 행한 경우에는 상대방이 그 사실을 알았거나 알 수 있었을 경우에 한하여 그 의사표시를 취소할 수 있을 것이다(동조 제2항). 강박에 의한 의사표시임을 이유로 이를 취소하기 위해서는 고의와 위법한 강박행위, 강박행위와 의사표시 간의 인과관계 등이 요구된다. 강박의 고의는 사기와 동일하게 2단의 고의를 의미하는 것인데, 즉 표의자를 강박하여 외포상태에 빠지게 하려는 고의와 그 상태를 바탕으로 표의자로 하여금 일정한 의사표시를 하게 하려는 고의가 필요한 것이다. 강박행위란 해악을 고지하여 자유로운 의사결정이 이루어질 수 없을 정도로 만드는 행위를 말하며 해악의 종류에는 제한이 없다. 강박행위는 위법한 것이어야 하는데, 위법한 행위에 해당하기 위해서는 강박행위 당시의 거래관념과 제반사정에 비추어 해악의 고지로써 추구하는 이익이 정당하지 아니하거나 강박의 수단으로 상대방에게 고지하는 해악의 내용이 법질서에 위배된 경우 또는 어떤 해악의 고지가 거래관념상 그 해악의 고지로써 추구하는 이익의 달성을 위한 수단으로 부적당한 경우 등에 해당하여야 한다(대판 2000.3.23. 99다64049). 고소를 제기하여 구속영장이 신청된다는 말을 하였다고 할지라도 이는 형사상 적법절차의 고지로 원칙적으로 제110조에서의 강박이 될 수 없다(대판 1997.3.25. 96다47951). 유사한 취지에서 계약을 해제하여 손해배상을 청구할 수 있다는 취지로 말한 것만으로는 위법한 해악의 고지에 해당한다고 보기는 어려울 것이며(대판 2010.2.11. 2009다72643), 갑이 자신이 최대주주이던 A 금융회사로 하여금 실질상 자신 소유인 B 회사에 부실대출을 하도록 개입하였다고 판단한 A 금융회사의 새로운 경영진이 갑에게 위 대출금채무를 연대보증하지 않으면 갑소유의 C 회사에 대한 어음대출금을 회수하여 부도를 내겠다고 위협하여 갑이 법적 책임 없는 위 대출금채무를 연대보증한 경우에도, 강박에 의한 의사표시에 해당하지 않는다고 볼 것이다(대판 2000.3.23. 99다64049). 그러나 변호사인 피고의 잘못으로 패소하였고 또 항소기간도 도과 하게 되었다는 이유로 피고의 사무실에서 농성함은 물론 대통령을 비롯한 관계요로에 피고의 비행을 진정하겠다는 등 온갖 공갈과 위협을 하면서 피고의 업무수행을 방해하므로 피고가 하는 수 없이 손해배상금조로 약속어음을 발행하였다면 이는 강박에 의한 의사표시로서 취소할 수 있다(대판 1972.1.31. 71다168). 한편 강박행위와 의사표시 사이에는 인과관계가 있어야 하는데 이것도 2단의 인과관계를 요구한다. 즉 강박행위로 인해 상대방이 공포심을 느끼고, 하자 있는 상태에서 의사표시를 하여야 하는 것이다(대판 2003.5.13. 2002다73708, 73715).

2. 절대적 강박의 경우

강박에 의한 법률행위도 일정한 경우에는 무효가 될 수 있다. 즉 강박의 정도가 단순한 불법적 해악의 고지로 상대방으로 하여금 공포를 느끼도록 하는 정도가 아니고, 의사표시자로 하여금 의사결정을 스스로 할 수 있는 여지를 완전히 박탈한 상태에서 의사표시가 이루어져 단지 법률행위의 외형만이 만들어진 것에 불과한 정도에 이르면 무효가 되는 것이다(대판 2003.5.13. 2002다73708). 한편 강박에 의한 의사표시가 단순히 취소할 수 있는 행위라는 것과 이를 지나쳐 무효에 해당한다는 것은 그 법률요건이 전혀 다르므로 의사표시가 강박에 의한 것이어서 당연무효라는 주장 속에, 강박에 의한 의사표시이므로 취소한다는 주장이 당연히 포함되어 있다고는 볼 수는 없다(대판 1996.12.23. 95다40038).

3. 강박행위와 제103조, 제104조

(1) 민법 제103조에 의하여 무효로 되는 법률행위는 법률행위의 내용이 선량한 풍속 기타

사회질서에 위반되는 경우뿐만 아니라, 그 내용 자체는 반사회질서적인 것이 아니라고 하여도 법률적으로 이를 강제하거나 법률행위에 반사회질서적인 조건 또는 금전적인 대가가 결부됨으로써 반사회질서적 성질을 띠게 되는 경우 및 표시되거나 상대방에게 알려진 법률행위의 동기가 반사회질서적인 경우를 포함한다(대판 2001.2.9, 99다38613). 다만 이상의 각 요건에 해당하지 아니하고 단지 법률행위의 성립 과정에서 불법적 방법이 사용된 데 불과한 때에는, 그 불법이 의사표시의 형성에 영향을 미친 경우에는 의사표시의 하자를 이유로 그 효력을 논의할 수는 있을지언정, 반사회질서의 법률행위로서 무효라고 할 수는 없다(대판 2002.9.10, 2002다21509). 예컨대 기망행위, 강박행위 등이 법률행위의 성립 과정에서 사용된 데 불과한 때에는 제103조에 의해 무효가 되는 것은 아니다. 따라서 문제 1에서 강박행위를 제103조에 의한 무효라고 볼 수 없다(대판 2002.12.27, 2000다47361).

(2) 민법 제104조는 무상행위인 증여계약에는 그 적용이 없다. 민법 제104조가 규정하는 현저히 공정을 잃은 법률행위라 함은 자기의 급부에 비하여 현저하게 균형을 잃은 반대급부를 하게 하여 부당한 재산적 이익을 얻는 행위를 의미하는 것이므로, 증여계약과 같이 아무런 대가관계 없이 당사자 일방이 상대방에게 일방적인 급부를 하는 법률행위는 그 공정성 여부를 논의할 수 있는 성질의 법률행위가 아니기 때문이다(대판 2002.12.27, 2000다47361; 대판 2000.2.11, 99다56833).

4. 강박행위와 비진의표시

진의 아닌 의사표시에 있어서의 진의란 특정한 내용의 의사표시를 하고자 하는 표의자의 의사를 말하는 것이지 표의자가 진정으로 마음속에서 바라는 사항을 뜻하는 것은 아니다. 즉 '당사자가 진정으로 마음속에서 바라는 마음'은 진의의 판단에 중요하지 않고, 법률적 효과를 의욕하는 의사인 내심의 효과의사가 문제될 뿐이다. 이러한 내심의 효과의사와 표시상의 효과의사가 불일치하는 것이 비진의표시인 것이다. 따라서 표의자가 의사표시의 내용을 진정으로 마음속에서 바라지는 아니하였다고 하더라도 당시의 상황에서는 그것을 최선이라고 판단하여 그 의사표시를 하였을 경우에는 이를 내심의 효과의사가 결여된 진의 아닌 의사표시라고 할 수 없다(대판 2002.12.27, 2000다47361; 대판 2000.4.25, 99다34475). 이러한 법리구성은 '강박에 의하여' 원하지 않는 의사표시를 하는 경우에도 마찬가지이다. 즉 원고 갑이 피고 산하 계엄사령부 소속 합동수사본부의 수사관 등에 의하여 강박을 받은 끝에 부동산을 증여하겠다는 의사표시를 하고 그 등기이전에 필요한 서류 등을 발급받아 준 경우에도 내심의 효과의사가 결여된 것은 아니다(대판 1993.7.16, 92다41528, 41535). 비진의 의사표시에 있어서의 진의란 특정한 내용의 의사표시를 하고자 하는 표의자의 생각을 말하는 것이지 표의자가 진정으로 마음속에서 바라는 사항을 뜻하는 것은 아니기 때문이다.

Ⅳ. 제3자의 사기 · 강박

(1) 제3자가 사기 또는 강박한 경우에 이러한 사기강박에 의한 표의자의 의사표시가 상대방 없는 의사표시라면 표의자는 언제든지 이를 취소할 수 있다(제110조 제1항, 제2항 참조). 그러나 제3자의 사기강박에 의하여 표의자가 상대방 있는 의사표시를 하였다면 상대방이 제3자에 의한 사기나 강박의 사실을 알고 있거나 알 수 있었을 경우에 한하여 이를 취소할 수 있다(제110조 제2항).

(2) 다만 제3자가 상대방과 동일시 할 수 있는 자라면 제3자의 사기강박으로 보지 않는다. 구체적으로는 '그 의사표시에 관한 상대방의 대리인 등'은 상대방과 동일시 할 수 있는 자이므로 이러한 자가 기망 또는 강박을 한 경우에는 상대방이 이러한 사정을 알았거나 알 수 있었는지 여부와 관계없이 법률행위를 취소할 수 있는 것이다. 은행의 출장소장도 상대방인 은행과 동일시 할 수 있으므로 그가 기망한 경우에는 제110조 제2항이 적용되는 것이 아니고 제110조 제1항이 적용된다(대판 1999.2.23. 98다60828). 그러나 단순히 상대방이 사용자책임을 져야 할 관계에 있는 피용자에 지나지 않는 자는 상대방과 동일시 할 수 없어 제3자에 해당된다. 예컨대 상호신용금고의 기획감사실 과장은 단순한 피용자에 불과하여 제3자에 해당한다(대판 1998.1.23. 96다41496). 또한 건설산업기본법에 따라 설립된 공제조합이 주채무자인 조합원의 기망에 의하여 도급인과 보증계약을 체결한 경우, 조합원은 제3자에 해당한다(대판 2002.11.26. 2002다34727).

유 제

기본 사실관계

B는 아파트 분양자 A로부터 X 아파트를 10억 원에 분양받았다. 그런데 A는 아파트 단지 인근에 쓰레기 매립장이 건설예정인 사실을 B 등 분양계약자에게 고지하지 않았다. 한편 B가 분양받은 X 아파트는 부동산 경기의 상승에 따라 시가가 12억 원으로 상승하였다.

문제 ❶

B는 A와의 분양계약을 사기를 이유로 취소할 수 있는가?

해 설

부동산 거래에 있어 거래 상대방이 일정한 사정에 관한 고지를 받았더라면 그 거래를 하지 않았을 것임이 경험칙상 명백한 경우에는 신의성실의 원칙상 사전에 상대방에게 그와 같은 사정을 고지할 의무가 있으며, 그와 같은 고지의무의 대상이 되는 것은 직접적인 법령의 규정뿐 아니라 널리 계약상, 관습상 또는 조리상의 일반원칙에 의하여도 인정될 수 있다. 아파트 단지 인근에 쓰레기 매립장이 건설예정인 사실은 신의칙상 분양자가 분양계약자들에게 고지하여야 할 대상이 된다(대판 2006.10.12. 2004다48515). 고지의무 위반은 부작위에 의한 기망행위에 해당하므로 B는 기망을 이유로 분양계약을 취소하고 분양대금의 반환을 구할 수 있다.

문제 2

사안에서 B가 A와의 분양계약을 취소하지 않고 손해배상을 청구하는 경우 손해가 존재하는 것으로 볼 수 있는가?

해 설

B는 기망을 이유로 분양계약을 취소하고 분양대금의 반환을 구할 수도 있고 분양계약의 취소를 원하지 않을 경우 그로 인한 손해배상만을 청구할 수도 있다(대판 2006.10.12. 2004다48515). 그런데 사안처럼 분양계약 이후 부동산의 시가가 상승하여 분양가격을 상회하는 경우 손해가 발생한 것으로 볼 수 있을지 문제된다.

판례는 "손해액의 산정은 법원이 상당하다고 인정하는 방식에 의하여 산정하면 되므로, 원심이 원고들의 손해액을 쓰레기 매립장의 건설을 고려한 이 사건 아파트의 가치하락액 상당으로 보고 판시와 같은 감정 결과에 따라 손해액을 산정한 조치는 수긍이 가며, 그 후에 부동산 경기의 전반적인 상승에 따라 이 사건 아파트의 시가가 상승하여 분양가격을 상회하게 되었다고 하여 원고들에게 손해가 발생하지 않았다고 할 수 없다."라고 하였다(대판 2006.10.12. 2004다48515). 따라서 B는 분양계약을 취소하지 않고 쓰레기 매립장의 건설을 통한 아파트 가치하락액 상당에 대해 손해배상을 청구할 수 있다.

10 소멸시효

기본 사실관계

B은행은 A회사에게 1993. 6. 1. 10억 원을 대출해 주었고, 채무의 상환은 1995. 6. 1.에 하기로 하였다. B은행은 그 과정에서 보증인과 담보제공을 요청하였고, 이에 따라 C가 연대보증을 하였고, D는 자신명의로 된 X아파트에 대해 B에게 저당권을 설정하여 주었다. 한편 변제기가 되어도 A가 B에게 채무를 상환하지 않자 B는 1996. 6. 5. A회사를 상대로 대여금반환청구의 소를 제기하였고, 1996. 10. 24. B은행의 승소판결이 확정되었다.

문제 ①

1995. 11. 2. C가 사망하였는데 C의 유일한 상속인인 E는 사망신고 및 상속부동산에 대한 상속등기를 하지 않았다. B는 승소판결에 기하여 A의 재산에 강제집행을 실시하였으나, 자신의 채권을 만족하기에는 현저하게 부족하였다. 이에 B는 C가 사망한 것을 모르고 1998. 5. 6. C의 부동산에 대하여 가압류 신청을 하였고, 법원은 1998. 5. 30. 가압류결정을 하였다. 그 후 B은행은 C가 사망한 것을 알고, 2001. 12. 1. C의 상속인 E에게 연대보증채무를 이행하라는 소를 제기하였다. 이에 대해 E는 소멸시효완성을 이유로 B은행의 이행청구에 불응하고 있다. E의 주장의 타당성을 B가 주장할 수 있는 권리남용의 항변까지 포함하여 검토하여 보시오. (20점)

문제 ②

D는 2005. 3. 15. A와 B 사이의 대출계약이 허위표시로 이루어진 것이라는 이유 등으로 B를 상대로 저당권설정등기 말소등기절차이행청구소송을 제기하였는데, B는 해당소송에서 청구기각의 판결을 구하고 피담보채권의 존재를 적극적으로 주장하여 D가 패소하고 B가 승소하였다. 한편 B은행의 채권자인 E는 B의 A에 대한 대출금반환채권을 2000. 2. 6.부터 가압류한 상태이다. 2008. 4. 16. D는 B의 A에 대한 채권이 시효로 소멸하였음을 이유로 저당권설정등기 말소등기절차이행의 소를 제기하였다. 이에 대해 B는 소멸시효가 중단된 것임을 주장한다. B의 주장의 타당성을 검토하여 보시오. (20점)

예시답안

문제 1

Ⅰ. 쟁 점

B은행이 A회사에 대하여 가지는 채권은 상사채권에 해당하여 5년의 소멸시효에 걸리게 되며, C의 보증채무 또한 5년의 단기소멸시효에 걸리게 된다(상법 제64조 참조). 그런데 법원의 확정판결로 주채무의 소멸시효기간이 10년으로 연장된 경우(제165조 제1항), 보증채무의 소멸시효기간도 10년으로 연장되는지 여부가 문제된다. 사안의 경우 만일 보증채무의 시효기간이 연장되지 않는다면 E를 상대로 연대보증채무의 이행을 구하는 청구는 2001. 12. 1.에 있어 1996. 10. 24.로부터 5년이 경과한 것이기 때문이다. 또한 E에 대한 연대보증채무의 청구에 있어서 사망한 자인 C를 피신청인으로 한 가압류신청이 민법 제168조 제1호에 정한 소멸시효의 중단사유에 해당하는지, 그리고 E의 소멸시효완성의 원용이 권리남용에 해당하는지가 문제된다.

Ⅱ. 확정판결로 주채무의 소멸시효기간이 10년으로 연장된 경우, C의 보증채무도 10년으로 연장되는지 여부 (8점)

원칙적으로 시효의 중단은 당사자 및 그 승계인 간에만 효력이 있다(제169조). 그런데 우리민법은 예외적으로 민법 제440조에서 주채무자에 대한 시효의 중단은 보증인에 대하여 그 효력이 있음을 정하고 있다. 이에 법원의 확정판결에 의해 주채무의 시효가 중단되면, 민법 제440조에 따라 C의 보증채무 또한 시효가 중단된다. 한편 확정판결에 의하여 확정된 주채무의 소멸시효는 10년으로 연장된다(제165조 제1항). 그렇다면 C의 보증채무 또한 5년이 아닌 10년으로 연장되는지가 문제된다. 우리 판례는 확정판결에 의하여 주채무가 확정되어 그 소멸시효기간이 10년으로 연장되었다 할지라도 이로 인해 그 보증채무까지 당연히 단기소멸시효의 적용이 배제되어 10년의 소멸시효기간이 적용되는 것은 아니고, 채권자와 연대보증인 사이에 있어서 연대보증채무의 소멸시효기간은 여전히 종전의 소멸시효기간에 따른다고 본다. 따라서 C의보증채무는 1996. 10. 24. 법원의 확정판결을 기산점으로 하여 5년의 소멸시효에 걸리게 된다.

Ⅲ. 사망한 자인 C를 피신청인으로 한 B은행의 가압류신청이 민법 제168조 제1 호에 정한 소멸시효의 중단사유에 해당하는지 여부 (6점)

소멸시효는 가압류로 인하여 중단되며(제168조 제2호), 부동산가압류시 시효중단의 효력은 가압류의 집행보전의 효력이 존속하는 동안 유지된다. 다만 사망한 사람을 피신청인으로 한 가압류신청은 부적법하고 그 신청에 따른 가압류결정이 내려졌다고 하여도 그 결정은 당연 무효이다. 따라서 그 효력이 상속인에게 미치지 않으며, 이러한 당연 무효의 가압류는 민법 제168조 제1호에 정한 소멸시효의 중단사유에 해당하지 않는다. 결국 C의 보증채무는 시효가 중단되지 않아, 1996. 10. 24. 법원의 확정판결을 기산점으로 하여 5년을 도과하여 소멸시효가 완성되었다고 할 수 있다.

Ⅳ. E의 소멸시효완성사실의 원용이 권리남용에 해당하는지 여부 (6점)

소멸시효완성의 주장도 채무이행의 거절을 인정함이 현저히 부당하거나 불공평하게 되는 등의 특별한 사정이 있는 경우에는 신의성실의 원칙에 반하여 권리남용으로 허용되지 않을 수 있다. 가령 채무자가 시효완성 전에 채권자의 권리행사나 시효중단을 불가능 또는 현저히 곤란하게 하거나 그러한 조치가 불필요하다고 믿게하는 행동을 하였거나, 객관적으로 채권자가 권리를 행사할 수 없는 장애사유가 있었거나, 또는 일단 시효완성 후에 채무자가 시효를 원용하지 아니할 것 같은 태도를 보여 채권자로 하여금 그와 같이 신뢰하게 하는 등의 사정이 그에 해당하는 것이다. 그런데 사안의 경우에는 상속채무를 부담하게 된 상속인의 행위가 단순히 피상속인의 사망신고 및 상속등기를 게을리 함으로써 채권자로 하여금 사망한 피상속인을 피신청인으로 하여 상속부동산에 대하여 당연 무효의 가압류를 하도록 방치하고 그 가압류에 대하여 이의를 제기하지 않거나 피상속인의 사망 사실을 채권자에게 알리지 않은 정도에 그치고, 그 밖에 달리 채권자의 권리 행사를 저지·방해할 만한 행위를 하지 않았다는 점에서, 상속인 E의 소멸시효 완성 주장은 권리남용에 해당하지 않을 것이다.

V. 사안의 해결

B은행의 C에 대한 연대보증채무는 주채무자에 대한 재판이 확정된 1996. 10. 24.을 기산점으로 하여 5년의 시효가 진행되는데, 이후에 있었던 B은행의 가압류는 무효이므로 소멸시효 중단의 효력을 발생시키지 못한다. 따라서 E는 B은행에 대하여 소멸시효의 완성을 주장할 수 있다. 이러한 E의 소멸시효완성의 원용은 특별한 사정이 없는 한 권리남용에 해당하지 않는다.

문제 ②

Ⅰ. 쟁점의 정리

물상보증인 D는 채권자 B에 대하여 채권자의 채무자에 대한 채권이 시효소멸하였음을 주장하며 저당권설정을 말소해 달라는 청구를 하고 있다. 물상보증인이 소멸시효완성의 원용권자임이 문제된다. 아울러 종래 채권자는 물상보증인이 제기한 저당권설정등기 말소등기절차이행청구소송에서 적극적으로 응소하여 채권의 존재를 주장함으로써 승소판결을 받은 바가 있는데, 이로써 채무자에 대한 채권의 소멸시효가 중단되는지도 문제이다. 또한 만일 B은행의 채권자인 E가 B의 A에 대한 채권을 가압류한 상태라면 A와 B 사이의 대출금반환채권의 시효가 중단되는지도 살펴보아야 한다. 사안에서는 확정판결을 받은 시점으로부터 10년이 경과하여 시효중단이 인정되지 않는 경우에는 채권자의 채권이 소멸한 것으로 평가될 수 있기 때문이다. 채권이 소멸한 경우 이를 담보하기 위한 저당권도 피담보채권의 소멸로 인하여 효력이 없어질 수밖에 없다.

Ⅱ. 물상보증인 D의 시효원용권 (5점)

소멸시효가 완성된 경우 이를 원용할 수 있는 자는 시효로 인하여 채무가 소멸되는 결과 시효이익을 직접적으로 받는 사람에 한정된다. 다만 판례는 시효원용권자의 범위를 개별적 사안에 따라 확대하고 있다. 가령 연대보증인, 가등기 부동산의 제3취득자, 사해행위의 수익자 등을 시효원용권자로 포함시키고 있는 것이다. 물상보증인의 경우에도 타인의 채무를 담보하기 위하여 자기의 물건에 담보권을 설정한 사람이므로 채권자에 대하여 물적 유한책임을 지고 있어 그 피담보채권의 소멸에 의하여 직접 이익을 받는 관계에 있다고 할 수 있다.

Ⅲ. B의 응소행위와 시효중단여부 (10점)

1. 응소행위와 시효중단

민법 제168조 제1호, 제170조 제1항에서 시효중단사유의 하나로 규정하는 재판상의 청구는 통상적으로 권리자가 원고로서 시효를 주장하는 자를 피고로 하여 소송물인 권리를 소의 형식으로 주장하는 경우를 말한다. 이와 반대로 시효를 주장하는 자가 원고가 되어 소를 제기하는 데 대하여 채권자가 피고로서 응소한 경우에도 시효중단사유가 인정될 수 있는지 문제된다.

판례는 응소행위만으로는 시효중단사유로 인정하지 않고, 시효를 주장하는 자가 원고가 되어 소를 제기한 데 대하여 권리자가 피고로서 응소하고 그 소송에서 적극적으로 권리를 주장하여 그것이 받아들여진 경우에 응소에도 시효중단의 효력을 인정하고 있다. 따라서 일정한 경우에는 응소도 시효중단사유로 인정될 수 있다.

2. 물상보증인을 상대로 한 응소행위

그러나 타인의 채무를 담보하기 위하여 자기의 물건에 담보권을 설정한 물상보증인은 채권자에 대하여는 아무런 채무도 부담하고 있지 아니하므로, 물상보증인이 그 피담보채무의 부존재 또는 소멸을 이유로 제기한 저당권설정등기 말소등기절차이행청구소송에서 채권자 겸 저당권자가 청구기각의 판결을 구하고 피담보채권의 존재를 주장하였다고 하더라도 이로써 직접 채무자에 대하여 재판상 청구를 한 것으로 볼 수는 없는 것이므로 피담보채권의 소멸시효에 관하여 규정한 민법 제168조 제1호 소정의 '청구'에 해당하지 아니한다. 즉 채무자 외의 시효원용권자인 물상보증인에 대한 응소행위만으로는 시효중단의 효력이 인정되지 않는다.

Ⅳ. 채권자 E가 채무자 B의 제3채무자 A에 대한 채권을 가압류한 경우 시효중단의 효과 (5점)

채권자가 채무자의 제3채무자에 대한 채권을 압류 또는 가압류한 경우에 채무자에 대한 채권자의 채권에 관하여 시효중단의 효력이 생긴다고 할 것이나, 압류 또는 가압류된 채무자의 제3채무자에 대한 채권에 대하여는 민법 제168조 제2호 소정의 소멸시효 중단사유에 준하는 확정적인 시효중단의 효력이 생긴다고 할 수 없다. 따라서 E가 B의 A에 대한 채권을 가압류하였다고 하더라도 B의 A에 대한 채권에 대한 소멸시효가 중단되는 것은 아니다.

V. 사안의 해결

물상보증인은 시효의 원용권자로 인정된다. 사안에서 채권자인 B는 종래 D가 제기하였던 저당권설정 말소등기절차이행청구소송에서 적극 응소 및 채권의 존재를 주장하여 승소판결을 받은 바가 있었는데, 응소는 일정한 경우에 시효중단사유로 인정할 수 있는 것이지만 채무를 부담하지 않는 저당권자설정자를 상대로 한 응소행위를 채무자에 대한 시효중단사유로 볼 수는 없다. 또한 B의 채권자인 E가 B의 A에 대한 채권을 가압류하였다고 하더라도 E의 B에 대한 채권의 시효중단의 효과가 있을지언정 B의 A에 대한 채권에는 소멸시효중단의 효력이 발생한다고 볼 수 없다. 따라서 사안의 경우 B의 채권은 시효로 소멸하였고, 따라서 D의 저당권설정 말소등기절차이행청구소송은 인용되어야 한다.

해 설

I. 민법 제165조 제1항 및 민법 제440조의 규정 내용 및 입법 취지
   (대판 2006.8.24, 2004다26287)

1. 제165조 제1항의 내용

단기시효에 걸리는 채권이 판결에 의하여 확정된 경우에는 소멸시효기간이 그 기간이 아닌 10년으로 된다(제165조 제1항 참조). 다만 시효기간이 20년에 걸리는 권리가 판결에 의하여 확정되었다고 하더라도 10년으로 단축되거나, 시효에 걸리지 않는 권리가 10년의 시효에 걸린다는 의미는 아니다(대판 1981.3.24, 80다1888, 1889). 다만 판결에 의하여 확정될 당시 권리의 변제기가 아직 도래하지 않았다면 시효기간이 10년으로 연장되지는 않고 변제기 경과 후 단기 소멸시효에 걸리게 된다(제165조 제3항 참조).

2. 제165조 제1항의 규정이 채권자의 보증채권의 소멸시효기간에도 영향을 미치는지 여부

판례는 제165조 제1항에 의해 시효기간이 10년으로 연장되는 효과는 채권자와 주채무자 사이에만 적용되며, 채권자의 연대보증인의 연대보증채권의 소멸시효기간은 여전히 종전의 기간에 따른다고 한다(대판 1986.11.25, 86다카1569). 민법 제440조가 "주채무자에 대한 시효의 중단은 보증인에 대하여 그 효력이 있다."고 정한 것은 민법 제169조에서 "시효의 중단은 당사자 및 그 승계인 간에만 효력이 있다."고 정한 것에 대한 예외를 인정한 것으로, 이는 보증채무의 부종성에 기인한 당연한 법리를 선언한 것이라기보다 채권자보호 내지 채권담보의 확보를 위하여 마련한 특별 조항인바, 위 조항은 상충하는 채권자와 보증채무자의 이해관계를 조절하는 조항이라는 점을 고려하면 이를 해석함에 있어서는 가급적 문언에 충실함이 바람직하다 할 것인데, 위 조항의 문언상 의미는 주채무자에 대한 시효중단의 사유가 발생하였을 때는 그 보증인에 대한 별도의 중단조치가 이루어지지 아니하여도 동시에 시효중단의 효력이 생기도록 한 것에 불과하고 중단된 이후의 시효기간까지 당연히 보증인에게도 그 효력이 미친다고 하는 취지는 아니기 때문이다. 한편, 민법 제165조 제1항이 "판결에 의하여 확정된 채권은 단기의 소멸시효에 해당한 것이라도 그 소멸시효는 10년으로 한다."고 정한 것은 단기소멸시효가 적용되는 채권이라도 판결에 의하여 채권의 존재가 확정되면 그 성립이나 소멸에 관한 증거자료의 일실 등으로 인한 다툼의 여지가 없어지고, 법률관계를 조속히 확정할 필요성도 소멸하며, 채권자로 하여금 단기소멸시효 중단을 위해 여러 차례 중단절차를 밟도록 하는 것은 바람직하지 않기 때문이다. 그런데 보증채무가 주채무에 부종한다 할지라도 원래 보증채무는 주채무와는 별개의 독립된 채무이어서 채권자와 주채무자 사이에서 주채무가 판결에 의하여 확정되었다고 하더라도 이로 인하여 보증채무 자체의 성립 및 소멸에 관한 분쟁까지 당연히 해결되어 보증채무의 존재가 명확하게 되는 것은 아니므로, 채권자가 보증채무에 대하여 뒤늦게 권리행사에 나선 경우 보증채무 자체의 성립과 소멸에 관한 분쟁에 대하여 단기소멸시효를 적용하여야 할 필요성은 여전히 남는다. 결국 채권자와 주채무자 사이의 확정판결에 의하여 주채무가 확정되어 그 소멸시효기간이 10년으로 연장되었다 할지라도 이로 인해 그 보증채무까지 당연히 단기소멸시효의 적용이 배제되어 10년의 소멸시효기간이 적용되는 것은 아니고, 채권자와 연대보증인 사이에 있어서 연대보증채무의 소멸시효기간은 여전히 종전의 소멸시효기간에 따른다고 한다.

Ⅱ. 가압류와 시효중단

1. 시효중단효력의 존속시기

가압류에 의한 소멸시효 중단의 효력은 가압류 신청시점에 발생하며, 부동산가압류시 시효중단효력은 가압류의 집행보전의 효력이 존속하는 동안 유지된다(대판 2000.4.25. 2000다11102). 가압류에 의한 집행보전의 효력이 존속하는 동안에는 가압류채권자에 의한 권리행사가 계속되고 있다고 보고 있는 것이다. 따라서 가압류등기가 말소되지 않은 상태에서는 피보전채권에 대한 본안 승소판결이 확정되었더라도 그러한 피보전채권에 대한 소멸시효중단의 효력이 지속된다고 한다(대판 2006.7.27. 2006다32781). 그러나 이에 대해서는 재판상 청구에 따른 시효중단도 판결이 확정된 때부터 다시 시효가 진행됨에도 불구하고 장래 집행을 보전하기 위한 가압류에만 지나치게 강력한 시효중단의 효력을 인정하는 것은 바람직하지 않다는 비판이 있다. 이 견해는 가압류의 피보전채권에 대한 본안의 승소판결이 확정되면 가압류에 의한 시효중단의 효력은 이에 흡수되는 것으로 보아, 가압류가 존속하더라도 피보전채권은 판결확정시부터 10년이 경과하면 시효로 소멸하는 것으로 본다.

2. 당연무효의 가압류의 경우

이미 사망한 자를 피신청인으로 한 가압류신청은 부적법하고 그 신청에 따른 가압류결정이 있었다고 하여도 그 결정은 당연 무효가 된다(대판 2002.4.26, 2000다30578). 그리고 이러한 당연 무효의 가압류는 민법 제168조가 정한 소멸시효의 중단사유인 가압류에 해당하지 않는다(대판 2006.8.24, 2004다26287). 참고로 우리 판례는 "당사자 쌍방을 소환하여 심문절차를 거치거나 변론절차를 거침이 없이 채권자 일방만의 신청에 의하여 바로 보전명령을 한 가압류 결정에 있어서 신청 당시 생존하고 있던 채무자가 결정직전에 사망 하였다거나 수계절차를 밟음이 없이 채무자명의의 결정이 이루어졌다고 하여 그 가압류 결정이 당연무효라고는 할 수 없다."라고 보았다(대판 1976.2.24, 75다1240).

3. 채권자가 채무자의 제3채무자에 대한 채권을 압류 또는 가압류한 경우 시효중단의 효력

채권자가 채무자의 제3채무자에 대한 채권을 압류 또는 가압류한 경우에는 채무자에 대한 채권자의 채권에 관하여 시효중단의 효력이 생긴다고 할 것이나, 압류 또는 가압류된 채무자의 제3채무자에 대한 채권에 대하여는 민법 제168조 제2호 소정의 소멸시효 중단사유에 준하는 확정적인 시효중단의 효력이 생긴다고 할 수 없다(대판 2003.5.13, 2003다16238).

Ⅲ. 소멸시효완성과 신의칙

1. 소멸시효완성의 효과

소멸시효완성의 효과와 관련해 민법은 "소멸시효가 완성한다."라고만 규정하고 있을 뿐이어서(제162조 내지 제164조 참조) '완성한다'는 것이 어떠한 효과의 발생을 의미하는지 그 해석이 문제된다. 즉 소멸시효기간의 도과로 권리소멸효과가 바로 발생하는 것인지 아니면 시효이익의 원용이 있을 때 소멸효과가 발생하는 것인지의 문제인 것이다. 이에 대해 절대적 소멸설은 시효이익의 원용없이 시효기간도과로 권리자체가 소멸한다고 보지만, 상대적 소멸설은 소멸시효의 완성 외에 당사자의 원용이라는 별개의 요건까지 갖추어야만 권리소멸의 효과가 발생한다고 한다. 즉 상대적 소멸설에 의하면 시효의 완성으로 권리가 당연히 소멸되지 않고 다만 시효의 이익을 받을 자에게 권리소멸을 주장할 권리가 생길 뿐이라고 해석한다. 양 견해는 차이점은 소멸시효의 이익을 포기하는 이론구성, 소멸시효 완성이 법원의 직권조사사항인지의 이론구성, 소멸시효의 완성 후 변제의 처리과정 등에서 나타난다.

일반적으로 소멸시효는 그 기산일에 소급하여 효력이 생긴다(제167조). 시효 기산점까지 소급하므로 기산점 이후의 이자도 소급적으로 소멸한다. 또한 주된 권리가 시효완성되면 이는 종된 권리에도 효력을 미친다(제183조). 예를 들어 원본채권과 이자채권, 원본채권과 손해배상청구권 사이의 관계가 그러하다.

2. 소멸시효완성의 주장과 신의칙

소멸시효완성의 주장도 일정한 경우 신의성실의 원칙에 반하여 허용되지 않을 수 있다. 판례는 "채무자가 시효완성 전에 채권자의 권리행사나 시효중단을 불가능 또는 현저히 곤란하게 하거나 그러한 조치가 불필요하다고 믿게 하는 행동을 하였거나, 객관적으로 채권자가 권리를 행사할 수 없는 장애사유가 있었거나, 또는 일단 시효완성 후에 채무자가 시효를 원용하지 아니할 것 같은 태도를 보여 권리자로 하여금 그와 같이 신뢰하게 하였거나, 채권자 보호의 필요성이 크고 같은 조건의 다른 채권자가 채무의 변제를 수령하는 등의 사정이 있어 채무이행의 거절을 인정함이 현저히 부당하거나 불공평하게 되는 등의 특별한 사정이 있는 경우에 한하여 채무자가 소멸시효의 완성을 주장하는 것이 신의성실의 원칙에 반하여 권리남용으로서 허용될 수 없다."라고 한다($\binom{\text{대판 1999.12.7.}}{\text{98다42929}}$). 다만 국가가 국민을 보호할 의무가 있다는 사유만으로 국가의 소멸시효 완성의 주장 자체가 신의칙에 반하는 권리남용에 해당한다고 할 수는 없다고 한다($\binom{\text{대판 2005.5.13.}}{\text{2004다71881}}$).

Ⅳ. 물상보증인에게도 시효원용권이 있는지 여부

판례는 소멸시효가 완성된 경우 그 효과를 원용할 수 있는 자의 범위를 일반적인 기준으로 '시효이익을 직접 받는 자'로 제시하여 시효원용권자의 범위를 제한하고 있다. 다만 판례는 시효원용권자의 범위를 초기에는 좁게 해석해 오다가 점차 개별적 사안에 따라 그 범위를 확대하는 판결이 반복되었고, 물상보증인을 시효원용권자에 포함시키고 있다($\binom{\text{대판 2004.1.16, 2003다}}{\text{30890; 대판 2007.1.11,}}$ $^{\text{2006다}}_{\text{33364}}$). 대법원은 물상보증인 외에도 연대보증인($\binom{\text{대판 1991.1.29,}}{\text{89다카1114}}$), 가등기 부동산의 제3취득자($\binom{\text{대판 1991.3.12,}}{\text{90다카27570}}$), 사해행위의 수익자($\binom{\text{대판 2007.11.29,}}{\text{2007다54849}}$), 유치권이 성립된 부동산의 매수인($\binom{\text{대판 2009.9.24,}}{\text{2009다39530}}$) 등을 시효원용권자로 판시한 바 있다.

Ⅴ. 물상보증인과 시효중단

1. 물상보증인이 제기한 저당권설정등기 말소등기절차이행청구소송에서 채권자 겸 저당권자가 청구기각의 판결을 구하고 피담보채권의 존재를 주장하였다면 채무자에 대한 채권의 시효가 중단하는지 여부

시효중단과 관련하여 응소의 경우에도 시효중단사유가 인정될 수 있는지가 먼저 문제가된다. 판례는 응소행위만으로는 시효중단사유로 인정하지 않고, 시효를 주장하는 자가 원고가 되어 소를 제기한 데 대하여 권리자가 피고로서 응소하고 그 소송에서 적극적으로 권리를주장하여 그것이 받아들여진 경우에 응소에도 시효중단의 효력을 인정하고 있다($^{\text{대판(전)}}_{\text{1993.12.21,}}$

$^{92\text{다}}_{47861}$$\Big)$.

다만 판례는 물상보증인이 그 피담보채무의 부존재 또는 소멸을 이유로 저당권설정등기 말소등기절차이행청구소송을 제기한 사안에서 "타인의 채무를 담보하기 위하여 자기의 물건에 담보권을 설정한 물상보증인은 채권자에 대하여 물적 유한책임을 지고 있어 그 피담보채권의 소멸에 의하여 직접 이익을 받는 관계에 있으므로 소멸시효의 완성을 주장할 수 있는 것이지만, 채권자에 대하여는 아무런 채무도 부담하고 있지 아니하므로, 물상보증인이 그 피담보채무의 부존재 또는 소멸을 이유로 제기한 저당권설정등기 말소등기절차이행청구소송에서 채권자 겸 저당권자가 청구기각의 판결을 구하고 피담보채권의 존재를 주장하였다고 하더라도 이로써 직접 채무자에 대하여 재판상 청구를 한 것으로 볼 수는 없는 것이므로 피담보채권의 소멸시효에 관하여 규정한 민법 제168조 제1호 소정의 '청구'에 해당하지 아니한다."라고 판시하여 채무자 외의 시효원용권자인 물상보증인에 대한 응소행위만으로는 시효중단의 효력을 인정하지 아니하였다$\Big(^{\text{대판 2004.1.16. 2003다30890;}}_{\text{대판 2007.1.11. 2006다33364 등}}\Big)$.

2. 물상보증인 D에 대한 압류만으로 주채무의 시효중단의 효력이 발생하는지 여부

판례는 채권자겸 저당권자가 물상보증인의 부동산에 임의경매를 신청한 사안에서, "원고가 연대보증인겸 물상보증인인 피고 소유의 이 사건 담보부동산에 대하여 임의경매의 신청을 하여 경매개시결정에 따른 압류의 효력이 생겼다면 원고는 그 압류의 사실을 피고에게 통지하지 아니하더라도 피고에 대하여 시효의 중단을 주장할 수 있음은 소론과 같으나, 피고로서는 그와 같은 경우에도 보증채무의 부종성에 따라 주채무가 시효로 소멸되었음을 주장할 수는 있는 것으로서, 주채무자에 대한 시효중단의 사유가 없는 이상 피고에 대한 시효중단의 사유가 있다하여 주채무까지 시효중단되었다고 할 수는 없을 것이고, 위의 경매개시결정에 따른 압류로 인한 시효중단의 효력이 주채무자에게까지 미치게 하려면 그에게 압류의 사실이 통지되어야 할 것이다."라고 판시하였다.

유 제

기본 사실관계

2000년 1월 1일 A로부터 토지를 매수한 B는 2003년 1월 1일 중간생략등기 방식을 통하여 해

당 토지에 대한 매매계약을 C와 체결하였다. C에게 토지를 매각한 금액은 6억 원으로 대금지급 약정일은 2003년 2월 1일이었는데, 대금지급기일에 우선 3억 원만 수령한 상태에서 토지를 이전등기 없이 C에게 인도하였다. 이때 중간생략등기에 대한 A, B, C간의 합의는 없었다.

문제 1

2015년 1월 1일 현재 C의 소유권 취득 가능성에 대해 설명하시오.

해 설

Ⅰ. C는 A에게 직접 소유권이전등기청구권을 행사할 수 있는지 여부

판례는 중간생략등기가 적법한 원인행위가 성립되어 실체관계에 부합하는 경우 합의가 없었다는 이유로 무효라고 할 수 없다고 한다(대판 2005.9.29. 2003다40651). 다만 토지거래허가구역내에 있는 토지매매의 경우 중간생략등기의 합의란 각 매매계약이 유효하게 성립함을 전제로 그 이행의 편의상 중간생략등기를 하기로 하는 당사자 사이의 합의에 불과할 뿐 최초매도인과 최종매수인 사이에 매매계약이 체결된 것은 아니므로 그것을 전제로 허가를 받고 이를 토대로 경료한 등기라도 무효라고 하였다. 이와 같은 경우는 적법한 원인행위에 의한 것이 아님을 이유로 한다(대판 1997.11.11. 97다33218).

다만 최후매수인이 최초매도인에게 중간생략등기를 직접 청구할 수 있는가의 문제는 이와 구분하여 보아야 한다. 즉 관계당사자 전원의 합의가 있는 경우에 가능한 것이다(대판 1991.4.23. 91다5761). 판례에 따르면 두 가지 요건, 즉 당사자 간의 합의, 각각의 매매의 적법성이 요구된다. 합의가 없으면 중간자를 대위하여 중간자 명의로의 등기청구만 가능할 뿐이다. 따라서 C가 A로부터 직접 소유권이전등기를 청구하기 위해서는 3자간 합의가 필요하나 본 사안의 경우 그러한 합의가 없었으므로 최종양수인 C는 A에게 직접 이전등기청구권을 행사할 수 없고 B의 A에 대한 소유권 이전등기 청구권을 대위행사 할 수 있을 뿐이다.

Ⅱ. C가 B의 A에 대한 이전등기청구권을 대위행사할 수 있는지 여부

시효제도는 일정 기간 계속된 사회질서를 유지하고 시간의 경과로 인하여 곤란해지는 증거보전으로부터의 구제를 꾀하며 자기 권리를 행사하지 않고 소위 권리 위에 잠자는 자는 법적 보호에서 이를 제외하기 위하여 규정된 제도이다. 따라서 부동산에 관하여 인도, 등기 등의 어느 한쪽만에 대하여서라도 권리를 행사하는 자는 전체적으로 보아 그 부동산에 관하여 권리 위에 잠자는 자라고 할 수 없다 할 것이고, 매수인이 목적 부동산을 인도받아 계속 점유하는 경우에는 그 소유권이전등기청구권의 소멸시효가 진행하지 않는다. 나아가 부동산의 매수인이 그 부동산을 인도받은 이상 이를 사용·수익하다가 그 부동산에 대한 보다 적극적인 권리 행사의 일환으로 다른 사람에게 그 부동산을 처분하고 그 점유를 승계하여 준 경우에도 그 이전등기청구권의 행사 여부에 관하여 그가 그 부동산을 스스로 계속 사용·수익만 하고 있는 경우와 특별히 다를 바 없으므로 위 두 어느 경우에나 이전등기청구권의 소멸시효는 마찬가지로 진행되지 않는다고 보아야 할 것이다(대판(전) 1999.3.18, 98다32175). 따라서 채권자대위권을 행사하기 위한 피보전채권인 C의 B에 대한 등기청구권뿐만 아니라 피대위채권인 B의 A에 대한 이전등기 청구권도 시효로 소멸하지 않았으므로 이에 기초하여 C는 B의 A에 대한 이전등기청구권을 대위행사할 수 있다.

문제 ②

2015년 1월 1일 현재 B가 채무자인 C에게 잔금 채권을 행사한 경우, 매수인 C는 어떻게 항변할 수 있는가?

해 설

B는 부동산에 대한 매매대금 채권이 소유권이전등기청구권과 동시이행의 관계에 있음을 내세워 소멸시효가 기산되지 않음을 주장할 여지가 있으나, 판례에 따르면 그러한 경우에도 매도인은 매매대금의 지급기일 이후 언제라도 그 대금의 지급을 청구할 수 있는 것이며, 다만 매수인은 매도인으로부터 그 이전등기에 관한 이행의 제공을 받기까지 그 지급을 거절할 수 있는 데 지나지 아니하므로 매매대금청구권은 그 지급기일 이후 시효의 진행에 걸린다고 한다(대판 1991.3.22, 90다9797). 따라서 C는 대금지급기일인 2003년 2월 1일으로부터 10년이 지난 다음날 B의 채권이 시효로 소멸되었음을 주장할 수 있다.

문제 ③

B가 매매가 아닌 시효취득을 통하여 부동산을 취득한 경우라면, 2015년 1월 1일 현재 C가 적법하게 부동산에 대한 소유권을 취득할 수 있는지 설명하시오.

해 설

판례에 따르면 "취득시효가 완성된 점유자가 점유를 상실한 경우 취득시효 완성으로 인한 소유권이전등기청구권의 소멸시효는 이와 별개의 문제로서, 이러한 경우 점유자는 그 부동산에 대한 점유를 상실한 때로부터 10년간 등기청구권을 행사하지 아니하면 소멸시효가 완성한다고 보아야 할 것"이라고 한다(대판 1996.3.8. 95다34866). 따라서 2015년 1월 1일 현재는 B가 점유를 상실한 2003년 2월 1일부터 10년이 경과된 시점이므로 B의 A에 대한 등기청구권은 시효로 소멸하였고, 따라서 C는 B의 A에 대한 등기청구권을 대위행사할 수 없다.

11 물권총론

기본 사실관계

A는 X토지의 소유자로서 2010. 1. 1. B에게 매매대금 3억 원에 X토지를 매도하였다. B는 A에게 매매대금을 전부 지급하였고 A로부터 소유권이전등기에 필요한 서류도 교부받았으나 소유권이전등기를 마치지는 않았다. 그 사이에 A의 동생인 C와 D는 관계서류를 위조하여 2010. 3. 1. X토지에 관하여 C 명의로 소유권이전등기를 마쳤다. 그 후 C는 2010. 4. 1. E에게 X토지를 매도하고 E 앞으로 소유권이전등기를 마쳐 주었다.

F는 2010. 7. 1. E로부터 X토지를 3억 5천만 원에 매수한 후, 위 매매에 따른 소유권이전등기청구권을 보전하기 위하여 처분금지가처분을 신청하여 가처분결정을 받았고, 이에 따라 2010. 8. 1. X토지에 관하여 처분금지가처분등기가 이루어졌다. 한편 F가 잔대금의 지급을 미루고 있는 사이 개인적인 이유로 자금이 급하게 필요했던 E는 가처분등기 전인 2010. 7. 15. X토지를 담보로 G로부터 2억 원을 차용하면서 X토지에 관하여 2010. 7. 17. 채권최고액 2억 5천만 원으로 하는 근저당권설정등기를 마쳐 주었다. 그 후 G는 2010. 9. 1. H에게 자신의 E에 대한 위 2억 원의 채권을 양도함과 아울러 위 근저당권을 이전하기로 하면서 그 무렵 E에게 채권양도 통지를 함에 따라 2010. 9. 5. 확정채권양도를 원인으로 한 위 근저당권이전의 부기등기가 마쳐졌다.

한편 E는 2010. 10. 1. X토지 전체를 부지로 하여 그 지상에 Y건물을 신축한 후 소유권보존등기를 하지 않은 상태에서 2011. 1. 1. I에게 임대차보증금 3천만 원, 차임 월 100만 원, 임대기간 2년으로 정하여 임대함에 따라 I가 현재 Y건물을 인도받아 사업자등록을 한 후 점포로 사용하고 있다.

문제 ①

위와 같은 사실을 뒤늦게 알게 된 B는 2011. 5. 1. X토지에 관하여 A를 대위하여 직접 B에게 ① C와 D는 소유권이전등기의 말소등기절차를, ② F는 가처분등기의 말소등기절차를, ③ G와 H는 위 근저당권설정등기의 말소등기절차를, ④ H는 위 근저당권이전부기등기의 말소등기절차를 이행하라고 소를 제기하였다. B의 C, D, F, G, H에 대한 소송의 결과를 제시하고 근거를 간단히 서

술하라. (소송의 결과는 인용, 기각, 각하 중 하나를 선택함) (50점)

문제 2

B는 변호사인 당신을 찾아와서 X토지의 인도, Y건물의 철거, Y건물의 임차인인 I의 퇴거를 구할 수 있는지 상담하였다. 한편 I는 B에게 자신은 E로부터 Y건물을 점포 목적으로 임차하여 사업자 등록까지 마친 대항력 있는 임차인이므로 B의 요구에 응할 수 없다고 한다. B의 변호사로서 당신은 누구를 상대로 어떤 청구를 하여야 하는지를 그 근거와 함께 설명하고, I의 주장에 대해 반박할 수 있는지에 대해 논하라. (50점)

예시답안

문제 1

Ⅰ. 소송의 결과

C에 대한 소유권말소등기청구는 인용

D에 대한 소유권말소등기청구의 소는 각하

F에 대한 가처분말소등기청구의 소는 각하

G에 대한 근저당권말소등기청구의 소는 각하

H에 대한 근저당권말소등기청구는 인용

H에 대한 근저당권이전말소등기청구의 소는 각하

Ⅱ. 근   거

B는 X토지에 관한 소유권이전등기청구권자이고, 그 채권을 보전하기 위해 X토지의 소유자인 A를 대위하여 X토지의 소유권에 기한 방해배제청구권을 행사할 수 있다. C, D, F, G, H에 대한 각 말소등기청구는 이러한 방해배제청구의 일환이다. 또한 채권자대위권을 행사함에 있어서 채권자인 B가 제3채무자인 C, D, F, G, H에 대하여 자기에게 직접 말소등기절차를 이행하도록 구하는 것도 허용된다.

① C, D에 대하여: C와 D가 X토지에 관한 서류를 위조하여 행한 C 명의의 등기는 원인무

효의 등기이다. 이러한 등기는 A의 소유권을 방해하고 있으므로 B는 A를 대위하여 그 말소를 구할 수 있다. 그런데 소유권이전등기의 말소등기청구는 등기의무자를 상대로 해야 한다. 또한 등기명의자가 아닌 자는 말소등기청구의 등기의무자에 해당하지 않는다. 등기의무자가 아닌 자를 상대로 제기한 소는 부적법하여 각하되어야 한다. 이 사안에서 C는 등기명의자로서 말소등기의 등기의무자이므로 그에 대한 말소등기청구는 인용된다. 반면 D는 원인무효의 등기를 마치는 데에 가담하였으나 등기명의자가 아니어서 말소등기의 등기의무자에 해당하지 않으므로 그에 대한 말소등기청구의 소는 각하된다.

② F에 대하여: F를 채권자로 하는 가처분등기도 A가 가지는 X토지의 소유권을 방해한다. 그런데 F의 가처분등기는 법원의 가처분결정에 기하여 그 집행의 방법으로 이루어진 것이다. 이러한 처분금지가처분등기는 집행법원의 가처분결정의 취소나 집행취소에 의해서만 말소될 수 있는 것이고 이를 말소청구의 대상으로 삼을 수는 없다. 따라서 F를 상대로 한 가처분등기 말소청구의 소는 부적법하여 각하된다.

③ G, H에 대하여: G와 H 명의로 된 각각의 근저당권설정등기도 A가 가지는 X토지의 소유권을 방해한다. 한편 근저당권 이전의 부기등기가 이루어진 경우에는 양수인을 상대로 근저당권의 말소를 구하여야 하고, 양도인을 상대로 근저당권설정등기의 말소를 구하는 소 또는 양수인을 상대로 부기등기의 말소를 구하는 소는 부적법하다. 따라서 사안에서는 양수인인 H를 상대로 한 근저당권설정등기의 말소등기청구만 인용되고, 양도인 G를 상대로 한 근저당권설정등기말소청구의 소나 양수인 H를 상대로 한 부기등기말소청구의 소는 부적법하여 각하된다.

문제 2

Ⅰ. X토지의 인도청구

B는 A로부터 X토지를 매수하였지만 아직 소유권이전등기를 마치지 않았으므로 X토지의 소유자가 아니다. 그러므로 B는 X토지의 소유권에 기한 인도청구를 직접 할 수 없고, X토지에 대한 권리보전을 위하여 채무자이자 X토지의 소유자인 A를 대위하여 토지인도청구를 해야 한다. 한편 토지인도청구의 상대방은 토지 점유자이다. 토지 위에 건물이 존재하는 경우 건물 소유자가 그 건물의 소유를 위하여 부지를 점유하는 것이므로 토지 점유자는 건물 소유자이다. 그러므로 B는 A를 대위하여 Y건물의 수유자로서 X토지를 점유하는 E를 상대로 토지소유권에 기한 인도청구를 할 수 있다.

II. Y건물의 철거청구

B는 A를 대위하여 X토지 위에 있는 Y건물의 철거청구를 할 수 있다. 건물철거는 건물소유권의 종국적 처분에 해당하는 사실행위이므로 철거처분권을 가진 자를 피고로 삼아야 한다. 철거처분권을 가지는 자는 원칙적으로 건물 소유자이다. Y건물에 대해서는 아직 소유권보존등기가 마쳐지지 않았으나 E가 그 건물을 신축하여 원시취득한 소유자이므로 그를 상대로 건물철거청구를 할 수 있다.

III. Y건물로부터의 퇴거청구

건물소유자가 건물을 점유하는 경우에는 그를 상대로 토지의 인도와 건물의 철거를 구하면 충분하고 별도로 건물로부터의 퇴거를 구할 필요는 없다. 그러나 제3자가 건물을 점유하는 경우에는 그 제3자를 상대로 건물퇴거청구를 해야 한다. 사안에서 B는 A를 대위하여 현재 건물 점유자인 임차인 I를 상대로 퇴거청구를 할 수 있다.

한편 I가 건물에 대해 대항력 있는 임차권을 취득하였더라도 이는 건물에 관한 권리일 뿐 토지에 관한 권리는 아니다. 그러므로 B의 퇴거청구에 대해 I가 자신이 대항력 있는 임차인임을 내세워 퇴거를 거절할 수는 없다.

IV. 소결론

B는 A를 대위하여 E에게 X토지 인도청구와 Y건물 철거청구를 할 수 있고, I에게 퇴거청구를 할 수 있다.

해 설

I. 채권자대위권

이 사안은 B가 A를 대위하여 A가 가지는 물권적 청구권을 대위행사할 수 있다는 전제에서 소유권에 기한 방해배제청구의 여러 가지 모습에 대해 묻고 있다.

채권자대위권을 행사하려면 보전의 필요성이 있어야 한다. 보전의 필요성은 금전채권의 경우 채무자가 무자력인 때에 인정되지만, 비금전채권에 있어서는 채무자가 무자력이 아니라도 "채권자가 보전하려는 권리와 대위하여 행사하려는 채무자의 권리가 밀접하게 관련되어 있고 채권자가 채무자의 권리를 대위행사하지 않으면 자기 채권의 완벽한 만족을 얻지 못하게 될 위험이 있어 채무자의 권리를 대위하여 행사하는 것이 자기 채권의 현실적 이행을 유효·적절하게 확보하기 위하여 필요한 경우"(대판 2007.5.10, 2006 다82700, 82717 참조)라면 원칙적으로 인정된다. 가령 등기청구권을 가진 채권자가 채무자의 말소등기청구권을 대위행사하거나(대판 1990.11.27, 90다6651), 점포 사용청구권을 가진 채권자가 채무자의 물권적 청구권을 대위행사하는 것(대판 1995.5.12, 93다59502)도 가능하다. 사안에서도 B가 A에 대한 등기청구권을 보전하기 위해 A의 말소등기청구권이나 철거청구권 등 물권적 청구권을 대위행사하는 것이 가능하다.

한편 사안에서 B가 A를 대위하여 행사하고자 하는 A의 권리는 소유권에 기한 방해배제청구권인데 그 중 문제 1은 말소등기청구에 관한 쟁점들을, 문제 2는 인도, 철거, 퇴거청구에 관한 쟁점들을 다루고 있다. 이러한 쟁점들에 대해서는 아래에서 추가로 설명한다.

Ⅱ. 문제 1에 관한 쟁점

1. 말소등기청구의 소에 있어서 당사자적격

당사자적격이란 일정한 권리 또는 법률관계에 있어서 소송당사자로서 소송을 수행하고 본안판결을 받기 위하여 필요한 자격을 말한다. 당사자적격은 소송요건의 하나로서 법원의 직권조사사항이다. 만약 당사자적격이 없는 자가 소를 제기하거나 그러한 자를 상대로 소를 제기하였다면 그 소는 부적법하여 각하된다.

일반적으로 이행의 소에서는 이행청구권이 있다고 주장하는 자에게 원고적격이 인정되고, 이행의무가 있다고 주장되어지는 자에게 피고적격이 있다. 실제 그러한 권리 또는 의무가 있는지는 본안에서 밝힐 문제이다. 그런데 판례는 등기말소청구의 상대방이 등기의무자가 아닌 경우에는 그 말소청구의 소는 당사자적격이 없는 자를 상대로 한 것으로서 부적법하다는 입장을 취한다(대판 1994.2.25, 93다39225; 대판 2009.10.15, 2006다43903). 이러한 판례의 태도가 이행의 소와 당사자적격에 관한 일반 법리에 비추어 타당한지는 논란의 여지가 있지만, 다음과 같이 이해할 수는 있을 것이다. 부동산등기법은 공동신청주의를 채택하고 있으므로, 말소등기도 등기권리자와 등기의무자가 공동으로 신청해야 이루어진다. 만약 등기의무자가 신청절차에 협력하지 않는다면 등기권리자는 등기의무자의 신청 의사표시에 갈음하는 확정판결을 받아 이를 제출하여 말소등기를 실행할 수 있다. 한편 등기의무자는 그 등기로 인해 등기기록상 불이익을 당하는 자이다. 따라서 말소등기의 등기의무자는 등기명의자라야 한다. 등기명의자가 아니라면 말소등기가 실행되더라도 등기기록상 불이익을 당하지 않기 때문이다. 결국 등기명의자가 아닌 자를 상대로 말소등기의 승소확정판결을 받더라도 그 판결만으로는 말소등기를 실행할 수 없다. 그러므로 등기명의자 아닌 자를 상대로 한 말소청구의 소는 그 자체로 이미 실익이 없음이 명백하므로 부적법하다고 보아 각하하는 것이다.

사안에서는 C와 D가 원인무효의 소유권이전등기를 경료하는 데에 함께 가담하였으나 그 등기는 C의 명의로 이루어졌다. 그러므로 B는 A를 대위하여 등기명의자인 C를 상대로만 말소등기청구를 할 수 있고, 등기명의자 아닌 D를 상대로 한 말소등기청구의 소는 부적법하여 각하된다.

2. 보전처분의 집행에 따른 등기의 말소

법원의 가처분결정에 의하여 그 가처분집행의 방법으로 이루어진 처분금지가처분등기는 집행법원의 가처분결정의 취소나 집행취소의 방법에 의해서만 말소될 수 있는 것이므로 말소청구소송의 대상이 되지 않는다(대판 1976.3.9. 75다1923; 대판 1982.12.14. 80다1872, 1873). 그러므로 가처분채권자를 상대로 한 말소등기청구의 소는 부적법하여 각하된다. 다만 그 가처분채권자는 등기상 이해관계 있는 제3자로서 그 가처분이 기초하고 있는 등기의 말소등기절차에 필요한 승낙을 할 실체법상 의무가 있다(대판 1999.2.5. 97다33997; 대판 2004.5.28. 2003다70041). 따라서 그를 상대로 승낙의 의사표시를 소구할 수는 있다. 요컨대 가처분등기를 말소하고자 하는 소유자는 그 가처분채권자의 승낙의 의사표시를 얻어 이를 등기관에게 제출함으로써 등기관으로 하여금 가처분등기를 직권말소하게 할 수 있다(부동산등기법 제57조).

사안에서 F를 상대로 한 가처분등기말소청구의 소는 이러한 이유로 부적법하여 각하된다. 참고로 위와 같은 처분금지가처분 등기의 말소를 구하는 것이 C에 대한 말소등기청구에 대해 승낙을 구하는 취지로 해석될 여지는 남아 있으므로 실제 심리 과정에서는 이 점을 밝히고 청구취지 정정 등의 절차를 거쳐 F에 대한 승낙청구를 인용할 가능성도 열려 있음에 유의한다(가압류에 대한 것이기는 하지만 대판 1998.11.27. 97다41103 참조).

3. 근저당권이전의 부기등기와 말소

근저당권 양도가 이루어져 이에 관한 근저당권이전의 부기등기가 있는 경우 그 근저당권의 말소를 구하는 자는 양수인을 상대로 하면 족하고, 양도인에게는 그 말소등기청구소송에 있어서의 피고적격이 없다(대판 1995.5.26. 95다7550). 이 역시 이행의 소에서 피고로 주장된 자가 그 자체로 피고적격을 가진다는 일반 법리에 대한 예외에 해당한다. 한편, 근저당권이전의 부기등기는 기존의 주등기인 근저당권등기에 종속되어 주등기와 일체를 이루는 것이므로 주등기인 근저당권등기가 말소되면 부기등기에 대해서는 별도의 말소를 구하지 않더라도 주등기 말소에 따라 직권으로 말소된다. 그러므로 부기등기의 말소를 구하는 소는 부적법하여 각하된다.

참고로 이러한 법리는 가등기 이전의 부기등기가 이루어진 경우에도 마찬가지로 적용된다 $\binom{대판 1994.10.21.}{94다17109}$. 즉 이러한 경우 가등기의 말소등기청구는 양수인만을 상대로 하면 족하고, 양도인은 그 말소등기청구에 있어서의 피고적격이 없다. 또한 가등기의 피담보채무가 소멸된 경우에는 주등기인 가등기의 말소만 구하면 되고 그 부기등기는 별도로 말소를 구하지 않더라도 주등기의 말소에 따라 직권으로 말소된다.

사안에서는 양수인인 H를 상대로 한 근저당권설정등기의 말소등기청구만 인용되고, 양도인 G를 상대로 한 근저당권말소청구의 소나 양수인 H를 상대로 한 부기등기말소청구의 소는 부적법하여 각하된다.

4. 채권자대위소송에 있어서 말소등기의 이행상대방

채권자대위소송에서는 채무자가 제3채무자에 대하여 가지는 권리를 채권자가 대위하여 행사하는 것이므로 제3채무자를 상대로 채무자에게 채무이행을 하도록 청구하는 것이 원칙이지만 $\binom{대판 1966.9.27.}{66다1149}$, 채권자에게 직접 이행하도록 하여도 그 효과는 채무자에게 귀속되는 것이므로 채권자에게 직접 말소등기절차를 이행하도록 명할 수 있다 $\binom{대판 1996.2.9.}{95다27998}$. 따라서 사안에서 B가 직접 자신에게 말소등기절차를 이행하도록 구하는 것은 가능하다.

Ⅲ. 문제 2에 관한 쟁점

1. 건물 소유자의 토지 점유

민법 제213조에서는 소유자가 그 소유에 속한 물건을 점유한 자에 대하여 반환을 청구할 수 있다고 규정한다. 토지 소유자의 토지인도청구도 이러한 소유물반환청구이므로 토지 점유자를 상대방으로 해야 한다. 그런데 그 토지 위에 건물이 있다면 건물 소유자가 그 건물 부지에 해당하는 토지를 점유하는 것으로 보아야 한다. 판례도 "사회통념상 건물은 그 부지를 떠나서는 존재할 수 없는 것이고, 건물의 소유자는 현실로 건물이나 그 대지를 점거하고 있지 않더라도 그 건물의 소유를 위하여 그 부지를 점유한다고 보아야 한다." $\binom{대판 1991.6.25. 91다10329; 대판 1995.11.14. 95다23200; 대판 1996.6.14. 95다47282; 대판 1996.12.20. 96다34559}{}$라고 판시한다. 한편 미등기건물을 양수하여 건물에 관한 사실상의 처분권을 보유하게 됨으로써 그 양수인이 건물부지 역시 아울러 점유하고 있다고 볼 수 있는 등의 다른 특별한 사정이 없는 한 건물의 소유명의자가 아닌 자로서는 실제로 그 건물을 점유하고 있다고 하더라도 그 건물의 부지를 점유하는 자로는 볼 수 없다 $\binom{대판 2003.11.13.}{2002다57935}$.

사안에서 X토지의 인도청구는 Y건물의 소유자로서 X토지를 점유하는 E를 상대로 해야 한다.

2. 철거청구의 상대방

철거청구의 상대방은 철거처분권자이다. 건물철거는 그 소유권의 종국적 처분에 해당하는 사실행위이므로 원칙적으로 건물 소유자에게만 철거처분권이 있다. 만약 단순한 건물 점유자에게 건물철거를 명할 수 있다고 한다면 그 건물에 대한 철거처분권을 가진 건물 소유자는 소송에는 관여하지 않은 채 강제로 그의 소유 건물이 철거되는 불이익을 입게 된다. 다만 판례는 예외적으로 미등기 건물을 매수하여 점유하고 있는 자에 대해서는 이러한 철거처분권이 있다고 본다(대판 1988.5.10, 87다카1737; 대판 1991.6.11, 91다11278; 대판 1993.1.26, 92다48963 등 다수. 등기된 건물을 매수하여 점유하는 자에 대해서도 철거처분권을 인정한 대판 1986.12.23, 86다카1751이 있으나 이례적인 판결로 보임). 이처럼 예외적으로 소유자가 아닌 자에게도 철거처분권이 있다고 보는 이유는 미등기 건물이 전전 양도된 경우에는 그 원시취득자를 알아내기도 어려울 뿐만 아니라, 그와 같이 보지 않으면 실제로 그 건물의 존립에 이해관계를 가지는 현재 점유자는 소송에서 방어할 기회를 잃게 되기 때문이라고 생각된다.

사안에서 Y건물의 철거청구는 Y건물의 소유자로서 그 건물에 대한 철거처분권을 가지는 E를 상대로 해야 한다.

3. 건물퇴거청구와 대항력 있는 임차인

토지를 소유하는 자는 그 지상에 권원 없이 건물을 소유하는 자 또는 사실상의 처분권을 가진 자를 상대로 토지를 인도받기 위한 전제로 건물의 철거와 토지의 인도를 청구할 수 있을 뿐, 자기의 건물을 점유하고 있는 자에 대하여 건물에서 퇴거를 청구할 수 없다. 건물 점유자를 상대로 한 건물철거청구에는 이미 퇴거를 구하는 취지가 포함되어 있다고 보기 때문이다. 하지만 건물 소유자로부터 임차 등을 받아 건물을 실제 점유하고 있는 자가 있는 경우에는 그 자를 상대로 퇴거를 청구하여야 한다. 또한 건물이 그 존립을 위한 토지 사용권을 갖추지 못하여 토지 소유자가 건물 소유자에 대하여 당해 건물의 철거 및 그 대지의 인도를 청구할 수 있는 상황에서 건물 소유자가 아닌 사람이 건물을 점유하고 있는 경우 그 건물 점유자가 대항력 있는 임차인인 경우라도 토지소유자의 퇴거청구에 대항할 수 없다(대판 2010.8.19, 2010다43801). 임차인의 대항력은 건물 소유자에게만 미치는 것이지 그 건물이 소재한 토지 소유자에게까지 미치는 것이 아니기 때문이다.

사안에서 B는 A를 대위하여 I를 상대로 Y건물로부터의 퇴거청구를 할 수 있고, I는 Y건물에 대한 대항력을 갖추었다는 이유로 A의 토지 소유권에 기한 퇴거청구에 대항할 수는 없다.

기본 사실관계

A는 X주택의 소유자로서 2004. 5. 5. B와 주택매매계약을 체결하였고, 같은 날 B로부터 주택매매대금의 20% 상당액을 계약금으로 받았다. 이 주택매매계약에 따르면 A는 2004. 7. 5. B로부터 나머지 매매대금을 지급받음과 동시에 B에게 등기이전서류를 건네주기로 하였다.

그런데 위 매매계약 직후 B의 채권자인 C는 B의 소유권이전등기청구권을 가압류하였다. B는 가압류가 이루어지자 친구 D와 상의하여 X주택에 관하여 명의신탁을 하기로 하고 A에게 전화하여 자신이 C와의 문제를 곧 해결할 예정이니 소유권이전등기는 D에게 직접 마쳐 달라고 부탁하였다. 이에 A는 B로부터 잔금을 지급받으면서 2004. 7. 5. D 앞으로 X주택에 관한 소유권이전등기를 마쳐 주었다. B는 등기를 마친 날 A로부터 X주택을 인도받아 지금까지 계속하여 그 주택에서 거주하고 있다.

그 이후인 2014. 3. 6. D는 E가 명의신탁사실을 알면서도 매도를 적극적으로 권유하자 그 설득에 넘어가 E에게 X주택을 매도하고 그 날 소유권이전등기를 마쳐 주었고, E는 이러한 사정을 잘 모르는 F로부터 돈을 빌리면서 2014. 5. 6. 그에게 저당권설정등기를 마쳐 주었다.

문제

뒤늦게 이 사실을 알게 된 B는 당황하여 2014. 10. 13. 변호사인 당신을 찾아왔다. B는 자기 앞으로 소유권등기를 되돌려 받고 싶어한다. B는 여전히 C에게 채무를 부담하고 있고, 위 가압류는 존속하고 있는 상태이다. B가 소송을 해서 자기 앞으로 등기를 넘겨 오는 과정에서 문제되는 쟁점들을 분석하고 B가 A, D, E, F에게 각각 어떤 권리를 행사할 수 있는지 서술하라. (100점)

예시답안

Ⅰ. 쟁   점

B는 A로부터 X주택을 매수하였으므로 A에게 X주택에 관하여 소유권이전등기를 구할 수 있다. 그런데 X주택에 관하여는 D에게 소유권이전등기가 이루어졌고, 이를 기초로 F가 저당권설정등기를 마쳤다. 그러므로 B는 A에 대한 소유권이전등기청구권을 피보전권리로 삼아 A를 대위하여 D, E의 등기를 말소하고, 등기말소에 관하여 F에게 승낙의 의사표시를 구하는 방법을 모색할 수 있다. 피보전권리인 B의 A에 대한 소유권이전등기청구권과 관련하여 이 권리가 소멸시효 완성으로 소멸하였는지가 문제되고, 피대위권리인 A의 D, E에 대한 등기말소청구권과 F에 대한 승낙청구권의 존부와 관련하여서는 명의신탁의 법률관계가 문제된다. 한편 이와 같이 X주택에 관한 부담을 제거한 뒤 B는 A로부터 소유권이전등기를 받을 수 있는데 C가 B의 소유권이전등기청구권을 가압류하였으므로 가압류의 법률관계도 문제된다.

아래에서는 이에 관한 쟁점들을 분석하고, B가 A, D, E, F에게 각각 어떤 권리를 행사할 수 있는지 서술하고자 한다.

Ⅱ. B의 A에 대한 피보전권리

B가 A의 권리를 대위행사하려면 먼저 B의 A에 대한 피보전권리가 인정되어야 한다. B는 2004. 5. 5. A로부터 X주택을 매수하였으므로 그 매매계약에 기하여 X주택에 관한 소유권이전등기를 청구할 수 있다. 이 소유권이전등기청구권은 10년의 소멸시효에 걸리는데($\binom{제162조}{제1항}$), 위 권리는 2004. 5. 5. 발생하여 10년이 경과하였으므로 이미 소멸한 것이 아닌가 하는 의문이 들 수 있다. 하지만 판례에 따르면 부동산 매수인이 목적물을 인도받아 사용·수익하는 경우에는 등기청구권은 소멸시효에 걸리지 않는다. 이 사안은 그 요건을 충족하므로 피보전권리인 소유권이전등기청구권은 여전히 존재한다. 다음으로 보전의 필요성 요건에 대하여 보면, 이 권리는 특정물에 대한 채권이므로 채무자가 무자력이 아니더라도 이를 보전하기 위한 채권자대위권의 행사가 가능하다. 또한 C가 위 소유권이전등기청구권을 가압류하였으나 이 권리를 채권자대위권의 피보전권리로 삼는 것만으로는 가압류의 처분금지 효력에 저촉되지 않는다.

Ⅲ. A의 D, E, F에 대한 피대위권리

1. A의 D에 대한 등기말소청구권

이 사안에서 B와 D는 X주택에 관하여 명의신탁약정을 체결하였다. 부동산 실권리자명의 등기에 관한 법률(이하 '부동산실명법')에 따르면 명의신탁약정은 무효이고($^{제4조}_{제1항}$), 이에 따른 부동산 물권변동도 무효이다($^{제4조}_{제2항}$). 명의신탁의 유형으로는 양자간 명의신탁, 3자간 명의신탁(또는 중간생략등기형 명의신탁), 계약명의신탁이 있는데 이 사안에서는 3자간 명의신탁이 문제된다.

3자간 명의신탁의 경우 명의신탁약정과 이에 기한 물권변동이 무효이므로 D 앞으로 소유권이전등기가 이루어졌더라도 여전히 소유권은 매도인인 A에게 남아 있다. 그러므로 A는 소유권에 기하여 D 명의로 이루어진 소유권이전등기의 말소를 구할 수 있다.

2. A의 E에 대한 등기말소청구권

E는 명의수탁자인 D가 물권자임을 기초로 새로운 이해관계를 맺은 자이므로 일단 부동산실명법 제4조 제3항에 따라 보호받는 제3자에 해당하는 것처럼 보인다. 그러나 이 사안에서 E는 명의신탁사실을 알고서도 매도를 적극적으로 권유하였다. 판례에 따르면 이는 명의수탁자의 배임행위에 적극 가담한 행위이므로 이에 기초한 매매계약은 민법 제103조 소정의 공서양속에 위반하여 무효이다. 그러므로 E는 부동산실명법상 보호받는 제3자에 해당하지 않는다. 따라서 A는 소유권에 기하여 E 명의로 이루어진 소유권이전등기의 말소를 구할 수 있다.

3. A의 F에 대한 승낙청구권

F는 선의의 전득자에 해당하므로 E와 별도로 부동산실명법상 보호받는 제3자에 해당하는가가 문제된다. 그런데 판례는 부동산실명법상 보호받는 제3자는 명의수탁자와 직접 이해관계를 맺은 사람을 의미하는 것이므로, 제3자가 아닌 자와의 사이에 무효인 등기를 기초로 다시 이해관계를 맺은 자는 제3자에 해당하지 않는다고 한다. 이러한 판례에 따르면 F는 제3자로 보호받을 수 없다. 한편 F는 말소대상인 소유권이전등기에 기초하여 저당권을 설정하였으므로 말소에 관하여 등기상 이해관계 있는 제3자에 해당하고, 실체법상 A에게 승낙의무를 부담한다.

Ⅳ. C의 가압류와 관련된 문제

B의 A에 대한 피보전권리가 인정되고, A의 D, E, F에 대한 말소청구권 내지 승낙청구권

이 인정되므로 특별한 사정이 없는 한 B는 A를 대위하여 D, E, F에 대한 말소청구권 내지 승낙청구권을 대위행사할 수 있다. 이러한 대위행사의 결과로 X주택에 대한 등기는 저당권의 부담이 없는 상태로 A에게 복귀한다. 한편 B는 최종적으로 자기 앞으로 소유권이전등기를 마치고자 하므로 위 채권자대위권 행사와는 별도로 A를 상대로 소유권이전등기청구를 하여야 한다.

그런데 B의 A에 대한 소유권이전등기청구권은 C에 의하여 가압류되어 있다. 가압류의 피보전채권인 C의 B에 대한 채권의 시효소멸 여부가 문제될 수 있으나, 가압류에 의한 집행보전의 효력이 존속하는 동안 시효중단의 효력도 계속된다는 것이 판례의 태도이므로 여기에서는 문제가 되지 않는다. 한편 채권가압류는 피보전채권의 처분을 금지하는 효력을 가진다. 일반적으로 피보전채권에 기하여 이행의 소를 제기하여 집행권원을 받는 것만으로 가압류의 효력에 저촉되지 않는다는 것이 판례의 태도이다. 하지만 그 피보전채권이 등기청구권인 경우에는 집행권원을 받는 즉시 등기이전이 가능하여 가압류의 효력에 저촉되므로, 가압류결정에 의한 집행해제를 조건으로 하여서만 등기청구를 할 수 있다. 그러므로 이 사안에서도 B는 C의 가압류 문제를 해결하거나 또는 그 가압류집행의 해제를 조건으로 하여서만 A에게 등기청구를 할 수 있다.

V. 결 론

B는 A에 대한 소유권이전등기청구권을 피보전권리로 삼아 A를 대위하여 D, E에 대해서는 말소청구권을, F에 대해서는 승낙청구권을 각각 행사할 수 있다. 또한 이를 전제로 B는 A를 상대로 가압류집행해제를 조건으로 소유권이전등기청구권을 행사할 수 있다.

해 설

I. 개 관

이 사안은 채권자대위권의 틀 안에서 등기청구권의 소멸시효, 명의신탁의 효력, 명의신탁에 있어서 보호받는 제3자의 범위, 등기청구권을 가압류한 경우의 법적 문제를 주된 쟁점으로 하고 있다. 아래에서는 각 쟁점에 대하여 판례의 태도를 위주로 설명한다.

Ⅱ. 등기청구권의 소멸시효

등기청구권의 법적 성질에 대해서는 다양한 논의가 있으나 판례는 등기청구권의 법적 성질을 채권적 청구권으로 파악한다(대판 1962.5.10, 4294민상1232; 대판(전) 1976.11.6, 76다148 등). 한편 채권은 달리 정함이 없으면 10년의 소멸시효에 걸린다(제162조 제1항). 그러므로 등기청구권도 10년의 소멸시효에 걸리는 것이 원칙이다. 그런데 판례는 부동산 매수인의 소유권이전등기청구권에 대해서는 특별한 법리를 전개한다.

우선 대판(전) 1976.11.6, 76다148의 다수의견은 "시효제도의 존재이유에 비추어 보아 부동산 매수인이 그 목적물을 인도받아서 이를 사용수익하고 있는 경우에는 그 매수인을 권리 위에 잠자는 것으로 볼 수도 없고 또 매도인 명의로 등기가 남아 있는 상태와 매수인이 인도받아 이를 사용수익하고 있는 상태를 비교하면 매도인 명의로 잔존하고 있는 등기를 보호하기 보다는 매수인의 사용수익상태를 더욱 보호하여야 할 것이므로 그 매수인의 등기청구권은 다른 채권과는 달리 소멸시효에 걸리지 않는다고 해석함이 타당하다."라고 한다. 이는 부동산을 인도받아 사용·수익하는 매수인의 소유권이전등기청구권은 소멸시효가 진행되지 않는다는 취지이다.

또한 대판(전) 1999.3.18, 98다32175의 다수의견은 "부동산의 매수인이 그 부동산을 인도받은 이상 이를 사용·수익하다가 그 부동산에 대한 보다 적극적인 권리 행사의 일환으로 다른 사람에게 그 부동산을 처분하고 그 점유를 승계하여 준 경우에도 그 이전등기청구권의 행사 여부에 관하여 그가 그 부동산을 스스로 계속 사용·수익만 하고 있는 경우와 특별히 다를 바 없으므로 위 두 어느 경우에나 이전등기청구권의 소멸시효는 진행되지 않는다고 보아야 한다."라고 하여 위 법리를 부동산 매수인이 부동산을 전매한 경우로도 확장한다.

한편 대판 2013.12.12, 2013다26647에 따르면, 이러한 법리는 3자간 명의신탁에 의한 등기가 유효기간의 경과로 무효로 된 경우에도 마찬가지로 적용된다. 따라서 그 경우 목적 부동산을 인도받아 사용·수익하고 있는 명의신탁자의 매도인에 대한 소유권이전등기청구권 역시 소멸시효가 진행되지 않는다. 사안의 경우 이러한 법리에 따라 B의 A에 대한 소유권이전등기청구권은 소멸시효가 완성되지 않았다.

Ⅲ. 명의신탁의 효력

부동산실명법에 따르면 명의신탁약정은 무효이고, 나아가 그에 기하여 행하여진 물권변동도 원칙적으로 무효이다(부동산실명법 제4조 제1, 2항 참조).

명의신탁은 양자간 명의신탁, 3자간 명의신탁, 계약명의신탁으로 유형화할 수 있다. 양자간 명의신탁은 명의신탁자와 명의수탁자 두 당사자가 관여하는 명의신탁으로서 명의신탁의 전형적인 모습이다. 예컨대 부동산 소유자인 A가 B와의 명의신탁약정에 기하여 자신의 부동산 소유명의를 B에게 이전하는 경우이다. 이때 명의신탁약정과 이에 기한 물권변동은 무효이므로 부동산 소유권은 여전히 명의신탁자인 A에게 남아 있다.

3자간 명의신탁(이는 중간생략등기형 명의신탁이라고도 한다)은 매도인, 명의신탁자(매수인), 명의수탁자 3자가 관여하는 명의신탁이다. 예컨대 A로부터 부동산을 매수한 B가 C와 합의하여 A로부터 C 앞으로 직접 소유권등기를 이전하되 B와 C 사이에는 명의신탁관계가 있는 경우이다. 이때 명의신탁약정과 이에 기한 물권변동은 무효이므로 부동산 소유권은 여전히 명의신탁자인 A에게 남아 있다. 그러므로 매수인인 B는 A에 대한 소유권이전등기청구권을 보전하기 위해 A를 대위하여 C 명의의 등기말소를 구할 수 있다.

계약명의신탁은 매도인, 명의신탁자, 명의수탁자(매수인) 3자가 관여하는 명의신탁이다. 명의신탁자가 아니라 명의수탁자가 부동산매매계약의 매수인이 된다는 점에서 3자간 명의신탁과 다르다. 예컨대 C가 A로부터 부동산을 매수하였으나 사실 B와 C 사이에 명의신탁관계가 있는 경우이다. 이때 명의신탁약정과 이에 기한 물권변동에 대해서는 부동산실명법 제4조 제2항 단서가 적용된다. 이에 따르면 매도인인 A가 명의신탁에 대해 선의인 경우에는 C에게 확정적으로 소유권이 귀속되지만 악의인 경우에는 그렇지 않고 A에게 여전히 소유권이 남아 있게 된다. 한편 B는 부동산매매계약의 매수인이 아니므로 A에게 소유권이전등기청구를 하거나 A를 대위하여 C 명의의 등기말소를 구할 수 없다. 다만 B가 매수자금을 제공하였다면 A를 상대로 이를 부당이득으로 반환청구할 수 있다(대판 2005.1.28, 2002다66922; 대판 2009.3.26, 2008다34828).

사안의 경우 3자간 명의신탁에 해당하므로 매수인 겸 명의신탁자인 B는 매도인인 A를 대위하여 명의수탁자인 D 등에 대한 등기말소 내지 승낙청구권을 행사할 수 있다.

Ⅳ. 명의신탁에 있어서 보호받는 제3자의 범위

명의신탁약정과 명의신탁등기의 무효는 제3자에게 대항하지 못한다(부동산실명법 제4조 제3항). 여기에서의 「제3자」는 민법 제108조 제2항에서의 제3자와 다르지 않다. 즉 제3자는 수탁자의 소유명의를 기초로 새로운 이해관계를 맺은 사람을 말한다(대판 2007.12.27, 2005다54104). 양수인, 저당권자, 압류 또는 가압류채권자, 파산관재인 등이 여기에서의 제3자에 해당한다. 이때 제3자가 선의인지, 악의인지는 가리지 않는다. 그러나 제3자가 수탁자의 배신적 처분을 권유하거나 기타 그에 적극 가담하는 등의 경우에는 그 원인행위가 공서양속에 반하여 무효가 될 수 있다(대판 1992.6.9, 91다29842).

한편 판례는 부동산실명법상 제3자에 해당하지 않는 자로부터 무효인 등기에 기초하여 새로운 이해관계를 맺은 자는 여기서의 제3자에 해당하지 않는다고 한다. 예를 들면 수탁자로부터 부동산을 가장 양수한 자와 다시 이해관계를 맺은 자 또는 수탁자의 배임행위에 적극 가담하여 부동산을 양수한 자와 다시 이해관계를 맺은 자는 선의, 무과실이라도 유효한 권리를 취득하지 못한다. 대판 2005.11.10. 2005다34667은 "명의수탁자로부터 명의신탁된 부동산의 소유명의를 이어받은 사람이 위 규정에 정한 제3자에 해당하지 아니한다면 그러한 자로서는 부동산실명법 제4조 제3항의 규정을 들어 무효인 명의신탁등기에 터 잡아 마쳐진 자신의 등기의 유효를 주장할 수 없고, 따라서 그 명의의 등기는 실체관계에 부합하여 유효라고 하는 등의 특별한 사정이 없는 한 무효라고 할 것이고, 등기부상 명의수탁자로부터 소유권이전등기를 이어받은 자의 등기가 무효인 이상, 부동산등기에 관하여 공신력이 인정되지 아니하는 우리 법제 아래서는 그 무효인 등기에 기초하여 새로운 법률원인으로 이해관계를 맺은 자가 다시 등기를 이어받았다면 그 명의의 등기 역시 특별한 사정이 없는 한 무효임을 면할 수 없다고 할 것이므로, 이렇게 명의수탁자와 직접 이해관계를 맺은 것이 아니라 부동산실명법 제4조 제3항에 정한 제3자가 아닌 자와 사이에서 무효인 등기를 기초로 다시 이해관계를 맺은 데 불과한 자는 위 조항이 규정하는 제3자에 해당하지 않는다고 보아야 한다."라고 하여 이 점을 분명히 한다.

사안의 경우 명의수탁자 D의 배임행위에 적극 가담하여 이루어진 E의 매매는 민법 제103조에 위반하여 무효이므로 E는 부동산실명법상 제3자에 해당하지 않고, 이에 기초하여 저당권을 설정받은 F 역시 제3자로서 보호받을 수 없다.

V. 등기청구권을 가압류한 경우의 법적 문제

가압류는 금전채권이나 금전으로 환산할 수 있는 채권에 대하여 동산 또는 부동산에 대한 강제집행을 보전하기 위하여 하는 보전처분이다($\binom{\text{민사집행법}}{\text{제276조 제1항}}$). 가압류는 금전지급을 확보하고 일반 책임재산을 동결하고자 하는 것이므로 다툼의 대상에 관한 가처분($\binom{\text{민사집행법}}{\text{제300조 제1항}}$)이 특정재산을 확보하기 위해 이를 동결하는 것과 구별된다. 또한 가압류는 채권의 집행보전을 위한 것이므로 법률관계의 다툼으로 인한 현저한 손해회피를 목적으로 하는 임시의 지위를 정하기 위한 가처분($\binom{\text{민사집행법}}{\text{제300조 제2항}}$)과도 구별된다.

채무자의 재산에 대해 가압류가 집행된 경우 채무자의 재산처분이 금지되고, 그 금지에 저촉되는 처분행위는 장차 무효가 될 수 있다. 이를 가압류의 처분금지적 효력 또는 줄여서 처분금지효라고 한다. 처분금지효는 객관적으로 집행보전의 목적을 달성함에 있어서 필요한 범위 안에서만 미치므로(객관적 상대성), 채권자의 피보전권리를 해치지 않는 범위 내에서는 처분행위 또는 이와 관련된 행위가 효력을 가지게 된다. 또한 처분금지효는 주관적으로 보전처분 채권자에 대한 관계에서만 미친다(주관적 상대성). 처분금지효가 절대적 효력을 가지는지(절대적 효력설), 아니면 상대적 효력을 가지는지(상대적 효력설)에 대해서는 명문 규정이 없으므로 해석으로 해결해야 한다. 절대적 효력설은 처분금지효에 위반한 행위는 모든 사람에 대한 관계에서 모두 무효라고 하는 입장이다. 상대적 효력설은 처분금지효에 위반한 행위는 보전처분의 채권자에 대한 관계에서만 무효이고, 나머지 사람에 대한 관계에서는 유효라고 하는 입장이다. 판례는 상대적 효력설을 취한다(대판 1976.4.27, 74다2151; 대판 1979.2.27, 78다2295 등). 가압류의 목적 달성에 필요한 최소한의 효력만 인정함으로써 채무자의 이익과 거래의 안전을 보호하고자 하는 취지이다.

채권가압류결정이 집행된 경우에도 가압류된 채권에 대해서 처분금지효가 미친다. 그러므로 제3채무자는 채무자에게 채무의 지급을 하여서는 안 되고, 채무자는 채권을 양도하거나 채권을 추심, 면제, 상계 등을 통해 소멸시키는 등의 처분행위를 하여서는 안 된다. 조건부채권을 가압류한 경우 그 조건성취를 방해하거나, 기한부채권을 가압류한 경우 기한을 유예하는 것도 허용되지 않는다. 그러나 단지 소를 제기하여 집행권원을 얻는 것 자체는 처분 또는 영수를 금지하는 가압류의 효력에 위배되지 않을 뿐만 아니라, 시효중단을 위해 불가피한 경우도 있다. 그러므로 채무자가 제3채무자를 상대로 소를 제기하는 것은 허용된다(대판 1989.11.24, 88다카25038; 대판(전) 1992.11.10, 92다4680). 이때 제3채무자는 채권이 가압류되었다는 사실을 정당한 항변사유로 삼을 수도 없다.

그런데 가압류대상이 소유권이전등기청구권인 경우에는 다른 문제가 있다. 일반적으로 채권에 기한 소를 제기하여 집행권원을 얻는 것만으로는 채권처분의 결과가 발생하지 않지만, 소유권이전등기청구권에 기한 소를 제기하여 집행권원을 얻으면 별도의 집행절차 없이도 바로 이에 기초하여 소유권이전등기를 마침으로써 그 청구권을 소멸시킬 수 있다. 대판 1999.2. 9, 98다42615은 "채권에 대한 가압류가 있더라도 이는 채무자가 제3채무자로부터 현실로 급부를 추심하는 것만을 금지하는 것이므로 채무자는 제3채무자를 상대로 그 이행을 구하는 소송을 제기할 수 있고 법원은 가압류가 되어 있음을 이유로 이를 배척할 수는 없는 것이지만, 소유권이전등기를 명하는 판결은 의사의 진술을 명하는 판결로서 이것이 확정되면 채무자는 일방적으로 이전등기를 신청할 수 있고 제3채무자는 이를 저지할 방법이 없게 되므로 위와 같이 볼 수는 없고 이와 같은 경우에는 가압류의 해제를 조건으로 하지 않는 한 법원은 이를 인용하여서는 안 되는 것"이라고 판시하여 이 점을 분명히 한다.

사안의 경우 B는 A에게 소유권이전등기청구의 소를 제기할 수 있으나, 그 등기청구권이 C에 의하여 가압류되어 있는 이상 위와 같은 법리에 따라 그 가압류의 해제를 조건으로 하여서만 등기청구의 소를 제기할 수 있게 된다.

13 부동산물권변동

기본 사실관계

A는 자기 소유인 X토지 위에 Y건물을 신축하여 이에 관한 소유권보존등기를 마쳤다. A에게 1천만 원의 금전채권을 가지는 B는 Y건물을 가압류하고 가압류등기를 마쳤다. 그 이후 A는 C로부터 5천만 원을 차용하면서 Y건물에 C 명의의 저당권을 설정하여 주었다.

※ 아래 각 문항은 독립적인 것이다.

문제 ①

C는 A가 5천만 원을 변제하지 않자 Y건물에 대해 저당권에 기한 임의경매를 신청하였다. A에게 4천만 원의 채권(집행권원이 있음)을 가진 D는 위 경매절차에서 적법하게 배당요구를 하였다. Y건물에 대한 배당금은 8천만 원으로 확정되었다. B, C, D는 각각 얼마를 배당받는지 서술하고, 그 근거를 밝히시오. (50점)

문제 ②

A가 서류를 위조하여 Y건물에 설정된 C의 저당권을 말소시킨 후 선의, 무과실인 E에게 Y건물을 1억 5천만 원에 매도하고 그에게 소유권이전등기를 마쳐주었다.

2-1.   C는 자신의 저당권설정등기를 회복하고자 한다. C는 누구에게 어떤 청구를 할 수 있는가? (25점)

2-2.   C의 저당권이 말소된 상태에서 E에게 확정판결에 따른 4천만 원의 채권을 가지는 F가 Y건물에 대해 강제경매신청을 하였고, 그 경매절차가 진행되어 배당금 8천만 원 중 가압류채권자 B에게 1천만 원, 일반채권자 F에게 4천만 원이 각각 배당되었고 소유자 E에게 3천만 원이 반환되었다. C는 누구에게 어떤 청구를 할 수 있는가? (A에 대한 불법행위 손해배상청구는 논외로 한다.) (25점)

※ 이자나 지연손해금, 경매비용은 고려하지 않는다.

예시답안

문제 ①

B는 경매개시결정 등기 전에 등기된 가압류채권자, C는 저당권자, D는 배당요구의 종기까지 배당요구를 한 채권자이므로 각각 경매절차에서 배당받을 수 있다(민사집행법 제148조 제2, 3, 4호 참조).

한편 B, C, D의 배당순위가 문제된다. 판례가 취하는 개별상대효설에 따르면 가압류 후에 저당권을 취득한 자는 가압류채권자와 같은 순위로 배당받는다. 또한 저당권자보다 후순위인 일반채권자가 있다면 저당권자는 그 일반채권자보다 우선변제받는다. 이러한 관계를 실현하기 위해서는 우선 각 채권액 비율에 따라 안분배당을 한 후 저당권자가 자신의 채권을 만족받을 때까지 후순위 일반채권자의 배당을 흡수하게 된다.

사안에서 일단 B의 가압류 금액 1천만 원, C의 피담보채권 5천만 원, D의 채권 4천만 원의 비율에 따라 배당금 8천만 원을 안분배당하면 B에게는 8백만 원, C에게는 4천만 원, D에게는 3,200만 원이 돌아간다. 한편 가압류채권자인 B는 저당권자인 C와 동순위이므로 8백만 원을 모두 배당받게 되고, C는 4천만 원에서 피담보채권 5천만 원에 모자라는 1천만 원을 후순위인 D에게 안분한 금액으로부터 흡수할 수 있다. 이에 따라 C는 5천만 원 전액을 배당받고, D는 나머지 2,200만 원만을 배당받게 된다. 결국 B는 800만 원, C는 5천만 원, D는 2,200만 원을 배당받는다.

문제 ②

Ⅰ. 저당권설정등기의 회복

판례는 등기가 물권의 효력 발생 요건이지만 효력 존속 요건은 아니므로 등기가 불법 말소되었더라도 물권이 소멸하는 것은 아니라고 한다. 사안에서 C의 저당권설정등기는 A의 서류 위조로 불법 말소되었지만 C의 저당권의 효력은 여전히 존속한다.

C는 유효하게 존속하는 저당권에 기하여, 불법 말소된 저당권설정등기의 말소회복등기청구를 할 수 있다. 판례에 따르면 말소회복등기청구는 등기말소 당시의 소유자를 상대로 해야 한다. 따라서 사안에서 C는 그의 저당권설정등기가 불법적으로 말소될 당시의 소유자인 A를 상대로 저당권설정등기의 말소회복등기청구를 하여야 한다.

한편 E는 저당권 말소 이후에 소유권이전등기를 마쳤으므로 등기상 이해관계 있는 제3자에 해당한다. E는 C의 저당권이 불법적으로 말소된 이후에 선의, 무과실로 부동산 소유권을 취득하였지만 등기의 공신력이 인정되지 않으므로 저당권이 없는 상태의 부동산 소유권을 선의취득할 수는 없다. 그러므로 E는 C의 말소회복등기청구에 대해 승낙을 할 실체법상 의무를 부담한다.

결국 C는 A를 상대로 저당권설정등기의 말소회복등기청구를 구하고 E를 상대로 이에 대한 승낙의 의사표시를 구해야 한다.

Ⅱ. 배당완료 이후의 법률관계

E의 채권자인 F는 확정판결이라는 집행권원을 가지고 있으므로 저당권 유무와 무관하게 Y건물에 대해 강제경매신청을 할 수 있다. 또한 경매절차에서 Y건물에 대한 매각대금이 지급되면 그 건물 위의 저당권은 소멸한다$\binom{\text{민사집행법}}{\text{제91조 제2항}}$. 그러므로 그 이후에는 저당권에 기한 말소회복등기청구를 구할 수 없게 된다.

다만 C는 저당권자임에도 불구하고 저당권설정등기가 불법말소됨으로 인하여 위 경매절차에서 저당권에 기한 배당을 받지 못하였다. 그러므로 그는 경매절차에서 C의 저당권이 존재하지 않는 것으로 취급됨으로써 원래 배당받아야 하는 금액을 초과하여 배당받은 자를 상대로 부당이득반환청구를 할 수 있다.

저당권설정등기가 존속하였더라면 위 경매절차에서 B가 800만 원, C가 5천만 원, F가 2천200만 원을 각각 배당받았을 것이다. 그런데 실제로는 B가 1천만 원, F가 4천만 원을 각각 배당받고 잉여금인 3천만 원이 E에게 귀속되었다. 그러므로 C는 B에게 200만 원, F에게 1,800만 원, E에게 3천만 원의 부당이득 반환을 청구할 수 있다.

Ⅲ. 결   론

문제 1의 경우 B는 800만 원, C는 5천만 원, D는 2,200만 원을 배당받는다.

문제 2의 경우 C는 A를 상대로 저당권설정등기의 말소회복등기청구를 구하고 E를 상대로 이에 대한 승낙의 의사표시를 구할 수 있으며, 배당완료 이후에는 그 대신 B에게 200만 원, F에게 1,800만 원, E에게 3천만 원의 부당이득 반환을 청구할 수 있다.

해 설

I. 배당순위

배당순위를 논하기에 앞서 우선 B, C, D가 배당받을 채권자인지를 먼저 확정해야 한다. 민사집행법 제148조에서는 배당받을 채권자로 ① 배당요구의 종기까지 경매신청을 한 압류채권자, ② 배당요구의 종기까지 배당요구를 한 채권자, ③ 첫 경매개시결정 등기 전에 등기된 가압류채권자, ④ 저당권·전세권, 그 밖의 우선변제청구권으로서 첫 경매개시결정 등기 전에 등기되었고 매각으로 소멸하는 것을 가진 채권자를 들고 있다. B는 경매개시결정 등기 전에 등기된 가압류채권자, C는 저당권자, D는 배당요구의 종기까지 배당요구를 한 채권자이므로 각각 배당받을 자격을 갖추었다.

한편 채권자평등주의에 따르면 채권자들은 모두 채권액에 비례하여 평등하게 배당받는 것이 원칙이다. 그러나 실체법상 우선변제권을 가진 채권자에게는 배당에 있어서도 우선순위를 인정해 주어야 우선변제권의 취지를 살릴 수 있다. 저당권은 우선변제권이 인정되는 대표적인 실체법적 권리이다. 그러므로 저당권자는 일반채권자보다 우선하여 배당받는다. 그렇다면 가압류채권자의 지위가 어떻게 되는지 문제된다. 만약 저당권이 가압류보다 먼저 설정되었다면 저당권자가 가압류채권자보다 우선변제를 받으므로 배당순위도 앞설 것이다. 하지만 가압류가 저당권보다 먼저 설정되었다면 가압류의 처분금지효와의 관계에서 복잡한 문제가 발생한다. 가압류채권자에게는 실체법상 우선변제청구권이 인정되지 않아 일반채권자와 본질적으로 다르지 않기 때문에 저당권자보다 후순위가 되어야 할 것 같지만, 가압류 후 저당권 설정은 가압류에 반하는 처분행위이므로 그 점에서는 가압류가 앞서야 할 것 같기도 하기 때문이다. 이는 가압류의 처분금지효가 배당순위에 어떻게 반영되는가의 문제이므로, 아래에서는 처분금지효에 대해서 좀 더 살펴보기로 한다.

가압류명령의 집행은 가압류의 목적물에 대하여 채무자가 매매, 증여, 질권 등의 담보권의 설정, 그 밖의 일체의 처분을 금지하는 효력을 생기게 한다. 이를 처분금지효라고 한다. 처분금지효가 절대적 효력을 가지는지(절대적 효력설), 아니면 상대적 효력을 가지는지(상대적 효력설)에 대해서는 명문의 규정이 없으므로 해석으로 해결해야 한다. 절대적 효력설은 처분금지효에 위반한 행위는 모든 사람에 대한 관계에서 무효라는 입장이다. 반면 상대적 효력설은 처분금지효에 위반한 행위는 가압류의 목적을 달성하는 데에 필요한 범위 안에서만 무효라는 입장이다. 판례는 상대적 효력설을 취한다(대판 1976.4.27, 74다2151; 대판 1979.2.27, 78다2295).

한편 상대적 효력설에 따라 상대적 무효를 주장할 수 있는 자의 범위에 관해서는 가압류채권자 및 처분행위 전 집행에 참가한 자만 무효를 주장할 수 있다는 입장(개별상대효설)과 집행절차에 참가한 모든 채권자가 무효를 주장할 수 있다는 입장(절차상대효설)이 있다. 판례는 개별상대효설을 취한다(대판 2004.9.3, 2003다22561).

예컨대 사안처럼 가압류—저당권 설정—경매절차에서 일반채권자의 배당요구가 순차적으로 이루어졌다고 가정해 보자. 상대적 효력설에 따르면 가압류 이후에 이루어진 저당권 설정은 절대적 무효가 아니라 가압류채권자에게 대항할 수 없다는 의미에서 상대적 무효일 뿐이다. 한편 절차상대효설에 따르면 경매절차에 참가한 모든 채권자(가압류채권자와 일반채권자)가 저당권 설정행위의 무효를 주장할 수 있다. 그러므로 배당받는 채권자는 가압류채권자와 일반채권자이다. 반면 개별상대효설에 따르면 가압류채권자만 저당권설정행위의 무효를 주장할 수 있다. 그러므로 일반채권자는 여전히 저당권자보다 후순위로만 변제받을 수 있다.

개별상대효설에 따르면, 가압류 후에 저당권을 취득한 자는 가압류권자와 동순위로 배당받는다. 저당권자보다 후순위의 일반채권자도 배당요구를 하였다면 위 세 사람에게 안분배당을 한 후 저당권자가 후순위 일반채권자의 배당을 흡수한다. 사안에 이러한 법리를 적용하면 위 예시답안에 서술한 대로 B는 800만 원, C는 5천만 원, D는 2,200만 원을 배당받는다.

Ⅱ. 등기 불법말소의 효력

민법 제186조에 따르면 부동산에 관한 법률행위로 인한 물권의 득실변경은 등기하여야 그 효력이 생긴다. 예컨대 부동산 매매계약을 체결하였더라도 부동산에 관한 소유권이전등기를 해야 소유권 취득이라는 물권변동이 발생한다. 그런데 그 등기가 계속 존속해야 물권도 존속하는 것인가에 대해서는 해석의 문제에 맡겨져 있다. 가령 등기가 불법 말소된 경우에는 등기가 없으니 물권도 소멸하였다고 해야 하는지, 아니면 이 경우에는 물권이 존속한다고 해야 하는지가 쟁점이다. 판례는 "등기는 물권의 효력발생요건이고 효력존속요건이 아니므로 물권에 관한 등기가 원인없이 말소된 경우에 그 물권의 효력에는 아무런 영향을 미치지 않는다."(대판 1979.10.10, 79다1447; 대판 1982.9.14, 81다카923 등)라고 하여 등기의 불법말소 때문에 그 등기가 표상하는 물권까지 소멸하는 것은 아니라고 한다. 그러므로 불법말소된 등기의 명의인은 자신이 여전히 가지는 물권에 기초하여 말소회복등기를 청구할 수 있다. 말소회복등기는 어떤 등기의 전부 또는 일부가 부적법하게 말소된 경우에 그 말소된 등기를 회복함으로써 처음부터 그러한 말소가 없었던 것과 같은 효력을 보유하게 할 목적으로 행하여지는 등기이다. 판례는 "그 회복등기가 마쳐지기 전이라도 말소된 등기의 등기명의인은 적법한 권리자로 추정되므로 원인 없이 말소된 등기의 효력을 다투는 쪽에서 그 무효 사유를 주장·입증하여야 한다."라고 한다(대판 1997.9.30, 95다39526).

한편 등기가 불법말소된 뒤 그 부동산에 대한 새로운 물권을 취득한 경우 그 제3취득자의 지위는 어떻게 될 것인가 하는 문제가 있다. 예컨대 어떤 건물에 대해 X로부터 Y에게 이루어진 소유권이전등기가 불법말소된 뒤 선의·무과실의 제3자가 X로부터 부동산을 매수하여 새로운 소유권이전등기를 마친 경우가 그러하다. 이때에도 건물에 대한 소유권자는 여전히 Y이므로 X는 무권리자이다. 또한 우리나라에서는 부동산 등기에 공신력이 인정되지 않아 별도 규정이 없는 한 부동산의 선의취득이 불가능하다. 그러므로 제3취득자는 불법말소된 등기에 기하여 물권을 가진 자에게 대항하지 못한다.

Ⅲ. 말소회복등기청구와 승낙의 의사표시

말소된 등기의 회복등기절차의 이행을 구하는 소에서는 회복등기의무자에게만 피고적격이 있다(대판 2009.10.15, 2006다43903). 한편 회복등기의무자는 등기가 말소될 당시의 소유자이고, 이는 말소 후 제3자에게 소유권이 이전된 경우에도 마찬가지이다(대판 1969.3.18, 68다1617). 그러므로 사안에서 C는 저당권이 말소될 당시의 소유자인 A를 상대로 말소회복등기청구를 하여야 한다.

한편 부동산등기법 제59조는 말소된 등기의 회복을 신청하는 경우에 등기상 이해관계 있는 제3자가 있을 때에는 그 제3자의 승낙이 있어야 한다고 규정한다. 여기서 말하는 등기상 이해관계가 있는 제3자란 말소회복등기를 함으로써 손해를 입을 우려가 있는 사람으로써 그 손해를 입을 우려가 있다는 것이 기존의 등기기록에 의하여 형식적으로 인정되는 사람이다(대판 1997.9.30, 95다39526). 저당권설정등기가 불법 말소된 후 소유권이전등기를 한 사람은 등기상 이해관계 있는 제3자이고, 저당권설정등기가 불법 말소되더라도 저당권 자체가 소멸한 것은 아니므로 저당권자에 대하여 대항할 수 없다. 그러므로 소유권자는 저당권자에게 말소회복등기에 대하여 승낙할 실체법상 의무를 부담한다. 만약 그가 이를 임의로 승낙하지 않으면 저당권자는 그 승낙의 의사표시를 소로써 구하여야 한다. 사안에서 E는 등기상 이해관계 있는 제3자이므로 C는 그를 상대로 승낙의 의사표시를 구하여야 한다.

Ⅳ. 배당완료 이후의 법률관계

E의 채권자인 F는 확정판결에 기하여 강제경매신청을 할 수 있다. C의 저당권설정등기가 말소되지 않았더라도 C는 이러한 강제경매를 막을 수 없었을 것이다. 한편 경매절차가 진행되어 매수인이 매각대금을 다 내면 그 건물의 소유권은 매수인에게 이전되는데, 이때 매수인이 부동산 위의 권리나 부담을 인수할 것인가 여부에 대해서는 민사집행법 제91조가 규정하고 있다. 그런데 그 중 저당권은 이른바 소멸주의에 따라 매각으로 소멸하게 된다(민사집행법 제91조 제2항). 그러므로 이 시점 이후부터는 C는 더 이상 저당권자가 아니므로 저당권에 기한 말소회복등기청구를 할 수 없게 된다.

그러나 C는 저당권자임에도 불구하고 저당권설정등기가 불법말소됨으로 인하여 위 경매절차에서 저당권에 기한 배당을 받지 못하였다. 그러므로 그는 경매절차에서 C의 저당권이 존재하지 않는 것으로 취급됨으로써 원래 배당받아야 하는 금액을 초과하여 배당받은 자를 상대로 부당이득반환청구를 할 수 있다. 판례는 "근저당권설정등기가 위법하게 말소되어 아직 회복등기를 경료하기 전에 경매가 된 경우, 그 부동산에 대한 경매절차에서 피담보채권액에 해당하는 금액을 전혀 배당받지 못한 근저당권자로서는 위 경매절차에서 실제로 배당받은 자에 대하여 부당이득반환청구로서 그 배당금의 한도 내에서 그 근저당권설정등기가 말소되지 아니하였더라면 배당받았을 금액의 지급을 구할 수 있을 뿐이고, 이미 소멸한 근저당권에 관한 말소등기의 회복등기를 위하여 현 소유자를 상대로 그 승낙의 의사표시를 구할 수는 없다."라고 한다(대판 1998.10.2, 98다27197 참조).

사안의 경우 C는 예시답안에서 서술하였듯이 F에게 2천만 원, E에게 3천만 원을 각각 부당이득으로 반환청구할 수 있다.

14 소유권의 시효취득

기본 사실관계

A는 자신이 소유하는 미등기 임야 X토지에 대해 1975. 1. 1. 자기 명의로 소유권보존등기를 마치고, 그 토지 위에 Y건물을 신축하여 1975. 7. 6. 이에 대해서도 자기 명의로 소유권보존등기를 마쳤다. A는 1976. 1. 1. B에게 X토지와 Y건물을 일괄 매도하였는데, B는 같은 날 Y건물에 대해서만 소유권이전등기를 마쳤고, X토지에 대해서는 그 날 점유만 이전받고 소유권이전등기는 마치지 않은 채 자기 명의로 새로 소유권보존등기를 마쳤다. B는 1984. 1. 1. C에게 X토지와 Y건물을 다시 매도하고 같은 날 그 점유를 이전하고 소유권이전등기도 마쳐주었다. 그런데 A는 우연히 X토지에 자기 명의로 소유권보존등기가 남아 있는 것을 발견하고 2003. 2. 5. D에게 X토지를 매도하고 소유권이전등기를 마쳐주었다. D는 2003. 8. 3. C를 상대로 자신이 X토지 소유자임을 주장하며 X토지 위에 있는 Y건물의 철거를 구하는 소를 제기하였다.

문제 1

D는 X토지의 소유자인가? (25점)

문제 2

(D가 X토지의 소유자라고 가정하고) C는 위 소송에서 X토지에 관하여 ① 등기부 취득시효 완성, ② 점유 취득시효 완성, ③ 관습법상 법정지상권 성립 주장을 하고 있다. 각 주장은 타당한가? (75점)

예시답안

Ⅰ. D가 X토지의 소유자인지 여부

D는 X토지의 소유자로 등기되어 있다. 등기의 추정력에 의해 D는 일단 X토지의 소유자로 추정된다. 그런데 같은 토지에 대해 C도 소유자로 등기되어 있다. D의 소유권이전등기는 A의 소유권보존등기에 기초한 것이고, C의 소유권이전등기는 B의 소유권보존등기에 기초한 것이다. 그러므로 A와 B의 중복된 소유권보존등기 중 어느 등기가 효력을 가지는가에 따라 D와 C 중 누구의 소유권이전등기가 효력을 가지는가가 결정된다.

보존등기 명의인이 다른 경우 중복등기의 효력에 대해서는 선행등기가 언제나 효력을 가진다는 절차법설과 실체관계에 부합하는 등기가 효력을 가진다는 실체법설이 대립하고 있다. 판례는 원칙적으로 절차법설을 취하여 선행등기가 언제나 효력을 가진다고 하면서도, 선행등기가 원인무효이고 후행등기가 실체관계에 부합하는 경우에는 예외적으로 후행등기가 효력을 가진다고 한다.

판례의 태도에 따르면 X토지에 대해서는 원칙적으로 선행등기인 A의 소유권보존등기가 효력을 가진다. 한편 A는 X토지의 소유자로서 소유권보존등기를 마쳤으므로 그 등기가 원인무효라고 할 수 없다. 그러므로 비록 B가 X토지의 매수인이라고 하더라도 B 명의의 소유권보존등기는 원인무효이다. 결국 A로부터 X토지에 관한 소유권이전등기를 받은 D가 X토지의 소유자이다.

Ⅱ. C 주장의 타당성

1. 등기부 취득시효

민법 제245조 제2항은 부동산의 소유자로 등기한 자가 10년간 소유의 의사로 평온, 공연하게 선의이며 과실 없이 그 부동산을 점유한 때에는 소유권을 취득한다고 규정한다. 사안에서 C는 1984. 1. 1. 자기 명의로 X토지에 관한 소유권이전등기를 마쳤고 D가 철거를 구하는 2003. 8. 3.에는 이미 10년의 기간이 경과하였다. C의 자주, 평온, 공연, 선의 점유는 추정된다($\frac{제197조}{제1항}$). 또한 매도인 B가 등기명의인이었으므로 선의로 부동산을 매수한 C는 특별한 사정이 없는 한 무과실이다.

그런데 무효인 중복등기에 기초하여 등기부 취득시효가 완성되는지에 대해서는 논란의 여지가 있다. 판례는 무효인 중복등기나 이에 기한 소유권이전등기를 근거로 하여서는 등기부 취득시효의 완성을 주장할 수 없다고 한다. 사안에서 B의 소유권보존등기는 중복등기로 무효이고 이에 기한 C의 소유권이전등기도 무효이므로 이에 근거하여 등기부취득시효의 완성을 주장할 수 없다.

2. 점유 취득시효

민법 제245조 제1항은 20년간 소유의 의사로 평온, 공연하게 부동산을 점유하는 자는 등기함으로써 그 소유권을 취득한다고 규정한다. 사안에서 C의 자주, 평온, 공연 점유는 추정된다($\frac{\text{제197조}}{\text{제1항}}$). 한편 C는 1984. 1. 1. X토지를 점유하기 시작했으므로 D가 철거청구를 한 2003. 8. 3.에는 아직 20년이 경과하지 않았다. 그런데 취득시효의 기초로 되는 점유가 승계된 경우 점유자는 자기 점유만 주장할 수도 있고, 자기의 점유와 전 점유자의 점유를 아울러 주장할 수도 있다($\frac{\text{제199조}}{\text{제2항}}$). 따라서 C는 자신의 점유뿐만 아니라 1976. 1. 1.부터의 개시된 B의 점유까지도 아울러 주장할 수 있고, 이 경우 점유 취득시효는 1996. 1. 2. 완성된다. 그러나 점유 취득시효가 완성되더라도 C는 그 당시의 토지 소유자에 대해 소유권이전등기청구권을 취득할 뿐이고, 그 이후 제3자가 소유권을 취득하면 원칙적으로 그에게 대항할 수 없다. 사안에서 D는 취득시효 완성 후 소유권을 취득하였으므로 C는 점유 취득시효로 D에게 대항할 수 없다.

3. 관습법상 법정지상권

D는 X토지의 소유자로서 그 소유권에 기하여 C에게 Y건물의 철거를 구할 수 있지만, C가 관습법상 법정지상권과 같이 Y건물을 위해 X토지를 점유할 권원을 가진다면 그 철거청구에 대항할 수 있다. 관습법상 법정지상권은 ① 토지와 건물이 동일인의 소유일 것, ② 매매 기타 원인(저당권에 기한 임의경매는 제외)에 의해 토지와 건물의 소유자가 달라질 것, ③ 그 건물을 철거한다는 특약이 없을 것을 요건으로 하고 있다. 사안에서 X토지와 Y건물은 동일인인 A의 소유였다. 그런데 A와 B 사이의 매매를 원인으로 Y건물의 소유권은 B에게 이전된 반면, X토지에 대해서는 B 명의의 소유권보존등기가 원인무효인 관계로 소유권이 이전되지 않아 토지와 건물의 소유자가 달라졌다. 또한 A와 B 사이에는 철거 특약도 없다. 그러므로 일단 Y건물을 위해 관습법상 법정지상권이 성립하고 그 법정지상권이 C에게 이전되었다고 볼 여지가 있다.

그러나 토지와 건물을 일괄 매도하였으나 그 건물에 대한 소유권이전등기를 제대로 하지 않은 경우까지 관습법상 법정지상권이 성립한다고 볼 수는 없다는 것이 판례의 태도이다. 사안의 경우에도 A는 X토지와 Y건물을 일괄 매도하였으므로 Y건물을 위한 관습법상 법정지상권은 애당초 성립하지 않았다. 그러므로 이러한 관습법상 법정지상권이 성립히였다는 점을 전제로 한 C의 관습법상 법정지상권 주장 역시 받아들일 수 없다.

Ⅲ. 결 론

X토지의 소유자는 D이고, C는 D의 건물철거청구에 대하여 등기부 취득시효, 점유 취득시효, 관습법상 법정지상권에 기하여 대항할 수 없다.

해 설

Ⅰ. 중복등기

중복등기는 동일한 부동산에 대하여 중복하여 존재하는 등기이다. 원래 하나의 부동산에는 1개의 등기기록을 둔다(부동산등기법 제15조 제1항 제1문). 그러므로 중복등기는 허용되어서는 안 된다. 그러나 등기관이 소유권보존등기사무를 처리할 때 선행등기의 존재를 간과하면 하나의 부동산에 2개 이상의 등기기록이 존재하는 사태가 벌어질 수 있다. 등기 시스템의 체계성이 부족하거나, 등기부가 전산화되어 있지 않거나, 천재지변이나 전쟁, 화재 등으로 등기부가 멸실되어 회복해야 하는 경우에 중복등기가 발생할 가능성이 높아진다. 우리나라에서도 이러한 이유로 과거에 중복등기 문제가 빈번하게 발생하였다. 오늘날에는 이러한 중복등기 문제가 거의 발생하지 않지만, 과거에 발생한 것 중 해결되지 않은 중복등기는 최근까지 계속하여 복잡한 법적 문제를 야기하여 왔다.

등기명의인이 같은 경우에는 후행등기를 말소하면 충분하다. 하지만 등기명의인이 다른 경우 중복등기의 해결방법에 관하여는 두 가지 입장이 존재한다. 첫째, 1부동산1등기부주의에 따르면 후행등기는 허용되지 않으므로 그것이 실체관계에 부합하는지 묻지 않고 후행등기를 말소하고 그 등기부를 폐쇄하여야 한다는 입장이다(절차법설). 둘째, 일단 중복등기가 행해졌다면 둘 중 실체관계에 부합하는 등기를 유지하되 다른 등기는 말소하고 그 등기부를 폐쇄하여야 한다는 입장이다(실체법설). 판례의 태도는 여러 차례 변경되어 오다가 대판(전) 1990. 11.27, 87다카2961, 87다453에 이르러 절충적 입장을 채택하였다. 이에 따르면 "동일부동산에 관하여 등기명의인을 달리하여 중복된 소유권보존등기가 경료된 경우에는 먼저 이루어진 소유권보존등기가 원인무효가 되지 아니하는 한 뒤에 된 소유권보존등기는 비록 그 부동산의 매수인에 의하여 이루어진 경우에도 1부동산1용지주의를 채택하고 있는 부동산등기법 아래에서는 무효라고 해석함이 상당하다."라고 한다. 이는 기본적으로는 절차법설에 의하되 먼저 경료된 보존등기가 실체적 유효요건을 결여하고 뒤에 된 보존등기가 실체적 유효요건을 구비하는 경우 예외적으로 선등기를 무효로 하고 후등기를 유효로 한다는 입장이다.

　사안에서는 A의 선행 보존등기가 원인무효인가 여부가 중요한 쟁점이다. 그런데 사안에서 A는 X토지의 소유자로서 소유권보존등기를 마쳤으므로 그 등기가 원인무효라고 할 수 없다. 이처럼 A의 선행등기가 유효하다면 그 이후에 이루어진 B의 후행등기는 실체관계를 살필 필요 없이 무효이다.

Ⅱ. 취득시효

1. 등기부취득시효

　등기부취득시효는 ① 부동산의 소유자로 등기한 자가, ② 10년간, ③ 자주, 평온, 공연, 선의, 무과실로 부동산을 점유한 때에 완성한다($\frac{제245조}{제2항}$). 등기부취득시효는 선의·무과실의 소유권 양수인이 소유권등기를 이전받았음에도 전자의 무권리를 이유로 자신의 신뢰대로 권리를 취득하지 못하는 상태를 조기에 정리하기 위한 것이다. 이는 등기의 공신력을 인정하지 않는 우리법제에서 그 공백을 메우는 보완장치에 해당한다.

　그 중 ① 요건의 '등기'는 실체관계에 부합하지 않는 부실등기를 의미한다. 만약 실체관계에 부합하는 유효한 등기라면 애당초 등기부취득시효에 기댈 필요가 없기 때문이다. 그런데 중복등기처럼 등기절차상 유효요건을 갖추지 못하여 무효인 등기도 이러한 등기에 포함되는가가 문제된다. 이 점에 대해서는 학설이 대립하고 있었고, 대법원의 태도도 분명하지 않았다. 대판 1978.1.17, 77다1795에서는 무효인 중복등기에 기하여서는 등기부 취득시효를 주장할 수 없다고 하였다. 그런데 그 이후 선고된 대판 1988.4.12, 87다카1810에서는 무효인 중복등기에 기하여서도 등기부 취득시효를 주장할 수 있다고 하여 앞의 판결과 반대의 태도를 취하였다. 이러한 태도는 대판 1994.2.8, 93다23367과 대판 1994.4.26, 93다16765에서도 유지되었다. 그러다가 대판(전) 1996.1.17, 96다12511은 "민법 제245조 제2항은 부동산의 소유자로 등기한 자가 10년간 소유의 의사로 평온·공연하게 선의이며 과실 없이 그 부동산을 점유한 때에는 소유권을 취득한다고 규정하고 있는바, 위 법 조항의 '등기'는 부동산등기법 제15조가 규정한 1부동산 1용지주의에 위배되지 아니한 등기를 말하므로, 어느 부동산에 관하여 등기명의인을 달리하여 소유권보존등기가 2중으로 경료된 경우 먼저 이루어진 소유권보존등기가 원인무효가 아니어서 뒤에 된 소유권보존등기가 무효로 되는 때에는, 뒤에 된 소유권보존등기나 이에 터잡은 소유권이전등기를 근거로 하여서는 등기부취득시효의 완성을 주장할 수 없다."라고 판시하여 앞의 태도로 이 문제를 정리하였다.

　이러한 판례의 태도는 중복등기의 처리 문제와 연계하여 이해할 수 있다. 앞서 살펴보았듯이 중복등기에 대해서 대판(전) 1990.11.27, 87다카2961, 87다453에서는 선행등기가 원인무효가 아닌 이상 후행등기가 말소되어야 한다는 입장을 취하였으므로, 무효 중복등기인 후행 등기에 기초한 등기부 취득시효를 인정하더라도 결국 후행등기는 선행등기에 대항할 수 없어 말소되어야 할 것이다. 그렇다면 후행등기에 기초한 등기부 취득시효를 인정할 실익이 없다.

사안에서는 B의 중복등기에 기초한 C의 소유권이전등기는 무효이므로 이에 근거하여 등기부취득시효의 완성을 주장할 수 없다.

2. 점유취득시효

민법 제245조 제1항의 점유취득시효는 ① 20년간, ② 소유의 의사로 평온, 공연하게 부동산을 점유한 경우에 완성되고, 점유자는 ③ 등기를 함으로써 소유권을 취득한다. 사안에서는 20년 점유 요건과 등기 요건이 문제된다.

우선 ① 20년의 점유기간 요건과 관련하여서는 점유의 승계가 인정된다. 예컨대 C가 B로부터 점유를 승계하였으면, C는 자신의 점유기간만 주장하거나, 자신과 전 점유자 B의 점유기간을 합하여 주장할 수 있다(제199조 제1항). 결국 C의 점유기간이 20년이 안 되더라도 C는 B의 점유기간까지 합산함으로써 20년 점유기간 요건을 충족하였다고 주장할 수 있다. 또한 이러한 전 점유자가 여럿이어도 그 점유기간의 합산이 가능하다. 예를 들어 B가 다시 그 전 점유자 A로부터 점유를 승계한 것이라면 C는 자신과 B의 점유기간을 주장하거나, 자신과 A, B의 점유기간을 모두 합하여 주장할 수 있다. 사안에서 C의 점유기간만으로는 20년이 되지 않지만 B의 점유기간을 합치면 20년이 되므로 C는 점유기간 요건을 충족한다.

한편 ③ 등기 요건과 관련하여서는 시효취득자가 등기를 하기 전에 제3자가 먼저 소유자로부터 그 부동산을 양수하여 등기를 하게 되면 시효취득자는 제3자의 등기가 무효라는 등의 특별한 사정이 없으면 제3자에게 대항하지 못한다(대판 1995.5.9, 94다22484 등 다수). 반면 시효기간 중에 제3자 명의의 등기가 이루어졌더라도 이는 점유취득시효의 완성을 방해하지 않는다(대판 1972.1.31, 71다2416; 대판 1989.4.11, 88다카5843, 5850 등). 이처럼 시효취득자의 지위는 제3자의 등기가 시효기간 중인지, 아니면 시효 완성 후인지에 따라 달라진다. 이처럼 시효의 기산점 선택에 따라 시효취득자와 제3자의 지위가 결정되는 경우에는 점유자는 실제로 점유를 개시한 때를 점유취득시효의 기산점으로 삼아야 하고 그 기산점을 임의로 선택할 수 없다(대판 1992.11.10, 92다29740 등). 또한 시효취득자가 점유의 승계를 주장하는 경우에도 그 점유개시시를 기산점으로 삼아야 하고 점유기간 중 일정한 시점을 임의로 선택할 수 없다. 사안에서 C가 B의 점유기간을 합쳐서 점유취득시효를 주장할 수는 있지만 이경우 기산점은 B의 점유 개시시인 1976. 1. 1.이라야 한다. 그런데 점유취득시효가 완성된 1996. 1. 2. 이후에 D가 제3자로서 소유권이전등기를 마쳤으므로 C는 점유취득시효로 D에게 대항할 수 없다.

Ⅲ. 관습법상 법정지상권의 문제

민법상 법정지상권은 ① 토지와 그 지상 건물이 동일한 소유자에게 속한 상태에서 건물에 대하여서만 전세권을 설정하였는데 그 이후 토지소유자가 변동된 때에 전세권 설정자에게 인정되고(제305조 제1항), ② 토지와 그 지상 건물이 동일한 소유자에게 속한 상태에서 어느 한 쪽에만 저당권이 설정되었는데 그 후 저당권의 실행으로 경매됨으로써 토지와 건물의 소유자가 다르게 된 때에 건물 소유자에게 인정된다(제366조 제1항). 그 이외에 「가등기담보 등에 관한 법률」 제10조, 「입목에 관한 법률」 제6조에서도 법정지상권이 인정된다.

판례는 성문법상 법정지상권 이외에도 관습법상 법정지상권을 인정한다. 관습법상 법정지상권은 동일한 소유자에 속하는 토지와 그 지상건물이 매매 등에 의하여 각기 그 소유자가 달라진 경우에 특히 그 건물을 철거한다는 약정이 없는 한 건물소유자가 그 대지 위에 그 건물을 위하여 관습법상 취득하는 지상권이다(대판(전) 2002.6.20, 2002다9660 등). 그런데 토지와 건물을 일괄 매수한 자가 어떤 사정으로 그 중 하나에 대해서만 소유권이전등기를 마친 경우에도 관습법상 법정지상권이 성립하는가? 판례는 대지와 건물을 동시에 매도하였는데 대지에 관하여만 등기가 이루어져 형식적으로 대지와 건물의 소유자가 달라진 경우에는 관습상 법정지상권이 성립하지 않는다고 한다(대판 1983.7.26, 83다카419,420). 이 경우 대지와 건물의 점유사용문제는 매매계약 당사자 사이의 계약에 따라 해결할 수 있었기 때문이다. 사안은 대지에 대해 소유권이전등기 대신 무효인 소유권보존등기가 이루어진 경우를 다루고 있는데, 이때도 마찬가지 법리가 적용될 수 있을 것이다. 그러므로 C는 관습법상 법정지상권으로 D의 철거청구에 대항할 수 없다.

15 선의취득

기본 사실관계

A는 B에게 인쇄기계를 매도하면서, B에게 기계의 점유를 이전하되 기계대금을 모두 지급받기까지는 A가 기계 소유권을 보유하기로 하였다. 그런데 B의 채권자 C는 B가 점유하는 기계를 압류하였고, 그 압류에 기한 동산경매절차에서 선의, 무과실인 D가 그 기계를 경락받아 대금을 납부하고 기계를 인도받았다. 그런데 사업을 위해 기계의 사용이 반드시 필요했던 B는 D와 임대차계약을 체결한 뒤 D로부터 다시 그 기계를 인도받아 점유, 사용하여 왔다.

문제 ①

그 이후 B는 선의, 무과실인 E에게 위 기계를 점유개정의 방법에 의해 양도담보로 제공하였다. A, D, E 중 누가 기계의 소유권을 가지는가? (40점)

문제 ②

B가 기계를 점유하던 중 이를 도난당하였고, 절도범은 그 기계를 선의, 무과실인 F에게 매도하였다. F는 그 기계를 점유, 사용하던 중 고장이 발생하자 자신의 비용 100만 원을 지출하여 그 기계를 수리하였고, 200만 원을 들여 그 기계를 개량하여 그 금액만큼 가치가 증가하였다.

2-1. B는 도난 8개월 후에 F가 그 기계를 가지고 있음을 발견하고 F에게 기계의 반환청구, 차임 상당 부당이득반환청구와 불법행위로 인한 손해배상청구를 하였다. B의 각 청구는 타당한가? (30점)

2-2. 위 문제 1에서의 기계 소유자가 도난 8개월 후에 F에게 기계의 반환청구를 하였다. 그의 청구는 타당한가? 또한 이에 대해 F는 자신이 지출한 수리비를 상환받기 전에는 기계반환청구에 응할 수 없다고 항변할 수 있는가? (30점)

예시답안

Ⅰ. 소유권유보약정과 동산경매

A와 B 사이에는 소유권유보약정이 존재하므로 B가 A에게 기계대금을 모두 지급할 때까지는 A에게 기계 소유권이 유보되어 있다. 그러므로 이 기계는 B의 책임재산을 구성하지 않아 B의 채권자 C는 B가 점유하는 기계를 압류할 수 없고, 이 압류에 기하여 동산경매절차가 진행되어 D가 그 기계를 경락받았더라도 원칙적으로 그 기계의 소유권을 취득할 수 없다.

Ⅱ. D의 선의취득 여부

그런데 경매도 일종의 사법상 매매이므로 D가 그 기계를 선의취득할 가능성은 있다. 선의취득은 무권리자로부터 평온, 공연하게 동산을 양수한 자가 선의이며 과실 없이 그 동산을 점유한 경우에 인정된다($\frac{제249}{조}$). 선의취득의 요건이 충족되면 양도인의 권리흠결은 치유되어 양수인은 즉시 소유권을 취득하고, 소유자는 반사적으로 소유권을 상실한다. 사안에서는 D가 선의, 무과실임을 전제하고 있고, D는 동산경매절차를 통하여 양수한 것이므로 평온, 공연하게 양수한 것으로 보인다. 그러므로 특별한 사정이 없는 한 D는 그 기계의 소유권을 선의취득한다.

Ⅲ. E의 선의취득 여부

사안에서 B는 위 기계에 대하여 E에게 양도담보를 설정하였다. 동산 양도담보의 설정을 통해 양도담보권자는 그 동산에 대해 대외적 소유권을 가지게 된다. 하지만 양도담보의 설정을 위해서는 담보설정자에게 처분권이 필요하다. 그런데 B는 기계의 임차인에 불과하므로 그러한 처분권을 가지지 않는다. 따라서 무권리자인 B로부터 양도담보를 설정받은 E는 담보 목적물인 기계에 대해 소유권을 취득하지 못한다. 이때에도 선의, 무과실인 E가 기계의 소유권을 선의취득할 가능성은 열려 있다. 그러나 점유개정의 방법에 의하여서는 선의취득이 인정되지 않는다는 것이 판례의 태도이다. 이러한 태도에 따르면 점유개정의 방법으로 양도담보를 설정받은 E는 기계의 소유권을 선의취득할 수 없나.

Ⅳ. 소결론

기계의 소유자는 D이다.

<u>문제 ❷</u>

Ⅰ. B의 청구

1. 기계 반환청구

B는 기계 소유자가 아니므로 소유권에 기한 반환청구를 할 수 없다. 하지만 B는 기계 점유자로서 그 점유를 침탈당한 것이므로 침탈자를 상대로 침탈 1년 내에 점유회수청구를 할 수 있다(제204조 제1항, 제3항). 그런데 침탈자의 점유가 승계된 경우 점유회수청구권은 악의의 특별승계인에게만 행사할 수 있다(제204조 제2항). F는 선의, 무과실의 특별승계인이므로 B는 F를 상대로 기계의 반환청구를 할 수 없다. 다만 B는 도품의 피해자이므로 이를 이유로 기계의 반환청구를 할 수 있다(제250조).

2. 부당이득반환청구

부당이득반환청구권은 법률상 원인 없이 타인의 재산 또는 노무로 인하여 이익을 얻고 이로 인하여 타인에게 손해를 가한 경우에 발생한다(제741조). 사안에서 F는 법률상 원인 없이 기계를 점유, 사용함으로써 이익을 얻고 이로 인하여 그 기계의 임차인인 B가 그 기계를 점유, 사용하여 얻을 수 있는 이익을 박탈하고 있다. 그러므로 원칙적으로 B는 F에게 차임 상당의 부당이득반환청구를 할 수 있는 것처럼 보인다.

그런데 부당이득반환에 대한 특칙으로 민법은 선의의 점유자의 과실수취권을 인정한다(제201조 제1항). 판례는 더 나아가 과실수취권 있는 권원이 있다고 오신할 만한 정당한 근거가 있을 때 이러한 과실수취권을 인정한다. 사안에서 F는 선의의 점유자로서 위와 같은 정당한 근거도 있다고 보이므로 법정과실에 준하는 사용이익을 보유할 수 있다. 그러므로 결과적으로 B는 F에게 부당이득의 반환을 구할 수 없다.

3. 불법행위로 인한 손해배상청구

불법행위로 인한 손해배상청구권은 고의 또는 과실로 인한 위법행위로 타인에게 손해를 가한 경우에 발생한다(제750조). 그런데 사안에서 F는 선의, 무과실임이 전제되어 있으므로 불법행위로 인한 손해배상청구권이 발생하지 않는다.

Ⅱ. 기계 소유자 D의 청구

1. 기계반환청구

문제 1에서의 기계 소유자는 앞서 살펴본 것처럼 D이다. D는 기계를 점유하는 F를 상대로 소유권에 기한 반환청구를 할 수 있다($^{제213조}_{본문}$). 이때 F에게 기계를 점유할 권리가 있다면, F는 그 반환을 거부할 수 있다($^{제213조}_{단서}$). 이와 관련하여 F가 선의취득의 요건을 갖춘 것으로 보이므로 점유할 권리가 인정될 여지도 있다. 그러나 취득한 동산이 도품인 때에는 피해자 또는 유실자는 2년 내에 그 물건의 반환을 청구할 수 있으므로($^{제250}_{조}$), 설령 선의취득의 요건을 갖추었더라도 F는 D의 반환청구에 대항할 수 없다.

2. 비용상환청구권에 기한 유치권

점유자가 점유물을 반환할 때에는 회복자에 대하여 필요비의 상환을 청구할 수 있다($^{제203}_{조 제1}_{항 본문}$). 그러나 점유자가 과실을 취득한 경우에는 통상의 필요비는 청구하지 못한다($^{제203조}_{제1항 후단}$). 사안에서 F가 지출한 수리비 100만 원은 통상의 필요비에 해당하지만, F는 기계의 사용이익을 취득하였으므로 필요비상환청구권을 행사할 수 없다.

한편 점유자가 지출한 유익비는 그 가액 증가가 현존한 경우에 한하여 그 지출금액이나 증가액의 상환을 청구할 수 있다($^{제203조}_{제2항}$). 이러한 유익비상환청구권은 점유자가 점유물의 반환을 청구받거나 점유물을 반환한 때에 발생한다. 사안에서 F가 기계 개량을 위하여 지출한 200만 원은 유익비에 해당하므로, F는 회복자인 D에게 유익비상환청구권을 가지며 이에 기초하여 유치권을 행사할 수 있다. 그러므로 F는 D의 기계 반환청구에 응할 수 없다고 항변할 수 있다.

Ⅲ. 결   론

문제 1: 기계 소유자는 D이다.

문제 2: B의 기계반환청구는 타당하지만, 부당이득반환청구, 불법행위로 인한 손해배상청구는 타당하지 않다. D의 기계반환청구는 타당하지만 F는 유익비상환청구권에 기한 유치권으로 대항할 수 있다.

해 설

I. 무권리자가 점유하는 재산에 대한 동산경매

동산의 매매에서 그 대금을 모두 지급할 때까지는 목적물의 소유권을 매도인이 그대로 보유하기로 하면서 목적물을 미리 매수인에게 인도하는 이른바 소유권유보약정이 있는 경우에, 다른 특별한 사정이 없는 한 매수인 앞으로의 소유권 이전에 관한 당사자 사이의 물권적 합의는 대금이 모두 지급되는 것을 정지조건으로 하여 행하여진다고 해석된다. 따라서 소유권유보부약정이 있는 동산 매매계약의 매수인이 대금을 모두 지급하지 않은 상태에서 그 목적물을 다른 사람에게 양도하더라도, 양수인이 선의취득의 요건을 갖추거나 소유자인 소유권유보매도인이 후에 처분을 추인하는 등의 특별한 사정이 없는 한 그 양도는 목적물의 소유자가 아닌 사람이 행한 것으로서 효력이 없어서, 그 양도로써 목적물의 소유권이 매수인에게 이전되지 아니한다(대판 2010.2.11, 2009다93671). 한편 이러한 목적물에 대해 매수인의 채권자가 강제집행을 할 경우 소유자는 제3자 이의의 소를 제기하여 그 집행의 배제를 구할 수 있다(민사집행법 제48조).

만약 무권리자가 점유하는 목적물에 대해 소유자가 집행의 배제를 구하지 않아 동산경매절차에서 매수인이 경락받아 대금을 납부하면 그 매수인이 목적물의 소유권을 취득하는가에 대해서는 견해의 대립이 있다. 판례는 동산에 관하여는 매수인이 원칙적으로 목적물의 소유권을 취득하지 못한다는 점을 전제로 이에 대한 선의취득을 인정할 뿐이다(대판 1997.6.27, 96다51332; 대판 1998.6.12, 96다6800). 이는 경매를 사법상 매매의 일종으로 파악하면서(대판 1993.5.25, 92다15574) 경매에서의 취득을 승계취득으로 이해하는 입장에 기초한 것이다.

사안에서 기계의 소유권은 소유권유보약정에 의해 A에게 유보되어 있었으나 동산경매절차에서 D가 이를 선의취득하였으므로, 기계의 소유자는 D이다.

II. 점유개정과 선의취득

점유개정의 방법으로 동산을 인도받는 경우에도 동산을 선의취득할 수 있는가에 대해서는 견해의 대립이 있다. 이는 타인 소유 동산의 양도담보에서 빈번하게 문제된다. 우리나라 민법은 점유개정으로 인한 선의취득을 부정하는 명문 규정을 두고 있지 않지만, 판례(대판 2000.6.23, 99다65066 등)와 통설은 해석론으로 이를 부정한다. 점유개정이라는 공시방법의 불완전성을 고려하면 점유개정에 의한 선의취득을 인정하는 것이 본래의 권리자에게 너무 가혹하기 때문이다. 이러한 입장에 따르면 소유권유보가 양도담보에 우선하게 된다.

사안에서 E는 점유개정의 방법으로 양도담보를 설정받았으므로 기계의 소유권을 선의취득할 수 없다.

Ⅲ. 기계반환청구 등

B는 기계 소유자가 아니지만 점유를 침탈 당하였으므로 점유권에 기한 반환청구는 할 수 있다($^{제204조}_{제1항}$). 여기에서의 침탈은 점유자가 그의 의사에 의하지 않고 사실상 지배를 빼앗기는 것을 의미한다. 가령 위법한 강제집행에 의하여 목적물을 인도받은 경우($^{대판 1987.6.9, 86다카1683;}_{대판 2012.3.29, 2010다2459}$), 하도급 공사업자들이 점유하는 건물의 잠금장치를 임의로 교체하고 공사업자들의 건물침입을 막은 경우($^{대판 2003.7.25,}_{2002다34543}$)가 점유 침탈에 해당한다. 사안에 나타난 절취행위가 점유 침탈에 해당함은 물론이다. 점유회수청구권에 대해서는 1년의 제척기간이 적용된다($^{제204조}_{제3항}$). 판례는 이를 출소기간으로 해석한다($^{대판 2002.4.26,}_{2001다8097, 8103}$). 사안에서는 제척기간이 경과되지 않은 상태이다. 그러나 침탈자가 아닌 선의의 특정승계인에 대해서는 이러한 반환청구가 허용되지 않는다($^{제204조}_{제2항}$). F는 선의, 무과실의 특별승계인이므로 B는 F를 상대로 기계의 반환청구를 할 수 없다. 다만 B는 도품의 피해자이므로 이를 이유로 기계의 반환청구를 할 수 있다($^{제250}_{조}$). 이러한 반환청구는 승계인인 F에게도 가능하다.

부당이득반환청구와 불법행위로 인한 손해배상청구에 대한 해설은 앞의 예시 답안으로 갈음한다.

Ⅳ. 도품과 선의취득

도품이나 유실물에 대해서는 선의취득에 대한 특례가 있다. 이 경우 피해자 또는 유실자는 그 도품이나 유실물이 금전이 아닌 한 도난 또는 유실일로부터 2년 내에 그 물건의 반환을 청구할 수 있다($^{제250}_{조}$). 소유자 또는 그의 의사에 기하여 물건을 점유하는 자가 자신의 의사에 기하지 아니하고 점유를 상실한 경우에는 그가 자신의 의사에 기하여 물건을 양도함으로써 점유를 상실한 경우와 같게 평가하지 않는 것이다. 따라서 우리 민법은 그 물건을 취득한 자가 선의취득의 요건을 갖추었더라도 소유자 등이 일정한 기간 동안 원래의 권리를 행사할 수 있도록 한다. 다만 그것이 경매나 공개시장 등과 같이 일반 사람이 가지는 거래상의 신뢰가 보장되어야 하는 상황에서 구입된 것이라면, 소유자 등은 양수인이 지급한 대가를 변상하여야 그 권리를 행사할 수 있다($^{제251}_{조}$).

사안에서 F가 취득한 기계는 도품에 해당하므로 기계 소유자인 D는 도난일부터 2년 내에 F를 상대로 그 기계의 반환을 청구할 수 있다. 또한 사안에서 F가 위 기계를 경매나 공개시장에서 양수하거나 이 종류의 물건을 판매하는 상인으로부터 양수하였다는 사정이 보이지 않으므로, F는 대가변상청구권도 가지지 않는다.

V. 유익비상환청구권에 기한 유치권

D와 F 사이에는 계약관계가 없으므로 양자 사이의 비용상환은 점유자와 회복자의 관계에 관한 민법 제203조가 적용된다. 한편 예시 답안에서 설명하였듯이 F는 선의의 점유자로 사용이익을 수취하였으므로 통상의 필요비를 청구하지 못하고, 유익비상환을 청구할 수 있을 뿐이다.

유익비는 물건의 개량 기타 그 효용의 적극적인 증진을 위하여 지출하는 비용이다. 사안에서 F가 지출한 200만 원은 유익비임이 명백하다. 또한 점유자는 인도청구를 하는 회복자의 선택에 쫓아 지출금액 또는 증가액을 청구할 수 있는데 사안에서는 양 금액이 일치한다. 이러한 유익비상환청구권은 점유자가 점유물의 반환을 청구받거나 점유물을 반환한 때에 발생한다(대판 1969.7.22. 69다726; 대판 1993.12.28. 93다30471, 30488; 대판 1994.9.9. 94다4592).

유익비상환청구권이 발생하면 점유자는 이에 기초하여 유치권을 행사할 수 있다. 유치권은 타인의 물건 또는 유가증권을 점유한 자가 그 물건이나 유가증권에 관하여 생긴 채권이 변제기에 있는 경우 변제를 받을 때까지 그 물건 또는 유가증권을 유치할 수 있는 권리이다(제320조). 사안에서 F는 D의 물건을 점유하고 있고 그 물건에 관하여 유익비를 지출하였으며 D의 반환청구에 따라 그 유익비상환청구권의 변제기도 도래하였으므로 이에 기초하여 기계를 유치할 권리를 가진다. 다만 회복자는 법원에 유익비의 상당한 상환기간을 허여하도록 청구할 수 있는데(제203조 제3항), 이러한 청구가 받아들여지면 변제기가 뒤로 미루어지므로 유치권을 행사할 수 없을 것이다.

16 공 유

기본 사실관계

A, B는 같은 중학교·고등학교를 졸업한 동향 선후배로 토지를 같이 구입해서 주택을 지어 이웃으로 살기로 하였다. A, B는 2007. 3. 2. C로부터 X토지(대지)를 3억 원에 구입해서 2007. 4. 2. A, B 공동명의로 소유권을 이전하는 등기를 하였다(각자의 지분은 1/2로 하여 공유등기를 하였다). A, B가 X토지를 취득할 당시에는 X토지는 나대지 상태였고, A, B는 X토지 위에 각자의 집을 지어 살기로 하되, 아직 어떤 부분을 어느 범위만큼 분할할지에 대해서는 합의하지 않은 상태였다.

문제

2003. 4. 2.부터 X토지는 D가 점유하면서 정원수 식재 및 판매를 해 왔는데, D는 월 20만 원의 차임을 지급하기로 하고 C로부터 X토지를 임차하기로 하는 계약을 체결하였는데, 2004.12.2.부터 3개월에 걸쳐 월차임이 연체되었다가 2005. 3. 2. 연체된 월차임과 당월분 월차임 20만 원이 한꺼번에 지급되었고, 그 후 다시 2005. 4. 2. 당월분 월차임과 2005. 5. 2. 당월분 월차임이 각각 연체되자 C는 임대차계약을 즉시 해지한다는 내용의 통지를 하였다. 그 통지는 2005. 6. 2. D에게 도달하였다. 그러나 D는 그 후에도 차임을 지급하지 않은 채로 계속하여 X토지를 점유하고 있었다. B는 2008. 2. 2. D를 상대로 X토지의 불법점유를 이유로 토지반환과 2005. 4. 2.부터 토지반환 때까지 월 10만 원의 부당이득을 반환하라는 청구를 하였다. B의 청구는 타당한가? (40점)

Ⅰ. B의 청구와 검토할 사항

B는 D가 X토지를 불법점유하고 있다는 이유로 ① X토지의 반환과 ② 2005. 4. 2.부터 토지 반환의 시점까지 월 10만 원의 부당이득을 반환하라는 두 가지 청구를 하고 있다. 위 지문에 지적된 사항 이외에 다른 특별한 사정이 없다면, B가 위와 같은 청구를 하려면 B가 공유자로서 보존행위를 하는 것이어야 하고, D가 토지를 권원 없이 점유하고 있어야 하며, 그 점유로 인하여 임대료 상당의 부당한 이득을 얻고 있어야 한다. 아래에서는 토지반환과 임대료 상당의 부당이득반환을 구할 수 있는 요건이 구비되었는지를 중심으로 B의 청구의 당부를 판단해 본다.

Ⅱ. X토지의 반환청구

1. B의 보존행위 인정 여부

타인이 부동산을 점유하는 경우, 첫째, 소유자가 점유자를 상대로 그 반환을 구할 수 있다. 이 때 점유자가 자신이 점유할 정당한 권원 있음을 주장·입증하였다면 소유자의 반환청구는 인정되지 않는다. 둘째, 위 첫째에서 언급한 소유자가 아니라 하더라도 공유자 중 1인에게도 소유자에게 인정되는 소유물반환청구권과 동일한 청구권을 인정한다. 공유물을 보존하기 위한 목적일 때 이런 반환청구권이 인정된다(보존행위). 타인이 공유물을 전부 또는 일부를 배타적으로 점유함으로써, 공유자에게 인정되는 공유물 전부에 대한 사용, 수익 그리고 자신의 지분에 대한 처분권한의 행사가 방해받고 있다면, 자기 권리의 행사를 위해 공유물의 반환이 필요하므로, 반환청구는 보존행위라 할 수 있다. 보존행위는 공유자의 지분의 과다와 무관하게 모든 공유자가 할 수 있다($\frac{제265조}{제2문}$). 한편 보존행위의 상대방에는 아무런 제한이 없다. 즉 공유물을 점유하는 모든 사람(다른 공유자를 포함)이 그 상대방이 될 수 있다. 상대방의 입장에서는 민법 제213조 단서에서와 같이 점유할 정당한 권원 있음을 주장·입증하지 못하면 보존행위를 하는 공유자에게 공유물을 반환하여야 한다.

위 사안의 B는 X토지의 1/2 지분을 보유하는 공유자이고, D는 현재 공유물인 X토지를 배타적으로 점유함으로써 B(또는 A)의 공유자로서의 권리행사를 방해하고 있다. 그러므로 B는 보존행위로서 공유물의 반환을 청구할 수 있다.

한편 D가 X토지를 점유할 권원이 있는지를 살펴 볼 필요가 있다. D는 C로부터 X토지를 임차하였기 때문에 일응 점유할 권원이 있는 자이다. 그러나 D는 2월분의 차임을 연체하였고, 이것은 민법 제641조의 2기 차임 연체에 해당되기 때문에 C는 해지권을 취득하였고, 임대인 C는 계약을 적법하게 해지할 수 있었고, 해지의 의사표시가 2005. 6. 2. 도달함으로써 D의 임차권은 2005. 6. 2. 소멸하였다. 그 때부터 D는 권원 없는 점유자로 전환되었다.

그러므로 B의 D에 대한 토지반환청구는 인용될 수 있다.

Ⅲ. B의 D에 대한 부당이득반환청구권

D는 임대차계약이 해지되기 이전까지 3기(2005. 4. 2.부터 2005. 6. 2.까지)에 걸쳐 월차임을 연체하고 있었다. 임대차계약 해지 이후부터 현재까지 D는 아무런 권원 없이 X토지를 점유하고 있기 때문에 부당한 이득을 하고 있다. 따라서 D는 임대차계약에 기한 차임지급 의무가 있고, 임대차계약 해지 후에는 부당이득의 반환의 의무가 있다. 즉 두 가지 의무가 있다. 문제는 B에게 이에 대응한 두 개의 청구권이 있는지이다.

1. 연체임료지급청구권

연체임료지급청구권은 임대인에게 귀속되는 것이므로 C가 청구권자임에는 의문이 없다. 그런데 B가 이런 연체임료지급청구권을 행사할 수 있기 위해서는, 이 채권의 양도 합의가 있고, 그 사실이 D에게 통지되어야 한다. 그런데 위 지문에 비추어 보면 위 두 가지 요건사실이 충족되었음을 시사하는 어떤 언급도 없기 때문에 B는 연체임료지급청구를 할 수 없다고 할 것이다.

2. 부당이득반환청구권

부당이득반환청구권은 수익자가 이득을 하고, 그 이득의 직접적 결과로 손실자에게 손실이 생겨야 하고, 수익자의 이득이 법률상 원인이 없어야 한다는 요건이 충족되었을 때 비로소 성립한다(제741조). 이 때 부당이득반환청구권을 성립시키는 이득이란 손실자가 입은 손실의 범위에 한정된다. 이렇게 하여 부당이득반환청구권이 성립하면 민법 제748조에 따라 수익자가 선의인지, 악의인지 여부에 따라 현재 반환하여야 할 부당이득의 범위가 결정된다.

D는 2005. 6. 2.부터 법률상 원인 없이 X토지를 점유하고 있었고, 그로 인해 임대료 상당의 수익을 얻고 있었다. D의 법률상 원인 없는 이득으로 인해 B는 자신이 공유지분권을 취득한 2007. 4. 2.부터 공유물인 X토지를 공유지분에 상응하여 사용, 수익할 권리에 침해를 입었다. 그러므로 B는 2007. 4. 2.부터 X토지가 반환될 시점까지 X토지의 임대료 상당액의 1/2만큼의 손실을 입었고, 이에 상응하여 D가 얻은 이득을 부당이득반환청구권의 행사로써 반환받을 수 있다.

부당이득반환청구권의 행사로써 반환받을 이득의 구체적 범위는 D가 선의의 수익자라면 현존이익이겠지만, 악의의 수익자라면 이득을 얻었는지와 무관하게 얻을 수 있었을 이득을 반환하여야 한다($\frac{제748}{조}$). 한편 권원 없는 점유로 인한 임대료 상당액의 부당이득에 대해 대법원은 악의의 점유자인 경우 민법 제201조 제2항에 의해 과실수취권이 인정되지 않고, 반환할 범위는 민법 제748조 제2항에 따라 받은 이익에 이자를 가산하여야 한다고 한다. 여기에는 원래의 이득, 그 이득에 대한 법정이자가 포함된다는 것이다.

위 사안에서 B는 원래의 이득인 월 10만 원과 그 이득에 대한 법정이자를 청구한 것이 아니고, 원래의 이득 10만 원의 반환을 청구한 것이라면, 처분권주의에 비추어 2007.4.2.부터 X 토지를 반환하는 날까지 월 10만 원의 이득만을 반환받을 수 있을 것이다.

해 설

Ⅰ. 보존행위

민법 제265조에 따르면 공유물의 보존을 위한 행위는 공유자 각자가 자기 이름으로 할 수 있도록 규정하고 있다. 공유자는 공유물 전부를 각자의 지분에 따라 사용·수익할 수 있는데, 그 공유물을 타인이 권원 없이 사용하고 있다면 그 공유물의 반환을 구할 수 있다. 공유자이지만, 민법 제265조의 과반수 지분권에 기한 관리행위로 공유물을 배타적으로 점유하는 것이 아니라면 그 소수지분권을 가진 공유자도 민법 제265조의 보존행위의 상대방이 될 수 있다.

[대판 2014.5.16, 2012다43324] 토지나 건물에 관하여 지분을 소유하고 있는 공유자나 그 지분에 관한 소유권이전등기청구권을 가지고 있는 자라고 할지라도 다른 공유자와의 협의 없이는 공유물을 배타적으로 점유하여 사용·수익할 수 없는 것이므로, 다른 공유권자는 자신이 소유하고 있는 지분이 과반수에 미달되더라도 공유물을 점유하고 있는 자에 대하여 공유물의 보존행위로서 공유물의 인도를 청구할 수 있다($\frac{대판(전) 1994.3.22,}{93다9392, 9408}$).

공유물인 부동산의 등기가 진정한 공유지분의 상태를 반영하지 못하는 경우, 원인무효 등기로 자신의 공유지분의 행사를 방해받고 있는 공유자도 보존행위로 등기의 말소를 구하거나, 진정한 공유지분상태의 회복을 위한 지분이전등기를 청구하는 것도 가능하다. 그러나 자신의 공유지분권의 방해가 아니라, 다른 공유자의 지분권의 방해를 이유로 그 등기의 말소를 구하는 것은 공유물의 보존행위에 속한다고 할 수 없다.

[대판 2010.1.14, 2009다67429] 원고(공유지분권자)로서는 처음부터 그 청구의 권원으로 주장하였던 이 사건 임야의 1/3 지분에 기한 공유물의 보존행위로서 망인(다른 공유자) 소유의 1/3 지분에 관하여 이루어진 원인무효등기의 말소를 구할 수 있어야만 더 나아가 이 사건 소유권이전등기가 허위의 보증서에 기한 원인무효인지 여부에 따라 그 청구가 인용될 수 있을 것인데, ... 원고로서는 자신의 공유지분이 아닌 다른 공유자인 망인의 공유지분을 침해하는 원인무효의 등기가 이루어졌다는 이유로 공유물에 관한 보존행위로서 그 말소를 구할 수는 없다. 자신의 소유지분을 침해하는 지분 범위를 초과하는 부분에 대하여 공유물에 관한 보존행위로서 무효라고 주장하면서 그 부분 등기의 말소를 구할 수는 없다.

[대판 2005.9.29, 2003다40651] 부동산의 공유자 중 한 사람은 공유물에 대한 보존행위로서 그 공유물에 관한 원인무효의 등기 전부의 말소를 구할 수 있고, 진정명의회복을 원인으로 한 소유권이전등기청구권과 무효등기의 말소청구권은 어느 것이나 진정한 소유자의 등기명의를 회복하기 위한 것으로서 실질적으로 그 목적이 동일하고 두 청구권 모두 소유권에 기한 방해배제청구권으로서 그 법적 근거와 성질이 동일하므로, 공유자 중 한 사람은 공유물에 경료된 원인무효의 등기에 관하여 각 공유자에게 해당 지분별로 진정명의회복을 원인으로 한 소유권이전등기를 이행할 것을 단독으로 청구할 수 있다.

Ⅱ. 악의의 점유자의 부당이득반환의무에 관한 대법원 판결

[대판 2003.11.14, 2001다61869] 타인 소유물을 권원 없이 점유함으로써 얻은 사용이익을 반환하는 경우 민법은 선의 점유자를 보호하기 위하여 제201조 제1항을 두어 선의 점유자에게 과실수취권을 인정함에 대하여, 이러한 보호의 필요성이 없는 악의 점유자에 관하여는 민법 제201조 제2항을 두어 과실수취권이 인정되지 않는다는 취지를 규정하는 것으로 해석되는바, 따라서 악의 수익자가 반환하여야 할 범위는 민법 제748조 제2항에 따라 정하여지는 결과 그는 받은 이익에 이자를 붙여 반환하여야 하며, 위 이자의 이행지체로 인한 지연손해금도 지급하여야 한다.

유 제

문제 〈제16문의 사실관계를 전제로 다음과 같이 사실관계가 추가되었다고 가정한다.〉

2008. 6. 2. A, B는 내부적으로 합의한 바에 따라 분할된 토지 위에 각기 건물을 건축한 후 각각 소유권보존등기를 하였다. 그런데 각 건물을 착공할 당시 건축비를 마련하기 위해 A, B는 공동 명의로 3억 원을 F로부터 대출하여 내부적으로 1억 5천만 원씩을 나누어 가졌고, 위 3억 원의 채무를 담보하기 위해 각자의 지분 1/2씩에 채권최고액을 3억 5천만 원으로 한 근저당권을 설정하였다. 근저당권 설정 당시 X토지 위에 A, B는 각자 건축을 위해 지반 굴착공사를 한 후 철근콘크리트 골조를 박아 두고 주변에 가림막을 해 둔 상태였다. 건물 완공 후 A는 1억 5천만 원을 갚았으나 B가 채무를 변제하지 못하는 바람에 F는 B의 1/2 지분을 경매절차를 통해 매각하였고 G가 1/2을 취득하여 지분이전등기를 경료하였다. G는 A를 상대로 해서는 자기의 동의 없이 토지의 현상이 변경되었다는 이유로, B를 상대로 해서는 토지 이용권 없이 건물을 소유하고 있다는 이유로 각각 건물철거, 토지반환 및 토지의 점유로 인한 부당이득으로 임대료 상당액(X의 A 부분, B 부분에 대해 각각 월 10만 원의 임대료 상당액)을 G의 공유지분권 취득의 시점부터 토지반환의 시점까지 지급하라고 하는 소를 각각 제기하였다. G의 청구는 타당한가? (60점)

예시답안

Ⅰ. G의 청구와 검토할 사항

이 사안에서 G는 두 개의 소를 제기하고 있다. ① A를 상대로 한 소에서는 건물철거와 토지반환, 그리고 부당이득반환의 세 개의 청구를 하고 있으며, ② B를 상대로 한 소에서도 건물철거와 토지반환, 그리고 부당이득반환을 청구하고 있다. 그러나 그 근거는 각기 상이하다. A에 대한 청구가 타당하기 위해서는, X토지가 A, B가 공유하는 것인데 공유자인 G의 동의 없이 X토지에 건물이 건축되었으므로 그 건축은 위법한 현상변경이어서 건물이 철거되어야 한다는 것, 토지반환은 A가 배타적으로 X토지의 A 부분을 점유하므로 자신의 공유자로서의 권리가 침해되었어야 할 것이다. B에 대한 청구가 타당하기 위해서는 B가 X토지에 대해 아무런 권리가 없는 자일 뿐 아니라 X토지를 점유할 권원이 없어야만 그 청구가 타당할 것이다. 아래에서는 이 문제를 검토해 본다.

Ⅱ. G의 A에 대한 청구

1. G가 구분소유적 공유 관계에 편입된 경우

G가 구분소유적 공유인 토지임을 알면서 공유지분을 경매에서 매수하였다면 G 역시 구분소유적 공유관계에 편입된다. 이 경우 G는 A와의 관계에서 내부적으로는 X의 B 부분을 배타적으로 소유하는 자의 지위에 편입하게 된다. 따라서 X의 A 부분에 A가 건물을 건축한 것이나 그 부분의 토지를 배타적으로 점유하는 것은 구분소유적 공유관계에 기초한 권리의 행사일 뿐이다. 이 경우 G의 A에 대한 건물철거나 토지반환청구는 기각될 수밖에 없다. 아울러 A에 대한 임대료 상당의 부당이득을 청구하는 것도 기각될 것이다. X의 A에 대한 부분은 A가 배타적으로 소유하기로 한 것이기 때문이다.

2. G가 구분소유적 공유관계에 편입되지 않은 경우

경매절차에서 G가 구분소유적 공유임을 알지 못하였다는 사실을 주장·입증할 수 있다면 G는 구분소유적 공유관계에 편입되지 않고 단순 공유 지분을 매수한 것으로 인정될 수 있다. 이 경우 건물철거, 토지반환이 가능한지를 살펴 보아야 할 것이다.

(1) 건물철거

공유물에 지속적으로 정착시킬 목적으로 건물을 건축하는 것은 공유물의 현상을 변경하는 것이어서 공유자 전원의 동의가 없으면 과반수 지분권자라도 적법하게 건물을 건축할 수 없다(제264조). 이 때 공유자 중의 1인은 보존행위로서 건물철거를 청구할 수 있다. 건물 건축으로 공유물 현상이 위법하게 변경되어 공유자의 권리행사를 방해하므로, 건물철거가 공유물을 보존하기 위한 적절한 조치가 되기 때문이다. 그런데 위 사안에서는 공유지 X의 A 부분에 대한 건축은 공유자인 A, B의 합의에 기초하여 건축한 것이므로 위법한 현상변경이라 할 수 없다.

그런데 공유자 전원이 동의로 현상이 변경되었다면, 나중에 공유지분권을 취득한 사람도 그 현상변경에 구속되어야 하는지가 문제된다. 대법원 판례는 공유자에 의한 적법한 관리행위는 공유지분의 변경에 의해 지분권을 취득한 나중의 공유자를 구속한다고 한다. 적법한 관리행위는 과반수 지분권자의 결정에 의한 것인데도 이런 구속력이 인정된다면, 전원의 합의에 의한 결정에 구속력을 인정되는 것은 당연할 것이다(물론해석). 나중에 공유지분권을 취득한 사람은 이미 적법하게 현상변경된 상태의 공유물을 취득하는 것이라고 해석할 수 있을 것이다. 이렇게 해석한다면, 적법한 현상변경의 경우 다시 전원의 합의로 변경되지 않는 한 거기에 구속되어야 한다고 할 것이다. 그러므로 이 경우에도 G의 A에 대한 건물철거청구는 기각될 것이다.

(2) 토지반환

X의 A 부분에 건립된 건물이 적법한 현상변경이라면 건물 건립으로 인한 X의 A 부분에 대한 배타적 점유 역시 불가피하다고 할 것이다. 토지반환을 인정하는 것은 건물철거 없이는 불가능하기 때문이다. 건물건립이 적법한 현상변경으로 용인되어야 할 부분이라면 G의 토지반환청구는 인정될 수 없다는 것이다. 그러므로 G의 이 부분 청구는 기각될 것이다.

(3) 임대료 상당액의 부당이득반환청구

G가 단순 공유지분을 취득한 것이라면, G는 1/2 지분에 따라 X토지의 전부를 사용, 수익할 권리가 있다. 그런데 A가 X의 A 부분을 배타적으로 점유하고 있으므로 G의 공유지분권이 침해되고 있다. 적법한 현상변경으로 A가 X의 A 부분 토지를 배타적으로 점유하게 되었다 하더라도 G의 사용, 수익권 지분권 침해가 정당화되지는 않는다. 가령 적법한 관리행위로 공유자 중 1인이 공유물의 일부를 배타적으로 점유하더라도 그것만으로는 다른 공유자의 공유지분권의 권능인 사용, 수익권능의 침해가 정당화되지 않는 것과 동일한 이치이다. 후자의 경우 배타적 점유자가 다른 공유자에게 침해된 사용, 수익권능에 상응한 부당이득의 반환을 해야 하듯이 (가령 대판 2014.2.27. 2011다42430 참조) 적법한 현상변경에 의한 배타적 점유취득자도 그로 인해 침해된 다른 공유지분권자의 사용, 수익권능에 상응한 부당이득을 반환하여야 한다. 따라서 G의 A에 대한 부당이득반환청구(소유권 취득의 시점부터 배타적 점유가 종료될 때까지 월 5만 원씩의 부당이득의 반환)는 인용될 것이다.

Ⅲ. G의 B에 대한 청구

B의 공유지분의 경매로 인해 B는 X토지에 대한 공유지분을 상실하였다. 그럼에도 불구하고 B가 건물 소유를 위해 X토지를 사용할 권리가 있다면 건물을 철거할 이유가 없다. B가 건물소유를 위한 토지사용권이 있는지 여부는 G가 구분소유적 공유관계에 편입되었는지를 구분하여 살펴 보아야 할 것이다.

1. G가 구분소유적 공유 관계에 편입된 경우

(1) 건물철거 및 토지반환

G가 구분소유적 공유인 토지임을 알면서 공유지분을 경매에서 매수하였다면 G 역시 구분소유적 공유관계에 편입된다. 이 경우 G는 X의 B 부분을 배타적으로 점유하는 권리로서의 공유지분권을 취득한 것이다. 이 때 B는 X의 B 부분에 대한 법정지상권을 취득하였을 주장·입증할 수 있다면 G의 건물철거 및 토지반환청구를 배척할 수 있을 것이다.

법정지상권이 성립하기 위해서는 ① 토지와 건물이 동일인 소유에 속할 때, ② 토지 또는 건물에 저당권이 설정되고, ③ 저당권의 실행으로 토지와 건물의 소유자가 달라져야 한다. 그런데 위 사안에서 토지에 저당권이 설정될 때 지상에는 아직 건물이 없었기 때문에 일응 위 ①의 요건이 충족되지 않은 것처럼 보이기도 한다. 즉 나대지 상태였다. 그러나 대법원 판례에 따르면, 나대지에 저당권이 설정될 시점에 건축공사가 시작되었고, 건축물의 종류, 범위 등을 예측할 수 있을 정도로 건축공사가 진행되었으며, 매각대금의 완납의 시점까지 법적 의미의 건물이 성립하였다면 저당권 설정 당시 법적 의미의 건물이 없더라도 법정지상권의 성립에는 영향이 없다고 한다. 위 사안에서의 저당권 설정 당시 이 요건이 충족된다고 볼 수 있다. 한편 토지와 건물이 동일인 소유에 속하여야 하는데, 위 사안에서 건물은 B의 소유이지만, 토지는 A와 B의 공유지분이었고, 저당권은 공유지분에 설정되었다. 그러므로 토지 또는 건물에 저당권이 설정되어야 한다는 위 ②의 요건이 충족되지 않은 것처럼 보이기도 한다. 대법원은 공유지분에 저당권이 설정되거나 공유지상의 건물에 저당권이 설정된 경우 저당권의 실행으로 토지의 공유지분권자가 변경되거나 공유자가 아닌 자가 건물소유자로 된 경우 법정지상권을 인정하지 않고 있다. 그러나 구분소유적 공유인 경우 실질적으로는 건물이 건립되어 있는 토지부분은 단독소유와 다를 바 없기 때문에(이에 대해서는 후술하는 문제에서 설명됨) 지분에 설정된 저당권이 실행되거나 건물 저당권의 실행으로 소유자의 변동이 있는 경우 법정지상권을 인정하고 있다. 그러므로 B는 건물소유를 위한 법정지상권을 취득하게 된다.

(2) 임대료 상당의 부당이득반환청구

법정지상권자는 토지를 사용할 권리가 있지만 그렇다고 임대료 상당의 지료 없이 토지를 점유할 권리는 없다. 따라서 토지소유자는 법정지상권자에게 법정지상권 성립의 시점부터 지료의 지급을 청구할 수 있다(제366조). B는 X의 B 부분 토지를 점유하고 있고 이로 인한 손해는 구분소유적 공유지분권을 취득한 G만이 입은 것이므로, G가 지료지급청구권이 있다고 할 것이다. 그러나 이 지료지급청구권은 민법 제366조의 법정청구권이며 그 성격은 부당이득반환과 유사하다고 할 것이다. 그러므로 G가 부당이득반환으로 임대료 상당액(월 10만 원)의 지급을 청구하였다 하더라도 이를 배척하지 않고, 석명권을 행사하여 민법 제366조의 지료청구권 주장으로 전환하도록 해서 그 청구를 인용하는 것이 적절할 것이다.

2. G가 구분소유적 공유관계에 편입되지 않은 경우

경매절차에서 G가 구분소유적 공유임을 알지 못하였다는 사실을 주장·입증할 수 있다면 G는 구분소유적 공유관계에 편입되지 않고 단순 공유 지분을 매수한 것으로 인정될 수 있다. 이 경우 건물철거, 토지반환이 가능한지를 살펴 보아야 할 것이다.

(1) 건물철거 및 토지반환

G 역시 구분소유적 공유관계에 편입된 것이 아니라 단순한 공유지분을 취득한 것이고, 구분소유적 공유관계는 해소되었다. 적법한 현상변경으로 건물을 건축하였다 하더라도 현재 B는 X토지의 B 부분을 점유할 권원이 있는지가 문제된다. 첫째, G와의 관계에서 B는 구분소유적 공유관계상의 토지 부분이 아니라 공유지분권자로서 공유지에 건물을 건축하여 소유한 자로 평가되므로 법정지상권을 취득할 수 없다. 둘째, A와의 관계에서 상호명의신탁 약정에 기하여 B는 토지를 점유하는 것이었으나 현재 G가 그 관계에 편입되지 않았으므로 채권적 합의를 주장할 수도 없다. 그렇다고 그 외에 달리 공유지를 점유할 권원이 있지도 않다. 현재 타인 토지를 점유할 적법한 권원이 없는 이상 공유자인 G가 행사하는 보존행위로서의 건물철거 및 토지반환을 저지할 '점유할 정당한 권원'을 주장·입증할 방법도 없다. 그러므로 G의 청구는 인용될 것이다.

(2) 임대료 상당의 부당이득반환청구

B는 공유지의 일부를 배타적으로 점유함으로써 임대료 상당의 부당이득을 하고 있다. 그 부당이득은 X의 B 부분에 해당하는 월 임대료 5만 원 상당이다. 이 부분에 대해서는 A와 G가 모두 사용, 수익할 수 있기 때문에 G가 입은 손실은 월 5만 원에 해당될 것이다. 그러므로 G는 공유지분권 취득의 시점부터 토지반환의 시점까지 월 5만 원의 부당이득반환청구권을 행사할 수 있을 것이다.

Ⅳ. 결   론

위의 사안에서 G가 구분소유적 공유관계에 편입하였는지를 중심으로 하여 여러 법률효과를 살펴 보았다. 그런데 현실적으로 건물이 건축되어 있고, A와 B가 공유지를 구분하여 사용하고 있는 이상 구분소유적 공유관계가 있다는 것을 G가 알지 못하였다고 보기는 매우 어려울 것이다. 구분소유적 공유관계에 있다는 것을 알았다면, G의 A에 대한 청구는 기각되고, B에 대한 청구는 임대료 상당액(월 10만 원)을 부당이득반환청구가 아니라 지료청구로서 인용될 수 있을 것이다.

17 합유와 총유

A, B, C, D, E, F, G, H, J, K 10명은 공동으로 사회복지서비스 제공 사업을 하고자 '한마음'이라는 단체를 결성하고 A를 대표, B를 감사, C를 총무이사로 선출하였다. 회칙에는 대외적인 업무집행은 대표가 하는 것으로 규정되어 있고, 내부적인 업무집행은 총무이사가 하는 것으로 되어 있다. 이들은 각자 500만 원씩 출연금을 내어 5,000만 원을 마련하고, 기업 '사성'으로부터 2억 원의 후원금을 받은 후 X상가를 보증금 2억 원에 '한마음' 명의로 임차하였다.

문제

A는 열성적인 활동 끝에 2012년 2월 2일 현재 약 3억 원을 모금하여 활동하고 있다. 그런데 좀더 많은 자금을 모아 '한마음'의 활동 재원에 활용하기 위해 그 중 2억 5천만 원을 2012. 3. 4. S에게 연이자 10%에 대출해 주고 대출금 채무의 담보로 S의 부동산 Y에 근저당권을 설정받았다. 그런데 2013. 3. 4. 현재 S가 이자는 말할 것도 없고 원금도 지급하지 않고 있다. A는 S를 상대로 소비대차계약상의 채무의 이행을 구하면서 원금 2억 5천만 원의 반환과 이자 2천 5백만 원, 그리고 다 갚는 날까지 지연이자 연 10%지급을 구하는 소를 제기하였다. '한마음'의 회칙에는 회칙을 준수하고자 하는 모든 사람은 회원으로 가입할 수 있고, 자발적으로 탈퇴하거나 회칙을 준수하지 않으면 탈퇴시킬 수 있게 규정하고 있다. 또한 단체의 주요한 의사결정은 회원총회의 결의가 있어야 한다고 규정되어 있는데, A는 회원총회의 결의 없이 대출을 하였을 뿐 아니라, 이 사건 소도 제기하였다. S는 이에 대해 '한마음'은 비법인단체이므로 회원총회의 결의 없이 제기한 이 소는 부적법하다고 항변할 뿐 아니라, 소비대차계약도 부적법한 것이어서 채무를 이행할 필요가 없다고 항변하고 있다. S의 각 항변은 타당한지 그 근거를 제시하여 설명하시오. 만약 S의 항변이 타당하다면 A가 전부 승소할 수 있는 소를 제기하기 위해서는 어떤 조치를 취하여야 하는지 또는 어떤 청구를 하여야 할 것인지 그 근거를 제시하여 설명하시오. (30점)

예시답안

Ⅰ. 문제의 소재

먼저 '한마음'이 비법인단체인지, 아니면 조합인지를 판단하여야 하고, 비법인 단체라고 판단하였을 때 S의 항변이 타당한지를 살펴 보아야 할 것이다. S의 항변이 타당하다면, A가 이 사건 소에서 전부승소하기 위한 조건을 검토할 필요가 있다.

Ⅱ. '한마음'이 비법인 단체인지 여부에 대한 판단

'한마음'은 공동의 목적을 달성하기 위해 수인이 결합한 조직인데, 이 조직이 민법상의 조합일 수도 있고, 아니면 법인격은 없으나 사단성이 인정되는 비법인사단일 수도 있다. 양자 중 어떤 것인지를 구별하는 기준은 사단의 실체인 고유한 목적, 이를 달성하기 위한 정관과 조직을 갖추고 구성원의 가입과 탈퇴가 자유로와야 한다.

'한마음'은 고유한 목적을 가지고, 그 목적을 달성하기 위한 조직을 갖추고 있으며 활동을 위한 규약도 갖추고 있다. 그 규약에 따르면 다수결에 의한 의사결정과 집행을 하게끔 되어 있다. 또한 구성원의 가입, 탈퇴 등으로 인한 변경에 관계 없이 단체 그 자체가 존속하도록 되어 있기 때문에 '한마음'은 비법인단체라 할 것이다.

Ⅲ. S의 항변에 대한 판단

비법인단체의 대표가 비법인사단을 대표하여 소를 제기할 수 있으나, 사원총회의 결의가 있어야 한다. 만약 사원총회의 결의 없이 소가 제기되었다면 그 소는 부적법하여 각하될 수 있을 것이다. 위 소송에서 '한마음'이 비법인사단인 경우 A가 사원총회의 결의 없이 소를 제기하였다는 사실이 드러났기 때문에 수소법원은 소를 각하하여야 할 것이다.

한편 비법인사단은 총유물의 처분, 관리 행위에 있어서는 규약에 따르고, 규약이 없으면 사원총회의 결의에 따라야 한다(제276조). 비법인사단의 대표가 사원총회의 결의 없이 총유물의 처분, 관리행위를 하였다면 그 행위는 무효가 된다. 위 사안의 A는 '한마음'의 대표이고, 대표로서 소비대차계약을 체결하였지만, 그 소비대차계약은 총유물인 금전의 소유권을 S에게 이전하는 것을 내용으로 하는 것이어서 그 소비대차계약은 무효라 할 것이다. 소비대차계약이 무효이기 때문에 저당권도 피담보채권이 없기 때문에 효력이 없다.

따라서 S의 항변은 타당하다고 할 것이다.

Ⅳ. A가 전부승소할 수 있는 소 제기를 위한 조치 등

A가 전부승소하기 위해서는 무엇보다도 소 제기에 앞서 사원총회를 개최하여 소 제기에 관하여 회원들의 동의를 구해야 할 것이다. 이어 소비대차계약이 무효라는 전제 하에서 부당이득반환청구의 소를 제기하여야 할 것이다. 부당이득반환청구에 있어서는 A가 '한마음'의 명의로 S에게 대여금을 지급하였기 때문에, '한마음'을 원고로 하여 A가 대표로 지급한 대여금의 반환을 구하여야 할 것이다. S가 위 소비대차계약이 악의가 된 시점을 확정할 수 있다면 대여금 원본 2억 5천만 원과 그에 대한 이자(5%)의 합산액에 대해 소장 부본이 송달된 때로부터 소송촉진특례법에 따른 지연이자의 지급을 구할 수 있다.

> ### 해 설

Ⅰ. 비법인사단과 조합을 구분하는 기준

대법원은 위 기준에 대해 다음과 같이 설시하고 있다.

[대판 1992.7.10, 92다2431] 조합은 2인 이상이 상호간에 금전 기타 재산 또는 노무를 출자하여 공동사업을 경영할 것을 약정하는 계약관계에 의하여 성립하므로($\binom{민법 제}{703조}$) 어느 정도 단체성에서 오는 제약을 받게 되는 것이지만 구성원의 개인성이 강하게 드러나는 인적 결합체인 데 비하여 비법인사단은 구성원의 개인성과는 별개로 권리의무의 주체가 될 수 있는 독자적 존재로서의 단체적 조직을 가지는 특성이 있다고 하겠다. 민법상 조합의 명칭을 가지고 있는 단체라 하더라도 고유의 목적을 가지고 사단적 성격을 가지는 규약을 만들어 이에 근거하여 의사결정기관 및 집행기관인 대표자를 두는 등의 조직을 갖추고 있고, 기관의 의결이나 업무집행방법이 다수결의 원칙에 의하여 행해지며, 구성원의 가입, 탈퇴 등으로 인한 변경에 관계없이 단체 그 자체가 존속되고, 그 조직에 의하여 대표의 방법, 총회나 이사회 등의 운영, 자본의 구성, 재산의 관리 기타 단체로서의 주요사항이 확정되어 있는 경우에는 비법인사단으로서의 실체를 가진다고 할 것이다.

Ⅱ. 비법인사단 대표의 대표행위

1. 소송행위

비법인사단의 대표가 소송행위를 할 때, 특히 총유재산에 관한 소송인 경우 사원총회의 결의 등을 거쳐야 한다. 아래에 비법인사단의 대표의 소송행위에 관한 대법원 판결을 소개한다.

[대판 2013.4.25, 2012다118594] 비법인사단이 총유재산에 관한 소송을 제기할 때에는 정관에 다른 정함이 있다는 등의 특별한 사정이 없는 한 사원총회 결의를 거쳐야 하므로 비법인사단이 이러한 사원총회 결의 없이 그 명의로 제기한 소송은 소송요건이 흠결된 것으로서 부적법하다. 비법인사단이 당사자인 사건에서 대표자에게 적법한 대표권이 있는지는 소송요건에 관한 것으로서 법원의 직권조사사항이므로 비법인사단 대표자의 대표권 유무가 의심스러운 경우에 법원은 이를 직권으로 조사하여야 한다.

[대판 1999.10.22, 98다46600] 비법인사단의 대표자가 총유물의 처분에 관한 소송행위를 하려면 특별한 사정이 없는 한 민법 제276조 제1항에 의하여 사원총회의 결의가 있어야 하는 것이지만, 그 결의 없이 소송행위를 하였다고 하더라도 이는 소송행위를 함에 필요한 특별수권을 받지 아니한 경우로서, 민사소송법 제422조 제1항 제3호 소정의 재심사유에 해당하되, 전연 대리권을 갖지 아니한 자가 소송행위를 한 대리권 흠결의 경우와 달라서 같은 법 제427조는 적용되지 아니한다.

[대판 2010.3.25, 2009다95387] 적법한 대표자 자격이 없는 비법인사단의 대표자가 한 소송행위는 후에 대표자 자격을 적법하게 취득한 대표자가 그 소송행위를 추인하면 행위시에 소급하여 효력을 갖게 되고, 이러한 추인은 상고심에서도 할 수 있는 것이다(대판 1997.3.14, 96다25227; 대판 2001.7.27, 2001다5937 등 참조).

[대판(전) 2005.9.15, 2004다44971] 민법 제276조 제1항은 "총유물의 관리 및 처분은 사원총회의 결의에 의한다.", 같은 조 제2항은 "각 사원은 정관 기타의 규약에 좇아 총유물을 사용·수익할 수 있다."라고 규정하고 있을 뿐 공유나 합유의 경우처럼 보존행위는 그 구성원 각자가 할 수 있다는 민법 제265조 단서 또는 제272조 단서와 같은 규정을 두고 있지 아니한 바, 이는 법인 아닌 사단의 소유형태인 총유가 공유나 합유에 비하여 단체성이 강하고 구성원 개인들의 총유재산에 대한 지분권이 인정되지 아니하는 데에서 나온 당연한 귀결이라고 할 것이므로 총유재산에 관한 소송은 법인 아닌 사단이 그 명의로 사원총회의 결의를 거쳐 하거나 또는 그 구성원 전원이 당사자가 되어 필수적 공동소송의 형태로 할 수 있을 뿐 그 사단의 구성원은 설령 그가 사단의 대표자라거나 사원총회의 결의를 거쳤다 하더라도 그 소송의 당사자가 될 수

없고, 이러한 법리는 총유재산의 보존행위로서 소를 제기하는 경우에도 마찬가지라 할 것이다.

2. 일반적 재산행위

비법인사단이 보유하는 총유재산에 관한 보존, 관리, 처분행위는 민법 제275조 제2항에 따라 정관에 정한 바에 따르거나 정관에 정한 바가 없으면 제276조의 사원총회의 결의를 거쳐야만 유효한 대표행위가 될 수 있다. 그러나 이와 무관한 일반적 재산행위를 대표가 대표할 때는 이와 달리 처리된다.

[대판(전) 2007.4.19, 2004다60072]   민법 제275조, 제276조 제1항에서 말하는 총유물의 관리 및 처분이라 함은 총유물 그 자체에 관한 이용·개량행위나 법률적·사실적 처분행위를 의미하는 것이므로, 비법인사단이 타인 간의 금전채무를 보증하는 행위는 총유물 그 자체의 관리·처분이 따르지 아니하는 단순한 채무부담행위에 불과하여 이를 총유물의 관리·처분행위라고 볼 수는 없다. 따라서 비법인사단인 재건축조합의 조합장이 채무보증계약을 체결하면서 조합규약에서 정한 조합 임원회의 결의를 거치지 아니하였다거나 조합원총회 결의를 거치지 않았다고 하더라도 그것만으로 바로 그 보증계약이 무효라고 할 수는 없다. 다만, 이와 같은 경우에 조합 임원회의의 결의 등을 거치도록 한 조합규약은 조합장의 대표권을 제한하는 규정에 해당하는 것이므로, 거래 상대방이 그와 같은 대표권 제한 및 그 위반 사실을 알았거나 과실로 인하여 이를 알지 못한 때에는 그 거래행위가 무효로 된다고 봄이 상당하며, 이 경우 그 거래 상대방이 대표권 제한 및 그 위반 사실을 알았거나 알지 못한 데에 과실이 있다는 사정은 그 거래의 무효를 주장하는 측이 이를 주장·입증하여야 한다.

유 제

문제   〈위 제17문의 사실관계에 다음과 같은 사실관계가 추가되었다고 전제한다.〉

'한마음'의 회칙에는 ① 새로운 회원이 가입하고자 할 때에는 동일한 금액인 500만 원을 출연금으로 납부하여야 하고, ② 회원들이 탈퇴할 때에는 출연금 이상의 재원이 있을 때에는 출연금을 돌려 받을 수 있고, ③ 이 단체가 해산할 때에는 잔여재산 모두를 회원들에게 모두 분배하며, ④ 회원 1/2이 해산을 청구하면 이유를 묻지 않고 해산하기로 되어 있다. A는 사업을 확장하기 위해 2013. 3. 4. T로부터 '한마음'의 이름으로 3억 원을 연 이자 10%로 차용하였다. 2014. 3. 4. 현재 '한마음'은 원금 3억 원과 이자를 갚지 못하고 있다. 현재 '한마음'의 재산은 임대차보증금 2억 원밖에 없고, 회원 중에는 자력이 있는 사람이 A, B, C, D밖에 없다. T가 원금 3억 원과 이자를 모두 받으려면 누구를 상대로 어떤 청구를 하여야 하는지 그 근거를 제시하여 설명하시오. (50점)

예시답안

Ⅰ. 문제의 소재

'한마음'이 비법인사단인지 또는 조합인지에 따라 T가 누구를 상대로 어떤 권리를 행사하여야 할지가 달라진다. '조합과 비법인사단'의 구별기준에 따르면, 위 지문의 '한마음'은 조합에 해당될 것이다. 왜냐하면 가입, 탈퇴가 자유롭지 않으며 회원의 가입, 탈퇴에 따라 '한마음'의 운영에 영향을 미치기 때문이다. 달리 말하면 탈퇴 시에는 출연금을 반환하여야 하는 것만으로도 가입, 탈퇴에 따라 단체가 직접적 영향을 받게 된다는 것이다. 따라서 위 지문의 '한마음'은 조합이라는 전제에서 조합의 채권자가 자기 채권을 실현하기 위한 방법을 살펴 볼 필요가 있을 것이다.

Ⅱ. T의 권리와 그 실현방법

1. T의 권리

A는 T와 '한마음'의 이름으로 소비대차계약을 체결하였다. 소비대차계약은 조합의 특별사무에 해당되는데, 특별사무는 업무집행사원이 1인일 경우 단독으로 조합을 대리하여 체결할 수 있다. A는 대외적인 업무집행은 단독으로 할 수 있기 때문에 '한마음'의 이름으로 체결한 위 소비대차계약은 조합원 전원을 대리하여 체결한 것이다. 그러므로 위 소비대차계약은 조합과의 관계에서 유효한 계약이다. T는 원금 3억 원과 이자 연 10%를 청구할 수 있다.

2. T의 권리 실현방법

(1) 조합을 대상으로 한 소송

'한마음'의 이름으로 체결한 임대차계약상의 보증금반환채권은 조합원 개인의 재산이 아니라 조합의 재산이다. 이 보증금반환채권을 공취하고자 한다면, T는 조합을 대상으로 하여 소를 제기하여야 집행권원을 얻어야 한다. T는 A ～ K 10인을 피고로 한 필요적 공동소송을 제기하여야 한다. 이 때 T는 원금 3억 원과 이자 3천만 원, 합계 3억 3천만 원에 대해 소장부본이 송달된 날로부터 다 갚는 날까지 소송촉진특례법에 따른 지연이자의 지급을 구하는 소를 제기하는 것이 가장 유리할 것이다. 이렇게 하여 승소확정판결을 얻으면 위 임대차보증금반환채권을 압류하여 전부명령 또는 추심명령을 통해 자기 채권을 실현할 수 있다.

(2) 자력 있는 조합원을 대상으로 한 소송

임대차보증금은 2억 원에 불과하므로 T는 1억 3천만 원을 받지 못한다. 이 부분은 채권자 T가 조합원으로부터 받을 수 있다. 조합채권자는 채권 발생 당시에 조합원의 손실부담의 비율을 알지 못한 경우 각 조합원에게 균분하여 그 권리를 행사할 수 있다(제712조). 따라서 1억 3천만 원을 받지 못하였다면, 10명의 조합원에 대해 실질적으로 1천 3백만 원씩 청구하는 것이 가능할 것이다. 그러나 A, B, C, D 4명을 제외한 나머지 조합원이 무자력이기 때문에 T는 자기 채권을 실현할 수 없을 것이다. 이 때 다른 조합원이 변제할 수 없는 부분은 다른 조합원이 균분하여 변제할 책임이 있으므로(제713조), 실질적으로는 A, B, C, D에게 각각 3,250만 원씩을 변제받을 수 있다.

그런데 민법상의 조합채권자는 상법의 합명회사에 대한 채권자와 달리(제212조), 조합재산에 대한 공취와 조합원의 개인재산에 대한 공취 간에 선후관계나 우열관계가 존재하지 않는다. 그러므로 조합채권자는 조합원에 대해서도 각자의 책임부담부분에 따라 3억 3천만 원의 채무이행을 구할 수 있다. 이 경우에도 조합원 중 무자력자의 부담부분은 다른 조합원이 균분하여야 하므로, T는 A, B, C, D에게 각각 3,250만 원의 채무이행을 구하는 소를 제기할 수 있다.

(3) 조합재산에 대한 공취와 조합원의 개인재산에 대한 공취의 관계

조합채권자가 집행권원으로써 조합재산과 조합원의 개인재산에 각각 공취할 수 있지만 2중으로 만족을 얻을 수는 없다. 조합 재산으로부터 만족을 얻으면 그 한도에서는 조합원 개인재산에 대한 채권도 감축한다고 할 것이다. 가령 조합재산으로부터 2억 원을 변제받았다면, A, B, C, D에 대한 채권은 각각 3,250만 원으로 감축된다는 것이다.

18 전세권

기본 사실관계

A는 B가 소유하는 주택(토지 X, 건물 Y로 구성되어 있음)을 사용하기 위해 전세금 3억 원, 존속 기간 2012. 2. 2.~ 2015. 2. 2.로 하는 전세권설정계약을 체결하면서 건물 Y에만 전세권을 설정하였다.

문제

2011. 10. 1. B는 C 은행으로부터 2억 원을 연이자 10%, 대여기간 2년으로 빌리면서 토지 X와 건물 Y에 대해 공동저당권을 설정하였다. B가 2013. 10. 1.에 이르러 대여금을 갚지 못하자 B는 2013. 11. 1. D에게 위 주택(토지 X, 건물 Y)을 2억 원에 매도하고 소유권이전 등기를 경료하였다. 매매계약 당시 B는 B의 C에 대한 원리금반환채권(당시 원리금 잔여액은 원금 1억 8천만 원이었음)의 이행을 인수하기로 약정하였다. D가 원리금을 갚지 못하자 C는 2014. 3. 4. 위 주택(토지 X, 건물 Y)을 경매하였고, 경매절차에서 E가 2014. 11. 1. 2억 원(토지 X가 1억 원, 건물 Y가 1억 원으로 평가됨)에 위 주택을 매수하였다. 매각대금은 전액 C에게 배당되었다. A는 누구에 대해 어떤 권리를 행사할 수 있는지를 근거를 제시하여 설명하시오. (40점)

예시답안

I. A의 청구권 확정에서 고려할 사항

A는 주택 소유자 B와 전세권설정계약을 체결하고 전세권을 설정받았다. 전세권 존속 기간이 만료하면 A는 전세권 설정자로부터 전세금을 돌려 받을 수 있다($\overset{\text{제}317}{\text{조}}$). 그런데 위 사안에서는 주택의 소유자가 B에서 D로, 다시 D에서 E로 변경되었다. 현재의 시점에서 경매절차에

서 주택을 매수한 E가 소유자이다. A의 전세권은 2015. 2. 2.까지 존속하기로 되어 있는데, 그 전에 이미 소유자가 두 번 변경되었다. 이런 소유자의 변경이 A의 전세권에 어떤 영향을 미치는지, A의 전세권이 소멸하였다면 전세금은 원래의 전세권설정자 B에게서 반환받아야 하는지, 아니면 B로부터 주택을 양수한 D, 경매에서 주택을 취득한 E 중 누구에게 반환청구하여야 하는지, 전세금반환청구권의 구체적 내용은 어떠한지 등을 검토해야 할 것이다.

Ⅱ. 전세권의 소멸과 전세금반환청구권

1. 전세권의 소멸

B가 D에게 주택의 소유권을 양도한 때에도 전세권은 소멸하지 않지만, 경매절차에서 E가 소유권을 취득한 시점에서 A의 전세권은 소멸한다. 전세권에 앞서 설정된 공동저당권의 실행으로 소유자가 변경되었으므로, 양수인인 E는 전세권의 부담 없는 소유권을 취득하기 때문이다. 그러므로 E가 소유권을 취득한 2014.11.경 전세권이 소멸하게 되었다($제187조, 민사 \atop 집행법 제135조$). 전세권의 소멸로 전세권자인 A는 전세금반환청구권을 취득하게 되었다($제317 \atop 조$).

2. 전세금반환청구권의 상대방

전세권이 양도되면 전세권의 양수인이 전세금반환청구권을 취득하는데($제306 \atop 조$), 용익물권인 전세권의 부담 있는 소유권이 양도된 경우 양수인이 전세금반환의무를 부담하고, 양도인은 전세금반환채무에서 벗어나게 된다. B가 D에게 소유권을 양도함으로써 D가 장차 전세권이 소멸할 때 전세금반환의무를 부담하게 된다는 것이다. 그러나 D로부터 E에게 소유권이 양도되었을 때에는 전세금반환채무는 E에게 이전되지 않는다. E는 전세권보다 선순위로 설정된 저당권의 실행절차에서 소유권을 매수한 것이므로 전세권의 부담 없는 소유권을 취득하였기 때문이다. 그러므로 A는 D에게 전세금반환채무를 부담하게 된다.

3. 전세금반환청구권의 내용

전세권이 소멸하면 전세권자는 전세목적물의 반환 및 전세권등기말소의무의 이행과 상환하여 전세금반환청구를 하여야 한다($제317 \atop 조$). 그런데 현재의 소유자인 E가 민법 제213조에 따라 소유물반환청구권을 보유하고 있고, 또 민사집행법 제136조에 따른 인도명령의 집행에 의해 E에게 반환되는 것이 일반적이다. 한편 전세권등기는 E가 소유권등기를 할 때 직권으로 말소된다. 그러므로 A는 D에게 3억 원의 전세금반환청구를 하기만 하면 된다.

Ⅲ. 결   론

A는 D에게 3억 원의 전세금반환을 단순청구하면 된다.

해 설

Ⅰ. 전세금반환청구권 관계의 당사자

민법 제621조의 임차권등기나 주택임대차보호법 제3조, 상가건물임대차보호법 제3조의 대항요건이 구비되면 대항력이 생긴다. 그 대항력은 임대인인 권리자로부터 당해 임대할 권리를 양수한 양수인이 임대인의 지위에 편입하고, 종전의 임대인은 임대인의 지위에서 탈락하는 효과를 의미한다. 그런데 전세권이 설정된 경우에는 어떻게 처리되는지가 문제될 수 있다. 관련된 규정이 없기 때문이다. 아래 대법원 판결이 이 문제를 판단한 것이다.

[대판 2000.6.9, 99다15122]   전세권이 성립한 후 목적물의 소유권이 이전되는 경우에 있어서 전세권 관계가 전세권자와 전세권설정자인 종전 소유자와 사이에 계속 존속되는 것인지 아니면 전세권자와 목적물의 소유권을 취득한 신 소유자와 사이에 동일한 내용으로 존속되는지에 관하여 민법에 명시적인 규정은 없으나, 전세목적물의 소유권이 이전된 경우 민법이 전세권 관계로부터 생기는 상환청구, 소멸청구, 갱신청구, 전세금증감청구, 원상회복, 매수청구 등의 법률관계의 당사자로 규정하고 있는 전세권설정자 또는 소유자는 모두 목적물의 소유권을 취득한 신 소유자로 새길 수밖에 없다고 할 것이므로, 전세권은 전세권자와 목적물의 소유권을 취득한 신 소유자 사이에서 계속 동일한 내용으로 존속하게 된다고 보아야 할 것이다. 따라서 목적물의 신 소유자는 구 소유자와 전세권자 사이에 성립한 전세권의 내용에 따른 권리의무의 직접적인 당사자가 되어 전세권이 소멸하는 때에 전세권자에 대하여 전세권설정자의 지위에서 전세금반환의무를 부담하게 되고, 구 소유자는 전세권설정자의 지위를 상실하여 전세금반환의무를 면하게 된다고 보아야 할 것이다. 전세권이 전세금 채권을 담보하는 담보물권적 성질을 가지고 있다고 하여도 전세권은 전세금이 존재하지 않으면 독립하여 존재할 수 없는 용익물권으로서, 전세금은 전세권과 분리될 수 없는 요소이므로 전세권 관계로 생기는 위와 같은 법률관계가 신 소유자에게 이전되었다고 보는 이상, 전세금 채권 관계만이 따로 분리되어 전 소유자와 사이에 남아 있다고 할 수는 없을 것이고, 당연히 신 소유자에게 이전되었다고 보는 것이 옳다.

유 제

문제 제18문의 사실관계에 다음과 같은 사실이 추가된 것으로 전제한다.

A는 2013. 2. 2. F로부터 연이자 10%, 대출기간 2년으로 하여 2억 원을 대출받으면서, 전세권에 저당권을 설정해 주었다. 그런데 B로부터 대여금채권 2억 원을 받지 못한 B의 채권자 G가 2014. 7. 2. 위 주택(토지 X, 건물 Y)을 압류하여 강제경매절차가 개시되었다. 위 주택의 경매는 몇 차례의 유찰과정을 거친 후 2015. 3. 2. H가 매수하였고, 매각 대금 중 4억 원이 배당될 예정이다(토지의 매각대금은 2억 5천만 원, 건물의 매각대금은 1억 5천만 원으로 산정되었다). 이 시점에서 F는 A로부터 이자는 모두 받았지만 원금 2억 원은 아직 받지 못한 상태이고, A에게는 전세권이 유일한 재산이다. F가 배당절차를 통해 자기 채권을 실현하려고 한다면 어떻게 해야 하는지 그 근거를 제시하여 설명하시오. (20점)

예시답안

Ⅰ. F의 채권 실현 방법에서 검토할 사항

F는 A에게 2억 원을 대여한 후 원리금반환채권을 담보하기 위해 용익물권인 전세권에 저당권을 설정받았다. 그런데 주택 소유자 B의 채권자인 G가 주택(토지 X와 건물 Y)을 압류하여 경매절차에서 H가 매수하였다. 그런데 H의 매수 시점에는 이미 용익물권인 전세권이 소멸하였기 때문에 용익물권인 전세권에 저당권을 설정받은 저당권자인 F가 A의 유일한 책임재산인 전세권으로부터 자기 채권을 실현할 방법을 검토해야 한다. 이 때 용익물권이 소멸할 경우, 전세권에 설정된 저당권의 효력이 어떻게 되는지, 저당권자가 피담보채권을 실현할 방법은 무엇인지 등을 검토하는 것이 필요하다.

Ⅱ. 저당권자의 피담보채권 실현 방법

1. 용익물권인 전세권 소멸 후 저당권자의 권리

용익물권인 전세권이 소멸하면 저당권도 소멸한다(저당권의 부종성). 대신 저당권자는 전세권자가 취득한 대상인 전세금반환청구권에 대해 물상대위를 할 수 있다(제342조, 제370조). 즉 F는 A의 2억 원의 전세금반환청구권에 대해 물상대위를 할 수 있다.

2. 물상대위권 행사의 방법

물상대위권자는 전세권자가 전세금반환청구권의 행사로 전세금을 받기 이전에 대상을 압류한 후 추심명령 또는 전부명령을 받아야 한다. 그런데 A는 배당절차에서 1억 5천만 원을 배당받을 수 있다. A의 전세권은 건물에만 설정되었고 토지에는 설정되지 않았기 때문에 1억 5천만 원만 배당받을 수 있고, 나머지 5천만 원은 B에게 청구할 수 있다. 이 두 채권이 전세금반환청구권의 구체적 모습이다. 따라서 저당권자인 F는 A의 위 권리를 공취하여 자기 채권을 실현하여야 한다. 달리 말하면 1억 5천만 원의 배당금청구권과 5천만 원의 전세금반환청구권(B에 대한 권리)에 대해 물상대위권에 기하여 압류하여 추심명령 또는 전부명령을 얻어 자기 채권을 실현할 수 있다.

19 유치권과 점유

기본 사실관계

B는 A로부터 X건물 신축공사중 닥트공사를 3억 200만 원(공사완성 후 지급조건)에 도급받아 2010. 10. 7. 공사를 완성하고, C는 A에게 X건물의 신축공사에 필요한 시멘트와 모래 등 건축자재 2억 원 상당을 공급하기로 하는 매매계약을 체결하고 이를 인도하였다. 그 후 B, C는 A로부터 위 공사대금 등을 지급받지 못하자 2011. 5. 4. X건물의 출입구 등에 유치권자가 X건물을 유치한다는 안내문을 게시하였고, X건물 중 101호는 B, 102호는 C가 점유하면서 Y대지의 출입구 부분에 컨테이너 등을 설치하였다. 101호, 102호 외의 다른 건물부분은 A로부터 임차한 자가 영업중이나, 경비원을 고용하여 영업의 개폐시 입회하는 등으로 출입을 통제하여 왔다. 한편, X건물 전부에 대해 A명의의 소유권보존등기가 경료됨과 동시에 2011. 3. 1. X건물에 관하여 D 앞으로 근저당권설정등기가 경료된 후 X건물에 관하여 D의 임의경매신청에 따라 2011. 7. 5. 경매개시결정의 기입등기를 경료되고, 그 경매절차에서 E가 2012. 7. 19. 소유권을 취득하였다. E가 X건물 101호, 102호에서 숙식하고 있던 B, C의 직원을 강제로 쫓아내고 B, C의 건물출입을 막자, B, C는 E를 상대로 점유회수의 소를 제기하여 승소판결을 받고, E로부터 X건물 101호와 102호의 점유를 반환받았다.

E는 소유권에 기하여 B, C를 상대로 X건물 중 101호와 102호에 관한 명도청구의 소를 제기하였다. 이에 대해 ① B와 C는 "A로부터 채권액 상당을 수령할 때까지는 B, C가 각 점유하고 있는 건물부분을 인도할 수 없다."고 주장한다. 이에 대해 ② E는 "B, C의 유치권이 성립하기 전에 설정된 근저당권의 실행에 따라 경락으로 이 사건 건물을 취득한 이상 유치권자에게 대항할 수 있다.", ③ "또한 A의 임차인이 X건물을 임차하여 사용하고 있는 이상 A가 X건물을 점유하고 있는 것이며, B는 근저당권의 경매개시결정 이후 불법적으로 점유를 취득하였으므로, 유치권자에게 대항할 수 있다"고 주장한다.

문제

E와 B, C의 각 주장에 대한 당부와 근거를 기초로 E의 B, C에 대한 소송의 결론과 그 법적 근거를 설명하시오. (40점)

예시답안

I. 결　　　론

E의 B에 대한 청구는 상환이행 판결이 예상되고, E의 C에 대한 청구는 인용판결이 예상된다.

II. 논　　　거

1. E의 B, C에 대한 청구원인

E는 X건물의 소유권을 경락에 의해 취득하였으므로, 특별한 사정이 없는 한 B와 C는 E에게 그들이 점유하고 있는 101호와 102호를 인도할 의무가 있다.

2. B, C의 유치권 주장의 당부

(1) B의 경우

1) B가 X건물 중 101호에 대해 유치권을 주장하기 위해서는 ① B가 E 소유의 X건물 중 101호를 점유하고 있을 것, ② B의 채권이 X건물로 인하여 생긴 것일 것, ③ B의 채권의 변제기가 도래할 것을 요한다.

2) B가 E에 의해 101호의 점유를 일시 침탈당하였으나, 점유회복소송을 통해 점유를 회복한 이상 ①의 요건을 충족하고 있고, B의 채권이 X건물에 대한 공사대금채권으로 X건물로 인하여 생긴 채권에 해당하므로 ②의 요건을 충족하며, 공사의 완성으로 공사대금채권의 변제기가 도래하였으므로, ③의 요건을 충족한다. 따라서 B는 유치권자로서 X건물 중 101호 부분을 점유할 권원을 가지므로, E의 B에 대한 101호 인도청구는 공사대금채권과 상환으로 101호를 인도할 것을 명하는 상환이행판결이 선고될 것이다.

(2) C의 경우

1) C가 102호를 점유하고 있으므로 앞서 살펴 본 유치권의 성립요건 중 ①, ③의 요건은 충족하고 있는 것으로 보인다. 그러나 C의 건축자재대금채권이 물건에 관하여 생긴 채권인지 여부, 즉 피담보채권의 견련성이 문제된다. 피담보채권과 물건의 견련관계에 관하여 다수설과 판례(대판 2007.9.7. 2005다16942)는 그 채권이 목적물 자체로부터 발생한 경우와 채권이 목적물의 인도의무와 동일한 법률관계 또는 사실관계로부터 생긴 경우에 견련관계를 인정하는 이원설을 취하고

있다.

2) 사안의 경우와 같은 건축자재대금채권은 목적물인 X건물과 견련관계를 인정하지 않는 것이 학설과 판례($\binom{대판\ 2012.1.26,}{2011다96208}$)의 입장이다. 따라서 C의 유치권 주장은 그 성립요건을 갖추고 있지 아니하여 부당하다. 따라서 E의 C에 대한 102호 인도청구는 전부 인용될 것이다.

3. E의 B에 대한 각 주장의 당부

(1) 유치권과 근저당권 설정등기 또는 경매개시결정등기와의 관계에 관한 주장

1) 유치권은 등기에 의해 공시되는 권리가 아니므로, 등기를 기준으로 우열을 정할 수 없는 것이 원칙이나, 민사집행법이 강제경매 등 경매절차에서 유치권은 소멸하지 않고, 매수인에게 인수되는 것을 원칙으로 하고 있기 때문에 인수되는 유치권자는 사실상 경매절차의 매수인에 우선한다. 사안의 경우, 저당권의 설정등기일이 유치권의 성립시기보다 앞선다고 하여 매수인인 E가 유치권자인 B에 우선할 수 없다.

2) 판례는 경매개시결정의 기입등기가 경료되어 압류의 효력이 발생한 후에 점유이전에 의해 발생한 유치권은 그와 같은 점유의 이전은 목적물의 교환가치를 감소시킬 우려가 있는 처분행위에 해당하는 것으로 보아 민사집행법 제92조 제1항, 제83조 제4항에 따른 압류의 처분금지효에 저촉되므로 점유자로서는 위 유치권을 내세워 그 부동산에 관한 경매절차의 매수인에게 대항할 수 없다고 판시하고 있다($\binom{대판\ 2005.8.19,}{2005다22688}$). 사안의 경우, B, C는 Y대지의 출입구 등에 유치한다는 안내문을 게시하고, X건물 중 101호는 B, 102호는 C가 각 점유하면서 Y대지의 출입구 부분에 컨테이너 등을 설치하였으며, 경비원들이 출입을 통제하여 왔고, 일시 점유를 침탈당하였으나, 점유를 회수하였으므로, 경매개시결정등기가 기입된 2011. 7. 5. 이전인 2011. 5. 4.에 점유를 개시한 것으로 보아야 한다. 따라서 경매개시결정등기에 의한 처분금지의 효력에 유치권자는 대항할 수 없으므로, E의 주장은 타당하지 않다.

(2) 유치권자의 점유의 성립에 관한 주장의 당부

1) 점유는 물건이 사회통념상 그 사람의 사실적 지배에 속한다고 보여지는 객관적 관계에 있는 것을 말하고, 사실상의 지배가 있다고 하기 위하여는 물건을 물리적·현실적으로 지배하는 것만을 의미하는 것이 아니라 물건과 사람과의 시간적·공간적 관계와 본권관계, 타인 지배의 배제가능성 등을 고려하여 사회관념에 따라 합목적적으로 판단하여야 한다는 것이 판례의 입장이다($\binom{대판\ 2009.9.24,}{2009다39530\ 등}$).

2) 사안의 경우, X건물의 전 소유자인 A로부터 임차를 하여 이를 사용하고 있어서 X건물에 대해 A가 간접점유자로서 이를 사실상 지배하고 있는 것으로 볼 소지가 있으나, 이는 임차인들의 점유부분에 그치고, 실제 X건물 중 101호와 102호는 안내문게시, 경비원에 의한 출입

통제, B와 C의 직원에 의한 현실적인 점유 등을 종합하면 B, C가 101호, 102호를 각 점유하고 있는 것으로 보아야 한다.

해 설

I. 유치권의 의의와 취지

유치권이란 타인의 물건(또는 유가증권)을 점유한 자가 그 물건 등에 관하여 생긴 채권이 변제기에 있는 경우에는 변제를 받을 때까지 그 물건 등을 유치할 수 있는 권리(제320조 제1항)로서, 이는 공평의 견지에서 그 목적물 점유자의 채권을 특히 보호하여 '채권자 평등의 원칙'을 깨뜨리는 데 그 취지가 있다.

II. 유치권의 성립요건으로서 견련성

1. 견련성의 개념

민법 제320조 제1항에 의하여 유치권이 성립하기 위하여 점유자의 채권이 그 목적물에 "관하여 생긴 것"이어야 하는데, 유치권이 채권과 목적물과의 관계에 의하여 존재하게 됨을 말하는 것으로 양자가 서로 관련 지워지는 성질을 견련성이라고 한다.

2. 학 설

유치권발생의 요건으로 요구하고 있는 "관하여 생긴"이란 문언이 구체적으로 무엇을 의미하느냐에 관하여 견해의 대립이 있다.

(1) 이원설(광의설)

견련성의 기준을 유형화하여 이원적으로 설명하는 견해로서 우리나라의 다수설이다. 이에 의하면 ① 채권이 목적물 자체로부터 발생한 경우와, ② 채권이 목적물의 반환청구권과 동일한 법률관계 또는 동일한 사실관계로부터 발생하는 경우 가운데 어느 하나에 해당 하는 경우에는, 채권과 목적물 사이에 견련성을 인정한다. 그리고 ①의 예로 목적물에 지출한 비용상환청구권, 목적물로부터 받은 손해배상청구권 등, ②의 예로 물건의 매매계약이 취소된 경우에 부당이득에 의한 매매대금의 상환청구권과 목적물의 반환의무와 같이 동일한 법률관계에서 생기는 반환청구권 또는 우연히 서로 물건을 바꾸어 간 경우와 같이 동일한 사실관계로부터 생긴 상호간의 반환청구권을 들고 있다.

(2) 일원설(협의설)

이는 견련성의 기준을 일원론적으로 설명하는 입장으로 종래 우리 민법의 해석으로는 소수설에 속하는 견해로, 채권과 물건의 관계를 목적론적으로 고찰하여 채무자가 스스로 그 채무 이행을 하지 않고 물건의 반환을 구하는 것이 사회관념상 부당하다고 생각되는 경우에 채권과 물건 간에 견련성이 있다고 하는 견해(사회적 관념설), 채권의 성립과 물건의 존재 간에 상당인과관계가 있는 경우에 견련성이 있다고 하는 견해(상당인과관계설) 등이 존재한다.

3. 판 례

판례는 기본적으로 다수설과 같은 입장을 취하고 있는 것으로 이해된다(대판 2007.9.7, 2005다16942 등).

Ⅲ. 유치권과 부동산압류 또는 가압류 등과의 대항관계

1. 압류 및 가압류의 처분금지효

(1) 경매개시결정에 의한 압류는 경매개시결정이 채무자에게 송달된 때와 경매개시결정등기가 된 때 중 먼저 된 시기에 효력이 발생한다(민사집행법 제83조 제4항). 즉, 부동산압류의 효력으로써 채무자의 해당 부동산에 대한 처분행위가 제한된다. 경매개시결정의 효력이 발생하면 집행법원은 경매부동산을 강제로 현금화하게 되는바, 그 현금화절차가 진행되는 도중에 채무자나 제3자가 강제현금화를 방해하는 조치를 할 때에 경매절차가 복잡하게 될 염려가 있고, 경매절차를 신속·확실·공정하게 집행하는 데도 지장을 줄 염려가 있으므로 경매개시와 동시에 그 부동산을 압류하고 채무자에 대하여 그 부동산에 대한 처분행위를 제한하는 것이다. 처분금지에 위반되는 채무자의 처분행위는 압류채권자에 대하여서만 대항할 수 없을 뿐이다. 위 상대적 효력은 그러한 저촉처분의 무효를 주장할 수 있는 채권자의 범위와 관련하여 압류 후의 저촉처분은 압류채권자 뿐만 아니라 당해 집행절차에 참가한 다른 모든 채권자에 대하여도 그 효력을 주장할 수 없다는 '절차상대효설'과 압류 후의 저촉처분은 압류채권자와 그 처분 이전에 당해 집행절차에 참가한 채권자에게만 대항할 수 없을 뿐이고 저촉처분 후에 당해 집행절차에 참가한 채권자에게는 대항할 수 있다는 '개별상대효설'로 나뉘는데, 통설 및 판례는 개별상대효설을 취하고 있다.

(2) 가압류명령은 그 재판이 고지된 때에 효력이 발생함이 원칙이나, 집행착수 후에 채무

자에게 송달하는 것이 실무의 관례이므로 가압류의 집행력은 채무자에게 송달하기 전에 가압류등기를 함으로써 즉시 발생한다. 우리나라의 경우 가압류의 경우에도 민사집행법이 제291조에서 본압류에 관한 규정을 준용함으로써 본압류의 경우와 동일한 처분금지효를 규정하고 있으므로, 우리나라의 경우 가압류가 집행의 보전을 위한 보전처분이라는 본질적인 특징에서 오는 차이를 제외하고는, 원칙적으로 본압류이든 가압류이든 처분금지효라는 점에서는 동일하다.

2. 부동산에 대한 압류의 효력발생 후 성립한 유치권으로 경매절차의 매수인에게 대항할 수 있는지 여부

(1) 학설은 부동산에 대한 압류 후에도 유치권이 성립하고, 나아가 그것을 가지고 모든 압류채권자나 매수인에게 대항할 수 있다는 견해(대항력긍정설)가 종래 우리나라의 통설적인 견해이다. 이에 대해 제한적 또는 전면적으로 유치권 주장을 제한하는 견해도 등장하고 있다(대항력부정설).

(2) 이에 대해 판례($_{2005다22688\ 등}^{대판\ 2005.8.19.}$)는 "채무자 소유의 건물 등 부동산에 강제경매개시결정의 기입등기가 경료되어 압류의 효력이 발생한 이후에 채무자가 위 부동산에 관한 공사대금 채권자에게 그 점유를 이전함으로써 그로 하여금 유치권을 취득하게 한 경우, 그와 같은 점유의 이전은 목적물의 교환가치를 감소시킬 우려가 있는 처분행위에 해당하여 민사집행법 제92조 제1항, 제83조 제4항에 따른 압류의 처분금지효에 저촉되므로 점유자로서는 위 유치권을 내세워 그 부동산에 관한 경매절차의 매수인에게 대항할 수 없다."라고 판시하여 유치권자의 대항력을 부정하고 있다. 그러나 부동산가압류등기 후에 유치권이 성립한 사안에 대해 판례($_{2009다19246}^{대판\ 2011.11.24.}$)는 "부동산에 가압류등기가 경료되면 채무자가 당해 부동산에 관한 처분행위를 하더라도 이로써 가압류채권자에게 대항할 수 없게 되는데, 여기서 처분행위란 당해 부동산을 양도하거나 이에 대해 용익물권, 담보물권 등을 설정하는 행위를 말하고 특별한 사정이 없는 한 점유의 이전과 같은 사실행위는 이에 해당하지 않는다. 다만 부동산에 경매개시결정의 기입등기가 경료되어 압류의 효력이 발생한 후에 채무자가 제3자에게 당해 부동산의 점유를 이전함으로써 그로 하여금 유치권을 취득하게 하는 경우 그와 같은 점유의 이전은 처분행위에 해당한다는 것이 당원의 판례이나, 이는 어디까지나 경매개시결정의 기입등기가 경료되어 압류의 효력이 발생한 후에 채무자가 당해 부동산의 점유를 이전함으로써 제3자가 취득한 유치권으로 압류채권자에게 대항할 수 있다고 한다면 경매절차에서의 매수인이 매수가격 결정의 기초로 삼은 현황조사보고서나 매각물건명세서 등에서 드러나지 않는 유치권의 부담을 그대로 인수하게 되어 경매절차의 공정성과 신뢰를 현저히 훼손하게 될 뿐만 아니라, 유치권 신고 등을 통해 매수신청인이 위와 같은 유치권의 존재를 알게 되는 경우에는 매수가격의 즉

각적인 하락이 초래되어 책임재산을 신속하고 적정하게 환가하여 채권자의 만족을 얻게 하려는 민사집행제도의 운영에 심각한 지장을 줄 수 있으므로, 위와 같은 상황 하에서는 채무자의 제3자에 대한 점유이전을 압류의 처분금지효에 저촉되는 처분행위로 봄이 타당하다는 취지이다. 따라서 이와 달리 부동산에 가압류등기가 경료되어 있을 뿐 현실적인 매각절차가 이루어지지 않고 있는 상황 하에서는 채무자의 점유이전으로 인하여 제3자가 유치권을 취득하게 된다고 하더라도 이를 처분행위로 볼 수는 없다."라고 판시하여 부동산압류와 가압류와 유치권자의 대항력을 달리 판단하고 있고, 최근 체납처분에 의한 압류와 관련하여서도 동일한 취지에서 전원합의체 판결(대판(전) 2014.3.20, 2009다60336)의 다수의견은 "부동산에 관한 민사집행절차에서는 경매개시결정과 함께 압류를 명하므로 압류가 행하여짐과 동시에 매각절차인 경매절차가 개시되는 반면, 국세징수법에 의한 체납처분절차에서는 그와 달리 체납처분에 의한 압류(이하 '체납처분압류'라고 한다)와 동시에 매각절차인 공매절차가 개시되는 것이 아닐 뿐만 아니라, 체납처분압류가 반드시 공매절차로 이어지는 것도 아니다. 또한 체납처분절차와 민사집행절차는 서로 별개의 절차로서 공매절차와 경매절차가 별도로 진행되는 것이므로, 부동산에 관하여 체납처분압류가 되어 있다고 하여 경매절차에서 이를 그 부동산에 관하여 경매개시결정에 따른 압류가 행하여진 경우와 마찬가지로 볼 수는 없다. 따라서 체납처분압류가 되어 있는 부동산이라고 하더라도 그러한 사정만으로 경매절차가 개시되어 경매개시결정등기가 되기 전에 부동산에 관하여 민사유치권을 취득한 유치권자가 경매절차의 매수인에게 유치권을 행사할 수 없다고 볼 것은 아니다."라고 판시하여 경매절차의 압류와는 달리 판단하고 있다.

유제 및 심화문제

Ⅰ. 유치권자의 신청에 의한 경매에서 부동산상의 부담은 소멸하는가?
– 대결 2011.6.15, 자 2010마1059

1. 유치권에 의한 경매와 소멸주의의 적용 여부

현행법상 부동산임의경매에 있어서는 그 위에 존재하는 저당권과 지상권·지역권·전세권 및 등기된 임차권은 저당권·압류채권·가압류채권에 대항할 수 없는 경우에는 매각으로 인해 소멸하는 것으로 하고 있는데(소멸주의, 민사집행법 제268조, 제91조 제2항, 제3항), 이와 같은 소멸주의가 유치권에 기한 경매와 같은 형식적 경매에 있어서도 적용된다고 할 것인지, 아니면 그와 달리 위와 같은 권리들이 매수인에게 인수되는 것으로 할 것인지가 문제된다. 민사집행법 제724조 제1항은

"유치권에 의한 경매와 민법·상법, 그 밖의 법률이 규정하는 바에 따른 경매(이하 '유치권 등에 의한 경매'라 한다)는 담보권 실행을 위한 경매의 예에 따라 실시한다."고 규정만 두고 있다.

2. 학설과 판례

이에 관하여는 학설은 유치권에 의한 경매의 경우 부동산 위의 담보권은 매각으로 인해 소멸하지 않고 매수인이 그 부담을 인수해야 하며, 또한 배당요구는 인정되지 않고 나아가 배당절차는 실시되지 않으며, 매각대금은 경매신청인에게 교부해야 한다고 하는 인수주의설과 유치권에 의한 경매도 담보권의 실행을 위한 경매와 동일하게 소멸주의에 의해 부동산을 매각하고 배당절차를 실시해야 한다는 소멸주의설이 있다.

판례(대결 2011.6.15.
자 2010마1059)는 "민법 제322조 제1항에 의하여 실시되는 유치권에 의한 경매에 있어서 목적부동산 위의 부담을 소멸시켜 매수인이 완전한 소유권을 취득하게 하는 이른바 소멸주의를 취할 것인지, 아니면 매수인이 목적부동산 위의 부담을 인수하는 이른바 인수주의를 취할 것인지 여부는 경매의 목적이 채권의 회수에 있는가 또는 단순한 환가에 있는가에 따라 논리필연적으로 도출되는 것이 아니라, 경매의 취지와 목적 및 성질, 경매가 근거하는 실체법의 취지, 경매를 둘러싼 채권자와 채무자, 소유자 및 매수인 등의 이해관계 등을 종합하여 결정하여야 한다."라고 전제한 다음, "민사집행법 제91조 제2항, 제3항, 제268조는 경매의 대부분을 차지하는 강제경매와 담보권 실행을 위한 경매에서 소멸주의를 원칙으로 하고 있을 뿐만 아니라 이를 전제로 하여 배당요구의 종기결정이나 채권신고의 최고, 배당요구, 배당절차 등에 관하여 상세히 규정하고 있는 점, 민법 제322조 제1항에 "유치권자는 채권의 변제를 받기 위하여 유치물을 경매할 수 있다."고 규정하고 있는데, 유치권에 의한 경매에도 채권자와 채무자의 존재를 전제로 하고 채권의 실현·만족을 위한 경매를 상정하고 있는 점, 반면에 인수주의를 취할 경우 필요하다고 보이는 목적부동산 위의 부담의 존부 및 내용을 조사·확정하는 절차에 대하여 아무런 규정이 없고 인수되는 부담의 범위를 제한하는 규정도 두지 않아, 유치권에 의한 경매를 인수주의를 원칙으로 진행하면 매수인의 법적 지위가 매우 불안정한 상태에 놓이게 되는 점, 인수되는 부담의 범위를 어떻게 설정하느냐에 따라 인수주의를 취하는 것이 오히려 유치권자에게 불리해질 수 있는 점 등을 함께 고려하면, 유치권에 의한 경매도 강제경매나 담보권 실행을 위한 경매와 마찬가지로 목적부동산 위의 부담을 소멸시키는 것을 법정매각조건으로 하여 실시되고 우선채권자뿐만 아니라 일반채권자의 배당요구도 허용되며, 유치권자는 일반채권자와 동일한 순위로 배당을 받을 수 있다고 보아야 한다. 다만 집행법원은 부동산 위의 이해관계를 살펴 위와 같은 법정매각조건과는 달리 매각조건 변경결정을 통하여 목적부동산 위의 부담을 소멸시키지 않고 매수인으로 하여금 인수하도록 정할 수 있다."라고 판시함으로써 원칙적으로 소멸주의 입장을 밝히고 있다.

20 저당권

A는 X토지와 그 지상에 Y주택(1층)을 소유하고 있던 중 2008. 2. 11. C와 사이에 그로부터 금 1억 5천만 원을 빌리면서 X토지 및 Y주택에 대해 저당권설정계약을 체결하고, C의 명의로 근저당권설정등기를 경료하였다. A는 2010. 9. 30.경 B에게 X토지 및 Y주택을 보증금 1,000만 원, 임대기간 2010. 10. 1.부터 2년간 월 임료 50만 원으로 각 정하여 임대하였다(주택임대차보호법 적용대상이 아님). B는 2010. 10. 1. Y주택을 인도받아 1층에서 2층으로 증축공사를 시행하고, X토지상에 Y주택의 별채로 가재도구와 물건을 보관할 창고를 독립된 건물로 신축하여 현재 점유하고 있다. 그런데, 2010. 12. 5. C의 저당권의 실행에 의하여 X토지 및 Y주택에 관한 임의경매절차가 개시되어 2011. 4. 23. C가 경락취득하였다.

C는 2012. 1. 15. A, B를 상대로 소유권에 기하여 X토지(지상 창고건물 포함)와 Y건물(2층 증축부분 포함)의 인도청구의 소를 제기하였다. 위 소송에서 ① A는 "현재 X토지와 Y건물을 점유하고 있지 아니하다."고 주장하고, ② B는 "X토지와 Y건물을 점유하고 있는 것은 사실이나, Y건물 중 2층부분과 X토지상의 창고건물은 자신의 소유이므로 인도할 수 없다."고 주장한다. 이에 대해 ③ C는 "Y건물 중 2층부분과 X토지상의 창고건물은 부합물과 종물로 저당권의 효력에 의해 경락받아 자신이 이를 취득한 것이다. 특히 2층부분은 별도의 주방시설도 없이 방과 거실로만 이루어져 있으며, 별도의 출입구가 존재하지 않고, 1층과 동일한 출입문을 사용하고 있다."고 주장한다. 이에 대해 ④ B는 "설사 Y건물 중 2층부분과 X토지상의 창고건물의 소유권이 인정되지 않더라도 Y건물 중 2층부분에 대한 증축비용 2,000만 원과 창고건물의 신축비용 500만 원을 상환받지 않으면 이를 반환할 수 없다."고 주장한다. 감정결과 변론종결 당시의 2층부분의 가치증가액은 1,500만 원, 창고건물의 시가는 700만 원 상당이며, 위에서 주장된 내용이 전부 사실로 인정된 것 외에 특별한 주장과 입증이 없는 상태에서 2012. 4. 24. 변론이 종결되고, 2014. 5. 22.이 판결선고기일로 지정되었다.

문제 1

소송의 경과에서 제기된 당사자들의 주장 내용을 토대로 C의 A와 B에 대한 청구에 대한 결론[소 각하, 청구인용, 청구일부인용, 청구기각]을 그 논거와 함께 서술하시오. (40점)

문제 2

〈문제 1〉의 C의 A와 B에 대한 소송중 소송 외에서 C와 A는 서로 원만히 소를 취하하기로 합의를 하였다. 그런데, C가 위 합의에도 불구하고 A에 대한 소를 취하하지 아니하자, A는 변론기일에서 위와 같은 소취하를 위한 합의를 주장하였다. 법원은 C의 A에 대한 인도청구의 소에 대해 어떻게 판단하여야 하는가? (10점)

예시답안

문제 1

Ⅰ. 문제의 소재

설문의 쟁점은 소유권에 기한 소유물반환청구권의 상대방에 간접점유자를 포함하는지, 저당권의 효력이 미치는 목적물의 범위로서 부합물과 종물의 범위와 임대차계약상 비용상환청구권에 기한 유치권 주장과 지상물매수청구권이 쟁점이 된다.

Ⅱ. 청구원인

1. C의 A에 대한 청구

1) C는 X토지 및 Y주택을 경매로 인해 그 소유권을 취득한 자로 간접점유자인 임대인 A를 상대로 그 소유권에 기하여 X토지와 Y건물에 대한 반환청구를 하고 있다($^{제213}_{조}$). 그런데, B에게 임대한 A는 X토지와 Y건물에 대한 간접점유자인바, 간접점유자의 소유물반환의무에 대해서는 학설은 대체로 긍정하고 있지만, 판례는 직접점유자만이 그 상대방이 된다고 한다($^{대판\ 1999.7.9.,}_{98다9045}$).

2) 따라서, 사안의 경우 판례에 의하면 C의 A에 대한 청구는 현실적으로 그 목적물을 점유

하고 있지 아니한 자를 상대로 한 청구로 부당하므로, 기각되어야 하나, 학설에 따르면 C의 A에 대한 청구는 인용되어야 한다.

2. C의 B에 대한 청구

C가 근저당권의 실행에 의하여 X토지 및 Y주택(증축전 1층부분)을 민법 제187조에 의해 경락취득하는 것은 분명하지만, 저당권의 효력은 그 목적물과 함께 부합물과 종물에도 미친다(제358조 본문)는 규정에 따라 C가 Y주택의 부합물인 2층 증축부분과 X토지에 신축된 창고부분도 부합물 또는 종물로서 소유권을 취득하는지 여부가 문제된다.

(1) 2층 증축부분에 대한 소유권의 취득 여부

① 저당권의 효력은 저당부동산의 부합물에도 미치는바, 부합물은 소유자를 달리하는 수개의 물건이 결합하여 사회관념상 한 개의 물건으로 보이고, 그 분리가 사회관념상 불가능하거나 현저히 곤란한 경우를 말한다. 임대인 A 소유의 Y주택(1층)에 임차인 B가 2층부분을 증축한 경우, 부동산에 대한 부합으로 부동산 소유자인 A가 2층 증축부분을 취득하고, 이를 경락취득한 C가 그 소유자이다.

② 이에 대해, 임차인 C는 2층 증축부분의 소유를 주장하고 있는 바, B가 저당권의 효력과 무관하게 2층 증축부분의 소유권을 취득하기 위해서는 민법 제256조 단서에 의해 임차인이 권원에 의하여 부속시킨 경우이어야 한다(제358조 단서). 이에 대해 학설과 판례(대판 2008.5.8, 2007다36933, 36940)는 민법 제256조 단서의 적용을 위해서는 타인의 권원에 의하여 결합되어야 하고, 결합된 물건을 분리하더라도 독립된 경제적 가치를 가질 것을 요한다(약한 부합). 따라서 건물의 증축부분이 기존건물에 부합하는지 여부는 물리적 구조와 증축부분의 용도와 기능 등의 경제적 효용 및 당사자의 의사를 기초로 그 부분이 독립성을 가지는지에 따라 판단하여야 한다(대판 1994.6.10, 94다11606).

③ 사안의 경우, 2층 증축부분은 물리적 구조상으로 1층과 독립되어 있지만, 별도의 주방시설도 없이 방과 거실로만 이루어져 있으며, 별도의 출입문이 없고, 1층부분의 출입구만으로 출입이 가능하여 증축부분의 용도와 기능이 독립성을 가지고 있는 것으로 보기 어렵다. 따라서 2층 증축부분은 그 독립성을 인정하기 어려우므로, 기존건물의 구성부분이 되어 X주택의 부합물로서 경매에 의해 그 지위를 승계한 C가 그 소유자가 되므로 2층 증축부분을 점유한 B는 특별한 사정이 없는 한 그 소유자인 C에게 이를 반환할 의무를 부담한다.

(2) 창고건물의 소유권 취득 여부

① 저당권의 효력은 부합물과 종물에 미치나, 토지와 건물을 별개의 독립된 부동산으로 취급하는 우리 법제 하에서 임차인이 그 권원에 기하여 창고건물을 신축하였다고 하더라도, 창

고건물이 X토지에 부합하지 않는다.

② 또한 창고건물이 Y주택의 종물이 되기 위해서는 주물의 사용에 공할 것, 독립된 물건일 것, 주물과 종물이 모두 동일한 소유자에게 속할 것을 요하는바, 창고건물이 X주택에 필요한 가재도구와 물건을 보관할 목적으로 신축되어 사용되고 있어 주물인 X주택 자체의 경제적 효용을 높이는 관계에 있다고 할 수 있고, 창고건물은 독립된 부동산이라고 할 수 있으나, 창고건물은 임차인 B이 그의 재료와 비용으로 신축한 것으로 그의 소유라고 할 것인데, X주택은 A의 소유이므로, 저당권에 기한 경매로 경락인 C가 Y주택의 소유권을 취득할 수 없다.

③ 따라서, B는 C에게 창고건물의 소유권에 기한 창고건물의 인도의무를 인정할 수 없다.

3. B의 주택과 관련한 유치권 주장

1) 2층 증축부분이 Y주택에 부합될 경우, 임차인 B가 지출한 2층 증축비용은 목적물의 객관적 가치를 증가시킨 것으로 유익비에 해당하므로, 임대인 A에 대한 유익비상환청구권은 임대차계약의 종료시에 발생한다. 사안의 경우, 대항력을 갖추진 못한 A와 B의 임대차계약은 C의 임의경매와 경락으로 임대임의 임차목적의 사용하게 할 의무는 이행불능에 이르러 임대차계약은 종료되었다고 보아야 할 것이므로, C의 Y주택에 대한 경락취득시 임대인 A에 대한 유익비상환청구권이 B에게 발생한다고 보아야 하고, B의 유익비상환청구권에 기한 유치권 주장이 인정될 경우에는 유치권의 불가분성과의 관계에서 Y주택 전부에 대해 유치권을 행사할 수 있다.

2) 따라서, B는 Y주택의 인도청구와 관련해서 지출비용과 증가비용 중 임대인 A가 선택한 비용과 상환으로 C에게 Y건물의 인도하여야 한다.

Ⅲ. 결   론

C의 A에 대한 청구는 기각(판례에 따름), C의 B에 대한 X토지의 반환청구는 인용 및 지상 창고건물의 반환청구는 기각(철거청구로 변경할 필요가 있음), Y건물의 반환청구는 상환이행판결의 일부인용.

문제 **2**

Ⅰ. 문제의 소재

C의 A에 대한 소송중 당사자 사이에 소취하의 합의가 있는 경우 법원은 어떤 판결을 하여

야 하는지가 쟁점이다.

Ⅱ. 소취하 합의의 의의

소취하 합의란 소송 외에서 원고가 피고에게 소를 취하하기로 한 약정을 말하는 바, 소송법상 효력이 인정되지 않을 뿐만 아니라 사법상으로도 무효라는 견해가 있으나, 현재는 유효설이 통설과 판례의 입장이다.

Ⅲ. 소취하 합의의 법적 성질

소취하 합의의 법적 성질과 관련해서는 이를 사법상의 계약으로 파악하는 견해는 원고가 이를 위반할 경우 피고가 이를 소송에서 항변으로 주장, 입증하면 원고는 권리보호의 이익을 상실하므로, 법원은 소를 각하하여야 한다고 입장이다(다수설, 판례: 대판 1982.3.9. 81다1312). 반면, 이를 소송계속의 소멸이라는 소송상의 효과를 목적으로 하는 소송계약으로 파악하는 견해는 계약의 성립을 소송상 주장하면, 법원은 이를 확인하는 의미에서 소송종료선언을 하여야 한다는 입장이다.

Ⅳ. 결   론

사안의 경우 C와 A의 소송 외에서 소취하 합의를 한 다음, 이를 A가 소송과정에서 주장을 하였으므로, 사법상계약설의 입장인 판례에 의할 경우 법원은 소각하판결을 선고하여야 할 것이나, 소송계약설의 입장에 의할 경우에는 소송종료선언을 하여야 할 것이다.

해 설

문제 ①

Ⅰ. 저당권의 효력이 미치는 목적물의 범위

저당권이 저당부동산을 처분하여 그 대금으로부터 우선변제를 받는 권리이므로, 저당권의 효력이 미치는 목적물의 범위는 저당부동산에 대한 저당권의 실행으로 이를 취득한 매수인이 경락취득한 목적물의 범위와 일치하게 된다. 이에 대해 원칙적으로 저당권의 효력이 미치는 목적물의 범위는 소유권의 범위와 일치하지만, 민법은 제358조와 제359조의 특칙을 두고 있다. 즉, 저당권의 효력은 저당부동산에 부합된 물건과 종물에도 미치게 된다. 저당권의 효력이 미치는 부합물과 종물의 의미는 민법 제256조와 제100조에서 말하는 것과 동일하다.

Ⅱ. 저당권의 효력이 미치는 부합물

(1) 저당권의 효력이 미치는 부합물의 의미는 민법 제256조에서 말하는 것과 동일하고, 부합시기는 묻지 않지만, 설정행위에서 다른 약정을 한 경우로서 그 특약을 등기한 경우, 법률에 특별한 규정(예를 들어 제256조 단서)이 있는 경우에는 저당권의 효력이 미치지 않게 된다(제358조 단서).

(2) 건물의 증축에 의해 부합이 발생한 경우에 대해 판례는 건물의 증개축부분이 기존건물에 부합하는지 여부와 관련하여 물리적 구조와 증축부분의 용도나 기능 등의 경제적 효용 및 당사자의 의사 등을 기초로 그 부분이 독립성을 가지는지 여부를 판단하고 있는바(대판 1994.6.10. 94다11606), 건물의 증축부분이 기존건물에 부합하여 기존건물과 분리해서는 별개의 독립물로서의 효용을 갖지 못하는 경우 부합된 증축부분에도 기존건물에 대한 저당권의 효력이 미치는 것으로 보고 있다(대판 2002.10.25. 2000다63110). 다만 권원을 가진 임차인이 증개축한 건물부분이 독립성을 가지는 경우에는 민법 제256조 단서에 따라 증축한 자의 소유가 되지만(부속물매수청구권이 문제된다), 독립성을 가지지 않는 경우에는 권원이 있는 임차인에 의해 증축된 것이라고 하더라도 기존건물의 소유자가 그 소유권을 취득한다(비용상환청구권과 유치권이 문제된다).

Ⅲ. 저당권의 효력이 미치는 종물

종물의 경우, 민법 제100조에서 규정하는 종물의 요건을 갖추고 있어야 한다(특히 종물과 원물의 소유자가 다른 경우에는 종물에 해당하지 않으므로, 저당권의 효력이 미치지 아니한다).

문제 2

Ⅰ. 소취하계약

1. 의 의

소취하합의 또는 소취하계약이란 원고가 피고에 대하에 소를 취하하기로 하는 약정이다. 그 법적 성질 및 효과와 관련하여 크게는 무효설과 유효설로 분류할 수 있고 유효설은 다시 사법계약설과 소송계약설로 나눌 수 있다.

2. 법적 성질 및 효과

1) 무효설

이 학설은 소취하계약은 소송법상으로는 물론 사법상으로도 무효라는 견해다.

2) 사법계약설

이 견해에 따르면 소취하계약에 의하여 소송법상 효력은 발생할 수 없고, 이 소취하계약은 사법상 계약으로서는 유효하다고 한다. 이는 다시 의무이행소구설(원고가 소취하의무를 불이행한 경우에 피고는 별소로써 소취하계약에 기한 의무이행을 소구할 수 있다는 견해)와 항변권발생설(소취하의 합의는 직접 소송법상의 효력은 발생하지 않지만, 사법상의 계약으로서 유효하고, 원고가 이에 위반하여 소송을 유지하는 때에는 피고가 당해소송에서 소취하계약을 맺은 사실을 항변으로 주장할 수 있고, 법원은 그 항변을 인용할 경우 권리보호의 이익을 잃거나 신의칙에 위반하였다는 이유로 원고의 소를 각하하여야 한다고 한다)로 세분할 수 있다.

3) 소송계약설

이 견해는 소취하계약을 하나의 소송계약으로 보고, 이것이 소송상 주장 및 증명되면 소송계속의 소급적 소멸이라는 소송법상 효과가 직접 발생하고, 법원은 소취하합의에 의하여 소송이 종료되었다는 소송종료선언을 하여야 한다는 견해다.

Ⅱ. 재소금지의 원칙

1. 의 의

소의 취하는 소송계속을 소급적으로 소멸시키므로 다시 동일한 소를 제기하더라도 상관없는 것이 원칙이지만 본안에 관하여 종국판결이 있은 뒤에 소를 취하하는 경우에는 동일한 소를 제기할 수 없다. 이를 재소의 금지라고 한다($\binom{\text{민사소송법}}{\text{제267조 제2항}}$).

2. 소취하계약과 재소금지의 원칙

소취하계약과 관련하여 종국판결선고 후 소취하계약에 의하여 소를 취하한 경우에는 민사소송법 제267조 제2항에 의하여 재소금지의 효력이 있다고 보아야 한다. 그리고 종국판결선고전에 소취하계약에 의하여 소를 취하한 경우에는 계약에 재소금지의 취지(부제소합의)가 포함되어 있는지 여부에 따라 판단하여야 하겠지만, 일반적으로는 부제소의 합의가 포함되어 있다고 보아야 할 것이다.

Ⅰ. 저당권이 설정된 나대지에 저당권설정자가 그 통상의 용도를 넘어서 건물을 건축하는 등 이를 사용하는 경우 저당권자는 이를 중지시킬 수 있는가?
 - 대판 2006.1.27, 2003다58454

1. 저당권 침해에 따른 방해배제청구권의 허용범위

민법 제370조는 소유자의 소유물방해제거청구권 및 방해예방청구권에 관한 민법 제214조를 저당권에 준용하므로 저당권자가 물권적 청구권으로서 방해배제청구권을 행사할 수 있다는 점은 의문의 여지가 없다. 그런데 위 규정의 구체적인 내용과 허용범위는 해석론에 위임되어 있다. 여기에서 가치권으로서의 저당권이 소유자의 이용권을 어느 정도로 제약할 수 있는가 라는 근본적인 문제가 제기된다.

2. 저당토지 위의 건물건축이 저당권의 침해행위인지 여부

(1) 학 설

이에 관하여 저당권의 침해를 긍정하는 소극설과 부정하는 적극설이 있을 수 있는바, 전자는 저당권은 가치권으로서 소유자의 정당한 사용수익을 방해할 수 없다는 일반원칙에 따를 때, 저당권의 목적인 대지의 소유자 또는 소유자로부터 권원을 설정받은 자가 그 대지상에 건물을 건축하는 행위는 토지의 정당한 사용수익의 범위에 포함되므로 저당권의 침해행위가 될 수 없다고 해석하는 방법이다. 이러한 해석방법은 저당권에 관한 민법의 일반원칙에 충실한 것으로 평가할 수 있다. 다만 저당권의 사용수익은 필연적으로 그 가치의 감소를 초래하므로 소유자의 사용수익권보장과 저당권자의 담보가치유지는 서로 상충할 수밖에 없는바, 저당권의 본질상 소유자의 사용수익권이 우선적으로 보장되어야 하고, 따라서 통상의 경제적 용법에 따른 저당목적물의 사용은 비록 교환가치의 감소를 수반하더라도 저당권침해행위를 구성하지 않는다고 해석하게 된다. 반면, 후자는 전통적 견해에 반대하여 저당권이 지배하는 교환가치를 적극적으로 해석함으로써 저당권의 교환가치를 침해하는 행위, 즉 경매절차에서 적정낙찰가격을 저하시킬 개연성이 높고, 저당권의 환가권능을 해하는 것으로 평가되는 행위는 저당권의 침해로 인정하는 견해이다.

(2) 판 례

대법원은 적극설을 채택하여 "저당권자는 저당권설정 이후 환가에 이르기까지 저당물의 교환가치에 대한 지배권능을 보유하고 있으므로 저당목적물의 소유자 또는 제3자가 저당목적물을 물리적으로 멸실·훼손하는 경우는 물론 그 밖의 행위로 저당부동산의 교환가치가 하락할 우려가 있는 등 저당권자의 우선변제청구권의 행사가 방해되는 결과가 발생한다면 저당권자는 저당권에 기한 방해배제청구권을 행사하여 방해행위의 제거를 청구할 수 있는바, 대지의 소유자가 나대지상태에서 저당권을 설정한 다음 대지상에 건물을 신축하기 시작하였으나 피담보채무를 변제하지 못함으로써 저당권이 실행에 이르렀거나 실행이 예상되는 상황인데도 소유자 또는 제3자가 신축공사를 계속한다면 신축건물을 위한 법정지상권이 성립하지 않는다고 할지라도 경매절차에 의한 매수인으로서는 신축건물의 소유자로 하여금 이를 철거하게 하고 대지를 인도받기까지 별도의 비용과 시간을 들여야 하므로, 저당목적 대지상에 건물신축공사가 진행되고 있다면 이는 경매절차에서 매수희망자를 감소시키거나 매각가격을 저감시켜 결국 저당권자가 지배하는 교환가치의 실현을 방해하거나 방해할 염려가 있는 사정에 해당한다."라고 판시하였다.

21 물상대위와 추심소송

기본 사실관계

A는 X토지를 소유하고 있던 중 2009. 3. 10. B로부터 금 1억 원을 빌리면서 X토지에 대해 근저당권설정계약을 체결하고, B 명의의 근저당권설정등기를 경료하였다. C주택재개발정비사업조합(이하 'C조합'이라 한다)이 2010. 11. 5. A 소유의 X토지를 수용하였다. 그런데, C조합은 A가 수용보상금 2억 원의 수령을 거절하자, 2011. 5. 2. 피공탁자를 A로 하여 수용보상금을 공탁소에 공탁하였다. 근저당권자 B는 2011. 11. 11. 자신의 채권 1억 원에 기하여 A의 공탁금출급청구권을 가압류하고, A의 채권자 D도 2011. 12. 3. 1억 5천만 원의 채권에 기하여 A의 공탁금출급청구권에 대해 강제집행으로 압류, 추심명령을 받는 등 압류가 경합하자, 공탁공무원은 2012. 1. 15. 집행법원에 공탁사유신고서를 제출하였다. B는 2012. 2. 1 자신의 채권에 기해 물상대위권의 행사로 A의 공탁금출급청구권에 대한 압류, 전부명령을 받아, 그 무렵 확정되었다. 2012. 5. 4. 공탁금출급청구권에 대한 배당기일에서 B와 D는 가압류채권자와 압류채권자로서 그 채권액에 비례하여 배당을 받기로 하는 배당표가 정해지자, B는 D에 대해 우선변제권할 권리가 있음을 주장하며 이의를 제기하고, B는 2012. 5. 7. D를 상대로 배당이의의 소를 제기하였다.

위 소송에서 ① D는 "B의 가압류나 압류는 물상대위권의 요건으로써 그 효력을 인정할 수 없다."고 주장하고, ② B는 "자신 직접 가압류와 압류를 하였으므로, 우선변제를 받을 수 있고, 설사 그 가압류 등이 인정되지 않더라도 물상대위권의 행사에는 저당권자의 스스로 압류를 할 필요는 없고, 이미 D가 압류를 한 이상 B는 물상대위권에 기해 우선변제를 받을 수 있다."고 주장한다(변론종결 2014. 9. 22).

문제 ❶

B가 물상대위권을 행사하기 위한 방법을 설명하고, 이를 기초로 소송의 경과에서 제기된 B와 D의 주장 내용의 타당성을 그 논거를 함께 서술하시오. (35점)

문제 2

B가 A의 공탁금출급청구권에 대해 압류, 추심명령을 신청하였으나, 대한민국이 지급을 거절하여 제3채무자 대한민국을 상대로 추심금소송을 제기한 경우, 채무자 A가 제3채무를 상대로 별소를 제기할 수 있는지 여부와 채무자 A가 추심금소송에 참여할 수 있는 방법을 설명하시오.(15점)

예시답안

문제 1

Ⅰ. 문제의 소재

물상대위권의 행사방법과 한계를 살펴 보아야 하고, 그 중 물상대위권의 행사에 필요한 압류의 의미에 따라 그 결론에 질문에 대한 차이가 발생한다.

Ⅱ. 물상대위의 요건으로서 '압류'의 의의

저당권자가 물상대위권을 행사하기 위해 대위물의 지급 또는 인도 전에 이를 압류하여야 하는 바(제342조 단서, 제370조), 지급 또는 인도 전에 압류를 하도록 한 취지에 대해서 학설상으로는 다툼이 있지만, 판례는 저당권설정자에게 이미 지급된 재산에 그 효력을 인정하면 저당권설정자의 일반재산에 대한 우선권을 인정할 뿐만 아니라, 특정성을 상실하기 때문에 미리 압류할 것으로 요하는 것으로 보고 있다(대판 1994.11.22, 94다25728).

Ⅲ. B의 가압류는 물상대위의 요건인 '압류'인지 여부

(1) 민법 제342조 단서의 압류란 저당권에 기한 압류, 즉 민사집행법 제273조에 규정되어 있는 채권 또는 다른 재산권에 대한 강제집행절차를 준용하여 물상대위의 목적채권을 압류하는 것을 말하는바, 압류신청서에 근거서류로 담보권의 실행절차이므로 담보권의 존재를 증명하는 서류(등기부등본)를 첨부하여야 하며, 강제집행절차에 의한 압류가 아니므로, 집행권원은 필요하지 않는다(대판 1999.5.14, 98다62688).

(2) 사안의 경우 물상대위권자인 B의 2011. 11. 11.자 가압류는 피보전채권에 기하여 보전

처분의 일환으로 이루어진 것이므로, 담보권의 실행절차의 일환으로 이루어진 물상대위의 요건인 압류에 해당하지 않는다. 따라서 B는 물상대위권을 A의 공탁금출급채권에 대해 행사할 수 없다.

Ⅳ. D의 압류가 물상대위의 요건인 '압류'인지 여부

(1) 민법 제342조 단서에서 규정하는 지급 전 압류는 물상대위권자의 압류만이 해당하는지 여부에 대해서 학설상 압류를 필요로 하는 이유가 물상대위목적물의 특정성보전만을 위해서인지(특정성유지설) 그렇지 않으면 우선권의 보전 내지 공시를 위해서인지(우선권보전설 또는 압류공시설)에 대한 견해의 차이에 따라 압류가 특정성유지만을 목적으로 하는 것이라면 그 압류는 그 저당권자 자신에 의해 행해진 것임을 요하지 않고 누구에 의해서 된 경우라도 그 목적을 달성할 수 있으나,15) 이에 대하여 압류가 우선권의 보전 내지 공시를 목적으로 하는 것이라면 그 압류는 그 저당권자 자신에 의해 행해진 것임을 요하게 될 것이다. 대법원은 "이미 제3자가 압류하여 그 금전 또는 물건이 특정된 이상 저당권자가 스스로 이를 압류하지 않고서도 물상대위권을 행사할 수 있다."라고 판시하여 특정성유지설의 입장에 있다.

(2) 사안의 경우 A의 채권자 D가 2011. 12. 3. 1억 5천만 원의 채권에 기하여 A의 공탁금출급청구권에 대해 강제집행으로 물상대위의 목적채권을 압류한바, 판례와 통설에 의할 때, 물상대위권자인 B의 압류가 없더라도 D가 공탁금을 지급하기 전에 압류한 이상 물상대위의 요건인 압류가 있는 것으로 보아야 한다.

Ⅴ. B의 압류는 물상대위의 요건인 '압류'인지 여부

(1) A의 채권자 D가 물상대위의 목적채권인 A의 공탁금출급청구권에 대해 강제집행으로 물상대위의 목적채권을 압류, 추심명령을 받은 경우, 물상대위권자인 B의 물상대위권 행사 방법은 민사집행법 제273조에 의하여 담보권의 존재를 증명하는 서류를 집행법원에 제출하여 채권압류 및 전부명령 등을 신청하거나 민사집행법 제247조에 의하여 배당요구를 하는 방법에 의한다. 이 경우 늦어도 민사집행법 제247조 제1항 각호 소정의 배당요구종기, 즉 추심채무자의 추심신고 또는 제3채무자의 공탁사유신고시까지는 배당요구를 하여야 한다는 것이 판례의 입장이다.

(2) 사안의 경우, 압류가 경합하자, 공탁공무원이 2012. 1. 15. 집행법원에 공탁사유신고서를 제출하여 배당요구종기가 도래한 후에 B는 2012. 2. 1. 물상대위권의 행사로 A의 공탁금

---

15) 우리나라의 통설이다.

출급청구권에 대한 압류, 전부명령을 받았으므로 배당요구종기 후에 한 B의 압류는 물상대위권의 행사의 요건인 압류에 해당하지 않는다(대판 2003.3.28, 2002다13539).

문제 ②

Ⅰ. 추심금소송 계속 중 채무자 A가 제3채무자에게 별소를 제기할 수 있는지 여부

채권자에 의한 추심소송 계속 후에 채무자가 제3채무자에 대하여 소송을 제기하는 것이 가능한지는 추심소송의 법적 성질과 관련된다. 추심소송을 채권자대위소송 등과 동일하게 제3자인 압류채권자가 타인인 집행채무자의 권리를 행사하는 것으로 보는 법정소송담당설은 판결의 주관적 효력에 관한 민사소송법 제218조 제3항을 강조하는 견해로 우리나라의 통설이다. 즉, 이 견해는 추심소송의 기판력이 채무자에게 미치는 것을 긍정하고 있기 때문에 추심소송이 제기되어 있는 범위 내에서 채무자는 별소를 제기할 수 없고 따라서 그 부분의 소는 중복제소로 각하된다. 이에 관한 직접적인 판례는 보이지 않지만, 채권에 대한 압류 및 추심명령이 있으면 제3채무자에 대한 이행의 소는 추심채권자만이 제기할 수 있고 채무자는 피압류채권에 대한 이행소송을 제기할 당사자적격을 상실한다고 하고(대판 2010.11.25, 2010다64877), 채무자가 제3채무자를 상대로 제기한 이행의 소가 법원에 계속되어 있는 경우에도 압류채권자는 제3채무자를 상대로 압류된 채권의 이행을 청구하는 추심의 소를 제기할 수 있고, 제3채무자를 상대로 압류채권자가 제기한 추심의 소는 채무자가 제기한 이행의 소에 대한 관계에서 민사소송법 제259조가 금지하는 중복된 소제기에 해당하지 않는다(대판(전) 2013.12.18, 2013다202120)고 한다. 또한 채권자대위소송에 관한 사안이기는 하나, 채무자의 知·不知를 불문하고 양 소송의 동시 제기는 중복제소에 해당한다고 판시하고 있다(예컨대 대판 1992. 5.22, 91다41187).

따라서 사안의 경우에는 채무자 A의 소송은 당사자적격의 상실 또는 중복제소에 해당하므로 각하하여야 한다.

Ⅱ. 채무자 A가 추심금소송에 참여할 수 있는 방법

추심금소송에서 채무자의 지위는 추심금소송을 법정소송담당으로 이해할 경우 채무자에게 추심소송에 대한 판결의 효력이 미칠 뿐만 아니라, 채무자는 추심명령 후에도 피압류채권의 주체임에는 변함이 없지만 압류에 의한 처분금지의 효력을 받기 때문에 추심명령이 있으면 피압류채권에 대한 소송을 제기하거나 수행할 권한을 상실한다(당사자적격 상실). 즉, 채무자는 추심금소송에서는 판결의 효력을 받지만 당해소송에서 당사자적격을 상실하게 되므로, 당사자적격을 필요로 하는 공동소송참가는 불가능하고, 공동소송적 보조참가만 가능하다($\substack{\text{민사소송법} \\ \text{제78조}}$).

해 설

Ⅰ. 물상대위의 의의

저당권은 채권담보를 위하여 저당목적물의 교환가치를 파악하는 것을 그 목적으로 하는데, 저당목적물의 멸실 등으로 인해 저당권이 소멸할 경우, 이에 대처할 목적으로 우리 민법은 제370조에서 저당목적물의 멸실·훼손 또는 공용징수로 인하여 저당권자가 그 권리를 행사할 수 없는 경우 저당권설정자가 대신 받을 금전 기타 물건에 대해서도 저당권을 행사할 수 있도록 하고, 다만 저당권의 행사를 위해서는 그 금전 또는 물건이 저당권설정자에게 지급 또는 인도되기 전에 압류할 것을 요구하고 있다($\substack{\text{제370조에 의한} \\ \text{제342조의 준용}}$). 이를 저당권의 물상대위라고 한다.

Ⅱ. 물상대위제도의 존재 의의와 압류의 취지

1. 학 설

물상대위제도의 존재 의의 및 그 가치변형물이 지급 또는 인도되기 전에 압류할 것을 요구하는 이유가 무엇인지에 대해 학설에는 특정성유지설, 우선권보전설, 제3채무자보호설 등이 존재한다. 다수설은 저당권의 대위행사에 있어서 민법 제370조, 제342조 단서의 압류가 필요한 이유를 담보목적물의 가치변형물을 그 담보물의 소유자에게 지급하게 되면 담보목적물 소유자의 일반재산에 혼입되어 특정성을 상실하고, 가치변형물이 특정성을 잃은 후에도 담보권자의 물상대위를 허용한다면 이는 다른 채권자들을 해하고 법률관계의 분규를 초래하게 되기 때문에, 목적채권을 지급전의 상태로 남게 하여 그 특정성을 보전하기 위한 것이라고 하는 특정성유지설을 취하고 있다. 이 견해에 따르면 저당권설정자의 일반채권자 등에 의하여 물상대위의 목적채권이 압류된 때에도 그 목적채권의 특정성은 보전되므로, 저당권자가 직접 그 목적채권을 압류할 필요는 없다고 한다. 물상대위를 법률이 담보권자를 보호하기 위하여 대위목적물에 대한 압류를 전제요건으로 하여 정책적으로 특별히 인정한 특권적 효력이라고 하는 물상대위권보전설(또는 우선권보전설)에 의하면 우선권을 보전하기 위해서는 담보권자 자신이 대위목적물을 압류하여야 한다고 한다. 물상대위의 요건으로서의 압류의 취지는 제3

채무자에 대하여 물상대위권이 행사되고 있음을 알리고 동시에 대위목적물의 본래의 채권자에게 변제하는 것을 정지시킴으로써 물상대위권자의 우선변제권을 보전하려는 것에 있다고 하는 제3채무자보호설은 압류는 물상대위를 주장하려는 담보권자 자신이 할 수밖에 없다고 한다.

2. 판 례

판례는 민법 제370조, 제342조 단서가 저당권자가 압류할 것을 규정한 취지는, 물상대위의 목적인 채권의 특정성을 유지하여 그 효력을 보전함과 동시에 제3자에게 불측의 손해를 입히지 않으려는 데 있다고 판시하여($\binom{대판\ 2002.10.11,}{2002다33137\ 등}$) 특정성유지설의 입장을 취하고 있다.

III. 물상대위권 행사의 방법과 시한

1. 행사의 방법

판례는 물상대위권의 행사방법으로는 두 가지를 인정하고 있다. 즉, ① 민사집행법 제273조 제2항에 의하여 담보권의 존재를 증명하는 서류를 집행법원에 제출하여 채권압류 및 전부명령을 신청하는 방법과 ② 담보권자가 스스로 압류 및 전부명령을 받지 아니하고 타인의 강제집행절차에서 민사집행법 제247조 제1항에 의하여 배당요구를 하는 방법을 인정하고 있다($\binom{대판\ 2003.3.28,}{2002다13539\ 등}$). 담보권자가 물상대위권을 행사하기 위하여 채권의 압류 및 전부명령을 신청하는 것은 어디까지나 담보권의 실행절차이므로 그 요건으로서 담보권의 존재를 증명하는 서류를 제출하여 개시하면 되는 것이고, 일반채권자로서 강제집행을 하는 것이 아니므로 집행권원을 필요로 하지 않는다는 점에서 일반 강제집행절차의 압류와는 다르다. 이미 제3자가 목적채권을 압류하고 있는 경우에도 담보권자는 중첩적으로 압류명령을 신청할 수 있다.

2. 시 한

민사집행법 제247조 제1항에서 민법·상법 기타 법률에 의하여 우선변제청구권이 있는 채권자는 '제3채무자가 제248조 제4항에 따른 공탁의 신고를 한 때', '채권자가 제236조에 따른 추심의 신고를 한 때', '집행관이 현금화한 금전을 법원에 제출한 때'까지 배당요구를 할 수 있다고 규정하고 있고, 물상대위권의 실행절차를 규정한 민사집행법 제273조에서 이를 준용하고 있는 이상, 배당요구 종기 시까지 물상대위권을 행사하여야 한다. 판례도 물상대위권의 행사는 늦어도 민사집행법 제247조 제1항에서 규정하고 있는 배당요구의 종기까지 하여야 한다고 한다($\binom{대판\ 2000.5.12,}{2000다4272}$). 또한 판례는, 저당권자의 물상대위권 행사로서의 압류 및 전부는 그 명령이 제3채무자에게 송달됨으로써 효력이 생기며, 물상대위권의 행사를 제한하는 취지인 '특정성의 유지'나 '제3자의 보호'는 물상대위권자의 압류 및 전부명령이 효력을 발생함으로써 비로소 달성될 수 있는 것이므로, 배당요구의 종기가 지난 후에 물상대위에 기한 채권압류 및 전부명령이 제3채무자에게 송달되었을 경우에는, 물상대위권자는 배당절차에서 우선변제를 받을 수 없다고 한다($\binom{대판\ 2003.3.28.}{2002다13539}$).

유제 및 심화문제

Ⅰ. 물상대위의 요건을 갖추지 못한 저당권자는 어떻게 보호하여야 하는가?

물상대위권을 행사하지 아니한 담보권자의 부당이득반환청구는 아래와 같이 나누어 볼 수 있다.

먼저, 담보목적물 소유자를 상대로 하여 부당이득반환청구를 하는 경우인데, 판례($\binom{대판\ 2009.}{5.14.}$ $\binom{2008다}{17656}$)는 부당이득반환청구를 긍정한 바 있다. 다음으로, 대위목적채권에 관한 배당절차에서 배당받은 일반채권자들을 상대로 하여 부당이득반환청구를 하는 경우인데, 판례($\binom{대판\ 1994.11.22.}{94다25728}$)는 부당이득반환청구를 배척한 바 있다.

22 변제자대위

기본 사실관계

채권자 A는 B와 여신거래약정을 체결하고, 현재 및 장래에 발생할 채권을 담보하기 위해 채무자 B 소유의 X부동산에 채권최고액 900만 원의 근저당권을 설정하였고, B의 채무에 대해 C가 보증을 하였다. 그 후 A은 X부동산에 대해 근저당권에 기한 경매신청을 하여 X부동산은 800만 원에 매각되었다. 경매신청 당시 A의 B에 대한 채권액은 1,000만 원이다(이자는 고려하지 않고, 다른 채권자는 없는 것으로 전제한다).

문제 ①

X부동산에 대한 경매신청 후 C가 400만 원을, 또 다른 보증인 D가 600만 원을 A에게 변제하고, 근저당권 일부 이전의 부기등기를 각 경료받은 경우, C에게 배당될 금액은 얼마인지 설명하시오. (20점)

문제 ②

〈문제 1〉의 경우, C가 400만 원을 변제하면서 A와 C 사이에 나머지 600만 원에 대해서는 채권자 A가 C보다 우선 회수한다는 특약을 하고, 후에 D가 600만 원을 A에게 변제한 경우, D에게 배당될 금액은 얼마인지 설명하시오. (10점)

문제 ③

C가 400만 원을 변제하고 후에 B의 부동산이 경매된 경우, A에게 배당될 금액은 얼마인지 설명하시오. (10점)

문제 ④

B가 X부동산을 제3자인 D에게 소유권이전을 하고, D가 A에게 1,000만 원을 변제한 경우, D의 C에 대한 대위금액은 얼마인지 설명하시오. (10점)

예시답안

문제 ①

Ⅰ. 근저당권의 피담보채무 확정 후의 변제

근저당권자가 피담보채무의 불이행을 이유로 경매신청을 한 경우, 경매신청시에 근저당권의 피담보채무액이 확정된다(대판 2002.11.26. 2001다73022 등). 사안의 경우 C와 D는 근저당권에 기한 경매신청을 한 후에 일부 대위변제를 하였으므로, 근저당권이 확정된 후에 대위변제가 되었다고 볼 수 있다. 근저당권의 피담보채권이 확정된 후의 근저당권의 성질은 보통저당권과 차이가 없으므로, 사안의 경우는 저당권의 일부 대위변제가 있은 경우 채권자와 대위변제자의 관계와 동일하다.

Ⅱ. C에게 배당될 금액

(1) 채권의 일부에 관하여 법정대위자가 순차적으로 대위변제를 한 경우, 민법 제483조 제1항에 의하여 그 변제한 가액에 비례하여 채권자의 권리를 행사할 수 있으므로 각 법정대위자는 그 변제한 가액에 비례하여 채권자의 권리를 행사할 수 있다(대판 2001.1.19. 2000다37319). 따라서 그 근저당권을 실행하여 배당함에 있어서는 다른 특별한 사정이 없는 한 각 변제채권액에 비례하여 안분배당하여야 한다.

(2) 사안의 경우, C가 400만 원, D가 600만 원을 대위변제한 경우, C와 D는 A의 근저당권을 2/5, 3/5의 비율로 준공유하게 되고, A의 근저당권을 통하여 우선변제 받을 수 있는 금액이 800만 원이므로, 800만 원의 3/5에 해당하는 금액인 320만 원을 D가 변제로 인한 대위를 통하여 우선변제 받게 된다.

문제 ②

Ⅰ. 변제자대위의 범위

대여금 채권의 잔액을 대위변제한 자가 채권자로부터 근저당권의 일부를 양도받아 채권자를 대위하게 된 경우, 채권자의 채무자에 대한 담보권 외에 일부 대위변제자에 대한 우선변제 특약에 따른 권리까지 당연히 대위하거나 이전받는다고 볼 수는 없다(대판 2001.1.19. 2000다37319).

Ⅱ. 사안의 경우

사안의 경우, A와 C 사이에 우선변제에 관한 특약을 한 후, D가 잔존채무를 대위변제하였다고 하더라도 A가 C보다 우선하여 변제받을 수 있는 지위까지 변제로 인한 대위를 통하여 취득하는 것은 아니다. 따라서 D는 800만 원의 3/5에 해당하는 금액인 480만 원에 관해서는 변제로 인한 대위를 통하여 우선변제 받게 된다.

문제 ③

Ⅰ. 근저당권의 일부 대위변제가 있은 경우 채권자와 대위변제자의 관계와 채권자의 우선변제범위

변제할 정당한 이익이 있는 자가 채무자를 위하여 채권의 일부를 대위변제한 경우에 채권자가 부동산에 대하여 근저당권을 가지고 있는 경우에는, 채권자는 대위변제자에게 일부 대위변제에 따른 저당권의 일부 이전의 부기등기를 경료해 주어야 할 의무가 있으나, 이 경우에도 채권자는 일부 변제자에 대하여 우선변제권을 가진다(대판 1988.9.27, 88다카17970).

이 경우에 채권자의 우선변제권은 피담보채권액을 한도로 특별한 사정이 없는 한 자기가 보유하고 있는 잔존 채권액 전액에 미치므로, 근저당권의 실행으로 인한 배당절차에서도 채권자는 특별한 사정이 없는 한 자기가 보유하고 있는 잔존 채권액 및 피담보채권액의 한도에서 대위변제자에 우선해서 배당받을 수 있다(대판 2004.6.25, 2001다2426).

Ⅱ. 사안의 경우

보증인 C의 일부대위변제가 있었다고 하더라도 채권자 A는 잔존채권액 600만 원에 관하여 일부대위자 C보다 우선하여 변제받을 수 있으므로 A는 잔존채권액 600만 원을 우선변제 받게 된다.

문제 ④

Ⅰ. 제3취득자의 보증인에 대한 변제자대위

제3취득자는 보증인에 대하여 채권자를 대위할 수 없다(제482조 제2항 제2호).

Ⅱ. 사안의 경우

사안의 경우 D는 제3취득자로서 보증인 C에게 채권자를 대위할 수 없으므로 D는 채무자 B에 대하여 구상권 및 변제로 인한 대위권만을 행사할 수 있을 뿐, 보증인 C에 대하여 대위할 수 있는 금액은 없다.

해 설

Ⅰ. 근저당권의 확정

1. 확정의 의의

근저당권은 채권자와 채무자 사이의 기본계약에 기한 계속적 거래관계에서 발생하는 불특정다수의 피담보채권이 확정되지 아니한 채 증감·변동하다가 기본계약에서 미리 정한 결산기 기타 확정사유의 발생시 피담보채권의 원본채권이 확정되며, 더 이상 원본채권이 발생될 여지가 없는 시점에서 그 확정된 채무를 최고액까지만 담보하는 것으로 확정 이후에 발생되는 채무는 더 이상 당해 근저당권으로 담보되지 않게 되는데 이러한 상태를 근저당권의 확정 (보다 정확히는 피담보채권의 원본의 확정)이라고 한다.

2. 확정사유

당사자의 의사에 의한 확정사유로는 약정된 확정시기의 도래, 근저당권의 확정청구, 자산 등의 유동화를 위한 확정통지, 근저당권자의 경매신청 등이 있고, 당사자의 의사와 무관한 확정사유로는 제3자의 당해 부동산에 대한 경매신청, 채무자 또는 물상보증인의 파산, 채무자 또는 물상보증인에 대한 회사정리절차개시결정 등이 있다.

3. 확정의 효과

근저당권이 확정되면 그 이후 피담보채권의 범위 내에서 발생하는 채권이라도 피담보채권의 범위에 포함될 수 없고, 확정 당시까지 존재하는 채권과 이를 원본으로 하는 이자 등만을 담보하게 되어 근저당권은 불특정채권의 담보권이라는 성격을 상실하게 된다. 근저당권이 확정되면 담보할 피담보채권이 특정되고, 그 이후 근저당권은 부종성·수반성을 취득하여 보통의 저당권으로 전환된다거나 보통의 저당권과 같은 취급을 받게 된다고 한다.

Ⅱ. 일부변제와 변제자대위

1. 의 의

우리 민법은 제3자가 채무자를 위하여 채무를 변제함으로써 채무자에 대한 구상권을 취득한 경우 채무자에 대하여 구상할 수 있는 범위 안에서 채권 및 이에 대한 담보권을 변제자에게 이전시켜 채권자의 "채권 및 그 담보에 관한 권리를 행사"할 수 있도록 하고 있다. 채무자 아닌 보증인 등 제3자가 채무자를 면책시킨 경우 채무자는 아무런 출연 없이 채무로부터 벗어나는 이익을 누리고 대위변제자는 자신의 출연으로 채무자를 면책시킨 이해관계를 보상받기 위한 권리가 구상권인데, 변제자대위는 이러한 구상권을 확보하기 위해 종래 채권자가 가지고 있던 채권에 관한 권리가 구상권의 범위 내에서 당연히 이전하는 것을 말한다.

2. 근저당권의 일부 대위변제가 있은 경우 채권자와 대위변제자의 관계

(1) 근저당권의 이전

근저당권의 피담보채무에 대해 제3자에 의한 일부 변제가 있는 경우는 "그 변제한 가액에 비례하여" 근저당권에 대해서도 대위가 생긴다(제483조 제1항).

(2) 근저당권자(채권자)의 우선

변제할 정당한 이익이 있는 자가 채무자를 위하여 채권의 일부를 대위변제한 경우에 대위변제자는 변제한 가액의 범위 내에서 종래 채권자가 가지고 있던 채권 및 담보에 관한 권리를 법률상 당연히 취득하게 되는 것이므로, 채권자가 부동산에 대하여 근저당권을 가지고 있는 경우에는, 채권자는 대위변제자에게 일부 대위변제에 따른 저당권의 일부 이전의 부기등기를 경료해 주어야 할 의무가 있다 할 것이나, 이 경우에도 채권자는 일부 변제자에 대하여 우선변제권을 가진다.

(3) 일부대위변제자의 단독권리실행 가부

아직 우리나라 판례는 없고, 대위자는 단독으로 대위한 권리를 행사할 수 없고 채권자가 그 권리를 행사하는 경우에만 채권자와 함께 그 권리를 행사할 수 있다는 견해가 통설이다.

(4) 근저당권자의 우선변제범위

근저당권의 피담보채무가 확정된 후 제3자가 일부 대위변제하여 그 변제액에 관하여 근저당권의 일부 이전등기가 경료된 경우, 근저당권자(채권자)의 우선변제권은 원래의 근저당권의 채권최고액에서 일부 대위변제받은 액수를 공제한 잔액으로 감축되는가? 아니면, 종전과 동일하게 채권최고액 범위내에서 우선변제를 받는 것인가? 판례는 채권자의 우선변제권은 "피담보채권액"을 한도로 특별한 사정이 없는 한 자기가 보유하고 있는 잔존 채권액 전액에 미치는 것으로 보고 있다.

유제 및 심화문제

Ⅰ. 동일인이 보증인과 물상보증인의 자격을 겸하고 있는 경우 대위관계에서 어떠한 지위를 갖는가? - 대판 2010.6.10, 2007다61113, 61120

민법 제482조 제2항 제4호, 제5호가 물상보증인 상호간에는 재산의 가액에 비례하여 부담 부분을 정하도록 하면서, 보증인과 물상보증인 상호간에는 보증인의 총 재산의 가액이나 자력 여부, 물상보증인이 담보로 제공한 재산의 가액 등을 일체 고려하지 아니한 채 형식적으로 인원수에 비례하여 평등하게 대위비율을 결정하도록 규정한 것은, 인적 무한책임을 부담하는 보증인과 물적 유한책임을 부담하는 물상보증인 사이에는 보증인 상호간이나 물상보증인 상호간과 같이 상호 이해조정을 위한 합리적인 기준을 정하는 것이 곤란하고, 당사자 간의 특약이 있다는 등의 특별한 사정이 없는 한 오히려 인원수에 따라 대위비율을 정하는 것이 공평하고 법률관계를 간명하게 처리할 수 있어 합리적이며 그것이 대위자의 통상의 의사 내지 기대에 부합하기 때문이다. 이러한 규정 취지는 동일한 채무에 대하여 보증인 또는 물상보증인이 여럿 있고, 이 중에서 보증인과 물상보증인의 지위를 겸하는 자가 포함되어 있는 경우에도 동일하게 참작되어야 하므로, 위와 같은 경우 민법 제482조 제2항 제4호, 제5호 전문에 의한 대위비율은 보증인과 물상보증인의 지위를 겸하는 자도 1인으로 보아 산정함이 상당하다.

Ⅱ. 근질권이 설정된 금전채권에 대하여 제3자의 압류로 강제집행절차가 개시된 경우, 근질권의 피담보채권이 확정되는 시기는 언제인가?
– 대판 2009.10.15, 2009다43621

근질권의 목적이 된 금전채권에 대하여 근질권자가 아닌 제3자의 압류로 강제집행절차가 개시된 경우, 제3채무자가 그 절차의 전부명령이나 추심명령에 따라 전부금 또는 추심금을 제3자에게 지급하거나 채권자의 경합 등을 사유로 위 금전채권의 채권액을 법원에 공탁하게 되면 그 변제의 효과로서 위 금전채권은 소멸하고 그 결과 바로 또는 그 후의 절차진행에 따라 종국적으로 근질권도 소멸하게 되므로, 근질권자는 위 강제집행절차에 참가하거나 아니면 근질권을 실행하는 방법으로 그 권리를 행사할 것이 요구된다. 이런 까닭에 위 강제집행절차가 개시된 때로부터 위와 같이 근질권이 소멸하게 되기까지의 어느 시점에서인가는 근질권의 피담보채권도 확정된다고 하지 않을 수 없다. 근질권자가 제3자의 압류 사실을 알고서도 채무자와 거래를 계속하여 추가로 발생시킨 채권까지 근질권의 피담보채권에 포함시킨다고 하면 그로 인하여 근질권자가 얻을 수 있는 실익은 별 다른 것이 없는 반면 제3자가 입게 되는 손해는 위 추가된 채권액만큼 확대되고 이는 사실상 채무자의 이익으로 귀속될 개연성이 높아 부당할 뿐 아니라, 경우에 따라서는 근질권자와 채무자가 그러한 점을 남용하여 제3자 등 다른 채권자의 채권 회수를 의도적으로 침해할 수 있는 여지도 제공하게 된다. 따라서 이러한 여러 사정을 적정·공평이란 관점에 비추어 보면, 근질권이 설정된 금전채권에 대하여 제3자의 압류로 강제집행절차가 개시된 경우 근질권의 피담보채권은 근질권자가 위와 같은 강제집행이 개시된 사실을 알게 된 때에 확정된다고 봄이 타당하다.

23 가등기담보와 청산

기본 사실관계

A는 2012. 12. 5. B에게 금 3,000만 원을 이자나 변제기를 정하지 아니하고 대여하였을 뿐만 아니라, 2013. 1. 15. B의 채권자 C에게 금 4,000만 원을 B를 대신하여 변제하였다. 그리고 당일 B는 A에 대한 채무의 담보로 그 소유의 X부동산(당시 시가 4,000만 원)에 A 명의로 소유권이전청구권가등기를 경료하여 주었다. B는 A에 대한 채무를 상환하기 위해 D로부터 금 1,500만 원을 빌리면서 2013. 12. 20. X부동산에 대해 D 명의의 저당권등기를 설정해주고, 그 소유의 Y부동산을 금 1,700만 원에 처분하여 마련한 합계 금 4,200만 원을 2014. 1. 14. A에게 채무변제조로 지급하였다. 그러나 B의 세금체납에 의해 X부동산에 대해 공매절차가 개시되자, A는 2014. 1. 20. 같은 해 2.말까지 채무를 변제할 것을 최고하였다. 2014. 1. 20.기준으로 X부동산의 감정금액이 3,500만 원으로 평가되자, A와 B는 2014. 3. 15. X부동산의 감정금액을 기준으로, "D의 저당채무액 1,500만 원"과 "B의 A에 대한 채무액 중에서 2014. 1. 14.자 변제금액을 공제한 금액"을 정산금액으로 지급하기로 약정하고, 정산금액 중 1,000만 원은 A의 B에 대한 별도의 채권(1,000만 원)과 상계하고, 나머지 정산금액은 현금으로 지급하기로 하며(현금지급분), B의 체납세금 300만 원은 A가 부담하는 조건으로 X부동산을 A에게 이전하기로 하는 합의를 하였다. 위 정산합의에 따라 A는 2014. 4. 1. 정산금액 중 현금지급분을 지급하면서 X부동산에 관하여 가등기에 기한 소유권이전의 본등기를 경료받고, 2014. 4. 20. 상계적상에 이른 A의 B에 대한 별도의 채권과 B의 A에 대한 정산금채권 중 1,000만 원을 상계하였다.

문제 1

B는 2015. 1. 15. X부동산에 관한 A 명의의 소유권이전등기에 관한 말소등기청구소송을 제기하였고, 소송계속중 A와 B는 다음과 같은 주장을 하고 있는바, 주장의 당부에 대해 판단하고, 그 논거를 설명하시오. (50점)

B: ① A 명의의 가등기 및 소유권이전의 본등기는 「가등기담보 등에 관한 법률」(이하 '가등기담보법'이라 한다)의 적용대상이다. ② A와 B의 정산합의는 가등기담보법에서 정한 청산절차 등을

준수하지 않았을 뿐만 아니라 B에게 불리한 약정으로 무효이므로, 가등기에 기한 소유권이전의 본등기는 무효이다. ③ 후순위 권리자인 저당권자 D에게 가등기담보법에서 정한 청산통지 없이 한 정산합의는 무효이다.

A: ① B의 A에 대한 피담보채무에는 소비대차계약상의 채무 외에 구상금채무를 포함하고 있으므로, A와 B의 담보목적에 의한 가등기 및 본등기는 가등기담보법의 적용대상이 아니다. ② 설령 가등기담보법의 적용대상이라고 하더라도, A 명의의 소유권이전등기는 약한 의미의 양도담보로서 효력을 가지고 있으므로, 유효하다. ③ A과 B의 정산합의는 가등기담보법상 청산기간의 준수, 가등기담보법상 청산금과 소유권이전등기의 동시이행의무 등을 위반한 것이라고 하더라도 청산통지에 준하는 것으로 볼 수 있을 뿐만 아니라 B에게 불리하지 아니하므로, A 명의의 소유권이전등기는 실체관계에 부합하는 등기로서 유효하다.

문제 ②

〈문제 1〉의 B의 A에 대한 소유권이전등기말소청구소송(이하 '이전 소송'이라 한다)에서 법원은 B의 A에 대한 정산금채권을 수동채권으로, A의 B에 대한 별도의 대여금채권 1,000만 원을 자동채권으로 하여 상계적상시에 대등액으로 소멸한다는 A의 상계주장을 인정하고 이를 기초로 판결을 선고하고 그 판결이 확정되었다. 이후 A는 B를 상대로 이전 소송에서 주장한 대여금채권을 기초로 대여금청구의 소를 제기하고자 하는바, 이 소는 적법한가? (20점)

예시답안

문제 ①

Ⅰ. 문제의 소재

당사자들이 주장하는 바는 가등기담보법의 적용범위, 가등담보법에 의한 청산절차와 이를 위반한 소유권이전등기의 효력, 후순위권리자에 대한 통지 결여의 효력 등이다.

Ⅱ. 가등기담보법의 적용 여부

1. 가등기담보법의 적용요건

1) 가등기담보법이 적용되기 위해서는 ① 등기 또는 등록에 의해 공시되는 물건이나 재산

권을 그 대상으로 하고, ② 피담보채무가 금전소비대차나 준소비대차에 기한 차용금반환채무에 해당하며, ③ 재산권 이전의 예약에 의한 경우, 그 재산의 예약당시의 가액이 차용액 및 이에 붙인 이자의 합산액을 초과할 것을 요한다.

2) 사안의 경우, ①과 ③의 요건을 충족하고 있음은 명백한데, ②의 요건과 관련해서는 가등기담보의 설정당시 금전소비대차계약상의 채무 외에 구상금채무를 포함하고 있더라도 그 후 구상금채무가 소멸한 경우에는 가등기담보법의 적용이 가능하므로, B가 2014. 1. 14. 4,200만 원을 A에게 한 변제로 인하여 A의 금전소비대차계약상의 채권과 구상채권 중 어느 채무에 변제충당이 되었는지 살펴보아야 한다.

2. 가등기담보법의 적용 여부

1) 변제충당의 순서와 관련하여 당사자 간에 합의가 없고, 변제당시 변제자와 변제수령자의 지정이 없는 이상 비용, 이자, 원본의 순서로 충당을 하되, 변제기와 변제이익을 기준으로 법정변제충당에 의하여야 한다.

2) 사안의 경우, B의 4,200만 원의 변제는 우선 구상금채무의 법정이자 200만 원(2013. 1. 14~2014. 1. 14.까지 민사법정이율 5%로 산정한 금액)에 우선충당한 후 대여금채무는 변제기와 이자의 정함이 없는 반면, 구상금채무는 대위변제일로부터 법정이자가 붙는 점에서 구상금채무가 변제이익이 크기 때문에 구상금채무에 4,000만 원을 충당하여야 한다. 이 경우, A의 피담보채무 중 구상금채무는 전부 소멸하고, 대여금채권 3,000만 원만 남게 되므로, A의 가등기 및 소유권이전의 본등기에 가등기담보법이 적용되게 된다.

3) 따라서 가등기담보법의 적용여부에 관한 B의 주장이 타당하다.

Ⅲ. 가등가담보법상 청산절차의 준수여부와 정산합의 및 그에 기한 소유권이전 등기의 효력

1. 가등가담보법상 청산절차의 준수여부와 그 위반의 효력

1) 가등기담보법 제3조와 제4조는 사적 실행에 의한 귀속청산의 절차로 실행통지, 2개월의 청산기간 경과, 청산금의 지급과 동시이행으로 소유권이전등기절차의 이행을 규정하고 있고, 이보다 채무자에게 불리한 약정은 무효라고 규정하는바, 갑과 을의 정산합의에는 2개월의 청산기간의 부여, 소유권이전의 본등기와 청산금의 일부가 동시이행으로 이루어지지 않는 등 가등기담보법 소정의 청산절차를 위반하고 있다.

2) 사안과 같이 가등기담보법 소정의 청산절차를 위반한 정산합의에 기한 소유권이전등기는 약한 의미의 양도담보로서 유효한 등기로 인정하는 것이 아니라 무효라는 것이 판례이다

$\binom{\text{대판 2002.4.23.}}{\text{2002다9127}}$.

3) 따라서 사안의 경우에 청산절차를 위반한 정산합의에 기한 소유권이전등기는 무효이며, 약한 의미의 양도담보로서도 효력을 인정할 수 없으므로, B의 주장이 타당하다.

Ⅳ. 실체관계에 부합하는 등기 여부

(1) 판례는 가등기에 기한 본등기가 가등기권리자와 채무자 사이의 특약에 의한 경우라도 그 특약이 채무자에게 불리하면 무효이지만$\binom{\text{가등기담보법}}{\text{제4조 제4항}}$, 가등기담보권자가 담보목적물에 대한 사적실행을 통하여 소유권을 취득하기 위한 ① 채무자 등에 대한 청산통지, ② 청산기간의 경과, ③ 청산금의 지급(청산금이 없는 경우에는 청산기간의 경과로 충분함), ④ 소유권이전등기 등의 요건을 갖추지 아니한 채 소유권이전등기만이 이루어진 경우, 그 등기는 원인무효의 등기이지만 가등기담보권자가 사후에 ① 내지 ③의 요건을 갖춘 경우에는 그 등기는 실체관계에 부합하는 등기로서 유효하다고 볼 수 있다$\binom{\text{대판 2002.6.11.}}{\text{99다41657}}$.

(2) 사안의 경우, X부동산을 공매감정가격을 기준으로 평가하고, 피담보채권액의 범위를 특정하는 등 평가가 이루어져 A에게 지급할 금액을 정하여 합의하였으므로 그 범위에서 청산금의 통지를 한 것으로 볼 수 있고, 나아가 위 담보권실행의 통지가 있은 후 2개월의 청산기간이 경과하였고, A가 청산기간 2개월이 경과하기 전에 본등기를 경료하기는 하였으나 위 정산합의에서 정한 바에 따라 청산금을 지급하였으므로, 위 청산금이 청산통지 당시의 정당한 청산금이라고 인정된다. 이상의 점들을 모아 보면 A와 B 사이의 위 정산합의가 적어도 담보권실행의 통지로서의 실질을 가지고 있으므로 그 후 청산기간이 경과되고 정당한 청산금이 지급되었다면 X부동산에 관한 소유권이전의 본등기는 실체관계에 부합하는 유효한 등기로 유효하다고 할 수 있다. 따라서 A의 주장이 타당하다.

Ⅴ. 후순위권리자에 대한 통지 결여의 효력

(1) 가등기담보권자인 채권자가 청산기간이 경과하기 전 또는 가등기담보법 제6조 제1항에 의하여 채무자에게 청산통지를 하였다는 사실 등을 후순위권리자에게 통지하지 아니하고, 채무자에게 청산금을 지급한 경우에는 이로써 후순위권리자에게 대항할 수 없는 것이나, 이러한 채권자의 변제 제한의 효력은 후순위권리자에게만 적용되는 상대적인 것이므로, 후순위권리자는 청산금채권이 아직 소멸하지 않은 것으로 보고 채권자에게 직접 권리를 행사할 수 있고 후순위권리자가 채권자에게 청산금을 지급하여 줄 것을 청구하게 되면 채권자로서는 청산금의 이중 지급의 책임을 면할 수 없다는 취지일 뿐이지, 후순위권리자가 존재한다는 사유만으로 채무자에게 담보권의 실행을 거부할 권원을 부여하는 것은 아니라는 것이 판례이다

$\begin{pmatrix} 대판\ 1996.7.12. \\ 96다17776 \end{pmatrix}$.

(2) 사안의 경우, 담보가등기 후 설정된 저당권자인 D에게 가등기담보법상 후순위 권리자에 대한 통지절차가 결여된 것은 사실이나, 앞서 본 대로 통지절차의 결여에 따른 변제제한의 효력은 후순위 권리자에게만 적용되는 상대적 효력만 인정되므로, 담보권실행에 따른 소유권이전등기의 효력에 영향을 미치지 않는다. 따라서 A의 주장이 타당하다.

문제 **2**

Ⅰ. 문제의 소재

A의 대여금청구소송의 기초가 되는 채권은 A가 이전 소송에서 자동채권으로 상계를 한 것으로, 이전 소송의 판결이 확정된 경우 이전 소송의 기판력이 후소에 미치는지의 여부가 쟁점이다.

Ⅱ. 기판력이 미치는 범위와 기판력저촉시의 효과

(1) 기판력이란 확정된 종국판결에서 청구에 대한 판결내용은 당사자와 법원을 규율하는 새로운 규준으로서의 구속력으로서 동일사항이 문제되는 경우 당사자는 그에 반하여 소송을 제기하는 것이 허용되지 않으며, 법원은 그와 모순, 저촉되는 판단을 해서는 않되는 구속력을 말하는데, 기판력은 소송물에 관한 행한 일정시점의 판단으로 일정한 사항과 일정한 사람을 구속한다. 기판력이 미치는 시적 범위는 전소의 사실심 변론종결시점, 주관적 범위는 원칙적으로 소송의 당사자, 객관적 범위는 판결의 주문에 포함된 소송물인 권리관계의 존부에 대한 판단이다.

(2) 기판력의 본질과 관련하여 기판력을 재판의 통일이라는 요구를 내세워 후소법원이 전소에서 판단한 것과 모순된 판단을 금지하는 것으로 보는 모순금지설과 일사부재리에 내재하는 분쟁해결의 1회성을 내세워 기판력을 후소법원에 대해 한번 확정된 법률효과에 대해 다시 변론, 증거조사, 재판을 금지하는 것으로 보는 반복금지설이 있는바, 판례는 전자의 입장을 취하고 있고, 이에 따르면, 전소에서 승소한 자가 후소를 제기할 경우에는 각하, 전소에서 패소한자가 후소를 제기할 경우에는 기각판결이 선고한다. 다만, 후자의 입장에서 기판력은 소극적 소송요건으로 보고 있어 항상 각하판결이 선고된다.

Ⅲ. 기판력이 미치는 객관적 범위와 상계

(1) 확정판결의 주문에 포함된 소송물인 권리관계의 존부에 기판력이 미친다(민사소송법 제216조 제1항). 따라서 판결이유 중의 판단에는 기판력이 미치지 않는 것이 원칙이다. 그러나 예외적으로 피고가 상계항변을 제출한 경우에는 자동채권의 존부에 대해 비록 판결이유에서 판단하게 되지만, 상계로서 대항한 액수의 한도 내에서는 기판력이 미친다(민사소송법 제2016조 제2항).

(2) 상계항변에 대해 기판력이 발생하기 위해서는 ① 전소의 소송물이 상계의 수동채권이거나 그와 실질적으로 동일한 경우로서(대판 2005.7.22, 2004다17207), ② 전소에서 자동채권의 존부에 대해 실질적인 판단을 한 경우이어야 한다. 판례는 원고가 피고를 상대로 원상회복의 건물명도청구에 대해 피고가 원상회복의 대금반환채권을 내세워 동시이행항변을 하자, 원고가 피고에 대한 반대채권을 자동채권으로 하여 수동채권인 대금반환채권과 상계의 재항변을 하여 받아들여진 경우에 상계 주장에 관한 판단에 기판력을 인정하고 있지 않다.

(3) 사안의 경우, A의 가등기담보법상 청산금지급의무와 B의 가등기에 기한 소유권이전의 본등기의무는 동시이행관계에 있고, A는 B의 A에 대한 청산금채권을 수동채권으로 하여 B에 대한 대여금채권을 자동채권으로 상계를 하고자 한다. 그러나 판례에 따를 때 B가 제기한 전소의 소송물은 원인무효인 소유권이전등기의 말소청구권으로 이는 소유권에 기한 방해배제청구권이라고 할 수 있어 상계의 수동채권을 소송물로 한 것이 아니고, 이와 실질적으로 동일한 것으로 보기도 어렵다. 따라서 이전 소송에서 주장한 상계항변에는 기판력이 미치지 않는다고 할 것이므로, A가 제기한 대여금청구의 소는 적법하다. 다만, 전소에서 상계항변이 인정되어 대여금채권이 상계로 소멸한 이상 대여금청구는 이유가 없어 기각될 것이다.

해 설

문제 ①

Ⅰ. 가등기담보법상 피담보채무의 범위

현행 가등기담보법은 "담보계약"에 대하여, 민법 제608조의 규정에 의하여 그 효력이 상실되는 대물반환(대물변제)의 예약에 포함되거나 병존하는 채권담보의 계약이라고 규정하는데(가담법 제2조 1호), 민법 제608조에 의하여 효력이 상실하는 대물변제의 예약은 소비대차계약 또는 준소비대차계약상 차용물의 반환에 관하여 차주가 차용물의 반환에 갈음하여 다른 재산권을 이전할 것을 예약함에 있어서 그 재산의 예약 당시의 가액이 차용액 및 이에 붙인 이자의 합산액을 초과하는 경우를 가리킨다(제607조, 가담법 제1조). 따라서 소비대차계약 또는 준소비대차계약에 의하여 발생한 채무를 담보하기 위하여 대물변제예약을 한 경우에만 가담법의 적용을 받게 된다. 판례도 동일한 입장에 서 있다. 다만, 금전소비대차나 준소비대차에 기한 차용금반환채무와 그 외의 원인으로 발생한 채무를 동시에 담보할 목적으로 경료된 가등기나 소유권이전등기라도 그 후 후자의 채무가 변제 기타의 사유로 소멸하고 금전소비대차나 준소비대차에 기한 차용금반환채무의 전부 또는 일부만이 남게 된 경우에는 그 가등기담보나 양도담보에 가담법이 적용된다고 한다.

Ⅱ. 가등기담보법상 담보가등기의 실행방법

귀속정산의 방법에 의하여 담보가등기권리를 실행하는 방법은, 청산금을 계산, 평가하여 실행의 통지를 하고(가담법 제3조, 제6조), 2개월의 청산기간이 경과한 후(가담법 제3조 제1항), 담보목적물의 정당한 평가액 중에서 피담보채권액과 대등액을 공제한 나머지 금액을 청산금으로 지급하여야 하며(가담법 제4조 제1항), 이러한 청산금을 지급함과 상환으로 소유권이전등기를 경료 받고 목적물을 인도받아 청산절차를 완료하는 것이다. 따라서 가등기담보권자는 적법한 청산절차를 거쳐 2개월의 청산기간이 경과하면 채무자 또는 물상보증인을 상대로 하여 목적부동산에 관하여 담보가등기에 기한 소유권 이전의 본등기청구권을 행사할 수 있다.

Ⅲ. 청산절차를 결여한 담보가등기에 기한 본등기의 효력

가등기담보법에서 정한 적법한 청산절차를 거치지 않은 채 담보가등기에 기한 본등기가 이루어진 경우 그 본등기는 무효이고, 설령 그와 같은 본등기가 가등기권리자와 채무자 사이에 이루어진 특약에 의하여 이루어졌다고 할지라도 그 특약이 채무자에게 불리한 것으로 무효라고 하면 그 본등기 역시 무효이며, 따라서 채권자는 그 후 적절한 청산금을 지급하였다 하더라도 가등기에 기한 본등기를 청구할 수 없다. 다만, 본등기 후 청산절차를 거쳐 청산금을 지급한 경우에는 실체관계에 부합하는 등기로서 유효하게 된다.

문제 ②

I. 민사소송법 제216조 제2항의 규정취지

상계의 주장에 관한 판단이 판결이유에서 한 판단임에도 기판력이 인정되는 이유는 기판력을 인정하지 않으면 청구의 존부에 관한 분쟁이 반대채권의 존부의 분쟁으로 변형되어, 종전 판결의 효과가 유명무실해질 우려가 있기 때문이라는 것이다. 즉, 상계 주장을 통하여 원고의 청구를 소멸 또는 감액하거나 그 저지에 실패하고서도 피고의 자동채권이 후소에서 다시 소송물로 행사되어 피고에게 이중으로 이익을 부여하게 되는 것을 막기 위함이다.

II. 상계항변에 대한 판단에 기판력이 미치는 범위

(1) 상계 주장이 배척된 경우 반대채권의 부존재에 관하여 기판력이 발생한다는 점에는 이견이 없으나, 상계 주장이 인용된 경우의 기판력의 범위에 관하여는 견해의 대립이 존재한다. 수동채권과 자동채권이 다 함께 존재하였다가 그것이 상계에 의하여 소멸된 점에 기판력이 생긴다는 1설과 어느 경우에도 현재의 법률관계로서 자동채권이 존재하지 않는다는 점에 기판력이 생긴다는 2설, 어느 설을 취하더라도 원고가 반대채권을 당초부터 부존재하였다고 주장하거나 피고가 원고의 소구채권이 상계 이외의 다른 이유로 부존재하였다고 주장하여 부당이득반환청구 등의 후소를 제기할 수 없으므로 논쟁의 실익은 없다는 3설이 있다.

(2) 앞서 본 대로 상계주장의 판단에 기판력이 있다고 보는 것은, 상계의 효과로 직접적인 영향을 받는 수동채권의 존부 및 범위가 주문에 드러남으로써 기판력을 받는 것과의 형평상 상계 후의 자동채권의 부존재에 대하여도 기판력을 주어 자동채권을 주장한 자가 다시 소송을 제기하지 못하도록 할 필요성을 감안한 것으로 이해되기 때문에 상계 주장에 기판력이 발생하는 경우는, 상계 주장의 대상이 되는 수동채권이 소송물로서 심판되는 소구채권이거나 그와 실질적으로 동일한 경우(원고가 청구이의의 소송을 제기하면서 상계를 주장하는 경우)로서 상계를 주장한 반대채권과 그 수동채권을 기판력의 관점에서 동일하게 취급하여야 할 필요성이 인정되는 경우임을 전제로 한다.

(3) 판례도 "상계 주장에 관한 판단에 기판력이 인정되는 경우는, 상계 주장의 대상이 된 수동채권이 소송물로서 심판되는 소구채권이거나 그와 실질적으로 동일하다고 보이는 경우 (가령 원고가 상계를 주장하면서 청구이의의 소송을 제기하는 경우 등)로서 상계를 주장한 반대채권과 그 수동채권을 기판력의 관점에서 동일하게 취급하여야 할 필요성이 인정되는 경우를 말한다고 봄이 상당하므로 만일 상계 주장의 대상이 된 수동채권이 동시이행항변에 행사된 채권일 경우에는 그러한 상계 주장에 대한 판단에는 기판력이 발생하지 않는다."$\binom{\text{대판 2005.7.22.}}{\text{2004다17207}}$라

고 판시하고 있다.

유제 및 심화문제

I. 가등기담보법의 규정에 따른 청산절차 진행 전에 신청된 강제경매에 의하여 제3자에게 소유권이전이 된 경우, 담보가등기에 기한 본등기청구가 가능한가? - 대판 1992.2.11, 91다36932

가등기담보등에 관한 법률의 규정에 따른 청산절차 진행 전에 신청된 강제경매에 의하여 제3자에게 소유권이전이 된 이상 담보가등기권자는 더 이상 위 가등기에 기한 본등기를 청구할 수 없다.

II. 유동집합동산에 대한 양도담보권의 효력이 미치는 목적물의 범위는 어디까지인가? - 대판 2004.11.12, 2004다22858

1. 유동집합양도담보의 의의

일단의 증감·변동하는 동산을 하나의 물건으로 보아 이를 채권담보의 목적으로 삼는 것을 '유동집합물에 대한 양도담보계약'이라고 한다.

2. 유동집합양도담보의 법리 구성

유동집합양도담보의 법리구성에 대하여 판례는 일관되게 이른바 '집합물론'의 입장에서 "목적물이 증감 변동하여도 그때마다 별도의 양도담보권 설정계약을 맺거나 점유개정의 의사표시를 하지 아니하였더라도 하나의 집합물로서 동일성을 잃지 아니한 채 양도담보권의 효력은 항상 현재의 집합물위에 미친다."라고 판시하고 있고, 다수설도 이러한 입장을 지지하고 있다. 집합물설에 대하여는 하나의 물건이 다른 물건의 일부이면서 동시에 1개의 독립한 물건이라는 '물건의 동일성의 관계적 분열'이라는 법률구성상의 모순이 생긴다는 비판이 있다. 비판론은 애초의 담보계약의 내용으로 장래 채무자가 취득할 동산 각각에 대하여 미리 포괄적인 '사전(事前)점유개정약정'이 체결된 것으로 해석하는 것으로 충분하다고 한다.

3. 유동집합동산 양도담보의 목적물의 범위를 정하는 기준

유동집합물에 대한 양도담보설정계약의 경우에는 양도담보의 효력이 미치는 범위를 명시하여 제3자가 불측의 손해를 입지 않도록 하고 권리관계를 미리 명확히 하여 집행절차가 부당히 지연되지 않도록 하기 위하여 그 목적물을 특정할 필요가 있다. 집합동산의 특정에 관하여 대판 1988.10.25, 85누941에서 "목적동산의 종류와 수량의 범위가 지정되고 그 소재장소가 특정되어 있으면 그 전부를 하나의 재산권으로 보아 담보권의 설정이 가능하다."라고 설시하여 소재장소의 지정, 종류의 지정, 양적 범위의 지정이라는 세 가지 기준을 처음으로 제시한 이래 대판 2003.3.14, 2002다72385는 범위 특정의 판단기준에 대하여 "담보목적물은 담보설정자의 다른 물건과 구별될 수 있도록 그 종류, 소재하는 장소 또는 수량의 지정 등의 방법에 의하여 외부적 · 객관적으로 특정되어 있어야 하고, 목적물의 특정 여부 및 목적물의 범위는 목적물의 종류, 장소, 수량 등에 관한 계약의 전체적 내용, 계약 당사자의 의사, 목적물 자체가 가지는 유기적 결합의 정도, 목적물의 성질, 담보물 관리와 이용방법 등 여러 가지 사정을 종합하여 구체적으로 판단하여야 한다."라고 하여 목적물의 종류, 장소, 수량 등의 기준 외에 계약의 구체적 내용과 계약당사자의 의사 등을 고려한 종합적 판단이 필요함을 설시하고 있다.

4. 유동집합양도담보의 효력이 미치는 범위

유동집합물에 대한 양도담보의 목적인 집합물이 양도담보설정자로부터 제3자에게 양도된 경우에 "양수인이 양수할 당시에 존재하던 집합물내의 개별동산뿐만 아니라 그 후 양수당시의 동산으로부터 산출되거나 양수인이 새로 구입하여 반입한 동산에도 양도담보권의 효력이 미치게 된다."라고 하면서도 양수인이 그 후에 반입하는 동산에도 양도담보의 효력이 미치는지에 대해서 대법원은 양수인이 양수한 목적물인 돼지를 통상적인 방식으로 사육하는 과정에서 늘어나게 된 것에는 양도담보권이 미친다고 하지만, 양수인이 별도의 자금을 투입하여 반입한 돼지에게는 미치지 않는다고 한다.

24 계약금계약, 제3자에 대한 급부실현

기본 사실관계

A는 2014. 6. 1. B에게 자기 소유의 X 부동산을 5억 원에 매도하면서 계약금 1억 원, 중도금 1억 5천만 원(지급기일 7. 1.), 잔금 2억 5천만 원(지급기일 9. 1.)으로 정하고, 잔금지급과 함께 소유권이전에 필요한 서류를 교부해 주기로 하였다. A는 위 계약 당일 계약금 1억 원을 수령하였다(아래 문제와 물음은 서로 독립한 것임).

문제 ❶

A는 위 계약을 체결한 직후 X 부동산의 시가가 갑자기 상승하자 6. 15. B에게 대금 인상을 요청하였다. A와 B 사이의 약정에 따르면 'B가 각 기일에 대금을 지급하지 못할 경우 위 계약은 해제되며 계약금은 반환되지 않는다'고 되어 있었다.

문제 1의 1.　B는 A의 대금 인상 요청을 거절하면서 6. 20. A의 계좌로 1억 5천만 원을 송금하였다. 그러나 A는 6. 25. B에게 계약금의 배액인 2억 원을 지급하기로 하면서 위 계약의 해제를 통지하였다. A의 계약해제는 적법한가? (15점)

문제 1의 2.　B는 A가 대금 증액을 완강히 주장하면서 증액하지 않을 경우 X 부동산을 매도할 뜻이 없음을 분명히 하자, A에게 계약해제를 통보함과 동시에 계약금 1억 원의 반환과 위약금 1억 원 및 위 각 금원에 대한 지연손해금을 청구하는 소를 제기하였다. B에 의한 해제권 행사의 근거를 설명한 후 위 각 청구에 관하여 판단하시오. (25점)

문제 ❷ 추가사실관계

B는 A와 위 X 부동산에 관한 매매계약을 체결한 후 2014. 6. 15. C에게 X 부동산을 매매대금 6억 원에 매도하기로 하였고(계약금 6천만 원, 중도금 2억 원, 잔금 3억 4천만 원), 그 다음날 계약금을 지급받는 자리에 A도 합석하도록 하여 X 부동산의 소유권이전등기는 A의 명의에서 바로 C 명의로 하기로 전원이 합의하였다. 그 후 A와 B는 X 부동산에 대한 그

들 사이의 매매 대금을 인상하기로 합의하였다.

문제 2의 1. C가 A에 대하여 X 부동산에 대한 소유권이전등기청구권을 행사하자, A는 B가 위 증액 합의된 매매대금을 지급하지 않았음을 이유로 그 이행을 거절하고 있다. C가 ① A, B, C 전원이 A 명의에서 C 명의로 바로 X 부동산에 대한 소유권이전등기청구권을 하기로 한 합의를 이유로 위 이전등기를 청구하는 경우와 ② B의 A에 대한 소유권이전등기청구권을 대위 행사하는 경우로 나누어 A가 C의 청구를 거절할 수 있는지 설명하시오. (20점)

문제 2의 2. B는 C에게 중도금 2억 원 중에서 5천만 원을 자신에게 직접 지급하고 나머지 1억 5천만 원을 자신에게 지급하는 대신 A에게 직접 지급해 줄 것을 부탁하여, C는 B의 부탁에 응하였다. 그 후 A와 B 사이의 매매계약은 해제되었고, 이에 C는 그 즉시 B에게 매매계약의 해제를 통지하면서 이미 지급한 계약금과 중도금 2억 6천만 원의 반환 및 C 자신이 D에게 X 부동산의 전매계약에 따라 받기로 되어 있던 전매 차액 2억 원 상당의 손해배상을 구하는 소를 제기하였다. 이에 대하여 B는 ① '중도금 중 1억 5천만 원은 자신이 아니라 A에게 지급되었으므로 이를 반환할 의무가 없다'고 주장하는 한편, ② C의 D에 대한 전매 사실을 알 수 없었음을 이유로 A의 청구에 대하여 다투었다. X 부동산의 시가가 B와 C의 계약이 해제될 당시에는 6억 5천만 원, B가 C에게 이행하기로 한 시점에는 7억 원, 그리고 C가 제기한 소송의 사실심변론종결 시점에는 7억 5천만 원이라고 할 경우, C가 주장하는 청구의 근거와 내용에 관하여 설명하시오. (20점)

문제 ③ 추가사실관계

A가 B와 X 부동산에 대한 위 매매계약을 체결한 후, 이 같은 사정을 전해들은 A의 금전채권자 E는 당시 A가 금전지급을 지연하고 있던 터라 A를 찾아가 X 부동산의 매매에 따른 중도금과 잔금을 B로 하여금 직접 E 자신에게 지급하도록 하고 B가 그 금전을 지급함으로써 A의 E에 대한 채무는 소멸한다고 합의하였다. 이에 A는 B로 하여금 중도금과 잔금을 각 지급기일에 E에게 지급할 것을 부탁하여 B의 승락을 받으면서, 그 뜻을 분명히 하기 위하여 A와 B는 E의 요청에 따라 A가 E에게 위 중도금 및 잔금의 수령권한을 위임한다는 지불위임장을 작성하여 E에게 교부해 주었다. 위 합의에 따라 B는 E에게 중도금 1억 5천만 원을 지급하였으나, A의 채무불이행을 이유로 X 부동산에 대한 매매계약을 해제하였다.

이미 지급한 중도금 1억 5천만 원의 반환, 잔금 2억 5천만 원의 지급에 관한 B와 E 사이의 법률관계를 설명하시오. (20점)

예시답안

문제 1

▌문제 1의 1.

위 물음은 A에 의한 계약해제의 타당성을 묻는 문제로서, 계약금의 성격과 민법 제565조에 따른 "이행의 착수"가 이행기 이전에 이루어질 수 있는지 여부 등을 살펴보아야 한다. 먼저, 계약금의 성격에 대하여, 민법 제565조는 매매 당사자가 계약 당시 계약금을 교부한 때에는 다른 약정이 없는 한 해약금으로 추정할 수 있다고 규정하고 있고, 따라서 A에게는 위 해약금 약정에 따라 해제권이 유보되어 있다.

그런데 위 약정해제권의 행사는 민법 제565조에 따르면 "당사자의 일방이 이행에 착수할 때까지"로 시간상 제약이 있다. 이와 관련하여, 위 물음에서 A가 B에게 계약해제를 통지할 당시 이미 B가 중도금을 지급하였다는 사정은 위 규정에서 말하는 "이행의 착수"로 볼 수 있음은 분명하다. 다만 B가 A에게 원래의 지급기일 이전에 중도금을 지급하였다는 점이 검토될 필요가 있겠는데, 판례와 다수의 학설은 당사자가 이행기 이전에 이행에 착수하지 않기로 하는 특별한 사정이 없는 한 이행기 이전에 이행에 착수할 수 있다고 해석하고 있다. 이 같은 해석은 기한이 채무자의 이익을 위한 것으로 추정되는 한$\binom{\text{제153조}}{\text{제1항}}$ 그 이익을 채무자 스스로 포기할 수 있다는 점에서 타당하다고 하겠다.

그렇다면 위 물음에서 B는 중도금 지급기일이 도래하기 이전인 6. 20. 중도금을 A에게 송금함으로써 이미 이행에 착수하였고, 따라서 그 이후에 계약금 배액을 제공하면서 이루어진 A의 해제권 행사는 적법하지 않다고 판단된다.

▌문제 1의 2.

Ⅰ. 결 론

위 물음은 B의 해제권 행사의 가능성과 해제로 인한 원상회복과 손해배상의 내용이 문제로 되는데, B의 계약금 1억 원 반환과 그 지연손해금 청구는 인정될 수 있으나 위약금 1억 원 및 그 지연손해금 청구는 부정되며 실제 손해액을 주장·입증하여 배상을 청구할 수 있을 뿐이다.

Ⅱ. 해제권의 인정 여부와 해제권 행사에 따른 원상회복관계

(1) 먼저, B의 해제가 정당한 지 문제되는데, 위 물음의 경우 A가 원래 합의한 대금의 증액을 요청하면서 소유권이전의무의 이행을 완강히 거절하는 것이 A의 채무불이행으로 평가되면서 B가 해제권을 갖는지 여부가 검토되어야 한다.

민법은 제544조 이하에서 이행지체와 이행불능의 불이행 유형에 관한 해제권 규정만을 정해두고 있는데, 위 사안의 경우 ① B의 해제권 행사 당시 A의 소유권이전의무의 이행기가 도래하지 않았고, ② 위 의무의 이행 자체가 불가능하게 되지는 않았고 따라서 엄밀한 의미에서 이행지체나 이행불능에는 해당하지 않는다. 그러나 A가 B에게 소유권이전의무를 이행할 뜻이 없음을 단호하고 분명하게 표시하여 더 이상 그 이행을 기대할 수 없는 경우 B에게 계속하여 위 계약의 구속을 받도록 함은 무익할 것이다. 따라서 학설과 판례는 위와 같은 이행거절의 경우에도 이행지체, 이행불능의 경우와 마찬가지로 채무불이행으로 파악하여 손해배상청구권과 계약해제권을 인정하고 있다. 물론 이행거절을 인정하기 위하여는 채무자가 계약을 이행하지 아니할 뜻을 분명하고 종국적으로 표시하였어야 하는데, 위 사안의 경우에는 원래 합의한 대금을 일방적으로 증액 요청하면서 그 뜻이 받아들여지지 않는 한 소유권이전의무를 이행할 뜻이 없음을 완강히 표시한 A의 행위는 이행거절의 요건을 충족하고 있다고 여겨진다.

(2) 계약해제로 인하여 계약관계는 그 효력을 상실하여 이미 이행된 급부는 반환되어야 한다. 반환관계의 법적 성질에 관하여는 학설의 대립이 있는데, 위 사안의 경우 이 같은 대립 여부와 관계없이 B는 위에서 인정한 바와 같이 A에게 해제권을 행사함에 따라 계약해제로 인한 원상회복을 실현하기 위하여 이미 지급한 계약금 1억 원 및 그 받은 날로부터 이자를 가산하여 지급할 것을 청구할 수 있다($^{제548}_조$).

Ⅲ. 위약금의 청구 여부

(1) B는 A의 이행거절의 채무불이행을 이유로 계약을 해제함과 함께 A에게 이행거절로 인한 손해배상을 청구할 수 있다($^{제551}_조$). 이때 손해배상액은 그 불이행이 확정된 시점, 즉 이행거절 시점의 목적물 시가를 기준으로 산정하여야 하며, 손해배상청구권자 B가 손해액을 주장, 입증하여야 한다.

(2) 위 사안의 경우 B는 A의 이행거절로 인한 손해를 구체적으로 주장, 입증하지 않은 채 위약금 1억 원의 지급을 청구하고 있다. 물론 A와 B는 B가 대금지급의무를 지체하는 경우 A가 계약금을 몰취하도록 정함으로써 위약금을 약정해 두었고, 이 약정은 손해배상액의 예정으로 추정된다($^{제398조}_{제4항}$). 그러나 위 약정은 B의 A에 대한 채무불이행의 경우만을 예정하고 있

을 뿐 A의 B에 대한 채무불이행에 대하여는 정하고 있지 않다. 이와 같은 일방적 손해배상액의 예정이 그 문언을 벗어나 양 당사자의 불이행 모두에 적용될 수 있는가에 대하여 이를 긍정하는 입장도 있지만 다수의 학설과 판례는 그 문언에 따른 한정된 적용을 지지하고 있다. 이런 입장에 따르면 B는 위 위약금 약정을 이유로 A에게 위약금 1억 원을 청구할 수는 없으며, 따라서 그 지연손해금 역시 청구할 수 없다.

문제 ②

▌ 문제 2의 1.

Ⅰ. A, B, C 전원의 중간생략등기 합의를 이유로 청구하는 경우

위 사안에서 A, B, C 3인은 A와 B, B와 C 사이의 X 부동산에 대한 각 매매계약의 이행을 위하여 A 명의에서 바로 C 명의로 소유권이전등기를 마치기로 합의하였다. 이러한 중간생략등기의 합의가 있는 경우 최종 매수인 C는 최초 양도인 A에게 직접 자신에게 소유권이전등기를 경료해 줄 것을 청구할 수 있다(판례와 통설).

이때 중간생략등기의 합의가 있다는 사정은 위와 같은 연속된 거래에서 이행의 편의를 위하여 최초 매도인으로부터 최종 매수인에게 소유권이전등기가 마쳐진다는 합의일 뿐 양자 사이에 별도의 매매계약이 체결되었다는 것을 의미하지는 않는다. 다시 말해, 최초 매도인은 자신의 계약 상대방인 중간자에 대하여 매매대금지급청구권을 행사함에 있어서 중간생략등기의 합의가 있음을 이유로 어떠한 제한을 받지는 않는다. 위 사안의 경우 A는 중간생략등기의 합의를 한 이후 B와 대금 증액의 합의를 하였는데, 중간생략등기의 합의가 위에서 언급한 바와 같이 단순히 이행의 편의를 목적으로 할 뿐이라는 점에서 A는 B가 증액된 대금을 지급하지 않음을 이유로 하여 C의 청구를 거절할 수 있다(판례).

Ⅱ. C가 B의 A에 대한 소유권이전등기청구권을 대위행사하는 경우

C가 B의 소유권이전등기청구권을 A에게 대위행사하는 경우 A는 B에게 주장할 수 있는 사유를 C에 대해서도 주상할 수 있다. 왜냐하면 C의 대위권 행사에 의하여 제3자인 A의 지위가 열악하게 되어서는 안 되기 때문이다. 물론 이 같은 제3자의 항변은 대위권 행사의 사정이 통지되기 이전에 발생한 경우에 보장되는데, 위 사안에서는 C가 B의 A에 대한 소유권이전등기청구권을 대위행사 하기 이전에 이미 A와 B 사이에 대금 증액이 합의된 것으로 보여지며, 그렇다면 A는 B가 인상된 대금을 지급하지 않고 있음을 이유로 C의 대위행사를 거절할 수 있다.

▌ 문제 2의 2.

Ⅰ. 결　　론

C는 B에 대하여 계약의 해제를 이유로 계약금 및 중도금 2억 6천만 원을 원상회복으로 반환할 것을 청구할 수 있으며, X 부동산의 소유권을 이전받지 못함에 따른 손해로서 해제권 행사 시점의 시가 상당액에서 전매대금을 뺀 5천만 원의 손해배상을 청구할 수 있다.

Ⅱ. 매매계약의 해제와 원상회복의무

B는 C와 사이에 A로부터 장차 이전받을 X 부동산에 대한 매매계약을 체결하였으나 A와의 계약이 해제됨으로써 이를 취득할 수 없게 됨으로써 C에 대한 X 부동산의 소유권이전등기의무를 이행할 수 없게 되었다. 따라서 C는 B의 이행불능을 이유로 한 계약해제권($^{제546}_{조}$) 또는 타인권리를 목적으로 하는 계약의 전부불능을 이유로 한 해제권($^{제570}_{조}$)을 행사할 수 있으며, 따라서 위 사안의 경우 C의 B에 대한 해제권 행사는 정당하다.

C의 B에 대한 해제권 행사에 따라 B는 C에 대하여 이미 지급받은 매매대금의 반환의무를 부담하게 된다. 그런데 위 사안의 경우 C는 B에 대하여 계약금과 중도금 일부인 1억 1천만 원에 관하여는 B에게 직접 지급하였으나 나머지 중도금 1억 5천만 원에 대하여는 B의 지시에 따라 A에게 지급하였다. 이에 B가 다투고 있는 바와 같이 위 1억 5천만 원에 대하여는 B가 반환의무를 부담하지 않는지 여부가 문제되는데, C의 A에 대한 지급은 A의 지시에 따라 B의 A에 대한 지급, C의 B에 대한 지급과정을 단축하기 위한 것으로서 이를 통하여 C의 B에 대한 급부로서 이루어졌을 뿐이다. 그렇다면 C가 A에게 지급한 나머지 중도금 1억 5천만 원 역시 B에게 지급한 것으로 판단할 수 있으며, 따라서 C는 B에 대하여 계약금과 중도금 전액인 2억 6천만 원의 반환을 청구할 수 있다.

Ⅲ. 손해배상의 청구

C는 B로부터 X 부동산의 소유권이전등기를 이전받을 수 없음에 따른 손해의 배상을 청구할 수 있다. 이때 C가 B와 계약을 체결할 당시 X 부동산의 소유권이 B에게 속하지 않음을 알고 있었다는 사정에 따라, 민법 제570조에 따른 담보책임에 기한 손해배상청구권을 주장할수는 없다. 그러나 C는 A와 B의 계약이 해제되어 B가 A로부터 소유권을 이전받을 수 없게됨과 농시에 B의 C에 대한 소유권이전의무가 불능하게 됨으로써 민법 제390조의 손해배상청구권을 행사할 수 있게 된다.

C의 B에 대한 손해배상 청구의 범위와 손해액 산정과 관련하여, C가 주장하는 D에 대한 전매수익은 판례와 통설에 따르면 특별손해로 취급되어 채무자 B가 전매라는 특별한 사정을 알았거나 알 수 있었을 경우에 한하여 배상범위에 포함된다($\frac{제393조}{제2항}$). 그러나 위 물음에 따르면 B가 이러한 사정을 알 수 없었다고 전제하는 한 C의 전매수익 상실에 대하여는 B가 배상할 책임이 없다. 그렇다면 C는 B에 대하여 X 부동산의 소유권을 취득하지 못한 그 자체에 대한 손해배상을 청구할 수 있게 되는데, 이때 손해액의 산정은 위 사안과 같이 계약해제가 문제되는 경우에는 해제권 행사의 시점을 기준으로 한다. 따라서 C는 B에 대하여 해제 당시의 시가 상당액 6억 5천만 원에서 전매대금을 공제한 5천만 원의 손해배상을 청구할 수 있다.

문제 ③

Ⅰ. A와 B 사이의 약정의 의미

위 물음에 대한 설명을 위하여 먼저 A와 B 사이에 B가 E에게 중도금과 잔금을 지급하기로 한 약정의 성격을 파악할 필요가 있다. 위 사안의 경우 E가 A와 B 사이의 매매계약 사정을 알고 E 자신에게 중도금과 잔금을 지급해 달라고 적극적으로 요청하였던 경위, B가 E에게 중도금과 잔금을 지급하게 됨으로써 E의 A에 대한 금전채권의 지급을 갈음하기로 한 사정, 그리고 이러한 뜻을 분명히 할 목적으로 E의 요청에 따라 A와 B가 지불위임장을 작성하였던 점에 비추어 A와 B 사이에서 E에게 중도금, 잔금을 지급하기로 한 약정은 제3자인 E로 하여금 계약 당사자인 B에게 위 금전지급청구권을 직접 행사하도록 하려는 제3자를 위한 계약이라고 해석된다. 그리고 제3자인 E의 수익의 의사표시는 위와 같은 제3자 수익약정이 체결된 경위, 그리고 A와 B가 교부한 지불위임장을 수령하였던 사정에 비추어 행해졌다고 볼 수 있다.

Ⅱ. 제3자를 위한 계약에서 기본관계 해제의 효과

위 사안의 경우 A와 B 사이의 부동산 X에 대한 매매계약은 B가 위 제3자 수익 약정에 따라 E에게 중도금을 지급한 이후 A의 채무불이행을 이유로 해제되었다. 물론 낙약자와 요약자는 수익자의 수익의 의사표시가 있는 후에는 수익자의 지위를 임의로 변경할 수 없으나 ($\frac{제541}{조}$), 이러한 제한은 계약 당사자가 수익자의 지위를 파생시킨 계약관계 자체에 관하여 당사자의 지위에서 무효를 주장하거나 해제하는 것을 방해할 수는 없다고 해석된다.

그렇다면 낙약자 B는 요약자 A의 채무불이행을 이유로 위 매매계약을 해제하고 그 효과를 수익자 E에게 주장함으로써 E에 대한 잔금지급의무를 면하게 된다. 한편 B가 E에게 이미 지급한 중도금의 반환청구와 관련하여서는 위 사안과 같이 요약자와 낙약자의 기본관계가 무효 또는 해제되는 경우 그 기본관계의 청산은 판례의 입장에 따르면 계약 당사자인 요약자와 낙약자 사이에서 이루어질 뿐이며 따라서 낙약자는 제3자에게 급부한 것이 있더라도 제3자를 상대로 반환을 청구할 수는 없다고 한다. 이런 입장에 따르면 B는 해제 이전에 E에게 지급하였던 중도금을 계약 당사자인 A에게 반환할 것을 청구할 수 있을 뿐이며 E에 대하여는 그 반환을 청구할 수 없다고 판단된다.

결론적으로, B는 A와의 계약을 해제함으로써 E에 대하여 잔금지급의 의무를 면하는 한편, 이미 지급한 중도금의 반환도 청구할 수 없다.

해 설

Ⅰ. 계약금약정과 위약금예정 (문제 1의 1)

1. 계약금 계약의 법적 성질

계약금계약이란 계약을 체결할 때에 당사자 일방이 상대방에게 교부하는 금전 기타 유가물의 계약금 지급을 약정하는 합의로서 당사자 사이의 다른 약정이 없는 한 해제권의 유보를 위하여 수수된 해약금으로 추정된다($\frac{제565조}{제1항}$). 따라서 계약금이 해약금 이외에 계약위반으로 인한 위약금으로서 손해배상액 예정의 성질을 갖기 위해서는 당사자 사이에 계약금을 위약금으로 한다는 별도의 합의가 있어야 한다.

2. 해약금에 의해 유보된 해제권의 행사

해약금에 의해 유보된 해제권을 행사하기 위하여 당사자의 일방이 이행에 착수할 때까지 교부자는 이를 포기하고 수령자는 그 배액을 상환하여 계약을 해제할 수 있다($\frac{제565조}{제1항}$). 먼저, 해제권 행사의 시기는 당사자 일방이 이행에 착수할 때까지로 한정되는바, 이는 이행에 착수한 당사자를 보호함을 목적으로 한다. 이때 이행의 착수란 객관적으로 외부에서 인식할 수 있도록 이행행위의 일부를 하거나 또는 이행하는데 필요한 전제행위를 하는 것을 뜻하며 단순히 이행의 준비를 하는 것만으로는 부족하다고 해석한다(이행기 이전의 이행착수에 관하여는 위 예시 답안 참고). 한편 당사자 중 어느 일방이라도 이행에 착수한 이상 그 당사자나 상대방은 유보된 해약권을 행사할 수는 없다.

3. 위약금 예정

위약금이란 채무자가 채무를 불이행한 경우 채권자에게 지급할 것을 약속한 금전이다. 위약금은 약정목적에 따라 위약벌과 손해배상액 예정의 성질을 가질 수 있는데, 특별한 약정이 없는 한 손해배상액 예정의 성질을 갖는다(제398조 제4항). 위약벌의 경우 채무자는 약정한 금액을 위약금으로서 지급하는 한편 채권자에게 별도의 손해가 있으면 그 역시 배상하여야 하는 반면, 위약금이 배상액 예정의 성질을 갖는 한 채권자는 채무자의 채무불이행이 있는 경우 실제 손해액의 다과에 관계없이 예정된 배상액(만)을 청구할 수 있다. 한편, "매수인의 귀책사유로 인하여 매매계약이 해제되는 경우에는 위약금 약정을 두지 않고, 매도인의 귀책사유로 인하여 매매계약이 해제된 경우에 대해서만 위약금 약정을 두었다 하더라도 그 위약금 약정이 무효로 되는지 여부는 별론으로 하고, 매도인에 대한 위약금 규정이 있다고 하여 공평의 원칙상 매수인의 귀책사유로 매매계약이 해제되는 경우에도 매도인의 귀책사유로 인한 해제의 경우와 마찬가지로 매수인에게 위약금 지급의무가 인정되는 것은 아니다"(대판 2007.10.25. 2007다40765).

Ⅱ. 이행거절 (문제 1의 2)

1. 이행거절의 의미

이행거절이란 채무자가 채권자에 대하여 채무를 이행할 의사가 없음을 확정적이고 분명하게 표시함으로써 채권자가 채무자의 임의이행을 더 이상 기대할 수 없는 경우를 말한다. 이행거절은 채무자가 급부의무를 이행하지 않으려고 하지만 이행 자체가 불가능하지는 않다는 점에서 이행불능과 구별되며, 이행지체의 경우에는 이행이 여전히 가능하기 때문에 이행기의 도래를 전제로 하며 또한 해제를 위하여는 상당한 기간의 최고(제544조) 및 쌍무계약의 경우에는 상대방에 의한 이행제공을 필요로 하는 반면 이행거절은 채무자의 진지하고 종국적 불이행의 의사에 따라 이 같은 과정을 필요로 하지 않는다. 이런 특성에 따라 이행거절의 형태에 관하여는 이행불능, 이행지체, 불완전이행이라는 3분화된 불이행 유형과 구별되는 독자적 유형으로 파악하는 입장도 있는가 하면 이행지체의 특수 현상으로 파악하려는 견해도 제시되고 있다(다만 어떠한 견해에 따르더라도 이행거절의 인정 여부나 법률효과에서 차이를 갖지는 않는다고 생각됨).

2. 이행거절의 인정 여부

이행거절에 의한 불이행은 이행지체에 따른 계약해제와 비교하여 상대방의 최고 및 동시이행의 관계에 있는 자기 채무의 이행제공 없이도 해제권을 발생시킬 수 있다. 이러한 해제권

행사의 요건 완화와 관련하여 언제 이행거절이 인정될 수 있는가 하는 것이 문제되는데, 채무자가 명시적으로 이행의 의사가 없음을 표시한 경우는 물론이며 계약 전후의 구체적 사정과 당사자의 행동 등을 종합적으로 고려하여 묵시적 이행거절의 의사를 인정할 수 있다. 묵시적 이행거절의 의사를 인정한 경우로는 채무자가 무단히 계약의 불성립이나 무효 등을 주장하는 경우, 계약내용을 부당히 다투거나 상대방이 수용할 수 없는 변경사항을 제안하는 경우, 상대방이 제공하는 반대급부를 일부러 수령하지 않는 경우 등을 들 수 있다.

3. 이행거절로 인한 법률 효과

채무자의 이행거절에 대하여 채권자는 강제이행을 청구할 수 있으며, 손해배상청구권과 계약해제권을 행사할 수 있다.

Ⅲ. 채무불이행으로 인한 손해배상의 범위와 손해배상액 산정시기 (문제 1의 2, 2의 2)

1. 손해배상의 범위: 통상손해와 특별손해

가해행위와 인과관계에 있는 손해 중 채무자가 부담해야 할 배상범위의 한계는 종래 상당인과관계설에 의하여 판단되고 있다(다수설과 판례). 이 입장에 따르면 손해배상의 범위를 정한 제393조 제1항의 '통상손해'는 사회일반의 관념에 비추어 어떤 선행사실로 인하여 보통 발생되는 손해라고 한다면, 제2항의 '특별손해'는 그 손해가 특별한 사정에 의한 것으로서 채무자가 그 사정을 알았거나 알 수 있었을 때의 손해를 말한다.

판례에 따르면, 가령 소유권이전의무의 이행불능에 따른 매수인의 통상손해는 채무불이행 당시의 토지의 교환가격이라고 한다면, 매수인이 이를 매수하여 건물을 신축하였으나 매도인의 채무불이행으로 인하여 건물이 철거됨으로써 입게 되는 손해, 매매 목적물의 가격이 계약체결 이후 등귀함에 따라 매수인이 이를 취득하지 못함으로써 입게 된 손해, 매매 목적물을 취득한 후 전매함으로써 얻을 수 있었을 판매이익 상당의 손해는 특별손해로서 채무자가 특별한 사정을 알았거나 알 수 있었을 경우에 한하여 배상범위에 포함한다.

2. 손해배상액의 산정시기

채무불이행으로 인한 손해는 이행지체의 경우에는 지체 기간 동안의 사용료에 의하여, 불능의 경우에는 불능으로 된 목적물의 시가 등에 의하여 금전으로 평가하여 배상되어야 한다. 손해를 금전으로 산정하는 시기에 관하여 학설은 사실심변론종결시점, 원인행위시점(가령 이행기)을 제시하고 있는데, 판례는 이행불능의 경우에는 불능 당시의 시가 상당액을 기준으로 하고, 이행지체의 경우에는 전보배상액을 최고 후 상당한 기간이 경과한 시점에 따라 산정하며, 이행거절의 경우에는 이행거절 당시의 급부목적물의 시가를 표준으로 한 바 있다. 한편 계약해제와 함께 하는 손해배상청구권은 해제에 의하여 계약관계가 종료한다고 이해되기 때문에 해제의 시점을 기준으로 한다.

Ⅳ. 채권자대위권 행사와 제3자의 지위 (문제 2의 1)

채권자가 채무자의 권리를 제3채무자에 대하여 대위행사하는 경우 제3채무자는 채무자와의 관계에서 갖는 권리 소멸, 무효의 항변 등을 이유로 대위채권자에게 대항할 수 있다. 다만 채무자가 채권자에 의한 대위행사 사정을 통지받은 경우 권리를 처분하더라도 채권자에게 이를 대항할 수 없게 된다(제405조 제2항). 그러나 이때에도 제3채무자는 채무자에 대한 변제, 상계 또는 동시이행의 항변 등을 이유로 대위채권자에게 대항할 수 있다. 제3채무자는 채무자가 직접 권리를 행사하는 경우와 비교하여 대위채권자에 의한 권리행사라는 것을 이유로 불리한 지위에 처해서는 안 되며 또한 민법 제405조 제2항의 문언 역시 채무자에 의한 '처분'을 제한할 뿐이지 제3채무자의 변제를 금지시키고 있지는 않기 때문이다(아래 인용 판결례 참고). 한편 채권자는 제3채무자에 대하여 채무자의 권리를 대위행사하는 것이므로, 제3채무자는 채무자가 채권자에게 갖는 항변을 이유로 채권자에게 대항할 수는 없다.

[채무자와 제3채무자 사이의 계약해제와 대위채권자에 대한 대항 여부에 관한 대판(전) 2012.5.17, 2011다87235] 민법 제405조 제2항은 '채무자가 채권자대위권행사의 통지를 받은 후에는 그 권리를 처분하여도 이로써 채권자에게 대항하지 못한다'고 규정하고 있다. 위 조항의 취지는 채권자가 채무자에게 대위권 행사사실을 통지하거나 채무자가 채권자의 대위권 행사사실을 안 후에 채무자에게 대위의 목적인 권리의 양도나 포기 등 처분행위를 허용할 경우 채권자에 의한 대위권행사를 방해하는 것이 되므로 이를 금지하는 데에 있다. 그런데 채무자의 채무불이행 사실 자체만으로는 권리변동의 효력이 발생하지 않아 이를 채무자가 제3채무자에 대하여 가지는 채권을 소멸시키는 적극적인 행위로 파악할 수 없는 점, 더구나 법정해제는 채무자의 객관적 채무불이행에 대한 제3채무자의 정당한 법적 대응인 점, 채권이 압류·가압류된 경우에도 압류 또는 가압류된 채권의 발생원인이 된 기본계약의 해제가 인정되는 것과 균형을 이룰 필요가 있는 점 등을 고려할 때 채무자가 자신의 채무불이행을 이유로 매매계약이 해제되도록 한 것을 두고 민법 제405조 제2항에서 말하는 '처분'에 해당한다고 할 수 없다. 따라서 채무자가 채권자대위권행사의 통지를 받은 후에 채무를 불이행함으로써 통지 전에 체결된 약정에 따라 매매계약이 자동적으로 해제되거나, 채권자대위권행사의 통지를 받은 후에 채무자의 채무불이행을 이유로 제3채무자가 매매계약을 해제한 경우 제3채무자는 계약해제로써 대위권

을 행사하는 채권자에게 대항할 수 있다. 다만 형식적으로는 채무자의 채무불이행을 이유로 한 계약해제인 것처럼 보이지만 실질적으로는 채무자와 제3채무자 사이의 합의에 따라 계약을 해제한 것으로 볼 수 있거나, 채무자와 제3채무자가 단지 대위채권자에게 대항할 수 있도록 채무자의 채무불이행을 이유로 하는 계약해제인 것처럼 외관을 갖춘 것이라는 등의 특별한 사정이 있는 경우에는 채무자가 피대위채권을 처분한 것으로 보아 제3채무자는 계약해제로써 대위권을 행사하는 채권자에게 대항할 수 없다.

V. 제3자를 위한 계약과 수익자의 지위 (문제 3)

1. 제3자를 위한 계약의 개념

(1) 제3자를 위한 계약이란 계약상의 채권자(요약자) 이외에 제3자가 채무자(낙약자)에게 직접 이행할 것을 청구할 수 있는 권리를 취득하는 계약이다($^{제539}_{조}$). 이로 인하여 채무자(낙약자)는 제3자에 대하여 급부의무를 부담하는데(급부실현관계), 이 관계와 견련관계에 있는 관계가 바로 채권자와 채무자의 관계로서, 이 관계가 바로 기본관계(보상관계)이며, 채무자(낙약자)의 급부의무를 발생시키는 등 계약의 내용과 유·무효를 판단하는 기준으로 된다. 한편 채권자(요약자)와 제3자인 수익자의 관계는 위 기본관계를 형성하는 계기로 된다는 점에서 원인관계(대가관계)에 불과하며 기본관계와 법적으로는 별개로서 기본관계의 성립이나 효력에 영향을 미치지 않는다.

(2) 어떤 계약이 제3자를 위한 계약에 해당하는지 여부는 당사자의 의사가 그 계약에 의하여 제3자에게 직접 권리를 취득하게 하려는 것인지에 관한 의사해석의 문제로서 이는 계약 체결의 목적, 계약에 있어서의 당사자의 행위의 성질, 계약으로 인하여 당사자 사이 또는 당사자와 제3자 사이에 생기는 이해득실, 거래 관행, 제3자를 위한 계약제도가 갖는 사회적 기능 등 제반 사정을 종합하여 계약 당사자의 합리적 의사를 해석함으로써 판별할 수 있다. 따라서 채무자와 인수인의 계약으로 체결되는 병존적 채무인수는 채권자로 하여금 인수인에 대하여 새로운 권리를 취득하게 하는 것으로 제3자를 위한 계약의 하나로 볼 수 있고, 이와 비교하여 이행인수는 채무자와 인수인 사이의 계약으로 인수인이 변제 등에 의하여 채무를 소멸케 하여 채무자의 책임을 면하게 할 것을 약정하는 것으로 인수인이 채무자에 대한 관계에서 채무자를 면책케 하는 채무를 부담하게 될 뿐 채권자로 하여금 직접 인수인에 대한 채권을 취득케 하는 것이 아니므로 결국 제3자를 위한 계약과 이행인수의 판별 기준은 계약 당사자에게 제3자 또는 채권자가 계약 당사자 일방 또는 인수인에 대하여 직접 채권을 취득케 할 의사가 있는지 여부에 달려 있다 할 것이고, 구체적으로는 계약 체결의 동기, 경위 및 목적, 계약에 있어서의 당사자의 지위, 당사자 사이 및 당사자와 제3자 사이의 이해관계, 거래 관행 등을 종합적으로 고려하여 그 의사를 해석하여야 한다(이상 대판 1997.10.24, 97다28698: "부동

산을 매매하면서 매도인과 매수인 사이에 중도금 및 잔금은 매도인의 채권자에게 직접 지급하기로 약정한 경우, 그 약정은 매도인의 채권자로 하여금 매수인에 대하여 그 중도금 및 잔금에 대한 직접청구권을 행사할 권리를 취득케 하는 제3자를 위한 계약에 해당하고 동시에 매수인이 매도인의 그 제3자에 대한 채무를 인수하는 병존적 채무인수에도 해당한다").

2. 제3자를 위한 계약과 수익자의 지위

제3자를 위한 계약은 기본관계의 존재와 제3자 수익약정에 따라 성립하는데, 이로써 수익자인 제3자가 권리를 확정적으로 취득하는 데에는 제3자에 의한 수익의 의사표시를 필요로 한다($\binom{제539조}{제2항}$). 제3자가 수익의 의사표시를 행하여 권리를 취득한 이상 계약당사자는 이를 변경 또는 소멸시키지 못한다($\binom{제541}{조}$). 그러나 제3자의 권리는 기본관계에 부가한 제3자 수익약정에서 파생하는 지위이기 때문에 제3자는 수익의 의사표시 이후에도 기본관계에서 발생하는 채무자(낙약자)의 항변(권리 불발생, 무효·해제 또는 동시이행을 이유로 한 이행거절 등)에 대항할 수 없다. 또한 채무자(낙약자)의 채무불이행에 따라 계약 당사자인 채권자(요약자)는 해제권을 갖는데 제3자가 수익의 의사를 표시한 후에도 이를 단독으로 행사할 수 있다(수익자의 동의를 필요로 한다는 반대견해 있음).

[보상관계의 무효와 부당이득반환청구권의 상대방에 관한 대판 2010.8.19, 2010다31860] 제3자를 위한 계약관계에서 낙약자와 요약자 사이의 법률관계(이른바 기본관계)를 이루는 계약이 무효이거나 해제된 경우 그 계약관계의 청산은 계약의 당사자인 낙약자와 요약자 사이에 이루어져야 하므로, 특별한 사정이 없는 한 낙약자가 이미 제3자에게 급부한 것이 있더라도 낙약자는 계약해제 등에 기한 원상회복 또는 부당이득을 원인으로 제3자를 상대로 그 반환을 구할 수 없다. 따라서 매도인 갑과 매수인 을이 토지거래허가구역 내 토지의 지분에 관한 매매계약을 체결하면서 매매대금을 병에게 지급하기로 하는 제3자를 위한 계약을 체결하고 그 후 매수인 을이 그 매매대금을 병에게 지급하였는데, 토지거래허가를 받지 않아 유동적 무효였던 위 매매계약이 확정적으로 무효가 된 사안에서, 그 계약관계의 청산은 요약자인 갑과 낙약자인 을 사이에 이루어져야 하므로 특별한 사정이 없는 한 을은 병에게 매매대금 상당액의 부당이득반환을 구할 수 없다.

[채권자(요약자)와 제3자 사이의 법률관계의 기본관계에 대한 영향 여부에 관한 대판 2003. 12.11, 2003다49771] 제3자를 위한 계약의 체결 원인이 된 요약자와 제3자(수익자) 사이의 법률관계(이른바 대가관계)의 효력은 제3자를 위한 계약 자체는 물론 그에 기한 요약자와 낙약자 사이의 법률관계(이른바 기본관계)의 성립이나 효력에 영향을 미치지 아니하므로 낙약자는 요약자와 수익자 사이의 법률관계에 기한 항변으로 수익자에게 대항하지 못하고, 요약자도 대가관계의 부존재나 효력의 상실을 이유로 자신이 기본관계에 기하여 낙약자에게 부담하는 채무

의 이행을 거부할 수 없다.

유제: 저당권부 피담보채무의 이행인수와 인수인의 인수채무 불이행에 따른 불능

A는 B와 위 매매계약을 체결하면서 잔금 2억 5천만 원 중 7천만 원에 대하여는 직접 A 자신에게 지급하고 나머지 1억 8천만 원에 대해서는 지급에 갈음하여 X 부동산 위에 A의 채권자 C 명의로 설정해 둔 근저당권에 의해 담보되는 차용금채무 1억 8천만 원의 이행을 인수하도록 합의하였다. B는 중도금 1억 5천만 원을 지급한 후 잔금을 마련하지 못하여 A로부터 지급기일을 유예 받는 한편, 위 매매계약 이후 차용금 이자를 B가 부담하기로 하였다. 그 후 B는 A에게 잔금을 지급하지 못하는 한편, A와 B 모두 차용 원리금을 C에게 지급하지 못하였다. 이에 C는 근저당권 실행을 위한 경매를 신청하여 그 경매절차에서 D가 X토지를 2억 6천만 원에 매수하여 매각대금을 납입하였다. 위 매각대금은 C에게 2억 2천만 원, A에게 4천만 원이 배당되었다.

A가 B에게 잔금 7천만 원의 지급을 구하는 소를 제기하자, B는 이미 지급한 계약금과 중도금 2억 5천만 원의 반환을 구하는 반소를 제기하고 있다. 각 청구에 대한 판단과 그 근거는? (경매비용, 지연이자는 고려하지 말 것)

[참고 판례: 대판 2008.8.21, 2007다8464] 부동산 매수인이 매매목적물에 설정된 근저당권의 피담보채무에 관하여 그 이행을 인수한 경우, 채권자에 대한 관계에서는 매도인이 여전히 채무를 부담한다고 하더라도, 매도인과 매수인 사이에서는 매수인에게 위 피담보채무를 변제할 책임이 있으므로, 매수인이 그 변제를 게을리하여 근저당권이 실행됨으로써 매도인이 매매목적물에 관한 소유권을 상실하였다면, 특별한 사정이 없는 한, 이는 매수인에게 책임 있는 사유로 인하여 소유권이전등기의무가 이행불능으로 된 경우에 해당하고, 거기에 매도인의 과실이 있다고 할 수는 없다.

25 종류채권, 금전채권의 양도 또는 압류

기본 사실관계

A는 2010. 4. 30. 부품 도매상 B에게 자신의 공장에서 유리 소재로 규격화하여 생산하는 X 부품 100상자를 상자당 200만 원에 판매하는 계약을 체결하였다. 이 계약에 따르면 A는 X 부품 100상자를 2010. 5. 3. 오전 10시까지 B의 점포로 배달해 주고, B는 2010. 5. 31. 대금을 지급하기로 하였다. 아래 각 독립한 물음에 답하시오.

문제 ①

A는 B와의 약정에 따라 X 부품 100상자의 이상이 없음을 확인한 후 이를 화물차에 싣고 2010. 5. 3. 오전 10시 B의 점포에 도착하였으나, B는 그 시각 점포에 없었고 연락도 되지 않았다. A는 한참을 기다려도 B가 점포에 나타나지 않자 어쩔 수 없이 자신의 공장으로 돌아오던 도중 고속도로에서 경미한 과실로 차량전복 사고를 당하였고, 이로 인해 상자 안에 들어 있던 X 부품은 전부 파손되었다. B가 위 약정 일시에 자신의 점포에 없었던 점에 관하여는 나중에 B에게 책임이 없다고 밝혀졌다.

A는 위 매매계약을 이유로 B에게 약정한 매매대금 2억 원을 청구하였고, B는 이에 X 부품 100 상자가 모두 전파되어 인도받지 않았음을 다투고 있다. A는 B에게 매매대금의 지급을 청구할 수 있는가? (30점)

문제 ② 추가사실관계

A는 위 계약체결 후 B에 대한 매매대금채권 2억 원을 2010. 5. 1. 자신의 채권자 C에게 양도하였고 그 즉시 B에게 양도사실을 통지하였다.

문제 2의 1. C가 2010. 6. 5. B에게 양수금채권 2억 원의 지급을 구하자, B는 다음과 같은 사유를 들어 그 이행을 전부 또는 일부 거절하고 있다. 각 항변의 타당성을 검토하라. (30점)
① A가 B 자신에게 납품한 100상자 중 50상자에 담겨진 X 부품을 납품 후 즉시 확인한 결과 심

하게 파손되어 있어서 A에게 50상자를 반품처리하면서 그 한도에서 A와의 계약을 해제한 사정
② B가 위 양도통지 이전부터 A에게 갖고 있던 1억 원의 대여금채권(변제기 2010. 5. 15.)을 가지고 그 대등액에서 C의 양수금채권과 상계하겠다는 의사의 표시
③ 만약 C가 A의 B에 대한 매매대금채권 2억 원 중에서 1억 원을 양도받은 경우 B가 ②와 같은 내용의 상계 항변을 한 사정

문제 2의 2.　A는 B에게 위 양도통지 이후 C의 채무불이행을 이유로 C와의 채권양도 합의를 해제하였다. 그러나 이를 통지받지 않아 알지 못하였던 B는 C의 양수금청구에 따라 2억 원 전액을 C에게 지급하였다. A의 B · C에 대한 법률관계는? (10점)

문제 ③ 추가사실관계

> 도매상 B는 A로부터 X 부품 100상자를 납품받았으나 원래 이행기일인 2010. 5. 31.을 경과하도록 A에게 매매대금을 지급하지 않고 있었다. 다음 각 물음에 답하시오.

문제 3의 1.　A가 B와 합의하여 ① 매매대금의 지급을 6개월 후인 2010. 11. 30.로 유예해 준 경우, ② B가 지급하지 못한 매매대금 2억 원을 이자 월 2%로 정하여 대여하는 형식을 취하여 2010. 12. 1.부터 4개월로 나누어 매월 1일 지급받기로 하면서 이 같은 뜻을 담은 차용증을 교부받아 두면서 채무내용을 변경한 경우로 나누어, 2014. 2. 1. 현재 A의 B에 대한 채권의 소멸시효에 관한 내용을 정리해 보시오. (15점)

문제 3의 2.　A는 B에 대한 매매대금 채권 2억 원을 C에게 2010. 9. 5. 양도하였고 이를 같은 날 B에게 내용증명 우편으로 통지하여 9. 8. B에게 그 우편이 도달하였다. 한편 A의 B에 대한 매매대금 채권에 대하여는 A의 채권자 D가 채무자 A, 제3채무자 B, 청구금액 1억 원으로 하는 채권압류 및 전부명령을 발령받는데, 그 명령은 A, B에게 2010. 9. 6. 동시에 송달되었고 9. 14. 확정되었다. 2011. 4. 5. C가 B에게 양수금의 지급을 구하는 소를 제기하는 경우, C의 원고적격에 대한 판단과 함께 법원의 예상되는 판결의 결론과 근거는? (D가 받은 압류 및 전부명령이 송달될 시점까지의 청구금액의 이자, 지연손해 등 부대채권액은 고려하지 말 것) (15점)

A는 B에 대하여 매매대금 전액인 2억 원의 지급을 청구할 수 있다. 위 사안의 경우 A가 B에게 약정한 일시와 장소에서 제공했던 X 부품 100상자를 B의 부재로 인도하지 못하던 중에 교통사고로 전부 멸실된 관계로 민법 제538조의 적용 여부를 검토하여야 한다.

Ⅰ. 종류채권의 특정과 급부불능

민법 제538조가 적용되기 위하여는 먼저, 쌍무계약의 당사자 일방의 채무이행이 불능한 경우이어야 한다. 위 사안의 경우 A와 B 사이의 매매 목적은 일정 규격으로 생산되는 X 부품 일정량을 인도하기로 하였다는 점에서 종류물 매매에 해당한다. 따라서 X 부품이 시장에서 유통되는 한 매도인 A는 이를 조달하여 인도할 의무를 부담한다. 그러나 종류물의 특정이 이루어진 후 종류물 매도인의 조달의무는 종료하고 이로써 종류물채권은 특정물채권처럼 다루어지게 된다(견해대립이 있으나 다수설에 따를 경우). 위 사안에서 매도인 A는 이상 없음이 확인된 X 부품 100상자를 약정한 일시와 장소(지참채무)에서 매수인 B가 수령할 수 있도록 제공함으로써 '채무 이행에 필요한 행위를 완료'하였다고 여겨진다(제375조 제2항 1문). 그렇다면 A와 B 사이의 급부목적물은 위와 같이 제공된 X 부품 100상자로 특정되었고, 이후 A의 교통사고로 이들 물건이 모두 멸실되었으므로 그 이행이 물리적으로 불가능하게 되었다는 점에서 A의 급부의무는 불능으로 되었다.

Ⅱ. 반대급부위험의 이전 여부

A와 B 사이의 계약과 같은 쌍무계약에서 일부 당사자의 급부의무가 불능하게 된 경우 상대방은 그 자에게 자신의 반대급부를 청구할 수 없음이 원칙이다(제537조). 그러나 민법 제538조는 그 예외를 인정하는데, 급부불능이 ① 채권자의 책임 있는 사유로 발생한 경우, ② 채권자의 수령지체 중에 양 당사자의 책임 없이 발생한 경우이다(제538조 제1항). 위 사안의 경우 A에 의해 특정된 X 부품 100상자가 멸실하였던 사정이 A의 경과실에 의한 교통사고라는 점에서 채권자의 책임 있는 사유라는 첫 번째 경우는 문제되지 않으며 두 번째 경우의 적용 여부가 검토되어야 한다.

민법 제538조 제1항 2문은 ① 채권자의 수령지체, ② 수령지체 중의 양 당사자의 귀책사유가 없을 것을 필요로 하는데, 먼저 채권자의 수령지체는 그 본질에 관하여 크게 채무불이행설과 법정책임설(절충설 포함)로 대립하고 있다. 그 요건과 효과에서 양 입장은 내용을 달리하고 있는데, 사견에 따르면 수령지체라는 객관적 사정이 있는 한 그로 인한 일정한 불이익은 채권자가 부담함이 적절하다고 여겨지며 따라서 법정책임설이 적절하다고 여겨진다. 그렇다면 위 사안의 경우 비록 매수인 B의 귀책사유가 없다고 확인되었더라도 정해진 일시에 점포에 없어서 제공된 X 부품 100상자를 수령하지 못하였다는 객관적 사정만으로 수령지체가 성립하게 된다.

다음으로, '수령지체 중에 양 당사자의 책임 없는 사유로 인한 급부불능'인지와 관련하여, 위 사안에서 X 부품을 멸실하도록 한 교통사고는 매도인 A의 경과실로 비롯 하였다는 점에서 그 충족 여부가 문제된다. 그런데 민법 제401조에 따르면 채권자지체 중에 채무자의 귀책사유는 고의와 중과실로 한정되며, 따라서 위 사안과 같이 채무자가 경과실에 불과한 경우에는 그로 인한 채무의 불이행에 대하여 책임지지 않을 뿐만 아니라 더 나아가 통설에 따르면 제538조 제1항 2문에서 의미하는 '책임 없는 사유'에 포섭된다.

그렇다면 매도인 A는 X 부품 100상자가 매수인 B의 수령지체 중에 A와 B 모두의 책임 없는 사유로 멸실되어 이를 인도할 의무를 면하게 되었고, B에 대한 매매대금 2억 원의 청구권을 행사할 수 있다.

문제 ②

‖ 문제 2의 1.

위 사안은 채권양도의 통지에 따른 양수인의 지위에 관한 문제로서 ①, ②, ③의 경우로 나누어 설명한다.

Ⅰ. 양수인의 계약 (일부)해제 항변

먼저, B가 A와의 계약을 X 부품 50상자에 해당하는 부분에 대하여 일부 해제함으로써 원래 매매대금 2억 원에 대신하여 그 절반인 1억 원의 지급의무를 부담한다는 사정은 양수인 C에 대하여 주장할 수 있다. 채권양도에 의하여 채권은 그 동일성을 유지한 채로 양수인에게 이전하고 따라서 채무자는 양도인에게 주장할 수 있었던 사유를 양수인에게 주장할 수 있다. 물론 이는 양수인의 보호를 위하여 양도통지의 시점까지 주장할 수 있었던 사유에 한정되는데(제451조 제2항), 위 사안과 같이 계약의 무효·취소나 해제가 문제되는 경우에는 그 실효를 주장하는 의사표시가 통지 이후에 비로소 행해진 경우에도 채무자는 이를 양수인에게 대항할 수 있다고 해석되고 있다(다수설).

Ⅱ. 양수인의 상계 항변

다음으로, 채무자 B가 양도인 A에 대한 채권을 가지고 양수인 C가 갖는 채권과 상계하겠다는 의사표시는 유효하며 따라서 양수인에 대하여 상계의 항변을 할 수 있다. 물론 채권양도통지에 따라 채무자의 상계권의 제한이 문제되는데, 위 사안의 경우 ① 채권양도의 통지가 있기 이전에 B가 A에 대한 채권을 취득하고 있으며, ② 이런 경우에도 학설에서는 채무자의 양도인에 대한 자동채권이 양수인의 채무자에 대한 수동채권과 비교하여 변제기가 먼저 도래해 있어야 하는 지에 대한 견해가 대립하고 있지만(다수설은 이를 반드시 묻지 않으나 자동채권의 변제기 선도래를 필요로 한다는 견해도 유력함), 위 사안의 경우에는 B의 채권이 C의 양수금채권보다 먼저 이행기에 도래해 있으므로 학설대립과 관계없이 B의 C에 대한 상계항변은 허용된다.

Ⅲ. 일부 채권양도의 경우

채무자 B가 양수인 C에 대하여 양도인 A에게 갖는 반대채권을 갖고 상계할 수 있는지에 대하여는 위 2.에서 답한 바와 같다. 다만 위 3.의 경우 위 2.와 달리 양수인 C가 매매대금 채권 전액이 아니라 그 절반인 1억 원을 양수한 관계로, C가 A에 대한 상계 가능성을 이유로 B에게 이의를 할 수 있는지가 문제될 뿐이다. 이에 대하여 대법원 판례는 채권의 일부 양도가 이루어진 경우 그 분할된 부분에 따라 독립된 채권으로 존속하며, 따라서 채무자는 채권자, 양수인 중 누구라도 상계의 상대방으로 정할 수 있으며, 이때 양수인은 양도인을 상대로 먼저 상계하여야 한다거나 각 분할채권액의 채권 총액에 대한 비율로 상계하여야 한다는 이의를 제기할 수 없다고 하였으며, 양수인이 대항요건을 갖추고 있는 경우에도 마찬가지라고 판시하였다. 일부채권 양도에 따라 독립된 분할채권의 발생을 인정하는 한 이 같은 대법원의 판단은 채권양도에 따른 동일성 유지, 상계에 관한 채무자의 담보적 기대 보장이라는 취지에 비추어 타당하며, 따라서 위 사안의 경우 B는 양도인 A에게 갖는 반대채권 1억 원 전액을 가지고 C에 대하여 상계의 항변을 주장할 수 있다.

▌ 문제 2의 2.

채권양도의 계약이 해제되었음에도 이를 통지받지 않아서 알지 못한 채무자 B는 민법 제452조 1항에 따라 양수인 C에 대한 변제의 사실을 양도인 A와의 관계에서도 주장할 수 있다. 위 규정은 양수인에 대하여 대항할 수 있는 사유를 "무효인 경우"라고 표현하고 있으나, 위 규정에 따라 선의의 채무자를 보호하기 위한 취지에 비추어 채권양도의 합의가 취소 또는 해제된 경우도 포함하는 의미로 확대 해석되고 있다. 한편 B의 C에 대한 변제로 채권을 상실하는 불이익은 받은 A는 C와의 관계에서 적어도 자신과의 관계에서 수령권한이 없음을 이유로 C에 대하여 부당이득의 반환 또는 채권침해를 이유로 손해배상을 청구할 수 있다.

문제 ③

▌ 문제 3의 1.

Ⅰ. A가 B에게 지급기일을 유예해 준 경우

위 1.에서 A는 B에게 지급기를 유예해 2010. 11. 30. 새로이 지급기일이 도래하였는데, A가 B에게 갖는 채권은 상인이 판매한 상품의 판매대금채권인 관계로 상사채권임에도 3년의 소멸시효 기간의 적용을 받는다($\binom{\text{제163}}{\text{조 6호}}$). 따라서 위 지급기일로부터 3년이 만료한 시점인 2013. 11. 30. 위 채권은 소멸시효가 완성되었으며, 별도의 중단조치가 없다고 보이는 위 사안의 경우 B가 A에게 시효 완성의 사실을 원용하여 A에 대한 판매대금의 지급을 거절할 수 있다.

Ⅱ. A와 B 사이에 준소비대차의 합의가 있는 경우

위 2.에서 A와 B 사이의 합의는 단순히 변제기의 유예가 아니라 원래 지급하기로 한 매매대금을 소비대차의 목적으로 삼기로 한 준소비대차의 성격을 갖는다고 해석된다($\binom{\text{제605}}{\text{조}}$). 준소비대차는 변제기 유예와는 달리 기존채무를 소멸시키고 그 대신에 신채무를 성립하도록 하며, 이때 양 채무는 내용적 동일성을 유지한다고 해석되고 있다. 다만 학설의 대립이 있으나, 판례와 다수의 입장은 신채무의 소멸시효 기간은 당사자의 의사에 따르기 보다는 신채무 자체의 성질에 따라 정해져야 한다고 하며, 이런 입장에 따를 경우 위 사안에서는 물품대금채무가 차용금채무로 변경되었으며, 이때 차용금채무는 도매상 B가 그 영업을 위하여 한 상행위로 추정되므로($\binom{\text{상법}}{\text{제47조}}$) 상사시효에 따라 5년의 소멸시효 기간의 적용을 받는다($\binom{\text{상법}}{\text{제64조}}$). 그렇다면 A는 B에 대하여 위 각 분할된 차용금과 그 지연이자의 지급을 청구할 수 있다. 만약 A와 B 사이의 위와 같은 합의가 채무내용을 변경하는 경개라고 하더라도 위 결론에는 차이가 없을 것이다.

▌ 문제 3의 2.

법원은 C의 B에 대한 양수금 2억 원의 지급을 구하는 소에 대하여 전부채권자 D에게 이전한 1억 원을 제외한 1억 원의 지급을 일부 인용하는 판결을 해야 한다.

Ⅰ. C의 원고적격 여부

위 사안의 경우 D가 A의 B에 대한 매매대금 채권에 관하여 압류 및 전부명령을 확정 받아 둔 상태이며 이를 만약 C와의 관계에서도 주장할 수 있다면 전부명령에 따른 권리이전의 효력에 따라 C의 당사자적격이 문제될 수도 있다. 그러나 위 사안과 같은 이행의 소에서 실제로 이행청구권자 또는 이행의무자일 필요는 없고 자기의 이행청구권을 주장하는 사람이 원고적격, 원고에 의하여 이행의무를 부담한다고 주장된 사람이 피고적격을 갖는다. 따라서 D가 압류 및 전부명령을 받아두었다는 사정과 관계없이 C가 원고적격을 갖는다.

Ⅱ. 채권 양수인과 압류채권자의 우열관계

지명채권의 양도는 양도인이 채무자에게 통지하거나 채무자가 승낙하여야 채무자 기타 제3자에게 대항할 수 있는데, 채무자 이외의 제3자에 대항하기 위하여는 위 통지나 승낙이 확정일자 있는 증서에 의하여야만 한다($\substack{\text{제450조 제}\\\text{1항, 제2항}}$). 그런데 위 사안의 경우 A의 C에 대한 매매대금 채권의 양도가 내용증명 우편으로 이루어짐으로써 확정일자를 갖추고 있을 뿐만 아니라, D가 위 동일한 채권에 대하여 압류 및 전부명령을 발령받아 두었는데 그 명령에 기재된 일자 역시 확정일자이며, 따라서 C와 D의 우열관계가 문제된다. 이와 같은 경우 판례와 통설의 입장은 권리이전 여부에 관한 채무자의 인식 가능성이 문제된다는 점에서 양도통지와 압류명령이 채무자(압류명령의 경우에는 결국 이와 동일한 자인 제3채무자)에게 도달한 시점의 선후관계를 기준으로 하고 있다. 그렇다면 압류명령의 송달시점에서 앞선 D가 C와의 관계에서 우선하는 지위를 갖게 된다. 다만 위 사안에서 D는 A의 B에 대한 채권의 일부에 대하여 압류 및 전부명령을 받은 경우이며 따라서 그 한도에서만 A의 채권을 이전받게 되었고, 따라서 이를 넘어선 A의 채권 1억 원에 대하여는 C가 대항력 있는 양수인의 지위를 유지한다. 그렇다면 법원은 C의 B에 대한 2억 원의 양수금 청구에 있어서 D가 압류 및 전부명령을 받은 1억 원에 대한 청구에 대하여는 기각하고 그 나머지 1억 원에 대한 청구만을 인용하는 판결을 하여야 한다.

해 설

Ⅰ. 종류채권의 특정 (문제 1)

종류채권이란 급부하여야 할 물건이 종류와 수량으로만 결정되어 있을 뿐이며 따라서 종류물 중에서 급부해야 할 물건이 구체적으로 결정되어야 한다. 이를 특정이라고 하는데, 민법 제375조 제2항에 따르면 ① 채권자의 동의를 얻어 채무자가 이행할 물건을 지정하거나, ② 채무자가 이행에 필요한 행위를 완료함으로써 이루어지게 된다. 이때 "이행에 필요한 행위"라고 함은 채무자가 채무내용에 좇은 변제의 제공을 한 경우로서 하자 여부 등 목적물의 상태와 품질, 목적물의 인도장소(지참채무, 추심채무, 송부채무) 등에 따라 판단된다.

종류채권은 특정에 의하여 특정물의 인도를 목적으로 하는 채권으로 전환되며, 따라서 특정된 종류물에 관하여 채무자가 선관주의의무를 부담하며($^{제374}_{조}$), 그 목적물이 멸실함으로써 급부위험은 채권자에게 이전하고(채무자의 조달의무 면제) 채권자가 그 물건을 수령하지 않을 경우 수령지체에 따른 법률효과($^{제400}_{조}$)가 발생한다. 다만 종류물이 특정된 경우에도 원래적 의미의 특정물과 완전히 동일하게 취급할 필요는 없으며, 따라서 가령 특정된 목적물이 멸실된 경우 등에서 채무자의 변경 권한을 굳이 부정할 필요는 없다고 해석되고 있다.

Ⅱ. 채권자지체 (문제 1)

(1) 채권자지체란 채무의 이행에 채권자의 수령 등 협력을 필요로 함에도 채권자가 수령 등 협력행위를 하지 않을 경우에는 채무자로 하여금 채무의 부담을 가중시키게 되는데, 이는 채무자에게 부당하다는 점에서 공평의 관념에 따라 채권자와 채무자의 이해관계를 조절하려는 제도이다($^{제400조}_{이하}$). 채권자지체의 본질에 관하여는 ① 채권자의 수령 등 협력의무를 – 채무자의 의무에 상응하도록 – 채권자의 의무로 파악하려는 입장(채무불이행설), ② 채권자는 채권관계에 기하여 권리만을 얻을 뿐 의무를 부담하지 않는데 다만 채권자지체에 따라 채무자에게 부담이 가중되는 것이 공평의 관념에 반하므로 그 불이익을 채권자가 지도록 하는 제도라는 입장(법정책임설), ③ 채권관계에서 채권자의 수령의무는 원론적으로 인정되지 않지만, 매매, 도급의 계약유형 또는 구체적 상황에 따라 채무자의 제공한 목적물을 수취할 의무가 인정될 수 있다는 입장(절충설)이 있다. 이들 입장의 차이는 채권자지체의 성립에 있어서 채권자가 수령을 지체하는데 귀책사유를 필요로 하는지 여부(채무불이행설에 따르는 한 귀책사유를 필요로 함), 채권자지체의 법률효과로서 민법 제401조부터 제403조의 효과 이외에 손해배상청구권과 계약해제권이 인정되는지(채무불이행설의 입장에서는 이를 긍정함) 여부에 있다. 최근의 다수

견해는 법정책임설의 입장이라고 여겨지는데, 다만 계약내용 형성의 자유에 따라 개별 계약의 구체적 상황에 따라 채권자의 수취의무가 인정될 수 있음은 물론이다.

(2) 채권자지체가 인정되기 위해서는 ① 채권자의 수령 또는 협력이 필요로 할 것, ② 채무자가 채무의 내용에 좇은 이행을 제공할 것, 그리고 ③ 채권자가 수령을 거절하거나 수령할 수 없었을 것을 필요로 한다. 민법은 이러한 채권자지체의 효과로서 ① 주의의무의 경감(제401조), ② 이자의 정지 및 증가된 보관비용의 채권자 부담(제402조, 제403조)을 규정하고 있다. 한편 채권자지체의 경우에는 급부결과가 실현된 것은 아니므로 급부의무는 여전히 존속하되, 다만 쌍무계약에서 채권자의 수령지체 중에 양 당사자의 귀책사유 없이 채무자의 급부가 불가능하게 된 경우 채무자는 급부의무를 면하게 되는데 채권자는 반대급부의무를 면하지 못한다(제538조 제1항 2문. 위 문제 1. 참고). 더 나아가 위 (1)에서 소개한 바와 같이 수령지체에 따른 손해배상청구권, 해제권의 행사 여부가 문제되는데, 법정책임설의 입장에 따라 기본적으로 이를 인정할 수는 없겠으나, 개별적 상황에서 채권자의 수취의무가 인정될 수 있는 한 그 위반에 따른 채무불이행책임이 인정될 수 있을 것이다. 끝으로 채권자지체는 채무자가 채무 이행에 필요한 행위를 완료한 상태를 전제하므로, 채무자는 채무가 이행되지 못하였더라도 채무불이행책임을 지지 않는데(제461조), 이는 변제제공의 효과로 설명되고 있다.

Ⅲ. 지명채권 양도의 통지·승낙과 양수인의 지위 (문제 2의 1, 2의 2)

(1) 지명채권 양도는 채권의 동일성을 유지한 채 양도인과 양수인의 합의만으로 성립한다. 따라서 양도계약 당사자 이외의 이해관계자, 즉 채무자와 제3자가 채권양도의 사실을 알지 못함에 따라 불측의 손해를 입을 염려가 있기 때문에, 이를 보호하기 위하여 양도사실에 관한 양도인의 채무자에 대한 통지 또는 채무자의 승낙이라는 요건을 채권양도의 대항요건으로 정해두고 있다(제450조 제1항. 채무자 이외의 제3자에 대하여는 아래 해설 4. 참고). 따라서 양수인이 채무자에게 자신의 양수인 지위를 주장하기 위하여는 위의 통지나 승낙이 있어야만 하며, 통지나 승낙 이후에 양도인과 채무자 사이의 변제, 면제와 같은 면책행위는 무효로서 양수인에게 효력을 주장할 수 없다. 다만 통지와 승낙이 대항요건인 관계로 채무자가 채권양도를 인정하여 양수인에게 유효하게 변제할 수 있다.

[일부 채권양도의 효력에 관한 대판 2002.2.8, 2000다50596] 가분적인 금전채권의 일부에 대한 전부명령이 확정되면 특별한 사정이 없는 한 전부명령이 제3채무자에 송달된 때에 소급하여 전부된 채권 부분과 전부되지 않은 채권 부분에 대하여 각기 독립한 분할채권이 성립하게 되므로, 그 채권에 대하여 압류채무자에 대한 반대채권으로 상계하고자 하는 제3채무자로서는 전부채권자 혹은 압류채무자 중 어느 누구도 상계의 상대방으로 지정하여 상계하거나 상계

로 대항할 수 있고, 그러한 제3채무자의 상계 의사표시를 수령한 전부채권자는 압류채무자에 잔존한 채권 부분이 먼저 상계되어야 한다거나 각 분할채권액의 채권 총액에 대한 비율에 따라 상계되어야 한다는 이의를 할 수 없다.

(2) 채권양도가 채무자에게 통지만이 이루어진 경우 채무자는 통지를 받을 때까지 양도인에 대하여 갖고 있던 모든 사유를 양수인에게 주장할 수 있다(제451조 제2항). 채무의 불성립 · 무효 · 해제, 변제 · 면제 등 채무의 소멸, 동시이행의 관계 등의 사유가 이에 해당하는데, 채권양도가 채권의 동일성을 유지한 채 이전시키는 행위인 관계로 양도인에 대한 항변을 양수인과의 관계에서 관철하도록 정하고 있는 것이다. 한편, 민법 제451조 2항의 반대해석에 따르면 통지 후의 사유, 가령 통지 이후 양도인과 채무자가 채무내용을 변경하는 합의는 양수인에게 주장할 수 없다. 다만 양도된 채권의 발생원인인 계약이 취소 또는 해제되는 경우 취소권 또는 해제권의 행사가 통지 이후의 시점에 이루어지더라도 채무자는 이를 양수인에게 주장할 수 있다. 더 나아가 채무자가 양도인에 대하여 갖고 있던 채권을 자동채권으로 하여 양수인에 대한 상계 항변에 관하여는 위 문제 2의 1. 참고.

(3) 채권양도에 대한 채무자의 승낙은 이의를 유보한 승낙과 이의를 유보하지 않은 승낙이 있는데, 이 중 (양도인에게 주장할 수 있는) 이의를 유보한 승낙의 경우에는 통지의 경우와 마찬가지이다. 반면 채무자가 채권양도를 승낙하면서 양도인에 대한 이의, 가령 채권 불성립, 무효 또는 면제 등의 항변을 유보하지 않은 경우에는 양수인과의 관계에서 항변단절의 효과를 가져오는데, 다만 양수인의 신뢰를 보호하기 위한 목적이라는 점에서 양수인은 대항사유의 존재에 대해 선의, 무중과실이어야만 한다.

[이의를 유보하지 않은 승낙과 상계의 항변에 관한 대판 1984.9.11, 83다카2288] 채무자는 채권양도를 승락한 후에 취득한 양도인에 대한 채권으로써 양수인에 대하여 상계로써 대항하지 못한다.

[위 상계의 항변에 관한 대판 1999.8.20, 99다18039] 채권양도에 있어서 채무자가 양도인에게 이의를 보류하지 아니하고 승낙을 하였다는 사정이 없거나 또는 이의를 보류하지 아니하고 승낙을 하였더라도 양수인이 악의 또는 중과실의 경우에 해당하는 한, 채무자의 승낙 당시까지 양도인에 대하여 생긴 사유로써 양수인에게 대항할 수 있다고 할 것인데, 승낙 당시 이미 상계를 할 수 있는 원인이 있었던 경우에는 아직 상계적상에 있지 아니하였다 하더라도 그 후에 상계적상이 생기면 채무자는 양수인에 대하여 상계로 대항할 수 있다.

Ⅳ. 채권 양수인과 압류채권자의 대항관계 (문제 3의 2)

채권양도에 관하여 채무자 이외의 제3자에게 대항하기 위하여는 채무자에 대한 통지나 채무자의 승낙이 확정일자 있는 증서로 이루어져야 한다(제450조 제2항). 지명채권의 양도를 공시하는 데에는 별도의 수단이 없으므로 채무자의 경우와 마찬가지로 채무자에 대한 통지나 채무자의 승낙을 공시방법으로 채택하였으며, 제3자 사이의 이해관계가 충돌할 경우 그 우선순위를 명확히 할 목적으로 통지나 승낙에 확정일자를 필요로 하고 있다.

민법 제450조 2항에서 의미하는 제3자란 채권의 이중양수인, 채권의 (가)압류 채권자 또는 질권자와 같이 동일한 채권에 관하여 채권양수인과 양립할 수 없는 법률상 지위를 취득한 자를 뜻하는데, 이러한 대항관계에서 다른 이해관계자에 우선하는 지위를 갖게 된 자는 그 우선하는 한도에서 당해 채권에 관하여 병립할 수 없는 자의 지위를 무효로 만들며, 채무자와의 관계에서 진정한 채권자로 취급되어야 한다. 다만 이 같은 관계는 양도 (또는 압류 등)의 객체인 채권이 존재하는 경우에만 문제되므로, 가령 양도된 채권이 이미 변제 등으로 소멸한 후에 이중양수인이 확정일자를 갖추거나 압류채권자가 등장한 경우에는 그 자체가 무효로서 대항요건의 문제를 발생시키지 않는다. 대립하는 이해관계 있는 제3자가 모두 대항요건을 갖춘 경우에 관하여는 아래 판결례 참고.

[대판(전) 1994.4.26, 93다24223] ① 채권이 이중으로 양도된 경우의 양수인 상호간의 우열은 통지 또는 승낙에 붙여진 확정일자의 선후에 의하여 결정할 것이 아니라, 채권양도에 대한 채무자의 인식, 즉 확정일자 있는 양도통지가 채무자에게 도달한 일시 또는 확정일자 있는 승낙의 일시의 선후에 의하여 결정하여야 할 것이고, 이러한 법리는 채권양수인과 동일 채권에 대하여 가압류명령을 집행한 자 사이의 우열을 결정하는 경우에 있어서도 마찬가지이므로, 확정일자 있는 채권양도 통지와 가압류결정 정본의 제3채무자(채권양도의 경우는 채무자)에 대한 도달의 선후에 의하여 그 우열을 결정하여야 한다. ② 채권양도 통지, 가압류 또는 압류명령 등이 제3채무자에 동시에 송달되어 그들 상호간에 우열이 없는 경우에도 그 채권양수인, 가압류 또는 압류채권자는 모두 제3채무자에 대하여 완전한 대항력을 갖추었다고 할 것이므로, 그 전액에 대하여 채권양수금, 압류전부금 또는 추심금의 이행청구를 하고 적법하게 이를 변제받을 수 있고, 제3채무자로서는 이들 중 누구에게라도 그 채무 전액을 변제하면 다른 채권자에 대한 관계에서도 유효하게 면책되는 것이며, 만약 양수채권액과 가압류 또는 압류된 채권액의 합계액이 제3채무자에 대한 채권액을 초과할 때에는 그들 상호간에는 법률상의 지위가 대등하므로 공평의 원칙상 각 채권액에 안분하여 이를 내부적으로 다시 정산할 의무가 있다. ③ 채권양도의 통지와 가압류 또는 압류명령이 제3채무자에게 동시에 송달되었다고 인정되어 채무자가 채권양수인 및 추심명령이나 전부명령을 얻은 가압류 또는 압류채권자 중 한 사람이 제기한 급부소송에서 전액 패소한 이후에도 다른 채권자가 그 송달의 선후에 관하여 다시 문제를 제기하는

경우 기판력의 이론상 제3채무자는 이중지급의 위험이 있을 수 있으므로, 동시에 송달된 경우에도 제3채무자는 송달의 선후가 불명한 경우에 준하여 채권자를 알 수 없다는 이유로 변제공탁을 함으로써 법률관계의 불안으로부터 벗어날 수 있다. ④ 채권양도 통지와 채권가압류결정 정본이 같은 날 도달되었는데 그 선후관계에 대하여 달리 입증이 없으면 동시에 도달된 것으로 추정한다.

V. 준소비대차의 법률관계 (문제 3의 1)

준소비대차란 소비대차에 의하지 않고 금전 기타 대체물을 급부할 의무를 지는 자가 상대방과 합의하여 그 목적물을 소비대차의 목적으로 약정하는 경우를 뜻한다($\frac{제605}{조}$). 준소비대차는 기존채무를 소멸시키고 그 대신 신채무를 성립시키며, 이 점에서 단순한 변제기 연장과 구별되며 경개와 유사하다. 그러나 경개와는 달리 준소비대차의 경우 기존채무와 신채무는 그 내용적 동일성을 유지하며, 이로써 기존채무에 관한 담보와 항변은 신채무에도 유지된다고 해석된다. 다만 소멸시효는 판례와 다수 학설에 따르면 준소비대차에 따라 성립한 신채무를 기준으로 결정한다.

유 제

B가 A에게 매매대금 2억 원을 지급하지 못하고 있던 중 A의 채권자 C가 위 매매대금채권에 대한 가압류결정을 신청하여 2010. 10. 5. 이를 인용하는 결정이 내려지고 그 무렵 제3채무자 B에게 송달되었다. 그 직후 B는 A를 피공탁자로 하여 5천만 원을 공탁하였다. A가 2011. 4. 5. B를 상대로 매매대금 2억 원의 지급을 구하는 소를 제기하는 경우, 법원의 예상되는 판결의 결론과 근거는 무엇인가?

[대판 2000.4.11, 99다23888] ① 일반적으로 채권에 대한 가압류가 있더라도 이는 가압류채무자가 제3채무자로부터 현실로 급부를 추심하는 것만을 금지하는 것이므로 가압류채무자는 제3채무자를 상대로 그 이행을 구하는 소송을 제기할 수 있고, 법원은 가압류가 되어 있음을 이유로 이를 배척할 수 없는 것이며, 채권양도는 구 채권자인 양도인과 신 채권자인 양수인 사이에 채권을 그 동일성을 유지하면서 전자로부터 후자에게로 이전시킬 것을 목적으로 하는 계약을 말한다 할 것이고, 채권양도에 의하여 채권은 그 동일성을 잃지 않고 양도인으로부터 양수인에게 이전된다 할 것이며, 가압류된 채권도 이를 양도하는 데 아무런 제한이 없으나, 다만 가

압류된 채권을 양수받은 양수인은 그러한 가압류에 의하여 권리가 제한된 상태의 채권을 양수받는다고 보아야 할 것이다. ② 채권에 대한 압류 및 추심명령이 있으면 제3채무자에 대한 이행의 소는 추심채권자만이 제기할 수 있고 채무자는 피압류채권에 대한 이행소송을 제기할 당사자적격을 상실한다.

[채권의 가압류가 있는 경우와 제3채무자의 변제공탁 여부에 관한 대판(전) 1994.12. 13, 93다951] ① 채권의 가압류는 제3채무자에 대하여 채무자에게 지급하는 것을 금지하는 데 그칠 뿐 채무 그 자체를 면하게 하는 것이 아니고, 가압류가 있다 하여도 그 채권의 이행기가 도래한 때에는 제3채무자는 그 지체책임을 면할 수 없다고 보아야 할 것이다. ② 위 ①의 경우 가압류에 불구하고 제3채무자가 채무자에게 변제를 한 때에는 나중에 채권자에게 이중으로 변제하여야 할 위험을 부담하게 되므로 제3채무자로서는 민법 제487조의 규정에 의하여 공탁을 함으로써 이중변제의 위험에서 벗어나고 이행지체의 책임도 면할 수 있다고 보아야 할 것이다. 왜냐하면 민법상의 변제공탁은 채무를 변제할 의사와 능력이 있는 채무자로 하여금 채권자의 사정으로 채무관계에서 벗어나지 못하는 경우를 대비할 수 있도록 마련된 제도로서 그 제487조 소정의 변제공탁의 요건인 "채권자가 변제를 받을 수 없는 때"의 변제라 함은 채무자로 하여금 종국적으로 채무를 면하게 하는 효과를 가져다 주는 변제를 의미하는 것이므로 채권이 가압류된 경우와 같이 형식적으로는 채권자가 변제를 받을 수 있다고 하더라도 채무자에게 여전히 이중변제의 위험부담이 남는 경우에는 마찬가지로 "채권자가 변제를 받을 수 없는 때"에 해당한다고 보아야 할 것이기 때문이다. 그리고 제3채무자가 이와 같이 채권의 가압류를 이유로 변제공탁을 한 때에는 그 가압류의 효력은 채무자의 공탁금출급청구권에 대하여 존속한다고 할 것이므로 그로 인하여 가압류 채권자에게 어떤 불이익이 있다고도 할 수 없다. ③ 위 ①과 ②의 법리는 부당이득반환채권이 가압류된 후에 제3채무자가 악의로 되어 그 받은 이익에 덧붙여 반환하여야 할 이자지급책임을 면하기 위한 경우에도 마찬가지라 할 것이고, 또 채권자의 소재가 불명한 경우에도 채무자로서는 변제공탁을 하지 않는 한 그 이행지체의 책임 내지 부당이득에 대한 이자의 배상책임을 면할 수 없음은 물론이다.

[일부공탁에 관한 대판 2008.7.10, 2008다10051] 채무자가 공탁원인이 있어서 공탁에 의해서 그 채무를 면하려면은 채무액전부를 공탁하여야 할 것이고 일부의 공탁은 그 채무를 변제함에 있어서, 일부의 제공이 유효한 제공이라고 시인될 수 있는 특별한 사정이 있는 경우를 제외하고는 채권자가 이를 수락하지 아니하는 한 그에 상응하는 효력을 발생할 수 없다.

[부동산소유권이전등기청구권이 가압류된 경우 채무자가 제3채무자에 대한 이행의 소에 관한 대판 1999.2.9, 98다42615] 소유권이전등기청구권에 대한 압류나 가압류는 채권에 대한 것이지 등기청구권의 목적물인 부동산에 대한 것이 아니고, 채무자와 제3채무자에게 그 결정을 송달하는 외에 현행법상 등기부에 이를 공시하는 방법이 없는 것으로서, 당해 채권자와

채무자 및 제3채무자 사이에만 효력이 있을 뿐 압류나 가압류와 관계가 없는 제3자에 대하여는 압류나 가압류의 처분금지적 효력을 주장할 수 없게 되므로, 소유권이전등기청구권의 압류나 가압류는 청구권의 목적물인 부동산 자체의 처분을 금지하는 대물적 효력은 없고, 또한 채권에 대한 가압류가 있더라도 이는 채무자가 제3채무자로부터 현실로 급부를 추심하는 것만을 금지하는 것이므로 채무자는 제3채무자를 상대로 그 이행을 구하는 소송을 제기할 수 있고 법원은 가압류가 되어 있음을 이유로 이를 배척할 수는 없는 것이지만, 소유권이전등기를 명하는 판결은 의사의 진술을 명하는 판결로서 이것이 확정되면 채무자는 일방적으로 이전등기를 신청할 수 있고 제3채무자는 이를 저지할 방법이 없게 되므로 위와 같이 볼 수는 없고 이와 같은 경우에는 가압류의 해제를 조건으로 하지 않는 한 법원은 이를 인용하여서는 안되는 것이며, 가처분이 있는 경우도 이와 마찬가지로 그 가처분의 해제를 조건으로 하여야만 소유권이전등기절차의 이행을 명할 수 있다.

기본 사실관계

A는 B에게 2004. 3. 1. 1억 원을 이자 월 1 %(매월 1일 지급), 변제기 2004. 10. 31.로 정하여 대여해 주었다. 다음 각 독립한 물음에 답하시오(각 물음은 청구시점을 기준으로 함).

문제 ①

> A는 B에게 위의 대여 이후 2004. 8. 1. 또 다시 5천만 원을 이자 2 %(매월 1일 지급), 변제기 2005. 1. 31.로 정하여 대여해 주었다. 그러나 B가 위 1, 2차 차용금에 대한 원금과 이자를 전혀 지급하지 않자, A는 2005. 7. 1. B에 대여금 합계 1억 5천만 원 및 그 중 1억 원에 관하여는 2004. 3. 1.부터 다 갚는 날까지 월 1 %, 5천만 원에 관하여는 2004. 8. 1.부터 다 갚는 날까지 월 2 %의 이자 및 지연이자금의 지급을 구하였다. 이에 2005. 8. 7. B는 A에 대한 물품판매 대금채권 1억 원 및 그 변제기인 2005. 3. 31.부터 다 갚는 날까지 법정이율 연 5 %의 비율에 의한 지연손해금 채권을 자동채권으로 하여 A의 각 채권과 상계하겠다는 항변을 제기하였다.

A의 청구에 대한 결론을 그 근거와 함께 서술하시오. (25점)

문제 ② 추가사실관계

> A는 B에게 위 금전을 대여하면서 B로 하여금 보증인을 세우도록 하였고, 이에 B의 부탁으로 C가 B의 차용금 채무를 보증하였다. 아래 각 독립한 물음에 답하시오.

문제 2의 1.   B는 C에게 보증을 부탁할 당시 자신의 자산상태가 건전하다고 허위의 고지를 하였고, 이에 속은 C는 이러한 사정을 알 수 없었던 A와 보증계약을 체결하게 되었다. B기 변제기를 넘어서도 차용금을 지급하지 않자 A는 2005. 3. 2. C에게 보증채무의 이행을 구하였다. 그러나 C는 B가 자산상태를 기망하였음을 이유로 위 보증계약의 효력이 없음을 주장하면서 보증채무의 이행을 거절하고 있다. A의 C에 대한 이행청구의 타당성을 검토하라. (20점)

문제 2의 2.　A는 2014. 8. 1. B에게 위 대여금 채무의 변제를 최고하였고, 이후 2015. 3. 4. B가 A에게 대여금채무 중 일부인 2천만 원을 변제하였다. A가 2015. 4. 5. B와 C를 상대로 8천만 원의 대여금과 보증채무금의 지급을 구하는 소를 제기하는 경우, 예상 가능한 B, C의 항변을 고려하여 A의 B, C에 대한 청구의 인용 여부를 판단하시오. 만약 A가 2014. 12. 23. 위 대여금 채권을 피보전채권으로 하여 B의 X 부동산에 가압류를 신청하여 2014. 12. 28. 가압류 등기를 마쳐 두었고, 이후 C에 대한 보증채무금의 지급을 구하면서 이를 주장한 경우 A의 청구에 대한 판단은 어떠한가? (20점)

문제 2의 3.　A의 B에 대한 대여금 채권에 관하여 B의 부탁에 따라 C 외에도 D가 보증채무를 부담하기로 하였다. B가 변제기를 넘어서도 변제하지 않아 C가 2005. 3. 2. A에게 1억 원의 채무 중에서 7천만 원을 지급한 경우, D에 대한 권리는? (10점)

문제 ③ 추가사실관계

> A는 B에 대한 위 대여금 채권을 담보하기 위하여 B 소유의 X 부동산 위에 저당권을 설정해 두었다. 다음 각 독립한 물음에 답하시오.

문제 3의 1.　B의 A에 대한 대여금 채무에 대하여는 B 소유의 X 부동산에 대한 저당권 이외에 C가 B의 부탁으로 보증채무를 부담하고 있었다. A의 청구에 따라 C가 2005. 3. 5. 채무 전액인 1억 원을 변제한 경우 C의 B에 대한 권리와 그 확보방법은? (10점)

문제 3의 2.　B의 A에 대한 대여금 채무에 대하여는 B 소유의 X 부동산 이외에 C 소유의 Y 부동산 위에 저당권이 설정되어 있었다. 2004. 7. 5. X 부동산은 B로부터 D의 명의로 증여를 원인으로 하여 소유권이전등기가 마쳐졌다. 2005. 3. 5. A의 저당권 실행을 피하기 위하여 C가 A에게 1억 원 전부를 변제하자, A에 대한 피담보채무가 모두 변제되어 소멸하였음을 이유로 하여 D는 C에게 대위변제에 따른 자신의 부담액 5천만 원을 지급하고 X 부동산 위에 설정된 저당권설정등기의 말소를 청구할 수 있는가? (X 부동산과 Y 부동산의 가액은 동일함) (15점)

예시답안

문제 ①

Ⅰ. 상계의 요건

A의 대여금 청구에 대한 B의 상계 항변의 인정 여부를 판단함에 있어서, 먼저 B에게 상계권이 인정되는지 검토하여야 한다. 상계는 민법 제492조에 따라, ① 양 당사자가 서로 동종의 대립하는 채권을 가지고 있을 것, ② 양 채권이 변제기에 있을 것, ③ 상계가 금지되지 않을 것, 그리고 ④ 상계자에 의한 상계의 의사표시가 있을 것을 그 요건으로 하는데, 위 사안의 경우 A의 대여금채권과 B의 매매대금 채권의 존재, A와 B의 채권 모두 변제기 도래, B에 의한 상계의 의사표시, 그리고 사안에서 상계를 금지할만한 사정이 나타나 있지 않다는 점에서 위 요건은 모두 충족됨으로써 B의 상계 항변은 인정된다고 판단된다.

Ⅱ. 상계의 효력과 상계충당

다음으로, B의 상계 항변의 효력, 다시 말해 A의 대여금 채권이 어떤 내용으로 소멸하였는지 살펴보아야 하는데, ① 상계의 효력발생 시점, ② 상계충당의 내용을 검토하여야 한다.

① 상계의 효력발생 시점과 관련하여, 민법 제493조 제2항에 따르면 상계는 상계의 의사표시가 있으면 상계할 수 있었던 시점으로 소급하여 효력을 갖고 따라서 그 이후에는 이자가 발생하지 않는다. 위 사안의 경우에 상계할 수 있었던 시점은 자동채권의 변제기가 도래한 시점, 즉 2005. 3. 31.이 상계적상일로 된다. 이 시점을 기준으로 A와 B의 채권 내용을 보면, B의 자동채권은 변제기 도래와 함께 소멸하므로 지연이자가 발생하지 않은 상태(매매대금 1억원)에 있게 되며, A의 수동채권은 1차 대여금 채권의 경우 원금 1억 원 + 이자 800만 원(100만 원 × 8개월) + 지연손해금 500만 원(약정이율에 따라 산정한 100만 원 × 5개월)의 합계인 1억1천3백만 원이고, 2차 대여금 채권의 경우 원금 5천만 원 + 이자 600만 원(100만 원 × 6개월) + 지연손해금 200만 원(약정이율에 따라 산정한 100만 원 × 2개월)의 합계인 5천8백만 원이다.

다음으로 ② 상계충당, 즉 위에서 알 수 있듯이 B가 A에게 갖는 자동채권의 금액이 A의 B에 대한 수동채권인 1차, 2차 대여금 채권의 각 원리금을 소멸시키는데 충분하지 않기 때문에 상계충당이 문제된다. 상계충당은 변제충당의 규정을 준용하며($^{제499}_{조}$), 따라서 당사자의 합의가 없는 한 민법 제479조에 따라 비용, 이자, 원본의 순서로 충당되어야 한다. 그렇다면 B가 A에게 갖는 자동채권 1억 원 중에서 ① B의 A에 대한 1, 2차 대여금의 이자 및 이와 동일한 지연손해금 2천1백만 원에 먼저 충당되어야 하며, ② 1차, 2차 대여금의 원본 사이에서는 별도의 지정이 없는 관계로 민법 제477조에 의하여 양 채권 모두 변제기가 도래한 이상 변제의 이익이 많은 채권에 먼저 충당하며(제2호) 따라서 위 사안의 경우 이율이 많은 2차 대여금의 원본 5천만 원에 충당되어야 하고, ③ 그 다음으로 1차 대여금채권의 원본 1억 원에 그 나머지(2천 9백만 원)가 충당되어야 한다.

Ⅲ. 결 론

그렇다면 B는 A에 대하여 상계충당 되고 남은 7천1백만 원과 상계적상일의 다음날인 2010. 4. 1.부터 다 갚는 날까지 원래 1차 차용금에 대한 약정이율로 정한 월 1%의 비율에 의한 지연손해금을 지급하여야 한다.

문제 2

‖ 문제 2의 1.

A의 이행청구에 대한 C의 거절의사는 A와의 보증계약을 취소하는 의사표시로 해석될 수 있는바, C의 취소권 유무가 검토되어야 한다. 위 사안의 경우 C의 취소권은 민법 제110조, 제109조에 따른 인정 여지가 문제된다.

먼저, 민법 제110조의 사기에 의한 의사표시는 ① 표의자의 기망행위, ② 기망행위의 위법성, ③ 사기자가 표의자를 기망하여 착오에 빠지게 해 의사표시를 하도록 하려는 고의를 가지고 있을 것, ② 기망행위와 표의자의 의사표시 사이의 인과관계를 요건으로 하고 있다. 위 사안에서 주채무자 B가 C에게 자신의 자산상태를 허위로 고지한 것은 고의에 의한 위법한 기망행위로서 C로 하여금 보증계약을 체결하도록 한 원인이 되었다는 점에서 위 요건을 충족하고 있다.

다만 C를 기망한 주채무자 B가 보증계약의 당사자가 아닌 관계로 민법 제110조 제2항의 제3자에 해당하는지 여부가 판단되어야 한다. 제3자란 원래 표의자와 상대방 이외의 자를 뜻한다. 다만 판례와 다수설은 제110조 제2항의 취지, 즉 제3자의 기망행위가 문제되는 한 의사표시의 존속을 기대하는 상대방도 보호할 필요가 있기 때문에 표의자의 취소권을 한정하려는 취지에 비추어 기망행위자와 상대방을 법적으로 동일하게 취급할 수 있어서 상대방을 보호할 필요가 없는 경우에는 그 행위자를 제3자의 범위에서 제외하고 있다. 다시 말해 의사표시에 관하여 상대방의 대리인 등 상대방과 동일시 할 수 있는 자는 민법 제110조 제2항에서 의미하는 제3자에 해당하지 않는다. 그런데 주채무자와 보증인은 주채무자가 이행하지 않는 채무를 이행해야 한다는 보증인의 역할에 비추어 동일시 할 수 있는 자는 아니며, 따라서 주채무자는 보증계약의 체결에서 민법 제110조 제2항의 제3자에 해당한다. 그렇다면 채권자 A가 주채무자 B의 허위고지에 관하여 선의, 무과실인 위 사안의 경우 C는 B의 기망행위를 이유로 A와의 보증계약을 취소할 수는 없다.

다음으로, B의 허위고지로 인하여 C가 B의 자산상태에 관한 착오에 빠져서 A와 보증계약을 체결하였다는 점에서 민법 제109조의 착오를 이유로 한 취소권의 인정 여부가 문제된다. 민법 제109조 제1항에 따른 취소권은 ① 법률행위 내용의 착오가 있을 것, ② 중요부분에 착오가 있을 것, 그리고 ③ 표의자의 중과실이 없을 것을 요건으로 한다. 그런데 위 사안의 경우 보증인 C가 주채무의 자산상태를 착오하였다는 점에서 이른바 동기의 착오에 해당하며, 따라서 의사표시의 해석상 해당 동기가 법률행위의 내용으로 되었다거나(판례) 또는 상대방에 의하여 표의자의 착오가 유발되었을 것을 필요로 한다. 그러나 위 사안의 경우 보증인 C가 A와의 계약 과정에서 주채무자 B의 일정한 자산상태를 계약체결의 전제로 삼는 등 이를 객관화한 바도 엿보이지 않고, 또한 보증인 C의 착오에 관하여 상대방 A가 관여한 사정도 나타나 있지 않다. 오히려 주채무자 B의 자산상태에 관한 보증인 C의 잘못된 관념은 주채무자의 채무이행을 보증하려는 보증계약의 특성으로 말미암아 보증인 C가 스스로 부담할 계약상의 위험이며, 따라서 C는 B의 자산상태에 대한 착오를 이유로 A와의 보증계약을 취소할 수는 없다.

그렇다면 C의 취소권 행사는 받아들여질 수 없으며, 따라서 A에게 보증채무를 이행할 의무를 부담한다.

▌ 문제 2의 2.

A의 B, C에 대한 대여금과 보증채무금의 지급을 구하는 소에 대하여 이 사안의 경우 B, C는 주채무의 소멸시효 완성에 따른 소멸과 그에 따른 부종적 보증채무의 소멸의 항변 등이 문제된다. 아래에서는 ① B의 대여금채무의 시효 완성 여부, ② B의 일부변제 의미와 주채무 및 보증채무의 시효진행(내지 완성)에 관한 영향, 끝으로 ③ 주채무자에 대한 (가)압류조치의 시효진행에 대한 영향을 검토하도록 한다.

I. A의 B에 대한 대여금 채권의 시효완성 여부와 시효이익의 포기

A의 B에 대한 대여금채권은 다른 사정이 없는 한 민법 제162조에 따른 10년의 시효기간의 적용을 받으며, 그 기간은 2004. 11. 1.부터 진행하여($^{제157조}_{본문}$) 중단사유가 없는 한 2014. 10. 31. 완성한다. 그런데 A는 위 시효기간이 완성되기 이전인 2014. 8. 1. B에게 이행을 최고하였는데, 이 행위가 시효중단의 효력을 갖는지 여부가 문제된다. 최고는 시효중단사유이기는

하지만 종국적 중단조치는 아니며 최고 후 6개월 이내에 민법 제174조에서 정한 중단조치를 취해야만 시효중단의 효력을 유지할 수 있다. 그러나 위 사안에서 A는 이러한 조치를 취하지는 않았으며, 따라서 2014. 8. 1. A의 최고에 의한 중단의 효력은 인정되지 않는다.

한편, A는 B에 대한 대여금채권의 시효가 완성된 2015. 3. 4. 채무의 일부를 변제하였다. 이러한 A의 행위는 채무의 일부변제로서 시효이익을 포기하는 의사표시로 해석될 수 있고, 다른 사정이 없는 한 나머지 채무에 대해서도 시효이익을 포기한 것으로 인정될 수 있다. 그렇다면 A의 B에 대한 대여금청구는 인용되어야 한다.

Ⅱ. A의 C에 대한 보증채무금의 청구

보증채무는 주채무의 이행을 담보하는 기능에 따라 주채무의 성립, 존속 및 내용에 부종한다($\binom{제430}{조}$). 따라서 위 1.에서 검토한 바와 같이 A의 B에 대한 대여금채권이 2014. 10. 31. 시효가 완성하여 소멸함으로써 A의 C에 대한 보증채권도 소멸하게 된다. 물론 B는 일부변제를 함으로써 주채무의 시효이익을 포기하였는데, 이러한 시효이익 완성 후의 포기행위는 보증인에게는 효력을 갖지 않으며($\binom{제433조}{제2항}$), 따라서 보증인 C는 주채무의 시효완성 사실을 원용하여 A에 대한 보증채무 이행을 거절할 수 있다. A의 C에 대한 보증채무 이행청구는 기각되어야 한다.

Ⅲ. B의 부동산 X가 A에 의하여 가압류된 경우

끝으로, A가 2014. 8. 1. B에 대한 최고 이후 B의 부동산에 가압류 조치를 취해둔 경우, 위 가압류를 신청한 시점이 2014. 12. 23.로서 최고 후 6개월 이내이며, 따라서 B의 대여금채무의 소멸시효는 중단되었고 집행보전의 효력이 지속하는 한 중단상태는 유지된다. 이러한 주채무의 시효중단은 보증채무의 부종성에 따라 보증채무에도 효력이 있으며($\binom{제440}{조}$), 따라서 보증인 C는 A의 보증채무 이행을 거절할 수 없게 된다. A의 C에 대한 보증채무 이행청구는 인용되어야 한다.

▌ 문제 2의 3.

C와 D는 B의 A에 대한 대여금채무에 관한 공동보증인의 관계에 있는데, C의 변제에 따른 D에 대한 구상권의 근거와 내용이 문제된다. 공동보증인 사이의 구상권은 민법 제448조에서 정하고 있는데, 분별의 이익 유무에 따른 구상의 범위를 달리 정하고 있다. 이 사안의 경우 C와 D는 보증연대 또는 연대보증을 하였다는 사정이 없는 관계로 공동보증인의 분별 이익을 누리며, 따라서 각자의 분담액을 넘어서 변제한 것에 대하여 민법 제444조를 준용하여 구상

을 받을 수 있다. 위 사안에서 C와 D의 분담액이 약정되어 있지 않는 관계로 균분하다고 추정하여 각자 5천만 원의 보증채무를 부담한다고 해석되며, 따라서 A에게 7천만 원을 변제한 C는 D에 대하여 변제 당시 채무소멸의 이익을 받은 2천만 원을 구상 청구할 수 있다(제444조 제1항). 한편 C는 D에 대한 구상권을 확보하기 위하여 A의 D에 대한 보증채권을 당연히 이전받게 되고(제481 조), 이로써 D에 대한 구상권의 한도에서 D에 대한 보증채권을 행사할 수 있다.

문제 3

‖ 문제 3의 1.

C는 자신의 변제에 따라 채무가 소멸된 주채무자 B에 대하여 수탁보증인의 지위에서 출재한 금액 1억 원 이외에 면책된 날 이후의 법정이자를 청구할 수 있다(만약 피할 수 없는 비용 기타의 손해도 있을 경우 포함됨. 제444조 제1항, 제425 조 제2항). C는 이러한 구상권을 확보하기 위하여 채권자 A가 B에 대한 대여금 채권을 담보할 목적으로 설정받아 둔 X 부동산 위의 저당권을 부기등기 없이도 법률상 당연히 이전받게 되고 (제481조, 제187조), 구상권의 범위 내에서 이를 실행하여 우선변제를 받을 수 있다.

‖ 문제 3의 2.

D의 저당권설정등기 말소청구의 타당성 여부는 위 저당권에 의하여 담보되는 피담보채무가 전부 소멸하였는지 여부에 달려 있다. 일단 D가 주장하는 바와 같이 C의 A에 대한 변제로 A의 B에 대한 피담보채권은 소멸하였다. 그러나 C는 대위변제에 따라 채무자 B에게 구상권을 갖게 되었고(제370조, 제341조), 이를 확보하기 위하여 X 부동산에 대한 A 명의의 저당권을 부기등기 없이 법률상 당연히 취득하게 된다. 이때 X 부동산의 저당권에 의하여 담보되는 범위는 위 사안의 경우 물상보증인 C와 제3취득자 D의 변제자대위에 따른 대위변제자 사이의 구상의 내용으로 한정되어야 하는데(제482조 제1항 참고), 민법 제482조 제2항에서는 그 내용을 명시적으로 정하고 있지 않다. C와 D 모두 Y, X 부동산을 가지고 책임지고 있다는 점에서 만약 제3호에 따라 부동산 가액에 따라 각자가 구상할 내용을 결정하여야 한다면, D의 청구는 인용되어야 할 것이다(과거 판례의 입장). 그러나 ① 보증인은 채무변제 이전에 채무자로부터 담보목적물을 취득한 제3취득자에게 대위변제한 전액을 구상할 수 있다는 점(제482조 제2항 1호), ② 물상보증인은 민법의 여러 규정에서 보증인과 동일하게 취급되고 있다는 점(가령 제370조와 제341 조, 제482조 제2항 5호), 그리고 ③ 제3취득자와 물상보증인 사이에서 목적물의 가액에 비례한 구상권의 행사를 인정할 경우 물상보증인은 채무자에게 변제할 경우와 비교하여 불이익을 얻게 되는 반면 제3취득자는 채무자로부터 부동산을 취득할 당시 채무 전액에 따른 담보를 각오하였음에도 뜻하지 않는 이익을 볼 수 있게 된다는 점에서 부당하다는 점에 비추어, 물상보증인은 제3취득자와의 관계에서 민법 제482

조 제2항 제1호에 따라 출재한 전액을 구상할 수 있고 그 한도에서 채권자를 대위할 수 있다고 해석함이 타당한다(최근의 대법원 전원합의체 판결례). 그렇다면 D가 C에게 출재한 금액의 절반인 5천만 원만을 지급한 채 저당권설정등기의 말소를 구하는 소는 기각되어야 한다.

해 설

Ⅰ. 변제충당 (상계충당) (문제 1)

(1) 변제충당이란 채무자가 동일한 채권자에게 여러 개의 동종의 채무를 부담하는데 그가 제공한 급부가 채무 전부를 소멸시키기에 부족한 경우 그 급부를 어느 채무의 변제에 충당하는지의 문제이다. 충당의 순서는 당사자의 합의, 당사자 일방에 의한 지정충당($\frac{제476}{조}$), 그리고 일방에 의한 지정도 없는 경우에는 법정충당($\frac{제477}{조}$)에 의한다.

(2) 합의충당은 당사자의 합의에 따른 바로서 비용, 이자, 원본 순서에 따른 충당순서에 관한 민법 제479조에 반하는 순서를 정할 수 있다(판례와 다수설). 다만 합의충당은 그 결과에 따라 제3자의 이해관계에 영향을 미칠 수 있으며, 따라서 담보권 실행을 위한 경매 또는 강제경매의 경우 획일적 충당방법을 정하기 위하여 변제충당에 관한 당사자의 합의가 제한되면서 민법 제477조, 제479조에 따라 충당된다. 한편 지정충당은 ① 변제자, ② 변제자가 지정하지 않을 경우 변제수령자에 의하여 그 내용이 정해지는데($\frac{제476}{조}$), 일방에 의한 충당인 관계로 비용, 이자, 원본의 충당순서를 정한 민법 제479조의 제한을 받는다.

(3) 끝으로 법정충당은 당사자에 의한 지정이 이루어지지 않은 경우로서 변제자의 이익을 고려하는 내용으로 정해지는데, 민법 제479조 각 호에서 정한 순서에 따라 수 개의 채무 중 (ⅰ) 이미 이행기가 도래한 채무, (ⅱ) 모두 이행기가 도래했거나 모두 도래하지 않은 경우에는 변제의 이익이 큰 채무, (ⅲ) 변제이익이 동일하면 이행기가 먼저 도래했거나 도래할 채무, (ⅳ) 이상의 기준으로 구별되지 않는 경우에는 각 채무액에 안분하여 충당하도록 되어 있다. 이때 제2호의 변제이익의 다과와 관련하여서는 ① 이자 유무와 이율의 높고 낮음에 따라 이자부, 그 중에서 고리의 채무가 채무자의 변제이익이 많고, ② 변제자 자신의 채무와 보증채무 가운데에는 변제자 자신의 채무가 변제이익이 많다. 한편 변제자가 주채무자인 경우에 보증인이 있는 채무와 보증인이 없는 채무사이에 있어서 전자가 후자에 비하여 변제이익이 더 많다고 볼 근거는 전혀 없고 양자는 변제의 이익의 점에 있어 차이가 없고($\frac{대판 1985.3.12,}{84다카2093}$), 마찬가지로 변제자가 채무자인 경우 물상보증인이 제공한 물적 담보가 있는 채무와 그러한 담보

가 없는 채무 사이에도 변제이익의 점에서 차이가 없다(대판 2014.4.30, 2013다8250).

Ⅱ. 보증채무의 성립과 내용 (주채무자 또는 보증인에 관한 사유의 효력) (문제 2 의 1, 2의 2)

1. 보증계약의 성립

보증계약은 채권자와 보증인 사이의 합의로 성립한다. 주채무자는 보증인의 사자 또는 대리인이 될 수는 있으나 보증계약의 당사자가 아니며, 주채무자의 부탁 유무는 보증계약의 요건이 아니며 주채무자와 보증인의 구상관계에 영향을 미칠 뿐이다(제441조 이하). 다만 보증채무는 주채무의 이행을 담보하는 목적에 따라 주채무의 존재를 전제로 한다(제436조 참고). 보증인 보호를 위한 특별법에 따라 보증계약은 보증인의 기명날인 또는 서명이 있는 서면에 의하여 체결되어야 한다(보증인 보호를 위한 특별법 제3조 1항).

[주계약의 해제에 따른 보증채무의 반환관계에 대한 대판 2004.12.24, 2004다20265] 보증채무는 주채무와 동일한 내용의 급부를 목적으로 함이 원칙이지만 주채무와는 별개 독립의 채무이고, 한편 보증채무자가 주채무를 소멸시키는 행위는 주채무의 존재를 전제로 하므로, 보증인의 출연행위 당시에는 주채무가 유효하게 존속하고 있었다 하더라도 그 후 주계약이 해제되어 소급적으로 소멸하는 경우에는 보증인은 변제를 수령한 채권자를 상대로 이미 이행한 급부를 부당이득으로 반환청구할 수 있다 할 것이다.

[주계약이 통정허위표시로 무효인 경우 보증인의 제3자 해당 여부에 관한 대판 2000.7. 6, 99다51258] 보증인이 주채무자의 기망행위에 의하여 주채무가 있는 것으로 믿고 주채무자와 보증계약을 체결한 다음 그에 따라 보증채무자로서 그 채무까지 이행한 경우, 그 보증인은 주채무자에 대한 구상권 취득에 관하여 법률상의 이해관계를 가지게 되었고 그 구상권 취득에는 보증의 부종성으로 인하여 주채무가 유효하게 존재할 것을 필요로 한다는 이유로 결국 그 보증인은 주채무자의 채권자에 대한 채무 부담행위라는 허위표시에 기초하여 구상권 취득에 관한 법률상 이해관계를 가지게 되었다고 보아 민법 제108조 제2항 소정의 '제3자'에 해당한다.

2. 주채무자 또는 보증인에 관한 사유의 효력

주채무에 관한 사유는 보증채무의 부종성에 따라 보증인에게도 절대적 효력을 갖는다. 가령 주채무가 소멸한 경우 보증채무에 대해서도 낭연히 그 효력이 발생하며, 주채무자에 대한 채권이 양도되는 경우 보증인에 대한 채권도 이전하며 이때 주채무자에 대한 대항요건을 구비하는 한 보증인에게 별도로 대항요건을 갖출 것을 필요로 하지 않는다. 또한 주채무자에 대한 시효중단은 보증인에게도 효력을 갖는데($\frac{제440}{조}$), 연대채무의 경우에는 이행청구에 대해서만 절대적 효력이 있는 반면($\frac{제416}{조}$). 보증채무의 경우에는 이행청구 이외의 모든 중단사유에 대해서도 절대적 효력을 인정한다. 채권자와 보증인 사이의 사유는 변제 등 채권을 만족시키는 사유 이외에는 주채무자에 대한 관계에서 효력을 갖지 않는다. 따라서 보증인에 대한 시효중단의 조치는 주채무자에 대한 중단의 효력을 갖지 않는다.

[주채무의 시효 완성 이후 보증인이 보증채무를 이행하거나 승인한 경우, 보증인이 주채무의 시효소멸을 이유로 보증채무의 소멸을 주장할 수 있는지에 관한 대판 2012.7.12, 2010다51192] 보증채무에 대한 소멸시효가 중단되는 등의 사유로 완성되지 아니하였다고 하더라도 주채무에 대한 소멸시효가 완성된 경우에는 시효완성 사실로써 주채무가 당연히 소멸되므로 보증채무의 부종성에 따라 보증채무 역시 당연히 소멸된다. 그리고 주채무에 대한 소멸시효가 완성되어 보증채무가 소멸된 상태에서 보증인이 보증채무를 이행하거나 승인하였다고 하더라도, 주채무자가 아닌 보증인의 행위에 의하여 주채무에 대한 소멸시효 이익의 포기 효과가 발생된다고 할 수 없으며, 주채무의 시효소멸에도 불구하고 보증채무를 이행하겠다는 의사를 표시한 경우 등과 같이 부종성을 부정하여야 할 다른 특별한 사정이 없는 한 보증인은 여전히 주채무의 시효소멸을 이유로 보증채무의 소멸을 주장할 수 있다고 보아야 한다.

[주채무의 시효기간 연장과 보증채무에 관한 대판 2006.8.24, 2004다26287, 26294] 채권자와 주채무자 사이의 확정판결에 의하여 주채무가 확정되어 그 소멸시효기간이 10년으로 연장되었다 할지라도 그 보증채무까지 당연히 단기소멸시효의 적용이 배제되어 10년의 소멸시효기간이 적용되는 것은 아니고, 채권자와 연대보증인 사이에 있어서 연대보증채무의 소멸시효기간은 여전히 종전의 소멸시효기간에 따른다.

Ⅲ. 공동보증 (문제 2의 3)

공동보증이란 동일한 주채무에 관하여 수인이 보증채무를 부담하는 형태인데, 보증인의 관계에 따라 ① 단순한 보증인이 수인인 경우(공동보증), ② 연대보증인이 수인인 경우, ③ 공동보증인이 상호 연대의 합의를 한 경우(보증연대)가 있다. 수인의 공동보증은 각자가 주채무를 균등한 비율로 분할할 부분에 대해서만 보증채무를 부담하는 분별의 이익을 갖는데($\frac{제439조,}{제408조}$), 다만 위의 ②, ③ 그리고 주채무가 불가분인 경우에는 담보력을 강화할 필요에 따라 분별의 원칙이 인정되지 않음으로써 채권자는 각 보증인에 대하여 주채무 전부의 이행을 청구할 수 있다. 공동보증인 1인이 자신의 분담액을 넘어서 변제한 경우에는 다른 공동보증인에게 초과한 부분의 한도에서 구상권을 행사할 수 있는데, 그 내용은 분별의 이익 유무에 따라 정해져 있다($\frac{제448조}{제1항, 2항}$).

Ⅳ. 제3자 변제에 따른 구상권과 변제자 대위 (문제 3의 1, 3의 2)

채무자 이외에 제3자는 급부의 성질상 허용되지 않는 경우가 아닌 한 원칙적으로 타인의 채무를 변제할 수 있다(제469조 제1항 단서). 이때 제3자는 자신의 이름으로 채무자의 채무를 변제하게 되며, 이러한 제3자의 변제로 인해 채무자는 채권자에 대한 채무를 면하게 되는 한편 변제한 제3자는 채무자에 대하여 변제를 위해 출재한 바를 구상할 권리를 갖게 된다. 변제자의 채무자에 대한 구상권은 양자의 관계에 따라 그 내용 등이 구체적으로 정해져야만 하기 때문에 개별적으로 정하고 있는데, 불가분채무자의 경우 민법 제411조, 연대채무자의 경우 민법 제425조, 보증인의 경우 수탁 여부에 따라 민법 제441조 이하, 물상보증인의 경우 민법 제341조, 제370조, 그리고 저당목적물의 제3취득자의 경우에 민법 제364조, 제576조 등에서 정하고 있다.

한편 제3자의 변제에 따라 채권자의 채무자에 대한 채권은 소멸하게 된다. 그렇지만 채권자가 원래 갖고 있던 채권, 특히 그 채권에 대한 담보는 변제한 제3자가 채무자에게 갖는 위의 구상권을 확보하기 위하여 변제자와 채무자 사이에서는 그대로 존속하게 하여 대위변제자에게 이전하게 된다. 이러한 변제에 의한 채권자 대위는 ① 채권의 존재와 변제 기타 원인으로 채권자에게 만족을 주었을 것, ② 변제자가 채무자에게 구상권을 가질 것, 그리고 ③ 변제자가 채권자를 당연히 대위할 지위에 있거나(법정대위. 제481조.), 그렇지 않은 경우에는 채권자의 승낙을 얻고 채권양도의 대항요건을 갖추고 있을 것(임의대위. 제480조.)을 필요로 한다. 변제자대위에 따라 대위변제자는 자신의 구상권 범위 내에서 채권자의 채권과 담보(물적 담보와 인적 담보 모두 포함됨)를 행사할 수 있다. 따라서 구상권이 소멸하는 한 원래의 채권 및 담보 역시 소멸하게 된다.

끝으로 민법은 채권자를 대위할 제3자가 수인인 경우에 관하여 이들의 관계, 즉 각자의 구상권 행사 여부와 내용을 정해 주는 규정을 갖고 있다. 보증인과 저당물의 제3취득자의 관계, 물상보증인과 보증인의 관계, 물상보증인 상호간의 관계에 관한 민법 제482조 제2항 이외에 연대채무자 상호간의 구상관계에 관한 민법 제425조, 수인의 공동보증인 사이의 구상관계에 대한 민법 제448조도 이에 해당한다.

[물상보증인과 보증인 사이의 대위관계에 관한 대판 2010.6.10, 2007다61113, 61120]

① 민법 제482조 제2항 제4호, 제5호가 물상보증인 상호간에는 재산의 가액에 비례하여 부담부분을 정하도록 하면서, 보증인과 물상보증인 상호간에는 보증인의 총 재산의 가액이나 자력 여부, 물상보증인이 담보로 제공한 재산의 가액 등을 일체 고려하지 아니한 채 형식적으로 인원수에 비례하여 평등하게 대위비율을 결정하도록 규정한 것은, 인적 무한책임을 부담하는 보증인과 물적 유한책임을 부담하는 물상보증인 사이에는 보증인 상호간이나 물상보증인 상호간과 같이 상호 이해조정을 위한 합리적인 기준을 정하는 것이 곤란하고, 당사자 간의 특약이 있

다는 등의 특별한 사정이 없는 한 오히려 인원수에 따라 대위비율을 정하는 것이 공평하고 법률관계를 간명하게 처리할 수 있어 합리적이며 그것이 대위자의 통상의 의사 내지 기대에 부합하기 때문이다. 이러한 규정 취지는 동일한 채무에 대하여 보증인 또는 물상보증인이 여럿 있고, 이 중에서 보증인과 물상보증인의 지위를 겸하는 자가 포함되어 있는 경우에도 동일하게 참작되어야 하므로, 위와 같은 경우 민법 제482조 제2항 제4호, 제5호 전문에 의한 대위비율은 보증인과 물상보증인의 지위를 겸하는 자도 1인으로 보아 산정함이 상당하다. ② 민법 제482조 제2항 제5호는 동일한 채무에 대하여 인적 무한책임을 지는 보증인과 물적 유한책임을 지는 물상보증인이 여럿 있고 그 중 어느 1인이 먼저 대위변제를 하거나 경매를 통한 채무상환을 함으로써 다른 자에 대하여 채권자의 권리를 대위하게 되는 경우, 먼저 대위변제 등을 한 자가 부당하게 이익을 얻거나 대위가 계속 반복되는 것을 방지하고 대위관계를 공평하게 처리하기 위하여 대위자들 상호간의 대위의 순서와 분담비율을 규정하고 있는바, 위 규정에 의하면, 여러 보증인과 물상보증인 사이에서는 그 중 어느 1인에 의하여 주채무 전액이 상환되었을 것을 전제로 하여 그 주채무 전액에 민법 제482조 제2항 제5호에서 정한 대위비율을 곱하여 산정한 금액이 각자가 대위관계에서 분담하여야 할 부담 부분이다. 그런데 여러 보증인 또는 물상보증인 중 어느 1인이 위와 같은 방식으로 산정되는 자신의 부담 부분에 미달하는 대위변제 등을 한 경우 그 대위변제액 또는 경매에 의한 채무상환액에 위 규정에서 정한 대위비율을 곱하여 산출된 금액만큼 곧바로 다른 자를 상대로 채권자의 권리를 대위할 수 있도록 한다면, 먼저 대위변제 등을 한 자가 부당하게 이익을 얻거나 대위자들 상호간에 대위가 계속 반복되게 되고 대위관계를 공평하게 처리할 수도 없게 되므로, 민법 제482조 제2항 제5호의 규정 취지에 반하는 결과가 생기게 된다. 따라서 보증인과 물상보증인이 여럿 있는 경우 어느 누구라도 위와 같은 방식으로 산정한 각자의 부담 부분을 넘는 대위변제 등을 하지 않으면 다른 보증인과 물상보증인을 상대로 채권자의 권리를 대위할 수 없다. ③ 여러 보증인과 물상보증인 사이에서 민법 제482조 제2항 제5호에 의하여 대위관계에서의 부담 부분을 정하는 경우, 당초 성립한 주채무가 주채무자의 변제나 채무 면제 등으로 감소하거나 이자·지연손해금이 증가하는 때에는 그 당시 현존하고 있는 보증인이나 물상보증인의 부담 부분도 원칙적으로 그에 상응하여 감소하거나 증가하게 되므로, 보증인이나 물상보증인이 대위변제 등을 할 당시에 이미 주채무자의 변제나 채무 면제 등으로 주채무가 감소하거나 이자·지연손해금이 증가한 사정이 있다면, 이를 반드시 참작하여 그 대위변제 등 당시를 기준으로 하여 당해 보증인이나 물상보증인의 대위변제액 등이 그의 부담 부분을 초과하는 것인지 여부를 판단하여야 한다.

[대판(전) 2014.12.18, 2011다50233] 민법 제481조는 "변제할 정당한 이익이 있는 자는 변제로 당연히 채권자를 대위한다."라고 규정하고, 민법 제482조 제1항은 "전2조의 규정에 의하여 채권자를 대위한 자는 자기의 권리에 의하여 구상할 수 있는 범위에서 채권 및 그 담보에 관한 권리를 행사할 수 있다."라고 규정하며, 같은 조 제2항은 "전항의 권리행사는 다음 각 호의 규정에 의하여야 한다."라고 규정하고 있으나, 그중 물상보증인과 제3취득자 사이의 변제자대위

에 관하여는 명확한 규정이 없다. 그런데 보증인과 제3취득자 사이의 변제자대위에 관하여 민법 제482조 제2항 제1호는 "보증인은 미리 전세권이나 저당권의 등기에 그 대위를 부기하지 아니하면 전세물이나 저당물에 권리를 취득한 제3자에 대하여 채권자를 대위하지 못한다."라고 규정하고, 같은 항 제2호는 "제3취득자는 보증인에 대하여 채권자를 대위하지 못한다."라고 규정하고 있다. 한편 민법 제370조, 제341조에 의하면 물상보증인이 채무를 변제하거나 담보권의 실행으로 소유권을 잃은 때에는 '보증채무'에 관한 규정에 의하여 채무자에 대한 구상권을 가지고, 민법 제482조 제2항 제5호에 따르면 물상보증인과 보증인 상호 간에는 그 인원수에 비례하여 채권자를 대위하게 되어 있을 뿐 이들 사이의 우열은 인정하고 있지 아니하다. 위와 같은 규정 내용을 종합하여 보면, 물상보증인이 채무를 변제하거나 담보권의 실행으로 소유권을 잃은 때에는 보증채무를 이행한 보증인과 마찬가지로 채무자로부터 담보부동산을 취득한 제3자에 대하여 구상권의 범위 내에서 출재한 전액에 관하여 채권자를 대위할 수 있는 반면, 채무자로부터 담보부동산을 취득한 제3자는 채무를 변제하거나 담보권의 실행으로 소유권을 잃더라도 물상보증인에 대하여 채권자를 대위할 수 없다고 보아야 한다. 만일 물상보증인의 지위를 보증인과 다르게 보아서 물상보증인과 채무자로부터 담보부동산을 취득한 제3자 상호 간에는 각 부동산의 가액에 비례하여 채권자를 대위할 수 있다고 한다면, 본래 채무자에 대하여 출재한 전액에 관하여 대위할 수 있었던 물상보증인은 채무자가 담보부동산의 소유권을 제3자에게 이전하였다는 우연한 사정으로 이제는 각 부동산의 가액에 비례하여서만 대위하게 되는 반면, 당초 채무 전액에 대한 담보권의 부담을 각오하고 채무자로부터 담보부동산을 취득한 제3자는 그 범위에서 뜻하지 않은 이득을 얻게 되어 부당하다.

유제: 물상보증인과 연대보증인의 상호 구상관계

A는 B에게 2004. 3. 1. 1억 원을 이자 월 1 % (매월 1일 지급), 변제기 2004. 10. 31.로 정하여 대여해 주었다. B의 A에 대한 대여금 채무에 관하여는 C 연대보증채무를 부담하는 한편, D가 B의 부탁에 따라 X 부동산 위의 저당권을 설정해 주었다. B의 A에 대한 채무불이행을 이유로 A는 D에 대한 저당권을 실행하여 그 매각대금에서 채무 전액 1억 원의 만족을 받았다. D의 B, C에 대한 권리와 내용은?

D는 B에 대한 관계에서 민법 제370조, 제341조, 제441조, 제425조 제2항에 따른 구상권을 갖게 되며 이 구상권은 A가 B에게 가졌던 원래의 채권을 민법 제481조에 따라 이전받음으로써 확보된다. 한편 D는 C에 대한 관계에서 사견에 따르면 ① 민법 제448조에서 공동보증

인 사이의 공평한 채무분담을 위해 구상권의 규정을 마련해 준 점, ② 이러한 필요는 보증인 과 물상보증인 사이에서도 마찬가지이며, 이는 대위변제에 따른 내부적 분담관계에서 보증인 과 물상보증인을 동일하게 취급하는 민법 규정($\substack{제482조 \\ 제2항 5호}$)에서도 확인되고 있는 점을 고려한다면 구상권을 갖게 된다. 만약 D의 C에 대한 구상권 자체를 인정하지 않더라도 D는 변제자대위 에 따라 A가 C에 갖는 연대보증채권을 취득하여 구상권의 범위에서 행사할 수 있다($\substack{제481 \\ 조}$). 이 때 구상할 금액은 자신의 분담액을 넘어서 출재한 금액 5천만 원($\substack{제482조 \\ 제2항 5호}$)이며, 일부 학설에 따르면 물상보증인과 연대보증인 사이에는 민법 제448조 제2항이 (유추)적용되지 않는 관계로 법정이자를 가산함이 없이 출재할 당시의 이익만을 반환하면 족하다고 한다($\substack{제444 \\ 조}$). 그러나 위 사안과 같이 물상보증인과 연대보증인이 채무자와의 관계에서 채무 전액에 대한 책임을 지게 됨으로써 그 중 1인의 출재가 다른 1인에게 그 전부에서 부담을 소멸시키는 이익을 가져다주 는 한 민법 제448조 제2항의 유추적용을 부정할 실질적 근거를 찾을 수는 없으며, 이런 입장 에 따르면 D는 C에게 출재한 금액 5천만 원 이외에 면책된 날 이후의 법정이자의 지급을 구 할 수 있다.

[물상보증인으로부터 저당부동산을 취득한 제3취득자의 채무자에 대한 구상권에 대한 대 판 2014.12.24, 2012다49285] 타인의 채무를 담보하기 위하여 저당권을 설정한 부동산의 소 유자인 물상보증인으로부터 저당부동산의 소유권을 취득한 제3취득자는 저당권이 실행되면 저 당부동산에 대한 소유권을 잃는다는 점에서 물상보증인과 유사한 지위에 있다. 따라서 물상보 증의 목적물인 저당부동산의 제3취득자가 채무를 변제하거나 저당권의 실행으로 인하여 저당 부동산의 소유권을 잃은 때에는 특별한 사정이 없는 한 물상보증인의 구상권에 관한 민법 제 370조, 제341조의 규정을 유추적용하여, 물상보증인으로부터 저당부동산을 양수한 제3취득자 는 보증채무에 관한 규정에 의하여 채무자에 대한 구상권이 있다.

[심화학습 내용 1] 물상보증인이 연대보증인의 지위를 겸하는 경우 구상관계에 관한 위 대 판 2010.6.10, 2007다61113, 61120 참고.

[심화학습 내용 2] 공동저당에 따른 대위 관계

[공동저당에 관한 민법 제368조의 규정취지에 관한 대판 2005다14502] 민법 제368조 제 1항은 공동저당권의 목적물의 전체 환가대금을 동시에 배당하는 동시배당의 경우에 공동저당 권자의 실행선택권과 우선변제권을 침해하지 않는 범위 내에서 각 부동산의 책임을 안분시킴 으로써 각 부동산상의 소유자와 차순위 저당권자 기타의 채권자의 이해관계를 조절하고, 같은 조 제2항은 대위제도를 규정하여 공동저당권의 목적 부동산 중 일부의 경매대가를 먼저 배당하 는 이시배당의 경우에도 최종적인 배당의 결과가 동시배당의 경우와 같게 함으로써 공동저당

권자의 실행선택권 행사로 인하여 불이익을 입은 차순위 저당권자를 보호하는 데 그 취지가 있다고 할 것이다.

[동시배당의 경우 제1항의 적용 여부에 관한 대판 2008다41475] 공동저당권이 설정되어 있는 수개의 부동산 중 일부는 채무자 소유이고 일부는 물상보증인의 소유인 경우 위 각 부동산의 경매대가를 동시에 배당하는 때에는, 물상보증인이 민법 제481조, 제482조의 규정에 의한 변제자대위에 의하여 채무자 소유 부동산에 대하여 담보권을 행사할 수 있는 지위에 있는 점 등을 고려할 때, "동일한 채권의 담보로 수개의 부동산에 저당권을 설정한 경우에 그 부동산의 경매대가를 동시에 배당하는 때에는 각 부동산의 경매대가에 비례하여 그 채권의 분담을 정한다"고 규정하고 있는 민법 제368조 제1항은 적용되지 아니한다고 봄이 상당하다. 따라서 이러한 경우 경매법원으로서는 채무자 소유 부동산의 경매대가에서 공동저당권자에게 우선적으로 배당을 하고, 부족분이 있는 경우에 한하여 물상보증인 소유 부동산의 경매대가에서 추가로 배당을 하여야 한다.

[이시배당에서 채무자 소유 부동산 위의 후순위 저당권자의 지위에 관한 대판 1996.3.8, 95다36596] 채권자가 물상보증인 소유 토지와 공동담보로 주채무자 소유 토지에 1번 근저당권을 취득한 후 이와 별도로 주채무자 소유 토지에 2번 근저당권을 취득한 사안에서, 먼저 주채무자의 토지에 대하여 피담보채무의 불이행을 이유로 근저당권이 실행되어 경매대금에서 1번 근저당권의 피담보채권액을 넘는 금액이 배당된 경우에는, 변제자 대위의 법리에 비추어 볼 때 민법 제368조 제2항은 적용되지 않으므로 후순위(2번) 저당권자인 채권자는 물상보증인 소유 토지에 대하여 자신의 1번 근저당권을 대위행사할 수 없고, 따라서 물상보증인의 근저당권설정등기는 그 피담보채무의 소멸로 인하여 말소되어야 한다.

[물상보증인의 지위에 관한 대판 1994.5.10, 93다25417] ① 공동저당의 목적인 채무자 소유의 부동산과 물상보증인 소유의 부동산에 각각 채권자를 달리하는 후순위저당권이 설정되어 있는 경우, 물상보증인 소유의 부동산에 대하여 먼저 경매가 이루어져 그 경매대금의 교부에 의하여 1번저당권자가 변제를 받은 때에는 물상보증인은 채무자에 대하여 구상권을 취득함과 동시에, 민법 제481조, 제482조의 규정에 의한 변제자대위에 의하여 채무자 소유의 부동산에 대한 1번저당권을 취득하고, 이러한 경우 물상보증인 소유의 부동산에 대한 후순위저당권자는 물상보증인에게 이전한 1번저당권으로부터 우선하여 변제를 받을 수 있으며, 물상보증인이 수인인 경우에도 마찬가지라 할 것이므로(이 경우 물상보증인들 사이의 변제자대위의 관계는 제482조 제2항 제4호, 제3호에 의하여 규율될 것이다), 자기 소유의 부동산이 먼저 경매되어 1번저당권자에게 대위변제를 한 물상보증인은 1번저당권을 대위취득하고, 그 물상보증인 소유의 부동산의 후순위저당권자는 1번저당권에 대하여 물상대위를 할 수 있다. ② 물상보증인이 대위취득한 선순위저당권설정등기에 대하여는 말소등기가 경료될 것이 아니라 물상보증인 앞으로 대위에 의한 저당권이전의 부기등기가 경료되어야 할 성질의 것이며, 따라

서 아직 경매되지 아니한 공동저당물의 소유자로서는 1번저당권자에 대한 피담보채무가 소멸하였다는 사정만으로는 말소등기를 청구할 수 없다.

[수인의 물상보증인이 있는 경우에 관한 대판 2001.6.1, 2001다21854] 자기 부동산이 먼저 경매된 물상보증인은 변제자의 대위에 의하여 다른 물상보증인 부동산상의 채권자의 저당권을 취득한다(물상보증인 상호간의 관계는 제482조 / 제2항 4호, 3호에 의해 규율될 것이다). 따라서 다른 물상보증인 부동산상의 저당권은 피담보채무의 소멸을 이유로 말소될 것이 아니고, 오히려 대위에 의한 저당권이전등기의 부기등기가 이루어져야 한다. 한편, 먼저 경매된 부동산상의 2순위 저당권자는 물상보증인이 대위취득한 다른 부동산의 1순위 저당권에 대하여 물상대위(物上代位)를 할 수 있다.

기본 사실관계

B는 2011. 5. 1. 요식업을 하기 위하여 A 소유의 상가건물 X 중 1, 2층(이하 'Y 부분')을 임차하기로 하면서 A와 Y 부분에 관하여 임대차보증금 2억 원, 차임 월 3백만 원, 임차기간 2013. 4. 30.까지로 하는 임대차계약을 체결하고, 계약 당일 보증금을 지급하고 Y 부분을 인도받았다.

문제 ❶

> 얼마 후 B는 대여금 채권자 C가 대여금의 상환을 수차례 독촉하자 A에 대한 임대차보증금 반환채권을 2012. 9. 3. 양도하였고, C는 2012. 9. 5. A로부터 이에 관하여 이의를 유보하지 않은 승낙을 받았다. 한편 B는 경기침체 등으로 2012. 12. 28. A와 임대차 목적물을 기존의 1, 2층에서 1층만으로 축소하는 대신 보증금을 2억 원에서 1억 5천만 원으로, 차임을 월 3백만 원에서 2백만 원으로, 그리고 임차기간은 1년을 연장하여 2014. 4. 30.까지로 변경 합의하면서 A로부터 감액된 만큼의 보증금 5천만 원을 돌려받았다. 이후 사업의 어려움에 따라 B는 A에게 위 합의 이후 차임을 지급하지 못해 왔는가 하면, C에 대해서도 대여금을 반환하지 못하고 있다.

문제 1의 1.　A와 B 사이의 위와 같은 임대차계약의 변경사실을 알지 못한 C가 2013. 5. 6. A에 대하여 양수금 2억 원의 지급을 구하였다. 이에 대하여 A는 B와의 변경합의에 의한 임대차기간이 연장되었음을 이유로 보증금반환의무의 지급을 거절하는 한편, 만약 그렇지 않더라도 B에게 이미 반환해 준 5천만 원과 B가 지급하지 못한 차임 상당액을 공제해야 한다고 주장하고 있다. C의 A에 대한 청구에 관하여 판단하시오. (15점)

문제 1의 2.　C의 A에 대한 양수금 청구에 대하여 A가 B로부터 임차목적물 Y를 반환받지 못하였음을 이유로 그 지급을 거절하는 경우, C가 보증금을 반환받기 위하여 취할 수 있는 조치는? (25점)

문제 1의 3.   B의 채권자 D가 2012. 10. 4. 위 보증금반환채권에 대한 압류 · 전부명령을 받았고, 위 명령은 2012. 10. 9. A에게 송달되었다. A는 C와 D 중에서 누구에게 보증금을 지급하여야 하는가? (10점)

문제 2

> B는 위 건물 1, 2층인 Y 부분을 인도받은 직후 천장과 배관 등 대규모 내부수리를 하여 7천만 원의 유익비를 지출하였다. 2012. 11. 5. 건물 X는 매매를 원인으로 하여 A로부터 C 명의로 소유권이전등기가 마쳐졌다. A와 C는 건물 X의 매매계약을 체결할 당시 B의 임차권과 지출비용에 관하여는 아무런 논의를 하지 않았다. 아래 각 물음에 답하시오(B가 지출한 비용의 가치는 현존하는 것으로 전제함).

문제 2의 1.   B의 임차권이 대항력을 갖춘 경우, A와 B, B와 C, C와 A 사이의 법률관계에 관하여 설명하시오. (20점)

문제 2의 2.   B의 임차권이 대항력을 갖추지 못한 경우, Y 부분의 인도를 둘러싼 B와 C, A와 C 사이의 법률관계에 대하여 설명하시오. (20점)

문제 2의 3.   B가 A와 Y 부분에 대한 임대차계약을 체결하기 이전에 A의 채권자 D가 2010. 10. 1. 건물 X에 관하여 대여금 채권을 담보하기 위하여 저당권을 설정해 두었다. A가 D에 대한 대여금 채무를 이행하지 못하자 D가 A의 채무불이행을 이유로 X 건물의 경매를 신청하여 E가 2012. 12. 27. 경매절차에서 X 건물을 매수하였다. 그 당시 A, C 누구로부터도 유익비를 지출받지 못하고 있던 B와 E 사이의 법률관계는? (B의 임차권이 대항력을 갖추지 못한 경우만을 전제함) (10점)

예시답안

문제 1

‖ 문제 1의 1.

C는 B로부터 A에 대한 보증금반환채권을 자신의 대여금 채권의 담보를 목적으로 양도받아 이에 대한 A의 이의의 유보 없는 승낙을 받음으로써 A에 대하여 양수금의 지급을 구할 수

있다. 이에 대하여 A가 제기한 항변사유 중에서 ① 기간연장에 따른 보증금 반환기의 미도래 사유의 경우, 채무자는 채권양도에 관한 이의 유보 없는 승낙을 한 이후에 발생한 사유를 가지고 양수인에게 대항할 수 없고(제451조 제1항), 따라서 위 사안과 같이 C가 A에게 양수금의 지급을 청구할 당시 원래의 임대차계약 기간이 만료한 이상 A는 B와 사이에 맺어진 기간연장의 사유를 C에 대하여 주장할 수 없다. ② 보증금의 일부반환 사유에 대해서도 위와 마찬가지로 판단된다. 반면 ③ B의 미지급 차임에 대한 공제 주장은 이와 달리 판단된다. 왜냐하면 임대차보증금은 임대차관계에 따른 임차인의 채무를 담보하는 기능에 따라, 임대차보증금반환채권은 임대차가 종료한 경우에 그 보증금 중에서 연체차임 등 임차인의 모든 채무를 공제한 나머지 금액에 관해서만 비로소 이행기에 도래한다고 해석되며, 따라서 임대차보증금반환채권을 양도할 당시 A가 아무런 이의를 유보하지 않고 승낙하였더라도 임차인의 미지급차임에 관하여는 공제가 인정되어야만 하기 때문이다. 따라서 C의 양수금 청구는 B가 A에게 미지급한 차임을 공제한 나머지 금액에 관하여 일부인용되어야 한다.

▌ 문제 1의 2.

Ⅰ. 결 론

A가 임대차보증금반환채무와 B의 임대차목적물반환의무 사이의 동시이행의 관계를 주장하면서 양수금의 지급을 거절하고 있기 때문에, C는 A에 대한 보증금반환채권을 보전할 목적으로 채권자대위권을 행사하여 B에 대하여 임대차목적물 Y 부분의 인도를 구하고, A에 대하여는 Y 부분을 수령함과 동시에 임대차보증금의 반환을 구한다.

Ⅱ. C의 B에 대한 Y 부분의 인도청구 (채권자대위권의 행사)

C는 Y 부분의 소유자도 아니고 B와 임대차계약을 체결한 임대인도 아니므로 B에 대하여 직접 Y 부분의 인도를 구할 수는 없다. 따라서 위 사안의 경우 C가 A에 대한 임대차보증금반환채권의 보전을 위하여 A의 B에 대한 목적물인도청구권을 대위행사하여 B로 하여금 A에게 Y 부분의 인도를 청구할 수 있는지 검토하여야 한다.

채권자대위권의 행사를 위하여는 ① 피보전채권의 존재와 이행기의 도래 ② 채권보전의 필요성, ③ 피대위권리의 존재, 그리고 ④ 채무자가 그 권리를 스스로 행사하지 않고 있을 것을 요건으로 하고 있다. 위 사안에서 B로부터 양수받은 C의 A에 대한 보증금반환채권의 존재 및 기한의 도래(위 물음 1.), 그리고 A가 B에게 임대차목적물 반환청구권을 갖고 있으나 이를 행사하지 않다는 점에서 위 ①, ③, ④ 요건은 충족하고 있다. 한편 ② 채권보전의 필요성과 관련하여 이는 원칙적으로 채무자의 무자력을 필요로 한다. 다만 피보전채권과 피대위권리가 밀접한 관련을 갖고 있으며 채권자대위권의 행사에 의해서만 피보전채권이 유효, 적절하게 행사될 수 있는 예외적인 경우에는 무자력의 요건을 필요로 하지 않는다(판례와 통설). 위 사안의 경우 피보전채권인 임대차보증금반환채권과 피대위권리인 임대차목적물반환의무는 서로 동시이행의 관계에 있으면서 그 실현을 상호 담보하는 관계에 있다는 점에서 위와 같은 예외가 인정되며, 따라서 C는 A의 무자력 여부와 관계없이 A를 대위하여 B로 하여금 A에게 임차목적물 Y 부분의 인도를 청구할 수 있다.

Ⅲ. C의 A에 대한 양수금 청구

C는 위 문제 1의 1.에서 답한 바와 같이 양수채권의 존재, 대여금채권이라는 양수의 원인사실, 그리고 A의 이의의 유보 없는 승낙에 따른 대항요건의 구비에 따라 A에 대하여 양수금의 지급을 청구할 수 있다. 이에 대하여 A는 B의 임차목적물 반환의무와의 동시이행을 이유로 양수금의 지급을 거절하고 있다. 임대차목적물반환의무와 임대차보증금반환의무는 민법상 명문의 규정은 없으나 보증금이 임대차 종료 후 목적물을 인도받을 때까지 발생한 임차인의 채무를 담보한다는 기능에 따라 동시이행의 관계가 인정되고 있다(판례와 통설). 한편 위사안의 경우 임대인 A가 임차인 B와의 동시이행의 관계를 양수인 C에 대하여 주장하고 있는데, 채권양도는 채권이 동일성을 유지한 채로 양수인에게 이전한다는 점에서, 동시이행의 관계는 C와의 관계에서 존속한다고 취급된다. 따라서 A는 임대차목적물 Y 부분을 인도받을 때까지 C에 대하여 임대차보증금반환채무의 이행을 거절할 수 있다.

▌ 문제 1의 3.

위 물음은 동일한 채권에 관한 양수인과 압류·전부채권자 사이의 대항관계의 판단에 관한 것이다. 채권양도는 민법 제450조 제1항에 따라 채무자에 대한 통지 또는 채무자의 승낙에 의하여 대항요건을 구비하는데, 채무자 이외의 제3자에 대한 관계에서는 대항요건의 구비 시기를 확정하기 위하여 확정일자 있는 증서에 의하도록 되어 있다. 위 사안의 경우 양수인 C는 비록 채무자 A로부터 채권양도에 관한 이의의 유보 없는 승낙을 받아두었지만 확정일자 있는 증서에 의하지는 않았다고 보인다. 그렇다면 B의 A에 대한 임대차보증금반환채권의 압류·전부명령을 받아서 그 송달이 이루어진 압류·전부채권자 D만이 제3채무자 A에 대한 관계에서 진정한 채권자로 취급되며, 따라서 A는 D에게 보증금을 지급하여야 한다.

▌ 문제 2의 1.

Ⅰ. 임대인 A와 임차인 B의 관계

임차인 B는 임대인 A가 Y 부분을 포함한 건물 X를 C에게 이전한 경우 아래에서 보는 바와 같이 B의 임차권이 대항력을 갖추고 있는 관계로 양수인 C와의 관계에서 임대차관계가 존속하게 된다. 그러나 B가 이를 원하지 않는 경우 즉시 이의를 제기하여 A와의 임대차관계를 해지하고, 이로써 A에 대하여 임대차보증금의 반환과 유익비의 상환을 구할 수 있다.

Ⅱ. 양수인 C와 임차인 B의 관계

B가 양수인 C에 대하여 대항력을 행사하는 경우 A와 합의한 기간 내에 목적물 Y 부분의 사용, 수익을 C에게도 주장할 수 있다. 임차권의 대항력은 목적물에 관한 사용·수익의 지위를 제3자에게도 주장할 수 있다는 의미인데, 임차인의 목적물 사용·수익에 따른 차임 지급, 임대차 종료 후의 반환관계도 대항력의 행사에 따라 임차인과 양수인 사이에서 존속하는 것으로 해석되고 있다(판례와 통설). 그렇다면 임차인 B는 C에 대하여 Y 부분의 사용·수익에 따른 차임을 지급하는 한편, 계약기간 종료 후에는 Y 부분을 반환할 의무를 부담하면서 보증금의 반환을 구하고 더 나아가 유익비의 상환을 청구할 수 있다.

Ⅲ. 양도인 A와 양수인 C의 관계

C는 임차인 B가 대항력을 행사하여 Y 부분의 사용·수익을 주장하는 경우 이를 알지 못하였던 한 A에 대하여 민법 제575조에 따라 계약의 해제와 손해배상의 청구를 할 수 있다. 이 규정은 법문으로는 지상권, 전세권 등만을 언급하고 있지만 대항력 있는 임차권의 존재에 대해서도 적용된다고 해석된다(통설과 판례). C는 A의 귀책사유가 있는 한 채무불이행에 따른 손해배상과 해제를 주장할 수도 있다.

▌ 문제 2의 2.

Ⅰ. 임차인 B와 양수인 C 사이의 관계

양수인 C는 X 건물의 신소유자로서 Y 부분을 점유하고 있는 B에 대하여 그 인도를 청구할 수 있으며, B는 A에 대한 임차권을 이유로 그 이행을 거절할 수는 없고 오히려 Y 부분의 사용·수익에 따른 사용료 상당의 부당이득을 반환할 의무를 부담한다. 한편 B는 계약관계가 전제되지 않는 관계로 C에 대하여는 임대차보증금의 반환을 청구하지 못하고 또한 임차 목적물 Y 부분에 지출한 유익비에 관하여서도 민법 제626조 제2항에 따른 유익비상환청구권을 주장할 수 없고 더 나아가 제203조 제2항에 따른 비용상환청구권도 인정받지 못한다. 왜냐하면 B가 Y 부분에 유익비를 지출할 당시에 A와의 임대차관계에 따른 적법한 권한을 갖고 있었기 때문에 A에 대한 관계에서만 비용의 상환을 청구할 수 있을 뿐이지 점유회복이 문제되는 시점의 상대방 C에 대해서는 주장할 수 없다고 해석되기 때문이다(판례와 통설). 다만 B는 C에 대하여 위와 같은 이유에서 Y 부분에 지출한 비용의 상환을 청구할 수는 없지만, B가 A에게 갖게 된 유익비상환청구권은 Y 건물부분의 가치를 증가시켰다는 점에서 '물건에 관하여 생긴 채권'으로서 유치권에 의하여 담보되고, 따라서 Y 부분의 인도를 구하는 C에 대하여 이를 변제받을 때까지 인도를 거절할 수 있다($\frac{제320}{조}$). 이때 C는 Y 부분의 인도를 받기 위하여 B의 유치권 및 그 피담보채무인 A의 B에 대한 유익비상환의무를 소멸시키는데 정당한 이해관계를 갖는 자로서 B에게 제3자로서 그 채무를 변제할 수 있다($\frac{제469조}{제1항}$).

Ⅱ. 임대인 A와 양수인 C 사이의 관계

위 문제 2의 1.에서 검토된 바와 같이 Y 부분의 유치권 행사를 이유로 한 A의 인도거절에 따라 C가 B에게 유익비상환의 채무를 대위변제한 경우, C는 A의 B에 대한 채무소멸을 이유로 A에 대하여 사무관리 또는 부당이득에 따라 지출비용의 반환을 청구할 수 있다. C의 A에 대한 비용상환청구권은 변제자대위에 따라 C에게 당연히 이전하는 A의 B에 대한 원래의 채권과 그 담보에 의하여 확보된다($\frac{제481}{조}$). 더 나아가 B가 Y 부분의 인도를 거절할 경우 C는 A에 대하여 목적물의 인도의무를 부담하는 한 그 불이행에 따른 손해의 배상을 청구할 수 있고 ($\frac{제575조,}{제390조}$), B의 인도거절에 따라 계약목적을 달성할 수 없게 된 경우에는 C는 A와의 계약을 해제할 수도 있다($\frac{제575조,}{제544조}$).

▌ 문제 2의 3.

대항력을 갖추지 못한 임차인 B는 경매목적물의 매수인 E에게 Y 부분의 사용·수익을 주장하지 못하는데, Y 부분에 지출한 A에 대한 유익비상환 채권을 이유로 E에게 Y 부분의 인도를 거절할 수 있는지가 문제된다. B의 유치권이 성립하기 이전에 D가 X 건물 위에 저당권을 설정받아 두었다는 점에서 저당권자의 이해관계를 위하여 유치권의 대항력을 부정하는 입장도 있다고 한다. 다만 판례에 따르면 위 사안과 같이 저당권 설정 이후에 압류가 개시되기

이전에 유치권을 취득한 경우에는 유치권자의 대항력은 제한되지 않는다고 한다. 유치권이 인도거절 권능에 따라 사실상으로 우선변제를 받게 된다는 점에서 다른 담보권과의 선후관계를 문제 삼지 않는다는 논리를 그 이유로 하고 있다. 이에 따르면 위 사안의 경우 B는 E에 대하여 유익비의 상환을 청구할 수는 없지만 Y 부분에 대한 유치권을 주장하여 그 인도를 거절할 수 있다.

해 설

Ⅰ. 채권양도의 대항요건: 앞 [제25문] 해당 해설 참고. (문제 1의 3)

Ⅱ. 임차보증금반환채권의 양도 (문제 1의 1)

(1) 채권은 일반적으로 양도가 인정된다($\frac{제449조}{제1항 본문}$). 그러나 당사자의 합의나 법률규정의 제한, 그리고 채권의 성질상 그 제한이 인정되는데, 특히 급부의 실현이 특정 채권자와의 사이에서 이루어져야 하는 경우에 그러하다. 이와 관련하여 전세금반환청구권의 경우 전세권이 담보물권적 특성을 갖는 관계로 전세권과 분리하여 전세금반환청구권만의 양도를 허용할 수 있는지 논란이 있는 반면(판례와 통설에 따르면 전세권의 담보물권적 특성에 따라 전세권과 분리하여 전세금반환청구권만의 양도는 원칙적으로 허용하지 않음), 임대차보증금반환채권은 임차권 양도의 경우 임대인의 동의를 얻도록 하는 것과 달리($\frac{제629}{조}$) 원칙적으로 자유롭게 양도할 수 있다($\frac{제449조의 대항요건을}{구비하여야 함은 물론임}$).

(2) 임대차보증금반환채권이 양도된 경우 임대인이 임차인과의 관계에서 발생한 사유를 양수인에게 주장할 수 있는지 여부는 채권양도에 관한 통지·승낙의 효력내용 일반에 따라 판단하면 된다($\frac{제451}{조}$). 다만 양도대상인 임대차보증금반환채권의 담보적 기능, 즉 임차 목적물이 반환될 때까지 임차인의 임대인에 대한 미지급 차임, 목적물 멸실에 따른 손해배상 등의 채무를 담보한다는 기능에 따라 다음과 같은 개별 판결례 법리를 이해해 둘 필요가 있다.

[대판 1989.4.25, 88다카4253, 4260] 임대인이 임대차보증금반환청구채권의 양도통지를 받은 후에는 임대인과 임차인 사이에 임대차계약의 갱신이나 계약기간 연장에 관하여 명시적 또는 묵시적 합의가 있더라도 그 합의의 효과는 보증금반환채권의 양수인에 대하여는 미칠 수 없다.

[대판 2002.12.10. 2002다52657] 부동산임대차에 있어서 임차인이 임대인에게 지급하는 임대차보증금은 임대차관계가 종료되어 목적물을 반환하는 때까지 그 임대차관계에서 발생하는 임차인의 모든 채무를 담보하는 것으로서, 임대인의 임대차보증금 반환의무는 임대차관계가 종료되는 경우에 그 임대차보증금 중에서 목적물을 반환받을 때까지 생긴 연체차임 등 임차인의 모든 채무를 공제한 나머지 금액에 관하여서만 비로소 이행기에 도달하는 것이므로, 그 임대차보증금 반환 채권을 양도함에 있어서 임대인이 아무런 이의를 보류하지 아니한 채 채권양도를 승낙하였어도 임차 목적물을 개축하는 등 하여 임차인이 부담할 원상복구비용 상당의 손해배상액은 반환할 임대차보증금에서 당연히 공제할 수 있다 할 것이나, 임대인과 임차인 사이에서 장래 임대목적물 반환시 위 원상복구비용의 보증금 명목으로 지급하기로 약정한 금액은, 임대차관계에서 당연히 발생하는 임차인의 채무가 아니라 임대인과 임차인 사이의 약정에 기하여 비로소 발생하는 채무에 불과하므로, 반환할 임대차보증금에서 당연히 공제할 수 있는 것은 아니라 할 것이어서, 임대차보증금 반환 채권을 양도하기 전에 임차인과 사이에 이와 같은 약정을 한 임대인이 이와 같은 약정에 기한 원상복구비용의 보증금 청구 채권이 존재한다는 이의를 보류하지 아니한 채 채권양도를 승낙하였다면 민법 제451조 제1항이 적용되어 그 원상복구비용의 보증금 청구 채권으로 채권양수인에게 대항할 수 없다.

[관련 판례: 임대차보증금반환채권을 담보할 목적으로 전세권설정등기가 경료된 후 전세권저당권자에 대한 미지급 차임의 공제 여부에 관한 대판 2008.3.13. 2006다29372, 29389] 전세금은 그 성격에 비추어 민법 제315조에 정한 전세권설정자의 전세권자에 대한 손해배상채권 외 다른 채권까지 담보한다고 볼 수 없으므로, 전세권설정자가 전세권자에 대하여 위 손해배상채권 외 다른 채권을 가지고 있더라도 다른 특별한 사정이 없는 한 이를 가지고 전세금반환채권에 대하여 물상대위권을 행사한 전세권저당권자에게 상계 등으로 대항할 수 없다.

Ⅲ. 채권자대위권의 행사 (문제 1의 2)

채권자대위권은 채권자가 자기 채권(피보전채권)의 보전을 위하여 그의 채무자가 제3채무자에게 갖는 권리(피대위권리)를 채무자에 갈음하여 행사할 수 있는 권리를 뜻한다. 채권의 실현이 궁극적으로는 채무자의 책임재산에 달려 있다는 점에서 채권자대위권은 채무자의 일반재산을 보전하기 위한 채권자의 권리인데, 소유권이전등기청구권 등과 같이 특정채권의 확보를 위해서도 활용되고 있다.

채권자대위권은 (1) 채권자가 자기의 채권을 보전하기 위하여, (2) 채무자에 의해 스스로 행사되지 않고 있는 권리를 행사할 것을 필요로 한다. 먼저 채권자의 보전받고자 하는 채권과 관련하여 이를 나누어 보면, ① 채권자의 채권은 채권자대위권의 채권보전 목적에 비추어 당연한 요건으로서, 그 존부 여부는 판례 입장에 따르면 원고적격의 문제로서 법원의 직권조사 사항이며 이를 결여한 경우 채권자대위의 소는 각하되어야 한다. ② 채권의 보전필요성은 금전채권의 경우에는 채무자의 자력이 있는 한 채권자가 만족받을 수 있다는 점에서 채무자가 무자력일 때에 인정된다(판단의 기준시점은 사실심변론종결시점임). 그렇지만 특정채권의 경우에는 피보전채권과 피대위권리 사이의 밀접한 관련성, 피보전채권의 보전을 위한 채권자대위권 행사의 불가피함이 인정되는 한 채무자가 무자력이 아니더라도 보전의 필요성이 인정되고 있다(판례와 통설). ③ 채권자의 채권이 이행기에 있어야 함이 원칙이다($\binom{\text{제404조}}{\text{제2항 참고}}$).

다음으로 채권자가 대위 행사하고자 하는 채무자의 권리에 관하여 ④ 채무자의 권리는 채무자의 일반재산으로서 공동담보의 기능을 수행하고, 채권자의 대위행사에 적합해야 한다. 따라서 인격권과 신분권은 채권자대위권의 객체가 되지 못하는 경우가 많으며, 압류가 금지된 권리($\binom{\text{가령 근로기}}{\text{준법 제86조}}$) 역시 채무자의 생계보장의 취지에서 채권의 공동담보가 될 수 없으므로 채권자대위권의 객체가 될 수 없다. 한편 채권자의 채권을 보전하기에 적합한다면, 청구권에 한정하지 않고 취소권·해지권·상계권 등의 형성권도 그 대상이 된다. 끝으로 ⑤ 채무자가 스스로 권리를 행사하지 않고 있어야 한다.

Ⅳ. 임차인의 비용상환청구권과 임차목적물의 양도 (문제 2의 1, 2의 2)

임대차 관계가 종료하는 경우 임대인과 임차인 사이에는 임대차 목적물과 보증금의 반환 이외에 임차인이 목적물에 지출한 비용의 상환, 부속시킨 물건의 매수청구 여부가 문제된다. 민법 제626조, 제646조에 규정된 임차인의 권리로서 전자의 규정은 임의규정인 반면, 후자는 강행규정으로 해석되고 있다($\binom{\text{제652}}{\text{조}}$). 부속물이 임대차건물에 부속된 물건으로서 임차인의 소유에 속하고, 건물의 구성부분이 되지 아니한 것으로서 건물의 사용에 객관적인 편익을 가져오게 하는 물건이라고 한다면, 유익비는 임차인이 임차물의 객관적 가치를 증가시키기 위하여 지출한 비용으로서 그 결과가 목적물의 구성부분을 이루는 경우를 뜻한다.

비용상환청구권과 부속물매수청구권은 임대차계약에 따른 법률효과이므로 임대차관계의 당사자 사이에서 인정된다. 임차물이 양도된 경우에는 임차권이 대항력을 구비하였는지 여부, 즉 임대차관계가 양수인에게 승계되는지 여부에 따라 양수인이 종전 양도인의 지위를 승계하는 한 임차인은 양수인을 상대로 비용상환과 부속물매수의 권리를 행사할 수 있다.

[대판 1977.4.26, 75다348] 건물의 소유를 목적으로 한 토지임차인의 건물매수청구권 행사의 상대방은 통상의 경우 기간의 만료로 인한 임차권 소멸 당시 토지소유자인 임대인뿐만 아니라 임차권 소멸후 임대인이 그 토지를 제3자에게 양도하는 등 그 소유권이 이전되었을 때에는 그 건물에 대하여 보존등기를 필하여 제3자에 대하여 대항할 수 있는 차지권을 가지고 있는 토지

임차인은 그 신소유자에 대하여도 위 매수 청구권을 행사할 수 있다.

[대판 2002.9.4, 2001다64615] 대항력 있는 주택임대차에 있어 기간만료나 당사자의 합의 등으로 임대차가 종료된 경우에도 주택임대차보호법 제4조 제2항에 의하여 임차인은 보증금을 반환받을 때까지 임대차관계가 존속하는 것으로 의제되므로 그러한 상태에서 임차목적물인 부동산이 양도되는 경우에는 같은 법 제3조 제2항에 의하여 양수인에게 임대차가 종료된 상태에서의 임대인으로서의 지위가 당연히 승계되고, 양수인이 임대인의 지위를 승계하는 경우에는 임대차보증금 반환채무도 부동산의 소유권과 결합하여 일체로서 이전하는 것이므로 양도인의 임대인으로서의 지위나 보증금 반환채무는 소멸하는 것이지만, 임차인의 보호를 위한 임대차보호법의 입법 취지에 비추어 임차인이 임대인의 지위승계를 원하지 않는 경우에는 임차인이 임차주택의 양도사실을 안 때로부터 상당한 기간 내에 이의를 제기함으로써 승계되는 임대차관계의 구속으로부터 벗어날 수 있다고 봄이 상당하고, 그와 같은 경우에는 양도인의 임차인에 대한 보증금 반환채무는 소멸하지 않는다.

[전세목적물의 양도와 전세권관계 당사자에 관한 대판 2000.6.9, 99다15122] 전세권이 성립한 후 목적물의 소유권이 이전되는 경우에 있어서 전세권 관계가 전세권자와 전세권설정자인 종전 소유자와 사이에 계속 존속되는 것인지 아니면 전세권자와 목적물의 소유권을 취득한 신 소유자와 사이에 동일한 내용으로 존속되는지에 관하여 민법에 명시적인 규정은 없으나, 전세목적물의 소유권이 이전된 경우 민법이 전세권 관계로부터 생기는 상환청구, 소멸청구, 갱신청구, 전세금증감청구, 원상회복, 매수청구 등의 법률관계의 당사자로 규정하고 있는 전세권설정자 또는 소유자는 모두 목적물의 소유권을 취득한 신 소유자로 새길 수밖에 없다고 할 것이므로, 전세권은 전세권자와 목적물의 소유권을 취득한 신 소유자 사이에서 계속 동일한 내용으로 존속하게 된다고 보아야 할 것이고, 따라서 목적물의 신 소유자는 구 소유자와 전세권자 사이에 성립한 전세권의 내용에 따른 권리의무의 직접적인 당사자가 되어 전세권이 소멸하는 때에 전세권자에 대하여 전세권설정자의 지위에서 전세금반환의무를 부담하게 되고, 구 소유자는 전세권설정자의 지위를 상실하여 전세금반환의무를 면하게 된다고 보아야 하고, 전세권이 전세금 채권을 담보하는 담보물권적 성질을 가지고 있다고 하여도 전세권은 전세금이 존재하지 않으면 독립하여 존재할 수 없는 용익물권으로서 전세금은 전세권과 분리될 수 없는 요소이므로 전세권 관계로 생기는 위와 같은 법률관계가 신 소유자에게 이전되었다고 보는 이상, 전세금 채권 관계만이 따로 분리되어 전 소유자와 사이에 남아 있다고 할 수는 없을 것이고, 당연히 신 소유자에게 이전되었다고 보는 것이 옳다.

V. 유치권의 대항력 인정 범위: 앞 [제19문] 해당 해설 참고. (문제 2의 3)

유 제

임차인 B가 임대인 A의 승낙을 얻어 X 건물을 전차인 C에게 전대해 주었는데 전차인의 부주의로 화재가 발생하여 X가 전소된 경우, A의 B, C에 관한 법률관계를 설명하시오.

위 물음은 임대인의 동의에 따른 전대차의 법률관계를 묻는 문제로서, 전차인 C의 부주의로 인한 X 건물의 멸실에 따른 임대차목적물반환의무 불능에 따른 손해배상책임 여부를 다루고 있다. B의 A에 대한 임대차목적물 반환의무의 불능에 따른 손해배상책임과 관련하여서는 전차인 C의 지위가 문제되는데, 임대인의 동의가 있는 한 전차인을 이행보조자로 취급하여 전차인의 과실에 대한 면책의 여지를 인정하지 않는 입장과 임차인으로 하여금 전차인의 선임·감독상의 과실로 책임을 한정하는 입장이 있다. 한편 전차인은 민법 제630조 제1항에 따라 임대인에 대하여 직접 의무를 부담하므로, 위 사안의 경우 C는 X 건물에 관한 선량한 관리자의 주의의무($\frac{제374}{조}$) 위반을 이유로 한 손해배상의 책임을 A에 대하여 부담하게 된다.

28 채권자취소권과 채권자대위권

기본 사실관계

전자제품 총판상인 A는 2011. 8. 17. 복사기 전문매장을 운영하는 B와 복사기 60대를 5천만원에 매매하기로 하면서, 2011. 9. 20.까지 공급물량 전량을 B에게 납품하고 2011. 9. 30. B로부터 대금 전액을 지급받기로 약정하였다. 위 약정에 따라 A가 B에게 복사기 60대를 모두 납품하였으나 B는 경영사정이 좋지 않아 지급기일이 넘도록 대금을 지급하지 못하고 있었다. 한편 B는 2012. 10. 5. 자신 소유의 유일한 재산인 X토지를 D에게 당시의 시가 상당액 1억 2천만 원에 매매하기로 하여 같은 날 D 명의로 X토지의 소유권이전등기를 마쳐주었다. 아래의 각 독립한 문항에 대하여 답하시오.

문제 ① 추가사실관계

> B의 A에 대한 위 물품대금채무에 관하여는 C가 A와 B 사이의 복사기 납품계약 당시에 B의 부탁에 따라 연대보증인이 되었다. B가 A에게 복사기 구매대금의 지급을 지체하고 있던 중, C는 2012. 12. 5. 연대보증인으로서 A에게 위 판매대금채무와 지연손해의 합계액인 5천 3백만 원 모두를 변제하였다. C는 2012. 12. 30. B에 대하여 위 대위변제에 따른 구상권을 행사하려는 과정에서 B가 2012. 10. 5. D에게 X토지를 매각할 당시 채무초과의 상태에 빠져 있었던 사실과 A 등의 채권자에 의해 X토지에 관한 집행이 있을 것을 염려한 나머지 이런 사정을 잘 알고 있는 D와 X토지에 대한 매매계약을 체결하게 되었음을 알게 되었다. 한편 X토지의 소유권이전등기를 마친 D는 2013. 3. 5. B와 D 사이의 위와 같은 계약의 경위를 알지 못하는 E에게 금전을 차용하면서 X토지 위에 저당권을 설정해 주었다.

C가 2013. 12. 5. B에 대한 구상금채권을 확보하기 위하여 법원에 B와 D 사이의 매매계약을 취소하여 원상회복을 구하는 소를 제기하려는 경우, 그 상대방과 취소권의 인정 여부 및 원상회복의 내용에 관하여 설명하시오. (40점)

문제 ② 추가사실관계

B는 A에 대한 물품대금채무를 담보하기 위하여 2011. 10. 5. 자신 소유의 X토지에 관하여 2순위 근저당권설정등기(채권최고액 6천만 원)를 마쳐주었다. 그 당시 X토지에 대하여는 이미 2011. 7. 5. B의 다른 채권자인 C 명의의 1순위 근저당권(채권최고액 6천만 원)이 설정되어 있었다. 이후 B는 2012. 10. 5. X토지의 소유권을 D에게 이전하였고, D는 얼마 후 C에게 피담보채무의 전액인 5천만 원을 변제하면서 C 명의의 근저당권설정등기를 말소하였다. 2012. 12. 7. A는 X토지가 D에게 이전된 사실을 알게 되었고 이에 D를 상대로 B와 D 사이의 매매계약이 사해행위임을 이유로 이를 취소하고 D 명의의 소유권이전등기의 말소등기절차를 이행하라는 소를 제기하였다.

법원이 심리한 결과 X토지의 시가는 B와 D가 매매할 당시에는 1억 2천만 원이었고 변론종결 시점에는 9천만 원이었던 한편, B의 채권액은 B와 D의 매매계약 당시에는 원리금이 5천 2백만 원이었고 변론종결의 시점에는 6천만 원이었으며, C의 피담보채권은 설정 당시부터 변제시까지 5천만 원으로 변함이 없었다고 인정되는 경우, A의 소송에 대한 법원의 판단과 근거를 정리하시오. (10점)

문제 ③ 추가사실관계

B가 D에게 X토지의 소유권이전등기를 마쳐줄 당시 X 토지에 관하여는 2011. 4. 5. 채무자 B, 채권자 C, 채권최고액 6천만 원의 근저당권이 설정되어 있었다. X토지의 소유권을 이전받은 D는 2012. 11. 5. C에게 그 피담보채무액 5천만 원 전액을 변제하면서 C 명의의 근저당권설정등기를 말소하는 한편, 2013. 1. 5. B가 E로부터 2천만 원을 차용할 당시 X토지를 담보로 제공하여 E 명의의 근저당권설정등기(채권최고액 3천만 원)를 마쳐주었다. 2013. 5. 3. X토지가 D에게 이전되었다는 사실을 알게 된 A는 D에 대하여 B와 D 사이의 매매계약을 복사기 판매대금과 그 지연손해액의 합계액인 5천 5백만 원의 범위 내에서 취소하고 그 금원을 지급하라는 소를 제기하였다.

법원의 심리 결과 B는 2012. 10. 5.부터 변론종결 시점까지 채무초과의 상태에 있었으며, X토지의 시가는 B와 D의 매매계약 당시에는 1억 2천만 원이었고 변론종결 당시에는 시세 하락으로 8천만 원이었음이 밝혀진 경우, A의 D에 대한 청구에 관한 법원의 판단을 그 근거와 함께 서술하시오. (20점)

문제 ④ 추가사실관계

B와 D는 2012. 10. 5. X토지에 관하여 위 매매계약을 체결할 당시 "D는 계약 체결 당일 계약금과 중도금 7천만 원을 지급하면서 소유권이전등기에 필요한 서류를 교부받는 한편, 2012. 11. 5. 잔금 5천만 원을 지급하고 X토지를 인도받는다."라고 합의하였다. 이에 B는 위 계약 당일 D로부터 7천만 원을 지급받으면서 소유권이전에 필요한 서류를 D에게 교부하여 그 날 X토지의 소유권이전등기가 D 명의로 마쳐지었다. 이후 D가 B에게 잔금의 지급을 지연하여 X토지를 인도받지 못하고 있던 중, A는 2014. 10. 10. D에게 별도의 조치를 취하지 않고 있던 B를 대위하여 D를 상대로 위 매매 잔대금 5천만 원과 그 다음 날부터 다 갚는 날까지 연 5%의 비율에 의한 지연손해금의 지급을 구하고 있다.

만약 B가 무자력 상태에 있던 중 A로부터 2014. 10. 12. 위 대위행사의 통지를 수령하였는가 하면, D로부터 2014. 1. 5. 잔금 중 일부인 2천만 원을 지급받은 채 토지 X를 여전히 점유해 오고 있다고 할 경우, D의 A에 대한 예상 가능한 항변을 고려하여 A의 D에 대한 청구에 관한 법원의 판결은? (30점)

예시답안

문제 ①

Ⅰ. 결 론

C는 D를 피고로 하여 진정명의 회복을 위한 소유권이전등기의 절차를 B에게 이행하거나 또는 변론종결 시점을 기준으로 한 X토지의 시가를 지급할 것을 청구할 수 있다.

Ⅱ. 소의 적법요건: 피고적격과 제소기간의 경과 여부

채권자취소의 소는 통설과 판례에 따르면 상대적 무효의 입장에 있으며 채무자에게는 피고적격이 인정되지 않고 수익자 또는 전득자가 소송의 상대방으로 된다. 위 물음의 경우 전득자 E는 선의로서 취소권 행사의 상대방이 될 수 없고, 따라서 C는 악의의 수익자인 D를 상대로 채권자취소권을 행사할 수 있다. 한편, 채권자취소권은 취소원인을 안 날로부터 1년, 사해행위가 있었던 날로부터 5년 이내에 행사하여야 하는데(제406조 제2항), 위 물음의 경우 C는 2012. 10. 5. 취소의 원인, 즉 사해행위가 있었음을 알았다. 따라서 C가 소를 제기한 2013. 12. 5. 당시 위 제척기간이 경과하지 않았음은 명백하며, 따라서 C의 채권자취소의 소는 적법하다.

Ⅲ. 채권자취소권의 인정 여부

채권자취소권은 ① 피보전채권의 존재, ② 사해행위가 있을 것, ③ 채무자 및 수익자 또는 전득자의 사해의사를 요건으로 하고 있다.

위 물음에서 각 요건의 구비 여부를 나누어 검토하면 ① 피보전채권의 존재와 관련하여, 채권자취소권에 의해 보전되는 채권은 원칙적으로 금전채권이어야 하는데, C의 B에 대한 채권은 구상금채권으로서 이에 해당한다. 한편 취소채권자의 채권은 사해행위 이전에 이미 발생해 있어야 함이 원칙인데, 이에 관하여는 예외가 인정되고 있다. 즉, (ⅰ) 사해행위 당시 이미 채권성립의 기초가 되는 법률관계가 발생해 있고, (ⅱ) 가까운 장래에 그 법률관계에 기한 채권이 발생할 개연성이 높고, (ⅲ) 실제로 그 개연성이 현실화되어 채권이 성립한 경우에는 그 채권도 채권자취소권의 행사에 따라 보전의 대상이 된다. 위 물음의 경우 C의 구상금채권은 X토지에 관한 B의 매매 이후에 비로소 현실화 된 관계로 이러한 예외가 인정되는지가 문제되는 바, (ⅰ) B가 매매할 당시 C의 구상권의 발생기초가 되는 수탁보증의 관계가 이미 존재하고 있었으며, (ⅱ, ⅲ) B가 지급기일을 경과하여서도 변제하지 못함으로써 C의 보증채무의 이행 및 이에 따른 구상권의 발생 가능성이 높아졌고 실제로 현실화되었던 점에서, C의 B에 대한 구상권은 피보전채권으로서 인정된다.

② 사해행위의 존재와 관련하여, 사해행위란 채권자를 해하는 재산권을 목적으로 하는 법률행위를 뜻한다. 위 사안의 경우 B가 D에게 당시 시가 상당의 대금을 지급받고 매각하는 행위가 문제되고 있는바, 이에 관하여는 학설의 경우 총재산 자체의 변동이 없음을 이유로 사해행위를 원칙적으로 부정하는 반면, 판례의 경우 부동산과 달리 금전은 소비·은닉하기 쉽다는 사정을 고려하여 원칙적으로 사해행위로서 인정하고 있다. 위 사안에서는 매매 당시 이미 변제 자력이 부족한 B가 채권자의 집행을 피하려는 목적으로 X토지를 처분하였다는 점에서 B의 D에 대한 X토지의 처분행위는 공동담보의 감소를 초래하는 사해행위라고 판단된다.

③ 끝으로 채무자 및 수익자의 악의로서, 위 사안의 경우 B와 D 모두 B의 채무초과 상태를 알고 있었으므로 이 요건은 충족되고 있다.

Ⅳ. 원상회복의 방법과 내용

C가 위 Ⅲ.에 따라 D를 상대로 B와 D의 매매계약을 취소할 수 있는 한 원상회복의 방법과

내용이 문제된다. 채권자취소권의 행사에 따른 원상회복은 원물반환을 원칙으로 하고 원물반환이 불가능하거나 현저히 곤란한 경우 사해행위 목적물의 가액 상당의 반환을 청구할 수 있다. 위 사안에서 C가 원물반환을 택할 경우에는 X토지의 소유권을 B 명의로 회복하기 위하여 D 명의의 소유권이전등기의 말소를 청구하거나 진정등기명의회복을 위한 이전등기절차의 이행을 청구하여야 할 것이다. 다만 말소등기를 청구하는 것은 D로부터 저당권을 취득한 E가 말소등기에 이해관계를 갖고 있기 때문에 그의 승낙이 있어야만 하는데($\binom{부동산등기법}{제57조\ 제1항}$) E가 선의인 관계로 이를 승낙할 의무가 없다는 점에서 효과적이지 않으며, 따라서 E의 저당권이 여전히 존속하는 상태에서 D로 하여금 B의 명의로 진정등기명의회복을 위한 소유권이전등기를 청구함이 적절할 것이다. 한편 위 사안의 경우 E가 사해행위의 목적물인 X토지에 관하여 저당권을 취득하고 있으며 또한 위 물음에서는 수익자 D가 그 피담보채무를 변제하여 저당권의 부담이 없는 완전한 상태로 회복해 줄 수 있는 특별한 사정이 나타나 있지 않는데, 이는 원물반환이 현저히 곤란한 경우라고 해석되며, 따라서 A는 원물반환에 대신하여 X토지의 가액 상당의 반환을 청구할 수도 있다. 이 경우 가액은 사실심변론종결시를 기준으로 하며, C는 B에 대한 물품판매대금채권 5천만 원과 변론종결시까지의 지연이자를 합산한 금액의 범위 내에서 직접 자신에게 지급할 것을 구할 수 있고 이로써 사실상 우선변제를 받는 효과를 얻을 수 있다.

문제 ②

A가 D를 상대로 한 채권자취소 소송은 청구기각의 판결을 받게 될 것이다. 일단 D가 피고 적격을 갖추고 있고 제소기간이 준수되어 있으므로 A의 소제기는 적법하다. 그런데 채권자취소권의 성립요건에 관한 본안판단에 있어서 취소채권자 A가 물품판매대금채권이라는 금전채권을 보전하기 위하여 취소권을 행사하고는 있으나 B의 D에 대한 X토지의 처분행위가 사해행위인지 여부가 문제된다. 사해행위는 채무자의 일반책임재산의 감소를 초래하여 채권자에게 충분한 변제를 할 수 없는 재산상태를 만드는 것을 뜻하는데, 위 사안과 같이 유일한 재산인 부동산이 처분되어 소비하기 쉬운 금전으로 바꾸는 행위도 판례에 따르면 사해행위로 인정된다(위 문제 1 참고). 그러나 피보전채권이 물적 담보 등에 의하여 우선변제를 받을 수 있는 경우에는 그 범위 내에서는 채무자의 재산처분 행위는 사해행위를 이루지 않는다. 이때 우선변제의 여부와 범위에 관한 판단은 처분행위의 시점을 기준으로 한다.

그렇다면 위 사안의 경우 X토지의 처분행위 당시의 시가 1억 2천만 원에서 C의 선순위근 저당권에 의하여 공동담보의 범위에서 제외되는 피담보채무액 5천만 원(채권최고액이 아닌 피담보채무액을 기준으로 함)을 공제하면 7천만 원이 책임재산이 되고, 이 금액은 A의 B에 대한 물품판매대금 채권과 그 지연손해금의 합계액인 5천 2백만 원을 초과하고 있다. 따라서 A의 B에 대한 물품판매대금채권은 그 전액이 X토지에 관한 근저당권설정등기에 의해 담보되고 있으므로 B의 D에 대한 X토지의 처분행위는 사해행위로 볼 수 없다.

문제 3

법원은 B와 D 사이의 매매계약을 3천만 원의 범위에서 취소하고 D가 A에게 3천만 원을 지급하라는 일부인용의 판결을 하게 될 것이다. 위 사안의 경우 ① A의 채권자취소의 소 제기는 D의 피고적격, 제소기간의 준수에서 모두 적법하고, ② 본안판단과 관련하여, (ⅰ) A가 B의 D에 대한 X토지의 처분행위 이전에 B에 대한 물품판매대금채권을 갖고 있으므로 피보전채권이 존재하고 있으며, (ⅱ) B의 D에 대한 유일한 재산인 X토지의 처분행위는 위 물음 1.에서 답한 바와 같이 사해행위로 여겨지며, (ⅲ) B와 D의 사해의사는 설문에서 인정되고 있는 바와 같다. 따라서 A는 B와 D 사이의 매매계약이 사해행위임을 이유로 이를 취소할 수 있는데, 이로 인한 원상회복의 방법과 범위가 문제된다.

채권자취소권의 행사로 인한 원상회복은 원물반환을 원칙으로 하나, 위 사안과 같이 사해행위 이후 그 목적물에 설정된 저당권이 변제 등에 의하여 말소된 경우 만약 원물반환의 방법에 의한다면 본래 공동담보로 기능하지 않았던 부분까지 회복되는 불합리한 결과가 발생하게 되며 따라서 가액반환의 방법만이 인정되고 있다. 이때 반환할 가액은 변론종결시점을 산정기준으로 하여, 취소채권자는 목적물의 가액에서 저당권의 피담보채무액을 공제한 잔액을 한도로 자신의 피보전채권의 범위(사실심변론종결시까지의 이자 또는 지연이자 포함) 내에서 직접 자신에게 가액반환을 구할 수 있다. 한편 위 사안과 같이 수익자 D가 X토지에 관하여 저당권을 설정한 경우 그 피담보채무액은 공제대상이 되지 않으며 또한 만약 채무자 B에 대하여 금전채권을 갖는 경우에도 이를 공제 또는 상계할 수는 없다. 그렇다면 B와 D의 매매계약은 사해행위의 범위, 즉 X토지의 사실심변론종결 시점의 가액 8천만 원에서 D가 C의 근저당권을 말소하기 위해 변제한 5천만 원을 공제한 3천만 원의 범위 내에서 취소하고 D는 A에게 3천만 원을 지급하라는 판결이 내려지게 될 것이다.

문제 4

Ⅰ. 채권자대위권의 행사 일반

법원은 D로 하여금 B로부터 X토지를 인도받음과 동시에 A에게 3천만 원을 지급하라는 일부인용의 판결을 하게 될 것이다. 위 사안의 경우 A에 의한 B의 D에 대한 매매대금채권의 대위행사와 관련하여 (i) A의 B에 대한 물품판매대금채권의 존재 및 이행기의 도래, (ii) B의 무자력에 따른 채권 보전의 필요성, (iii) B의 D에 대한 매매대금채권의 대위행사 적합성, (iv) B의 권리불행사라는 요건은 갖추어져 있다. 다만 A의 대위행사에 따른 D의 B에 대한 관계에서 문제되는 항변의 인정 여부가 문제되는데, 위 사안의 경우 ① A의 B에 대한 물품판매대금채권의 소멸시효가 3년인 관계로($\overset{\text{제163}}{\text{조}}$) 대위행사의 시점에서 이미 완성되었다는 사정, ② D가 B에 대하여 A에 의한 대위행사의 통지 이후에 2천만 원의 일부변제를 한 사정, ③ 잔금지급의무와 X토지의 인도의무가 동시이행의 관계에 있다는 점에서 D가 이를 A에게 주장할 수 있는지 여부가 문제된다.

II. 채권자대위권 행사에서 제3채무자의 지위: 피보전채권의 시효완성 원용 여부

먼저, 피보전채권의 소멸시효 완성과 관련하여 채권자대위권의 행사에 따라 제3채무자의 지위는 채무자에 의한 권리행사의 경우와 비교해 유리하게 되어서는 안 된다. 따라서 제3채무자는 채무자에 대하여 갖는 항변사유를 주장할 수는 있더라도, 채무자가 채권자에게 갖는 항변을 이유로 대위채권자에게 대항할 수는 없음이 원칙이다. 또한 소멸시효의 완성은 시효이익을 직접 받는 자만이 원용할 수 있으므로, 제3채무자는 대위채권자를 상대로 피보전채권의 시효완성 사실을 원용할 수는 없다.

III. 대위권행사의 통지와 처분권의 제한

민법 제405조 2항에 따르면 채무자는 채권자로부터 대위권 행사의 사실을 통지받은 후에는 그 권리를 처분하더라도 채권자에게 대항하지 못한다고 규정하고 있다. 위 사안의 경우 B가 A로부터 대위행사의 사정을 통지받은 후 D로부터 잔금의 일부인 2천만 원을 변제하였는데, D가 A에 대하여 이를 주장할 수 있는지 여부가 문제되고 있다. 이에 대하여 채무자의 변제행위는 위 규정에서 의미하는 '처분'에 포함되지 않는다고 해석되고 있는데, 이 같은 해석은 채권자대위권이 행사되더라도 제3채무자의 채무자에 대한 변제가 금지되지 않는다는 점에서 타당하다. 따라서 D의 B에 대한 변제는 채무소멸 사유로서 대위채권자 A에게도 주장할 수 있는 바, A가 대위행사할 수 있는 B의 D에 대한 채권은 3천만 원으로 된다.

Ⅳ. 제3채무자의 채무자에 대한 항변의 대위채권자에 대한 행사 여부: 동시이행의 항변

채권자대위권의 행사에 따라 채3채무자는 채무자가 직접 권리를 행사할 때와 비교하여 불리하게 되어서 안 되며, 따라서 제3채무자는 채무자에게 주장할 수 있었던 사유를 그를 대위하는 채권자에게도 주장할 수 있어야만 한다. 위 사안의 경우 B와 D는 잔금지급과 X토지의 인도를 상환이행하기로 하였으며, 따라서 D만이 잔금지급의 의무를 먼저 이행할 필요가 없을 뿐만 아니라 비록 지급기일을 경과하더라도 X토지를 인도받지 않고 있는 한 지연이자를 지급할 의무를 부담하지도 않는다($\frac{제587}{조 2문}$). 따라서 D는 B로부터 X토지를 인도받음과 동시에 A에게 3천만 원을 지급할 의무를 부담할 뿐이다.

해 설

Ⅰ. 채권자취소권의 상대방과 제소기간 (문제 1)

채권자취소권이란 채권의 공동담보인 채무자의 일반책임재산이 채무자의 법률행위에 의하여 감소되어 채무자의 변제능력이 부족하게 되는 경우 일정한 요건에 따라 채권자가 그 법률행위를 취소하고 채무자에게서 벗어난 재산을 회복하려는 제도이다($\frac{제406}{조}$). 채권자취소권의 법적 성질에 관하여는 상대적 무효설, 책임설의 입장이 대립하고 있는데, 판례와 다수설은 상대적 무효설의 입장을 따르고 있다. 이에 따르면 채권자는 사해행위의 취소만을 구하는 형성의 소 또는 목적물의 반환을 구하는 이행의 소만을 제기할 수도 있으나 원칙적으로 형성의 소에 이행의 소를 부가하는 방식을 취하게 된다. 이때 그 취소권 행사에 따른 무효의 효력은 책임재산의 회복에 필요한 정도로 한정하기 위하여 채권자와 수익자 또는 전득자 사이에서만 인정될 뿐이며, 이런 배경에서 채권자취소권의 피고적격인 악의인 한 수익자 또는 전득자만이 갖추게 된다. 한편 채권자취소권은 취소의 원인을 안 날, 다시 말해 사해행위가 있었음을 안 날로부터 1년, 사해행위가 있었던 날로부터 5년 이내에 행사하여야 한다.

[대판 2009.3.26, 2007다63102] 채권지취소권의 행사에 있어서 제척기간의 기산점인 채권자가 "취소원인을 안 날"이라 함은 채무자가 채권자를 해함을 알면서 사해행위를 하였다는 사실을 알게 된 날을 의미한다. 이는 단순히 채무자가 재산의 처분행위를 한 사실을 아는 것만으

로는 부족하고, 구체적인 사해행위의 존재를 알고 나아가 채무자에게 사해의 의사가 있었다는 사실까지 알 것을 요한다. 한편 그 제척기간의 도과에 관한 입증책임은 채권자취소 소송의 상대방에게 있다.

[대판 2001.9.4, 2001다14108] ① 채권자가 민법 제406조 제1항에 따라 사해행위의 취소와 원상회복을 청구하는 경우 사해행위의 취소만을 먼저 청구한 다음 원상회복을 나중에 청구할 수 있다. ② 채권자가 민법 제406조 제1항에 따라 사해행위의 취소와 원상회복을 청구하는 경우 사해행위 취소 청구가 민법 제406조 제2항에 정하여진 기간 안에 제기되었다면 원상회복의 청구는 그 기간이 지난 뒤에도 할 수 있다.

Ⅱ. 채권자취소권의 성립요건 일반 (문제 1)

채권자취소권은 ① 취소채권자의 피보전채권의 존재, ② 사해행위, ③ 채무자의 사해의사 및 수익자 또는 전득자의 악의를 요건으로 하고 있다. ① 먼저 피보전채권은 사해행위 이전에 성립해 있어야 하며(만약 사해행위 이후에 성립할 경우 사해행위로 인한 채권실현의 침해 자체가 문제되지 않을 것임), 다만 위 물음 1.과 같은 경우에 예외가 인정될 수 있다. 채권자취소권에 의해 보전되는 채권은 원칙적으로 금전채권에 한정하며 특정채권의 경우에는 인정되지 않는다. 물적 담보가 설정된 채권은 우선변제가 보장되는 한 채권자의 처분행위로 인하여 그 실현이 곤란하게 되지 않으므로 채권자취소권에 의해 보전할 필요가 없겠으나 인적 담보가 설정된 채권은 우선변제가 보장되지 않는다는 점에서 취소권에 의해 보전되는 채권이 된다. ② 사해행위의 요건은 아래 해설 Ⅲ.을 참고하며, ③ 채무자의 사해의사와 수익자 또는 전득자의 악의로서, 채무자의 사해의사 역시 적극적 의욕이 아니라 책임재산의 감소에 따라 변제자력의 부족사실을 알고 있다는 인식상태로서 채권자가 증명하여야 한다. 다만 유일한 부동산을 매각하여 소비, 은닉하기 쉬운 금전으로 바꾸거나 무상으로 증여하는 등 일정한 경우 추정될 수 있다. 수익자 또는 전득자의 악의는 판례에 따르면 그들 스스로 자신에게 악의가 없음을 입증하여야 한다.

[대판 2014.9.4, 2013다60661] 채무자 또는 제3자 소유의 부동산에 대하여 채권자 앞으로 근저당권이 설정되어 있고, 그 부동산의 가액 및 채권최고액이 당해 채무액을 초과하여 채무 전액에 대하여 채권자에게 우선변제권이 확보되어 있다면, 그 범위 내에서는 채무자의 재산처분행위는 채권자를 해하지 아니하므로 채무자가 비록 유일한 재산을 처분하는 법률행위를 하더라도 채권자에 대하여 사해행위가 성립되지 않는다고 보아야 하고, 당해 채무액이 부동산의 가액 및 채권최고액을 초과하는 경우에는 그 담보물로부터 우선변제받을 금액을 공제한 나머지 채권액에 대하여만 채권자취소권이 인정되며, 피보전채권의 존재와 범위는 채권자취소권 행사

의 한 요건에 해당하므로 이 경우 채권자취소권을 행사하는 채권자로서는 담보권의 존재에도 불구하고 자신이 주장하는 피보전채권이 우선변제권 범위 밖에 있다는 점을 주장·증명하여야 한다. 그리고 이때 우선변제받을 금액은 처분행위 당시의 담보목적물의 시가를 기준으로 산정함이 옳다.

Ⅲ. 사해행위 여부의 판단 (문제 2)

사해행위란 채무자의 재산을 감소시켜 공동담보의 부족을 초래하여 채권자를 해하는 법률행위를 뜻한다. ① 채무자의 법률행위가 문제되나 엄격한 의미의 법률행위일 필요는 없고 가령 채무승인과 같은 준법률행위 역시 해당하며, 통정허위표시에 따른 무효의 법률행위도 판례와 통설에 따르면 취소의 대상이 될 수 있다. ② 사해행위는 책임재산의 감소를 가져와야 한다는 점에서 재산적 법률행위이어야 하는데, 가족법상의 행위, 예를 들어 상속재산분할의 경우에도 사해행위에 해당할 수 있다(아래 판결례 참고). ③ 사해행위는 채무자의 공동담보의 부족, 즉 채무사가 변제할 자력이 부족하여 채무초과의 상태를 가져오는 행위를 뜻하며, 사해행위 여부는 사해행위 당시를 기준으로 하며 다만 사해행위 이후 변제자력을 회복할 경우에는 사해성이 없어지므로 변제자력의 부족상태가 사실심변론종결시점까지 유지되어야 한다. 개별 행위유형에 따른 사해성 판단에 대한 판결례의 경향은 다음과 같다.

[부동산 기타 재산의 처분에 관한 사해성 판단에 관한 대판 1966.10.4, 66다1535] 채무자가 자기의 유일한 재산인 부동산을 매각하여 소비하기 쉬운 금전으로 바꾸는 행위로 그 매각이 일부 채권자에 대한 정당한 변제에 충당하기 위하여 상당한 매각으로 이루어졌다던가 하는 특별한 사정이 없는 한 항상 채권자에 대하여 사해행위가 된다고 볼 것이므로 채무자의 사해의 의사는 추정되는 것이고 이를 매수한 수익자가 악의 없었다는 입증책임은 그 수익자 자신에게 있다.

[채권이 물적 담보에 의해 우선변제가 보장되는 경우 부동산 처분의 사해성 여부에 관한 대판 2002.11.8, 2002다41589] ① 주채무자 또는 제3자 소유의 부동산에 대하여 채권자 앞으로 근저당권이 설정되어 있고, 그 부동산의 가액 및 채권최고액이 당해 채무액을 초과하여 채무 전액에 대하여 채권자에게 우선변제권이 확보되어 있다면, 그 범위 내에서는 채무자의 재산처분행위는 채권자를 해하지 아니하므로 연대보증인이 비록 유일한 재산을 처분하는 법률행위를 하더라도 채권자에 대하여 사해행위가 성립되지 않는다고 보아야 할 것이고, 당해 채무액이 그 부동산의 가액 및 채권최고액을 초과하는 경우에는 그 담보물로부터 우선변제받을 액을 공제한 나머지 채권액에 대하여만 채권자취소권이 인정된다고 할 것이며, 피보전채권의 존재와 그 범위는 채권자취소권 행사의 한 요건에 해당된다고 할 것이므로 이 경우 채권자취소권을

행사하는 채권자로서는 그 담보권의 존재에도 불구하고 자신이 주장하는 피보전채권이 그 우선변제권 범위 밖에 있다는 점을 주장·입증하여야 한다. ② 채무자의 재산처분행위가 사해행위가 되는지 여부는 처분행위 당시를 기준으로 판단하여야 하므로 담보로 제공된 부동산이 사해성 여부가 문제되는 재산처분행위가 있은 후에 임의경매 등 절차에서 환가가 진행된 경우에는 그 재산처분행위의 사해성 여부를 판단하기 위한 부동산 가액의 평가는 부동산 가액의 하락이 예상되는 등 특별한 사정이 없는 한 사후에 환가된 가액을 기준으로 할 것이 아니라 사해성 여부가 문제되는 재산처분행위 당시의 시가를 기준으로 하여야 한다.

[변제에 관한 사해성 여부에 관한 대판 2005.3.25, 2004다10985] ① 채권자가 채무의 변제를 구하는 것은 그의 당연한 권리행사로서 다른 채권자가 존재한다는 이유로 이것이 방해받아서는 아니 되고, 채무자도 채무의 본지에 따라 채무를 이행할 의무를 부담하고 있어 다른 채권자가 있다는 이유로 그 채무이행을 거절하지는 못하므로, 채무자가 채무초과의 상태에서 특정채권자에게 채무의 본지에 따른 변제를 함으로써 다른 채권자의 공동담보가 감소하는 결과가 되는 경우에도 그 변제는 채무자가 특히 일부의 채권자와 통모하여 다른 채권자를 해할 의사를 가지고 변제를 한 경우가 아닌 한 원칙적으로 사해행위가 되는 것은 아니다. ② 채무자가 특히 일부의 채권자와 통모하여 다른 채권자를 해할 의사를 가지고 변제를 하였는지 여부는 사해행위임을 주장하는 사람이 입증하여야 하며, 이는 수익자의 채무자에 대한 채권이 실제로 존재하는지 여부, 수익자가 채무자로부터 변제를 받은 액수, 채무자와 수익자와의 관계, 채무자의 변제능력 및 이에 대한 수익자의 인식, 변제 전후의 수익자의 행위, 그 당시의 채무자 및 수익자의 사정 및 변제의 경위 등 제반 사정을 종합적으로 참작하여 판단하여야 한다.

[대물변제에 관한 사해성 여부에 대한 대판 1996.10.29, 96다23207] 채무자의 재산이 채무의 전부를 변제하기에 부족한 경우에 채무자가 그의 유일한 재산인 부동산을 어느 특정 채권자에게 대물변제로 제공하여 소유권이전등기를 경료하였다면 그 채권자는 다른 채권자에 우선하여 채권의 만족을 얻는 반면 그 범위 내에서 공동담보가 감소됨에 따라 다른 채권자는 종전보다 더 불리한 지위에 놓이게 되므로 이는 곧 다른 채권자의 이익을 해하는 것이라고 보아야 하고, 따라서 이미 채무초과의 상태에 빠져 있는 채무자가 그의 유일한 재산인 부동산을 채권자들 가운데 어느 한 사람에게 대물변제로 제공하는 행위는 다른 특별한 사정이 없는 한 다른 채권자들에 대한 관계에서 사해행위가 된다.

[이혼에 따른 재산분할에 관한 판례의 태도] 이혼에 따라 재산을 분할하는 자가 당해 재산분할에 의하여 무자력이 되어 일반채권자에 대한 공동담보를 감소시키는 결과가 된다고 하더라도 그러한 재산분할이 민법 제839조의2 제2항의 규정 취지에 반하여 상당하다고 할 수 없을 정도로 과대하고, 재산분할을 구실로 이루어진 재산처분이라고 인정할 만한 특별한 사정이 없는 한 사해행위로서 채권자취소권의 대상이 되지 아니하고, 위와 같은 특별한 사정이 있어 사

해행위로서 채권자취소권의 대상이 되는 경우에도 취소되는 범위는 그 상당한 부분을 초과하는 부분에 한정된다고 할 것이다($^{대판\ 2001.5.8,}_{2000다58804}$). 한편 대판 2013.10.11, 2013다7936에 따르면 이혼으로 인한 재산분할청구권은 이혼을 한 당사자의 일방이 다른 일방에 대하여 재산분할을 청구할 수 있는 권리로서 이혼이 성립한 때에 그 법적 효과로서 비로소 발생하는 것일 뿐만 아니라, 협의 또는 심판에 의하여 구체적 내용이 형성되기까지는 그 범위 및 내용이 불명확·불확정하기 때문에 구체적으로 권리가 발생하였다고 할 수 없으므로 협의 또는 심판에 의하여 구체화되지 않은 재산분할청구권은 채무자의 책임재산에 해당하지 아니하고, 이를 포기하는 행위 또한 채권자취소권의 대상이 될 수 없다.

[상속재산분할의 사해행위 여부에 관한 대판 2001.2.9, 2000다51797] ① 상속재산의 분할협의는 상속이 개시되어 공동상속인 사이에 잠정적 공유가 된 상속재산에 대하여 그 전부 또는 일부를 각 상속인의 단독소유로 하거나 새로운 공유관계로 이행시킴으로써 상속재산의 귀속을 확정시키는 것으로 그 성질상 재산권을 목적으로 하는 법률행위이므로 사해행위취소권 행사의 대상이 될 수 있다. ② 채무초과 상태에 있는 채무자가 상속재산의 분할협의를 하면서 상속재산에 관한 권리를 포기함으로써 결과적으로 일반 채권자에 대한 공동담보가 감소되었다 하더라도, 그 재산분할결과가 채무자의 구체적 상속분에 상당하는 정도에 미달하는 과소한 것이라고 인정되지 않는 한 사해행위로서 취소되어야 할 것은 아니고, 구체적 상속분에 상당하는 정도에 미달하는 과소한 경우에도 사해행위로서 취소되는 범위는 그 미달하는 부분에 한정하여야 한다.

[상속포기의 사해행위 여부에 관한 대판 2011.6.9, 2011다29307] 상속의 포기는 비록 포기자의 재산에 영향을 미치는 바가 없지 아니하나($^{그러한\ 측면과\ 관련하여서는\ '채무자\ 회}_{생\ 및\ 파산에\ 관한\ 법률'\ 제386조도\ 참조}$) 상속인으로서의 지위 자체를 소멸하게 하는 행위로서 순전한 재산법적 행위와 같이 볼 것이 아니다. 오히려 상속의 포기는 1차적으로 피상속인 또는 후순위상속인을 포함하여 다른 상속인 등과의 인격적 관계를 전체적으로 판단하여 행하여지는 '인적 결단'으로서의 성질을 가진다. 그러한 행위에 대하여 비록 상속인인 채무자가 무자력상태에 있다고 하여서 그로 하여금 상속포기를 하지 못하게 하는 결과가 될 수 있는 채권자의 사해행위취소를 쉽사리 인정할 것이 아니다. 그리고 상속은 피상속인이 사망 당시에 가지던 모든 재산적 권리 및 의무·부담을 포함하는 총체재산이 한꺼번에 포괄적으로 승계되는 것으로서 다수의 관련자가 이해관계를 가지는데, 위와 같이 상속인으로서의 자격 자체를 좌우하는 상속포기의 의사표시에 사해행위에 해당하는 법률행위에 대하여 채권자 자신과 수익자 또는 전득자 사이에서만 상대적으로 그 효력이 없는 것으로 하는 채권자취소권의 적용이 있다고 하면, 상속을 둘러싼 법률관계는 그 법적 처리의 출발점이 되는 상속인 확정의 단계에서부터 복잡하게 얽히게 되는 것을 면할 수 없다. 또한 상속인의 채권자의 입장에서는 상속의 포기가 그의 기대를 저버리는 측면이 있다고 하더라도 채무자인 상속인의 재산을 현재의 상태보다 악화시키지 아니한다. 이러한 점들을 종합적으로 고려하여 보면, 상속의

포기는 민법 제406조 제1항에서 정하는 "재산권에 관한 법률행위"에 해당하지 아니하여 사해행위취소의 대상이 되지 못한다.

[사해행위 판단시기에 관한 대판 2008.5.15, 2005다60338] 채무자의 재산처분행위가 사해행위가 되는지 여부는 처분행위 당시를 기준으로 판단하여야 하므로, 담보로 제공된 부동산에 대하여 임의경매 등의 환가절차가 개시되어 진행되는 도중에 재산처분행위가 이루어졌다고 하더라도 그 재산처분행위의 사해성 여부를 판단하기 위한 부동산 가액의 평가는 부동산 가액의 하락이 예상되는 등의 특별한 사정이 인정되지 아니하는 한 사후에 환가된 가액을 기준으로 할 것이 아니라 사해성 여부가 문제되는 재산처분행위 당시의 시가를 기준으로 하여야 할 것이다.

Ⅳ. 취소의 범위와 원상회복의 방법과 내용 (문제 3)

사해행위의 취소는 재판상으로만 행사되어야 하며($\substack{제406조\\제1항 본문}$), 채무자의 책임재산 감소를 막아 채권의 만족을 얻는데 그 목적이 있다. 그렇지만 취소에 따른 수익자 또는 전득자의 불이익 등을 고려하여 취소의 범위를 한정할 필요가 있으며, 이에 판례에 따르면 취소의 범위는 다른 채권자가 배당요구할 것이 명백하거나 목적물이 불가분인 경우와 같이 특별한 사정이 없는 한 취소채권자의 사해행위 당시의 채권액을 기준으로 한다(사해행위 이후 사실심변론종결시까지 발생한 이자나 지연이자는 포함됨). 취소로 인한 원상회복은 원물반환을 원칙으로 하되, 거래관념상 원물반환이 불가능하거나 현저히 곤란한 경우에는 가액상환에 의할 수 있다.

[진전명의회복을 위한 소유권이전등기에 의한 원물반환에 대한 대판 2000.2.25, 99다53704] 자기 앞으로 소유권을 표상하는 등기가 되어 있었거나 법률에 의하여 소유권을 취득한 자가 진정한 등기명의를 회복하기 위한 방법으로는 그 등기의 말소를 구하는 외에 현재의 등기명의인을 상대로 직접 소유권이전등기절차의 이행을 구하는 것도 허용되어야 하는바, 이러한 법리는 사해행위 취소소송에 있어서 취소 목적 부동산의 등기명의를 수익자로부터 채무자 앞으로 복귀시키고자 하는 경우에도 그대로 적용될 수 있다고 할 것이고, 따라서 채권자는 사해행위의 취소로 인한 원상회복 방법으로 수익자 명의의 등기의 말소를 구하는 대신 수익자를 상대로 채무자 앞으로 직접 소유권이전등기절차를 이행할 것을 구할 수도 있다.

[가액상환에 의한 원상회복에 관한 대판 2001.2.9, 2000다57139] 채권자의 사해행위취소 및 원상회복청구가 인정되면, 수익자는 원상회복으로서 사해행위의 목적물을 채무자에게 반환할 의무를 지게 되고, 만일 원물반환이 불가능하거나 현저히 곤란한 경우에는 원상회복의무의 이행으로서 사해행위 목적물의 가액 상당을 배상하여야 하는바, 여기에서 원물반환이 불가능하거나 현저히 곤란한 경우라 함은 원물반환이 단순히 절대적, 물리적으로 불능인 경우가 아니

라 사회생활상의 경험법칙 또는 거래상의 관념에 비추어 그 이행의 실현을 기대할 수 없는 경우를 말하는 것이므로, 사해행위 후 그 목적물에 관하여 제3자가 저당권이나 지상권 등의 권리를 취득한 경우에는 수익자가 목적물을 저당권 등의 제한이 없는 상태로 회복하여 이전하여 줄 수 있다는 등의 특별한 사정이 없는 한 채권자는 수익자를 상대로 원물반환 대신 그 가액 상당의 배상을 구할 수도 있다고 할 것이나, 그렇다고 하여 채권자가 스스로 위험이나 불이익을 감수하면서 원물반환을 구하는 것까지 허용되지 아니하는 것으로 볼 것은 아니고, 그 경우 채권자는 원상회복 방법으로 가액배상 대신 수익자 명의의 등기의 말소를 구하거나 수익자를 상대로 채무자 앞으로 직접 소유권이전등기절차를 이행할 것을 구할 수 있다.

[가액상환에 의한 원상회복에 관한 대판 2001.12.11, 2001다64547; 대판 2001.12.27, 2001다33734] ① 근저당권이 설정되어 있는 부동산을 증여한 행위가 사해행위에 해당하는 경우, 그 부동산이 증여된 뒤 근저당권설정등기가 말소되었다면, 증여계약을 취소하고 부동산의 소유권 자체를 채무자에게 환원시키는 것은 당초 일반 채권자들의 공동담보로 제공되지 아니한 부분까지 회복시키는 결과가 되어 불공평하므로, 채권자는 그 부동산의 가액에서 근저당권의 피담보채무액을 공제한 잔액의 한도 내에서 증여계약의 일부 취소와 그 가액의 배상을 청구할 수밖에 없고, 그와 같은 가액 산정은 사실심 변론종결시를 기준으로 하여야 한다. ② 채권자가 채권자취소권을 행사할 때에는 원칙적으로 자신의 채권액을 초과하여 취소권을 행사할 수는 없지만, 이 때 채권자의 채권액에는 사해행위 이후 사실심 변론종결시까지 발생한 이자나 지연손해금이 포함된다.

[가액상환의 효과에 관한 대판 2008.4.24, 2007다84352] ① 채권자취소권의 요건을 갖춘 각 채권자는 고유의 권리로서 채무자의 재산처분 행위를 취소하고 그 원상회복을 구할 수 있는 것이므로 여러 명의 채권자가 동시에 또는 시기를 달리하여 사해행위취소 및 원상회복청구의 소를 제기한 경우 이들 소가 중복제소에 해당하지 아니할 뿐만 아니라, 어느 한 채권자가 동일한 사해행위에 관하여 사해행위취소 및 원상회복청구를 하여 승소판결을 받아 그 판결이 확정되었다는 것만으로는 그 후에 제기된 다른 채권자의 동일한 청구가 권리보호의 이익이 없게 되는 것은 아니고, 그에 기하여 재산이나 가액의 회복을 마친 경우에 비로소 다른 채권자의 사해행위취소 및 원상회복청구는 그와 중첩되는 범위 내에서 권리보호의 이익이 없게 된다. ② 여러 명의 채권자가 사해행위취소 및 원상회복청구의 소를 제기하여 여러 개의 소송이 계속중인 경우에는 각 소송에서 채권자의 청구에 따라 사해행위의 취소 및 원상회복을 명하는 판결을 선고하여야 하고, 수익자(전득자를 포함한다)가 가액배상을 하여야 할 경우에도 수익자가 반환하여야 할 가액을 채권자의 채권액에 비례하여 채권자별로 안분한 범위 내에서 반환을 명할 것이 아니라, 수익자가 반환하여야 할 가액 범위 내에서 각 채권자의 피보전채권액 전액의 반환을 명하여야 한다. ③ 채권자취소권은 채무자의 사해행위를 채권자와 수익자 또는 전득자 사이에서 상대적으로 취소하고 채무자의 책임재산에서 일탈한 재산을 회복하여 채권자의 강제집행이

가능하도록 하는 것을 본질로 하는 권리이므로, 원상회복을 가액배상으로 하는 경우에 그 이행의 상대방은 채권자이어야 한다.

[수익자의 상계, 공제항변에 관한 대판 2001.6.1, 99다63183] ① 채권자취소권은 채권의 공동담보인 채무자의 책임재산을 보전하기 위하여 채무자와 수익자 사이의 사해행위를 취소하고 채무자의 일반재산으로부터 일탈된 재산을 모든 채권자를 위하여 수익자 또는 전득자로부터 환원시키는 제도로서, 수익자로 하여금 자기의 채무자에 대한 반대채권으로써 상계를 허용하는 것은 사해행위에 의하여 이익을 받은 수익자를 보호하고 다른 채권자의 이익을 무시하는 결과가 되어 위 제도의 취지에 반하므로, 수익자가 채권자취소에 따른 원상회복으로서 가액배상을 할 때에 채무자에 대한 채권자라는 이유로 채무자에 대하여 가지는 자기의 채권과의 상계를 주장할 수는 없다. ② 채권자취소권은 채권의 공동담보인 채무자의 책임재산을 보전하기 위하여 채무자의 일반재산으로부터 일탈된 재산을 모든 채권자를 위하여 수익자 또는 전득자로부터 환원시키는 제도로서, 그 행사의 효력은 채권자와 수익자 또는 전득자와의 상대적인 관계에서만 미치는 것이므로 채권자취소권의 행사로 인하여 채무자가 수익자나 전득자에 대하여 어떠한 권리를 취득하는 것은 아니라고 할 것이고, 따라서 수익자가 채무자에게 가액배상금 명목으로 금원을 지급하였다는 점을 들어 채권자취소권을 행사하는 채권자에 대하여 가액배상에서의 공제를 주장할 수는 없다.

[취소채권자를 상대로 한 다른 채권자의 안분액 지급청구 여부에 관한 대판 2008.6.12, 2007다37837] 사해행위의 취소와 원상회복은 모든 채권자의 이익을 위하여 그 효력이 있으므로 $\binom{\text{민법 제}}{\text{407조}}$, 채권자취소권의 행사로 채무자에게 회복된 재산에 대하여 취소채권자가 우선변제권을 가지는 것이 아니라 다른 채권자도 총채권액 중 자기의 채권에 해당하는 안분액을 변제받을 수 있는 것이지만, 이는 채권의 공동담보로 회복된 채무자의 책임재산으로부터 민사집행법 등의 법률상 절차를 거쳐 다른 채권자도 안분액을 지급받을 수 있다는 것을 의미하는 것일 뿐, 다른 채권자가 이러한 법률상 절차를 거치지 아니하고 취소채권자를 상대로 하여 안분액의 지급을 직접 구할 수 있는 권리를 취득한다거나, 취소채권자에게 인도받은 재산 또는 가액배상금에 대한 분배의무가 인정된다고 볼 수는 없다. 가액배상금을 수령한 취소채권자가 이러한 분배의무를 부담하지 아니함으로 인하여 사실상 우선변제를 받는 불공평한 결과를 초래하는 경우가 생기더라도, 이러한 불공평은 채무자에 대한 파산절차 등 도산절차를 통하여 시정하거나 가액배상금의 분배절차에 관한 별도의 법률 규정을 마련하여 개선하는 것은 별론으로 하고, 현행 채권자취소 관련 규정의 해석상으로는 불가피하다.

V. 채권자대위권 행사의 효과와 제3채무자의 지위 (문제 4)

채권자는 채권자대위권의 요건이 갖추어지는 한(대위행사의 요건에 관하여는 위 참고) 자기의 이름으로 채무자의 권리를 행사하게 된다. 채권자가 채무자의 권리를 행사하는 한 그 효과는 직접 채무자에게 귀속하게 된다(다만 채권자가 대위수령한 경우, 채무자가 이를 인도받을 채권과 채권자 자신의 채무자에 대한 채권과 상계하여 사실상 우선변제를 받을 수 있게 된다). 채권자는 보존행위 외의 채무자의 권리를 대위행사하는 경우 이를 채무자에게 통지하도록 되어 있는데 (제405조 제1항), 이 경우 채무자는 처분권이 제한되어 통지 이후에 그 권리를 처분하더라도 이를 채권자에게 주장할 수 없게 된다. 그러나 제3채무자는 채무자가 직접 권리행사를 한 경우와 비교해 불리한 처지에 놓여서는 안 되기 때문에 채무자에 대한 변제, 상계, 동시이행의 항변 등을 이유로 하여 채권자에게 대항할 수 있으며(채무자에 의한 통지 이후의 면제는 처분제한의 효력이 인정됨은 물론임), 또한 최근 판례에 따르면 대위권행사의 통지 이후 채무자의 채무불이행을 이유로 한 계약해제의 사성에 대해서도 제3채무자는 이를 대위채권자에게 주장할 수 있다. 한편 채권자의 대위권 행사는 제3채무자를 상대로 채무자의 권리를 행사함으로써 채무자와 제3채무자 사이의 효과귀속을 목적으로 하므로, 제3채무자는 (자신이 채무자에게 갖는 항변은 통지에 따른 처분제한의 효력이 문제되지 않는 한 이를 주장할 수 있음은 물론이나) 채무자가 채권자에게 갖는 항변을 이유로 대항할 수는 없다.

[채무자와 제3채무자의 계약해제에 대위채권자에 대한 대항 여부에 관한 대판(전) 2012.5. 17, 2011다87235] 민법 제405조 제2항은 '채무자가 채권자대위권행사의 통지를 받은 후에는 그 권리를 처분하여도 이로써 채권자에게 대항하지 못한다'고 규정하고 있다. 위 조항의 취지는 채권자가 채무자에게 대위권 행사사실을 통지하거나 채무자가 채권자의 대위권 행사사실을 안 후에 채무자에게 대위의 목적인 권리의 양도나 포기 등 처분행위를 허용할 경우 채권자에 의한 대위권행사를 방해하는 것이 되므로 이를 금지하는 데에 있다. 그런데 채무자의 채무불이행 사실 자체만으로는 권리변동의 효력이 발생하지 않아 이를 채무자가 제3채무자에 대하여 가지는 채권을 소멸시키는 적극적인 행위로 파악할 수 없는 점, 더구나 법정해제는 채무자의 객관적 채무불이행에 대한 제3채무자의 정당한 법적 대응인 점, 채권이 압류·가압류된 경우에도 압류 또는 가압류된 채권의 발생원인이 된 기본계약의 해제가 인정되는 것과 균형을 이룰 필요가 있는 점 등을 고려할 때 채무자가 자신의 채무불이행을 이유로 매매계약이 해제되도록 한 것을 두고 민법 제405조 제2항에서 말하는 '처분'에 해당한다고 할 수 없다. 따라서 채무자가 채권자대위권행사의 통지를 받은 후에 채무를 불이행함으로써 통지 전에 체결된 약정에 따라 매매계약이 자동적으로 해제되거나, 채권자대위권행사의 통지를 받은 후에 채무자의 채무불이행을 이유로 제3채무자가 매매계약을 해제한 경우 제3채무자는 계약해제로써 대위권을 행사하는 채권자에게 대항할 수 있다. 다만 형식적으로는 채무자의 채무불이행을 이유로 한 계약해제인 것

처럼 보이지만 실질적으로는 채무자와 제3채무자 사이의 합의에 따라 계약을 해제한 것으로 볼 수 있거나, 채무자와 제3채무자가 단지 대위채권자에게 대항할 수 있도록 채무자의 채무불이행을 이유로 하는 계약해제인 것처럼 외관을 갖춘 것이라는 등의 특별한 사정이 있는 경우에는 채무자가 피대위채권을 처분한 것으로 보아 제3채무자는 계약해제로써 대위권을 행사하는 채권자에게 대항할 수 없다.

[제3채무자에 의한 대위채권자의 채권의 소멸시효 완성의 원용 여부에 관한 대판 2008.1. 31, 2007다64471]   채권자가 채권자대위권을 행사하여 제3자에 대하여 하는 청구에 있어서, 제3채무자는 채무자가 채권자에 대하여 가지는 항변으로 대항할 수 없고, 채권의 소멸시효가 완성된 경우 이를 원용할 수 있는 자는 원칙적으로는 시효이익을 직접 받는 자뿐이고, 채권자대위소송의 제3채무자는 이를 행사할 수 없다고 할 것이나, 채권자가 채무자에 대한 채권을 보전하기 위하여 제3채무자를 상대로 채무자의 제3채무자에 대한 채권에 기한 이행청구의 소를 제기하는 한편, 채무자를 상대로 피보전채권에 기한 이행청구의 소를 제기한 경우, 채무자가 그 소송절차에서 소멸시효를 원용하는 항변을 하였고, 그러한 사유가 현출된 채권자대위소송에서 심리를 한 결과, 실제로 피보전채권의 소멸시효가 적법하게 완성된 것으로 판단되면, 채권자는 더 이상 채무자를 대위할 권한이 없게 된다고 할 것이다.

유제: 특정채권의 보전을 위한 채권자대위권, 채권자취소권의 행사 여부

A는 B에게 자기 소유의 X토지를 매도하여 매매대금을 모두 수령한 후 이를 인도해 주었으나 미처 그 이전등기를 마쳐주지는 못하고 있었다. 그 후 C가 A와 B 사이의 매매계약 체결 사실을 잘 알면서도 A에게 높은 가격을 제시하는 등 A의 위약을 적극적으로 유인한 결과 A와 X토지에 관한 매매계약을 체결하여 즉시 대금을 완납한 후 X토지의 소유권이전등기를 경료하였다. C는 이러한 사정을 알 수 없었던 D에게 X토지를 매도하여 재차 X토지의 소유권이전등기를 마쳐주었다.

B가 X토지의 소유권을 취득하고자 할 경우 누구를 상대로 어떠한 근거에서 소유권의 이전을 구할 수 있는지 서술하시오.

[이중매매의 무효에 관한 대판 2013.10.11, 2013다52622]   어떠한 부동산에 관하여 소유자가 양도의 원인이 되는 매매 기타의 계약을 하여 일단 소유권 양도의 의무를 짐에도 다시 제3자

에게 매도하는 등으로 같은 부동산에 관하여 소유권 양도의 의무를 이중으로 부담하고 나아가 그 의무의 이행으로, 그러나 제1의 양도채권자에 대한 양도의무에 반하여, 소유권의 이전에 관한 등기를 그 제3자 앞으로 경료함으로써 이를 처분한 경우에, 소유자의 그러한 제2의 소유권 양도의무를 발생시키는 원인이 되는 매매 등의 계약이 소유자의 위와 같은 의무위반행위를 유발시키는 계기가 된다는 것만을 이유로 이를 공서양속에 반하여 무효라고 할 것이 아님은 물론이다. 그것이 공서양속에 반한다고 하려면, 다른 특별한 사정이 없는 한 상대방에게도 그러한 무효의 제재, 보다 실질적으로 말하면 나아가 그가 의도한 권리취득 자체의 좌절을 정당화할 만한 책임귀속사유가 있어야 한다. 제2의 양도채권자에게 그와 같은 사유가 있는지를 판단함에 있어서는, 그가 당해 계약의 성립과 내용에 어떠한 방식으로 관여하였는지(당원의 많은 재판례가 이 문제와 관련하여 제시한 '소유자의 배임행위에 적극 가담하였는지' 여부라는 기준은 대체로 이를 의미한다)를 일차적으로 고려할 것이고, 나아가 계약에 이른 경위, 약정된 대가 등 계약 내용의 상당성 또는 특수성, 그와 소유자의 인적 관계 또는 종전의 거래상태, 부동산의 종류 및 용도, 제1양도채권자의 점유 여부 및 그 기간의 장단과 같은 이용현황, 관련 법규정의 취지·내용 등과 같이 법률행위가 공서양속에 반하는지 여부의 판단에서 일반적으로 참작되는 제반 사정을 여기서도 종합적으로 살펴보아야 할 것이다.

[민법 제103조의 절대적 무효의 효력에 관한 대판 1996.10.25, 96다29151] 부동산의 이중매매가 반사회적 법률행위에 해당하는 경우에는 이중매매계약은 절대적으로 무효이므로, 당해 부동산을 제2매수인으로부터 다시 취득한 제3자는 설사 제2매수인이 당해 부동산의 소유권을 유효하게 취득한 것으로 믿었더라도 이중매매계약이 유효하다고 주장할 수 없다.

[반사회적 법률행위와 채권자대위에 관한 대판 1980.5.27, 80다565] 소외인으로부터 피고에게 소유권이전등기가 경료된 것이 원고에 대한 배임행위로서 반사회적 법률행위에 의한 것이라면 원고는 소외인을 대위하여 피고앞으로 경료된 등기의 말소를 구할 수 있다.

[이중매매의 무효에 따른 소유권이전등기청구권의 보전을 위한 채권자취소권의 행사 여부에 관한 대판 1999.4.27, 98다56690] ① 부동산을 양도받아 소유권이전등기청구권을 가지고 있는 자가 양도인이 제3자에게 이를 이중으로 양도하여 소유권이전등기를 경료하여 줌으로써 취득하는 부동산 가액 상당의 손해배상채권은 이중양도행위에 대한 사해행위취소권을 행사할 수 있는 피보전채권에 해당한다고 할 수 없다. ② 채권자취소권을 특정물에 대한 소유권이전등기청구권을 보전하기 위하여 행사하는 것은 허용되지 않으므로, 부동산의 제1양수인은 자신의 소유권이전등기청구권 보전을 위하여 양도인과 제3자 사이에서 이루어진 이중양도행위에 대하여 채권자취소권을 행사할 수 없다.

[원상회복에 의한 손해배상의 방법에 관한 대판 1962.3.22, 4294민상1421] 민법 제763조

와 제394조의 규정에 의하면 불법 행위로 인한 손해배상은 특별한 의사표시가 없으면 금전배상이 원칙으로 되어있음이 분명하므로 원심은 특별한 의사표시의 유무에 관하여 심리판단 함이 없이 불법 행위에 인한 손해 배상에 있어서 금전배상을 명하지 아니하고 원상 복구 의무를 인정한 것은 불법 행위에 인한 손해배상에 관한 법리를 오해한 위법이 있다.

29 동시이행관계

동시이행관계

기본 사실관계

A는 B에게 X부동산을 2억 원에 매도하고 계약금 2천만 원, 중도금 8천만 원을 지급받았다. A는 잔금 1억 원은 2014. 2. 1. 소유권등기이전 및 부동산인도와 동시에 지급받기로 하면서, X부동산에 마쳐져 있는 C명의의 가압류 등기를 잔금지급일까지 말소해주기로 약정하였다.

A는 잔금지급일까지 C의 가압류등기를 말소해주지 못하자 2014. 2. 1. 잔금 1억 원 중 3천만 원만 지급받은 후 B에게 소유권등기를 이전하고 부동산을 인도하였다.

한편 A의 채권자 D는 A를 채무자로, B를 제3채무자로, A로부터 지급받지 못한 물품대금 채권 1억 원을 피보전채권으로 하여 A가 X부동산의 매매로 B에 대해 가지는 잔금 1억 원에 대하여 채권가압류결정을 받았고, 그 가압류결정은 2014. 4. 1. B에게 송달되었다.

이후 C의 부동산가압류에 기초하여 X부동산에 대한 강제경매절차가 개시되자, B는 A를 대위하여 2014. 5. 1. C의 집행채권액 5천만 원을 변제하였고 이에 C는 X부동산에 대한 집행신청을 취하하였다.

A가 남은 잔금을 청구하자 B는 잔금에 대한 D의 채권가압류가 있음을 이유로 그 지급을 거절하고 대신 2014. 6. 1. A에게 2천만 원을 A의 처(妻)의 연대보증 하에 6개월간 대여하였다. 이에 A는 B를 상대로 남은 잔금을 청구하는 소를 제기하였고, A의 청구를 전부 인용하는 1심 판결이 2014. 10. 1. 선고되었으나 B의 항소로 현재 항소심이 계속중이다.

그 후 D는 물품대금채권에 대한 확정판결에 기하여 위 2014. 4. 1.자 채권가압류를 본압류로 전이하는 압류 및 추심명령을 받았고 그 결정정본이 2014. 11. 1. A와 B에게 송달되었다.

D가 2014. 12. 1. B를 상대로 1억 원의 추심금을 청구하자 B는 (1) 본안 전 항변으로 A의 잔금지급청구의 소가 계속되어 있는 상태에서 제기된 D의 추심금 청구의 소는 중복된 소제기에 해당한다고 주장하고, (2) 본안에 관한 항변으로 ① 1억 원의 잔금 중 3천만 원은 이미 지급하였고, ② X부동산 강제집행절차에서 C에게 A 대신 변제한 5천만 원을 남은 잔금 7천만 원과 상계하고, 다시 A에 대한 2014. 6. 1.자 대여금 2천만 원을 남은 잔금 2천만 원과 상계하므로 더 이상 변제할 잔금이 남아 있지 않다고 주장한다.

문제

D의 추심금 청구의 인정 여부를 B 주장에 대한 검토와 함께 판단하라(일부만 인정될 경우 그 범위를 구체적으로 적시하고 지연손해금은 고려하지 말 것).

예시답안

Ⅰ. 사건의 쟁점 (배점 5점)

(1) 채무자가 제3채무자를 상대로 제기한 이행의 소가 법원에 계속되어 있는 상태에서 압류채권자가 제3채무자를 상대로 추심의 소를 제기하는 것이 민사소송법 제259조에서 금지하는 중복된 소제기에 해당하는지 문제된다.

(2) 채권압류의 처분금지효로 인해 채권압류 후에 발생한 항변사유로는 집행채권자에게 대항할 수 없으므로(채권압류가 가압류에서 전이된 경우 가압류가 기준 시점이 된다) 사안에서 제3채무자인 B가 주장하는 항변이 집행채권자인 D의 채권가압류 전에 발생한 항변사유인지가 쟁점이 된다.

Ⅱ. 중복된 소제기의 문제 (배점 15점)

대법원은 채무자가 제3채무자를 상대로 제기한 이행의 소가 이미 법원에 계속되어 있는 상태에서 제기된 추심의 소가 제3채무자에게 불합리하게 과도한 이중 응소의 부담을 지우고 본안 심리가 중복되어 당사자와 법원의 소송경제에 반한다거나 판결의 모순·저촉의 위험이 크다고 볼 수 없다고 한다. 그 근거로서 금전채권에 대한 압류 및 추심명령이 있으면 채무자는 당사자적격을 상실하므로, 피압류채권에 대하여 채무자가 제기한 이행의 소는 부적법한 소로서 각하하여야 하고 이는 법원의 직권조사사항이라는 점을 든다. 이와 같은 판례에 따르면 D가 제기한 추심의 소는 민사소송법 제259조가 금지하는 중복된 소제기에 해당하지 않는다.

Ⅲ. 일부 변제에 따른 추심채권의 소멸 (배점 15점)

채권가압류는 제3채무자에게 송달된 때 효력이 발생하므로 제3채무자의 항변사유가 가압류 송달 시점 이전에 발생한 것이라면 집행채권자에게 대항할 수 있다.

사안에서 제3채무자 B는 가압류결정이 송달된 2014. 4. 1. 이전인 2014. 2. 1.에 채무자 A에게 매매 잔대금 1억 원 가운데 3천만 원을 변제하였다. 따라서 위 범위 내에서 추심채권이 이미 소멸하였다고 집행채권자 D에게 항변할 수 있다.

IV. 구상채권 및 대여금 채권과의 상계 가부 (배점 합계 60)

1. 민법 제498조 지급금지채권을 수동채권으로 하는 상계의 요건 (배점 10)

제3채무자는 제3채무자에 대한 압류명령 송달 후(가압류에서 본압류로 이전된 경우에는 가압류명령 송달 후임, 이하 같음) 취득한 채권을 자동채권으로 하여 추심채권과의 상계를 주장할 수 없다($\frac{제498}{조}$).

나아가 압류명령 효력발생 전에 이미 취득한 채권이라 할지라도, ⅰ) 압류명령 효력발생 당시에 제3채무자의 자동채권과 수동채권이 상계적상에 있거나, ⅱ) 자동채권이 압류 당시 변제기에 달하여 있지 않은 경우에는 자동채권의 변제기가 수동채권의 변제기와 동시에 또는 그보다 먼저 변제기에 도달하는 경우에만 상계할 수 있다.

2. 수동채권과 동시이행관계에 있는 자동채권에 대한 예외 (배점 20)

이에 대한 예외로서, 판례는 자동채권이 압류명령 송달 당시까지 아직 발생되지 않았더라도 그 발생과 동시에 수동채권과 동시이행관계에 있는 경우에는 자동채권의 발생기초가 되는 원인이 수동채권의 압류 이전부터 이미 성립하여 존재하고 있었다고 할 것이므로 자동채권이 될 수 있다고 한다. 이러한 경우 자동채권은 발생과 동시에 수동채권과 상계적상상태에 있게 되므로 변제기에 관한 요건도 동시에 충족된다.

이 때 양 채무가 고유의 대가관계에 있는 쌍무계약상의 채무가 아니더라도, 구체적 계약관계에서 대가적인 의미가 있어 이행상 견련관계를 인정하여야 할 사정이 있는 경우에는 양 채무의 동시이행관계가 인정된다.

3. 구상채권을 자동채권으로 한 상계 가능 (배점 20)

매매목적물인 부동산에 가압류등기가 마쳐져 있는 경우 매도인은 소유권이전뿐만 아니라 가압류등기 말소의무가 있고 이는 부동산 매수인의 매매대금 지급의무와 동시이행관계에 있다.

대법원은 부동산 가압류에 기한 강제경매절차가 진행되자 매수인이 강제경매의 집행채권액과 집행비용을 변제공탁하여 매도인이 매수인에 대해 대위변제로 인한 구상채무를 부담하게 된 경우, 그 구상채무는 가압류등기 말소의무의 변형으로서 매수인의 매매잔대금 지급의무와 여전히 대가적인 의미가 있어 서로 동시이행관계에 있다고 보았다.

따라서 A가 부담하게 된 B에 대한 구상채무는 A의 가압류등기 말소의무의 변형으로서 B의 매매잔대금지급채무와 그 이행상의 견련관계가 인정되므로 두 채무는 동시이행의 관계에 있다. 따라서 비록 B의 구상채권이 매매대금에 대한 가압류 송달 후에 발생하였다 하더라도 B는 집행채권자 D에게 구상채권을 자동채권으로 한 상계로 대항할 수 있다.

상계의 의사표시가 있으면 자동채권과 수동채권은 상계적상시로 소급하여 소멸한다. 사안에서 B는 A를 대위하여 C의 집행채권액 5천만 원을 변제한 2014. 5. 1. 구상채권을 취득하였고, 그 구상채권은 발생과 동시에 매매대금채무와 동시이행관계에 있어 양 채무의 상계적상 상태가 인정되므로, 남은 7천만 원의 추심채권 가운데 5천만 원은 2014. 5. 1.에 소급하여 소멸하였다.

4. 대여금채권을 자동채권으로 한 상계 불가 (배점 10)

이에 반하여 B의 A에 대한 2014. 6. 1.자 대여금 채권은 가압류 송달 시점(2014. 4. 1.) 이후에 취득한 채권이며, 대여금 채권과 매매잔대금채권 사이에 동시이행관계도 인정되지 않는다. 따라서 B는 D에게 대여금 채권을 자동채권으로 하여 추심채권인 매매대금채권과의 상계를 주장할 수 없다.

V. 결론: D의 추심금 청구 인정범위 (배점 5)

[(배점 참조 사항) 별도의 목차가 없더라도 항목마다 논리적인 결론을 제시한 경우 5점을 부여함]

(1) A의 B에 대한 잔금지급 청구의 소는 D가 추심명령을 발령받음에 따라 부적법 각하되어야 하고 이는 법원의 직권조사사항이므로, D가 제기한 추심금 청구의 소는 중복제소에 해당하지 아니한다.

(2) D의 추심채권 1억 원 가운데 3천만 원은 가압류 송달 전에 이미 B가 A에게 변제하여 소멸하였다. 또한 B가 취득한 5천만 원의 구상채권은 추심채권인 매매대금과 동시이행관계에 있어 B가 이를 자동채권으로 하여 상계할 수 있으므로, 남은 7천만 원의 추심채권 가운데 5천만 원은 상계로 소멸하였다. 압류명령 이후 취득한 대여금 채권과의 상계는 인정되지 않는다. 따라서 추심채권은 2천만 원만 남아 있다.

(3) 결론적으로 B는 D에게 2천만 원을 지급할 의무가 있고, D의 청구는 위 범위 내에서 인정된다.

해 설

I. 압류 및 추심명령의 의미

압류명령과 추심명령은 금전채권에 대한 강제집행 방법이다. 채권에 대한 압류명령으로 채무자의 채권에 대한 처분이 금지되고 제3채무자의 채무자에 대한 지급이 금지된다. 압류명령을 전제로 발령되는 추심명령은 이처럼 압류명령으로 채무자가 처분권을 잃은 금전채권을 현금화 하는 방법이다. 압류된 채권의 현금화 방법으로는 추심명령 외에도 전부명령이 있는데, 이러한 추심명령 신청이나 전부명령 신청은 압류명령 신청과 병합하여 제기되는 것이 일반적이다.

이 가운데 추심명령은 압류채권자가 대위의 절차를 거치지 않고 채무자에 갈음하여 제3채무자에 대하여 피압류채권의 이행을 청구하고 이를 수령하여 원칙적으로 자기 채권의 변제에 충당하도록 하는 권능(추심의 권능)을 주는 집행법원의 명령이다. 추심명령이 있으면 실체법상의 청구권은 집행채무자에게 있으면서 소송법상의 관리권만이 추심채권자에게 넘어가는 제3자 법정소송담당관계가 성립한다. 이 경우 제3채무자에 대한 이행의 소는 추심채권자만이 제기할 수 있고 채무자는 피압류채권에 대한 이행의 소를 제기할 당사자적격을 잃게 된다. 이러한 추심명령은 제3채무자에게 송달된 때에 효력이 발생한다(민사집행법 제229조 제4항, 제227조 제2항).

이에 비하여 전부명령은 압류된 금전채권을 집행채권의 변제에 갈음하여 권면액으로 집행채권자에게 이전시키는 집행법원의 명령으로서(이와 같이 이전된 채권을 '피전부채권'이라 한다), 전부명령이 있게 되면 압류된 채권은 동일성을 유지한 채로 채무자로부터 집행채권자(전부채권자)에게 이전하고(權利移轉效), 집행채권자가 가지는 집행채권은 피전부채권의 권면액의 범위 내에서 소멸한다(辨濟效). 전부명령의 효력은 전부명령이 확정되면 제3채무자 송달시로 소급하여 발생한다. 채무자와 제3채무자 등은 전부명령을 송달 받은 후 1주일 내로 즉시항고를 할 수 있고, 기간 내에 즉시항고가 없거나 즉시항고가 있더라도 각하 또는 기각될 때 전부명령이 확정된다.

II. 본안 전 항변: 중복된 소제기의 문제

중복제소는 소권의 남용으로서, 민사소송법 제259조는 상대방 당사자의 이중 응소의 부담과 심리중복에 따른 불합리를 피하고 판결의 모순·저촉을 방지하기 위해 이를 금지한다.

사안과 같이 채무자가 제3채무자를 상대로 제기한 이행의 소가 법원에 계속되어 있는 상태에서 압류채권자가 제3채무자를 상대로 추심의 소를 제기하는 것이 민사소송법 제259조에서 금지하는 중복된 소제기에 해당하는지에 관하여, 최근 대법원은 이를 부정하는 취지의 판결을 선고한 바 있다(대판(전) 2013.12.18, 2013다202120). 그 판결이유는 다음과 같다.

① 채무자의 제3채무자에 대한 금전채권 등에 대하여 압류 및 추심명령이 있으면 민사집행법 제238조, 제249조 제1항에 따라 압류채권자만이 제3채무자를 상대로 압류된 채권의 이행을 청구하는 소를 제기할 수 있고, 채무자는 제3채무자를 상대로 이행의 소를 제기할 당사자적격을 상실하므로, 채무자가 제기한 이행의 소는 부적법한 소로서 본안에 관하여 심리 · 판단할 필요 없이 각하하여야 하고 이러한 사정은 직권조사사항으로서 당사자의 주장이 없더라도 법원이 이를 직권으로 조사하여 판단하여야 한다.

따라서 채무자가 제3채무자를 상대로 제기한 이행의 소가 이미 법원에 계속되어 있는 상태에서 압류채권자가 제3채무자를 상대로 제기한 추심의 소의 본안에 관하여 심리 · 판단한다고 하여, 제3채무자에게 불합리하게 과도한 이중 응소의 부담을 지우고 본안 심리가 중복되어 당사자와 법원의 소송경제에 반한다거나 판결의 모순 · 저촉의 위험이 크다고 볼 수 없다.

② 오히려 압류채권자가 제3채무자를 상대로 제기한 추심의 소를 중복된 소제기에 해당한다는 이유로 각하한 다음 당사자적격이 없는 채무자의 이행의 소가 각하 확정되기를 기다려다시 압류채권자로 하여금 추심의 소를 제기하도록 하는 것이 소송경제에 반할 뿐 아니라, 이는 압류 및 추심명령이 있는 때에 민사집행법 제238조, 제249조 제1항과 앞서 본 대법원판례에 의하여 압류채권자에게 보장되는 추심의 소를 제기할 수 있는 권리의 행사와 그에 관한 실체 판단을 바로 그 압류 및 추심명령에 의하여 금지되는 채무자의 이행의 소를 이유로 거부하는 셈이어서 부당하다고 하지 않을 수 없다.

③ 한편 압류채권자는 채무자가 제3채무자를 상대로 제기한 이행의 소에 민사소송법 제81조, 제79조에 따라 참가할 수도 있으나, 채무자의 이행의 소가 상고심에 계속 중인 경우에는 승계인의 소송참가가 허용되지 아니하므로 압류채권자의 소송참가가 언제나 가능하지는 않으며, 압류채권자가 채무자가 제기한 이행의 소에 참가할 의무가 있는 것도 아니다.

④ 그러므로 채무자가 제3채무자를 상대로 제기한 이행의 소가 법원에 계속되어 있는 경우에도 압류채권자는 제3채무자를 상대로 압류된 채권의 이행을 청구하는 추심의 소를 제기할수 있고, 제3채무자를 상대로 압류채권자가 제기한 추심의 소는 채무자가 제기한 이행의 소에 대한 관계에서 민사소송법 제259조가 금지하는 중복된 소제기에 해당하지 않는다고 봄이타당하다(반대 견해 있음).

위와 같은 대법원 판결의 취지에 따른다면 사안에서 D의 청구는 중복제소에 해당하지 않고 오히려 항소심에 계속 중인 A의 잔금지급청구의 소는 A의 당사자적격의 상실로 말미암아각하되어야 한다. 한편 이와 같은 결론은 역시 제3자 소송담당에 해당하는 채권자대위소송의경우와 비교하여 알아둘 필요가 있다. 채권자대위소송의 경우 채권자가 민법 제404조 제1항에 따라 채무자를 대위하여 제3채무자를 상대로 제기한 소송이 법원에 계속되어 있는 상태에서 채무자가 제3채무자를 상대로 동일한 소송물에 관하여 소를 제기한 경우, 또는 이와 반대로 채무자가 제3채무자를 상대로 제기한 소송이 법원에 계속 중인데 채무자의 채권자가 동일한 소송물에 관하여 채권자대위소송을 제기한 경우, 나아가 채권자대위소송이 법원에 계속되어 있는 상태에서 같은 채무자의 다른 채권자가 동일한 소송물에 관하여 채권자대위소송을 제기한 경우에 시간적으로 나중에 법원에 계속된 소송은 모두 민사소송법 제259조의 중복된 소제기의 금지 원칙에 반하여 제기된 부적법한 소로서 각하되고, 이러한 경우 설령 전소가 소송요건을 갖추지 못하여 부적법하다고 하더라도 그 소송이 계속중인 한 후소는 중복된 소제기의 금지 원칙에 위배되어 각하를 면하지 못한다는 것이 판례이다(대판 1974.1.29, 73다351; 대판 1981. 7.7, 80다2751; 대판 1988.9.27, 87다카 1618 등).

참고로 A는 그 잔금채권이 가압류된 상태에서 잔금지급청구의 소를 제기하였는데, 추심명령과는 달리 채권에 대한 가압류가 있는 경우에는 채무자가 제3채무자를 상대로 그 이행의 소를 제기할 수 있다. 일반적으로 채권에 대한 가압류가 있더라도 이는 채무자가 제3채무자로부터 현실로 급부를 추심하는 것만을 금지하는 것일 뿐 채무자는 제3채무자를 상대로 그 이행을 구하는 소송을 제기할 수 있고 법원은 가압류가 되어 있음을 이유로 이를 배척할 수 없다(대판 2002.4.26, 2001다59033).

Ⅲ. 일부 변제에 따른 추심채권의 소멸 (주장 ①: 인정)

추심금 청구소송에서 제3채무자는 원칙적으로 채무자에 대하여 주장할 수 있는 실체법상의 모든 항변으로 추심채권자에게 대항할 수 있다. 그런데 채권이 압류된 시점부터는 채무자의 채권에 대한 처분과 제3채무자의 채무자에 대한 지급이 금지되므로(채권압류의 處分禁止效) 채권압류 후에 발생한 항변사유로는 집행채권자에게 대항할 수 없다.

채권압류가 가압류로부터 전이된 경우에는 가압류가 기준 시점이 된다. 가압류 시점부터 제3채무자의 채무자에 대한 지급이 금지되기 때문이다. 따라서 사안에서는 제3채무자인 B가 주장하는 항변이 집행채권자인 D의 채권가압류 전에 발생한 항변사유인지가 핵심이다.

채권가압류는 제3채무자에게 송달된 때 효력이 발생하므로, 제3채무자의 항변사유가 가압류 송달 시점 이전에 발생한 것이라면 집행채권자에게 대항할 수 있다. 예컨대 채권 가압류가 송달되기 전에 제3채무자가 이미 채무자에게 변제하였거나 채무자로부터 채무면제를 받는 등 추심채권이 이미 소멸하였다면 제3채무자는 그 범위 내에서 추심채권이 소멸하였다고 집행채권자에게 항변할 수 있다.

사안에서 제3채무자 B는 가압류결정이 송달된 2014. 4. 1. 이전인 2014. 2. 1.에 채무자 A에게 매매 잔대금 1억 원 가운데 3천만 원을 변제하였다. 따라서 위 범위 내에서 추심채권이 이미 소멸하였다고 집행채권자 D에게 항변할 수 있다.

Ⅳ. 구상금 채권 및 대여금 채권과의 상계 가부 (주장 ②: 전자 가능, 후자 불가)

1. 민법 제498조 지급금지채권을 수동채권으로 하는 상계의 요건(변제기 기준설)

추심명령은 압류명령을 전제로 발령되므로, 압류명령에 의하여 압류된 채권 즉 민법 제498조의 지급금지채권을 대상으로 하는 것이다. 따라서 제3채무자로서는 압류명령의 효력발생시점인 제3채무자에 대한 압류명령 송달 후(가압류에서 본압류로 이전된 경우에는 가압류명령 송달 후임, 이하 같음) 취득한 채무자에 대한 채권을 자동채권으로 하여 추심채권과의 상계를 주장할 수 없다.

나아가 판례는 압류명령 효력발생 전에 이미 취득한 채무자에 대한 채권이라 할지라도, ⅰ) 압류명령 효력발생 당시에 제3채무자의 자동채권과 채무자의 수동채권이 상계적상에 있거나, ⅱ) 자동채권이 압류 당시 변제기에 달하여 있지 않은 경우에는 자동채권의 변제기가 피압류채권인 수동채권의 변제기와 동시에 또는 그보다 먼저 변제기에 도달하는 경우에만 압류명령 송달 이후에 상계할 수 있다고 한다(이른바 변제기 기준설).

이 점에 관하여는 판례와 달리 제3채무자의 상계권 보호에 더 무게를 두고 압류명령 효력발생 전에 반대채권을 취득하였다면 양 채권의 변제기 선후와는 관계없이 상계할 수 있다는 입장도 있으나, 판례는 일관되게 양 채권의 변제기 선후를 기준으로 삼아야 한다는 입장이다 $\left(\substack{\text{대판 2012.2.16.}\\\text{2011다45521}}\right)$.

따라서 판례의 입장에 따른다면 제3채무자가 채무자에 대한 채권을 자동채권으로 하여 추심채권과 상계하기 위해서는 ① 압류명령 송달 전에 자동채권이 발생하였을 것과 ② 위와 같은 변제기에 관한 요건이 모두 충족되어야 한다.

2. 수동채권과 동시이행관계에 있는 자동채권에 대한 예외

위와 같이 자동채권은 압류명령 송달 당시에 이미 발생한 채권이어야 함이 원칙이나, 이에는 예외가 있다.

판례는 제3채무자의 채무자에 대한 자동채권이 압류명령 송달 당시까지 아직 발생되지 않았더라도 그 발생과 동시에 수동채권과 동시이행관계에 있는 경우에는 자동채권의 발생기초가 되는 원인이 수동채권의 압류 이전부터 이미 성립하여 존재하고 있었다고 할 것이므로, 그러한 채권은 민법 제498조 소정의 '지급을 금지하는 명령을 받은 제3채무자가 그 후에 취득한 채권'에 해당하지 않고, 따라서 자동채권이 될 수 있다고 한다$\left(\substack{\text{대판 1993.9.28.}\\\text{92다55794}}\right)$. 이러한 경우 자동채권은 발생과 동시에 수동채권과 상계적상상태에 있게 되므로, 변제기에 관한 요건도 동시에 충족된다.

그리고 당사자 쌍방이 부담하는 각 채무가 고유의 대가관계에 있는 쌍무계약상의 채무가 아니더라도, 구체적 계약관계에서 당사자 쌍방이 부담하는 채무 사이에 대가적인 의미가 있어 이행상 견련관계를 인정하여야 할 사정이 있는 경우에는 양 채무의 동시이행관계를 인정함이 판례의 태도이다.

판례는 하나의 계약 혹은 그 계약에 추가된 약정으로 둘 이상의 민법상의 전형계약 내지 민법상의 채권적 권리의무관계가 포괄되어 있고 이에 따른 당사자 사이의 여러 권리의무가 동일한 경제적 목적을 위하여 서로 밀접하게 연관되어 있는 경우에는, 이를 민법상의 전형계약 등에 상응하는 부분으로 서로 분리하여 그 각각의 전형계약 등의 범위 안에서 대가관계에 있는 의무만을 동시이행관계에 있다고 볼 것이 아니고, 당사자 일방의 여러 의무가 포괄하여 상대방의 여러 의무와 사이에 대가관계에 있다고 인정되는 한 이러한 당사자 일방의 여러 의무와 상대방의 여러 의무는 동시이행의 관계에 있다고 볼 수 있다고 한다(대판 2010.3.25, 2007다35152; 대판 1995.8.22, 95다1521; 대판 2001.6.26, 99다47501 등 참조).

3. 대법원 판결례들

당사자 쌍방이 부담하는 각 채무가 고유의 대가관계에 있는 쌍무계약상의 채무가 아니더라도, 구체적 계약관계에서 채무 사이에 대가적인 의미가 있어 이행상 견련관계를 인정한 판결례들은 다음과 같다.

① 부동산의 매수인이 매매목적물에 관한 근저당권의 피담보채무, 가압류채무, 임대차보증금반환채무를 인수하는 한편 그 채무액을 매매대금에서 공제하기로 약정한 경우, 다른 특별한 약정이 없는 이상 이는 매도인을 면책시키는 채무인수가 아니라 이행인수에 해당한다는 것이 대법원의 태도이다. 이와 같이 부동산매매계약과 함께 이행인수계약이 이루어진 경우 매수인이 인수한 채무는 매매대금지급채무에 갈음한 것으로서 매도인이 매수인의 인수채무 불이행으로 말미암아 또는 임의로 인수채무를 대신 변제하였다면 그로 인한 손해배상채무 또는 구상채무는 인수채무의 변형으로서 매매대금지급채무에 갈음한 것의 변형이므로, 매수인의 손해배상채무 또는 구상채무와 매도인의 소유권이전등기 의무는 대가적 의미가 있어 이행상 견련관계에 있다고 인정되고, 따라서 양자는 동시이행의 관계에 있다(대판 1993.2.12, 92다23193).

② 수급인이 도급계약에 따른 의무를 제대로 이행하지 못함으로 말미암아 도급인의 신체 또는 재산에 손해가 발생한 경우 수급인에게 귀책사유가 없었다는 점을 스스로 입증하지 못하는 한 도급인에게 그 손해를 배상할 의무가 있다. 동시이행의 항변권 제도의 취지상 양 채무가 쌍무계약관계에서 고유의 대가관계가 있는 채무는 아니라고 하더라도 구체적인 계약관계에서 대가적 의미가 있어 이행상의 견련관계를 인정하여야 할 사정이 있는 경우에는 동시

이행의 항변권이 인정되어야 하는 점, 민법 제667조 제3항에 의하여 민법 제536조가 준용되는 결과 도급인이 수급인에 대하여 하자보수와 함께 청구할 수 있는 손해배상채권과 수급인의 공사대금채권은 서로 동시이행관계에 있는 점 등에 비추어 보면, 하자확대손해로 인한 수급인의 손해배상채무와 도급인의 공사대금채무도 동시이행관계에 있는 것으로 보아야 한다(대판 2005.11.10. 2004다37676).

③ 소득세법령의 규정에 의하여 당해 자산의 양도 당시의 기준시가가 아닌 양도자와 양수자간에 실제로 거래한 가액을 양도가액으로 하는 경우, 양도소득세의 일부를 회피할 목적으로 매매계약서에 실제로 거래한 가액을 매매대금으로 기재하지 아니하고 그보다 낮은 금액을 매매대금으로 기재하였다 하여, 그것만으로 그 매매계약이 사회질서에 반하는 법률행위로서 무효로 된다고 할 수는 없다는 것이 대법원의 태도이다. 이처럼 분양권매매계약의 체결 당시 양도소득세의 일부 회피 목적으로 매매계약서상의 명목상 매매대금을 실제 매매대금보다 줄여서 기재하고 그 차액에 해당하는 금원에 관해 따로 현금보관증을 작성하여 둔 사안에서, 그 금원도 매매대금의 일부에 해당하므로 달리 매수인과 매도인이 위 금원의 지급의무를 위 매매계약과 무관한 별개의 독립된 채무로 하기로 특별히 약정하였다고 볼 만한 사정이 없는 한, 매수인의 위 금원 지급의무와 매도인의 수분양자명의 변경절차이행의무는 서로 대가관계에 있는 것으로 동시이행의 관계에 있다(대판 2007.6.14. 2007다3285).

④ 공사도급계약의 도급인이 자신 소유의 토지에 근저당권을 설정하여 수급인으로 하여금 공사에 필요한 자금을 대출받도록 한 사안에서, 수급인의 근저당권 말소의무는 도급인의 공사대금채무에 대하여 공사도급계약상 고유한 대가관계가 있는 의무는 아니지만, 담보제공의 경위와 목적, 대출금의 사용용도 및 그에 따른 공사대금의 실질적 선급과 같은 자금지원 효과와 이로 인하여 도급인이 처하게 될 이중지급의 위험 등 구체적인 계약관계에 비추어 볼 때 이행상의 견련관계가 인정되므로 양자는 서로 동시이행의 관계에 있고, 나아가 수급인이 근저당권 말소의무를 이행하지 아니한 결과 도급인이 위 대출금 및 연체이자를 대위변제함으로써 수급인이 지게 된 구상금채무도 근저당권 말소의무의 변형물로서 그 대등액의 범위 내에서 도급인의 공사대금채무와 동시이행의 관계에 있다(대판 2010.3.25. 2007다35152).

4. 이 사안의 경우: 구상채무와 매매대금채무의 동시이행관계와 상계 (긍정)

부동산 매수인인 B는 X부동산에 대한 강제경매절차에서 매도인 A를 대위하여 2014. 5. 1. C의 집행채권액 5천만 원을 변제함으로써 A에 대하여 취득한 구상채권을 자동채권으로 하여 추심채권인 매매대금과 상계한다고 주장한다.

이러한 구상채권은 채권가압류가 송달된 2014. 4. 1. 이후에 취득한 것이므로, 원칙적으로 이를 자동채권으로 하여 매매대금채권과의 상계를 주장할 수 없다. 그러나 구상채무와 매매대금채무가 동시이행관계에 있다고 인정된다면 예외적으로 상계가 가능하다.

매도인은 특별한 사정이 없는 한 제한이나 부담이 없는 완전한 소유권을 이전하여 주어야 할 의무가 있으므로, 매매목적물인 부동산에 가압류등기가 마쳐져 있는 경우 매도인은 소유권이전뿐만 아니라 가압류등기 말소의무가 있고 이는 부동산 매수인의 매매대금 지급의무와 동시이행관계에 있다.

대법원은 부동산 가압류에 기한 강제경매절차가 진행되자 매수인이 강제경매의 집행채권액과 집행비용을 변제공탁하여 매도인이 매수인에 대해 대위변제로 인한 구상채무를 부담하게 된 경우, 그 구상채무는 가압류등기 말소의무의 변형으로서 매수인의 매매잔대금 지급의무와 여전히 대가적인 의미가 있어 서로 동시이행관계에 있다고 보았다(대판 2001.3.27, 2000다43819).

사안에서 A가 가압류등기 말소의무를 이행하지 않는 동안 그 가압류에서 비롯된 강제경매절차에서 B가 X부동산의 소유자이자 제3취득자로서 부득이 집행채무자인 A를 위해 집행채권을 변제한 결과 B에 대해 A가 부담하게 된 구상채무는 A의 가압류등기말소의무의 변형으로서 B의 매매잔대금지급채무와 여전히 대가적인 의미가 있어 그 이행상의 견련관계가 인정된다. 따라서 두 채무는 서로 동시이행의 관계에 있어 비록 B의 구상채권이 매매대금에 대한 가압류 송달 후에 발생하였다 하더라도 B는 집행채권자 D에게 구상채권을 자동채권으로 한 상계로 대항할 수 있다.

5. 대여금채권을 자동채권으로 한 상계 (부정)

이에 반하여 B의 A에 대한 2014. 6. 1.자 대여금 채권은 가압류 송달 시점(2014. 4. 1.) 이후에 취득한 채권이며, 대여금 채권과 매매잔대금채권 사이에 동시이행관계도 인정되지 않는다. 따라서 B는 D에게 대여금 채권을 자동채권으로 하여 추심채권인 매매대금채권과의 상계를 주장할 수 없다.

유 제

문제

위 사인에서 B가 2014. 8. 1. A와의 매매계약을 적법하게 해제하였다면 B는 D의 추심금 청구에 대하여 매매계약의 해제로 잔대금지급의무가 소멸하였다고 항변할 수 있는가?

해 설

압류 및 추심명령이 송달된 이후라도 제3채무자의 취소·해제 등에 의하여 채권이 소급하여 소멸한 경우 이는 유효한 항변사유가 된다. B는 매매계약의 해제로 잔대금지급의무가 소멸하였다고 항변할 수 있다.

대법원은 수급인의 보수채권에 대한 압류가 행하여지더라도 그 압류로써 위 압류채권의 발생원인인 도급계약관계에 대한 채무자나 제3채무자의 처분까지도 구속하는 효력은 없으므로 채무자나 제3채무자는 기본적 계약관계인 도급계약 자체를 해지할 수 있고, 채무자와 제3채무자 사이의 기본적 계약관계인 도급계약이 해지된 이상 그 계약에 의하여 발생한 보수채권은 소멸하게 되므로 이를 대상으로 한 압류명령 또한 실효될 수밖에 없다고 한다($\binom{대판}{2006.1.26.}$ $\binom{2003다}{29456}$).

또한 제3채무자가 소유권이전등기청구권에 대한 압류명령에 위반하여 채무자에게 소유권이전등기를 경료한 후 채무자의 대금지급의무의 불이행을 이유로 매매계약을 해제한 경우, 해제의 소급효로 인하여 채무자의 제3채무자에 대한 소유권이전등기청구권이 소급적으로 소멸함에 따라 이에 터잡은 압류명령의 효력도 실효되는 이상 압류채권자는 처음부터 아무런 권리를 갖지 아니한 것과 마찬가지 상태가 되므로 제3채무자가 압류명령에 위반되는 행위를 한 후에 매매계약이 해제되었다 하여도 압류채권자에 대한 불법행위는 성립하지 아니한다고 하였다($\binom{대판 2000.4.11.}{99다51685}$).

30 법정해제

기본 사실관계

A는 2013. 11. 25. B에게 X토지를 2억 원에 매도하면서, 계약금 2천만 원은 계약 당일에, 중도금 8천만 원은 2013. 12. 25.에, 잔금 1억 원은 2014. 1. 25. 소유권등기절차의 이행과 동시에 지급하기로 하고, 대금지급 지체시 월 2%의 비율에 의한 지연손해금을 가산하기로 약정하였다. B는 당일 계약금을 지급하였다.

B는 이후 자금사정이 악화되어 A에게 중도금 지급기일을 연기해달라고 부탁하였다. 그러나 A는 자기가 이미 다른 건물을 매수하여 1천만 원의 계약금을 치른 상태인데, 만약 중도금을 지급받지 못하면 나머지 잔금을 치루지 못해 이를 위약금으로 몰취당한다며 거절하였다. B는 잔금지급기일이 지나도록 잔금은 물론 중도금도 지급하지 못하였다. A는 B가 중도금과 잔금을 지급하지 않을 뿐만 아니라 A 자신이 X토지 소재지에 거주하고 있고 등기소도 X토지 소재지 바로 인근에 있어 B가 요구하기만 하면 언제든지 소유권이전등기에 필요한 서류를 발급받을 수 있었기 때문에 별달리 소유권등기이전에 필요한 조치를 취하지 않았다.

B는 2014. 10. 26. A로부터 통지를 받았는데, 그 내용은 2억 2천 4백만 원{① 중도금과 잔금 1억 8천만 원 + ② 2014. 10. 25. 현재까지 중도금에 대한 지연손해금 1,600만 원(= 8천만 원 × 0.02 × 10월) + ③ 2014. 10. 25. 현재까지 잔금에 대한 지연손해금 1,800만 원(= 1억 원 × 0.02 × 9월) + ④ 몰취당한 계약금 1천만 원}을 한 달 내 변제하지 않으면 별도 통지 없이 2014. 11. 25.자로 계약이 해제된 것으로 보겠다는 것이었다.

B는 계속 대금을 지급하지 못하다가, 2015. 1. 25. 현재 비로소 자금사정이 호전되어 남은 대금을 지급하고 X토지의 소유권을 이전받기를 희망한다. 그러나 A는 계약은 이미 B의 의무위반으로 해제되었다고 주장하고 몰취당한 계약금 1천만 원을 손해배상으로 지급하라고 B에게 요구한다.

문제

B가 A에게 X토지의 소유권이전등기를 청구할 수 있을지 관련된 법적 쟁점과 함께 서술하라. 또한 A에 대한 B의 금전지급의무가 있다면 그 범위에 대해서도 서술하라.

예시답안

Ⅰ. 이행지체를 이유로 한 법정해제권의 발생 여부 (배점 합계 65)

1. 해제권의 발생요건과 채무자가 동시이행항변권이 있는 경우 (배점 20)

B의 등기청구가 가능한지는 A의 2014. 10. 26.자 통지에 의해 매매계약이 적법하게 해제되었는지에 달려있다. 따라서 이행지체를 이유로 한 법정해제의 요건을 살펴보아야 한다.

민법은 채무불이행으로 인한 법정해제권의 하나로서 이행지체를 이유로 한 법정해제권을 규정하고 있다($^{제544}_조$). 이행지체를 이유로 한 법정해제권의 발생은 ① 채무자의 이행지체가 있을 것, ② 상당한 기간을 정하여 이행을 최고할 것, ③ 최고 기간 내에 채무자의 이행 또는 이행의 제공이 없을 것을 요건으로 한다. 한편 법정해제권 발생요건으로서의 채무불이행은 위법하여야 하는데, 채무자가 동시이행항변권을 행사할 수 있는 경우 위법한 채무불이행이 있다고 할 수 없다.

매매계약과 같은 쌍무계약에서는 특별한 사정이 없는 한 쌍방의 채무가 동시이행관계에 있으므로, 자기 채무에 대한 이행 또는 이행의 제공을 하지 않는 한 상대방의 채무가 이행지체에 빠지지 않는다. 즉 위법한 채무불이행이 있다고 할 수 없다. 따라서 이행지체를 이유로 해제를 하기 위해서는 자기 채무를 이행 또는 이행제공하여 상대방의 동시이행항변권이 소멸되어야 한다. 사안에서도 A가 이행지체를 이유로 해제권을 취득하였는지는 A가 자기 채무를 이행 또는 이행제공하였는지에 달려 있다.

2. 선이행의무의 이행지체 중 동시이행관계 있는 의무의 변제기가 도과한 경우 (배점 20)

사안에서 매수인 B의 중도금 지급의무는 A의 소유권이전의무에 앞서 이행되어야 하는 선이행의무이다. 그러나 대법원은 매수인이 선이행의무인 중도금 지급의무를 이행하지 아니하였다고 하더라도, 계약이 해제되지 않은 상태에서 잔대금 지급기일이 도래하여 매수인의 잔대금지급의무와 동시이행관계에 있는 매도인의 소유권이전등기의무가 이행되지 아니한 채 그 기일이 도과하였다면, 매수인의 중도금 및 이에 대한 지급일 다음날부터 잔대금지급일까지의 지연손해금과 잔대금의 지급채무는 매도인의 소유권이전등기의무와 특별한 사정이 없는 한 동시이행관계에 있다고 하였다.

따라서 매도인 A가 소유권이전등기의무를 이행하거나 또는 이행제공하지 않은 이상, 매수인 B의 중도금 및 그 지연손해금 또는 잔금지급의무에 대해 이행지체책임을 물을 수 없고, 따라서 이를 이유로 계약을 해제할 수 없다.

3. 이행제공의 정도 (배점 15)

대법원은 그 채무를 이행함에 있어 상대방의 행위를 필요로 할 때에는 언제든지 현실로 이행할 수 있는 준비를 완료하고 그 뜻을 상대방에게 통지하여 그 수령을 최고하면 상대방으로 하여금 이행지체에 빠지게 할 수 있으나, 단순히 이행의 준비태세를 갖추고 있는 것만으로는 부족하다고 한다.

부동산매매계약상 매도인의 소유권이전등기의무의 경우에도 매수인에게 지체책임을 지워 매매계약을 해제하려면 매도인이 소유권이전등기신청에 필요한 일체의 서류를 현실로 제공할 필요는 없으나, 이행제공이 있었다고 하려면 언제든지 현실의 제공을 할 수 있을 정도로 등기에 필요한 서류를 모두 준비하고 그 뜻을 매수인에게 통지하여 수령을 최고하여야 한다.

사안에서는 A가 이와 같이 소유권이전등기의무의 이행제공을 하였다고 볼 사정이 나타나 있지 않다. A 자신이 X토지 소재지에 거주하고 있고 등기소도 X토지 소재지 바로 인근에 있어 B가 요구하기만 하면 언제든지 소유권이전등기에 필요한 서류를 발급받을 수 있다는 사정만으로는 소유권이전등기의무의 이행제공을 하였다고 볼 수 없다.

4. 과다최고 여부 (배점 5)

[(배점 참조 사항) 아래 'B의 금전지급의무의 범위'에 별도로 20점의 배점이 있으므로, 여기에서는 금전지급의무의 정확한 범위가 아닌 과다최고 여부에 대한 논증에 배점이 있음]

A의 2014. 10. 26. 통지가 과다최고인지 문제된다. A가 소유권이전등기의무를 이행 또는 이행제공하지 않고 있으므로, B는 중도금 8천만 원 및 이에 대한 그 지급기일 다음날인 2013. 12. 26.부터 잔금 지급기일인 2014. 1. 25. 까지의 월 2%의 비율에 의한 지연손해금 160만 원 (8천만 원 × 0.02 × 1개월)과 잔금 1억 원을 합한 1억 8천 1백 60만 원을 지급할 의무가 있고, 이 의무는 A의 소유권이전등기의무와 동시이행관계에 있다.

그런데 A는 본래 지급의무가 있는 1억 8천 1백 60만 원보다 4천 2백 40만 원이 많은 2억 2천 4백만 원의 지급을 최고하였다. 또한 이를 이행치 않으면 별도의 통지 없이 계약을 해제한다고 함으로써 본래의 채무액만을 이행제공하여서는 수령을 거절할 것으로 보인다. 대법원 판결례에 비추어 볼 때 이러한 A의 최고는 과다최고에 해당하여 최고로서의 효력이 없다고 판단될 가능성이 크다.

5. 해제 의사표시의 유효성 (배점 5점)

채권자가 최고를 하면서 최고기간 내에 이행이 없으면 다시 해제의 의사표시를 하지 않더라도 당연히 계약은 해제된다는 의사표시를 한 경우에, 최고기간의 경과로 계약은 해제된다는 것이 판례의 태도이다. 따라서 A의 2014. 10. 26.자 통지와 같은 해제의 의사표시도 가능하다. 다만 A가 자기의무의 이행 또는 이행제공을 하지 않은 상태에서는 A에게 해제권이 발생했다고 볼 수 없으므로, 위와 같은 해제의 의사표시가 있다고 하여 A와 B의 매매계약이 해제되었다고 볼 수 없다.

Ⅱ. B의 금전지급의무의 범위 (배점 합계 30)

1. B의 중도금 및 지연손해금과 잔금 지급의무 (배점 20)

사안에서 A가 B의 잔금지급의무와 동시이행관계에 있는 자신의 소유권이전등기의무를 이행 또는 이행제공하지 않고 있으므로, B의 중도금 미지급에 따른 지체책임은 그 지급기일 다음날인 2013. 12. 26.부터 잔금 지급기일인 2014. 1. 25.까지 발생하고 그 이후에는 지체책임이 발생하지 않는다.

그렇다면 B가 지급해야 할 대금은 중도금 8천만 원 및 이에 대한 그 지급기일 다음날인 2013. 12. 26.부터 잔금 지급기일인 2014. 1. 25.까지의 월 2%의 비율에 의한 지연손해금 160만 원(8천만 원 × 0.02 × 1개월)과 잔금 1억 원을 합한 1억 8천 1백 60만 원이다. 이 대금지급의무는 A의 소유권이전등기의무와 동시이행관계에 있다.

2. 손해배상액의 예정이 있는 경우 특별손해의 배상 여부 (배점 10)

A와 B는 매매계약 당시 대금지급 지체에 대하여 월 2%의 지연손해금 약정을 하였고 이처럼 금전채무에서 이행지체에 대비한 지연손해금 비율을 별도로 약정한 경우에 대법원은 이를 일종의 손해배상액의 예정으로 보고 있다.

손해배상액의 예정이 있는 경우 채권자는 예정된 배상액만 청구할 수 있을 뿐, 실제 손해배상액의 지급을 구하거나 예정된 배상액과 별도로 특별손해의 배상을 구할 수 없다.

사안에서도 다른 특약이 있었다는 사정이 없는 한, A는 손해배상액의 예정에 해당하는 약정 지연손해금 이외에 별도로 몰취당한 계약금 1천만 원에 대한 손해배상을 청구할 수 없다.

Ⅲ. 결론: B의 소유권이전등기청구와 금전지급의무의 범위 (배점 합계 5)

[(배점 참조 사항) 별도의 목차가 없더라도 B의 소유권이전등기청구의 가부 및 A의 소유권이전등기의무와 B의 대금지급의무의 동시이행관계에 관해 논리적인 결론을 제시한 경우 5점을 부여함]

(1) A는 자기의 소유권이전등기의무를 이행 또는 이행제공하지 않고 B의 이행지체책임을 물어 계약을 해제할 수 없으므로, A와 B의 X부동산에 대한 매매계약은 아직 유효하다. 따라서 B는 A에게 위 매매계약에 기하여 X토지에 대한 소유권이전등기를 청구할 수 있다.

(2) B는 A에 대하여 1억 8천 1백 60만 원{중도금 8천만 원 + 지연손해금 160만(중도금에 대한 그 지급기일 다음날인 2013. 12. 26.부터 잔금 지급기일인 2014. 1. 25.까지의 월 2%의 비율에 의한 지연손해금(8천만 원 × 0.02 × 1개월)) + 잔금 1억 원}을 지급할 의무가 있다. 이는 A의 소유권이전등기의무와 동시이행관계에 있다.

해 설

Ⅰ. 사안의 쟁점

B의 등기청구가 가능한지는 A의 2014. 10. 26.자 통지에 의해 매매계약이 적법하게 해제되었는지에 달려있다. 따라서 이행지체를 이유로 한 법정해제가 쟁점이 된다. B의 금전지급의무의 범위는 ⅰ) 동시이행관계에 있는 채무에 대해 이행지체책임이 성립하는지, ⅱ) 지연손해금 약정이 있는 경우 특별손해를 청구할 수 있을지가 쟁점이다.

Ⅱ. 이행지체를 이유로 한 법정해제권이 발생하였는지

1. 법정해제권 일반

해제권은 그 발생근거 내지 발생사유에 따라 계약에 의한 약정해제권과 법률의 규정에 의해 발생하는 법정해제권으로 나누어 볼 수 있다. 민법은 모든 계약에 공통되는 법정해제권으로서 이행지체와 이행불능으로 인한 법정해제권을 규정하고 있으나(제544조, 제545조), 그 외에도 불완전이행에 따른 법정해제권이나 이행거절을 이유로 하는 해제, 채권자지체를 이유로 한 법정해제권이 논의되고 있다. 근래에는 사정변경에 의한 해제권이 인정되는지도 문제되고 있다.

법정해제권의 요건인 채무불이행은 주된 채무에 대한 불이행이여야 한다. 판례는 채무불이행을 이유로 매매계약을 해제하려면 당해 채무가 매매계약의 목적 달성에 있어 필요불가결하고 이를 이행하지 아니하면 매매계약의 목적이 달성되지 아니하여 매도인이 매매계약을 체결하지 아니하였을 것이라고 여겨질 정도의 주된 채무이어야 하고 그렇지 아니한 부수적 채무를 불이행한 데에 지나지 아니한 경우에는 매매계약 전부를 해제할 수 없다고 한다(대판 1997. 4.7, 97마 575; 대판 2005.7.14, 2004다67011 등).

이러한 채무불이행은 위법한 것이어야 한다. 그러므로 채무자가 동시이행의 항변권을 행사할 수 있는 경우에는 위법한 채무불이행이 있다고 할 수 없다.

2. 이행지체를 이유로 한 해제권의 발생요건

이행지체를 이유로 한 해제권의 발생은 ① 채무자의 이행지체가 있을 것(위법한 채무불이행), ② 상당한 기간을 정하여 이행을 최고할 것, ③ 최고 기간 내에 채무자의 이행 또는 이행의 제공이 없을 것을 요건으로 한다. 해제권의 행사는 상대방에 대한 의사표시로 한다(제543조 제1항). 따라서 계약이 해제되었다고 주장하기 위해서는 해제의 의사표시가 상대방에게 도달한 사실까지를 입증하여야 한다.

위 요건 가운데 ①의 이행지체와 관련하여, 매매계약과 같은 쌍무계약에서는 특별한 사정이 없는 한 대가관계에 있는 쌍방의 채무가 동시이행관계에 있으므로, 자기 채무에 대한 이행 또는 이행의 제공을 하지 않는 한 상대방이 가지는 동시이행항변권의 존재로 인하여 상대방의 채무가 이행지체에 빠지지 않는다(이른바 존재효과설, 대판 2001.7.10, 2001다3764). 즉 법정해제요건인 위법한 채무불이행이 있다고 할 수 없다. 따라서 이행지체를 이유로 해제를 하기 위해서는 자기 채무를 이행 또는 이행제공하여 상대방의 동시이행항변권을 소멸시켜야 한다.

3. 선이행의무의 이행지체 중 동시이행관계 있는 의무의 변제기가 도과한 경우

상대방의 채무를 선이행하기로 하는 특약이 있었다면 당사자는 자기 채무의 이행제공 여부와는 상관없이 상대방의 이행지체사실을 주장할 수 있을 것이다. 사안에서 매수인 B의 중도금 지급의무는 A의 소유권이전의무에 앞서 이행되어야 하는 선이행의무이다. 따라서 A가 자기채무의 이행 또는 이행제공 없이도 B의 중도금지급채무의 불이행을 이유로 계약을 해제할 수 있는지 문제된다.

대법원은 매수인이 선이행의무인 중도금 지급의무를 이행하지 아니하였다고 하더라도, 계약이 해제되지 않은 상태에서 잔대금 지급기일이 도래하여 매수인의 잔대금지급의무와 동시이행관계에 있는 매도인의 소유권이전등기의무가 이행되지 아니한 채 그 기일이 도과하였다면, 매수인의 중도금 및 이에 대한 지급일 다음날부터 잔대금지급일까지의 지연손해금과 잔대금의 지급채무는 매도인의 소유권이전등기의무와 특별한 사정이 없는 한 동시이행관계에 있다고 하였다(대판 1991.3.27, 90다19930). 따라서 그 때부터는 매도인이 자기의 소유권이전등기의무를 이행 또는 이행제공하지 않고 매수인에게 대금지급의무의 이행지체책임을 물을 수 없고, 따라서 이행지체를 이유로 한 해제도 할 수 없다.

사안에서 B는 중도금을 지급하지 못하였지만 계약이 해제되지 않은 상태에서 잔금 지급기일이 도래하였고, 이 잔금지급의무와 동시이행관계에 있는 A의 소유권이전등기의무도 이행되지 아니한 채 잔금지급기일이 도과하였다. 이때부터는 B의 중도금 및 그 때까지 발생한 지연손해금지급의무는 잔금지급의무와 마찬가지로 A의 소유권이전의무와 동시이행관계에 있다. 따라서 A가 소유권이전등기의무를 이행하거나 또는 이행제공하지 않은 이상, B의 중도금 및 그 지연손해금 또는 잔금지급의무에 대해 이행지체책임을 물을 수 없고, 따라서 이를 이유로 계약을 해제할 수 없다.

4. 이행제공의 정도

쌍무계약에 있어서 그 해제를 위하여 일방 당사자의 자기채무에 관한 이행의 제공을 엄격히 요구하면 오히려 불성실한 당사자에게 구실을 주는 것이 될 수도 있으므로, 일방 당사자가 하여야 할 제공의 정도는 그 시기와 구체적인 상황에 따라 신의성실의 원칙에 어긋나지 않게 합리적으로 정하여야 한다(대판 2005.4.29, 2005다8637). 만일 그 채무를 이행함에 있어 상대방의 행위를 필요로 할 때에는 언제든지 현실로 이행할 수 있는 준비를 완료하고 그 뜻을 상대방에게 통지하여 그 수령을 최고하면 상대방으로 하여금 이행지체에 빠지게 할 수 있으나, 단순히 이행의 준비태세를 갖추고 있는 것만으로는 부족하다(대판 1987.1.20, 85다카2197; 대판 2001.7.10, 2001다3764 등).

부동산매매계약에 있어서 매도인의 소유권이전등기의무의 경우에도 매수인에게 지체책임을 지워 매매계약을 해제하려면 매도인이 소유권이전등기신청에 필요한 일체의 서류를 현실로 제공할 필요는 없으나, 이행제공이 있었다고 하려면 언제든지 현실의 제공을 할 수 있을 정도로 등기에 필요한 서류를 모두 준비하고 그 뜻을 매수인에게 통지하여 수령을 최고하여야 한다고 한다(대판 1992.7.14, 92다5713; 대판 1992.11.10, 92다36373; 대판 1996.7.30, 96다17738).

대법원은 채무자가 위와 같은 서류 등을 전혀 준비하지 아니하였다면, 비록 채무자는 부동산의 소재지에 거주하며, 등기소도 채무자의 거주지에 있어 채권자가 요구하기만 하면 언제든지 위 서류 등을 제공할 수 있는 등의 사정이 있다고 하더라도, 채권자를 이행지체에 빠뜨릴 수 있는 이행의 제공을 적법하게 하였다고 할 수 없고, 따라서 채무자의 해제권도 발생하지 않는다고 한다(대판 1996.7.30, 96다17738).

5. 과다최고 여부

채권자가 최고를 하면서 채무자가 본래 급부하여야 할 양보다 크게 표시한 과다최고의 효과가 문제된다. 과다최고를 하였어도 급부할 수량과의 차이가 비교적 적고 채권자가 과다하게 최고한 진의가 본래 급부하여야 할 수량을 청구한 것이라면 그 최고는 본래 급부하여야 할 수량의 범위 내에서 유효하다. 그러나 과다한 정도가 현저하고 채권자가 청구한 금액을 제공하지 않으면 그것을 수령하지 않을 것이라는 의사가 분명한 경우에는 최고로서의 효력이 없다.

대법원 판결들을 살펴보면, ① 지급해야 할 대금이 인수받은 대출채무 40억 원을 공제한 나머지 23억 6,500만 원임에도 이를 공제하지 않고 63억 6,500만 원의 지급을 구한 경우(약 3배의 대금지급을 최고, 대판 2004.7.9, 2004다13083), ② 선지급의무가 없는 3억 원을 포함해 3억 3천만 원의 지급을 최고하고 지급의무 있는 3천만 원만을 이행제공하였다면 수령하지 않았을 것으로 보이는 경우(약 10배의 대금지급 최고, 대판 1994.5.10, 93다47615), ③ 미지급 중도금이 2백 6십만 원임에도 1천만 원이라고 최고하고 위 2백 6십만 원을 이행제공 하였더라도 피고가 이를 수령하지 않았을 것임이 명백한 경우(약 5배의 대금지급 최고, 대판 1994.11.25, 94다35930), ④ 잔대금의 2배가 넘는 금원의 지급을 최고하고 그 금액이 제공되지 않으면 그것을 수령하지 아니하였을 것으로 보이는 경우(대판 1995.9.15, 94다54894), ⑤ 5일 이내에 잔금 2억 5천만 원과 특별부가세 금 2천 3백만 원 합계 2억 7천 3백만 원을 지급하지 아니하면 매매계약은 별도의 의사표시 없이 해제한다는 의사를 표시한 경우(대판 1992.7.24, 91다38723, 38730) 과다최고에 해당한다고 보았다.

특히 마지막 사례는 본래의 급부의무의 약 10분의 1 정도의 금액을 초과하여 최고한 경우인데, 대법원은 그 초과부분(특별부가세)이 상대방이 부담할 근거 없는 금원이고 최고서의 기재내용에 비추어 피고가 본래의 채무액만을 이행제공하여서는 수령을 거절할 것이 분명하다는 점을 최고로서의 효력을 부인한 근거로 삼았다.

사안에서 A의 2014. 10. 26.자 최고를 과다최고로 볼 수 있는가? A가 소유권이전등기의무를 이행 또는 이행제공하지 않고 있으므로, B는 중도금 8천만 원 및 이에 대한 그 지급기일 다음날인 2013. 12. 26.부터 잔금 지급기일인 2014. 1. 25.까지의 월 2%의 비율에 의한 지연손해금 160만 원(8천만 원 × 0.02 × 1개월)과 잔금 1억 원을 합한 1억 8천 1백 60만 원을 지급할 의무가 있고, 이 의무는 A의 소유권이전등기의무와 동시이행관계에 있다. A는 이와 같이 본래 지급의무가 있는 1억 8천 1백 60만 원의 약 4분의 1정도의 금액인 4천 2백 40만 원을 가산하여 2억 2천 4백만 원의 지급을 최고하였다. 또한 이를 이행치 않으면 별도의 통지 없이 계약을 해제한다고 함으로써 본래의 채무액만을 이행제공하여서는 수령을 거절할 것으로 보이는 사정도 엿보인다. 대법원 판결례에 비추어 볼 때 이러한 A의 최고는 최고로서의 효력이 부인될 가능성이 크다고 생각된다.

6. 해제의 의사표시의 유효성 (실권약관의 유효성과 비교)

사안과 같이 채권자가 최고를 하면서 최고기간 내에 이행이 없으면 다시 해제의 의사표시를 하지 않더라도 당연히 계약은 해제된다는 의사표시를 하는 경우가 있다. 이는 최고된 기간 내의 채무불이행을 정지조건으로 하는 해제의 의사표시로서 그 유효성이 인정되고, 따라서 최고기간의 경과로 계약은 해제된다는 것이 판례의 태도이다.

실권약관의 유효성 여부는 이와 다른 문제로서 비교하여 알아둘 필요가 있다. 실권약관이란 채무불이행이 있으면 최고 없이도 해제할 수 있게 하거나, 최고는 물론 해제의 의사표시조차도 필요 없이 자동적으로 해제된 것으로 간주하는 특약을 말한다. 특히 후자의 특약은 채무자에게 불리한 결과가 되므로, 판례는 이를 엄격하게 해석하여 채무자의 의무가 채권자의 의무와 동시이행의 관계에 있을 때에는 채권자의 이행의 제공이 없는 한 이행지체에 해당하지 않으므로 해제권이 발생하지 않는다고 한다. 예컨대 부동산 매매계약에 있어서 매수인이 잔대금지급기일까지 그 대금을 지급하지 못하면 그 계약이 자동적으로 해제된다는 취지의 약정이 있더라도 특별한 사정이 없는 한 매수인의 잔대금지급의무와 매도인의 소유권이전등기의무는 동시이행의 관계에 있으므로, 매도인이 잔대금지급기일에 자기 채무의 이행제공을 하여 매수인으로 하여금 이행지체에 빠지게 하였을 때에 비로소 자동적으로 매매계약이 해제되는 것이고, 매수인이 그 약정기한을 도과하였더라도 이행지체에 빠진 것이 아니라면 대금 미지급으로 계약이 자동해제 된다고는 볼 수 없다고 한다(대판 1992.7.24. 91다15614 등). 이에 반해 채무자의 의무가 중도금지급의무와 같이 매도인의 소유권이전의무에 대해 선이행 관계에 있을 때에는 중도금을 미지급한 사실 자체로 실권약관에 의해 매매계약은 자동해제 된다(대판 1991.8.13. 91다13717).

Ⅲ. B의 금전지급의무의 범위

1. B의 중도금 및 지연손해금과 잔금 지급의무

매수인이 선이행의무인 중도금 지급의무를 이행하지 않은 상태에서 잔대금 지급기일이 도래하고 매수인의 잔대금지급의무와 동시이행관계에 있는 매도인의 소유권이전등기의무가 이행되지 아니한 채 그 기일이 도과하였다면, 매수인의 중도금 및 이에 대한 지급일 다음날부터 잔대금지급일까지의 지연손해금과 잔대금의 지급채무는 매도인의 소유권이전등기의무와 특별한 사정이 없는 한 동시이행관계에 있고, 따라서 그때부터는 매도인의 소유권이전등기의무의 이행 또는 이행제공 없이는 매수인의 지체책임이 발생하지 않는다(대판 1991.3.27. 90다19930).

사안에서도 A가 소유권이전등기의무를 이행 또는 이행제공하지 않고 있으므로, B는 2014. 1. 26. 잔금지급일 이후로는 지체책임이 없고, 따라서 이때부터는 중도금 및 잔금에 대한 지연손해금이 발생하지 않는다.

그렇다면 B는 중도금 8천만 원 및 이에 대한 그 지급기일 다음날인 2013. 12. 26.부터 잔금 지급기일인 2014. 1. 25.까지의 월 2%의 비율에 의한 지연손해금 160만 원(8천만 원 × 0.02 × 1개월)과 잔금 1억 원을 합한 1억 8천 1백 60만 원을 지급할 의무가 있고, 이 의무는 A의 소유권이전등기의무와 동시이행관계에 있다.

2. 손해배상액의 예정이 있는 경우 특별손해의 배상 여부

민법 제393조 제2항은 "특별한 사정으로 인한 손해는 채무자가 그 사정을 알았거나 알 수 있었을 때에 한하여 배상의 책임이 있다"고 규정하여 특별손해의 배상을 채무자의 예견가능성을 기준으로 결정하고 있다. 대법원은 채무자의 예견가능성 유무를 '채무불이행시'를 기준으로 판단하고 있다. 사안에서 계약금을 몰취당한 A의 손해는 특별손해인데, B는 중도금 지급기일 전 A의 고지로 이러한 특별손해에 대해 예견가능성이 있었다고 볼 수도 있다.

그런데 A와 B는 매매계약 당시 대금지급 지체에 대하여 월 2%의 지연손해금 약정을 하였고 이처럼 금전채무에서 이행지체에 대비한 지연손해금 비율을 별도로 약정한 경우에 대법원은 이를 일종의 손해배상액의 예정으로 보고 있다(대판 1997.7.25. 97다5541; 대판 2000.7.28. 99다38637 등).

손해배상액의 예정이 있는 경우에는 실제 손해가 발생하지 않았거나 실손해액이 예정배상액보다 적더라도 채무자는 손해배상책임을 면하거나 예정배상액과의 차액만큼 감액을 받을 수 없다. 채권자 또한 다른 특약이 없는 한 예정된 배상액만 청구할 수 있을 뿐, 실제 손해배상액의 지급을 구하거나 예정된 배상액과 별도로 특별손해의 배상을 구할 수 없다(대판 1988.9.27. 86다카2375; 대판 1993.4.23. 92다41719; 대판 1994.1.11. 93다17638 등).

사안에서 다른 특약이 있었다는 사정은 보이지 않으므로, A는 손해배상액의 예정에 해당하는 약정 지연손해금 이외에 별도로 특별손해의 배상을 청구할 수 없다. 몰취당한 계약금 1천만 원에 대한 A의 청구는 인정되지 않는다.

31 (매매계약의 해제

기본 사실관계

A는 그 소유의 X토지를 2013. 10. 1. B에게 매도하고 계약금 3천만 원을 지급받은 뒤, 중도금 없이 나머지 잔금 지급은 A를 채무자로 하여 X토지에 경료되어 있는 신용협동조합 명의의 근저당권의 피담보채무를 B가 인수하여 원리금을 변제하는 것으로 대신하되, 토지의 인도와 소유권등기는 한 달의 간격을 두고 순차로 이행하고 당사자 일방이 채무를 불이행하면 상대방은 최고 없이 매매계약을 해제할 수 있고 계약금은 상대방에게 귀속하는 것으로 약정하였다.

B는 A로부터 토지를 인도받은 2013. 11. 1. X토지 옆에서 음식점을 경영하고 있는 C에게 위토지를 임대차보증금 2천만 원, 월 임료 50만 원에 2년간 임대하였고 C는 현재까지 위 토지를 자신이 경영하는 음식점의 부속주차장으로 사용하고 있다. 임대 당시부터 현재까지 임차보증금 없는 X토지의 월차임 상당액은 70만 원이다.

A는 2013. 12. 1. B 앞으로 소유권등기를 이전해주었다. B의 소유권등기가 마쳐진 직후 B의 채권자 D가 X토지를 가압류하자, B는 추가 가압류가 있을 것을 우려하여 E에게 위 토지를 명의신탁하고 등기를 이전해주었다.

이후 B가 피담보채무를 제때 변제하지 아니하여 A는 신협으로부터 수차 변제 독촉을 받게 되었고 X토지에 대한 임의경매절차까지 개시되자, A는 신용등급의 하락을 우려하여 피담보채무를 변제하고, 2014. 10. 1. B에게 매매계약을 해제한다고 통지하여 그 즈음 통지가 B에게 도달하였다.

〈문제 1.〉과 〈문제 2.〉는 상호 독립된 문제임

문제 ①

귀하가 A의 변호사라면 X토지에 관한 A의 권리를 위해 B, C, D, E를 상대로 어떤 청구를 할 것인가? 인정 가능한 범위에서 A에게 가장 유리한 내용으로 청구하고(금전청구 포함), 그와 같은 A의 청구권의 근거를 검토하라(단 임의경매절차의 경매비용은 고려하지 말 것).

문제 **2**

A가 B와 E를 상대로 제기한 소유권이전등기말소청구의 승소 확정판결에 기하여 B와 E의 소유
권등기가 말소되었다. 그 후 A는 X부동산을 F에게 매도하고 소유권등기를 이전하였다. 이에 B는
F를 상대로 진정명의회복을 원인으로 하는 소유권이전등기소송을 제기하였다. F는 본안 전 항변
으로 B의 자신에 대한 청구가 위 확정판결의 기판력에 저촉된다고 주장한다. F주장의 타당성을
검토하라.

예시답안

문제 **1** 배점 합계 85점

Ⅰ. 매매계약의 해제와 해제의 효과 (배점 15)

1. 인수채무의 불이행과 매매계약의 해제

사안과 같은 경우 판례는 이를 이행인수로 보아 매도인은 매매대금에서 그 채무액을 공제
한 나머지를 지급하면 잔금지급의무를 다한 것이 되지만, 이행인수의 경우에도 매수인이 인
수채무인 근저당권의 피담보채무의 변제를 게을리 함으로써 매매목적물에 관하여 근저당권
의 실행으로 임의경매절차가 개시되고 이에 매도인이 경매절차의 진행을 막기 위하여 피담보
채무를 변제하였다면, 매도인은 매수인에 대해 손해배상채권 또는 구상금채권을 취득하는 외
에 이 사유를 들어 매매계약을 해제할 수 있다. 또한 판례는 채무자의 이행지체 등 위법한 채
무불이행을 전제로 하여 실권약관의 유효성을 인정하고 있다. 따라서 사안과 같이 최고 없이
해제할 수 있게 하는 특약도 원칙적으로 가능하다.

A는 자기의 의무인 소유권등기와 부동산 인도를 마쳤으므로 매수인의 인수채무 불이행을
이유로 특약에 의해 해제권을 행사하는 데 문제가 없다. 결국 A의 해제의 의사표시를 담은
2014. 10. 1.자 통지가 B에 도달함으로써 매매계약은 적법하게 해제되었다.

2. 해제의 효과: A로의 소유권의 복귀

계약이 해제되기 전에 당사자가 채무의 이행으로 등기나 인도까지 완료하여 이미 물권변
동이 일어난 경우에, 계약의 해제로 상대방에게 이전되었던 물권이 당연히 복귀하는지에 대

하여 견해가 나뉜다. 판례는 해제로 인하여 물권이 당연히 복귀한다는 입장이다. 이러한 견해에 따르면 매매계약의 해제로 인하여 X토지의 소유권은 A에게 복귀된다.

Ⅱ. D의 민법 제548조 제1항 단서의 제3자 해당 여부와 B에 대한 등기청구 (배점 합계 25)

1. D의 민법 제548조 제1항 단서의 제3자 해당 여부 (배점 10)

민법 제548조 제1항 단서의 제3자란 일반적으로 해제된 계약으로부터 생긴 법률효과를 기초로 하여 해제 전에 새로운 이해관계를 가졌을 뿐만 아니라 등기, 인도 등으로 완전한 권리를 취득한 자를 말한다.

대법원은 해제된 계약에 의하여 채무자의 책임재산이 된 계약의 목적물을 가압류한 가압류채권자는 그 가압류에 의하여 당해 목적물에 대하여 잠정적으로 그 권리행사만을 제한하는 것이나, 종국적으로는 이를 환가하여 그 대금으로 피보전채권의 만족을 얻을 수 있는 권리를 취득하는 것이므로, 가압류채권자도 위 단서의 제3자에 포함된다고 하였다.

이에 따르면 D는 제548조 제1항 단서의 제3자에 해당하여, A와 B의 매매계약이 해제되어 A에게 소유권이 복귀하더라도 가압류채권자인 D의 권리를 해할 수 없다.

2. B에 대한 등기 청구 (배점 15)

매매계약의 해제로 매수인 B에게 이전되었던 X토지의 소유권은 A에게 복귀하므로, A는 물권적 청구권을 행사하여 원칙적으로 B에게 그 명의 소유권등기말소를 청구할 수 있다.

이 때 말소에 대하여 등기상 이해관계 있는 제3자가 있을 경우에는 그 제3자의 승낙 또는 제3자에게 대항할 수 있는 재판이 있어야 말소등기가 가능하다. 사안에서 D는 B 명의 등기의 말소에 대해 이해관계 있는 제3자에 해당하는데, D는 제548조 제1항 단서의 제3자에 해당하여 그 권리가 보호되므로 B 명의 소유권등기의 말소에 대하여 승낙을 할 실체법상의 의무가 없다. 따라서 B를 상대로 소유권이전등기말소를 청구하여 승소 확정판결을 받더라도 그 확정판결에 기한 말소등기를 할 수 없다.

이 경우 A로서는 B를 상대로 소유권이전등기말소 청구를 하여 승소 판결을 받은 후 변제할 정당한 이익이 있는 제3자로서 피보전채권액을 변제 또는 공탁하여 D의 가압류등기를 말소한 후 B의 등기를 말소할 수 있다. 다른 방법으로는 애초에 B를 상대로 소유권이전등기말소청구 대신 진정명의회복을 위한 소유권이전등기청구를 제기하여 등기명의를 회복할 수 있다. A가 B에게 진정명의회복을 원인으로 한 소유권이전등기를 청구하여 등기를 이전받게 되면 A는 D의 가압류의 부담을 가지는 소유권을 회복하게 된다.

Ⅲ. B에 대한 부동산 사용이익에 관한 금전지급청구 (배점 10)

계약 해제로 인하여 계약 당사자가 원상회복의무를 부담함에 있어서 당사자 일방이 목적물을 이용한 경우에는 그 사용으로 인한 이익을 상대방에게 반환하여야 한다. 사안에서 B는 A로부터 부동산을 인도받아 이를 임대하였으므로, 그에 대한 사용이익을 반환할 의무가 있다.

통상 점유사용으로 인한 부당이득액은 차임 상당액이며, 일반적으로 점유사용으로 인한 부당이득반환의무의 종기는 목적물의 인도완료일이 된다.

따라서 A는 B에게 B가 부동산을 인도받은 2013. 11. 1.부터 X토지의 인도 완료일까지 X토지의 임차보증금 없는 월차임 상당액인 70만 원을 지급할 것을 청구할 수 있다.

Ⅳ. C에 대한 부동산 인도 청구 (배점 15)

매수인으로부터 그 매매목적물을 임차하였으나 대항력을 갖추지 않은 임차인은 민법 제548조 제1항 단서의 제3자에 해당한다고 볼 수 없어 계약이 해제된 후 매도인의 매매목적물 인도청구에 대항할 수 없다. 또한 임차인의 매도인에 대한 인도의무와 임차인에 대한 매수인(임대인)의 임차보증금반환의무가 공평의 원칙상 동시이행의 관계에 있다고 볼 수도 없다. 사안에서 A는 C에 대하여 X토지의 인도를 청구할 수 있다.

Ⅴ. E에 대한 소유권등기말소 청구 (배점 15)

민법 제548조 제1항 단서의 제3자는 해제된 계약으로부터 생긴 법률효과를 기초로 하여 새로운 권리를 취득한 자를 의미하고, 제3자의 권리의 기초가 되는 법률관계가 해제 외의 사유로 인하여 무효라면 제3자는 위 조항에 의해 보호되지 못한다.

B와 E의 명의신탁약정은 「부동산실권리자명의 등기에 관한 법률」 제4조 제1항에 따라 무효이며, 명의신탁약정에 따른 등기로 이루어진 부동산에 관한 물권변동도 무효이다(동법 제4조 제2항). 따라서 E의 소유권등기도 무효의 등기이다. A는 E에 대하여 그 소유권등기의 말소를 청구할 수 있다.

Ⅵ. 결론 (배점 5)

[(배점 참조 사항) 별도의 목차가 없더라도 A가 B, C, D, E를 상대로 어떤 청구를 할 수 있는지에 관해 논리적인 결론을 제시한 경우 5점을 부여함]

A는 ⑴ B를 상대로 소유권이전등기말소청구를 하여 승소확정판결을 받은 후 피보전채권

액을 변제 또는 공탁하여 D의 가압류등기를 말소한 후 B의 등기를 말소하거나, 처음부터 B를 상대로 진정명의회복을 원인으로 한 소유권이전등기를 청구하고

(2) B를 상대로 2013. 11. 1.부터 X토지의 인도 완료일까지 월 70만원의 금원을 지급할 것을 청구하고

(3) C를 상대로 X토지의 인도를 청구하고

(4) E를 상대로 소유권이전등기의 말소를 청구한다.

문제 ② 배점 15점

(1) 말소등기에 갈음하여 허용되는 진정명의회복을 원인으로 한 소유권이전등기청구권과 무효등기의 말소청구권은 어느 것이나 진정한 소유자의 등기명의를 회복하기 위한 것으로서 실질적으로 그 목적이 동일하고 두 청구권 모두 소유권에 기한 방해배제청구권으로서 그 법적근거와 성질이 동일하므로 그 소송물은 실질상 동일하다.

(2) 사안에서 현재의 등기명의인인 F는 A가 B를 상대로 제기하여 확정된 전 소송의 사실심 변론종결 후의 승계인으로서, 위 확정판결의 기판력은 그와 실질적으로 동일한 소송물인 진정한 등기명의의 회복을 위한 소유권이전등기청구에 미친다. F의 주장은 타당하다.

해 설

문제 ①

Ⅰ. 매매계약의 해제와 A로의 소유권의 복귀

1. 인수채무의 불이행과 매매계약의 해제

부동산 매수인이 매매목적물에 관한 근저당권의 피담보채무를 인수하기로 하고 그 채무액을 매매대금에서 공제하기로(혹은 매매대금의 지급에 갈음하기로) 약정한 경우, 다른 특별한 약정이 없는 이상 판례는 이를 매도인을 면책시키는 채무인수가 아니라 이행인수로 본다. 이 경우 매도인은 매매대금에서 그 채무액을 공제한 나머지를 지급함으로써 잔금지급의무를 다한 것이 된다(대판 1994.5.13, 94다2190; 대판 1997.6.24, 97다1273).

그러나 이러한 이행인수의 경우에도 매수인이 인수채무인 근저당권의 피담보채무의 변제

를 게을리 함으로써 매매목적물에 관하여 근저당권의 실행으로 임의경매절차가 개시되고 매도인이 경매절차의 진행을 막기 위하여 피담보채무를 변제하였다면, 매도인은 채무인수인에 대하여 손해배상채권 또는 구상금채권을 취득하는 이외에 이 사유를 들어 매매계약을 해제할 수 있다(대판 1993.2.12, 92다23193; 대판 1998.7.24, 98다13877). 사안에서 A는 이 같은 사유를 들어 매매계약을 해제할 수 있다.

이때 매수인의 위와 같은 손해배상채무 또는 구상채무는 인수채무의 변형으로서 매매대금 지급채무에 갈음한 것의 변형이므로 매도인의 소유권이전등기의무와 동시이행관계에 있다고 본다. 따라서 매도인의 소유권이전등기의무의 이행 또는 이행의 제공 없이 매도인이 위 사유를 들어 매매계약을 해제할 수는 없다(대판 1993.2.12, 92다23193). 그러나 사안에서는 이미 A가 B에게 소유권이전등기와 부동산 인도를 마쳤으므로 A의 해제권 행사에 아무런 지장이 없다.

2. 실권약관에 의한 해제

이행지체에 의한 법정해제권의 발생요건을 경감하는 특약은 원칙적으로 유효하다. 따라서 최고 없이도 해제할 수 있게 하거나, 최고는 물론 해제의 의사표시조차도 필요 없이 자동적으로 해제된 것으로 간주하는 특약도 가능하다. 이러한 특약을 실권약관이라고 한다. 따라서 사안과 같이 B의 인수채무의 이행지체시 최고 없이 매매계약을 해제할 수 있게 하는 특약도 가능하다고 할 것이다.

한편 대법원은 부동산매매계약에 있어서 매수인이 대금지급을 이행하지 않을 때에 매매계약을 자동해제하기로 하는 특약이 있다 하더라도 이는 매수인의 이행지체를 전제로 하는 것이라고 해석한다(대판 1998.6.12, 98다505). 실권약관이 매수인에게 지나치게 불리할 수 있음을 고려한 해석으로 생각된다. 따라서 매도인이 실권약관에 의한 자동해제를 주장하기 위해서는 매수인의 대금지급의무와 동시이행관계에 있는 자신의 의무를 이행하였거나 이행제공하여야 한다.

그러나 사안에서는 이미 A가 자기의 의무인 소유권등기와 부동산 인도를 마쳤으므로 특약에 의해 계약이 해제되었다고 보는 데 문제가 없다. 결국 A의 해제의 의사표시를 담은 2014. 10. 1.자 통지가 B에 도달함으로써 매매계약은 적법하게 해제되었다.

3. 해제의 효과: 소유권의 복귀

해제권의 행사에 의하여 채권행위로서의 계약은 소급적으로 그 효력을 상실하며, 계약에 기한 채권관계도 소급적으로 소멸한다. 따라서 미이행의 채무는 당연히 소멸하고, 이미 이행된 급부는 법률상 원인을 잃게 되어 그 수령자는 이를 반환하여야 한다.

그런데 계약이 해제되기 전에 당사자가 채무의 이행으로 등기나 인도까지 완료하여 이미 물권변동이 일어난 경우에, 상대방에게 이전되었던 물권이 계약의 해제로 당연히 복귀하는지에 대하여 견해가 나뉜다. 판례는 해제로 인하여 물권이 당연히 복귀한다는 입장이다(대판 1977.5.24,

^{75다1394. 물}
^{권적 효과설}). 이러한 견해에 따르면 매매계약의 해제로 인하여 X토지의 소유권은 A에게 복귀된다.

II. D의 민법 제548조 제1항 단서의 제3자 해당 여부와 B에 대한 등기 청구

1. B 명의 소유권등기말소와 이해관계 있는 제3자의 존재

매매계약의 해제로 매수인 B에게 이전되었던 X토지의 소유권은 당연히 A에게 복귀하므로, A는 물권적 청구권을 행사하여 원칙적으로 B에게 그 명의의 소유권등기를 말소할 것을 청구할 수 있다.

그런데 말소에 대하여 등기상 이해관계 있는 제3자가 있을 때에는 그 제3자의 승낙 또는 제3자에게 대항할 수 있는 재판이 있어야 말소등기가 가능하다(^{부동산등기법}
_{제57조}). 이때 등기상 이해관계 있는 제3자란 말소등기를 함으로써 손해를 입을 등기상의 권리자로서 그 손해를 입을 우려가 있다는 것이 등기부 기재에 의하여 형식적으로 인정되는 자를 말한다.

사안에서 말소되어야 할 B 명의의 소유권등기를 기초로 가압류등기를 마친 D는 B 명의의 소유권등기말소에 대하여 등기상 이해관계 있는 제3자이다. 이러한 경우 B 명의의 소유권등기를 말소하기 위해서는 D를 상대로 B 명의의 소유권등기 말소에 대한 승낙을 구해야 한다.

D가 승낙을 하여야 할 의무가 있는지는(따라서 A가 이를 소로써 구할 때 D에게 대항할 수 있는 재판을 받을 수 있는지는) 오로지 실체법상의 권리관계에 의하여 결정된다. 예컨대 원인무효인 소유권등기에 터잡은 가압류등기나 근저당권설정등기는 현재 등기의 공신력이 인정되지 않으므로 그 역시 말소되어야 하는 등기이며, 이 경우 가압류등기 명의인은 그가 터잡은 소유권등기의 말소에 대해 승낙의 의무가 있다(근저당권자에 대해서는 소유권등기의 말소에 대한 승낙을 구하지 않고 근저당권의 자체의 말소를 구하는 것이 실무이다).

그러나 말소대상인 등기 명의인이 실체법상 무권리자라 하더라도 제3자가 무권리자가 아닌 경우에는 그러한 승낙의무를 부담하지 않는다(^{예컨대 제3자가 민법 제108조 제}
_{2항에 의한 선의의 제3자인 경우}).

2. D가 민법 제548조 제1항 단서의 제3자에 해당하는지

민법 제548조 제1항 단서는 해제된 계약에 기하여 해제되기 전 새로운 권리를 취득한 제3자의 권리를 해하지 못한다고 규정한다.

위 단서의 제3자란 해제된 계약으로부터 생긴 법률효과를 기초로 하여 해제 전에 새로운 권리를 취득하였을 뿐만 아니라, 등기, 인도와 같은 공시방법이나 대항요건을 갖춘 완전한 권리자여야 한다. 사안에서 가압류채권자인 D가 여기에 해당하는지가 문제이다.

대법원은 해제된 계약에 의하여 채무자의 책임재산이 된 계약의 목적물을 가압류한 가압류채권자는 그 가압류에 의하여 당해 목적물에 대하여 잠정적으로 그 권리행사만을 제한하는 것이나, 종국적으로는 이를 환가하여 그 대금으로 피보전채권의 만족을 얻을 수 있는 권리를 취득하는 것이므로, 가압류채권자도 위 단서의 제3자에 포함된다고 하였다(대판 2000.1.14, 99다40937).

그렇다면 A와 B의 매매계약이 해제되어 A에게 소유권이 복귀하더라도 가압류채권자인 D의 권리를 해하지 못하고, 따라서 D에게 B 명의 소유권등기의 말소에 대한 승낙을 구할 수 없다.

3. B에 대한 등기 청구

이해관계 있는 제3자의 승낙서 또는 그에 대항할 수 있는 재판서 등본을 첨부하지 않고 등기말소를 신청할 경우 등기신청은 각하된다(부동산등기법 제29조 9호). D의 승낙을 구할 수 없는 이상 B를 상대로 등기말소청구의 소를 제기하여 승소판결을 받고 그 판결이 확정된다고 하더라도 이를 집행할 수 없는 것이다. 따라서 A는 B를 상대로 소유권이전등기말소 청구를 하여 승소 판결을 받게 되면 그 확정판결을 집행권원으로 하는 집행을 개시하기 전에 변제할 정당한 이익이 있는 제3자로서 피보전채권액을 변제 또는 공탁하여 D의 가압류등기를 말소한 후 B의 등기를 말소할 수 있다.

다른 방법으로는 애초에 B을 상대로 소유권이전등기말소청구 대신 진정명의회복을 위한 소유권이전등기청구를 제기하여 등기명의를 회복할 수 있다. 이러한 진정명의회복을 위한 소유권이전등기청구는 진정한 소유자가 그의 등기명의를 회복하기 위한 방법으로 현재의 등기명의인을 상대로 그 등기의 말소를 구하는 것에 갈음하여 허용되는 것이다. A가 B에게 진정명의회복을 원인으로 한 소유권이전등기를 청구하여 등기를 이전받게 되면 A는 D의 가압류의 부담을 가지는 소유권을 회복하게 된다.

Ⅲ. B에 대한 부동산 사용이익에 관한 금전지급청구

계약 해제로 인하여 계약 당사자가 원상회복의무를 부담함에 있어서 당사자 일방이 목적물을 이용한 경우에는 그 사용으로 인한 이익을 상대방에게 반환하여야 한다(대판 2000.2.25, 97다30066). 사안에서 B는 A로부터 부동산을 인도받아 이를 임대하였으므로, 그에 대한 사용이익을 반환할 의무가 있다.

통상 점유사용으로 인한 부당이득액은 차임 상당액인데, 당사자 사이에 약정 차임이 있는 경우에는 약정차임 상당액의 반환을 구할 수 있고, 약정차임이 없는 경우에는 감정에 의하여 인정되는 차임 상당액의 반환을 구할 수 있다. 일반적으로 점유사용으로 인한 부당이득반환의무의 종기는 목적물의 인도완료일이 된다.

따라서 A는 B에게 B가 부동산을 인도받은 2013. 11. 1.부터 X토지의 인도 완료일까지 X토지의 임차보증금 없는 월차임 상당액인 70만 원을 지급할 것을 청구할 수 있다.

Ⅳ. C에 대한 부동산 인도 청구

민법 제548조 제1항 단서의 제3자란 일반적으로 해제된 계약으로부터 생긴 법률효과를 기초로 하여 해제 전에 새로운 이해관계를 가졌을 뿐만 아니라 등기, 인도 등으로 완전한 권리를 취득한 자를 말한다. 따라서 매수인으로부터 그 매매목적물을 임차하였으나 대항력을 갖추지 않은 임차인은 민법 제548조 제1항 단서의 제3자에 해당한다고 볼 수 없어 계약이 해제된 후 매도인의 매매목적물 인도청구에 대항할 수 없다.

대법원은 건물매수인이 아직 건물의 소유권을 취득하지 못한 채 매도인의 동의를 얻어 제3자에게 임대하였으나 매수인(임대인)의 채무불이행으로 매도인이 매매계약을 해제하고 임차인에게 건물의 인도를 구한 사안에서, 임차인은 매도인에 대한 관계에서 건물의 전차인의 지위와 흡사하다고 보았다. 그리고 임대인의 동의 있는 전차인도 임차인의 채무불이행으로 임대차계약이 해지되면 특단의 사정이 없는 한 임대인에 대해서 전차인의 전대인에 대한 권리를 주장할 수가 없고, 또 임차인이 매매계약목적물에 대하여 직접 임차권을 취득했다고 보더라도 대항력을 갖추지 아니한 상태에서는 그 매매계약이 해제되어 소급적으로 실효되면 그 권리를 보호받을 수가 없다는 점에 비추어 볼 때, 임차인은 매도인에게 건물을 인도할 의무가 있고, 이러한 임차인의 매도인에 대한 건물 인도의무와 매수인(임대인)의 임차인에 대한 보증금반환의무는 동시이행관계에 있지 않다고 하였다(대판 1990. 12. 7. 90다카24939, 원심은 양 의무가 공평의 원칙상 동시이행관계에 있다고 보았음). 사안에서 A는 C에 대하여 X토지의 인도를 청구할 수 있다.

Ⅴ. E에 대한 소유권등기말소 청구

민법 제548조 제1항 단서의 제3자는 해제된 계약으로부터 생긴 법률효과를 기초로 하여 새로운 권리를 취득한 자를 의미하고, 제3자의 권리의 기초가 되는 법률관계가 해제 외의 사유로 인하여 무효라면 제3자는 위 조항에 의해 보호되지 못한다.

B와 E의 명의신탁약정은 「부동산실권리자명의 등기에 관한 법률」 제4조 제1항에 따라 무효이다. 명의신탁약정에 따른 등기로 이루어진 부동산에 관한 물권변동도 무효이다(동법 제4조 제2항). 따라서 E의 소유권등기도 무효의 등기이다. 이처럼 해제 외의 사유로 무효인 법률관계를 기초로 한 E의 권리는 민법 제548조 제1항 단서에 의해 보호받을 수 없으므로 A는 E에 대하여 그 소유권등기의 말소를 청구할 수 있다.

문제 2

Ⅰ. 소송물의 동일성 여부

진정한 등기명의의 회복을 위한 소유권이전등기청구는 이미 자기 앞으로 소유권을 표상하는 등기가 되어 있었거나 법률에 의하여 소유권을 취득한 자가 진정한 등기명의를 회복하기 위한 방법으로 현재의 등기명의인을 상대로 그 등기의 말소를 구하는 것에 갈음하여 허용되는 것이다(대판(전) 1990.11.27, 89다카12398 등 참조). 말소등기에 갈음하여 허용되는 진정명의회복을 원인으로 한 소유권이전등기청구권과 무효등기의 말소청구권은 모두 진정한 소유자의 등기명의를 회복하기 위한 것으로서 실질적으로 그 목적이 동일하고, 두 청구권 모두 소유권에 기한 방해배제청구권으로서 그 법적 근거와 성질이 동일하므로, 비록 전자는 이전등기, 후자는 말소등기의 형식을 취하고 있다고 하더라도 그 소송물은 실질상 동일한 것으로 보아야 하고, 따라서 소유권이전등기 말소청구소송에서 패소확정판결을 받았다면 그 기판력은 그 후 제기된 진정명의회복을 원인으로 한 소유권이전등기청구소송에도 미친다(대판(전) 2001.9.20, 99다37894).

Ⅱ. 기판력의 주관적 범위

기판력은 당사자와 변론종결한 뒤의 승계인에게 미친다(민사소송법 제218조 제1항). 승계인이라 함은 변론종결 후에 당사자로부터 '소송물인 실체법상의 권리의무'를 승계한 자이다. 승계의 前主가 원고이든, 피고이든, 승소자이든, 패소자이든 불문하며, 일반승계인과 특정승계인 모두 위 승계인에 해당한다.

대법원은 소유권이전등기말소소송의 승소 확정판결에 기하여 소유권이전등기가 말소된 후 순차 제3자 명의로 소유권이전등기 및 근저당권설정등기 등이 마쳐졌는데 위 말소된 등기의 명의자가 현재의 등기명의인을 상대로 진정한 등기명의의 회복을 위한 소유권이전등기청구와 근저당권자 등을 상대로 그 근저당권설정등기 등의 말소등기청구 등을 한 사안에서, 현재의 등기명의인 및 근저당권자 등은 모두 위 확정된 전 소송의 사실심 변론종결 후의 승계인으로서 위 확정판결의 기판력은 그와 실질적으로 동일한 소송물인 진정한 등기명의의 회복을 위한 소유권이전등기청구 및 위 확정된 전소의 말소등기청구권의 존재 여부를 선결문제로 하는 근저당권설정등기 등의 말소등기청구에 모두 미친다고 보았다(대판 2003.3.28, 2000다24856). 사안에서 현재의 등기명의인인 F는 A가 B를 상대로 제기하여 확정된 전 소송(소유권이전등기 말소소송)의 사실심 변론종결 후의 승계인으로서 위 확정판결의 기판력은 그와 실질적으로 동일한 소송물인 진정한 등기명의의 회복을 위한 소유권이전등기청구에 미친다.

유 제

문제 ①

사안에서 B 앞으로 소유권등기가 경료된 후 B가 인수채무를 이행하지 않자 A가 B에 대한 소유권등기 말소청구권을 보전하기 위한 처분금지가처분등기를 경료하였고, 그 이후 D의 가압류등기가 마쳐졌다면 D는 제548조 제1항 단서의 제3자에 해당하는가?

해 설

부동산에 대하여 가압류등기가 경료되었으나 그 가압류채무자(현 소유자)의 전 소유자가 위의 가압류 집행에 앞서 같은 부동산에 대하여 소유권이전등기의 말소청구권을 보전하기 위한 처분금지가처분등기를 경료한 다음 채무자를 상대로 매매계약의 해제를 주장하면서 소유권이전등기 말소소송을 제기한 결과 승소판결을 받아 확정되었다면, 위와 같은 가압류는 결국 말소될 수밖에 없고 따라서 이 경우 가압류채권자는 민법 제548조 제1항 단서에서 말하는 제3자로 볼 수 없다(대판 2005.1.14, 2003다33004, 가처분채권자가 받은 본안판결이 전부 승소판결이 아닌 동시이행판결인 경우도 이와 달리 볼 이유가 없다고 한다).

문제 ②

매매계약의 목적물이 미등기 무허가 주택일 경우, 건물을 매수하여 인도받은 매수인으로부터 위 주택을 다시 매수한 자는 제548조 제1항 단서의 제3자에 해당하는가? 미등기 무허가 주택을 매수하여 인도받은 매수인으로부터 주택을 임차하여 대항력을 갖춘 임차인은 어떠한가?

해 설

민법 제548조 제1항 단서에서 규정하는 제3자라 함은 해제된 계약으로부터 생긴 법률적 효과를 기초로 하여 새로운 이해관계를 가졌을 뿐 아니라 등기·인도 등으로 완전한 권리를 취득한 사람을 지칭하는 것이다. 그런데 미등기 무허가건물의 매수인은 소유권이전등기를 마치지 않는 한 건물의 소유권을 취득할 수 없고, 소유권에 준하는 관습상의 물권이 있다고도 할 수 없으며, 현행법상 사실상의 소유권이라고 하는 포괄적인 권리 또는 법률상의 지위를 인정하기도 어렵다. 또한, 무허가건물관리대장은 무허가건물에 관한 관리의 편의를 위하여 작성된 것일 뿐 그에 관한 권리관계를 공시할 목적으로 작성된 것이 아니므로 무허가건물관리대장에 소유자로 등재되었다는 사실만으로는 무허가건물에 관한 소유권 기타의 권리를 취득하는 효력이 없다. 따라서 미등기 무허가건물에 관한 매매계약이 해제되기 전에 매수인으로부터 해당 무허가건물을 다시 매수하고 무허가건물관리대장에 소유자로 등재되었다고 하더라도 건물에 관하여 완전한 권리를 취득한 것으로 볼 수 없으므로 민법 제548조 제1항 단서에서 규정하는 제3자에 해당한다고 할 수 없다(대판 2014.2.13, 2011다64782).

해 설

매매계약의 이행으로 매매목적물을 인도받은 매수인은 그 물건을 사용·수익할 수 있는 지위에서 그 물건을 타인에게 적법하게 임대할 수 있으며, 이러한 지위에 있는 매수인으로부터 매매계약이 해제되기 전에 매매목적물인 주택을 임차하여 주택의 인도와 주민등록을 마침으로써 주택임대차보호법 제3조 제1항에 의한 대항요건을 갖춘 임차인은 민법 제548조 제1항 단서에 따라 계약해제로 인하여 권리를 침해받지 않는 제3자에 해당하므로 임대인의 임대권원의 바탕이 되는 계약의 해제에도 불구하고 자신의 임차권을 새로운 소유자에게 대항할 수 있다(대판 2008.4.10, 2007다38908).

참고로 주택임대차보호법은 주거용 건물에 적용되며, 철거대상인 무허가 건축물에 살고 있는 주민들도 전입신고를 할 수 있다. 대법원은 무허가 건축물을 실제 생활의 근거지로 삼아 10년 이상 거주해 온 사람의 주민등록 전입신고를 거부한 사안에서, 부동산투기나 이주대책 요구 등을 방지할 목적으로 주민등록전입신고를 거부하는 것은 주민등록법의 입법 목적과 취지 등에 비추어 허용될 수 없다고 하였다(대판(전) 2009.6.18, 2008두10997).

문제 ③

사안에서 A가 2013. 11. 1. 중도금 5천만 원을 지급받았다고 가정한다면, 매매계약의 해제로 A가 B에게 반환해야 하는 금액은 얼마인가?

해 설

A는 B에게 5천만 원 및 이에 대하여 2013. 11. 1.부터 다 갚는 날까지 연 5%의 비율에 의한 금원을 지급할 의무가 있다. 그리고 이러한 A의 금전지급의무는 사안에서 B의 A에 대한 토지사용이익의 반환의무와 동시이행관계에 있다.

참고로 계약해제로 인한 원상회복의무의 이행으로서 반환하는 금전에 가산되는 민법 제548조 제2항의 법정이자는 일종의 부당이득반환의 성질을 가지는 것이지 반환의무의 이행지체로 인한 손해배상은 아니라고 할 것이고, 「소송촉진 등에 관한 특례법」 제3조 제1항은 금전채무의 전부 또는 일부의 이행을 명하는 판결을 선고할 경우에 있어서 금전채무불이행으로 인한 손해배상액 산정의 기준이 되는 법정이율에 관한 특별규정이므로, 위 이자에는 위 특례법 제3조 제1항에 의한 이율을 적용할 수 없다$\binom{\text{대판 2000.6.23.}}{\text{2000다16275}}$.

32 위험부담

기본 사실관계

A는 X토지의 소유자이고 B는 Y토지의 소유자인 비법인사단(대표자 甲)이다. A와 B는 2014. 2. 1. X와 Y토지에 대한 교환계약을 체결하면서 X토지와 Y토지를 동일한 가액으로 평가하고, 한 달 후 서로에게 소유권이전등기에 필요한 서류를 맞교부하기로 하였다.

계약을 체결한 지 얼마 뒤, B는 자기 소유의 Y토지가 조만간 주거지역으로 용도변경될 예정이고 이 때문에 가격이 크게 올랐다는 사실을 알게 되었다. A는 교환계약 당시 이러한 사실을 알고 있었지만 이를 B에게 알려주지 않았다. B는 기망 또는 착오를 이유로 교환계약을 취소한다고 A에게 통지하였다.

B가 계약의 취소를 주장하며 교환계약에 따른 의무이행을 거부하겠다는 확실한 태도를 보이자, A 역시 X토지 소유권이전에 필요한 서류를 준비하지 않은 채로 교환계약의 이행기가 도과하였다. 그러던 중 X토지가 강제 수용되어 A는 C로부터 수용보상금으로 3억 원을 지급받게 되었다.

A는 B의 수령지체 중 쌍방 책임 없는 사유로 자기 채무가 이행불능되었다고 주장하며 Y토지의 소유권을 이전해줄 것을 B에게 청구하였다. B는 계약이 취소되었거나 쌍방 귀책사유 없이 이행불능으로 소멸하였다며 이를 거절하였다. A는 B의 주장이 설사 맞다 하더라도 B는 대상청구권을 행사하여야 한다고 주장한다.

〈문제 1.〉과 〈문제 2.〉는 상호 독립한 문제임

문제 ①

A 청구의 타당성을 당사자들의 주장과 함께 검토하라.

문제 ②

결과적으로 Y토지의 용도변경이 이루어지지 않자 A는 입장을 바꾸어 Y토지를 이전받기를 거부하고 이에 B는 소로써 대상청구권을 행사하고자 한다. B의 대표자 甲은 사원총회의 결의를 거쳐

甲 자신이 단독으로 소송을 제기하기로 하고, 원고를 甲, 피고를 A로 하고 수용보상금청구권이 B에게 있다는 확인을 구하는 내용으로 소장의 초안을 작성한 뒤 변호사인 귀하의 자문을 구하러 왔다. 소장 초안에 문제점이 있다면 적시하고 적절한 수정안을 제시하라(적절한 소제기를 위해 B가 사전에 취해야 할 절차가 있다면 함께 기재하라).

예시답안

문제 ① 배점 합계 60점

Ⅰ. 기망, 착오를 이유로 한 계약의 취소 가부 (배점 20)

일반적으로 교환계약에서 특별한 사정이 없는 한, 당사자는 목적물의 시가나 그 가액 결정의 기초가 되는 사항에 관하여 상대방에게 설명 내지 고지를 할 주의의무를 부담한다고 볼 수 없다.

더욱이 사안과 같이 A가 자기 소유도 아닌 상대방 소유의 Y토지 시가에 대한 정보를 고지할 의무는 전혀 없다 할 것이므로, A가 Y토지 시가나 그에 관한 정보를 묵비하였다고 하여 A의 기망행위가 있었다고 볼 수 없다.

또한 부동산 매매에 있어서 시가에 관한 착오는 그 동기의 착오에 불과할 뿐 법률행위의 중요부분에 관한 착오라 할 수 없다. 사안에서도 B가 자기 토지의 시가를 잘못 알고 계약을 체결한 것은 동기의 착오에 불과하고 법률행위의 중요부분에 관한 착오로 볼 수 없어 이를 이유로 계약을 취소할 수 없다.

Ⅱ. 제538조 제1항 제2문의 "채권자의 수령지체 중"에 해당하는지 (배점 25)

(1) B가 교환계약에 따른 의무이행을 거부하겠다는 확실한 태도를 보이던 중에 A의 X토지가 강제 수용된 것이 제538조 제1항 제2문의 "채권자의 수령지체 중 쌍방 책임 없는 사유로 이행불능된 경우"에 해당하는지 문제된다. 이에 해당하면 A는 X토지에 관한 소유권이전 의무는 면하면서도 B에 대해서는 Y토지의 소유권이전 의무를 이행할 것을 청구할 수 있다.

(2) 판례는 민법 제460조상 채무자가 이행지체책임을 벗어나기 위해 구두의 제공조차 필요 없는 경우라 하더라도, 민법 제538조 제1항 제2문의 "채권자의 수령지체 중에 당사자 쌍방

의 책임 없는 사유로 이행할 수 없게 된 때"에 해당하기 위해서는 채무자의 현실 제공이나 구두 제공이 필요하다고 한다.

(3) 따라서 B가 교환계약에 따른 의무이행을 거부하겠다는 확실한 태도를 보인다고 하여도 민법 제538조 제1항 제2문의 "채권자의 수령지체 중"에 해당하기 위해서는 A가 X토지의 소유권이전등기에 필요한 서류 등을 준비하여 두고 B에게 그 서류들을 수령하여 갈 것을 최고하는 구두 제공을 하여야 한다. 사안에서는 그러한 사정이 보이지 않으므로, A는 민법 제538조 제1항 제2문의 적용을 주장할 수 없다.

Ⅲ. 제537조의 적용과 대상청구권의 행사 (배점 15)

(1) 사안은 쌍방의 책임 없는 사유에 의해 급부가 후발적으로 불능이 된 경우로서 민법 제537조 제1항에 따라 A는 소유권이전의무를 면하는 대신, 그 반대급부인 B의 Y토지에 대한 소유권이전 의무도 청구하지 못한다.

(2) 민법의 명문규정은 없지만 이행을 불능케 하는 사유로 채무자가 이행의 목적물에 갈음하는 이익을 취득하는 경우에, 채권자가 채무자에 대하여 그 이익을 청구할 수 있는 권리를 대상청구권이라고 하고 판례는 이를 인정한다. 강제 수용의 수용보상금은 대상의 예로서 사안에서 B는 A가 취득한 수용보상금에 대하여 대상청구권을 행사할 수 있다.

(3) 그러나 대상청구권은 채권자의 권리이지 의무가 아니므로, 채권자는 제537조에 의하여 자신의 채무를 면할 수도 있고 대상청구권을 행사할 수도 있다. 사안에서 B는 대상인 수용보상금을 취득하는 것을 원하지 않고 오히려 계약관계가 소멸하였다고 주장하고 있다. 대상청구권 행사는 의무가 아니므로, A는 B에게 대상을 취득하고 반대급부인 Y토지의 소유권이전의무를 이행하라고 청구할 수 없다.

문제 **2** **배점 합계 40점**

Ⅰ. 총유재산에 관한 소송의 당사자 적격 (20)

(1) 비법인사단의 총유재산에 관한 소송은 비법인사단의 명의로 하거나 그 구성원 전원이 당사자가 되어 할 수 있다. 후자의 경우는 필수적 공동소송이 된다.

(2) 민법은 총유물에 관해서는 공유나 합유의 경우처럼 보존행위는 구성원 각자가 할 수 있다는 규정을 두고 있지 아니하므로, 설사 보존행위로서 총유재산에 관한 소를 제기하는 경우에도 사단이 그 명의로 사원총회의 결의를 거쳐 하거나 또는 그 구성원 전원이 당사자가 되어 필수적 공동소송의 형태로 할 수 있을 뿐이고 사원총회의 결의를 거쳤다 하더라도 구성원이

단독으로 그 소송의 당사자가 될 수 없다.

(3) 따라서 사원총회의 결의가 있었다고 하더라도 대표자 甲 개인이 당사자가 될 수 없고, 구성원 전원이 당사자가 되거나 비법인사단 명의로 제소하여야 한다. 비법인사단 명의로 제소하는 것에 관해서는 사원 과반수의 출석과 출석 사원의 의결권의 과반수의 찬성으로 사원총회의 결의를 거쳐야 한다.

Ⅱ. 청구의 상대방과 청구의 내용 (20)

(1) 대상청구권은 채권적 청구권이다. 따라서 채권자의 청구에 따라 채무자가 대상의 인도 또는 양도행위를 하지 않으면 대상에 대한 권리가 채권자에게 귀속되지 않는다. B는 A를 상대로 수용보상금청구권이 B에게 있다는 확인을 구할 수는 없다.

(2) 통상 채권자는 채무자에 대해 그 이행을 청구하면 되므로 채권존재 확인의 소는 허용되지 않는다. 따라서 B가 A를 상대로 수용보상금지급청구권이 자기에게 있다는 확인의 소를 구하는 것은 확인의 이익이 없을 뿐만 아니라 그 청구권이 B에게 귀속하지도 않는 것이어서 인용될 수 없다.

(3) B는 A를 상대로 ① A가 이미 수용보상금을 지급받은 경우에는 지급받은 수용보상금의 반환을 청구하고 ② A가 아직 이를 지급받지 아니한 경우에는 수용보상금청구권의 양도를 청구하여 이를 양도받아 C에게 수용보상금을 청구함이 원칙이다. 이때 A의 의무와 B의 X토지 소유권이전의무는 동시이행관계에 있다.

해 설

문제 ①

Ⅰ. 기망, 착오를 이유로 한 계약의 취소 가부

대법원은 일반적으로 교환계약에서 특별한 사정이 없는 한, 당사자는 목적물의 시가나 그 가액 결정의 기초가 되는 사항에 관하여 상대방에게 설명 내지 고지를 할 주의의무를 부담한다고 볼 수 없다고 한다(대판 2001.7.13. 99다38583 참조). 일반적으로 교환계약을 체결하려는 당사자는 서로 자기가 소유하는 교환 목적물은 고가로 평가하고 상대방이 소유하는 목적물은 염가로 평가하여 보다 유리한 조건으로 교환계약을 체결하기를 희망하는 이해 상반의 지위에 있고 각자가 자신의 지식과 경험을 이용하여 최대한으로 자신의 이익을 도모할 것이 예상되기 때문이라는 것이 그 이유이다.

따라서 일방 당사자가 자기가 소유하는 목적물의 시가를 묵비하여 상대방에게 고지하지 아니하거나 혹은 허위로 시가보다 높은 가액을 시가라고 고지하였다 하더라도 이는 상대방의 의사결정에 불법적인 간섭을 한 것이라고 볼 수 없다고 하였다.

더욱이 사안과 같이 A가 자기 소유도 아닌 상대방 소유의 Y토지 시가에 대한 정보를 고지할 의무는 전혀 없다 할 것이므로, A가 Y토지 시가가 그에 관한 정보를 묵비하였다고 하여 A의 기망행위가 있었다고 볼 수 없다.

한편 대법원은 부동산 매매에 있어서 시가에 관한 착오는 그 동기의 착오에 불과할 뿐 법률행위의 중요부분에 관한 착오라 할 수 없다고 한다(대판 1985.4.23, 84다카890; 대판 1991.2.12, 90다17927). 사안에서도 B가 자기 토지의 시가를 잘못 알고 계약을 체결한 것은 동기의 착오에 불과하고 법률행위의 중요부분에 관한 착오로 볼 수 없어 이를 이유로 계약을 취소할 수 없다.

Ⅱ. 위험부담: 채무자주의 원칙과 예외적인 채권자주의

교환계약에 따른 A의 X토지 소유권이전 의무는 X토지에 대한 강제 수용으로 이행불능이 되었다. 강제 수용으로 인한 소유권이전 의무의 이행불능은 쌍방의 책임없는 사유에 의해 급부가 후발적으로 불능이 된 경우로 볼 수 있으므로, 원칙적으로 민법 제537조 제1항에 따라 A는 소유권이전 의무를 면하는 대신 그 반대급부인 B의 Y토지에 대한 소유권이전 의무의 이행도 청구하지 못한다(위험부담에서의 채무자주의 원칙).

그런데 이러한 채무자주의 원칙에 대한 예외로서, 채권자에게 책임 있는 사유로 또는 채권자의 수령지체 중에 당사자 쌍방에게 책임 없는 사유로 급부불능이 된 경우에는 급부불능이 된 채무자의 의무는 소멸하지만 그의 반대급부청구권, 즉 상대방의 반대급부의무는 소멸하지 않는다(민법 제538조 제1항, 예외적인 채권자주의).

사안에서 B가 교환계약에 따른 의무이행을 거부하겠다는 확실한 태도를 보이던 중에 A의 X토지 소유권이전 의무가 강제 수용된 것이 제538조 제1항 제2문의 "채권자의 수령지체 중 쌍방 책임 없는 사유로 이행불능된 경우"로서 채권자주의가 적용되는 사안인지가 문제된다. 만약 이에 해당한다면 A는 X토지에 관한 소유권이전 의무는 면하면서도 B에 대해서는 Y토지의 소유권이전 의무를 이행할 것을 청구할 수 있다.

Ⅲ. 제538조 제1항 제2문의 "채권자의 수령지체 중"에 해당하는지

1. 민법 제460조의 변제제공과 수령지체의 성부

민법 제400조는 '채권자지체'라는 제목하에 "채권자가 이행을 받을 수 없거나 받지 아니한 때에는 이행의 제공 있는 때로부터 지체책임이 있다."고 규정하고 있다. 따라서 동조의 채권자지체가 성립하기 위해서는 '이행의 제공'이 있어야 하는데 여기서의 '이행의 제공'은 일반적으로 변제의 제공($\frac{제460}{조}$)과 같은 의미로 이해된다.

민법 제460조는 변제제공의 방법으로 원칙적으로 현실제공을 요구하지만, 채권자가 미리 받기를 거절하거나 채무의 이행에 채권자의 행위를 요하는 경우에는 "채무자가 변제준비를 완료하여 이를 채권자에게 통지하고 그 수령을 최고하는" 구두제공으로 족하다고 한다. 그리고 채권자가 변제를 받지 아니할 의사가 확고한 경우에는 신의성실의 원칙상 구두제공조차 필요 없다고 한다($\frac{대판 1995.4.28.}{94다16083}$). 변제 제공이 인정되면 채무자는 이행지체책임에서 벗어난다($\frac{제461}{조}$).

2. 영구적 불수령의 경우 구두 제공 없이도 제538조 제1항 제2문에 해당하는지 (부정)

앞서 보았듯 채권자가 변제를 받지 아니할 의사가 확고한 경우(채권자의 영구적 불수령)에는 구두제공을 하는 것이 무의미하므로, 구두제공조차 필요 없이 민법 제460조의 변제제공이 인정될 수 있고 채무자는 이행지체책임에서 벗어난다고 한다.

그러나 대법원은 이행지체책임을 벗어나기 위해 구두의 제공조차 필요 없는 경우라 하더라도, 민법 제538조 제1항 제2문의 "채권자의 수령지체 중에 당사자 쌍방의 책임 없는 사유로 이행할 수 없게 된 때"에 해당하기 위해서는 현실 제공이나 구두 제공이 필요하다고 본다($\frac{대판 2004.3.12.}{2001다79013}$). 이는 위험의 이전이라는 불이익을 채권자에게 부과하기 위해서는 채권자의 이행거절에도 불구하고 채무자의 이행 제공이 필요하다는 취지로 보인다. 다만 그 제공의 정도는 그 시기와 구체적인 상황에 따라 신의성실의 원칙에 어긋나지 않게 합리적으로 정하여야 한다고 한다.

사안에서 B가 교환계약에 따른 의무이행을 거부하겠다는 확실한 태도를 보인다고 하여도 민법 제538조 제1항 제2문의 "채권자의 수령지체 중"에 해당하기 위해서는 A가 X토지의 소유권이전등기에 필요한 서류 등을 준비하여 두고 B에게 그 서류들을 수령하여 갈 것을 최고하는 구두 제공을 하여야 한다. 사안에서는 그러한 사정이 보이지 않으므로, A는 민법 제538조 제1항 제2문의 적용을 주장할 수 없다.

Ⅳ. 제537조의 적용과 대상청구권의 행사

사안은 쌍방의 책임없는 사유에 의해 급부가 후발적으로 불능이 된 경우에 해당한다. 따라서 민법 제537조 제1항에 따라 A는 소유권이전 의무를 면하는 대신, 그 반대급부인 B의 Y토지에 대한 소유권이전 의무도 청구하지 못한다.

한편 민법의 명문규정은 없지만, 이행을 불능케 하는 사유로 인하여 채무자가 이행의 목적물에 갈음하는 이익을 취득하는 경우에, 채권자가 채무자에 대하여 그 이익을 청구할 수 있는 권리를 대상청구권이라고 하고 판례는 이를 인정하고 있다. 강제 수용에 따른 수용보상금은 대상의 예이다(대판 2002.2.8. 99다23901). 사안에서 B는 A가 취득한 수용보상금에 대하여 대상청구권을 행사할 수 있다.

그러나 대상청구권은 채권자의 권리이지 의무가 아니므로, 쌍무계약에 기한 채무가 채무자에게 책임 없는 사유로 소멸한 경우에, 채권자는 제537조에 의하여 자신의 채무를 면할 수도 있고 대상청구권을 행사할 수도 있다. 채권자가 그 대상의 취득을 원한다면 대상청구권을 행사하면서 반대급부를 해야 하고(B의 Y토지에 대한 소유권이전의무의 이행), 이를 원하지 않으면 위험부담의 법리에 따라 법률관계를 정리할 수 있다. 사안에서 B는 대상인 수용보상금을 취득하는 것을 원하지 않고 오히려 계약관계가 소멸하였다고 주장하고 있다. 대상청구권 행사는 의무가 아니므로, A는 B에게 대상을 취득하고 반대급부인 Y토지의 소유권이전의무를 이행하라고 청구할 수 없다.

> **문제 ②**

Ⅰ. 총유재산에 관한 소송의 당사자 적격

비법인사단의 총유재산에 관한 소송은 비법인사단의 명의로 하거나 그 구성원 전원이 당사자가 되어 할 수 있다. 후자의 경우는 필수적 공동소송이 된다.

민법은 총유물에 관해서는 공유나 합유의 경우처럼 보존행위는 구성원 각자가 할 수 있다는 규정(제265조 단서 또는 제272조 단서)을 두고 있지 아니하므로, 보존행위로서 총유재산에 관한 소를 제기하는 경우에도 사단이 그 명의로 사원총회의 결의를 거쳐 하거나 또는 그 구성원 전원이 당사자가 되어 필수적 공동소송의 형태로 할 수 있을 뿐 그 사단의 구성원은 그가 사단의 대표자라거나 사원총회의 결의를 거쳤다 하더라도 그 소송의 당사자가 될 수 없다(대판(전) 2005.9.15. 2004다44971).

참고로 단순한 채무부담행위는 총유물의 관리·처분행위로 볼 수 있고 따라서 총회의 결의를 요하지 않는다는 것이 판례이다(대판(전) 2007.4.19. 2004다60072, 60089 등).

사안에서 사원총회의 결의가 있었다고 하여 甲명의로 소를 제기할 수는 없고(부적법 각하

됨), 구성원 전원이 당사자가 되거나 비법인사단 명의로 제소하여야 한다. 후자의 경우에는 사원 과반수의 출석과 출석 사원의 의결권의 과반수의 찬성으로 사원총회의 결의를 거쳐야 한다.

Ⅱ. 청구의 상대방과 청구의 내용

(1) 대상청구권은 물권적 효력을 가지지 않는 채권적 청구권이다. 따라서 채권자의 청구에 따라 채무자가 대상의 인도 또는 양도행위를 하지 않으면 대상에 대한 권리가 채권자에게 귀속되지 않는다. 따라서 B는 직접 A를 상대로 수용보상금청구권이 B에게 있다는 확인을 구할 수는 없다.

대법원도 같은 취지로 ① 소유권이전등기의무의 목적 부동산이 수용되어 그 소유권이전등기의무가 이행불능이 된 경우, 등기청구권자는 등기의무자에게 대상청구권의 행사로써 등기의무자가 지급받은 수용보상금의 반환을 구하거나 또는 등기의무자가 취득한 수용보상금청구권의 양도를 구할 수 있을 뿐 그 수용보상금청구권 자체가 등기청구권자에게 귀속되는 것은 아니라고 판시한 바 있고(대판 1996.10.29, 95다56910), ② 취득시효가 완성된 토지가 수용됨으로써 취득시효 완성을 원인으로 하는 소유권이전등기 의무가 이행불능이 된 경우에는 그 소유권이전등기청구권자가 대상청구권의 행사로서 그 토지의 소유자가 토지의 대가로서 지급받은 수용보상금의 반환을 청구할 수 있다고 하더라도, 시효취득자가 직접 토지의 소유자를 상대로 공탁된 토지수용보상금의 수령권자가 자신이라는 확인을 구할 수는 없다고 한 바 있다(대판 1995.7.28, 95다2074).

(2) 통상 채권자는 채무자에 대해 그 이행을 청구하면 되므로 채권존재 확인의 소는 허용되지 않는다(확인의 소의 보충성). 다만 하나의 채권에 관해 2인 이상이 서로 채권자라고 주장하는 경우에는 채권의 귀속에 관한 확인의 소의 확인의 이익이 있다(대판 1988.9.27, 87다카2269). 그러나 사안에서는 그와 같은 사정도 보이지 않으므로 확인의 이익도 인정되지 않는다.

따라서 B가 A를 상대로 수용보상금지급청구권이 자기에게 있다는 확인의 소를 구하는 것은 확인의 이익이 없을 뿐만 아니라 그 청구권이 B에게 귀속하지도 않는 것이어서 인용될 수 없는 것이다.

(3) B는 A를 상대로 ① A가 이미 수용보상금을 지급받은 경우에는 지급받은 수용보상금의 반환을 청구하고 ② A가 아직 지급받지 아니한 경우에는 수용보상금청구권의 양도를 청구하여 이를 양도받아 C에게 수용보상금을 청구함이 원칙이다. 이때 A의 의무와 B의 X토지 소유권이전의무는 동시이행관계에 있다.

판례는 부당이득반환으로 채권의 양도를 구하는 경우와 같이 양도인이 채권양도의 의사표시조차 아직 하지 아니한 때에는 "피고는 … 채권양도의 의사표시를 하고, 그 취지의 통지를 하라"는 청구를 해야 한다고 한다(대결 2005.12.19, 자 2005그128; 대판 2005.4.15, 2004다70024). 이러한 취지를 적용해본다면 B는 A

를 상대로 (1) A가 이미 수용보상금을 지급받은 경우 "A는 B에게 Y토지의 등기를 이전받음과 동시에 3억 원을 지급하라"고 청구하고, (2) A가 아직 수용보상금을 지급받지 않은 경우 "A는 B에게 Y토지의 등기를 이전받음과 동시에 ⅰ) 수용보상금청구권에 관하여 채권양도의 의사표시를 하고(실제 소장에서는 수용보상청구권을 구체적으로 특정해야 할 것이다), ⅱ) 소외 C에게 그 취지의 통지를 하라"는 청구가 가능할 것이다.

33 임대차

기본 사실관계

A는 B로부터 B 소유의 X아파트를 임대차보증금 4억 원, 임대차기간을 2013. 4. 1.부터 2년으로 정하여 임차하고 2013. 4. 1. 당일 가족과 함께 위 아파트에 입주하고 전입신고를 마쳤다.

B는 2013. 5. 1. 자신의 채권자 C에게 X아파트에 관하여 근저당권자를 C, 채권최고액을 3억 원으로 하는 근저당권설정등기를 마쳐주었다. 그 후 2013. 6. 1. X아파트에 D 명의의 가압류등기가 마쳐졌다.

A는 자신이 확정일자를 부여받지 못한 것을 깨닫고 2013. 7. 1. 임대차계약서상 확정일자를 부여받았다.

A는 타 지역 근무 발령을 받음에 따라 처와 아들의 주민등록은 X아파트에 그대로 둔 채 2014. 9. 1. 자신의 주민등록만 잠시 근무지 주소로 이전하였다가 두 달 후 다시 X주택으로 전입신고를 하였다. A는 타 지역 근무 발령 이후 주중에는 근무지에서, 주말에는 X아파트에서 가족과 생활하였다.

이후 B가 C에게 제때 채무를 이행하지 못하자 2014. 12. 1. C의 근저당권에 기초한 담보권실행을 위한 경매절차가 개시되었다.

A는 위와 같이 경매절차가 개시된 X아파트에 남은 임대차기간 동안 살 수 있는지와 임대차기간이 만료되면 임차보증금은 제대로 돌려받을 수 있을지를 궁금해 하고 있다. 또 가족과 떨어져 사는 것에 지쳐 본인과 가족 모두 자신의 근무지로 이주하는 것도 고려하고 있다.

문제

A는 변호사인 귀하를 찾아와 ① 남은 임대차기간 동안 X아파트에서 살 수 있는지?, 또한 임대차기간이 만료되면 임차보증금은 누구로부터 반환받을 수 있을지?, ② A가 현재 개시된 경매절차에서 배당요구를 한다면 ⅰ) A의 임차보증금반환채권, ⅱ) C의 근저당권의 피담보채권, ⅲ) D의 가압류의 피보전채권 사이에 배당 순위는 어떻게 되는지?, ③ 경매절차 중 임차기간이 만료되면 보증금을 변제받기 전이라도 A와 가족이 모두 타처로 이주하고자 하는데, 이 때 X아파트에

대한 임대차보증금을 안전하게 확보할 수 있는 방법이 있을지를 질의하였다. 관련된 법적 문제에 대한 검토와 함께 위 질의에 답하라.

예시답안

I. 주택임대차보호법상 대항력의 발생과 존속요건 (배점 합계 25)

1. 대항력의 발생 (배점 10)

임대차는 그 등기가 없는 경우에도 임차인이 주택의 인도와 주민등록을 마친 때에는 그 다음 날부터 제3자에 대하여 효력이 생긴다(주택임대차보호법 제3조 제1항). 따라서 A는 주택의 인도와 주민등록을 마친 다음 날인 2013. 4. 2. 대항력을 취득하였다.

2. 주민등록의 일시전출과 대항력의 유지 (배점 15)

주택의 점유와 주민등록의 계속은 대항력의 존속요건이다. 그러나 대법원은 임차인이 그 가족과 함께 그 주택에 대한 점유를 계속하고 있으면서 그 가족의 주민등록은 그대로 둔 채 임차인만 주민등록을 일시 다른 곳으로 옮긴 일이 있다 하더라도 전체적으로나 종국적으로 주민등록의 이탈이라고 볼 수 없는 이상 임차인의 제3자에 대한 대항력을 상실하지 않는다고 본다.

따라서 A가 2014. 9. 1.부터 두 달간 가족의 주민등록은 그대로 둔 채 자신의 주민등록을 일시적으로 전출하여 근무지 주소로 이전하였다 하더라도 대항력은 그대로 유지된다.

II. 경매절차의 매수인에게 대항할 수 있는지 (질의 ① 관련) (배점 합계 25)

1. 경매절차의 매수인에 대한 대항력 여부 (배점 10)

경매에 의하여 소멸하는 선순위 저당권이 없는 경우, 담보권 실행을 위한 경매절차에서 임차인은 매수인에게 대항할 수 있다. 사안에서 A는 2013. 4. 2. 대항력을 취득하였고, C의 근저당권은 A의 대항력 발생 후인 2013. 5. 1. 설정되어 경매에 의하여 소멸하는 선순위 저당권이 없으므로, A는 담보권 실행을 위한 경매절차의 매수인에게 대항할 수 있나.

2. 대항력의 의미 (배점 15)

위 경매절차의 매수인은 임대인의 지위를 승계하게 되고, 따라서 A는 임대차계약의 효력을 주장하며 임대기간 동안 X아파트에 거주할 수 있을 뿐만 아니라 임대차기간이 종료되면 매수인에게 임차보증금의 반환을 청구할 수 있다. 이때 종전 임대인인 B의 임차보증금반환의무는 소멸하므로, A는 B가 아닌 매수인에게만 임차보증금의 반환을 구할 수 있다.

Ⅲ. 우선변제권 행사 요건과 A, C, D 사이의 배당 순위(질의 ② 관련) (배점 합계 35)

1. 우선변제권 행사요건 (배점 10)

제3자에 대한 대항요건과 확정일자를 갖춘 임차인은 민사집행법에 의한 경매시 임차주택의 환가대금에서 후순위권리자 기타 채권자보다 우선하여 보증금을 변제받을 권리가 있다 (주택임대차보호법 제3조의2 제2항). 사안에서 A는 2013 4. 2. 대항력을 취득하고 2013. 7. 1. 확정일자를 갖추었으므로 우선변제권 행사요건을 갖추었다.

2. 배당순위의 결정 (배점 25)

임차인의 우선변제권과 다른 권리와의 순위는 확정일자 부여일을 기준으로 삼는다. 사안에서 A는 2013 4. 2. 대항력을 취득하고 2013. 7. 1. 확정일자를 갖추었으므로, 2013. 7. 1.을 기준으로 다른 권리와의 순위가 결정된다. C의 근저당권설정등기는 A가 확정일자를 부여받기 전인 2013. 5. 1.에 마쳐졌다.

한편 부동산 담보권자와 선순위 가압류채권자의 관계와 마찬가지로, 우선변제권을 갖게 되는 임차보증금채권자는 선순위의 가압류채권자와는 평등배당의 관계에 있게 된다고 본다 (대판 1992.10.13. 92다30597). 사안에서 D의 가압류등기는 A가 우선변제권을 가지게 된 시점(2013. 7. 1.)에 앞서 2013. 6. 1.에 마쳐졌으므로, D는 선순위 가압류채권자로서 A와 평등배당의 관계에 있게 된다.

결론적으로 A, C, D 사이의 배당순위는 ⅰ) C의 근저당권으로 담보되는 피담보채권이 1순위, ⅱ) A의 임차보증금채권이 2순위가 되며, ⅲ) D의 가압류채권은 A의 임차보증금채권과 동일한 순위(2순위)로서, A의 임차보증금채권과 채권액에 따른 안분비례를 하는 평등배당 관계에 있다.

Ⅳ. 임차권등기명령제도(질의 ③ 관련) (배점 15)

임대차가 종료된 후 보증금에 대하여 우선변제를 받기 위해서는 대항요건과 확정일자 요건을 갖추어야 하는데, 우선변제의 요건은 배당요구의 종기까지 갖추어야 한다. 따라서 보증금을 변제받지 못하는 동안 우선변제권 행사를 위해서 다른 곳으로 이사를 갈 수 없는 문제가 생긴다.

이에 주택임대차보호법 제3조의3은 임차권등기명령제도를 두고 있다. 임차권등기명령의 집행에 의한 임차권등기가 마쳐지면 임차인이 임차권등기 이전에 이미 대항력 또는 우선변제권을 취득한 경우 그 대항력 또는 우선변제권은 그대로 유지되며, 임차권등기 이후에는 법 제3조 제1항의 대항요건을 상실하더라도 이미 취득한 대항력 또는 우선변제권을 상실하지 아니한다.

따라서 A는 경매절차 중 임대기간이 만료되면 임대차등기명령을 신청할 수 있고, 이에 따라 임차권등기가 마쳐지면 보증금을 변제받기 전 가족과 함께 거주지를 이전하더라도 이미 취득한 대항력과 우선변제권을 상실하지 아니하여 보증금의 반환을 확보할 수 있다.

해 설

Ⅰ. 주택임대차보호법상 대항력의 발생과 존속요건

1. 대항력의 의미와 발생요건

임대차는 그 등기가 없는 경우에도 임차인이 주택의 인도와 주민등록을 마친 때에는 그 다음 날부터 제3자에 대하여 효력이 생긴다(주택임대차보호법 제3조 제1항). 여기서 제3자에 대한 대항력이란 임차주택의 양수인, 임대할 권리를 승계한 자, 기타 임차주택에 관하여 이해관계를 가진 자에 대하여 임대차의 내용을 주장할 수 있는 법률상의 권능을 말한다.

주택임대차보호법은 주택인도와 주민등록을 대항력의 발생요건으로 규정하고 있고(동법 제3조), 대항력은 주택인도와 주민등록을 마친 '다음날'에 발생한다. 따라서 A는 주택의 인도와 주민등록을 마친 다음 날인 2013. 4. 2. 대항력을 취득하였다. 대항력의 구비 여부는 제3자가 제기한 인도청구소송이나 임차인이 임차주택의 양수인을 상대로 보증금반환을 구하는 경우에 핵심적인 쟁점이 된다.

2. 주민등록의 일시전출과 대항력의 유지 여부 (긍정)

주택의 인도와 주민등록은 임차권의 대항력 취득요건일 뿐만 아니라, 대항력을 유지하기 위하여 계속 존속하여야 하는 대항력의 존속요건이다. 대법원은 주택의 임차인이 그 주택의 소재지로 전입신고를 마치고 그 주택에 입주함으로써 일단 임차권의 대항력을 취득한 후 어떤 이유에서든지 그 가족과 함께 일시적이나마 다른 곳으로 주민등록을 이전하였다면 이는 전체적으로나 종국적으로 주민등록의 이탈이라고 볼 수 있으므로 그 대항력은 그 전출 당시 이미 대항요건의 상실로 소멸되는 것이고, 그 후 그 임차인이 얼마 있지 않아 다시 원래의 주소지로 주민등록을 재전입하였다 하더라도 이로써 소멸되었던 대항력이 당초에 소급하여 회복되는 것이 아니라 그 재전입한 때부터 그와는 동일성이 없는 새로운 대항력이 재차 발생하는 것이라고 보았다(대판 1998.1.23. 97다43468). 사안에서 A가 2014. 9. 1.부터 두 달간 자신의 주민등록을 전출하여 근무지 주소로 이전하여 대항력을 상실한 것은 아닌지 문제될 수 있다.

이에 대하여 대법원은 주민등록이라는 대항요건은 임차인 본인뿐만 아니라 그 배우자나 자녀 등 가족의 주민등록을 포함하는 것이므로, 임차인이 그 가족과 함께 그 주택에 대한 점유를 계속하고 있으면서 그 가족의 주민등록은 그대로 둔 채 임차인만 주민등록을 일시 다른 곳으로 옮긴 일이 있다 하더라도 전체적으로나 종국적으로 주민등록의 이탈이라고 볼 수 없는 이상 임차인의 제3자에 대한 대항력을 상실하지 않는다고 하였다(대판 1996.1.26. 95다30338).

따라서 A가 2013. 4. 2. 취득한 대항력은 A가 2014. 9. 1.부터 두 달간 가족의 주민등록은 그대로 둔 채 자신의 주민등록을 일시적으로 전출하여 근무지 주소로 이전하였다 하더라도 상실되지 않고 그대로 유지된다.

Ⅱ. 경매절차의 매수인에게 대항할 수 있는지(질의 ① 관련)

1. 선순위 저당권이 없는 경우 대항 가능

임차인은 대항력 발생 이후의 임차주택의 신소유자에 대하여 대항할 수 있다. 임차인이 경매절차의 매수인에게 대항할 수 있는지는 경매에 의하여 소멸하는 선순위 저당권의 유무에 따라 달라진다.

경매에 의하여 소멸하는 선순위 저당권이 없는 경우, 담보권 실행을 위한 경매절차에서 임차인은 매수인에게 대항할 수 있다(강제경매절차의 경우는 아래 「유제」 참조).

반대로 경매에 의하여 소멸하는 선순위 저당권이 있는 경우, 강제집행이나 담보권실행을 위한 경매에서 임차주택이 매각되어 선순위 저당권이 소멸하면 비록 후순위 저당권자에게는 대항할 수 있는 임차권이라 하더라도 선순위 저당권이 소멸함과 더불어 임차권은 함께 소멸하는 것이고, 따라서 이때의 매수인에게는 임대차를 가지고 대항할 수 없다(대판 2000.2.11. 99다59306).

사안에서 A는 2013. 4. 2. 대항력을 취득하였고, C의 근저당권은 대항력 발생 후인 2013. 5. 1. 설정되어 경매에 의하여 소멸하는 선순위 저당권이 없으므로, A는 담보권 실행을 위한 경매절차의 매수인에게 대항할 수 있다.

2. 매수인에 대한 임대차 주장과 임차보증금반환청구

경매절차의 매수인에게 대항할 수 있다는 것은 어떤 의미인가? 주택임대차보호법은 그 대항력의 내용에 관하여 "임차주택의 양수인(그 밖에 임대할 권리를 승계한 자를 포함한다)은 임대인의 지위를 승계한 것으로 본다."고 규정한다(동법 제3조 제4항). 임대인의 지위가 신소유자에게 승계되면 임차보증금반환채무도 부동산의 소유권과 결합하여 일체로서 임대인의 지위를 승계한 신소유자에게 이전되고, 종전 임대인의 보증금반환채무는 소멸한다.

사안에서 A는 경매절차의 매수인에게 대항할 수 있으므로 위 경매절차에서 X아파트가 매각되더라도 매수인은 임대인의 지위를 승계하게 되고, 따라서 A는 임대차계약의 효력을 주장하며 임대기간동안 X아파트에 거주할 수 있을 뿐만 아니라 임대차기간이 종료되면 매수인에게 임차보증금의 반환을 청구할 수 있다. 이때 종전 임대인인 B의 임차보증금반환의무는 소멸하므로, A는 B가 아닌 매수인에게만 임차보증금의 반환을 구할 수 있다.

이러한 법리는 임대차보증금에 대한 압류 및 전부명령이 발령된 경우에도 동일하게 적용된다. 대법원은 주택임대차보호법 제3조 제1항의 대항요건을 갖춘 임차인의 임대차보증금반환채권에 대한 압류 및 전부명령이 확정되어 임차인의 임대차보증금반환채권이 집행채권자에게 이전된 경우, 제3채무자인 임대인으로서는 임차인에 대하여 부담하고 있던 채무를 집행채권자에 대하여 부담하게 될 뿐 그가 임대차목적물인 주택의 소유자로서 이를 제3자에게 매도할 권능은 그대로 보유하는 것이며, 따라서 소유자인 임대인이 당해 주택을 매도한 경우 주택임대차보호법 제3조 제2항에 따라 전부채권자에 대한 보증금지급의무를 면하게 되므로, 결국 임대인은 전부금지급의무를 부담하지 않는다고 하였다(대판 2005.9.9, 2005다23773).

Ⅲ. 우선변제권 행사 요건과 A, C, D 사이의 배당 순위(질의 ② 관련)

1. 우선변제권 행사 요건

제3자에 대한 대항요건과 확정일자를 갖춘 임차인은 민사집행법에 의한 경매시 임차주택의 환가대금에서 후순위권리자 기타 채권자보다 우선하여 보증금을 변제받을 권리가 있다(주택임대차보호법 제3조의2 제2항).

참고로 대항력과 우선변제권의 두 권리를 겸유하고 있는 임차인은 임대차존속 주장과 우선변제권을 선택적으로 행사할 수 있으므로, 임차인이 경매절차에서 우선변제권을 행사하지 아니하였다고 하여 매수인에게 임대차로써 대항할 수 없다거나 임차보증금 반환채권을 포기한 것으로 볼 수 없다.

또 두 권리를 겸유한 임차인이 먼저 우선변제권을 선택하여 임차주택에 대하여 진행되고 있는 경매절차에서 보증금 전액에 대하여 배당요구를 하였다고 하더라도, 그 순위에 따른 배당이 실시된 결과 보증금 전액을 배당받을 수 없었던 때에는 법 제3조의5 단서에 의하여 임차권은 소멸되지 아니하므로 임차인은 매수인에게 임대차를 주장할 수 있다. 다만 임차인이 우선변제권을 선택하여 제1경매절차에서 보증금 전액을 배당받을 수 없었던 경우에는 이처럼 매수인에게 대항하여 이를 반환받을 때까지 임대차관계의 존속을 주장할 수 있을 뿐이고 임차인의 우선변제권은 매각으로 인해 소멸하는 것이므로 제2경매절차에서 우선변제권에 의한 배당을 받을 수는 없다(대판 2006.2.10, 2005다21166).

2. 배당 순위의 결정

임차인의 우선변제권과 다른 권리와의 순위는 확정일자 부여일을 기준으로 삼는다. 단, 확정일자를 입주 및 주민등록과 같은 날 또는 그 이전에 갖춘 경우에는 우선변제적 효력은 대항력과 마찬가지로 인도와 주민등록을 마친 다음날을 기준으로 한다.

사안에서 A는 2013 4. 2. 대항력을 취득하고 2013. 7. 1. 확정일자를 갖추었으므로, 2013. 7. 1.을 기준으로 다른 권리와의 순위가 결정된다. C의 근저당권설정등기는 A가 확정일자를 부여받기 전인 2013. 5. 1.에 마쳐졌다. 따라서 배당 순위에서 C의 근저당권의 피담보채권은 A의 임차보증금채권보다 앞선다.

3. 선순위 가압류채권자와의 관계: 평등배당의 관계

A와 D 사이의 배당 순위는 어떠한가? 대법원은 주택임대차보호법상 우선변제권에 관한 규정은 임대차계약증서에 확정일자를 갖춘 경우 부동산 담보권에 유사한 권리를 인정한다는 취지이므로, 부동산 담보권자보다 선순위의 가압류채권자가 있는 경우에 그 담보권자가 선순위의 가압류채권자와 채권액에 비례한 평등배당을 받을 수 있는 것과 마찬가지로 위 규정에 의하여 우선변제권을 갖게 되는 임차보증금채권자도 선순위의 가압류채권자와는 평등배당의 관계에 있게 된다고 본다(대판 1992.10.13, 92다30597). 사안에서 D의 가압류등기는 A가 우선변제권을 가지게 된 시점(2013. 7. 1.)에 앞서 2013. 6. 1.에 마쳐졌으므로, D는 선순위 가압류채권자로서 A와 평등배당의 관계에 있게 된다.

결론적으로 A, C, D 사이의 배당순위는 ⅰ) C의 근저당권으로 담보되는 피담보채권이 1순위, ⅱ) A의 임차보증금채권이 2순위가 되며, ⅲ) D의 가압류채권은 A의 임차보증금채권과 동일한 순위(2순위)로서, A의 임차보증금채권과 채권액에 따른 안분비례를 하는 평등배당 관계에 있다.

4. 보론: 임차인의 배당요구와 부당이득반환청구권

주택임대차보호법에 의하여 우선변제청구권이 인정되는 임대차보증금반환채권은 민사집행법 제88조 제1항에서 규정하는 배당요구가 필요한 배당요구채권에 해당하고, 따라서 민사집행법상 당연히 배당받을 수 있는 채권자(압류의 효력발생 전에 등기한 가압류채권자, 매각으로 인하여 소멸하는 저당권자 및 전세권자로서 압류의 효력발생 전에 등기한 자 등)의 경우와는 달리, 적법한 배당요구를 한 경우에 한하여 비로소 배당을 받을 수 있고 배당요구를 하지 아니한 경우 배당받은 다른 채권자를 상대로 부당이득반환을 청구할 수 없다. 소액임차인의 소액보증금반환채권에도 마찬가지의 법리가 적용되어 적법한 배당요구를 하지 아니한 소액임차인은 배당받은 후순위채권자를 상대로 부당이득반환을 청구할 수 없다(대판 1998.10.13, 98다12379; 대판 2002.1.22, 2001다70702).

Ⅳ. 임차권등기명령제도(질의 ③ 관련)

임대차가 종료된 후 보증금에 대하여 우선변제를 받기 위해서는 주택임대차보호법 제3조에 의한 대항요건과 확정일자 요건을 갖추어야 한다. 우선변제의 요건은 배당요구의 종기까지 갖추어야 한다(대판 1997.10.10, 95다44597). 따라서 보증금을 변제받지 못하는 동안 우선변제권 행사를 위해서 다른 곳으로 이사를 갈 수 없는 문제가 생긴다.

이에 주택임대차보호법 제3조의3은 임대차계약이 종료된 후 보증금을 반환받지 못한 경우에 임차인이 단독으로 법원에 임차권등기명령을 신청할 수 있도록 하고 있다.

임차권등기명령의 집행에 의한 임차권등기가 마쳐지면, 임차인이 임차권등기 이전에 이미 대항력 또는 우선변제권을 취득한 경우에는 그 대항력 또는 우선변제권은 그대로 유지되며 임차권등기 이후에는 법 제3조 제1항의 대항요건을 상실하더라도 이미 취득한 대항력 또는 우선변제권을 상실하지 아니한다.

따라서 A는 경매절차 중 임대기간이 만료되면 임차주택의 소재지를 관할하는 법원에 임대차등기명령을 신청할 수 있고, 임차권등기가 마쳐지면 보증금을 변제받기 전 가족과 함께 거주지를 이전하더라도 이미 취득한 대항력과 우선변제권을 상실하지 아니하여 보증금의 반환을 확보할 수 있다.

유 제

문제 ①

사안에서 D의 가압류가 2013. 3. 2. 마쳐진 경우, D의 가압류의 본안 판결의 집행에 따른 강제경매절차에서 X주택을 매수한 매수인에 대해 A는 그 임차권을 대항할 수 있는가?

해 설

대법원은 임차인이 주택임대차보호법 제3조에 의하여 그 임차권이 대항력을 갖는다 하더라도 부동산에 대하여 가압류등기가 마쳐진 후에 그 채무자로부터 그 부동산을 임차한 자는 가압류집행으로 인한 처분금지의 효력에 의하여 가압류사건의 본안판결의 집행으로 그 부동산을 취득한 경락인에게 그 임대차의 효력을 주장할 수 없다고 한다(대판 1983.4.26. 83다카116).

따라서 경매에 의하여 소멸하는 선순위 저당권이 없는 경우라도, 강제경매절차의 매수인에 대해서는 임차권의 대항력 발생 후에 경매개시결정의 등기(가압류가 있는 경우에는 그 가압류등기)가 된 경우에 한하여 임차권을 대항할 수 있다.

사안에서 A의 대항력 발생 전인 2013. 3. 2. 가압류등기가 마쳐졌으므로, 그 가압류사건의 본안판결의 집행으로 부동산을 취득한 강제경매절차의 매수인에게 임차권을 대항할 수 없다.

문제 ②

[토지임대차, 지상물매수청구권 사안] A는 2005. 5. 20. B에게 A소유인 X토지를 차임 월 400만 원, 기간 2005. 7. 20.부터 5년으로 정하여 임대하였다. B는 공장신축 목적으로 위 토지를 임차한 것인데 그 후 X토지 전체 위에 공장을 신축하고 보존등기를 마쳤다. A는 위 임대차기간이 만료된 후에도 B로부터 계속 월차임을 지급받아 오다가 B에게 임대차계약 해지의 뜻을 통보하여 그 통지가 2012. 4. 20. B에게 도달하였다. B는 2012. 4. 21.부터의 차임을 지급하지 않았다.

B는 해지통보를 받은 후에도 계속 공장을 운영하다가 2013. 8. 21. 위 공장의 각종 설비와 집기를 이전하고 공장에서 철수하면서 그 때부터는 공장건물에 시정장치만 하여둔 채 공장을 운영하지 않았다. A가 그 후 B를 상대로 위 해지통고로 임대차계약이 종료되었음을 주장하며 공장건물의 철거와 토지 인도를 청구하자 B는 2013. 11. 21. 위 공장건물에 대해 지상물매수청구권을 행사한다는 주장을 하였다.

B가 지상물매수청구를 할 당시 건물의 시가는 8천만 원이고, 2012. 1. 1. 이후 현재까지 임대차보증금 없는 X토지의 월 차임은 400만 원이다. A는 B로부터 토지를 인도받고자 하며 공장건물을 시세대로 매수할 의향이 있다. 또한 A는 B에게 가능한 차임 및 연체차임을 청구하고 싶다. A는

B를 상대로 어떤 청구를 할 수 있을까?

해 설

(1) B를 상대로 A로부터 건물의 시가인 8천만 원을 지급받음과 동시에 공장에 관하여 2013. 11. 21. 매매를 원인으로 한 소유권이전등기절차를 이행하고, 위 건물을 인도할 것을 청구할 수 있다.

민법 제643조의 지상물매수청구권은 기간의 정함이 없는 임대차에 있어서 임대인의 해지통고에 의하여 임차권이 소멸한 경우에도 인정된다($\binom{\text{대판 1977.6.7.}}{76다2324}$). 위 지상물매수청구권은 이른바 형성권으로서 그 행사로 임대인과 임차인 사이에 지상물에 관한 매매가 성립하게 되며, 임차인이 지상물매수청구권을 행사한 경우에는 임대인은 그 매수를 거절하지 못한다($\binom{\text{대판(전)}}{\substack{1995.7.11.\\94다\\34265}}$). 사안에서 B는 지상물매수청구권을 가지게 되며, 그 행사로 인해 건물매매계약이 성립되었다. 따라서 A는 B에게 위 건물의 시가인 8천만 원을 지급받음과 동시에 공장에 관하여 2013.11. 21. 매매를 원인으로 한 소유권이전등기절차를 이행하고, 위 건물을 인도할 것을 청구할 수 있을 것이다. 한편 토지임차인의 건물인도 및 소유권이전등기의무와 토지임대인의 건물대금지급의무는 서로 대가관계에 있는 채무이므로, 토지임대인인 A는 위 동시이행관계가 유지되는 한 매매대금에 대한 지연손해금을 지급할 의무를 부담하지 않는다.

(2) B를 상대로 2012. 4. 21.부터 X토지를 인도하는 날까지 월 400만 원의 비율에 의한 금원을 지급할 것을 청구할 수 있다.

임대차계약은 민법 제639조에 따라 2010. 7. 20. 묵시적으로 갱신되었고, 민법 제635조에 따른 임차인의 해지통고에 의하여 해지통고 도달일인 2012. 4. 20.로부터 6개월이 경과한 2012. 10. 20. 적법하게 해지되었다. 따라서 A는 B가 차임을 지급하지 않은 2012. 4. 21.부터 임대차계약이 해지된 2012. 10. 20.까지는 월 400만원의 연체 차임을, 2012. 10. 21.부터 토지 인도시까지는 월 400만 원의 차임 상당 부당이득을 구할 수 있다. 참고로 민법 제643조의 지상물매수청구권을 행사한 토지임차인은 임대인인 토지 소유자로부터 매매대금을 지급받을 때가지 건물 등의 인도를 거부할 수는 있지만, 대지 사용에 대한 이익은 부당이득으로 반환하여야 한다. 한편 권한 없이 타인 소유의 토지 위에 건물을 소유하고 있는 자는 그 자체로써 특별한 사정이 없는 한 법률상 원인 없이 타인의 재산으로 인하여 토지의 차임에 상당하는 이익을 얻고 이로 인하여 타인에게 동액 상당의 손해를 주고 있다고 보아야 한다($\binom{\text{대판 1998.5.8.}}{98다2389}$).

34 감독자책임

공통된 사실관계

甲은 중학교 시절 아버지 A와 어머니 B의 이혼 등으로 정신적 방황을 겪는 과정에서 같은 학교 학생을 집단적으로 따돌리거나 폭행을 가하는 등 몇 건의 사고를 저지른 적이 있었다. 甲은 아버지와 함께 살며 그에게 경제적으로 의존하고 있었는데, 아버지는 일이 바쁘다는 핑계로 평소 甲에 대한 교육이나 보호를 소홀히 하였다. 甲의 중학교 동창생 乙은 고등학교 진학후 甲의 과거 비행사실을 학교에 떠벌렸고 그 소문이 점차 확대되어 학교 전체에 알려지자, 이를 참지 못한 甲은 친한 친구와 함께 乙을 협박하고 집단적으로 따돌리기 시작하였다. 乙은 甲 등의 집단 따돌림과 협박으로 학교 출석일수가 줄고 우울증을 앓기 시작했으며 정신과 치료를 받는 등 불안한 심리상태가 악화되었다. 乙은 담임교사 C에게 甲 등의 가해사실과 자신의 피해상황을 얘기하였음에도, 담임교사는 학생들 사이에 종종 있는 일이고 오히려 乙이 민감하게 반응한 것으로 판단하여 크게 신경을 쓰지 않았다. 乙이 정신과 치료를 받고 있던 중에도 甲의 乙에 대한 따돌림은 계속되었고, 이러한 사실을 알게 된 乙의 아버지 D와 어머니 E는 가해자 甲에게 집단 따돌림과 협박의 중단 및 사과를 요구하였으며, 甲의 아버지인 A에게도 甲의 행위에 대한 중단과 사후 재발방지를 요구하였다. 이러한 요구에도 甲의 행위는 지속되었고 乙의 병원치료가 장기화되자, D와 E는 甲의 부모 A 및 B에게 치료비 등의 손해배상으로 1천만 원을 요구했다가 거절당하였다. 乙이 甲과 그 부모 A 및 B, 담임교사 C를 상대로 위 치료비 등에 대한 손해배상청구소송을 제기하였고, 재판을 담당한 판사는 甲의 나이로 보아 그 책임능력의 존재 여부에 대하여 의문을 가졌으나, 甲을 상담한 전문의사는 甲에게 책임능력이 있다는 감정의견서를 재판부에 제출하였다.

문제 ❶

이 소송에서 피고 甲은 위 사고 당시 나이가 16세 3개월로 책임을 변식할 지능이 없으므로 불법행위에 대한 손해배상책임이 없다고 항변한 반면, 피고 A와 B는 甲의 책임능력이 있다고 하면서 甲 스스로 손해배상책임을 질 뿐 친권자인 그들이 乙의 치료비 등 손해를 배상할 책임은 없다고 항변하였다. 피고들의 위 항변은 정당한가? 만일 정당하지 않다면 그 근거는 무엇인가? (20점)

문제 ②

위 소송에서 재판부가 A와 B에게 손해배상을 명한 경우, 甲과 C의 손해배상책임은 부정되는가? (20점)

추가된 사실관계

甲 등의 집단 따돌림이 계속되면서 乙의 우울증은 더욱 심각하게 악화되었고 심리적 불안과 신경쇠약 증세를 보이기 시작하였다. 병원에서의 치료에도 乙의 상태가 호전되지 않자 D와 E는 乙을 퇴원시켜 집에서 돌보기로 하고, 부부의 맞벌이 때문에 어릴 적부터 乙을 키우고 乙이 가장 잘 따랐던 乙의 이모 F로 하여금 乙을 돌보게 하였다. F의 도움으로 병세가 다소 호전된 乙은 다시 학교에 다니기 시작하였으나 甲 등의 집요한 협박과 집단 따돌림이 다시 시작되었고, 이를 참지 못한 乙은 결국 방과 후 학교 옥상에서 뛰어내려 사망하고 말았다. 乙의 부모 D 및 E, 그리고 乙의 이모 F는 甲의 부모 A 및 B에 대하여 乙의 사망을 근거로 한 손해배상청구소송을 제기하였다. 이 소송에서 乙의 부모 D 및 E의 청구내용은 乙의 사망으로 인한 장례비 손해배상(1), 乙의 장래수입에 대한 손해배상(2), 乙의 사망으로 인한 乙 자신의 정신적 손해배상(3), 乙의 사망으로 인한 D와 E의 정신적 손해배상(4)이고, F의 청구내용은 乙의 사망으로 인한 F 자신의 정신적 손해배상이었으며, D와 E의 (1), (2) 청구는 법원에 의하여 인용되었다.

문제 ③

D와 E의 (3)청구는 인용될 수 있는가? (15점)

문제 ④

D와 E의 (4)청구와 F의 청구는 인용될 수 있는가? 인용된다면 그 법적 근거는 무엇인가? (15점)

모범답안

문제 1 〈책임능력의 존재여부와 감독자책임〉 (20점)

Ⅰ. 쟁점정리 (2점)

민법은 책임능력 없는 미성년자의 불법행위에 대하여 그 부모 등 감독자에게 책임을 물을 수 있는 것으로 규정하고 있다($\frac{제755}{조}$). 그런데 미성년자에게 책임능력이 있는 경우에 대해서는 민법의 규정이 없으므로, 피해자의 구제를 위하여 해석상 그 부모인 감독자의 책임이 인정될 수 있는지가 문제된다. 본 사례는 甲의 불법행위에 대하여 그 감독자인 부모 A와 B의 손해배상책임에 관한 내용이다.

Ⅱ. 책임능력이 없는 미성년자의 감독자책임 (6점)

1. 성립요건

감독자책임이 인정되기 위해서는 감독의 대상인 미성년자 또는 심신상실자가 타인에게 가해행위를 하여 손해를 발생시켜야 한다. 감독자책임은 형식상 감독의무 위반에 대한 과실책임이므로, 감독의무의 위반이 없는 경우에는 책임이 성립하지 않는다. 물론 감독의무의 해태와 책임무능력자의 가해행위 사이에 인과관계가 존재해야 하며, 이러한 인과관계의 부존재를 증명하면 감독자는 책임을 면할 수 있다.

2. 효 과

감독자책임의 성립요건이 갖추어지면 감독의무자는 책임무능력자에 갈음하여 손해배상책임을 진다. 감독자로서는 친권자나 후견인 등과 같이 일상적으로 책임무능력자를 감독하는 자를 법정감독의무자라고 한다. 배상의 범위는 민법 제393조에 의하며, 다만 동조 제2항의 특별손해에 대한 예견가능성은 감독의무자를 기준으로 한다.

Ⅲ. 책임능력 있는 미성년자의 감독자책임 (10점)

1. 원 칙

민법 제755조는 감독의 대상이 되는 미성년자나 심신상실자에게 책임능력이 없는 경우에 한하여 그 감독자가 책임을 지는 것으로 규정하고 있기 때문에, 책임능력이 있는 경우에는 원칙적으로 가해행위를 한 미성년자나 심신상실자가 스스로 책임을 져야 하고 감독자가 대신 책임을 질 이유는 없다. 그러나 현실적으로 경제적 능력이 부족한 미성년자의 불법행위에 대하여 그 미성년자에게만 책임을 지운다면 피해자의 배상에 심각한 문제가 발생할 수 있으므로, 이에 대한 새로운 법리구성이 필요하다.

2. 감독자책임을 인정하기 위한 해석론

책임능력이 있는 미성년자의 불법행위에 대해서도 감독자책임을 인정하기 위해서는 일정한 법적 근거가 필요하다. 이에 대한 민법규정이 없으므로 해석상 견해가 대립된다. 일반적인 학설과 판례는 책임능력 있는 미성년자의 불법행위라 하더라도 친권자가 그 미성년자에 대한 보호, 교양의무($\substack{제913 \\ 조}$)를 부담하고, 후견인 역시 이에 관하여 친권자와 동일한 권리의무가 있으므로($\substack{제945 \\ 조}$), 그 의무위반과 손해발생 사이에 상당한 인과관계가 있다면 민법 제750조에 의하여 친권자 등 감독자에게 책임을 물을 수 있다고 한다. 그 외 민법 제755조의 유추적용이나 가장의 보증인적 지위에 근거한 책임을 인정하는 견해도 있다.

Ⅳ. 결론 (2점)

가해 미성년자 甲이 불법행위를 한 경우 그 법정감독의무자인 A와 B의 손해배상책임 여부는 甲의 책임능력 여부에 따라 달라진다. 가해 미성년자의 책임능력이 없는 경우에는 민법 제755조에 근거하여 이들의 책임이 인정된다. 그리고 책임능력이 있는 경우에도 학설과 판례는 피해자의 구제를 위하여 감독자의 주의의무위반과 가해 미성년자의 불법행위 사이에 상당한 인과관계가 있는 경우에는 민법 제750조에 근거하여 손해배상책임을 진다. 따라서 피고들의 항변은 정당하지 않다.

문제 ② 〈미성년자 자신의 불법행위책임과 대리감독자의 책임〉 (20점)

Ⅰ. 쟁점정리 (2점)

미성년자의 불법행위에 의하여 친권자 등 법정감독자가 책임을 지는 경우, 가해 미성년자 또는 교사와 같은 대리감독자의 손해배상책임 역시 인정될 수 있는지가 문제된다. 특히 전자는 가해 미성년자 甲이 독자적인 불법행위의 요건을 충족하였는가에 따라 달라진다. 본 사례는 甲에게 책임능력이 있는 경우와 없는 경우로 나누어서 검토할 필요가 있고, 대리감독자 C

역시 독자적인 불법행위의 요건을 충족시키는지 검토할 필요가 있다.

Ⅱ. 가해 미성년자의 손해배상책임 (8점)

1. 가해 미성년자에게 책임능력이 없는 경우

가해 미성년자에게 책임능력이 없는 경우는 그 자체로 일반불법행위($\frac{제750}{조}$)의 성립요건을 충족하지 못하므로 감독자책임과 관계없이 미성년자의 불법행위책임은 인정되지 않는다.

2. 가해 미성년자에게 책임능력이 있는 경우

가해 미성년자에게 책임능력이 있는 경우에도 감독자의 주의의무위반과 미성년자의 가해행위 사이에 상당한 인과관계가 있다면 학설과 판례의 해석상 감독자책임은 인정되고, 이와 별개의 근거에 따른 가해 미성년자의 일반불법행위책임 역시 성립될 수 있다. 그러므로 다른 요건이 충족된다는 전제에서 가해 미성년자의 책임능력이 인정된다면 민법 제750조에 따라 가해 미성년자 역시 손해배상책임을 부담한다.

Ⅲ. 대리감독자의 책임 (8점)

1. 대리감독자

학교의 교사나 유치원의 보모 등과 같이 법정감독자를 대신하여 미성년자의 일정장소 및 일정시간의 감독을 대신하는 자를 대리감독자라고 한다.

2. 책임의 근거

대리감독자의 책임근거 역시 가해 미성년자에게 책임능력이 없으면 민법 제755조 제2항의 감독자책임 규정에 의하고, 가해 미성년자에게 책임능력이 있으면 민법 제750조의 일반불법행위책임에 의한다. 특히 가해 미성년자에게 책임능력이 있는 경우, 대리감독자 책임의 구체적인 근거는 관련 법규에 따라 학교의 교사나 유치원의 보모 역시 학생이나 원생의 생활에 대한 보호, 감독의무를 부담하며, 이를 위반한 경우 일반불법행위책임을 져야 한다. 다만 판례에 의하면 대리감독자의 경우는 미성년자에 대한 보호, 교양의무의 범위가 한정되므로, 그 책임 역시 사고발생에 대한 예측 또는 예측가능성이 있는 경우에 한하여 인정된다고 한다.

Ⅳ. 결론 (2점)

일반적인 해석에 따르면 가해 미성년자 甲의 친권자 A, B가 법정감독의무자로서 피해자에 대한 손해배상책임을 지며, 이 때 가해 미성년자 甲에게 책임능력이 있는 경우 자신도 일반불법행위책임을 진다. 법정감독자 A 및 B와 대리감독자인 교사 C의 책임 역시 별개의 근거에 의한 책임이므로 경합적으로 성립될 수 있다. 이들 책임은 모두 공동불법행위자로서 부진정연대채무로 해석해야 할 것이다.

문제 ③ 〈사망으로 인한 피해자 자신의 정신적 손해배상청구권〉 (15점)

Ⅰ. 쟁점정리 (2점)

타인의 불법행위에 의하여 피해자가 사망한 경우, 피해자는 사망으로 권리능력을 상실하므로 스스로 자신의 사망으로 인한 정신적 손해배상청구권을 취득할 수 없게 된다. 상해의 경우에도 피해자의 정신적 손해배상을 인정하는데 그보다 더 큰 법익인 사망에 대하여 정신적 손해배상을 인정하지 않는 것은 문제라는 측면에서, 그 인정여부와 근거에 대하여 견해가 대립한다.

Ⅱ. 학설 (8점)

피해자가 사망 이전의 신체적 침해로 인한 정신적 손해배상청구권은 당연히 피해자에게 귀속되고, 피해자의 사망으로 상속인에게 상속된다. 그런데 피해자가 사망한 경우 피해자 자신의 정신적 손해배상청구권에 대해서는 견해가 대립한다. 다수설은 즉사의 경우에도 시간적 간격은 존재하므로 피해자에게 발생한 위자료 청구권이 상속될 수 있으며, 피해자가 치명상을 입은 후 사망한 경우와의 균형을 고려하더라도 이를 긍정해야 한다는 입장이다(시간적 간격설). 반면 소수설은 피해자 자신의 사망으로 인한 정신적 손해배상청구권이 발생하지만, 피해자가 사망함으로써 권리능력을 상실하기 때문에, 그 권리가 피해자에게 귀속될 수 없게 되어 상속도 곤란하다는 입장이다(상속부정설).

Ⅲ. 판례 (3점)

판례는 다수설과 마찬가지로 시간적 간격설에 따른 당연상속설을 취한다.

Ⅳ. 결론 (2점)

피해자 乙은 자신의 사망으로 인한 정신적 손해배상청구권을 취득할 수 있으며, 이를 그 부모인 D와 E가 상속하여 가해자의 부모인 A와 B에게 청구할 수 있다.

문제 4 〈피해자의 사망으로 인한 근친자의 정신적 손해배상청구권〉(15점)

Ⅰ. 쟁점정리 (2점)

피해자 乙의 사망으로 인한 부모 D와 E의 정신적 손해배상청구권 및 어릴 적부터 乙을 돌봐주고 乙이 잘 따랐던 이모 F가 乙의 사망으로 인하여 입은 정신적 손해의 배상청구가 가능한지 문제된다.

Ⅱ. 직계존속 등의 정신적 손해배상청구권 (5점)

민법 제752조는 사망한 피해자의 직계존속, 직계비속, 배우자에게 피해자의 사망으로 인한 정신적 손해배상청구권을 인정한다. 이것은 피해자의 사망으로 인한 이들의 정신적 고통은 그 존재를 증명하지 않아도 위자료 청구권을 행사할 수 있다는 의미이다.

Ⅲ. 근친자의 정신적 손해배상청구권 (6점)

민법 제752조에서 규정한 직계존속이나 직계비속, 배우자 외의 근친자도 피해자의 사망으로 인한 정신적 손해배상청구권을 가질 수 있다. 물론 민법의 명문규정은 없으나 학설은 민법 제752조가 한정적 열거가 아닌 예시라고 해석하면서 이를 인정하고, 판례는 민법 제751조가 그 근거라고 한다. 다만 이 경우는 직계존속이나 직계비속, 배우자와 달리 근친자 자신의 정신적 고통이 존재함을 증명해야 손해배상을 청구할 수 있다.

Ⅳ. 결론 (2점)

피해자 乙의 부모인 D와 E는 민법 제752조에 근거하여 乙의 사망으로 인한 자신들의 정신적 손해배상청구권을 행사할 수 있으며, 물론 정신적 고통에 대한 증명은 불필요하다. 다만 근친자인 F는 민법의 명문규정은 없으나 정신적 고통이 존재함을 증명하여 가해자 甲의 부모 A와 B를 상대로 정신적 손해배상을 청구할 수 있다.

해 설

Ⅰ. 책임능력의 인정여부

과실책임주의에 따라 고의 또는 과실을 불법행위의 성립요건으로 보는 전제에 비추어, 불법행위자는 자신의 행위에 대한 정신적 판단능력이 필요하다. 이를 책임능력이라고 한다. 이러한 책임능력은 다양한 기준에 따라 판단되어야 하지만 중요한 기준 중의 하나가 행위자의 연령이다. 책임능력의 판단은 법관의 전권사항이므로, 전문의사 등의 감정을 참고할 수는 있지만 판단 자체는 법관의 고유권한에 속한다.

Ⅱ. 책임능력이 없는 경우의 감독자책임

1. 민법규정

민법은 미성년자로서 또는 심신상실자로서 책임능력이 없는 자의 불법행위에 대해서는 그를 감독할 법정의무 있는 자가 배상책임을 지고, 법정감독의무자에 갈음하여 책임무능력자를 감독하는 대리감독자도 동일한 책임이 있는 것으로 규정한다($\frac{제755}{조}$).

2. 성립요건

감독자책임이 인정되기 위해서는 감독의 대상인 미성년자 또는 심신상실자가 타인에게 가해행위를 하여 손해를 발생시켜야 한다. 다만 가해행위를 한 미성년자나 심신상실자에게 책임능력이 없으면 불법행위의 요건이 충족되지 않는다. 물론 감독의 대상인 자가 책임능력 외의 사유로 불법행위책임을 구성하지 않는 경우에는 감독자책임도 인정되지 않는다. 또한 감독자책임은 형식상 감독의무 위반에 대한 과실책임이므로, 감독의무의 위반이 없는 경우에는 성립하지 않는다. 물론 감독의무의 해태와 책임무능력자의 가해행위 사이에 상당한 인과관계가 존재해야 하며, 이러한 인과관계의 부존재를 증명하면 감독자는 책임을 면할 수 있다.

3. 효 과

감독자책임의 성립요건이 갖추어지면 감독의무자는 책임무능력자에 갈음하여 손해배상책임을 진다. 감독자로서는 친권자나 후견인 등과 같이 일상적으로 책임무능력자를 감독하는 자를 법정감독의무자라고 하고, 학교의 교사와 같이 법정감독의무자를 대신하여 특정한 장소와 시간에 책임무능력자를 감독하는 자를 대리감독자라고 한다. 물론 대리감독자가 피용자인 경우에 그 사용자가 민법 제756조에 의한 사용자책임을 질 수도 있다. 배상의 범위는 민법 제393조에 의하며, 다만 동조 제2항의 특별손해에 대한 예견가능성은 감독의무자를 기준으로 한다.

Ⅲ. 책임능력이 있는 경우의 감독자책임

1. 원   칙

감독의 대상이 되는 미성년자나 심신상실자에게 책임능력이 있는 경우에 원칙적으로는 가해행위를 한 미성년자나 심신상실자가 스스로 책임을 져야 하고 감독자가 대신 책임을 질 이유는 없다. 민법 제755조에서는 감독의 대상이 되는 자가 책임능력이 없는 경우에 한하여 그 감독자가 책임을 지는 것으로 규정하기 때문이다. 그러나 현실적으로 경제적 능력이 부족한 미성년자의 불법행위에 대하여 그 미성년자에게만 책임을 지운다면 피해자의 구제에 심각한 문제가 발생할 수 있으므로 새로운 법리구성이 필요하다.

2. 감독자책임을 인정하기 위한 해석론

책임능력이 있는 미성년자의 불법행위에 대해서도 감독자책임을 인정하기 위해서는 일정한 법적 근거가 필요하다. 이에 대한 민법 규정이 없으므로 해석상 견해가 대립된다. 일반적인 학설과 판례는 책임능력 있는 미성년자의 불법행위라 하더라도 친권자가 그 미성년자에 대한 보호, 교양의무(제913조)를 위반하고 그 위반과 손해발생 사이에 상당한 인과관계가 있다면 민법 제750조에 의하여 친권자 등 감독자에게 책임을 물을 수 있다고 한다. 특히 판례는 "책임능력 있는 미성년자의 불법행위로 인하여 손해가 발생한 경우 그 손해가 미성년자의 감독의무자의 의무위반과 상당인과관계가 있는 경우 감독의무자에게 일반불법행위자로서 손해배상의무를 인정하는 것은 당원의 일관된 견해"라고 하면서, "이 사건 사고 당시 18세 남짓한 미성년자인 피고가 공동피고인 부모와 동거하면서 운전면허가 없음에도 가끔 그의 숙부 소유의 사고 화물차를 운전한 적이 있는 사실을 인정한 다음, 부모로서 미성년의 아들이 무면허운전을 하지 못하도록 보호감독하여야 할 주의의무를 게을리 하여 사고 화물차를 운전하도록 방치한 과실이 있고, 위와 같은 보호감독상의 과실은 사고 발생의 원인이 되었으므로 원고들이 입은 손해를 배상할 책임이 있다."라고 판시하였다(대판 1997.3.28. 96다15374). 그 외 민법 제755조의 유추적용이나 가장의 보증인적 지위에 근거한 책임을 인정하는 견해도 있다.

문제 2 〈미성년자 자신의 불법행위책임과 대리감독자의 책임〉

Ⅰ. 미성년자의 일반 불법행위책임

1. 감독자책임과 가해 미성년자의 일반불법행위 책임의 관계

미성년자의 불법행위에 의하여 감독자가 책임을 지는 경우, 가해 미성년자 자신의 손해배상책임 역시 인정될 수 있는가? 이것은 가해 미성년자가 독자적인 불법행위의 요건을 충족하였는가에 따라 달라진다. 가해 미성년자에게 책임능력이 있는 경우와 없는 경우로 나누어서 검토할 필요가 있다.

2. 가해 미성년자에게 책임능력이 없는 경우

가해 미성년자에게 책임능력이 없는 경우는 그 행위 자체로 일반불법행위($\binom{제750}{조}$)의 성립요건을 충족하지 못하므로 감독자책임과 관계없이 불법행위책임은 인정되지 않는다.

3. 가해 미성년자에게 책임능력이 있는 경우

가해 미성년자에게 책임능력이 있는 경우에도 감독자의 주의의무위반과 미성년자의 가해행위 사이에 상당한 인과관계가 있다면 학설과 판례의 해석상 감독자책임은 인정되고, 이와 별개의 근거에 따른 가해 미성년자의 일반불법행위책임 역시 성립될 수 있다. 그러므로 다른 요건이 충족된다는 전제에서 가해 미성년자의 책임능력이 인정된다면 민법 제750조에 따라 가해 미성년자 역시 손해배상책임을 부담한다.

4. 감독자책임과 가해 미성년자책임의 관계

일반적인 해석에 따르면 감독자책임과 가해 미성년자의 일반불법행위책임은 피해자에 대하여 공동으로 배상해야 하는 책임이며, 이들은 공동불법행위자로서 부진정연대채무로 해석해야 할 것이다. 판례 역시 동일한 결론에 따른다. 즉 판례는 "가해 미성년자가 사고 당시 각 그 행위의 책임을 변식할 능력이 있었다고 인정되기는 하나, 이들의 감독의무자인 부모는 미성년자의 종전 행적에 비추어 그들의 일상생활에 관하여 일반적, 일상적으로 보다 투철하게 감독할 의무를 지니고 있다 할 것인데, 그가 타인에게 손해를 가하는 것을 예견하거나 예견할 수 있는 상태에 있음에도 이를 방임하는 등 친권자로서의 감독의무를 현저히 해태한 과실이 인정되고, 이것이 이 사건 가해행위의 한 원인이 되었다 할 것이므로 가해 미성년자는 일반불법행위자로서 이 사건 사고로 입은 모든 손해를 배상하여야 할 의무가 있다."라고 판시하였다

$\binom{\text{대판 1991.4.9.}}{\text{90다18500}}$.

Ⅱ. 법정감독자 책임과 대리감독자 책임의 관계

1. 법정감독자

법정감독의무자는 친권자나 후견인과 같이 미성년자의 일상생활을 전반적으로 감독하고 보호, 교양하는 자이다. 법정감독자의 책임근거는 가해 미성년자에게 책임능력이 없는 경우 민법 제755조 제1항의 감독자책임 규정에 의하고, 가해 미성년자에게 책임능력이 있는 경우 민법 제750조의 일반불법행위책임에 의한다. 특히 가해 미성년자에게 책임능력이 있는 경우 법정감독자로서 친권자는 미성년자를 보호하고 교양할 권리의무가 있고$\binom{\text{제913}}{\text{조}}$, 후견인 역시 이에 관하여 친권자와 동일한 권리의무가 있으므로$\binom{\text{제945}}{\text{조}}$, 이러한 의무에 위반하여 미성년자가 타인에게 발생시킨 손해에 대하여 법정감독자가 배상할 의무가 발생한다.

2. 대리감독자

학교의 교사나 유치원의 보모 등과 같이 법정감독자를 대신하여 미성년자의 일정장소 및 일정시간의 감독을 대신하는 자를 대리감독자라고 한다. 대리감독자의 책임근거 역시 가해 미성년자에게 책임능력이 없으면 민법 제755조 제2항의 감독자책임 규정에 의하고, 가해 미성년자에게 책임능력이 있으면 민법 제750조의 일반불법행위책임에 의한다. 특히 가해 미성년자에게 책임능력이 있는 경우, 대리감독자 책임의 구체적인 근거는 관련 법규에 따라 학교의 교사나 유치원의 보모 역시 학생이나 원생의 생활에 대한 보호, 감독의무를 부담하며, 이를 위반한 경우 일반불법행위책임을 져야 한다. 다만 대리감독자의 경우는 미성년자에 대한 보호, 교양의무의 범위가 한정되므로, 그 책임 역시 사고발생에 대한 예측 또는 예측가능성이 있는 경우에 한하여 인정된다. 판례는 "유치원이나 학교의 교사는 원아와 학생을 보호·감독할 의무를 지는 것이나, 그러한 보호감독의무는 관련 법령에 따라 원아와 학생들을 친권자 등 법정감독의무자에 대신하여 보호·감독하여야 하는 의무로서 유치원과 학교에서의 교육활동 및 이에 밀접·불가분의 관계에 있는 생활관계에 한하고, 그 의무범위 내의 생활관계라고 하더라도 교육활동의 때, 장소, 가해자의 분별능력, 가해자의 성행, 가해자와 피해자의 관계, 원아나 학생의 연령, 사회적 경험, 판단능력, 기타 여러 사정을 참작하여 사고가 학교생활에서 통상 발생할 수 있다고 하는 것이 예측되거나 또는 예측가능성이 있는 경우에만 교사는 보호감독의무 위반에 대한 책임을 진다."라고 판시하였다$\binom{\text{대판 2002.5.10.}}{\text{2002다10585, 10592}}$.

3. 책임의 관계

법정감독자와 대리감독자의 책임은 별개의 근거에 의한 책임이므로, 경합적으로 성립될 수 있다. 법정감독자의 책임이 성립하더라도 대리감독자가 책임을 면할 수 없으며, 두 책임이 모두 성립하게 된다면 이들의 책임은 공동불법행위로서 부진정연대채무로 보아야 할 것이다. 판례는 "민법 제755조에 의하여 책임능력 없는 미성년자를 감독할 친권자 등 법정감독의무자의 보호·감독책임은 미성년자의 생활 전반에 미치는 것이고, 법정감독의무자에 대신하여 보호·감독의무를 부담하는 교사 등의 보호·감독책임은 학교 내에서의 학생의 모든 생활관계에 미치는 것이 아니라 학교에서의 교육활동 및 이와 밀접 불가분의 관계에 있는 생활관계에 한하며, 이와 같은 대리감독자가 있다는 사실만 가지고 곧 친권자의 법정감독책임이 면탈된다고는 볼 수 없다."라고 판시하였다($\binom{\text{대판 2007.4.26,}}{\text{2005다24318}}$).

> **문제 3** 〈사망으로 인한 피해자 자신의 정신적 손해배상청구권〉

I. 피해자의 사망과 손해배상청구권의 상속

불법행위로 인한 손해배상청구권은 일반적인 채권과 마찬가지로 상속의 대상이 된다. 피해자의 재산적 손해와 사망 이외의 정신적 손해배상청구권은 원칙적으로 상속 가능하다. 피해자의 부모는 직계존속으로서 상속인이 될 수 있다($\binom{\text{제1000조}}{\text{제1항 제2호}}$).

II. 사망으로 인한 사망자 자신의 정신적 손해배상청구권

1. 문제점

피해자가 사망 이전의 신체적 침해로 인한 정신적 손해배상청구권은 당연히 피해자에게 귀속되고, 피해자의 사망으로 상속인에게 상속된다. 그런데 피해자가 사망한 경우 피해자 자신의 정신적 손해배상청구권에 대해서는 견해가 대립한다.

2. 학 설

다수설은 즉사의 경우에도 시간적 간격은 존재하므로 피해자에게 발생한 위자료 청구권이 상속될 수 있으며, 피해자가 치명상을 입은 후 사망한 경우와의 균형을 고려하더라도 이를 긍정해야 한다는 입장이다(시간적 간격설). 반면 소수설은 피해자 자신의 사망으로 인한 정신적 손해배상청구권이 발생하지만, 피해자가 사망함으로써 권리능력을 상실하기 때문에, 그 권리가 피해자에게 귀속될 수 없게 되어 상속도 곤란하다는 입장이다(상속부정설).

3. 판 례

판례는 다수설과 마찬가지로 시간적 간격설에 따른 당연상속설을 취한다. 즉 판례는 "피해자가 차량 충격에 의한 강력한 뇌진탕과 두개골절 및 뇌출혈 등으로 인간의 지각 내지 의식작용이 순간적으로 소실되었다 하더라도 치명상을 받은 때의 사망과의 사이에는 시간적 간격이 있다 할 것이고, 아무리 순간적이라 하더라도 피해자로서는 정신적 고통을 느끼는 순간이 있었다 할 것이므로, 정신적 고통을 전혀 느끼지 못한 피해자에 대한 위자료 지급을 인용하였음은 위자료에 관한 법리를 오해하였다는 논지는 이유없다."라고 판시하였다(대판 1973.9.25, 73다1100).

문제 ④ 〈피해자의 사망으로 인한 근친자의 정신적 손해배상청구권〉

Ⅰ. 직계존속 등의 정신적 손해배상청구권

민법 제752조는 사망한 피해자의 직계존속, 직계비속, 배우자에게 피해자의 사망으로 인한 정신적 손해배상청구권을 인정한다. 이것은 피해자의 사망으로 인한 이들의 정신적 고통은 그 존재를 증명하지 않아도 위자료 청구권을 행사할 수 있다는 의미이다.

Ⅱ. 근친자의 정신적 손해배상청구권

민법 제752조에서 규정한 직계존속이나 직계비속, 배우자 외의 근친자도 피해자의 사망으로 인한 정신적 손해배상청구권을 가질 수 있다. 물론 민법의 명문규정은 없으나 학설은 민법 제752조가 한정적 열거가 아닌 예시라고 해석하면서 이를 인정하고, 판례는 민법 제751조가 그 근거라고 한다. 다만 이 경우는 직계존속이나 직계비속, 배우자와 달리 근친자 자신의 정신적 고통이 존재함을 증명해야 손해배상을 청구할 수 있다. 판례에 의하면 "민법 제752조는 생명침해의 경우에 있어서의 위자료 청구권자를 규정하고 있으나, 이는 위와 같은 위자료 청구권자를 제한하려는 것이 아니라 동조에 규정된 자들은 그 정신적 고통에 관한 거증책임을 경감하는데 불과하고, 동조에 규정된 친족 이외의 친족에 있어서도 그 정신적 고통에 관한 입증을 함으로써 일반 원칙인 같은 법 제750조, 제751조에 의하여 위자료를 청구할 수 있다고 해석하여야 할 것인바, 타인의 불법행위로 생명을 잃은 피해자의 직계비속의 배우자는 특별한 사정이 없는 한 경험칙상 그 직계비속에 비견할 정도의 정신적 고통을 받는다 할 것이므로, 기록상 특별사정을 엿볼 수 없는 본 건에 있어서 원고(피해자의 며느리)도 그 정신적 고통에 대하여 위자료를 청구할 수 있다."라고 판시하였다(대판 1978.1.17, 77다1942).

심화사례

▶ 교사 및 학교의 책임

〈소송의 경과〉

乙의 부모인 D와 E는 乙의 담임교사 C와 그가 소속된 학교법인 G를 상대로 乙의 사망에 따른 손해배상청구소송을 제기하였다. 이 소송에서 C는 乙이 자살에 이른 상황을 객관적으로 예견할 수 없었으므로 乙의 사망에 대하여는 책임이 없다고 항변하였다. 한편 G는 C의 과실이 인정되어 불법행위가 성립되는 경우에 한하여 책임을 질 뿐이므로, 乙의 사망에 대하여 C의 불법행위가 성립하지 않는 이 사안에서는 G 역시 손해배상책임을 질 이유가 없다고 항변하였다.

문제

위 소송에서 담임교사 C와 학교법인 G의 항변은 모두 수긍될 수 있는가?

해 설

Ⅰ. 대리감독자책임의 한계

1. 대리감독자책임

대리감독자는 학교의 교사나 유치원의 보모 등과 같이 법정감독자를 대신하여 미성년자의 일정장소 및 일정시간의 감독을 대신하는 자를 의미한다. 대리감독자의 책임근거 역시 가해 미성년자에게 책임능력이 없으면 민법 제755조 제2항의 감독자책임 규정에 의하고, 가해 미성년자에게 책임능력이 있으면 민법 제750조의 일반불법행위책임에 의한다.

2. 대리감독자의 감독의무

가해 미성년자에게 책임능력이 있는 경우, 대리감독자 책임의 구체적인 근거는 관련 법규에 따라 학교의 교사나 유치원의 보모 역시 학생이나 원생의 생활에 대한 보호·감독의무가 존재한다. 그러므로 이를 위반한 경우 일반불법행위책임을 부담한다.

3. 책임의 한계

대리감독자의 경우는 미성년자에 대한 보호, 교양의무의 범위가 한정되므로 사고에 대한 예측 또는 예측가능성이 있는 경우에 교사 및 학교법인의 책임이 인정된다. 물론 그러한 예측 가능성이 없는 경우에는 책임이 부정된다. 학생의 자살에 대하여 집단따돌림으로 인한 경우 교사 등의 책임을 부정하고, 학교 폭력으로 인한 경우에 책임을 인정한 판결이 있다. 즉 판례는 "집단따돌림으로 인하여 피해 학생이 자살한 경우, 자살의 결과에 대하여 학교의 교장이나 교사의 보호감독의무 위반의 책임을 묻기 위해서는 피해 학생이 자살에 이른 상황을 객관적으로 보아 교사 등이 예견하였거나 예견할 수 있었음이 인정되어야 한다. 다만, 사회통념상 허용될 수 없는 악질, 중대한 집단따돌림이 계속되고 그 결과 피해 학생이 육체적 또는 정신적으로 궁지에 몰린 상황에 있었음을 예견하였거나 예견할 수 있었던 경우에는 피해 학생이 자살에 이른 상황에 대한 예견가능성도 있는 것으로 볼 수 있을 것이나, 집단따돌림의 내용이 이와 같은 정도에까지 이르지 않은 경우에는 교사 등이 집단따돌림을 예견하였거나 예견할 수 있었다고 하더라도 이것만으로 피해 학생의 자살에 대한 예견이 가능하였던 것으로 볼 수는 없으므로, 교사 등이 집단따돌림 자체에 대한 보호감독의무 위반의 책임을 부담하는 것은 별론으로 하고 자살의 결과에 대한 보호감독의무 위반의 책임을 부담한다고 할 수는 없다."라고 판시하였다($\binom{대판 2007.11.15.}{2005다16034}$). 또한 "학교폭력 가해학생들의 부모의 과실과 담임교사, 교장의 과실이 경합하여 피해학생의 자살 사건이 발생하였다는 이유로, 부모들과 지방자치단체에게 공동불법행위자로서의 손해배상책임이 인정된다."라고 판시하였다($\binom{대판 2007.4.26.}{2005다24318}$).

Ⅱ. 학교법인의 책임

1. 국공립학교의 경우 국가배상책임

국공립학교의 경우 국가배상법에 의한 손해배상책임이 성립할 수 있다. 국가배상책임이 인정되는 경우 민법상의 사용자책임 규정은 적용이 배제된다. 국가배상책임의 경우 공무원의 책임은 고의 또는 중대한 과실이 있는 경우에 한하여 인정되고 경과실이 있는 경우에는 공무원 개인의 책임을 물을 수 없다($\binom{국가배상법}{제2조 제2항}$). 판례는 "교육공무원의 교육업무상 발생한 불법행위로 인한 손해배상책임은 국가배상법 제1조, 제2조 소정의 배상책임이고, 공무원이 직무수행에 당하여 고의 또는 과실로 타인에게 손해를 가한 것으로 주장하는 경우는 특별법인 국가배상법이 적용되어 민법상의 사용자책임에 관한 규정은 그 적용이 배제된다."라고 하면서, "공무원이 직무상 불법행위를 한 경우에 국가 또는 지방자치단체가 배상책임을 부담하는 외에 공무원 개인도 고의 또는 중과실이 있는 경우에는 불법행위로 인한 손해배상책임을 지지만, 공무원에게 경과실뿐인 경우에는 공무원 개인은 손해배상책임을 부담하지 않는바, 그 경우 공무원의 중과실이라 함은 공무원에게 통상 요구되는 정도의 상당한 주의를 하지 않더라도 약간의 주의를 한다면 손쉽게 위법, 유해한 결과를 예견할 수 있는 경우임에도 만연히 이를 간과함과 같은 거의 고의에 가까운 현저한 주의를 결여한 상태를 의미한다."라고 판시하였다 $\left(\begin{smallmatrix}\text{대판 1996.8.23,} \\ \text{96다19833}\end{smallmatrix}\right)$.

2. 사립학교의 경우 사용자책임

사립학교의 경우 학교는 교사의 불법행위를 근거로 민법상 사용자책임을 진다$\left(\begin{smallmatrix}\text{제756}\\\text{조}\end{smallmatrix}\right)$. 물론 그 책임의 성격에 대하여 견해가 나누어지는데, 다수설과 판례의 입장인 대위책임설에 의하면, 사용자책임은 피용자의 불법행위 성립요건이 충족된 경우에 피용자 스스로 책임을 져야 함에도 피해자의 구제를 위하여 사용자가 대신 책임을 지는 것으로 해석하여, 사용자책임이 성립하기 위해서는 피용자의 불법행위 요건 역시 충족되어야 하는 것으로 설명한다. 한편 자기책임설에 의하면 사용자책임은 피용자의 불법행위 성립요건과 관계없이 사용자가 자신의 과실에 근거하여 지는 책임이므로, 피용자의 불법행위 요건 충족은 사용자책임의 성립에 영향을 미치지 않는다고 한다.

35 사용자책임과 공동불법행위

공통된 사실관계

○ 甲은 사설 가구제조회사 乙의 피용자로서 생산된 가구를 소비자에게 운반해 주는 트럭 운전기사였는데, 사고 당일 주문받은 테이블과 소파를 배달하기 위하여 이들을 트럭에 적재하고 회사창고를 출발하면서, 丙이 같은 방향이면 목적지까지 태워 달라고 부탁하여 호의로 丙을 트럭 옆자리에 동승시키고 운전하였다.

○ 甲은 30분쯤 간선도로를 운행한 후 한적한 시골마을로 진입하였는데, 점멸 신호등이 있는 삼거리에서 주변에 자동차가 보이지 않아 안심하고 진입속도와 동일하게 교차로를 지나던 중 우측도로에서 교차로로 진입하던 丁의 오토바이와 충돌하면서 인도측 가로수를 들이받는 사고가 발생하였다.

○ 위 교통사고로 인하여 병원으로 이송된 丙은 전치 12주의 진단을 받아 치료비 700만 원의 손해와 자신의 소유인 노트북이 파손되어 100만 원의 손해가 발생되었고, 丙은 치료비 등을 배상받기 위하여 乙을 상대로 손해배상청구소송을 제기하였다.

문제 1

丙의 乙에 대한 위 손해배상청구의 법적 근거는 무엇인가? (10점)

문제 2

위 소송에서 乙은 甲이 乙 회사의 지시를 받아 업무를 수행하는 직원임은 분명하지만, 甲은 교통법규를 준수하여 위 사고에 대한 과실이 없고 丁의 과실에 의하여 손해가 유발된 것이므로 乙로서는 丙의 손해에 대하여 배상책임이 없으며, 설령 甲의 과실이 인정되더라도 피해자 丙이 甲의 호의로 사고 자동차에 동승한 것이므로 손해배상액을 일정부분 감액하여야 한다고 항변하였다. 乙의 항변은 모두 인용될 수 있는가? (20점)

추가된 사실관계

○ 丁이 진입하던 교차로 전면에는 도로공사로 인하여 흐른 물이 얼어 빙판을 이루었고, 교차로의 점멸등을 확인한 丁이 급히 브레이크를 잡았으나 빙판에 미끄러지면서 甲이 운전하던 트럭과 충돌하였다.

○ 丁이 운전하던 오토바이에는 丁의 처 戊가 타고 있었는데, 이 사고로 丁은 전치 6주의 부상을 입어 500만 원의 손해가 발생되고, 戊는 전치 8주의 부상으로 치료비 등 600만 원의 손해가 발생하였다.

○ 丁과 戊는 도로공사를 하면서 빙판길을 방치한 지방자치단체 A와 甲의 소속회사 乙을 상대로 손해배상청구소송을 제기하였다.

〈소송경과〉

○ 丁은 乙과 A를 상대로 한 번의 소송으로 손해배상금 500만 원의 지급을 청구하였고, 戊 역시 이들을 상대로 치료비 등 손해배상금 600만 원의 지급을 청구하였다.

○ 丁이 제기한 손해배상청구소송에서 법원은 丁의 甲에 대한 과실을 10%, 丁의 A에 대한 과실을 30%로 인정하였고, 丁이 입은 손해에 대하여 甲과 A의 부담비율을 3:5로 인정하였으며, 통상적으로는 과실비율이 다를 경우 평균값으로 인정하고 있었다.

문제 ③

乙과 A에 대하여 각자 이행으로 손해배상금 600만 원의 지급을 요구한 戊의 청구는 인용될 수 있는가? (20점)

문제 ④

乙과 A를 상대로 한 丁의 손해배상청구에 대하여 乙이 A의 배상금까지 변제한 경우 A에 대하여 얼마를 구상할 수 있는가? (20점)

모범답안

문제 1 〈손해배상책임의 근거〉(10점)

Ⅰ. 쟁점정리 (1점)

乙 회사 소속의 자동차 운전자 甲의 호의로 동승한 丙이 甲의 과실로 인하여 발생한 교통사고로 손해를 입고 甲의 사용자인 乙을 상대로 손해배상청구를 하는 경우, 그 책임의 근거에 대한 문제이다. 丙에게는 신체침해로 인한 치료비손해 700만 원과 노트북 파손으로 인한 재산손해 100만 원이 발생하였다.

Ⅱ. 교통사고로 인한 손해배상책임의 근거 (5점)

1. 자동차손해배상보장법상의 책임

자기를 위하여 자동차를 운행하는 자는 그 운행으로 다른 사람을 사망하게 하거나 부상하게 한 경우에는 그 손해를 배상할 책임을 진다. 물론 운행자와 운전자의 무과실, 제3자의 과실에 의한 사고, 자동차의 결함이나 장해, 승객의 고의나 자살행위로 인한 경우에는 책임이 없다($\frac{자배법}{제3조}$). 위 법은 운행자의 피해자에 대한 생명, 신체손해의 배상책임을 규정할 뿐, 운전자의 책임이나 피해자의 재산적 손해에 대한 배상책임은 규정하지 않고 있다.

2. 민법상의 사용자책임

피용자가 불법행위를 하여 타인에게 손해를 발생시킨 경우, 민법은 가해자를 지휘, 감독하는 자가 그 타인에 의하여 발생한 손해를 대신 배상해야 한다고 규정한다($\frac{제756}{조}$). 민법상의 사용자책임으로서 이는 교통사고뿐만 아니라 피용자의 불법행위로 인하여 타인에게 손해를 발생시킨 경우에 모두 적용될 수 있다. 운전자의 사용자로서 피해자의 신체적 손해뿐만 아니라 재산적 손해에 대한 배상도 포함된다.

Ⅲ. 두 책임의 관계 (3점)

판례에 따르면 자배법은 민법의 특별법이므로 우선적으로 적용되고, 다만 이로써 배상되지 않는 부분에 대해서는 민법상의 책임도 인정될 수 있다.

Ⅳ. 결론 (1점)

丙의 치료비 등 신체적 손해는 우선적으로 자배법에 근거하고, 노트북의 파손으로 인한 재산적 손해는 민법상의 사용자책임에 근거하여 배상된다. 물론 이러한 책임 외에 운전자 자신에 대한 민법상의 일반불법행위책임과 상대편 사고유발자에 대한 자배법상의 운행자책임 및 민법상의 일반불법행위책임이 없어지는 것은 아니다.

문제 2 〈사용자책임의 법적 성격과 호의동승의 손해배상감액 가능성〉 (20점)

Ⅰ. 쟁점정리 (2점)

피해자 丙이 운전자 甲 소속의 회사 乙을 상대로 손해배상청구를 한데 대하여, 乙 회사는 丙에 대하여 두 가지 항변을 제출하였다. 그 중 하나는 乙 회사가 사용자책임을 지기 위해서는 그 요건으로 피용자 甲의 불법행위요건이 충족되어야 하는지에 대한 문제이고, 다른 하나는 설령 甲의 불법행위가 성립하여 乙이 사용자책임을 지더라도 丙은 호의로 동승한 자이므로 손해배상액을 경감시킬 수 있는지에 대한 문제이다.

Ⅱ. 자배법상 운행자책임의 면책가능성 (3점)

자배법상 운행자의 책임은 운행자와 운전자가 자동차의 운행에 주의를 게을리 하지 아니하였고, 피해자 또는 자기 및 운전자 외의 제3자에게 고의 또는 과실이 있으며, 자동차 구조상의 결함이나 기능상의 장해가 없었다는 것을 증명한 경우 또는 승객이 고의나 자살행위로 사망하거나 부상한 경우에는 성립하지 않는다($\frac{자배법}{제3조}$).

Ⅲ. 민법상 사용자책임에서 사용자의 면책가능성 (8점)

1. 사용자책임의 의의 및 요건

사용자책임은 사용관계에 있는 피용자가 사무집행에 관하여 제3자에게 가해행위를 한 경우, 사용자가 그로 인한 손해배상의무를 직접 피해자에 대하여 부담하는 책임이다($\frac{제756}{조}$). 이 책임이 성립하기 위해서는 사용자와 피용자 사이에 사무종사에 대한 사용관계가 존재해야 하고, 피용자가 사무집행에 관하어 제3자에게 손해를 발생시켜야 하며, 사용자가 면책사유를 입증하지 못해야 한다.

2. 사용자책임의 법적 성격과 피용자의 불법행위 요건

사용자책임은 사용자가 자신의 가해행위가 아닌 피용자의 가해행위에 대하여 책임을 지는 것이므로 일종의 타인행위에 대한 책임이지만, 사용자가 피용자에 대한 선임·감독상의 주의의무를 위반한 과실에 근거하여 책임을 지는 것이므로 순수한 타인행위의 책임은 아니다. 이와 관련하여 사용자책임이 성립하기 위해서는 피용자가 불법행위 성립요건을 갖추어야 하는지에 대한 견해가 나누어진다. 다수설은 사용자책임이 피해자의 피용자에 대한 배상청구권을 보장하기 위한 사용자의 대위책임이기 때문에, 피용자 역시 불법행위의 요건을 충족해야 한다는 입장이다(대위책임설). 이에 반하여 소수설은 사용자가 피해자에 대한 관계에서 피용자의 선임·감독상 주의의무를 위반하여 부담하는 자신의 책임이기 때문에, 피용자의 불법행위 요건이 충족되지 못하더라도 사용자는 책임을 부담한다는 견해이다(자기책임설). 판례는 다수설과 같이 대위책임설을 따른다.

Ⅳ. 호의동승의 손해배상감액 가능성 (5점)

1. 호의동승의 의의

차량의 운행자가 아무런 대가를 받지 아니하고 동승자의 편의와 이익을 위하여 동승을 허락하고, 동승자도 그 자신의 편의와 이익을 위하여 그 제공을 받은 경우를 의미한다. 무상의 호의동승인 경우 사고 발생시 가해 운전자의 배상책임에 대한 감액 논의가 있다. 이것은 호의동승자에게 가해 운전자에 대한 주의의무가 있는지와 밀접하게 관련된다.

2. 호의동승자의 주의의무와 운전자의 책임감면

일반적으로 호의동승자에 대한 손해배상책임의 감면여부에 대하여 긍정설(면책특약설, 과실상계설 등)과 부정설이 대립한다. 판례는 원칙적으로 호의동승자에게 동승 사실만으로 운전자의 안전운행을 촉구할 주의의무가 없다고 하면서 호의동승만으로는 운전자의 책임감경을 부인하고, 다만 예외적으로 가해 운전자에게 일반 교통사고와 동일한 책임을 지우는 것이 신의칙이나 형평의 원칙으로 보아 매우 불합리하다고 인정되는 경우에는 감경을 인정한다.

Ⅴ. 결론 (2점)

다수설과 판례에 의할 경우 위 사고에 대하여 피용자 甲의 과실이 없으면 甲의 불법행위요건이 충족되지 않고, 따라서 사용자인 乙은 대위책임설에 따라 사용자책임을 지지 않는다고 하게 된다. 그러나 점멸 신호등에서 속도를 줄이지 않고 우측에서 진행하는 丁의 오토바이를 보지 못한 甲의 과실이 존재하므로 乙의 항변은 이유 없다. 그리고 호의동승자 丙이 단지 동승하였다는 사실만으로 甲의 안전운전을 촉구할 의무가 없으므로, 甲의 손해배상책임이 경감될 수 없고, 따라서 그 사용자인 乙의 손해배상책임 역시 감액할 이유가 없다.

문제 ③ 〈공동불법행위의 성립〉 (20점)

Ⅰ. 쟁점정리 (2점)

도로공사 A의 잘못으로 빙판이 된 도로를 운전하던 丁의 오토바이가 甲이 운전하던 트럭과 충돌하여 戊에게 600만 원의 손해가 발생한 경우, 피해자 戊가 甲의 사용자 乙과 도로공사 A를 상대로 각자 이행으로 600만 원의 손해배상을 청구한 사안이다. 이것은 戊에 대한 甲과 A의 공동불법행위로 인한 乙과 A의 부진정연대채무가 성립할 것인지의 문제이다.

Ⅱ. 공동불법행위의 의의 (2점)

공동불법행위는 수인의 불법행위로 타인에게 손해를 입히는 경우를 의미한다. 처음부터 수인이 공동으로 타인에게 손해를 가하는 경우가 전형적인 형태이지만$\binom{\text{제760조}}{\text{제1항}}$, 공동이 아닌 수인의 행위 중 어떤 자의 행위가 그 손해를 가했는지 알 수 없는 경우$\binom{\text{제760조}}{\text{제2항}}$와 교사 또는 방조의 경우$\binom{\text{제760조}}{\text{제3항}}$도 포함한다.

Ⅲ. 공동불법행위의 공동성 (8점)

수인이 공동으로 불법행위를 한 경우$\binom{\text{제760조}}{\text{제1항}}$, 공동의 의미에 관하여 견해가 대립된다.

1. 학 설

객관적 관련공동설은 가해행위가 객관적으로 관련되어 공동이면 족하고 가해자들 사이에 행위에 관한 공모나 공동의 인식이 있을 필요는 없다는 견해로서 다수설이다. 이에 반하여 주관적 관련공동설은 객관적인 행위의 공동 외에 가해자들의 공모나 공동의 인식이 있어야 한다는 견해이다. 객관적 관련공동설에 따르면 각 가해행위가 일반불법행위의 성립요건을 충족하여야 하므로, 각 가해자의 행위를 독립적으로 평가하여야 한다.

2. 판 례

판례는 객관적 관련공동설의 입장이며, 공동불법행위자 상호간의 의사 공동이나 공동의 인식이 필요하지 않고, 객관적으로 그들의 행위에 관련 공동성이 있으면 족하다고 한다.

Ⅳ. 부진정연대책임 (5점)

공동불법행위자는 연대하여 손해를 배상할 책임이 있는데, 다수설과 판례는 이를 부진정연대책임으로 해석한다. 연대채무자 1인의 절대적 효력사유가 많은 일반적인 연대책임이 아니라, 피해자의 구제를 위하여 절대적 효력의 범위를 축소시킨 부진정연대채무이다. 부진정연대채무의 절대적 효력사유는 변제, 대물변제, 공탁, 상계에 한정된다. 그 외에 연대채무라는 견해도 있으며, 민법 제760조 제1항과 제3항은 연대채무이고 제2항의 경우만 부진정연대채무라는 견해도 있다.

Ⅴ. 결론 (3점)

戊에게 손해를 발생시킨 것은 甲의 운전과실과 A의 도로관리 부실이 공동원인이 된 것이므로, 이들 사이에 공동성의 요건으로 다수설과 판례의 객관적 관련공동설에 의하면, 甲과 A의 공동불법행위가 성립한다. 乙은 甲의 가해행위에 대하여 사용자책임$\binom{\text{제756}}{\text{조}}$을 지고, A는 공작물의 설치 또는 보존상의 하자로 인한 공작물책임$\binom{\text{제758조}}{\text{제1항 본문}}$을 부담한다. 다만 본 사안에서는 이들의 특별책임으로 乙은 자동차손해배상보장법상의 운행자책임$\binom{\text{자배법}}{\text{제3조}}$을 지고, A는 지방자치단체로서 공공 영조물의 설치나 관리상 하자로 인한 국가배상책임$\binom{\text{국가배상법}}{\text{제5조 제1항}}$을 부담한다. 그리고 이러한 공동불법행위로 인한 손해배상책임은 甲의 사용자인 乙과 도로공사 A의 부진정연대채무에 해당하므로, 이들은 戊에 대하여 각자 이행으로 600만 원의 손해를 배상해야 한다.

문제 ④ 〈공동불법행위자의 과실비율에 따른 과실상계와 구상〉 (20점)

Ⅰ. 쟁점정리 (2점)

丁은 가해자인 동시에 피해자의 지위에 있으나, 피해자의 지위에서 다른 공동불법행위자인 甲의 사용자 乙과 A에 대하여 500만 원의 손해배상을 청구하였다. 그런데 피해자 丁이 다른 공동불법행위자 甲과 A에 대한 과실비율이 서로 다를 경우, 어떤 방식으로 과실상계를 할 것인지가 문제이고, 과실상계 후 공동불법행위자들의 부담부분을 결정해야 한다.

Ⅱ. 과실상계의 의의와 공동불법행위 (6점)

과실상계는 손해배상책임과 그로 인한 손해에 대하여 채권자나 피해자의 행위가 개입된 경우에 법원이 손해배상의 책임 및 금액을 정함에 있어서 그 과실을 참작하는 제도이며 ($\frac{제396}{조}$), 불법행위에 관해서도 위 규정을 준용하고 있다($\frac{제763}{조}$). 이는 손해의 공평 타당한 분담을 위한 손해조정적 기능을 하는 제도이다. 그런데 공동불법행위의 경우에는 가해자가 다수이므로, 피해자의 과실에 대하여 상대적으로 과실비율에 차이가 있을 가능성도 있으므로, 이 경우 피해자의 과실과 상계하는 경우에 그 비율 역시 차이가 있다. 판례에 의하면 공통청구와 개별청구에서 과실상계의 방법에 차이가 있다고 한다.

Ⅲ. 공통청구의 경우 과실상계 (4점)

공동불법행위에 있어서 피해자의 과실이 참작되어야 하는 경우에 공동불법행위자의 각 과실비율이 피해자의 과실에 대하여 평가되는 방법에 관하여, 판례는 피해자가 공동불법행위자 전원에 대하여 공통의 소송에서 청구한 경우에는 피해자의 공동불법행위자 각자에 대한 과실비율이 서로 다르더라도 피해자의 과실을 개별적으로 평가할 것이 아니라 그들 전원에 대한 과실로 전체적으로 평가해야 한다는 입장이다.

Ⅳ. 개별청구의 과실상계 (3점)

피해자가 공동불법행위자에 대하여 별도로 개별소송을 제기한 경우에 대하여 판례는 각 소송에서 제출되는 증거가 서로 다르고 이에 따라 교통사고의 경위와 피해자의 손해액 산정에 기초가 되는 사실이 달리 인정되므로 과실상계비율과 손해액도 서로 달리 인정될 수 있다고 한다.

Ⅴ. 결론 (5점)

피해자 丁의 과실이 공동불법행위자 甲과 A에 대하여 각각 10%와 30%인 경우, 그 과실상계의 방식과 관련하여, 공동불법행위자에 관하여 각각 개별적인 소송을 제기하는 경우에는 각각의 과실비율을 개별적으로 평가하면 되지만, 공통소송을 제기하는 경우에는 甲과 A에 대한 丁의 과실비율을 전체적으로 평가하여야 한다. 통상 10%와 30%의 평균값인 20%로 계산할 것이므로, 丁의 손해 500만 원 중 20%인 100만 원이 상계되고, 400만 원의 배상금에 대하여 甲의 사용자 乙과 도로공사 A가 丁에 대하여 부진정연대책임을 지지만, 이 역시 과실비율에 따라 부담부분을 정하면 3:5로 나눌 수 있다. 그러므로 乙은 150만 원(400만 원 × 3/8)을 부담하고, A는 250만 원(400만 원 × 5/8)을 부담하므로, 400만 원을 乙이 배상하였다면 乙은 A에 대하여 250만 원을 구상할 수 있다.

해 설

문제 ① 〈손해배상책임의 근거〉

Ⅰ. 의 의

자동차의 운행으로 인한 교통사고의 경우 운행을 지배한 자에 대한 피해자의 손해배상청구권은 크게 자동차손해배상보장법(이하 '자배법')상의 운행자책임과 민법상의 사용자책임에 근거한다.

Ⅱ. 자배법상의 책임

자기를 위하여 자동차를 운행하는 자는 그 운행으로 다른 사람을 사망하게 하거나 부상하게 한 경우에는 그 손해를 배상할 책임을 진다. 물론 운행자와 운전자의 무과실, 제3자의 과실에 의한 사고, 자동차의 결함이나 장해, 승객의 고의나 자살행위로 인한 경우에는 책임이 없다(자배법 제3조). 위 법은 운행자의 피해자에 대한 생명, 신체손해의 배상책임을 규정할 뿐, 운전자의 책임이나 피해자의 재산적 손해에 대한 배상책임은 규정하지 않고 있다.

Ⅲ. 민법상의 사용자책임

피용자가 불법행위를 하여 타인에게 손해를 발생시킨 경우, 민법은 가해자를 지휘, 감독하는 자가 그 타인에 의하여 발생한 손해를 대신 배상해야 한다고 규정한다(제756조). 민법상의 사용자책임으로서 이는 교통사고뿐만 아니라 피용자의 불법행위로 인하여 타인에게 손해를 발생시킨 경우에 모두 적용될 수 있다. 운전자의 사용자로서 피해자의 신체적 손해뿐만 아니라 재산적 손해에 대한 배상도 포함된다.

Ⅳ. 두 책임의 관계

판례에 따르면 자배법은 민법의 특별법이므로 우선적으로 적용되고, 다만 이로써 배상되지 않는 부분에 대해서는 민법상의 책임도 인정될 수 있다. 즉 판례는 "자동차사고로 인한 손해배상청구사건에서 자동차손해배상보장법이 민법에 우선하여 적용되어야 할 것은 물론이지만 그렇다고 하여 피해자가 민법상의 손해배상청구를 하지 못한다고는 할 수 없으므로, 자동차손해배상보장법상의 손해배상책임이 인정되지 않는 경우에도 민법상의 불법행위책임을 인정할 수는 있다."라고 판시하고($\binom{대판\ 2001.6.29.}{2001다23201,\ 23218}$), 나아가 "자동차손해배상보장법의 입법취지에 비추어 볼 때, 같은 법 제3조는 자동차의 운행이 사적인 용무를 위한 것이건 국가 등의 공무를 위한 것이건 구별하지 아니하고 민법이나 국가배상법에 우선하여 적용된다."라고 판시하였다($\binom{대판\ 1996.3.8.}{94다23876}$).

문제 ② 〈사용자책임의 법적 성격과 호의동승의 손해배상감액 가능성〉

Ⅰ. 자배법상 운행자책임의 면책 가능성

자배법상의 운행자는 승객이 아닌 자가 사망하거나 부상한 경우에 자기와 운전자가 자동차의 운행에 주의를 게을리 하지 아니하였고, 피해자 또는 자기 및 운전자 외의 제3자에게 고의 또는 과실이 있으며, 자동차 구조상의 결함이나 기능상의 장해가 없었다는 것을 증명한 경우 또는 승객이 고의나 자살행위로 사망하거나 부상한 경우에는 책임을 지지 않는다($\binom{자배법}{제3조}$).

Ⅱ. 사용자책임의 성격과 사용자의 면책가능성

1. 사용자책임의 의의

사용자책임은 사용관계에 있는 피용자가 사무집행에 관하여 제3자에게 가해행위를 한 경우, 사용자가 그로 인한 손해배상의무를 직접 피해자에 대하여 부담하는 책임이다($\binom{제756}{조}$).

2. 사용자책임의 요건

사용자책임이 성립하기 위해서는 ① 사용자와 피용자 사이에 사무종사에 대한 사용관계가 존재해야 한다. 이러한 관계는 사실상 어떤 사람이 다른 사람을 위하여 그 지휘·감독에 따라 사무를 집행하면 되는 것이고, 반드시 사용자·피용자 관계에 있을 필요는 없다. 실제적으로 지휘·감독을 하였느냐의 여부에 관계없이 객관적·규범적으로 보아 사용자가 그 불법행위자를 지휘·감독해야 할 지위에 있었느냐의 여부를 기준으로 결정한다. 고용관계나 근로관계보다 넓은 개념이다. ② 피용자가 사무집행에 관하여 제3자에게 손해를 발생시켜야 한다. 사무집행에 관한 것은 원칙적으로 피용자의 직무범위에 속하는 행위여야 하지만, 피용자의 직무집행행위가 아니더라도 그 행위의 외형으로 관찰하여 마치 직무의 범위 내에 속하는 것으로 보이는 행위도 포함한다(외형이론). ③ 사용자가 면책사유를 입증하지 못해야 한다. 사용자가 피용자의 선임 및 그 사무감독에 상당한 주의를 한 때 또는 상당한 주의를 하여도 손해가 있을 경우에는 책임을 지지 않는다(제756조 제1항 단서).

3. 사용자책임의 법적 성격

사용자책임은 사용자가 자신의 가해행위가 아닌 피용자의 가해행위에 대하여 책임을 지는 것이므로 일종의 타인행위에 대한 책임이지만, 사용자가 피용자에 대한 선임·감독상의 주의의무를 위반한 과실에 근거하여 책임을 지는 것이므로 순수한 타인행위의 책임은 아니다. 사용자의 책임은 그 선임·감독상의 주의의무위반에 대하여 사용자가 입증책임을 지므로 과실책임과 무과실책임의 중간책임으로 이해한다.

이와 관련하여 사용자책임이 성립하기 위해서는 피용자가 일반적인 불법행위 성립요건을 갖추어야 하는지에 대하여 견해가 나누어진다. 다수설은 사용자책임이 피해자의 피용자에 대한 배상청구권을 보장하기 위한 사용자의 대위책임이기 때문에, 피용자 역시 불법행위의 요건을 충족해야 한다는 입장이다(대위책임설). 이에 반하여 소수설은 사용자가 피해자에 대한 관계에서 피용자의 선임·감독상 주의의무를 위반하여 부담하는 자신의 책임이기 때문에, 피용자의 불법행위 요건이 충족되지 못하더라도 사용자는 책임을 부담한다는 견해이다(자기책임설). 판례는 다수설과 같이 대위책임설을 따른다. 즉 판례는 "사용자의 손해배상책임은 피용자의 배상책임에 대한 대체적 책임"이라고 판시하였다(대판(전) 1992.6.23. 91다33070).

Ⅲ. 호의동승의 손해배상감액 가능성

1. 호의동승의 의의

차량의 운행자가 아무런 대가를 받지 아니하고 동승자의 편의와 이익을 위하여 동승을 허락하고, 동승자도 그 자신의 편의와 이익을 위하여 그 제공을 받은 경우를 의미한다. 무상의 호의동승인 경우 사고 발생시 가해 운전자의 배상책임에 대한 감액 논의가 있다.

2. 호의동승자의 주의의무

호의동승자에게 동승 사실만으로 운전자의 안전운행을 촉구할 주의의무가 없다. 판례 역시 "차량에 무상으로 동승하였다고 하더라도 그와 같은 사실만으로 운전자에게 안전운행을 촉구하여야 할 주의의무가 있다고는 할 수 없다."라고 판시하였다(대판 1999. 2. 9, 98다53141).

3. 감면여부

호의동승자에 대한 손해배상책임의 감면여부에 대하여는 면책특약설이나 과실상계설, 운행자성비율조각설 등의 긍정설과 부정설이 대립하고, 판례는 원칙적으로 호의동승만으로는 책임감경을 부인하고, 다만 예외적으로 가해 운전자에게 일반 교통사고와 동일한 책임을 지우는 것이 신의칙이나 형평의 원칙으로 보아 매우 불합리하다고 인정되는 경우에는 감경을 인정한다. 즉 판례는 "피해자가 사고차량에 무상으로 동승하였다가 사고를 당한 경우에 운행의 목적, 호의동승자와 운행자와의 인적 관계, 피해자가 차량에 동승한 경위 등 여러 사정에 비추어 사고차량의 운전자에게 일반의 교통사고와 같은 책임을 지우는 것이 신의칙이나 형평의 원칙에 비추어 매우 불합리한 것으로 인정되는 경우에는 배상액을 감경할 사유로 삼을 수 있다 할 것이나 사고차량에 단순히 호의로 동승하였다는 사실만으로 감경사유로 삼을 수 없다."라고 판시하였다(대판 1992. 11. 27, 92다24561).

문제 ③ 〈공동불법행위의 성립〉

Ⅰ. 공동불법행위의 의의

공동불법행위는 수인의 불법행위로 타인에게 손해를 입히는 경우를 의미한다. 처음부터 수인이 공동으로 타인에게 손해를 가하는 경우가 전형적인 형태이지만(제760조 제1항), 공동이 아닌 수인의 행위 중 어떤 자의 행위가 그 손해를 가했는지 알 수 없는 경우(제760조 제2항)와 교사 또는 방조의 경우(제760조 제3항)도 포함한다.

공동불법행위의 경우 손해배상책임이 공동의 연대책임으로서 이른바 부진정연대책임을 진다. 인과관계의 증명이 곤란한 경우에 가해 가담자의 공동불법행위를 추정함으로써 증명책임을 전환하는 효과가 있고, 민법 제760조 제1항과 제3항의 경우에는 타인의 가해행위로 인한 손해임이 증명되더라도 책임이 면제 또는 감경되지 않는 특징이 있다.

Ⅱ. 공동불법행위의 공동성

수인이 공동으로 불법행위를 한 경우$\left(\begin{smallmatrix}제760조\\제1항\end{smallmatrix}\right)$, 공동의 의미에 관하여 견해가 대립된다.

1. 학 설

객관적 관련공동설은 가해행위가 객관적으로 관련되어 공동이면 족하고 가해자들 사이에 행위에 관한 공모나 공동의 인식이 있을 필요는 없다는 견해로서 다수설이다. 이에 반하여 주관적 관련공동설은 객관적인 행위의 공동 외에 가해자들의 공모나 공동의 인식이 있어야 한다는 견해이다. 객관적 관련공동설에 따르면 각 가해행위가 일반불법행위의 성립요건을 충족하여야 하므로, 각 가해자의 행위를 독립적으로 평가하여야 한다.

2. 판 례

판례는 객관적 관련공동설의 입장이며, 공동불법행위자 상호간의 의사 공동이나 공동의 인식이 필요하지 않고, 객관적으로 그들의 행위에 관련 공동성이 있으면 족하다고 한다. 즉 판례는 "공동불법행위가 성립하려면 행위자 사이에 의사의 공통이나 행위공동의 인식이 필요한 것은 아니지만, 객관적으로 보아 행위자 각자의 고의 또는 과실에 기한 행위가 공동으로 행하여져 피해자에 대한 권리침해 및 손해발생에 공통의 원인이 되었다고 인정되는 경우라야할 것이므로, 공동불법행위를 이유로 손해배상책임을 인정하기 위해서는 먼저 행위자 각자의 고의 또는 과실에 기한 행위가 공동으로 행하여졌다는 점이 밝혀져야 한다."라고 판시하였다$\left(\begin{smallmatrix}대판 2008.4.24.\\2007다44774\end{smallmatrix}\right)$.

Ⅲ. 부진정연대책임

공동불법행위자는 연대하여 손해를 배상할 책임이 있는데, 다수설과 판례는 이를 부진정연대책임으로 해석한다. 법문상의 연대채무는 연대채무자 1인의 절대적 효력사유가 많은 일반적인 연대책임이 아니라, 피해자의 구제를 위하여 절대적 효력의 범위를 축소시킨 부진정연대채무이다. 부진정연대채무의 절대적 효력사유는 변제, 대물변제, 공탁, 상계에 한정된다. 그 외에 연대채무라는 견해도 있고, 민법 제760조 제1항과 제3항은 연대채무이고 제2항의 경우만 부진정연대채부라는 견해도 있다.

문제 ④ 〈공동불법행위자의 과실비율에 따른 과실상계와 구상〉

Ⅰ. 과실상계의 의의

과실상계는 손해배상책임과 그로 인한 손해에 대하여 채권자나 피해자의 행위가 개입된 경우에 법원이 손해배상의 책임 및 금액을 정함에 있어서 그 과실을 참작하는 제도이다 $\binom{제396}{조}$. 불법행위에 관해서도 위 규정을 준용하고 있다 $\binom{제763}{조}$. 이는 손해의 공평 타당한 분담을 위한 손해조정적 기능을 하는 제도이다.

Ⅱ. 공동불법행위와 과실상계

공동불법행위의 경우 가해자가 다수이고, 피해자의 과실에 상대적으로 과실비율에 차이가 있을 가능성도 있으므로, 이 경우 피해자의 과실과 상계하는 경우에 그 비율에 대하여 차이가 있다. 판례에 의하면 공통청구와 개별청구에서 과실상계의 방법에 차이가 있다고 한다.

Ⅲ. 공통청구의 경우 과실상계

공동불법행위에 있어서 피해자의 과실이 참작되어야 하는 경우에 공동불법행위자의 각 과실비율이 피해자의 과실에 대하여 평가되는 방법에 관하여, 판례는 피해자가 공동불법행위자 전원에 대하여 공통의 소송에서 청구한 경우에는 피해자의 공동불법행위자 각자에 대한 과실비율이 서로 다르더라도 피해자의 과실을 개별적으로 평가할 것이 아니라 그들 전원에 대한 과실로 전체적으로 평가해야 한다는 입장이다. 그리고 이러한 전체적 평가설은 피해자의 과실을 공동불법행위자 전원에 대한 과실로 전체적으로 평가해야 한다는 것이지, 공동불법행위자 중 고의로 불법행위를 한 자가 있는 경우에는 피해자의 과실을 없는 것으로 보아야 한다든가 모든 불법행위자가 과실상계의 주장을 할 수 없게 된다는 의미는 아니다. 보다 구체적으로 판례는 "공동불법행위책임은 가해자 각 개인의 행위에 대하여 개별적으로 그로 인한 손해를 구하는 것이 아니라 가해자들이 공동으로 가한 불법행위에 대하여 그 책임을 추궁하는 것이므로, 법원이 피해자의 과실을 들어 과실상계를 함에 있어서는 피해자의 공동불법행위자 각인에 대한 과실비율이 서로 다르더라도 피해자의 과실을 공동불법행위자 각인에 대한 과실로 개별적으로 평가할 것이 아니고 그들 전원에 대한 과실로 전체적으로 평가하여야 하나, 이는 과실상계를 위한 피해자의 과실을 평가함에 있어서 공동불법행위자 전원에 대한 과실로 전체적으로 평가하여야 한다는 것이지, 공동불법행위자 중에 고의로 불법행위를 행한 자가 있는 경우에는 피해자에게 과실이 없는 것으로 보아야 한다거나 모든 불법행위자가 과실상계의 주장을 할 수 없게 된다는 의미는 아니다."라고 판시하였다(대판 2010.2.11. 2009다68408).

Ⅳ. 개별청구의 과실상계

피해자가 공동불법행위자에 대하여 별도로 개별소송을 제기한 경우에 대하여 판례는 각 소송에서 제출되는 증거가 서로 다르고 이에 따라 교통사고의 경위와 피해자의 손해액 산정에 기초가 되는 사실이 달리 인정되므로 과실상계비율과 손해액도 서로 달리 인정될 수 있다고 한다. 보다 구체적으로 판례는 "피해자가 공동불법행위자들을 모두 피고로 삼아 한꺼번에 손해배상청구의 소를 제기한 경우와 달리 공동불법행위자별로 별개의 소를 제기하여 소송을 진행하는 경우에는 각 소송에서 제출된 증거가 서로 다르고 이에 따라 교통사고의 경위와 피해자의 손해액산정의 기초가 되는 사실이 달리 인정됨으로 인하여 과실상계비율과 손해액도 서로 달리 인정될 수 있는 것이므로, 피해자가 공동불법행위자들 중 일부를 상대로 한 전소에서 승소한 금액을 전부 지급받았다고 하더라도 그 금액이 나머지 공동불법행위자에 대한 후소에서 산정된 손해액에 미치지 못한다면 후소의 피고는 그 차액을 피해자에게 지급할 의무가 있다."라고 판시하였다(대판 2001.2.9. 2000다60227).

심화사례

▶ 동승차량 운전자의 과실에 대한 참작

문제 ①

甲이 마주오던 B의 차량과 충돌하여 丙이 300만 원의 치료를 요하는 골절상을 입었다. 丙은 B를 상대로 손해배상청구소송을 제기하였고, 소송에서 甲과 B의 과실비율이 4:6으로 판단되었다면, 丙은 B에 대하여 얼마의 배상을 받을 수 있는가?

해 설

호의동승 차량의 운전자의 과실과 또 다른 차량의 운전자의 과실이 경합하여 사고가 발생하고, 그로 인하여 사망하거나 상해를 입은 동승자, 혹은 그 유족이 상대방 차량의 운행자를 상대로 손해배상을 청구하는 경우, 손해배상액을 정함에 있어 참작할 피해자의 과실에는 피해자 본인의 과실뿐 아니라 그와 신분상 내지 생활관계상 일체를 이루는 관계에 있는 자의 과실도 피해자측의 과실로서 포함되어야 한다. 그러나 오로지 호의동승 차량 운전자의 과실로 인한 사고로 동승자가 사망하거나 상해를 입어 동승자 혹은 그 유족들이 그 동승 차량의 운행자를 상대로 손해배상을 청구하는 경우에는 그 운전자의 과실은 오로지 동승 차량 운행자의 손해배상채무의 성립 요건에 해당할 뿐, 피해자측의 과실로 참작할 성질의 것이 아니다$\binom{\text{대판 1997.11.14.}}{\text{97다35344}}$.

▶ 화해계약과 취소

문제 **2**

乙은 丁과 손해배상액에 대하여 합의를 하면서 丁은 과실이 없다고 믿고서 丁의 청구액 전부를 지급하기로 약정하였다. 그 후 丁의 과실이 30%임을 알게 되었다면, 乙은 丁의 청구액을 전부 배상하기로 한 합의를 착오에 근거하여 취소할 수 있는가?

해 설

손해배상액에 대하여 당사자가 화해를 한 경우, 화해계약은 당사자가 서로 양보하여 분쟁을 해결하기 위한 목적에서 체결되기 때문에 화해의 대상이 되는 당사자의 의사에 착오가 있더라도 이를 취소할 수 없도록 규정한다$\binom{\text{제733조}}{\text{본문}}$. 다만 예외적으로 화해계약의 당사자 자격에 관한 것이거나 당사자 사이에 분쟁의 대상이 아닌 사항에 대하여 착오가 있는 경우에는 취소가 가능하다$\binom{\text{제733조}}{\text{단서}}$. 화해의 목적인 분쟁 이외의 사항은 분쟁의 전제 또는 기초가 된 사항으로 쌍방 당사자가 예정한 것이어서 상호 양보의 내용으로 되지 않고 다툼이 없는 사실로 양해된 사항을 의미한다$\binom{\text{대판 2005.8.19.}}{\text{2004다53173}}$. 교통사고 발생에 가해자의 과실이 경합되었는데도 피해자측이 피해자의 일방적 과실에 의한 것으로 착각하고 실제 손해액보다 훨씬 적은 금원의 합의금을 받고 일체의 손해배상청구권을 포기하기로 합의한 경우, 그 사고가 피해자의 전적인 과실로 인하여 발생하였다는 사실은 쌍방 당사자 사이에 다툼이 없어 양보의 대상이 되지 않았던 사실로서 화해의 목적인 분쟁의 대상이 아니라 그 분쟁의 전제가 되는 사항에 해당하는 것이므로 피해자측은 착오를 이유로 화해계약을 취소할 수 있다$\binom{\text{대판 1997.4.11.}}{\text{95다48414}}$. 중요부분에 관한 착오의 존재 및 당사자의 자격이나 분쟁 이외의 사항에 관한 것이라는 점은 착오를 이유로 화해계약의 취소를 주장하는 자가 증명해야 한다$\binom{\text{대판 2004.8.20.}}{\text{2002다20353}}$. 물론 사기, 강박 등 다른 사유에 의한 취소는 가능하다$\binom{\text{대판 2008.9.11.}}{\text{2008다15278}}$.

▶ 태아의 권리능력

문제 ③

교통사고 당시 戊가 임신 6개월이었는데, 그 사고로 인하여 치료를 받던 중 태아가 사망하고 말았다. 丁과 戊는 태아의 사망으로 인한 손해배상청구권을 상속하여 乙과 A를 상대로 청구할 수 있는가?

해 설

인간은 생존한 동안 권리와 의무의 주체가 되고, 자연인은 출생함으로써 권리능력자가 된다(제3조). 태아는 임신 후 모체에서 전부 노출되는 출생으로 권리능력자가 될 수 있는 개연성이 높은데, 아직 출생하지 않았다는 이유로 법률적 보호를 받지 못하는 것은 곤란하므로, 일정한 방법의 태아에 대한 보호방안이 필요하다. 그 보호방법으로 일반적 보호주의, 개별적 보호주의가 있는데, 우리 민법은 개별적 보호주의를 취하여 불법행위로 인한 손해배상청구권(제762조), 상속(제1000조제3항)에 대하여 태아의 권리능력을 인정하고, 유증(제1064조)에 대하여 상속에 관한 규정을 준용하며, 해석상 상속과 동일한 성격의 대습상속(제1001조)과 유류분(제1118조)에 대하여도 인정한다. 다만 이러한 규정들은 태아의 권리능력을 인정하는 방법으로서 불법행위로 인한 손해배상청구를 하는 경우, "태아는 이미 출생한 것으로 본다."는 의제형식을 취하고 있는데, 그 의미에 관하여 정지조건설(인격소급설)과 해제조건설(제한적 인격설)로 나누어진다. 정지조건설은 태아인 상태에서 권리능력을 인정하지 않고 있다가 살아서 출생하면 문제의 법률관계가 발생된 시점으로 소급하여 권리능력이 존재한 것으로 의제하는 견해이고, 해제조건설은 개별적 법률관계가 발생된 시점에 태아에 대하여 권리능력을 인정한 후 살아서 출생하지 못하면 소급하여 권리능력을 박탈하는 견해이다. 다수설은 해제조건설이지만, 판례는 정지조건설을 취한다. 구체적으로 판례는 "개별적으로 태아의 권리능력이 인정되는 경우에도 그 권리능력은 태아인 동안에는 없고 살아서 출생하면 문제된 사건의 시기까지 소급하여 그 때에 출생한 것과 같이 법률상 간주되었던 것이므로, 태아인 동안에는 법정대리인이 있을 수 없고, 따라서 법정대리인에 의한 수증행위도 불가능한 것이어서 증여와 같은 쌍방행위가 아닌 손해배상청구권의 취득이나 상속 또는 유증의 경우를 유추하여 태아의 수증능력을 인정할 수 없는 것이다."라고 판시하였다(대판 1982.2.9. 81다534).

36 도급인책임과 부당이득

공통된 사실관계

○ 甲은 2014. 7. 10. 자신의 소유인 X 상가건물을 乙에게 임대하면서, 임대기간을 2014. 7. 20.부터 2015. 7. 19.까지로 하고, 보증금을 2억 원, 월차임을 200만 원으로 하는 임대차 계약을 체결하였다.

○ 乙은 계약 당일 계약금 2,000만 원을 지불하였고, 같은 달 20일 X 건물을 인도받으면서 보증금 중 일부인 8,000만 원을 지불하며, 나머지 보증금 1억 원은 X 건물에 대한 천장방수 및 노후 상수관 교체 등 보수공사 완료 후 지불하기로 하였다.

○ 乙은 2014. 7. 20. 보증금의 일부인 8,000만 원을 지불하고 X 건물을 인도받았다. 같은 날 乙은 X 건물의 보수공사를 위하여 丙과 공사대금을 총 3,000만 원으로 하고 공사기간을 1개월로 하는 도급계약을 체결하였고, 공사대금 중 금 1,000만 원은 계약 당일, 금 500만 원은 공사의 절반 정도가 진행된 시점에, 나머지 잔대금 1,500만 원은 공사가 완료된 후 丙에게 지급하기로 하였다.

추가된 사실관계 1

○ 위 보수공사에는 난방시설의 설치와 그로 인한 배관 일부의 변경공사도 포함되었는데, 보수공사를 시작한 丙은 공사에 포함되어 있는 난방용 보일러의 교체 및 배관의 설치를 완료한 후, 배관일부의 노선 변경작업을 하고 있었다. 한편 乙은 난방시설의 시험가동을 위하여 다량의 온수를 배관으로 통과시키는 스위치를 작동시켰는데, 이러한 사실을 알지 못한 丙은 배관노선 변경작업을 하면서 배관상태를 확인했어야 함에도 이를 게을리 한 채 중간 밸브를 장시간 개방함으로써 아직 완성되지 않은 배관 틈으로 누출된 온수가 A 소유의 Y 건물로 유입되어 600만 원의 손해가 발생하였다.

○ X 건물의 점유자로서 乙이 공사현장에서 구체적인 배관공사의 운영 및 시행을 직접 지시하고 독려하는 등 공사 자체를 관리하지는 않았지만, 공사 전체의 공정을 조정하고 공사의 운영 및 시공의 정도가 설계도 또는 시방서대로 시행되고 있는지를 점검하는 등 공사의 공

정에 대한 감리를 한 것은 인정되었다.

○ A는 자신의 Y 건물에 발생한 손해를 배상받기 위하여 甲, 乙, 丙을 상대로 손해배상청구
소송을 제기하였다.

〈소송경과〉

소송에서,

○ 甲은 "배관의 누수와 Y 건물의 손해에 대한 나의 과실이 없으므로 A에 대한 손해배상책임
을 지지 않는다"고 항변하였다.

○ 乙은 "도급인으로서 수급인이 제3자에게 가한 가해행위에 대하여 손해배상책임을 질 이유
가 없고, 자신은 공사대상인 배관의 점유자일 뿐이므로 A에 대한 손해배상책임이 없다"고
항변하였다.

○ 丙은 "乙이 공사의 운영 및 시행을 직접 지시하거나 독려하는 등 공사 자체를 관리하지는
않았지만, 공사의 공정에 대한 감리를 하였으므로, 乙이 A에 대한 손해배상책임을 져야 하
고 자신은 책임이 없다"고 항변하였다.

○ A의 손해배상청구소송에서 법원은 乙의 중대한 과실은 부정하였지만, 보일러 시험가동 사
실을 丙에게 알리지 않았고 배관의 설치나 관리 등에 관하여 경과실이 있음은 확인하였다.

문제 1

丙의 위 항변은 정당한가? (20점)

문제 2

乙의 위 항변은 정당한가? 乙의 항변이 인정된다면 A의 손해는 누가 배상해야 하는가? (20점)

추가된 사실관계 2

○ 위 보수공사 중에는 X 건물의 천장 일부에 대한 방수공사도 포함되어 있었는데, 이러한 공
사는 고도의 기술력을 필요로 하는 것이어서 丙은 근로자 파견사업자인 丁의 피용자 戊에
게 그 일을 맡기기 위하여 2014. 7. 30. 丁과 근로자 파견계약을 체결한 후 戊로 하여금 위
건물의 천장에 대한 방수공사를 할 수 있도록 준비해 주었고, 특별히 그에 대한 지시나 감
독을 하지는 않았다.

○ 공사의 절반 정도가 완성된 2014. 8. 10. 乙은 공사대금 중 일부인 금 500만 원을 丙에게

지불하려고 하였는데, 丙이 지방에 출장 중인 관계로 마침 공사장에 있던 戊에게 위 500만 원을 맡기면서 丙에게 전해 주라고 부탁하였다.

○ 戊가 X 건물의 천장에 매달려 방수공사를 하던 중 작업공구를 잘못 조작하여 그 공구가 떨어졌는데, 그 공사현장을 지나던 행인 B가 이에 맞아 상처를 입었고 그로 인하여 100만 원가량의 치료비손해가 발생하였다.

문제 ③

戊가 乙로부터 받은 위 금전 500만 원을 丙에게 지급하지 않고 자신의 채권자 C에 대한 채무를 변제하는데 사용하였다면, 그 후 이러한 사실을 알게 된 丙은 C를 상대로 직접 금 500만 원의 반환을 청구할 수 있는가? (15점)

문제 ④

B는 戊 외에 丙과 丁 중 누구를 상대로 치료비손해 100만 원의 지급을 청구해야 하는가? (15점)

추가된 사실관계 ③

○ 2014. 8. 20. X 건물의 보수공사가 완료되었으나 乙은 내부설비자금 및 재료구입자금을 충분히 마련하지 못하여, 甲에 대한 보증금 잔액 1억 원과 그 후의 월차임뿐만 아니라 丙에 대한 공사 잔대금 1,500만 원도 지급할 수 없게 되었다.

○ 보증금 잔액을 지급받지 못한 甲은 2014. 9. 20. 乙과의 임대차계약을 해지하였으며, 乙은 그로부터 2개월이 지난 2014. 11. 20. 현재까지 영업을 개시하지 못하고 보수공사 자재를 X 건물 내부에 남겨둔 채 출입문을 자물쇠로 잠근 상태에서 방치하고 있다.

○ 丙이 乙로부터 공사 잔대금을 지급받을 수 없게 되자, 위 보수공사로 인하여 X 건물의 소유자인 甲에게 이익이 생겼다고 생각하고 건물의 가치 증가분을 감정한 결과, 건물의 가치가 약 2,000만 원 증가하였음을 알게 되었다.

문제 ⑤

甲은 乙을 상대로 X 건물의 보수공사가 완료된 2014. 8. 20. 이후 같은 해 11. 20. 현재까지 받지 못한 차임 상당액의 지급을 청구할 수 있는가? (10점)

문제 **6**

丙은 甲을 상대로 X 건물의 가치증가에 대한 이득을 근거로 공사 잔대금에 해당하는 금액의 지급을 직접 청구할 수 있는가? (20점)

모범답안

문제 **1** 〈수급인의 불법행위로 인한 도급인의 책임〉 (20점)

I. 쟁점정리 (2점)

乙은 건물의 보수공사를 丙에게 맡긴 도급인이고 丙은 수급인인데, 원칙적으로 도급인은 수급인의 업무에 관하여 지시 또는 감독할 사용자의 지위에 있지 않아서 수급인이 타인에게 발생시킨 손해에 관하여 배상책임이 없다. 다만 구체적인 업무의 지시가 있었다면 이른바 노무도급에 해당하여 도급인이 책임을 지는데, 본 사안에서 乙이 감리적 감독을 한 경우도 노무도급에 해당하여 乙이 책임을 지는지가 문제된다.

II. 원칙적인 도급인책임 부정 (4점)

수급인은 도급인에 대하여 독립적인 지위에서 일의 완성의무를 질 뿐, 그 일에 관하여 도급인의 지휘나 감독을 받지 않으므로, 도급인과 수급인 사이에 사용자관계를 인정할 수 없다. 그러므로 원칙적으로 수급인이 그 업무와 관련하여 제3자에게 가한 손해를 도급인이 배상할 책임은 없다(제757조 본문).

III. 예외적인 도급인책임 인정 (6점)

도급인이 도급 또는 지시에 관하여 중대한 과실이 있는 경우에는 도급인의 특별책임을 인정한다(제757조 단서).

판례에 따르면 도급인이 수급인에 대하여 특정한 행위나 사업에 관하여 업무 전체를 지휘하거나 감독할 수 있는 이른바 '노무도급'의 경우에는 비록 도급인이라고 하더라도 사용자로서의 배상책임을 지고, 이러한 관계가 인정되기 위해서는 도급인의 수급인에 대한 지휘·감독이 구체적인 업무의 운영 및 시행을 직접 지시·지도하고 감시·독려함으로써 시공 자체를 관리해야 한다.

Ⅳ. 감리적 감독의 경우 (6점)

노무도급에 유사한 경우 중 도급인이 수급인의 공사에 대한 지휘·감독을 인정할 수 없는 예외적인 관계로서 감리적 감독이 있다. 판례에 따르면 이것은 단순히 공사의 운영 및 시공의 정도가 설계도 또는 시방서대로 시행되고 있는가를 확인하여 공정을 감독하는 데에 불과한 이른바 감리의 경우이다. 이 경우에는 도급인이 수급인의 불법행위에 대하여 손해배상책임을 지지 않는다.

Ⅴ. 결론 (2점)

피해자 A의 손해배상청구소송에서 법원은 乙의 도급 또는 지시에 관하여 중대한 과실이 없음을 인정하였으므로 도급인으로서 피해자 A에 대한 손해배상책임은 인정되지 않는다($^{제757}_{조}$). 그렇다면 수급인 丙의 책임이 문제되는 바, 丙이 乙을 손해배상의무자로 끌어들이기 위해 노무도급의 항변을 하였으나, 실질적인 지휘·감독관계를 인정할 수 없는 단순한 공사 감리였음이 인정되었으므로 乙의 A에 대한 손해배상책임은 인정되지 않는다. 결국 丙이 A에 대하여 일반적인 불법행위로 인한 손해배상책임을 져야 한다.

문제 2 〈도급인의 책임과 공작물 점유자 책임의 관계〉 (20점)

Ⅰ. 쟁점정리 (2점)

손해배상청구의 근거에 관하여 乙의 도급인 책임이 법원에 의하여 받아들여지지 않는 경우에, 乙의 다른 책임 근거는 없는가? X 건물의 점유자로서 그 설치, 보존상의 과실에 근거한 책임은 지지 않는지 문제되고, 이와 관련하여 소유자 甲의 책임과 수급인 丙의 책임이 문제된다.

Ⅱ. 도급인과 수급인의 책임 (4점)

이미 도급인은 노무도급이 아니고, 민법 제757조 단서의 적용도 없어서 책임이 없다. 도급인의 책임이 부정되는 경우, 수급인이 일반적인 불법행위 요건($^{제750}_{조}$)을 갖추면 수급인이 책임져야 한다.

Ⅲ. 공작물 점유자 및 소유자 책임 (4점)

공작물 등의 점유자는 공작물의 설치 또는 보존의 하자로 인하여 타인에게 손해를 입힌 경우에 배상책임을 진다($^{제758조}_{제1항 본문}$). 점유자가 손해의 방지에 필요한 주의를 다한 경우에는 소유자가 과실 여부와 관계없이 배상책임을 진다($^{제758조}_{제1항 단서}$).

Ⅳ. 도급인책임과 공작물책임의 관계 (8점)

도급인책임이 부정되는 것은 도급인이 수급인의 행위에 대하여 사용자책임을 부담하지 않는다는 주의적 의미이지만, 도급인책임과 공작물 점유자책임은 그 법률요건과 효과를 달리하는 것이어서, 도급인책임이 부정되더라도 공작물 점유자의 책임은 이와 별도로 인정할 수 있다(판례). 도급인책임이 부정되더라도 수급인책임은 인정될 수 있고, 수급인책임과 공작물 점유자책임은 별개의 책임원인에 의한 것이므로 경합 가능하여, 이들은 공동불법행위로서 부진정연대책임을 진다.

Ⅴ. 결론 (2점)

乙은 도급인으로서 도급인의 책임이 부정된다. 도급인책임이 성립되지 않더라도 乙은 X건물의 점유자로서 그 설치, 보존상의 과실로 인한 손해배상책임은 인정된다. 丙이 수급인으로서 불법행위의 요건을 갖추면 이는 乙의 공작물 점유자책임과 책임근거가 다르므로, 점유자와 공동불법행위로서 부진정연대책임이 인정된다. A는 소유자이므로 乙의 공작물 점유자책임이 인정되면 면책된다.

문제 3 〈횡령금전의 자기채무 변제와 제3자의 부당이득반환청구〉(15점)

Ⅰ. 쟁점정리 (2점)

도급인 乙이 공사대금 중 일부인 금 500만 원을 수급인 丙에게 지급하려 하였으나 출장 중인 관계로 파견근로자 戊에게 맡겼고, 戊는 이를 자신의 채권자인 C에 대하여 채무를 변제하는데 사용하였다. 본래 이 금전을 받아야 할 丙이 금전을 취득한 C에게 반환을 청구할 수 있는 근거로서 금전에 관한 그들 사이의 계약관계는 존재하지 않으므로 부당이득반환청구가 가능한지가 문제이다.

Ⅱ. 부당이득의 성립요건 (3점)

부당이득이 성립하기 위해서는 법률상의 원인이 없어야 하고, 일방에게 이득이 발생하며, 타인에게 손해가 있어야 하고, 이들 사이에 인과관계가 인정되어야 한다. 특히 횡령한 금전을 자신의 채권자에게 변제한 경우 피해자가 그 채권자를 상대로 부당이득반환을 청구할 때에는 이득과 손실 사이에 인과관계가 인정될 수 있는지가 문제된다.

Ⅲ. 부당이득반환청구권의 인정여부 (8점)

1. 학 설

피해자의 채권자에 대한 부당이득반환청구에 관하여 피해자와 채권자 사이에 아무런 법률상의 원인이 없고 이득과 손실 사이의 인관관계가 인정될 수 있다고 하여 긍정하는 견해와 채권자와 채무자 사이의 채권관계가 법률상 원인을 이루고 그들 사이에 유효한 변제가 있었다고 하여 부정하는 견해가 있다.

2. 판 례

판례는 채무자가 피해자에게서 횡령한 금전을 자신의 채권자에 대한 채무변제에 사용하는 경우, 채권자가 변제를 수령하면서 그 금전이 횡령한 것이라는 사실에 대하여 악의 또는 중대한 과실이 있을 때에는 피해자의 채권자에 대한 부당이득반환청구를 긍정한다.

Ⅳ. 결론 (2점)

본래 금전의 귀속주체인 丙이 戊의 채권자 C를 상대로 부당이득반환을 청구하는 경우, 학설은 긍정설과 부정설이 나누어진다. 판례는 戊가 C에게 변제할 당시 戊가 타인의 금전을 횡령하여 변제한다는 사실을 C가 알았거나 중대한 과실로 알지 못한 경우에 한하여 부당이득의 반환을 인정한다. 본 문제에서는 C의 심리적 상황에 대한 표현이 없으므로, 변제를 받을 당시 C의 악의와 중과실 여부에 따라 달리 판단될 수 있음을 지적하면 될 것이다.

ㅋ

문제 ④ 〈파견근로자의 불법행위와 파견사업주 또는 사용사업주의 사용자책임〉 (15점)

Ⅰ. 쟁점정리 (2점)

파견근로계약에 의하여 근로를 제공하는 피용자 戊의 불법행위로 타인 B에게 손해를 발생시킨 경우, 파견사업주 丁과 사용사업자 丙 중 누가 사용자책임($\frac{제756}{조}$)을 질 것인지가 문제된다.

Ⅱ. 사용자책임 (3점)

사용자에 의하여 고용된 자가 사무와 관련하여 제3자에게 피해를 입히게 되면, 피해자의 구제를 위하여 그 피용자를 고용한 사용자가 피해자에 대한 손해배상책임을 진다. 다만 사용자가 피용자의 선임 및 그 사무감독에 상당한 주의를 한 때 또는 상당한 주의를 하여도 손해가 있을 경우에는 책임을 지지 않는다($\frac{제756조}{제1항}$).

Ⅲ. 파견근로관계와 사용자책임 (8점)

1. 파견근로관계

파견근로자보호 등에 관한 법률에 의한 근로자 파견은 파견사업주가 근로자를 고용한 후 그 고용관계를 유지하면서 사용사업주와 사이에 체결한 근로자 파견계약에 따라 사용사업주에게 근로자를 파견하여 근로를 제공하게 하는 것이다. 본 문제와 관련하여 가해행위를 한 파견근로자의 사용자가 파견사업주인지 아니면 사용사업주인지에 따라 피해자에 대한 사용자책임을 지는 자가 결정된다.

2. 사용자의 확정

파견근로자는 사용사업주의 사업장에서 그의 지시·감독을 받아 근로를 제공하기는 하지만 사용사업주와의 사이에는 고용관계가 존재하지 아니하는 반면, 파견사업주는 파견근로자의 근로계약상 사용자로서 파견근로자에게 임금지급의무를 부담할 뿐만 아니라, 파견근로자가 사용사업자에게 근로를 제공함에 있어서 사용사업자가 행사하는 구체적인 업무상의 지휘·명령권을 제외한 파견근로자에 대한 파견명령권과 징계권 등 근로계약에 기한 모든 권한을 행사할 수 있으므로 파견근로자를 일반적으로 지휘·감독해야 할 지위에 있게 되고, 따라서 파견사업주와 파견근로자 사이에는 민법 제756조의 사용관계가 인정된다.

3. 사용자책임과 면책

파견사업주는 파견근로자의 파견업무에 관련한 불법행위에 대하여 파견근로자의 사용자로서 책임을 져야 한다. 다만 파견근로자가 사용사업주의 구체적인 지시·감독을 받아 사용사업주의 업무를 행하던 중에 불법행위를 한 경우에는 파견사업주가 파견근로자의 선발 및 일반적 지휘·감독권의 행사에 있어서 주의를 다하였다고 인정되는 경우 면책된다.

Ⅳ. 결론 (2점)

파견근로자인 戊의 가해행위에 대하여 사용자책임을 지는 자는 원칙적으로 파견사업자인 丁이 된다. 다만 戊가 사용사업주인 丙의 구체적인 지시·감독을 받아 사용사업주의 업무를 행한 경우, 丁이 戊의 선발 및 일반적 지휘·감독권의 행사에 있어서 주의를 다하였다고 인정되면 丁은 면책된다. 그러나 문제에서는 戊에 대한 丙의 구체적인 지시·감독이 없었으므로 파견사업주 丁이 면책되기는 어려울 것이다.

문제 ⑤ 〈부당이득의 성립요건으로서 실질적 이득〉 (10점)

Ⅰ. 쟁점정리 (1점)

임차인 乙이 지급하지 않은 임대료는 8월, 9월, 10월의 3개월분이다. 임대차계약이 9월 20일 해지되었으므로 해지되기 전의 임대료는 임대차계약에 근거한 것이고, 그 후 2개월분은 계약이 소멸된 후이므로 부당이득이 문제될 것이다. 특히 부당이득이 성립하여 임대료 상당액을 지급해야 한다면, 임차인에게 발생된 실질적 이득이 있어야 하는데, 임차인은 이 기간 동안 건물을 점유하고 있었을 뿐 임대차의 목적대로 사용하지 않았으므로 이 경우에도 부당이득이 성립할 수 있을지 문제된다.

Ⅱ. 부당이득의 요건 (2점)

부당이득이 성립하기 위해서는 법률상의 원인이 없어야 하고, 일방에게 이득이 발생하며, 타인에게 손해가 있어야 하고, 이들 사이에 인과관계가 인정되어야 한다. 임차인이 임대차계약의 해지 후 2개월 동안 임차건물을 그 용도대로 사용하지 않은 경우에도 약정한 차임 상당액의 부당이득을 반환해야 하는 것인지가 문제된다.

Ⅲ. 이득의 의미 (2점)

부당이득에 있어서 이득은 차액설의 입장에서는 수익자의 전체재산에 일어난 가치의 변동으로 해석하지만, 이와 달리 현실적으로 발생한 이득 자체를 의미한다는 견해도 있다. 물권이나 채권의 취득, 점유의 취득, 등기명의의 취득도 이득이고 지출하여야 할 비용의 절약도 이득이다.

Ⅳ. 실질적 이득 (4점)

부당이득이 성립하기 위한 이득은 실질적 이득이어야 하며, 법률상 원인 없이 건물을 점유하더라도 본래의 용도대로 사용·수익하지 않으면 실질적 이득이 없어 임차목적물의 사용, 수익 가치에 해당하는 부당이득반환청구권이 인정되지 않는다(판례).

Ⅴ. 결론 (1점)

임대인이 9월 20일 임대차계약을 해지하였으므로, 8월 20일부터 9월 20일까지의 1개월분 200만 원은 임대차계약이 존속하던 시기여서 계약상의 임대료 200만 원을 지급받을 수 있다. 나머지 임대료 2개월분은 9월 20일 임대차계약의 해지 후 공사자재를 건물 내부에 방치한 상태로 문을 잠그고 있었다면, 乙이 X 건물을 임대차의 목적대로 사용한 것은 아니기 때문에 실질적 이득은 인정되지 않는다. 그러므로 2개월분의 임대료 상당액인 400만 원에 관하여 임대인 甲의 부당이득반환청구권은 인정되지 않는다. 다만 이러한 상태에서도 점유 자체를 하고 있는 것은 분명하므로 점유로 인한 부당이득반환청구권은 인정될 수 있을 것이다.

문제 6 〈전용물소권 및 비용상환청구권의 인정여부〉 (20점)

Ⅰ. 쟁점정리 (2점)

X 건물의 보수공사로 비용을 지출한 수급인 丙은 도급계약에 근거하여 도급인 乙로부터 보수를 받아야 하지만 이것이 불가능하게 되었다. 그런데 丙의 비용지출로 甲 소유인 X 건물 가치가 증가하였으므로 甲에 대한 부당이득반환청구권이나 사무관리에 기한 비용상환청구가 가능한지 문제된다. 甲과 丙 사이에는 도급계약 등의 계약관계가 없으므로 계약상의 청구권은 인정되지 않는다.

Ⅱ. 전용물소권의 인정여부 (10점)

1. 의 의

계약에 기한 급부가 제3자의 이득으로 된 경우, 계약 당사자 중 손실을 입은 자가 그 상대방으로부터 계약상의 급부청구권을 확보할 수 없을 때, 그로 인하여 이득을 본 제3자를 상대로 직접 부당이득반환청구권을 행사할 수 있는지가 문제된다. 이를 전용물소권이라고 한다. 계약 당사자 중 1인과 계약관계가 없는 제3자 사이에 이득과 손실이 있는 경우, 그 인과관계의 인정여부와 관련된 것이고, 그 본질은 부당이득반환청구권이다.

2. 학 설

전용물소권의 인정여부에 대하여 학설은 일반적으로 이를 부정하지만, 그 외 이를 긍정하거나 채권자대위권이 부정되는 경우에 한하여 인정하는 절충적 견해도 있다.

3. 판 례

판례는 원칙적으로 이를 부정한다. 그 이유는 이러한 전용물소권을 인정하면, 자기 책임하에 체결된 계약에 따른 위험부담을 제3자에게 전가시키는 것이 되어 계약법의 기본원리에 반하는 결과를 초래하고, 채권자인 계약당사자가 채무자인 계약 상대방의 일반채권자에 비하여 우대받는 결과가 되어 일반채권자의 이익을 해치게 되며, 수익자인 제3자가 계약 상대방에 대하여 가지는 항변권 등을 침해하기 때문이라고 한다.

Ⅲ. 비용상환청구권의 인정여부 (6점)

1. 의 의

임대건물의 소유자와 수급인 사이에는 아무런 법률상의 근거 없이 수급인의 비용지출로 소유자에게 이득이 발생되었으므로 사무관리의 성립여부도 검토할 수 있다. 그리고 수급인이 건물의 보수공사를 위하여 직접 점유하면서 지출한 비용을 회복자인 건물소유자에게 청구하는 것도 검토할 수 있다.

2. 사무관리의 요건

사무관리가 성립하기 위해서는 법적 의무 없이 타인의 사무를 관리하고 그 관리가 본인의 의사에 반하지 않아야 한다(제734조). 임대인이 임차인의 건물보수에 대하여 동의하고 그 비용을 지출하기로 하였으므로 본인의 의사에 반하는 것은 아니다. 타인의 사무에 대한 관리의사에 대하여 견해가 나누어지는데, 다수설과 판례는 이를 필요로 하고 소수설은 필요하지 않다는 입장이다. 본 문제의 경우 수급인은 도급계약에 따른 자신의 업무로서 건물을 보수한 것이므로 법적 근거가 없는 관리라고 보기 어려울 것이다.

3. 점유자와 회복자의 비용상환청구권

도급계약에서 수급인의 지출로 도급인이 아니라 제3자가 이득을 얻은 경우, 그 제3자에 대하여 점유자와 회복자 관계에 근거한 비용상환청구$\left(\substack{제203\\조}\right)$를 하더라도 이 역시 허용되지 않는다. 판례는 이 때 비용의 지출자는 도급인이지 수급인이 아니기 때문이라고 한다.

Ⅳ. 결론 (2점)

X 건물의 보수공사로 비용을 지출한 수급인 丙은 도급계약과 관계없이 건물 가치의 상승으로 인하여 이득을 얻은 임대인 甲을 상대로 전용물소권을 주장하더라도, 우리 판례는 이를 허용하지 않는다. 판례에 의하면 점유자와 회복자 관계에서 비용상환청구권이 인정되는 비용지출자는 도급인 乙이고 수급인 丙은 이에 해당하지 않으므로, 점유자로서 丙의 비용상환청구 역시 인정되지 않는다.

해 설

문제 **1** 〈수급인의 불법행위로 인한 도급인의 책임〉

Ⅰ. 도급인의 책임

1. 원칙적인 도급인책임 부정

수급인은 도급인에 대하여 독립적인 지위에서 일의 완성의무를 질 뿐, 그 일에 관하여 도급인의 지휘나 감독을 받지 않으므로, 도급인과 수급인 사이에 사용자관계를 인정할 수 없다. 그러므로 원칙적으로 수급인이 그 업무와 관련하여 제3자에게 가한 손해를 도급인이 배상할 책임은 없다$\left(\substack{제757조\\본문}\right)$.

2. 예외적인 도급인책임 인정

도급인이 도급이나 지시에 관하여 중대한 과실이 있는 경우에는 도급인의 특별책임이 인정된다($^{제757조}_{단서}$). 도급인이 수급인에 대하여 특정한 행위나 사업에 관하여 업무 전체를 지휘하거나 감독할 수 있는 이른바 '노무도급'의 경우에는 비록 도급인이라고 하더라도 사용자로서의 배상책임을 진다. 그리고 사용자 및 피용자 관계가 인정되어 도급인 역시 수급인의 불법행위에 대한 손해배상책임을 지기 위해서는 그러한 관계의 인정 기초가 되는 도급인의 수급인에 대한 지휘 · 감독이 구체적인 운영 및 시행을 직접 지시, 지도하고 감시, 독려함으로써 시공 자체를 관리해야 한다. 즉 판례는 "일반적으로 도급인과 수급인 사이에는 지휘 · 감독의 관계가 없으므로 도급인은 수급인이나 수급인의 피용자의 불법행위에 대하여 사용자로서의 배상책임이 없는 것이지만, 도급인이 수급인에 대하여 특정한 행위를 지휘하거나 특정한 사업을 도급시키는 경우와 같은 이른바 노무도급의 경우에는 비록 도급인이라고 하더라도 사용자로서의 배상책임이 있다."라고 판시하였다($^{대판\ 2005.11.10.}_{2004다37676}$).

3. 감리적 감독의 경우

노무도급에 유사한 경우 중 도급인이 수급인의 공사에 대한 지휘 · 감독을 인정할 수 없는 예외적인 관계로서 감리적 감독이 있다. 이것은 단순히 공사의 운영 및 시공의 정도가 설계도 또는 시방서대로 시행되고 있는가를 확인하여 공정을 감독하는 데에 불과한 이른바 감리의 경우이다. 이 경우 판례에 의하면 도급인이 수급인의 불법행위에 대하여 손해배상책임을 지지 않는다. 즉 판례는 "사용자 및 피용자 관계 인정의 기초가 되는 도급인의 수급인에 대한 지휘 감독은 건설공사의 경우에는 현장에서 구체적인 공사의 운영 및 시행을 직접 지시 지도하고 감시 독려함으로써 시공 자체를 관리함을 말하는 것이고, 단순히 공사의 운영 및 시공의 정도가 설계도 또는 시방서대로 시행되고 있는가를 확인하여 공정을 감독하는 데에 불과한 이른바 감리는 여기에 해당하지 않는다."라고 판시하였다($^{대판\ 1992.6.23.}_{92다2615}$).

Ⅱ. 수급인의 책임

도급인의 책임 여부와 관계없이 수급인 역시 불법행위책임의 일반요건을 모두 갖춘 경우 피해자에 대하여 민법 제750조에 의한 손해배상책임을 진다.

Ⅲ. 책임의 공동

수급인의 불법행위에 대하여 도급인이 원칙적으로 책임을 지지 않지만, 예외적으로 도급인의 책임이 인정되는 경우에는 사용자책임과 마찬가지로 민법 제757조 단서에 의한 도급인의 손해배상책임과 민법 제750조에 의한 수급인의 불법행위책임이 경합하게 될 것이고, 이들의 피해자에 대한 손해배상책임은 부진정연대관계라고 해석해야 할 것이다.

문제 ② 〈도급인의 책임과 공작물 점유자 책임의 관계〉

Ⅰ. 도급인과 수급인의 책임

도급인은 노무도급이 아니고 민법 제757조 단서의 적용도 없는 경우 책임이 없다. 도급인의 책임이 부정되는 경우, 수급인이 일반적인 불법행위 요건(제750조)을 갖추면 수급인이 책임져야 한다.

Ⅱ. 공작물 점유자 및 소유자 책임

공작물 등의 점유자는 공작물의 설치 또는 보존의 하자로 인하여 타인에게 손해를 입힌 경우에 배상책임을 진다(제758조 제1항 본문). 그리고 점유자가 손해의 방지에 필요한 주의를 다한 경우에는 소유자가 과실 여부와 관계없이 배상책임을 진다(제758조 제1항 단서).

Ⅲ. 도급인책임과 공작물책임의 관계

도급인책임이 부정되는 것은 도급인이 수급인의 행위에 대하여 사용자책임을 부담하지 않는다는 주의적 의미이지만, 도급인책임과 공작물 점유자책임은 그 법률요건과 효과를 달리하는 것이어서, 도급인책임이 부정되더라도 공작물 점유자의 책임은 이와 별도로 인정할 수 있다. 판례는 "도급인의 면책을 규정한 민법 제757조 본문은, 수급인은 도급인으로부터 독립하여 사무를 처리하기 때문에 민법 제756조 소정의 피용자에 해당되지 아니하므로 예외적으로 도급인이 수급인의 일의 진행 및 방법에 관하여 구체적인 지휘·감독권을 유보한 경우가 아닌 한 도급인이 수급인의 행위에 대하여 사용자책임을 부담하지 않는다는 것을 주의적으로 규정한 것이고, 민법 제757조에 의한 도급인의 책임과 민법 제758조 제1항에 의한 공작물 점유자의 책임은 그 법률요건과 효과를 달리하는 것이어서 공작물의 점유자가 그 공작물의 설치 또는 보존의 하자로 인하여 타인에게 손해를 가한 경우 민법 제758조 제1항에 의한 손해배상책임을 인정하는 데 있어 위 민법 제757조 본문이 장애가 되는 것은 아니다."라고 판시하였다(대판 2006.4.27, 2006다4564). 한편 도급인책임이 부정되더라도 수급인책임은 인정될 수 있고, 수급인책임과 공작물 점유자책임은 별개의 책임원인에 의한 것이므로 경합 가능하여, 이들은 공동불법행위로서 부진정연대책임을 진다.

문제 ③ 〈횡령금전의 자기채무 변제와 제3자의 부당이득반환청구〉

Ⅰ. 반환청구권의 근거

1. 부당이득반환청구

본 문제에서 수급인과 그 피용자의 채권자 사이에 금전에 대한 임치계약이나 대차계약이 체결된 바 없다. 그러므로 타인의 금전을 보관하던 자가 그 금전을 자신의 채무변제를 위하여 채권자에게 지급한 경우, 이는 금전의 횡령에 해당하고 그 금전을 반환받지 못한 피해자가 변제를 받은 채권자를 상대로 반환을 청구할 수 있는 법리로는 부당이득에 기한 반환청구권이 있다($\frac{제741}{조}$).

2. 피해자의 다른 구제방법

수급인의 피용자인 채무자가 채권자에게 한 금전의 지급은 정당한 변제이고 이로 인하여 채권이 소멸되었으므로 이들 사이에 부당이득에 기한 반환청구가 인정되지 않는다. 다만 횡령한 금전으로 변제를 한 후이므로 실제 배상 여부와 관계없이 피해자가 채무자를 상대로 횡령에 근거한 불법행위의 손해배상청구를 하는 것은 가능하다.

Ⅱ. 부당이득의 성립요건

부당이득이 성립하기 위해서는 법률상의 원인이 없어야 하고, 일방에게 이득이 발생하며, 타인에게 손해가 있어야 하고, 이들 사이에 인과관계가 인정되어야 한다. 특히 횡령한 금전을 자신의 채권자에게 변제한 경우 피해자가 그 채권자를 상대로 부당이득반환을 청구할 때에는 이득과 손실 사이에 인과관계가 인정될 수 있는지가 문제된다.

Ⅲ. 부당이득반환청구권의 인정여부

1. 학 설

피해자의 채권자에 대한 부당이득반환청구에 관하여 피해자와 채권자 사이에 아무런 법률상의 원인이 없고 이득과 손실 사이의 인관관계가 인정될 수 있다고 하여 긍정하는 견해와 채권자와 채무자 사이의 채권관계가 법률상 원인을 이루고 그들 사이에 유효한 변제가 있었다고 하여 부정하는 견해가 있다.

2. 판 례

판례는 채무자가 피해자에게서 횡령한 금전을 자신의 채권자에 대한 채무변제에 사용하는 경우, 채권자가 변제를 수령하면서 그 금전이 횡령한 것이라는 사실에 대하여 악의 또는 중대한 과실이 있을 때에는 피해자의 채권자에 대한 부당이득반환청구를 긍정한다. 즉 판례는 "부당이득제도는 이득자의 재산상 이득이 법률상 원인을 결여하는 경우에 공평·정의의 이념에 근거하여 이득자에게 반환의무를 부담시키는 것인데, 채무자가 피해자에게서 횡령한 금전을 자신의 채권자에 대한 채무변제에 사용하는 경우 채권자가 변제를 수령하면서 그 금전이 횡령한 것이라는 사실에 대하여 악의 또는 중대한 과실이 없는 한 채권자의 금전취득은 피해자에 대한 관계에서 법률상 원인이 있는 것으로 봄이 타당하며, 이와 같은 법리는 채무자가 횡령한 돈을 제3자에게 증여한 경우에도 마찬가지라고 보아야 한다."라고 판시하였다(대판 2012.1.12. 2011다74246).

문제 **4** 〈파견근로자의 불법행위와 파견사업주 또는 사용사업주의 사용자책임〉

Ⅰ. 사용자책임

사용자에 의하여 고용된 자가 사무와 관련하여 제3자에게 피해를 입히게 되면, 피해자의 구제를 위하여 그 피용자를 고용한 사용자가 피해자에 대한 손해배상책임을 진다. 다만 사용자가 피용자의 선임 및 그 사무감독에 상당한 주의를 한 때 또는 상당한 주의를 하여도 손해가 있을 경우에는 책임을 지지 않는다(제756조 제1항).

Ⅱ. 파견근로관계와 사용자책임

1. 파견근로관계

파견근로자보호 등에 관한 법률에 의한 근로자 파견은 파견사업주가 근로자를 고용한 후 그 고용관계를 유지하면서 사용사업주와 사이에 체결한 근로자 파견계약에 따라 사용사업주에게 근로자를 파견하여 근로를 제공하게 하는 것이다. 본 문제와 관련하여 가해행위를 한 파견근로자의 사용자가 파견사업주인지 아니면 사용사업주인지에 따라 피해자에 대한 사용자책임을 지는 자가 결정된다.

2. 사용자의 확정

파견근로자는 사용사업주의 사업장에서 그의 지시·감독을 받아 근로를 제공하기는 하지만 사용사업주와의 사이에는 고용관계가 존재하지 아니하는 반면, 파견사업주는 파견근로자의 근로계약상 사용자로서 파견근로자에게 임금지급의무를 부담할 뿐만 아니라, 파견근로자가 사용사업자에게 근로를 제공함에 있어서 사용사업자가 행사하는 구체적인 업무상의 지휘·명령권을 제외한 파견근로자에 대한 파견명령권과 징계권 등 근로계약에 기한 모든 권한을 행사할 수 있으므로 파견근로자를 일반적으로 지휘·감독해야 할 지위에 있게 되고, 따라서 파견사업주와 파견근로자 사이에는 민법 제756조의 사용관계가 인정된다.

3. 사용자책임과 면책

파견사업주는 파견근로자의 파견업무에 관련한 불법행위에 대하여 파견근로자의 사용자로서 책임을 져야 한다. 다만 파견근로자가 사용사업주의 구체적인 지시·감독을 받아 사용사업주의 업무를 행하던 중에 불법행위를 한 경우에는 파견사업주가 파견근로자의 선발 및 일반적 지휘·감독권의 행사에 있어서 주의를 다하였다고 인정되는 경우 면책된다. 즉 판례는 "파견근로자는 사용사업주의 사업장에서 그의 지시감독을 받아 근로를 제공하기는 하지만 사용사업주와의 사이에는 고용관계가 존재하지 아니하는 반면, 파견사업주는 파견근로자의 근로계약상의 사용자로서 파견근로자에게 임금지급의무를 부담할 뿐만 아니라, 파견근로자가 사용사업자에게 근로를 제공함에 있어서 사용사업자가 행사하는 구체적인 업무상의 지휘·명령권을 제외한 파견근로자에 대한 파견명령권과 징계권 등 근로계약에 기한 모든 권한을 행사할 수 있으므로 파견근로자를 일반적으로 지휘·감독해야 할 지위에 있게 되고, 따라서 파견사업주와 파견근로자 사이에는 민법 제756조의 사용관계가 인정되어 파견사업주는 파견근로자의 파견업무에 관련한 불법행위에 대하여 파견근로자의 사용자로서의 책임을 져야 하지만, 파견근로자가 사용사업주의 구체적인 지시·감독을 받아 사용사업주의 업무를 행하던 중에 불법행위를 한 경우에 파견사업주가 파견근로자의 선발 및 일반적 지휘·감독권의 행사에 있어서 주의를 다하였다고 인정되는 때에는 면책된다."라고 판시하였다(대판 2003.10.9, 2001다24655).

Ⅲ. 피용자의 불법행위책임

사용자책임이 성립하는 경우 피용자가 불법행위의 요건을 갖추면 민법 제750조에 근거한 일반불법행위책임이 인정될 것이다. 물론 사용자책임의 본질과 관련하여 다수설과 판례는 사용자가 피용자의 불법행위에 대한 책임을 대신 지는 것으로 보기 때문에 피용자의 불법행위 요건 충족을 전제로 하는 반면, 소수설은 피용자의 불법행위와 관계없이 사용자 자신의 과실에 대한 책임으로 해석하기 때문에 이를 요구하지 않는다.

문제 ⑤ 〈부당이득의 성립요건으로서 실질적 이득〉

Ⅰ. 부당이득의 요건

부당이득이 성립하기 위해서는 법률상의 원인이 없어야 하고, 일방에게 이득이 발생하며, 타인에게 손해가 있어야 하고, 이들 사이에 인과관계가 인정되어야 한다. 임차인이 임대차계약의 해지 후 2개월 동안 임차건물을 그 용도대로 사용하지 않은 경우에도 약정한 차임 상당액의 부당이득을 반환해야 하는 것인지가 문제된다.

Ⅱ. 이득의 의미

부당이득에 있어서 이득은 차액설의 입장에서는 수익자의 전체재산에 일어난 가치의 변동으로 해석하지만, 이와 달리 현실적으로 발생한 이득 자체를 의미한다는 견해도 있다. 물권이나 채권의 취득, 점유의 취득, 등기명의의 취득도 이득이고 지출하여야 할 비용의 절약도 이득이다.

Ⅲ. 실질적 이득

부당이득이 성립하기 위한 이득은 실질적 이득이어야 하며, 법률상 원인 없이 건물을 점유하더라도 본래의 용도대로 사용·수익하지 않으면 실질적 이득이 없어 임차목적물의 사용, 수익 가치에 해당하는 부당이득반환청구권이 인정되지 않는다. 판례는 "건물을 씨비닐생산공장으로 사용하려고 하였으나 위 건물소재지역은 구 공업배치법에 의하여 공장신설허가가 나지 않는 지역이어서 임대차계약상의 본래 목적인 공장으로 사용, 수익할 수 없었던 사실이 엿보이는바, 사실관계가 이와 같다면 피고가 임대차계약기간 종료 후에 위 건물을 점유하고 있다고 하더라도 특별한 사정이 없는 한 이 사건 임대차계약상의 목적에 따른 사용, 수익을 전제로 한 약정차임 상당의 실질적인 이익을 얻었다고 볼 수 없을 것이다."라고 판시하였다 (대판 1992.11.24, 92다25830, 25847).

문제 ⑥ 〈전용물소권 및 비용상환청구권의 인정여부〉

Ⅰ. 청구의 근거

1. 전용물소권

계약에 기한 급부가 제3자의 이득으로 된 경우, 계약 당사자 중 손실을 입은 자가 그 상대방으로부터 계약상의 급부청구권을 확보할 수 없을 때, 그로 인하여 이득을 본 제3자를 상대로 직접 부당이득반환청구권을 행사할 수 있는지가 문제된다. 이를 전용물소권이라고 한다. 계약 당사자 중 1인과 계약관계가 없는 제3자 사이에 이득과 손실이 있는 경우, 그 인과관계의 인정여부와 관련된 것이고, 그 본질은 부당이득반환청구권이다.

2. 비용상환청구

임대건물의 소유자와 수급인 사이에는 아무런 법률상의 근거 없이 수급인의 비용지출로 소유자에게 이득이 발생되었으므로 사무관리의 성립여부도 검토할 수 있다. 그리고 수급인이 건물의 보수공사를 위하여 직접 점유하면서 지출한 비용을 회복자인 건물소유자에게 청구하는 것도 검토할 수 있다.

Ⅱ. 전용물소권의 인정여부

1. 학 설

전용물소권의 인정여부에 대하여 학설은 일반적으로 이를 부정하지만, 그 외 이를 긍정하거나 채권자대위권이 부정되는 경우에 한하여 인정하는 절충적 견해도 있다.

2. 판 례

판례는 원칙적으로 이를 부정한다. 그 이유는 이러한 전용물소권을 인정하면, 자기책임 하에 체결된 계약에 따른 위험부담을 제3자에게 전가시키는 것이 되어 계약법의 기본원리에 반하는 결과를 초래하고, 채권자인 계약당사자가 채무자인 계약 상대방의 일반채권자에 비하여 우대받는 결과가 되어 일반채권자의 이익을 해치게 되며, 수익자인 제3자가 계약 상대방에 대하여 가지는 항변권 등을 침해하기 때문이라고 한다(대판 2011.11.10. 2011다48568).

Ⅲ. 비용상환청구권의 인정여부

1. 사무관리의 요건

사무관리가 성립하기 위해서는 법적 의무 없이 타인의 사무를 관리하고 그 관리가 본인의 의사에 반하지 않아야 한다($\frac{제734}{조}$). 임대인이 임차인의 건물보수에 대하여 동의하고 그 비용을 지출하기로 하였으므로 본인의 의사에 반하는 것은 아니다. 타인의 사무에 대한 관리의사에 대하여 견해가 나누어지는데, 다수설과 판례는 이를 필요로 하고 소수설은 필요하지 않다는 입장이다. 본 문제의 경우 수급인은 도급계약에 따른 자신의 업무로서 건물을 보수한 것이므로 법적 근거가 없는 관리라고 보기 어려울 것이다.

2. 점유자와 회복자의 비용상환청구권

도급계약에서 수급인의 지출로 도급인이 아니라 제3자가 이득을 얻은 경우, 그 제3자에 대하여 점유자와 회복자 관계에 근거한 비용상환청구($\frac{제203}{조}$)를 하더라도 이 역시 허용되지 않는다. 판례는 이 때 비용의 지출자는 도급인이지 수급인이 아니기 때문이라고 한다. 즉 판례는 "유효한 도급계약에 기하여 수급인이 도급인으로부터 제3자 소유 물건의 점유를 이전받아 이를 수리한 결과 그 물건의 가치가 증가한 경우, 도급인이 그 물건을 간접점유하면서 궁극적으로 자신의 계산으로 비용지출과정을 관리한 것이므로, 도급인만이 소유자에 대한 관계에 있어서 민법 제203조에 의한 비용상환청구권을 행사할 수 있는 비용지출자라고 할 것이고, 수급인은 그러한 비용지출자에 해당하지 않는다."라고 판시하였다($\frac{대판 2002.8.23,}{99다66564, 66571}$).

37 불법원인급여

공통된 사실관계

2010년 말까지 당시 정권의 실세로 정부의 요직을 거치면서 국영기업체 등으로부터 상당한 금전을 받아 이를 보관하고 있던 甲은 고교동창의 소개로 투자자문가 乙을 알게 되었는데, 혹시 있을지 모르는 비자금 조사에 대비하여 乙과 2014. 4. 20. 그 간 조성해 둔 비자금 10억 원을 乙에게 맡기기로 하는 계약을 체결하였다. 이 계약에 따라 甲이 2014. 4. 25. 乙에게 금전 10억 원을 송금하는 과정에서, 자신이 거래하는 A 은행으로부터 B 은행의 乙 계좌로 송금한다는 것이 丙을 乙로 착각하여 B 은행의 丙 계좌로 송금하고 말았다. 乙은 자신의 계좌에 금전이 송금되지 않았음을 甲에게 통보하였고, 이를 알게 된 甲이 자신의 거래은행을 통하여 B 은행에 대한 금전의 반환을 요구하였다.

문제 ①

甲은 B 은행을 상대로 잘못 송금된 금전 10억 원의 반환을 청구할 수 있는가? (10점)

추가된 사실관계   1

甲은 잘못 송금된 금전을 회수하여 乙의 은행계좌를 통하여 다시 송금하였다. 甲은 2015. 1. 10. 지방자치단체의 신규사업에 대한 공동투자를 제안받고, 乙에게 맡겨 둔 10억 원을 투자하면 되겠다고 생각하여 乙을 상대로 그 반환을 요구하였으나 거절당했다. 甲은 乙의 행동을 괘씸하게 생각하면서도 자신이 맡겨 둔 금전이 정당하게 조성된 것이 아닌 비자금이어서 그 법적 처리를 놓고 다소 망설이고 있었는데, 주변에서는 혹시 형사처벌이 문제되더라도 억울하게 거금 10억 원을 잃어서야 되겠냐는 말을 듣고, 2015. 1. 30. 乙에 대한 10억 원의 금전반환 청구소송을 제기하였다.

문제 ②

위 소송에서 乙은 금전의 임치계약이 비자금 은닉을 위한 것이며, 이는 반사회적 법률행위로서 무효인 동시에 불법원인급여에 해당하므로, 甲의 반환청구는 허용되지 않는다고 항변하였다. 甲의 乙에 대한 금전 10억 원의 반환청구소송은 인용될 수 있는가? (20점)

추가된 사실관계 2

甲은 사업관계로 丁을 알게 되었는데, 2014. 12.경 丁이 필리핀의 해안리조트사업에 대한 투자처 물색 겸 골프투어를 제안하여 2015. 3. 10.부터 13.까지 3박 4일간 甲과 丁 외에 丁이 소개한 C, D와 함께 필리핀에서 골프를 쳤다. 골프회동에서 丁의 제안으로 내기를 걸게 되었고, 초반에는 甲이 이겨 제법 많은 금전을 획득하였다. 그러나 골프경기가 계속되면서 내기 금액이 급격히 상향되었고, 甲은 한국에서 출발할 때 소지한 5백만 원과 현지 은행에서 인출한 예금 4천 5백만 원을 모두 잃었으며, 급기야 귀국일정까지 미루면서 다시 내기골프를 치게 되었다. 최종적으로 甲은 2015. 3. 15. 丁에게 잃은 1억 원에 대한 변제로 자신이 소유한 X토지의 소유권을 이전하기로 하였고, C에게 잃은 5천만 원을 담보하기 위하여 자신의 소유인 Y 건물에 대한 근저당권설정을 약속하였다. 귀국한 甲은 丁과 C의 요구에 따라 丁에게 X토지의 소유권이전등기를 넘겨 주었고, C에게도 Y 건물에 근저당권설정등기를 경료해 주었다. 甲은 그 후 내기골프 사실이 밝혀져 형사처벌의 위기에 처하게 되자, 丁과 C를 상대로 X토지의 소유권이전등기말소청구 및 Y 건물의 근저당권설정등기말소청구 소송을 제기하였다.

문제 3

丁과 C에 대한 甲의 각 말소청구는 인용될 수 있는가? (20점)

문제 4

甲은 丁, C, D의 행위가 불법행위 성립요건을 충족하였다고 생각하고 그에 근거하여 손해배상청구소송을 제기하였다. 甲의 청구는 인용될 수 있는가? (10점)

모범답안

문제 ① 〈착오로 인한 계좌이체의 부당이득반환청구권〉 (10점)

I. 쟁점정리 (1점)

甲이 A 은행을 통하여 B 은행의 乙계좌로 보낼 금전을 丙계좌로 잘못 이체한 경우, 반환청구의 근거와 대상에 대한 문제이다. 甲과 B 은행 사이의 송금으로 예금계약이 체결되었다면 계약상의 예금반환청구가 가능할 것이고, 그렇지 않다면 부당이득에 대한 반환이 문제될 것이며, 이 때 이득을 얻은 자로서 부당이득반환의무를 지는 자가 누구인지 문제된다.

II. 착오 이체된 금전의 예금계약 당사자 (3점)

예금계약은 그 성질상 소비임치계약에 해당하고 금전의 예치가 계약성립의 요건으로서 요물계약이지만, 반드시 금전이 은행에 입금되어야 하는 것은 아니다. 계좌이체를 잘못한 송금의뢰인과 수취은행 사이에는 임치계약이 체결된 바 없다. 판례에 의하면 법률상의 원인이 없이 계좌이체가 된 경우에도 예금계약은 수취은행과 수취인 사이에 체결된 것으로 본다.

III. 부당이득반환청구 (5점)

부당이득이 성립하기 위한 요건으로서 손실과 이득 외에 법률상 원인의 흠결이 필요하다. 법률상의 원인은 반환의무자에 의한 일정한 이익의 취득을 법률상 정당화하는 사유 내지 그 이득을 보유할 권원을 의미한다. 송금의뢰인 甲은 법률상 근거 없는 계좌이체로 인하여 손실을 입었으므로 이득을 얻은 자에 대하여 부당이득반환을 청구할 수 있다. 송금의뢰인과 수취인 사이에 계좌이체의 원인이 되는 법률관계가 존재하지 않는 경우, 송금의뢰인은 수취인에 대하여 잘못 이체한 금전의 부당이득반환청구권을 취득한다. 다만 수취은행은 수취인과의 예금계약에 근거하여 수취인에게 예금을 반환할 의무를 지므로 수취은행 자신은 실제 이익을 얻은 것이 없다. 그러므로 송금의뢰인은 수취은행에 대하여 부당이득반환청구권을 취득하지 못하고, 이득을 얻은 수취인에 대하여 그 반환을 청구할 수 있다.

Ⅳ. 결론 (1점)

은행계좌를 통한 착오 송금의 경우 甲과 B 은행 사이에 예금계약이 체결된 것은 아니며, 판례는 B 은행과 丙 사이에 예금계약이 체결된 것으로 보므로, 甲의 B 은행을 상대로 한 반환채권은 인정되지 않는다. 甲은 乙에 대하여 잘못 이체한 금전의 부당이득반환청구권을 취득하며, B 은행은 실제 이익을 얻은 것이 없으므로 甲의 B 은행에 대한 부당이득반환청구는 허용되지 않는다.

문제 **2** 〈비자금의 임치계약과 반사회적 법률행위〉 (20점)

Ⅰ. 쟁점정리 (2점)

甲이 비자금을 은닉하기 위하여 乙에게 금전 10억 원을 맡겨 두었다가 투자를 위하여 그 반환을 청구하였는데, 수치인 乙의 입장에서는 불법원인급여에 해당한다고 생각하고 그 반환을 거절하였다. 결국 비자금을 은닉하기 위한 금전의 임치계약이 반사회적 법률행위로서 민법 제103조에 해당하여 무효인 경우 민법 제746조에서 규정하는 불법원인급여의 적용을 받을 것인지가 문제된다.

Ⅱ. 비자금을 맡기는 계약의 성질 (3점)

반사회적 행위에 의하여 조성된 재산인 이른바 비자금을 소극적으로 은닉하기 위한 계약은 임치계약의 성질을 가진다.

Ⅲ. 비자금 은익을 위한 임치계약의 반사회성 (3점)

판례에 따르면 반사회적 비자금을 소극적으로 은익하기 위한 임치계약은 사회질서에 반하는 법률행위로 볼 수 없다고 한다. 다만 이에 대한 적용법규가 있다면 강행법규에 반하는 법률행위로서 무효일 수는 있다.

Ⅳ. 불법원인급여의 해당성 여부 (10점)

비자금을 은닉하기 위한 임치계약에 따라 지급된 금전의 임치인이 수치인에 대하여 반환청구를 한 경우, 불법원인급여로서 그 반환이 허용될 수 없는 것인지 여부를 살펴 볼 필요가 있다.

1. 학 설

다수설은 민법 제746조의 규정에서 불법의 의미는 민법 제103조의 선량한 풍속 기타 사회질서에 반하는 법률행위로 해석한다. 물론 이보다 좁게 해석하는 견해로서 선량한 풍속위반행위에 한정하거나 사회적으로 용납할 수 없는 악행으로 제한하는 견해도 있고, 넓게 해석하여 민법 제103조 위반행위뿐만 아니라 강행법규 위반행위도 포함하는 견해가 있다.

2. 판 례

판례 역시 다수설과 같은 입장이다.

V. 결론 (2점)

비자금 은닉을 위한 금전의 임치계약이 반사회적 법률행위에 해당하지 않는다고 하므로, 다수설이나 판례, 좁은 의미로 해석하는 견해에 의하면 불법원인급여에 해당하지 않지만, 넓게 해석하는 견해에 의하면 위 계약이 강행법규에 위반하는 행위로 해석될 수 있으므로 불법원인급여로서 반환청구가 배척될 수도 있다. 다만 본 사례로 판단한다면, 甲의 乙을 상대로 한 10억 원의 금전 반환청구가 인용된다.

문제 ③ 〈불법원인급여와 소유권에 기한 반환청구의 인정여부 및 급부의 종국성〉 (20점)

I. 쟁점정리 (2점)

도박에 의하여 발생된 채무는 민법 제103조와 제746조가 적용되므로, 그에 근거한 급부자 甲의 반환청구는 허용되지 않는다. 그런데 민법 제746조는 부당이득반환청구권을 배제하는 규정이므로 급부자가 자신의 소유권에 근거하여 반환청구를 하는 경우 이를 허용할 것인지가 문제된다. 또한 불법원인급여의 적용요건으로서 급부는 종국적이어야 하는데, 도박에 근거한 채무를 담보하기 위하여 급부자의 부동산에 저당권이 설정된 경우, 단지 저당권 설정등기만으로 그 종국성의 요건이 충족되는지가 문제된다.

Ⅱ. 반사회적 법률행위와 불법원인급여 (3점)

채무발생의 원인행위가 무효이면 급부자는 수익자를 상대로 부당이득에 기한 반환청구를 할 수 있다($\frac{제741}{조}$). 그런데 이러한 법률행위가 도박으로 인한 채무라면 민법 제103조의 선량한 풍속 기타 사회질서 위반으로서 무효가 되므로, 이는 동시에 민법 제746조의 불법원인급여에 해당하고, 그 적용범위에 관한 어떤 학설과 판례에 의하더라도 급부자의 부당이득반환청구는 배척된다.

Ⅲ. 급부자의 소유권에 기한 반환청구권 (7점)

1. 부당이득반환청구권과 소유권에 기한 반환청구권의 관계

불법원인급여에 해당하는 경우 급부자의 부당이득반환청구권은 배척된다. 다만 부당이득 반환청구권은 급부자의 채권적 청구권이므로 불법원인급여에 의한 반환청구권의 배척이 소유권에 기한 물권적 청구권에까지 영향을 줄 수 있는지가 문제된다.

2. 학 설

다수설은 민법 제746조가 제103조와 동일한 취지이므로 그 적용범위가 동일하고, 따라서 도박채무를 변제하기 위하여 부동산의 소유권을 이전한 것 역시 불법원인급여에 해당하므로, 급부자의 수익자에 대한 소유권에 기한 물권적 청구권은 허용되지 않는다고 한다. 반면 소수설은 부당이득반환청구권과 물권적 청구권은 그 법적 성격을 달리하므로, 민법 제746조에 의하여 부당이득에 기한 반환청구는 배척되더라도 소유권에 기한 반환청구는 허용된다는 견해이다. 물론 이러한 학설은 채권행위의 무효로 인한 물권행위의 영향에 대하여 유인성이론과 무인성이론에 따라 차이가 있을 것이지만, 우리 민법상의 무인성은 상대적 무인성이론이므로 반사회적 법률행위의 경우 유인성과 결과가 동일하여 채권행위가 무효인 경우 물권은 급부자에게 귀속되어 차이가 없다. 물론 절대적 무인성이론에 따른다면 소유권은 수익자에게 이미 귀속된 상태이므로 민법 제746조와 관계없이 급부자의 수익자에 대한 소유권말소청구는 허용되지 않는다.

3. 판 례

판례는 다수설과 마찬가지로 민법 제103조와 제746조의 취지를 동일한 것으로 이해하고, 부당이득반환청구권이 배척되는 반사적 효과로서 소유권은 수익자에게 귀속되므로, 급부자의 물권적 청구권 역시 허용되지 않는다고 한다.

Ⅳ. 불법원인급여와 급여의 종국성 (6점)

1. 학 설

저당권 설정행위의 급부 종국성에 대하여 다수설은 급부가 종국적이지 않고 종속적인 경우에는 그 급부의 본래 목적을 달성하기 위하여 수익자 측의 법률적 주장을 기다려야 하므로, 이 경우에는 민법 제746조를 적용할 수 없고 반환청구, 즉 말소청구를 인정해야 한다는 견해이다. 한편 소수설은 민법 제746조의 적용을 위한 급부가 반드시 종국적일 필요는 없다고 하여 반환청구, 즉 말소청구를 배척해야 한다는 입장이다.

2. 판 례

판례 역시 다수설과 같이 급부는 종국적이어야 하므로 단지 저당권설정등기만으로는 종국적인 급부가 인정되지 않아 불법원인급여의 요건을 충족하지 못한다고 한다.

Ⅴ. 결론 (2점)

다수설과 판례에 의한 경우 불법원인급여에 의하여 지급된 물건에 대하여 급부자는 부당이득반환청구권을 행사할 수 없는 반사적 효과로 소유권이전등기의 말소청구 역시 할 수 없으므로, 甲의 丁에 대한 소유권이전등기말소청구는 허용되지 않는다. 다만 도박채무를 담보하기 위한 C의 근저당권설정등기는 급부의 종국성 요건이 충족되지 못하여, 甲의 C에 대한 근저당권말소청구가 허용된다.

문제 4 〈불법원인급여와 불법행위에 기한 손해배상청구권〉 (10점)

Ⅰ. 쟁점정리 (1점)

丁, C, D의 행위가 불법행위를 구성하더라도 도박에 의하여 형성된 채무가 불법원인급여에 해당하는 경우, 급부자 甲은 불법원인급여로서 급부물의 부당이득반환청구가 허용되지 않는 반면, 수익자 丁, C, D를 상대로 불법행위에 기한 손해배상청구권을 행사하는 것은 가능한가에 대하여 견해가 대립한다.

Ⅱ. 학설 (5점)

다수설은 민법 제746조와 제103조의 취지를 동일하게 해석하면서, 급부자의 부당이득반환청구가 배척될 뿐만 아니라 수익자의 불법행위에 기한 손해배상청구권도 허용되어서는 안된다고 한다. 반면 소수설은 불법행위를 전면적으로 부정할 것이 아니라 수익자와의 과실을 비교하여 과실상계를 하는 것이 바람직하다는 견해이다.

Ⅲ. 판례 (3점)

판례는 다수설과 같이 불법행위에 기한 손해배상청구권을 배척하면서, 다만 수익자에게만 불법의 원인이 있거나 수익자의 불법성이 급여자의 불법성보다 현저히 크다고 평가되는 등으로 제반 사정에 비추어 급여자의 손해배상청구를 인정하지 아니하는 것이 오히려 사회상규에 명백히 반한다고 평가될 수 있는 특별한 사정이 있는 경우에는 예외적으로 손해배상청구권을 인정한다는 입장이다.

Ⅳ. 결론 (1점)

다수설과 판례에 의할 경우 甲의 丁에 대한 부당이득반환청구권, 소유권에 기한 말소등기청구권을 행사할 수 없는 것과 동일한 취지에서 그 외 C, D를 상대로 한 불법행위에 근거한 손해배상청구 역시 허용되지 않는다.

해 설

문제 ❶ 〈착오로 인한 계좌이체의 부당이득반환청구권〉

Ⅰ. 법률상 근거 없는 계좌이체와 예금계약의 당사자

계좌이체의 방식은 은행 간 및 은행점포 간의 송금절차를 통하여 저렴한 비용으로 안전하고 신속하게 자금을 이동시키는 수단이다. 계좌이체가 된 경우 특별한 사유가 없는 한 송금의 뢰인과 수취인 사이에 계좌이체의 원인인 법률관계가 존재하는지 여부에 관계없이 수취인과 수취은행 사이에는 계좌이체금액 상당의 예금계약이 성립하고, 수취인이 수취은행에 대하여 위 금액 상당의 예금채권을 취득한다.

Ⅱ. 부당이득의 성립요건

송금의뢰인과 수취은행 사이에 예금계약이 인정되지 않는다면, 예금계약에 근거한 송금액의 반환청구는 허용되지 않는다. 그렇다면 부당이득이 문제되고, 송금의뢰인은 수취은행 또는 수취인 중 누구를 상대로 부당이득에 기한 반환청구를 할 것인지가 문제된다. 부당이득이 성립하기 위한 요건으로서 손실과 이득 외에 법률상 원인의 흠결이 필요하다. 법률상의 원인은 반환의무자 의한 일정한 이익의 취득을 법률상 정당화하는 사유 내지 그 이득을 보유할 권원을 의미한다.

Ⅲ. 수취인의 부당이득반환의무

판례에 의하면 송금의뢰인과 수취인 사이에 계좌이체의 원인이 되는 법률관계가 존재하지 않는 경우, 송금의뢰인은 수취인에 대하여 위 금액 상당의 부당이득반환청구권을 취득한다. 다만 수취은행은 이익을 얻은 것이 없으므로 송금의뢰인이 수취은행에 대하여는 부당이득반환청구권을 취득하지 못한다. 즉 판례는 "송금의뢰인이 수취인의 예금구좌에 계좌이체를 한 때에는, 송금의뢰인과 수취인 사이에 계좌이체의 원인인 법률관계가 존재하는지 여부에 관계없이 수취인과 수취은행 사이에는 계좌이체금액 상당의 예금계약이 성립하고, 수취인이 수취은행에 대하여 위 금액 상당의 예금채권을 취득한다."라고 하면서, "송금의뢰인과 수취인 사이에 계좌이체의 원인이 되는 법률관계가 존재하지 않음에도 불구하고, 계좌이체에 의하여 수취인이 계좌이체금액 상당의 예금채권을 취득한 경우에는, 송금의뢰인은 수취인에 대하여 위 금액 상당의 부당이득반환청구권을 가지게 되지만, 수취은행은 이익을 얻은 것이 없으므로 수취은행에 대하여는 부당이득반환청구권을 취득하지 않는다."라고 판시하였다(대판 2007. 11. 29, 2007다51239).

문제 ② 〈비자금의 임치계약과 반사회적 법률행위〉

Ⅰ. 비자금을 맡기는 계약의 성질

반사회적 행위에 의하여 조성된 재산인 이른바 비자금을 소극적으로 은닉하기 위한 계약은 임치계약의 성질을 가진다.

II. 비자금 은익을 위한 임치계약의 반사회성

반사회적 비자금을 소극적으로 은익하기 위한 임치계약은 사회질서에 반하는 법률행위로 볼 수 없다. 판례 역시 "이른바 비자금 중 일부인 위 200억 원을 맡긴 동기는 위 돈을 은닉하여 두었다가 필요시에 쉽게 사용하기 위한 것이라고 할 것인데, 이와 같이 이미 반사회적 행위에 의하여 조성된 재산을 소극적으로 은닉하기 위하여 이 사건 임치에 이른 것만으로는 그 것이 곧바로 사회질서에 반하는 법률행위라고 볼 수는 없다."라고 판시하였다($\binom{대판\ 2001.4.10.}{2000다49343}$). 다만 이에 대한 적용법규가 있다면 강행법규에 반하는 법률행위로서 무효일 수는 있다.

III. 불법원인급여의 해당성 여부

비자금을 은닉하기 위한 임치계약에 따라 지급된 금전의 임치인이 수치인에 대하여 반환청구를 한 경우, 불법원인급여로서 그 반환이 허용될 수 없는 것인지 여부를 살펴 볼 필요가 있다. 비자금의 은닉을 위한 임치계약이 반사회적 법률행위가 아니라고 하더라도 강행규정에 위반한 것이라면 학설에 따라 불법원인급여에 해당될 수도 있다.

1. 학 설

다수설은 민법 제746조의 규정에서 불법의 의미는 민법 제103조의 선량한 풍속 기타 사회질서에 반하는 법률행위로 해석한다. 물론 이보다 좁게 해석하는 견해로서 선량한 풍속위반행위에 한정하거나 사회적으로 용납할 수 없는 악행으로 제한하는 견해도 있고, 넓게 해석하여 민법 제103조 위반행위뿐만 아니라 강행법규 위반행위도 포함하는 견해가 있다.

2. 판 례

판례 역시 다수설과 같은 입장이다. 그러므로 판례에 의하는 한 위 비자금 은닉을 위한 임치계약에 대하여 불법원인급여규정을 적용할 수는 없다.

문제 3 〈불법원인급여와 소유권에 기한 반환청구의 인정여부 및 급부의 종국성〉

I. 반사회적 법률행위와 불법원인급여

채무발생의 원인행위가 무효이면 급부자는 수익자를 상대로 부당이득에 기한 반환청구를 할 수 있다($\binom{제741}{조}$). 그런데 이러한 법률행위가 도박으로 인한 채무라면 민법 제103조의 선량한 풍속 기타 사회질서 위반으로서 무효가 되므로, 이는 동시에 민법 제746조의 불법원인급여에 해당하고, 그 적용범위에 관한 어떤 학설과 판례에 의하더라도 급부자의 부당이득반환청구는 배척된다.

Ⅱ. 급부자의 소유권에 기한 반환청구권

1. 부당이득반환청구권과 소유권에 기한 반환청구권의 관계

불법원인급여에 해당하는 경우 급부자의 부당이득반환청구권은 배척된다. 다만 부당이득 반환청구권은 급부자의 채권적 청구권이므로 불법원인급여에 의한 반환청구권의 배척이 소유권에 기한 물권적 청구권에까지 영향을 줄 수 있는지가 문제된다.

2. 학 설

다수설은 민법 제746조가 제103조와 동일한 취지이므로 그 적용범위가 동일하고, 따라서 도박채무를 변제하기 위하여 부동산의 소유권을 이전한 것 역시 불법원인급여에 해당하므로, 급부자의 수익자에 대한 소유권에 기한 물권적 청구권은 허용되지 않는다고 한다. 반면 소수 설은 부당이득반환청구권과 물권적 청구권은 그 법적 성격을 달리하므로, 민법 제746조에 의하여 부당이득에 기한 반환청구는 배척되더라도 소유권에 기한 반환청구는 허용된다는 견해이다. 물론 이러한 학설은 채권행위의 무효로 인한 물권행위의 영향에 대하여 유인성이론과 무인성이론에 따라 차이가 있을 것이지만, 우리 민법상의 무인성은 상대적 무인성이론이므로 반사회적 법률행위의 경우 유인성과 결과가 동일하여 채권행위가 무효인 경우 물권은 급부자에게 귀속되어 차이가 없다. 물론 절대적 무인성이론에 따른다면 소유권은 수익자에게 이미 귀속된 상태이므로 민법 제746조와 관계없이 급부자의 수익자에 대한 소유권말소청구는 허용되지 않는다.

3. 판 례

판례는 다수설과 마찬가지로 민법 제103조와 제746조의 취지를 동일한 것으로 이해하고, 부당이득반환청구권이 배척되는 반사적 효과로서 소유권은 수익자에게 귀속되므로, 급부자의 물권적 청구권 역시 허용되지 않는다고 한다. 즉 판례는 "민법 제746조는 단지 부당이득제도만을 제한하는 것이 아니라 동법 제103조와 함께 사법의 기본이념으로서, 결국 사회적 타당성이 없는 행위를 한 사람은 스스로 불법한 행위를 주장하여 복구를 그 형식 여하에 불구하고 소구할 수 없다는 이상을 표현한 것이므로, 급여를 한 사람은 그 원인행위가 법률상 무효라 하여 상대방에게 부당이득반환청구를 할 수 없음은 물론 급여한 물건의 소유권은 여전히 자기에게 있다고 하여 소유권에 기한 반환청구도 할 수 없고 따라서 급여한 물건의 소유권은 급여를 받은 상대방에게 귀속된다."라고 판시하였다(대판(전) 1979.11.13, 79다483).

Ⅲ. 불법원인급여와 급여의 종국성

1. 의 의

민법 제746조의 불법원인급여가 적용되기 위해서는 급부가 종국적이어야 한다. 반사회성으로 인하여 무효인 법률행위에 따라 발생된 채권을 담보하기 위하여 저당권을 설정한 경우, 수익자에 대한 급부가 종국적이기 위해서는 부동산의 소유권이 이전되어야 하는데, 단지 저당권설정등기만으로는 그 종국성의 요건이 충족되지 못하므로 위 규정의 적용을 받지 못한다. 물론 이러한 종국성의 여부에 대하여 견해가 대립된다.

2. 학 설

저당권 설정행위의 급부 종국성에 대하여 다수설은 급부가 종국적이지 않고 종속적인 경우에는 그 급부의 본래 목적을 달성하기 위하여 수익자 측의 법률적 주장을 기다려야 하므로, 이 경우에는 민법 제746조를 적용할 수 없고 반환청구, 즉 말소청구를 인정해야 한다는 견해이다. 한편 소수설은 민법 제746조의 적용을 위한 급부가 반드시 종국적일 필요는 없다고 하여 반환청구, 즉 말소청구를 배척해야 한다는 입장이다.

3. 판 례

판례 역시 다수설과 같이 급부는 종국적이어야 하므로 단지 저당권설정등기만으로는 종국적인 급부가 인정되지 않아 불법원인급여의 요건을 충족하지 못한다고 한다. 즉 판례에 의하면 "도박자금을 제공함으로 인하여 발생한 채권의 담보로 부동산에 관하여 근저당권설정등기가 경료되었을 뿐이라면 위와 같은 근저당권설정등기로 근저당권자가 받을 이익은 소유권이전과 같은 종국적인 것이 되지 못하고 따라서 민법 제746조에서 말하는 이익에는 해당하지 아니한다고 할 것이므로, 그 부동산의 소유자는 민법 제746조의 적용을 받음이 없이 그 말소를 청구할 수 있다."라고 판시하였다(대판 1995.8.11, 94다54108).

문제 ④ 〈불법원인급여와 불법행위에 기한 손해배상청구권〉

Ⅰ. 불법원인급여와 불법행위 손해배상청구

불법원인급여에 해당하는 경우 수익자의 불법행위가 성립하게 되면, 급부자는 불법원인급여로서 급부물의 부당이득반환청구가 허용되지 않는 반면, 수익자를 상대로 불법행위에 기한 손해배상청구권을 행사하는 것은 가능한가에 대하여 견해가 대립한다.

Ⅱ. 학 설

다수설은 민법 제746조와 제103조의 취지를 동일하게 해석하면서, 급부자의 부당이득반환청구가 배척될 뿐만 아니라 불법행위에 기한 손해배상청구권도 허용되어서는 안된다고 한다. 반면 소수설은 불법행위를 전면적으로 부정할 것이 아니라 수익자와의 과실을 비교하여 과실상계를 하는 것이 바람직하다는 견해이다.

Ⅲ. 판 례

판례는 다수설과 같이 불법행위에 기한 손해배상청구권을 배척하면서, 다만 수익자에게만 불법의 원인이 있거나 수익자의 불법성이 급여자의 불법성보다 현저히 크다고 평가되는 등으로 제반 사정에 비추어 급여자의 손해배상청구를 인정하지 아니하는 것이 오히려 사회상규에 명백히 반한다고 평가될 수 있는 특별한 사정이 있는 경우에는 예외적으로 손해배상청구권을 인정한다는 입장이다. 즉 판례는 민법 제746조가 "선량한 풍속 기타 사회질서에 위반한 사항을 내용으로 하는 법률행위를 무효로 하는 민법 제103조 등과 표리를 이루어서, 사회적 타당성이 없는 행위를 한 사람이 스스로 그러한 불법성을 주장하여서 법의 보호를 구할 수 없다는 법의 일반적 이념을 구현하는 것이고, 이러한 법이념은 법적 형식 여하에 불구하고 가급적 관철되어야 한다."면서, "불법의 원인으로 재산을 급여한 사람은 상대방 수령자가 그 '불법의 원인'에 가공하였다고 하더라도, 상대방에게만 불법의 원인이 있거나 그의 불법성이 급여자의 불법성보다 현저히 크다고 평가되는 등으로, 제반 사정에 비추어 급여자의 손해배상청구를 인정하지 아니하는 것이 오히려 사회상규에 명백히 반한다고 평가될 수 있는 특별한 사정이 없는 한, 상대방의 불법행위를 이유로 그 재산의 급여로 말미암아 발생한 자신의 손해를 배상할 것을 주장할 수 없"고, 만일 "급여자의 위와 같은 손해배상청구를 인용한다면, 이는 급여자는 결국 자신이 행한 급부 자체 또는 그 경제적 동일물을 환수하는 것과 다름없는 결과가 되어, 민법 제746조에서 실정법적으로 구체화된 앞에서 본 바와 같은 법이념에 반한다."라고 판시하였다$\binom{\text{대판 2013.8.22,}}{\text{2013다35412}}$.

심화사례

▶ 착오로 계좌이체된 금전에 대하여 금융기관의 채권으로 상계

문제 1

착오 이체로 인하여 계좌상의 금전을 취득한 丙이 B 은행에 대하여 대출금 채무가 있는 경우, B 은행은 丙의 예금채권과 대출금채권을 상계힐 수 있는가?

해 설

Ⅰ. 쟁점정리

법률상 원인 없이 계좌 이체된 경우에도 수취은행과 수취인 사이에 예금계약이 체결된 것으로 본다. 사안의 경우 착오로 계좌이체된 경우 B 은행과 丙 사이에 예금계약이 체결된 것으로 보기 때문에, B 은행의 丙에 대한 대출금반환채권을 자동채권으로 하여 丙의 B 은행에 대한 예금반환채권을 상계할 수 있는지가 문제된다.

Ⅱ. 착오 이체된 금전과 상계

1. 원 칙

수취은행이 수취인에 대하여 대출금반환채권을 갖고 있는 경우, 은행은 이 채권을 자동채권으로 하여 착오로 계좌 이체되어 수취인이 수취은행에 대하여 갖고 있는 예금채권을 상계할 수 있다.

2. 예 외

신의칙 위반이나 권리남용에 해당한다는 등의 특별한 사정이 있는 경우에는 상계할 수 없다. 예를 들어 송금의뢰인이 착오 송금임을 이유로 거래은행을 통하여 혹은 수취은행에 직접 송금액의 반환을 요청하고, 수취인도 송금의뢰인의 착오송금에 의하여 수취인의 계좌에 금원이 입금된 사실을 인정하여 수취은행에 그 반환을 승낙하였다면, 수취은행이 선의인 상태에서 수취인의 예금채권을 담보로 대출을 하여 그 자동채권을 취득한 것이라거나 그 예금채권이 이미 제3자에 의하여 압류되었다는 등의 특별한 사정이 없는 한, 송금의뢰인에 대한 관계에서 신의칙에 반하거나 상계에 관한 권리를 남용하는 것으로 허용될 수 없다(대판 2010.5.27, 2007다66088).

Ⅲ. 결   론

착오 송금의 경우 B 은행의 丙에 대한 대출금반환채권을 자동채권으로 하여 丙의 B 은행에 대한 예금반환채권을 상계할 수 있다. 그러나 丙이 착오 송금임을 이유로 B 은행에 대하여 그 반환을 승낙한 경우에는 특별한 사정이 없는 한 이를 상계하는 것은 신의칙에 반하여 허용되지 않는다.

▶ 불법성비교이론과 물권적 청구

〈소송경과〉

소송과정에서 丁이 내기골프에 甲을 계획적으로 유인하는 등 사기적인 행태가 있었음이 밝혀졌고, 이에 C와 D는 丁과 처음부터 내기골프를 공모하지는 않았지만, 丁의 골프실력이 출중하다는 것을 알면서 甲의 금전을 획득할 목적으로 甲을 안심시키고 판돈을 올리는 등 내기골프에 가담하였다. 이러한 사실을 전혀 알지 못한 甲은 丁에 비하여 골프실력이 형편 없음에도 사기적인 내기골프에 빠진 줄도 모르고 지속적으로 돈을 잃자 丁과 C, D로부터 금전을 빌려서 내기골프를 계속하다 자신의 소유인 X 토지를 丁에게 넘겨주었고, 도박채무를 담보하기 위하여 자신의 소유인 Y 건물에 관하여 C 명의의 근저당권설정등기를 해주었다.

문제 2

甲은 丁을 상대로 X 토지의 소유권이전등기말소청구소송을 제기하였다. 甲의 청구는 인용될 수 있는가?

해 설

도박으로 인한 것은 반사회적 법률행위에 의한 채무로서 민법 제746조의 불법원인급여에 해당하여 부당이득반환청구가 불가하다. 이 때 급부자가 급부 부동산의 소유권에 근거하여 반환청구권을 행사하는 것은 가능한 지가 문제되고, 만일 수익자에게만 불법의 원인이 있는 경우에는 반환청구가 인정될 것인지도 함께 다루어야 한다.

학설과 판례는 불법원인급여에 있어서 수익자의 불법성이 급여자의 불법성보다 현저히 큰 경우 급여자의 부당이득반환청구는 허용한다. 판례는 수익자의 불법성 정도가 급여자의 불법성보다 현저히 크다는 이유로 도박채무의 이행으로 대물변제한 부동산의 반환청구를 인용하였다$\binom{대판\ 1997.10.24,}{95다49530,\ 49547}$.

38 법인의 불법행위책임과 제3자 채권침해

공통된 사실관계

甲은 남해안 근해의 어류 양식 및 판매를 위하여 설립된 법인이었는데, 설립 초기의 설비투자를 위한 자금조달로 법인 소유의 토지와 건물을 담보로 제공한 상태였다. 대표이사로 乙이 선임되었고, 초기 양식 어류의 판매가 급증하면서 성어 판매에 대한 계약체결 및 물건인도와 대금수령 등 이행과정의 모든 업무를 추진할 수 있는 대리인으로 丙을 선임하였다. 甲은 양식어류의 사료를 납품받기 위하여 주변에서 사료제조업을 영위하는 丁과 戊 두 업체의 공개경쟁입찰을 통하여 납품계약을 체결하기로 하였는데, 丁은 국내 굴지의 사료제조업체로서 독보적인 기술력을 갖추고 있는 반면, 戊는 신생업체로서 가격조건이 좋았을 뿐이므로, 양식 어류의 품질을 고려하여, 丁과 독점납품계약을 체결하였다. 그런데 2009. 10.경 태풍으로 인한 피해가 발생하였고 경기 불황과 겹쳐 양식 어류의 판매실적이 저조하여 丁에 대한 사료대금을 지급하지 못하고 있었다. 이에 丁의 요청으로 2010. 5. 20. 사료대금채무 5천만 원을 담보하기 위하여 당시 시가 1억 원 상당의 치어 50만 마리를 담보로 제공하되 성어가 될 때까지 甲이 점유하면서 기르기로 하였다.

한편 乙은 2011. 12.경 주식투자가 번번이 실패하면서 사채업자의 자금까지 융통하게 되었고, 2013. 3.경부터 변제의 독촉을 받고 있던 중, 향후 양식 어류의 판매계약시에 매매대금을 부풀리는 수법으로 자신의 채무변제자금을 마련하기 위하여 매매대금을 일부 착복하기로 마음먹고, 실제 업무를 추진하는 丙에게 착복한 금전의 일정액을 나누어 주기로 하고 함께 일을 추진하자는 제안을 하였으며 丙이 이를 받아들였다. 이와 더불어 丁의 경쟁업체인 戊가 甲에 대한 사료납품의 우위를 차지하기 위하여 丁의 자금조달창구를 차단하기 위한 여러 가지 방법을 구상하고 있었다. 戊는 마침 乙의 자금사정이 좋지 않다는 사실을 알고 그에게 접근하여 甲의 丁에 대한 사료대금채무의 거의 유일한 담보인 치어 50만 마리를 몰래 타인에게 처분하도록 종용하면서, 그렇게 해주는 대가로 2천만 원을 지급하기로 하였다. 이에 乙은 戊의 요구대로 丁에 대한 사료대금채무의 이행기가 도래하기 직전인 2012. 4. 30. 丁에 대한 사료대금채무의 담보목적물인 치어 50만 마리를 타인에게 처분하는 방법으로 거의 대부분을 없애 버렸고, 이로 인하여 丁은 甲에 대한 사료대금채권의 회수가 곤란하게 되었다.

나아가 丙은 2012. 5. 10. 수산물 도매업자 A와 출하예정인 양식 성어 중 그 일부인 참돔 5만 마리를 당시 시세의 절반밖에 안 되는 매매대금 1억 원에 판매하는 계약을 체결하였다. 계약의 약정내용에 따라 계약 당일 A가 계약금 1천만 원을 지급하였고, 중도금 4천만 원은 같은 해 5. 20. 지급하며, 잔금 5천만 원은 그로부터 열흘 후인 같은 해 5. 30. 丙이 참돔 5만 마리를 A의 수족관에 배달함과 동시에 지급하기로 하였다. A와의 위 매매계약에서 丙은 계약금과 중도금을 甲이 아니라 丙 자신에게 현금으로 지급해 달라는 요구를 하였고, A는 丙의 의도를 다소 미심쩍게 생각하였으나, 품질이 우수하기로 소문난 甲 법인의 양식어류를 저렴한 가격으로 구입할 수 있는 좋은 기회라고 생각하고, 약정한 일자에 계약금과 중도금을 모두 丙에게 지급하였다. 그 후 A는 2012. 5. 30. 잔대금 5천만 원을 준비하고 목적물의 인도를 청구하기 위하여 丙과의 연락을 시도하였으나 실패하였고, 丙은 A로부터 받은 계약금과 중도금을 甲 법인 명의의 계좌에 입금하지 않은 채 그 중 4천만 원을 이미 乙에게 넘겨준 후 행적이 묘연한 상태였다. 이에 A는 2012. 5. 30. 甲 법인을 상대로 잔대금 5천만 원의 지급과 상환으로 참돔 5만 마리의 인도를 청구하였고, 이에 甲은 이러한 인도청구를 받을 바에야 차라리 계약금의 배액상환과 함께 계약을 해제하는 편이 낫겠다고 판단하여 위 A와의 매매계약에 대한 해제의 의사표시를 하였다.

문제 1

丁은 甲과 乙 및 戊를 상대로 甲에 대하여 사료대금채권을 회수할 수 없게 된 손해의 배상을 청구할 수 있는가? (20점)

문제 2

甲의 A에 대한 계약해제의 의사표시는 적법한가? (10점)

추가된 사실관계

A는 2012. 7. 20. 甲을 상대로 참돔 5만 마리의 인도청구소송과 함께 이미 지급한 계약금과 중도금 및 참돔 5만 마리의 인도를 받지 못함으로 인하여 입은 손해에 대하여 甲을 상대로 손해배상청구소송을 제기하였다. A의 물건 인도청구소송은 기각되었고, 손해배상청구소송은 인용되어 2015. 4. 10. 확정되었다. 甲 법인의 손해배상책임이 인정되자 甲은 乙과 丙의 비위사실을 확인한 후 乙의 직무정지가처분을 신청하였고, 2015. 6. 10. 법원으로부터 乙의 직무집행을 정지하고 직무대행자로서 B를 선임한다는 가처분을 받아 이를 등기하였으며, 2015. 6. 20. 乙과 丙을 상대로 불법행위에 근거한 손해배상청구소송을 제기하였다. 위 소송에서

乙은 자신의 과실로 인한 책임은 별도로 하더라도, 대표이사로서 丙을 대리인으로 선임하였
으나 丙에 대한 감독상의 과실이 없으므로 甲에 대하여 丙의 행위로 인한 손해배상책임을 질
이유는 없다고 항변하였고, 이와 동시에 甲의 乙 자신에 대한 손해배상청구권에 대하여는 소
멸시효완성의 항변을 제출하였다.

문제 ③

乙은 丙의 행위에 대하여 책임을 질 수 없다고 항변하였다. 乙의 항변은 정당한가? (10점)

문제 ④

甲에 대한 乙의 소멸시효완성의 항변은 정당한가? (10점)

모범답안

문제 ① 〈법인의 불법행위책임, 대표자의 책임, 제3자 채권침해〉 (20점)

Ⅰ. 쟁점정리 (2점)

법인의 대표자 乙이 제3자 戊와 공모하여 채권자 丁이 甲 법인에 대하여 가진 채권을 회
수할 수 없도록 담보목적물을 멸실시킨 경우, 乙의 불법행위로 인한 甲 법인의 손해배상책
임과 그 대표자 자신의 불법행위책임이 문제된다. 그리고 그러한 불법행위를 乙과 공모한
戊 역시 丁의 채권을 침해한 자로서 제3자 채권침해의 법리에 따라 丁에게 손해배상책임을
지는 지가 문제된다. 丁의 담보권 자체도 침해를 받았지만, 문제에서는 사료대금채권을 회
수할 수 없게 된 손해의 배상청구에 한정한다.

Ⅱ. 법인의 불법행위책임 (8점)

1. 의   의

법인의 이사 기타 대표자가 직무에 관하여 타인에게 손해를 가한 때에는 배상할 책임이
있으며($\binom{제35조 제}{1항 전문}$), 대표기관 개인도 법인과 함께 손해배상책임을 부담한다($\binom{제35조 제}{1항 후문}$).

2. 요 건

법인이 책임을 지기 위해서는 이사, 임시이사, 특별대리인, 청산인, 직무대행자 등 법인 대표자가 불법행위를 해야 한다. 대표기관의 불법행위는 그 직무에 관하여 한 행위여야 하며, 판례에 따르면 반드시 직접적인 직무행위가 아니더라도 외형상 법인 대표자의 직무행위라고 인정할 수 있는 것이라면 설사 그것이 대표자 개인의 사리를 도모하기 위한 것이라도 가능하다. 물론 법인의 책임이 성립하기 위해서는 대표자의 행위가 불법행위의 일반적인 요건으로서, 책임능력과 고의 또는 과실, 위법성, 손해발생 등을 충족해야 한다.

3. 효 과

이러한 요건이 충족되면 법인이 피해자에 대하여 손해배상책임을 부담한다(제35조 제1항 전문).

4. 법인 대표이사의 책임

법인의 불법행위책임과 별도로 피해자는 대표이사에 대하여 불법행위로 인한 손해배상을 청구할 수 있다(제35조 제1항 후문). 이들의 책임은 공동불법행위로서 부진정연대채무로 해석된다.

Ⅲ. 제3자 채권침해 (8점)

1. 의 의

제3자 채권침해는 채권자와 채무자 사이의 채권관계에 제3자가 부당하게 개입함으로써 채권을 침해하는 경우에 성립한다. 채권을 침해한 제3자에게 불법행위에 기한 손해배상책임을 인정할 수 있을 것인가 하는 문제가 본질적인 것이다.

2. 제3자의 채권침해에 대한 책임의 근거

채권은 상대권으로서 채무자에 의한 침해 외에 제3자에 의하여 침해될 가능성이 낮고, 채권은 공시가 되지 않으므로 제3자에 의한 채권침해에 대해서는 위법성을 인정하기가 곤란하다. 그리하여 제3자에 의한 채권침해에 대하여 손해배상책임을 인정하기 위한 근거와 관련하여 권리불가침설 등이 주장된 바 있으나, 일반적으로는 행위의 위법성에서 그 근거를 찾는다. 판례에 의하면 제3자가 단순히 채권을 침해하는 행위만으로 부족하고, 위법성이 인정될 수 있을 정도로 제3자가 채무자에 대한 채권자의 존재 및 그 채권의 침해사실을 알면서 채무자와 적극 공모하였다거나 기망 내지 협박 등 사회상규에 반하는 수단을 사용하거나 채권자를 해할 의사로 채무자와 계약을 체결하였다는 등의 특별한 사정이 필요하다.

3. 제3자 채권침해의 유형과 효과

제3자에 의하여 채권침해가 발생되는 유형은 크게 채권의 귀속을 방해하거나 채무자의 급부행위를 방해하는 행위, 채무자의 책임재산을 감소시켜 채권의 실행을 곤란하게 하는 행위 등이 있다. 제3자 채권침해가 인정되면 제3자는 채권자에 대하여 불법행위에 기한 손해배상책임을 지게 된다.

Ⅳ. 결론 (2점)

본 사안의 경우 피해자는 법인의 채권자인 丁이고, 법인의 대표자 乙이 丁의 甲 법인에 대한 채권회수가 곤란하도록 담보물을 소멸시키는 등 법인의 책임재산을 감소시키는 행위를 한 경우에 그 채권자 丁은 甲 법인 및 그 대표자 乙에 대하여 손해배상을 청구할 수 있다. 나아가 법인 대표자 乙과 불법행위를 공모하여 법인의 채권자 丁이 채권회수를 할 수 없도록 한 제3자 戊가 존재하는 경우에, 이른바 제3자 채권침해의 문제로서 채무자의 책임재산을 감소시켜 그 채권의 실행을 곤란하게 한 유형에 해당하고, 채무자와 공모하는 등의 위법성이 인정되므로, 戊는 丁에 대하여 불법행위에 기한 손해배상책임을 진다. 그리고 이들 모두의 책임은 공동불법행위로서 부진정연대채무를 부담한다.

문제 ② 〈해약금 해제〉(10점)

Ⅰ. 쟁점정리 (1점)

계약금을 지급한 경우 약정해제권을 유보하는 효과가 있는데, 민법은 이러한 해제권을 매수인이 행사하는 경우 이행에 착수할 때까지 그 배액을 상환하여 해제할 수 있다고 규정한다($\overset{제565}{조}$). 당사자가 이행에 착수하면 이러한 해제권을 행사할 수 없게 되는데, 본 사안에서 이행착수가 있었는지가 문제된다.

Ⅱ. 해제권 행사의 요건 (8점)

1. 의 의

계약금의 수령자는 해제의 의사표시와 함께 그 배액의 제공이 있어야 한다. 해제권을 행사할 수 있는 기간은 당사자의 일방이 이행에 착수할 때까지 가능하다($\overset{제565}{조}$).

2. 이행착수의 의미

판례에 의하면 이행에 착수한다는 것은 단순한 이행의 준비가 아니라 객관적으로 이행행위의 일부로 볼 수 있는 행위를 하거나 이행에 필요한 전제행위를 하는 것을 의미하고, 특히 매수인이 중도금을 지급하면 이행의 착수가 되어 해제가 불가하다.

3. 해제의 결과

해제권이 행사되면 계약관계가 소멸하지만, 이러한 해제는 이행에 착수하기 전에 하는 것이므로 해제에 의하여 당사자 사이에 급부의 원상회복문제는 발생하지 않는다.

Ⅲ. 결론 (1점)

본 사안에서 계약금이 지불된 상태이고 매수인 A가 계약금과 중도금을 이미 지급한 상태이며, 甲이 계약금의 배액을 상환하더라도 계약을 해제하려고 하지만, 이미 중도금이 지급된 상태이므로 이행의 착수가 되어 甲의 해제권행사는 부당하다.

문제 ③ 〈법인 이사의 대리인 선임과 그 선임, 감독상의 책임〉 (10점)

Ⅰ. 쟁점정리 (1점)

본 사안에서 甲 법인의 대표자 乙이 법인의 일정업무를 위하여 대리인 丙을 선임하였는데, 乙과 丙이 공모하여 甲에게 손해를 발생시킨 것이다. 우선 대표이사 乙이 대리인을 선임할 수 있는가, 그리고 乙이 선임한 丙의 행위에 대하여 乙이 어떤 책임을 부담하는가에 대한 문제가 있다.

Ⅱ. 법인 대표자의 대리인 선임 (4점)

법인의 기관으로서 대표이사는 정관 또는 사원총회의 결의에 의하여 금지되지 않은 사항에 관하여 대리인을 선임할 수 있다(제62조). 대표기관에 의하여 선임된 대리인은 법인의 기관이 아니라 법인의 대리인으로서 복대리인의 지위에 있고, 따라서 이러한 대리인에 의하여 행해진 법률효과는 법인에게 귀속된다.

Ⅲ. 선임, 감독상의 책임 (4점)

대표이사에 의하여 선임된 복대리인이 법인에 대하여 손해를 발생시킨 경우 이사는 법인에 대하여 복대리인의 선임, 감독상의 책임을 진다. 법인의 이사는 임의대리인의 지위에서 대리인을 선임한 것이므로 임의대리인의 복임행위에 대한 책임규정이 적용된다($\binom{제121조}{제1항}$).

Ⅳ. 결론 (1점)

법인의 대표이사 乙은 정관이나 사원총회의 결의에 의하여 금지되지 않는 한 丙을 대리인으로 선임할 수 있고, 丙의 행위로 인하여 법인에게 손해가 발생된 경우, 乙은 丙의 선임, 감독에 대한 임의대리인으로서의 책임을 진다.

문제 ④ 〈불법행위로 인한 손해배상청구권의 단기 소멸시효〉 (10점)

Ⅰ. 쟁점정리 (1점)

법인 대표자 乙의 불법행위로 인한 손해배상청구권의 소멸시효에 관하여, 손해 및 가해자를 안 날로부터 3년 또는 불법행위를 한 날로부터 10년의 소멸시효에 걸리고($\binom{제766조}{제1항}$), 특히 전자의 피해자인 법인이 손해 및 가해자를 안 날로부터 3년의 기산점에 관한 문제가 있다.

Ⅱ. 단기소멸시효(3점)

민법 제766조 제1항에 의한 단기 소멸시효는 피해자가 손해 및 배상의무자를 인식한 때부터 시효기간이 기산한다. 이러한 인식에 대하여 판례는 손해의 발생, 가해자, 가해행위의 존재, 가해행위와 손해 사이의 인과관계 등 불법행위의 요건사실을 현실적이고 구체적으로 인식해야 하는 것을 의미한다. 특히 법인이 피해자인 경우에는 통상 대표자가 이를 안 날을 의미하지만, 법인의 대표자가 가해행위에 가담하여 공동불법행위가 성립하는 경우에는 그 외의 다른 임원이나 사원, 직원 등이 이를 안 때에 비로소 소멸시효가 진행한다.

Ⅲ. 일반소멸시효 (2점)

민법 제766조 제2항에 의한 일반소멸시효의 기산점으로서 불법행위를 한 날은 가해행위가 있었던 날이 아니라 현실적으로 손해가 발생한 날을 의미한다.

Ⅳ. 결론 (4점)

본 사안은 법인이 대표자를 상대로 불법행위에 근거한 손해배상을 청구하는 경우인데, 청구일은 2015. 6. 20.이므로, 단기소멸시효는 법인이 손해 및 가해자를 안 날이 2012. 6. 19. 이전이어야 하고, 일반소멸시효는 가해행위를 한 날이 2005. 6. 19. 이전이어야 한다. 본 사안의 경우 법인이 손해 및 가해자를 안 날은 불법행위를 한 대표이사 乙의 직무집행이 정지되고 새로운 직무대행자 B가 선임됨으로써 법인이 알게 되는데, 그 일자가 2015. 6. 10.이므로 단기소멸시효는 아직 완성되지 못하였다. 또한 일반소멸시효는 乙과 공모한 丙이 A와 참돔 5만 마리의 매매계약을 체결한 2012. 5. 10.이 불법행위를 한 날인데, 이 역시 10년의 기간은 경과하지 않았으므로 소멸시효가 완성되지 못하였다.

해 설

문제 ① 〈법인의 불법행위책임, 대표자의 책임, 제3자 채권침해〉

Ⅰ. 서 설

법인 대표자가 직무범위 내에서 불법행위로 인하여 타인에게 손해를 발생시킨 경우 법인이 피해자에게 손해배상책임을 지고, 이 때 법인 대표자의 책임 역시 면하지 못한다(제35조). 본 사안의 경우 그 피해자는 법인의 채권자인데, 법인의 대표자가 법인에 대한 채권회수가 곤란하도록 담보물을 소멸시키는 등 법인의 책임재산을 감소시키는 행위를 한 경우에 그 채권자는 법인 및 그 대표자에 대하여 손해배상청구를 할 수 있다. 나아가 법인 대표자와 불법행위를 공모하여 법인의 채권자가 채권회수를 할 수 없도록 한 제3자가 존재하는 경우에 법인의 채권자가 제3자에 대하여 불법행위에 기한 손해배상청구를 할 수 있는지가 문제된다. 이른바 제3자 채권침해의 문제이다.

Ⅱ. 법인의 불법행위책임

1. 의 의

법인의 대표자가 직무에 관하여 타인에게 손해를 가한 때에는 배상할 책임이 있으며, 대표기관 개인도 법인과 함께 손해배상책임을 부담한다($^{제35}_{조}$). 법인의 본질에 관한 실재설은 법인의 불법행위책임을 인정하기 용이한 반면, 의제설에 의하면 곤란하다고 한다.

2. 요 건

법인대표자의 행위여야 한다. 이사, 임시이사, 특별대리인, 청산인, 직무대행자가 이에 포함된다. 대표기관이 직무에 관하여 한 행위여야 한다. 반드시 그 직접적인 직무행위가 아니라 하더라도 외형상 법인 대표자의 직무행위라고 인정할 수 있는 것이라면 설사 그것이 대표자 개인의 사리를 도모하기 위한 것이었거나 혹은 법령의 규정에 위배된 것이었다 하더라도 위의 직무에 관한 행위에 해당한다. 판례는 "법인이 그 대표자의 불법행위로 인하여 손해배상의무를 지는 것은 그 대표자의 직무에 관한 행위로 인하여 손해가 발생한 것임을 요한다 할 것이나, 그 직무에 관한 것이라는 의미는 행위의 외형상 법인의 대표자의 직무행위라고 인정할 수 있는 것이라면 설사 그것이 대표자 개인의 사리를 도모하기 위한 것이었거나 혹은 법령의 규정에 위배된 것이었다 하더라도 위의 직무에 관한 행위에 해당한다고 보아야 한다." 라고 판시하였다($^{대판\ 2004.2.27,}_{2003다15280}$). 물론 민법 제35조는 불법행위의 일반규정인 제750조의 특별규정이므로, 대표자의 행위가 일반 불법행위의 요건, 즉 책임능력과 고의 또는 과실, 위법성, 손해발생 등을 충족해야 한다.

3. 효 과

위 요건이 갖추어 지면 법인이 피해자에 대하여 손해배상책임을 부담한다($^{제35조\ 제}_{1항\ 전문}$). 법인 자체의 피해자에 대한 손해배상책임이다.

Ⅲ. 법인 대표의 책임

법인의 불법행위책임과 별도로 피해자는 대표이사에 대하여 불법행위로 인한 손해배상을 청구할 수 있다($^{제35조\ 제}_{1항\ 후문}$). 이들의 책임은 공동불법행위가 되므로, 피해자는 법인 또는 대표기관에 대하여 선택적으로 손해배상을 청구할 수 있고, 이러한 책임은 해석상 부진정연대책임으로 이해한다.

Ⅳ. 제3자 채권침해

1. 의 의

제3자 채권침해는 채권자와 채무자 사이의 채권관계에 제3자가 부당하게 개입함으로써 채권을 침해하는 경우에 성립한다. 제3자 채권침해가 인정되는 경우 그 효과는 채권을 침해한 제3자에게 불법행위에 기한 손해배상책임을 인정할 것인가와 그러한 침해에 대하여 채권에 근거한 방해배제가 가능한가의 문제이지만, 후자에 대해서는 물권에 인정되는 방해배제청구권을 채권에도 인정할 것인가와 관련하여 매우 소극적인 입장이 많으므로, 주로 전자가 문제된다.

2. 제3자의 채권침해에 대한 책임의 근거

타인에 의한 물권이나 인격권 침해는 그 자체로서 불법행위의 요건 중 위법성의 인정에 어려움이 없지만, 채권은 상대권으로서 채무자에 의한 침해 외에 제3자에 의하여 침해될 가능성이 낮고, 채권은 공시가 되지 않으므로 제3자에 의한 채권침해에 대하여 위법성을 인정하기가 곤란하다. 그러므로 이러한 제3자 채권침해로 인한 손해배상청구권의 근거에 대하여 많은 논란이 있었으나 일반적으로는 행위의 위법성에서 그 근거를 찾는다. 그리하여 판례는 "제3자에 의한 채권침해가 불법행위를 구성할 수는 있으나 제3자의 채권침해가 반드시 언제나 불법행위가 되는 것은 아니고 채권침해의 태양에 따라 그 성립 여부를 구체적으로 검토하여 정하여야 하는바, 독립한 경제주체간의 경쟁적 계약관계에 있어서는 단순히 제3자가 채무자와 채권자간의 계약내용을 알면서 채무자와 채권자간에 체결된 계약에 위반되는 내용의 계약을 체결한 것만으로는 제3자의 고의·과실 및 위법성을 인정하기에 부족하고, 제3자가 채무자와 적극 공모하였다거나 또는 제3자가 기망·협박 등 사회상규에 반하는 수단을 사용하거나 채권자를 해할 의사로 채무자와 계약을 체결하였다는 등의 특별한 사정이 있는 경우에 한하여 제3자의 고의·과실 및 위법성을 인정하여야 한다."라고 판시하였다 $\binom{대판\ 2001.5.8.}{99다38699}$.

3. 제3자 채권침해의 유형

제3자에 의하여 채권침해가 발생되는 유형은 다양하다. 제3자가 채권을 처분하거나 부당하게 변제를 받는 경우와 같이 채권의 귀속을 방해하거나 채무자의 급부행위를 방해하는 행위, 채무자의 책임재산을 감소시켜 채권의 실행을 곤란하게 하는 행위 등이 이에 속한다. 본 사례의 경우 제3자가 채무자인 법인의 대표자와 공모하여 채무자의 책임재산을 감소시켜 그 채권의 실행을 곤란하게 한 경우에 해당한다.

4. 효 과

제3자 채권침해의 요건이 갖추어지면 채권자는 제3자에 대하여 불법행위에 기한 손해배상을 청구할 수 있다. 채무자가 채권자에게 채무이행을 하지 못하게 된다면 채무자의 귀책사유가 없는 경우 급부와 관련하여 위험부담 문제가 경합하게 될 것이다. 만일 제3자와 공모하는 등 채무자의 귀책사유가 있는 경우에는 채무자의 채무불이행책임도 경합하게 되며, 이들의 책임은 부진정연대채무로 해석된다.

V. 결   론

본 사안의 경우 법인의 대표자가 제3자와 공모하여 법인의 채권자가 가진 채권을 회수할 수 없도록 채무자인 법인의 재산으로서 담보목적물을 멸실시킨 경우이므로, 법인은 대표자의 불법행위로 인하여 피해자인 채권자에게 손해배상책임을 지고, 법인의 대표자 역시 불법행위 책임을 면할 수 없으며, 대표자와 공모한 제3자 또한 위법한 행위를 통하여 타인의 채권을 침해하였으므로 채권자에게 불법행위책임을 지게 된다. 만일 법인이 채무를 이행하지 못하였다면 대표자의 행위로 인한 채무불이행책임도 부담해야 할 것이다. 그리고 이들은 모두 부진정연대채무를 부담하게 된다.

문제 ② 〈해약금 해제〉

I. 의   의

계약금의 지급은 계약의 해제권을 유보하는 효과가 있다. 즉 매매의 당사자 일방이 계약당시에 금전 기타의 물건을 계약금, 보증금 등의 명목으로 상대방에게 교부한 때에는 당사자간에 다른 약정이 없는 한 당사자의 일방이 이행에 착수할 때까지 교부자는 이를 포기하고 수령자는 그 배액을 상환하여 매매계약을 해제할 수 있다고 규정함으로써 계약금의 성질을 해약금으로 추정한다(제565조). 일종의 약정해제권으로 인정된다.

II. 해제권 행사의 요건

계약금 교부자는 의사표시만으로 해제권을 행사할 수 있으나 수령자는 해제의 의사표시와 함께 그 배액의 제공이 있어야 한다. 이러한 해제권을 행사할 수 있는 기간은 당사자의 일방이 이행에 착수할 때까지 가능하다. 해제권을 행사하는 자 뿐만 아니라 그 상대방이 이행에 착수하면 해제권 행사는 곤란하다. 이행에 착수한다는 것은 단순한 이행의 준비가 아니라 객관적으로 이행행위의 일부로 볼 수 있는 행위를 하거나 이행에 필요한 전제행위를 하는 것을 의미한다. 특히 매도인이 이행에 착수한 바가 없더라도 매수인이 중도금을 지급하여 이행에 착수하였다면 해제가 불가하다. 즉 판례는 "매도인이 민법 제565조에 의하여 계약금의 배액을 상환하고 계약을 해제하려면 매수인이 이행에 착수할 때까지 하여야 할 것인바, 여기에서 이행에 착수한다는 것은 객관적으로 외부에서 인식할 수 있는 정도로 채무의 이행행위의 일부를 하거나 또는 이행을 하기 위하여 필요한 전제행위를 하는 경우를 말한다."라고 판시하고($\binom{대판\ 2006.11.24.}{2005다39594}$), "민법 제565조 제1항에서 말하는 당사자의 일방이라는 것은 매매 쌍방 중 어느 일방을 지칭하는 것이고, 상대방이라 국한하여 해석할 것이 아니므로, 비록 상대방인 매도인이 매매계약의 이행에는 전혀 착수한 바가 없다 하더라도 매수인이 중도금을 지급하여 이미 이행에 착수한 이상 매수인은 민법 제565조에 의하여 계약금을 포기하고 매매계약을 해제할 수 없다."라고 판시하였다($\binom{대판\ 2000.2.11.}{99다62074}$).

Ⅲ. 해제권 행사의 효과

해제권이 행사되면 계약관계가 소멸하지만, 이러한 해제는 이행에 착수하기 전에 하는 것이므로, 해제에 의하여 당사자 사이에 급부의 원상회복문제는 발생하지 않는다. 또한 이러한 해제권 행사 자체에 의하여 손해배상청구권이 발생하는 것은 아니지만, 계약금의 수수가 채무불이행을 이유로 하는 법정해제권의 행사를 배제하는 것은 아니다. 판례 역시 "계약서에 명문으로 위약시의 법정해제권의 포기 또는 배제를 규정하지 않은 이상 계약당사자 중 어느 일방에 대한 약정해제권의 유보 또는 위약벌에 관한 특약의 유무 등은 채무불이행으로 인한 법정해제권의 성립에 아무런 영향을 미칠 수 없다."라고 판시하였다($\binom{대결\ 1990.3.27.}{자\ 89다카14110}$).

문제 ③ 〈법인 이사의 대리인 선임과 그 선임, 감독상의 책임〉

Ⅰ. 법인 대표자의 대리인 선임

법인의 기관으로서 이사는 자신의 대표권을 스스로 행사하여야 하지만, 정관 또는 사원총회의 결의에 의하여 금지되지 않은 사항에 관하여 대리인을 선임할 수 있다($\binom{제62}{조}$). 이사에 의하여 선임된 대리인은 법인의 기관이 아니고 법인의 대리인일 뿐이며, 이러한 대리인에 의하여 행해진 법률효과는 법인에게 귀속된다. 그러므로 법인의 대리인은 이사에 의하여 선임된 복대리인이 된다.

Ⅱ. 선임, 감독상의 책임

대표이사에 의하여 선임된 복대리인이 법인에 대하여 손해를 발생시킨 경우 이사는 법인에 대하여 복대리인의 선임, 감독상의 책임을 진다. 물론 그 성질상 복대리인은 이사에 의하여 선임된 것으로 임의대리인의 성격을 갖고, 법인의 이사 역시 임의대리인의 지위에 있으므로 기본적으로는 임의대리인의 복임행위에 대한 책임규정이 적용될 것이다(제121조 제1항).

문제 ④ 〈불법행위로 인한 손해배상청구권의 단기 소멸시효〉

Ⅰ. 의   의

불법행위로 인한 손해배상청구권은 피해자나 그 법정대리인이 그 손해 및 가해자를 안 날로부터 3년간 이를 행사하지 아니하면 시효로 인하여 소멸하고(제766조 제1항), 불법행위를 한 날로부터 10년을 경과하여도 마찬가지이다(제766조 제2항). 전자에 대하여 소멸시효기간이라는데 의문이 없지만, 후자에 대하여는 제척기간이라는 견해가 다수설이며, 판례는 이를 소멸시효라고 한다. 즉 판례에 의하면 "민법 제766조 제2항이 규정하고 있는 '불법행위를 한 날로부터 10년'의 기간이나 예산회계법 제96조 제2항, 제1항이 규정하고 있는 '5년'의 기간은 모두 소멸시효기간에 해당한다."라고 판시하였다(대판(전) 1996.12.19. 94다22927). 물론 이 둘 중에서 어느 하나라도 먼저 소멸시효가 완성되면 채권은 소멸한다.

Ⅱ. 단기소멸시효

민법 제766조 제1항에 의한 단기 소멸시효는 그 구성요건이 실현되고 청구권의 기한이 도래한 때가 아니라 청구권자가 손해 및 배상의무자를 인식한 때부터 시효기간이 기산한다. 즉 손해가 발생한 사실뿐만 아니라 가해행위의 위법성까지 인식해야 하며, 여기서 손해는 위법한 행위로 인한 손해발생사실을 의미하며, 손해를 안 날은 손해의 발생, 가해자, 가해행위의 존재, 가해행위와 손해 사이의 인과관계 등 불법행위의 요건사실을 현실적이고 구체적으로 인식해야 하는 것을 의미한다. 판례 역시 "민법 제766조 제1항에 정한 손해를 안다는 것은 단순히 손해 발생의 사실을 아는 것만으로는 부족하고 가해행위가 불법행위로서 이를 원인으로 하여 손해배상을 소구할 수 있다는 것까지 아는 것을 의미한다."라고 판시하였다(대판 2010.12.9. 2010다71592).

물론 손해의 액수나 그 정도까지 구체적으로 알아야 하는 것은 아니다. 특히 법인의 손해배상청구권에 있어서 그 손해를 안 날은 통상 대표자가 이를 안 날을 의미하지만, 법인의 대표자가 가해행위에 가담하여 공동불법행위가 성립하는 경우에는 그 외의 다른 임원이나 사원, 직원 등이 이를 안 때에 비로소 소멸시효가 진행한다. 판례 역시 "법인의 경우 불법행위로 인한 손해배상청구권의 단기 소멸시효의 기산점인 '손해 및 가해자를 안 날'이라 함은 통상 대표자가 이를 안 날을 뜻하지만, 법인의 대표자가 가해자에 가담하여 법인에 대하여 공동불법행위가 성립하는 경우에는, 법인과 그 대표자는 이익이 상반하게 되므로 현실로 그로 인한 손해배상청구권을 행사하리라고 기대하기 어려울 뿐만 아니라 일반적으로 그 대표권도 부인된다고 할 것이므로, 단지 그 대표자가 손해 및 가해자를 아는 것만으로는 부족하고, 적어도 법인의 이익을 정당하게 보전할 권한을 가진 다른 임원 또는 사원이나 직원 등이 손해배상청구권을 행사할 수 있을 정도로 이를 안 때에 비로소 위 단기시효가 진행한다고 해석함이 상당하다.”라고 판시하였다(대판 1998.11.10. 98다34126). 물론 이러한 소멸시효의 기산점과 그 완성은 이를 주장하는 채무자가 증명해야 한다.

Ⅲ. 일반소멸시효

민법 제766조 제2항에 의한 일반소멸시효의 기산점으로서 불법행위를 한 날은 가해행위가 있었던 날이 아니라 현실적으로 손해가 발생한 날을 의미하고, 그 손해의 발생이 현실화되었다면 피해자가 손해의 결과발생을 알았거나 알 수 있었는가의 여부와 관계없이 가해행위로 인한 손해가 현실적인 것으로 되었다고 볼 수 있는 때로부터 진행한다. 판례 역시 “불법행위에 기한 손해배상채권에 있어서 민법 제766조 제2항에 의한 소멸시효의 기산점이 되는 ‘불법행위를 한 날’이란 가해행위가 있었던 날이 아니라 현실적으로 손해의 결과가 발생한 날을 의미하지만, 그 손해의 결과발생이 현실적인 것으로 되었다면 그 소멸시효는 피해자가 손해의 결과발생을 알았거나 예상할 수 있는가 여부에 관계없이 가해행위로 인한 손해가 현실적인 것으로 되었다고 볼 수 있는 때로부터 진행한다.”라고 판시하였다(대판 2005.5.13. 2004다71881).

심화사례

▶ 집합동산의 양도담보권과 선의취득

〈추가된 사실관계〉

양식 어류에 대한 판매가 다시 살아나면서 甲은 양식장 시설의 수리를 위한 자금조달이 필요하게 되었고, 2010. 6. 10. C로부터 2년 후 상환할 것을 조건으로 6천만 원을 차용하였다. 그런데 이에 대한 담보 역시 부족하여 어쩔 수 없이 丁에게 이미 담보로 제공한 치어 50만 마리의 어류를 그러한 사실을 알지 못하는 C에게 다시 담보로 제공하고 그 역시 甲이 점유하면서 기르기로 하였다.

문제 ①

C는 이미 丁에게 담보로 제공된 양식 치어 50만 마리에 대하여 양도담보권을 취득할 수 있는가?

해 설

Ⅰ. 쟁점정리

집합동산에 대한 담보권은 그 집합동산이 채무자의 다른 재산과 분리되고 특정되어야 하며, 동산에 대한 양도담보는 현실인도 외에 점유개정에 의해서도 가능하다. 그런데 이미 점유개정에 의하여 양도담보가 설정된 경우, 채무자에 의하여 동일한 담보물에 대한 2차 양도담보의 설정이 가능한가? 만일 채무자에 의한 2차 양도담보의 설정이 불가능한 경우, 2차 양도담보권에 대하여 선의취득은 인정되는가?

Ⅱ. 양도담보권 설정자의 지위

동산양도담보가 설정된 경우 그 담보권의 법적 성질에 대하여 견해가 대립한다. 신탁적 소유권이전설은 신탁적으로 담보동산의 수유권은 채권자에게 이전되었다는 견해이고, 담보물권설은 동산양도담보가 일종의 담보물권이므로 채권자는 담보권만 취득하고 소유권은 여전히 채무자가 가진다는 견해이다. 전자의 견해에 의할 때 담보동산에 대한 처분권이 채권자에게 이전되었으므로 채무자에 의한 제2의 양도담보권 설정은 불가능한 반면, 담보물권설에 의하면 담보동산의 처분권이 채무자에게 남아 있으므로 그에 대한 제2차 양도담보권의 설정이 가능하게 된다. 판례는 신탁적 소유권이전설에 따르고 있다. 즉 "동산에 관하여 양도담보계약이 이루어지고 양도담보권자가 점유개정의 방법으로 인도를 받았다면 그 청산절차를 마치기 전이라 하더라도 담보목적물에 대한 사용수익권은 없지만 제3자에 대한 관계에 있어서는 그 물건의 소유자임을 주장하고 그 권리를 행사할 수 있다."라고 판시하였다$\binom{\text{대판 1994.8.26.}}{\text{93다44739}}$.

Ⅲ. 점유개정에 의한 양도담보권의 선의취득

동산에 대한 양도담보권 역시 담보물권이므로 그 권리 자체를 선의취득하는 것은 가능하다. 그리고 제1차 담보권에 대한 제2차 담보권의 취득과 관련하여 담보물권설에 의하면 당연히 제2차 담보권의 취득이 가능하지만, 신탁적 소유권이전설에 의하면 불가하다. 특히 신탁적 소유권이전설에 의할 때, 점유개정에 의해서 이미 양도담보권(제1차)이 설정된 동산을 다시 점유개정에 의해 양도담보권(제2차)을 설정받은 경우, 제2차 양도담보권의 선의취득이 가능한지가 문제된다. 판례는 점유개정에 의한 선의취득을 부정한다. 즉 판례는 "금전채무를 담보하기 위하여 채무자가 그 소유의 동산을 채권자에게 양도하되 점유개정의 방법으로 인도하고 채무자가 이를 계속 점유하기로 약정한 경우 특별한 사정이 없는 한 그 동산의 소유권은 신탁적으로 이전되는 것에 불과하여, 채권자와 채무자 사이의 대내적 관계에서는 채무자가 소유권을 보유하나 대외적인 관계에서의 채무자는 동산의 소유권을 이미 채권자에게 양도한 무권리자가 되는 것이어서 다시 다른 채권자와 사이에 양도담보설정계약을 체결하고 점유개정의 방법으로 인도하더라도 선의취득이 인정되지 않는 한 나중에 설정계약을 체결한 채권자로서는 양도담보권을 취득할 수 없는데, 현실의 인도가 아닌 점유개정의 방법으로는 선의취득이 인정되지 아니하므로 결국 뒤의 채권자는 적법하게 양도담보권을 취득할 수 없다."라고 판시하였다$\binom{\text{대판 2007.2.22.}}{\text{2006도8649}}$.

Ⅳ. 결 론

동산 양도담보의 법적 성질을 신탁적 소유권이전으로 보는 판례의 태도에 의하면, 甲이 특정한 어류를 담보로 丁에게 양도담보권을 설정해준 경우, 그 어류의 소유권은 대외적으로 丁에게 귀속되므로 이후 甲이 C에게 점유개정의 방법으로 제2의 양도담보권을 설정하는 행위는 무권리자의 처분이므로 C는 丁의 추인이 없는 한 양도담보권을 취득하지 못한다. 이 때 C가 양도담보권을 선의취득할 수 있는지가 문제될 수 있으나 점유개정에 의한 선위취득을 인정하지 않는 판례에 태도에 비추어보면, C는 양도담보권을 선의취득할 수 없다.

▶ 대리권의 남용

〈추가된 사실관계〉

○ 甲은 A와의 계약체결로 인하여 乙과 丙 및 A가 이익을 얻었을 뿐 자신은 손실을 입었으므로, 위 판매계약에 근거하여 참돔 5만 마리를 인도할 의무는 없다고 항변하였다. 법원은 乙과 丙에게 양식 성어에 대한 매매계약체결 및 그 이행과정의 모든 권한이 있음을 인정하였다.

문제 ②

위 매매계약상의 참돔 5만 마리의 인도를 거부하는 甲의 항변은 정당한가?

해 설

Ⅰ. 쟁점정리

丙은 법인의 대표이사 乙에 의하여 선임된 대리인으로서 甲 법인에 대하여 복대리인의 지위를 가진다. 丙의 대리권 남용으로 인하여 상대방 A와 甲 법인 사이의 법률효과 귀속여부 결정에 대한 학설과 판례가 문제된다.

Ⅱ. 丙의 대리권 남용행위

법인의 대표자가 대표권 남용행위를 한 경우나 대리인이 대리권 남용행위를 한 경우에 법인에 대한 법률효과의 귀속을 차단하는 법리가 대표권 내지 대리권의 남용이론이다. 丙은 대표이사 乙로부터 대리권을 수여받은 자로서 민법 제62조에 의하여 선임된 甲 법인의 복대리인이다.

대리권남용으로 인한 법인의 효과귀속을 차단하기 위하여 학설은 민법 제107조 제1항 단서 유추적용설, 신의칙 내지 권리남용설, 무권대리설 등이 있고, 대부분의 판례는 민법 제107조 제1항 단서 유추적용설에 따르지만, 대표자의 대리권 남용행위에 대하여 예외적으로 신의칙 내지 권리남용설을 취하면서 상대방에게 악의 또는 과실이 있는 경우에는 법인에 대한 법률효과귀속을 차단한다. 즉 판례는 "진의 아닌 의사표시가 대리인에 의하여 이루어지고 그 대리인의 진의가 본인의 이익이나 의사에 반하여 자기 또는 제3자의 이익을 위한 배임적인 것임을 그 상대방이 알았거나 알 수 있었을 경우에는, 민법 제107조 제1항 단서의 유추해석상 그 대리인의 행위는 본인의 대리행위로 성립할 수 없으므로 본인은 대리인의 행위에 대하여 아무런 책임이 없으며, 그 상대방이 대리인의 표시의사가 진의 아님을 알았거나 알 수 있었는가의 여부는 표의자인 대리인과 상대방 사이에 있었던 의사표시의 형성 과정과 그 내용 및 그로 인하여 나타나는 효과 등을 객관적인 사정에 따라 합리적으로 판단하여야 한다."라고 판시하였다$\binom{\text{대판 1996.4.26.}}{\text{94다29850}}$.

다만 예외적으로 대표권 남용의 경우에 상대방에게 악의를 전제로 신의칙 내지 권리남용설에 따른 판례도 있다. 즉 판례는 "주식회사의 대표이사가 그 대표권의 범위 내에서 한 행위는 설사 대표이사가 회사의 영리목적과 관계없이 자기 또는 제3자의 이익을 도모할 목적으로 그 권한을 남용한 것이라 할 지라도 일응 회사의 행위로서 유효하고, 다만 그 행위의 상대방이 그와 같은 정을 알았던 경우에는 그로 인하여 취득한 권리를 회사에 대하여 주장하는 것이 신의칙에 반하므로 회사는 상대방의 악의를 입증하여 그 행위의 효과를 부인할 수 있을 뿐이라고 함이 상당하다."라고 판시하였다$\binom{\text{대판 1987.10.13.}}{\text{86다카1522}}$.

39 이 혼

기본 사실관계

A는 2000. 1. 2. B와 혼인하고 바로 혼인신고를 하였다. 혼인 직후부터 A, B는 둘 다 직장을 다니면서 직장이 달라 따로 떨어져 살았다. 그런데 결혼 후 출생한 아동 C의 양육문제를 둘러싸고 갈등을 거듭하다가 A가 직장 동료 여성 C와 사랑에 빠졌고, 2014. 10. 2. A와 C간의 불륜현장도 B에게 목격되었다.

문제

2015. 3. 2. 현재 B는 A와 이혼을 해야겠다고 결심하였다. B는 2007. 3. 2.부터 현재까지 자녀 C 를 단독으로 양육하면서 양육비로 5천만 원을 부담하였다. B는 어떤 권리를 행사할 수 있는지 그 근거를 제시하여 설명하시오. (30점)

예시답안

Ⅰ. B의 권리내용을 확정할 때 검토할 사항

혼인 당사자인 A, B가 합의이혼하지 않는 한, B는 재판상 이혼의 방법을 택하여야 한다. 이 때 우리 법은 이혼에서 여전히 유책주의를 견지하기 때문에 A의 불륜을 원인으로 한 이혼은 B만이 청구할 수 있다. 이혼과 더불어 B는 혼인중 형성된 재산을 청산하여야 하며, 과거 자녀 C의 양육에 든 비용의 상환과 장래의 양육문제에 대해 해결하여야 한다.

Ⅱ. 재판상 이혼청구

A의 부정행위가 있었다면 B는 이를 이유로 재판상 이혼을 청구할 수 있다($제840조$). A의 부정

을 이유로 한 이혼청구권은 사전동의나 사후용서를 한 경우에는 청구할 수 없다. 또한 부정행위를 안 날로부터 6개월 이내, 부정행위가 있은 때로부터 2년을 경과하면 이혼청구를 할 수 없다(제841조). B는 A의 부정행위를 2014. 10. 2. 알게 되었으므로 2015. 4. 2. 이전까지 이혼청구를 하여야 한다.

Ⅲ. 이혼으로 인한 손해배상청구권

이혼청구와 더불어 이혼으로 인한 손해배상청구를 할 수도 있다. 특히 부정행위로 인한 정신적 고통의 손해배상청구권을 행사할 수 있다(제806조, 제843조).

Ⅳ. 재산분할청구

협의이혼 또는 재판상 이혼의 경우 각 당사자는 상대방에 대해 재산분할청구를 할 수 있다(제839조의2, 제843조). 이혼 후 재산분할에 관한 합의가 있었거나 재판상 청구로 재산분할이 확정되지 않은 채 이혼한 후 2년을 경과한 때에는 재산분할청구권은 제척기간의 도과로 소멸하게 된다.

Ⅴ. 과거 양육비의 청구

미성년자녀의 양육은 부부의 공동책임이다. 그 부담은 원칙적으로 균분하여야 한다(제833조, 제913조). 가사노동을 하는 경우에는 직접 부양을 통해, 소득활동을 하는 경우 아동의 양육비와 직접적인 부양을 통해 양육에 대한 비용을 부담한다. 그런데 부부 쌍방이 공동부담할 수 있었음에도 불구하고 일방이 자신의 부담을 초과하여 아동양육비를 부담하고 타방은 자기의 양육비용 부담을 이행하지 않았다면 과거의 양육비에 대해서도 그 상환을 구할 수 있다. 과거 양육비 상환청구는 가사비송사건으로 제기할 수 있다.

Ⅵ. 미성년자녀의 양육문제

이혼 후 부부는 자녀의 양육에 관한 사항을 협의에 따라 정하여야 하는데, 그 협의에는 양육자의 결정, 양육비용의 부담, 면접교섭권의 행사여부와 그 방법 등이 포함되어야 한다(제837조). 당사자가 협의할 수 없는 경우에는 가정법원이 직권으로 또는 신청에 의해 결정할 수 있다.

Ⅶ. 소송상의 처리

이혼청구, 이혼으로 인한 손해배상청구는 가사소송이며, 나머지 위 Ⅳ에서 Ⅵ까지의 사항은 가사비송에 관한 것이다. 가사소송과 가사비송은 병합하여 하나의 소로 진행할 수 있다 $\binom{\text{가사소송}}{\text{법 제14조}}$.

유 제

문제 〈제39문의 사실관계에 다음 사실관계가 추가된 것으로 전제한다.〉

이혼 당시 A, B의 재산은 아래 표와 같다. 혼인중 재산형성에 기여한 비율이 50% 대 50%라고 가정한다면, 어떻게 재산분할을 할 수 있을지 근거를 제시하여 설명하시오(다만 가액분할만을 고려할 것). (50점)

(1) 혼인중 형성된 재산으로 다툼이 없는 재산

재산		순번	재산의 표시	재산의 가액 (단위:원)	비고
A	적극 재산	1	X 주택	300,000,000	
		2	교직원 공제회 장기저축급여	50,000,000	
		3	○○연금보험 해약환급액	6,000,000	
		4	보통예금	100,000,000	
		5	승용차	6,000,000	
			소계	462,000,000	
	소극 재산	1	X 주택의 임대차 보증금반환채무	100,000,000	임대차 기간 만료일은 2015.6.5.
		2	○○은행 대출금	30,000,000	임대차 보증금은 각 100,000,000원이며, 임대차는 이미 기간이 만료되어 법정갱신된 상태임.
		3	○○학교 공제회 대출금	20,000,000	Y 상가에 채권최고액 120,000,000원의 근저당권이 설정되어 있음.
			소계	150,000,000	

B	적극재산	1	○○은행 장기주택마련저축	30,000,000	
		2	○○화재 노후안심보험 해지환급금	40,000,000	
		3	○○은행 보통예금	90,000,000	
		4	Y 주택 임대차 보증금반환채권	100,000,000	B의 근무지에 있는 아파트 임대보증금으로, 2015.10.2. 임대기간이 만료됨.
		5	승용차	8,000,000	
			소계	232,000,000	
	소극재산	1	은행 대출금	80,000,000	
			소계	80,000,000	

(2) 혼인중 형성된 재산인지 여부에 대해 다툼이 있는 재산

소유자 등	순번	재산의 표시	당사자의 주장
A	1	A의 대학원 학비조달 목적의 은행 대출금 채무 30,000,000원	• A는 혼인 전에 대학원을 다니기는 하였지만, 대학원 졸업 직후 혼인하였고, 대학원 졸업경력 덕분에 취업을 해서 소득을 벌 수 있었기 때문에 학자금도 소극재산으로 인정해야 한다고 주장
	2	A의 국민연금 가입금액으로 장래 받을 수 있는 연금의 현재가치 10,000,000원	• B는 이것도 현재가치로 환산하여 재산분할의 대상이 되어야 한다고 주장함.
B	1	Z 부동산 1/2 지분의 가액 200,000,000원	• B는 Z 부동산은 결혼 전에 상속으로 취득한 재산이어서 혼인중 형성된 재산이 아니라고 하며, Z 부동산은 임야여서 별도로 관리가 필요 없었으므로 A의 기여를 인정할 수 없다고 주장하나, A가 취업을 하지 않았다면 Z 부동산을 매각하여 생활비용 등으로 지출하였을 것이라 주장함.
	2	혼인기간중의 B의 공무원연금의 현재가치 100,000,000원	• A는 공무원연금도 현재가치로 환산하여 재산분할의 대상이 되어야 한다고 주장함.
	3	자기 과실로 인한 교통사고 후 신체손상 등에 대한 보험금 60,000,000원	• A는 자동차종합보험계약을 혼인중 체결하였으므로 혼인중 발생한 사고로 인한 보험금도 혼인중 형성된 재산이라고 보아야 한다고 주장함.

예시답안

Ⅰ. 재산분할청구권의 내용 확정에서 쟁점

재산분할청구권의 내용을 확정함에 있어서 혼인중 형성된 재산으로 재산분할의 대상에 포함되어야 할 것인지 여부를 먼저 확정하는 것이 필요하다. 그 후 혼인중 공동노력으로 형성된 재산을 가액으로 환산한 후 그 재산에 대한 기여도를 판단하고, 그 기여도에 따라 혼인중 형성된 재산을 분할하게 된다. 이 때 현물분할도 가능하고, 가액분할도 가능하다. 여기서는 가액분할만 검토하기로 한다.

Ⅱ. 혼인중 쌍방의 협력으로 형성된 재산인지 여부

1. 원 칙

민법은 혼인성립전 재산에 관하여 따로 약정하지 않는 한($\frac{제829}{조}$), 부부별산제에 따라 혼인 전부터 가진 고유재산과 혼인중 자기 명의로 취득한 재산은 그의 특유재산으로 한다($\frac{제830}{조}$). 그러나 혼인중 취득한 특유재산이라 하더라도 그 취득에 있어서 배우자의 다른 일방이 공동생활의 내외에 있어서 기여한 바가 있다면 이혼의 시점에서 이런 기여를 반영하여 혼인중 형성된 재산을 청산하도록 한다. 재산분할청구권에 의해 분할의 대상이 되는 재산은 혼인전 각자의 고유재산과 그로부터 증가된 재산 및 혼인후 상속 또는 증여에 의해 각자가 취득한 특유재산을 제외한 여타의 재산이 된다. 그러나 혼인전의 고유재산, 혼인중 상속 또는 증여로 취득한 재산도 그 취득과 유지에 있어서 상대방의 가사노동, 가사비용의 조달 등이 직접·간접으로 기여하였다면 재산분할의 대상이 될 수 있다.

한편 혼인중 제3자에 대해 부담하는 채무도 공동재산의 형성에 수반하여 부담하게 된 채무도 청산의 대상이 될 수 있다. 이 채무가 적극재산을 초과하는 경우 재산분할청구권의 행사로써 채무의 분할도 가능하다.

2. 혼인중 형성된 재산인지 여부에 다툼이 있는 재산의 판단

(1) A의 1, 2 재산

혼인전 A가 대학원을 다니면서 학비조달 목적으로 은행에서 대출받은 30,000,000원도 공동재산의 형성에 수반하여 부담하게 된 채무인지가 문제된다. A의 현재 소득활동=급여가 혼인중 형성된 공동재산으로서 재산분할의 대상에 포함되어야 한다면, 그 소득활동을 가능하게 해 주었던 대학원에서의 교육을 위한 채무도 공동재산의 형성에 밀접한 관련이 있다고 할 것이다. 그러나 공동재산의 형성에 관련은 있지만, 그에 수반하여 부담하게 된 채무는 아니다. 공동재산 형성에 관련성 있는 채무도 분할대상인 채무에 포함시킨다면 그 범위가 지나치게 확장될 수밖에 없을 것이기 때문이다.

한편 장래 받을 국민연금은 이혼 후 B가 국민연금 개시 후 국민연금법 제64조에 따라 분할을 청구할 수 있도록 하기 때문에 현재 분할할 재산에 포함되지 않는다. 그러므로 위 A의 적극재산 및 소극재산 중에는 혼인중 형성된 공동재산으로 분할대상에 포함될 재산은 없다.

(2) B의 1, 2, 3 재산

B가 상속으로 취득한 Z부동산의 공유지분은 혼인중 취득하기는 하였지만, 그 취득과 유지에 있어서 상대방의 기여(가사노동이든 어타의 방식이든)가 주장 · 입증되지 않으면 분할대상이 포함될 수 없다. 특히 Z는 임야여서 별도의 관리가 불필요한데, 그 유지에 A의 기여가 있었음이 주장 · 입증되어야 하는데, 단순히 A가 취업하지 않았다면 Z를 처분하였을 것이라는 것은 가정에 불과한 것이고 이를 두고 당해 재산의 유지에 관한 기여라고 볼 수 없다.

혼인중 형성된 공무원연금의 현재가치는 급여와 유사하게 혼인중 형성된 공동재산으로 분할대상이 되어야 한다는 것이 대법원의 입장이다.

교통사고로 인한 손해배상금은 당해 피해를 보상하기 위한 목적이기 때문에 이는 혼인중 형성된 공동재산이라 볼 수 없다.

그러므로 B의 재산 중에는 2.만이 적극재산으로 분할대상이 될 수 있다.

Ⅲ. 재산분할청구권의 내용

위의 사정을 감안하면, 재산분할대상이 되는 A의 순재산은 312,000,000원(462,000,000 − 150,000,000)이며, B의 순재산은 252,000,000원(332,000,000 − 80,000,000)이다. 이 재산의 형성에 양자가 50%씩 기여를 하였다면, A는 B에게 재산분할로 30,000,000원을 지급하여야 한다.

해 설

I. 재산분할의 대상이 되는 재산

아래는 재산분할 대상이 되는 재산에 관한 대법원 판결을 소개한다.

1. 고유재산

[대판 1996.2.9, 94므635] 혼인전에 취득한 피고의 고유재산이기는 하지만 혼인후 원고가 가사와 육아에 종사하는 한편 피아노 교습을 하여 수입을 얻음으로써 위 아파트에 대한 융자금채무를 일부 변제하고 원·피고의 혼인생활중 수입으로 조성한 판시 금액을 피고의 아버지에게 교부함으로써 결과적으로 피고가 혼인전 위 아파트 매수와 관련하여 부담한 피고 아버지에 대한 차용금채무를 일부 변제하게 하는 등 적극적으로 위 아파트의 유지에 협력하여 감소를 방지하였거나 증식에 협력하였으므로 재산분할의 대상이 된다.

2. 특유재산

[대결 2002.8.28, 자 2002스36] 민법 제839조의2에 규정된 재산분할제도는 혼인중에 취득한 실질적인 공동재산을 청산 분배하는 것을 주된 목적으로 하는 것이므로, 부부가 이혼을 할 때 쌍방의 협력으로 이룩한 재산이 있는 한, 법원으로서는 당사자의 청구에 의하여 그 재산의 형성에 기여한 정도 등 당사자 쌍방의 일체의 사정을 참작하여 분할의 액수와 방법을 정하여야 하는바, 이 경우 부부 일방의 특유재산은 원칙적으로 분할의 대상이 되지 아니하나 특유재산일지라도 다른 일방이 적극적으로 그 특유재산의 유지에 협력하여 그 감소를 방지하였거나 그 증식에 협력하였다고 인정되는 경우에는 분할의 대상이 될 수 있다.

3. 채 무

[대판 2011.3.10, 2010므4699] 부부 일방이 혼인중 제3자에 대하여 채무를 부담한 경우에 그 채무 중에서 공동재산의 형성 또는 유지에 수반하여 부담하게 된 채무는 그 이혼에 있어서 재산분할의 대상이 된다. 그리고 혼인생활 중 쌍방의 협력으로 취득한 부동산에 관하여 부부의 일방이 부담하는 임대차보증금반환채무는 특별한 사정이 없는 한 혼인중 재산의 형성에 수반한 채무로서 재산분할의 대상이 된다.

[대판(전) 2013.6.20, 2010므4071] 이혼 당사자 각자가 보유한 적극재산에서 소극재산을 공제하는 등으로 재산상태를 따져 본 결과 재산분할 청구의 상대방이 그에게 귀속되어야 할 몫보

다 더 많은 적극재산을 보유하고 있거나 소극재산의 부담이 더 적은 경우에는 적극재산을 분배하거나 소극재산을 분담하도록 하는 재산분할은 어느 것이나 가능하다고 보아야 하고, 후자의 경우라고 하여 당연히 재산분할 청구가 배척되어야 한다고 할 것은 아니다. 그러므로 소극재산의 총액이 적극재산의 총액을 초과하여 재산분할을 한 결과가 결국 채무의 분담을 정하는 것이 되는 경우에도 법원은 채무의 성질, 채권자와의 관계, 물적 담보의 존부 등 일체의 사정을 참작하여 이를 분담하게 하는 것이 적합하다고 인정되면 구체적인 분담의 방법 등을 정하여 재산분할 청구를 받아들일 수 있다 할 것이다. 그것이 부부가 혼인중 형성한 재산관계를 이혼에 즈음하여 청산하는 것을 본질로 하는 재산분할 제도의 취지에 맞고, 당사자 사이의 실질적 공평에도 부합한다. 다만 재산분할 청구 사건에 있어서는 혼인중에 이룩한 재산관계의 청산뿐 아니라 이혼 이후 당사자들의 생활보장에 대한 배려 등 부양적 요소 등도 함께 고려할 대상이 되므로, 재산분할에 의하여 채무를 분담하게 되면 그로써 채무초과 상태가 되거나 기존의 채무초과 상태가 더욱 악화되는 것과 같은 경우에는 채무부담의 경위, 용처, 채무의 내용과 금액, 혼인생활의 과정, 당사자의 경제적 활동능력과 장래의 전망 등 제반 사정을 종합적으로 고려하여 채무를 분담하게 할지 여부 및 분담의 방법 등을 정할 것이고, 적극재산을 분할할 때처럼 재산형성에 대한 기여도 등을 중심으로 일률적인 비율을 정하여 당연히 분할 귀속되게 하여야 한다는 취지는 아니라는 점을 덧붙여 밝혀 둔다.

4. 공무원연금 및 장래의 퇴직금

[대판(전) 2014.7.16, 2012므2888]   이혼소송의 사실심 변론종결 당시에 부부 중 일방이 공무원 퇴직연금을 실제로 수령하고 있는 경우에, 위 공무원 퇴직연금에는 사회보장적 급여로서의 성격 외에 임금의 후불적 성격이 불가분적으로 혼재되어 있으므로, 혼인기간 중의 근무에 대하여 상대방 배우자의 협력이 인정되는 이상 공무원 퇴직연금수급권 중 적어도 그 기간에 해당하는 부분은 부부 쌍방의 협력으로 이룩한 재산으로 볼 수 있다. 따라서 재산분할제도의 취지에 비추어 허용될 수 없는 경우가 아니라면, 이미 발생한 공무원 퇴직연금수급권도 부동산 등과 마찬가지로 재산분할의 대상에 포함될 수 있다고 봄이 상당하다. 그리고 구체적으로는 연금수급권자인 배우자가 매월 수령할 퇴직연금액 중 일정 비율에 해당하는 금액을 상대방 배우자에게 정기적으로 지급하는 방식의 재산분할도 가능하다.

이때 그 재산분할에 의하여 분할권리자가 분할의무자에 대하여 가지게 되는 위와 같은 정기금채권은 비록 공무원 퇴직연금수급권 그 자체는 아니더라도 그 일부를 취득하는 것과 경제적으로 동일한 의미를 가지는 권리인 점, 재산분할의 대상인 공무원 퇴직연금수급권이 사회보장적 급여로서의 성격이 강하여 일신전속적 권리에 해당하여서 상속의 대상도 되지 아니하는 점 등을 고려하면, 분할권리자의 위와 같은 정기금채권 역시 제3자에게 양도되거나 분할권리자의 상속인에게 상속될 수 없다고 봄이 상당하다.

민법 제839조의2 제2항의 취지에 비추어 볼 때, 재산분할비율은 개별재산에 대한 기여도를 일컫는 것이 아니라 기여도 기타 모든 사정을 고려하여 전체로서 형성된 재산에 대하여 상대방 배우자로부터 분할받을 수 있는 비율을 일컫는 것이라고 봄이 상당하므로, 법원이 합리적인 근거 없이 분할대상 재산들을 개별적으로 구분하여 분할비율을 달리 정하는 것은 허용될 수 없다.

그러나 공무원 퇴직연금수급권에 대하여 위와 같이 정기금 방식으로 재산분할을 할 경우에는 대체로 가액을 특정할 수 있는 다른 일반재산과는 달리 공무원 퇴직연금수급권은 연금수급권 자인 배우자의 여명을 알 수 없어 가액을 특정할 수 없는 등의 특성이 있으므로, 재산분할에서 고려되는 제반 사정에 비추어 공무원 퇴직연금수급권에 대한 기여도와 다른 일반재산에 대한 기여도를 종합적으로 고려하여 전체 재산에 대한 하나의 분할비율을 정하는 것이 형평에 부합하지 아니하는 경우도 있을 수 있다. 그러한 경우에는 공무원 퇴직연금수급권과 다른 일반재산을 구분하여 개별적으로 분할비율을 정하는 것이 타당하고, 그 결과 실제로 분할비율이 달리 정하여지더라도 이는 분할비율을 달리 정할 수 있는 합리적 근거가 있는 경우에 해당한다. 그 경우에 공무원 퇴직연금의 분할비율은 전체 재직기간 중 실질적 혼인기간이 차지하는 비율, 당사자의 직업 및 업무내용, 가사 내지 육아 부담의 분배 등 상대방 배우자가 실제로 협력 내지 기여한 정도 기타 제반 사정을 종합적으로 고려하여 정하여야 한다.

40 상 속

기본 사실관계

A는 슬하에 B, C, D 3남매를 두고 있었다. A는 2010. 12. 22. 사망하였다. 사망 당시 A에게 남겨진 재산 및 생전증여에 관한 사항은 다음 표와 같다. 아래 각 질문에 답하시오.

피상속인의 재산	순번	재산의 표시	재산의 가액 (단위:원)	비고
적극재산	1	X 주택	200,000,000	
	2	Y 상가	300,000,000	
	3	생명보험	200,000,000	피보험자는 법정상속인
	4	보통예금	150,000,000	
	5	승용차	20,000,000	
		소계	870,000,000	
소극재산	1	X 주택의 임대차 보증금반환채무	200,000,000	임대차 기간 만료일은 2015.6.5.
	2	Y 상가 3 개 임대차 계약의 보증금 합계	300,000,000	임대차 보증금은 각 100,000,000원이며, 임대차는 이미 기간이 만료되어 법정갱신된 상태임
	3	은행대출금	100,000,000	Y 상가에 채권최고액 120,000,000원의 근저당권이 설정되어 있음.
		소계	600,000,000	

성년기 법정상속인들에 대한 피상속인의 생전증여

B	• 1990.3.~1995.2. 까지 대학 및 대학원 등록금 지원 50,000,000원 • 1998.2. 결혼 후 주택마련 비용 지원 100,000,000원
C	• 1995.3~ 1997.2. 대학원 등록금 20,000,000원 • 2000.2. 결혼 혼수비용 지원 80,000,000원
D	• 2005.3. 해외 이주 비용 지원 50,000,000원

문제

2010. 12. 22. 현재 상속재산분할도 없고, 상속포기가 없는 상태라면 B, C, D는 각각 피상속인 A의 재산을 어떻게 상속받을 수 있는지 근거를 제시하여 설명하시오. (40점)

예시답안

Ⅰ. 상속인 B, C, D의 상속재산관계의 확정에서의 쟁점

유언 없이 피상속인이 사망하면 그 때 법정상속인이 피상속인의 권리의무를 포괄적으로 상속하게 된다(제1005조). 위 사안처럼 수인의 공동상속인이 있을 때에는 상속분에 따라 상속재산을 공유하게 된다(제1006조 내지 제1007조). 공동상속인인 자녀들은 모두 균등상속을 하기 때문에 각자 1/3씩 추상적 상속분을 갖는다. 그러나 상속채무는 추상적 상속분에 따라 균등하게 상속받지만, 상속한 적극재산은 특별수익까지 포함하여 가액을 산정한 뒤 구체적 상속분이 정해진다(대판 1995. 3.10, 94다16571 참조). 따라서 B, C, D의 상속관계를 확인하기 위해서는 상속한 적극재산과 소극재산을 구분하여 살펴보아야 한다.

Ⅱ. 상속채무

금전채무 등 분할채무는 그것이 연대채무이든 그렇지 않든 추상적 상속분에 따라 모두 분할되어 귀속된다. 그러나 불가분채무는 각 상속인들이 모두 상속하게 된다. 피상속인 A의 상속채무로는 2건의 임대차보증금반환채무와 1건의 대출금반환채무가 있다. 이 채무는 모두 분할채무이므로 B, C, D 3명의 상속인이 1/3씩 분할하여 채무를 부담하게 된다. 임대차보증금반환채무의 경우 1/3씩 분할하여 상속인에게 귀속되더라도 임차인은 보증금 전액을 반환받기 전에는 임대목적물의 반환을 거절할 수 있기 때문에(동시이행의 항변권) 불이익을 입을 이유는 없다. 대출금채무 역시 상속인에게 1/3씩 분할되더라도 Y 상가에 대해 저당권이 설정되어 있기 때문에 대여금채권자가 특별히 불이익을 입을 이유는 없다. Y 상가에 대해 설정된 저당권에는 영향을 미치지 않기 때문이다.

Ⅲ. 적극재산의 상속

1. 특유재산의 판단 기준

적극재산에 대한 상속관계를 확인하기 위해서는 특별수익까지 고려하여 구체적 상속분을 산정해야 한다. 피상속인의 상속개시 당시에 가지고 있던 재산의 가액에 생전증여의 가액을 가산한 후, 이 가액에 각 공동상속인별로 법정상속분을 곱하여 산출된 상속분의 가액으로부터 특별수익자의 수증재산인 증여 또는 유증의 가액을 공제하는 계산방법에 의하여야 한다. 생전 증여받은 재산의 가액은 상속시를 기준으로 하여 판단하여야 한다$\left(\begin{smallmatrix}대결 1997.3.21.\\ 자 96스62 참조\end{smallmatrix}\right)$. 그런데 특별수익을 고려하는 것은, 공동상속인 중에 피상속인으로부터 재산의 증여 또는 유증을 받은 특별 수익자가 있는 경우에 공동상속인들 사이의 공평을 기하기 위하여 그 수증재산을 상속분의 선급으로 다루어 구체적인 상속분을 산정함에 있어 이를 참작하도록 하려는 데 그 취지가 있다. 따라서 생전 증여가 특별수익에 해당하는지는 피상속인의 생전의 자산, 수입, 생활수준, 가정상황 등을 참작하고 공동상속인들 사이의 형평을 고려하여 당해 생전 증여가 장차 상속인으로 될 자에게 돌아갈 상속재산 중의 그의 몫의 일부를 미리 주는 것이라고 볼 수 있는지에 의하여 결정하여야 한다$\left(\begin{smallmatrix}대판 1998.12.8. 97므\\ 513, 520, 97스12 참조\end{smallmatrix}\right)$. 이에 비추어 보면, 자녀가 성인이 된 후 지급되는 대학등록금, 결혼비용, 그 밖의 비용 등은 자녀에 대한 부양의무의 이행으로 보기는 어렵고, 공동상속인 간에 형평에 맞는 지급이 없었다면 이를 특별수익으로 고려하는 것이 필요할 것이다.

2. 구체적 상속분의 산정

이상의 사정을 종합하면 상속개시 당시 피상속인의 적극재산의 가액은 8억 7천만 원, 특별수익의 가액은 3억 원이다. 따라서 전체 고려할 상속재산의 가액은 11억 7천만 원이고, 각자는 3억 9천만 원씩 상속받을 수 있다. 그런데 B는 이미 1억 5천만 원을 상속받은 셈이므로, 구체적 상속가액은 2억 4천만 원, C는 1억 원을 이미 상속받은 셈이므로, 구체적 상속가액은 2억 9천만 원, D는 5천만 원을 이미 상속받은 셈이므로 구체적 상속가액은 3억 4천만원이 된다. 이를 구체적 상속분은 B는 29/87, C는 24/87, D는 34/87이 된다. X 및 Y 상가, 승용차에 대해서는 위 구체적 상속분에 따라 공유지분을 상속하게 되고, 여타 금전채권에 대해서는 위 비율에 따라 채권을 상속받게 된다.

해 설

Ⅰ. 특별수익인지를 판단하는 기준

[대판 2011.7.28, 2009다64635] 민법 제1008조는 공동상속인 중에 피상속인으로부터 재산의 증여 또는 유증을 받은 자가 있는 경우에 그 수증재산이 자기의 상속분에 달하지 못한 때에는 그 부족한 부분의 한도에서 상속분이 있다고 규정하고 있는바, 이는 공동상속인 중에 피상속인으로부터 재산의 증여 또는 유증을 받은 특별 수익자가 있는 경우에 공동상속인들 사이의 공평을 기하기 위하여 그 수증재산을 상속분의 선급으로 다루어 구체적인 상속분을 산정함에 있어 이를 참작하도록 하려는 데 그 취지가 있는 것이므로, 어떠한 생전 증여가 특별수익에 해당하는지는 피상속인의 생전의 자산, 수입, 생활수준, 가정상황 등을 참작하고 공동상속인들 사이의 형평을 고려하여 당해 생전 증여가 장차 상속인으로 될 자에게 돌아갈 상속재산 중의 그의 몫의 일부를 미리 주는 것이라고 볼 수 있는지에 의하여 결정하여야 할 것이다($\frac{\text{대판 1998.12.8,}}{\text{97므513, 520, 97}}$ $\frac{\text{스12}}{\text{참조}}$).

유 제

문제 ① 〈제40문의 사실관계에 다음 사실관계가 추가된 것으로 전제한다.〉

2012. 3. 2. B는 C, D의 인감증명서를 발급받아 마치 상속재산분할합의가 있었던 것처럼 허위의 서류를 제작하여 이를 기초로 X, Y 부동산을 B 단독 명의로 상속등기를 하였다. 2012. 5. 10. C는 이 사실을 알게 되었다. 2015. 3. 2. 현재 C는 B에게 어떤 권리를 행사할 수 있는지 근거를 제시하여 설명하시오. (30점)

예시답안

Ⅰ. C의 권리행사의 방법

위 40번 설문에서 언급한 바와 같이 C는 상속으로 인해 X, Y부동산에 대해 24/87 지분을 즉시 취득하게 된다. 그런데 A가 허위의 상속재산분할합의서를 작성하여 단독등기를 하였기 때문에 상속회복청구권을 행사할 수 있는지를 검토하여야 한다. 또한 상속회복청구권의 본질이지만 공유물보존행위로서 D 명의로 34/87의 지분등기를 할 것을 청구할 수 있는지도 검토해야 한다. 아울러 C가 소유자로서의 권리를 행사하는 방법도 고려해 보아야 한다.

Ⅱ. 상속회복청구권의 행사

C는 ① 자신이 공동상속인이라는 것, ② 상속분할합의가 없음에도 불구하고 B가 상속분할합의가 있었던 것과 같은 허위의 외관을 창출하여 단독으로 상속등기를 하였다는 것, ③ 이로 인해 자신의 상속분이 침해되었다는 점을 주장·입증하여 상속재산인 X, Y 부동산의 지분의 반환을 구할 수 있다.

Ⅲ. 공유자로서의 권리

X, Y 부동산은 C가 공동 상속하였음에도 불구하고 B 단독명의로 되어 있기 때문에 실체법적으로 보면 C의 공유지분권이 침해되었다고 할 수 있다. 따라서 C는 B를 상대로 ① 자신의 공유지분에 대한 방해배제청구권의 일환으로 진정명의회복을 원인으로 한 지분이전등기청구권을 행사할 수 있다. 이 때에는 24/87의 지분을 이전하라고 청구할 수 있다. 한편 ② 공유자의 공유물 보존행위의 일환으로 그 공유물에 관한 원인무효의 등기 전부의 말소를 구할 수 있고, 진정명의회복을 원인으로 한 소유권이전등기청구권과 무효등기의 말소청구권은 어느 것이나 진정한 소유자의 등기명의를 회복하기 위한 것으로서 실질적으로 그 목적이 동일하고 두 청구권 모두 소유권에 기한 방해배제청구권으로서 그 법적 근거와 성질이 동일하므로, 공유자 중 한 사람은 공유물에 경료된 원인무효의 등기에 관하여 각 공유자에게 해당 지분별로 진정명의회복을 원인으로 한 소유권이전등기를 이행할 것을 단독으로 청구할 수 있다(대판 2005.9.29. 2003다40651 참조). 이 때에는 C, D 명의로 각각 24/87, 34/87지분이전등기를 하라고 청구할 수 있다.

Ⅳ. 상속회복청구권과 제척기간

민법 제999조 제1항은 "상속권이 참칭상속권자로 인하여 침해된 때에는 상속권자 또는 그 법정대리인은 상속회복의 소를 제기할 수 있다."고 하며, 제2항은 "제1항의 상속회복청구권은 그 침해를 안 날부터 3년, 상속권의 침해행위가 있는 날부터 10년을 경과하면 소멸된다."고 한다. X, Y부동산에 대한 C의 지분은 상속을 원인으로 하여 취득한 것이고, B는 공동상속인이기는 하지만 X, Y부동산을 단독 상속한 적이 없음에도 불구하고 허위의 상속재산분할합의서에 기초하여 단독 상속등기를 하였으므로 참칭상속인에 해당된다. 그러므로 C가 위 Ⅲ.에서 언급한 공유지분 침해배제를 원인으로 한 진정명의회복청구권이나 공유물보존행위를 하더라도 모두 상속권 침해를 원인으로 참칭상속인에 대해 행사하는 권리인 상속회복청구권이다. 그러므로 C가 그 침해가 있음을 안 날인 2012. 5. 2.로부터 3년이 경과하기 이전인 2015. 5. 2.이전까지 소송을 제기하지 않으면 제척기간의 도과로 소 각하될 것이다. 동시에 C와의 관계에서는 반사적으로 B가 상속권을 취득하게 된다. 즉 24/87 지분은 확정적으로 B에게 귀속하게 된다.

해　설

Ⅰ. 상속회복청구권의 행사

[대판 2011.7.28, 2009다64635]　상속회복청구는 자신이 진정한 상속인임을 전제로 그 상속으로 인한 소유권 또는 지분권 등 재산권의 귀속을 주장하면서 참칭상속인 또는 참칭상속인으로부터 상속재산에 관한 권리를 취득하거나 새로운 이해관계를 맺은 제3자를 상대로 상속재산의 반환을 청구하는 것이고, 여기서 참칭상속인이란 정당한 상속권이 없음에도 재산상속인임을 신뢰케 하는 외관을 갖추거나 상속인이라고 참칭하면서 상속재산의 전부 또는 일부를 점유함으로써 진정한 상속인의 재산상속권을 침해하는 자를 말한다(대판 1992. 10.9. 92다11046; 대판 2009. 7.23, 2007다91855 등 참조).
따라서 상속회복을 청구하는 자는 자신이 상속권을 가지는 사실과 청구의 목적물이 상속개시 당시 피상속인의 점유에 속하였던 사실뿐만 아니라, 나아가 참칭상속인에 의하여 그의 재산상속권이 침해되었음을 주장·증명하여야 한다.

Ⅱ. 소유물반환청구권등과 상속회복청구권의 관계

상속으로 취득한 소유권을 침해당한 상속인은 대부분 소유권의 침해자를 상대로 소유물반환청구권 또는 소유물방해배제청구권을 행사할 것이다. 그러나 그 권리행사가 참칭상속인을 피고로 한 경우에는 피고는 상속회복청구권의 제척기간을 원용할 수 있다. 따라서 누가 참칭상속인인지를 판단하는 것이 중요할 것이다. 아래는 관련 대법원 판결을 소개한다.

1. 소유물반환청구권의 행사와 상속회복청구권의 관계

[대판 2010.1.14, 2009다41199]   자신이 진정한 상속인임을 전제로 그 상속으로 인한 소유권 또는 지분권 등 재산권의 귀속을 주장하면서 참칭상속인 또는 참칭상속인으로부터 상속재산에 관한 권리를 취득하거나 새로운 이해관계를 맺은 제3자를 상대로 상속재산인 부동산에 관한 등기의 말소 등을 청구하는 경우에는, 그 소유권 또는 지분권이 귀속되었다는 주장이 상속을 원인으로 하는 것인 이상 그 청구원인 여하에 관계없이 이는 민법 제999조 소정의 상속회복청구의 소에 해당하고 $\binom{대판 1984.2.14, 83다600, 83다카2056;}{대판(전) 1991.12.24, 90다5740 등 참조}$, 상속회복청구권의 제척기간에 관한 민법 제999조 제2항은 이 경우에도 적용된다 $\binom{대판(전) 1981.1.27,}{79다854 참조}$.

2. 누가 참칭상속인인지의 판단 기준

[대판 2010.1.14, 2009다41199]   상속회복청구의 상대방이 되는 참칭상속인은 정당한 상속권이 없음에도 재산상속인임을 신뢰케 하는 외관을 갖추고 있는 사람이나 상속인이라고 참칭하여 상속재산의 전부 또는 일부를 점유하고 있는 사람을 가리키는 것으로서, 상속재산인 부동산에 관하여 공동상속인 중 1인 명의로 소유권이전등기가 경료된 경우 그 등기가 상속을 원인으로 경료된 것이라면 그 등기명의인은 재산상속인임을 신뢰케 하는 외관을 갖추고 있는 사람으로서 참칭상속인에 해당한다고 할 것이다.

3. 상속회복청구권의 제척기간의 기산점

[대판 2007.10.25, 2007다36223]   상속회복청구권의 제척기간의 기산점이 되는 민법 제999조 제2항 소정의 '상속권의 침해를 안 날'이라 함은 자기가 진정한 상속인임을 알고 또 자기가 상속에서 제외된 사실을 안 때를 가리키는 것으로서, 단순히 상속권 침해의 추정이나 의문만으로는 충분하지 않다 할 것이며, 언제 상속권의 침해를 알았다고 볼 것인지는 개별적 사건에 있어서 여러 객관적 사정을 참작하고 상속회복청구가 사실상 가능하게 된 상황을 고려하여 합리적으로 인정하여야 할 것인바, 공동상속인 중 1인이 나머지 공동상속인들을 상대로 제기한 상속재산분할심판 사건에서 공동상속인 일부의 소송대리권이 흠결된 채로 소송대리인 사이에 재판상 화해나 조정이 성립되어 화해조서 또는 조정조서가 작성되고, 그 조서에 기하여 공동상속인 중 1인 명의로 상속재산협의분할을 원인으로 한 소유권이전등기가 경료된 경우, 위와 같은 화해나 조정은 무효라 할 것이나, 그 조서에 확정판결과 같은 효력이 있는 이상 그 조서가 준재심에 의해 취소되기 전에는 당사자들로서는 위 화해나 조정의 무효를 확신할 수 없는 상태에 있다고 할 것이고, 그 후 소송대리권의 흠결 여부가 다투어진 끝에 준재심에 의해 화해조서나 조정조서가 취소되었다면, 나머지 공동상속인들은 그 준재심의 재판이 확정된 때에 비로소 공동상속인 중 1인에 의해 자신들의 상속권이 침해된 사실을 알게 되었다고 봄이 상당하므로, 상속회복청구권의 제척기간은 그때부터 기산된다고 할 것이다.

문제 2 〈제40문의 사실관계에 다음 사실관계가 추가된 것으로 전제한다.〉

2014. 3. 2. B, C, D는 상속재산을 분할하기 위해 같이 모였으나, 노후 약 10년간 A를 모셔 왔던 B가 자신의 특별한 기여를 인정해 주어야 한다면서 그 기여가 약 3억 원에 해당될 것이라고 주장하고 있다. 그러나 C, D는 B의 이런 주장을 받아들이지 않고 있다. B의 입장에서 자신의 주장하는 기여 정도를 법원에서도 그대로 인정해 줄 것이라고 기대한다면, B는 어떤 권리를 행사할 수 있는지 그 근거를 제시하여 설명하시오. (30점)

예시답안

Ⅰ. B의 기여분 주장의 가능성 및 관련 쟁점

민법 제1008조의2 제1항은 "공동상속인 중에 상당한 기간 동거·간호 그 밖의 방법으로 피상속인을 특별히 부양하거나 피상속인의 재산의 유지 또는 증가에 특별히 기여한 자가 있을 때에는 상속개시 당시의 피상속인의 재산가액에서 공동상속인의 협의로 정한 그 자의 기여분을 공제한 것을 상속재산으로 보고 제1009조 및 제1010조에 의하여 산정한 상속분에 기여분을 가산한 액으로써 그 자의 상속분으로 한다."고 규정하고 있다. 위 사안의 B는 자신이 피상속인을 10여년간 동거함으로써 특별히 부양하였다고 주장하고 있다. 이런 특별한 기여를 통해 피상속인의 상속재산 형성 및 유지에 기여한 바가 있다면 그것을 고려하여야 할 것이다. 이런 기여분은 공동상속인이 협의하여 결정하면 언제든지 할 수 있으나, 협의가 이루어지지 않을 때 기여분을 인정받을 수 있는 사안은 두 가지로 한정된다. 민법 제1008조의2 제4항은 상속재산분할청구를 하거나 사후 피인지자의 가액상환청구권의 경우로 한정한다. 위 사안에서 B가 기여분을 인정받기 위해서는 상속재산분할을 청구하여야 한다. 그런데 금전채권만 있는 경우에는 분할되어 각 공동상속인에게 귀속되기 때문에 따로 상속재산분할을 할 것이 없다. 그러나 부동산 X, Y와 승용차가 있기 때문에 상속재산분할청구를 할 수 있다. 이를 통해 B는 기여분을 인정받을 수 있을 것이다.

Ⅱ. 기여분이 있을 때 구체적 상속분

기여분이 있을 때에는 상속 당시 상속재산 가액에 특별수익의 가액을 합산한 후 기여분을 공제한 것을 상속재산으로 보고 구체적 상속분을 정하고, 기여분권자의 경우 거기에 기여분을 더 한 것을 자신의 상속분으로 보는 것이 타당할 것이다. 이렇게 보면 상속 대상이 되는 전체 재산의 가액은 11억 7천만 원이 되고, 그 중 3억 원은 기여분으로 상속재산에서 공제되어야 할 것이다. 그러므로 8억 7천만 원이 B, C, D에게 상속되어야 할 것이다. 각자 2억 9천만 원씩 상속을 받게 된다. B의 구체적 상속가액은 기여분 3억 원을 더하여 5억 9천만 원 중 생전 증여액 1억 5천만 원을 공제한 4억 4천만 원이 되고, C의 상속분은 2억 9천만 원에서 생전 증여액 1억 원을 공제한 1억 9천만 원이 되며, D의 상속분은 2억 9천만 원에서 생전 증여액 5천만 원을 공제한 2억 4천만 원이 된다. 구체적 상속분은 B, C, D가 44/87, 19.87, 24/87이 될 것이다.

Ⅲ. 기여분의 인정과 상속재산분할

따라서 법원은 위 구체적 상속분을 감안하여 X, Y, 승용차를 분할하면 될 것이다.

사례형 문제

민사소송법

41 사물관할과 이송, 합의관할, 변론관할, 반소, 재판상 화해와 기판력[1]

공통된 사실관계

甲은 2013. 1. 1. 乙과 사이에 그 소유인 부산 해운대구 해운대로 98 미래아파트 108호(이하 'X부동산'이라 한다)에 관하여 매매대금 3억 3,000만 원으로 약정하여 매매하기로 하는 부동산 매매계약을 체결하고, 이와 동시에 甲은 2013. 1. 1. 乙과 사이에 위 X부동산에 대하여 임대차보증금 2억 원, 임대기간을 2015. 1. 1.까지로 정하여 임차하였다. 甲은 2015. 1.경 임대차기간이 만료되자 X부동산에서 퇴거하였고 열쇠를 乙에게 반환하였으며, 차임은 모두 지급된 상황이다. 그러나 甲은 2015. 2.경까지 임대차 보증금을 반환받지 못하여 2015. 2. 15. 乙을 상대로 임대차보증금반환 청구의 소를 제기하고자 한다(甲의 현재 주소지는 부산 사하구 하단로 98 희망아파트 1013호이고, 乙의 주소지는 울산광역시 중구이다).

문제 1

甲이 乙에게 임대차보증금 2억 원 및 이에 대하여 소제기일 이후부터 제1심 판결선고일까지는 연 5%의 그 익일부터 완제일까지는 연 20%의 각 비율에 의한 금원을 청구하고자 한다. 甲이 乙에게 제기하고자 하는 소송의 사물관할에 관하여 서술하시오. (15점)

추가된 사실관계

乙은 2012. 11. 8. 甲에게 그 소유인 Y부동산을 매매가격 4억 3,000만 원으로 약정하여 매도하고 이를 인도하였다. 그런데 2015. 2. 현재까지 甲은 매매대금을 전혀 지급하지 않고 있다. 위 임대차 보증금 반환청구소송 계속중 乙은 甲에 대해서 Y부동산에 대한 매매대금 4억 3,000만 원이 미지급되었음을 이유로 2억 원에 대한 상계를 주장하고 상계초과 채권인 2억 3,000만 원의 지급을 구하는 반소를 제기하였다. 이에 甲은 반소청구의 청구기각만을 구하고 청구원인에 대한 답변은 다음 기일로 미루었다.

---

1) 대결 1998.8.14. 자 98마1301 및 대판(전) 1962.2.15. 4294민상914 변형문제.

위 반소의 적법성 여부와 그에 따른 관할에 관한 법원의 조치 및 이에 이르게 된 논거를 서술하시오. (15점)

추가된 사실관계 ▶ 다만 문제 2에 추가된 사실관계와는 별개임

위 소송이 부산지방법원에 제기될 당시 乙은 서울 강남으로 이사를 가게 되었고 주요 증인 등이 모두 서울 강남에 거주하고 있다. 그리하여 乙은 부산지방법원에서 소송이 진행되는 것이 대단히 불편하고 소송비용이 많이 지출되는 등으로 부당하다고 판단하고 있다. 이에 乙은 제1회 변론기일에 출석하여 자신의 주거지에 가까운 서울중앙지방법원에서 소송이 진행되어야 한다고 이송 신청을 하고 있다(甲의 현재 주소지는 부산 사하구 하단로 98 희망아파트 1013호이고, X부동산은 부산 해운대구 해운대로 98 미래아파트 108호이다).

문제 ③

위 乙의 주장에 대한 법원의 조치 및 이에 이르게 된 논거를 서술하시오. (20점)

추가된 사실관계 ▶ 다만 문제 2, 3에 추가된 사실관계와는 별개임

위 소송이 계속중 乙은 甲이 X부동산을 임차하여 사용하던 기간 중 발생한 균열로 인하여 X부동산을 반환받은 이후 5,000만원 상당의 보수비가 발생하였다고 주장한다.

이에 甲은 일부 균열이 발생한 것은 인정하나 乙이 주장하는 하자보수비가 과다하다고 생각하였다. 그러나 소송이 상당시간 지연되는 것을 꺼려하여 보수비 5,000만 원을 공제한 1억 5,000만 원을 乙로부터 지급받기로 하는 내용의 재판상 화해를 하고 화해조서가 작성되었고 2015. 3. 2.자로 위 소송은 확정되었다. 위 화해조서가 작성되어 소송이 확정된 이후에 甲은 위와 같은 화해는 착오로 인한 것이라는 생각이 들어 위 화해는 취소되어야 한다고 믿고 있다. 이에 甲은 변호사 丙을 찾아가 상담을 하고자 한다.

문제 ④

귀하가 변호사 丙의 입장에서 상담하러 온 의뢰인 甲의 재판상 화해에 대한 취소 주장의 당부를 판단하고 그 논거를 서술하시오(판례의 입장에 따라 의뢰인에게 무익한 소송이 진행되는 일이 없도록 서술하시오). (20점)

추가된 사실관계 ▶ 다만 문제 2, 3, 4에 추가된 사실관계와는 별개임

乙은 부동산임대사업자로서 빌라 여러 동을 소유하고 있으며 주된 사무소가 부산 서구에 있다(주소지는 울산광역시 중구이다). 甲과 乙이 위 X 부동산에 대한 임대차계약을 체결할 당시 표준임대차계약서에는 부동문자로 "이 임대차계약으로 인하여 생기는 일체의 소송에 대하여는 乙의 주된 사무소 소재지인 부산지방법원을 전속관할법원으로 한다."라고 기재되어 있었다. 임대차계약 체결 후 甲은 2억 원의 대여금채무를 지고 있는 丙으로부터 수차례의 변제독촉을 받았고, 이에 부득이하게 丙에게 위 보증금채권을 양도하고 그 사실을 乙에게 통지하였다. 丙은 乙이 임대차계약이 종료되었음에도 불구하고 보증금을 반환하지 않자, 乙을 상대로 창원지방법원에 임대차보증금반환 청구의 소를 제기하였다(丙의 주소지는 창원시 성산구 창이대로 542 사랑아파트 302호이다).

문제 ⑤

1. 위 소송의 변론기일에 乙은 위 소송은 관할위반의 항변을 하면서 부산지방법원으로 소송의 이송을 주장하고 있다. 乙의 주장이 타당한지 여부와 이에 대한 법원의 조치에 대하여 서술하시오. (15점)

2. 한편, 丙은 위 소송 제기 전에 乙로부터 보증금 2억 원 중 1억 원은 현금으로 지급받고 나머지는 6개월 후에 지급받기로 하고 향후 이 사건에 대하여 일체의 민·형사상의 이의를 하지 않기로 하는 내용의 합의를 한 바 있다. 그럼에도 丙이 위 합의에 반하여 乙을 상대로 위 소송을 제기하였고 이에 乙은 소송계속 후 변론기일에서 丙의 이 사건 소는 부적법하다고 주장하였으나 법원은 丙의 이 사건 청구를 기각하였다. 丙의 패소를 선고한 판결이 적법한지 여부에 대하여 서술하라. (15점)

※ 각급 법원의 설치와 관할구역에 관한 법률은 첨부된 [참조 조문]을 기준으로 판단할 것.

[참조 조문] 각급 법원의 설치와 관할구역에 관한 법률

제1조(목적) 이 법은 「법원조직법」 제3조 제3항에 따라 각급 법원의 설치와 관할구역을 정함을 목적으로 한다.

제2조(설치) ① 고등법원, 특허법원, 지방법원, 가정법원, 행정법원과 지방법원의 지원(支院) 및 가정법원의 지원을 별표 1과 같이 설치한다.

② 시법원 또는 군법원(이하 "시·군법원"이라 한다)을 별표 2와 같이 설치한다.

제3조(합의부지원) 지방법원의 지원 및 가정법원의 지원에 합의부를 둔다. 다만, 대법원규칙으로 정하는 지원에는 두지 아니한다.

제4조(관할구역) 각급 법원의 관할구역은 다음 각 호의 구분에 따라 정한다. 다만, 지방법원 또는 그 지원의 관할구역에 시·군법원을 둔 경우 「법원조직법」 제34조 제1항 제1호 및 제2호의 사

건에 관하여는 지방법원 또는 그 지원의 관할구역에서 해당 시·군법원의 관할구역을 제외한다.

1. 각 고등법원·지방법원과 그 지원의 관할구역: 별표 3
2. 특허법원의 관할구역: 별표 4
3. 각 가정법원과 그 지원의 관할구역: 별표 5
4. 행정법원의 관할구역: 별표 6
5. 각 시·군법원의 관할구역: 별표 7
6. 항소사건(抗訴事件) 또는 항고사건(抗告事件)을 심판하는 지방법원 본원 합의부 및 지방법원 지원 합의부의 관할구역: 별표 8
7. 행정사건을 심판하는 춘천지방법원 및 춘천지방법원 강릉지원의 관할구역: 별표 9

제5조(행정구역 등의 변경과 관할구역) ① 법원의 관할구역의 기준이 되는 행정구역이 변경된 경우에는 이 법에 따라 법원의 관할구역이 정하여질 때까지 정부와 협의하여 그 변경으로 인한 관할구역을 대법원규칙으로 정할 수 있다.

② 인구 및 사건 수 등의 변동으로 인하여 시·군법원의 관할구역을 조정할 필요가 있다고 인정되는 경우에는 이 법에 따라 관할구역이 정하여질 때까지 그 관할구역의 변경을 대법원규칙으로 정할 수 있다.

고등법원	지방법원	지원	관할구역
서울	서울중앙		서울특별시 종로구·중구·성북구·강남구·서초구·관악구·동작구
	서울동부		서울특별시 성동구·광진구·강동구·송파구
	서울남부		서울특별시 영등포구·강서구·양천구·구로구·금천구
	서울북부		서울특별시 동대문구·중랑구·도봉구·강북구·노원구
	서울서부		서울특별시 서대문구·마포구·은평구·용산구
부산	부산		부산광역시 중구·서구·동구·영도구·부산진구·북구·사상구·강서구·사하구·동래구·연제구·금정구
		동부	부산광역시 해운대구·남구·수영구·기장군
	울산		울산광역시·양산시
	창원		창원시 의창구·성산구·진해구, 김해시. 다만, 소년보호사건은 양산시를 제외한 경상남도
		마산	창원시 마산합포구·마산회원구, 함안군·의령군

해 설

문제 ①

I. 결 론

甲의 乙에 대한 이 사건 청구의 사물 관할은 지방법원 단독판사의 관할에 속한다.

II. 근 거

1. 사물관할의 의의

사물관할이란 지방법원 단독판사(시ㆍ군법원)와 지방법원 합의부 사이에서 사건의 경중(소가)을 기준으로 하여 제1심 소송사건에 대한 재판권의 분담관계를 정해 놓은 것이다.

2. 합의부와 단독판사의 관할[2]

(1) 소가가 2억 원을 초과하는 민사사건($\binom{사물관할규칙}{제2조 본문}$), 합의부에서 심판할 것으로 합의부가 스스로 결정한 사건($\binom{재정합의사건, 법조}{제32조 제1항 제1호}$), 민사소송 등 인지법 제2조 제4항 소정의 민사사건(비재산권상의 소와 재산권상의 소로서 소송목적의 값을 산출할 수 없는 경우), 본소가 합의부 관할일 때 이에 병합 제기하는 관련청구 등은 합의부 관할이다.

(2) 소가가 2억 원 이하인 사건, 합의부가 단독판사가 심판할 것으로 결정한 사건(재정단독사건), 사안이 단순한 사건(어음금ㆍ수표금 청구사건, 금융기관 등이 원고가 된 대여금, 구상금, 보증금 청구사건, 자동차나 철도운행 산업재해로 인한 손해배상금 청구사건 및 채무부존재확인 사건), 본소가 단독판사관할일 때 이에 병합 제기하는 관련청구 등이 단독판사관할이다.

---

2) **법원조직법**
　제32조(합의부의 심판권)
　① 지방법원과 그 지원의 합의부는 다음의 사건을 제1심으로 심판한다.
　2. 민사사건에 관하여는 대법원규칙으로 정하는 사건
　민사 및 가사소송의 사물관할에 관한 규칙 (일부개정 2015.2.17 [대법원규칙 제2591호, 시행 2015.2.17.])
　제2조(지방법원 및 그 지원 합의부의 심판범위)
　지방법원 및 지방법원지원의 합의부는 소송목적의 값이 2억원을 초과하는 민사사건 및 민사소송등인지법 제2조 제4항의 규정에 해당하는 민사사건을 제1심으로 심판한다. 다만, 다음 각호의 1에 해당하는 사건을 제외한다. 〈개정 2002.6.28, 2004.12.29, 2015.1.28〉
　부칙 〈제2591호, 2015.2.17〉
　제1조(시행일) 이 규칙은 공포한 날부터 시행한다.
　제2조(경과규정) 이 규칙은 2015년 2월 13일 전에 법원에 접수된 사건에 대하여는 적용하지 아니한다.

3. 청구병합의 소가 산정

(1) 소송목적의 값(소가)이란 원고가 소로써 달성하려는 목적이 갖는 경제적 이익을 화폐단위로 평가한 금액으로서 제26조 제1항에서 말하는 '소로 주장하는 이익'이 이에 해당한다.

소가는 사물관할을 정하는 표준이 되고 소장 제출 시 인지 산정의 기준이 된다.

소가는 원칙적으로 소 제기시를 기준으로 하며, 원고가 청구취지로써 구하는 범위 내에서 원고가 전부 승소할 경우 받는 경제적 이익을 기준으로 객관적으로 평가 산정한다. 따라서 심판의 난이나 응소태도나 자력 유무를 고려할 필요가 없고 상환청구 시 반대급부를 공제할 필요가 없다.

(2) 청구병합의 경우 소가산정은 합산하는 것이 원칙이다. 여러 개의 청구의 경제적 이익이 독립할 것을 요하므로, 선택적·예비적 병합 등 하나의 소로써 여러 개의 청구를 한 경우일지라도 경제적 이익이 같거나 중복되는 경우에는 합산하지 않고 중복되는 범위 내에서 흡수되고 그 중 다액인 청구가액을 소가로 한다.

(3) 하나의 청구가 다른 청구의 수단에 지나지 않는 경우에는 그 가액은 소가에 산입하지 않는다.

(4) 주된 청구와 그 부대목적인 과실·손해배상금·위약금·비용의 청구는 별개의 소송물이나, 이를 하나의 소로 청구하는 때에는 계산의 번잡을 피하기 위하여 부대청구의 가액은 소가에 산입하지 않는다. 판례는 "민사소송법 제24조($\frac{현행}{제27조}$) 제2항에 의하여 소송의 목적의 가액에 산입하지 아니하는 '소송의 부대목적이 되는 손해배상'이라 함은 주된 청구의 이행을 지연하였기 때문에 생기는 지연배상을 의미한다."라고 판시하고 있다($\frac{대결\ 1992.1.7.}{자\ 91마692}$).

4. 사안의 경우

사안은 甲이 2015. 2. 15. 乙을 상대로 임대차보증금 2억 원과 이에 대한 지연이자를 병합하여 제기하였다. 원칙적으로 청구병합의 경우는 소가를 합산하는 것이 원칙이나 지연이자는 과실로서 주된 청구에 대한 부대목적에 해당하며 부대청구인 과실을 주된 청구와 하나의 소로 청구하는 때에는 부대청구의 가액을 소가에 산입하지 않는다. 따라서 이 사건 소의 소가는 지연이자 청구에 관계없이 2억 원으로 이는 법원조직법 제32조 제1항 제2호, 민사 및 가사소송의 사물관할에 관한 규칙 제2조에 따라 단독판사 관할사건이다.[3]

---

3) 민사 및 가사소송의 사물관할에 관한 규칙이 2015. 2. 17. 일부 개정되었다. 따라서 부칙에 따라 2015. 2. 13. 이후에 접수된 사건의 경우에는 개정된 규칙이 적용된다.

문제 ②

Ⅰ. 결 론

乙의 반소는 적법하고, 본소제기 법원의 단독판사는 본소와 반소를 함께 심판할 수 있다.

Ⅱ. 근 거

1. 반소의 적법여부

(1) 반소라 함은 소송계속중에 피고가 그 소송절차를 이용하여 원고를 상대로 제기하는 소를 말한다(제269조). 피고가 제기하는 소송중의 소로서 이에 의하여 청구의 추가적 병합으로 된다. 원고에게 소 변경을 인정한 것에 대응하여 피고에게도 본소절차를 이용토록 하는 것이 공평에 부합하며, 관련 분쟁을 동일절차에서 심판함으로써 소송경제를 도모하고 재판을 불통일을 피할 수 있다는 데 그 제도의 취지가 있다.

(2) 반소가 적법하기 위해서는 1) 반소청구는 본소의 청구 또는 방어의 방법과 서로 관련이 있어야 하며,[4] 2) 본소 소송절차를 현저히 지연시키지 아니하는 경우로, 3) 본소가 사실심에 계속되고 변론종결 전에 제기되어야 하며, 4) 본소와 반소가 동종절차에 의할 것, 5) 반소가 다른 법원의 전속관할에 해당하지 아니 할 것 등을 요건으로 한다. 또한 반소는 독립의 소이고 방어방법이 아니므로 본소 청구기각 신청 이상의 적극적 내용이 포함되어 있어야 한다.[5]

(3) 사안의 경우

乙은 Y부동산에 대한 매매대금 4억 3,000만 원 중 2억 원에 대하여 상계를 주장하고 남은 매매대금인 2억 3,000만 원을 청구하는 반소를 제기하였으므로, 반소의 적법요건 중에서 다른 요건은 특별히 문제되지 않으나 본소 청구 또는 방어방법과 상호관련성이 있는지 여부가 문제된다. 사안은 본소의 항변사유와 대상·발생원인에 있어서 법률상 또는 사실상으로 공통성이 있는 경우이고, 상계 후에 남은 매매대금 2억 3,000만 원을 청구하는 것은 독립한 소이므로 소의 이익 또한 인정된다. 따라서 乙의 반소는 적법하다.

---

4) 본소청구와 반소청구와의 상호관련성이라 함은 양자가 소송물 혹은 그 대상·발생원인에 있어서 공통성이 있다는 것을 뜻한다. 또한 본소의 방어방법과 상호관련성이라 함은 반소청구가 본소의 청구의 항변사유와 대상·발생원인에 있어서 사실상 또는 법률상 공통성이 있는 경우를 말한다. 이시윤, 「신민사소송법」, 박영사, 2015, 714−715면.

5) 이에 대해 대법원은 1999.6.8. 99다17401 판결에서 소송요건을 구비하여 적법하게 제기된 본소가 그 후에 상대방이 제기한 반소로 인하여 소송요건에 흠결이 생겨 다시 부적법하게 되는 것은 아니므로, 원고가 피고에 대하여 손해배상채무의 부존재확인을 구할 이익이 있어 본소로 그 확인을 구하였다면, 피고가 그 후에 그 손해배상채무의 이행을 구하는 반소를 제기하였다 하더라도 그러한 사정만으로 본소청구에 대한 확인의 이익이 소멸하여 본소가 부적법하게 된다고 볼 수는 없다고 하여 적법한 본소로 보았다.

2. 반소제기에 따른 관할 변동과 법원의 조치[6]

(1) 본소가 단독사건인 경우에 피고가 반소로 합의사건에 속하는 청구를 한 때에는 법원은 직권 또는 당사자의 신청에 따른 결정으로 본소와 반소를 합의부에 이송하여야 한다(제269조 제2항 본문).

(2) 개정법은 제269조 제2항 단서에서 반소청구에 대하여 원고 측에서 단독판사의 관할이 아니라고 관할 위반의 항변을 하지 아니하고 본안 변론을 함으로써 변론관할이 생길 때에서는 이송할 필요가 없는 것으로 하였다.

따라서 본 사안의 경우 변론관할이 발생할 수 있는지 여부에 대한 검토가 필요하다.

3. 변론관할의 성립여부

(1) 변론관할이 발생하기 위해서는 1) 원고의 소가 관할권 없는 제1심법원에 제기되었을 것, 2) 피고의 관할위반의 항변이 없을 것, 3) 피고가 변론기일에 출석하여 이의 없이 본안에 대하여 변론을 구술로서 적극적으로 하였을 것 등을 그 요건으로 한다(제30조). 여기서 본안에 관하여 변론 또는 진술이란 피고 측에서 원고 청구가 이유 있느냐의 여부에 관하여 사실상 법률상의 진술을 하는 것을 말한다.

따라서 실체사항이 아닌 기피신청, 기일변경신청, 소각하 판결신청 등 절차사항에 대한 진술은 이에 해당되지 않는다.

(2) 사안의 경우에 甲의 본소는 단독판사 사건이다. 한편, 乙이 제기한 반소는 매매대금 2억 3,000만 원을 청구하고 있으므로 합의부 관할 사건에 속하므로 민사소송법 제269조 제2항 본문에 따라 합의부의 이송하여야 할 것이다. 그런데 甲이 변론 기일에 출석하여 乙의 반소 청구에 대한 청구기각만을 구하고 청구원인에 대한 답변을 뒤로 미루고 있다. 이러한 신청도 본안에 대하여 변론을 하였다고 볼 것인지 여부가 문제된다.

(3) 학설 및 판례

이때에도 변론관할이 발생할 수 있는지 여부와 관련하여 아직 판례는 없으나 학설로서는 1) 이 경우 반소원고 청구를 배척한다는 뜻을 명백히 하였기 때문에 본안에 대한 변론으로 볼 수 있다는 견해(이시윤 등 다수설), 2) 반소피고의 청구기각 신청이 단지 원고의 청구가 배척되어야 한다는 것을 신청한 것에 불과한 경우에는 본안에 대하여 변론을 한 것으로 되지 않는다는 부정설(김홍규) 등이 대립한다. 다만 신법에서는 피고의 답변서의 기재가 구체적일 것을 요

---

6) **민사소송법 제269조(반소)** ② 본소가 단독사건인 경우에 피고가 반소로 합의사건에 속하는 청구를 한 때에는 법원은 직권 또는 당사자의 신청에 따른 결정으로 본소와 반소를 합의부에 이송하여야 한다. 다만, 반소에 관하여 제30조의 규정에 따른 관할권이 있는 경우에는 그러하지 아니하다.

하므로$\binom{\text{제256조,}}{\text{규칙 제65조}}$ 논쟁의 실익은 크지 않으나 통설은 (반소)피고가 (반소)원고의 청구를 배척한다는 뜻을 명백히 한 것이기 때문에 본안에 관한 변론을 한 것으로 보고 있다.

4. 사안의 경우

따라서 사안의 경우 통설에 따를 경우 민사소송법 제30조에 따라 변론관할이 발생한 것으로 볼 수 있으므로 본소 법원으로서는 민사소송법 제269조 제2항 단서에 따라 합의부로 이송할 필요가 없이 다른 소송요건의 흠결이 없는 한 본소와 반소를 함께 심판할 수 있다.

문제 **3**

Ⅰ. 결　　론

부산지방법원은 乙의 주장을 배척하고 소송을 그대로 속행할 수 있다.

Ⅱ. 근　　거

1. 토지관할의 소재

(1) 토지관할이란 소재지를 달리하는 같은 종류의 여러 법원 사이에 재판권의 분담관계를 정해 놓은 것으로 재판적에 의하여 결정된다.[7]

소는 피고의 보통재판적 소재지 법원의 관할에 의하는 것이 원칙이다. 사람의 보통재판적은 주소에 의하여 정하고, 국내에 주소가 없거나 주소를 알 수 없는 경우 거소에 의하고 거소가 없거나 거소를 알 수 없을 때에는 최후의 주소에 의하도록 규정되어 있다$\binom{\text{제3}}{\text{조}}$. 사안의 경우 보통재판적은 乙의 주소지인 울산지방법원이다. 그러나 재판적에는 보통재판적 외에도 한정된 종류 및 범위 안에서만 인정되는 특별재판적이 있으므로 그 밖의 다른 법원에도 특별재판적이 있는지 여부가 문제된다.

---

7) 토지관할권을 발생하게 하는 재판적에는 보통재판적과 특별재판적, 인적재판적과 물적재판적이 있다. 보통재판적은 모든 소송사건에 대하여 공통적으로 적용되는 재판적임에 대하여(민사소송법 제2조), 특별재판적은 특별한 종류·내용의 사건에 대해서는 한정적으로 적용되는 재판적이다(민사소송법 제7조 이하). 인적재판적은 사건의 당사자 특히 피고와 관계되어 인정되는 재판적임에 대하여, 물적재판적은 소송물과 관계되어 인정되는 재판적이다. 보통재판적은 언제나 인적재판적이지만, 특별재판적은 인적재판적인 경우도 있고 물적재판적인 경우도 있다. 이시윤, 「신민사소송법」, 박영사, 2015, 100면.

(2) 특별재판적

재산권에 관한 소는 의무이행지 법원에 제소할 수 있다($\frac{제8}{조}$). 의무이행지는 당사자 사이의 특약, 법률의 규정 또는 의무의 성질에 의하여 정해지나 특정물의 인도청구 이외의 채무는 특약이 없는 한 채권자의 현 주소지에서 이행하여야 하는 지참채무이기 때문에($\frac{민법 제467}{조 제2항}$) 원고 甲은 임대차보증금반환 채권을 가진 채권자로서 의무이행인 채권자의 현주소 관할법원인 부산지방법원에도 특별재판적($\frac{제8조}{후단}$)이 인정된다.

2. 심판편의에 의한 이송 가부

(1) 민사소송법상 이송에는 제34조 관할위반에 의한 이송과 같은 법 제35조 심판의 편의에 의한 이송이 있다. 전자는 관할권 없는 법원에서 관할권 있는 법원으로 이송하는 것이고, 후자는 관할권 있는 법원에서 심판의 편의를 위하여 역시 관할권 있는 법원으로 이송하는 것이다.

사안에서는 당초 소가 제기된 법원에 관할권이 있으므로 후자의 이송에 해당된다. 이는 법원에 관할권이 있는 경우임에도 현저한 손해 또는 지연을 피하기 위하여 다른 법원으로 이송하는 경우이다. 사안에서는 현저한 손해나 지연을 피하기 위한 요건을 충족하는지 여부가 문제된다($\frac{제35}{조}$).

(2) 판례는 심판편의에 의한 이송의 사유에 해당하는 "현저한 손해나 지연을 피하기 위한 필요"가 있는 때인지 여부와 관련하여 재량으로 판단할 것으로 보고 있는데($\frac{이시윤, 122면; 호문혁,}{164면; 강현중, 110면}$), '지연'이라 함은 법원이 사건을 처리함에 있어서 증거조사 등 시간과 노력이 크게 소요되어 소송촉진이 저해된다는 취지로 보고 있다. 또한 '현저한 손해'는 주로 피고 측의 소송수행상의 부담을 의미하지만, 원고 측의 손해를 도외시하여서는 안 된다고 판시하고 있으므로, 피고 측이 소송을 수행하는 데 많은 비용과 시간이 소요된다거나 증인 등이 있다는 사정만으로는 제35조의 이송사유가 있다고 볼 수 없다고 한다.[8]

3. 사안의 검토

사안의 경우에 피고 乙의 현재 주소지가 서울 강남으로 보통재판적이 인정된다($\frac{제2}{조}$). 다만 '현저한 손해' 또는 '현저한 지연'에 관한 위 판례의 입장에 따라 살펴볼 때, 피고 乙의 주소가 서울에 있고 주요 증인이 서울에 거주하고 있어 소송수행상의 지장이 있다는 사정만으로는

---

8) 현저한 손해라 함은, 물론 상대방(피고) 측의 소송수행상의 부담을 주로 의미하는 것이기는 하나 재항고인(원고) 측의 손해도 도외시하여서는 아니 된다 할 것이고, 상대방측이 소송을 수행하는 데 많은 비용과 시간이 소요된다는 사정만으로는 같은 법 제32조에서 말하는 현저한 손해 또는 소송의 지연을 가져올 사유가 된다고 단정할 수 없다. 대결 1998.8.14. 자 98마1301.

현저한 손해가 있다고 인정되기 어렵고, 원고 측의 이익 또한 고려하여야 하며, 소송의 기초적인 사실관계인 임대차계약 등이 모두 부산에서 이루어진 사정 등을 종합적으로 고려할 때 사안의 경우는 '현저한 손해' 내지 '현저한 지연'이 인정되지 않는다.

따라서 부산지방법원은 乙의 주장을 배척하고 소송을 그대로 속행할 수 있다.

문제 4

I. 결　　론

의뢰인 甲의 주장은 화해조서의 기판력에 저촉되므로 화해의 취소를 주장하는 것은 허용되지 아니한다.

II. 근　　거

1. 소송상 화해

널리 재판상 화해란 소송 제기 전에 지방법원 단독판사 앞에서 하는 제소전 화해와 소송계속 후 수소법원 앞에서 하는 소송상 화해 등 두 가지를 말한다. 소송상 화해는 소송계속중 양쪽 당사자가 소송물인 권리관계의 주장을 서로 양보하여 소송을 종료시키기로 하는 기일에 있어서의 합의로서 이에 의하여 소송은 종료된다.

2. 소송상 화해의 성질

소송상 화해의 법적성질에 관하여 학설로서는 사법행위설, 소송행위설, 절충설 등으로 나뉘나 판례는 재판상 화해의 과정에서의 실체법상 하자가 문제된 사건에서 "소송상 화해는 소송물인 법률관계를 확정하는 효력이 있으므로 순연한 소송행위로 볼 것이다."라고 하여 소송행위설을 취하였다.[9]

---

9) 대판 1962.5.31, 4293민재항6; 대판 1963.10.10, 66다333.
　　소송상 화해의 성질에 관한 학설은 다음과 같다(이시윤, 「신민사소송법」, 박영사, 2015, 580면 이하 참고).
　　① 사법행위설: 이 설에 의하면 소송상 화해는 소송행위가 아니라 민법상의 화해계약과 동일한 것으로 본다.
　　② 소송행위설: 이 설에 의하면 소송상 화해는 비록 민법상의 화해계약과 그 명칭을 같이하지만, 그 본질은 전혀 다른 소송행위로서 소송법의 원칙에 따라 규율되고 민법상의 화해계약에 관한 규정의 적용은 배제되는 것이라고 한다. 판례의 주류적 입장이다.
　　③ 절충설
　　（ⅰ）양행위병존설: 소송상의 화해에는 민법상의 화해계약과 소송종료목적의 소송행위 등 2개가 병존하며 가가 독립·개별적으로 소송법과 실체법의 원칙의 지배를 받는 것이라 한다.
　　（ⅱ）양행위경합설: 소송상의 화해는 1개의 행위로 민법상의 화해계약임과 동시에 소송행위인 성질을 갖춘 경합된 행위로 보는 설이다.

3. 소송상 화해의 효과

(1) 재판상 화해에 따른 화해조서는 확정판결과 같은 효력이 있다($\binom{제220}{조}$).

화해조서가 작성되면 확정판결과 같은 효력이 있으므로 그 범위에서는 소송은 판결에 의하지 않고 당연히 종료된다.

(2) 학 설

화해조서에 기판력을 인정할 것인지 여부에 대해서는 기판력 부정설, 소송상 화해에 실체법상 아무런 하자가 없는 경우에만 제한적으로 법 제220조에 의하여 기판력이 인정되고 실체법상의 하자가 있는 경우 기판력이 인정될 수 없어 무효임을 전제로 기일지정신청이나 화해무효확인청구 등으로 구제받을 수 있다는 입장인 제한기판력설, 확정판결과 마찬가지로 어떠한 경우에도 기판력이 인정할 것이며, 다만 화해 성립과정에 재심사유에 해당하는 하자가 있는 경우 재심절차에 의하여 구제받는 이외에는 무효를 주장할 수 없다는 무제한 기판력설 등이 대립하고 있다.

(3) 판 례

판례는 "재판상 화해를 한 당사자는 재심의 소에 의하지 않고서는 화해를 사법상 화해계약임을 전제로 화해 해제를 주장하는 것과 같은 화해조서의 취지에 반하는 주장을 할 수 없다." 라고 판시($\binom{대판(전) 1962.2.15.}{4294민상914}$)한 이래 일관되게 무제한적 기판력을 긍정한다.

4. 사안의 경우

의뢰인 甲은 하자보수의 비용 5,000만 원이 과도하다고 생각하였음에도 乙과 재판상 화해를 하여 화해조서가 작성되어 기판력이 발생하였다. 판례 역시 "소송상의 화해는 소송행위로서 사법상의 화해와는 달리 사기나 착오를 이유로 이를 취소할 수는 없다."라고 판시하고 있으므로($\binom{대판 1979.5.15.}{78다1094}$), 준재심절차에 의한 구제를 검토해 보는 것은 별론으로 하고 실체법상 하자를 원인으로 재판상 화해의 취소를 주장하는 것은 부적절하다는 의견을 제시하여야 할 것이다.

문제 **5** 1.

I. 결 론

약관조항(부동문자)에 의한 전속적 관할합의는 유효하고, 이는 채권양수인 丙에게도 효력이 미친다. 乙의 관할법원인 부산지방법원으로의 이송 주장은 법원의 직권 발동을 촉구하는 의미에 그치므로 법원으로서는 이에 대한 재판을 필요로 하지 아니하며, 그대로 심리를 계속할 수 있다.

Ⅱ. 근 거

1. 부산지방법원으로의 관할 합의의 효력

(1) 합의관할이란 법정관할과 다른 관할을 정하는 당사자 사이의 소송상 합의에 의하여 생기는 관할을 말한다. 관할합의는 관할권 발생이라는 소송법적 효과를 낳는 소송행위이므로 요건과 효과는 소송법에 의하여 규율되므로 소송능력이 필요하고 사법상 계약과 같이 체결하는 경우에도 사법상 계약과 운명을 같이하는 것은 아니다.

(2) 합의관할이 유효하게 성립하기 위해서는 1) 제1심 법원의 임의관할에 한하여 할 것, 2) 합의 대상인 소송이 특정되었을 것, 3) 합의의 방식이 서면일 것, 4) 관할 법원이 특정될 것 등을 요하는바 사안의 경우 서면(표준임대차 계약서에서 부동문자로 인쇄)에 의하여 제1심 법원인 부산지방법원을 이 사건 임대차 계약에 관한 소송으로 특정하여 합의하였으므로 합의관할 요건을 모두 구비하였다.

(3) 한편, 합의의 모습은 합의한 특정법원의 관할권만을 인정하고 그 밖의 법원의 관할을 배제하는 전속적 합의와 법정관할 이외에 별도의 법원에도 병존적으로 관할권을 인정하는 부가적 합의가 있다. 사안은 "이 임대차 계약으로 인하여 생기는 일체의 소송에 대하여는 부산지방법원을 전속관할법원으로 한다."라고 합의를 하였으므로 당사자 의사는 전속적 합의라 할 수 있다.

한편, 乙이 부동산 임대 사업자로서 불특정 다수의 고객과 사이에 체결한 표준 임대차 계약서에서 부동문자로 인쇄하여 전속적 관할합의를 한 것이 약관규제법 제14조에 의하여 유효한지 여부 등이 문제된다.

2. 약관에 의한 전속적 관할합의의 유효성

(1) 약관의 규제에 관한 법률 제14조는 고객에 대하여 부당하게 불리한 관할의 합의조항은 무효라고 규정하고 있다.

(2) 판례는 "사업자와 고객 사이에서 사업자의 영업소를 관할하는 지방법원으로 전속적 관할합의를 하는 내용의 약관조항이 고객에 대하여 부당하게 불리하다는 이유로 무효라고 보기 위해서는 그 약관조항이 고객에게 다소 불이익하다는 점만으로는 부족하고, 사업자가 그 거

래상의 지위를 남용하여 이러한 약관조항을 작성·사용함으로써 건전한 거래질서를 훼손하는 등 고객에게 부당하게 불이익을 주었다는 점이 인정되어야 한다."라고 판시하면서, "전속적 관할합의 약관조항이 고객에게 부당한 불이익을 주는 행위인지 여부는, 그 약관조항에 의하여 고객에게 생길 수 있는 불이익의 내용과 불이익 발생의 개연성, 당사자들 사이의 거래과정에 미치는 영향, 관계 법령의 규정 등 제반 사정을 종합하여 판단하여야 한다."라고 판시하였다(대결 2008.12.16. 자 2007마1328).

(3) 사안의 경우

위 임대차계약 체결당시 乙의 주된 사무소가 부산 서구에 있었으며, 임대차계약의 목적물인 X부동산 또한 부산 해운대구에 있었다는 점 등을 고려할 때, 부산지방법원을 전속관할법원으로 하는 합의가 甲에게 부당한 불이익을 주는 조항이라고 할 수 없으므로 위와 같은 전속적 관할합의는 유효하다고 할 것이다.

3. 甲과 乙 사이의 관할합의의 효력이 丙에게 미치는지 여부

판례는 "관할의 합의는 소송법상의 행위로서 합의 당사자 및 그 일반승계인을 제외한 제3자에게 그 효력이 미치지 않는 것이 원칙이지만, 관할에 관한 당사자의 합의로 관할이 변경된다는 것을 실체법적으로 보면, 권리행사의 조건으로서 그 권리관계에 불가분적으로 부착된 실체적 이해의 변경이라 할 수 있으므로, 지명채권과 같이 그 권리관계의 내용을 당사자가 자유롭게 정할 수 있는 경우에는, 당해 권리관계의 특정승계인은 그와 같이 변경된 권리관계를 승계한 것이라고 할 것이어서, 관할합의의 효력은 특정승계인에게도 미친다."라고 판시한 바 있다(대결 2006.3.2. 자 2005마902).

임차보증금반환채권은 지명채권으로 권리관계의 내용을 당사자가 자유롭게 정할 수 있으므로 관할합의는 유효하다. 보증금반환채권을 양수한 丙은 이러한 변경된 권리관계를 승계한 것으로 볼 수 있으므로, 관할합의의 효력은 丙에게도 미친다.

4. 전속적 관할합의 성질과 관할위반에 의한 이송가부

(1) 甲, 乙 간의 전속적 관할합의는 丙에게 미치므로 丙은 자신의 주소지가 아닌 부산지방법원에 제소하여야 함에도 창원지방법원에 제소한 것은 전속적 관할합의에 반하는 제소로서 관할 위반이라 할 수 있다.

관할권의 유무는 직권조사사항이므로 수소법원은 관할권을 조사하여 소송의 전부 또는 일부가 그 관할에 속하지 아니함으로 인정한 때에는 직권에 의한 결정으로 관할 법원에 이송하여야 한다. 예외적으로 지법 합의부는 그 관할에 속하지 않는 단독판사의 관할사건이더라도 전속관할에 속하는 것이 아닌 한$\binom{\text{제34조}}{\text{제4항}}$ 상당하다고 인정할 경우 이송하지 않을 수 있다 $\binom{\text{제34조}}{\text{제3항}}$.

관할위반에 의한 이송의 경우 직권에 의한 이송인 점에서 다른 원인에 의한 이송$\binom{\text{제34조 제2항,}}{\text{제35조, 제36}}$ $\binom{\text{조, 제269}}{\text{조 제2항}}$의 경우와 다르다.

(2) 판례는 관할위반의 경우 당사자에게 이송신청권이 없다고 한다. 따라서 당사자가 내는 이송신청은 법원의 직권발동을 촉구하는 이상의 의미가 없고, 이송신청에 대한 재판을 필요로 하지 아니하며, 또 이송신청을 기각하는 결정에 대하여도 즉시항고권이 없다고 한다 $\binom{\text{대판 1993.12.6.}}{\text{93마524}}$. 다만, 이에 대하여는 관할위반이 아닌 다른 원인에 의한 이송에 이송신청권이 인정되는 것과의 균형 등을 고려하여 이 경우에도 이송신청권을 주어 이송재판에 즉시항고로 불복할 수 있도록 하자는 견해도 있다$\binom{\text{이시윤,}}{\text{121면}}$.

(3) 한편 전속적 합의관할도 그 성격은 임의관할일 뿐 전속관할이 아니다. 임의관할이므로, 현저한 지연을 피한다는 공익상의 필요가 있을 때에는 전속적 합의의 효력을 부정하여 다른 본래의 법정관할법원으로 이송할 수 있다고 보는 것이 통설과 판례의 입장이다$\binom{\text{대결 2008.}}{\text{12.16. 자}}$ $\binom{\text{2007}}{\text{마1328}}$.

5. 사안의 검토

(1) 약관조항(부동문자)에 의한 전속적 관할합의는 유효하고, 이는 채권양수인 丙에게도 효력이 미친다. 따라서 丙의 이 사건 소는 전속적 합의관할에 반한 제소로서 관할 위반임을 알 수 있다. 그러나 판례에 의하면 乙의 전속적 합의관할 법원인 부산지방법원으로의 이송 신청은 법원의 직권 발동을 촉구하는 의미에 그치므로 법원으로서는 이송여부에 대한 재판을 할 필요가 없고 이송신청을 기각하더라도 乙에게는 즉시항고권도 없다.

(2) 따라서 법원은 乙의 이송신청 주장을 무시하고 그대로 심리를 계속할 수 있다.

문제 **5** 2.

Ⅰ. 문제의 소재

丙이 이 사건 소 제기 이전에 乙과 사이에 합의금을 수수한 후 소를 제기하지 않기로 합의를 하였는바 이것이 부제소 특약에 해당하는지 문제된다. 그리고 피고 乙이 원고 丙의 이 사건 소는 부제소 특약에 반하여 제기되었으므로 부적법하다는 취지의 본안전 항변을 하였음에도 법원이 丙에 대하여 패소를 선언하여 본안판단을 한 것이 적법한지 여부가 문제된다.

Ⅱ. 부제소 특약 요건과 법적 성격

(1) 각종 소에 공통한 소송요건으로서 권리보호 자격 또는 모든 소에 공통적인 소의 이익은 다섯 가지 요건을 필요로 한다. 첫째, 청구가 소구할 수 있는 구체적인 권리 또는 법률관계이어야 하고, 둘째, 법률상 계약상 제소금지 사유가 없어야 하며, 셋째 소가 아닌 다른 구제수단이이 인정되는 경우가 아니어야 하며, 넷째 원고가 동일청구에 대하여 승소확정 판결을 받은 경우가 아닐 것, 끝으로 신의칙에 반하는 제소가 아니어야 한다(이시윤, 218면; 송상현, 268면; 호문혁, 241면).

(2) 부제소 특약은 위 권리보호 자격 중 둘째, 계약상 제소금지 사유에 해당한다. 당사자 간의 자유로운 부제소 특약은 사법상 계약으로서 유효하고 이에 위반한 소는 권리보호 이익이 없다는 것이 통설·판례의 입장이다(대판 1993.5.14, 92다21760). 또한, 이는 통상의 소송요건과 달리 직권 조사사항이 아니고 당사자가 본안전 항변으로서 주장하여야 법원이 조사 판단하는 요건이다(대판 1996.6.14, 95다3350; 이시윤, 219면; 호문혁, 249면; 전병서, 228면).

(3) 다만, 부제소 특약이 유효하기 위해서는, 첫째 특약 자체가 불공정한 방법으로 이루어 져서는 안 되며, 합의 시 예상할 수 있는 상황에 관한 것이어야 하고, 둘째 당사자가 자유로이 처분할 수 있는 권리관계, 즉 처분권주의에 의하는 경우이어야 하며, 셋째 특정한 권리관계에 한하여야 한다(이시윤, 219면; 호문혁, 250면; 강현중, 308면; 대판 2002.2.22, 2000다65086).

Ⅲ. 사안의 검토

설문에서 丙과 乙은 특별히 불공정한 방법으로 합의한 사정이 보이지 않고 합의 시에 예상할 수 있는 상황에 관한 것이며, 자유로이 처분할 수 있는 특정한 권리관계에 관한 것이므로 유효한 부제소 특약을 하였고, 乙이 본안전 항변으로 부제소 특약의 존재를 진술하여 丙의 소가 부적법하다고 주장하였으므로 법원은 이를 판단하여 丙의 소가 권리보호 이익의 흠결로 부적법 각하 판결을 하였어야 한다. 그럼에도 이를 간과하고 본안 판단으로 丙의 패소판결을 선고하였으므로 이는 위법하다.

시장에서 이웃하여 甲은 옷가게, 乙은 치킨집, 丙은 사진관을 각 운영하고 있다.

2014. 3. 어느 날 시장 입구 부근에서 甲 소유의 승용차가 운행중 고장으로 정차하고 있었는데, 그 과정에서 乙 운전의 오토바이가 위 甲의 승용차를 뒤에서 추돌하면서 乙이 중상을 당한 사고가 발생하였다. 甲의 위 승용차는 X 보험주식회사의 자동차보험에 가입하고 있다.

한편, 乙은 丙에게 돈을 빌려주었는데, 丙의 乙에 대한 대여금 채무를 甲이 보증한 바 있다.

〈소송의 경과 1〉

X 보험주식회사는 2014. 5. 19. 위 사고는 오로지 乙의 일방적 과실에 의하여 발생한 것이라고 주장하며 乙을 상대로 위 사고와 관련된 손해배상채무의 부존재확인을 구하는 소를 제기하여 소송계속중이다. (제시된 날짜는 공휴일이 아닌 것으로 함)

문제 ①

이에 대하여, 乙은 같은 해 7. 8. X 보험주식회사를 상대로 손해배상채무의 이행을 구하는 반소를 제기하였다. (25점)

(1) 피고 乙의 반소는 적법한가?

(2) 위와 같이 같은 해 7. 8. 피고 乙이 손해배상채무의 이행을 구하는 반소를 제기하자, X 보험주식회사의 乙에 대한 손해배상채무의 부존재확인을 구하는 본소의 소의 이익이 쟁점이 되었다. 본소의 소의 이익은 소멸되는가?

문제 ②

X 보험주식회사의 乙에 대한 본소를 부적법 각하하고, 乙의 X 보험주식회사에 대한 반소에 대하여는 손해배상의무(과실상계 70%)가 있다는 판결이 있었고, 이에 대하여 X 보험주식회사만이 항소를 하였다. 항소심은 반소에 관하여는 제1심의 판단을 수긍하였으나, 본소에 관하여는 소의 이익이 소멸되어 부적법하다고 볼 수 없으므로 제1심이 본소를 각하한 것은 잘못이라고 보았다. 그

렇다면 본소에 관하여 항소심에서 원심판결을 취소하고, 청구기각판결을 할 수 있는가? (20점)

〈소송의 경과 2〉

乙은 丙을 상대로 위 대여금 채무의 이행을 구하는 소(이하 '이 사건 소')를 제기하였다.

문제 3

이 사건 소에서 丙은 '乙이 위 대여금 채권에 대하여 이미 집행력 있는 공정증서를 가지고 있어 집행권원이 문제될 것이 없는데도 불구하고 소를 제기하였다.'는 주장을 하였다. 위 집행증서의 내용과 동일한 내용의 소송상 청구인 이 사건 소는 소의 이익이 있는가? (10점)

문제 4

이 사건 소에서 乙이 그 증거로 위 차용증을 제출하자, 丙이 변론에서 위 차용증의 진정성립을 인정하였다. 그 뒤, 丙은 위 진술을 취소할 수 있는가? (10점)

문제 5

이 사건 소를 접수한 S지방법원은 이 사건을 제2민사부에 배당하였다. 당시 합의부의 구성법관은 金, 李, 朴 3명의 판사였다. 이러한 구성으로 변론과 일부의 증거조사를 하던 중, 이후 법관의 인사이동에 의하여 李판사가 S지방법원에서 S고등법원으로 전임하고, 대신 崔판사가 새로 부임하였다. 청구기각의 제1심 판결에 있었고, 이에 대하여 乙은 항소를 제기하였다. (15점)

(1) 위 항소사건을 담당한 S고등법원 재판부는 黃, 丁 및 위 李판사에 의하여 구성되었다. 乙은 李판사에 대하여 제척이유가 있다고 제척의 신청을 하였다. 그 당부는 어떠한가?

(2) 항소심 심리중에 甲이 丙 측에 보조참가를 하였는데, 항소심에서 항소기각의 판결이 있었고, 그대로 확정되었다. 그 후에 乙은 위 黃판사가 甲의 조카임을 알게 되었다. 乙의 입장에서 어떠한 구제수단을 취할 수 있는가?

문제 6

乙이 丙을 상대로 한 이 사건 소에 甲이 丙 측에 보조참가를 하였다. 甲은 우연히 알게 된 사정으로부터 乙·丙 사이의 소비대차계약에 사기가 있어 계약이 취소되었으므로 소구채권이 존재하지 않는다고 주장할 수 있는가? 또한 乙에게 丙이 채권을 가지고 있다는 것을 안 甲은 丙의 乙에 대한 채권을 소구채권과 상계한다고 주장할 수 있는가? (20점)

해 설

문제 **1**

Ⅰ. 반소의 적법성 – 소질문 (1)

피고가 소송계속중에 그 소송절차를 이용하여 원고에 대하여 제기하는 소가 반소이다 $\binom{제269}{조}$. 피고에 의한 청구의 추가적 병합이고, 이에 의하여 동일한 소송절차에서 여러 소송물이 다루어진다.

피고는 본소에 대한 응소만으로도 본소청구기각을 기대할 수 있기 때문에 반소의 대상이 실질적으로 본소청구기각을 구하는 것과 같은 정도에 그친다면 반소로서의 이익이 없고, 반소의 이익이 있기 위해서는 본소의 방어방법 이상의 사항에 대하여 적극적으로 심판을 신청할 필요가 있다. 따라서 예를 들어 동일한 권리관계에 기한 이행의 소에 대하여 채무부존재확인의 반소청구는 허용되지 않는다.[10]

반면, 사안과 같이 손해배상채무의 부존재확인의 본소청구에 대하여 반소로 손해배상채무의 이행청구를 하는 것은 적법하다.

Ⅱ. 본소의 소의 이익의 소멸 여부 – 소질문 (2)

1. 판례의 입장

대판 1999.6.8, 99다17401, 17418에서는 소송요건을 구비하여 적법하게 제기된 본소가 그 뒤에 상대방이 제기한 반소로 인하여 소송요건에 흠이 생겨 다시 부적법하게 되는 것은 아니므로, 원고가 피고에 대하여 손해배상채무의 부존재확인을 구할 이익이 있어 본소로 그 확인을 구하였다면, 피고가 그 뒤에 그 손해배상채무의 이행을 구하는 반소를 제기하였다 하더라도 그러한 사정만으로 본소청구에 대한 확인의 이익이 소멸되어 본소가 부적법하게 된다고 볼 수는 없다고 판시하였다$\binom{이후 대판 2010.7.15, 2010다}{2428, 2435도 마찬가지 취지}$.

2. 반대 입장

그러나 위 대법원 판결의 입장에 다음과 같은 이유로 반대한다.

---

10) 위 경우는 그 청구의 내용이 실질적으로 본소청구의 기각을 구하는 데 그치는 것이므로 부적법하다(대판 2007.4.13, 2005다40709, 40716).

채무자의 소극적 확인소송은 상대방인 채권자가 특정한 청구권 또는 법률관계에 기하여 권리주장을 하는 것이 예측되지만, 한편 적극적으로는 소의 제기를 하는 것에는 이르지 않은 때에 해당 법률관계의 부존재를 주장하여 확인을 구하는 선제공격적 성격을 가진다. 게다가 채권자는 응소에 있어서 채권의 존재를 주장·증명하여야 한다는 소극적 확인소송의 구조로부터 당사자 사이에 다툼이 있는 법률관계의 존부에 있어서 소송에 의한 결말을 채권자에게 재촉하는 제소강제적 기능을 한다. 따라서 채권자의 권리주장이 반소의 형태에 의하여 이행의 소로 현실화된 경우에 채무자의 채무부존재확인소송은 그 당초의 성격상·기능상 목적을 완전히 다하였다고 할 것이다. 독일의 통설·판례도 소극적 확인소송이 재판을 하기에 성숙된 경우를 제외하고는 확인의 이익이 소멸된다고 풀이한다.

3. 사안의 검토

채무부존재확인소송은 이행소송의 반대형상(反對形相)이라고 할 수 있다. 손해배상청구를 기각하는 확정판결은 채무 또는 이행청구권의 부존재를 기판력에 의하여 확정하는 것이므로 X보험주식회사의 乙에 대한 채무부존재확인소송은 반소청구의 기각을 구하는 반대신청으로 전화(轉化)하여 乙이 X보험주식회사에 대한 반소를 제기한 시점에서 X보험주식회사는 더 이상 채무부존재확인소송을 유지하여야 할 확인의 이익은 없게 된다. 또한 X보험주식회사의 채무부존재확인의 소가 제기된 때인 2014. 5. 19.로부터 2개월도 안되어 같은 해 7. 8.에 乙이 X보험주식회사에 대한 손해배상을 구하는 반소가 제기되었으므로 乙의 손해배상청구의 제소시점에서는 위 채무부존재확인소송의 심리는 거의 진행되지 않았을 것이고, 이 경우에 후소인 乙의 손해배상청구를 우선시키고, X보험주식회사의 乙에 대한 채무부존재확인의 소를 소의 이익이 소멸된 것으로 부적법 각하시켜도 소송경제를 침해하는 것은 아닐 것이다.

문제 ②

Ⅰ. 청구기각설

소각하의 소송판결에 대한 원고의 항소는 청구에 대하여 본안판결을 구하는 취지이다. 그 취지를 고려한다면 항소심에서 소송요건을 갖추었다고 인정하면서 청구기각이 분명하다고 판단되는 경우에 원판결을 취소하고 청구기각판결을 할 수 있다. 이것이 원고의 신청의 범위를 넘어 원판결을 원고의 불이익으로 변경하는 것은 아니라고 생각한다.

II. 환송설

원판결을 취소하고 청구기각판결을 하는 것은 불이익변경금지의 원칙에 의하여 허용할 수 없고, 민사소송법 제418조에 충실하게 심급의 이익을 고려하여 원심으로 환송하여야 한다.

III. 항소기각설

원고만이 항소한 사건에 있어서 소각하의 소송판결보다도 청구기각판결이 원고에게 보다 불리하기 때문에 청구기각판결이 허용되지 않고, 원판결을 유지하여야 하므로 항소기각의 판결을 하여야 한다(대판 1999.4.9. 98다46945).

IV. 사안의 검토

사안에서 본소를 부적법 각하하고, 반소에서는 손해배상의무가 있다고 판단한 제1심 판결에 대하여 X보험주식회사만이 항소하였다. 항소심은 반소에 관하여는 제1심의 판단을 수긍하였다. 그리고 본소에 관하여는 소의 이익이 소멸되어 부적법하다고 볼 수 없으므로 본소를 부적법 각하한 것은 잘못이라고 하였다. 그렇다면 항소심은 본소에 있어서 소각하의 소송판결을 취소하고, 반소와 관련하여 X보험주식회사에게 손해배상채무가 있는 이상, 본소가 이유 없다는 것이 분명하여 청구기각판결을 할 수 있다. 판례의 항소기각설의 입장에 따르지 않는다.

문제 3

I. 집행권원

민사집행법 제56조 제4호는 강제집행 승낙 조항이 있는 공정증서를 강제집행이 가능한 집행권원의 하나로 규정하고 있다. 즉, 공증인이 일정한 금액의 지급이나 대체물 또는 유가증권의 일정한 수량의 급여를 목적으로 하는 청구에 관하여 작성한 공정증서로서 채무자가 강제집행을 승낙한 취지가 적혀 있는 것은 확정판결과 유사한 효력이 있어 후일 채무불이행이 있을 때 재판을 받을 것 없이 그 공정증서를 집행권원으로 하여 그대로 강제집행에 사용할 수 있다.

그러므로 금전을 대여하면서 금전소비대차 공정증서를 작성한다든지, 매매 또는 임대차계약에 관하여 공정증서를 작성하여 두면 대여금, 매매대금, 월세 등을 제때에 지급하지 아니할 경우 강제집행이 가능하여 소송의 번잡과 비용을 절약할 수 있다. 때문에 금융기관이나 할부 판매업자들에게는 공정증서가 효과적인 채권 확보수단으로 흔히 이용되고 있다.

Ⅱ. 소의 이익

집행증서는 집행력이 있을 뿐이고 기판력이 없기 때문에 기판력 있는 판결을 받기 위하여 집행증서의 내용과 동일한 청구를 소로 제기할 이익이 있다(대판 1996.3.8, 95
다22795, 22801).

Ⅲ. 사안의 검토

소의 이익이 있다.

문제 ④

Ⅰ. 자백의 대상이 되는 사실

자백의 대상이 되는 사실은 주요사실에 한정되는가, 아니면 간접사실도 자백의 대상이 되는가가 문제되는데, 나아가 간접사실이 아닌, 보조사실에 대하여도 마찬가지의 문제가 있다. 다만, 이 문제는 보조사실 일반에 대한 것이 아니고, 문서의 성립의 진정에 대한 자백에 대하여 논의되고 있다.

Ⅱ. 자백의 구속력

당사자 사이에 다툼이 없는 사실은 증거조사를 하지 않고 당연히 재판의 기초로 하여야 한다. 제288조의 "당사자가 자백한 사실은 증명을 필요로 하지 아니한다."라는 것은 이러한 의미이다.

자백이 있으면 구속력이 있게 되어, 법원은 그 사실을 심리하는 것이 허용되지 않고(사실인정권배제효), 자백자 자신도 이를 철회하는 것이 원칙적으로 불가능하다(불가철회효).

즉, 자백의 철회(취소)는 인정되지 않는 것이 원칙이다. 다만, 다음과 같은 요건에 해당된 경우에 한하여 자백을 취소할 수 있다.

① 형사상 처벌을 받을 만한 다른 사람의 행위로 말미암아 자백한 경우

② 상대방의 동의가 있는 경우

③ 자백이 진실에 어긋나고 착오로 말미암은 것임을 증명한 경우(제288조
단서)

④ 소송대리인의 자백을 당사자가 곧 취소하거나 경정하는 경우($\binom{제94}{조}$)

Ⅲ. 문서의 성립에 관한 자백의 취소

문서의 성립에 관한 자백은 보조사실에 관한 것이나, 그 취소에 관하여는 주요사실에 관한 자백취소와 동일하게 취급하여야 할 것이므로 문서의 진정성립을 인정한 당사자는 자유롭게 이를 철회할 수 없다($\binom{대판\ 1988.12.20,\ 88다카3083;}{대판\ 2001.4.24,\ 2001다5654\ 등}$).

Ⅳ. 사안의 검토

문서의 진정성립을 인정한 당사자는 자유롭게 이를 철회할 수 없다.

문제 ⑤

Ⅰ. 법관의 제척

41조에 열거되어 있는 대로 법관의 제척이유는 법관이 사건의 당사자(넓은 의미로 원·피고 뿐만 아니라 보조참가인 그리고 기판력이 미치는 당사자와 동일시할 사람을 포함)와 관계가 있는 경우와($\binom{제1,\ 2,}{4호}$) 법관이 사건의 심리에 이미 관계한 경우로($\binom{제3,}{5호}$) 크게 두 가지로 구별할 수 있다.

전자의 경우로는 ① 법관(또는 그 배우자나 배우자이었던 사람)이 사건의 당사자가 되거나 당사자와 공동권리자·공동의무자 또는 상환의무자의 관계에 있는 때($\binom{동조}{제1호}$), ② 법관이 당사자와 친족의 관계에 있거나 그러한 관계에 있었을 때($\binom{동조}{제2호}$), ③ 법관이 사건당사자의 대리인이었거나 대리인이 된 때($\binom{동조}{제4호}$)이고,11) 후자의 경우에는 ① 법관이 사건에 관하여 증언이나 감정을 하였을 때($\binom{동조}{제3호}$), ② 법관이 불복사건의 이전심급의 재판에 관여하였을 때($\binom{동조}{제5호}$)이다.

결국 위 법정사유는 법관이 중립·공평하지 못하다는 의혹을 가지는 경우가 열거된 것이다. 이는 한정열거인 것에 주의하여야 한다.

Ⅱ. 소질문 (1)

위 제척이유 가운데 해석상 특히 다툼이 있는 것은 제41조 제5호의 이전심급관여이다. 하

---

11) 전자는 "누구도 자기의 사건에 있어서 법관일 수 없다." 즉 자기가 소송의 결과에 대하여 이해관계를 가진 때에는 법관으로 될 수는 없다는 원칙에 입각한 것이다. 따라서 여기서 말하는 '당사자'에는 불공정한 재판의 의혹을 피하기 위한 취지에서 보조참가인이나 소송담당의 경우의 이익귀속주체도 포함한다고 풀이할 수 있다(姜玹中, 78면; 李時潤, 67면; 鄭東潤, 102면).

급심의 재판에 관여한 법관이 상급심의 재판에 다시 관여하면(상고심에 있어서 간접적으로 불복의 대상이 된 제1심도 전심에 해당) 예단(豫斷)을 가진 법관이 다시 재판에 관여하는 것이 되어 상소제도(심급제도)를 둔 취지가 무의미할 뿐만 아니라 재판의 공정을 저해할 우려가 있으므로 이전심급관여를 제척이유로 한 것이다.[12] 즉 어느 법관에 대해서도 자기가 직접 작성했거나 작성에 관여한 재판을 재심사시켜서는 공정한 재판을 받을 수 없고, 따라서 이를 제척이유로 하여 재판의 공정을 유지하는 한편, 새로운 법관으로 하여금 재심사시키고자 하는 심급제도의 취지가 몰각되는 것을 막기 위함이다. 다만, 여기서 재판에 관여하였다는 것은 단순히 기본인 변론에 관여하였거나 또는 선고만에 관여하였다는 것으로 부족하고 재판의 내용결정인 합의, 판결서의 작성에 관여한 경우를 필요로 한다. 따라서 최종변론 아닌 그 전의 변론, 증거조사에 관여한 것만으로는 이전심급관여라고 할 수 없다.[13]

李판사는 S지방법원의 이 사건 소에서 변론이나 증거조사의 일부를 행하였지만, 재판의 내용 결정에는 관여하지 않았으므로 乙의 李판사에 대한 제척신청은 인정되지 않는다.

Ⅲ. 소질문 (2)

제41조 제2호는 법관이 당사자와 친족의 관계에 있거나 그러한 관계가 있었을 때를 제척이유로 하고 있다.

여기서 당사자를 넓게 풀이하여 보조참가인도 당사자에 포함시킬 수 있다고 생각한다(판례는 없지만, 학설은 대체로 이렇게 본다). 그리고 여기서 친족의 범위는 민법 제777조에 의한다.

그렇다면 설문과 같이 黃판사가 보조참가인 甲의 조카라면 제41조 제2호의 제척이유에 해당된다.

그리고 어느 사건에 대하여 제척이유가 인정되면, 그 법관은 당연히 그 직무집행으로부터 배제된다. 당사자의 주장의 유무와 관계없으므로 소송절차에 관한 이의권의 상실도 문제되지 않는다. 제척이유가 있음에도 불구하고 법관이 관여한 소송행위는 전부 무효이고, 이에 기하여 판결이 내려진 경우에는 절대적 상고이유$\left(\substack{\text{제424조 제}\\\text{1항 제2호}}\right)$ 및 (확정된 경우에는) 재심사유$\left(\substack{\text{제451조 제}\\\text{1항 제2호}}\right)$가 된다.

그런데 사안에서 항소기각의 판결이 확정된 뒤이므로 乙로서는 법률상 그 재판에 관여하지 못할 법관이 관여한 때$\left(\substack{\text{제451조 제}\\\text{1항 제2호}}\right)$의 재심사유에 의하여 재심의 소로 위 확정판결의 취소를 구할 수 있다.

---

12) 그런데 재심사건에 있어서 그 재심의 대상으로 삼고 있는 원재판은 여기에서의 전심재판에 해당한다고 할 수 없다(대판 2000.8.18, 2000재다87).

13) 따라서 원심 재판장이 제5차 변론기일부터 제9차 변론기일까지 사이에 행하여진 변론·증거조사 및 기일지정 등에만 관여하였을 뿐인 경우에 전심관여 판사로서 원심판결에 관여하였다고 볼 수 없다(대판 1997.6.13, 96다56115; 대판 1994.8.12, 92다23537도 같은 취지).

한편, 제척이유 이외에 재판의 공정을 기대하기 어려운 사정이 있는 경우에 당사자의 신청에 따라 법관을 해당 사건의 직무집행으로부터 배제하는 제도로, 기피제도가 있다(제43조 이하). 제척과 달리 기피절차는 당사자의 신청으로만 개시된다. 기피신청은 기피이유를 안 직후에 하여야 한다(제43조 제2항). 즉, 당사자가 법관을 기피할 이유가 있다는 것을 알면서도 본안에 관하여 변론하거나 변론준비기일에서 진술을 한 경우에는 기피권을 상실한다.

기피의 재판(형성적)이 있은 경우가 아닌, 단지 당사자의 주장으로서 기피원인이 있는데 그친 법관의 관여는 제451조 제1항 제2호 재심사유에 해당되지 않는다.

문제 6

참가인은 소송수행상 필요 또는 적당하다고 하더라도 당연히 피참가인의 사법상의 권리를 행사할 수는 없다(이 점에서 소송대리인과 다르다). 예를 들어 피참가인의 계약상의 취소권, 피참가인의 채권에 기한 상계권 등을 행사할 수 없다(다만, 행사를 인정하는 반대설이 없는 것은 아니다). 다만, 사법상 제3자에게 그 행사의 권능이 인정되는 경우(민법 제404조 채권자대위권의 행사의 경우, 제418조, 제434조 보증인이 주채무자의 반대채권으로 상계할 수 있는 경우), 또는 이미 피참가인이 재판 외에서 사법상의 의사표시를 한 경우에는 그렇지 않다.

43 당사자의 확정, 사망

기본 사실관계

甲이 乙을 상대로 A 부동산의 소유권이전등기절차의 이행을 청구하는 소를 제기했다. 법원이 乙의 주소지로 소장부본을 송달했는데, 丙이 그것을 수령하여 乙의 이름으로 변호사를 선임하여 그 변호사가 乙의 소송대리인으로서 그 소송을 수행했다.

문제 1

다음에 관해서 서술하시오.

(1) 이 소송의 피고는 누구인가?

(2) 소송계속중 법원이 丙이 변호사를 선임한 사실을 알게 되었을 경우 법원은 어떠한 조치를 취해야 하는가?

(3) 법원이 그러한 사실을 모르고 甲의 청구를 인용하는 판결을 한 경우 乙이 취할 수 있는 소송상 구제수단은 무엇인가?

기본 사실관계

甲은 2010. 12. 31. 乙에 대하여 변제기가 2011. 12. 31.이고, 소멸시효 기간이 3년인 금전 채권을 취득했다. 甲이 그 채권의 존재를 잊고 지내다가 2014. 12. 20. 무렵 그 채권의 존재를 상기(想起)하고는 2014. 12. 26. 乙에 대하여 그 금전채권의 지급을 청구하는 내용의 소장을 관할 법원에 제출했다. 그런데 乙은 2014. 12. 1. 사망했고, 丙이 단독으로 乙의 권리·의무를 상속했다.

문제 2

(1) 소장부본을 송달하는 과정에서 甲이 위와 같은 사정을 비로소 알고 2015. 1. 20. 피고를 乙에서 丙으로 경정해 달라는 신청을 한 경우 그 신청이 적법한지에 관해서 서술하고, 甲의 채권의 소멸시효 중단시점에 관해서 서술하시오.

(2) (乙에 대한 甲의 청구가 A 부동산에 관한 소유권이전등기 말소등기절차의 이행을 청구하는 것인 경우) 乙에 대한 소장부본이 송달되지 않자 법원이 직권으로 乙에 대한 공시송달명령을 하여 소송절차를 진행한 끝에 甲의 청구를 모두 인용하는 판결을 선고하여 그 판결이 그대로 확정되었다. 이에 甲이 관련 법률의 규정에 따라 단독으로 A 부동산에 관해 乙 앞으로 경료되어 있던 소유권이전등기의 말소등기신청을 하여 그 등기가 말소되었다. 그 판결과 말소등기의 효력에 관해서 서술하시오.

기본 사실관계

(1) 甲은 2012. 4. 1. 甲이 乙에게 1억 원을 대여했는데 丙이 乙의 채무를 연대보증했다고 주장하면서 乙, 丙에 대하여 1억 원의 연대지급을 청구하는 소를 제기했다.

(2) 乙은 변호사 A를 선임하고, 丙은 변호사 B를 선임하여 소송을 수행했는데, A에게는 상소제기를 위한 특별권한이 있었지만, B에게는 그러한 특별권한이 없었다.

(3) 법원은 2012. 10. 5. 변론을 종결하고 乙, 丙에 대한 甲의 청구를 그대로 인용하는 판결을 선고하고, A와 B에게 그 판결정본을 송달했는데, A와 B는 그 판결정본을 송달받은 날로부터 2주가 지나도록 그 판결에 대해 항소를 하지 않았다.

(4) 그런데 乙이 2012. 9. 3. 사망하여 乙-1이 그 권리·의무를 단독으로 상속했고, 丙이 2012. 10. 3. 사망하여 丙-1이 그 권리·의무를 단독으로 상속했는데, 甲이 그 판결이 그대로 확정된 줄 알고 강제집행을 준비하는 과정에서 乙-1과 丙-1을 접촉하기 전에는 그들은 그러한 소송사건이 있었던 사실조차 모르고 있었다.

문제 3

(1) 1심 판결의 효력이 乙-1, 丙-1에게 미치는지 여부에 관해서 서술하시오.

(2) 1심 판결의 효력이 乙-1, 丙-1에게 미친다고 상정(想定)할 경우 그 판결의 확정 시점에 관해서 서술하시오.

해 설

문제 ①

Ⅰ. 당사자의 확정

1. 의 의

수소법원이 현실적으로 계속된 소송에서 누가 당사자인가를 명백히 하는 것이 당사자 확정의 문제다. 당사자는 소송의 주체이므로 법원은 절차의 전 과정에서 당사자에게 절차에 관여할 기회를 부여해야 하고, 판결도 당사자에 관해 선고해야 한다. 또한 인적 관할, 소송절차의 중단, 중복제소 금지, 증인능력, 기판력의 인적 범위 등이 당사자를 기준으로 정해진다. 그리고 당사자능력, 소송능력, 당사자적격도 당사자에 대해서 판정해야 하므로 법원은 그 전제로 누가 당사자인가를 명백하게 해야 한다.

2. 당사자 확정의 기준

소는 법원에 소장을 제출함으로써 제기하고($\substack{제248 \\ 조}$), 소장에는 당사자와 법정대리인, 청구의 취지와 원인을 적어야 한다($\substack{제249조 \\ 제1항}$). 따라서 당사자는 소를 제기하는 원고가 특정해서 소장에 표시한 자이어야 하므로 법원은 소장에 원고와 피고로 표시된 자를 당사자로 확정해야 할 것이지만(표시설), 소장의 당사자란14)에 표시된 이름만 보고 형식적으로 당사자를 확정해서는 안 되고, 청구의 취지와 원인 등 소장 기재 전체의 취지를 종합적으로 해석해서 합리적으로 당사자를 확정해야 한다($\substack{실질적 표시설. 대판 \\ 1999.11.26. 98다19950 등}$).

3. 당사자 표시의 정정

전술한 기준에 따라 확정되는 당사자의 표시에 의문이 있거나 부정확하게 기재된 경우와 같이 당사자가 잘못 기재된 경우에는 당사자의 동일성을 해치지 않는 범위 내에서 표시를 바로잡는 당사자 표시정정이 허용된다는 것이 확립된 판례다. 판례와 학설에 의해 당사자의 표시정정이 허용되는 것은 (1) 당사자의 이름이 명백하게 잘못 기재된 경우에 그 기재를 정정하

---

14) 당사자가 법원에 제출하는 소장에는 소장을 제출하는 당사자의 이름·주소와 연락처(전화번호·팩시밀리 번호 또는 전자우편 주소 등을 말한다)를 적고 당사자가 기명날인 또는 서명해야 하는데(민사소송규칙 제2조), 소장에는 원고의 이름과 주소 등을 적고, 그 다음에 피고의 이름과 주소를 적은 다음 청구의 취지와 청구의 원인을 순서대로 적은 다음 마지막 부분에 기명날인이나 서명을 한다.

는 것, (2) 당사자능력이 없는 단체나 기관 등을 당사자로 표시한 경우에 올바른 당사자능력
자로 정정하는 것, (3) 사망자임을 모르고 그를 피고로 하여 소를 제기한 경우에 피고를 상속
인으로 정정하는 것, (4) 당사자적격이 없는 자를 당사자로 잘못 표시한 경우에 당사자의 표
시를 당사자적격이 있는 자로 정정하는 것이다.

이러한 당사자의 표시정정은 민사소송법 제260조, 제261조의 규정에 따라 허용되는 피고
의 경정과 요건과 효과 면에서 차이가 있으므로 양자를 구별해서 이해하는 것이 중요하다. 그
리고 당사자의 표시정정이 소장에 당사자로 표시된 자와 동일성이 인정되지 않는 사람이나
단체로 당사자를 교체하는 편법으로 악용되지 않도록 유의해야 한다.

Ⅱ. 성명모용 소송

소장에 표시된 원고나 피고 아닌 자가 원고나 피고로 행세하는 것이 성명모용 소송이다.
당사자는 원고가 특정해서 소장에 기재해야 하므로 소장에 기재된 원고와 피고가 진정한 당
사자다. 그런데 원고가 아닌 자가 원고로 행세하면서 원고 이름으로 직접 소를 제기하거나 원
고 이름으로 변호사를 선임한 다음 원고 이름으로 소를 제기해서 소송을 수행하게 하거나, 피
고가 아닌 자가 피고 행세를 하면서 소송을 수행하거나 피고 이름으로 변호사를 선임해서 소
송을 수행하게 하는 것이 성명모용 소송에 해당하는 전형적인 예다. 이에 관한 문제는 엄밀한
의미에서는 당사자 확정의 문제에 속하는 것이 아니라, 확정된 당사자(피모용자)와 실제로 소
송에 관여하는 자(모용자)가 동일한지 여부에 관한 문제다.

Ⅲ. 모용자가 한 소송행위의 효력

당사자의 확정에 관한 표시설에 의하면 성명모용 소송의 경우 당사자는 소장에 표시된 피
모용자인 원고나 피고지, 모용자는 당사자가 아니므로 모용자는 그 소송절차에 관여할 수 없
고, 그가 한 소송행위는 무효다(피모용자의 소송행위로서는 효력이 없다). 따라서 모용자가 피모
용자 이름으로 변호사를 선임한 행위도 효력이 없으므로 그 변호사가 피모용자의 대리인으로
서 한 소송행위도 모두 효력이 없다. 다만, 피모용자는 모용자나 그가 선임한 변호사(이하 '모
용자 등'이라고 한다)가 한 소송행위를 추인함으로써$\binom{제60}{조}$ 모용자 등이 한 소송행위의 결과를 자
신의 이익으로 할 수 있을 것이지만, 피모용자가 자신에게 불이익을 초래한 모용자 등의 소송
행위를 추인하는 것을 상정(想定)하기는 어려울 것이다.

Ⅳ. 당사자의 동일성 확인

소장 기재에 의해 확정되는 당사자와 실제로 소송절차에 관여하는 자가 동일한지 여부는 법원이 직권으로 조사해야 한다. 실무상으로는 모든 사건에 관해서 조사가 이루어지지는 않고, 당사자의 동일성에 의심이 가는 사건에 관해서 조사가 이루어진다.

당사자의 동일성에 관한 조사 결과 원고가 모용된 사실이 밝혀지면 모용자 등의 소송수행을 배제하고 피모용자가 그 소를 추인하지 않는 한 판결로 소를 각하해야 하고, 피고가 모용된 사실이 밝혀지면 모용자 등의 소송수행을 배제하고 피모용자로서 진정한 당사자인 피고에게 변론기일을 통지해서 절차를 진행해야 한다. 이때 피모용자는 모용자나 그가 선임한 변호사가 한 소송행위를 추인할 수 있다.

Ⅴ. 법원이 성명모용 사실을 간과하고 본안판결을 한 경우 소송상 법률문제

성명모용 소송의 경우 진정한 당사자는 피모용자이므로 법원이 모용 사실(看過)을 간과하고 한 본안판결은 피모용자에게 효력이 미친다(소송요건의 불비를 이유로 원고의 소를 각하한 소송판결은 본안에 관해 아무런 효력이 발생하지 않으므로 그 판결의 효력이 피모용자에게 미치는지 여부를 논의할 필요가 없다). 다만, 이 판결은 피모용자의 소송대리인이 아닌 모용자 등이 피모용자의 소송대리인으로서 소송수행을 해서 선고된 판결과 같이 볼 수 있으므로 피모용자는 상소($\frac{제424조 제}{1항 제4호}$)나 재심의 소 제기($\frac{제451조 제}{1항 제3호}$)에 의해 판결의 취소를 구할 수 있다. 판례도 마찬가지로 해석한다($\frac{대판 1964.11.17.}{64다328 등}$).

Ⅵ. 해답 제시

(1) 피고는 乙이다.

(2) 그 변호사가 乙의 소송대리인으로서 소송수행을 하는 것을 배제하고 乙에게 소장부본을 송달하여 乙이 답변서를 제출하는지 여부, 乙이 丙이나 그가 선임한 변호사가 한 소송행위를 추인하는지 여부를 본 다음 후속 절차를 진행해야 한다.

(3) 그 판결이 확정되기 전에는 상소를 할 수 있고($\frac{제424조 제}{1항 제4호}$), 확정된 후에는 재심의 소를 제기할 수 있다($\frac{제451조 제}{1항 제3호}$). 그런데 甲이 허위로 표시한 乙의 주소로 판결정본을 송달한 결과 판결정본이 丙이나 그가 선임한 변호사에게 송달된 경우에는 乙에 대한 판결정본의 송달이 부적법하여 무효이므로 乙은 판결정본의 송달을 받지 않은 상태에 있는 것이고, 그 판결에 대한 乙의 항소기간은 진행을 개시하지 않은 것이라고 보아야 할 것이므로 乙은 (그 판결에 대한 재심의 소를 제기할 필요 없이) 언제든지 그 판결에 대해 항소할 수 있다는 것이 판례다($\frac{대판(전) 1978.5.9.}{75다634 등}$).

문제 ②

Ⅰ. 소 제기 전에 사망한 사람을 당사자로 하는 소송

소장에 원고나 피고로 표시된 사람이 소 제기 전에 사망했는데도 다른 사람이 사망자를 원고로 하는 소장을 작성해서 제출하거나 사망자를 피고로 해서 제출된 소장의 부본을 다른 사람(주로 상속인)이 송달받음으로써 외관상 소송계속의 효과가 발생하거나 사망자를 피고로 해서 제출된 소장의 부본을 송달한 결과 상속인 등이 법원에 피고의 사망 사실을 알리는 경우에는 여러 가지 소송상 문제가 발생한다. 이 문제를 당사자 확정의 문제로 다루는 것이 일반적이지만, 당사자 확정의 문제는 문제의 소송에서 당사자가 누구인지를 확정하는 문제임에 대하여, 이 문제는 소장의 표시에 의해(표시설에 따르는 경우) 확정된 당사자가 소 제기 전에 이미 사망하여 당사자능력을 잃은 사람인 경우 이를 소송관계에 어떻게 반영할 것인가에 관한 문제이므로 이는 당사자 확정의 문제에 속하는 것이 아니다.

Ⅱ. 소 제기 전에 원고가 사망한 경우

이 경우는 누군가가 원고가 사망한 줄 모르고 소장을 위조하여 소를 제기한 것이거나 원고가 사망한 사실을 알면서도 사망자 이름으로 소를 제기한 경우일 것이므로 실제로 소를 제기한 자를 위한 절차상 배려를 고려할 필요가 없다.

Ⅲ. 소 제기 전에 피고가 사망한 경우

1. 판결 선고 전에 밝혀진 경우

(1) 소장이 제출된 후 판결이 선고되기 전에 피고가 소 제기 전에 사망한 사실이 밝혀진 경우에는 원고가 당사자능력이 없는 자를 상대로 소를 제기한 경우에 해당하므로 원고의 소를 각하하는 판결을 하는 방안을 생각할 수 있다. 그러나 타인의 사망여부를 누구나 쉽게 알 수 있는 것도 아니고, 원고로 되고자 하는 자가 장차 피고로 지정할 자의 생존 여부를 미리 확인해야 할 소송법상 의무가 있는 것도 아니므로 원고가 소송상 주장하는 법률관계가 형성될 당시 생존하고 있던 사람이 계속 생존하고 있는 것을 전제로 그 사람을 상대로 소를 제기했는데, 그 사람이 그 소 제기 전에 이미 사망했다고 해서 그 소가 당사자능력이 없는 자를 피고로 하는 소에 해당한다는 이유로 그 소를 각하하는 판결을 하는 것은 원고에게 치명적 불이익을 안기는 것으로 매우 부당하다. 여기서 사망한 피고의 상속인을 피고로 하는 것을 허용할 필요가 있다.

(2) 이에 관해 학설은 이런 경우15)는 '원고가 피고를 잘못 지정한 것이 분명한 경우'에 해당하므로 민사소송법 제260조, 제261조의 규정에 따라 피고의 경정을 해야 한다고 보는 것이 우세하지만, 피고가 사망했다고 해서 원고와 피고 사이 법률관계가 변동되는 것이 아니고, 그 법률관계는 사망한 피고의 상속인에게 당연히 이전(상속)되어 원고와 그 상속인 사이에서 계속 유지되고 있는 것으로 보는 것이 타당하므로, 원고가 피고의 사망 사실에 관해 선의인 이상,16) 피고의 표시를 잘못한 것에 불과하다고 보고 그 표시의 정정을 허용해야 한다. 판례도 이러한 경우 피고의 표시정정을 허용한다(대판 2009.10.15, 2009다49964 등).

그런데 피고의 경정이 허용되지 않는다고 명시적으로 판시한 판례는 없는 것 같고, 원고가 피고 표시정정에 의하지 않고, 피고 경정의 방법을 취했다고 하더라도 피고 표시정정의 성질과 효과를 잃지 않으므로 소 제기시에 생긴 시효 중단의 효과가 유지되는 것이지 피고 경정신청서의 제출시에 시효 중단의 효과가 생기는 것은 아니며 소송수계 신청을 한 경우라도 당사자의 표시정정으로 볼 수 있다는 판례(대판 2009.10.15, 2009다49964; 대판 1983.12.27, 82다146)도 있는 점에 비추어 보면 판례의 입장은 학설과 對極되는 입장이 아니라 소의 제기로 인한 원고의 이익을 두텁게 보호하기 위해 피고의 경정에서 한 걸음 더 나아가 피고의 표시정정을 허용하는 것으로 볼 수 있다.

(3) 그러면 판례가 보호하려고 하는 원고의 이익은 무엇인가? 민사소송법 제265조는 "시효의 중단 또는 법률상 기간을 지킴에 필요한 재판상 청구는 소를 제기한 때 또는 제260조 제2항·제262조 제2항 또는 제264조 제2항의 규정에 따라 서면을 법원에 제출한 때에 그 효력이 생긴다."고 규정한다. 이 규정에 따르면 소 제기 전에 사망한 피고의 상속인을 피고로 삼으려고 하는 경우 민사소송법 제260조, 제261조의 규정에 의한 피고의 경정만 가능하다고 해석한다면 원고가 소를 제기한 때가 아니라 피고의 경정 신청서를 법원에 제출한 때에 원고가 소송으로 청구하는 권리의 소멸시효가 중단되는 것으로 된다. 그러나 원고와 사망한 피고 사이법률관계에는 아무런 변동이 없고, 그 법률관계는 원고와 사망한 피고의 상속인 사이에서 계속 유지되고 있는데도 원고가 소송으로 청구하는 권리의 소멸시효 중단 시점에 관해 그렇게 해석하는 것은 매우 부당하다. 그러므로 원고가 피고의 표시정정을 하는 것을 허용함으로써 사망한 피고와 그 상속인의 동일성과 연속성을 유지할 수 있게 하여 사망자를 피고로 한 소를 제기한 때에 그 상속인에 대해서도 소멸시효의 중단의 효력이 생기는 것으로 해석하는 판례의 태도(대판 2011.3.10, 2010다99040 참조)가 옳다.

---

15) 피고가 소장부본을 송달받은 후 소송계속중에 사망한 경우가 아니므로 소송수계 신청이 허용될 여지는 없다.

16) 대판 2011.3.10, 2010다99040은 원고가 피고가 사망한 사실을 알면서도 사망한 피고를 상대로 소를 제기한 경우에도 당사자 표시 정정이 가능하다고 판시했으나, 일반적으로 통용될 수 있는 판례로 받아들이기는 어려운 것으로 보인다.

2. 소 제기 전에 당사자가 사망한 사실을 간과하고 본안판결을 한 경우

소 제기 전에 사망한 당사자가 원고든 피고든, 법원이 그 사망 사실을 간과하고 본안판결을 하더라도 그 판결은 당연무효의 판결이므로 그 판결에 대해서는 상소가 허용되지 않고 $\binom{\text{대판 2000.10.27.}}{\text{2000다33775}}$, 그 판결이 외관상 확정되더라도 기판력이나 그 밖의 효력이 생기지 않으므로 재심의 대상도 되지 않는다$\binom{\text{대판 1994.12.9.}}{\text{94다16564 등}}$. 유효한 판결인 것으로 보이는 외관의 제거를 위해 상소를 허용할 것이라는 학설이 있지만, 당사자가 소 제기 전에 사망한 사실은 가족관계 등록부 등의 기재에 의해 쉽게 증명할 수 있는 사항이므로 그와 같은 목적의 상소를 허용할 필요는 없는 것으로 보인다.

Ⅳ. 해답 제시

(1) 당사자 표시 정정을 허용하는 판례도 피고의 경정을 할 수 없다는 입장은 아니므로 피고 경정 신청도 적법하고, 판례에 따르면 피고 경정 신청도 당사자 표시정정으로 보아야 할 것이므로 원고가 2015. 1. 20. 피고 경정 신청서를 제출했다고 하더라도 원고가 소송으로 청구한 권리의 소멸시효 중단 시점은 소 제기일인 2014. 12. 26.로 봐야 한다.

(2) 乙에 대한 송달이 공시송달로 되어 판결이 선고되고 외관상 확정되었다고 하더라도 甲이 소를 제기하기 전에 乙이 사망한 이상 乙을 당사자로 한 판결은 당연무효이고, 외관상 확정되더라도 기판력이나 집행력을 가지지 않으므로 甲이 그 판결에 기해서 A 부동산에 관해 乙 앞으로 경료되어 있던 소유권이전등기의 말소등기를 경료한 것은 원칙적으로 효력이 없다.

문제 ③

Ⅰ. 소송계속중 당사자의 사망과 소송절차의 중단

소송계속중 "당사자가 죽은 때에 소송절차는 중단된다."$\binom{\text{제233조}}{\text{제1항 전문}}$. 소송절차의 중단이란 법정사유의 발생에 의해 소송절차가 정지되는 효과가 발생하는 것을 의미하는 것이고, 법정사유 중에서 자주 문제되는 것이 당사자가 소송계속중 사망하는 경우다. 당사자가 소 제기 전에 사망하거나 확정된 판결의 사실심 변론종결 후에 사망한 경우는 여기에 해당하지 않는다. 그리고 당사자의 사망에 대한 법원이나 다른 당사자의 知·不知는 문제되지 않고, 당사자의 사망이라는 사실이 객관적으로 발생하면 법률상 당연히 소송절차가 중단되는 것이 원칙이다. 소송절차의 중단이 인정되는 것은 당사자가 사망하여 소송행위를 하는 것이 불가능한데도 소송절차를 그대로 진행시킨다면 소송에 관여할 수 없는 당사자 측의 절차 관여 기회가 침해되기 때문이다.

Ⅱ. 소송절차 중단의 효과

소송절차가 중단된 경우에는 상소기간 등 기간이 진행하지 않고($\frac{제247조}{제2항}$), 다른 당사자와 법원이 일정한 소송행위를 하더라도 효력이 생기지 않는다. 다만, 법원은 판결의 선고를 할 수 있다($\frac{제247조}{제1항}$). 변론종결 후에 하는 판결의 선고에는 당사자가 관여할 사항이 없고, 당사자에 대한 절차 보장은 변론종결 전에 하는 것으로 충분하기 때문이다. 그렇지만 이 경우에도 상소기간과의 관계에서 절차보장이 문제 되므로 판결정본의 송달은 중단이 해소된 뒤에 해야 한다.

Ⅲ. 소송절차 중단의 해소

당사자가 사망하여 소송절차가 중단된 경우에는 상속인·상속재산관리인, 그 밖에 법률에 의하여 소송을 계속하여 수행할 사람이 소송절차를 수계(受繼)해야 한다($\frac{제233조}{제1항 후문}$). 상속인 등이 소송절차를 수계함으로써 소송절차 중단의 효과가 해소되고, 소송절차의 진행이 재개된다. 그러나 상속인은 상속포기를 할 수 있는 동안에는 수계할 수 없다($\frac{제233조}{제2항}$). 공동상속 재산은 상속인들의 공유이므로 필수적 공동소송 관계라고 인정되지 아니하는 이상 반드시 공동상속인 전원이 공동으로 수계해야 하는 것은 아니고, 수계하지 않은 상속인들에 대한 소송은 중단된 상태 그대로 피상속인이 사망한 당시 심급의 법원에 계속되어 있는 것으로 취급된다($\frac{대판\ 1994.11.4.}{93다31993\ 등}$).

민사소송법 제233조 제1항에 규정된 상속인 등이 소송절차를 수계하지 않을 때는 상대방이 수계신청을 해서($\frac{제241}{조}$) 절차의 속행을 구할 수 있고, 당사자가 소송절차를 수계하지 아니하는 경우에 법원은 직권으로 소송절차를 계속하여 진행하도록 명할 수 있다($\frac{제244}{조}$).

소송절차의 수계신청이 있는 때에는 법원은 상대방에게 이를 통지하여야 하고($\frac{제242}{조}$), 소송절차의 수계신청은 법원이 직권으로 조사하여 이유가 없다고 인정한 때에는 결정으로 기각하여야 한다($\frac{제243조}{제1항}$). 수계신청이 이유 있는 때에는 기일을 지정하여 소송절차를 다시 진행하면 되지만, 종국판결이 선고된 뒤에 소송절차가 중단된 경우에는 판결의 효력을 받을 자와 상소기간의 기산점을 명확히 할 필요가 있으므로 그 판결을 한 법원이 수계결정을 해서($\frac{제243조}{제2항\ 참조}$) 이를 당사자에게 송달해야 한다. 소송절차의 중단으로 진행이 정지된 기간은 소송절차의 수계사실을 통지한 때나 소송절차를 다시 진행한 때부터 전체 기간이 새로이 진행된다($\frac{제247조}{제2항}$).

Ⅳ. 소송절차 중단의 예외

1. 사망한 당사자에게 소송대리인이 있는 때에는 소송절차는 중단되지 않는다($\frac{\text{제238}}{\text{조}}$). 당사자가 사망하더라도 소송대리인의 대리권은 소멸되지 않기($\frac{\text{제95조,}}{\text{제96조}}$) 때문이다. 새로운 소송위임 행위가 없어도 소송대리인은 당연히 상속인 등의 소송대리인이 된다. 소송대리인이 있어 소송절차가 중단되지 않는 경우에도 상속인 등은 소송절차를 수계할 수 있다($\frac{\text{대판 1972.10.31,}}{\text{72다1271}}$).

상속인이 누구인지 몰라 법원이 판결의 당사자를 사망자로 표시했더라도 그 판결은 상속인 전원에 대해서 효력이 있다($\frac{\text{대판 2011.4.28,}}{\text{2010다103048 등}}$). 그리고 사망자의 공동상속인 중 소송절차를 수계한 일부만 당사자로 표시해서 한 판결은 소송절차를 수계하지 않은 다른 공동상속인에게도 효력이 미치고($\frac{\text{대판 2010.12.3,}}{\text{2007다22859}}$), 신 당사자를 잘못 표시해도 판결의 효력은 정당한 상속인에게 미친다($\frac{\text{대결 1992.11.5,}}{\text{자 91마342}}$). 법원이 당사자의 사망 사실을 간과하고 사망한 당사자를 표시해서 판결을 한 흠은 판결의 경정 사유가 된다($\frac{\text{대판 2002.9.24,}}{\text{2000다49374}}$).

2. 다만, 소송대리인이 있다고 하더라도, 심급대리의 원칙상, 그 심급의 판결정본이 소송대리인에게 송달되면 그 시점에서 소송대리인의 대리권은 소멸되고 소송절차는 중단된다($\frac{\text{대판 1996.2.9,}}{\text{94다61649}}$). 그런데 민사소송법 제90조 제2항 제3호는 소송대리인이 상소의 제기를 하기 위해서는 특별한 권한을 따로 받아야 한다고 규정하고 있으므로 소송절차가 중단된 상태에서 상소제기의 특별한 권한이 없는 소송대리인이 제기한 상소는 부적법하다. 그렇지만 소송대리인이 상소제기의 특별 권한을 따로 받았다면 그 소송대리인은 상소를 제기할 권한이 있으므로 상소기간 만료 시까지 소송절차는 중단되지 않고, 쌍방이 최종적으로 상소를 제기하지 않게 되면 그때 판결이 확정된다.

그런데 판례는 사망한 당사자의 소송대리인이 항소제기의 특별 권한을 가지고 있어서 제1심 판결에서 누락된 상속인에 대해서도 항소기간이 진행되는데도 소송대리인이 그를 위한 항소를 하지 않았다면 그에 대한 관계에서는 이미 판결이 확정되어 사건이 종료되었다고 볼 것이라고 한다($\frac{\text{대결 1992.11.5, 자}}{\text{91마342, 확정설}}$). 이에 대해서는 누락된 상속인의 상소권 등 절차보장과 관련해서 (1) 누락된 상속인에 대해서는 재판의 누락이 있는 것으로 보고 추가 판결을 해야 한다는 견해, (2) 누락된 상속인을 위해 상소의 추후보완을 허용해야 한다는 견해, (3) 누락된 상속인에 대해서는 피상속인이 사망한 시점에 절차가 중단되어 그 상태가 계속되고 있는 것으로 봐야 한다는 견해(중단설) 등이 있다. 그리고 제1심 소송계속중 사망한 원고의 공동상속인 중 1인인 A만 소송수계 신청을 하여 제1심 법원이 A만 원고의 소송수계인으로 표시하여 원고 패소 판결을 했음에 대하여 사망자의 소송대리인이 항소장에 A만 항소인으로 기재하여 항소를 제기한 사안에서, 공동상속인 전원을 위해 항소를 제기한 것으로 봐야 한다는 판결($\frac{\text{대판 2010.12.23, 2007}}{\text{다22859, 효력 확장설}}$)도 있다.

한편, 소송대리인, 상속인이나 상대방 당사자가 적법하게 상소를 제기하면 그 판결은 확정되지 않는다. 소송대리인이 상소를 한 때에는 그때 상소에 따른 이심의 효력에 의하여 소송대리인의 대리권은 소멸되고 소송절차가 중단된다.

V. 해답 제시

(1) 乙, 丙에게는 소송대리인이 있었으므로 그들이 사망했더라도 소송절차는 중단되지 않고, 1심 판결이 사망한 乙, 丙을 피고로 해서 선고되었더라도 그 판결의 효력은 그들의 상속인인 乙-1과 丙-1에게 미친다.

(2) 乙-1의 경우에는, 乙의 소송대리인 A에게 항소제기의 특별권한이 있었으므로 소송대리인 A에게 판결정본이 송달된 후 항소의 제기 없이 항소기간이 지나면 판결이 확정되지만, 丁-1의 경우에는, 乙의 소송대리인 B에게 항소제기의 특별권한이 없었으므로 소송대리인 B에게 판결정본이 송달됨과 동시에 소송절차가 중단되어 항소기간이 진행되지 않고 있고, 丁-1이 소송절차를 수계하면 그때부터 항소기간이 진행한다.

기본 사실관계

乙이 2014. 8. 15. 일으킨 교통사고로 인하여 甲의 부모가 즉시 모두 사망하였다. 乙의 유일한 재산인 A 아파트(시가 3억 원 상당)에 2015. 1. 17. 乙의 동생인 丁의 명의로 소유권이전등기가 경료되어 있다. 甲은 독자로서 1998. 5. 30.생이다.

※ 아래의 각 질문에 답하라. (50점) (각 문제는 상호 별개이다)

문제 ①

甲은 2015년 내에 乙을 상대로 불법행위에 기한 손해배상청구를 하고자 한다.

가. 甲이 적법하게 위와 같은 소송을 제기하려면 어떠한 절차를 밟아야 하는가? (10점)

나. 甲이 乙에게 손해배상청구를 하면서 재산상 손해 중 적극적 손해 총 2억 원 중에서 1억 원만을 명시하여 일부청구를 하였다. 재판부는 甲의 재산상 손해에 대한 주장이 모두 이유 있다고 일응 인정하지만 한편으로 교통사고 발생에는 甲의 부친의 잘못도 어느 정도 기여하였다고 판단하여 약 40% 정도의 과실상계를 하고자 한다. 재판부는 재산상 손해 중 적극적 손해에 관하여 어떤 액수의 배상을 명하여야 하는가? (가.에서 문제된 적법성의 문제는 해소되었다고 가정한다. 이하 아래 〈문제 2〉에서도 같다) (10점)

문제 ②

丁에 대하여는 위 등기가 통정허위표시에 기한 무효의 등기라는 이유로 乙을 대위하여 등기의 말소청구를 하고자 한다. (아래 문제는 상호 별개이다)

가. 甲이 丁에 대하여 청구한 소유권이전등기말소청구에 대하여 심리한 결과, 재판부는 甲의 주장이 모두 정당하다고 판단하였고, 한편, 乙도 丁을 상대로 소유권이전등기말소청구를 하여 먼저 소송이 계속되어 현재 소송이 진행중인 사실을 알게 되었다. 당신이 재판부라면 어떻게 판결할 것인가? (10점)

나. 위 대위소송에 乙이 공동소송참가를 할 수 있는가? (10점)

다. 甲이 丁에 대한 소송에서 승소판결을 받고 판결이 확정되었다고 가정한다. 甲이 확정판결에 기하여 丁의 소유권이전등기를 말소하려고 하면서 확인하니 戊가 丁으로부터 변론종결 전에 A 아파트에 가등기를 경료받은 다음 변론종결 후에 본등기를 경료하였고, 이후 戊가 다시 己에게 소유권이전등기를 경료하여 준 사실을 알게 되었다. 甲이 변호사인 당신을 찾아와서 戊, 己의 등기들을 말소할 방법을 문의한다. 당신은 어떻게 조언할 것인가? (10점)

기본 사실관계

甲이 乙을 상대로 1억 원의 대여금청구를 하였다. 乙은 빌린 사실이 없다고 주장하였으나 1심 재판부는 甲의 청구를 전부 인용하고 가집행선고를 붙였다. 乙이 항소하였다.

※ 아래의 각 질문에 답하라. (30점) (〈문제 3〉, 〈문제 4〉의 가. 및 〈문제 4〉의 나.는 별개의 문제이다)

문제 ③

항소심이 진행되던 중 甲이 乙에게 빨리 갚지 않으면 가집행선고 있는 1심판결에 기하여 乙의 아파트에 강제경매를 신청하겠다고 위협하자, 乙은 일단 5천만 원을 변제하였다. 항소심에서 乙은 1심과 같이 자신은 위 1억 원을 빌린 사실이 없다고 계속 부인하는 한편, 가사 빌린 사실이 있다고 하더라도 위와 같이 5천만 원을 변제하였다고 항변하였고, 甲은 부인하였다. 항소심 재판부는 심리 결과 甲이 乙에게 1억 원을 빌려주었고, 또한 乙이 위와 같은 경위로 5천만 원을 변제한 사실이 인정된다고 판단하고 있다. 당신이 항소심 재판부라면 어떻게 판결할 것인가? (10점)

문제 ④

항소심이 진행되던 중 乙은 자신이 甲에 대하여 2억 원의 매매대금채권을 갖고 있다고 주장하면서 상계항변을 하였다. 이후 乙은 항소심 재판부가 자신에게 불리한 태도를 보이고 있다고 생각하여 별소로 위 매매대금채권 2억 원의 지급을 구하는 소를 제기하였다. 항소심 재판부는 매매대금채권이 부존재한다고 판단하고 있지만, 매매대금청구사건 담당재판부는 반대로 판단하고 있다. (20점)

가. 매매대금청구사건의 변론이 먼저 종결되어 담당재판부가 판결을 선고하려고 한다. 위 재판부는 어떤 판결을 선고하여야 하는가?

나. 위 항소심 재판부가 먼저 乙의 매매대금채권이 부존재한다고 판단하여 상계항변을 배척하고 항소기각판결을 선고하였고, 상고가 제기되지 않아 판결이 확정되었다. 이후 매매대금청구사건 담당재판부는 변론을 종결하였고 위와 같이 판결이 확정된 사정을 알고 있다. 매매대금청

구사건의 담당재판부는 어떻게 판단하여야 하는가?

기본 사실관계

甲은 乙에게 2009. 1. 1. 5천만 원을 이자 연 20%로, 변제기를 1년 후로 정하여 대여하였다. 甲은 乙을 상대로 위 대여금에 대한 2009. 1. 1.부터 2014. 12. 31.까지의 6년분의 이자 및 지연손해금 합계 6천만 원의 지급을 구하는 소송을 제기하였다. 재판부는 심리한 결과 甲의 이자 및 지연손해금 채권이 존재한다고 판단하고 있다(乙은 이자 및 지연손해금 채권의 존재를 부인하였을 뿐 별다른 항변을 제출하지는 않았다). 또한 재판부는 甲이 乙을 상대로 위 대여원금의 지급을 구하는 소송을 제기하였다가 대여한 사실이 인정되지 않는다는 이유로 패소확정된 사실을 알게 되었다(위 소송의 변론종결일은 2011. 12. 31.).

문제 5

당신이 재판부라면 어떻게 판결할 것인가? (20점)

해 설

문제 1 가.

Ⅰ. 친권자가 없는 미성년자의 소의 제기

민법상 제한능력자인 미성년자는 민사소송법상 소송무능력자이기 때문에 단독으로 소를 제기할 수 없고, 법정대리인의 대리가 필요하다. 현재 후견인이 있는 경우 甲은 후견인의 법정대리를 받아 소를 제기할 수 있다. 후견인이 없는 경우 甲은 가정법원으로부터 후견인 선임 결정을 받아, 후견인의 법정대리를 받아 소를 제기할 수 있으나, 그러한 절차를 밟는데 시간이 소요되어 손해가 발생할 염려가 있는 경우에는 수소법원으로부터 소송상 특별대리인 선임 결정을 얻은 다음, 특별대리인의 법정대리를 받아 소를 제기할 수 있다.

Ⅱ. 후견인이 있는 경우

실체법 상 법정대리인은 절차법의 영역에서도 법정대리인이 된다. 이 사건 사고로 甲의 친권자인 부모가 모두 사망하였기 때문에 미성년후견이 개시된다(민법 제/928조). 만약 민법 제931조 제1항 소정의 지정후견인이 있다면, 즉 甲의 부모가 사망하기 전에 유언으로 甲의 후견인을 지정하였다면, 지정후견인이 소의 제기를 법정대리할 수 있다. 지정후견인이 없더라도 이미 가정법원이 甲의 후견인을 선임한 경우에는 그 후견인이 법정대리인이 되면 된다(민법 제932/조 제1항). 후견감독인이 있는 경우 후견인은 후견감독인의 동의를 받아야 한다(민법 제950조/제1항 제5호).

Ⅲ. 후견인이 없는 경우

1. 후견인 선임청구

甲은 가정법원에 후견인 선임청구를 하여, 후견인이 선임되면, 그 후견인의 법정대리를 받으면 된다. 미성년후견인의 선임은 가정법원이 직권으로도 할 수 있지만, 미성년자, 친족, 이해관계인, 검사, 지방자치단체의 장의 청구에 의하여 할 수도 있다. 따라서 甲 본인이 청구할 수 있다.

2. 소송상 특별대리인 선임신청

위와 같이 후견인 선임절차를 밟는데 시간이 소요되어 손해가 발생할 염려가 있는 경우에는 민사소송법 제62조의 특별대리인, 즉 소송상 특별대리인 제도를 이용할 수 있다. 소송상 특별대리인 선임신청은 가정법원이 아닌 수소법원에 하여야 하고, 미성년자에게는 신청권이 없고, 친족, 이해관계인 또는 검사에게 신청권이 있다. 소송상 특별대리인을 신청하기 위해서는 법정대리인이 없거나 법정대리인이 대리권을 행사할 수 없는 경우여야 한다. 법정대리인이 대리권을 행사할 수 없는 경우에 이해관계가 상반되는 경우와 같이 법률상 장애가 있는 경우 외에 법정대리인의 질병, 장기여행 등 사실상 장애가 있는 경우도 포함되는지 여부에 관하여 견해가 대립된다. 또한 소송절차가 지연됨으로써 손해를 볼 염려가 있어야 하는데, 실무는 이 요건에 대하여 매우 완화된 입장을 취하고 있다.

소송상 특별대리인은 후견인과 같은 권한을 가지므로 소의 취하 등에 대하여는 특별수권을 받아야 하지만(제62조 제4/항, 제56조), 수소법원이 특정 사건에 대하여 특별대리인을 선임한 경우 특정 사건의 소송제기 자체에 대하여 특별수권을 받을 필요는 없다.

문제 ① 나.

Ⅰ. 일부청구와 과실상계

1. 학 설

일부청구의 경우 과실상계를 하는 방법에 대하여 외측설, 안분설 및 절충설의 대립이 있다. 외측설은 일부청구된 액수가 아니라 전체 손해액에 대하여 과실상계를 한 뒤 잔액을 청구된 금액을 한도로 인용하여야 한다는 견해로서 원고가 자기 과실 등을 감안하여 미리 범위를 한정하기 때문에 위와 같이 처리하는 것이 원고의 의사에 부합한다는 점을 근거로 제시한다. 안분설은 일부청구된 액수를 기준으로 과실상계를 하여 그 금액을 인용하여야 한다는 견해이다. 절충설은 일반적으로는 외측설이 타당하지만 명시적 일부청구의 경우에는 오히려 안분설이 원고의 의사에 부합하여 타당하다는 견해이다. 학설이 대립되는 근본적 원인은 청구되지 않은 전체 손해액을 기준으로 과실상계를 하는 것이 처분권주의에 반하는지 여부에 대하여 견해가 대립되기 때문이다.

외측설을 취하는 경우 2억 원에서 과실상계를 한 다음, 그 잔액[1억 2천만 원(2억×(1-0.4)]이 일부청구액(1억)을 초과하므로 일부청구액 전액을 인용하게 된다. 안분설을 취하는 경우 일부청구액(1억)에서 과실상계를 한 금액[6천만(1억×(1-0.4)]을 인용하게 된다. 절충설을 취하면, 사안의 일부청구는 명시적 일부청구이므로 안분설과 같은 결론을 내리게 된다.

2. 판 례

판례는 명시적 일부청구인지 여부를 불문하고 외측설을 취한다.

[대판 2008.12.24, 2008다51649][17]) 일개의 손해배상청구권 중 일부가 소송상 청구되어 있는 경우에 과실상계를 함에 있어서는 손해의 전액에서 과실비율에 의한 감액을 하고 그 잔액이 청구액을 초과하지 않을 경우에는 그 잔액을 인용할 것이고 잔액이 청구액을 초과할 경우에는 청구의 전액을 인용하는 것으로 해석하여야 할 것이며, 이와 같이 풀이하는 것이 일부청구를 하는 당사자의 통상적 의사라고 할 것이고, 이러한 방식에 따라 원고의 청구를 인용한다고 하여도 처분권주의에 위배되는 것이라고 할 수는 없다(대판 1976.6.22, 75다819 등 참조). 이러한 대법원 판례를 변경할 필요가 있다고는 할 수 없다.

---

17) 명시적 일부청구가 이루어진 사안이다.

Ⅱ. 결   론

외측설에 따르면, 재판부는 재산상 손해 중 적극적 손해로서 1억 원의 배상을 명하면 된다.

문제 ② 가.

Ⅰ. 개   요

기본적 쟁점은 채권자가 제기한 대위소송과 채무자가 제기한 본인소송이 동시에 계속중인 경우 상호간 중복소송이 되는지 여부이고, 설문의 사안 상 대위소송이 후행소송이다.

Ⅱ. 학   설

1. 독자적 권리행사설

채권자대위소송의 본질에 관하여는 주지하는 바와 같이 통설, 판례가 취하는 법정소송담당설과 소수설인 독자적 권리행사설이 대립하고 있는바, 대위소송과 본인소송이 동시에 계속하는 경우의 처리도 위 기본적 학설 대립을 전제로 논의된다.

독자적 권리행사설의 입장을 먼저 보면, 위 견해는 대위소송과 본인소송은 상호간 중복소송이 문제되거나 기판력이 작용하는 등 소송법적인 관련성은 없다고 본다. 다만, 채권자대위의 요건에 채무자 본인이 권리를 행사하지 않을 것이라는 것이 포함되므로, 채무자가 본인소송을 제기하였다면 대위소송은 위 요건을 흠결한 것이 되는바, 위 요건은 실체법적 요건이므로 법원은 청구를 기각하게 된다. 위 요건이 충족되었는지를 판단하는 기준시점은, 실체법적 요건이므로, 변론종결시이다. 중복소송에서 선행소송인지 후행소송인지 여부를 소송계속시점의 선후를 비교하여 판단하는 것과 대조된다. 따라서 독자적 권리행사설은 현재 대위소송과 본인소송이 동시에 계속중이라면 소송계속시의 선후를 묻지 않고, 대위소송은 채무자 본인이 권리를 행사하지 않을 것이라는 실체법적 요건을 갖추지 못한 것이므로 법원은 대위소송의 청구를 기각하여야 한다는 입장을 취한다.

2. 법정소송담당설

법정소송담당설은 기본적으로 본인소송과 대위소송이 동시에 계속중이면 중복소송상태가 된다고 본다. 따라서 소송계속이 발생한 시점, 즉 소장부본 송달시가 늦은 소송은 중복소송금지 위반으로 각하될 수 있다. 즉, 법정소송담당설을 취하는 견해들은 사안과 같이 대위소송이 후소라면 법원은 대위소송을 중복소송으로 각하하여야 하고, 이 경우 채무자 본인이 대위소송에 대하여 인지하고 있는지 여부는 문제되는 않는다고 본다.

최근에는 법정소송담당설을 취하면서 원고적격 흠결 여부를 아울러 고려하는 견해("원고적격 흠결론")도 제기되고 있다. 즉, 본인소송이 먼저 제기된 경우, 대위소송은 '채무자 본인이 자신의 권리를 행사하지 않을 것'이라는 요건을 흠결한 것이고, 이는 소송요건인 원고적격을 흠결한 것이므로, 대위소송은 중복소송금지의 원칙을 위반하였을 뿐만 아니라 원고적격을 흠결한 것이기도 하나 중복소송금지가 보다 기본적인 소송요건이므로 법원은 대위소송을 중복소송금지 위반을 이유로 각하하여야 한다고 하는 입장이 있다.[18]

3. 판 례

판례는 법정소송담당설을 취하고 있는바, 대위소송이 후소인 경우에 대하여 판례의 주류는 중복소송금지의 원칙을 적용한다. 즉, 후소인 대위소송을 중복소송으로 각하한다. 대위소송을 원고적격이 흠결되어 부적법하다는 이유로 각하한 오래된 판례도 있다. 오히려, 판례가 원고적격 흠결론을 취하고 있다고 소개되기도 하는데, 이 때 그 근거로 제시되는 대판 1992.11.10, 92다30016; 대판 1993.3.26, 92다32876; 대판 2009.3.12, 2008다65839 등의 사안은 기판력이 문제되는 사안이고, 중복소송이 문제되는 사안은 아니다.

Ⅲ. 결   론

판례의 입장을 취하면 위 문제에는 중복소송금지의 원칙이 적용되어야 한다. 대위소송이 후소인 경우에는 대위소송을 중복소송으로서 각하하여야 한다. 판례가 원고적격흠결론을 취하고 있다고 본다면, 대위소송을 원고적격 흠결로 각하하여야 한다. 다만, 원고적격흠결론을 취하는 학설은 더 일반적 소송요건인 중복소송금지의 원칙을 이유로 각하한다.

문제 ❷ 나.

Ⅰ. 견해의 대립

민사소송법 제83조가 규정하는 공동소송참가를 하기 위해서는 참가인이 스스로 적법하게 소를 제기할 수 있을 것이라는 요건이 필요하다는 점에 대하여는 견해가 일치한다. 통상 위

---

18) 또한 대위소송이 먼저 제기되고 이를 알게 된 채무자가 이후 제기한 본인소송은 원고적격흠결로 각하되어야 한다는 견해도 있다.

요건을 '당사자적격'이라고 하지만, 일반적인 당사자적격보다는 넓게 제소기간도과나, 중복제소 등도 그 논의에 포함된다.

대위소송 계속중에 채무자 본인이 공동소송참가를 할 수 있는지에 관하여는 채무자에게 위와 같은 의미의 당사자적격이 있는지 여부를 둘러싼 견해의 대립이 있다.

즉, 법정소송담당설을 취하는 통설의 경우 대위소송이 제기되면 채무자가 원고적격을 상실하기 때문에 공동소송참가가 불가능하다는 견해, 대위소송이 제기되어도 채무자가 원고적격을 상실하는 것은 아니지만, 채무자의 공동소송참가는 중복소송이므로 공동소송참가가 불가능하다는 견해, 대위소송이 제기되어도 채무자가 원고적격을 상실하지 않고, 별소가 아니므로 중복소송도 문제되지 않아 결국 공동소송참가가 가능하다는 견해가 대립되어 있다.

Ⅱ. 사안의 해결

채무자가 원고적격을 상실하지는 않지만 중복소송에 해당하므로 채무자가 대위소송에 공동소송참가를 할 수 없다는 견해가 다수설로 파악되는바, 이 견해에 입각하면 乙을 甲-丁의 소송에 공동소송참가를 할 수 없다.

문제 ② 다.

Ⅰ. 등기명의가 이전된 경우 변론종결 후 승계인에 해당하기 위한 요건

변론종결 후의 승계인에게 기판력이 미치게 하는 것은 패소한 당사자가 제3자에게 소송물인 권리관계를 처분함으로써 기판력 있는 판결을 무력화시키는 것을 방지하기 위한 것이다. 이러한 목적은 논리적이라기보다는 다분히 정책적인 것이므로, 변론종결 후의 승계인에 해당되는지 여부를 판단할 때 형식적으로 같거나 비슷하다고 평가될 수 있는 사안들 사이에 결론이 달라질 수 있다.

변론종결 후의 승계인의 유형으로는 크게 소송물인 실체법상 권리의무를 승계한 자와 당사자적격을 승계받은 자가 있는바, 말소등기청구의 대상이 된 등기를 이전받은 자는 당사자적격을 승계받은 자의 대표적인 예이다.

판례는 소송물이 물권적인 청구권인 경우에 한하여 승계인에게 판결의 효력이 미친다고 본다(대판 1991.1.15. 90다9964). 이에 대하여 소송물이 채권적 청구권이든, 물권적 청구권이든 불문하고 변론종결 후 승계인에게 기판력이 미친다는 견해와 원고가 물권적 청구권도 행사할 수 있었던 경우에 한하여 소송물이 채권적 청구권인 경우에도 변론종결 후 승계인에게 기판력이 미친다는 견해도 있다.

또한 승계가 당연히 '변론종결 후'의 것이어야 하는바, 등기말소청구소송에서 변론종결 전에 매매계약이 체결되고, 변론종결 후에 등기명의가 이전된 경우에는 등기명의의 이전받은 자가 변론종결 후의 승계인이라는 점에는 이견이 없다. 등기명의의 이전시가 기준이 되기 때문이다. 다만, 판례는 가등기가 변론종결 전에 경료되고, 변론종결 후에 가등기에 기한 본등기가 경료되었다면 본등기를 경료한 자는 변론종결 전의 승계인이라고 하였고(대판 1970.7.28. 69다2227), 1차 승계가 변론종결 전에 있은 다음 2차로 승계한 자도 변론종결 전의 승계인이라고 하였다(대결 1967.2.23. 자 67마55).

Ⅱ. 사안의 해결

우선, 戊는 가등기를 변론종결 전에 경료하였으므로 변론종결 전의 승계인에 해당한다. 따라서 丁에 대한 확정판결의 효력은 戊에게 미치지 않는다.

己는 변론종결 전의 승계인인 戊의 승계인이므로 戊 역시 변론종결 전의 승계인이다. 따라서 丁에 대한 확정판결로는 己의 등기도 말소할 수 없다.

따라서 甲은 戊, 己에 대하여는 새로 등기말소청구의 소를 제기하여야 한다.

문제 ③

Ⅰ. 가집행선고에 인한 변제의 효과

가집행선고 있는 미확정판결은 그 자체가 집행권원이 된다. 가집행선고 있는 미확정판결은 그에 기한 집행에서 원고는 권리의 만족까지 얻을 수 있다는 점에서, 권리의 보전만 가능한 가압류·가처분명령과 다르다. 그러나 그 만족, 즉 변제의 효과는 판결이 확정되기 전까지는 확정적이지 않다. 따라서 가집행선고에 기한 강제집행에서 이루어진 변제는 항소심판결 단계에서는 종국적으로 변제의 효과가 발생하지 않는다. 즉, 변제는 가집행의 선고나 본안판결이 취소되는 것을 해제조건으로 발생하는 것이고, 항소심법원은 이를 참작하여서는 안 된다.

[대판 1982.12.14. 80다1101, 1102] 가집행으로 인한 집행의 효과는 종국적으로 변제의 효과를 발생하는 것은 아니므로 재권자가 가집행으로 금원을 추심하였다 하여도 채권자의 기본채권에 대한 변제의 효과는 발생한다고 할 수 없는 것이다(대판 1968.6.11. 68다612 참조). 따라서 이 사건에 있어 원고가 가집행 선고 있는 제1심 판결에 의하여 피고로부터 금 10,000,000원을 지급받았다 하여도 원고의 피고에 대한 이 사건 손해배상채권이 동액에 있어 소멸되는 것은 아니라 할 것이다.

강제집행절차에서 변제가 이루어진 경우가 아니라도 가집행선고에 기한 강제집행을 면하기 위하여 변제가 이루어진 경우도 마찬가지이다. 강제집행절차에서 변제가 이루어진 경우에는 그 변제가 가집행선고로 인한 것임에 의문의 여지가 없으나, 그렇지 않은 경우에는 가집행선고에 기한 강제집행을 면하기 위한 것인지 아니면 확정적 변제 즉, 1심판결이 인정한 채무를 스스로 인정하고 한 변제인지의 구별이 문제되는바, 이는 항소심에서의 소송경과 등을 참작하여 판단될 사항이다.

[대판 1994.11.11. 94다22446] 가집행부 제1심판결이 선고된 후 피고들이 판결인용금액을 변제공탁하고 원고가 이를 수령한 경우, 피고들이 항소심에서 부대항소를 제기하면서 제1심에서 인용된 금액에 대하여 다투고 있는 점에 비추어 보면, 그 금원은 비록 변제공탁이라는 형식을 취하였으나 채무자인 피고들이 제1심판결에 붙은 가집행에 기한 강제집행을 면하기 위하여 공탁한 것이라고 할 것이지 피고들이 원고에 대하여 그 금액 상당의 채무가 있음을 인정하고 임의로 변제제공을 하였으나 원고가 수령을 하지 아니하여 변제공탁한 것으로 볼 수는 없다.

II. 사안의 해결

피고가 항소심에서도 여전히 돈을 빌린 사실을 부인하고 있으므로, 피고의 변제는 확정적 변제가 아니라 가집행선고로 인한 변제라고 할 것이다. 따라서 위 변제는 본안판결이 확정되기 전까지는 아직 종국적으로 효력이 발생된 것이 아니다. 항소심 재판부는 이를 참작함이 없이 청구의 당부를 판단하여야 한다. 항소심은 원고가 피고에게 대여한 사실이 인정된다는 심증을 형성하였고, 변제항변은 이유 없다고 판단하여야 하므로 결국, 피고의 항소를 기각하여야 한다.

※ 참고로, 위와 같은 사안에서 이후 가집행선고부 판결이 그대로 확정되는 경우, 이를 기화로 원고가 이미 변제받았음에도 불구하고 강제집행을 신청하면 피고는 청구이의의 소를 제기하여 구제받을 수 있다.

[대판 1995.6.30. 95다15827] 가집행이 붙은 제1심 판결을 선고받은 채무자가 선고일 약 1달 후에 그 판결에 의한 그때까지의 원리금을 추심 채권자에게 스스로 지급하기는 하였으나 그 제1심 판결에 대하여 항소를 제기하여 제1심에서 인용된 금액에 대하여 다투었다면, 그 채무자는 제1심 판결이 인용한 금액에 상당하는 채무가 있음을 스스로 인정하고 이에 대한 확정적 변제행위로 추심 채권자에게 그 금원을 지급한 것이 아니라, 제1심 판결이 인용한 지연손해금의 확대를 방지하고 그 판결에 붙은 가집행 선고에 기한 강제집행을 면하기 위하여 그 금원을 지급한 것으로 봄이 상당하고, 이와 같이 제1심 판결에 붙은 가집행선고에 의하여 지급된 금원은 확

정적으로 변제의 효과가 발생하는 것이 아니어서 채무자가 그 금원의 지급 사실을 항소심에서 주장하더라도 항소심은 그러한 사유를 참작하지 않으므로, 그 금원 지급에 의한 채권 소멸의 효과는 그 판결이 확정된 때에 비로소 발생한다고 할 것이며, 따라서 채무자가 그와 같이 금원을 지급하였다는 사유는 본래의 소송의 확정판결의 집행력을 배제하는 적법한 청구이의사유가 된다.

문제 ④ 가.

I. 상계항변과 중복소송

어떤 소송에서 상계항변이 제출된 경우, 그 자동채권에 기하여 별소를 제기하는 것이 중복소송에 해당하는지, 반대로 이미 소가 제기된 권리를 자동채권으로 하여 다른 소송에서 상계항변을 하는 것이 허용되는지에 관하여 견해의 대립이 있다.

다수설은 상계항변은 어디까지나 청구가 아니라 공격방어방법이라는 점을 중시하여 위와 같은 별소의 제기나 상계항변이 허용된다는 입장이나, 상계항변에 기판력이 인정되는 점을 근거로 위와 같은 별소의 제기나 상계항변이 허용되지 않는다는 견해, 기본적으로는 다수설에 찬동하면서 반소제기나 변론의 병합을 유도하여야 한다는 견해도 있다.

판례는 다수설과 같은 입장이다.

[대판 1965.12.1. 63다848]　원심이 적법이 확정한 사실에 의하면 원고의 원심공동 피고 김사원에 대한 손해배상 채권이 1961. 6. 20. 현재 금 202,000원이 있었고 동일 위 채권은 변제기가 도래한 것이므로 같은 김사원의 원고에 대한 이사건 근저당 채권 금 235,000원 중 위 202,000원 대등액은 원고의 상계로서 소멸된 것이고 나머지 근저당 채권 금 33,000원과 경매 집행비용(이사건 근저당권의 실행비용) 금 3,760원은 7. 30. 변제공탁되었으므로 이 사건 근저당 채권 금 235,000원은 모두 변제되었다는 것인바 기록에 의하면 원고가 위 상계를 주장한 원심변론 당시 그 자동채권인 금 202,000원에 대한 손해배상청구 소송이 별도로 제기되어 일심에서 원고가 승소판결을 받고 항소심이 계속중이었던 사실을 엿볼 수 있으나 별소로 계속중인 채권을 자동채권으로 하는 소송상 상계의 주장은 허용된다고 해석되므로 이 상계를 인정한 원심판시 이유에 아무런 위법이 없다 따라서 이 사건에 있어서와 같이 별소로 계속중인 채권은 이른바 항변권이 부착한 채권으로서 상계의 자동채권으로 할 수 없다는 논지는 이유 없다.

II. 사안의 해결

다수설과 판례의 입장에 의하면, 乙의 매매대금청구의 소는 중복소송에 해당하지 않는다.

매매대금청구사건의 재판부는 매매대금청구권이 존재한다고 판단하고 있으므로 乙의 청구를 인용한다.

문제 ④ 나.

Ⅰ. 상계항변의 기판력

민사소송법 제216조 제2항은 "상계를 주장한 청구가 성립되는지 아닌지의 판단은 상계하자고 대항한 액수에 한하여 기판력을 가진다."라고 규정하고 있다. 상계항변이 인용된 경우뿐만 아니라 상계항변이 배척된 경우에도 그 이유가 자동채권이 존재하지 않는다는 것인 경우에는 상계항변에 기판력이 인정된다. 또한 자동채권이 수동채권보다 다액인 경우에는 수동채권액에 한하여 기판력이 발생한다.

기판력의 내용에 대하여는 자동채권이 존재하지 않는 이유로 상계항변이 배척된 경우에는 자동채권의 부존재에 기판력이 발생한다는 점에 이견이 없다. 상계항변이 인용된 경우에는 수동채권과 자동채권이 다 함께 존재하였다가 이들이 상계에 의하여 소멸하였다는 점에 기판력이 생긴다고 보는 견해와 자동채권이 존재하지 않는다는 점에 기판력이 생긴다는 견해가 대립되고 있으나 궁극적으로 두 견해 모두 자동채권이 존재하지 않는다는 점에 기판력이 생긴다고 보는 점에서는 같다.

Ⅱ. 사안의 해결

대여금청구사건의 판결이 확정되었으므로 중복소송금지의 원칙은 더 이상 문제되지 않는다. 대여금청구사건의 확정판결에 기판력이 발생하는바, 소송물인 대여금청구권에는 물론 상계항변이 매매대금채권이 부존재한다는 이유로 배척되었으므로 상계항변에도 기판력이 발생한다. 다만, 乙이 상계항변으로 대항한 액수는 대여금액 1억 원이므로 상계항변의 기판력은 매매대금채권 중 1억 원이 부존재한다는 점에 발생한다.

따라서 매매대금청구사건의 재판부는 심리 결과 2억 원의 매매대금청구권이 존재한다고 판단하고 있지만, 그 중 1억 원에만 기판력이 작용하므로, 기판력이 미치지 않는 1억 원은 그 판단대로 청구를 인용하고, 기판력이 미치는 1억 원은 판례의 입장인 모순금지설을 취하는 경우에는 청구를 기각한다.

문제 ⑤

Ⅰ. 선결관계에서 시적범위와 관련한 기판력 작용효과

기판력은 전소의 소송물이 후소의 선결문제인 경우 즉, 선결관계에도 작용한다. 대여원금은 이자 및 지연손해금에 대한 선결문제이므로 대여원금에 대하여 확정판결이 존재하면 이자 및 지연손해금 청구에 기판력이 작용한다.

대여원금의 청구를 기각한 확정판결의 기판력과 관련하여서는 다음과 같은 판례에 유의하여야 한다.

[대판 1976.12.14. 76다1488] 확정판결의 기판력은 사실심의 최종변론종결 당시의 권리관계를 확정하는 것이므로, 원고의 청구 중 확정판결의 사실심 변론종결시 후의 이행지연으로 인한 손해배상(이자) 청구부분은 그 선결문제로서 확정판결에 저촉되는 금원에 대한 피고의 지급의무의 존재를 주장하게 되어 논리상 확정판결의 기판력의 효과를 받게 되는 것이라고 할 것이나 그 외의 부분(변론종결당시까지의 분)의 청구는 확정판결의 기판력의 효과를 받지 않는다.

즉, 위와 같은 경우 변론종결시 이전시점까지 대여원금이 존재한다고 판단하는 것은 기판력에 반하지 않고, 변론종결 후부터는 대여원금이 존재한다고 판단하는 것은 기판력에 반하는바, 그 이유는 기판력의 기준시가 변론종결시이기 때문이다.

Ⅱ. 사안의 해결

甲이 구하는 6년치의 이자 및 지연손해금 중 2009년, 2010년, 2011년의 3개년에 해당하는 부분에 대하여는 기판력이 미치지 않으므로 재판부는 그 판단하는 바와 같이 이를 인용할 수 있다.

그러나, 나머지 3년치, 즉 2012년, 2013년, 2014년분을 인용하는 것은 기판력에 저촉된다. 이 경우 청구를 기각하여야 한다는 점에 모순금지설과 반복금지설이 차이를 보이지 않는다. 따라서 재판부는 이를 기각하여야 한다.

45 소송능력과 법정대리, 미성년자의 법률행위 제반 의 문제, 사해행위 취소소송[19]

공통된 사실관계

1997. 2. 1.생인 甲은 2014. 8. 18. 법정대리인의 동의 없이 乙신용카드회사와 신용카드가입 계약을 체결하였다. 甲은 2014. 9. 9. 신용카드를 이용하여 신용카드가맹점인 丙이 운영하 는 가게에서 노트북을 100만 원에 구입하였고, 이에 乙회사는 丙에게 그 대금을 지급하였다. 2014. 10.경에 乙회사는 甲에게 위 신용카드대금의 지급을 청구하였다. 甲은 2015. 2. 13. 乙 회사를 상대로 신용카드가입계약 당시에 미성년자임을 이유로 위 신용카드가입계약이 취소 되어야 한다고 주장하면서 변호사 A를 소송대리인으로 선임하여 채무부존재확인의 소를 제 기하였다.

문제 ①

甲의 위 소제기에 대하여 제1심법원이 취할 수 있는 조치를 그 논거와 함께 서술하시오. (20점)

문제 ②

甲의 위 소송제기에 대하여 법원이 소송능력상의 흠결을 간과하여, 2015. 2. 18. 소장부본이 乙 회사 대표이사 A에게 송달되었다. 이러한 사실은 전제로 법원이 본안판단을 하여 판결을 선고하 고자 할 때, 법원이 내릴 판결의 결론과 그 근거를 서술하시오. (20점)

추가된 사실관계

위 소송의 1심법원은 甲의 乙에 대한 위 청구에 대하여 기각판결을 하였다. 이에 甲은 항소 하였고 항소심에서 甲의 친권자인 丁이 甲이 선임한 소송대리인 A를 동일하게 선임하여 소 송을 수행하면서 아무런 이의를 제기하지 않고 제1심 소송행위를 유효한 것을 전제로 진술

---

19) 대판 2005.4.15, 2003다60297(본소), 60303(본소), 60310(본소), 60327(반소) 및 대판 2006.3.10, 2005다46363 변 형문제.

하고 있다.

문제 ③

이러한 경우에 제1심 법원에서의 甲의 소송행위의 유효여부와 그 근거를 서술하시오. (20점)

추가된 사실관계 ▶ 다만 문제 3에 추가된 사실관계와는 별개임

위 甲의 乙회사에 대한 채무부존재확인의 소가 제1심법원에 계속중에 甲의 친권자인 丁이 법정대리인으로서 소송을 수행하면서 丙에 대한 노트북 매매계약을 취소하였다.

문제 ④

제1심법원은 위 청구에 대하여 어떠한 판단을 할 것인지 여부와 그 근거를 서술하시오. (20점)

추가된 사실관계 ▶ 다만 문제 3, 4에 추가된 사실관계와는 별개임

甲의 부친인 戊는 2008. 7. 7. 사망하면서 유일한 재산인 X부동산(시가 2억 원)을 상속재산으로 남겼다. 이에 甲과 丁은 X부동산에 대하여 상속재산분할 협의를 거쳐서 각 2분의 1씩 소유하기로 하고 2008. 7. 12. 각 지분에 대하여 관할등기소에 등기하였다(상속재산분할 협의는 유효한 것으로 한다). 甲을 홀로 부양하며 금전적 어려움을 겪던 丁은 2012. 2. 10. 신용카드회사 B와 신용카드이용계약을 체결하였다. 그런데 丁은 2012. 10. 8.에 이르러서 자신의 친오빠인 C에게 유일한 재산인 X부동산 전부에 대하여 소유권 이전등기를 해주었다. 丁은 2013. 9. 11. 신용카드를 이용하여 현금서비스 3,000만 원을 받았다. 이에 B회사 대표이사 D는 2014. 12. 5. 丁이 X부동산을 C에게 소유권 이전등기 해준 것과 X부동산 이외에는 별다른 재산이 없다는 사실을 알았고, B회사는 2015. 2. 13. 丁과 C를 상대로 사해행위 취소소송을 제기하였다.

문제 ⑤

B의 위 사해행위 취소소송이 적법한지 여부와 그 근거를 서술하시오. (20점)

해 설

문제 ①

Ⅰ. 결 론

1. 소장의 적식심사 단계에서 발견한 경우

법정대리인에 대한 표시가 누락된 것으로 보아 보정을 명하여야 하고, 그럼에도 보정을 하지 않은 경우에는 소장 각하명령을 하여야 한다.

2. 소제기의 적법심사 단계에서 발견한 경우

법원은 법정대리인의 추인여부에 대하여 보정을 명하고$\binom{제59}{조}$, 보정하지 않는 경우에는 판결로서 소를 각하하여야 한다.

Ⅱ. 근 거

1. 문제의 소재

미성년자 甲이 변호사 A를 선임하여 乙을 상대로 채무부존재 확인의 소를 제기하였는바, 甲이 A를 소송대리인을 선임한 행위의 효력과 변호사 A가 甲을 대리한 소송행위가 유효한지 여부와 이에 대한 법원의 조치 등이 문제되는바, 미성년자의 소송행위의 효력을 검토하여야 한다.

2. 미성년자의 소송행위의 효력

⑴ 소송능력이란 단독으로 유효하게 소송행위를 하거나 소송행위를 받기 위하여 필요한 능력으로서 민법상 행위능력에 대비하여 소송상 행위능력이라고 한다. 이는 소송에서 자신의 이익을 충분히 옹호하거나 상대방의 공격을 방어하기 위한 능력이 불충분한 자를 보호하기 위한 제도이다. 민사소송법 제51조는 소송능력에 대하여 민사소송법에 특별한 규정이 없으면 민법 그 밖의 법률에 의한다고 규정하고 있으므로 민법상 행위능력을 갖는 자는 소송능력을 갖는 것이 된다. 민법상 행위무능력자는 소송능력이 없고, 미성년자는 소송무능력자이다. 따라서 미성년자는 원칙적으로 법정대리인 또는 특별대리인의 대리에 의하여 소송행위를 할 수

있고, 단독으로는 할 수 없다(제55조 본문).

다만, 미성년자라도 예외적으로 혼인을 한 경우(민법 제 826조의2), 법정대리인의 허락을 얻어 영업에 관한 법률행위를 하는 경우와 같이 독립하여 법률행위를 할 수 있는 경우(민법 제8조), 근로계약의 체결이나 임금의 청구를 하는 경우(근로기준법 제 65조, 제66조)에는 소송능력이 있으므로 유효하게 소송행위를 할 수 있다.

(2) 소송능력은 개별 소송행위의 유효요건이다. 소송절차 내의 소송행위뿐만 아니라 소송 개시 전의 행위나 소송 외의 행위에도 소송능력이 필요하다. 소송무능력자의 소송행위나 무 능력자에 대한 소송행위는 유동적 무효이다(제51조). 무능력자의 소송행위는 법정대리인이 추인 하면 그 행위 시에 소급하여 유효로 되며(제60조), 미성년자가 성년이 된 후에 묵시적으로 추인하 였다고 보이는 경우에도 소송능력의 흠결은 치유된다(대판 1970.12.22. 70다2297).

한편, 소송능력은 소 제기 시에는 소가 적법해지기 위한 요건으로 법원의 직권조사사항이 다. 조사결과 흠이 있으면 추인의 여지가 있으므로 기간을 정하여 보정을 명하여야 할 것이다 (제59조). 변론종결 시까지 소송능력이 보정되지 않으면 소가 부적법해지므로 판결로서 소를 각 하하여야 한다.

3. 무권대리

(1) 당사자 본인으로부터 대리권을 수여받지 못한 대리인이 무권대리인이다. 소송무능력자 가 선임한 소송대리인은 무권대리인이다. 대리권의 존재는 소송행위의 유효요건이다.

무권대리인의 또는 무권대리인에 대한 소송행위는 유동적 무효이고 추인이 있으면 행위 시에 소급하여 유효로 된다(제97조, 제60조).

(2) 대리권의 존재는 소가 적법해지기 위한 소송요건으로 법원의 직권 조사사항이다 (대결 1997.9.22. 자 97마1574; 대 판 1993.3.12, 92다48789, 48796). 조사의 결과 추인의 여지가 있으므로 기간을 정하여 보정을 명하고, 변론종결 시까지 대리권의 흠이 보정되지 않으면 소가 부적법하므로 판결로서 소를 각하하여 야 한다.

(3) 사안의 경우 甲은 1997. 2. 1.생으로 이 사건 소가 제기될 당시에 미성년자에 해당한다. 따라서 甲은 소송능력이 없고, 법정대리인의 추인이 있다는 사정도 없으며, 미성년자가 유효 하게 소송행위를 할 수 있는 예외의 경우에도 해당되지 않는다. 따라서 甲의 소송대리인 선임 행위와 그 후의 소송대리인의 소제기 행위 등은 유효한 소송대리권 없이 소송행위를 한 것이 되이 그의 소송행위 역시 무효이므로 부적법하다.

4. 제1심법원의 조치

(1) 민사소송법 제249조 제1항은 소장에는 당사자, 법정대리인, 청구의 취지와 원인을 기

재하여야 한다고 규정하고 있고 이는 필요적 기재사항이다. 필요적 기재사항의 기재여부는 소장심사단계에서 판단하도록 되어 있는데, 이 단계에서 소송무능력자임을 확인하게 된 때에는 법정대리인에 대한 표시가 누락된 것으로 보아 보정을 명하여야 하고($\frac{제254조}{제1항}$), 그럼에도 보정을 하지 않은 경우에는 소장 각하명령을 하여야 한다($\frac{제254조}{제2항}$).

(2) 소제기의 적법 심사단계에서 소송능력의 흠결과 대리권의 흠결 등이 발견된 경우에 있어서 당해 소를 각하하여야 할 것이나, 흠결의 보정을 할 수 있는 경우에는 즉시 각하하기보다는 보정명령을 내리고, 그럼에도 보정을 하지 않는 경우에는 판결로서 소를 각하하여야 한다($\frac{제59}{조}$).

문제 ②

I. 결   론

甲의 청구는 기각되어야 한다.

II. 근   거

1. 신용카드이용계약의 취소에 따른 법률관계

판례는 "미성년자가 신용카드발행인과 사이에 신용카드 이용계약을 체결하여 신용카드거래를 하다가 신용카드 이용계약을 취소하는 경우 미성년자는 그 행위로 인하여 받은 이익이 현존하는 한도에서 상환할 책임이 있는바($\frac{민법 제}{141조}$), 신용카드이용계약이 취소됨에도 불구하고 신용카드회원과 해당 가맹점 사이에 체결된 개별적인 매매계약은 특별한 사정이 없는 한 신용카드 이용계약취소와 무관하게 유효하게 존속한다 할 것이고, 신용카드발행인이 가맹점들에 대하여 그 신용카드사용대금을 지급한 것은 신용카드 이용계약과는 별개로 신용카드 발행인과 가맹점 사이에 체결된 가맹점 계약에 따른 것으로서 유효하므로, 신용카드발행인의 가맹점에 대한 신용카드이용대금의 지급으로써 신용카드회원은 자신의 가맹점에 대한 매매대금 지급채무를 법률상 원인 없이 면제받은 이익을 얻었으며, 이러한 이익은 금전상의 이득으로서 특별한 사정이 없는 한 현존하는 것으로 추정된다."라고 판시하였다($\frac{대판 2005.4.15,}{2003다60297}$).[20]

---

[20] 이에 대하여 양창수, 민법연구 제9권, 330면에서는 "필자는 이판결의 취지에 반대한다. 이 사안에서는 신용카드회원은 매매대금 지급채무를 면제받은 이익을 얻었다고 할 것이 아니라 그 대금상당의 금전을 부당이득하였다고 파악할 것이다. 위 판결과 같이 채무소멸의 이익을 얻었다고 파악하면 현존이익의 추정이 뒤집히는 경우는 쉽사리 상정할 수 없으므로 이는 행위무능력자의 원상회복 의무를 현존이익으로 제한하는 민법 제141조 단서의 취지를 거의 몰각하게 한다."라고 하여 판례에 대하여 비판적인 견해를 취하였다.

2. 사안의 경우

미성년자인 甲과 신용카드회사 乙간의 신용카드이용계약은 이 사건 소장부본이 2015. 2. 18. 乙회사 대표이사 A에게 송달되어 취소되었다고 할 것이나, 신용카드이용계약의 취소와는 별개로 신용카드 회원인 甲과 가맹점인 丙 사이에 체결된 개별적인 매매계약은 유효하게 존속하고 있으며, 신용카드회사인 乙과 가맹점인 丙 사이의 가맹점계약도 유효하게 존속하고 있으므로, 신용카드 회원인 甲은 자신의 가맹점에 대한 매매대금 지급채무를 법률상 원인 없이 면제받는 이익을 얻었으며 이러한 이익은 금전상의 이득으로서 특별한 사정이 없는 한 현존하는 것으로 추정되므로, 甲의 위와 같은 주장은 타당하지 못하므로 甲의 청구는 기각되어야 한다.

문제 ❸

Ⅰ. 결　　론

제1심 법원에서의 甲의 소송행위는 항소심에서의 친권자 丁의 추인으로 유효하게 되었다.

Ⅱ. 근　　거

1. 무능력자의 소송행위의 추인

(1) 소송무능력자의 소송행위나 그에 대한 소송행위는 유동적 무효이다. 따라서 법정대리인이 추인하면 그 행위 시에 소급하여 유효로 된다($\binom{제60}{조}$). 추인은 법원 또는 상대방에 대하여 명시·묵시의 의사표시로도 할 수 있다. 또한 추인의 시기에는 아무런 제한이 없다. 나아가 추인은 원칙적으로 소송행위 전체에 대하여 일괄하여 추인을 하여야 한다.

(2) 판례는 "미성년자가 직접 변호인을 선임하여 제1심의 소송수행을 하게 하였으나 제2심에 이르러서는 미성년자의 친권자인 법정대리인이 소송대리인을 선임하여 소송행위를 하면서 아무런 이의를 제기한 바 없이 제1심의 소송결과를 진술한 경우에는 무권대리에 의한 소송행위를 묵시적으로 추인된 것으로 보아야 한다."라고 판시하였다($\binom{대판 1980.4.20.}{80다308}$).

2. 사안의 경우

미성년자인 甲의 제1심에서의 소송행위에 대하여 항소심에서 법정대리인 丁이 동일한 변호사 A를 선임하여 소송행위를 하면서 아무런 이의를 제기한 바 없이 제1심의 소송결과를 진술하였다. 따라서 이 경우에는 무권대리에 의한 소송행위를 묵시적으로 추인된 것으로 보아, 제1심 소송행위는 소급하여 유효한 것이 된다.

문제 4

Ⅰ. 결　론

법원은 甲의 청구를 인용하는 판결을 선고하여야 한다.

Ⅱ. 근　거

(1) 대판 2005.4.15, 2003다60297의 취지에 따르면, 미성년자 甲이 신용카드이용계약을 취소하더라도 가맹점 丙과의 개별적인 매매계약은 유효하고, 나아가 신용카드회사 乙과 가맹점 丙 사이에 체결될 가맹점 계약은 위 취소와는 별개로 유효하여, 신용카드 회원인 甲은 자신의 가맹점에 대한 매매대금 지급채무를 법률상 원인 없이 면제받는 이익을 얻었으며 이러한 이익은 금전상의 이득으로 특별한 사정이 없는 한 현존하는 것으로 추정된다고 하였다.

(2) 이러한 위 판례의 취지를 살펴 볼 때, 신용카드이용계약을 취소함과 별개로 물품매매계약을 취소한 경우에는 그 취소된 매매계약에 관하여는 신용카드 회사가 가맹점에게 그 매매대금을 지급하였다 하여 이로써 원고들이 매매대금 지급채무를 법률상 원인 없이 면제받는 이익을 얻었다고 볼 수 없다고 할 것이고 대법원도 동일한 취지로 판시한 바 있다(대판 2006.3.10, 2005다46363, 46370, 46387, 46394).

(3) 따라서 미성년자 甲과 신용카드회사 乙 사이의 카드이용계약은 취소되었으며, 나아가 甲과 가맹점 丙과의 노트북 매매계약 또한 취소되었으므로 신용카드 회사가 가맹점에게 그 매매대금을 지급하였다 하여 이로써 원고들이 매매대금 지급채무를 법률상 원인 없이 면제받는 이익을 얻었다고 볼 수 없다고 할 것이다. 따라서 법원은 甲의 청구를 인용하는 판결을 선고하여야 한다.

문제 5

Ⅰ. 결　론

B회사의 丁에 대한 사해행위 취소소송에서 채무자는 사해행위취소소송의 상대방이 될 수 없으므로 각하되어야 하고, C에 대한 청구는 피보전채권의 요건이 흠결되어 기각되어야

한다.

Ⅱ. 근   거

1. 사해행위 취소소송

채무자가 채권자를 해함을 알고 재산권을 목적으로 한 법률행위를 한 때에는 채권자는 그 취소 및 원상회복을 법원에 청구할 수 있다($\binom{\text{민법 제}}{\text{406조}}$).

2. 요   건

(1) 피보전채권의 발생

취소채권자의 채권은 사해행위가 있기 이전에 발생하고 있어야 한다. 판례는 "채권자취소권 행사의 요건인 채무자의 무자력 여부를 판단함에 있어서 그 대상이 되는 소극재산은 원칙적으로 사해행위라고 볼 수 있는 행위가 행하여지기 전에 발생된 것임을 요하지만, 그 사해행위 당시에 이미 채무 성립의 기초가 되는 법률관계가 성립되어 있고, 가까운 장래에 그 법률관계에 터잡아 채무가 성립되리라는 점에 대한 고도의 개연성이 있으며, 실제로 가까운 장래에 그 개연성이 현실화되어 채무가 성립된 경우에는 그 채무도 채무자의 소극재산에 포함시켜야 한다."라고 판시하였다($\binom{\text{대판 2011.1.13,}}{\text{2010다68084}}$).

나아가 판례는 "신용카드업자로부터 자금의 융통을 받는 별개의 법률관계에 의하여 비로소 채권이 성립하는 것이므로, 단순히 신용카드 가입계약만을 가리켜 여기에서 말하는 '채권 성립의 기초가 되는 법률관계'에 해당한다고 할 수는 없다."라고 하면서, "채무자가 채권자와 신용카드가입계약을 체결하고 신용카드를 발급받았으나 자신의 유일한 부동산을 매도한 후에 비로소 신용카드를 사용하기 시작하여 신용카드대금을 연체하게 된 경우, 그 신용카드대금채권은 사해행위 이후에 발생한 채권에 불과하여 사해행위의 피보전채권이 될 수 없다."라고 판시하였다($\binom{\text{대판 2004.11.12,}}{\text{2004다40955}}$).

(2) 채무자의 사해행위

사해행위란 채무자의 채권자를 해하는 재산권을 목적으로 한 법률행위를 말한다.

(3) 채무자의 사해의사 및 수익자 전득자의 악의

채권자를 해함을 아는 것은 단순한 인식으로 족하다. 이러한 채무자의 악의는 사해해위 당시에 존재하여야 한다. 수익자 또는 전득자의 악의는 사해행위 당시 또는 전득 당시에 채권자를 해한다는 사실에 대한 인식을 말한다.

(4) 제척기간

사해행위취소소송은 채권자가 취소원인을 안 날로부터 1년, 법률행위 있는 날로부터 5년 내에 제기하여야 한다($\binom{\text{민법 제406}}{\text{조 제2항}}$).

3. 사안의 경우

사안의 경우에 있어서 C회사의 丁에 대한 청구의 경우 채무자는 사해행위취소소송의 당사자적격이 없으므로 각하되어야 한다. 丁이 X토지를 C에게 2012. 10. 8.에 소유권이전등기를 해주었고, 丁이 신용카드를 사용하여 현금서비스를 받은 것은 그 이후인 2013. 9. 11.이므로 사해행위 취소소송의 피보전채권에 해당하지 않는다. 또한 2012. 2.10. 단순히 신용카드가입계약만을 가리켜서 채권성립의 기초가 되는 법률관계에 해당한다고 할 수는 없으므로 C에 대한 청구는 피보전채권이 흠결되어 기각되어야 한다.

46 중복제소 금지

기본 사실관계

甲은 乙에 대하여 A부동산에 관한 매매대금 1억 원을 원고에게 지급하라는 소를 제기했다. 乙은 A부동산에 관한 매매계약은 丙 주식회사의 대표이사로서 그 회사 이름으로 체결했을 뿐이므로 자신은 甲에게 A부동산에 관한 매매대금을 지급할 의무가 없다고 주장하는 한편, 자신의 매매대금 지급의무가 인정될 경우에 대비하여, 자신도 甲에 대하여 대여금 1억 원의 반환을 청구할 채권을 가지고 있다고 주장하면서 그 채권을 자동채권으로 하고 자신에 대한 甲의 채권을 수동채권으로 해서 대등액으로 상계한다는 의사표시를 했다. 甲이 乙에 대한 자신의 채무를 대체로 시인하는 태도를 보였지만, A부동산에 관한 매매계약 당사자가 누구인지에 관해서 심리를 계속함에 따라 단시일 내에 사건이 종결될 전망이 보이지 않고 있고, 1심 판결이 선고되더라도 틀림없이 항소와 상고가 제기될 것으로 예상되고 있다. 이에 乙은 甲에 대하여 대여금 1억 원의 반환을 청구하는 소를 별도로 제기했다.

문제 ❶

乙이 별도로 제기한 소가 적법한지 여부에 관해서 서술하시오.

기본 사실관계

甲은 乙에 대하여 1억 원의 채권을 가지고 있다. 그런데 乙은 丙에 대하여 1억 원의 채권을 가지고 있는 것 외에는 아무런 재산이 없다. 이에 甲은 乙을 대위하여 丙을 상대로 乙에게 1억 원을 지급할 것을 청구하는 소를 제기했다. 그런데 이 소송이 계속되고 있는 중에, (1) 乙이 丙을 상대로 1억 원의 지급을 청구하는 소를 제기하고, (2) 丙이 乙을 상대로 채무 부존재 확인의 소를 제기하고, (3) 乙에 대한 다른 금전채권자 丁이 乙을 대위하여 丙을 상대로 乙에게 1억 원을 지급할 것을 청구하는 소를 제기했으며, (4) 乙이 甲보다 먼저 丙을 상대로 1억 원의 지급을 청구하는 소를 제기하여 그 소송이 계속중인 사실이 밝혀졌다.[(1)과 (4)의 상황은 별개로 가정함]

문제 2

乙, 丙, 丁이 제기한 (1), (2), (3)의 소와 乙이 제기한 (4)의 소가 계속되고 있는 중에 甲이 제기한 소가 적법한지 여부에 관해서 서술하시오.

기본 사실관계

(1) 甲은 乙로부터 X 토지를 매수했는데, 그 소유권이전등기를 마치기 전에 X 토지에 관해서 丙 앞으로 소유권이전등기가 경료되었다. 이에 甲은 X 토지에 관해 丙 앞으로 경료된 소유권이전등기는 丙이 관련 서류를 위조하여 마친 것이므로 원인무효의 등기라고 주장하면서 乙을 대위하여 丙에 대하여 그 소유권이전등기의 말소등기절차의 이행을 청구하는 소(이하 'A 소'라고 한다)를 제기했다. 그런데 A 소의 제1심 법원은 丙이 관련 서류를 위조해서 그 소유권이전등기를 마쳤다고 인정할 증거가 부족하다는 이유로 甲의 청구를 기각하는 판결을 선고했고, 甲이 그 판결에 대하여 항소를 제기하여 A 소는 현재 항소심에 소송계속중이다.

(2) A 소가 위와 같은 과정을 거쳐 항소심에 소송계속중인데, 乙은 X 토지에 관해 丙 앞으로 경료한 소유권이전등기의 원인인 매매계약을 자신이 적법하게 취소했으므로 그 등기는 원인무효라고 주장하면서 丙에 대하여 진정명의 회복을 위한 소유권이전등기절차의 이행을 청구하는 소(이하 'B 소'라고 한다)를 제기했고, 그 소장이 丙에게 송달되었다.

문제 3

B 소의 수소법원이 심리한 결과 乙이 주장하는 청구원인이 모두 사실로 밝혀졌고, 그 심리 과정에서 A 소의 진행 상황이 뒤늦게 밝혀졌다면 B 소의 수소법원은 어떠한 판결을 해야 하는지에 관해서, 판례의 입장에 따라, 서술하시오.

해 설

문제 1

Ⅰ. 중복된 소 제기의 금지

1. 의 의

법원에 계속되어 있는 사건에 대하여 당사자는 다시 소를 제기하지 못한다($\frac{제259}{조}$). 이를 '중복된 소 제기(중복제소) 금지 원칙'이라고 하거나 '이중소송 금지 원칙'이라고 한다. 이미 소송(前訴)이 계속되고 있는 사건에 관해서 중복제소, 즉 중복된 소(後訴)의 제기를 허용하는 것은 법원이나 당사자에게 시간·노력·비용을 이중으로 들이게 하는 것으로서 소송경제상 바람직하지 않고, 판결이 서로 모순·저촉될 염려가 있기 때문이다.

2. 요 건

금지되는 중복소송에 해당되는지 여부는 원칙적으로 전후 양소의 당사자와 청구(소송물)가 동일한지 여부로 판정된다. 두 소가 계속된 법원의 동일성은 문제되지 않고, 소가 어느 법원에 제기되었는가에 관계없이 당사자와 청구가 동일하면 중복소송에 해당된다.

(1) 당사자의 동일

후소를 중복소송에 해당한다고 하기 위해서는 후소의 당사자와 전소의 당사자가 동일해야 한다. 하지만 원고와 피고의 지위가 동일할 필요는 없고, 원고와 피고의 지위가 전소와 후소에서 서로 바뀌어도 동일성이 인정될 수 있다. 그리고 P가 D를 상대로 제기한 전소의 사실심 변론 종결 후 소송물을 양수한 T가 그 소송이 법률심에 계속중일 때 D를 상대로 청구가 동일한 후소를 제기하거나 P가 D를 상대로 제기한 전소의 당사자 D를 위해 청구의 목적물을 소지하는 T에 대해서 P가 청구가 동일한 후소를 제기하거나 선정당사자가 전소를 제기한 뒤에 선정자가 다시 청구가 동일한 후소를 제기한 경우에는 전후 양소의 동일성이 인정될 수 있다. 이 경우에는 전후 양소의 당사자가 다르더라도 후소의 당사자로 된 T나 선정자에게도 전소 판결의 효력이 미치므로($\frac{제218조}{제1항}$) 전후 양소 판결의 효력이 모순·저촉될 수 있기 때문이다(채권자 대위소송, 채권자 취소소송과 중복제소의 문제에 관해서는 별도 문제에서 다룬다).

(2) 청구의 동일

1) 청구의 취지가 같은데 청구의 원인을 이루는 실체법상 권리가 다른 경우

구 소송물론은 청구의 동일성이 인정되지 않는 것으로 보지만, 신 소송물론은 청구가 동일한 것으로 본다. 예를 들어 동일한 사실관계에 기해 채무불이행을 원인으로 하는 손해배상 청구의 소를 제기하여 그 소송계속중에 불법행위를 원인으로 하는 손해배상 청구의 소를 제기한 경우에 구 소송물 이론에 따르면 청구의 동일성이 인정되지 않지만 신 소송물론에 따르면 청구의 동일성이 인정되어 후소는 중복제소에 해당하게 된다.

2) 청구의 취지가 다른 경우

이 경우에는 원칙적으로 청구의 동일성이 문제되지 않는다. 그러나 이 경우에도 ① 적극적 확인청구와 소극적 확인청구 사이, ② 확인청구와 이행청구 사이, ③ 일부 청구와 잔부 청구 사이, ④ 상계권 행사와 별소 제기 사이 등에 청구의 동일성을 인정할 것인지 여부를 두고 학설과 판례가 다양하게 전개되고 있다.

(3) 전소의 계속중에 후소를 제기했을 것

전소가 다른 법원에 계속중이거나 법률심인 상고심에 계속중이더라도 당사자와 청구가 동일한 후소는 중복소송에 해당될 수 있다. 금지되는 후소는 단일한 독립된 소에 국한되는 것은 아니고, 다른 청구와 병합되어 있든지 다른 소송에서 청구의 변경·반소·소송참가의 방법으로 제기되었든지 문제되지 않는다. 그리고 전소가 소송요건을 구비하지 못한 부적법한 소라고 하더라도 후소의 변론종결시까지 취하·각하 등에 의해 전소의 소송계속이 소멸되지 않으면 후소는 중복소송으로서 부적법하다.

3. 효　과

소가 중복소송에 해당하는 것은 소극적 소송요건으로서 법원의 직권조사사항이므로 어떤 소가 중복소송에 해당한다는 사실이 밝혀지면 피고가 주장하지 않더라도 법원은 그 소를 각하하는 판결을 해야 한다. 다만, 후소의 변론종결시까지 취하·각하 등에 의해 전소의 소송계속이 소멸되면 후소의 중복제소의 문제는 해소된다. 법원이 중복소송에 해당하는 점을 간과하고 후소에 관해서 본안판결을 하더라도 그 판결이 무효로 되는 것은 아니고, 상소로 취소를 구할 수 있을 뿐이다. 전후 양소에 관한 본안판결 중 어느 하나가 먼저 확정되면 기판력의 문제로 되어 소 제기 시점의 선후가 아니라 판결 확정 시점의 선후에 따라 전후 양소의 운명이 좌우되는데, 아직 계속중인 소송에서는 먼저 확정된 판결과 모순·저촉되는 판결을 할 수 없고, 두 소송의 판결이 모두 확정되었을 때에는 뒤에 확정된 판결이 앞에 확정된 판결의 기판력에 저촉되는 것으로 되어 재심의 소에 의해 취소될 수 있다(제451조 제
1항 제10호).

Ⅱ. 상계 주장과 그 자동채권을 청구하는 소송

1. 문제의 소재

민사소송법 제259조는 "법원에 계속되어 있는 사건에 대하여 당사자는 다시 소를 제기하지 못한다."고 규정하는데, 그 문언 중 '계속'이란 '소송'을 전제로 하는 개념이므로 그 규정의 의미는 법원에 소송계속중인 사건에 대하여 당사자는 다시 소를 제기하지 못한다는 것이다. 따라서 법원에 계속중인 소송이 아니라 그 소송의 공격방어방법을 이루는 주장과 항변이나 선결문제로 주장된 권리와 동일성이 인정되는 소를 제기하더라도 그 소는 중복소송에 해당되지 않는 것이 원칙이다.

그런데 민사소송법 제216조 제2항이 "상계를 주장한 청구가 성립되는지 아닌지의 판단은 상계하자고 대항한 액수에 한하여 기판력을 가진다."라고 규정함으로써 상계를 주장[21]한 청구가 성립되는지 아닌지의 판단에는 상계하자고 대항한 액수의 범위에서 기판력이 인정되는 등 상계 주장은 보통의 공격방어방법과 다르게 취급되는 특수성이 있다. 이에 '상계를 주장한 청구', 즉 자동채권에 대하여 소송계속이 발생하는지 여부, 예를 들어 전소에서 상계 주장을 한 자동채권을 청구하는 후소를 제기하거나(상계 선행형) 전소에서 청구하고 있는 채권을 자동채권으로 해서 후소에서 상계 주장을 하는 것(소송 선행형)이 중복제소 금지의 원칙에 비추어 허용되는지 여부에 관해서 다양한 학설과 판례가 전개되고 있다.

2. 검 토

(1) 위와 같은 경우에 그것이 ① 상계 선행형이든 소송 선행형이든 허용된다고 보는 적극설(적법설), ② 허용되지 않는다고 보는 소극설(부적법설)과 ③ 앞의 두 견해를 절충하는 견해(절충설)가 있는데, 판례는 적극설(적법설)의 입장이다(대판 2001.4.27,
2000다4050 등).

(2) 상계 주장은 소가 아니라 공격방어방법의 하나에 지나지 않는다. 이러한 상계 주장에 소송계속을 인정해서 그것과 그 자동채권을 청구하는 소의 중복제소 해당 여부를 논의하는 것은 민사소송법 제259조의 문언이 허용하는 범위를 벗어나는 것이다. 상계 주장에 관한 판단에 일정한 범위에서 기판력이 인정된다거나 상계 주장에 관한 판단과 자동채권을 청구하는

---

21) 원고의 금전청구에 대하여 피고가 항변의 형식으로 상계권을 행사하는 것이 통상적이므로 "상계 항변"이라는 용어가 주로 사용되고 있고, 상계권이 항변권의 일종인 것처럼 오해하여 "상계항변권"이라는 용어도 사용되고 있는 실정이지만, 상계권은 항변권이 아니라 형성권이고, 민사소송법 제216조 제2항의 '주장'을 피고의 '항변'만 의미하는 것으로 그 의미를 축소해서 해석할 합리적 이유는 없으므로 여기서는 법 규정의 문언에 따라 '주장'이라는 용어를 사용한다.

소송에 관한 판결이 모순·저촉될 염려가 있다는 것은 상계 주장에 소송계속을 인정할 충분한 근거가 될 수 없다. 따라서 판례가 취하고 있는 적극설(적법설)이 타당하다.

Ⅲ. 해답 제시

乙이 전소에서 자동채권으로 해서 상계 주장을 한 채권을 청구하는 별도의 소를 제기한 것은 중복제소 금지의 원칙에 저촉되는 중복제소에 해당되는지 여부가 문제되는데, 앞에서 검토한 바에 따르면 그 소는 중복제소에 해당되지 않는다.

문제 ②

Ⅰ. 채권자 대위소송

1. 민법 제404조 제1항 본문은 "채권자는 자기의 채권을 보전하기 위하여 채무자의 권리를 행사할 수 있다."고 규정하는바, 이 규정에 따라 채무자의 권리를 행사할 수 있는 채권자의 권능을 채권자대위권이라고 하고, 채권자가 그것을 행사하는 소송을 채권자 대위소송이라고 한다.

채권자대위권의 행사에는 적어도 두 개의 권리가 논리적 상관관계를 맺고 있다. 그 중 하나는 채권자가 채무자에 대하여 보유하는 '채권'으로서 이를 '피보전 채권'이라고 하는데, 이는 채권자대위권을 행사하는 데 전제가 되는 권리고, 다른 하나는 채무자가 타인(보통 '제3채무자'라고 한다)에 대하여 보유하는 '권리'로서 '피대위 권리'라고 하는데, 이는 채권자대위권 행사의 대상이 되는 권리다. 채권자가 채권자 대위소송을 제기하여 승소하기 위해서는 피보전 채권과 피대위 권리가 모두 인정되어야 하는데, 전자는 채권자가 채권자 대위소송을 제기할 수 있는 자격, 즉 당사자적격의 문제고, 후자는 채권자 대위소송의 본안에 해당하는 청구의 문제라고 설명하는 것이 일반적이다(판례도 같다). 따라서 원고의 피보전 채권이 인정되지 않을 때에는 원고의 당사자적격이 불비된 것으로 보아 원고의 소를 각하하는 소송판결을 해야 하고, 피대위 권리가 인정되지 않을 때에는 원고의 청구를 기각하는 본안판결을 해야 한다.

2. 한편, 민사소송법 제218조 제3항은 "다른 사람을 위하여 원고나 피고가 된 사람에 대한 확정판결은 그 다른 사람에 대하여도 효력이 미친다."고 규정하는바, 이는 제3자의 소송담당의 경우에 적용되는 것으로 이해되는 규정인데, 판례와 통설은 채권자 대위소송도 제3자의 소송담당에 해당하는 것으로 보고 이 규정이 적용된다고 해석한다. 이 규정을 채권자 대위소송에 대입하여 구체적으로 해석하면 채권자는 다른 사람, 즉 채무자(채무자는 채권자 대위소송의 당사자가 아니다)를 위하여 원고가 된 사람이므로 채권자 대위소송의 확정판결은 소송 당사

자가 아닌 채무자에 대하여도 기판력 등 효력이 미치는 것으로 해석해야 할 것이다(적극설). 그런데 채권자 대위소송을 제기한 채권자는 소송담당자가 아니므로 채권자 대위소송의 판결은 채무자에게 효력이 미치지 않는다고 보는 견해(소극설)도 유력한 소수설이고, 채무자가 고지 등[22)]을 받아 채권자 대위소송이 제기된 사실을 알았을 때에는 그 판결의 효력이 채무자에게 미친다고 보는 견해(절충설)가 다수설인데, 판례는 절충설의 입장이다(대판(전) 1975.5.13, 74다1664 등).

3. 그러나 판례·통설이 채권자 대위소송을 제기한 채권자를 채무자를 위하여 원고가 된 사람이라고 보는 점과 판례·다수설이 채권자 대위소송을 제기한 채권자를 소송담당자로 보면서도 민사소송법 제218조 제3항의 규정을 전면적으로 적용하지 않고 절충설을 취하는 점은 납득하기 어렵다. 채권자 대위소송을 제기한 원고는, 선정당사자, 파산관재인, 선장, 선박관리인, 유언집행자, 검사 등 다른 소송담당자들과는 달리 다른 사람을 위하여 원고가 된 사람이 아니라 자기의 채권을 보전하기 위하여, 즉 자기를 위하여 소를 제기한 사람임이 명백하므로 채권자 대위소송의 구조와 확정판결의 효력 범위에 관해서는 소수설의 입장이 타당하다.

Ⅱ. 채권자 대위소송과 중복제소 금지의 원칙

1. 문제 제기

채권자 대위소송을 둘러싼 여러 가지 문제는 결국 채권자가 자기의 채권을 보전하기 위해서 채무자의 권리를 소송상 행사한다는 점에서 파생되는 것인데, [1] 채무자가 자기의 권리에 관한 소를 제기하여 그 소송이 계속되고 있거나 본안판결이 확정되었는데 채권자가 대위소송을 제기한 경우, [2] 채권자가 대위소송을 제기하여 그 소송이 계속되고 있는데 채무자가 피대위 권리에 관한 소를 제기한 경우, [3] 어떤 채권자가 대위소송을 제기하여 그 소송이 계속되고 있는데 채무자에 대한 다른 채권자가 같은 피대위 권리에 관한 대위소송을 제기한 경우에 그 각 후소가 중복소송에 해당하는지 여부에 관해 다양한 학설과 판례가 형성되어 있다. 이는 그 각 경우의 전소와 후소의 원고가 소송상 청구하는 권리는 모두 채무자가 제3채무자에 대하여 가지는 권리로서 동일하고, 피고는 모두 그 권리에 대한 채무자(제3채무자)로서 동일하지만, 원고를 달리 하고 있는데도 그 각 경우의 후소를 중복소송으로 볼 수 있는지 여부에 관한 문제다. 이하 차례대로 문제를 검토한다.

---

22) 민사소송법 제405조 제1항이 "채권자가 전조 제1항의 규정에 의하여 보전행위 이외의 권리를 행사한 때에는 채무자에게 통지하여야 한다."라고 규정하는 점 참조. 아울러 채권자 대위소송의 원고나 피고가 채무자에게 민사소송법상 소송고지를 할 수도 있다.

2. 검 토

(1) [1]과 관련하여, 채권자가 제기한 후소(채권자 대위소송)는 채무자가 제기한 전소와 동일한 소송이므로 중복제소 금지의 원칙에 저촉되어 부적법하다고 한 판례가 있고($^{대판\ 1981.7.7.}_{80다2751}$), 학설도 이를 수긍하는 것이 다수설이다. 그런데 채무자가 자기 권리(피대위 권리)를 재판상 행사했을 때는 설사 패소판결이 확정되었더라도 채권자는 대위소송의 당사자적격이 없다는 판례도 있다($^{대판\ 2009.3.12.}_{2008다65839\ 등}$). 이는 문제를 중복제소 금지의 원칙과 관련시켜 보지 않고, 민법 제404조 제1항의 해석상 요구되는 '채무자가 채권을 행사하지 않을 것'이라는 대위권 행사 요건을 당사자적격의 문제로 보는 것을 전제로 하는 것인데, 이러한 판례 입장이 타당하다. 이에 대하여 그러한 대위권 행사 요건을 갖추지 못한 채권자 대위소송에 대해서는 청구기각 판결을 해야 한다는 견해가 있으나, '채무자가 채권을 행사하지 않을 것'이라는 요건은 채권자가 대위권을 행사하기 위해 요구되는 요건으로서 대위소송의 적법요건(소송요건)이지 대위권 행사의 대상인 권리(피대위 권리)로서 채권자 대위소송의 소송물인 권리의 발생·변경·소멸과 무관한 요건이므로 이 견해는 타당하지 않다.

(2) [2]와 관련하여, 판례는 채무자가 제기한 후소는 전소인 채권자 대위소송의 중복소송으로서 부적법하다고 보고 있는데($^{대판\ 1995.4.14.}_{94다29256\ 등}$), 이에 동조하는 학설이 다수설이다. 이러한 판례와 학설은 대위소송을 제기한 채권자는 채무자를 위하여 소를 제기한 소송담당자고, 대위소송의 확정판결에 민사소송법 제218조 제3항의 규정이 적용되어 대위소송의 확정판결의 효력이 그대로 채무자에게 미친다는 점을 전제로 해야 타당할 수 있는 견해인데, 민사소송법 제218조 제3항의 적용 범위에 관해서는 판례와 다수설이 다소 제한적인 입장을 취하고 있고, 그러한 입장이 타당하지 않음은 전술한 바와 같다. 따라서 판례와 다수설은 타당하지 않다.

이에 채무자가 채권자 대위소송이 계속중이라는 사실을 알면서 소를 제기한 경우에 한정해서 중복제소의 문제로 처리해야 한다고 보는 견해가 있다. 그러나 이 견해는 판례·다수설과 같이 대위소송을 제기한 채권자를 채무자를 위해 원고가 된 소송담당자로 보는 것을 전제로 하는 견해이므로 타당하지 않다.

한편, 채권자 대위소송의 구조가 제3자의 소송담당이 아니라는 점을 전제로 해서 채무자가 제기한 후소는 전소인 채권자 대위소송의 중복소송이 아니고, 비록 채권자 대위소송이 먼저 계속되었어도 그 소송의 변론종결시를 기준으로 민법 제404조 제1항의 해석상 요구되는 '채무자가 채권을 행사하지 않을 것'이라는 실체법상 대위권의 행사 요건의 구비 여부를 판단하여 채무자가 대위소송 계속중에 그 소송의 피대위 권리에 관한 소를 제기한 것으로 인정되면 전소인 채권자 대위소송을 기각해야 하는 것이지, 채무자의 소송을 중복제소에 해당된다는 이유로 각하해서는 안 된다고 보는 견해가 있다. 기본적으로는 이 견해가 타당하지만, 이 견해가 채권자대위권의 행사 요건인 '채무자가 채권을 행사하지 않을 것'이라는 요건을 대위소송의 적법요건(소송요건)으로 보지 않고 피대위 권리에 관계있는 요건으로 보고 그 요건 불비의 경우에 청구기각 판결을 해야 한다고 보는 것은 타당하지 않다.

결론적으로, 채권자대위권의 행사 요건인 '채무자가 채권을 행사하지 않을 것'이라는 요건을 대위소송의 적법요건(소송요건)으로 보고, 채권자 대위소송의 변론종결시를 표준시로 해서 그 요건의 구비 여부를 판단해야 하며, 그 표준시에 채무자가 제기한 피대위 권리에 관한 후소가 계속중인 사실이 인정되면 전소인 채권자 대위소송이 소송요건을 갖추지 못해 부적법한 것으로 보고 각하판결을 해야 하는 것으로 이해하는 것이 타당하다.

(3) [3]에 관하여, 판례는 뒤에 제기된 채권자 대위소송이 중복소송으로서 부적법하다고 보고 있음(대판 1994.2.8. 93다53092 등)에 대하여, 채권자 대위소송을 하는 것을 채무자가 알았을 때에 다시 다른 채권자가 제기한 대위소송만 중복소송에 해당되는 것으로 보는 견해도 있고, 채권자 대위소송의 소송물은 채권자의 대위권 행사이므로 이 경우는 각기 다른 대위권의 행사로서 소송물이 다르므로 중복소송에 해당되지 않는 것으로 보는 견해도 있다.

그러나 대위소송을 제기하는 채권자를 채무자를 위하여 원고가 된 소송담당자가 아니라 자기 채권을 보전하기 위하여, 즉 자기를 위하여 채무자의 권리를 청구하는 소를 제기한 당사자로 보고, 채무자에 대한 여러 채권자가 각자 제기한 대위소송은 당사자가 동일하지 않아 뒤에 제기된 대위소송도 중복소송에 해당되지 않는 것으로 보는 것이 타당하다. 이렇게 복수의 채권자 대위소송을 허용하는 경우 예상되는 판결의 모순 · 저촉 등의 문제는 소송의 이송, 변론의 병합을 통해 사건을 (유사)필수적 공동소송의 형태로(대판 1991.12.27. 91다23486 참조) 처리해서 해결해야 할 것이다.

3. 유사 문제에 관한 판례

(1) 채권자 취소소송과 중복제소 금지의 원칙

판례는 채권자 A가 제기한 채권자 취소소송이 계속되고 있는 중에 다른 채권자 B가 동일한 사해행위에 대해서 채권자 취소소송을 제기한 경우에 후소는 중복제소가 아니라고 본다(대판 2005.11.25. 2005다51457 등). 채권자 취소소송을 제기한 각 채권자는 채무자의 권리를 행사하는 것이 아니라 자기 고유의 권리를 행사하는 것이라는 점을 이유로 한다. 채권자 취소소송을 하는 채권자를 채권자 대위소송의 경우와 달리 채무자를 위한 소송담당자로 볼 여지가 없으므로 판례의 입상은 타당하다. 다만, 이미 소송계속중인 채권자 취소소송과 동일한 사해행위에 대해서 동일한 채권자가 피보전 권리를 달리 하여 다시 제기한 채권자 취소소송은 중복제소에 해당한다(대판 2012.7.5. 2010다80503). 전소와 후소 중 어느 하나가 승계참가 신청에 의해 이루어진 경우에도 같다. 채권자 취소소송의 소송물은 사해행위의 취소와 대상 재산의 원상회복이고, 채권자의 피보전 채권은 공격방법에 불과하므로 전소와 후소를 동일한 소송으로 봐야 하기 때문이다.

(2) 추심의 소와 중복제소 금지의 원칙

채무자가 제3채무자를 상대로 제기한 이행의 소가 계속중에 압류 채권자가 제3채무자를 상대로 같은 권리에 대한 추심의 소를 제기하는 것은 중복제소에 해당되지 않는다고 하는데 $\left(\begin{smallmatrix}대판\ 2013.12.18,\\2013다202120\end{smallmatrix}\right)$, 추심의 소와 채권자 대위소송이 별 차이가 없는데도 채권자 대위소송의 경우와 달리 보는 것은 문제라는 지적이 있다.

Ⅲ. 해답 제시

전술한 판례와 다수설에 따르면 乙, 丙, 丁이 제기한 (1), (2), (3)의 소와 乙이 제기한 (4)의 소가 계속되고 있는 중에 甲이 제기한 소는 모두 중복제소 금지의 원칙에 저촉되어 부적법한 소로 봐야 할 것이지만, 그 각 후소가 대위 소송 요건의 흠결이나 소의 이익 등 다른 소송요건의 흠결을 이유로 부적법하게 되는 것은 별론으로 하고, 그 각 후소는 모두 중복제소 금지의 원칙에 저촉되지 않는 것으로 보는 것이 타당하다.

※ 주의: 출제자의 견해와 소수설을 참고해서 판례와 다수설의 입장을 숙지할 것.

문제 **3**

Ⅰ. 채권자 대위소송과 중복제소 금지의 원칙 : 〈문제 2〉에 관한 해설 참조

Ⅱ. 부동산에 관한 등기청구 사건의 소송물에 관한 판례

1. 말소등기청구 사건

"말소등기 청구사건의 소송물은 당해 등기의 말소등기청구권이고, 그 동일성 식별의 표준이 되는 청구원인, 즉 말소등기청구권의 발생원인은 당해 '등기원인의 무효'라 할 것이며, 등기원인의 무효를 뒷받침하는 개개의 사유는 독립된 공격방어방법에 불과하여 별개의 청구원인을 구성한다고 볼 수 없다."$\left(\begin{smallmatrix}대판\ 1999.9.17,\ 97다54024\ 등;\ 대판\\2011.7.14,\ 2010다107064\ 비교\ 참조.\end{smallmatrix}\right)$. 따라서 원고가 어떤 등기가 원인무효임을 주장하여 그 등기의 말소등기를 청구하는 이상 그 등기의 무효 사유를 다르게 주장하더라도 그것은 소송물을 달리 하는 것이 아니라 공격방법을 달리 하는 것에 불과한 것이다.

2. 진정명의 회복을 위한 소유권이전등기청구 사건

"진정한 등기명의의 회복을 위한 소유권이전등기청구는 이미 자기 앞으로 소유권을 표상

하는 등기가 되어 있었거나 법률에 의하여 소유권을 취득한 자가 진정한 등기명의를 회복하기 위한 방법으로 현재의 등기명의인을 상대로 그 등기의 말소를 구하는 것에 갈음하여 허용되는 것인데, 말소등기에 갈음하여 허용되는 진정명의 회복을 원인으로 한 소유권이전등기청구권과 무효등기의 말소청구권은 어느 것이나 진정한 소유자의 등기명의를 회복하기 위한 것으로서 실질적으로 그 목적이 동일하고, 두 청구권 모두 소유권에 기한 방해배제청구권으로서 그 법적 근거와 성질이 동일하므로, 비록 전자는 이전등기, 후자는 말소등기의 형식을 취하고 있다고 하더라도 그 소송물은 실질상 동일한 것으로 보아야 하고, 따라서 소유권이전등기말소청구소송에서 패소 확정판결을 받았다면 그 기판력은 그 후 제기된 진정명의 회복을 원인으로 한 소유권이전등기청구소송에도 미친다."$\binom{\text{대판(전) 2001.}}{\text{9.20. 99다37894}}$.

3. 소유권이전등기청구 사건

통상의 소유권이전등기청구 사건에서는 매매와 취득시효 완성 등과 같이 등기원인을 달리하는 경우에 그것은 단순히 공격방법의 차이에 불과한 것이 아니고 등기원인별로 별개의 소송물로 인정된다. 따라서 등기청구권의 발생 원인을 처음에는 매매로 주장했다가 뒤에 취득시효의 완성을 선택적으로 추가하는 것은 단순한 공격방법의 추가가 아니라 별개의 청구를 추가한 것이므로 청구의 추가적 변경에 해당한다$\binom{\text{대판 1997.4.11.}}{\text{96다50520 등}}$.

한편, 취득시효의 완성으로 인한 소유권이전등기청구 사건에서 원고가 대상 부동산을 대물변제 받았다고 주장하는 것과 증여를 받았다고 주장하는 것은 그 부동산을 소유의 의사로 점유한 것인지 여부를 판단하는 기준이 되는 점유취득 권원의 성질에 관한 주장으로서 공격방법의 차이에 불과하다$\binom{\text{대판 1994.4.15.}}{\text{93다60120}}$.

Ⅲ. 해답 제시

A 소와 B 소가 동일한 소로서 B 소가 중복제소 금지의 원칙에 저촉되는지가 문제된다.

먼저, 乙을 대위해서 A 소(채권자 대위소송)을 제기한 甲과 B 소를 제기한 乙이 당사자의 동일성 요건을 충족하는지가 문제되는데, 판례는 이에 관해 긍정하는 입장이다.[23]

다음으로, 甲이 X 토지에 관해 丙 앞으로 마친 소유권이전등기가 원인무효라고 주장하면서 말소등기청구를 하는 것과 乙이 그 등기가 원인무효라고 주장하면서 진정명의 회복을 위한 소유권이전등기청구를 하는 것이 청구의 동일성 요건을 충족하는지가 문제되는데, 판례는 말소등기청구 사건의 소송물과 진정명의 회복을 위한 소유권이전등기청구 사건의 소송물은 같고, 말소 대상인 소유권이전등기의 원인무효 사유를 다르게 주장하는 것은 청구를 다르게

---

23) 〈문제 2〉에 관한 해설 참조.

만드는 것이 아니라는 입장이므로 甲과 乙이 A 소와 B 소에서 X 토지에 관해 丙 앞으로 경료된 소유권이전등기의 원인무효 사유를 다르게 주장했더라도 A 소 청구와 B 소 청구는 동일성이 인정된다.

따라서 B 소는 A 소와 같은 소로서 중복제소 금지의 원칙에 저촉되는 재소(再訴)에 해당되므로 B 소의 수소법원은 판결로 그 소를 각하해야 한다.

기본 사실관계

乙은 甲에게 '가죽 옷 구입에 돈이 모자라니 1억 8천만 원을 주면 2주일 후에 2,000만 원을 더해서 2억 원을 주겠다'고 하였다. 甲은 乙에게 1억 8천만 원을 주었다. 乙은 위 1억 8천만 원으로 가죽 옷을 구매하여 의류매장을 가지고 의류 생산·납품·판매업체를 운영하는 丙에게 납품하였다. 丙은 원래 乙이 납품한 가죽 옷을 일본의 거래처에 납품하려고 하였으나, 제품에 흠이 있어 납품하지 못하고 국내에서 처분하기로 하였다. 그런데 위 가죽 옷 판매가 잘 이루어지지 않아 丙이 乙에게 물품대금을 지급하지 못하였고, 乙도 甲에게 돈을 돌려주지 못하였다.

〈소송의 경과〉

甲은 乙을 상대로 1억 8천만 원의 대여금 청구소송(이하 '이 사건 소송')을 제기하였다.

문제 1

乙은 교통사고로 당한 부상으로 말미암아 거동하기 힘들어 올해 2월에 국내 로스쿨을 졸업하고 같은 해 4월 발표의 변호사시험에 합격은 하였지만, 아직 (6개월 이상 수습기간을 거치도록 한 변호사법 규정에 따른) 실무수습 중인 같이 살고 있는 미혼의 아들 S를 소송대리인으로 선임하여 이 사건 소송을 진행하고자 한다. 이에 대한 규율을 설명하시오. (20점)

[참고] **민사 및 가사소송의 사물관할에 관한 규칙**

제2조(지방법원 및 그 지원 합의부의 심판범위) 지방법원 및 지방법원지원의 합의부는 소송목적의 값이 2억원을 초과하는 민사사건 및 민사소송등인지법 제2조제4항의 규정에 해당하는 민사사건을 제1심으로 심판한다. 다만, 다음 각호의 1에 해당하는 사건을 제외한다.
　1. 수표금·약속어음금 청구사건
　2. 은행·농업협동조합·수산업협동조합·축산업협동조합·산림조합·신용협동조합·신

용보증기금 · 기술신용보증기금 · 지역신용보증재단 · 새마을금고 · 상호저축은행 · 종합금
융회사 · 시설대여회사 · 보험회사 · 신탁회사 · 증권회사 · 신용카드회사 · 할부금융회사 또
는 신기술사업금융회사가 원고인 대여금 · 구상금 · 보증금 청구사건

3. 자동차손해배상보장법에서 정한 자동차 · 원동기장치자전거 · 철도차량의 운행 및 근로
자의 업무상재해로 인한 손해배상 청구사건과 이에 관한 채무부존재확인사건

4. 단독판사가 심판할 것으로 합의부가 결정한 사건

제4조(고등법원의 심판범위) 고등법원은 다음 각호의 1에 해당하는 사건에 대한 지방법원 단
독판사의 제1심 판결 · 결정 · 명령에 대한 항소 또는 항고사건을 심판한다. 다만, 제2조 각
호의 1에 해당하는 사건을 제외한다.

1. 소송목적의 값이 제소 당시 또는 청구취지 확장(변론의 병합 포함) 당시 1억원을 초과한
민사소송사건

2. 제1호의 사건을 본안으로 하는 민사신청사건 및 이에 부수하는 신청사건

문제 2

甲의 소 제기 전에 이미 乙이 사망하였음에도 법원이 이를 간과하고 그대로 본안판결을 한 경우
에 이 사건 소송에 의해 위 1억 8천만 원 대여금채권에 대하여 시효중단의 효력이 있는가? (10
점)

문제 3

이 사건 소송에서 '乙은 甲에게 1억 8천만 원을 지급하라'는 甲 승소판결이 선고되었고, 이에 대
하여 乙이 항소하였다. 항소심 진행중, 乙이 1억 8천만 원을 한 달 이내에 꼭 갚겠다고 약속하므
로 甲은 소를 취하하였다. 그러나 약속한 한 달이 지나도 乙은 1억 8천만 원을 주지 않았다. 이
경우에 甲은 乙을 상대로 다시 위 1억 8천만 원의 지급을 구하는 소를 제기할 수 있는가? (20점)

〈소송의 경과〉

甲은 乙을 상대로 1억 8천만 원의 대여금 청구소송(이하 '이 사건 소송')을 제기하였다. 이 사
건 소송의 제1심 변론 과정에서 이를 주위적 청구로 변경하고 사기로 인한(甲이 乙에게 기망당
하여 위 1억 8천만 원을 지급하였다는 취지의 주장) 불법행위 손해배상 청구를 예비적 청구로 추
가하였다.

문제 4

위와 같은 추가 청구로 위 소송의 사물관할에 변동이 생기는가? (10점)
[참고] 위 1. 민사 및 가사소송의 사물관할에 관한 규칙을 참고하시오.

문제 5

제1심 법원은 甲이 위 1억 8천만 원을 의류매장을 운영하고 있는 丙에게 전달해 달라는 취지로 乙에게 준 것에 불과하다고 보아 이 사건 주위적 청구를 기각하는 한편, 乙은 丙을 끌어 들여 (乙 자신이 위 금원으로 가죽 옷을 구입하여 丙에게 공급한다는 사실을 숨기고) 마치 丙이 위 금원으로 직접 가죽 옷을 구입하여 판매하는 것처럼 가장하여 甲으로부터 위 1억 8천만 원을 받은 것인바, 이러한 乙의 행위는 불법행위에 해당하므로, 乙은 이로 인해 甲이 입은 위 1억 8천만 원 손해를 배상할 책임이 있다고 보아 위 예비적 청구를 인용하였다. 이 판결에 乙만이 항소하였다. 그런데 항소심 심리결과 제1심 판결과 달리, 위 1억 8천만 원의 차용 주체는 乙이고, 乙의 기망에 의한 불법행위가 인정되지 아니한다는 심증이 들었다. (위 甲의 청구를 원고의 의사에 따라 예비적 병합으로 볼 경우) 항소심 법원은 어떠한 판결을 하여야 하는가? (25점)

문제 6

위 판결(위 甲의 청구를 원고의 의사에 따라 예비적 병합으로 보고, 실무의 입장에서 선고된 판결임을 전제로 함)에 대하여 상고가 있었다. 상고심에서는, 객관적 병합의 형태는 당사자의 의사가 아닌 병합청구의 성질을 기준으로 판단하여야 한다고 보아 위 판결을 파기하고 항소심에 환송하였다. 환송된 법원은, 甲은 乙에게 가죽 옷 구입자금 명목으로 1억 8천만 원을 (乙 자신이 위 금원으로 가죽 옷을 구입하여 丙에게 공급한다는 사실을 숨긴 乙의 기망에 의한 불법행위가 아니라) 빌려준 것으로, 빌린 사람 자체가 乙이라는 판단이 든다면 어떠한 판결을 하여야 하는가? (15점)

해 설

문제 1

Ⅰ. 소송대리인의 자격 - 변호사대리의 원칙

민사소송에 있어서 원칙적으로 법률에 따라 재판상 행위를 할 수 있는 대리인 외에는 변호사(법무법인 포함)가 아니면 소송대리인이 될 수 없다($^{제87}_{조}$).

Ⅱ. 변호사시험 합격과 소송대리권

변호사시험에 합격한 자는 변호사의 자격이 있다($^{변호사법 제}_{4조 제3호}$). 그런데 이에 따른 변호사는 6개월 이상 법률사무에 종사하거나 연수를 마치지 아니하면 단독으로 법률사무소를 개설하거나 법무법인, 법무법인(유한) 및 법무조합의 구성원이 될 수 없다($^{동법 제21조}_{의2 제1항}$).

그리고 위 제4조 제3호에 따른 변호사는 법률사무종사기관에서 통산하여 6개월 이상 법률사무에 종사하거나 연수를 마치지 아니하면 사건을 단독 또는 공동으로 수임[제50조 제1항, 제58조의16 또는 제58조의30에 따라 법무법인·법무법인(유한) 또는 법무조합의 담당변호사로 지정하는 경우를 포함한다]할 수 없다($^{동법 제31조}_{의2 제1항}$).

Ⅲ. 소송대리인 자격의 예외 - 변호사대리 원칙의 예외

단독판사가 심리·재판하는 사건 가운데 그 소송목적의 값이 일정한 금액 이하인 사건에서, 당사자와 밀접한 생활관계를 맺고 있고 일정한 범위 안의 친족관계에 있는 사람 또는 당사자와 고용계약 등으로 그 사건에 관한 통상사무를 처리·보조하여 오는 등 일정한 관계에 있는 사람이 법원의 허가를 받은 때에는 위 제87조 변호사대리의 원칙을 적용하지 아니한다($^{제88조}_{제1항}$).

여기서 법원의 허가를 받을 수 있는 사건의 범위, 대리인의 자격 등에 관한 구체적인 사항은 대법원규칙으로 정한다($^{제88조}_{제2항}$).

민사소송법의 위임에 따라 민사소송규칙에서는 비변호사의 소송대리가 허용되는 사건의 범위를 단독판사가 심리·재판하는 사건으로서 민사 및 가사소송의 사물관할에 관한 규칙 제2조 각호에 해당하는 사건, 이에 해당하지 않는 사건으로서 민사 및 가사소송의 사물관할에 관한 규칙 제4조 각호에 해당하지 아니하는 사건으로 규정하고 있다($^{민사소송규칙}_{제15조 제1항}$).

그리고 법원의 허가를 받아 소송대리인이 될 수 있는 사람의 자격에 대하여 민사소송규칙은 당사자의 배우자 또는 4촌 안의 친족으로서 당사자와의 생활관계에 비추어 상당하다고 인정되는 경우 등을 규정하고 있다(민사소송규칙 제15조 제2항 제1호).**24)** 여기서 배우자 등이 법정대리인이 아님을 주의하여야 한다.

허가신청의 방식은 서면으로 하여야 한다(민사소송규칙 제15조 제3항).

그리고 허가가 있은 뒤 사건이 청구취지 확장이나 변론의 병합으로 소송목적의 값이 1억 원을 초과하게 된 경우에는 법원이 허가를 취소하고(이 경우는 의무적 취소), 이 경우에 새로운 소송대리인을 선임하거나 본인이 소송을 수행할 수 있도록 그 취지를 당사자 본인에게 통지하여야 한다(민사소송규칙 제15조 제4항).

IV. 사안의 검토

같이 살고 있는 미혼의 아들 S는 변호사시험에 합격하였지만, 현재로서는 아직 소송대리권이 없다 할 것이다. 다만, 단독판사가 심리·재판하는 사건으로서 예외적으로 소송대리인이 될 수 있는지 여부 관련하여, 원고의 아들 S는 밀접한 생활관계를 맺고 있고 일정한 범위 안의 친족관계에 있는 사람으로 법원의 허가를 받아 소송을 수행할 수 있는 듯이 보인다(제88조 제1항).

한편, 사안의 대여금 청구소송은 소송목적의 값이 1억 8천만 원으로, 단독사건이지만(2015년 민사 및 가사소송의 사물관할에 관한 규칙의 개정이 있었다), 민사 및 이 가사소송의 사물관할에 관한 규칙 제4조 제1호에 해당하여 변호사대리의 원칙의 예외가 인정되는 사건(민사소송규칙 제15조 제1항 참조)이 아니다.

결국, 乙은 아들 S를 소송대리인으로 선임하여 이 사건 소송을 진행할 수 없다.

문제 ❷

I. 사자명의소송

제소 전 또는 소송계속 발생(일반적으로 피고에게의 소장부본 송달시) 전에 원고 또는 피고로 표시된 사람이 사망하였음에도 불구하고 소장이 별도의 사람에 의하여 수령되어 외관상 소송계속이 발생하고 소송절차가 진행되는 경우가 있다. 실제로는 사자의 상속인이 사자명의로 소송행위를 하거나 또는 수계를 한 뒤에 소송행위를 하는 것에 의하여 이러한 상황이 생길 수

---

24) 한편, 소송목적의 값 2,000만 원 이하의 소액사건의 제1심에서는 당사자의 배우자, 직계혈족, 형제자매는 따로 법원의 허가가 없어도 소송대리인이 될 수 있다(소액사건심판법 제8조).

있다. 이를 이른바 사자명의소송이라고 한다.

Ⅱ. 소의 제기와 시효중단의 효력

소의 제기에는 민법 그 밖의 실체법에 의하여 시효중단$\binom{\text{민법 제168조, 제247}}{\text{조 제2항, 제248조}}$의 효과가 부여되고 있다. 소제기의 효과의 발생과 소멸은 반드시 소송계속과 일치하는 것은 아니고, 예를 들어 시효중단의 효과는 소를 제기한 때(소장제출시)에 발생한다$\binom{\text{제265}}{\text{조}}$.

Ⅲ. 사자명의소송을 간과한 판결의 효력

법원이 사자임을 간과하고 그대로 본안판결을 하였을 때에 표시설에서는 사자가 당사자가 되며, 그렇다면 사자를 당사자로 한 판결은 당연무효이다. 왜냐하면 사자는 실체법상 권리능력을 가지지 못하여 사자를 권리의무의 귀속주체로 하는 판결내용은 분명히 실체법에 어긋나고 그러한 판결은 무효이기 때문이다. 판례도 마찬가지이다.25)

그리고 이러한 경우에 애초부터 소의 제기에 따른 시효중단의 효력도 없다. 판례도 "이미 사망한 자를 피고로 하여 제기된 소는 부적법하여 이를 간과한 채 본안 판단에 나아간 판결은 당연무효로서 그 효력이 상속인에게 미치지 않고, 채권자의 이러한 제소는 권리자의 의무자에 대한 권리행사에 해당하지 않으므로, 상속인을 피고로 하는 당사자표시정정이 이루어진 경우와 같은 특별한 사정이 없는 한, 거기에는 애초부터 시효중단 효력이 없어 민법 제170조 제2항이 적용되지 않는다고 봄이 타당하고, 법원이 이를 간과하여 본안에 나아가 판결을 내린 경우에도 마찬가지라고 보아야 한다."라고 판시한 바 있다$\binom{\text{대판 2014.2.27.}}{\text{2013다94312}}$.26)

Ⅳ. 사안의 검토

애초부터 소의 제기에 따른 시효중단의 효력이 없다.

---

25) 당사자가 소제기 이전에 이미 사망한 사실을 간과한 채 본안판단에 나아간 원심판결은 당연무효라 할 것이나, 민사소송이 당사자의 대립을 그 본질적 형태로 하는 것임에 비추어 사망한 자를 상대로 한 상고는 허용될 수 없다 할 것이므로, 이미 사망한 자를 상대방으로 하여 제기한 상고는 부적법하다(대판 2000.10.27. 2000다33775). 원래 재심의 소는 종국판결의 확정력을 제거함을 그 목적으로 하는 것으로 확정된 판결에 대하여서만 제기할 수 있는 것이므로 소송수계 또는 당사자표시정정 등 절차를 밟지 아니하고 사망한 사람을 당사자로 하여 선고된 판결은 당연무효로서 확정력이 없어 이에 대한 재심의 소는 부적법하다(대판 1994.12.9. 94다16564).

26) 나아가 이미 사망한 자를 피고로 하여 제기된 소가 민법 제174조에 규정된 '최고'에 해당한다고도 볼 수 없다.

문제 ③

Ⅰ. 소의 취하

소의 취하는, 원고가 법원에 대하여 소의 전부 또는 일부를 철회하는 의사표시로, 소송행위이다. 원고는 소송계속중, 즉 확정판결에 이르기까지 소를 취하할 수 있다($\frac{제266조}{제1항}$). 종국판결선고 뒤에도 소를 취하할 수 있고, 상급심에서도 소를 취하할 수 있다.

소의 취하에 의하여 소는 처음부터 계속되지 않았던 것으로 본다($\frac{제267조}{제1항}$). 그 결과 그 소송에서의 당사자의 소송행위도 법원의 소송행위도 모두 효력이 없게 된다. 종국판결선고 뒤의 소의 취하라면 이미 행한 판결도 실효된다.

Ⅱ. 재소금지

소의 취하에 의하여 소송계속이 소급적으로 소멸하므로 뒤에 다시 동일한 내용의 소를 제기하는 것은 본래 무방하다.

그러나 한편, 소의 취하 뒤에 자유롭게 다시 동일한 내용의 소를 제기할 수 있다는 태도를 완전히 관철하면, 법원이 그 때까지 심리를 위하여 기울인 노력은 수포로 돌아가게 된다.[27] 그리하여 법원이 나름 본안에 대한 종국판결에 의한 해결을 부여하였는데도 그 뒤에 만연히 소의 취하에 의하여 그 판결을 무위로 돌리려는 경우에는 재소가 금지된다($\frac{제267조}{제2항}$).

재소가 금지되는 요건으로는 우선 ① 재소가 전소와 동일한 소인 것을 들 수 있다. 여기서 동일한 소라고 하려면 당사자의 동일, 소송물의 동일을 전제로 하고, 나아가 소를 취하한 때와 비교하여 재소를 제기하는 때에 재소를 필요로 하는 사정의 동일성(권리보호의 이익 내지는 필요성의 동일)까지 요구된다. 그리고 ② 본안에 관한 종국판결 뒤의 소의 취하인 것을 들 수 있다. 따라서 소송판결인 소각하판결에 대하여는 재소금지의 적용이 없다.

Ⅲ. 권리보호의 이익 내지는 필요성이 있는 때

사안과 같이 전소 취하의 전제조건인 약정사항을 지키지 않음으로써 그 약정이 해제 또는 실효되는 사정변경이 생긴 경우와 같이 재소를 정당화할 만한 새로운 권리보호이익 내지는 필요성이 있는 때에는 가령 신소가 구소와 당사자와 소송물이 동일한 경우라도 재소는 금지

---

27) 법원의 노력을 무위로 돌리지 않으려고 한다면 본안에 관한 종국판결 뒤는 직접 소취하를 금지하는 쪽이 (본안의 종국판결 뒤에 소취하를 금지하지는 않지만, 소취하 뒤의 재소를 금지하는) 보다 철저하고 입법기술상으로도 간명하여 적용상의 문제가 적다는 주장 등이 있다.

되지 않는다고 할 것이다$\left(\substack{\text{대판 1993.8.24,} \\ \text{93다22074}}\right)$.

Ⅳ. 사안의 검토

약속한 한 달이 지나도 乙이 1억 8천만 원을 주지 않았기 때문에 재소가 전소와 동일하더라도 甲은 乙을 상대로 다시 위 1억 8천만 원의 지급을 구하는 소를 제기할 수 있다.

한편, 소의 취하가 있으면, 소송계속이 소급적으로 소멸되고, 처음부터 소가 제기되지 않았던 것이 되므로 甲이 다시 한 번 乙에 대하여 위 1억 8천만 원의 지급을 구하는 소를 제기하더라도 중복제소의 문제$\left(\substack{\text{제259} \\ \text{조}}\right)$는 생기지 않는다는 것을 주의하라.

문제 ④

Ⅰ. 사물관할의 의의

지방법원 단독판사와 합의부 사이에서 제1심 소송사건의 분담을 정한 것을 사물관할이라 한다. 같은 지방법원 내이더라도 합의부와 단독판사 사이의 재판권 분담은 사건배당의 문제가 아니라 관할의 문제가 되는 것이다.

제1심 법원으로서 지방법원 및 그 지원의 심판은 단독판사에 의함을 원칙으로 하고 있으므로, 합의부 심판사건 이외의 모든 사건은 단독판사가 심판하게 된다.

소송목적의 값에 의하여 관할을 정하는 사물관할의 경우에 그 값은 소로 주장하는 이익을 기준으로 계산하여 정한다$\left(\substack{\text{제26} \\ \text{조}}\right)$.

사물관할에 있어서 소송목적의 값[訴價]이 2억 원을 넘지 않으면(이하) 단독판사가 담당한다. 소송목적의 값이 2억 원을 초과하면, 수표금·약속어음금 청구사건 등을 제외하고 지방법원 및 지방법원지원의 합의부가 제1심으로 심판한다$\left(\substack{\text{민사 및 가사소송의 사물} \\ \text{관할에 관한 규칙 제2조}}\right)$.

한편, 소송목적의 값의 산정은 제소시를 기준으로 산정하는데$\left(\substack{\text{민사소송 등 인} \\ \text{지규칙 제7조}}\right)$, 단독판사의 심리 중 원고의 청구취지의 확장에 의하여 소송목적의 값이 2억 원을 초과하게 되는 때에는 관할위반의 문제가 생기므로 만약 변론관할$\left(\substack{\text{제30} \\ \text{조}}\right)$이 생기지 않았으면 사건을 합의부로 이송하여야 한다$\left(\substack{\text{제34조} \\ \text{제1항}}\right)$.

Ⅱ. 소의 추가적 변경에 따른 후발적 예비적 병합

사안은 소의 추가적 변경에 의해 후발적 (원고의 의사에 따른) 예비적 병합이 발생하였다. 소의 변경은 최초의 소에 의하여 개시된 소송절차를 이용하여 원고가 소송계속중에 청구의 취지 또는 원인을 바꾸어 동일 피고에 대한 심판의 대상(소송물)을 변경하는 것을 말한다$\binom{제262}{조}$. 그리고 애초의 청구를 유지하면서 신청구에 대하여도 심판을 구하는 경우가 소의 추가적 변경이다. 소의 추가적 변경에서 당초의 청구와 신청구가 병합심리되므로 청구의 후발적 병합에 해당되어 소의 객관적 병합요건$\binom{제253}{조}$이 필요하다. 사안에서 소의 변경$\binom{제262}{조}$ 및 객관적 병합$\binom{제253}{조}$의 요건이 특별히 문제되는 점은 없다. 소의 추가적 변경에 의하여 성립하는 병합의 태양은 단순병합, 예비적 병합, 선택적 병합이 되는데, 사안은 (일단 원고의 의사에 따른) 예비적 병합이다.

Ⅲ. 소송목적의 값의 산정 - 합산의 원칙과 중복청구의 흡수주의

제소시를 기준으로$\binom{제33}{조}$ 산정한 소송목적의 값에 의하여 사물관할이 정하여진다$\binom{제26}{조}$. 소송목적의 값의 산정은 제소시를 기준으로 산정한다$\binom{민사소송 \ 등 \ 인}{지규칙 \ 제7조}$.

청구를 병합한 경우의 소송목적의 값은 모두 합산되는데$\binom{제27조 \ 제1항, \ 민사소송}{등 \ 인지규칙 \ 제19조 \ 참조}$, 후발적 병합의 경우라도 청구의 값을 합산하여 소송목적의 값이 단독판사의 사물관할인 그 값이 2억 원을 초과하고, 만약 변론관할$\binom{제30}{조}$이 생기지 않았으면, 사건을 합의부로 이송하게 된다$\binom{제34조}{제1항}$.

그런데 청구의 병합에 있어서 단순병합 이외에 예비적 또는 선택적 병합의 경우는 경제적 이익이 같거나 중복되기 때문에 소송목적의 값의 산정에 있어서 합산이 아니라 중복청구의 흡수주의에 따른다$\binom{민사소송 \ 등 \ 인지}{규칙 \ 제20조 \ 참조}$. 보증인과 주채무자 또는 여러 연대채무자에 대한 청구의 병합 등도 그러한 예이다.

Ⅳ. 사안의 검토

사안과 같이 예비적 병합에 있어서 여러 청구가 목적으로 하는 경제적 이익이 공통(불법행위 손해배상청구는 경제적 이익이 공통)한다면 소송목적의 값은 합산하지 않고, 흡수되어 단일한 경제적 이익으로서 소가가 산정된다. 따라서 후발적 예비적 병합이 있더라도 제소시의 단독판사의 사물관할에 변동이 생기지 않는다.

문제 5

Ⅰ. 주위적 청구가 기각되고, 예비적 청구가 인용된 때에 피고만이 항소한 경우 항소심에서의 심리

1. 항소의 이익

주위적 청구가 기각되고, 예비적 청구가 인용된 때에 주위적 청구기각판결에 대하여는 원고가, 예비적 청구인용판결에 대하여는 피고가 각각 항소의 이익을 가진다. 사안은 피고만이 항소한 경우이다.

2. 항소의 효력

항소제기에 의하여, 우선 청구 전체가 확정이 차단되고 항소심에 이심되고 있는지 여부가 문제되는데, 원칙적으로 확정의 차단 및 이심의 효력은 제1심에서 판단된 '전부의 사항'에 대하여 발생하므로(상소불가분의 원칙) 항소가 있으면 청구 전체가 항소심에 이심되고 확정이 차단된다.[28]

3. 항소심에서의 심리

항소제기에 의한 이심의 효력은 당연히 사건 전체에 미치지만, 항소심의 심판범위는 불복신청한 범위에 한정된다. 불복신청하고 있지 않은 부분에 대하여 당사자는 변론을 할 수 없고 $\binom{제407조}{제1항}$, 항소심 법원도 불복신청이 없는 부분에 대하여 원판결의 판단을 변경할 수가 없으며, 원판결의 변경을 청구하는 부분에 대하여만 심판을 할 수 있다$\binom{제415조 본문=불이}{익변경금지의 원칙}$.

Ⅱ. 항소심이 제1심 판결과 달리, 예비적 청구가 이유 없다는 결론에 도달한 경우

1. 쟁 점

여기서 문제되는 사안은 주위적 청구기각, 예비적 청구인용에 대하여 피고만이 항소한 경우로, 항소심에서 제1심 판결을 유지할 때에는 항소기각의 판결을 하면 되고, 특별한 문제는 생기지 않는다. 그렇지만 항소심이 제1심 판결과 달리 예비적 청구가 이유 없다는 결론에 도

---

[28] 따라서 피고가 항소심의 변론에서 원고의 주위적 청구를 인낙하여 그 인낙이 조서에 기재되면 그 조서는 확정판결과 동일한 효력이 있는 것이고, 그 인낙으로 인하여 주위적 청구의 인용을 해제조건으로 병합심판을 구한 예비적 청구에 관하여는 심판할 필요가 없어 사건이 그대로 종결되는 것이다(대판 1992.6.9, 92다12032).

달한 경우(바꾸어 말하면 원고의 주위적 청구를 인용할 수 있는 경우)에 대하여는 좀 더 살펴볼 필요가 있다.

2. 학 설

(1) 통 설

통설(상소필요설)은 제1심에서 기각된 주위적 청구에 대하여 원고의 불복신청이 없는 이상, 주위적 청구는 항소심의 심판의 대상이 되지 않는다고 한다.[29] 항소심의 심판대상은 당사자가 불복신청한 범위에 의하여 정하여지는 것이 원칙인데(처분권주의), 주위적 청구를 인용하는 것은 피고에 대하여는 불이익변경금지의 원칙에 어긋나는 것이 되기 때문이다. 원고는 주위적 청구에 대하여 항소심의 심판을 바란다면 부대항소($^{제403}_{조}$)를 하여야 한다고 한다.

따라서 이러한 입장에서는 예비적 청구가 이유 없다는 결론에 도달한 경우에 원고의 항소도, 나아가 부대항소도 없다면, (피고의 항소가 인용되어) 항소심에서 (제1심에서 인용된) 예비적 청구 부분을 취소하고, 그 부분을 기각하는 판결을 하여야 한다(원판결 가운데 예비적 청구에 관한 부분[=피고 패소 부분]을 취소한다. 원고의 예비적 청구[=위 취소 부분]를 기각한다는 판결주문이 된다). 그 결과 원고의 주위적 청구, 예비적 청구 모두 기각되게 된다.

(2) 반대설

이에 대하여 반대설(상소불요설)은 제1심에서 인용된 예비적 청구를 항소심에서 뒤집어 예비적 청구를 기각하여야 할 결론에 이른 경우에는 주위적 청구가 인용될 가능성이 크고, 그렇다면 이러한 경우에 원고에게 부대항소를 하지 않은 자기책임을 엄격하게 하는 것에 문제가 없지 않은가? 양 청구가 표리의 관계에 있는 것을 중시하여 주위적 청구와 예비적 청구를 통일적으로 판단하여 어느 쪽이라도 인정되었으면 하고 소를 제기하는 것이 원고의 의사이고, 이러한 의사가 받아들여져 청구의 예비적 병합이 허용되는 것이다. 따라서 원고는 주위적 청구기각판결에 대하여 형식적인 불복신청을 하지 않았더라도 이미 실질적인 불복을 하고 있는 것이다. 이 실질적 불복에 기하여 주위적 청구도 항소심에서 심판의 대상이 된다고 보아야 한다(제1심판결 취소, 주위적 청구 인용판결을 할 수 있다).[30] 제1심에서 예비적 청구가 인용된 것으로 만족한 원고에 대하여 주위적 청구기각판결에 대한 불복신청을 강제하는 것은 타당한 처

---

29) 강현중, 민사소송법, 2002, 363면; 김용진, 민사소송법, 2006, 810면; 김일룡, 민사소송법강의, 2013, 863면; 김홍엽, 민사소송법, 2013, 870면; 송상현·박익환, 민사소송법, 2014, 609면; 이시윤, 신민사소송법, 2013, 668면; 정동윤·유병현, 민사소송법, 2014, 894면; 정영환, 신민사소송법, 2009, 728면; 호문혁, 민사소송법, 2011, 791면.
30) 이러한 입장을 원고의사설이라고 할 수 있다. 또는 피고로부터의 항소에 대하여 원고가 하는 항소기각의 신청에 예비적 청구가 기각되는 경우에는 제1심판결의 주위적 청구 기각 부분도 취소하여 그 인용판결을 구한다는 의사(예비적 부대항소)를 포함하는 것으로 해석하는 입장이다(예비적 부대항소 간주설이라고 할 수 있다).

리라고 할 수 없다고 한다.[31]

(3) 판 례

판례는 위 통설과 마찬가지로, 항소제기에 의한 이심의 효력은 당연히 사건 전체에 미쳐 주위적 청구에 관한 부분도 항소심에 이심되는 것이지만, 항소심의 심판범위는 이에 관계없이 피고의 불복신청의 범위에 한하는 것으로서 예비적 청구를 인용한 제1심 판결의 당부에 그치고 원고의 부대항소가 없는 한 주위적 청구는 심판대상이 될 수 없다고 한다(대판 1995.2.10, 94다31624 등).[32]

Ⅲ. 사안의 검토

생각건대, 반대설(상소불요설)과 같이 원고가 스스로 항소도 부대항소도 하지 않았는데, 주위적 청구인용판결을 하여야 한다고 하면 피고의 방어권을 침해하는 것이고, 피고의 항소에 있어서 제1심 판결을 피고의 불이익으로 변경하는 것으로 불이익변경금지의 원칙에 어긋나게 되므로 타당하지 않다.

따라서 통설·판례의 입장을 따르면서, 다만 구체적인 경우에 생기는 불이익은 항소심이 석명권(제136조)을 적절하게 행사하여 원고에게 부대항소를 촉구하는 것에 의하여 시정할 것이다. 적극적 석명을 행하는 것에 신중하여야 할 것은 물론이나, 그렇다고 하더라도 사건의 경과에 비추어 전혀 적극적 석명은 할 수 없다고 볼 것은 아니라고 생각한다.[33]

---

31) 김홍규·강태원, 민사소송법, 2008, 614면은 이러한 입장이다.
32) 그 결과, 항소심이 심판의 대상이 되지 않은 주위적 청구에 대하여도 제1심과 마찬가지로 원고의 청구를 기각하는 판결을 한 경우, 항소심이 위와 같이 무의미한 판결을 하였다고 하여 원고가 그에 대하여 상고함으로써 주위적 청구 부분이 상고심의 심판대상이 되는 것은 아니다(대판 1995.1.24, 94다29065).
33) 이시윤, 앞의 책, 321면도 석명권의 범위에 있어서 적극적 석명은 안 된다고 하는 등 한마디로 획일화하는 것은 곤란하다고 하면서, 구체적인 사건에 임하여 어느 한도까지 석명하여야 하는가는 당사자의 법률지식과 자력·대리인의 역량·사건의 내용 등을 고려하여 법관이 합목적적으로 판단할 여지를 인정하고 있다. 김홍엽, 앞의 책, 406-407면도 당사자가 그 권리를 보호받아야 마땅함에도 적극적 권리를 행사하지 아니하여 패소할 지경에 이르렀으면 석명을 통하여 이를 구제할 필요가 있는데, 석명권 행사에 의한 적절한 해결이 해당 사건에 있어서 당사자의 진의 내지는 합리적 기대의 범위 내에 있고 당사자의 공평에 부합하는 경우를 그 예로 들고 있다. 상황은 다르지만, 소유권보존등기의 말소등기청구소송의 제1심에서 승소한 원고가 원심인 항소심에서 자기 앞으로 소유권을 표상하는 등기가 되어 있지 않았고 법률에 의하여 소유권을 취득하지도 않았다는 종전의 주장을 그대로 유지한 채 진정명의회복을 위한 소유권이전등기절차의 이행을 청구하는 새로운 청구를 제기한 경우, 원심으로서는 원고의 소변경신청에 법률적 모순이 있음을 지적하고 원고에게 의견을 진술할 기회를 부여함으로써 원고로 하여금 청구와 주장을 법률적으로 합당하게 정정할 수 있는 기회를 부여하여야 함에도 이러한 조치를 취하지 아니한 위법이 있다는 판례도 있다(대판 2003.1.10, 2002다41435).

문제 ⑥

Ⅰ. 논리적으로 양립하여 본래 선택적 병합 관계에 있는 양 청구에 관하여 당사자가 주위적·예비적으로 순위를 부쳐 청구한 경우에 그 병합 형태(이른바 부진정(不眞正) 예비적 병합이라고[34] 한다)의 가부(취급)[35]

이와 관련하여 대판 2014.5.29, 2013다96868은 우선 병합의 형태가 선택적 병합인지 예비적 병합인지는 당사자의 의사가 아닌 병합청구의 성질을 기준으로 판단하여야 한다고 판시하였고, 나아가 항소심에서의 심판 범위도 그러한 병합청구의 성질을 기준으로 결정하여야 하므로 제1심법원이 주위적 청구를 기각하고 예비적 청구만을 인용하는 판결을 선고하여 피고만이 항소를 제기한 경우에도, 항소심으로서는 두 청구 모두를 심판의 대상으로 삼아 판단하여야 한다고 판시하였다.[36]

Ⅱ. 파기환송 뒤의 심리

상고심에 의하여 원판결이 파기되어 환송받은 법원은 그 심급의 소송절차에 따라 새로 변

---

34) 이론적으로도 예비적 병합인 경우가 있는가 하면, 이론상으로는 예비적 병합관계가 아니지만 원고가 제2의 청구를 예비적으로 표시하여 청구하여 오는 예가 많다. 이러한 병합은 통상 그 성격이 강학상의 선택적 병합에 해당되는 것일 터이나, 원고가 심리를 자신이 원하는 순서대로 해달라고 청구하는 형태이다. 실무상 이러한 경우를 '부진정 예비적 병합'이라고 한다(법원행정처, 전정증보 법원실무제요 민사(하), 1996. 86면). 한편, 예를 들어 제1차적 청구로 계약의 무효확인을 구하고, 제2차적 청구로 계약이 무효이면 계약의 이행으로서 이미 인도한 물건의 반환을 구하는 경우도 不眞正 예비적 병합이라는 개념을 사용하는데, 이는 제1차적 청구가 배척되는 것을 조건으로 제2차적 청구에 관하여 심판을 구하는 본래의 진정 예비적 병합과 다르고, 단순병합으로 굳이 이러한 不眞正 예비적 병합의 형태를 긍정할 필요는 없다고 한다. 김홍엽, 앞의 책, 867면; 송상현·박익환, 앞의 책, 605면; 이시윤, 앞의 책, 662면.

35) 한편, 논리적으로 양립할 수 없는 여러 개의 청구를 예비적 병합이 아닌, 선택적 병합으로 할 수 있는지 여부는 여기서는 논외로 한다. 그 병합은 예비적 병합이어야 하고, 선택적 병합은 허용될 수 없다는 입장이 일반적이다.

36) 대상판결의 평석으로는 전병서, 청구의 양립과 예비적 병합 – 대판 2014.5.29, 2013다96868을 소재로, 인권과 정의(2014. 11.)를 참고하라. 한편, 이기택, 선택적 병합과 예비적 병합의 구별, 법률신문(2014. 11. 24.자)에서는 다음과 같은 평석을 하고 있다. 병합의 형태는 당사자의 의사가 아닌 병합청구의 성질을 기준으로 판단하여야 하고, 항소심에서의 심판범위도 그러한 병합청구의 성질을 기준으로 결정하여야 한다는 대상판결의 판시는 타당하다고 생각한다. 그런데 대상판결의 사안은 선택적 병합이 아니라 원심의 판단과 같이 예비적 병합이라고 보는 것이 타당하다. 주위적으로 소비대차 계약에 의하여 대주가 차주에게 교부한 금원의 반환을 청구하고 예비적으로 그 금원의 교부로 손해를 입어 불법행위를 구성한다는 이유로 같은 금액의 손해배상을 구하는 이 사안에서, 계약상 의무의 이행으로 이루어진, 법률상 정당한 급부의 원인이 존재하는 금원의 교부가, 동시에 그 금원의 급부자에게 위법하게 손해를 발생시키는 불법행위를 구성한다고 보기는 어렵다. 전자는 그 행위를 법이 요구하는 적법한 것이고, 후자는 그 행위를 법이 허용하지 않는 위법한 것으로서 서로 양립할 수 없다고 보아야 한다. 법질서에 따른 적법한 금원의 교부가 불법행위의 손해를 구성할 수는 없을 것이다. 이러한 이유에서 이 사안에서의 병합 형태는 그 성질상 예비적 병합에 해당한다고 봄이 상당하다. 이와 관련하여 주위적 청구 기각, 예비적 청구인용의 제1심판결에 대하여 피고만이 예비적 청구 부분에 대하여 항소한 경우에 항소심의 심판범위가 예비적 청구 부분에 한정된다는 통설과 판례에 관하여 보건대, (1) 청구 병합 중 모순저촉 회피라고 하는 병합 제도의 취지는 선택적 병합보다도 예비적 병합에 있어서 그 의미가 가장 크다는 점, (2) 당사자마저 다른 주관적 예비적 병합에 있어서도 같은 사안에서 예비적 피고만이 항소한 경우에도 원고가 항소하지 아니한 주위적 피고에 대한 청구 부분도 항소심의 심판범위에 포함되는 점 등을 고려할 때, 선택적 병합뿐만 아니라 예비적 병합의 경우에도 함께 이심된 모든 청구가 항소심의 심판범위에 포함된다고 봄이 상당하다는 생각에 이른다.

론을 열어 심리하여야 한다(제436조 제2항 전문). 환송 뒤의 심판은 신구술변론에 기한 심판이지만, 그 때 상고심이 파기의 이유로 한 사실상과 법률상의 판단에 기속된다(제436조 제2항 후문, 법원조직법 제8조 참조).

Ⅲ. 선택적 병합의 경우에 항소심이 제1심에서 받아들인 청구가 이유 없고, 제1심에서 판단되지 않은 다른 청구가 이유 있다는 판단에 이른 경우의 판결

선택적 병합에 있어서 어느 하나의 청구를 인용하는 판결은 전부판결이므로, 이에 대하여 피고로부터 항소가 있으면 판결 주문에서 판단되지 않은 청구를 포함한 청구 전부가 항소심에 이심되고(상소불가분의 원칙), 나아가 다른 청구도 항소심의 심판의 대상이 된다. 그 이유는 각 청구는 1개의 청구인용판결을 뒷받침하는 점에서 밀접한 관계가 있기 때문이다.

그런데 가령 항소심은 제1심에서 받아들인 청구가 이유 없고, 제1심에서 판단되지 않은 다른 청구가 이유 있다는 판단에 이른 경우에 어떠한 판결을 하여야 하는가에 대하여 논의가 나뉘고 있다.

판례와 일부 학설은 피고의 항소를 기각하여서는 안 되며, 제1심 판결을 취소한 다음, 새로이 청구를 인용하는 주문을 선고하여야 한다는 입장이다.[37)]

그런데 이에 대하여 피고의 항소가 이유 없다고 하여 항소를 기각하고 제1심 판결을 유지하여야 한다는 입장도 만만치 않다.[38)]

Ⅳ. 사안의 검토

항소심 법원은 선택적으로 병합된 수개의 청구 중 제1심에서 심판되지 아니한 청구를 임의로 선택하여 심판할 수 있는데, 심리한 결과 그 청구가 이유 있다고 인정되고 그 결론이 제1심판결의 주문과 동일한 경우에도 실무의 입장에서는, 피고의 항소를 기각하여서는 안 되며 제1심판결을 취소한 다음 새로이 청구를 인용하는 주문을 선고하여야 한다고 본다.

---

37) 수개의 청구가 제1심에서 처음부터 선택적으로 병합되고 그 중 어느 한 개의 청구에 대한 인용판결이 선고되어 피고가 항소를 제기한 경우는 물론, 원고의 청구를 인용한 판결에 대하여 피고가 항소를 제기하여 항소심에 이심된 후 청구가 선택적으로 병합된 경우에 있어서도 항소심은 제1심에서 인용된 청구를 먼저 심리하여 판단할 필요는 없고, 선택적으로 병합된 수개의 청구 중 제1심에서 심판되지 아니한 청구를 임의로 선택하여 심판할 수 있다고 할 것이나, 심리한 결과 그 청구가 이유 있다고 인정되고 그 결론이 제1심판결의 주문과 동일한 경우에도 피고의 항소를 기각하여서는 안되며 제1심판결을 취소한 다음 새로이 청구를 인용하는 주문을 선고하여야 할 것이다(대판 1992.9.14, 92다7023). 대판 2006.4.27, 2006다7587, 7594도 마찬가지. 김홍엽, 앞의 책, 870면; 김일룡, 앞의 책, 863면; 송상현 · 박익환, 앞의 책, 609면; 호문혁, 앞의 책, 791면도 이러한 입장이다.
38) 강현중, 앞의 책, 369면; 이시윤, 앞의 책, 668면; 정동윤 · 유병현, 앞의 책, 893면.

48 처분권주의, 건물매수청구권, 기판력과 실권효, 청구이의[39]

공통된 사실관계

甲은 부산시 강서구 낙동강로 77 대지 500㎡(이하 'X대지'라 함)의 소유자로 2010. 1. 14 乙에게 건물소유를 목적으로 X대지를 임대보증금 3억 원, 월 임료 500만 원, 임대기간을 2011. 1. 14.부터 5년간으로 정하여 임대하였다. 이에 乙은 X대지 위에 Y건물을 신축한 후 등기를 마치지 않은 채 상가로 사용하였고, 乙은 임대만료 기한이 도래하면 즉시 건물을 철거하고 원상회복하겠다는 취지의 이행각서를 작성하여 주었다. 그런데 乙은 임대기간이 도과하였음에도 이 사건 소제기 현재까지 원상회복을 하지 않은 채로 Y건물을 사용하고 있다. 이에 甲은 乙을 상대로 Y건물의 철거와 X대지의 인도 청구 및 2011. 1. 16.부터 乙이 Y건물 철거하고 X대지를 인도할 때까지의 월 임료 500만 원 상당의 손해배상을 청구하는 소를 제기하였다(Y건물의 시가는 4억 원으로 신축당시부터 이 사건 변론종결당시까지 동일한 것으로 법원의 감정을 통하여 밝혀졌다).

추가된 사실관계

甲의 청구에 따른 소송계속중 乙은 변론기일에 출석하여 별다른 항변을 하지 않았다. 법원은 이에 乙에게 건물매수청구권이 인정된다고 판단하고 "乙은 甲으로부터 4억 원을 지급받음과 동시에 甲에게 Y건물을 인도하라."라는 판결을 선고하였다.

문제 ❶

법원의 이러한 판결이 타당한지 여부와 그 근거를 서술하시오. (25점)

문제 ❷

위 소송계속중 乙이 건물매수청구권을 행사하였고, 법원이 甲에게 석명권을 행사하여 甲이 청구

---

39) 대판(전) 1995.7.11. 94다34265; 대판 1995.12.26. 95다42195 및 대판 1998.11.24. 98다25344 변형문제.

를 변경토록 하여 위와 같은 판결을 내리게 된 경우에 법원의 조치가 타당한지 여부와 그 근거를 서술하시오. (25점)

추가된 사실관계 ▶ 다만 문제 1, 2에 추가된 사실관계와는 별개임

법원은 甲의 乙에 대한 위 청구에 대하여 변론기일에 乙이 별다른 항변을 주장하지 않으므로 甲의 청구를 전부 인용하는 판결을 선고하였고, 동 판결이 확정되었다. 그런데 위 판결이 확정된 후 乙은 뒤늦게 건물매수청구권을 행사하며, 매매대금의 지급을 구하는 별소를 제기하였다.

문제 ③

甲은 변론기일에 출석하여 乙의 위 청구는 종전 확정판결의 기판력에 반한다고 주장하고 있다. 이러한 甲의 주장이 타당한지 여부와 그 근거를 서술하시오. (25점)

추가된 사실관계 ▶ 다만 문제 1, 2, 3에 추가된 사실관계와는 별개임

법원은 甲의 乙에 대한 위 청구에 대하여 변론기일에 乙이 별다른 항변을 주장하지 않으므로 甲의 청구를 전부 인용하는 판결을 선고하였고, 동 판결이 확정되었다. 이에 乙은 위 판결의 집행력을 배제하고자 한다.

문제 ④

乙은 위 판결의 집행을 배제하기 위하여 어떠한 소를 제기할 수 있는지와 그 근거를 서술하시오. (25점)

해 설

문제 ①

I. 결 론

법원의 판결은 처분권주의에 위배되어 부적법하다.

II. 근 거

1. 처분권주의와 일부인용판결

(1) 처분권주의란 절차의 개시, 심판의 대상, 절차의 종결에 관하여 당사자가 결정권을 가진다는 원칙이다($^{제203}_{조}$). 양쪽 당사자의 예측을 벗어난 뜻밖의 재판으로 인한 불이익을 받을 당사자의 재판을 받을 권리를 보장하는 데 그 취지가 있고 항소심에서는 불이익 변경금지원칙으로 나타난다. 처분권주의에 의하여 심판의 대상은 원고의 의사에 의하여 특정되고 한정되기 때문에 법원으로서는 당사자가 신청한 사항에 대하여, 신청의 범위 내에서만 판단하여야 한다.

(2) 그러나 신청사항과 판결이 맞지 않는다고 하여 모두 처분권주의 위반이라고 볼 수는 없고 신청사항에 의하여 추단되는 원고의 합리적 의사에 판결내용이 부합되는 정도이면 신청취지와 다소 차이가 있어도 이를 허용하여 일부 인용판결을 하여야 할 것이다($^{대판 2001.6.12.}_{99다20612}$). 그것이 원고의 통상의 의사에 맞고 응소한 피고의 이익보호나 소송제도의 합리적 운영에 부합하기 때문이다.

2. 단순이행청구에 대한 상환이행판결의 가부

(1) 문제의 소재

판례는 "원고가 단순이행청구를 하고 있는데 피고의 동시이행의 항변이나 유치권의 항변이 있고 심리결과 항변이 이유 있을 때, 원고가 반대의 의사표시를 하지 않는 한 원고청구기각이 아니라, 원고의 채무이행과 상환으로 피고의 채부이행을 명하는 판결을 하여야 한다."라고 판시하였다($^{대판 1979.10.10.}_{79다1508}$). 그러나 사안과 같이 원고의 건물철거의 단순이행 청구 속에 청구취지가 상이한 건물의 대금지급과 상환으로 건물의 인도를 구하는 취지가 포함되어 있다고 볼 것인지 여부에 대하여는 처분권주의와 관련하여 문제된다.

(2) 건물매수청구권에 관하여 판례는 "건물철거청구에 건물매수대금지급과 상환으로 건물명도를 구하는 청구가 포함되어 있다고 볼 수는 없고, 석명권으로 철거청구를 유지할 것인지 아니면 건물매수대금지급과 상환으로 건물명도를 구할 의사가 있는지를 석명하여야 한다."라고 판시하였다$\left(\substack{\text{대판(전) 1995.7.11,} \\ \text{94다34265}}\right)$.

(3) 검 토

건물철거 및 토지인도 청구와 대금지급 및 이와 상환으로 건물인도를 명하는 상환이행 판결은 서로 청구취지가 달라서 소송물의 동일성이 인정되지 않으므로 원고가 청구를 변경하지 않는 한 상환이행 판결을 할 수 없다. 따라서 판례의 취지에 찬동한다.

3. 사안의 경우

甲의 Y건물 철거 및 X대지 인도청구에 대하여 법원이 乙이 주장하지 않은 건물매수 청구권을 인정하여 상환이행 판결을 한 것은 석명권을 행사하는 것은 별론으로 하고 처분권주의에 한계를 벗어난 것으로서 법원의 판결은 위법하다.

문제 **2**

Ⅰ. 결 론

甲이 청구를 변경한 경우 법원의 위와 같은 판결은 정당하다.

Ⅱ. 근 거

1. 건물매수청구권 포기 특약의 효력

(1) 지상물매수청구권은 이른바 형성권으로서, 그 행사로 임대인·임차인 사이에 지상물에 관한 매매가 성립하게 된다. 이 규정은 강행규정이며, 이에 위반하는 것으로서 임차인에게 불리한 약정은 그 효력이 없다$\left(\substack{\text{민법 제} \\ \text{652조}}\right)$.40)

(2) 따라서 乙의 건물매수청구권 포기 특약은 임차인에게 불리한 약정으로 그 효력이 없고

---

40) 다만 판례는 "건물의 소유를 목적으로 한 토지의 임차인이 임대차가 종료하기 전에 임대인과 간에 건물 기타 지상 시설 일체를 포기하기로 약정을 하였다고 하더라도 임대차계약의 조건이나 계약이 체결된 경위 등 제반 사정을 종합적으로 고려하여 실질적으로 임차인에게 불리하다고 볼 수 없는 특별한 사정이 인정되지 아니하는 한 위와 같은 약정은 임차인에게 불리한 것으로서 민법 제652조 에 의하여 효력이 없다."라고 판시하여 실질적으로 임차인에게 불리한 계약인지를 판단하였다. 대판 2002.5.31, 2001다42080.

乙은 위 특약에도 불구하고 건물매수청구권을 행사할 수 있다.

2. 소의 변경

(1) 소의 변경이 적법하기 위해서는 1) 신청구와 구청구가 동종의 소송절차에 의하여 심리될 수 있어야 하고, 2) 신·구 청구에 대하여 당해 법원에 관할권이 있을 것이 요구되고, 3) 사실심에 계속되고 변론종결 전일 것, 4) 청구의 기초가 동일할 것, 5) 신 청구의 심리를 위해 소송절차를 현저히 지연시키지 않을 것을 그 요건으로 한다.

(2) 사안의 경우 다른 요건은 모두 구비되어 있다고 보이나, 건물철거청구와 매매대금지급과 상환으로 건물을 인도하라는 상환이행청구 사이에 청구기초의 동일성이 있는지 여부가 문제된다. 위 양 청구는 임대차기간 만료라는 사실을 공통으로 하고 있으며, 분쟁의 해결 방법만 달리하는 경우로서 청구기초의 동일성이 있다고 본다. 따라서 소변경의 적법요건은 모두 구비하였다고 할 것이다.

3. 법원의 적극적 석명인정 여부

(1) 석명권은 소송관계를 분명하게 하기 위하여 당사자에게 질문하고 증명촉구를 할 뿐만 아니라, 당사자가 간과한 법률상 사항을 지적하여 의견진술의 기회를 주는 법원의 권능을 말한다($\binom{제136}{조}$).

(2) 석명권은 당사자의 신청이나 주장이 불명료, 불완전, 모순이 있을 경우 소송관계를 명료하게 하기 위하여 행사하는 소극적 석명과 새로운 신청, 주장 등의 제출을 권유하는 적극적 석명이 있는데, 소극적 석명권은 제한 없이 행사할 수 있지만 적극적 석명을 인정할 것인지 여부에 대하여 견해의 대립이 있다.

(3) 판례는 "당사자가 주장하지도 아니한 법률효과에 관한 요건사실이나 독립된 공격방어방법을 시사하여 그 제출을 권유함과 같은 행위를 하는 것은 변론주의원칙에 위배되는 것으로 석명권 행사의 한계를 일탈하는 것으로 허용되지 아니한다."라고 하여 원칙적으로 적극적 석명은 위법하다는 입장이다($\binom{대판\ 2001.6.29.}{2001다21441,\ 21458}$). 그러나 "법원으로서는 임대인이 종전의 청구를 계속 유지할 것인지, 아니면 대금지급과 상환으로 지상물의 명도를 청구할 의사가 있는 것인지(예비적으로라도)를 석명하고 임대인이 그 석명에 응하여 소를 변경한 때에는 지상물 명도의 판결을 함으로써 분쟁의 1회적 해결을 꾀하여야 한다. 그러므로 이와는 달리 이러한 경우에도 법원에게 위와 같은 점을 석명하여 심리하지 아니한 것이 위법이 아니라는 취지의 당원 1972.5.23. 72다341 판결은 이로써 이를 변경한다."라고 판시하여 건물매수청구권의 행사와 관련하여 적극적 석명의무를 예외적으로 인정하고 있다($\binom{대판(전)\ 1995.7.11.}{94다34265}$).

(4) 사안의 경우에 甲의 Y건물 철거 및 X토지 인도청구에 대하여 乙이 건물매수청구권을

행사하여 항변하고 있으므로, 법원은 분쟁의 1회적 해결을 꾀하기 위한 청구변경을 위한 적극적 석명의무가 인정된다.

4. 사안의 해결

乙의 건물매수청구권 행사는 적법하며, 법원은 분쟁의 1회적 해결을 꾀하기 위하여 적극적 석명의무 또한 인정된다. 따라서 법원의 석명에 따라 甲이 상환이행을 구한 경우이므로 법원의 위와 같은 판결은 타당하다.

문제 ③

I. 결   론

甲의 위와 같은 주장은 타당하지 못하여 배척되어야 한다.

II. 근   거

1. 기판력과 실권효

(1) 기판력이란 확정된 종국판결의 내용이 가지는 후소에 대한 구속력이다. 기판력은 소송물에 대하여 행한 일정시점의 판단으로서 일정한 사항에 대하여 일정한 사람을 구속한다. 이러한 기판력의 본질에 대하여 판례는 "전소의 확정판결에서 원고가 승소한 부분에 해당하는 부분은 권리보호의 이익이 없다."$\binom{대판\ 2009.12.24.}{2009다64215}$라고 하여 각하하고, 전소에서 패소한 경우에는 "원고 청구기각 판결의 내용과 모순되는 판단을 하여서는 안되는 구속력 때문에 전소판결의 판단을 채용하여 원고 청구기각의 판결을 한다."$\binom{대판\ 1989.6.27.}{87다카2478}$라고 하여 모순금지설의 입장을 취하고 있다.[41]

(2) 실권효란 기판력은 사실심 변론종결시의 권리관계의 존부 판단에 생기므로, 전소에서 확정된 권리관계와 다른 판단을 구하기 위하여 당사자가 전소의 변론종결 전에 제출할 수 있

---

41) 기판력의 본질에 대하여는 다음과 같은 학설이 있다: 이시윤, 신민사소송법, 박영사, 2011, 579면 참고.
   (1) 실체법설: 판결은 당사자간의 실체법상의 권리관계를 변경하는 것이라고 보면서 기판력의 구속력을 설명하는 입장이다.
   (2) 소송법설
     ① 모순금지설: 국가재판의 통일이라는 요구를 내세워 구속력의 내용을 후소법원이 전에 판단한 것과 모순된 판단의 금지 즉 모순금지로 파악하고 있다.
     ② 반복금지설: 기판력이란 후소법원에 대해 한번 확정된 법률효과에 대하여 다시 변론·증거조사·재판을 금지하는 구속력인 것으로 파악한다.

었던 공격방어방법을 그 뒤에 후소에서 제출할 수 없음을 말한다. 변론종결 전의 소송자료이면 당사자가 알지 못하여 주장을 못하였는지 나아가 그와 같이 알지 못한데 과실이 있는지 여부를 묻지 아니한다$\binom{\text{대판 2014.3.27,}}{\text{2011다49981}}$.

2. 표준시 전에 발생한 형성권(건물매수청구권)을 표준시 후에 행사할 수 있는지 여부

(1) 판례는 표준시 전에 취소권·해제권·백지보충권을 행사할 수 있었는데 이를 방치하고 있다가 표준시 후에 행사하면 차단된다고 한다.

(2) 그러나 판례는 건물매수청구권의 행사에 있어서는 "건물의 소유를 목적으로 하는 토지임대차에 있어서, 임대차가 종료함에 따라 토지의 임차인이 임대인에 대하여 건물매수청구권을 행사할 수 있음에도 불구하고 이를 행사하지 아니한 채, 토지의 임대인이 임차인에 대하여 제기한 토지인도 및 건물철거청구 소송에서 패소하여 그 패소판결이 확정되었다고 하더라도, 그 확정판결에 의하여 건물철거가 집행되지 아니한 이상 토지의 임차인으로서는 건물매수청구권을 행사하여 별소로써 임대인에 대하여 건물 매매대금의 지급을 구할 수 있다."$\binom{\text{대판}}{\text{1995.12.26,}}$ $\binom{\text{95다}}{\text{42195}}$라고 판시하여, 기판력의 표준시 전에 발생한 건물매수청구권을 표준시 후에 행사가 가능하다고 하였다.

3. 사안의 경우

임대인 甲의 전소에 있어서 법원이 전부 인용하는 판결을 선고하고 확정되었으나, 건물매수청구권의 경우 그 확정판결에 의하여 건물철거가 집행되지 아니한 이상 토지의 임차인으로서는 건물매수청구권을 행사하여 별소로써 임대인에 대하여 건물 매매대금의 지급을 구할 수 있다고 할 것이다. 따라서 사안의 경우에는 Y건물이 아직 철거되기 전이므로 임차인 乙은 건물매수청구권을 행사하여 별소로써 매매대금을 청구할 수 있다.

문제 ④

I. 결 론

乙은 청구이의의 소를 제기하여 전소 판결의 집행력을 배제할 수 있다.

Ⅱ. 근 거

1. 청구이의의 소[42]

청구에 관한 이의의 소는 채무자가 집행권원의 내용인 사법상의 청구권이 현재의 실체상 태와 일치하지 않는 것을 주장하여 그 집행권원이 가지는 집행력의 배제를 구하는 소이다 ($\binom{\text{민사집행법}}{\text{제44조}}$). 이는 청구권에 관한 실체법상의 사유에 터잡아 집행권원의 집행력을 배제하고 집 행을 부적법하게 하는 소송법상 형성의 소로서 소송법상의 이의권을 소송물로 한다고 본다 (통설) 이 소는 원칙적으로 모든 종류의 집행권원에 대하여 인정된다.

2. 이의원인이 변론종결 후에 생긴 때

(1) 이의이유

청구권에 관한 이의의 이유가 되는 사항은 집행권원에 표시된 청구권의 전부 또는 일부를 소멸케 하거나 영구적 또는 일시적으로 그 효력을 잃게 하는 사유로서 대부분 이행소송에서 의 항변사유에 해당한다.

(2) 이의사유의 제한

집행권원이 판결인 경우 민사집행법 제44조 제2항에 따르면 청구이의의 소를 제기하기 위 해서는 그 이유가 변론이 종결된 뒤(변론 없이 한 판결인 경우 판결선고 시)에 생긴 것이어야 한 다. 따라서 변론종결 전에 생긴 사유는 그것이 비록 채무자가 그 발생사실을 과실없이 알지 못하여 판결절차에서 주장하지 못하였다 하더라도 판결의 기판력에 의하여 배제되어 청구이 의 사유로 주장할 수 없다($\binom{\text{대판 2005.5.27.}}{\text{2005다12728}}$). 항소심 계속중에 가집행 선고 있는 판결에 터잡아 지 급한 것은 그 판결이 확정된 때 비로소 변제효과가 발생하므로 변론종결 뒤에 변제한 것이 되 고 따라서 청구 이의사유가 된다($\binom{\text{대판 2000.12.22.}}{\text{2000다56259}}$).

(3) 형성권이 기판력 표준시 이전에 이미 존재하고 있었으나 그 뒤에 형성권을 행사하여 이 를 이의사유로 하여 이 소를 제기할 수 있는지 문제된다. 판례는 취소 해제권의 경우 이의의 사유가 변론종결 전에 생긴 것으로 보아 이 소로써 주장할 수 없다는 것이 통설 판례이다. 상 계권에 대하여도 다툼이 있으나 판례는 상계권의 행사와 관련하여 "채무자가 채무명의인 확

---

42) **민사집행법 제44조 (청구에 관한 이의의 소)** ① 채무자가 판결에 따라 확정된 청구에 관하여 이의하려면 제1심 판결법 원에 청구에 관한 이의의 소를 제기하여야 한다.
　② 제1항의 이의는 그 이유가 변론이 종결된 뒤(변론 없이 한 판결의 경우에는 판결이 선고된 뒤)에 생긴 것이어야 한 다.
　③ 이의이유가 여러 가지인 때에는 동시에 주장하여야 한다.

정판결의 변론종결 전에 상대방에 대하여 상계적상에 있는 채권을 가지고 있었다 하더라도 채무명의인 확정판결의 변론종결 후에 이르러 비로소 상계의 의사표시를 한 때에는 민사소송 법 제505조 제2항 이 규정하는 '이의원인이 변론종결 후에 생긴 때'에 해당하는 것으로서, 당 사자가 채무명의인 확정판결의 변론종결 전에 자동채권의 존재를 알았는가 몰랐는가에 관계 없이 적법한 청구이의 사유로 된다."(대판 1998.11.24.
98다25344)라고 판시하여 실권효가 적용되지 않는 경우 에 해당하는 것으로 보아 청구이의 사유로써 인정하고 있다.

(4) 또한 판례는 건물매수청구권과 관련하여 "건물의 소유를 목적으로 하는 토지 임대차에 있어서, 임대차가 종료함에 따라 토지의 임차인이 임대인에 대하여 건물매수청구권을 행사할 수 있음에도 불구하고 이를 행사하지 아니한 채, 토지의 임대인이 임차인에 대하여 제기한 토 지인도 및 건물철거청구 소송에서 패소하여 그 패소판결이 확정되었다고 하더라도, 그 확정 판결에 의하여 건물철거가 집행되지 아니한 이상 토지의 임차인으로서는 건물매수청구권을 행사하여 별소로써 임대인에 대하여 건물 매매대금의 지급을 구할 수 있다."(대판 1995.12.26.
95다42195)라고 판시하여, 건물매수청구권에는 실권효가 미치지 않는다.

3. 사안의 경우

乙은 甲의 전소확정판결의 집행력을 배제하고자 하는바, 민사집행법 제44조 제1항에 따라 청구에 관한 이의의 소를 제기할 수 있으며, 건물매수청구권의 행사에 있어서는 전소의 표준 시인 변론종결 후에 행사한다고 하더라도 실권효가 미치지 않고, 아직 Y건물이 철거되지 않 고 존재하므로 변론종결 전에 건물매수청구권의 존재를 알았는가? 몰랐는가? 여부에 관계없 이 적법한 청구이의 사유로 된다고 할 것이다.

따라서 乙은 청구이의의 소를 제기하여 전소확정판결의 집행력을 배제할 수 있다.

49 소송물, 자백, 통상공동소송, 공동소송인 독립의 원칙, 기판력의 시적 범위, 정기금판결변경의 소, 당사자적격, 소익

기본 사실관계

A는 B, C, D를 상대로 대여금청구의 소를 제기하였다. 소장에서 A는 자신이 2009. 5. 20. C, D의 연대보증 하에 B에게 1억 원을 대여하였다고 주장하였다. (다음 각 기일에 A는 모두 출석하였다)

[1회 기일의 경과] B는 자신이 1억 원을 빌린 사실은 인정하지만 전부 변제하였다고 주장하였다. C는 소장을 받고도 아무런 답변서를 제출하지 않고 불출석하였다. D는 A가 B에게 1억 원을 빌려준 사실 자체가 없고, 연대보증을 한 바도 없다고 주장하였지만, (B가 변제하였다는) 변제항변은 하지 않았다.

[2회 기일의 경과] A가 신청한 증인 E는 법정에서 "A가 2009. 5. 20. C, D의 연대보증 하에 B에게 5천만 원을 빌려주고, B가 2009. 6. 20. A에게 3천만 원을 변제하는 것을 직접 보았다."고 진술하였다. B는 기존의 자백을 취소하면서 자신이 A로부터 위 일시에 돈을 빌린 사실 자체가 없다고 주장하였다(변제항변은 예비적으로 유지). C는 출석하여 청구원인 사실을 부인하고, 예비적으로 전액 (B에 의하여) 변제되었다고 항변하였다. D는 출석하지 않았다.

[3회 기일의 경과] B와 C는 자신들의 변제항변에 관하여 아무런 증거를 제출하지 않았다. 다만, C만은 증인 E의 증언이 변제항변을 뒷받침한다고 주장하였다. D는 출석하지 않았다. 재판부는 변론을 종결하였다.

기록을 검토한 결과 재판부는 증인 E의 증언이 신빙성이 있다고 판단하고, B의 기존 자백이 착오에 기한 것은 아니라고 판단하였다.

문제 1

아래의 각 질문에 대하여 청구원인 단계와 항변 단계를 구분하여 근거를 제시하라. (50점)
1. B에 대한 청구 중 인용할 금액은 얼마인가?
2. C에 대한 청구 중 인용할 금액은 얼마인가?

3. D에 대한 청구 중 인용할 금액은 얼마인가?

기본 사실관계

대한민국이 무단으로 A 소유의 甲 토지에 도로를 개설하였다. A가 부당이득반환청구소송을 제기하여 "피고(대한민국)는 2010. 1. 1.부터 도로폐쇄일 또는 원고(A)의 甲 토지 소유권 상실일까지 월 1,000만 원씩을 지급하라."는 판결이 선고되어 확정되었다. 아래 질문은 상호관련성이 없다.

문제 ②

1. 이후 甲 토지 주변이 개발되어 최근 甲 토지의 월 차임 상당액이 1억 원이나 되는 것으로 평가된다. A가 앞으로 대한민국으로부터 월 1억 원씩을 지급받을 수 있는가? 만약 있다면 어떤 방법이 있는가? (10점)

2. 이후 甲 토지 주변의 지역경제가 파탄되어 최근 甲 토지의 월 차임 상당액이 100만 원에 불과한 것으로 평가된다. 대한민국이 A에게 월 100만 원만을 지급할 수 있는가? 만약 있다면 어떤 방법이 있는가? (10점)

기본 사실관계

A가 B를 상대로 ① 2014. 5. 1.자 대여금 500만 원을 지급하고, ② 2014. 7. 15.자 대여금 1,000만 원을 지급하고, ③ 甲 토지에 관하여 2014. 10. 5.자 매매에 기한 소유권이전등기절차를 이행하라는 소를 제기하였다.

A의 채권자 C는 ①의 대여금채권을 가압류하였고, ②의 대여금채권에 대하여 전부명령을 받았고(확정됨), ③의 소유권이전등기청구권을 가압류하였다. B는 C의 가압류 등을 이유로 A의 청구는 모두 기각되어야 한다고 주장한다. 재판부는 심리 결과 위 각 청구들이 존재하는 한편, B 주장의 가압류 등이 있었다고 판단하게 되었고, 고 있고, B는 위 주장 외에는 별다른 항변을 제출하지 않았다(재판부가 A에게 B의 주장에 대하여 답변하고 필요한 경우 청구취지를 변경하라고 석명하였으나, A는 B의 주장은 부당하다고 주장하면서 석명에 응하지 않았다).

문제 ③

귀하가 재판부라면 위 ①, ②, ③의 각 청구에 대하여 어떻게 판단할 것인가? (30점)

해 설

I. 기본법리

1. 통상공동소송에서의 공동소송인 독립의 원칙

통상공동소송에는 공동소송인 독립의 원칙이 적용된다.

제66조(통상공동소송인의 지위) 공동소송인 가운데 한 사람의 소송행위 또는 이에 대한 상대방의 소송행위와 공동소송인 가운데 한 사람에 관한 사항은 다른 공동소송인에게 영향을 미치지 아니한다.

따라서 통상공동소송에서 소송요건은 공동소송인별로 개별적으로 판단하고, 기일진행은 공동소송인 별로 개별적으로 진행하여도 되고, 판결도 분리하여 할 수 있다. 각 공동소송인은 소송행위를 개별적으로 할 수 있고, 각 공동소송인이 개별적으로 한 소송행위는 다른 공동소송인에게는 아무런 영향을 미치지 않는다. 또한 공동소송인 1인에게 발생한 사유는 다른 공동소송인에게 아무런 영향을 미치지 않는다.

공동소송인 독립의 원칙은 사적자치의 원칙이 소송절차에서 발현된 것으로 볼 수 있다. 문제는 이 원칙이 적용되는 결과 동일한 실체법적 법률관계에 대한 판결의 결과가 공동소송인 간에 달라지는 경우가 발생한다는 점이다. 예컨대, 수인의 연대채무자를 상대로 한 소송에서 원고가 어떤 피고에 대하여는 승소하고, 다른 피고에 대하여는 패소하는 경우가 발생할 수 있다. 이러한 문제점에 대한 대응으로서 통상공동소송에서 증거공통의 원칙과 주장공통의 원칙이 인정될 수 있는지가 논의된다.

증거공통의 원칙은 1인의 공동소송인이 제출한 증거를, 이를 원용하지 않은 다른 공동소송인을 위한 유리한 사실인정의 자료로 삼을 수 있다는 원칙인바, 이를 인정하는 것이 통설이고, 법원의 실무이다. 공동소송인 간에 이해관계가 상반되는 경우에는 명시적인 원용이 필요하다는 견해도 있다.

주장공통의 원칙은 1인의 공동소송인이 한 주장이, 그 주장을 하지 않은 다른 공동소송인에게도 유효한 것으로 보는 원칙인바, 그 인정 여부에 대하여 적극설(한정적 적극설)과 소극설이 대립하고 있다. 공동소송인 간에 서로를 위한 보조참가인이 된다고 보는 당연의 보조참가 이론이나, 일정한 경우 통상공동소송에 필수적 공동소송의 법리를 적용하여야 한다는 이론상 합일확정소송이론도 적극설과 같은 맥락의 이론들이다. 판례는 소극설을 취하고 있다.

[대판 1994.5.10, 93다47196]　민사소송법 제62조의 명문의 규정과 우리 민사소송법이 취하고 있는 변론주의 소송구조 등에 비추어 볼 때, 통상의 공동소송에 있어서 이른바 주장공통의 원칙은 적용되지 아니한다고 할 것일 뿐 아니라, 공동피고들의 위 주장은 그들의 각 등기가 실체관계에 부합하는 등기라는 주장으로서, 원고의 위 피고들에 대한 청구에 대한 항변에 불과할 뿐이고 피고 박종의에 대한 청구와는 무관한 것이어서, 주장공통의 원칙이 적용될 것인가 여부와는 상관없이, 피고 박종의가 그 명의의 등기가 실체관계에 부합하는 등기라는 항변을 한 것으로 보아 판단한 것은 잘못이라 할 것이다.

2. 반대당사자 사이의 증거공통의 원칙

증거공통의 원칙은 또한 반대당사자 사이에서도 적용이 있다는 것이 통설이고, 판례의 입장이다. 상대방의 원용이 반드시 필요하다는 소수견해도 있다.

[대판 2004.5.14, 2003다57697]　민사소송절차에서의 변론주의 원칙은 권리의 발생·변경·소멸이라는 법률효과 판단의 요건이 되는 주요사실에 대한 주장·입증에 적용되는 것으로서 그 주요사실의 존부를 확인하는데 도움이 되는 간접사실이나 그의 증빙자료에 대하여는 적용되지 않는 것이고($\binom{\text{대판 2002.9.4.}}{\text{2002다33922 참조}}$), 증거는 어느 당사자에 의하여 제출되거나 또 상대방이 이를 원용하는 여부에 불구하고 이를 당사자 어느 쪽의 유리한 사실인정 증거로 할 수 있는 것인바 ($\binom{\text{대판 1978.5.23.}}{\text{78다358 참조}}$), 이 사건에서 건물 분양시 부가가치세가 부과되고 부가가치세를 포함하여 총 분양대금이 산정되는 거래 관행이 존재한다는 사실은 주요사실의 존부를 확인하는데 도움이 되는 간접사실에 해당하므로 원심이 당사자의 주장 없이 이러한 사실을 인정하였거나, 원고가 제출한 갑 제13호증의 1, 2를 피고에 유리한 사실인정의 증거로 사용하였다고 하더라도, 이것이 변론주의 원칙에 위배된다거나 석명권 불행사, 심리미진 등의 위법사유에 해당한다고 할 수 없고, 따라서 이 점에 관한 상고이유의 주장도 받아들일 수 없다.

3. 자백과 자백간주의 차이

자백은 당사자는 물론 법원도 구속한다. 따라서 자백된 사실에 반하는 주장을 하는 경우에는 원칙적으로 자백된 사실이 진실에 반한다는 것을 주장입증하는 것만으로는 부족하고 자백이 착오에 기한 것이라는 사실도 주장입증하여야 한다. 판례는 반진실이 증명되었다고 하여 자백이 착오에 의한 것이라는 점이 추정되는 것은 아니라고 보지만, 자백이 착오에 의한 것이라는 점은 변론의 전취지에 의하여도 증명이 될 수 있다고 본다.

반면 자백간주는 법원을 구속할 뿐 당사자를 구속하지 않는다. 따라서 자백간주가 성립하더라도 당사자는 자백간주된 사실에 반하는 주장을 할 수 있다.

Ⅱ. 사안의 해결

기본법리들에 관한 판례의 입장에 입각하여 문제를 해결하면 다음과 같다.

1. B에 대한 청구에 대한 판결

A는 B에게 청구원인사실로 자신이 B에게 1억 원을 대여하였다고 주장하였는바, B가 1회 기일에서 자백하였다가 2회 기일에 자백을 취소하였다. 재판부는 E의 증언이 신빙성이 있다고 판단하고 있으므로 자백취소의 요건 중 반진실은 증명되었으나, 착오는 증명이 되지 않았다. 따라서 재판부는 A가 B에게 1억 원을 대여하였다고 판단하여야 한다.

B는 대여금을 모두 변제하였다고 항변하였으나, 자신이 직접 증거를 제출하지는 않았다. 반대당사자 사이에서도 증거공통의 원칙이 적용되는바, 재판부는 E의 증언 중 B가 3천만 원을 변제하였다는 부분도 신빙성이 있다고 판단하고 있으므로, 비록 E는 A가 신청한 증인이지만 그의 증언을 B의 항변을 증명하는 데 쓸 수도 있다.

따라서 B에 대하여 청구인용할 금액은 7천만 원이다.

2. C에 대한 청구에 대한 판결

A는 C에게 청구원인사실로 자신이 B에게, C의 연대보증 하에, 1억 원을 대여하였고 주장하였는바, 위 청구원인사실은 C가 답변서를 제출하지 않음으로써 자백간주되었다. 자백간주는 법원을 구속할 수 있으나 당사자인 C를 구속할 수 없고, 2회 기일에서 C가 이를 부인하였으므로 자백간주의 효력은 실효된다. 따라서 재판부는 증거에 의하여 즉, E의 증언에 의하여 A가 B에게, C의 연대보증 하에 5천만 원을 대여한 사실을 인정하여야 한다.

C가 2회 기일에서 변제항변을 하였고, 3회 기일에서 E의 증언을 원용하였으므로 증거공통에 관한 어느 견해에 의하더라도 재판부는 변제항변 중 3천만 원 부분을 인용하여야 한다.

따라서 C에 대하여 청구인용할 금액은 2천만 원이다.

3. D에 대한 청구에 대한 판결

A는 D에게 청구원인사실로 자신이 B에게, D의 연대보증 하에, 1억 원을 대여하였고 주장하였는바, 위 청구원인사실은 D가 부인하였다. 재판부는 증거에 의하여 즉, E의 증언에 의하여 A가 B에게, D의 연대보증 하에 5천만 원을 대여한 사실을 인정하여야 한다.

D는 변제항변을 하지 않았고, 통상공동소송에는 주장공통의 원칙이 인정되지 않으므로,

재판부는 D에 대하여는 3천만 원이 변제된 사실을 인정할 수 없다.

따라서 D에 대하여 청구인용할 금액은 5천만 원이다.

문제 ② 1.

과거 위 사안과 같이 장래의 이행을 명하는 판결이 확정된 뒤 현저한 사정변경이 생긴 경우 차액에 대한 추가청구가 가능한지 여부가 문제되었다. 판례는 이를 긍정하는 입장이었다.

[대판(전) 1993.12.21. 92다46226] 토지의 소유자가 법률상 원인 없이 토지를 점유하고 있는 자를 상대로 장래의 이행을 청구하는 소로서, 그 점유자가 토지를 인도할 때까지 토지를 사용수익함으로 인하여 얻을 토지의 임료에 상당하는 부당이득금의 반환을 청구하여, 그 청구의 전부나 일부를 인용하는 판결이 확정된 경우에, 그 소송의 사실심 변론종결 후에 토지의 가격이 현저하게 앙등하고 조세 등의 공적인 부담이 증대되었을 뿐더러 그 인근 토지의 임료와 비교하더라도 그 소송의 판결에서 인용된 임료액이 상당하지 아니하게 되는 등 경제적 사정의 변경으로 당사자 간의 형평을 심하게 해할 특별한 사정이 생긴 때에는, 토지의 소유자는 점유자를 상대로 새로 소를 제기하여 전소 판결에서 인용된 임료액과 적정한 임료액의 차액에 상당하는 부당이득금의 반환을 청구할 수 있다고 봄이 상당하다.

판례는 장래이행을 명한 판결이 확정된 이후 현저한 사정변경이 있는 경우에는 비록 원래의 청구가 명시적 일부청구가 아니었더라도 명시적 일부청구와 같이 취급하여 추가청구에 원래의 판결의 기판력이 미치지 않는 것으로 볼 수 있다는 것을 근거로 하였다. 이러한 판례의 입장에 대하여 결론의 타당성은 별론으로 하고 이론구성에는 무리한 점이 있다는 비판이 있어서 2002년 법 개정 때 정기금판결변경의 소가 도입되었다. 정기금판결변경의 소는 확정판결의 변경을 목적으로 하는 소송법상 형성의 소에 해당한다.

제252조(정기금판결과 변경의 소) ① 정기금(定期金)의 지급을 명한 판결이 확정된 뒤에 그 액수산정의 기초가 된 사정이 현저하게 바뀜으로써 당사자 사이의 형평을 크게 침해할 특별한 사정이 생긴 때에는 그 판결의 당사자는 장차 지급할 정기금 액수를 바꾸어 달라는 소를 제기할 수 있다.
② 제1항의 소는 제1심 판결법원의 전속관할로 한다.

현행법 하에서는 사안은 민사소송법 제252조 제1항의 요건을 충족하기 때문에 A는 지급액을 1,000만 원에서 1억 원으로 증액하여 달라는 정기금판결변경의 소를 제기하여 구제받을 수 있다. 소제기 이후부터의 변경만을 구할 수 있다는 것이 통설·판례(대판 2009.12.24. 2009다64215)이다.

정기금판결변경의 소가 도입된 현행법 하에서 과거와 같은 추가청구가 가능한지에 관하여, 현저한 사정변경이 생긴 시점부터 정기금판결변경의 소가 제기되기 이전까지의 기간에는 추가청구의 소익이 있다거나, 과거의 청구가 명시적 일부청구였던 경우에는 추가청구가 가능하지만 명시적 일부청구가 아닌 경우에는 정기금판결변경의 소만 가능하다는 견해가 있다. 판례는 추가청구와 정기금판결변경의 소의 병존을 인정한다(대판 2009.12.24, 2009다64215).

문제 ② 2.

과거 위와 같은 사안에서 대한민국은 청구이의의 소를 제기하여 구제받을 수 있는지 여부가 문제되었었다. 위의 대판(전) 1993.12.21, 92다46226의 별개 의견은 그 가능성을 긍정하였다.

현행법 하에서 대한민국은 지급액을 1천만 원에서 100만 원으로 감액하여 달라는 정기금판결변경의 소를 제기하여 구제받을 수 있다. 민사소송법 제252조 제1항의 조문의 기재에 비추어 볼 때 손해배상액 등이 증가한 경우에만 정기금판결변경을 구할 수 있는 것은 아니기 때문이다.

문제 ③

I. ① 청구

소송이 제기되어 있는 원고의 피고에 대한 채권, 즉 소송물인 소구채권이, 원고의 채권자에 의하여 압류 또는 가압류(이하 '(가)압류'라고 한다)되었을 때 재판부가 어떤 판결을 하여야 하는지에 관하여, (가)압류에 의하여 원고가 소구채권의 추심권능을 상실한다는 이유로 원고의 소를 각하하여야 한다는 견해(각하설), (가)압류에 의하여 피고가 원고에게 변제하는 것이 금지된다거나 (가)압류에는 실체법적인 권리관계에 영향을 미치지는 않지만 피고에게 과도한 부담을 지우는 것을 피하는 것이 정책적으로 바람직하다는 이유로 (가)압류의 해제를 조건으로만 원고의 청구를 인용할 수 있다는 견해(조건부 이행판결설), (가)압류는 소구채권을 실체상 제한하는 것은 아니고 다만 집행법상으로 집행의 속행을 방해하는 집행장애의 사유로 보면 충분하다는 것을 이유로 (가)압류는 원고의 청구를 인용하는데 아무런 장애가 되지 않는다는 견해(무조건 이행판결설, 즉시이행판결설) 등이 대립되어 있는바, 무조건 이행판결설이 통설이다. 판례도 같은 입장이다.

[대판 1989.11.24, 88다카25038] 채권가압류가 된 경우, 제3채무자는 채무자에 대하여 채무의 지급을 하여서는 안 되고, 채무자는 추심, 양도 등의 처분행위를 하여서는 안 되지만, 이는 이와 같은 변제나 처분행위를 하였을 때에 이를 가압류채권자에게 대항할 수 없다는 것이며, 채무자가 제3채무자를 상대로 이행의 소를 제기하여 채무명의를 얻더라도 이에 기하여 제3채무자에 대하여 강제집행을 할 수는 없다고 볼 수 있을 뿐이고 그 채무명의를 얻는 것까지 금하는 것은 아니라고 할 것이다.

통설, 판례의 입장에 입각하면 ① 청구를 인용하여야 한다.

Ⅱ. ② 청구

금전지급을 명하는 판결이 확정되었음에도 채무자가 채권자에게 변제하지 않는 경우에는 채권자는 확정판결(가집행선고부 미확정판결에 기하여도 가능하다)을 집행권원으로 하여 채무자의 재산에 대한 강제집행을 신청할 수 있다. 채무자의 재산이 금전채권인 경우 강제집행절차는 압류–환가–배당의 순서로 진행된다. 금전채권의 환가와 배당은 추심명령 또는 전부명령에 의하는 것이 일반적이고, 예외적인 경우 특별현금화절차에 의한다. 추심명령이나 전부명령은 압류명령과 함께 신청되는 경우가 흔하다.

전부명령이 확정되면 집행대상인 채권, 즉 채무자의 제3채무자에 대한 채권이 채권자에게 이전되는 효과가 발생한다. 채무자의 채권이 채권자에게 양도된 경우와 같다. 따라서 소구채권에 대한 전부명령이 확정되면 원고가 아니라 원고의 채권자가 소구채권의 채권자가 된다. 따라서 원고는 소구채권의 채권자가 아니므로 재판부는 원고의 ② 청구를 기각하여야 한다.

참고로, 위와 달리 채권자가 추심명령을 신청한 경우, 추심명령의 효력이 발생되는 때 채권 전체가 아니라 제3채무자에 대한 추심권능만이 채무자로부터 채권자에게 이전된다. 따라서 소송계속중 소구채권에 대하여 추심명령이 내려진 경우, 원고는 원고적격을 상실하므로 재판부는 원고의 소를 각하하여야 한다.

Ⅲ. ③ 청구

Ⅰ.에서 본 바와 같이 소구채권이 압류되어도 원고의 청구를 인용하는 데 아무런 장애가 되지 않으나, 몇 가지 예외가 있다. 등기절차의 이행을 명하는 소송에서 소구채권이 압류된 경우에는 압류 해제를 조건으로 하여서만 원고의 청구를 인용할 수 있다는 것이 판례이다.

[대판(전) 1992.11.10, 92다4680] 일반적으로 채권에 대한 가압류가 있더라도 이는 채무자가 제3채무자로부터 현실로 급부를 추심하는 것만을 금지하는 것이므로 채무자는 제3채무자를 상

대로 그 이행을 구하는 소송을 제기할 수 있고, 법원은 가압류가 되어 있음을 이유로 이를 배척할 수 없는 것이 원칙이나, 소유권이전등기를 명하는 판결은 의사의 진술을 명하는 판결로서 이것이 확정되면 채무자는 일방적으로 이전등기를 신청할 수 있고 제3채무자는 이를 저지할 방법이 없으므로 이와 같은 경우에는 가압류의 해제를 조건으로 하지 아니하는 한 법원은 이를 인용하여서는 안 되고, 제3채무자가 임의로 이전등기의무를 이행하고자 한다면 민사소송법 제577조에 의하여 정하여진 보관인에게 권리이전을 하여야 할 것이고, 이 경우 보관인은 채무자의 법정대리인의 지위에서 이를 수령하여 채무자 명의로 소유권이전등기를 마치면 된다.

따라서 재판부는 원고의 ③ 청구를 기각43)하여야 한다.44)

[대판 1994.10.25, 93다55012] 소유권이전등기청구권에 대하여 가압류가 있는 경우에는 가압류의 해제를 조건으로 이전등기를 구할 수 있으나, 가압류되어 있는 피고 갑의 피고 을에 대한 부동산소유권이전등기청구권을 대위행사하는 원고에 대하여 법원이 가압류의 해제를 조건으로 이전등기를 구하는지 여부에 관하여 석명을 구할 의무가 있는 것이 아니므로, 법원이 원고에 대하여 가압류의 해제를 조건으로 이전등기를 구할 기회를 부여하지 않고 원고의 청구를 기각한 조치에 석명권 불행사 내지 심리미진의 위법이 있다 할 수 없다.

참고로, 또 하나의 예외로서, 판례는 국세체납으로 인한 압류의 경우 채권자는 그 압류된 채권을 행사할 수 없다고 판시한 바 있다.

[대판 1989. 1. 17, 87다카2931] 국세징수법 제41조 제1항, 제2항, 동법시행령 제44조 제1항 3, 4호의 규정에 의하면 채권이 국세체납으로 인하여 압류된 경우에는 채무자는 채권자에게 그 채무를 지급할 수가 없고 오직 소관 세무공무원에게만 지급하여야 할 것이므로 채권자는 그 압류된 채권을 행사할 수 없다.

---

43) 원심인 부산지방법원 1993.9.24. 선고 92나9941 판결에 의하여 원고의 청구를 기각된 것이 명백하다. 하지만, 소익의 흠결로 소를 각하하여야 하는 것으로 이론을 구성할 여지도 있다.

44) 사안상 재판부가 청구취지 변경을 시사하였음에도 원고가 이에 불응하고, 피고의 항변을 일체 부당한 것으로 답변하였으므로 원고에게 해제조건부로 인용을 구하는 의사가 있다고 보기 어렵다. 참고로 대판 1999. 2. 9. 98다42615은 소구채권인 소유권이전등기청구권에 가압류, 가처분이 내려진 경우 원고가 단순이행을 구하였음에도 해제조건부 인용판결을 하였는바, 그 사안은 원고에게 해제조건부 인용판결을 구하는 의사가 있다고 인정되는 사안이다.

50 기일, 기간, 송달

기본 사실관계

(1) 甲은 乙로부터 1억 원을 차용하고 그 채무를 담보하기 위해서 그 소유 토지에 관해 채권최고액이 1억 5,000만 원인 근저당권설정등기를 乙 앞으로 경료했다.

(2) 乙은 그후 甲에 대한 채권을 丙에게 양도한 다음 이를 甲에게 통지하고 근저당권을 丙 앞으로 이전하는 부기등기를 경료했다.

문제 1

(1) 甲은 그후 자신이 丙에 대한 채무를 모두 변제했다고 주장하면서 乙에 대해서는 근저당권설정등기의 말소등기를 청구하고, 丙에 대해서는 근저당권 이전의 부기등기의 말소를 청구하는 소를 제기한 경우, 乙과 丙에 대한 소가 적법한지 여부에 관해서 서술하시오.

(2) (甲이 丙에 대해 대법원 판례에 부합하는 적법한 소를 제기한 경우) 丙의 소재가 확인되지 않아 법원이 소장부본, 변론기일 통지서 기타 일체의 소송서류를 공시송달의 방법으로 丙에게 송달했는데, 丙이 답변서를 제출하지 않고 변론기일에 출석하지 않은 경우 법원이 丙의 답변서 미제출을 이유로 변론 없이 甲의 청구를 인용하는 판결을 하거나 丙이 甲의 주장을 자백한 것으로 보고 甲의 청구를 인용하는 판결을 할 수 있는지에 관해서 서술하시오.

기본 사실관계

甲이 乙을 상대로 소를 제기한 다음 8개월이 지나도록 재판 기일 통지가 없어 담당 법원직원에게 문의했는데, 뜻밖에도 甲과 乙이 변론기일에 2회 불출석하고도 적법한 기간 내에 기일지정 신청을 하지 않아 그 소가 취하된 것으로 간주되었으므로 그 사건은 종결되었다는 답변을 들었다. 이에 깜짝 놀란 甲이 소송기록 열람 신청을 해서 변론기일 통지서에 관한 송달보고서를 살펴보니 고등학교 1학년인 甲의 아들이 甲에 대한 송달서류를 받은 것으로 되어 있어, 아들에게 확인하니 하교 후 집에 있다가 甲에게 배달된 우편물을 우편 집배원한테서 받아 책상 서랍 속에 넣어두었는데 밤에는 늦은 시간까지 학원에 다니고 아침에는 일찍 등교하느라 甲에게 전달하지 못했고 말하는 것조차 잊고 있었다고 답했다. 이에 甲은 아들에게 변론기일 통지서가 송달된 것은 무효이므로 자신이 그 사건의 변론기일에 2회 불출석한 것으로 처리된 것은 억울한 결과라고 주장하면서 민사소송규칙 제68조, 제67조의 규정에 따라 기일지정 신청을 했는데, 법원이 그 신청에 관해 변론을 열어 심리한 결과 甲의 아들이 甲에 대한 변론기일 통지서를 받아 甲에게 전달하지 않은 것은 사실인 것으로 판명되었다.

문제 ❷

법원은 甲의 기일지정 신청에 대해 어떤 조치를 해야 하는지에 관해서 서술하시오.

기본 사실관계

甲이 乙을 상대로 소를 제기했는데, 우편 집배원이 소장부본이 든 우편물을 배달하기 위해 乙의 주소지에 갔으나 乙을 만나지 못하고 우체국에 와서 우편물을 찾아가라는 통지문을 출입문에 부착해 두고 돌아갔다. 乙의 사실상 배우자인 丙이 그 통지문을 들고 우체국에 가서 그 우편물을 수령하고도 乙에게 그것을 전달하지는 않았다.

문제 ❸

乙에 대한 소장부본의 송달이 적법한지에 관해서 서술하시오.

기본 사실관계

甲이 乙을 상대로 소를 제기했는데 甲의 청구를 기각하는 판결이 선고되었다. 甲은 그 판결 선고일부터 1월 간 병원에 입원하여 지병을 치료한 다음 퇴원하여 귀가했는데, 甲의 집에 세 들어 살고 있는 A(여자)가 그 사건의 판결정본이 들어있는 우편물을 甲에게 건네주면서 우편 집배원이 20일 전쯤에 그것을 배달하러 왔을 때 자신은 甲과 아무 관계없는 사람이라 그 우편물을 받을 수 없다고 했더니 그 집배원은 같은 집에 사는 걸로 봐서 甲의 부인이 틀림없는데 왜 거짓말을 하느냐고 하면서 거실에 그 우편물을 던져두고 자신의 서명을 받아갔다고 말했다. 이에 甲이 그 판결에 대해 항소를 하기 위해 법원 인터넷 홈페이지에서 그 사건의 처리 상황을 검색했더니 그 사건의 판결정본이 20일 전에 甲과 乙에게 송달되고 항소기간이 도과하여 판결이 확정된 것으로 되어 있었다.

문제 ④

甲이 취할 수 있는 소송상 구제 방안에 관해서 서술하시오.

기본 사실관계

乙을 상대로 대여금 1억 원의 반환을 청구하는 소를 제기한 甲이 乙의 주소에 관한 재판장의 보정명령을 받고 乙이 거주하는 아파트에 여러 차례 가 보았지만 출입문이 계속 잠겨 있었다. 그리고 앞집 거주자는 甲의 문의에 대해 乙 부부가 그 집에 살고 있는데 둘이 함께 어디론가 간 뒤로는 6개월이 지나도록 출입하는 사람이 아무도 없다고 대답했다. 이에 甲이 소명 자료를 적법하게 갖추어 법원에 乙에 대한 공시송달 신청을 하자 재판장이 乙에 대한 공시송달 명령을 하여 乙에 대한 소장부본과 변론기일 소환장이 공시송달되었다.

그렇게 실시된 변론기일에 甲이 출석해서 乙에 대한 대여 사실을 증명하자 법원은 변론을 종결하고 甲의 청구를 인용하는 판결을 선고하고, 乙에 대한 판결정본의 송달도 공시송달로 하여 그 판결이 확정되었다. 그때로부터 1개월 후 乙이 1년간의 해외여행에서 돌아왔는데, 며칠 후 자신의 아파트에 대한 경매개시결정이 송달되어 위와 같은 판결이 선고된 사실을 알고는 변호사 A를 찾아가 자신은 甲한테서 차용한 1억 원을 이미 갚았다고 하면서 甲 이름으로 작성된 '변제 영수증'을 A에게 제시했다.

문제 ⑤

귀하가 변호사 A일 경우 乙을 위해 취할 수 있는 소송상 구제 수단에 관해서 서술하시오.

해 설

문제 ①

(1) 부동산등기법 제52조 제3호는 근저당권의 이전등기는 부기(附記)로 해야 한다고 규정하는데, 근저당권의 이전등기가 부기로 된 경우45) 그 근저당권의 피담보채권의 소멸을 이유로 하는 근저당권설정등기의 말소등기 청구 소송의 피고적격자와 소의 이익에 관해 판례는 "근

---

45) 부동산등기법 제52조의 규정에 따라 부기로 된 근저당권의 이전등기 등을 통칭해서 부기등기(附記登記)라고 한다.

저당권의 양도에 의한 부기등기는 기존의 근저당권설정등기에 의한 권리의 승계를 등기부상 명시하는 것뿐으로 그 등기에 의하여 새로운 권리가 생기는 것이 아닌 만큼 근저당권설정등기의 말소등기청구는 양수인만을 상대로 하면 족하고, 양도인은 그 말소등기청구에 있어서 피고적격이 없다. 근저당권 이전의 부기등기는 기존의 주등기인 근저당권설정등기에 종속되어 주등기와 일체를 이루는 것이어서 피담보채무가 소멸된 경우 또는 근저당권설정등기가 당초 원인무효인 경우 주등기인 근저당권설정등기의 말소만 구하면 되고 그 부기등기는 별도로 말소를 구하지 않더라도 주등기의 말소에 따라 직권으로 말소된다."라고 하고$\left(\substack{대판 1995.5.26,\\95다7550 등}\right)$, 따라서 "근저당권이전의 부기등기의 말소를 별도로 구할 소의 이익은 인정되지 않는다."라고 한다$\left(\substack{대판 2009.7.9,\\2009다21386 등}\right)$.

위와 같은 판례에 비추어 보면 甲이 乙을 상대로 근저당권설정등기의 말소등기를 청구한 것은 피고적격이 없는 자에 대한 소로서 부적법하고, 丁을 상대로 부기등기인 근저당권이전등기의 말소등기를 청구한 것은 소의 이익이 인정되지 않는 소로서 부적법하며, 甲은 丙을 상대로 근저당권설정등기의 말소등기를 청구할 수 있을 뿐이고, 그것으로 충분하다.

(2) 민사소송법 제255조 제1항은 "법원은 소장의 부본을 피고에게 송달하여야 한다."고 규정하고, 제256조 제1항 본문은 "피고가 원고의 청구를 다투는 경우에는 소장의 부본을 송달받은 날부터 30일 이내에 답변서를 제출하여야 한다."고 규정한 다음 제257조 제1항은 "법원은 피고가 제256조 제1항의 답변서를 제출하지 아니한 때에는 청구의 원인이 된 사실을 자백한 것으로 보고 변론 없이 판결할 수 있다."고 규정하므로 피고가 소장부본을 송달받고도 30일 이내에 답변서를 제출하지 않는 때에는 법원은 민사소송법 제257조 제1항에 따라 변론 없이 원고의 청구를 인용하는 판결을 할 수 있다. 그러나 피고가 공시송달의 방법에 따라 소장의 부본을 송달받은 경우에는 민사소송법 제256조 제1항 본문의 규정에 의해 답변서를 제출할 의무가 없으므로$\left(\substack{제256조\\제1항 단서}\right)$ 이 경우에는 민사소송법 제257조 제1항의 규정이 적용되지 않는다. 따라서 공시송달의 방법에 따라 소장부본을 송달받은 丙이 답변서를 제출하지 않더라도 법원은 변론 없이 甲의 청구를 인용하는 판결을 할 수 없다.

민사소송법 제150조 제1항은 "당사자가 변론에서 상대방이 주장하는 사실을 명백히 다투지 아니한 때에는 그 사실을 자백한 것으로 본다. 다만, 변론 전체의 취지로 보아 그 사실에 대하여 다툰 것으로 인정되는 경우에는 그러하지 아니하다."고 규정하고, 제3항 본문은 "당사자가 변론기일에 출석하지 아니하는 경우에는 제1항의 규정을 준용한다."고 규정하므로 피고가 변론기일에 출석하지 않는 경우에는 원고가 주장하는 사실을 자백한 것으로 보고 원고의 청구를 인용하는 판결을 선고할 수 있다. 그러나 민사소송법 제150소 제3항 단서는 "공시송달의 방법으로 기일통지서를 송달받은 당사자가 출석하지 아니한 경우에는 그러하지 아니하다."고 규정하므로 공시송달의 방법으로 변론기일 통지서를 송달받은 丙이 변론기일에 출석하지 않더라도 법원은 丙이 甲이 주장하는 사실을 자백한 것으로 보고 원고의 청구를 인용하는 판결을 할 수 없다.

공시송달의 방법으로 소장부본과 변론기일 통지서가 丙에게 송달된 문제의 사건에서는 丙이 甲의 청구를 다투는 답변서를 제출하지 않고, 변론기일에 출석하지 않더라도 甲은 변론기일에 출석해서 자신이 승소하는 데 필요한 청구원인 사실에 관한 주장책임과 증명책임을 다해야 하지만, 피고의 항변에 속하는 사항이 존재하지 않는다는 점에 관한 주장과 증명을 할 필요는 없다.

문제 2

Ⅰ. 송달을 받을 사람

송달을 받을 사람은 원칙적으로 소송 당사자나 참가인이지만, 법정대리인(제179조)이나 법인 등 단체의 대표자나 관리인(제64조), 소송대리인(제180조 참조), 법규상 송달영수 권한이 있는 사람(제181조[46], 제182조)과 신고된 송달영수인(제184조)도 송달을 받을 사람이다.

Ⅱ. 중요한 송달 방법

1. 교부송달

송달을 받을 사람에게 직접 송달서류를 교부하는 원칙적인 송달방법을 말하는데, 민사소송법 제183조는 교부송달을 할 수 있는 송달장소에 관해 "① 송달은 받을 사람의 주소·거소·영업소 또는 사무소(이하 '주소등'이라 한다)에서 한다. 다만, 법정대리인에게 할 송달은 본인의 영업소나 사무소에서도 할 수 있다. ② 제1항의 장소를 알지 못하거나 그 장소에서 송달할 수 없는 때에는 송달받을 사람이 고용·위임 그 밖에 법률상 행위로 취업하고 있는 다른 사람의 주소 등(이하 '근무장소'라 한다)에서 송달할 수 있다. ③ 송달받을 사람의 주소 등 또는 근무장소가 국내에 없거나 알 수 없는 때에는 그를 만나는 장소에서 송달할 수 있다. ④ 주소 등 또는 근무장소가 있는 사람의 경우에도 송달받기를 거부하지 아니하면 만나는 장소에서

---

46) 대판(전) 1982.12.28, 82다카349: "민사소송법 제169조(현행 제181조)는 행형법 제18조, 제62조에 규정된 재감자에 대한 서신수발의 제한과 대응하는 규정으로서 양자는 교도소 등 구금장의 질서유지를 위하여 재감자를 감시하여야 할 공익상의 필요와 한편으로는 재감자에 대하여 수감되기 전의 주소, 거소 등에 송달을 하면 송달서류가 재감자에 전달됨에는 도리어 시일을 요하게 된다는 고려에서 나온 것으로 해석되므로 교도소 등의 소장은 재감자에 대한 송달에 있어서는 일종의 법정대리인이라고 할 것이므로 재감자에 대한 송달을 교도소 등의 소장에게 하지 아니하고 수감되기 전의 종전 주·거소에다 하였다면 무효라고 하지 않을 수 없고, 수소법원이 송달을 실시함에 있어 당사자 또는 소송관계인의 수감사실을 모르고 종전의 주·거소에 하였다고 하여도 동일하고 송달의 효력은 발생하지 않는다."

송달할 수 있다."고 규정하는데, 제3항과 제4항에 의한 송달을 출회(出會)송달이나 조우(遭遇)송달이라고 한다. 그리고 "① 당사자·법정대리인 또는 소송대리인이 송달받을 장소를 바꿀 때에는 바로 그 취지를 법원에 신고하여야 한다. ② 제1항의 신고를 하지 아니한 사람에게 송달할 서류는 달리 송달할 장소를 알 수 없는 경우 종전에 송달받던 장소에 대법원규칙이 정하는 방법으로 발송할 수 있다."고 규정하고 있다($\binom{제185}{조}$).

2. 보충송달·유치송달

(1) 민사소송법 제186조는 "① 근무장소 외의 송달할 장소에서 송달받을 사람을 만나지 못한 때에는 그 사무원, 피용자(被用者) 또는 동거인으로서 사리를 분별할 지능이 있는 사람에게 서류를 교부할 수 있다. ② 근무장소에서 송달받을 사람을 만나지 못한 때에는 제183조 제2항의 다른 사람 또는 그 법정대리인이나 피용자 그 밖의 종업원으로서 사리를 분별할 지능이 있는 사람이 서류의 수령을 거부하지 아니하면 그에게 서류를 교부할 수 있다. ③ 서류를 송달받을 사람 또는 제1항의 규정에 의하여 서류를 넘겨받을 사람이 정당한 사유 없이 송달받기를 거부하는 때에는 송달할 장소에 서류를 놓아둘 수 있다."고 규정하는데, 제1항과 제2항에 의한 송달을 보충송달이라고 하고, 제3항에 의한 송달을 유치송달이라고 한다. 보충송달의 경우에는 사무원 등에게 송달서류를 교부함으로써, 유치송달의 경우에는 송달할 장소에 송달서류를 놓아둠으로써 송달의 효력이 발생하고, 그 서류가 송달받을 사람에게 전달되었는지 여부는 송달의 효력에 영향이 없다. 근무장소에서 송달받을 사람의 법정대리인이나 피용자 그 밖의 종업원으로서 사리를 분별할 지능이 있는 사람이 송달받기를 거부하더라도 유치송달을 할 수 없다.

(2) '사리를 분별할 지능'이란 사법제도 일반이나 소송행위의 효력까지 이해할 수 있는 능력이 있어야 한다고 할 수는 없을 것이지만 적어도 송달의 취지를 이해하고 그가 영수한 서류를 송달받을 사람에게 교부하는 것을 기대할 수 있는 정도의 능력은 있는 것을 말하는 것이고($\binom{대판 2013.1.16,}{2012재다370 등}$), 반드시 성년자라야 하는 것은 아니지만, 일률적인 연령 기준을 정할 수 있는 것은 아니다.

(3) 판례는 '동거인'이란 송달을 받을 사람과 사실상 동일한 세대에 속하여 생활을 같이 하는 사람이어야 하므로($\binom{대판 2012.10.11,}{2012다44730 등}$) 송달받을 사람과 같은 집에서 거주한다고 하더라도 세대를 달리하는 임대인·임차인 등의 관계일 때에는 동거인이라고 할 수 없지만($\binom{대결 1983.12.30,}{자 83모53 등}$), 이혼한 처라도 사실상 동일 세대에 소속되어 생활을 같이하고 있다면 동거인에 해당된다($\binom{대결 2000.}{10.28,자}$ $\binom{2000}{마5732}$)고 한다.

(4) 그리고 판례는 '사무원'에 관해, 반드시 송달받을 사람과 고용관계가 있어야 하는 것은 아니고 평소 본인을 위해 사무 등을 보조하는 자이면 된다고 하고($\binom{대판 2010.10.14,}{2010다48455}$), 아파트의 경

비원·관리인의 경우에 평소에 우편물을 대신 수령해 왔으면 송달수령권을 묵시적으로 위임한 것으로 본다(대판 2000.7.4. 2000두1164).

3. 공시송달

(1) 민사소송법 제194조는 "① 당사자의 주소 등 또는 근무장소를 알 수 없는 경우 또는 외국에서 하여야 할 송달에 관하여 제191조[47]의 규정에 따를 수 없거나 이에 따라도 효력이 없을 것으로 인정되는 경우에는 재판장은 직권으로 또는 당사자의 신청에 따라 공시송달을 명할 수 있다. ② 제1항의 신청에는 그 사유를 소명하여야 한다."고 규정하는데, 이 규정에 따라 재판장이 직권으로 또는 당사자의 신청에 따라 한 명령에 따라 법원사무관 등이 송달할 서류를 보관하고 그 사유를 법원게시판에 게시하거나, 그 밖에 대법원규칙이 정하는 방법[48]에 따라서(제195조) 하는 송달을 공시송달이라고 한다.

(2) 당사자(원고)가 상대방 당사자(피고)의 주소 등 또는 근무장소를 알 수 없다는 이유로 공시송달 신청을 할 때에는 그 사유를 소명해야 하지만, 재판장이 직권으로 공시송달 명령을 하는 데는 그러한 소명이 필요 없다. 실무상으로는 통상의 송달방법으로 송달을 받던 당사자가 '소재불명'이라는 사유로 송달불능이 되는 때에는 재판장이 직권으로 공시송달 명령을 해서 소송절차를 진행하는 것이 보통이다.

(3) ① 첫 공시송달은 제195조의 규정에 따라 실시한 날부터 2주가 지나야 효력이 생긴다. 다만, 같은 당사자에게 하는 그 뒤의 공시송달은 실시한 다음 날부터 효력이 생긴다. ② 외국에서 할 송달에 대한 공시송달의 경우에는 제1항 본문의 기간은 2월로 한다. ③ 제1항 및 제2항의 기간은 줄일 수 없다(제196조).

(4) 공시송달의 요건에 흠이 있어도 재판장이 공시송달 명령을 해서 절차를 취한 이상 유효한 송달이라고 보는 것이 판례다(대결(전) 1984.3.15. 자 84마20 등). 재판장의 공시송달 명령에 대해서는 불복할 수 없고(대판 1992.10.9. 92다12131), 잘못된 공시송달로 심리가 진행된 끝에 패소판결이 선고되어 확정된 당사자는 추후보완 항소를 하거나(대결 2011.10.27. 자 2011마1154) 재심의 소를 제기하여(대판 1978.5.23. 77다1051) 그 판결의 시정을 구할 수 있을 뿐이다.

Ⅲ. 송달의 하자(흠)

(1) 부적법한 송달은 원칙적으로 무효다. 무효인 송달이라도 송달받을 자가 추인(追認)을 하

---

47) 외국에서 하여야 하는 송달은 재판장이 그 나라에 주재하는 대한민국의 대사·공사·영사 또는 그 나라의 관할 공공기관에 촉탁한다.
48) 민사소송규칙 제54조 제1항은 법원게시판 게시, 관보·공보 또는 신문 게재와 전자통신매체를 이용한 공시를 그 방법으로 규정한다.

면 유효하게 되고, 이의 없이 변론을 하거나 송달서류를 수령하면 이의권의 포기 · 상실($^{제151}_{조}$)로 그 흠이 치유된다.

(2) 판결정본의 송달 등 불변기간(不變期間)의 기산점과 관계있는 송달이 부적법한 경우에는 이의권의 포기 · 상실이 안정되지 않는다($^{대판 1979.9.25,}_{78다2448}$). 이는 특히 '자백간주에 의한 판결 편취'의 경우에 중요한 의미를 가진다.[49]

Ⅳ. 기일 불출석과 소의 취하간주, 기일지정 신청과 소송종료 선언에 관해서는 〈제53문〉의 〈문제 2〉에 관한 해설 참조

Ⅴ. 해답 제시

우편 집배원이 甲에 대한 변론기일 통지서를 甲의 아들에게 교부한 것이 甲에 대한 적법한 송달인지가 문제되는데, 甲의 아들이 고등학교 1학년이라면 사리를 분별할 지능이 있는 사람이라고 볼 수 있으므로 우편 집배원이 甲의 집에서 甲의 아들에게 甲에 대한 변론기일 통지서를 교부한 것은 보충송달로서 적법하고, 그것이 甲에게 전달되지 않았다고 하더라도 송달의 효력은 발생한 것으로 된다. 그렇다면 甲의 소가 취하된 것으로 간주하고 사건을 종결한 법원의 조치는 정당하므로 법원은 민사소송규칙 제68조, 제67조의 규정에 의해 소송판결의 일종인 소송종료 선언을 해야 한다.

문제 ③

Ⅰ. 송달에 관한 기본적 이해 : 〈문제 2〉에 관한 해설 참조

Ⅱ. 해답 제시

"송달은 원칙으로 민사소송법 제170조($^{현행 제}_{183조}$) 제1항에서 정하는 송달을 받을 자의 주소, 거소, 영업소 또는 사무실 등의 '송달장소'에서 하여야 하는바, 송달장소에서 송달받을 자를 만나지 못한 때에는 그 사무원, 고용인 또는 동거자로서 사리를 변식할 지능 있는 자에게 서류를 교부하는 보충송달의 방법에 의하여 송달할 수는 있지만, 이러한 보충송달은 위 법 조항에서 정하는 '송달장소'에서 하는 경우에만 허용되고, 송달장소가 아닌 곳에서 사무원, 고용인 또는 동거자를 만난 경우에는 그 사무원 등이 송달받기를 거부하지 아니한다 하더라도 그곳

---

[49] 〈제54문〉의 〈문제 1〉, 〈문제 2〉에 관한 해설 참조.

에서 그 사무원 등에게 서류를 교부하는 것은 보충송달의 방법으로서 부적법하다."($\binom{대결}{2001.8.31.\ 자}$ $\binom{2001마}{3790}$)는 것이 판례이므로 우체국 창구에서 乙의 사실상의 배우자인 丙에게 소장부본을 교부 한 것은 乙에 대해서는 부적법한 송달로서 효력이 없다.

문제 ④

Ⅰ. 송달에 관한 기본적 이해 : 〈문제 2〉에 관한 해설 참조

Ⅱ. 해답 제시

전술한 바와 같이 민사소송법 제186조에서 말하는 '동거인'이란 송달을 받을 사람과 사실 상 동일한 세대에 속하여 생활을 같이 하는 사람이어야 하고, 송달받을 사람과 같은 집에서 거주한다고 하더라도 세대를 달리하는 임대인·임차인 등의 관계일 때에는 동거인이라고 할 수 없으므로 우편 집배원이 세입자에 불과한 A가 甲의 처라고 믿고 A가 송달서류(판결정본)를 받기를 거절한다고 하여 甲의 집에 그 송달서류를 놓아둔 것은 부적법한 유치송달로서 무효 이므로 甲에 대해서는 그 판결이 아직 확정되지 않은 상태에 있다. 따라서 甲은 통상의 항소 를 하여 본안에 관한 항소법원의 심판을 구할 수 있다.

문제 ⑤

Ⅰ. 송달에 관한 기본적 이해 : 〈문제 2〉에 관한 해설 참조

Ⅱ. 소송행위의 추후보완

1. 민사소송법 제173조 제1항 본문은 "당사자가 책임질 수 없는 사유로 말미암아 불변기간 을 지킬 수 없었던 경우에는 그 사유가 없어진 날부터 2주 이내에 게을리 한 소송행위를 보완 할 수 있다."고 규정하는데, 책임질 수 없는 사유로 말미암아 불변기간을 지킬 수 없었던 당사 자가 이 규정에 따라 소송행위를 보완하는 것을 소송행위의 추후보완이라고 한다.

2. 소송행위의 추후보완 대상이 되는 기간은 법률에 불변기간으로 규정된 것에 한하므로 불변기간으로 규정되어 있지 않는 상고이유서 제출 기간과 재항고이유서 제출 기간을 지킬 수 없었던 경우에는 추후보완이 허용되지 않는다고 보는 것이 판례지만($\binom{대판\ 1980.12.9.}{80다1479\ 등}$), 다수설 은 유추적용이 필요하다고 본다.

3. 판례가 '당사자가 책임질 수 없는 사유'를 긍정한 경우도 많고, 부정한 경우도 많은데, 판례는 특히 소송절차의 전부나 일부가 공시송달에 의한 송달로 진행된 경우에 관해, 피고에 대한 소송서류가 처음부터 공시송달의 방법으로 송달되어 소송절차가 진행되었다면 특별한 사정이 없는 한 피고가 책임질 수 없는 경우에 해당하지만(대결 2011.10.27, 자 2011마1154 등), 처음에는 통상의 송달이 되다가 송달불능으로 되어 공시송달을 하기에 이른 경우(대판 2012.10.11, 2012다44730 등), 당사자가 신고한 자기 주소에 송달이 되지 않거나(대판 1990.12.11, 90다카21206 등) 주소 변경 사실을 법원에 신고하지 않아(대판 1987. 2.24, 86누509) 공시송달을 하기에 이른 경우, 피고가 자신에 대해 소가 제기된 사실을 알고 있었던 경우 등은 이에 해당하지 않는다고 한다.

4. 추후보완 기간은 원칙적으로 사유가 없어진 날부터 2주지만, 그 사유가 없어질 당시 외국에 있던 당사자에 대하여는 30일로 한다(제173조 제1항). 이 기간은 불변기간이 아니므로 추후보완이 허용되지 않으며, 부가기간을 정할 수 없고, 기간의 신축(伸縮)을 할 수 없다(제173조 제2항).

5. 소송행위의 추후보완은 보완하는 소송행위를 원래의 방식대로 하면 되고, 따로 추후보완 신청을 하지 않아도 된다(대판 1992.7.14, 92다2455 등).

추후보완 사유는 소송요건의 일종으로서 법원의 직권조사사항이지만, 그 사유에 관계있는 사실에 관해서는 보완신청을 한 당사자가 주장·증명책임을 부담한다(대판 2012.10.11, 2012다44730).

항소의 추후보완을 하는 경우 반드시 추후보완 항소임을 밝힐 필요는 없으나(대판 1980.10.14, 80다1795), 항소장에 추후보완 항소임을 명백히 하지 않았으면 항소심 법원이 추후보완 사유의 유무에 관해서 심리할 필요가 없다(대결 2011.9.29, 자 2011마1335).

항소의 추후보완의 경우에 추후보완 사유가 인정되면 적법한 항소로 인정하여 항소사건에 관해 심판하고, 그 사유가 인정되지 않으면 판결로 (추후보완) 항소를 각하한다.

6. 추후보완의 대상이 상소인 경우 추후보완 상소가 있다고 해도 확정판결의 기판력과 집행력에 아무런 영향이 없다. 따라서 민사소송법 제500조[50)]의 규정에 의한 정지결정이 있어야 확정판결의 집행을 정지시킬 수 있다.

Ⅲ. 해답 제시

문제의 乙에 대해서는 처음부터 공시송달에 의한 방법으로 소장부본 등 소송서류가 송달되어 甲의 청구를 인용하는 판결이 선고되어 확정되었고, 그 공시송달에 乙이 책임져야 할 사

---

50) 제500조(재심 또는 상소의 추후보완신청으로 말미암은 집행정지) ① 재심 또는 제173조에 따른 상소의 추후보완신청이 있는 경우에 불복하는 이유로 내세운 사유가 법률상 정당한 이유가 있다고 인정되고, 사실에 대한 소명이 있는 때에는 법원은 당사자의 신청에 따라 담보를 제공하게 하거나 담보를 제공하지 아니하게 하고 강제집행을 일시정지하도록 명할 수 있으며, 담보를 제공하게 하고 강제집행을 실시하도록 명하거나 실시한 강제처분을 취소하도록 명할 수 있다. ② 담보 없이 하는 강제집행의 정지는 그 집행으로 말미암아 보상할 수 없는 손해가 생기는 것을 소명한 때에만 한다. ③ 제1항 및 제2항의 재판은 변론없이 할 수 있으며, 이 재판에 대하여는 불복할 수 없다. ④ 상소의 추후보완신청의 경우에 소송기록이 원심법원에 있으면 그 법원이 제1항 및 제2항의 재판을 한다.

유가 있다고 볼 사정도 없으므로 변호사 A는 그 사건을 수임하여 乙을 위해 확정판결에 대한 추후보완 항소를 하고 민사소송법 제500조의 규정에 의해 그 판결의 집행정지 결정을 받아 乙의 아파트에 대한 경매절차가 더 진행되는 것을 저지해야 한다.

51 문서의 증거력, 문서제출명령, 채권양도와 압류 간의 우열, 채권자대위소송과 중복소송[51]

51) 대판 2011.11.10, 2011다62977 변형문제.

공통된 사실관계

丙은 사업을 운영하던 중에 2012년경부터 자금사정이 나빠지기 시작하여 2013. 3. 5. 사업자금 조달을 위하여 乙로부터 금3억 원을 연이율 5%, 변제기 2014. 12. 12.로 약정하여 차용하면서 현금보관증을 작성하여 주었다. 2015. 1. 3. 乙은 丙에게 대여금반환을 청구하였으나 丙이 반환을 차일피일 미루고 있다. 이에 乙은 2015. 1. 5. 평소 지인인 甲에게 위 대여금을 양도하고 현금보관증을 교부하였다. 나아가 乙은 같은 날 丙에게 채권양도통지를 하였으며, 2015. 1. 18. 채권양도통지서가 丙에게 도달하였다. 甲은 2015. 2. 21. 丙을 상대로 양수금 청구의 소를 제기하고 그 증거로써 현금보관증을 제출하였다.

위 현금보관증에는 보관금액 3억 원, 연이율 5%, 변제기가 2014. 12. 12.로 기재되어 있으며 丙의 인장이 날인되어 있다. 丙은 변론기일에 출석하여 원고청구 기각만을 구하고 별다른 항변을 주장하지 못하고 있다.

문제 ①

법원의 甲의 청구에 대한 결론[소각하, 청구인용, 청구기각]과 그 근거를 서술하시오. (20점)

추가된 사실관계

위 소송 계속중 丙은 위 현금보관증이 백지에 丙의 서명·날인을 먼저 받는 등의 방법으로 丙의 의사에 의하지 아니하고 작성되었다고 주장하고 있으나, 다른 증거는 제시하지 못하고 있다.

문제 ②

법원은 丙의 주장에 대하여 어떠한 판단을 할 것인지 결론[소각하, 청구인용, 청구기각]과 그 근

거를 서술하시오. (20점)

> **추가된 사실관계** ▸ **다만 문제 2에 추가된 사실관계와는 별개임**

위 소송 계속중에 甲은 乙로부터 丙이 현금보관증을 작성할 당시에 동일한 정본인 현금보관증을 한 부 더 작성하여 한 부는 乙에게 교부하고 나머지 한 부는 丙 자신이 보관중이라는 사실을 전해 들었다. 이에 甲은 丙이 보관중인 현금보관증이 법원에 제출되어야 한다고 생각한다.

> **문제 ③**

1. 丙이 보관중인 현금보관증을 법원에 제출하도록 하기 위하여 甲이 이용할 수 있는 민사소송법상의 제도에 대해 서술하시오. (10점)
2. 甲이 자신이 보관하고 있는 현금보관증을 분실하여 丙이 소지하고 있는 현금보관증에 대하여 문서제출명령을 신청하여 문서제출명령이 내려졌으나 丙이 이에 응하지 아니한 경우 법원은 이에 대하여 어떤 조치를 취할 수 있는지 서술하시오. (10점)

> **추가된 사실관계** ▸ **다만 문제 2, 3에 추가된 사실관계와는 별개임**

한편, 乙의 채권자인 丁은 乙의 丙에 대한 위 채권 전부에 대하여 압류 및 전부명령을 받았고, 그 전부명령이 2015. 1. 18. 甲에게 도달하였다.

> **문제 ④**

甲의 丙에 대한 소송이 계속중 丁이 소송에 참가하여 위 乙에 대한 丙의 채권 전부를 자신이 압류·전부받았으므로 甲의 청구는 기각되어야 한다고 주장한다. 이러한 주장에 대한 판단과 그 근거를 서술하시오. (20점)

> **추가된 사실관계** ▸ **다만 문제 2, 3, 4에 추가된 사실관계와는 별개임**

위 소송 계속중 甲은 丙이 A에 대하여 변제기가 도래한 금2억 원의 채권이 있음을 알게 되었나. 또한 丙은 위 대여금채권 외에는 다른 재산은 없는 것으로 밝혀졌다. 이에 甲은 2015. 2. 24. 丙을 대위하여 A에게 대여금반환청구 소송을 제기하였고, 소장부본이 2015. 2. 28. A에게 송달되었다. 그런데 위 대여금채권이 甲에게 지급되는 것을 염려한 丙은 2015. 2. 24. A에게 직접 대여금청구 소송을 제기하였고, 소장부본이 A에게 2015. 3. 2. 송달되었다.

문제 **5**

위 甲의 대위소송과 丙의 대여금청구의 소가 적법한지 여부와 그 근거를 서술하시오. (20점)

해 설

문제 **1**

I. 결 론

법원은 甲의 청구를 인용하여야 하며 이를 배척할 시 합리적인 이유설시가 필요하다.

Ⅱ. 논 거

1. 문제의 소재

甲이 제출한 현금보관증이 증거능력이 있는지 또 증거력이 있는지 문제된다. 현금보관증의 형식적 증거력과 관련하여 乙이 甲의 청구기각을 구하여 이를 부인하고 있으나 현금보관증에 丙의 인장이 날인되어 있는바, 이 경우 진정성립이 추정되는지 여부를 검토한다. 또한 현금보관증의 실질적 증거력과 관련하여 현금보관증이 처분문서인지 여부, 처분문서라면 그 진정성립이 인정될 경우 그 기재내용대로 대여사실이 인정되는지 여부 등에 대한 검토를 요한다.

2. 현금보관증의 증거능력, 형식적 증거력

(1) 증거조사의 대상이 될 수 있는 자격을 증거능력이라고 하며 민사소송에서는 형사소송과 달리 자유심증주의에 의하여 원칙적으로 증거능력의 제한되지 않으므로 모든 문서가 서증의 대상이 될 수 있다(이시윤, 448면; 정동윤·유병현, 545면; 강현중, 558면).

(2) 서증은 문서에 표현된 작성자의 의사를 증거자료로 하여, 요증사실을 증명하려는 증거방법이다. 서증은 다른 증거와 달리 증거력을 판단함에 있어 그 문서가 작성자의 의사에 의하여 작성되었는지 여부, 즉 형식적 증거력을 먼저 판단하고 형식적 증거력이 인정된 다음 작성자의 의사가 요증사실의 증거로서 얼마나 유용한지 여부에 관한 실질적 증거력을 판단한다

$\left(\substack{\text{대판 2000다} \\ \text{66133, 96다50520}}\right)$.

　따라서 문서가 증거신청당사자에 의하여 작성자로 주장되는 자의 의사에 기하여 작성된 것임이 밝혀져야 한다. 이를 문서의 진정성립이라 하고 진정하게 성립된 문서는 형식적 증거력이 있다고 본다.

3. 현금보관증의 형식적 증거력(사문서의 진정성립)의 입증[52)]

　(1) 사문서는 진정성립이 추정되지 않으므로 문서 제출자는 사문서가 진정한 것임을 스스로 증명하여야 한다($\substack{\text{제357} \\ \text{조}}$). 날인사실이 증명된 경우에는 사문서의 진정성립이 추정된다($\substack{\text{제358} \\ \text{조}}$).

　(2) 사문서의 진정성립에 관하여 판례는 "사문서는 본인 또는 대리인의 서명이나 날인 또는 무인이 있는 때에는 진정한 것으로 추정되므로, 사문서 작성명의인이 스스로 당해 사문서에 서명·날인·무인하였음을 인정하는 경우, 즉 인영 부분 등의 성립을 인정하는 경우에는 반증으로 그러한 추정이 번복되는 등 다른 특별한 사정이 없는 한 문서 전체에 관한 진정성립이 추정된다."라고 판시한 바 있다($\substack{\text{대판 2011.11.10.} \\ \text{2011다62977}}$). 즉, 인영의 진정이 인정되면 날인의 진정이 추정되고, 날인의 진정이 추정되면 문서 전체의 진정성립이 추정된다고 하는 이단의 추정의 형식으로 형식적 증거력을 추정하고 있다. 이는 사실상의 추정으로 상대방이 반증으로 추정을 번복할 수 있다. 판례는 날인행위가 도용된 사실을 입증하거나, 날인한 사실에 대하여 법관으로부터 의심을 갖게 한다면 추정이 깨어진다고 본다.[53)]

4. 문서의 실질적 증거력

(1) 처분문서와 보고문서

　증명하고자 하는 법률적 행위가 그 문서에 의하여 행하여진 경우에 그 문서를 처분문서라 하고, 그 문서에 의하지 않고 일어난 사건 상태 등의 상황을 작성자가 경험하여 사실, 판단, 느낌 등을 기재하 문서를 보고문서라 한다. 사안에서 현금보관증은 증명하고자 하는 법률적 행위, 즉 금전대여사실이 그 문서 자체에 의하여 이루어진 처분문서에 해당한다.

(2) 실질적 증거력

　실질적 증거력이란 문서의 요증사실을 증명하기에 적합한 가치, 즉 다툼이 있는 사실을 입증할 수 있는 능력으로 법관의 자유심증주의에 일임되어 있다. 처분문서는 형식적 증거력이 인정되면 상대방의 반증이 없는 한 문서에 기재되어 있는 내용대로 법률행위가 존재한다는

---

52) 반면에 공문서의 경우에는 민사소송법 제356조 제1항에 따라 문서의 방식과 취지에 의하여 공문서로 인정되는 때에는 진정한 공문서로 추정된다. 그 성질에 관하여는 다툼이 있다.

53) 대판 1997.6.13, 96재다462, 대판 2008.11.13, 2007다82158 등에서 법원은 일관된 입장을 취하고 있다.

실질적 증거력이 추정된다. 따라서 법원은 기재내용 대로 법률행위의 존재를 인정하여야 하고 처분문서를 배척함에는 합리적인 이유를 설시하여야 한다(대판 1991.10.22.). 다만, 실질적 증거력의 추정은 사실상 추정으로 상대방의 반증에 의하여 부정될 수 있고, 추정의 범위는 문서에 기재된 내용에 국한되고 법률행위의 해석이나 행위자의 능력, 의사의 흠결 여부 등에는 미치지 않는다.

5. 사안의 경우

甲이 법원에 제출한 현금보관증에는 丙의 인장이 날인이 되어 있다. 이에 위 현금보관증의 형식적 증거력이 인정되고, 현금보관증은 처분문서에 해당하므로 실질적 증거력 또한 인정된다. 따라서 법원은 그 기재내용대로 대여사실을 인정하여야 하므로 甲의 청구를 인용하여야 하며 이를 배척할 시 합리적인 이유설시가 필요하다.

문제 ②

Ⅰ. 결 론

법원은 丙의 주장을 배척하고 甲의 청구를 인용하여야 한다.

Ⅱ. 근 거

1. 백지문서 또는 미완성 문서에 날인한 경우 진정성립이 추정되는지 여부

(1) 판례는 이와 관련하여 "문서에 날인된 작성명의인의 인영이 작성명의인의 인장에 의하여 현출된 인영임이 인정되는 경우에는 특단의 사정이 없는 한 그 인영의 진정성립 및 그 문서 전체의 진정성립까지 추정되는 것이기는 하나, 이는 어디까지나 먼저 내용 기재가 이루어진 뒤에 인영이 압날된 경우에만 허용되는 것이고(대판 1988.4.12, 87다카576; 대판 2000.6.9, 98다28947, 28954 등 참조), 작성명의인의 날인만 되어 있고 내용이 백지로 된 문서를 교부받아 후일 그 백지부분을 작성명의자 아닌 자가 보충한 경우 그 문서 전체의 진정성립의 추정은 배제된다.

(2) 문서의 전부 또는 일부가 미완성된 상태에서 서명·날인만을 먼저 하였다는 등의 사정은 이례에 속한다고 할 것이므로 완성문서로서 진정성립의 추정력을 뒤집으려면 그럴만한 합리적인 이유와 이를 뒷받침할 간접반증 등의 증거가 필요하다."라고 판시하였다(대판 2011.11.10, 2011다62977).

2. 백지문서 날인 사실에 대한 증명책임

판례에 의하면 백지문서 또는 미완성 문서의 경우 문서 전체의 진정성립 추정이 배제된다. 백지문서에 날인했다는 주장은 문서의 형식적 증거력에 대한 2단의 추정을 복멸하기 위한 주장이다. 따라서 이에 대한 증명책임은 백지문서에 날인하였다는 丙이 법관으로 하여금 백지문서 또는 미완성 문서에 날인한 것임을 확신하게 할 수 있을 정도로 증명하여야 한다.

3. 사안의 경우

사안의 경우에 丙이 위 현금보관증이 백지에 丙의 서명·날인을 먼저 받는 등의 방법으로 丙의 의사에 의하지 아니하고 작성되었다고 주장하고 있으나 별다른 증거를 제시하지 못하고 있고, 이러한 사정은 이례적인 것이다. 현금보관증에 丙의 인장이 날인되어 있으므로 법 제358조가 적용되어 형식적 증거력과 실질적 증거력이 인정되므로 법원은 丙의 주장을 배척하고 甲의 청구를 인용하여야 한다.

문제 ③ 1.

Ⅰ. 결   론

甲은 문서제출명령을 법원에 신청할 수 있다.

Ⅱ. 근   거

1. 문제의 소재

甲의 문서제출명령 신청과 관련하여 丙에게 문서제출의무가 있는지 여부, 나아가 丙이 이에 응하지 않을 경우 법원은 주요사실인 금전 대여사실을 직접 인정할 수 있는지 여부 등이 문제된다.

2. 문서제출명령의 의의

서증신청의 방법으로는 직접제출($\substack{제343 \\ 조}$), 문서제출명령신청($\substack{제343 \\ 조 후단}$), 문서송부촉탁($\substack{제352 \\ 조}$), 소재장소에서의 서증조사($\substack{제297조, 민사소 \\ 송규칙 제112조}$) 등이 있다. 문서제출명령은 현대형 소송에 있어서 증거의 구조적 편재현상에서 오는 당사자 간의 실질적 불평등을 시정하고, 쟁점 및 증거의 사전정리를 실효성 있게 하여 집중심리주의 실현을 위한 제도로서 상대방·제3자가 제출의무 있는 문서를 소지하고 있는 경우에 하는 서증신청 방법 중의 하나이다.

3. 문서제출명령의 요건

문서제출명령을 내리기 위해서는 문서제출의무가 있는 문서이어야 하며, 문서의 존재와 소지 및 제출의무가 증명되어야 한다.

(1) 문서제출의무 있는 문서

1) 민사소송법 제344조 제1항에서 제출의무 있는 문서로 인용문서(제1호), 인도 및 열람문서(제2호), 이익문서·법률관계문서(제3호)를 열거하고 있다. 다만 위 제3호 이익문서, 법률관계문서에 있어서 공무원의 직무상 비밀이 기재되어 있고 동의를 필요로 하는 경우에 동의를 받지 아니한 문서, 증인의 증언거부사유와 같은 일정한 사유가 있는 문서는 제출을 거부할 수 있다.[열거된 문서]

2) 민사소송법 제344조 제2항에서는 제1항에서 정한 문서에 해당하지 아니하는 문서라도 원칙적으로 문서의 소지자는 이를 모두 제출할 의무가 있는 것으로 규정하여 문서제출의무를 일반적 의무로 확장하였다. 다만, 증언거부사유가 있는 때, 오로지 소지인이 이용하기 위한 문서, 공무원의 직무상 보관문서 등은 제출의무 대상에서 제외하였다.[일반문서]

(2) 문서의 존재와 소지 및 제출의무에 대한 증명책임

문서제출명령을 하려면 문서의 존재와 소지가 증명되어야 한다. 이에 대한 증명책임은 원칙적으로 신청인에게 있다는 것이 판례의 입장이다(대판 1995.5.3. 95마415). 또한 신청인은 문서소지인에게 문서제출의무를 부담시키기 위해 그 구성요건상의 제출대상문서임을 증명하여야 한다. 다만 제344조 제1항 제3호 단서나 제2항의 거부사유는 문서소지인이 증명할 책임이 있다고 본다.

4. 사안의 경우

丙이 소지하고 있는 현금보관증은 민사소송법 제344조 제1항 제3호의 법률관계문서로 문서제출의무 있는 문서에 해당하고, 乙의 진술을 통하여 丙이 소지하고 있음이 증명될 수 있으므로, 甲은 문서제출명령을 법원에 신청할 수 있다.

문제 ③ 2.

I. 결 론

법원은 甲이 주장하는 바와 같은 내용의 현금보관증이 존재한다는 사실을 인정할 수 있고 이를 바탕으로 주요사실인 금전 대여사실의 존부를 자유심증으로 판단할 수 있다.

II. 근 거

1. 문서부제출의 효과

당사자가 문서제출명령에 따르지 아니한 때에는 법원은 그 문서의 기재에 대한 상대방의 주장을 신실한 것으로 인정할 수 있고$\binom{\text{제349}}{\text{조}}$ 제3자가 문서제출명령에 따르지 아니한 때에는 법원은 신청 당사자의 주장사실을 진실한 것으로 인정할 수 없고, 제3자는 과태료 처분을 받게 된다$\binom{\text{제351}}{\text{조}}$.

2. 민사소송법 제349조의 의미(상대방의 주장을 진실한 것으로 인정함의 의미)

(1) 학 설

문서의 기재에 대한 상대방의 주장이 무엇인가 여부에 대하여 자유심증설, 법정증거설, 증명책임 전환설, 절충설 등이 대립하나 통설은 문서의 성립과 내용에 관한 상대방의 주장을 진실한 것으로 인정할 수 있다는 의미로 해석하고 그 문서에 의하여 증명할 사실(요증사실) 자체를 인정할 수 있는 것은 아니라고 본다. 즉, 당사자가 주장한 취지와 증명할 사실을 기재한 문서가 존재한다는 사실을 인정할 수 있고 이를 근거로 요증사실을 인정할 것인지 여부는 법관의 자유심증에 의한다는 입장이다.

(2) 판 례

"문서제출명령에도 불구하고 제출명령을 받은 문서를 제출하지 아니한 경우에 상대방의 주장을 진실한 것으로 인정할 수 있다는 것은 문서의 표시와 문서의 취지로 명시된 문서의 성질·내용·성립의 진정에 관한 주장을 법원이 재량으로 진실한 것으로 인정할 수 있을 뿐이고 그 문서들에 의하여 입증하려고 하는 원고의 주장사실이 바로 승명되었다고 볼 수는 없다."$\binom{\text{대판 1993.11.23.}}{\text{93다41938}}$라고 하여 자유심증설을 따르고 있다.

(3) 민사소송법 규정에 비추어 볼 때 문서의 표시와 문서의 취지로 명시된 문서의 성질 내

용 성립의 진정에 관한 주장을 법원이 재량으로 진실한 것으로 인정할 수 있고 그 문서들에 의하여 입증하려고 사실은 자유심증에 의한다고 보는 자유심증설이 타당하다.

3. 사안의 경우

사안에서 丙이 현금보관증을 제출하지 않는 경우, 법원은 甲이 주장하는 바와 같은 내용의 현금보관증이 존재한다는 사실을 인정할 수 있고 이를 바탕으로 주요사실인 금전 대여사실의 존부를 자유심증으로 판단하면 된다.

문제 **4**

Ⅰ. 결   론

丁의 주장은 배척되어야 한다.

Ⅱ. 근거 $\left(\begin{smallmatrix} 대판(전) 1994.4.26, \\ 93다24223 \end{smallmatrix}\right)$

1. 문제의 소재

채권이 이중으로 양도된 경우 채권양수인 상호간의 우열을 가리는 기준과 동일 채권에 대하여 가압류명령을 집행한 자 사이의 우열을 결정하는 기준이 문제되고, 채권양도 통지와 가압류결정 정본이 채무자에게 동시에 도달된 경우 채권양수인 또는 가압류채권자의 이행청구 가부 및 양자 사이의 정산의무가 있는지 여부 등이 문제된다.

2. 채권양수인과 동일 채권에 대하여 가압류명령을 집행한 자 사이의 우열 결정기준

⑴ 채권이 이중으로 양도된 경우의 양수인 상호간의 우열은 통지 또는 승낙에 붙여진 확정일자의 선후에 의하여 결정할 것이 아니라, 채권양도에 대한 채무자의 인식, 즉 확정일자 있는 양도통지가 채무자에게 도달한 일시 또는 확정일자 있는 승낙의 일시의 선후에 의하여 결정하여야 할 것이다.

⑵ 이러한 법리는 채권양수인과 동일 채권에 대하여 가압류명령을 집행한 자 사이의 우열을 결정하는 경우에 있어서도 마찬가지이므로, 확정일자 있는 채권양도 통지와 가압류결정 정본의 제3채무자(채권양도의 경우는 채무자)에 대한 도달의 선후에 의하여 그 우열을 결정하여야 한다.

3. 채권양도 통지와 가압류결정 정본이 채무자에게 동시에 도달된 경우 채권양수인 또는 가압류채권자의 이행청구 가부 및 양자 사이의 정산의무 유무

(1) 채권양도 통지, 가압류 또는 압류명령 등이 제3채무자에 동시에 송달되어 그들 상호간에 우열이 없는 경우에도 그 채권양수인, 가압류 또는 압류채권자는 모두 제3채무자에 대하여 완전한 대항력을 갖추었다고 할 것이다. 따라서 그 전액에 대하여 채권양수금, 압류전부금 또는 추심금의 이행청구를 하고 적법하게 이를 변제받을 수 있고, 제3채무자로서는 이들 중 누구에게라도 그 채무 전액을 변제하면 다른 채권자에 대한 관계에서도 유효하게 면책되는 것이다.

(2) 만약 양수채권액과 가압류 또는 압류된 채권액의 합계액이 제3채무자에 대한 채권액을 초과할 때에는 그들 상호간에는 법률상의 지위가 대등하므로 공평의 원칙상 각 채권액에 안분하여 이를 내부적으로 다시 정산할 의무가 있다.

4. 사안의 경우

乙의 丙에 대한 채권양도통지서가 2015. 1. 18.에 丙에게 도달하였으며, 丁의 乙의 丙에 대한 채권의 압류 및 전부명령 또한 2015. 1. 18. 丙에게 도달하였고 그 선후에 관한 입증이 없으므로, 甲과 丁 모두 丙에 대하여 대항력을 갖추었다고 할 것이다. 그렇다면 丙은 甲과 丁 누구에 대해서 변제를 하더라도 다른 채권자에 대하여 유효한 변제가 된다는 것이 판례의 입장이므로 丁의 위와 같은 주장은 타당하지 않다.[54]

문제 ⑤

Ⅰ. 결 론

전소인 甲의 대위청구는 적법하며, 후소인 丙의 대여금청구는 중복소송에 해당하여 부적법 각하되어야 한다.

---

[54] 丙에 대하여는 "채권양도의 통지와 가압류 또는 압류명령이 제3채무자에게 동시에 송달되었다고 인정되어 채무자가 채권양수인 및 추심명령이나 전부명령을 얻은 가압류 또는 압류채권자 중 한 사람이 제기한 급부소송에서 전액 패소한 이후에도 다른 채권자가 그 송달의 선후에 관하여 다시 문제를 제기하는 경우, 기판력의 이론상 제3채무자는 이중지급의 위험이 있을 수 있으므로, 동시에 송달된 경우에도 제3채무자는 송달의 선후가 불명한 경우에 준하여 채권자를 알 수 없다는 이유로 변제공탁을 함으로써 법률관계의 불안으로부터 벗어날 수 있다."라는 것이 판례의 입장이다. 대판(전) 1994. 4. 26, 93다24223.

Ⅱ. 근 거

1. 문제의 소재

채권자 대위소송과 채무자인 丙이 제기한 소가 중복소제기 금지에 해당하는지 여부, 전소와 후소를 가리는 기준 등이 문제된다.

2. 채권자대위소송

(1) 의의 및 법적 성질

1) 채권자대위소송이란 민법상의 채권자대위권을 소송의 형태로서 행사하는 것을 의미한다.

2) 이러한 채권자대위권의 법적성질에 대하여 견해의 대립[55]은 있으나, 판례는 "채권자대위소송에서 원고는 채무자에 대한 자신의 권리를 보전하기 위하여 채무자를 대위하여 자신의 명의로 채무자의 제3채무자에 대한 권리를 행사하는 것이므로, 그 지위는 채무자 자신이 원고인 경우와 마찬가지이다."라고 판시하여 법정소송담당설의 입장을 취하고 있다$\binom{대판}{2013.3.28.\ 2012다\ 100746}$.

(2) 채권자대위소송의 요건

채권자대위권을 행사하기 위해서는 1) 피대위권리의 존재, 2) 피보전채권의 존재, 3) 보전의 필요성, 4) 채권자의 권리의 불행사를 그 요건으로 한다.

(3) 사안의 경우

사안의 경우에 있어서 甲은 채권자 丙에 대하여 변제기가 도래한 채권이 있으며, 甲이 丙을 대위하여 소송을 제기하던 2015. 2. 24.에 채권자 丙은 A에 대한 채권을 행사하지 않고 있었고, 위 대여금채권 이외에 甲은 별다른 재산이 없는 무자력 상태에 있으므로 전소인 甲의 대위청구는 적법하다.

---

55) 대권자대위권의 법적 성질에 관하여 다음과 같은 견해가 있다.
  ① 소송담당설(다수설): 채권자대위소송은 민법이 채권자에게 소송수행권을 부여한 결과 채무자를 대위하여 소송수행권을 가지는 법정소송담당으로 본다.
  ② 고유한 대위권설(호문혁): 채권자대위소송에서 채권자는 채무자를 위하여 소송을 담당하는 것이 아니라, 자기 채권의 보전이라는 자신의 이익을 위하여 민법이 자신에게 인정한 대위권을 행사하는 것으로 본다.

3. 중복제소

(1) 의 의

중복소제기 금지란 법원에 계속되어 있는 사건에 대하여 당사자는 다시 소를 제기하지 못한다는 것이다($\substack{제259 \\ 조}$).

(2) 중복제소금지의 요건

1) 중복소제기가 되려면 전소와 후소의 당사자가 동일할 것, 소송물이 동일할 것, 전소계속 중 후소가 제기될 것을 요건으로 한다.

2) 판례는 "소송계속은 소장부본이 피고에게 송달된 때에 비로소 발생한다."라고 판시($\substack{대판 2006.9.22. \\ 2005마1014}$)하고 있는바, 전소와 후소의 중복제소 여부를 판단은 피고에게 소장부본이 송달된 시점을 기준으로 할 것이다.

(3) 대위소송중 채무자가 별소를 제기한 경우

대위소송중 채무자가 동일한 별소를 제기한 경우에 판례는 "당사자는 달라도 실질적으로 동일소송이므로, 중복제소금지원칙에 저촉된다."라고 판시하였다($\substack{대판 1995.4.14. \\ 94다29256}$).

(4) 사안의 경우

사안의 경우에 있어서 甲의 대위청구는 판례의 입장인 법정소송담당설에 따라 丙의 대여금청구와 동일한 소송물이다. 또한 甲이 丙을 대위하여 제소한 소송의 소장부본이 2015. 2. 28. A에게 송달되었으며, 丙이 제기한 대여금청구소송의 소장부본은 2015. 3. 2. A에게 송달되었으므로, 甲의 대위청구가 전소에 해당한다. 따라서 丙이 제기한 후소는 중복소송에 해당하여 각하되어야 한다.

52 중복소송, 서증의 형식적 증거력, 자유심증주의, 증명책임, 채권자대위소송, 소익

공통된 사실관계

甲은 2008. 10. 1. 5천만 원을 변제기 2009 9. 30.로 정하여 무이자로 乙에게 대여하였으나, 변제받지 못하고 있고, 乙은 현재 무자력 상태이다.

등산용품 소매상인 乙은 2009. 5. 1. 등산용품 도매상인 丙과 사이에 乙이 2010. 4. 30.까지 丙에게 부담하는 모든 채무를 담보하기 위하여 乙 소유의 A 부동산에 관하여 채권최고액 5천만 원의 근저당설정계약을 체결한 다음 같은 날 그 근저당설정등기를 丙에게 마쳐 주었다.

丙은 ① 2009. 5. 1. 1천만 원을 乙에게 이자 월 1%, 변제기 2011. 4. 30.로 정하여 乙 명의의 차용증을 받고 대여하였는데, 이자만 모두 지급받았을 뿐이라고 하고, ② 2009. 6. 1. 1개월만 쓰겠다는 乙의 말을 믿고 1백만 원을 무이자로 차용증을 작성하지 않고 乙에게 대여하였는데, 변제받지 못하고 있으며, ③ 2009. 7. 1. 乙에게 배낭 1000개를 총대금 2000만 원에 판매하여 인도해 주면서 대금을 2009. 9. 30. 지급받기로 하였는데, 변제받지 못하고 있다고 주장하고 있다.

甲이 乙에게 확인해 보니, 乙은, 위 ①의 소비대차는 사실이나 변제기인 2011. 4. 30. 원금 1천만 원까지 모두 변제하였다고 하고, 위 ②의 차용 사실은 없으며, 위 ③은 사실이라고 말하였다.

甲은 乙을 상대로는 대여금 청구의 소를, 丙을 상대로는 乙을 대위하여 丙이 주장하는 피담보채무의 변제(①), 부존재(②), 시효소멸(③)을 청구원인으로 하여 근저당권설정등기 말소등기청구를 2014. 5. 1. 법원에 소를 제기하였고, 그 소장 부본은 2014. 5. 15. 乙, 丙에게 모두 교부송달 되었다.

乙은, 2014. 6. 1. 법원에 제출된 답변서에서, 2008. 10. 1.자 차용사실을 부인하고 청구기각을 구하였다.

丙은 2014. 6. 1. 법원에 제출된 답변서에서, 위 ① 사실과 관련하여 2011. 4. 30. 이자와 함께 1천만 원을 지급받은 것은 사실이나, 그 1천만 원은 위 ①의 대여금채권의 변제조가 아니고 그와 별개의 2008. 10. 1.자 대여금채권의 변제조로 받은 것이라고 주장하면서, 乙 명의의 2008. 10. 1.자 '차용증'을 증거로 제출하였고, 위 ② 사실과 관련하여 근저당권설정등기가 존재하는 이상 등기의 법률상 추정력으로 그 피담보채무의 존재도 추정된다고 하면서 그 대여 당시 동석했다는 친구 S를 증인으로 신청하였으며, 위 ③ 사실과 관련하여는 乙, 丙 모두 상인이므로 상법이 적용되는데 상사시효인 5년이 경과하지 않았고, 乙이 2014. 5. 20. 丙에게 위 ③의 매매대금채무를 승인하였다고 주장하면서, 청구기각을 구하였다.

문제 ①

甲의 乙에 대한 대여금 청구의 청구취지로서 다음 빈칸에 들어갈 내용을 적으시오.
피고 乙은 원고에게 금 (   )의 비율에 의한 금원을 지급하라. (10점)

문제 ②

甲의 乙에 대한 대여금 청구와 관련하여,
甲은 2008. 10. 1.자 위 대차 내용을 담은 '차용증'을 갑호증으로 제출하였는데, 乙은 차용증 하단 乙의 이름 옆에 찍힌 인영이 乙의 인장에 의한 것임을 인정하였으나, 자신의 동생인 乙1이 차량 이전등록 위임장용으로 필요하다 하여 백지에 乙의 인장을 찍어 乙1에게 교부한 적이 있을 뿐, 乙 자신이 위 '차용증'에 날인한 사실은 없다고 주장하고, 이에 대하여 甲은 乙 자신이 위 '차용증'에 날인하였다고 주장하고 있다.
위 '차용증'의 형식적 증거력을 배척하기 위해서 피고 乙은 무엇을 증명하여야 하는지 기재하시오. (10점)

문제 ③

甲의 피고 丙에 대한 청구와 관련하여,
丙이 을호증으로 제출한 乙 명의의 2008. 10. 1.자 '차용증' 하단 乙의 이름 옆에 찍힌 인영이 丙은 乙의 인장에 의한 것이라고 주장하였으나, 甲은 진정성립을 일체 부인하였다. 법원의 심리 결과, 위 '차용증'상 인영이 乙의 인장에 의한 것인지 여부가 불명확하였고, 다른 모든 증거를 종합해 보더라도 丙의 2011. 4. 30.자 변제금 1천만 원이 丙의 乙에 대한 2009. 5. 1.자 대여금채권의 변제를 위한 것인지 여부 및 丙의 乙에 대한 2008. 10. 1.자 대여금채권의 존재 여부가 불명확하였다.

1. 위 2008. 10. 1.자 '차용증'의 형식적 증거력이 인정되는지 여부를 적으시오. (10점)
2. 丙의 乙에 대한 2009. 5. 1.자 대여금채권이 소멸하여 존재하지 않는지 여부를 적으시오. (10점)
3. 丙의 乙에 대한 2009. 6. 1.자 100만원의 대여금 채권의 존부와 관련하여, 법원이 S를 증인으로 채택하여 신문하였으나, 그 대여 사실의 존재 여부가 불명확하였다. 이 경우, 위 2009. 6. 1.자 100만원의 대여금 채권이 존재하는지 여부를 적으시오. (10점)

4. 丙의 乙에 대한 2009. 7. 1.자 배낭 판매대금 채권이 존재하는지 여부를 적으시오. (10점)

문제 4

아래의 2, 3, 4의 경우 피보전채권은 존재하는 것을 전제로 한다.

1. 甲이 丙에 대하여 이 건 채권자대위소송을 제기하기 전에, 甲이 乙을 대위하여 丁에 대하여 채권자대위소송을 제기한 바 있는데, 그 선행소송에서 甲이 甲의 乙에 대한 2008. 10. 1.자 대여금채권의 존재를 제대로 증명하지 못해 패소판결을 받았으나(확정), 丙에 대한 이 건 채권자대위소송에서는 甲이 관련 증거를 추가로 제출하고, 乙이 별다른 항변도 제출하지 아니하여 법원이 甲의 乙에 대한 2008. 10. 1.자 대여금채권이 존재한다고 판단하고 있는 경우, 甲의 乙에 대한 청구의 결론을 적으시오. (10점)

2. 이 건 甲의 丙에 대한 채권자대위소송에 앞서, 乙의 채권자 甲1이 乙을 대위하여 丙을 상대로 채권자대위소송을 제기하여 먼저 소송계속이 발생하고 현재도 소송이 진행중인 경우, 甲의 丙에 대한 채권자대위소송의 결론을 적으시오. (10점)

3. 이 건 甲의 丙에 대한 채권자대위소송 계속중 丙 명의의 이 건 근저당권설정등기에 선행하는 근저당권에 기하여 임의경매가 진행되어 매각된 결과, 丙 명의의 이 건 근저당권설정등기가 丙에 대한 채권자대위소송의 상고심 계속중에 말소등기된 사실이 소송 기록상 나타나는데, 그 사실을 丙이 주장한 바가 없는 경우, 甲의 丙에 대한 채권자대위소송의 결론을 적으시오. (10점)

4. 이 건 甲의 채권자대위소송에 앞서, 乙이 소유권에 기해 丙 명의의 근저당권설정등기의 말소등기를 구하는 소를 제기하였고 법원의 심리 결과 피담보채무가 일부 잔존한 것으로 밝혀졌는데 乙이 피담보채무의 선이행 판결을 명시적으로 거부하여 청구기각 판결을 받고 그 판결이 확정되었는데, 그러한 사실이 소송 기록상 나타나고, 심리 결과 법원이 위 판결 확정 이후에 피담보채무가 변제 등으로 모두 소멸된 것으로 판단하고 있는 경우, 甲의 丙에 대한 채권자대위소송의 결론을 적으시오. (10점)

해 설

문제 1

피고 乙은 원고에게 금 (50,000,000원 및 이에 대한 2009. 10. 1.부터 이 사건 소장부본 송달일까지는 연 5%의, 그 다음날부터 다 갚는 날까지는 연 20%) 의 비율에 의한 금원을 지급하라.

※ *이 사건 소장부본 송달일 대신 2014. 5. 15.을 기재하여도 무방하다.*

문제 2

피고 乙은, "백지문서를 작성명의자가 아닌 자(乙1)가 보충하였다는 사실"을 증명하여야 한다.

인영 부분 등의 진정성립이 인정된다면 다른 특별한 사정이 없는 한 당해 문서는 그 전체가 완성되어 있는 상태에서 작성명의인이 그러한 서명·날인·무인을 하였다고 추정할 수 있고, 그 당시 그 문서의 전부 또는 일부가 미완성된 상태에서 서명날인만을 먼저 하였다는 등의 사정은 이례에 속한다고 볼 것이므로 완성문서로서의 진정성립의 추정력을 뒤집으려면 그럴만한 합리적인 이유와 이를 뒷받침할 간접반증 등의 증거가 필요하며, 만일 그러한 완성문서로서의 진정성립의 추정이 번복되어 백지문서 또는 미완성 부분을 작성명의자가 아닌 자가 보충하였다는 등의 사정이 밝혀진 경우라면, 다시 그 백지문서 또는 미완성 부분이 정당한 권한에 기하여 보충되었다는 점에 관하여는 그 문서의 진정성립을 주장하는 자 또는 문서제출자에게 그 증명책임이 있다(대판 2003. 4. 11, 2001다11406 등).

문제 3 1.

형식적 증거력이 인정되지 않는다.

문서제출자가 문서에 날인된 작성명의인의 인영이 그의 인장에 의하여 현출된 것이라는 점, 즉 인영의 동일성에 대하여 증명할 책임이 있는데, 丙이 을호증으로 제출한 乙 명의의 2008. 10. 1.자 '차용증' 하단 乙의 이름 옆에 찍힌 인영이 丙은 乙의 인장에 의한 것이라고 주장하였으나, 乙의 인장에 의한 것인지 여부가 불명확하여 그 증명책임을 다하지 못하였으므로, 위 '차용증'의 증거능력이 인정되지 아니한다.

문서에 날인된 작성명의인의 인영이 그의 인장에 의하여 현출된 것이라는 점, 즉 인영의 동일성이 인정되면 특별한 사정이 없는 한 그 인영의 진정성립, 즉 날인행위가 작성명의인의 의사에 기한 것임이 사실상 추정되고, 일단 인영의 진정성립이 추정되면 민사소송법 제358조에 의하여 그 문서전체의 진정성립이 추정되는, 두 단계의 추정으로 문서의 진정성립이 추정된다. 위의 1단계 사실상 추정은 날인행위가 작성명의인 이외의 자에 의하여 이루어진 것임이 밝혀진 경우에는 깨어지는 것이므로, 문서제출자는 그 날인행위가 작성명의인으로부터 위임받은 정당한 권원에 의한 것이라는 사실까지 증명할 책임이 있다(대판 2010.5.13, 2010다17864; 대판 2003.4.8, 2002다69686).

문제 ③ 2.

丙의 乙에 대한 2009. 5. 1.자 대여금채권은 2011. 4. 30. 변제로 소멸하여 존재하지 않는다.

변제에 있어서 급부와 당해 채무 사이의 견련관계에 대한 증명책임이 누구에게 있는지에 관하여는, 급부가 당해 채무의 변제를 위한 것임을 변제의 효과를 주장하는 채무자 측에게 있다는 채무자설과, 급부가 당해 채무의 변제와 관련이 없음을 변제의 효과를 다투는 채권자 측에게 있다는 채권자설로 나뉘는데, 판례는, 채무자가 특정한 채무의 변제조로 금원 등을 지급한 사실을 주장함에 대하여, 채권자가 이를 수령한 사실을 인정하고서 다만 타 채무의 변제에 충당하였다고 주장하는 경우에는, 채권자는 타 채권이 존재하는 사실과 타 채권에 대한 변제충당의 합의가 있었다거나 타 채권이 법정충당의 우선순위에 있다는 사실을 주장·증명하여야 한다는 입장이다(대판 1999.12.10, 99다14433; 대판 1994.2.22, 93다4933; 대판 1957.7.27, 4290민상117).

따라서 이 건의 경우, 채권자인 丙이 타 채권인 2008. 10. 1.자 대여금채권이 존재하는 사실과 그에 대한 변제충당의 합의가 있었다거나 그 채권이 법정충당의 우선순위에 있다는 사실을 주장·증명하여야 하는데, 다른 모든 증거를 종합해 보더라도 丙의 乙에 대한 2008. 10. 1.자 대여금채권의 존재 여부가 불명확하다는 것이므로, 丙의 주장은 인용될 수 없고, 丙의 2011. 4. 30.자 변제금 1천만 원은 丙의 乙에 대한 2009. 5. 1.자 대여금채권의 변제를 위하여 지급된 것으로서 위 2009. 5. 1.자 대여금채권은 2011. 4. 30. 변제로 소멸하여 존재하지 않는다고 할 것이다.

문제 ③ 3.

丙의 乙에 대한 2009. 6. 1.자 100만원의 대여금 채권의 존재는 인정되지 아니한다.

근저당권설정행위와는 별도로 근저당권의 피담보채권을 성립시키는 법률행위가 있어야 하고,[56] 근저당권의 성립 당시 근저당권의 피담보채권을 성립시키는 법률행위가 있었는지

---

56) 대판 2004.5.28, 2003다70041: 근저당권설정계약만 체결하였을 뿐, 피담보채권을 성립시키는 의사표시가 있었다고

여부에 대한 증명책임은 그 존재를 주장하는 측에 있다. 따라서 근저당권설정자가 근저당권설정등기 당시 피담보채권을 성립시키는 법률행위가 없었다고 다투는 이상 근저당권설정자가 근저당권자로부터 금전을 차용하였는지 여부에 대한 증명책임은 차용행위의 존재를 주장하는 근저당권자에게 있다.[57)]

이 건의 경우, 법원이 S를 증인으로 채택하여 신문하였으나, 대여 사실의 존재 여부가 불명확하였다는 것이므로, 위 2009. 6. 1.자 100만 원의 대여금 채권의 존재는 인정되지 아니한다.

문제 ③ 4.

丙의 乙에 대한 2009. 7. 1.자 배낭 판매대금 채권은 그 지급기일로부터 3년의 소멸시효기간이 도과함으로써 시효소멸하여 존재하지 아니한다.

丙의 乙에 대한 2009. 7. 1.자 배낭 판매대금 채권은 민법 제163조 제6호의 '상인이 판매한 상품의 대가'에 해당하여 상사시효 5년보다 단기인 3년의 단기소멸시효가 적용되므로, 지급기일 다음날인 2009. 10. 1.로부터 3년이 경과한 2012. 10. 1. 시효소멸하여 존재하지 아니한다.

민법 제405조는 채권자가 민법 제404조에 의한 채권자대위권에 기하여 채무자의 권리를 행사하고 그 사실을 채무자에게 통지한 경우에는 채무자가 그 대위행사한 권리를 처분하여도 이로써 채권자에게 대항하지 못한다고 규정하는바, 채권자가 통지를 하지 아니한 경우라도

볼 만한 자료가 없으므로 위 근저당권은 피담보채권이 존재하지 아니하여 무효라고 볼 여지가 있다고 한 예.

57) ① 대판 2011.4.28, 2010다107408: 甲이 채권자들의 강제집행을 면탈할 목적으로 아무런 원인관계 없이 소유 부동산에 관하여 乙을 근저당권자로 한 근저당권설정등기를 마쳤는데, 丙이 乙의 甲에 대한 근저당권부 채권에 관하여 채권압류 및 전부명령을 받은 사안에서, 원심이, '甲과 乙 사이에 체결된 근저당권설정계약은 통정허위표시에 해당하여 무효이고, 丙은 통정허위표시를 기초로 하여 새로이 법률상 이해관계를 가진 선의의 제3자에 해당하므로, 甲은 丙에 대하여 위 근저당권설정계약의 무효를 주장할 수 없다'고 판단한 데 대하여, 대법원은 '甲은 근저당권설정계약만을 체결하였을 뿐 근저당권의 피담보채권을 성립시키는 법률행위 자체가 없었다고 다투고 있으므로, 그러한 법률행위가 존재하는지 여부가 문제된다 할 것인데, 그에 대한 증명책임은 그 존재를 주장하는 丙에게 있고, 그에 관한 丙의 증명이 부족하다면 압류는 무효라고 할 것이다. 그렇다면 원심으로서는 甲과 乙 사이의 근저당권에 의하여 담보되는 피담보채권을 성립시키는 법률행위가 있었는지 여부에 대하여 충분한 심리를 하였어야 할 것임에도 불구하고, 이에 대한 심리를 제대로 하지 아니한 채 丙의 청구를 인용하였으니, 원심판결에는 … 위법이 있다'고 한 예.
② 대판 2009.12.24, 2009다72070: 원심이, '근저당권등기가 마쳐진 이상 원고가 근저당권자인 소외인으로부터 금원을 차용한 것으로 추정되고 그 추정과 다르게 원고의 주장과 같이 근저당권등기가 피담보채권을 성립시키는 법률행위 없이 경료된 것이라면 그와 같은 사정을 원고가 증명하여야 한다고 전제한 후, 위와 같은 사정을 인정할 원고의 입증이 부족하다는 이유로 근저당권이 있는 채권의 압류권자인 피고들을 상대로 근저당권의 말소등기에 대한 승낙의 의사표시를 구하는 원고의 청구를 기각한 데 대하여, 대법원은 '원고가 이 사건 근저당권등기 당시 피담보채권을 성립시키는 법률행위가 없었다고 다투는 이 사건에 있어서 원고가 근저당권자인 소외인으로부터 금전을 차용하였는지 여부에 대한 입증책임은 위 차용행위의 존재를 주장하는 피고들에게 있다고 할 것이고, 그에 관한 피고들의 입증이 부족하다면 이 사건 근저당권과 압류는 무효로 되어, 압류권자인 피고들은 이 사건 근저당권의 말소에 대한 승낙의 의사표시를 할 의무를 부담하는 것이라 할 것이므로, 그와 달리 원고가 주장하는 차용행위의 부존재를 인정할 만한 입증이 부족하다는 이유로 원고의 청구를 기각한 원심판결에는 근저당권의 피담보채권을 성립시키는 법률행위의 존재에 대한 입증책임의 법리 … 위법이 있다'고 판시한 예.

채무자가 자기의 채권이 채권자에 의하여 대위행사되고 있는 사실을 알고 있는 경우에는 그 처분을 가지고 채권자에게 대항할 수 없다(대판 2010.10.28, 2010다58377; 대판 1977.3.22, 77다118 등). 따라서 채권자가 채무자를 대위하여 채무자의 제3채무자에 대한 권리를 행사하고 채무자에게 통지를 하거나 채무자가 채권자의 대위권행사 사실을 안 후에는 채무자는 그 권리에 대한 처분권을 상실하며 따라서 그 권리의 양도나 포기 등 처분행위를 할 수 없고, 채무자의 처분행위에 기하여 취득한 권리로써는 채권자에게 대항할 수 없다(대판 1991.4.12, 90다9407).

이 건의 경우, 채권자 甲이 채권자대위청구와 함께 채무자 乙에 대한 청구를 병합하여 청구하고 그 소장 부본이 2014. 5. 15. 乙에게 송달됨으로써 乙은 채권자대위권에 기한 자신의 권리 행사 사실을 알게 되었음이 기록상 분명하므로, 乙이 소송 계속 후인 2014. 5. 20. 丙에게 위 대금채무를 승인하여 소멸시효의 이익을 포기하는 것은 채권자 甲이 대위행사한 권리를 채무자 乙이 처분한 경우에 해당하여 그 처분을 가지고 채권자 甲에게 대항할 수 없다(대판 2010.10.28, 2010다58377). 따라서 乙이 2014. 5. 20. 丙에게 위 대금채무를 승인하여 소멸시효가 중단되었다는 丙의 주장은 이유 없다.

문제 ④ 1.

원고의 청구를 인용하여야 한다.

채권자가 채권자대위권을 행사하는 방법으로 제3채무자를 상대로 소송을 제기하였다가 채무자를 대위할 피보전채권이 인정되지 않는다는 이유로 소각하 판결을 받아 확정된 경우 그 판결의 기판력이 채권자가 채무자를 상대로 피보전채권의 이행을 구하는 소송에 미치는 것은 아니다(대판 2014.1.23, 2011다108095).

문제 ④ 2.

甲의 丙에 대한 소를 각하한다.

어떤 채권자가 채무자를 대위하여 제3채무자를 상대로 제기한 채권자대위소송이 계속중인데 다른 채권자가 채무자를 대위하여 제3채무자를 상대로 청구취지 및 청구원인을 같이 하는 내용의 소송을 제기한 경우(채권자대위의 전소+다른 채권자대위의 후소), 후소는 중복소송금지 규정에 저촉되는 것이다(대판 1990.4.27, 88다카25274,25281(참가); 대판 1989.4.11, 87다카3155; 대판 1988.9.27, 87다카1618).

문제 **4** 3.

甲의 丙에 대한 소를 각하한다.

근저당권설정등기의 말소등기절차의 이행을 구하는 소송 도중에 그 근저당권설정등기가 경락을 원인으로 하여 말소된 경우에는 더 이상 근저당권설정등기의 말소를 구할 법률상 이익이 없는바$\left(\text{대판 2007.9.6., } \atop \text{2007다34135}\right)$,**58)** 이는 소송요건에 해당하고 직권조사사항으로서 당사자가 주장하지 않더라도 법원이 직권으로 조사하여 판단하여야 한다.**59)** 이는 상고심 계속중에 소의 이익이 없게 되어 부적법하게 된 경우도 마찬가지이다.

문제 **4** 4.

원고의 청구를 인용한다.

선이행판결에 대한 원고의 반대 의사표시가 있는 경우 원고의 근저당권설정등기 말소등기 청구는 전부 기각될 수밖에 없으나, 그 판결이 확정되더라도 그 사실심 변론종결 후에 피담보채무를 변제하고 다시 제기한 근저당권설정등기 말소등기 청구의 후소에 전소의 확정판결의 기판력이 미치지는 아니한다.**60)**

---

58) 대판 2003.1.10, 2002다57904(원고가 말소등기절차의 이행을 구하고 있는 근저당권설정등기는 상고심 계속중에 낙찰을 원인으로 하여 말소되었으므로 근저당설정등기의 말소를 구할 법률상의 이익이 없게 되었고, 따라서 상고심 계속중에 소의 이익이 없게 되어 부적법하게 되었다는 이유로 원심판결을 파기하고 소를 각하한 사례).

59) 대판 1973.12.24, 73다252: "근저당 및 지상권 각 설정등기의 말소를 구하는 이 사건에 있어서 피고 주장과 같이 그 등기들의 말소된 여부는 소위 권리보호의 이익 내지 필요의 존부에 관련이 있음이 뚜렷하고 이것이 소송요건에 해당한다고 볼 것이므로 원심으로서는 마땅히 직권으로 그 말소 여부를 가린 뒤에 소송을 진행하였어야 할 것을 이 점을 덮어두고 본건 판결을 하였음은 소송요건에 관한 법리를 오해하여 심리를 다하지 못한 위법을 범하였다고 아니할 수 없다."

60) 대판 2014.1.23, 2013다64793("전소에서 피담보채무의 변제로 양도담보권이 소멸하였음을 원인으로 한 소유권이전등기의 회복 청구가 기각되었다고 하더라도, 장래 잔존 피담보채무의 변제를 조건으로 소유권이전등기의 회복을 청구하는 것은 전소의 확정판결의 기판력에 저촉되지 아니한다.") 및 매매대금 지급과 동시이행관계에 있는 소유권이전등기 청구의 소에 관한 대판 1980.2.26, 80다56 참조.

53 소의 취하

기본 사실관계

甲은 乙에 대하여 1억 원의 지급을 구하는 소를 제기했다. 그 소송을 심리한 법원이 변론을 종결하고 판결 선고 기일을 지정해서 甲과 乙에게 고지했는데, 甲과 乙은 그 판결 선고 기일 하루 전날 사건을 원만하게 해결하는 합의를 한 다음 함께 법원에 가서 甲 이름으로 작성된 소 취하서를 제출했다. 그런데 법원은 그 소 취하서가 제출된 사실을 간과하고 그 다음날 "乙은 甲에게 1억 원을 지급하라."는 판결을 선고하고, 그 판결정본을 甲과 乙에게 송달했다. 乙은 그 판결정본을 송달받고도 2주 이내에 그 판결에 대한 항소를 하지 않았다.

문제 1

법원이 선고한 판결의 효력에 관해서 서술하시오.

기본 사실관계

甲은 乙에게 1억 원을 대여했다고 주장하면서 乙에 대하여 1억 원의 지급을 청구하는 소를 제기했다. 그 소장부본을 송달받은 乙이 甲의 주장을 부인하는 답변서를 제출하여 법원이 사건을 변론준비절차에 회부함과 동시에 제1회 변론준비 기일을 지정하여 甲과 乙에게 통지했다. 그런데도 甲과 乙이 그 기일에 출석하지 않았을 뿐만 아니라 아무런 주장과 증거도 제출하지 않아 법원이 변론준비 절차를 종결하고 제1회 변론기일을 지정해서 甲과 乙에게 통지했다. 甲과 乙이 그 기일에도 출석하지 않아 법원은 甲과 乙 사이 사건이 해결된 것으로 짐작하고는 다음 변론기일을 지정하지 않은 채 두었다. 그런데 甲은 제1회 변론기일이 지난 뒤 乙에게 1억 원을 대여한 사실을 증명할 수 있는 차용증을 발견하고는 다음 변론기일 통지가 오기를 기다리고 있었는데 3개월이 지나도록 그 통지가 오지 않아 법원에 변론기일을 지정해서 재판을 진행해 달라는 신청을 했다. 그 신청을 받은 법원은 甲이 변론준비 기일과 변론기일을 2회 출석하지 않았고, 2회째 불출석 기일로부터 1월이 지난 뒤 기일지정 신청을 했으므로 甲의 소는 확정적으로 취하 간주되었다는 이유로 소송종료 선언을 했다.

문제 **2**

소송종료 선언의 뚤좀에 관해서 서술하시오.

기본 사실관계

甲은 乙이 甲 소유인 A 토지를 무단으로 점유·사용하고 있다고 주장하면서 乙에 대하여 A 토지의 인도를 청구하는 소를 제기했다. 그 소송이 계속되는 중에 甲과 乙은 乙이 1년 뒤 甲에게 A 토지에 관한 부당이득 반환금 명목으로 1억 원을 지급하기로 하고, 甲은 즉시 그 소를 취하하기로 하는 약정을 했다.

문제 **3**

위와 같은 약정에도 불구하고 甲이 소를 취하하지 않는 경우 대두되는 소송상 문제와 그 처리 방안에 관해서 서술하시오.

기본 사실관계

甲은 자신이 乙 소유 X 토지를 5억 원에 매수한 다음 계약금과 중도금 합계 3억 원을 乙에게 지급했다. 甲이 乙에 대하여 "甲이 乙에게 2억 원을 지급함과 동시에 乙은 甲에게 X 토지에 관한 소유권이전등기절차를 이행하라."는 취지의 소를 제기했는데, 그 사건을 심리한 제1심 법원은 원고의 청구를 그대로 인용하는 판결을 선고했다. 이에 피고가 항소를 제기하여 항소심 법원이 그 사건을 심리하는 중에 그 토지의 시가가 3억 원 정도로 하락했다. 이에 甲은 자신의 손해를 줄이기 위해 乙에게 그 매매계약이 없었던 것으로 해 달라고 간청하자 乙이 이를 승낙하고 甲과 乙은 그 매매계약을 해제하고 乙이 甲에게 3억 원을 돌려주기로 합의했다. 이에 甲은 자신과 乙이 위와 같은 합의를 했다고 주장하면서 그 사건의 청구취지를 "乙은 甲에게 3억 원을 지급하라."는 것으로 교환적으로 변경했다. 그런데 乙은 위와 같은 합의 사실을 전면 부인하면서 그 매매계약이 해제되더라도 자신은 甲에게 1억 5,000만 원 이상은 절대 돌려줄 수 없다고 주장했다. 이에 甲은 아파트 건설업자인 丙과 교섭하여 그 토지를 丙에게 6억 원에 매도하기로 하는 한 다음 그 사건의 청구취지를 원래대로 변경하는 청구취지변경신청서를 제출했다.

문제 **4**

청구취지의 변경이 적법한지 여부에 관해서 서술하시오.

해 설

문제 1

Ⅰ. 소의 취하

1. 의 의

소의 취하는 원고가 자신이 제기한 소의 전부나 일부를 철회하는 의사표시로서 법원에 대한 소송행위다. 이는 당사자(처분권)주의가 소송의 종결이라는 측면에서 발현하는 것으로서 소송종결의 권한을 당사자에게 맡긴 것이다.

2. 요 건

(1) 소의 취하는 소송행위이므로 소송행위의 유효요건을 갖추어야 한다. 따라서 소를 취하하는 당사자는 소송능력이 있어야 하고, 소송대리인이 소를 취하하기 위해서는 당사자 본인으로부터 특별한 권한을 따로 받아야 하며(제90조 제2항), 조건을 붙여서는 안 되고, 피고의 동의에 의해 효력이 발생한 뒤에는 원칙적으로 철회를 할 수 없다.

(2) 소의 취하는 모든 형태의 소송에서 할 수 있다. 따라서 가사소송이나 행정소송, 선거소송과 같이 청구의 포기나 인낙이 허용되지 않는 소송에서도 소의 취하는 할 수 있다. 소의 취하는 소의 제기가 없는 상태로 되돌리는 효력이 있을 뿐 청구의 포기나 인낙과 같이 소송물 자체에 일정한 영향을 미치는 효력은 없기 때문이다. 다만, 주주 대표소송, 증권 관련 집단소송과 주민소송(상법 제403조 등)에서는 법원의 허가를 받아야 소를 취하할 수 있다.

(3) 원고는 소 제기 후 판결이 확정될 때까지 그 소를 취하할 수 있다(제266조 제1항). 금전 지급 청구와 같이 가분적 청구의 청구취지를 감축하는 것은 소의 일부 취하에 해당한다. 항소심과 상고심에서도 소를 취하할 수 있음은 물론 상고심에서 항소심 판결이 파기되고 사건이 항소심으로 환송되어 항소심이 사건을 다시 심리하고 있는 중에 소를 취하함으로써 상고심(대법원) 판결을 무력화(실효)시킬 수도 있다. 다만 제1심 법원이 본안에 관한 종국판결을 선고한 후 소를 취하하는 경우에는 재소(再訴) 금지의 불이익이 따른다(제267조 제2항).

(4) 소의 취하는 상대방이 본안에 관하여 준비서면을 제출하거나 변론준비 기일에서 진술하거나 변론을 한 뒤에는 상대방의 동의를 받아야 효력을 가진다(제266조 제2항). 본안판결을 받는 것에 대한 상대방의 기대 이익을 보장하기 위한 것이다. 상대방이 '본안에 관하여' 준비서면을 제출하는 등 행위(이를 보통 '응소'라고 한다)를 한 경우여야 하므로 본안에 관한 사항이 아니라

기일변경 신청, 소송이송 신청 등 절차사항에 속하는 행위를 한 경우에는 소를 취하하는 데 상대방의 동의가 필요 없다. 판례는 피고가 주위적으로 소각하 판결을 구하고, 예비적으로 청구기각 판결을 구한 경우에는 원고가 소를 취하하는 데 피고의 동의가 필요 없다고 본다$\left(\genfrac{}{}{0pt}{}{대판 1968.4.23.}{68다217 등}\right)$. 본소가 취하된 뒤에는 피고는 원고의 동의 없이 반소를 취하할 수 있다$\left(\genfrac{}{}{0pt}{}{제271}{조}\right)$.

상대방의 동의에 의해 소 취하의 효력이 발생하는 반면, 상대방이 동의를 거절하면 소 취하의 효력은 발생하지 않는다. 동의 거절을 철회하고 취하에 동의한다고 해도 취하의 효력이 생기지 않는다$\left(\genfrac{}{}{0pt}{}{대판 1969.5.27.}{69다130 등}\right)$. 동의 거절에 의해 동의할 대상이 없어져버렸기 때문이다.

고유필수적 공동소송에서 소를 취하하는 데는 상대방 당사자 전원의 동의가 필요하고, 소에 해당하는 독립 당사자참가 신청을 취하하는 데는 원고와 피고의 동의가 필요하며, 독립 당사자참가가 있은 후에 원고가 소를 취하하는 데는 참가인의 동의도 필요하다.

(5) 판례는 소의 취하는 소송행위기 때문에 착오나 사기·강박 등 하자 있는 의사표시에 의한 것이더라도 민법 제109조나 제110조에 의해 취소할 수 없다고 한다$\left(\genfrac{}{}{0pt}{}{대판 2004. 7.9. 2003다46758:}{대판 1997.6.27. 97다6124: 대판 1997.10.24, 95다11740 등}\right)$. 다만, 판례$\left(\genfrac{}{}{0pt}{}{대판 2012.6.14, 2010다86112:}{2001년 2000다42939 등}\right)$와 다수설은 형사상 처벌할 다른 사람의 행위로 인해 원고가 소의 취하를 한 때에는 재심사유를 규정하고 있는 민사소송법 제451조 제1항 제5호를 유추적용하여 소 취하의 무효·취소를 주장할 수 있다고 보는데, 그 재심사유에 관한 규정을 유추적용하기 위해서는 민사소송법 제451조 제2항의 규정에 의해 '유죄의 확정판결'이 있어야 하는 것은 아니라는 견해(확정판결 불요설)가 제시되어 있다. 이와 같은 판례와 다수설에 의하면 원고가 스스로 착오에 빠져 소를 취하한 경우에는 다른 사람의 행위로 인한 것이 아니므로 원고는 그 취하의 무효·취소를 주장할 수 없다.

3. 방　법

(1) 소의 취하는 서면으로 해야 한다. 다만, 변론기일이나 변론준비 기일에서 말로 할 수 있다$\left(\genfrac{}{}{0pt}{}{제266조}{제3항}\right)$. 소장(부본)을 송달한 뒤에는 취하의 서면(부본)을 상대방에게 송달해야 하고, 변론기일이나 변론준비 기일에서 말로 소 취하를 한 경우에 상대방이 그 기일에 출석하지 않은 때에는 그 기일의 조서등본을 상대방에게 송달해야 한다$\left(\genfrac{}{}{0pt}{}{제266조 제}{4항, 제5항}\right)$ 소를 취하하는 서면을 적법하게 제출한 이상 상대방에 대한 송달 전후를 불문하고 임의로 철회할 수는 없다$\left(\genfrac{}{}{0pt}{}{대판 1997.6.27.}{97다6124}\right)$.

(2) 소 취하에 대한 상대방의 동의도 서면(이를 '동의서'라고 한다)의 제출이나 말로 한다. 소취하의 서면이 송달된 날부터 2주 이내에 상대방이 (소의 취하에 대해) 이의를 제기하지 않은 때에는 소 취하에 동의한 것으로 본다. 변론기일이나 변론준비 기일에서 말로 소 취하를 한 경우에 상대방이 그 기일에 출석한 때에는 소를 취하한 날부터, 상대방이 그 기일에 출석하지 않은 때에는 그 기일의 조서등본이 송달된 날부터 2주 이내에 이의를 제기하지 않은 때에도 같다$\left(\genfrac{}{}{0pt}{}{제266조}{제6항}\right)$.

(3) 소의 취하나 그 취하에 대한 동의나 동의의 거절은 법원에 대한 소송행위이므로 법원에 대한 의사표시로 해야 한다. 당사자 사이에 소를 취하하기로 하는 합의가 성립되고 소 취하의 서면이 작성되었다고 하더라도 그것은 소의 취하가 아니고, 상대방의 동의나 동의의 거절도 마찬가지다.

4. 효 과

(1) 취하된 부분에 대하여는 소가 처음부터 계속되지 않은 것으로 보게 된다(제267조 제1항). 그 소송은 특별한 추가 조치 없이 바로 종료되므로 법원은 그 소송에 관해 더 이상 심리를 할 수 없고 판결을 할 수도 없다. 판결을 하더라도 그것은 존재하지 않는 소송에 관한 판결로서 당연무효다. 이것이 상소의 취하와 근본적으로 다른 점이다. 상소가 취하되는 경우에는 그 취하와 동시에 상소 대상 판결이 그대로 확정되어 기판력 등을 가지게 되기 때문이다.

소가 취하되기 전에 법원이 한 소송행위는 당연히 실효되고, 소 취하 전에 선고되어 상소가 가능했던 판결도 당연히 실효되므로 당사자는 그 판결에 대해 상소를 제기할 수 없다. 소송계속을 전제로 당사자가 행한 소송행위도 당연히 실효되는 것이 원칙이지만, 소가 취하되기 전에 그 소를 본소로 해서 이루어진 독립 당사자참가와 반소 등 소송 중의 소는 본소의 취하에 의해 종료되는 것은 아니다.

(2) 소가 취하된 경우에는 재판상의 청구, 즉 소의 제기로 인한 시효 중단의 효력이 없다(민법 제170조 제1항). 그 밖에 소가 취하되기 전에 당사자가 소송상 행한 사법행위, 특히 취소권, 해제권, 상계권 등 형성권을 소송상 행사한 효과가 소 취하 후에도 그대로 유지되는지 여부가 문제된다. 이에 관해서는 ① 사법행위의 효과가 유지된다는 견해(사법행위설, 병존설), ② 사법행위의 효과가 전부 소멸된다는 견해(소송행위설), ③ 일반적으로는 사법행위의 효과가 유지되지만, 상계권을 행사한 효과는 소멸된다는 견해(신병존설) 등이 있는데, 판례 입장은 분명하지 않다. 대판 2014.6.12. 2013다95964와 대판 2013.3.28. 2011다3329를 원용하여 판례가 신병존설의 입장이라고 소개하는 견해가 있으나, 그 판결들은 상계권 행사와 소 취하의 문제에 관해 직접적으로 판시한 것이 아니므로 판례 입장을 단정할 수 없다.

(3) 본안에 대한 종국판결이 있은 뒤에 소를 취하한 사람은 같은 소를 제기하지 못한다(제267조 제2항). 이를 재소(再訴) 금지의 원칙이라고 하는데, 이에 관해서는 뒤에서 별도로 다룬다.

Ⅱ. 해답 제시

문제의 사실관계에서 甲이 그 이름으로 작성된 소 취하서를 제출함으로써 소가 취하되었으므로 법원이 그 다음날 선고한 판결은 당연무효라고 생각할 수 있다. 그러나 법원이 그 취하서가 제출된 사실을 간과한 채 판결을 선고하고, 그 판결정본을 甲과 乙에게 송달했다는 사실관계만 제시되어 있을 뿐 乙이 그 취하에 동의하는 의사표시를 했거나 법원이 그 취하서(부본)를 乙에게 송달했다는 사실관계의 제시가 없으므로 乙이 그 취하에 동의하거나 동의한 것으로 간주되었다고 볼 수 없다. 그렇다면 甲의 소 취하는 효력이 발생하지 않았다고 봐야 하므로 법원이 선고한 판결은 유효하고, 그 판결에 대해 乙이 적법한 기간 내에 항소를 하지 않았으므로 그 판결은 그대로 확정되어 기판력과 집행력을 가지는 것으로 봐야 한다.

다만, 甲은 그 판결이 선고·확정되기 전에 소를 취하했으므로 乙이 그 취하에 대한 동의의 의사표시를 법원에 함으로써 그 확정판결을 소급적으로 실효시킬 수 있는 여지는 남아 있다.

문제 2

Ⅰ. 당사자의 기일 불출석

1. 의 의

'당사자가 변론기일에 출석하지 아니하거나 출석했다 하더라도 변론하지 아니하는 것'(제148조, 제150조, 제268조 참조)을 통칭해서 변론기일 불출석이라고 한다. 그리고 민사소송법 제286조에 의해 변론기일에 관한 민사소송법 제148조, 제150조, 제268조가 변론준비 기일에 준용되므로 '당사자가 변론준비 기일에 출석하지 아니하거나 출석했다 하더라도 진술하지 아니하는 것'은 변론준비 기일 불출석으로 되고, 양자를 통칭해서 기일 불출석이라고 부를 수 있다. 민사소송법 제148조(한쪽 당사자가 출석하지 아니한 경우), 제150조(자백간주), 제268조(양쪽 당사자가 출석하지 아니한 경우)와 제286조(준용규정)는 그러한 기일 불출석에 대해 소송절차상 일정한 효과가 발생하도록 하는 규정이다.

2. 요 건

(1) 민사소송법 제148조, 제150조, 제268조와 제286조의 적용 대상이 되는 기일 불출석은 민사소송법 제134조 제1항 본문의 규정에 따라 필요적으로 실시되는 변론기일과 그 선행절차인 변론준비 기일에 불출석하는 것만 포함하고, 그 단서 규정 등에 따라 법원이 임의적으로 실시하는 변론기일이나 심문(審問)기일에 불출석하는 것은 포함하지 않는다. 그리고 판결선고기일에 불출석하는 것도 여기에 포함되지 않지만(제207조 제2항 참조), 법정에서 실시하는 증거조사 기일은 여기에 포함된다(대판 1966.1.31, 65다2296).

(2) 당사자가 '기일에 출석하지 않았을 때'는 기일 통지가 적법하게 되었어야 한다. 기일 통지서가 송달되지 않았거나 기일 통지서의 송달이 무효면 기일 불출석이 아니다. 공시송달에 의해 기일 통지를 받고 출석하지 않았을 때에는 기일 불출석이 아닌 것으로 봐야 한다는 견해가 있으나, 요건 불비의 공시송달의 경우에만 그렇게 보는 것이 옳다(대판 1997.7.11. 96므1380 참조). 다만, 민사소송법 제150조 제3항 단서는 공시송달의 방법으로 기일 통지서를 받은 당사자가 출석하지 아니한 경우에는 같은 조 제1항의 규정을 적용하지 않는다고 규정하고 있는데, 이 규정의 공시송달에는 요건 불비 여부가 문제되지 않는다.

(3) 당사자나 대리인이 법정에 나왔어도 진술금지 명령(제144조)이나 퇴정명령을 받아 변론(진술)능력을 상실한 경우와 기일이 종료되기 전에 변론을 하지 않은 채 임의로 퇴정해버린 경우는 기일 불출석에 해당된다.

Ⅱ. 소(상소)의 취하 간주

1. 의 의

민사소송법 제268조는 "① 양쪽 당사자가 변론기일에 출석하지 아니하거나 출석했다 하더라도 변론하지 아니한 때에는 재판장은 다시 변론기일을 정하여 양쪽 당사자에게 통지하여야 한다. ② 제1항의 새 변론기일 또는 그 뒤에 열린 변론기일에 양쪽 당사자가 출석하지 아니하거나 출석했다 하더라도 변론하지 아니한 때에는 1월 이내에 기일지정 신청을 하지 아니하면 소를 취하한 것으로 본다. ③ 제2항의 기일지정 신청에 따라 정한 변론기일 또는 그 뒤의 변론기일에 양쪽 당사자가 출석하지 아니하거나 출석했다 하더라도 변론하지 아니한 때에는 소를 취하한 것으로 본다. ④ 상소심의 소송절차에는 제1항 내지 제3항의 규정을 준용한다. 다만, 상소심에서는 상소를 취하한 것으로 본다."고 규정하는바, 이 규정에 따른 일련의 과정을 거쳐 소를 취하한 것으로 보는 것을 소의 취하 간주라고 하고, 상소를 취하한 것으로 보는 것을 상소의 취하 간주라고 한다.

2. 요 건

(1) 양쪽 당사자가 기일에 1회 불출석한 경우

1) 원고나 상소인은 기일에 출석하지 않고 피고나 피상소인은 출석하고도 변론하지 않는 경우가 많은데, 이 경우도 양쪽 당사자가 불출석한 경우에 해당한다. 여기의 기일은 첫 기일이든 그 이후의 기일이든 가리지 않는다. 양쪽 당사자가 기일에 불출석한 때에는 재판장은 다시 변론기일을 정해 양쪽 당사자에게 통지해야 한다(제268조 제1항). 이 규정에 따르면 재판장은 다음

기일을 의무적으로 지정해야 한다. 따라서 이 경우에는 법원이 변론을 종결하고 재판장이 판결선고 기일을 지정해서는 안 된다.

2) 민사소송법 제268조의 규정은 변론준비 절차에도 준용되는데($_{조}^{제286}$), 민사소송법 제284조 제1항 제3호는 "당사자가 변론준비 기일에 출석하지 아니한 때에는 재판장 등은 변론준비 절차를 종결하여야 한다. 변론의 준비를 계속하여야 할 상당한 이유가 있는 때에는 그러하지 아니하다."고 규정하므로 변론준비 기일의 경우에는 양쪽 당사자가 1회 불출석한 경우에도 재판장 등은 다음 변론준비 기일을 지정하지 않고 변론준비 절차를 종결할 수 있다. 이 경우에는 변론준비 절차가 종결되더라도 변론 절차로 이행되어 심리가 계속되기 때문이다.

(2) 양쪽 당사자가 기일에 2회 불출석한 경우

1) 위와 같이 지정된 새 기일이나 그 뒤에 열린 기일에 양쪽 당사자가 불출석한 때에는 1월 이내에 기일지정 신청을 하지 아니하면 소를 취하한 것으로 본다($_{제2항}^{제268조}$). 원고 등 적극적 당사자뿐만 아니라 피고 등 소극적 당사자도 기일지정 신청을 할 수 있다. 피고 등이 하는 기일지정 신청은 소의 취하에 대한 동의를 거절하는 것과 같은 이치로 보면 된다.

2) 기일지정 신청 기간은 양쪽 당사자가 2회 불출석한 기일로부터 기산하고($_{92다3441}^{대판 1992.4.14.}$), 불변기간이 아니므로 기일지정 신청의 추후보완은 허용되지 않는다($_{92마175}^{대판 1992.4.21.}$). 당사자가 기일에 2회 불출석한 후 선임한 소송대리인이 소송위임장을 법원에 제출한 것은 기일지정 신청을 한 것이라고 볼 수 없다($_{93다9200}^{대판 1993.6.25.}$).

3) 민사소송법 제268조 제2항의 문언에 따르면 양쪽 당사자가 기일에 2회 불출석하면 바로 소를 취하한 것으로 본다는 것이 아니라 1월 이내에 기일지정 신청을 하지 않아야 소를 취하한 것으로 본다는 것이므로 양쪽 당사자가 불출석한 기일에 법원이 변론을 종결하고 재판장이 판결선고 기일을 지정할 수 있다고 해석할 여지가 있다. 그러나 이 규정의 문언에 따르더라도 양쪽 당사자가 2회 불출석한 기일로부터 1월 이내에 당사자가 기일지정 신청을 해야 소가 취하 간주되는 효과를 저지할 수 있고, 소의 취하 간주는 법률의 규정에 의해 발생하는 효과이므로 당사자의 기일지정 신청을 기다리지 않고 법원이 변론을 종결하고 재판장이 판결선고 기일을 지정하는 것은 위법하다고 해석하는 것이 옳다.

4) 그런데 재판장이 변론이나 변론준비를 위한 속행 기일을 직권으로 지정하고, 그 기일통지서가 당사자에게 송달된 경우에는 당사자가 그 기일로부터 1월 이내에 기일지정 신청을 하지 않더라도 소를 취하한 것으로 봐서는 안 되고($_{93다56442}^{대판 1994.2.22.}$), 후술하는 3회 불출석에 의한 소 취하 간주의 문제를 검토해야 한다.

(3) 양쪽 당사자가 기일에 3회 불출석한 경우

1) 재판장이 당사자의 기일지정 신청에 따르거나 직권으로(대판 2002.7.26. 2001다60491) 정한 기일이나 그 뒤의 기일에 양쪽 당사자가 불출석한 때에는 소를 취하한 것으로 본다.

2) 소를 취하한 것으로 보는 것은 같은 심급의 같은 종류의 기일에 양쪽 당사자가 2회 내지 3회 불출석한 경우에 한한다. 따라서 제1심에서 1회, 항소심에서 1회 불출석한 경우, 파기 환송 전에 1회, 환송 후에 1회 불출석한 경우(대판 1973.7.24. 73다209 등)와 변론준비 기일에 1회, 변론기일에 1회 불출석한 경우(대판 2006.10.27. 2004다69581)에는 당사자가 기일지정 신청을 하지 않아도 소 취하 간주의 효과가 발생하지 않는다.

3) 그리고 같은 소가 유지되는 상태에서 2회 내지 3회 불출석에 해당되어야 한다. 따라서 청구가 교환적으로 변경되기 전에 1회, 변경된 후에 1회 양쪽 당사자가 불출석한 경우는 이에 해당되지 않는다. 청구의 교환적 변경에 의해 구 청구에 관한 소는 이미 취하되었고, 그 소가 유지될 당시 양쪽 당사자가 불출석한 효과는 신 청구에 관한 소에 승계되지 않기 때문이다. 그러나 청구가 추가적으로 변경된 경우에는 추가된 신 청구에 관한 소에 대해서만 그렇게 해석해야 한다. 이 경우에는 구 청구에 관한 소는 청구의 변경 전후를 통해 계속 유지되고 있기 때문이다. 그리고 본래의 소가 계속되고 있던 중에 양쪽 당사자가 기일에 1회 불출석한 후 반소·중간확인의 소·당사자참가 신청 등 새로운 소가 제기된 경우에는 새로운 소가 제기되기 전에 불출석한 것은 새로운 소에 대해서는 불출석한 것으로 되지 않는다.

3. 효 과

(1) 위와 같은 요건을 갖추면 소를 취하한 것으로 본다(제268조 제2항, 제3항). 다만, 상소심에서는 상소를 취하한 것으로 본다(제268조 제3항). 이러한 소(상소) 취하 간주의 효과는 법률상 당연히 발생하는 효과이므로 당사자나 법원의 의사로 그 효과를 좌우할 수 없다(대판 1982.10.12. 81다94 등).

(2) 소 취하 간주의 효과는 소의 취하와 같고, 상소 취하 간주의 효과는 상소의 취하와 같으며, 그 효과를 다투는 절차(기일지정 신청)도 소(상소)의 취하와 같다(민사소송규칙 제68조). 소가 취하 간주되었는데도 이를 간과한 채 본안판결이 선고된 경우에는 상급심 법원은 소송종료 선언을 해야 한다(대판 1968.11.5. 68다1773).

Ⅲ. 소 취하(간주)의 효력을 다투는 절차 - 기일지정 신청

1. 기일지정 신청

소의 취하가 부존재 또는 무효라는 것을 주장하는 당사자는 기일지정 신청을 할 수 있다

$\binom{\text{민사소송규칙}}{\text{제67조 제1항}}$. 소 취하의 부존재나 무효를 주장하는 자는 별도의 소로써 소 취하의 무효확인 청구를 할 수는 없다. 다만, 소 취하의 존재 여부나 효력에 관한 다툼이 다른 소송의 선결문제로 되었을 때에는 그 소송에서 이에 관해 판단할 수 있다$\binom{\text{대판 1962.4.26.}}{\text{4294민상809}}$. 원고 등 적극적 당사자뿐만 아니라 피고 등 소극적 당사자도 기일지정 신청을 할 수 있다.

2. 심 리

기일지정 신청이 있는 때에는 법원은 변론을 열어 신청사유에 관하여 심리하여야 한다$\binom{\text{민사}}{\text{소송}}$ $\binom{\text{규칙 제67}}{\text{조 제2항}}$. 법원은 반드시 변론을 열어서 신청사유에 관해 심리해야지, 다른 소송자료나 증거자료에 의해 신청사유에 관해 판단하는 것이 가능하다고 해서 변론을 열지 않고 바로 후술하는 소송종료 선언을 하거나 본안사건에 관한 변론기일을 지정해서는 안 된다.

3. 소송종료 선언 등

법원이 위와 같은 규정에 따라 심리한 결과 신청이 이유 없다고 인정하는 경우에는 판결로 소송의 종료를 선언하여야 하고, 신청이 이유 있다고 인정하는 경우에는 취하 당시의 소송 정도에 따라 필요한 절차를 계속하여 진행하고 중간판결 또는 종국판결에 그 판단을 표시하여야 한다$\binom{\text{민사소송규칙}}{\text{제67조 제3항}}$. 법원이 이 규정에 따라 하는 소송종료 선언은 '판결'(소송판결)이므로 기일지정 신청인은 판결에 대한 불복절차(항소, 상고)로 불복할 수 있다.

4. 준용규정

민사소송법 제268조$\binom{\text{제286조의 규정에 따라}}{\text{준용되는 경우를 포함한다}}$의 규정에 따른 취하 간주의 효력을 다투는 경우에는 민사소송규칙 제67조 제1항 내지 제3항의 규정을 준용한다$\binom{\text{민사소송규칙}}{\text{제68조}}$. 따라서 변론준비 절차에서 소의 취하 간주가 된 경우는 물론 상소의 취하 간주가 된 경우에도 민사소송법 제67조의 규정에 의한 기일 지정 신청으로 그 취하 간주의 효력을 다툴 수 있다.

Ⅳ. 해답 제시

문제의 사실관계는 양쪽 당사자가 변론준비 기일에 1회, 변론기일에 1회 불출석한 경우에 해당하는 것인데, 이러한 경우에는 당사자가 기일지정 신청을 하지 않아도 소 취하 간주의 효과가 발생하지 않는다는 것이 판례다$\binom{\text{대판 2006.10.27.}}{\text{2004다69581}}$. 그런데도 법원이 甲의 기일지정 신청에 대해 소송종료 선언을 한 것은 부당하고, 그 소송종료 선언은 판결이므로 甲은 그 소송종료 선언에 대해 항소와 상고의 방법으로 불복할 수 있다.

문제 3

Ⅰ. 소 취하 계약(합의, 약정)

1. 의 의

원고와 피고가 소송 외에서 원고가 피고에 대한 소를 취하하기로 계약(합의, 약정)하는 것을 소 취하 계약(합의, 약정)이라고 한다. 이러한 소 취하 계약은 당사자가 소송상 다투어지고 있는 권리관계에 관해 소송 외에서 모종의 합의를 함과 동시에 하는 경우가 대부분이다. 전술한 바와 같이 소의 취하는 법원에 대한 소송행위로서 원고가 법원에 소 취하의 의사표시를 해야 그 후속 절차(피고의 동의 등)를 거쳐 소송계속이 소멸한다. 따라서 원고와 피고가 소 취하 계약을 했다고 하더라도 그 계약에 따라 원고가 법원에 소를 취하한다는 의사표시를 하지 않으면 원칙적으로 소가 취하되었다고 볼 수 없다. 그런데 소 취하 계약에도 불구하고 원고가 법원에 소 취하의 의사표시를 하지 않을 때 그 소송의 운명에 관한 문제가 소 취하 계약의 효력론으로 논의되고 있다.

2. 효 력

(1) 판례($^{\text{대판 2005.6.10,}}_{\text{2005다14861 등}}$)와 다수설은 소 취하 계약은 소송상 소 취하의 효과가 바로 발생하는 소송계약이 아니라 사법계약이지만, 소 취하 계약에도 불구하고 원고가 소를 취하하지 않는 경우에 피고가 그 계약의 존재를 항변으로 주장하고 증명을 하면 법원은 원고의 소가 소의 이익(권리보호의 이익)이 없는 것으로 인정하여 소를 각하하는 판결을 해야 한다는 입장(사법계약설, 항변권 발생설)임에 대하여, 소 취하 계약은 소송계속의 소멸이라는 소송상 효과 발생을 목적으로 하는 소송계약이고, 그 계약 성립이 소송상 주장되면 직접 소송계속 소멸의 효과가 생기며, 법원은 확인적 의미에서 소송종료 선언을 해야 한다는 견해(소송계약설)와 사법상 계약과 소송상 계약이 병존하는 것으로 보는 견해(병존설, 발전적 소송계약설)가 있다.

(2) 당사자가 소송 외에서 한 계약에 불과한 소취하 계약에 대해 명문의 규정도 없이 법원에 대한 소송행위인 소의 취하와 같은 효력을 부여하여 소 취하 계약의 성립만으로 소송계속의 소멸이라는 효력을 인정할 수 있는지가 의문이고, 소 취하 계약에 그러한 효력을 인정한다고 하더라도 원고가 소를 취하하지 않고 있는 상황에서는 피고가 소 취하 계약의 존재에 관한 주장과 증명을 해야 소송종료 선언이 가능할 것인데, 이는 판례와 다수설이 취하고 있는 사법계약설(항변권 발생설)과 절차상 별 차이도 없으며, 이러한 경우에 소송종료 선언을 할 수 있다고 규정하는 법규도 없다. 그렇다면 소송계약설은 입법론에 불과하다고 할 수 있을 뿐 현행 민사소송법규의 해석론으로서는 타당하지 않고, 병존설(발전적 소송계약설)도 기본적으로

는 소송계약설에 속하는 학설이므로 소송계약설과 같은 문제가 있다. 따라서 판례와 다수설의 입장이 타당하다.

Ⅱ. 해답 제시

문제의 사실관계에 따르면 甲과 乙 사이에는 소 취하 계약이 성립된 것인데, 그와 같은 계약에도 불구하고 甲이 소를 취하하지 않고 있으므로 乙이 소 취하 계약이 성립된 사실을 소송상 주장(이는 본안 전 항변의 일종이다)하고 그 존재를 증명하면 甲은 소의 이익(권리보호의 이익)을 상실하게 되므로 법원은 甲의 소를 각하하는 판결을 선고해야 한다(판례·다수설).

문제 ④

Ⅰ. 재소(再訴) 금지의 원칙

1. 의 의

본안에 대한 종국판결이 있은 뒤에 소를 취하한 사람은 같은 소를 제기하지 못한다($\binom{제267조}{제2항}$). 이를 재소 금지의 원칙이라고 한다. 소의 취하는 소송계속을 소급적으로 소멸시키므로 종국판결 선고 후에 소를 취하하면 이미 선고된 판결도 당연히 실효(失效)된다. 그렇게 되면 판결을 하는 데 들인 법원의 노력은 헛수고가 되어버리기 때문에 민사소송법은 본안에 대한 종국판결이 선고된 뒤에도 그 판결이 확정될 때까지는 소를 취하할 수 있도록 허용하면서 그러한 소의 취하로 인해 본안에 대한 종국판결을 실효시킨 것에 대한 제재적 조치로($\binom{대판 1998.3.13.}{95다48599 등}$) 이미 취하한 소와 같은 소를 제기할 수 없도록 한 것이다.

2. 요 건

(1) 본안에 대한 종국판결 선고 뒤의 소 취하

1) 본안판결이 아닌 소송판결이 있은 뒤에 소를 취하한 경우에는 재소 금지 원칙이 적용되지 않는다. 따라서 소를 각하하는 판결이 선고되거나 소송종료 선언이 선고된 뒤에 소를 취하한 경우에 다시 동일한 소를 제기해도 이 원칙에 저촉되지 않는다. 그리고 사망자를 상대로 한 판결에 대하여 그 망인의 상속인인 피고가 항소를 제기하여 원고가 항소심 변론에서 그 소를 취하하였다 하더라도 그 판결은 당연무효의 판결이므로 원고는 재소 금지의 제한을 받지 않는다($\binom{대판 1968.1.23.}{67다2494}$). 본안판결이면 원고의 청구를 인용한 판결이든 기각한 판결이든 묻지 않

는다.

2) 종국판결 선고 전에 소를 취하한 경우에는 법원이 이를 간과하고 종국판결을 선고하더라도 그 판결은 취하된 소에 대한 판결로서 무효이므로 뒤에 동일한 소를 제기해도 재소 금지의 원칙에 저촉되지 않는다.

(2) 취하한 소와 같은 소의 제기

취하한 소(前訴)와 취하 후 제기된 소(後訴)가 당사자와 청구가 동일하고 권리보호의 이익이 동일해야 후소가 금지되는 재소에 해당된다. 권리보호 이익의 동일성을 요건으로 하는 점이 중복제소 금지의 원칙이나 기판력의 문제와 다르다.

1) 당사자의 동일

① 재소가 금지되는 자는 전소를 취하한 당사자(원고)이고, 그 상대방(피고)이나 당사자 아닌 보조참가인은 이에 해당되지 않는다. 소를 취하한 자가 선정당사자일 때에는 선정자도 이에 해당된다. 소를 취하한 자가 채권자대위소송을 하던 채권자일 때에는 그 대위소송이 제기된 사실을 알고 있던 채무자는 이에 해당된다고 보는 것이 판례($\binom{\text{대판 1996.9.20,}}{\text{93다20177}}$) · 다수설이지만, 채권자대위소송이 제3자의 소송담당이 아니라는 전제에서 채권자대위소송의 채무자는 이에 해당되지 않는다는 소수설이 있다. 소수설이 타당하다.

② 전소의 변론종결 후의 원고의 일반승계인이 이에 해당되는 점에 관해서는 문제가 없지만, 특정승계인이 이에 해당되는지가 문제되는데, 판례는 특정승계인도 이에 해당된다고 해석하고 있다($\binom{\text{대판 1981.7.14,}}{\text{81다64 등}}$). 그러나 원고가 종국판결 선고 후에 그 소를 취하한 경우에는 그 판결이 당연히 실효되고, 그 소송의 변론종결도 무의미하게 되므로 그 변론종결 후의 원고의 특정승계인과 소를 취하한 원고를 동일한 실체로 보아 소 취하에 따르는 제재 효과를 특정승계인이 승계해야 한다고 해석하는 것은 확정판결의 주관적 효력 범위에 관한 문제와 혼동한 것이므로 옳지 않고, 특별한 사정이 없는 한 특정승계인은 이에 해당되지 않는다고 보는 것이 옳다.

2) 청구의 동일

① 전소와 후소의 청구(소송물)가 같을 것이 요구되지만, 공격방어방법까지 같을 것은 요구되지 않는다. 따라서 토지소유권에 기한 건물철거 청구 소송에서 피고가 철거 청구의 대상인 건물의 소유자라든가 점유자라는 주장은 철거 청구권의 행사를 이유 있게 하기 위한 공격방법에 불과하므로 토지 소유자가 같은 건물의 철거 청구를 하면서 전소에서는 피고가 건물의 점유자라고 주장하고, 후소에서는 건물의 소유자라고 주장해도 전소와 후소는 동일한 소에 해당된다($\binom{\text{대판 1985.3.26,}}{\text{84다카2001}}$).

② 구 소송물론을 취하는 판례에 의하면 같은 목적의 소송이라도 실체법상의 권리를 달리

주장하는 경우에는 동일한 소가 아니므로($\binom{\text{대판(전) 1980.12.9.}}{\text{68다1773 등}}$), 같은 건물의 인도 청구를 하더라도 전소가 소유권에 기한 청구고, 후소가 약정에 기한 청구인 경우에는 전소와 후소는 동일한 소가 아니다($\binom{\text{대판 1991.1.15.}}{\text{90다카25970}}$). 이에 대해 실체법상의 권리를 공격방법 내지 법률적 관점으로 보는 신소송물론은 그런 경우에 전소와 후소를 동일한 소로 본다.

③ 전소가 원본채권의 청구이고, 후소가 이자채권의 청구인 경우와 같이 후소가 전소의 청구(소송물)를 선결문제로 하는 것일 때에는 전소와 후소는 동일한 소라는 것이 판례($\binom{\text{대판}}{\text{1989.10.10, 88}}$ $\binom{\text{다카}}{\text{18023}}$)이고, 이를 지지하는 학설도 있다. 그러나 이런 경우에는 전소와 후소의 청구(소송물)는 다르고 전소 청구가 후소 청구의 선결문제로 되는 것에 불과하므로 전소와 후소는 동일한 소가 아닌 것으로 보는 것이 옳다. 원본채권에 관한 전소의 본안판결이 확정된 경우에도, 그 원본채권의 존재를 선결문제로 해서 이자채권에 관한 후소가 제기된 때에는 후소 법원은 전소 판결의 기판력의 작용으로 인해 원본채권에 관한 전소 판결의 판단에 구속될 뿐 후소 제기 자체가 허용되지 않는 것은 아니다. 그런데도 판결이 확정되기 전에 소를 취하한 자가 제기한 후소를 금지되는 재소에 해당한다고 보는 것은 매우 부당하기 때문이다.

한편, 전소 청구 속에 포함된 후소 청구를 한 때에는 전소와 후소는 동일한 소에 해당된다($\binom{\text{대판 1958.3.6.}}{\text{4290민상784}}$).

3) 권리보호 이익의 동일

① 재소 금지의 원칙은 소 취하로 인해 그동안 판결에 들인 법원의 노력이 무용화되고 종국판결이 당사자에 의해 농락되는 것을 방지하기 위한 제재적 취지의 규정이므로 본안에 관한 종국판결이 있은 후 소를 취하한 자라 할지라도 이러한 규정의 취지에 반하지 아니하고 소 제기를 필요로 하는 정당한 사정이 있으면 다시 소를 제기할 수 있다($\binom{\text{대판 2009.6.25.}}{\text{2009다22037}}$). 바꾸어 말하면 전소와 후소의 당사자와 청구가 동일하더라도 후소가 전소와 권리보호 이익을 달리 할 때는 후소 제기는 재소 금지 원칙에 저촉되지 않는 것이다($\binom{\text{대판 1981.7.14.}}{\text{81다64 참조}}$).

② 따라서 토지의 전 소유자가 피고를 상대로 제기한 건물철거 청구 소송의 본안판결이 선고된 뒤에 그 소를 취하했는데, 그후에 그 토지를 양수한 원고는 그 토지 소유권을 계속 침해하고 있는 피고에 대해 그 침해의 배제를 청구할 새로운 권리보호의 이익이 있다고 할 것이므로 원고가 같은 피고를 상대로 같은 건물의 철거 청구를 하는 소를 제기하는 것은 취하된 전소와 동일한 소라고 할 수 없고($\binom{\text{대판 1981.7.14.}}{\text{81다64[61]}}$), 피고가 소 취하의 전제조건이 된 약정사항을 피고가 이행하지 않아 그 약정이 해제되거나 실효될 사정변경이 있는 경우에 원고가 당사자와 청구가 같은 소를 다시 제기하는 것은 재소 금지 원칙에 저촉되지 않는다($\binom{\text{대판 2000.12.22.}}{\text{2000다46399 등}}$).

---

[61] 이 판결은 취하된 전소의 변론종결 후의 원고의 특정승계인에 대해서도 재소 금지의 원칙이 적용되는지 여부에 관해서는 긍정적으로 보면서도 전소의 원고와 그 변론종결 후의 특정승계인은 권리보호 이익을 달리한다는 이유로 특정승계인에 의한 재소가 적법하게 허용된다고 하는 점에 특색이 있다.

3. 효 과

(1) 소가 재소 금지 원칙에 저촉되는지 여부는 소극적 소송요건의 일종이므로 법원의 직권 조사사항이고($\frac{\text{대판 1967.10.31.}}{\text{67다1848}}$), 피고가 이의·항변을 하지 않거나 원고의 재소에 대해서 양해·동 의를 하더라도 금지되는 재소임이 인정되면 판결로 소를 각하해야 한다.

(2) 재소의 금지는 소송법상 효과임에 그치고, 실체법상 권리관계에는 아무 영향이 없다. 따라서 소 제기가 금지되는 권리라고 해서 실체법상으로 그 권리가 소멸되는 것은 아니므로 권리자가 의무자의 임의변제를 수령해서 보유하는 것은 부당이득이 아니고, 의무자가 그 권 리를 수동채권으로 해서 상계를 할 수 있음은 물론 권리자가 그 권리를 자동채권으로 해서 상 계를 할 수도 있다.

(3) 청구의 포기를 할 수 없는 소송, 예컨대 가사소송법상 다류 사건과 이혼·파양의 소를 제외한 가사소송 사건에는 재소 금지의 원칙이 적용되지 않는다고 보는 것이 통설이다. 그러 한 사건에 이 원칙의 적용을 인정한다면 청구의 포기를 허용하는 것과 같게 되기 때문이다.

4. 청구의 교환적 변경과 재소 금지의 원칙

(1) 청구의 교환적 변경

1) 민사소송법 제262조(청구의 변경) 제1항 본문은 "원고는 청구의 기초가 바뀌지 아니하는 한도 안에서 변론을 종결할 때(변론 없이 한 판결의 경우에는 판결을 선고할 때)까지 청구의 취지 또는 원인을 바꿀 수 있다."고 규정하는데, 원고가 이 규정에 따라 청구의 취지나 원인을 변경 하는 것을 청구의 변경이라고 한다. 이를 '소의 변경'이라고 하기도 하고 '소의 객관적 변경'이 라고 하기도 하지만, 소는 당사자, 법원과 청구를 요소로 해서 성립되는 것이고, 청구는 소의 세 가지 요소 중 하나에 지나지 않으며, 민사소송법 제262조의 제목도 '청구의 변경'이라고 되 어 있으므로 청구의 변경을 '소의 (객관적) 변경'이라고 하는 것은 바람직하지 않다.

2) 청구 변경의 형태로는 교환적 변경과 추가적 변경이 있다. 전자는 구 청구에 갈음해서 (구 청구 대신에) 신 청구를 하는 것을 말하고, 후자는 구 청구를 유지하면서 신 청구를 추가하 는 것을 말한다. 그리고 후자의 경우에는 신 청구는 구 청구와의 관계에서 단순병합, 선택적 병합, 주위적·예비적 병합의 형태로 추가될 수 있다.

3) 청구의 교환적 변경의 성질에 관해서는 구 청구에 관한 소 취하와 신 청구에 관한 소 제 기가 결합된 형태로 파악하는 것(결합설)이 판례($\frac{\text{대판 2010.6.24.}}{\text{2010다17284 등}}$)·통설이고, 피고가 본안에 관해 응소한 때에는 피고의 동의가 있어야 구 청구에 관한 소 취하의 효력이 생기고($\frac{\text{제266조}}{\text{제2항}}$), 동의 가 없으면 구 청구에 관한 소 취하의 효력이 생기지 않으므로 청구의 변경은 추가적 변경으로 된다는 것이 다수설이다. 이에 대해 교환적 변경에 대한 피고의 동의가 없어도 구 청구에 관

한 소 취하의 효력이 발생하는 것으로 보는 판례와 학설도 있다.

청구의 교환적 변경의 성질을 결합설에 따라 이해하는 것은 불가피하지만, 민사소송법 제262조는 피고의 동의가 있어야 청구 변경의 효력이 발생한다는 취지를 규정하지 않고 '청구의 기초가 바뀌지 아니하는 한도 안에서' 청구의 변경이 허용된다는 취지를 규정하고 있으므로 청구의 변경은 그것이 교환적 변경으로서 구 청구에 관한 소 취하의 효력이 수반되는 것이라고 해도 피고의 동의가 없어도 효력이 발생하는 것으로 보는 것이 옳다.

4) 청구의 교환적 변경이 구 청구에 관한 소 취하의 효력을 수반하는 점에서 보면 청구의 변경이 교환적인지 추가적인지 여부를 결정하는 것이 중요한 문제로 대두되는데, 실제 소송에서는 원고가 청구의 변경을 하면서 구 청구에 관한 소를 취하한다는 의사표시를 명백히 하지 않아 그 변경 형태가 명확하지 않은 경우가 많다.

이에 관해 판례는 "소의 변경이 교환적인가 추가적인가 또는 선택적인가의 여부는 기본적으로 당사자의 의사해석에 의할 것이므로 당사자가 구 청구를 취하한다는 명백한 표시 없이 새로운 청구로 변경하는 등으로 그 변경 형태가 불분명한 경우에는 사실심 법원으로서는 과연 청구변경의 취지가 교환적인가 추가적인가 또는 선택적인가의 점을 석명할 의무가 있다."고 한다(대판 2014.6.12. 2014다11376 등). 그리고 구 청구에 관한 소를 취하한다는 명백한 표시가 없이 신 청구를 한 경우에 신 청구에 관한 소가 부적법하여 법원의 판단을 받을 수 없는 경우까지도 구 청구에 관한 소가 취하되는 교환적 변경이라고 볼 수는 없다고 한 판례도 있다(대판 1975.5.13. 73다1449).

(2) 원고가 항소심에서 청구를 교환적으로 변경한 경우 발생하는 소송상 문제

청구의 교환적 변경의 성질을 판례·통설의 입장인 결합설에 따라 이해할 경우에는, 원고가 A 청구에 관한 소를 제기하여 그 청구에 관한 제1심 판결이 선고된 후 계속된 항소심에서 A 청구를 B 청구로 바꾸는 교환적 변경을 하게 되면 A 청구에 관한 제1심 종국판결이 선고된 후에 원고가 A 청구에 관한 소를 취하한 것으로 될 것이므로 원고가 그 A 청구에 관한 소를 다시 제기하는 것은 재소 금지의 원칙에 저촉되게 된다. 그러한 소의 제기는 청구 변경의 방법으로도 가능하므로 청구 변경 후 계속되고 있는 B 청구를 다시 A 청구로 교환적으로 변경하거나 B 청구에 A 청구를 추가하는 형태로 변경하게 되면 그러한 청구의 변경은 재소 금지의 원칙에 저촉되어 허용되지 않는 것으로 봐야 한다. 이렇게 해석하는 것이 판례(대판 1987.11.10. 87다카1405 등)·통설이다.

이에 대하여 청구의 교환적 변경으로 구 청구에 관한 소가 취하되었다가 청구의 교환적·추가적 변경의 방법으로 그 소가 다시 제기되는 경우에는 재소 금지의 원칙이 적용되지 않는다는 견해도 있으나, 판례·통설이 옳다.

Ⅱ. 해답 제시

문제의 사실관계에서 甲은 乙에 대해 소유권이전등기절차의 이행을 청구(이하 'A 청구')하는 소를 제기하여 승소판결이 선고된 후 乙의 항소 제기로 계속된 항소심에서 그 청구를 금전 지급 청구(이하 'B 청구')로 교환적으로 변경했다가 다시 그 청구를 A 청구로 변경하는 청구취지 변경 신청서를 제출했다.

이러한 일련의 사실관계의 추이에 비추어보면 원고가 항소심에서 A 청구를 B 청구로 교환적으로 변경한 것은 A 청구에 관한 종국판결(제1심 판결)이 있은 후에 A 청구에 관한 소를 취하한 것에 해당하므로 甲이 다시 B 청구를 A 청구로 변경하는 것은 특별한 사정이 없는 한 중복제소에 해당한다고 볼 수 있다.

그런데 문제의 사실관계에서 甲이 乙과의 합의사항에 따라 A 청구를 B 청구로 교환적 변경을 한 것인데, 乙이 그와 같은 합의 사실을 전면 부인하고 억지 주장을 한 것은 A 청구를 다시 하는 것을 정당화하는 중대한 사정변경으로서 권리보호의 이익을 달리 하게 만드는 것이므로 甲이 B 청구를 A 청구로 다시 변경하는 것은 재소 금지의 원칙에 저촉되지 않는다.

따라서 甲의 청구취지 변경은 적법하다.

54 판결의 무효(편취), 독립 당사자참가

기본 사실관계

(1) 甲은 2009. 5. 1. 乙을 상대로 X토지에 관하여 매매를 원인으로 하는 소유권이전등기절차의 이행을 청구하는 소송을 제기했다.

(2) 그때 甲은 乙의 실제 주소를 알고 있었으면서도 소장에 엉뚱한 장소를 乙의 주소로 기재하고 주민등록말소자등본을 위조하여 소장에 첨부하여 제출하면서 乙에 대한 공시송달신청을 하여 재판장으로 하여금 공시송달명령을 하고 소송절차를 진행하게 한 끝에 법원이 甲의 청구를 그대로 인용하는 판결을 선고하고, 乙에 대하여 그 판결정본까지 공시송달하여 그 판결이 형식적으로 확정된 것으로 처리했다.

문제 ①

위와 같은 경우 乙이 취할 수 있는 소송법상 구제 방법에 관해서 서술하시오.

기본 사실관계

(1) 甲은 자신이 경영하던 B레스토랑 영업을 乙에게 양도하고 그 양도 신고에 필요한 서류를 작성하는 데 사용하라고 하면서 백지에 자신의 성명과 B 레스토랑 소재지를 주소로 기재하고 인장을 날인한 백지 문서를 乙에게 교부한 다음 미국으로 건너가 그곳에서 여러 해 동안 거주했다.

(2) 그런데 乙은 그 백지 문서를 이용해서 자신이 甲 소유인 A건물을 매수하는 내용의 매매계약서를 위조한 다음 甲에 대하여 A건물에 관한 소유권이전등기 절차의 이행을 청구하는 소장을 작성해서 관할 법원에 제출했는데, 그때 乙은 甲이 미국에 거주하고 있다는 것과 그 주소를 알고 있었으면서도, B 레스토랑 소재지가 甲의 주소로 기재되어 있는 A건물에 관한 등기사항 증명서와 위조한 매매계약서를 소장에 첨부해서 법원에 제출했다.

(3) 법원이 소장에 기재된 甲의 주소에 관해 의심하지 않고 그곳으로 소장부본을 송달했는데, 乙이 고용한 B레스토랑 직원이 甲의 직원이라고 말하고 그것을 수령해서 乙에게 건네주어 乙

이 그것을 찢어버렸다. 그날로부터 1월이 지나도록 甲의 답변서가 제출되지 않자 법원은 민사소송법 제257조 제1항에 따라 변론 없이 乙의 청구를 그대로 인용하는 판결을 선고하고, 甲에 대한 판결정본을 같은 곳으로 송달했는데, 乙이 위와 같은 방법으로 그것을 받아 찢어버렸다.

(4) 그 판결이 형식적으로 확정된 뒤 乙이 단독으로 A건물에 관한 소유권이전등기신청을 하여 그 등기가 경료되었다.

(5) 이에 甲은 A건물에 관해 그와 같은 소유권이전등기가 경료된 사실을 알고 그 판결에 대해서는 항소나 추후보완 항소를 제기하거나 재심의 소를 제기하지 않고 A건물에 관해 乙 앞으로 경료된 소유권이전등기는 무효라고 주장하면서 乙에 대하여 그 등기의 말소등기절차의 이행을 청구하는 소를 제기했다.

문제 ②

甲이 제기한 소의 적법성과 그 청구의 當좀에 관해서 서술하시오.

기본 사실관계

원래 甲의 소유로 등기되어 있던 X토지에 관해 乙 앞으로 소유권이전등기가 경료되었다. 甲은 乙이 등기에 필요한 서류를 위조하여 그 소유권이전등기를 경료했다고 주장하면서 乙에 대하여 그 소유권이전등기의 말소등기절차의 이행을 청구하는 소를 제기했다. 그런데 乙이 소송계속중 사망하여 丙이 단독으로 乙의 권리·의무를 상속했다. 법원은 乙이 소송계속중 사망한 사실을 알지 못하고 변론을 종결한 후 甲의 청구를 인용하는 판결을 선고했다.

문제 ③

법원이 선고한 판결이 적법·유효한지 여부에 관해서, 판례의 입장에 따라, 서술하시오.

기본 사실관계

甲은 乙이 매매계약서 등 서류를 위조하여 甲 소유로 등기되어 있던 A부동산에 관해 자기 앞으로 소유권이전등기를 마쳤으므로 그 등기는 무효라고 주장하면서 乙에 대하여 그 소유권이전등기의 말소등기 절차의 이행을 청구하는 소를 제기했다. 그런데 그 소송이 계속되고 있는 중에 丙이 자신이 乙 소유로 등기되어 있는 A부동산을 매수했는데, 甲과 乙이 A부동산이 丙에게 소유권 이전되는 것을 저지하기 위한 방편으로 위와 같은 소송을 하기로 협의하고 甲이 그 소를 제기한 것이라고 주장하고, 乙에 대하여 A부동산에 관한 소유권이전등기절차의 이행을 청구하는 내용으로 된 독립 당사자참가 신청서를 제출했다.

문제 ④

1. 丙의 독립 당사자참가 신청이 적법한지 여부에 관해서 서술하시오.
2. (丙의 독립 당사자참가 신청이 적법한 것으로 가정함) 甲, 乙, 丙 간에 소송이 계속되고 있는 중에 甲이 乙의 제의에 따라 乙에 대한 소를 취하하고 乙이 그 취하에 동의했으나, 丙은 동의하지 않았다. 甲의 소 취하가 유효한지 여부에 관해서 서술하시오.
3. (丙의 독립 당사자참가 신청이 적법하고, 甲의 소 취하가 없었던 것으로 가정함) 甲, 乙, 丙 간의 소송을 심리한 법원은 원고 甲의 청구를 기각하고, 참가인 丙의 청구를 인용하는 판결을 선고했다. 그 판결에 대하여 원고 甲은 항소를 하지 않고, 피고 乙이 항소를 했다. 이 경우 원고 甲이 항소심 법원에서 변론을 할 자격이 있는지 여부에 관해서 서술하고, 항소심 법원이 심리한 결과 참가인 丙의 청구는 이유 없고, 원고 甲의 청구가 이유 있다고 판단하는 경우 항소심 법원은 어떤 판결을 해야 하는지에 관해서 서술하시오.

해 설

문제 ① **문제 ②**

Ⅰ. 판결의 부존재

1. 의 의

판결은 법관이 판결서를 작성해서($\frac{제208}{조}$) 판결원본에 따라 주문을 읽어($\frac{제206}{조}$) 선고함으로써 효력이 생기는 것($\frac{제208}{조}$)이고, 그렇지 않은 것은 판결이라는 모습을 가지고 있더라도 판결이 아니라, 사이비(似而非) 판결이다. 이러한 사이비 판결이 존재하는 현상을 판결의 부존재라고 한다.

2. 태양(態樣)

(1) 법관이 구체적 소송사건을 떠나 연습용으로 작성한 판결서로 한 판결은 사이비 판결이고, 수소법원 법관의 재판사무를 보조하는 법원사무관 등 법원 직원이나 집행관이 작성한 판

결서와 사법연수원이나 법학전문대학원의 교육용 모의판결서로 한 판결은 그것이 구체적 소송사건에 관한 것이라도 사이비 판결이다.

(2) 판결서는 작성되어 있지만 선고되지 않은 것과 선고는 되었지만 판결서가 없는 것도 판결이 아니다. 전자는 판결의 효력이 발생되지 않은 채 판결서 초고(草稿) 단계에 머물러 있기 때문이고, 후자는 판결의 존재가 증명되지 않기 때문이다. 그리고 판결 선고조서가 없거나 판결 선고조서에 재판장의 기명날인이 없는 경우에도 판결 선고 사실이 증명되지 않기 때문에 판결이 존재한다고 할 수 없다(판례).

3. 효 력

사이비 판결은 판결이 아니기 때문에 아무런 효력이 없다.

Ⅱ. 판결의 무효

1. 의 의

판결로서의 외관은 갖추었지만 그 내용에 묵과(默過)할 수 없는 중대한 흠(欠)이 있기 때문에 기판력 등 판결의 내용상 효력이 발생하지 않는 것을 판결의 무효라고 한다. 판결의 무효에 관한 법리는 확정판결과 같은 효력이 있는 청구의 포기(抛棄)·인낙(認諾)과 화해·조정$\binom{\text{제220조, 민사조정}}{\text{법 제28조, 제29조}}$에도 적용된다$\binom{\text{대판 1963.4.25.}}{\text{63다135}}$.

2. 태 양

(1) 대한민국의 재판권에 복종하지 않는 주권 면제자에 대한 판결

(2) 사망자$\binom{\text{대판 1994.12.9.}}{\text{94다16564[62] 등}}$ 등 실재하지 않는 자를 당사자로 한 판결

그리고 당사자적격이 없는 자에게 선고된 판결은 당사자적격자에 대해서는 무효다. 따라서 고유필수적 공동소송의 경우나 판결의 효력이 제3자에게 미칠 수 있는 경우에 당사자에게 당사자적격의 흠결이 있는데도 본안판결이 선고되어 확정되더라도 진정한 당사자적격자에 대해서는 기판력이나 형성력이 발생하지 않는다.

---

[62] "소송수계 또는 당사자표시 정정 등 절차를 밟지 아니하고 사망한 사람을 당사자로 하여 선고된 판결은 당연무효로서 확정력이 없어 이에 대한 재심의 소는 부적법하다." 그런데 이 판결의 판시사항 중 '소송수계 절차를 밟지 않고 사망한 사람을 당사자로 하여 선고된 판결'에 관한 부분은 후술하는 대판(전) 1995.5.23, 94다28444에 저촉되는 것으로 보인다.

(3) 일방이 이미 사망한 부부에 대한 이혼판결$\binom{대판\ 1982.10.12.}{81므53}$ 등 현재 존재하지 않는 법률관계에 관한 판결

(4) 소가 제기되지 않았는데도 선고된 판결

취하된 소송에 관한 판결도 무효다. 심판의 대상이 아닌 (주위적) 청구에 관한 판결$\binom{대판}{1995.1.24.\ 94다\ 29065}$과 심판의 대상이 아닌 예비적 반소에 대한 각하판결$\binom{대판\ 2006.6.29.}{2006다19061}$은 무의미한 판결이라는 것이 판례인데, 이때 '무의미한 판결'은 '무효인 판결'과 같은 뜻이다.

(5) 대한민국 법률이 인정하지 않는 법률관계를 긍정한 판결

법률이 인정하지 않는 물권관계·신분관계를 인정하는 등 강행법규에 위배되는 내용이나 선량한 풍속 기타 사회질서에 위반하는 것을 내용으로 하는 판결(예, 사람의 신체를 훼손하는 것을 허용하는 판결)이 선고된 때에는 그 판결은 무효다. 그러나 판결의 이유에 강행법규에 위배되는 내용이나 선량한 풍속 기타 사회질서에 위반하는 것을 내용으로 하는 판단이 포함되어 있더라도 그 판결이 무효로 되는 것은 아니고(판례), 상소나 재심에 의한 취소사유가 될 수 있을 뿐이다.

(6) 판결의 내용이 불명확한 경우

판결의 내용이 명확하지 않아 기판력과 집행력 등 판결의 효력 범위를 정할 수 없어 강제집행을 할 수 없을 때에는 그 판결이 무효이므로 원고가 다시 소를 제기해도 기판력에 저촉되지 않지만$\binom{대판\ 1998.5.15.}{97다57658\ 등}$, 판결서에 부동산 목록을 첨부하지 않은 것은 판결의 경정사유에 불과하고$\binom{대결\ 1980.7.8.}{자\ 80마162\ 등}$, 현실적인 이유로 강제집행이 불가능하다고 해서 그 판결이 무효로 되는 것이 아니다. 그리고 판례는 확정판결과 동일한 효력이 있는 화해·조정이 당사자가 임의로 처분할 수 없는 재심 대상 판결을 취소하는 내용이라면 그 화해·조정은 (당연)무효라고 한다$\binom{대판\ 2012.9.13.}{2010다97846}$.

3. 효　과

무효인 판결은 외관상 확정되더라도 그 내용상 효력인 기판력과 집행력·형성력이 발생하지 않는다. 그러나 사이비 판결의 경우와 달리 무효인 판결이 선고되면 그 소송사건에 관해 해당 심급을 완결시키고, 판결을 선고한 법원을 구속하는 효력은 발생한다. 판례는 무효인 판결에 대해서는 상소가 허용되지 않고$\binom{대판\ 2000.10.27.}{2000다33775\ 등}$, 외관상 확정되더라도 재심의 대상이 되지 않는다고 하는데$\binom{대판\ 1994.12.9.}{94다16564\ 등}$, 유효한 판결처럼 보이는 외관을 제거하기 위한 상소가 허용되는 것으로 보고, 이 경우 상소심은 무효인 판결을 취소하고 판결로 소를 각하해야 한다는 견

해도 있다. 그리고 무효인 판결에 기한 강제집행은 무효다.

Ⅲ. 판결의 편취

1. 의 의

수소법원을 기망하여 절차상 부당한 판결을 받는 경우를 판결의 편취(騙取)라고 하고, 그렇게 받은 판결을 사위(詐僞) 판결이나 편취 판결이라고 한다.

2. 태 양

(1) 다른 사람 이름으로 받는 차명(借名) 판결(성명모용 소송에 관한 판결63))

(2) 원고가 소 취하 계약64)을 하여 피고가 기일에 불출석하도록 유도한 다음 소를 취하하지 않고 기일에 출석하여 일방적으로 변론을 하여 승소판결을 받는 경우

(3) 원고가 피고의 주소를 알면서도 그 주소가 불명이라고 속여 법원으로 하여금 피고에 대해 공시송달을 해서 절차를 진행하도록 하여 원고 승소판결을 하고 판결정본도 공시송달하게 하는 경우

(4) 원고가 피고의 주소를 허위로 기재한 소장을 제출하여 그곳으로 피고에 대한 소장부본과 변론기일 통지서가 송달되도록 한 다음 원고 자신이나 하수인이 그것을 송달받아 훼손·은닉함으로써 법원으로 하여금 피고가 소장부본을 송달받고도 답변서를 제출하지 않았거나 변론기일에 출석하지 않은 것으로 판단하게 하여 피고의 답변서 미제출이나 자백간주에 의한 원고 승소판결($^{제257조,}_{제150조}$)을 하고 판결정본도 그곳으로 송달하게 하는 경우

3. 소송법상 구제책

(1) 학 설

사위 판결에 대한 소송법상 피고의 구제 방안에 관해서는 ① 사위 판결 무효설, ② 항소의 추후보완·재심설, ③ 항소설이 있는데, 태양(1), (2)에 관해서는 피고의 대리권에 흠이 있는 경우에 준해 피고는 상소($^{제424조 제}_{1항 제4호}$)나 재심의 소 제기($^{제451조 제}_{1항 제3호}$)로 그 판결의 취소를 구할 수 있다고 보는 것(항소의 추후보완·재심설)에 판례($^{대판 1964.11.17.}_{64다328 등}$)와 학설이 대체로 일치하고 있다.

(2) 판례는, 태양(3)에 관해서, 공시송달에 의한 판결정본의 송달은 유효한 것으로 보고 피고에게 항소의 추후보완과 재심을 허용할 것이라고 하고($^{대판 1994.10.21.}_{94다27922 등}$), 피고가 재심의 방법을

---

63) 이에 관해서는 〈제43문〉의 〈문제 1〉에 관한 해설 참조.
64) 이에 관해서는 〈제53문〉의 〈문제 3〉에 관한 해설 참조.

선택할 경우에는 항소의 추후보완 기간이 도과하였더라도 재심기간 내에 제기된 재심의 소는 적법하다고 한다($\binom{대판\ 2011.12.22.}{2011다73540}$). 이러한 판례 입장에 대한 반론은 없다.

(3) 판례는 태양(4)에 관해서, 이 경우에는 판결정본이 피고의 주소가 아닌 곳으로 송달되었기 때문에 그 송달이 무효이므로 아직 판결정본이 피고에게 송달되지 않은 상태에 있고, 항소기간도 진행되지 않은 상태에 있으므로 피고는 언제든지 항소를 제기할 수 있고, 항소의 추후보완이나 재심의 소 제기는 허용되지 않는다($\binom{대판(전)\ 1978.5.9.}{75다634\ 등,\ 항소설}$)고 하고 있는데, 이러한 판례 입장에 대해서는 비판하는 학설이 많다. 한편, 참칭 대표자를 피고의 대표자로 표시하여 소송을 제기한 결과 그 앞으로 소장부본과 변론기일 소환장이 송달되었는데 참칭 대표자가 변론기일에 출석하지 않아 자백간주 판결이 선고된 경우에는 재심사유에 해당한다고 한 판례($\binom{대판\ 1999.}{2.26,\ 98다}$ 47290; 대판 1994. 1.11, 92다47632)가 있다.

판례 입장인 항소설에 따르되, 사위 판결이 외관상으로 확정되어 있는 이상 항소의 추후보완이나 재심의 소 제기가 허용되지 않는 것으로 볼 것은 아니므로 항소의 추후보완은 통상의 항소로 처리하고, 요건을 구비한 재심의 소는 재심 사건으로 처리하며, 그렇지 못한 재심의 소는 사위 판결에 대한 통상의 항소가 가능하다는 점을 이유에 적시하여 각하하도록 하는 것이 바람직할 것이다.

Ⅳ. 실체법상 구제책

1. 학 설

사위 판결에 의한 강제집행 등으로 손해가 생긴 경우에 재심에 의해 판결을 취소하지 않고도 직접 부당이득반환 청구나 손해배상 청구 등이 가능한지 여부에 관한 문제가 사위 판결의 기판력과 관련해서 문제되고 있다. 이에 관해서는 사위 판결로 인한 부당이득의 반환청구나 손해의 배상청구를 하는 데는 원칙적으로 재심의 소를 제기해서 판결이 취소되는 것이 선결적이라고 보는 재심 필요설이 다수설이지만, 재심 불요설과 제한적 불요설도 있다.

2. 판 례

(1) 판례는 사위 판결에 기해 부동산에 관한 소유권이전등기나 말소등기가 경료된 경우에는 피고는 항소에 의해 그 판결의 취소를 구하지 않은 채 그 등기의 말소를 구하는 별소를 제기할 수 있다고 보지만($\binom{대판\ 1995.5.9.}{94다41010}$), 일반적으로는 확정판결에 의한 강제집행의 경우에 그 판결이 재심의 소 등으로 취소되지 않는 한 강제집행에 의한 이득은 부당이득이 아니라고 보고 있는데($\binom{대판\ 2001.11.13.}{99다32905\ 등}$), 전자의 판례는 허위주소 송달에 의한 사위 판결에 대해 판결 미확정설(항소설)을 취하는 판례 입장에 따르는 것이고, 후자의 판례는 확정판결(허위주소 송달 외의 사유로

인한 사위 판결도 이에 해당한다)에 의한 강제집행에 관한 것이므로 판례 입장은 상호 모순이 없다. 그리고 원고의 부당이득 반환책임이 성립되는지 여부는 그 실체법상 요건이 인정되는지 여부에 달린 문제지 원고가 사위 판결에 의해 강제집행을 했다는 사실 자체에서 바로 부당이득 반환책임이 성립되는 것은 아니다.

(2) 판례는 불법행위에 의한 손해배상 청구에 관해 "확정판결의 효력을 배제하기 위하여는 그 확정판결에 재심사유가 존재하는 경우에 재심의 소에 의하여 그 취소를 구하는 것이 원칙적인 방법인 점에 비추어 볼 때 불법행위의 성립을 쉽게 인정하여서는 아니되고, 확정판결에 기한 강제집행이 불법행위로 되는 것은 당사자의 절차적 기본권이 근본적으로 침해된 상태에서 판결이 선고되었거나 확정판결에 재심사유가 존재하는 등 확정판결의 효력을 존중하는 것이 정의에 반함이 명백하여 이를 묵과할 수 없는 경우로 한정하여야 한다."(대판 1995.12.5. 95다21808 등)라고 하는바, 이러한 판례 원칙은 허위주소 송달에 의한 판결 편취의 경우에는 적용되지 않는 것으로 봐야 할 것이다. 이 경우에는 판례가 판결 미확정설(항소설)을 취하고 있으므로 피고는 자유롭게 항소나 별소를 제기하여 실체법상 권리구제를 구할 수 있다고 봐야 하기 때문이다.

V. 해답 제시

1. 〈문제 1〉은 공시송달에 의한 판결 편취에 대해 피고가 취할 수 있는 소송법상 구제 방법을 묻는 것이다. 판례와 학설은 공시송달에 의해 편취된 판결은 일단 확정된 것으로 보고 피고는 그 확정판결에 대해 추후보완 항소를 하거나 재심의 소를 제기하여 그 판결의 취소를 구할 수 있다는 것에 견해가 일치하고 있으므로 乙은 문제의 판결에 대해 추후보완 항소를 제기하거나 재심의 소를 제기할 수 있다. 다만, 이 경우 피고는 추후보완 항소기간이나 재심기간을 준수하는 것이 중요하다.

2. 〈문제 2〉는 허위주소 송달에 의한 판결 편취에 관한 문제인데, 몇 가지 사항을 검토해야 한다.

(1) 허위주소 송달에 의한 사위 판결에 대한 항소가 없는 경우 그 판결이 형식적으로 확정되는지가 문제되는데, 판례는 미확정설의 입장에서 피고는 그 판결에 대해 추후보완 항소기간이나 재심기간의 제한을 받지 않고 언제든지 항소를 해서 그 판결의 취소를 구할 수 있다는 입장이므로 甲은 문제의 판결에 대한 추후보완 항소기간이나 재심기간이 지났다고 하더라도 그 판결에 대해 항소를 할 수 있다.

(2) 허위주소 송달에 의한 사위 판결에 기해 부동산 소유권이전등기가 원고 앞으로 경료된 경우 피고는 그 사위 판결에 대해 항소를 하지 않고, 그 등기의 말소를 청구하는 소송을 바로 제기할 수 있는지가 문제되는데, 판례는 그러한 소의 제기가 가능하다는 입장이므로 甲이 사위 판결에 대한 항소를 하지 않은 채 그 사위 판결에 기해 A 건물에 관해 乙 앞으로 경료된 소

유권이전등기의 말소등기를 청구하는 소를 제기한 것은 적법하다.

(3) 甲이 청구한 A건물에 관한 소유권이전등기의 말소등기 청구가 인용될 수 있는지 여부가 문제되는데, 그 이전등기가 사위 판결에 기해서 경료되었다는 것만으로는 그 등기가 말소되어야 한다고 볼 수는 없지만, 문제의 사실관계에서는 乙이 甲 소유 A건물을 매수하지 않았으면서도 다른 용도로 받아 가지고 있던 백지 위임장과 甲의 인장으로 매매계약서를 위조해서 그 매매계약을 등기원인으로 하는 소유권이전등기를 청구하는 소장을 제출해서 허위주소송달에 의한 사위 판결을 받아 A건물에 관해 乙 앞으로 소유권이전등기를 했다는 사실이 제시되어 있으므로 A건물에 관해 乙 앞으로 된 소유권이전등기는 원인 없이 경료된 것으로서 무효이므로 甲이 그 말소등기를 청구하는 것은 정당하다.

문제 3

Ⅰ. 소송계속중 당사자의 사망과 소송절차의 중단: 〈제43문〉의 〈문제 3〉에 관한 해설 참조

Ⅱ. 법원이 소송계속중에 당사자가 사망한 사실을 간과하고 선고한 판결의 효력

1. 판례는 법원이 소 제기 전에 당사자가 사망한 사실을 간과하고 본안판결을 한 경우에 관해 사망한 당사자가 원고든 피고든 법원이 그 사망 사실을 간과하고 본안판결을 하더라도 그 판결은 당연무효의 판결이므로 그 판결에 대해서는 상소가 허용되지 않고($\binom{대판\ 2000.10.27.}{2000다33775}$), 그 판결이 외관상 확정되더라도 기판력이나 그 밖의 효력이 생기지 않으므로 재심의 대상도 되지 않는다($\binom{대판\ 1994.12.9.}{94다16564\ 등}$)는 입장이다(당연무효설).

2. 그런데 대판(전) 1995.5.23. 94다28444가 "소송계속중 어느 일방 당사자의 사망에 의한 소송절차 중단을 간과하고 변론이 종결되어 판결이 선고된 경우에는 그 판결은 소송에 관여할 수 있는 적법한 수계인의 권한을 배제한 결과가 되는 절차상 위법은 있지만 그 판결이 당연무효라 할 수는 없고, 다만 그 판결은 대리인에 의하여 적법하게 대리되지 않았던 경우와 마찬가지로 보아 대리권 흠결을 이유로 상소 또는 재심에 의하여 그 취소를 구할 수 있을 뿐이므로, 판결이 선고된 후 적법한 상속인들이 수계신청을 하여 판결을 송달받아 상고하거나 또는 사실상 송달을 받아 상고장을 제출하고 상고심에서 수계절차를 밟은 경우에도 그 수계와 상고는 적법한 것이라고 보아야 하고, 그 상고를 판결이 없는 상태에서 이루어진 상고로 보아 부적법한 것이라고 각하해야 할 것은 아니다."라고 판시하고, "민사소송법 제394조 제2항을 유추하여 볼 때 당사자가 판결 후 명시적 또는 묵시적으로 원심의 절차를 적법한 것으로

추인하면 상소사유 또는 재심사유는 소멸한다고 보아야 한다.”라고 판시하면서 법원이 소송 계속중 당사자가 사망한 사실을 간과하고 선고한 판결의 효력에 관해 당연무효설의 입장에서 그 판결에 대한 상소나 재심의 소 제기가 부적법하다고 보았던 대판 1992.6.12, 92다13394, 대판 1992.6.12, 92다10661과 대판 1982.12.28, 81사8을 폐기한 이래 판례의 입장은 변함이 없다(대판 2013.4.11, 2012재두497 등). 다만, 이러한 판례 입장은 소송계속중 사망한 당사자에게 소송대리인이 없 어 소송절차가 중단되는 경우에 관한 것이지, 그 당사자에게 소송대리인이 있어 소송절차가 중단되지 않는 경우65)에 관한 것이 아님을 주의해야 한다.

Ⅲ. 해답 제시

문제의 판결은 甲과 乙 사이 소송이 계속되고 있는 중에 乙이 사망함으로써 소송절차 중단 의 효력이 발생했는데도 법원이 이를 간과하고 甲과 사망한(당사자 능력이 없는) 乙을 당사자로 해서 선고한 판결로서 그 적법성과 효력이 문제되는데, 전술한 판례의 입장에 의하면 그 판결 은 위법하기는 하지만 (당연)무효는 아니므로 乙은 그 판결에 대해 상소나 재심의 소를 제기하 여 그 취소를 구할 수 있다.

문제 4

Ⅰ. 제3자의 소송참가

1. 의 의

제3자가 자기의 법률상 이익을 옹호하기 위해 다른 사람 사이에 계속중인 소송에 관여하는 것을 널리 제3자의 소송참가라고 한다. 이는 제3자가 당사자의 법정대리인이나 소송대리인 으로서 소송에 관여하는 것이나 제3자의 소송담당의 경우에 소송담당자인 원고나 피고로서 소송에 관여하는 것과 구별된다.

2. 종 류

(1) 보조참가

소송결과에 이해관계가 있는 제3자가 한쪽 당사자를 돕기 위하여 법원에 계속중인 소송에 참가하는 것(제71조)을 '보조참가'라고 하는데, 기판력 등 재판의 효력이 제3자에게도 미치는 경

---

65) 〈제43문〉의 〈문제 3〉에 관한 해설 참조.

우에 그 제3자가 민사소송법 제71조에 따라 참가하는 것을 '공동소송적 보조참가'라고 하고, 그렇지 않은 보조참가를 '통상의 보조참가'라고 한다.

(2) 당사자참가

계속중인 소송과 일정한 법률상 이해관계가 있는 제3자가 종전 당사자와 동등한 당사자로서 그 소송에 참가하는 것을 '당사자참가'라고 하는데, 소송목적의 전부나 일부가 자기의 권리라고 주장하거나 소송결과에 따라 권리가 침해된다고 주장하는 제3자가 당사자의 양쪽이나 한쪽을 상대방으로 해서 당사자로서 소송에 참가하는 것$\binom{\text{제79조}}{\text{제1항}}$을 '독립 당사자참가'라고 하고, 소송이 법원에 계속되어 있는 동안에 제3자가 소송목적인 권리 또는 의무의 전부나 일부를 승계하였다고 주장하며 독립 당사자참가에 관한 민사소송법 제79조의 규정에 따라 소송에 참가하는 것$\binom{\text{제81}}{\text{조}}$을 '승계참가'라고 하며, 소송목적이 한쪽 당사자와 제3자에게 합일적(合一的)으로 확정되어야 할 경우에 그 제3자가 공동소송인으로 소송에 참가하는 것$\binom{\text{제83조}}{\text{제1항}}$을 '공동소송 참가'라고 한다.

II. 독립 당사자참가

1. 의 의

(1) 소송목적의 전부나 일부가 자기의 권리라고 주장하거나, 소송결과에 따라 권리가 침해된다고 주장하는 제3자는 당사자의 양쪽 또는 한쪽을 상대방으로 하여 당사자로서 소송[66]에 참가할 수 있다$\binom{\text{제79조}}{\text{제1항}}$. 독립 당사자참가는 제3자가 이 규정에 따라 당사자로서 소송에 참가하는 것을 말하는데, 이는 소송 중의 소의 일종으로서 이에 의해 원고, 피고와 참가인 사이의 분쟁을 일거에 모순 없이 해결함으로써 소송경제를 도모하고 판결의 모순·저촉을 방지하기 위해 인정되는 소송 형태이다.

(2) 독립 당사자참가는 당사자참가인 점에서 보조참가와 구별되고, 본소의 원고나 피고와 독립된 당사자로서 참가하는 것인 점에서 공동소송 참가와 구별된다.

(3) 독립 당사자참가의 구조에 관해서는 1) 참가인이 본소 당사자 한쪽과 필수적 공동소송인이 된다는 견해(공동소송설), 2) 원고·피고 사이와 참가인·원고 사이, 참가인·피고 사이에 1개씩 3개의 소송관계가 성립되어 병합되는 것으로 파악하는 견해(3개 소송 병합설), 3) 원고·피고와 참가인 사이에 각각 독립한 지위에서 대립되는 1개의 3면 소송관계가 성립되는 것으로 보는 견해(3면소송설)가 있는데, 3면소송설이 편면적(片面的) 참가가 명문의 규정으로 허용되기 전 판례의 주류$\binom{\text{대판 1991.12.24.}}{\text{91다21145 등}}$였고, 통설이다.

---

66) 원고와 피고 사이에 계속되고 있던 소송으로서 참가의 대상이 되는 소송을 보통 '본소'라고 한다.

2. 참가 요건

(1) 타인 간에 소송이 계속중일 것

1) 본소가 사실심에 계속중이면 심급 여하에 관계없이 참가할 수 있으므로 항소심에서도 참가할 수 있다. 본소가 상고심에 계속중일 때에도 이를 허용해야 한다는 견해가 있으나, 독립 당사자참가는 그 실질이 신소(新訴) 제기이므로 본소가 법률심인 상고심에 계속중일 때에는 이를 할 수 없다고 보는 판례($\binom{\text{대판 1994.2.22.}}{\text{93다43682 등}}$) 입장이 타당하다. 본소의 사실심 변론종결 후에 참가 신청을 한 경우에는 변론을 재개하지 않는 한 참가 신청은 부적법하다.

2) 본소 당사자의 소송대리인이나 보조참가인도 이 참가를 할 수 있지만, 그때에는 소송대리나 보조참가는 종료된다($\binom{\text{대판 1993.4.27.}}{\text{93다5727 판결}}$). 본소가 통상의 공동소송인 경우에는 한 공동소송인은 상대방과 다른 공동소송인 사이의 소송에 이 참가를 할 수 있다.

(2) 참가 이유가 있을 것

1) 권리주장 참가

본소의 '소송목적의 전부 또는 일부가 자기의 권리라고 주장하는' 제3자가 독립 당사자참가를 하는 것($\binom{\text{제79조 제}}{\text{1항 전단}}$)을 말한다. 이 경우에는 참가인이 본소 청구와 양립되지 않는 권리나 그것에 우선할 수 있는 권리를 주장할 것을 요한다. 원고가 자기 소유라고 주장하는 물건에 대해 참가인이 자기 소유라고 주장하는 것이 전형적인 예다($\binom{\text{대판 1998.7.10.}}{\text{98다5708 등 참조}}$).

본소 청구와 참가인의 청구가 주장 자체에서 양립할 수 없는 관계에 있으면 참가가 허용된다($\binom{\text{주장설. 대결 2005.10.17.}}{\text{자 2005마814}}$). 이는 민사소송법 제79조 제1항 전단의 문언상 분명하다. 따라서 본안에 관해 심리한 결과 본소 청구와 참가인의 청구가 실제로는 양립된다고 하더라도 독립 당사자참가가 부적법하게 되는 것은 아니다($\binom{\text{대판 2006.6.15.}}{\text{2006다80322 등}}$).

2) 사해(詐害)방지 참가

본소의 '소송결과에 따라 권리가 침해된다고 주장하는' 제3자가 독립 당사자참가를 하는 것($\binom{\text{제79조 제}}{\text{1항 후단}}$)을 말한다. 이 경우에는 참가인의 청구가 본소 원고의 청구와 양립할 수 있어도 무방하고($\binom{\text{대판 2001.9.28.}}{\text{99다35331 등}}$), 권리주장 참가 신청을 해서 각하된 뒤에 사해방지 참가를 하는 것도 가능하다($\binom{\text{대판 1992.5.26.}}{\text{91다4669 참조}}$).

甲이 자신의 아들인 乙 앞으로 경료한 소유권이전등기가 무효라고 주장하면서 그 대상 부동산에 관한 소유권 확인과 그 등기의 밀소등기를 청구하는 소를 제기하여 계속중인 경우에 乙로부터 그 부동산을 매수한 丙이 본소는 乙의 丙에 대한 소유권이전등기를 회피하기 위한 목적으로 제기된 것이므로 본소의 소송결과에 따라 그 부동산에 관한 丙 자신의 소유권이전등기 청구권이 침해된다고 주장하면서 독립 당사자참가를 하는 것을 사해방지 참가의 예로 상정(想定)할 수 있을 것이다.

참가인이 원고의 피고에 대한 본소청구(소유권이전등기 청구)의 원인인 법률행위(대물변제 약정)가 사해행위라는 이유로 사해행위 취소 청구를 하면서 독립 당사자참가 신청을 한 경우에 관해서, "채권자가 사해행위의 취소와 함께 수익자 또는 전득자로부터 책임재산의 회복을 명하는 사해행위취소의 판결을 받은 경우 취소의 효과는 채권자와 수익자 또는 전득자 사이에만 미치므로, 수익자 또는 전득자가 채권자에 대하여 사해행위의 취소로 인한 원상회복 의무를 부담하게 될 뿐, 채권자와 채무자 사이에서 취소로 인한 법률관계가 형성되거나 취소의 효력이 소급하여 채무자의 책임재산으로 복구되는 것은 아니다. 이러한 사해행위취소의 상대적 효력에 의하면, 원고의 피고에 대한 청구의 원인행위가 사해행위라는 이유로 원고에 대하여 사해행위취소를 청구하면서 독립당사자참가 신청을 하는 경우, 독립당사자참가인의 청구가 그대로 받아들여진다 하더라도 원고와 피고 사이의 법률관계에는 아무런 영향이 없고, 따라서 그러한 참가 신청은 사해방지참가의 목적을 달성할 수 없으므로 부적법하다."라고 한 판례($\binom{대판 2014.6.12,}{2012다47548}$)가 있는데, 이 판례 때문에 사해방지 참가 제도의 효용이 더 떨어지게 되었다고 하는 견해가 있다.

그러나 그 판례가 참가인이 사해행위 취소 청구만 했을 뿐 본소의 소송결과에 따라 침해되는 자기 권리를 주장하여 본소의 원고나 피고에 대해 자기 권리를 청구하지 않은 사안에 관한 것이라면 그 판례의 판시사항은 옳다고 봐야 한다. 그런 사안이라면 참가인은 적법한 독립 당사자참가 신청을 하지 않았기 때문이다.

(3) 참가의 취지

본소 당사자의 양쪽을 상대방으로 하여 참가하는 것(양면참가)뿐만 아니라 한쪽을 상대방으로 하여 참가하는 것(편면참가)도 허용된다($\binom{제79조}{제1항}$). 따라서 본소의 원고와 피고 중 한쪽에 대해서만 청구하고 다른 쪽에 대해서는 청구하지 않는 것, 본소의 피고에 대해서만 청구하고, 원고에 대해서는 청구기각을 구하기만 하는 것, 본소의 원고와 피고에 대해서 청구를 했지만 그 중 한쪽에 대한 청구가 소의 이익이 없어 부적법한 것도 모두 적법한 참가취지로 인정된다.

양면참가의 경우에는 본소 원고와 피고에 대한 청구를 같게 해도 되고, 다르게 해도 되며, 권리주장 참가뿐만 아니라 사해방지 참가에 대해서도 편면참가가 허용된다.

(4) 소의 병합 요건을 갖출 것

독립 당사자참가 신청은 원고의 본소에 참가인의 소가 병합 제기되는 실질을 가지므로 참가인의 소는 본소와 같은 종류의 절차로 심판할 수 있는 것이어야 하고, 참가인의 청구가 본소 청구와 다른 법원의 전속관할에 속하는 것이어서는 안 된다.

(5) 일반적 소송요건을 갖출 것

독립 당사자참가 신청은 신소의 제기이기 때문에 일반적 소송요건을 모두 갖추어야 한다. 중복제소 금지의 원칙도 적용되는 것으로 봐야 할 것이다.

3. 참가 절차

(1) 독립 당사자참가 신청의 방식에 관해서는 보조참가 신청에 관한 민사소송법 제72조의 규정이 준용된다(제79조 제2항). 따라서 "참가 신청은 참가의 취지와 이유를 밝혀 참가하고자 하는 소송이 계속된 법원에 하여야 하고, 서면으로 참가를 신청한 경우에는 법원은 그 서면을 양쪽 당사자에게 송달하여야 하며, 참가 신청은 참가인으로서 할 수 있는 소송행위와 동시에 할 수 있다." 그러나 참가 신청은 실질적으로는 본소 당사자 양쪽이나 한쪽에 대한 소의 제기이므로 반드시 서면으로 해야 한다. 그 서면에는 참가의 취지, 이유와 함께 자기 청구의 취지와 원인을 적어야 하고, 소장에 준하는 인지를 붙여야 한다. 본소 당사자의 소송대리인은 참가인의 소송대리인이 될 수 없다(대판 1965.3.16. 64다1691).

(2) 참가 신청은 실질적인 소의 제기이므로 본소 당사자는 참가에 이의를 할 수 없다는 것이 다수설이나, 참가의 취지와 요건에 대해 이의를 하는 것은 특별 소송요건에 관한 본안 전 항변의 성질을 가지는 것으로서 허용된다고 보는 것이 옳다. 그리고 시효의 중단 또는 법률상 기간을 지킴에 필요한 재판상 청구는 참가 신청서를 법원에 제출한 때에 그 효력이 생긴다(제265조 참조).

4. 참가 소송의 심판

(1) 참가요건과 소송요건의 조사

1) 참가 신청이 있는 경우에는 법원은 먼저 참가요건의 구비 여부를 직권으로 조사해야 한다. 조사 결과 참가요건의 구비가 인정되지 않을 때에는 법원은 판결로 참가 신청을 각하해야 한다는 것이 판례인데(대판 1993.3.12. 92다48789 등), 이에 대해 비판하는 견해가 많다.

2) 참가인의 청구가 일반적 소송요건을 구비하였는지도 법원의 직권조사사항이고, 조사 결과 흠결이 인정될 때에는 법원은 판결로 참가 신청을 각하해야 한다.

(2) 본안 심판

독립 당사자참가 소송은 원고, 피고와 참가인 사이의 분쟁을 일거에 모순 없이 해결하기 위해 인정되는 소송 형태이므로 본안에 관한 심리와 판결이 통일적으로 되어야 한다. 이를 보장하기 위해 민사소송법은 필수적 공동소송에 관한 제67조를 준용한다고 규정한다(제79조 제2항).

1) 심 리

① 소송자료의 통일: 원고, 피고와 참가인 중 어느 1인의 유리한 소송행위는 다른 1인에 대해서도 효력을 가지지만, 두 당사자 사이의 소송행위가 다른 1인에게 불리한 것이면 그 두 당사자 사이에서도 효력이 발생하지 않는다(제79조 제2항, 제67조 제1항 참조). 따라서 원고와 피고 사이 소송관계에 대해 청구의 포기·인낙, 화해나 상소의 취하는 허용되지 않고, 원고의 주장에 대한 피고의 자백도 효력이 없다. 참가인의 청구를 피고가 인낙하는 것도 무효이다. 다만, 본소나 참가신청을 취하하는 것67)은 가능하다.

② 소송진행의 통일: 기일은 공통으로 진행해야 한다. 따라서 원고, 피고와 참가인 중 1인에게 소송절차를 중단하거나 중지해야 할 이유가 있는 경우 그 중단이나 중지는 모두에게 효력이 미치므로(제79조 제2항, 제67조 제3항) 전체 소송절차가 정지된다. 당사자 1인이 기일지정 신청을 하면 전 소송에 관해 기일을 지정해야 하고, 변론의 분리나 일부 판결은 허용되지 않는다. 다만, 상소기간 등 소송행위를 하기 위한 기간은 각 당사자별로 따로 진행한다.

2) 판 결

원고, 피고와 참가인 사이의 본안에 관한 분쟁을 모순 없이 해결하는 판결이 선고되어야 한다. 따라서 3당사자 중 어느 일방이 승소하면 다른 쌍방은 모두 패소하지 않으면 안 된다(판례). 반드시 1개의 전부 판결로 원고의 청구와 참가인의 청구에 관해 동시에 재판해야 한다. 일부 당사자에 대해서만 판결을 하거나 일부 당사자에 대한 재판을 누락했다고 하더라도 잔부 판결이나 추가 판결로 보충할 수 없고, 상소로 그 위법을 바로잡아야 한다(대판 1995.12.8. 95다44191 등).

(3) 판결에 대한 상소

1) 상소하지 않은 패소 당사자의 소송관계

이는 본안에 관한 판결에서 원고, 피고와 참가인 가운데 두 당사자가 패소했으나 그 중 1인만 승소 당사자를 상대로 상소를 한 경우 그 상소의 효력이 상소하지 않은 다른 패소 당사자에게도 미치는지 여부에 관한 문제인데, 이에 관해서는 상소하지 않은 패소 당사자의 소송관계는 종료되고 다른 당사자의 상소에 의해 이심(移審)의 효력이나 확정 차단의 효력이 발생하지 않는다고 보는 견해(분리확정설)도 있으나, 상소의 효력은 상소하지 않은 패소 당사자에게도 미치므로 그의 소송관계도 상소심으로 이전된다고 보는 견해(이심설)가 판례(대판 2007.12.14. 2007다37776 등)·통설이다.

---

67) 이에 관해서는 후술한다.

2) 패소하고도 상소하지 않은 당사자의 상소심 지위

이는 패소하고도 상소하지 않은 당사자의 소송관계도 상소심으로 이전되는 경우에 상소심에서 그의 지위가 어떠한지의 문제인데, 이에 관해서는 상소인설, 피상소인설, 상대적 이중지위설이 있으나, 상소인도 피상소인도 아닌 단순한 상소심 당사자로 보는 견해가 통설이고, 판례도 같은 입장인 것으로 보인다(대판 1993.4.23, 92누17297; 대판 1981.12.8, 80다577 참조).

그러한 당사자를 단순한 상소심 당사자로 볼 경우에는, 그 당사자는 상소 유지의 주도권을 잃는 대신 상소인이나 피상소인으로서 의무를 부담하지 않는 특수한 지위를 가지게 된다. 따라서 그 당사자는 상소 취하와 부대상소를 할 수 없고, 상소심의 심판범위는 실제로 상소한 당사자가 불복한 범위에 국한된다.

3) 불이익 금지의 원칙

이는 패소하고도 상소를 하지 않은 당사자에 관한 판결이 상소인의 불복범위의 한도 내에서 유리한 내용으로 변경될 수 있는지에 관한 문제인데, 이에 관해서 판례는 "항소심의 심판대상은 실제 항소를 제기한 자의 항소 취지에 나타난 불복범위에 한정하되, 세 당사자 사이의 결론의 합일확정의 필요성을 고려하여 그 심판의 범위를 판단하여야 하고, 이에 따라 항소심에서 심리·판단을 거쳐 결론을 내림에 있어 세 당사자 사이의 결론의 합일확정을 위하여 필요한 경우에는 그 한도 내에서 항소 또는 부대항소를 제기한 바 없는 당사자에게 결과적으로 제1심판결보다 유리한 내용으로 판결이 변경되는 것도 배제할 수는 없다."라고 하여(대판 2007.10.26, 2006다86573) 그러한 변경도 가능한 것으로 보고 있는데, 이에 대한 반대설은 없다.

5. 독립 당사자참가 소송관계의 해소

(1) 본소의 취하·각하

독립 당사자참가가 있은 후에도 원고는 본소를 취하할 수 있는데, 참가인은 본소의 유지에 소송상 이해관계가 있으므로 본소를 취하하는 데는 참가인의 동의를 받아야 한다(대결 1972.11.30, 자 72마787). 그리고 본소가 부적법하면 법원은 판결로 이를 각하해야 한다. 이와 같이 본소가 취하되거나 각하되는 경우에는, 본소의 계속을 조건으로 하는 참가 신청이라는 등 특별한 사정이 없는 한, 참가인의 소송은 양면 참가의 경우에는 원고와 피고에 대한 공동소송의 형태로 남게 되고(대판 1991.1.25, 90다4723), 편면참가의 경우에는 그 상대방에 대한 단일소송의 형태로 남게 된다.

(2) 참가 신청의 취하·각하

참가인은 소의 취하에 준해서 참가 신청을 취하할 수 있는데, 원고나 피고가 참가 신청의 본안에 관해 응소한 경우에는 양쪽의 동의를 받아야 한다. 참가 신청이 적법하게 취하되거나 각하되면 원고와 피고 사이의 본소만 남게 되고, 참가인이 양면참가를 했다가 한쪽 당사자에 대한 참가신청을 취하하면 그 참가는 편면참가로 된다.

(3) 소송탈퇴

민사소송법 제80조는 "제79조의 규정에 따라 자기의 권리를 주장하기 위하여 소송에 참가한 사람이 있는 경우 그가 참가하기 전의 원고나 피고는 상대방의 승낙을 받아 소송에서 탈퇴할 수 있다. 다만, 판결은 탈퇴한 당사자에 대하여도 그 효력이 미친다."고 규정한다. 이 규정에 의한 탈퇴는 본소 당사자의 일방이 상대방 당사자와 참가인 사이의 소송결과에 전면적으로 승복할 것을 조건으로 소송관계에서 물러나는 것이므로 소송탈퇴가 있으면 본소 당사자 사이의 소송관계는 종료된다(대판 2011.4.28. 2010다103048).

다수설은 사해방지 참가나 편면 참가의 경우에도 탈퇴할 수 있다고 본다. 소송탈퇴는 참가가 적법·유효한 경우에만 허용되며, 상소심에서도 가능하다. 소송탈퇴를 하는 데 참가인의 동의를 받을 필요는 없다. 그리고 탈퇴한 당사자에게 미치는 판결의 효력은 기판력과 집행력이라고 보는 것이 통설이다.

Ⅲ. 해답 제시

(1) 문제의 사실관계에서 丙은 甲과 乙 사이 본소의 소송결과에 의해 A 부동산에 관한 丙 자신의 권리가 침해된다는 취지를 독립 당사자참가 신청의 이유로 주장했으므로 이는 사해방지 참가 이유로 적법하고, 민사소송법의 규정에 의해 참가인이 본소의 일방 당사자에 대해서만 청구를 하는 편면참가도 허용되므로 丙의 참가 신청은 적법하다.

(2) 본소 원고가 본소를 취하하는 데는 본소의 상대방인 피고뿐만 아니라 참가인의 동의도 받아야 하는데, 문제의 사실관계에서는 참가인 丙이 동의하지 않았으므로 甲의 본소 취하는 효력이 없다.

(3) 문제의 사실관계 속 甲은 독립 당사자참가 소송에서 패소하고도 항소를 하지 않은 당사자다. 판례와 통설(이심설)에 따르면 乙의 항소에 의해 甲의 소송관계도 항소심으로 이전되게 되는데, 이러한 당사자가 항소심에서 가지는 지위에 관해 통설과 판례는 단순한 항소심 당사자에 불과하다고 본다. 이에 의하면 甲은 형식적인 항소심 당사자일 뿐 항소인도 아니고 피항소인도 아니므로 甲은 항소심에서 변론을 할 수 있는 자격이 없고, 변론을 해야 할 소송상 의무도 없다. 그리고 판례에 의하면 문제의 항소심 법원은 제1심 판결을 그 판결에 대해 항소를 하지 않은 甲에게 유리한 내용으로 변경할 수 있으므로 甲의 청구를 인용하고, 丙의 청구를 기각하는 판결을 선고해야 한다.

기본 사실관계

甲은 乙에게 바이올린을 2,000만 원에 팔았다. 甲은 매매 잔대금 500만 원을 받지 않은 채, 바이올린을 乙에게 넘겨주었다. 바이올린을 넘겨받은 乙은 위 바이올린을 丙에게 500만 원의 사용료를 받고 2달간 빌려주었다.

〈소송의 경과 1〉

바이올린을 2달간 사용한 뒤 돌려주기로 한 때로부터 1달 이상이 지났음에도 丙이 바이올린을 돌려주지 않으므로 乙은 丙에게 바이올린의 반환을 구하는 소('바이올린 반환소송'이라 함)를 제기하였다.

문제 1

소송 밖에서 乙과 丙 사이에 화해교섭이 진행되어 "① 丙은 위 바이올린을 乙에게 반환한다. ② 기한 후의 사용료 상당액 200만 원을 乙에게 지급한다. ③ 乙은 소를 취하한다."라는 화해가 성립하였다. 그러나 이후 乙이 소를 취하하지 않으므로 丙은 위 바이올린 반환소송의 변론기일에 이는 위 화해 ③항에 어긋난다고 주장하고, 위 화해계약서를 증거로 제출하였다. 乙은 위와 같이 화해가 이루어진 것을 부정하지는 않았지만, 위 ②항의 200만 원이 완제되지 않았다는 이유 등으로 소취하를 거부하였다. 심리한 결과, 법원이 위 화해의 존재를 인정할 수 있는 때에, 乙의 위 바이올린 반환소송에 대하여 어떠한 결론(판결문의 주된 「주문」, 다만 정확한 형식은 갖추지 않더라도)으로 판결을 하여야 하는가? 또한 이러한 판결 뒤에, 乙이 丙을 상대로 위 바이올린 반환소송과 동일한 소를 제기한 경우에 법원은 어떻게 처리하여야 하는가? (25점)

〈소송의 경과 2〉

甲의 채권자인 丁이 甲의 乙에 대한 위 잔대금 채권에 관하여 채권압류 및 추심명령을 받았고 위 채권압류 및 추심명령이 그 무렵 乙에게 송달되었다. 그 뒤, 甲이 乙을 상대로 잔대금 500만 원의 지급을 구하는 소(이하 '잔대금지급소송'이라 함)를 제기하였다.

문제 **2**

甲의 乙에 대한 위 잔대금지급소송의 제1심 변론종결 전에 丁이 위 채권압류 및 추심명령의 신청을 취하하고 추심권을 포기한 경우에(그 관련 서류가 증거로 법원에 제출되고, 위 잔대금 채권이 인정됨), 법원이 선고할 판결의 내용은? (소송비용부담과 가집행 관련 주문은 제외) (5점)

문제 **3**

丁은 잔대금 채권의 추심권능을 취득하였으므로, 乙이 자신에게 추심금을 지급할 의무가 있다고 주장하며 위 잔대금지급소송의 甲 측에 승계참가를 하였다.

(1) 丁이 승계참가를 하였을 때, 甲의 乙에 대한 위 잔대급지급소송의 적법 여부는? (5점)

(2) 위 (1) 잔대급지급소송의 판결에 대하여 甲은 항소를 하지 않았고, 丁이 항소하였다. 항소심에서 丁은 甲의 乙에 대한 위 잔대금지급소송에 승계참가를 한 것과 별도로 무자력자 甲을 대위하여 乙을 상대로 채권자대위에 기한 위 잔대금의 지급을 구하는 청구를 선택적으로 추가하였다. 이에 대하여 乙은 '승계참가인은 소송물인 권리·의무를 승계받은 사실에 근거하여 승계된 권리를 행사할 수 있을 뿐인데, 丁이 甲을 대위하여 甲의 권리를 대위 행사한다는 취지의 주장은, 그 참가한 소송에서 주장할 수 있는 범위를 벗어난 것이므로 부당하다고 주장한다. 이를 검토하시오. (15점)

문제 **4**

(위 2, 3과 달리) 甲의 乙에 대한 위 잔대금지급소송이 법원에 계속중, 丁은 별도로 자신에게 추심금을 지급할 의무가 있다며 乙을 상대로 추심의 소를 제기하였다. 이에 대하여 乙은 이미 위 잔대급지급소송이 법원에 계속중인데, 다시 丁이 위 추심의 소를 제기한 것은 부당하다고 다투었다. 乙의 주장은 타당한가? (15점)

〈소송의 경과 3〉

甲이 乙을 상대로 잔대금 500만 원의 지급을 구하는 소(이하 '잔대금지급소송'이라 함)를 제기하였다. 소송계속중에 戊는 甲의 乙에 대한 위 잔대금 채권을 양수하였다고 주장하면서 위 잔대금지급소송의 甲 측에 승계참가를 하였다.

문제 **5**

가령, 甲의 乙에 대한 위 잔대금지급소송이 상고심에 계속중이라면, 戊는 승계참가를 할 수 있는가? (5점)

문제 6

甲은 乙의 승낙을 받아 위 잔대금지급소송에서 탈퇴하였고, 제1심 법원이 戊의 승계참가가 적법함을 전제로 戊의 乙에 대한 청구를 기각하는 판결을 선고하자, 이에 대하여 戊가 항소를 제기하였다. 그런데 항소심 법원은 戊가 소송수행을 위하여 甲의 乙에 대한 위 잔대금 채권을 양수한 것은 무효라고 판단하는 경우에 항소심 법원의 조치는? (10점)

문제 7

가령, 戊가 주장하는 위 채권양도가 있기 전에 甲의 채권자인 丁이 甲의 乙에 대한 위 잔대금 채권에 관하여 채권압류 및 추심명령을 받았고 위 채권압류 및 추심명령이 그 무렵 乙에게 송달되었다고 하자. 이러한 경우에 甲의 乙에 대한 위 잔대금지급소송에 승계참가한 戊의 당사자적격의 유무는? 만약 위 잔대금 채권에 관한 위 채권압류 및 추심명령의 존재에 관한 주장 및 그 자료가 상고심에 이르러서야 비로소 법원에 제출된 경우라면 戊의 당사자적격의 유무는? (20점)

해 설

문제 1

Ⅰ. 소송계약의 적법성과 소취하의 합의의 효력

일단 소송 밖 화해내용에 담긴 소취하의 합의를 부적법하다고 볼 이유는 없다. 다만, 관할합의 등의 규율과 마찬가지로 소취하의 합의에도 특정성·서면성의 요청이 작동하여 그것이 소취하합의 유효요건이 된다고 풀이한다(제266조 제3항을 보면, 소의 취하는 서면으로 할 것이 필요). 사안에서는 소송계속중의 청구가 단일하고 또한 청구의 일부의 취하도 아니므로 특정성에는 문제가 없다. 그리고 화해계약서가 존재하여 서면성도 구비하고 있다. 따라서 이 사건 바이올린 반환소송의 소취하의 합의는 유효하다.

Ⅱ. 소취하 합의의 법적 성질과 법원의 처리

1. 쟁   점

소취하 합의가 적법·유효한 경우에 법원은 어떠한 주문으로 판결하여야 하는가? 이는 결국 해당 합의가 소송절차에 있어서 어떠한 효력을 가지는가의 문제가 된다. 민사소송법에는 이를 정하는 명문의 규정이 없고, 이론상의 대립이 있다. 논의의 초점은 취하의 합의에 관련된 효과의사의 해석에 달려있다.

2. 사법계약설

소취하의 합의는 사법상의 계약인 화해계약의 일환으로 행하여진 것으로 화해조항 가운데 하나이다. 이에 기하여 원고는 소를 취하할 의무를 피고에게 진다. 결국 소송계속을 소멸시킴에 있어서는 그 의무의 이행으로 원고가 실제로 소를 취하할 것이 필요하다. 합의의 핵심은 소취하 의무와 소취하에 대한 피고의 동의권 포기이다. 이러한 설명은 소취하 합의를 사법상의 계약의 하나로 위치 짓는 것으로 이를 사법계약설이라고 부른다.

3. 항변권 발생설

소송계속을 소멸시킴에 있어서는 그 의무의 이행으로 원고가 실제로 소를 취하할 것이 필요하다고 보는 위 사법계약설의 수단 내지는 방법은 우회적이므로 사법계약설의 발전형태로 원고가 합의를 이행하지 않는 경우에 피고가 사법상 계약의 존재를 소송에서 항변으로 주장하고, 만약 합의의 존재가 증거에 따라 인정된다면, 법원은 원고에게는 권리보호의 이익이 없는 것으로 소각하의 소송판결을 하여야 한다는 발전적 사법계약설(=항변권발생설)이 주장되었고, 이 입장이 통설의 지위를 차지하게 되었다.

판례도 원고의 당사자 사이에 소송 외에서 소취하의 합의가 있어 원고에게 권리보호의 이익이 없다고 판단하여 소를 각하한 것은 정당하다고 보는 것(대판 1982.3.9. 81다1312)과 같이 이러한 입장이다.[68]

이러한 입장에서는 피고가 소취하 합의의 존재를 소송에서 항변으로 주장하고, 만약 합의의 존재가 증거에 따라 인정된다면, 결국 이 사건 바이올린 반환소송은 부적법 각하되어야 한다.

---

[68] 재판상 화해에 있어서 법원에 계속중인 다른 소송을 취하하기로 하는 내용의 화해조서가 작성되었다면 당사자 사이에는 법원에 계속중인 다른 소송을 취하하기로 하는 합의가 이루어졌다 할 것이므로, 다른 소송이 계속중인 법원에 취하서를 제출하지 않는 이상 그 소송이 취하로 종결되지는 않지만 위 재판상 화해가 재심의 소에 의하여 취소 또는 변경되는 등의 특별한 사정이 없는 한 그 소송의 원고에게는 권리보호의 이익이 없게 되어 그 소는 각하되어야 한다(대판 2005.6.10. 2005다14861).

4. 소송계약설

사법계약설에 대하여 소송사항을 대상으로 하는 합의에서 소송상의 효과를 직접적으로 발생시키는 입장인 소송계약설이 있다. 소송계약설은 사법계약설에 대하여 원고가 소를 유지하는 것을 사법상의 의무위반으로 구성하면서 이를 권리보호의 이익의 상실에 연결시켜 소 각하를 이끌어 내는 것은 우회적이라고 비판한다.

오히려 소송계약설에서는 소취하 합의를 기능면에서 파악하여 그 합의에 소송법상 소송계속의 소급적 소멸이라는 직접적 효과를 부여하여 법원은 소송종료선언을 하는 것이 간편하다고 한다.

5. 검 토

문제는 사법계약설의 원칙과 소 각하의 문제를 어떻게 정합시킬 것인가이다. 법원에 대한 심판의 요구를 철회하지 않은 원고의 태도가 피고에 대한 원고의 소취하 의무(=사법상의 의무)와 관계없다고 한다면, 원고가 소취하 의무를 임의로 이행하지 않는 한, 소취하 합의는 사실상 그림의 떡으로 돌아간다. 사법상의 구제밖에 없다. 이는 일부러 소취하 합의의 적법성을 승인하여도 그 의의를 반감시키는 것이다. 그래서 소취하 의무에 대하여 무엇인가의 소송상의 효과를 인정하는 해석이 필요하게 된다.[69]

항변권 발생설의 입장에 따라, 피고가 소취하 합의의 존재를 소송에서 항변으로 주장하고, 만약 합의의 존재가 증거에 따라 인정된다면, 결국 이 사건 바이올린 반환소송을 부적법 각하하는 취급이 타당하다고 본다.

소 각하 쪽이 소송종료선언보다도 청구에 정면으로 답한다는 점에서 명료하다 할 것이다.

Ⅲ. 위 판결 뒤에 동일한 소를 다시 제기한 경우

항변권 발생설의 입장에 따른 소 각하와 소송계약설에 따른 소송종료선언 사이에는 어떠한 차이가 있는가.

구체적으로는 乙이 丙에 대하여 다시 소를 제기(재소)한 사안에서, 이를 어떻게 대처할 수 있는가는 다시 좀 더 생각할 문제이다.

항변권 발생설에 따른 소 각하의 결론은 그 근거를 계속중의 청구에 대하여 소의 이익(권리

---

69) 참고할 것은 중재법 제9조(중재합의와 법원에의 제소)이다. ① 중재합의의 대상인 분쟁에 관하여 소가 제기된 경우에 피고가 중재합의가 있다는 항변을 하였을 때에는 법원은 그 소를 각하하여야 한다. 다만, 중재합의가 없거나 무효이거나 효력을 상실하였거나 그 이행이 불가능한 경우에는 그러하지 아니하다. ② 피고는 제1항의 항변을 본안에 관한 최초의 변론을 할 때까지 하여야 한다. ③ 제1항의 소가 법원에 계속중인 경우에도 중재판정부는 중재절차를 개시 또는 진행하거나 중재판정을 내릴 수 있다.

보호의 이익)이 결여된 것으로 본다. 그렇다면 동일한 청구에 대한 재소는 기본적으로 전소 각하 판결의 기판력의 작용에 의해 각하되게 된다. 다만, 새로운 사정이 있다면 소의 이익을 회복할 수도 있을 것이다. 각하 판결의 표준시 뒤에도 여전히 소취하 합의가 실효되지 않은 한, 동일한 청구가 다시 제소되었다는 것은 달라지지 않고, 재소는 소의 이익은 없는 것으로 보는 것이 합리적이고, 그러한 처리는 실제로도 수긍될 수 있다.

이에 대하여 소송계약설에 따른 소송종료선언은 소취하 합의의 존재를 취하행위의 실행으로 간주한 결과인 소송계속의 소멸을 선언(=소송종료선언)하는 것인데, 재소의 취급은 물론이고, 소송종료선언의 효력 그 자체에 대하여 별로 논의되고 있지 않다.

한편, 소취하 합의에는 재소에 대한 부제소의 합의가 포함된다고 풀이하여 사안에서 부제소 합의의 효과에 기해 재소를 봉쇄(소 각하)할 여지도 있다(부제소 합의는 그 법적 성질에 대하여 소송계약설에서도 그 취급을 소 각하로 하기 때문에 결과는 마찬가지이다).

문제 **2**

Ⅰ. 추심명령과 당사자적격

채권에 대한 압류 및 추심명령이 있으면 제3채무자(사안에서 乙)에 대한 이행의 소는 추심채권자(사안에서 丁)만이 제기할 수 있고 채무자(사안에서 甲)는 피압류채권에 대한 이행소송을 제기할 당사자적격을 상실한다. 그러나 채권자는 현금화절차가 끝나기 전까지 압류명령의 신청을 취하할 수 있고, 이 경우 채권자(사안에서 丁)의 추심권도 당연히 소멸하게 되며, 추심금 청구소송을 제기하여 확정판결을 받은 경우라도 그 집행에 의한 변제를 받기 전에 압류명령의 신청을 취하하여 추심권이 소멸하면 추심권능과 소송수행권이 모두 채무자(사안에서 甲)에게 복귀한다(대판 2009.11.12. 2009다48879).[70]

한편, 채권자는 추심명령에 따라 얻은 권리를 포기할 수 있다(민사집행법 제240조 제1항 본문). 그렇더라도 기본채권에는 영향이 없다(동조 동항 단서). 위 포기는 법원에 서면으로 신고하여야 하고, 법원사무관등은 그 등본을 제3채무자와 채무자에게 송달하여야 한다(동조 제2항).

---

70) 채무자의 이행소송 계속중에 추심채권자가 압류 및 추심명령 신청의 취하 등에 따라 추심권능을 상실하게 되면 채무자는 당사자적격을 회복한다. 이러한 사정은 직권조사사항으로서 당사자가 주장하지 않더라도 법원이 직권으로 조사하여 판단하여야 하고, 사실심 변론종결 이후에 당사자적격 등 소송요건이 흠결되거나 그 흠결이 치유된 경우 상고심에서도 이를 참작하여야 한다(대판 2010.11.25, 2010다64877).

Ⅱ. 사안의 검토

소송수행권이 채무자(사안에서 甲)에게 복귀하므로 특별한 사정이 없다면, 법원은 전부인용판결, 즉 피고(사안에서 乙)는 원고(사안에서 甲)에게 500만 원을 지급하라는 판결을 할 것이다.

문제 **3**

Ⅰ. 소질문 (1)

채권에 대한 압류 및 추심명령이 있으면 제3채무자에 대한 이행의 소는 추심채권자만이 제기할 수 있고, 채무자는 피압류채권에 대한 이행소송을 제기할 당사자적격을 상실한다 (^{대판 2000.4.11,} _{99다23888}). 원고 甲의 승계참가인인 丁이 甲의 乙에 대한 잔대금 채권에 대하여 추심명령을 받고 위 명령이 乙에게 송달된 사실에 비추어 甲은 乙에 대한 잔대금 채권에 관한 이행소송을 제기할 당사자적격을 상실하였다고 할 것이어서 甲의 乙에 대한 잔대금 지급소송은 부적법하다.

Ⅱ. 소질문 (2)

소송이 법원에 계속되어 있는 동안에 제3자가 소송목적인 권리의 전부나 일부를 승계하였다고 주장하며 참가를 한 경우에(^{제81}_조), 승계참가인은 소송절차를 현저히 지연시키는 경우가 아닌 한 승계한 권리와 청구의 기초가 바뀌지 아니하는 한도 안에서 청구의 취지 또는 원인을 바꿀 수 있다(^{제262}_조). 그리고 승계참가를 한 경우라고 하여 그 변경하고자 하는 청구의 내용이 반드시 종전 원고로부터 권리승계를 한 것이어야만 한다거나 이에 관해서도 승계참가의 요건을 갖추어야만 한다고 볼 것은 아니다. 일단 승계참가가 이루어진 이상 기존의 청구와 사이에 청구의 기초에 변경이 없는 한 상대방에 대한 자기 고유의 권리를 주장하는 것도 무방하다고 할 것이다.[71]

그런데 사안에서 승계참가인 丁이 잔대금 채권에 관하여 채권자대위권을 행사한다는 청구와 당초 승계참가의 내용인 잔대금 채권의 추심채권자로서의 청구는 모두 동일한 생활사실 내지 동일한 경제적 이익에 관한 분쟁으로서 승계참가인 丁이 권리를 주장하는 법적 구성만을 달리하고 있을 뿐이다.

따라서 승계참가인 丁이 제1심에서 추심채권자의 지위에서 구하던 청구와 채권자대위권의

---

71) 다만 이 경우 민사소송법 제81조에서 시효의 중단 또는 법률상 기간준수의 효력이 처음 소가 제기된 때에 소급하여 생긴다고 한 부분은 권리승계를 주장하는 청구에 한정하여 적용된다 할 것이다.

행사를 전제로 하여 선택적으로 추가한 청구는 그 청구의 기초에 변경이 있다고 볼 수 없고, 위 채권자대위권에 기한 청구의 심리를 위하여 종전의 소송자료를 대부분 이용할 수 있기 때문에 소송절차를 현저히 지연시키는 경우에 해당한다고도 보이지 않는다(대판 2012.7.5, 2012 다25449[미간행]).[72]

문제 **4**

I. 중복된 소제기의 금지

채무자가 제3채무자를 상대로 제기한 이행의 소가 법원에 계속되어 있는 경우에도 압류채권자는 제3채무자를 상대로 압류된 채권의 이행을 청구하는 추심의 소를 제기할 수 있는지 여부. 즉 제3채무자를 상대로 압류채권자가 제기한 추심의 소는 채무자가 제기한 이행의 소에 대한 관계에서 중복된 소제기에 해당하는지 여부가 문제된다. 제259조는 중복된 소제기를 금지하고 있다.

II. 중복된 소제기 해당 여부

1. 부 정

중복된 소제기에 해당하지 않는다고 보았다. 채무자가 제3채무자를 상대로 제기한 이행의 소가 이미 법원에 계속되어 있는 상태에서 압류채권자가 제3채무자를 상대로 제기한 추심의 소의 본안에 관하여 심리·판단한다고 하여, 제3채무자에게 불합리하게 과도한 이중 응소의 부담을 지우고 본안 심리가 중복되어 당사자와 법원의 소송경제에 반한다거나 판결의 모순·저촉의 위험이 크다고 볼 수 없다(대판(전) 2013.12. 18, 2013다202120).[73]

2. 긍 정

위 대판(전) 2013.12.18, 2013다202120에서 중복된 소제기에 해당한다는 다음과 같은 반

---

72) 또한 제1심에서 승계참가인 丁이 甲의 乙에 대한 잔대금 채권에 관하여 채권압류 및 추심명령을 받음으로써 甲은 그 채권에 관한 이행을 구할 당사자적격을 상실하였다고 하여 소가 각하되었음에도 甲이 항소를 하지 않아 그 부분의 제1심판결이 확정되었다. 甲 스스로 잔대금 채권에 관해서 乙에게 따로 권리행사를 하지 않았으므로 그에 관하여 승계참가인 丁이 채권자대위권을 행사할 요건도 갖추어진 것으로 보인다.

73) 그런데 채무자의 제3채무자에 대한 금전채권 등에 대하여 압류 및 추심명령이 있으면 민사집행법 제238조, 제249조 제1항에 따라 압류 및 추심명령을 받은 압류채권자(이하 '압류채권자'라고만 한다)만이 제3채무자를 상대로 압류된 채권의 이행을 청구하는 소를 제기할 수 있고, 채무자는 압류 및 추심명령이 있는 채권에 대하여 제3채무자를 상대로 이행의 소를 제기할 당사자적격을 상실하므로, 압류 및 추심명령이 있는 채권에 대하여 채무자가 제기한 이행의 소는 부적법한 소로서 본안에 관하여 심리·판단할 필요 없이 각하하여야 하고(대판 2000.4.11, 99다23888; 대판 2008.9. 25, 2007다60417 등 참조), 이러한 사정은 직권조사사항으로서 당사자의 주장이 없더라도 법원이 이를 직권으로 조사하여 판단하여야 한다(대판 2004.3.26, 2001다51510; 대판 2010.2.25, 2009다85717 등 참조).

대의견이 있었다.

제259조 중복된 소제기의 금지 원칙은 전소와 후소가 동일한 사건인 경우에 적용된다. 그런데 채권에 대한 압류 및 추심명령이 발령되면 압류채권자가 제3채무자를 상대로 압류된 채권의 이행을 청구하는 소를 제기할 수 있고 채무자는 그 채권에 대하여 제3채무자를 상대로 이행의 소를 제기할 당사자적격을 상실하지만, 압류 및 추심명령은 어디까지나 압류채권자에게 채무자의 제3채무자에 대한 채권을 추심할 권능만을 부여하는 것일 뿐 채무자가 제3채무자에 대하여 가지는 채권이 압류채권자에게 이전되거나 귀속되는 것은 아니다(대판 2010.12.23, 2010다56067 참조). 따라서 채무자가 제3채무자를 상대로 먼저 제기한 이행의 소와 압류채권자가 제3채무자를 상대로 나중에 제기한 추심의 소는 비록 당사자는 다를지라도 실질적으로 동일한 사건으로서 후소는 중복된 소에 해당한다.[74]

나아가 이미 채무자가 제기한 이행의 소가 계속중인데 그 계속중에 압류 및 추심명령을 받은 채권자가 위 소에 참가하지 않고 별도로 추심의 소를 제기하는 것을 허용하는 것은 제3채무자에게 이중 응소의 부담을 지우는 결과가 되어 바람직하지 않다고 할 것이다.

Ⅲ. 사안의 검토

채무자가 제3채무자를 상대로 제기한 소송이 법원에 계속중인데 채무자의 채권자가 동일한 소송물에 관하여 채권자대위소송을 제기한 경우와 달리 사안은 중복된 소제기를 금지하는 취지에 비추어 중복된 소제기에 해당하지 않는다고 본다. 따라서 乙의 주장은 타당하지 않다.

[참고] 한편 채권자가 민법 제404조 제1항에 따라 채무자를 대위하여 제3채무자를 상대로 제기한 소송이 법원에 계속되어 있는 상태에서 채무자가 제3채무자를 상대로 동일한 소송물에 관하여 소를 제기한 경우, 또는 이와 반대로 채무자가 제3채무자를 상대로 제기한 소송이 법원에 계속중인데 채무자의 채권자가 동일한 소송물에 관하여 채권자대위소송을 제기한 경우, 나아가 채권자대위소송이 법원에 계속되어 있는 상태에서 같은 채무자의 다른 채권자가 동일한 소송물에 관하여 채권자대위소송을 제기한 경우에 시간적으로 나중에 법원에 계속된 소송은 모두 민사소송법 제259조의 중복된 소제기의 금지 원칙에 반하여 제기된 부적법한 소로서 각하를 면할 수 없다(대판 1974.1.29, 73다351; 대판 1981.7.7, 80다2751; 대판 1988.9.27, 87다카1618 등 참조).[75]

---

74) 이러한 경우 설령 전소가 소송요건을 갖추지 못하여 부적법하다고 하더라도 그 소송이 계속중인 한 후소는 중복된 소제기의 금지 원칙에 위배되어 각하를 면하지 못한다(대판 1998.2.27, 97다45532 참조). 그리고 제259조가 규정하는 중복된 소제기의 금지는 소송의 계속으로 인하여 당연히 발생하는 소제기의 효과이다.

75) 그리고 제259조가 규정하는 중복된 소제기의 금지는 소송의 계속으로 인하여 당연히 발생하는 소제기의 효과이다. 그러므로 설령 이미 법원에 계속되어 있는 소(전소)가 소송요건을 갖추지 못한 부적법한 소라고 하더라도 취하·각하 등에 의하여 소송 계속이 소멸하지 않는 한 그 소송 계속중에 다시 제기된 소(후소)는 중복된 소제기의 금지에 저촉되는 부적법한 소로서 각하를 면할 수 없다(대판 1998.2.27, 97다45532 참조).

문제 5

예를 들어 甲이 乙을 상대로 잔대금 지급을 구하는 소송계속중에 甲이 그 잔대금 채권을 戊에게 양도한 경우에 승계인 戊가 소송절차에 참가하려면 독립당사자참가의 규정에 따라 하는 것으로 규정하고 있다($\text{제81}\atop\text{조}$).

그런데 법률심인 상고심에서는 참가승계가 허용되지 않는다($\text{대판 1995.12.12.}\atop\text{94후487}$).

문제 6

Ⅰ. 승계참가신청

소송이 법원에 계속되어 있는 동안에 제3자기 소송 목적인 권리 또는 의무의 전부 또는 일부를 승계한 경우 그 제3자는 소송이 계속된 법원에 승계참가신청($\text{제81}\atop\text{조}$)을 할 수 있다.

참가인이 제1심 소송계속중 소송수행을 위하여 원고의 피고에 대한 잔대금채권을 양수한 것은 무효이므로 참가요건을 갖추지 못하였다.

승계참가신청은 일종의 소의 제기에 해당하고 참가요건은 소송요건에 해당하므로 위와 같이 참가요건에 흠이 있는 때에는 변론을 거쳐 판결로 참가신청을 각하하여야 한다($\text{대결 2007.8.23.}\atop\text{자 2006마}$ $\text{1171}\atop\text{참조}$). 이때 승계참가인의 부적법한 참가신청을 각하하는 판결을 반드시 원래의 당사자 사이의 소송에 대한 판결과 함께 하여야 하는 것은 아니다.

한편, 소송계속중에 승계참가인에게 소송목적인 권리나 의무를 양도한 피참가인은 상대방의 승낙을 받아 소송에서 탈퇴할 수 있고, 탈퇴한 당사자에 대하여도 판결의 효력이 미치는바($\text{제80}\atop\text{조}$), 이러한 소송의 탈퇴는 승계참가가 적법한 경우에만 허용되는 것이므로, 승계참가가 부적법한 경우에는 피참가인의 소송탈퇴는 허용되지 않고 피참가인과 상대방 사이의 소송관계가 유효하게 존속한다. 따라서 승계참가인의 참가신청이 부적법함에도 불구하고 법원이 이를 간과하여 승계참가인의 참가신청과 피참가인의 소송탈퇴가 적법함을 전제로 승계참가인과 상대방 사이의 소송에 대해서만 판결을 하였는데 상소심에서 승계참가인의 참가신청이 부적법하다고 밝혀진 경우, 피참가인과 상대방 사이의 소송은 여전히 탈퇴 당시의 심급에 계속되어 있으므로 상소심 법원은 탈퇴한 피참가인의 청구에 관하여 심리ㆍ판단할 수 없다($\text{대판 2012.4.26.}\atop\text{2011다85789}$).

Ⅱ. 사안의 검토

항소심은 참가인의 피고에 대한 청구를 기각한 제1심 판결을 취소하고 참가인의 승계참가

신청을 각하하고, 원고의 청구의 당부에 관하여는 판단하지 않아야 한다.

문제 ⑦

Ⅰ. 당사자적격 여부

이 사건 잔대금 채권에 관하여 채권압류 및 추심명령이 제3채무자인 乙에게 송달됨으로써 이 사건 잔대금 채권에 기한 이행의 소는 추심채권자인 丁만이 제기할 수 있게 되고, 甲은 이 사건 잔대금 채권에 기한 이행소송을 제기할 당사자적격을 상실하였다고 할 것이며, 그 후 채권양도에 의하여 이 사건 잔대금 채권은 그 동일성을 잃지 않고 甲으로부터 승계참가인인 戊에게 이전된 경우에 결국 승계참가인인 戊 역시 이 사건 잔대금 채권에 기하여 乙에 대한 이행소송을 제기할 당사자적격이 없다고 보아야 할 것이다(대판 2008.9.25, 2007다60417).

Ⅱ. 당사자적격에 관한 사항의 상고심에서의 주장, 입증 가부(적극)

이러한 승계참가인인 戊의 당사자적격에 관한 판단은 이 사건 잔대금 채권에 관한 위 채권압류 및 추심명령의 존재에 관한 주장 및 그 자료가 상고심에 이르러서야 비로소 법원에 제출되었다고 하더라도 마찬가지이다(위 대판 2008.9.25, 2007다60417). 당사자적격에 관한 사항은 소송요건에 관한 것으로서 사실심의 변론종결시를 기준으로 법원이 이를 직권으로 조사하여 판단하여야 하고(대판 1994.9.30, 93다27703 등 참조), 비록 당사자가 사실심 변론종결시까지 이에 관하여 주장하지 아니하였다고 하더라도 상고심에서 새로이 이를 주장, 입증할 수 있다고 할 것이기(대판 1989.10.10, 89누1308 등 참조) 때문이다.

Ⅲ. 사안의 검토

원고 승계참가인인 戊는 이 사건 잔대금 채권에 기하여 피고 乙에 대한 이행소송을 제기할 당사자적격이 없다. 위와 같은 당사자적격에 관한 사항은 소송요건에 관한 것으로서 사실심의 변론종결시를 기준으로 법원이 이를 직권으로 조사하여 판단하여야 하지만, 비록 당사자가 사실심 변론종결시까지 이에 관하여 주장하지 아니하였다고 하더라도 상고심에서 새로이 이를 주장, 입증할 수 있다.

56 기판력, 중간확인의 소, 토지경계확정소송, 필수적 공동소송

기본 사실관계

甲은 1985년 1월 丙으로부터 A地를 매수하여 소유권이전등기를 하고 주택을 짓고 살고 있고, 乙은 인접하는 B地를 1997년 1월부터 丁으로부터 매수하여 소유권이전등기를 하고 다른 사람에게 자재 적치장으로 임대하고 있다. 양쪽 토지의 인접 부분에는 약 20㎡(그림에서 음영부분: abcd의 각 점을 순차로 연결한 직선으로 둘러싸인 부분으로 이하 계쟁지라 한다)의 대나무밭이 있었는데, 甲은 청소 등의 관리를 해오다 2010년 대나무 전부를 채벌하고 차고를 지었다.

A地	d e a c f b	B地

〈소송의 경과 1〉

甲·乙 사이에 계쟁지가 A地와 B地의 어디에 속하는가 하는 소유권의 귀속이 다투어졌다. 乙은 계쟁지는 乙 소유의 B地 내에 있다고 주장하여 甲에게 소유권에 기하여 계쟁지를 인도할 것을 구하는 소를 제기하였다('전소'라고 한다).

문제 ①

위 전소에서 乙 승소판결이 확정되어(전소 확정판결이라고 한다) 甲은 乙에게 계쟁지를 인도하였다. 그래서 乙은 c와 d를 연결하는 선에 나무 담을 설치하였다. 그런데 이후 甲은 계쟁지는 丙으로부터 매수한 A地 내에 있으므로 甲이 소유하는 것이고, 그렇지 않더라도 20년간의 점유에 의해 시효취득하였다고 주장하여 乙에게 계쟁지가 甲의 소유인 것의 확인청구의 소를 제기하였다(후소라고 한다). 후소에서 乙은 전소 확정판결의 판단에 반하여 계쟁지의 소유권이 甲에게 있다고 주장하는 것은 허용되지 않는다고 진술하였는데, 이 乙의 진술을 뒷받침할 소송법적 근거를 검토하시오. (20점)

문제 2

혹시 추후 계쟁지에 대하여 위 1과 같이 甲의 소유권 주장이 있으리라 예상되어 乙이 전소의 계속중에(위 판결이 확정된 경우가 아닌 것에 주의하라) 그 소송에서 甲에게 취할 수 있는 소송상 청구를 검토하시오. (20점)

〈소송의 경과 2〉

乙은 甲을 상대로 A地와 B地의 경계가 불분명하다고 하여 경계확정의 소를 제기하였다.

문제 3

A地와 B地의 경계선에 있어서 甲은 도면 ab를 연결하는 선이라고 주장하는데 대하여, 乙은 도면 cd를 연결하는 선이라고 주장한다. 법원은 증거조사 결과 경계는 그 사이 ef를 연결하는 선이라는 심증을 얻은 경우에 어떠한 판결을 하여야 하는가? (20점)

문제 4

소송에서 甲은 계쟁지를 시효취득하였다고 주장하였고, 법원은 시효취득의 사실을 인정할 수 있다는 심증을 얻은 경우에 이를 경계확정의 판결에 반영할 수 있는가? (20점)

문제 5

만약 B地가 乙 단독 소유가 아니라, 여러 명의 공유에 속한다고 하자. 그런데 공유자 가운데 1명이 소제기를 거부하여 어쩔 수 없이 그 사람을 빼고 나머지 사람만이 소를 제기하였다. 소는 적법한가? 만약 이러한 경우 실질적으로 소송에 의한 구제를 받을 수 없게 되는 것의 문제점을 공동소송의 측면에서 검토하시오. (20점)

해 설

문제 ①

I. 기판력의 객관적 범위

기판력은 상계의 경우를 제외하고($\frac{제216조}{제2항}$), 판결주문에 포함된 판단에만 생긴다($\frac{제216}{조 제1항}$). 판결주문은 소송물에 관한 법원의 판단의 결론 부분이다. 결국 기판력의 객관적 범위는 원칙적으로 소송물을 기준으로 한다.

전소의 소송물은 계쟁지의 소유권에 기한 반환청구권으로서의 토지인도청구권이다(실무상). 전소 확정판결에서 계쟁지의 소유권이 乙에게 있다고 인정한 섬은 판결이유 중의 판단에 지나지 않으므로 그 점에 기판력이 생기지 않는다. 다만, 판결이유 중의 판단에 기판력을 확장하려는 시도도 검토할 수 있다.

II. 사안의 검토

전소 확정판결에서 계쟁지의 소유권이 乙에게 있다고 인정한 점은 판결이유 중의 판단에 지나지 않으므로 그 점에 기판력이 생기지 않으므로 후소에서 계쟁지의 소유권의 귀속에 대하여 당사자는 전소 확정판결의 판단 내용과 달리 주장할 수 있고, 또 법원은 전소 법원과 다른 인정을 할 수 있다.

다만, 당사자가 충분히 주장·증명을 다한 판결이유 중의 쟁점에 대하여까지 항상 기판력이 미치지 않는다고 딱 잘라 말하여도 좋은지 여부는 별개의 견해가 성립할 여지가 있다. 결국 당사자가 전제문제에 대하여 현실적으로 다툰 경우의 구속력은 별도의 문제로 고려되어야 한다고 생각할 수 있는 것이다. 전소판결의 결론에 불가결한 전제인 판결이유 중의 판단과 모순·저촉되는 사실을 주장하는 것은 허용되지 않는다고 하는 신의칙(모순거동금지의 원칙)으로 보충하려는 견해가 주장될 수 있다. 쉽게 신의칙을 끌어내는 것은 문제이지만, 기판력과의 관계 및 각각의 이론적·해석론적 한계를 충분히 논한 뒤, 이 견해를 취하는 것도 가능한 하나의 입장이다.

문제 ②

Ⅰ. 중간확인의 소

예를 들어 소유권에 기한 목적물의 인도청구(또는 말소등기청구)의 본소에 대하여 피고는 목적물이 자기 소유에 속하는 것의 확인의 소를 원고에 대하여 중간확인의 소로 제기할 수가 있다.

중간확인의 소는 소송진행중에 쟁점이 된 법률관계(본래의 청구의 판단에 대하여 선결관계에 있는 법률관계)의 존부의 확정을 위하여 그 소송절차에 병합하여 그 소송절차 내에서 병합하여 소(즉, 그 법률관계를 소송물로 하여)를 제기하는 것이다(제264조).

중간확인의 소는 원고가 제기하는 경우에는 소의 추가적 변경의 특수한 유형이고, 피고가 제기하는 경우에는 반소의 특수한 유형(중간확인의 반소)이다. 그 특수한 것에서 중간확인의 소로 별도의 요건을 규정한 것이다. 소이므로 이에 대한 판단은 중간판결이 아니고 종국판결이어야 한다.

Ⅱ. 사안의 검토

본래 선결적 법률관계(예컨대, 건물인도청구 소송에 있어서 그 건물의 소유권의 존부)에 대하여는 종국판결의 이유에서만 판단될 뿐 주문에 표시되지 않기 때문에 기판력이 생기지 않는데(제216조 참조), 그에 관하여 기판력 있는 판단을 얻기 위해서는 별소를 제기할 수도 있으나, 기존의 소송절차를 이용할 수 있도록 함이 소송경제와 재판의 통일을 기하는 방편이 된다고 하여 인정되는 제도이다.

문제 ③

Ⅰ. 토지경계확정소송의 성질

원고가 신청한 것과 법원이 심증을 얻은 것 사이에 차이가 생기고 있다. 이 경우에 법원은 어느 범위·정도까지 본안에 관한 판단을 할 수 있는가를 묻는 것이다(제203조의 신청사항과 판결사항의 확정範圍). 이에 답하기 위한 전제로 경계확정소송의 성질론(소송유형)을 검토할 필요가 있다.

토지경계확정소송은 토지경계선에 대하여 다툼이 있는 경우에 법원의 판결로 그것을 정하여 달라는 것을 구하는 소이다. 우리 법에서는 이러한 소에 대하여 아무런 규정도 두고 있지 않지만, 학설·판례는 이러한 소를 허용하고 있다.

나아가 그 성질에 대하여는 형식적 형성소송설과 확인소송설 등의 대립이 있다.

경계확정소송의 성질에 대하여 통설·판례인 형식적 형성소송설에 따른다면, 청구의 취지는 특정한 경계선을 주장할 필요 없이 "몇 번지의 토지와 몇 번지의 토지의 경계확정을 구한다."라는 것으로 충분하고, 가령 원고가 특정한 경계선을 구하여 신청하여도, 법원은 이에 구속되지 않고 판결에서 그 경계선을 넘은 경계선을 정하는 것도 허용된다. 법원으로서는 당사자 쌍방이 주장하는 경계선에 기속되지 아니하고 스스로 진실하다고 인정하는 바에 따라 경계를 확정하여야 한다(대판 1993.11.23. 93다41792, 41808 (병합); 대판 1996.4.23. 95다54761). 즉 제203조 처분권주의의 적용이 없다.

Ⅱ. 사안의 검토

경계확정소송의 성질에 대하여 형식적 형성소송설에 따르면, 원고 甲이 주장하는 경계선(a와 b를 연결하는 선)과 다른 진정한 경계선이 있다는 심증이 있으면 법원은 심증을 형성한 선(e와 f를 연결하는 선)을 경계선으로서 판단하더라도 무방하다. 처분권주의에 어긋나지 않게 된다.

문제 **4**

Ⅰ. 토지경계확정소송의 성질

경계확정소송의 성질에 대하여 형식적 형성소송설에서는 토지경계확정의 소는 토지소유권의 범위 확인을 목적으로 하는 것이 아니라고 본다. 따라서 취득시효의 주장은 본래 본건과는 무관하다고 할 것이다. 취득시효의 항변은 본안의 항변이 될 수 없다. 법원은 이 부분에 관한 당사자의 주장·증명을 다룰 수가 없다. 따라서 심증의 결과를 판결에 반영하여서는 안된다. 무관하다는 의미는, 가령 토지의 일부를 시효취득하였다고 하여도 이것에 의하여 공법상 지번의 각 토지의 경계가 이동하는 것은 아니라는 점에 있다. 토지의 일부를 시효취득하였다고 주장하려면, 별도로 해당 토지에 있어서 소유권확인의 소 등을 제기하여야 한다.

한편, 경계확정소송의 성질에 대하여 확인소송설에서는 토지경계확정소송에 소유권확인청구가 포함되어 있기 때문에 토지경계확정소송에서 원고가 주장하는 범위까지 자기 소유권의 효력이 미치는지 여부의 확인이 중요하다. 따라서 원고가 특정한 경계선을 주장한 경우에 법원은 이에 구속되고, 법원은 원고 주장의 당부에 대하여만 판단하여야 할 것이다(처분권주의의 적용). 그리고 확인소송설에서는 시효취득의 주장도 당연히 항변으로서 의미를 가진다.

Ⅱ. 사안의 검토

취득시효의 항변은 본안의 항변이 될 수 없다. 법원은 이 부분에 관한 당사자의 주장·증명을 다룰 수가 없다. 따라서 심증의 결과를 판결에 반영하여서는 안된다.

[추가 설명]　토지는 몇 번지의 토지라는 식으로 지번으로 구분되어 있는데(등기사항증명서의 표제부에는 소재지번. 지목, 면적이 기재되어 있다), 인접하는 토지의 구분선이 경계이다.76) 인접하지 않은 토지 사이에는 경계가 없으므로 경계확정의 소를 제기하여도 부적법으로 각하된다.

위와 같은 사건이 많이 생기는 것은 아니나, 전혀 없는 것은 아니다. 예를 들어 丁이 자기 소유의 토지 일부 20㎡을 丙에게 매도하였으나, 본래 그 시점에서 丁이 매도 부분에 대하여 분할등록을 하고 분필등기를 신청하여 분필한 뒤, 丙에게 소유권이전등기를 하였으면 되는데, 등기비용 등의 문제로 아무런 조치를 하지 않고 방치하여 둔 경우와 같은 사태가 생긴다. 그 결과 후손에 이르러 토지 일부를 매각한 것을 알지 못한 채 공도(公圖)의 기재가 잘못되었다, 아니다 하는 주장이 나오게 된다. 관계자가 생존하여 있거나 매매계약을 증명하는 증거가 남아 있다면 현 시점에서도 매매계약에 기한 소유권이전등기청구를 할 수 있지만, 관계자도 사망하였고, 증거도 없는 경우에는 그러한 방법에 의한 해결은 곤란하게 된다.

위와 같은 사건에 등장하는 것이 소유권의 취득시효이다. 乙은 자신이 주장하는 경계가 옳고, 甲이 주장하는 경계가 잘못되었다고 생각되면, 乙은 甲을 피고로 법원에 경계확정의 소를 제기하여 경계를 확정할 수 있다. 한편, 甲은 자기가 점유하는 토지의 소유권을 확보할 수 있으면 되므로 계쟁 부분 토지에 있어서 소유권을 취득할 수 있으면 좋을 것이다. 계쟁 부분 토지가 乙의 주장대로 B地의 일부이고, 따라서 乙의 소유라고 하더라도 甲은 시효취득을 주장하여 乙에게 소유권의 확인이나 소유권이전등기절차를 구하면 될 것이다.77)

---

76) 경계는 국가에 의해 토지를 인위적으로 구획한 것이므로 소유자끼리 여기를 경계로 한다고 합의하더라도 경계가 결정되거나 변경되거나 하는 것은 아니다. 즉, 사인 사이의 합의로 공법상의 존재인 경계를 바꿀 수 없다. 소유자 사이의 경계의 합의에 무엇인가 의미를 구한다고 한다면, 그것은 현실의 점유 범위의 구분의 합의로 의미를 가지는 것에 지나지 않는다. 우리가 경계가 잘못되었다고 표현하는 때에 실은 공법상의 존재인 경계 자체는 잘못된 것이 아니라, 단지 그것과 다른 점유를 해온 사실을 말하는 것에 지나지 않은 경우가 많다는 것에 주의할 필요가 있다.

77) 한편, 토지의 지적도상 경계선에 따른 면적과 토지대장에 표시된 면적이 불일치할 경우, 지적도상 경계선에 따른 면적을 기준으로 토지대장의 면적 표시를 정정하더라도 해당 토지의 지적도상 경계선이 변경되지 않으므로 위와 같은 정정은 측량·수로조사 및 지적에 관한 법률 제84조 제3항의 '인접 토지의 경계가 변경되는 경우'에 해당하지 않는다. 이런 경우 해당 토지소유자는 위와 같은 정정을 위하여 인접 도지소유자의 승낙서 등을 제출할 필요가 없으므로 인접 토지소유자에게 위와 같은 정정에 대한 승낙의 의사표시를 소구할 법률상의 이익이 없다. 설령 인접 토지소유자가 토지대장의 면적 표시에 잘못이 없고 오히려 지적도상 경계선이 잘못된 것이라고 주장하고 있어 지적소관청이 위와 같은 정정을 거부하고 있다고 하더라도 해당 토지소유자로서는 토지대장의 면적 표시가 잘못되었음을 밝히기 위한 사실상의 필요에서 인접 토지소유자를 상대로 경계확정의 소, 토지소유권확인의 소 등을 제기할 수는 있겠지만, 위와 같이 주장 자체로 인접 토지소유자의 승낙서 등이 필요 없는 정정에 대하여 승낙의 의사표시를 구하는 소를 제기할 수는 없

문제 **5**

Ⅰ. 고유필수적 공동소송 여부

인접하는 토지의 한편 또는 양편이 여러 사람의 공유에 속하는 경우에, 학설은 고유필수적 공동소송이라는 견해($\binom{이시윤,}{171면}$)와 이에 대하여 이 경우는 소유권확인청구와 달리 공유자 가운데 1인이 청구한다고 해서 그의 지분에 한해서 경계가 정해진다는 일은 있을 수 없고, 그 소송에서 당사자가 되지 않은 공유자는 그 판결의 효력을 받으므로 유사필수적 공동소송으로 보는 견해($\binom{호문혁,}{719면}$)가 있다.

판례는 토지의 경계는 토지 소유권의 범위와 한계를 정하는 중요한 사항으로서, 그 경계와 관련되는 인접 토지의 소유자 전원 사이에서 합일적으로 확정될 필요가 있으므로, 인접하는 토지의 한편 또는 양편이 여러 사람의 공유에 속하는 경우에, 그 경계의 확정을 구하는 소송은, 관련된 공유자 전원이 공동하여서만 제소하고 상대방도 관련된 공유자 전원이 공동으로서만 제소될 것을 요건으로 하는 고유필수적 공동소송이라고 해석함이 상당하다고 보았다($\binom{대판 2001.6.26,}{2000다24207}$).

생각건대, 토지의 경계는 토지의 소유권과 밀접한 관계를 가지는 것이고, 인접 토지의 소유자 모두 사이에서 합일확정될 필요가 있으므로 인접 토지가 여러 사람의 공유에 속하는 경우에 고유필수적 공동소송이라고 보아야 한다.

Ⅱ. 검토 방안

앞으로 다음 3가지 검토방안을 생각할 수 있다(국내 체계서에는 설명되고 있지 않다).

① 재정소송담당제도: 제소하는 당사자의 신청에 의해 제소 당사자를 담당자로 하는 소송담당을 인정하는 수권결정제도(재정소송담당)을 신설하는 방안을 생각할 수 있다. 수권결정의 요건은 공동제소의 곤란성 및 승소의 가능성을 소명하도록 하여야 할 것이다.

② 참가명령제도: 제소를 거부하는 때에 그 나머지 공동원고가 될 사람은 소를 제기하는 것과 함께 법원에 제소를 거부하는 사람에 대하여 공동원고로 소송에 참가할 것을 명하는 신청을 하여 그 명령이 발령된 경우에는 해당 소송의 판결의 효력은 참가할 것을 명하였음에도 불구하고 참가하지 않은 자에 대하여도 미친다고 하는 방안도 생각할 수 있다.

③ 비동조자를 피고로 하는 방법: 제소를 거부하는 때에 그 나머지 사람이 소를 제기하면서 인접하는 토지의 소유자와 함께 제소를 거부한 비동조자를 피고로 하여 소를 제기하는 것

다(대판 2014.5.16, 2011다52291).

도 생각할 수 있다. 공유자 전원이 원고 또는 피고의 어느 한쪽의 입장에서 당사자로서 소송에 관여하는 것으로 충분하고, 이렇게 보더라도 소송절차에 지장을 초래하는 것은 없다고 할 것이다.

Ⅲ. 사안의 검토

공유자 모두가 원고가 되어야 하므로 소제기를 거부하는 사람을 빼고 나머지 사람만이 제기한 경계확정의 소는 당사자적격이 인정되지 않으므로 소는 부적법하다.

한편, 필수적 공동소송인 가운데 일부가 누락된 경우에는 원고의 신청에 따라 누락된 사람을 추가하는 제도가 있으나(제68조), 다만 원고의 추가는 추가될 사람의 동의를 받아야만 하는데, 사안에서는 소제기를 거부하고 있으므로 문제가 된다.

이러한 경우 나머지 사람은 실질적으로 경계확정소송에 의한 구제를 받을 수 없게 되는 문제점이 있다.

여기서는 위 ③ 방안인 인접하는 토지의 소유자와 함께 제소를 거부한 비동조자를 피고로 하여 소를 제기하는 방식에 찬성한다. 법원이 당사자가 주장하지 않은 경계선을 확정하더라도 이는 민사소송법 제203조 처분권주의에 어긋나지 않는다는 처분권주의의 특질로부터 공유자 모두가 공동보조를 취할 것까지 필요한 것은 아니고, 원고 또는 피고 어느 쪽의 입장에서 당사자로 소송에 관여하면 충분하고 이렇게 풀이하여도 소송절차에 지장을 초래하는 것은 아닐 것이다.

기본 사실관계

Y는 K자동차를 할부로 구입하면서, 1995. 1. 20. X(보증보험주식회사)와의 사이에서, K자동차 주식회사(이하 'K자동차'라 한다)에 대한 할부대금의 지급보증을 위하여 할부판매 보증보험계약서를 작성하였다(이하 위 보증보험계약을 '이 사건 보증보험계약'이라 한다). 한편, Z는 위 보증보험계약에 따른 Y의 X에 대한 구상채무를 연대보증하였다. 그런데 Y가 할부대금을 지급하지 아니하는 보험사고가 발생하여 X는 1995. 6. 1. K자동차에게 이 사건 보증보험계약에 따른 보험금으로 2억 원을 지급하였다. (아래 문제는 서로 독립적임; 현행 민사소송법에 의할 것; 제시된 날짜는 공휴일이 아닌 것으로 함)

문제 ①

X는 Y에게 2억 원을 지급하라는 소를 제기하였다. X의 Y에 대한 청구는 보증보험계약서의 진정성립이 인정되지 않으면서 채무의 존재가 인정되지 않는 것을 이유로 기각되고 그대로 판결이 확정되었다고 하자. 그 뒤, X가 보증인 Z에게 보증채무의 지급을 구하는 소를 제기한다면, X · Z 사이의 소송에 위 X · Y 사이의 확정판결의 효력이 미치는지 여부에 대하여 검토하시오. (20점)

문제 ②

X는 Y, Z에게 연대하여 2억 원을 지급하라는 소를 제기하였다. 공시송달이 아닌, 적법하게 소장 부본과 변론기일통지서를 송달받은 Z는 제1차 변론기일에 답변서 제출 없이 출석하지 않았다. Y는 출석하여 증거로 제출된 이 사건 보증보험계약서의 진정성립을 다투었다. 법원은 X의 Y에 대한 청구와 별도로 X의 Z에 대한 청구만을 변론을 분리하여 자백으로 간주하여 따로 판결할 수 있는가? (무변론판결은 고려하지 말 것). (20점)

문제 ③ 위 기초적 사실관계를 전제로

X는 1996. 11. 12. Y에게 2억 원을 지급하라는 소를 제기하였다. 1997. 1. 8. 열린 제1차 변론기일

에 Y는 증거로 제출된 이 사건 보증보험계약서의 진정성립을 다투었다. 결국 보증보험계약서의 진정성립이 인정되어 1997. 2. 18. X 승소판결이 선고되었고, 상소기간이 지나, 1997. 3. 30. 위 판결이 확정되었다. 위 판결이 있은 뒤, 이후 10여년 가까이 된 2006년 말에 이르러 Y에게 연락도 되지 않고, 차일피일 이행을 미루는 불안한 상황에서, X는 2006. 12. 4. Y를 상대로 위 확정판결에서의 청구와 동일한 구상금 2억 원의 지급을 구하는 소를 제기하였다. X는 Y가 주민등록상 최후주소지에 실제 거주하지 않아 주민등록이 말소되었다는 이유로 소송을 공시송달로 진행하여 줄 것을 신청하였고, 법원은 Y의 주민등록상 최후주소지에 소장 부본 및 소송안내서를 송달하였으나 수취인불명으로 송달불능되자, 공시송달의 방법으로 소장 부본 및 소송안내서 등을 송달하여 소송을 진행한 후, 2007. 5. 7. X의 Y에 대한 청구를 인용하는 판결을 선고하였고, 그 판결정본 역시 공시송달의 방법으로 Y에게 송달되었다. Y는 2009. 6. 7. 위와 같이 제1심 판결이 선고된 사실과 소송이 공시송달의 방법으로 진행된 사실을 확인한 다음, 2009. 6. 16. 제1심 법원에 추완항소장을 제출하였다. 추완항소가 받아들여질 것을 상정하여 추완항소에 대하여 설명하시오. (20점)

문제 4

항소심 법원은 추완항소는 적법하다고 보았고, 나아가 이 사건 보증보험계약서에 있는 Y 명의의 인영이 Y의 인감도장에 의한 것임은 당사자 사이에 다툼이 없으나, 한편, 감정인의 필적감정결과에 의하면, Y 명의의 서명은 Y 이외의 자에 의하여 작성된 것으로 볼 수 있고, 보증보험계약서의 날인행위가 Y로부터 위임받은 정당한 권원에 의한 것임을 인정할 다른 증거가 없는 이 사건에 있어서 위 보증보험계약서는 진정성립이 인정되지 아니하여 이를 증거로 쓸 수 없고, 달리 이 사건 보증보험계약이 Y의 의사에 의하여 체결되었음을 인정할 증거가 없으므로, X의 주장은 이유 없다고 보았다. 위 인정 사실에 의해 X의 청구는 이유 없다고 판단할 때에 항소심 종국판결에서 항소인의 항소에 대한 응답이 이루어지는데, 항소를 인용하는 판결에서 아래 괄호 4곳 생략 내용을 채우고 이를 설명시오(다만, 아래 〈문제 5〉에서 보듯이 이러한 판단이 옳은지 여부가 문제됨). (20점)

제1심 판결은 이와 결론을 달리하여 부당하므로, (3글자)판결을 (2글자)하고, (2글자)의 청구 (2글자)하기로 한다.

문제 5

위 〈문제 4〉 항소심 판결에 대하여 상고를 할 때에 X의 입장에서 위 항소심 판결의 잘못된 점(상고심은 원심의 사실인정을 문제 삼을 수 없는 법률심이라는 것을 전제하고, 추완항소의 적법은 고려하지 말 것)을 지적하시오. (20점)

해 설

문제 **①**

Ⅰ. 기판력의 주관적 범위 – 기판력의 상대성

기판력은 누구와 누구 사이에서 작용하는가의 문제를 기판력의 주관적 범위(인적 한계)라고 하는데, 기판력은 소송의 대립 당사자 사이에만 생기는 것을 원칙으로 한다($\binom{\text{제218조}}{\text{제1항}}$). 기판력의 근거, 기판력의 주관적 범위, 기판력의 상대성, 보증채무의 부종성과 반사효 등이 쟁점이다.

X의 Y에 대한 청구가 기각된 것에서 보증인 Z와의 사이에서도 통일적인 분쟁해결을 할 필요성이 있다. 만일, 보증인과의 후소에서 Z가 X에게 패소한 경우에 Z가 Y에게 구상청구를 할 가능성이 있는 점에 비추어 그렇다면 Y는 X와의 전소에서 승소(청구기각)한 이익을 실질적으로 잃을 우려가 있다(이는 주채무의 존부가 Y와 Z 양쪽에게 통일적이지 않음).

하지만 만일, 전소의 청구기각의 확정판결을 Z와의 사이에서까지 X에게 불이익하게 확장한다고 하는 경우에 X의 절차보장과 관련된 검토가 필요하다.

한편, Y에 대하여 전소에서 패소한 X가 상대방을 바꾸어 Z에게 주채무가 존재하는 것을 전제로 한 보증청구는 실질적으로 분쟁을 다시 반복하는 것이 아닌가하는 검토도 필요하다.

위와 검토를 근거로 하여 결론을 도출하여야 한다.

Ⅱ. 사안의 검토

기판력의 상대적 효력에 의하면 사안과 같이 주채무의 부존재를 이유로 한 채권자와 주채무자 사이의 패소판결의 기판력은 채권자와 보증인 사이의 소송에는 미치지 않으므로 채권자와 보증인 사이의 후소에 있어서 전소와는 반대로 주채무가 존재하는 것이 인정되어, 그 결과 보증인이 채권자에게 보증채무를 이행하라는 판결도 있을 수 있다.

그러한 부자연스런 결과를 피하기 위하여 전소의 판결의 효력이 무엇인가의 형태로 후소에 미치는 것을 인정하려는 학설이 유력하게 제창되고 있다. 이 견해에서는 후소 당사자인 제3자의 법적 지위가 전소 당사자의 법률관계에 의존하고 있는 경우에(예를 들어 보증채무의 부종성) 전소판결의 효력을 유리 또는 불리하게 그 제3자에게 미치는 것이 허용된다고 하면서 그 영향력을 기판력의 확장과 별도의 판결의 효력의 일종으로서 반사적 효력(또는 반사효)이라고 부른다.

그런데 실체법상의 의존관계를 판결효의 확장의 근거로 삼는 것은 불충분하고, 그 근거를 반사효가 미치는 일방 당사자와 제3자의 절차보장을 중시하여야 하지 않는가라는 설명이 필요하다고 하면서 반사효가 미치는 일방 당사자(위 사안에서는 채권자)는 전소에서 주채무의 존재에 대하여 충분한 절차보장이 부여되었으므로 상대방을 바꾸어 보증인을 상대로 다시 같은 문제를 다투는 것을 인정하면 이는 불공평하다는 입장도 있을 수 있다.

문제 2

I. 통상의 공동소송

X가 Y, Z에게 연대하여 2억 원을 지급하라는 소는 통상의 공동소송이다.

II. 일부판결

일부판결이라 함은 동일한 소송절차에서 심리되고 있는 사건의 일부를 다른 부분으로부터 분리하여 먼저 심리를 마치는 종국판결을 말한다($\binom{제200조}{제1항}$). 일부판결이 인정되는 취지는 당사자의 권리구제의 신속화, 소송심리의 정리·간명화에 있다.

일부판결을 할 수 있는 경우는 ① 소송의 일부, 즉 1개의 청구의 일부(예를 들어 토지인도청구소송의 특정한 일부), ② 변론이 병합된 경우에는 병합된 뒤의 여러 개의 청구 가운데 1개의 심리를 마친 경우, ③ 단순병합 등이다.

한편, 필수적 공동소송의 경우에는 일부판결을 할 수 없으나, 사안과 같이 통상의 공동소송의 경우에는 변론의 분리($\binom{제141}{조}$), 일부판결($\binom{제200}{조}$)을 할 수 있다.

일부판결을 할 것인지 여부는 법원의 재량이다. 실무상 잘 활용되고 있지 않다.

III. 자백간주

제150조 제3항, 제1항에 의하면 당사자가 공시송달에 의하지 아니한 적법한 소환을 받고도 변론기일에 출석하지 아니하고 답변서 기타 준비서면마저 제출하지 아니하여 상대방이 주장한 사실을 명백히 다투지 아니한 때에는 그 사실을 자백한 것으로 간주하도록 되어 있다.

IV. 사안의 검토

사안의 소송은 통상의 공동소송이므로 자백간주된 피고 Z와 원고의 주장을 다툰 피고 사이에서 동일한 실체관계에 대하여 서로 배치되는 내용의 판단이 내려질 수 있다. 피고 Z가 패소한다고 하더라도 이를 위법하다고 할 수 없다$\binom{\text{대판 1997.2.28.}}{\text{96다53789}}$.

X의 Z에 대한 청구만을 변론을 분리하여 자백으로 간주하여 따로 판결할 수 있다.

Ⅰ. 항소의 추후보완

당사자가 그 책임질 수 없는 사유로 인하여 불변기간을 준수하지 못한 경우에도 그 재판을 확정시키는 것은 당사자에게 가혹할 뿐만 아니라 형평의 이념에도 반하므로, 이러한 경우에는 특히 소송행위의 추후보완이 인정되고 있다$\binom{\text{제173}}{\text{조}}$.

여기서 '당사자가 책임질 수 없는 사유'라고 하는 것은 당사자가 당해 소송행위를 하기 위한 일반적 주의를 다하였어도 그 기간을 준수할 수 없는 사유를 말한다$\binom{\text{대판 2004.3.12. 2004다2083;}}{\text{대결 1991.3.15. 자 91마1}}$. 결국 어떠한 사유가 이에 해당하는가의 여부는 법원의 판단에 따라 정하여진다.

Ⅱ. 공시송달의 경우 항소의 추후보완

공시송달의 경우에는 그 당사자가 현실적으로 송달서류의 내용을 알 수 있는 경우란 거의 없다. 그러나 제1심 판결정본이 공시송달의 방법에 의하여 피고에게 송달되었다면 비록 피고의 주소가 허위이거나 그 요건에 미비가 있다 하더라도 그 송달은 유효한 것이므로, 항소기간의 도과로 그 판결은 형식적으로 확정되어 기판력이 발생한다. 여기서 상소의 추후보완을 허용할 것인지에 관하여, 공시송달제도의 기능과 송달받을 사람의 이익을 조화롭게 고려하여, 송달받을 사람이 송달사실을 몰랐고 또 모른 데 과실이 없을 것(즉, 선의와 무과실)을 요건으로 하여 추후보완이 허용되어야 할 것이다. 판례도 그러한 입장이다.

Ⅲ. 사안의 검토

그 사유가 없어진 날부터 2주 이내에 게을리 한 소송행위를 보완할 수 있다$\binom{\text{제173}}{\text{조}}$. Y는 2009. 6. 7. 이러한 제1심 판결이 선고된 사실과 소송이 공시송달의 방법으로 진행된 사실을 확인한 다음, 2009. 6. 16. 제1심 법원에 추완항소장을 제출하였다.[78]

---

78) 소장부본과 판결정본 등이 공시송달의 방법에 의하여 송달되었다면 특별한 사정이 없는 한 피고는 과실 없이 그 판결의 송달을 알지 못한 것이고, 이러한 경우 피고는 그 책임을 질 수 없는 사유로 인하여 불변기간을 준수할 수 없었던 때에 해당하여 그 사유가 없어진 후 2주일(그 사유가 없어질 당시 외국에 있었던 경우에는 30일) 내에 추완항소를 할 수 있는데, 여기에서 '사유가 없어진 후'라 함은 당사자나 소송대리인이 단순히 판결이 있었던 사실을 안 때가 아니고 나아가 그 판결이 공시송달의 방법으로 송달된 사실을 안 때를 가리키는 것으로서, 다른 특별한 사정이 없는 한 통상

따라서 추완항소는 적법하다.

Ⅰ. 항소심의 종국판결

제1심에서 X의 청구를 인용하는 판결이 선고되었는데, 항소법원은 제1심 판결이 정당하지 아니하다고 인정하거나, 제1심 판결의 절차가 법률에 어긋날 때에는 제1심 판결을 취소하여야 한다(제416조, 제417조).

사안에서 항소법원은 오히려 이 사건 보증보험계약이 Y의 의사에 의하여 체결되었음을 인정할 증거가 없으므로, X의 주장은 이유 없다고 보았다.

제1심 판결을 취소하는 경우에는 항소심에서 그에 뒤따르는 조치를 취하여야 한다. 그 조치에는 3가지가 있는데, 그 하나는 항소법원 스스로 재판하는 것이고(자판), 그 둘은 환송하는 것이며, 그 셋은 관할법원에 이송하는 것인데, 사안에서는 첫 번째 조치를 하게 된다. 항소심은 제1심의 속심으로 자판이 원칙이다.

Ⅱ. 사안의 검토

X의 이 사건 청구는 이유 없어 기각할 것인바, 제1심 판결은 이와 결론을 달리하여 부당하므로 제1심판결을 취소하고 원고의 청구를 기각하기로 한다.

Ⅰ. 시효중단을 위한 신소와 기판력

확정된 승소판결에는 기판력이 있으므로 당사자는 그 확정된 판결과 동일한 소송물에 기하여 신소를 제기할 수 없는 것이 원칙이나, 시효중단 등 특별한 사정이 있는 경우에는 예외적으로 신소가 허용된다고 할 것인바, 이러한 경우에 신소의 판결이 전소의 승소확정판결의 내용에 저촉되어서는 아니 되므로, 후소 법원으로서는 그 확정된 권리를 주장할 수 있는 모든 요건이 구비되어 있는지 여부에 관하여 다시 심리할 수 없다.

의 경우에는 당사자나 소송대리인이 그 사건기록을 열람하거나 또는 새로이 판결정본을 영수한 때에 비로소 그 판결이 공시송달의 방법으로 송달된 사실을 알게 되었다고 보아야 한다(대판 2013.10.17, 2013다41318 등).

Ⅱ. 사안의 검토

기판력 법리의 오해가 있다.

전소인 구상금 청구소송에서 원고의 피고에 대한 구상금채권이 확정된 이상, 그 확정된 채권의 소멸시효의 중단을 위하여 제기된 이 사건 소송에서 이 사건 보증보험계약서의 진정성립 여부 등을 다시 심리할 수는 없다. 이와 달리 이 사건 소송에서 이 사건 보증보험계약서의 진정성립 여부 등을 다시 심리하여 그 진정성립이 인정되지 않는다는 이유 등으로 원고의 이 사건 청구를 기각한 원심판결에는 기판력의 효력에 관한 법리를 오해한 잘못이 있다(대판 2010. 10. 28. 2010다61557).

58 상소불가분의 원칙, 선정당사자, 소송대리인의 권한, 화해, 당사자 적격, 소익, 보조참가

기본 사실관계

A 토지는 甲의 소유이나 乙 명의로 소유권보존등기가 경료되었다. A 토지가 분필되어 B, C, D 토지가 되었다. 이후 D 토지에 대하여는 乙로부터 丙 앞으로 매매를 원인으로 한 소유권이전등기가 경료되었다. 甲은 乙을 상대로 B 토지의 소유권보존등기의 말소(① 청구), C 토지의 소유권보존등기의 말소(② 청구), D 토지의 소유권보존등기의 말소(③ 청구)를, 丙을 상대로 D 토지에 경료되어 위 소유권이전등기의 말소(④ 청구)를 구하는 소송을 제기하였다.

1심법원은 甲의 청구를 모두 인용하였다. 丙은 항소하지 아니하였다. 乙은 ②, ③ 청구를 불복대상으로 삼아 항소하였으나, 항소심 법원은 乙의 항소를 전부 기각하였다. 乙은 ③ 청구를 불복대상으로 삼아 상고하여, 상고심이 파기환송판결을 하였으나, 항소심은 다시 ③ 청구를 인용하였고, 乙이 다시 상고하였으나 상고가 기각되었다.

문제 ①

甲은 언제부터 위 판결을 이용하여 ①, ②, ④의 각 청구에 기한 등기절차를 밟을 수 있는지를 기술하라. (40점)

기본 사실관계

甲 토지는 A1 – A10의 공유로서 각 10분의 1지분씩 그들 앞으로 등기되어 있었으나, B가 등기서류를 위조하여 자기 앞으로 소유권이전등기를 경료하였다. 甲 토지의 소유명의를 되찾기 위하여 A1 – A6가 B를 상대로 각자 자기 지분에 경료되어 있는 B의 소유권이전등기를 말소하여 달라는 청구를 하였다. A1 – A6는 A1, A2를 선정당사자로 선정하였다(소의 취하, 소송상 화해, 청구포기 등은 선정자들의 동의를 받기로 함).

문제 ② 아래의 각 질문은 상호 관련성이 없다.

다음 물음에 답하시오. (1. – 6. 각 5점씩)

1. A1 – A10 전부가 아니라 A1 – A6만이 소송을 제기한 것은 적법한가?

2. 제1회 변론기일에 A1은 병에 걸려 불출석하고, A2와 B만 출석하였다. A2가 소를 취하하고, B는 동의하였다. 위 소취하의 효력에 관하여 논하라.

3. 제1회 변론기일에 A1, A2와 B가 모두 출석하였다. A1, A2와 B는 B가 A1 – A6에게 각 1억 원을 지급하는 대신 향후 A1 – A6는 B에게 아무런 청구나 이의를 제기하지 않기로 하는 내용의 소송상화해를 하였다. 위 소송상화해의 적법, 유효성에 관하여 논하라.

4. (A1, A2가 변호사 C, D를 소송대리인으로 선임하였고, 선임약정서상 C와 D는 공동대리를 하여야 하는 것으로 가정한다) 제1회 변론기일에 C와 B만 출석하였다. C와 B는 B가 A1 – A6에게 각 1억 원을 지급하는 대신 향후 A1 – A6는 B에게 아무런 청구나 이의를 제기하지 않기로 하는 내용의 소송상화해를 하였다. 위 소송상화해의 적법, 유효성에 관하여 논하라.

5. B가 답변서를 제출한 이후 제1회 변론기일이 열리기 직전에 A3가 위 소송과 별도로 B를 상대로 자기 지분에 대한 소유권보존등기말소청구의 소를 제기하였다. 위 소는 적법한가?

6. A4가 위 소송에 참가하고 싶다. 어떤 방법이 있는가?

기본 사실관계

서울 성동구 행당동 111 대지 100평(이하 '이 사건 부동산'이라고 한다)의 등기부에 A 명의에서 B 명의로 소유권이전등기가 경료되어 있다. B는 자신의 부인인 C의 친구 D 앞으로 근저당권설정등기를 경료하여 주었다. D는 다시 E에게 근저당권을 양도하고 근저당권이전의 부기등기를 경료하여 주었다. 한편 B의 채권자 F는 이 사건 부동산에 관하여 처분금지가처분결정을 받았고, 이 사건 부동산에 위 가처분등기가 행해졌다. B는 다시 G에게 이 사건 부동산을 매도하고 소유권이전등기를 경료하여 주었다. A가 G를 상대로 진정명의회복을 위한 소유권이전등기청구의 소를 제기하였으나 패소가 확정되었다.

이후 A는 B, C, D, E, F를 피고로 하여 다음과 같은 내용의 소를 제기하였다.

1. B 명의의 등기는 B와 그의 부인인 C가 공모하여 위조서류를 이용하여 경료한 원인무효의 등기이므로, B, C는 B의 소유권이전등기의 말소등기절차를 이행하여야 한다.

2. B의 등기가 원인무효인 이상 D는 위 근저당권설정등기의, E는 위 부기등기의, F는 위 가처분등기의 말소등기절차를 이행할 의무가 있다.

소송진행중 피고들은 위와 같은 등기들이 경료된 사실 외에는 모두 A의 청구원인사실을 부인하였고, B는 A가 G에게 위와 같이 패소확정된 이상 자기에게 승소하더라도 말소등기의 실행이 불가능하기 때문에 A의 소는 소익이 없어 부적법하다는 항변을 제출하였고, 나머지 피고들은 별다른 항변을 제출하지 않았다. 심리결과 재판부는 A가 B의 등기의 원인무효의 주장입증에 성공하였다고 판단하고, 변론을 종결하였다. (필요한 석명은 모두 하였다고 가정한다)

문제 ❸

귀하가 재판부라면 A의 B, C, D, E, F에 대한 각 청구에 대하여 어떻게 판단할 것인가? (B – F 각 6점씩)

해 설

문제 ❶

Ⅰ. 상소불가분의 원칙의 적용범위

1. 개 요

명문의 규정은 없으나, 상소장에 불복범위를 명시하지 않아도 되는 점, 불복이 없는 부분에 관하여도 상소심법원이 가집행선고를 할 수 있다고 하는 점($\binom{제406조,}{제435조}$) 등에 의하여 간접적으로 민사소송법이 위 원칙을 취하고 있음을 알 수 있다. 상소불가분의 원칙의 적용범위는 크게 다음과 같은 두 가지 차원에서 논의된다.

① 한 개의 판결이란 무엇인가?

② 심판대상이 아닌 부분은 분리확정되는지? 된다면 그 시기는 언제인지?

①은 일단 제기된 상소에 의하여 애초에 상소불가분의 효력이 미치는 범위에 관련된 것이다. 상소불가분의 원칙의 시작점에 관한 것이라고 할 수 있다. ②는 ①을 전제로 하여 일단 상소불가분의 효력이 미쳐 확정이 차단되고 이심되었으나 심판대상이 되지 않은 원심판결의 일부가 나머지 부분, 즉 심판대상이 된 부분과 분리확정되는지, 그리고 만약 분리확정된다면 그 시기는 언제인지에 관련된 것이다. 상소불가분의 원칙의 종료점에 관한 것이라고 할 수 있다.

2. 상소불가분의 원칙의 적용대상

단일청구는 당연히 상소불가분의 원칙이 적용되는 대상이다. 뿐만 아니라 청구의 객관적 병합의 경우도 마찬가지다. 즉, 청구 상호 간의 관계가 긴밀한 선택적 병합, 예비적 병합뿐만 아니라 단순병합에도 상소불가분의 원칙이 적용된다는 것이 통설, 판례의 입장이다(반대견해 있음).

[대판 1966.6.28, 66다711] 가옥명도와 손해배상을 청구하여 손해배상청구만 기각이 된 경우 그 패소부분만 항소하였다면 승소한 가옥명도청구 부분은 불복항소의 대상이 되어 있지 아니하므로 항소심의 심판범위는 될 수 없으나 승소부분도 패소부분과 함께 항소심에 이심되고 그 확정이 차단되므로 일정한 제한 하에서라면 항소심에서 그 청구부분에 대하여도 변경할 수 있는 것이다.

당사자가 복수인 경우 필수적 공동소송에는 상소불가분의 원칙이 적용되나 통상공동소송에는 상소불가분의 원칙이 적용되지 않는다는 것이 통설, 판례의 입장이다.

[대판 2012.9.27, 2011다76747] 부진정연대채무의 관계에 있는 채무자들을 공동피고로 하여 이행의 소가 제기된 경우 공동피고에 대한 각 청구는 법률상 양립할 수 없는 것이 아니므로 그 소송은 민사소송법 제70조 제1항에 규정한 본래 의미의 예비적·선택적 공동소송이라고 할 수 없고, 따라서 거기에 필수적 공동소송에 관한 민사소송법 제67조는 준용되지 않는다고 할 것이어서 상소로 인한 확정차단의 효력도 상소인과 그 상대방에 대해서만 생기고 다른 공동소송인에 대한 관계에는 미치지 않는다.

3. 심판대상이 아닌 청구의 분리확정 여부 및 시기

단순병합에 한정한 논의인바, 일단 상소불가분의 원칙이 적용되어 확정이 차단되어 상소심으로 이심된 청구가, 심판대상인 청구와 분리되어 확정되는지, 만약 그렇다면 언제 그렇게 되는 것인지에 관하여 견해의 대립이 있다.

학설로는 분리확정된다는 견해와 분리확정되지 않는다는 견해로 크게 나뉘고, 전자는 다시 항소심 단계에서부터 분리확정된다는 견해, 상고심 단계에서만 분리확정된다는 견해로 나뉜다. 항소심 단계에서 분리확정된다는 견해는 다시 항소심판결 선고시에 분리확정된다는 견해와 항소심변론종결시에 분리확정된다는 견해로 나뉜다. 상고심 단계에서 분리확정된다는 견해 역시 상고심판결시에 분리확정된다는 견해와 항소심변론종결시에 대응하는 상고이유서 제출기간만료시에 분리확정된다는 견해로 나뉜다. 누가 상소하였는지, 상소심판결에서 어떤 판결이 선고되었는지 등은 원칙적으로 문제되지 않는다.

판례는 항소심 단계에서부터 분리확정되고, 심급 단계 내에서는 판결선고시, 즉 항소심의 경우에는 항소심판결선고시, 상고심의 경우에는 상고심판결선고시에 분리확정된다는 입장이다.

[대판 1994.12.23, 94다44644(항소심 단계)] 수개의 청구를 모두 기각한 제1심판결에 대하여 원고가 그중 일부의 청구에 대하여만 항소를 제기한 경우, 항소되지 않았던 나머지 부분도 항소로 인하여 확정이 차단되고 항소심에 이심은 되나 원고가 그 변론종결시까지 항소취지를 확장하지 아니하는 한 나머지 부분에 관하여는 원고가 불복한 바가 없어 항소심의 심판대상이 되지 아니하므로 항소심으로서는 원고의 수개의 청구 중 항소하지 아니한 부분을 다시 인용할 수는 없다.

[대판 1960.9.22, 4293민상104, 105[79])(상고심 단계)] 상고심에서 원판결 중 불복신청이 없는 부분과 상고이유가 없다는 이유로 파기되지 않는 부분 및 파기자판으로서 사건이 완결된 부분은 그 판결선고와 동시에 확정되고 다만 원판결을 파기하여 원심이 환송 또는 이송한 부분만이 소송절차가 계속된다.

Ⅱ. 사안의 해결

판례의 입장에 입각하여 사안을 해결하면 다음과 같다.

사안의 소송에서 乙과 丙은 통상공동소송인이고, 을에 대한 각 청구의 병합형태는 단순병합이다. 우선 乙과 丙 사이는 상소불가분의 원칙이 적용되지 않으므로 乙이 상소를 제기하였다고 하여도 그 상소의 효력이 丙에게는 미치지 않는다. 따라서 1심판결 중 丙에 대한 부분은 1심판결에 대한 상소기간이 도과된 때에 확정된다. 등기절차를 명하는 판결이 확정되면 원고는 이를 관할등기소에 첨부서류로 제출하여 단독으로 등기절차를 밟을 수 있으므로 甲은 자신과 丙 사이의 1심판결이 확정된 때부터 청구 ④에 기한 등기절차를 밟을 수 있다.

乙이 항소하였으므로 甲의 을에 대한 청구 ①, ②, ③ 모두 확정이 차단되고 항소심으로 이심된다. 乙이 불복한 청구 ②, ③ 부분만 항소심의 심판대상이 되므로 항소심 판결은 청구 ②, ③만을 대상으로 한 것이다. 항소심의 심판대상이 되지 않은 청구 ①에 대한 1심 판결은 항소심판결 선고시에 확정된다. 따라서 甲은 항소심판결 선고시부터 청구 ①에 기한 등기절차를 밟을 수 있다.

乙이 상고하였으므로 항소심판결의 대상인 청구 ②, ③은 모두 확정이 차단되고, 상고심으로 이심된다. 乙이 불복하고 있는 청구 ③만 상고심의 심판대상이 된다. 최초로 내려진 상고심판결은 청구 ③만을 대상으로 한 것이다. 상고심의 심판대상이 되지 않은 청구 ②에 대한 판결은 상고심판결 선고시에 확정된다. 이러한 귀결은 최초의 상고심이 청구 ③에 대한 상고를 기각하든 인용하든 달라지지 않는다. 따리시 甲은 최초의 상고심판결 선고시부터 청구 ②

---

79) 한편, 대결 2006.4.14, 자 2006카기62는 심판대상이 아닌 부분이 상고이유서 제출기간 만료시에 분리확정된다고 판시한 바 있으나, 방론에서 판시한 것인데다가, 선례인 위 대판 1960.9.22, 4293민상104, 105와 상치되고, 항소심 단계에 관한 판례들과의 일관성도 없어, 그 타당성이나 선례적 가치에는 의문이 있다.

에 기한 등기절차를 밟을 수 있다.

문제 ② 1.

공유자는 각자 독자적으로 공유지분권을 처분할 수 있으므로, 공유자가 각자 지분에 경료된 타인의 등기의 말소를 구하는 것은 필수적 공동소송이 아닌 통상공동소송이다. 사안에서 A1-A6는 각자의 지분에 경료된 B의 등기의 말소를 청구하는 것이고, 통상공동소송에 해당한다. 판례는 공유물 전체에 대한 소유권확인청구, 공동상속인이 다른 공동상속인을 상대로 한 상속재산확인의 소 등의 예외적인 경우에만 공유관계소송을 필수적 공동소송이라고 본다.

문제 ② 2.

A2의 소취하는 A2 자신에 대한 부분으로 포함하여 전부 무효이다. 동일선정자단에서 복수의 선정당사자를 선정한 경우, 선정당사자들은 소송수행권을 합유하므로 고유필수적 공동소송이 성립한다. 선정자들이 통상공동소송인이라도 다르지 않다. 고유필수적 공동소송에서 불리한 행위는 공동으로 하여야만 유효하고, 소취하는 불리한 소송행위이므로 A2가 단독으로 한 소취하는 무효이다.

문제 ② 3.

A1과 A2가 한 소송상 화해는 선정자들의 동의 여부를 불문하고 소송법적으로 유효하고 적법하다. 선정당사자는 소송대리인과 달리 특별수권을 받지 않고 소송상 화해 등을 할 수 있고, 이러한 권한을 제한하여도 무효이다. 사안에서 A1과 A2는 소송상 화해 등을 할 때 선정자단의 동의받아야 하는 것으로 약정하였지만, 선정당사자의 소송행위는 이러한 약정의 제한을 받지 아니한다.

문제 ② 4.

C가 단독으로 B와 한 소송상화해는 유효하나, 특별수권이 있었는지 여부에 의하여 적법여부가 달라진다. 소송대리인들 중 C 단독으로 화해한 것은 문제되지 아니한다. 민사소송법 제93조에 의하여 소송대리인은 각자 당사자를 대리할 수 있고, 이를 제한하는 약정은 무효이기 때문이다.

하지만, 소송상 화해는 특별수권사항이고, 사안 상 C가 특별수권을 받았는지 여부가 불명확하기 때문에, C가 특별수권을 받은 경우에는 소송상 화해는 적법하고, 특별수권을 받지 않은 경우에는 소송상 화해가 위법하다. 후자의 경우 당사자들은 준재심을 제기하여 구제받을 수 있다.

문제 ② 5.

A3의 소가 부적법하다는 점에 관하여 이견이 없다. 선정당사자를 선정한 선정자가 원고적격을 상실하는지에 관하여 적격상실설과 적격유지설의 대립이 있는바, 적격상실설은 A3의 소는 원고적격 흠결로 부적법하다고 보고, 적격유지설도 A3의 소는 중복소송으로서 부적법하다고 본다.

문제 ② 6.

A4는 보조참가를 할 수 있다. 이 보조참가는 공동소송적 보조참가가 된다. A4는 원고적격 흠결 또는 중복제소 때문에 공동소송참가는 할 수 없고, 보조참가만 가능하다. 다만, 위와 같은 논의는 이론적인 것이고, 실제에 있어서 A4가 소송에 직접 참가하고 싶은 경우 선정당사자 선정을 철회함으로써 간단히 당사자의 지위를 회복할 수 있다.

문제 ③

Ⅰ. B

B의 등기가 원인무효인 이상 B는 A에게 그 명의의 소유권이전등기의 말소등기절차를 이행할 의무가 있다. B의 주장도 이유 없다.

[대판 1983.3.8, 80다3198] 순차적으로 경료된 소유권이전등기의 각 말소등기절차이행을 청구하는 경우에 있어서 후순위등기의 말소등기절차 이행청구가 인용되지 아니하여 그전 순위등기의 말소등기의 실행이 불가능하다 하더라도 전순위등기 명의자에 대한 관계에 있어서 그 전순위등기의 말소절차를 이행할 의무가 있다고 인정되는 때에는 그 등기의 말소절차의 이행을 명하여야 할 것이다.

Ⅱ. C

이행의 소에서는 자기에게 실체법상 급부청구권이 있다고 주장하는 이가 원고적격자가 되고, 그로부터 의무자로 주장된 이가 피고적격자가 된다(통설, 판례). 일반적으로 원고는 자기에게 실체법상 급부청구권이 있다고 주장하고, 원고는 피고가 그 권리의 의무자라고 주장하므로, 이행의 소에서는 당사자적격의 문제는 본안적격(당부)의 문제에 흡수되어 특별한 경우 외에는 문제되지 아니한다(대판 1992.6.12. 92다11848).

다만, 판례는 등기의무자, 즉 현재 등기명의인이거나 그 포괄승계인이 아닌 자에 대한 등기말소청구는 당사자적격이 없는 자를 상대로 한 부적법한 소라고 하고 있다(대판 1974.6.25. 73다211; 대판 1994.2.25. 93다39225 참조). 판례의 태도는 이행의 소의 당사자적격에 관한 일반론에 관하여 별다른 근거 없이 예외를 인정한 것이라고 비판하는 견해도 있다.

판례의 입장에 따르면 등기명의자가 아닌 C에 대한 소는 피고적격을 흠결하여 부적법하므로 각하되어야 한다.

Ⅲ. D

B의 소유권이전등기가 원인무효인 경우, 우리나라에서는 등기의 공신력이 인정되지 않기 때문에 B의 등기에 터잡아 행해진 D, E, F의 각 등기는 모두 원인무효의 등기가 된다.

판례는 근저당권 양도의 부기등기는 기존의 근저당권설정등기에 의한 권리의 승계를 등기부상 표시하는 것으로서 그 등기에 의하여 새로운 권리가 생기는 것이 아닌 만큼 근저당권설정등기의 말소등기청구는 양수인만을 상대로 하면 족하고 양도인은 그 말소등기청구에 있어서 피고적격이 없으므로 부적법하다고 하고 있다.

[대판 1968.1.31. 67다2558] 근저당권의 양도에 의한 부기등기는 기존의 근저당권설정등기에 의한 권리의 승계관계를 등기부상에 명시하는 것뿐으로 그 등기에 의하여 새로운 권리가 생기는 것이 아닌 만큼 근저당권설정등기 말소등기청구는 양수인만을 상대로 하면 족하고 양도인은 그 말소등기청구에 있어서의 피고적격이 없다 할 것이다.

따라서 판례의 입장에 따르면 근저당권의 양도인인 D를 상대로 근저당권설정등기의 말소를 청구하는 것은 이미 근저당권자가 아닌 자를 상대로 하는 것이므로 그 소는 부적법하여 각하되게 된다.

Ⅳ. E

근저당권 이전의 부기등기는 기존의 주등기인 근저당권설정등기에 종속되어 주등기와 일체를 이루는 것이어서, 피담보채무가 소멸된 경우 또는 근저당권설정등기가 당초 원인무효인 경우 주등기인 근저당권설정등기의 말소만 구하면 되고 그 부기등기는 별도로 말소를 구하지 않더라도 주등기의 말소에 따라 직권으로 말소되는 것이다.

[대판 1995.5.26, 95다7550] 근저당권 이전의 부기등기는 기존의 주등기인 근저당권설정등기에 종속되어 주등기와 일체를 이루는 것이어서 피담보채무가 소멸된 경우 또는 근저당권설정등기가 당초 원인무효인 경우 주등기인 근저당권설정등기의 말소만 구하면 되고 그 부기등기는 별도로 말소를 구하지 않더라도 주등기의 말소에 따라 직권으로 말소된다.

따라서 부기등기의 말소를 구하는 A의 E에 대한 소는 소익이 없어 부적법하므로 각하하여야 한다.

결국, A는 E를 상대로 근저당권설정등기의 말소를 구하였어야 했었다. 위와 같은 법리는 부동산등기법이 등기부의 을구에 기재되는, 근저당권의 이전을 설정등기의 부기등기로 표시하는 방식을 취하고 있기 때문에 성립한다.

Ⅴ. F

판례는 가처분등기의 말소는 집행법상의 절차에 의하여야 하는 것으로서 직접 가처분등기의 말소를 소구할 수는 없다는 입장을 취하고 있다. 즉, 소송 외의 별도의 권리구제절차가 마련되어 있기 때문에, 즉 제소장애사유가 있기 때문에 소익이 없는 경우로 보는 것이다.

[대판 1976.3.9, 75다1923, 1924] 가처분등기는 사법상의 권리보전을 위한 국가권력의 조력 작용으로서 의무자를 제압하는 환경 형성적 효력이 있는 것이어서 동 등기기입이 되면 채권자라도 단독으로 그 집행을 제기할 수 없고 집행법원의 가처분결정의 취소나 집행취소의 방법에 의하여서만 말소될 수 있는 것이니 동 등기경료 후 가처분 목적물에 대한 소유권 취득자는 집행법원에 가처분결정의 취소나 집행취소 신청을 하여 그 결정을 받아 이를 원인증서로 하여야 하고 막바로 가처분등기 자체의 말소를 소구할 수 없고 이러한 이치는 가등기후에 한 가처분등기로서 가등기에 기하여 본등기를 한 권리자에게 대항할 수 없는 경우에도 마찬가지이다.

따라서 위 판례의 입장에 따르면 F에 대한 소는 소익이 없는 것으로 부적법하므로 각하되어야 한다.

59 선정당사자 제반의 문제, 공동소송인 독립의 원칙[80]

공통된 사실관계

임차인 甲, 乙, 丙, 丁은 2013. 2. 8. 임대인 A로부터 Y주택 가운데 각 101호, 102호, 103호, 104호에 관하여 임대차계약을 체결하고, 그 각 호수를 임차하여 사용하였다. 그런데 B는 Y주택 및 부지에 관하여 2011. 1. 7.자 근저당권에 기하여 부동산임의경매신청을 함으로써 그 경매절차에서 Y주택 및 그 부지가 2014. 11. 15. C에게 낙찰되었고, C는 그 무렵 낙찰대금을 완납한 후 같은 해 12. 19. 이 사건 주택 등에 관하여 그 명의의 소유권이전등기를 경료하였다. 결국 위 임차인들은 임대차보증금 일부를 반환받지 못하고 있다. A는 이후 자신은 건물시공자일 뿐 소유자가 아니라고 주장하고 있다. 이에 위 임차인들은 甲을 선정당사자로 선정하여 소송수행권 일체를 위임하여 A가 임대차계약상의 임대인이라고 주장하면서 A를 상대로 임대차보증금반환 청구를 하였다.

문제 ❶

위 임대인들이 甲을 선정당사자로 선정한 것이 적법한지 그 여부와 근거를 서술하시오.(15점)

추가된 사실관계

위 임대차보증금반환 청구의 선정당사자 甲이 선정당사자 지위에서 A와 'A는 甲에게 2억 원을 지급하고, 甲은 소송을 취하하며 민·형사상의 책임을 묻지 않겠다'는 취지로 합의한 후 2억 원을 지급받고 소를 취하하였다.

문제 ❷

위와 같은 甲과 A 사이의 합의의 효력이 선정자 乙, 丙, 丁에게도 미치는지 여부와 그 근거를 서

---

80) 대판 1999.8.24, 99다15474; 대판 1997.7.25, 97다362; 대판 2012.3.15, 2011다105966; 대판 2010.5.13, 2009다105246 변형문제.

술하시오. (15점)

추가된 사실관계 ▶ 다만 문제 2에 추가된 사실관계와는 별개임

위 임대차보증금반환소송 계속중 선정당사자 甲이 선정자들로부터 별도의 수권 없이 변호사 C를 소송대리인으로 선정하면서 변호사 보수에 관한 약정을 하였고 향후 변호사 보수와 관련하여 다투지 않기로 부제소합의를 하였다.

문제 ③

선정당사자 甲이 변호사 C와 체결한 보수약정과 부제소 합의가 다른 선정자들에게도 효력이 있는지 여부와 그 근거를 서술하시오. (15점)

추가된 사실관계 ▶ 다만 문제 2, 3에 추가된 사실관계와는 별개임

위 임대차보증금반환 청구에 있어서 甲, 乙, 丙, 丁은 공동으로 A를 상대로 소를 제기하였다 (선정당사자를 선정하지 않은 경우임). 제1심 법원은 원고 청구기각 판결을 선고하였다. 이에 甲과 乙은 항소하였지만 丙과 丁은 별다른 조치를 취하지 않고 항소 기간이 도과하였다.

문제 ④

위 甲과 乙의 항소가 丙과 丁에게도 그 효력이 미치는지 여부와 그 근거를 서술하시오. (15점)

독립한 사실관계 ▶ 공통된 사실관계와도 독립한 사실임

피분양자 甲, 乙, 丙, 丁이 2013. 2. 8. 분양자 A로부터 Y주택 가운데 각 101호, 102호, 103호, 104호에 관하여 분양계약을 체결하고, 그 각 호수를 소유권이전등기를 경료받아 사용하였다. 그런데 A는 B와 짜고 위 각 호수가 소유권이전등기 경료되기 전에 B명의로 근저당권설정등기를 경료해 주었다. 이에 위 피분양자들은 甲을 선정당사자로 선정하여 소송수행권 일체를 위임하여 근저당권자 B를 상대로 'B가 저당권설정자 A의 배임행위에 가담하여 각 세대에 대하여 저당권등기를 경료했다'는 이유로 각 근저당권설정등기말소청구를 하였다.

문제 ⑤

1. 위 피분양자들이 甲을 선정당사자로 선정한 것이 적법한지 그 여부와 근거를 서술하시오. (20

점)

2. 한편, 위 선정당사자 甲은 위 각 근저당권말소청구소송이 계속중 나머지 선정자들인 乙, 丙, 丁의 아무런 협의도 없이 원고청구를 포기하였고 포기조서가 작성되어 소송은 종료되었다. 그런데 사후에 밝혀진 바에 의하면, 甲은 분양자 A 로부터 Y주택 가운데 101호를 분양받았으나 소제기 전에 이미 분양계약을 해제한 사실이 확인되었다. 이에 乙, 丙, 丁은 甲이 자신들과 공동의 이해관계가 없었으므로 선정당사자 자격이 없다고 주장하면서 재심의 소를 제기하였다.

이 재심소송의 결론[소각하, 청구인용 청구기각]을 논거와 함께 서술할 것. (20점)

해 설

문제 1

Ⅰ. 결 론

甲을 선정당사자로 선정한 것은 적법하다.

Ⅱ. 근 거

1. 문제의 소재

임차인들인 甲, 乙, 丙, 丁 4인이 甲을 선정당사자로 선정한 것이 선정의 요건을 갖춘 적법한 것인지 여부가 문제된다.

2. 선정당사자 선정의 요건

(1) 선정당사자란 공동의 이해관계를 가진 여러 사람이 그 가운데에서 모두를 위하여 당사자가 될 한 사람 또는 여러 사람을 선정한 경우에, 총원을 위해 소송을 수행할 당사자로 선정된 자이다($^{제53조}_{제1항}$). 선정당사자 제도는 다수당사자 소송에서 소송관계를 단순화시키기 위한 것으로서 임의적 소송담당의 일종이다.

(2) 선정당사자제도를 이용하기 위해서는 1) 공동소송을 할 여러 사람이 있을 것, 2) 여러 사람이 공동의 이해관계를 가질 것, 3) 공동의 이해관계가 있는 자 중에서 선정할 것이라는

요건을 갖추어야 한다. 사안에서 甲, 乙, 丙, 丁 4인의 당사자가 있고 甲은 그 중의 1인이므로 1), 3) 요건은 문제가 되지 않는다. 결국 乙, 丙, 丁이 甲과 공동의 이해관계를 갖고 있는지 여부가 선정의 적법성을 결정하게 될 것이다.

3. 공동의 이해관계의 의미

(1) 학 설

어떤 경우에 공동의 이해관계가 있다고 인정할 것인가 여부에 관해서는 견해가 대립되는 바, 학설로서는 필수적 공동소송의 경우만 공동의 이해관계를 인정하자는 견해, 모든 공동소송에 공동의 이해관계를 인정하여 선정당사자 제도를 널리 활용해야 한다는 견해, 필수적 공동소송의 경우와 제65조 전단의 공동소송의 경우에 공동의 이해관계를 인정할 수 있다고 보는 견해 등이 있다.

(2) 판 례

판례는 "공동의 이해관계란 다수자 상호간에 공동소송인이 될 관계에 있고, 또 주요한 공격방어 방법을 공통으로 하는 것을 의미하므로, 다수자의 권리 · 의무가 동종이며 그 발생 원인이 동종인 관계에 있는 것만으로는 공동의 이해관계가 있는 경우라고 할 수 없어, 선정당사자의 선정을 허용할 것이 아니다."(대판 1997.7.25. 97다362)라고 판시하였다.[81]

또 다른 판례는 "임차인들이 乙을 임대차계약상의 임대인이라고 주장하면서 乙에게 각 보증금반환을 청구하는 경우, 쟁점은 乙이 임대차계약상의 임대인으로서 계약당사자인지 여부

---

81) 이시윤 · 조관행 · 이원석, 판례해설 민사소송법, 박영사, 2011, 1면에서는 위 판례와 관련하여 "① '공동의 이해관계'의 의미 공동의 이해관계란 다수자 상호 간에 공동소송인이 될 관계에 있고, 또 주요한 공격방어방법을 공통으로 하는 것을 의미한다. 제65조 전단의 공동소송인 사이에는 항상 공동의 이해관계가 있다고 할 것이지만, 후단의 공동소송인 사이에는 주요한 공격방어방법을 공통으로 하는 때, 즉 쟁점에 공통성이 있을 때에 한하여 공동의 이해관계가 있다고 하여야 한다. ② '공동의 이해관계'를 부정한 사례인 A합자회사가 아파트 88세대를 원고 甲 등 88명에게 분양하여 계약금과 중도금을 수령한 후 아파트를 준공하여 A회사 명의로 소유권보존등기를 마쳤는데, A회사의 대표사원인 B가 甲 등에게 소유권이전등기를 하여 주기 전에 피고 乙 등 명의로 근저당권을 설정하고 乙 등으로부터 금원을 차용하자, 甲 등이 소유권이전등기 후 이러한 사실을 알고 이 사건 아파트는 관련 규정에 의하여 사업주체가 함부로 담보로 제공할 수 없는 것이고 乙 등은 甲 등의 입주예정사실을 알면서도 B의 불법행위에 가담하여 근저당권설정계약을 체결하였으므로 위 근저당권설정계약은 반사회질서행위로서 무효라고 주장하여 乙 등을 상대로 근저당권설정등기말소의 소를 제기하면서 甲을 선정당사자로 선정한 사안에서, 대법원은 '이 사건은 원고 甲 등이 각 그 해당 근저당권자를 상대로 한 근저당권설정등기말소청구사건을 병합한 것으로서 소송의 목적이 된 권리가 동종이고 발생원인이 동종인 것에 불과하여 다수자 상호 간에 공동소송인이 될 관계에는 있다 할 것이나, 주요한 공격방어방법을 공통으로 하는 경우에는 해당하지 아니하여 공동의 이해관계가 있다고 볼 수는 없으므로 선정당사자를 선정할공동의 이해관계가 있다고 할 수 없다'고 하였다."라고 평석하고 있다. 한편, 사안에서 이 사건 아파트에 관하여 근저당권설정계약을 체결한 것은 선량한 풍속 기타 사회질서에 위반한 사항을 내용으로 하는 계약에 해당되어 무효이고, 따라서 그 근저당권설정등기는 원인무효라고 주장하는 것이므로 원고 등은 주요한 공격방어방법을 공통으로 하고 있는 것으로 볼 수 있고 따라서 원고 등은 65조 후단의 소송의 목적이 된 권리가 동종이고 발생원인이 동종인 관계에 해당하지만 주요한 공격방어방법을 공통으로 하고 있으므로 소송절차의 단순화를 도모하기 위하여 선정당사자를 선정할 수 있다는 평석도 참고하라(전병서, 판례평석, 법률신문, 제2723호(1998. 9), 14-15면).

에 있으므로, 임차인들은 상호간에 공동소송인이 될 관계가 있을 뿐만 아니라 주요한 공격방
어방법을 공통으로 하는 경우에 해당함이 분명하여, 공동의 이해관계가 있어 선정당사자를
선정할 수 있다."(대판 1999.8.24. 99다15474)라고 판시하였다. 즉, 여러사람 사이의 쟁점공통의 경우도 공동
의 이해관계가 있는 경우로 보고 있다.

(3) 검 토

필수적 공동소송의 경우만 공동의 이해관계를 인정한다면 이는 선정당사자 제도의 취지를
몰각시키는 것이 되며, 모든 공동소송의 경우 선정을 허용하는 것은 변호사 대리의 원칙과 소
송신탁금지의 원칙에 반한다. 따라서 절충적인 입장인 필수적 공동소송과 법 제65조 전단의
경우와 제65조 후문의 '권리의무가 같은 종류이며 그 발생원인이 같은 종류'인 관계인 때라
도 특별히 쟁점에 공통성이 있으면 한정적으로 공동의 이해관계를 인정하는 것이 타당하다
고 본다.

4. 사안의 경우

甲, 乙, 丙, 丁은 A와 임대차 계약을 체결한 임차인들로서 A를 임대차계약상의 임대인이라
고 주장하고 있으며, 이 사건 임대차보증금반환청구에 있어서 쟁점은 A가 임대차계약상의 임
대인으로서 계약당사자인지 여부에 있으므로, 임차인들은 상호간에 공동소송인이 될 관계가
있을 뿐만 아니라 주요한 공격방어방법을 공통으로 하는 경우에 해당함이 분명하여, 공동의
이해관계가 있어 甲을 선정당사자로 선정할 수 있다. 따라서 甲을 선정당사자로 선정한 것은
적법하다.

문제 2

Ⅰ. 결   론

선정당사자 甲이 선정당사자의 지위에서 A와 합의하고 소를 취하한 것은 나머지 선정자
乙, 丙, 丁에게도 효력이 미친다.

Ⅱ. 근   거

1. 선정당사자의 지위

(1) 선정당사자는 선정자의 대리인이 아니고 당사자 본인이므로 소송수행에 있어서 소송대

리인에 관한 제90조 제2항과 같은 제한을 받지 않는다. 선정당사자는 선정자들로부터 일체의 소송행위에 대하여 포괄적인 수권을 받은 자이므로 소의 취하, 화해, 청구의 포기 · 인낙, 상소의 제기를 할 수 있으며, 소송수행에 필요한 일체의 사법상의 행위도 할 수 있다(대판 2003.5.30, 2001다10748). 이와 같은 행위를 함에 있어서 선정자의 개별적인 동의가 필요한 것은 아니라고 할 것이다(대판 2003.5.30, 2001다107480).

(2) 판례는 "甲 등이 乙 등을 상대로 소송을 제기하면서 그들 모두를 위한 선정당사자로 丙을 선정하여 소송을 수행하도록 하였는데, 丙이 선정당사자 지위에서 乙 등과 '乙 등은 연대하여 丙에게 500만 원을 지급하고, 丙은 소송을 취하하며 민 · 형사상의 책임을 묻지 않겠다'는 취지로 합의한 후 소를 취하한 사안에서, 丙이 소송 도중 乙 등과 한 합의는 甲 등을 위하여 500만 원을 지급받는 대신 소송을 취하하여 종료시킴과 아울러 乙 등을 상대로 동일한 소송을 다시 제기하지 않기로 한 것으로서, 이는 선정당사자가 할 수 있는 소송수행에 필요한 사법상의 행위에 해당하고, 甲 등으로부터 개별적인 동의를 받았는지에 관계없이 그들 모두에게 그 효력이 미친다."(대판 2012.3.15, 2011다105966)라고 판시하였다.

2. 사안의 경우

선정당사자는 선정자들로부터 소송수행을 위한 포괄적인 수권을 받은 당사자로서 선정자들 모두를 위한 일체의 소송행위를 할 수 있음은 물론 소송수행에 필요한 사법상의 행위도 할 수 있는 것이고, 이와 같은 행위를 함에 있어서 선정자의 개별적인 동의가 필요한 것은 아니라고 할 것이므로, 선정당사자 甲이 소송중 A와 한 합의는 선정자들을 위하여 2억 원을 지급받는 대신 소송을 취하하여 종료시킴과 아울러 A를 상대로 동일한 소송을 다시 제기하지 않기로 한 것으로서, 이는 선정당사자가 할 수 있는 소송수행에 필요한 사법상의 행위에 해당하고, 다른 선정자들로부터 개별적인 동의를 받았는지에 관계없이 그들 모두에게 그 효력이 미친다고 할 것이다.

따라서 선정당사자 甲이 선정당사자의 지위에서 A와 합의하고 소를 취하한 것은 나머지 선정자 乙, 丙, 丁에게도 효력이 미친다.

문제 ③

Ⅰ. 결   론

선정당사자 甲이 선정자의 지위에서 변호사 C와 보수약정을 하고 이와 관련한 부제소 특약을 맺은 것은 다른 선정자들에게는 효력이 미치지 않는다.

II. 근   거

1. 선정당사자의 지위

(1) 공동의 이해관계가 있는 여러 사람은 민사소송법 제53조에서 정한 바에 따라 그 가운데에서 모두를 위하여 당사자가 될 선정당사자를 선정할 수 있고, 이와 같이 선정된 선정당사자는 선정자들로부터 소송수행을 위한 포괄적인 수권을 받은 당사자로서 선정자들 모두를 위한 일체의 소송행위를 할 수 있음은 물론 소송수행에 필요한 사법상의 행위도 할 수 있는 것이고, 이와 같은 행위를 함에 있어서 선정자의 개별적인 동의가 필요한 것은 아니라고 할 것이다(대판 2003.5.30, 2001다10748).

(2) 그러나 판례는 "변호사인 소송대리인과 사이에 체결하는 보수약정은 소송위임에 필수적으로 수반되어야 하는 것은 아니므로 선정당사자가 그 자격에 기한 독자적인 권한으로 행할 수 있는 소송수행에 필요한 사법상의 행위라고 할 수 없다."(대판 2010.5.13, 2009다105246)라고 판시하였다.

2. 사안의 경우

선정당사자 甲이 변호사인 소송대리인 C와 사이에 체결하는 보수약정은 소송위임에 필수적으로 수반되어야 하는 것은 아니므로 독자적인 권한으로 행할 수 있는 소송수행에 필요한 사법상의 행위라고 할 수 없다. 따라서 甲과 C 사이의 보수약정 및 부제소 특약에 관하여 나머지 선정자들이 추인하는 것은 별론으로 하고, 나머지 선정자들에게 그 효력이 미친다고 할 수 없다.

문제 ④

I. 결   론

甲과 乙의 항소는 丙과 丁에게는 효력이 없으며, 항소기간이 도과하여 丙과 丁에 대한 1심 판결은 확정되었다.

II. 근   거

1. 문제의 소재

甲, 乙, 丙, 丁 4인이 A 상대로 한 공동소송의 형태가 무엇인지 여부와 이들 상호간의 소송수행관계 여부가 문제된다.

2. 공동소송의 형태와 심판방법

(1) 공동소송은 합일확정의 필요성 유무에 따라 합일확정의 필요가 없는 통상공동소송과
그것이 필요한 필수적 공동소송으로 구분된다. 이는 소송절차를 진행함에 있어 제66조에 의
할 것인지, 제67조에 의할 것인지를 판단하는 전제가 된다. 합일확정의 필요성의 존재는 실
체법 및 소송법 규정에 대한 해석상 관리처분권(소송수행권)이 공동귀속되거나 공동행사가 강
제되는 고유필수적 공동소송과 관리처분권이 각자에 귀속되는 경우이기는 하나 판결이 확정
된 경우 당해 판결의 효력이 미치게 되는 유사 필수적 공동소송의 경우 인정된다.

사안은 甲, 乙, 丙, 丁이 임대인 A를 상대로 임대보증금 반환청구 소송을 제기한 경우이므
로 관리처분권이 공동 귀속되는 경우도, 판결의 효력이 미치는 경우도 아니므로 통상 공동소
송에 해당하는 것으로 판단된다.

(2) 심판방법 - 공동소송인 독립의 원칙

1) 의 의

통상공동소송에서는 공동소송인 가운데 한 사람의 소송행위 또는 이에 대한 상대방의 소
송행위와 공동소송인 가운데 한 사람에 관한 사항은 다른 공동소송인에게 영향을 미치지 아
니한다. 즉 각 공동소송인은 다른 공동소송인에 의한 제한이나 간섭을 받지 않고 각자 독립하
여 소송수행권을 가지며 상호간에 연합관계나 협력관계가 없는데 이를 공동소송인 독립의 원
칙이라 한다($\frac{제66}{조}$).

2) 공동소송인독립의 원칙의 내용

(가) 소송요건의 개별처리: 소송요건의 존부는 각 공동소송인마다 개별심사·처리하여야
한다. 나아가 심리의 개시도 모든 공동소송인에 대하여 일률적으로 같은 기일에 할 필요가
없다.

(나) 소송자료의 불통일: 공동소송인 가운데 한 사람의 소송행위는 유리불리를 불문하고
원칙적으로 다른 공동소송인에게 영향을 미치지 않는다. 또한 공동소송인 가운데 한 사람에
대한 상대방의 소송행위는 다른 공동소송인에게 영향을 미치지 아니한다.

(다) 소송진행의 불통일: 공동소송인 가운데 한 사람에 관한 사항은 다른 공동소송인에게
영향을 미치지 아니한다.

(라) 재판의 불통일: 공동소송인에게는 판결의 통일이 요구되지 않는다. 법원은 전부판결
하는 것이 원칙이나, 공동소송인 1인에 대해서는 판결하기에 성숙한 때에는 일부판결도 가능

하다.

(마) 상소의 불통일: 공동소송인의 상소기간은 개별적으로 진행된다. 상소의 효력도 상소한 자에게만 미친다.

이와 같이 통상 공동소송에 있어서 각 공동소송인은 독립의 지위를 갖지만 같은 절차에서 병합심리되는 이상 각 공동소송인에 대해 기일을 공통으로 지정하고 변론준비, 변론, 증거조사, 판결도 같이 하는 것이 원칙이다. 이를 통하여 소송진행과 재판의 통일을 어느 정도 기대할 수 있다.

3. 사안의 경우

甲, 乙, 丙, 丁은 임대인 A를 상대로 소송을 제기하고 있으나, 법률상 합일확정이 필요한 관계는 아니므로 통상공동소송인 관계에 있다. 그러므로 공동소송인 독립의 원칙이 적용되어 각 공동소송인 사이 상소기간은 개별적으로 진행될 뿐만 아니라, 상소의 효력도 상소한 자에게만 미치므로, 甲과 乙의 상소는 자신에게만 효력이 있고, 丙과 丁의 경우에는 항소기간이 도과하여 제1심판결이 확정되었다.

문제 5 1.

Ⅰ. 결   론

甲을 선정당사자로 선정한 것은 부적법하다.

Ⅱ. 근   거

1. 선정당사자

(1) 선정당사자란 공동의 이해관계를 가진 여러 사람이 그 가운데에서 모두를 위하여 당사자가 될 한 사람 또는 여러 사람을 선정한 경우에, 총원을 위해 소송을 수행할 당사자로 선정된 자이다($^{제53조}_{제1항}$).

(2) 선정당사자제도를 이용하기 위해서는 1) 공동소송을 할 여러 사람이 있을 것, 2) 여러 사람이 공동의 이해관계를 가질 것, 3) 공동의 이해관계가 있는 자 중에서 선정할 것이라는 요건을 갖추어야 한다.

2. 공동의 이해관계

(1) 판례는 "공동의 이해관계란 다수자 상호간에 공동소송인이 될 관계에 있고, 또 주요한 공격방어 방법을 공통으로 하는 것을 의미하므로, 다수자의 권리·의무가 동종이며 그 발생원인이 동종인 관계에 있는 것만으로는 공동의 이해관계가 있는 경우라고 할 수 없어, 선정당사자의 선정을 허용할 것이 아니다."$\left(\substack{\text{대판 1999.8.24.}\\\text{99다15474}}\right)$라고 판시하였다.

(2) 한편, 판례는 "원고 등이 각자 그의 해당 근저당권자를 상대로 '피고들(근저당권자들)이 근저당권설정자의 배임행위에 가담하여 각 세대에 대하여 저당권등기를 경료했다'는 이유로 각 근저당권설정등기말소청구를 병합한 것으로서 소송의 목적이 된 권리가 동종이고 발생원인이 동종인 것에 불과하여 다수자 상호간에 공동소송인이 될 관계에는 있다 할 것이나, 주요한 공격방어방법을 공통으로 하는 경우에는 해당하지 아니하여 공동의 이해관계가 있다고 볼 수는 없으므로 원고 등은 선정당사자를 선정할 수 없다."$\left(\substack{\text{대판 1997.7.25.}\\\text{97다362}}\right)$라고 판시하였다.

3. 사안의 경우

甲, 乙, 丙, 丁은 근저당권자 B를 상대로 'B가 근저당권설정자 A의 배임행위에 적극 가담하여 각 세대에 대하여 저당권설정 등기를 경료했다'는 이유로 근저당권설정등기말소청구를 구하고 있으나, 이는 소송의 목적이 된 권리가 동종이고 발생원인이 동종인 것으로 피분양자들 상호간에 공동소송인이 될 관계에는 있다 할 것이나, 주요한 공격방어방법을 공통으로 하는 경우에는 해당하지 아니하여 공동의 이해관계가 있다고 볼 수는 없으므로 원고 등은 선정당사자를 선정할 수 없다.

문제 ⑤ 2.

Ⅰ. 결　론

재심법원은 乙, 丙, 丁의 재심의 소를 부적법 각하하여야 한다.

Ⅱ. 근　거

1. 문제의 소재

乙, 丙, 丁은 甲이 한 청구포기에 대하여 재심청구를 하고 있는바, 이 청구가 적법해지기 위해서는 1) 재심 대상적격과 2) 재심의 이익 등 법정의 재심사유를 주장하여야 하는 등 재심의 요건을 충족하여야 한다. 사안의 경우 다른 요건은 특별히 문제될 것이 없으나 주로 재심대상적격이 있는지 여부와 법정의 재심사유에 해당하는지 여부가 문제된다.

2. 재심의 대상적격 유무

(1) 재심의 소는 확정된 종국판결로서 유효한 경우에만 인정된다. 그리고 확정판결과 동일한 효력을 가진 청구의 포기·인낙·재판상 화해조서에 대하여도 준재심의 소가 인정된다. 이 사안에서는 공동의 이해관계가 없어 선정당사자 자격이 없는 甲이 청구포기를 하였는바, 이러한 포기조서가 준재심의 대상적격이 있는지 밝혀야 한다.

(2) 선정당사자 자격은 당사자 적격의 문제로서 직권조사사항이다. 선정당사자 자격이 없는 자가 소송을 수행하였음에도 법원이 그 흠결을 간과하고 본안판결을 하면 상소로서 취소할 수 있으나 확정되더라도 그 판결은 무효이며 선정자에게 미치지 않는다는 견해가 통설이다(이시윤, 672면: 정동윤·유병현, 913면: 호문혁, 782면). 따라서 무자격의 선정당사자가 청구포기 인락한 경우에도 법원이 당사자 적격의 흠결을 간과하고 본안판결을 한 경우와 마찬가지로 청구의 포기·인낙으로서 무효이며, 선정자에게 그 효력이 미치지 않는다고 본다.

다만, 사안과 같이 무자격의 선정당사자라도 선정자 자신이 선정하였고 선정자로서 실질적으로 소송에 관여할 기회를 가졌다면 선정자에게도 어느 정도 귀책사유가 있다 할 것이어서 청구의 포기·인낙조서가 당연무효라고는 할 수 없다. 따라서 준재심의 대상적격은 있다고 본다.

3. 법정의 재심사유에 해당 여부

(1) 재심의 소는 민사소송법 제451조에 열거된 재심사유에 해당하는 경우에 한하여 제기할 수 있다. 사안에서 乙, 丙, 丁은 공동의 이해관계가 없는 甲이 선정당사자로 선정되었음에도 법원이 그러한 선정당사자 자격의 흠을 간과하여 청구포기를 하였다고 주장하고 있다. 이런 주장이 법 제451조 제1항 제3호 소정의 소송대리권 또는 대리인이 소송행위를 함에 필요한 수권의 흠결에 해당하는지 여부가 문제된다.

(2) 판 례

판례는 선정당사자 자격흠결의 효과와 관련하여 "다수자 사이에 공동소송인이 될 관계에 있기는 하지만 주요한 공격방어방법을 공통으로 하는 것이 아니어서 공동의 이해관계가 없는 자가 선정당사자로 선정되었음에도 법원이 그러한 선정당사자의 자격의 흠을 간과하여 그를 당사자로 한 판결이 확정된 경우, 선정자가 스스로 당해 소송의 공동소송인 중 1인인 선정당사자에게 소송수행권을 수여하는 선정행위를 하였다면 그 선정자로서는 실질적인 소송행위를 할 기회 또는 적법하게 당해 소송에 관여할 기회를 박탈당한 것이 아니므로, 비록 그 선정당사자와의 사이에 공동의 이해관계가 없었다 하더라도 그러한 사정은 민사소송법 제451조 제1항 제3호가 정하는 재심사유에 해당하지 않는 것으로 봄이 상당하고, 이러한 법리는 그 선정당사자에 대한 판결이 확정된 경우뿐만 아니라 그 선정당사자가 청구를 인낙하여 인낙조서가 작성된 경우에도 마찬가지라 할 것이다."(대판 2007.7.12, 2005다10470)라고 판시하고 있다.

4. 사안의 경우

재심원고인 乙, 丙, 丁은 법정 재심사유를 주장하여야 하며 이는 재심의 소의 적법요건에 해당한다. 즉, 재심원고가 재심사유를 주장·입증하지 못할 경우 재심의 소는 부적법 각하된다.

판례에 의하면, 공동의 이해관계가 없는 무자격 선정당사자라도 선정자 자신이 선정하였다면 그에 의한 청구의 포기·인낙도 재심사유가 아니다. 따라서 재심법원은 이 사건 재심의 소를 각하하여야 한다.

60 기판력의 인적 범위, 청구의 포기, 청구의 인낙, 예비적·선택적 공동소송, 청구의 변경, 당사자 변경, 재심, 판결의 무효

기본 사실관계

乙과 丙은 절친한 친구 사이이다. 그들은 사무용품 렌탈회사 甲을 같이 찾아가 乙은 아이패드를, 丙은 갤럭시탭을 각 1년간 매월 20,000원의 요금을 지급하기로 하고 임차하였다. 3개월 정도가 지난 후 자기가 빌린 물건에 싫증이 난 乙과 丙은 렌탈기간 만료일에 돌려주기로 하고 서로의 물건을 바꾸어 사용하였다. 그 사이에 사이가 벌어져 철천지 원수가 된 두 사람은 서로 약속을 지키지 않았다. 두 사람은 서로를 상대로 위와 같은 경위를 청구원인사실로 주장하면서 동산인도청구소송을 제기하여 현재 '丙은 乙에게 아이패드를 인도하라'는 판결(제1판결)과 '乙은 丙에게 갤럭시탭을 인도하라'는 판결(제2판결)이 각 확정되어 있다.

문제 ①

아래 질문에 답하라. (30점)

1. 乙이 제1판결을 집행하려고 조사하여 보니 丙이 아이패드를 변론종결 이후에 자신의 후배 丁에게 월 10,000원씩을 받기로 하고 빌려준 사실을 알게 되었다. 乙은 제1판결에 기하여 丁에 대하여 집행할 수 있는가?

2. 丙이 제2판결을 집행하려고 조사하여 보니 거주지를 자주 옮기던 乙이 갤럭시탭을 변론종결 전에 창고업자 戊에게 맡겨버린 사실을 알게 되었다. 丙은 제2판결에 기하여 戊에 대하여 집행할 수 있는가?

기본 사실관계

甲은 乙로부터 A 토지를 2억 원에 매수하였다. 이후 A 토지의 지가가 폭등하자 乙은 丙에게 A 토지를 4억 원에 매도하고 등기를 경료하였다. 甲은 乙과 丙의 매매는 반사회적 행위라고 주장하면서, 丙을 주위적 피고로 삼아 (乙을 대위하여) 丙 명의의 소유권이전등기의 말소를, 乙을 예비적 피고로 삼아, 乙과 丙의 매매가 반사회적 행위가 아니라면, 乙의 자신에 대한 소유권이전등기의무는 이행불능이 된 것이므로 전보배상을 구하는 소송을 제기하였다.

문제 ②

乙이 甲의 청구를 인낙할 수 있는가? (10점)

기본 사실관계

甲이 乙을 상대로 소유권에 기하여 A토지의 인도를 구하는 청구와 1,000만 원의 대여금의 반환을 구하는 청구를 병합하여 소를 제기하여 현재 1심 소송이 진행중이다.

문제 ③

다음 각 질문에 대하여 답하라. (30점)
1. 甲이 乙에 대한 A 토지의 차임 상당 부당이득반환청구를 추가할 수 있는가?
2. 甲이 乙에 대한 별개의 2,000만 원의 대여금청구를 추가할 수 있는가?
3. 甲이 丙(위 1,000만 원의 대여 당시 연대보증하였다)을 피고로 추가할 수 있는가?

기본 사실관계

로펌의 송무팀 소속 변호사인 당신은 오늘(2014. 6. 15.) 팀장으로부터 아래 사안의 甲, 乙 및 丙(丁)이 재심청구를 할 수 있는지에 관한 대법원 판례의 입장을 오늘 안으로 보고해달라는 요청을 받았다.

[사안] A 토지는 개인인 甲, 乙 및 주식회사인 丙의 공유로, 공유자들 명의로 등기되어 있었다가 P 앞으로 확정판결에 기하여 소유권이전등기가 경료되었다. P는 甲, 乙, 丙을 공동피고로 한 소유권이전등기청구소송에서 甲에게는 공시송달에 기한 판결편취의 방법을, 乙에게는 의제자백에 기한 판결편취의 방법을 이용하였고, 丙에 대하여는 당시 대표이사가 丁임에도 불구하고 직전 대표이사로서 자신의 친구인 무를 대표이사로 기재하여 소송서류를 모두 무에게 송달되게 하여 의제자백에 기하여 승소판결을 받았다. 이 판결은 2009. 5. 4. 확정되었고, 甲, 乙 및 丙(丁)은 어제, 즉 2014. 6. 10. 비로소 위와 같은 사실을 알게 되었다.

문제 ④

당신은 어떻게 보고할 것인가? (30점) (※ 재심사유, 재심기간에 유의)

해 설

문제 1

Ⅰ. 변론종결 후의 승계인과 청구목적물 소지인

제1문은 변론종결 후의 승계인과 청구목적물 소지인의 요건의 차이가 핵심적 포인트다. 전자에서는 등기나 점유가 변론종결 후에 이전되어야 하고, 청구의 성격이 물권적인지 채권적인지 여부가 기판력의 확장에 영향을 미치나, 후자에서는 등기나 점유 이전의 시기가 변론종결 전이어도 무방하고, 청구의 성격도 문제되지 않는다.

Ⅱ. 변론종결 후의 승계인

변론종결 후의 승계인의 유형으로는 크게 소송물인 실체법상 권리의무를 승계한 경우와 당사자적격(혹은 분쟁당사자지위)을 승계한 경우가 있다. 사안은 후자에 해당한다. 여기서 말하는 당사자적격은 통상 계쟁물, 즉 분쟁의 대상이 된 목적물에 대하여 어떤 소송이 제기되면 당사자가 될 지위를 의미하는 것으로서 당사자의 능력·자격에서 말하는 당사자적격과 일치하지 않는다. 변론종결 후에 피고측에서 등기명의, 점유 혹은 소유권이 승계된 경우, 혹은 원고측에서 소유권이 승계된 경우 당사자적격이 승계되었다고 표현한다.

사안과 같이 피고측에서 당사자적격이 승계된 경우, 판례는 소송물이 물권적인 청구권인 경우에 한하여 승계인에게 판결의 효력이 미친다고 본다.

[대판 1991.1.15, 90다9964] 건물명도소송에서의 소송물인 청구가 물권적 청구 등과 같이 대세적인 효력을 가진 경우에는 그 판결의 기판력이나 집행력이 변론종결 후에 그 재판의 피고로부터 그 건물의 점유를 취득한 자에게도 미치나 그 청구가 대인적인 효력밖에 없는 채권적 청구만에 그친 때에는 위와 같은 점유승계인에게 위의 효력이 미치지 아니한다.

이에 대하여 소송물이 채권적 청구권이든 물권적 청구권이든 불문하고, 변론종결 후 승계인에게 기판력이 미친다는 견해와 원고가 물권적 청구권도 행사할 수 있었던 경우에 한하여 소송물이 채권적 청구권인 경우에도 변론종결 후 승계인에게 기판력이 미친다는 견해도 있다.

Ⅲ. 청구목적물 소지인

민사소송법 제218조 제1항의 '청구의 목적물을 소지하는 자'에서 청구의 목적물은 특정물 인도청구권의 대상인 특정물을 의미하고, 그 인도청구권은 물권적인 것이든 채권적인 것이든 불문한다. 창고업자, 수치인, 운송인 등이 여기에 해당한다. 임차인, 질권자, 전세권자 등은 자기 고유의 이익을 가지기 때문에 제외된다. 소지의 시기는 변론종결 전이든 후이든 묻지 않는다는 점에서도 변론종결 후의 승계인과 다르다.

Ⅳ. 사안의 해결

1. 丁

乙의 丙에 대한 확정판결의 청구는 사용대차계약에 기한 목적물반환청구권, 즉 채권적 청구권이다. 乙은 소유자가 아니므로 소유권에 기한 방해배제청구권을 행사할 수 없고, 간접점유자이긴 하나 직접점유자를 상대로 점유권에 기한 방해배제청구권을 행사할 수도 없다. 피고측에서 당사자적격이 승계된 경우 채권적 청구권에 한하여 기판력의 확장을 인정하는 판례의 입장을 취하면 비록 丁이 변론종결 후에 아이패드의 점유를 이전받아도 丁은 변론종결 후의 승계인에 해당하지 않는다. 따라서 乙은 위 확정판결에 기하여 丁에게 강제집행을 할 수 없다.

2. 戊

창고업자인 戊는 고유의 이익을 가지지 않는 자로서 목적물 소지인에 해당한다. 따라서 丙의 乙에 대한 확정판결의 청구가 사용대차계약에 기한 목적물반환청구권으로서 채권적 청구권이라도, 그리고 戊가 변론종결 전에 점유를 취득하였어도, 즉 소지하였어도 丁에게 판결의 효력이 미친다. 따라서 丙은 위 확정판결에 승계집행문을 부여받아 戊에게 강제집행을 할 수 있다.

문제 ②

Ⅰ. 예비적 피고의 인낙

예비적 · 선택적 공동소송은 공동소송인들의 혹은 공동소송인들에 대한 청구들이 법률상 양립할 수 없는 관계에 있어야 하는바, 판례는 비교적 관대한 입장을 취하고 있다.

[대판 2008.3.27, 2005다49430] 사소송법 제70조 제1항 소정의 예비적·선택적 공동소송에 있어서 '법률상 양립할 수 없다'는 것은, 동일한 사실관계에 대한 법률적인 평가를 달리하여 두 청구 중 어느 한쪽에 대한 법률효과가 인정되면 다른 쪽에 대한 법률효과가 부정됨으로써 두 청구가 모두 인용될 수는 없는 관계에 있는 경우나, 당사자들 사이의 사실관계 여하에 의하여 또는 청구원인을 구성하는 택일적 사실인정에 의하여 어느 일방의 법률효과를 긍정하거나 부정하고 이로써 다른 일방의 법률효과를 부정하거나 긍정하는 반대의 결과가 되는 경우로서, 두 청구들 사이에서 한쪽 청구에 대한 판단 이유가 다른 쪽 청구에 대한 판단 이유에 영향을 주어 각 청구에 대한 판단 과정이 필연적으로 상호 결합되어 있는 관계를 의미하며, 실체법적으로 서로 양립할 수 없는 경우뿐 아니라 소송법상으로 서로 양립할 수 없는 경우를 포함하는 것으로 봄이 상당하다(대결 2007.6.26. 자 2007마515 참조).

문제의 사안의 위 대법원 판례의 사안과 동일한 것이므로, 甲의 乙, 丙에 대한 소송은 적법한 예비적·선택적 공동소송이라고 할 수 있다.
  예비적·선택적 공동소송의 심판에는 필수적 공동소송의 심판에 관한 민사소송법 67조 등이 준용되나, 소의 취하나, 청구의 포기·인낙, 화해는 그 예외이다.

제70조(예비적·선택적 공동소송에 대한 특별규정) ① 공동소송인 가운데 일부의 청구가 다른 공동소송인의 청구와 법률상 양립할 수 없거나 공동소송인 가운데 일부에 대한 청구가 다른 공동소송인에 대한 청구와 법률상 양립할 수 없는 경우에는 제67조 내지 제69조를 준용한다. 다만, 청구의 포기·인낙, 화해 및 소의 취하의 경우에는 그러하지 아니하다.
  ② 제1항의 소송에서는 모든 공동소송인에 관한 청구에 대하여 판결을 하여야 한다.

특히, 예비적 공동소송에서 예비적 피고의 인낙이 가능한지에 관하여는 견해가 대립한다. 부정설은 예비적 피고의 인낙을 긍정하게 되면 주위적 피고에 대한 청구를 기각하여야 하나 이는 원고의 의사에 반한다는 이유로 이를 부정한다. 긍정설은 민사소송법 제70조 제1항 단서가 청구의 인낙 등을 예외로 인정하고 있는 이상 일단 예비적 피고의 인낙도 가능하다고 보는데, 다시 주위적 피고에 대한 청구를 기각할 수밖에 없다는 견해(청구기각설)와 주위적 피고에 대한 청구를 인용할 수도 있다는 견해(단일소송환원설)로 나뉜다. 제한적 긍정설은 주위적 피고에 대한 청구를 심리한 결과 이유 있는 경우에는 청구의 인낙은 무효이고, 결국 예비적 피고에 대한 청구를 기각하여야 한다는 견해이다.
  이 점에 관하여 판시한 판례는 아직 없는 상황이다.

Ⅱ. 사안의 해결

학설이 다기하게 나뉘어 있으므로 어느 설을 취하여도 무방하다. 민사소송법의 명문의 규정을 존중한다면 긍정설이 타당하므로, 乙은 청구의 인낙을 할 수 있다. 긍정설 중에서는 절차의 명확성에 비추어 볼 때는 단일소송환원설이 우수하다고 판단된다.

문제 3

Ⅰ. 후발적 병합의 요건

소의 객관적 병합과 주관적 병합에는 모두, 원시적 병합과 후발적 병합이 있는데, 원시적 병합과 후발적 병합은 그 요건에 차이가 있다. 제3문은 그 차이점을 묻는 문제이다.

Ⅱ. 소의 객관적 후발적 병합의 요건

소의 객관적 병합, 즉 청구병합에서 원시적 병합의 요건에는 절차의 공통, 관할의 공통, 청구 상호 간의 관련성이 포함된다. 제3문에서 문제되는 것은 청구 상호 간의 관련성이다. 청구 상호 간의 관련성에는 두 가지 차원의 관련성이 있는데 하나는 사실적 관련성이고, 다른 하나는 권리들이 동일한 사실적, 경제적 목적을 추구한다는 의미의 관련성이다. 원시적 병합 중 단순병합의 경우에는 두 가지 의미의 관련성이 모두 요구되지 않는다. 선택적 병합과 예비적 병합의 경우 두 번째 의미의 관련성이 요구되고, 이러한 의미의 관련성이 충족될 때 사실적 관련성은 당연히 인정된다.

그러나, 후발적 병합의 경우, 단순병합에도 사실적 관련성이 요구된다. 민사소송법 제262조가 청구의 변경에 청구기초의 동일성이 유지될 것을 요구하고 있기 때문이다.

제262조(청구의 변경) ①원고는 청구의 기초가 바뀌지 아니하는 한도 안에서 변론을 종결할 때(변론 없이 한 판결의 경우에는 판결을 선고할 때)까지 청구의 취지 또는 원인을 바꿀 수 있다. 다만, 소송절차를 현저히 지연시키는 경우에는 그러하지 아니하다.

청구기초의 동일성의 의미에 관하여는 크게 이익설, 사실설, 병용설의 견해 대립이 있다. 사실설은 다시 권리관계의 발생원인인 사회현상이 공통적인 경우라고 보는 견해와 각 청구의 사실자료 사이에 심리의 계속을 정당화할 공통성이 있는 경우라고 보는 견해가 있다. 실제 결과는 각 견해 사이에 차이가 별로 없다. 판례의 주류는 이익설에 입각하고 있으나, 다른 견해에 입각한 경우도 있다.

다만, 청구기초의 동일성이 사익적 요건이라는 견해와 공익적 요건이라는 견해의 대립이 있으나, 전자가 통설이며, 판례의 입장이기도 하다.

[대판 1982.1.26, 81다546] 기록에 의하면 원고는 원심 제7차 변론기일에 이 사건 청구변경 신청서를 진술하였는데 출석한 피고소송대리인은 그 청구기초의 변경에 관하여 아무런 이의를 제기하지 아니하고 변경된 청구에 관한 원고주장을 부인하는 본안의 변론을 하였으며, 원심 제18차 최종변론기일에 이르러 비로소 위 청구변경은 청구의 기초에 변경이 있어 각하되어야 한다는 주장을 하였음이 명백하므로, 이 사건 청구변경이 피고주장과 같이 그 기초에 변경이 있어 허용될 수 없는 것이었다고 가정하여도 피고는 책문권의 상실로 이를 다툴 수 없게 되었다고 보겠으니 피고의 위 주장을 배척한 원심결론은 결국 정당한 것이다.

사익적 요건설에 입각하면 피고가 청구의 변경에 동의하거나 이의제기가 없는 경우에는 청구기초의 동일성이 없어도 청구의 변경이 허용된다.

Ⅲ. 소의 주관적 후발적 병합의 요건

당사자의 변경은 원고나 피고가 교체 또는 추가되는 것을 의미하는 것으로 민사소송법은 소송계속중 소송물인 실체법적인 권리관계의 변동이 있는 경우 이를 허용한다. 이와 같은 실체법적인 권리관계의 변동에 수반하는 당사자의 변경을 소송승계라고 한다.

반면 실체법적인 권리관계의 변동이 없는 경우에는 당사자의 변경이 허용되는지 여부에 관하여는 견해가 대립된다. 통설은 이를 허용된다고 보고, 실체법적인 권리관계의 변동이 없는 경우의 당사자의 변경을 임의적 당사자변경이라고 부른다. 하지만 판례는 임의적 당사자변경을 허용하지 않는다.

하지만, 민사소송법은 임의적 당사자변경 중 일정한 경우는 명문으로 허용하고 있다. 피고경정$\binom{\text{제260}}{\text{조}}$, 필수적 공동소송인의 추가$\binom{\text{제68}}{\text{조}}$, 예비적·선택적 공동소송인의 추가$\binom{\text{제70조,}}{\text{제68조}}$가 여기에 해당한다.

Ⅳ. 사안의 해결

판례의 입장에 입각하여 사안을 해결하면 다음과 같다.

문제 ③ 1.과 2.

문제 3의 1.의 경우 동일한 임대차계약에 관련된 분쟁이므로 청구기초의 동일성이 인정된다. 그러나, 문제 3의 2.의 경우 두 대여금청구는 전혀 별개의 원인에 기인한 별개의 분쟁이므로 청구기초의 동일성이 인정되지 않는다. 청구의 변경에는 소송절차를 지연시키지 않을 것이라는 요건도 필요하나, 사안 상 문제되지 않는다.

따라서 甲은 차임 상당의 부당이득반환청구는 추가할 수 있으나 별개의 2,000만 원의 대여금청구는 추가할 수 없다. 다만, 청구기초의 동일성은 사익적 요건이므로 乙이 동의를 한다거나 혹은 이의제기를 하지 않을 가능성이 있는 경우 위 2,000만 원의 대여금청구까지 추가하는 것을 시도해 볼 수 있다.

문제 ③ 3.

주채무자와 함께 연대보증인을 애초에 같이 병합하여 피고로 삼는 것은, 피고들 상호간에 권리·의무가 공통된다고 볼 수도 있고, 권리·의무의 발생원인이 공통된다고 볼 수도 있으므로 가능하다.

하지만, 사안과 같이 주채무자만을 상대로 소를 제기한 다음 뒤늦게 연대보증인을 피고로 추가하는 것은 임의적 당사자변경에 해당하므로 원칙적으로 허용되지 않는다. 민사소송법이 명문으로 개별적으로 허용하고 있는 임의적 당사자변경을 살펴보아도, 사안은 피고를 잘못 지정한 것이 분명한 경우에 해당하지 않으므로 피고 경정이 불가능하고, 乙에 대한 청구와 丙에 대한 청구가 실체법적이나 소송법적으로 합일확정이 필요한 필수적 공동소송관계가 아니므로 필수적 공동소송인의 추가도 불가능하고, 乙에 대한 청구와 丙에 대한 청구가 법률상 양립불가능한 경우도 아니므로 예비적 선택적 공동소송인의 추가도 불가능하다.

결국, 丙을 피고로 추가하는 것은 불가능하다.

문제 ④

각종 사위판결, 즉 판결편취에 의하여 편취된 판결의 구제수단에 대한 판례의 입장을, 특히 판결편취의 유형에 따라 구제수단을 달리 정하고 있다는 입장을 알고 있는지를 물어보는 문제이다. 학설도 중요하지만, 학설의 내용을 정확히 이해하기 위하여는 판례의 입장을 정확히 이해하는 것이 필요하다.

I. 甲

甲의 경우 판례는 민사소송법 제451조 제1항 제11호에 기한 재심을 인정하는바, 위 11호에 기한 재심의 제기는 재심제기기간의 제한을 받는다.

[대판 2011.12.22, 2011다73540] [1] 당사자가 상대방의 주소 또는 거소를 알고 있었음에도 소재불명 또는 허위의 주소나 거소로 하여 소를 제기한 탓으로 공시송달의 방법에 의하여 판결(심판)정본이 송달된 때에는 민사소송법 제451조 제1항 제11호에 의하여 재심을 제기할 수 있음은 물론이나 또한 같은 법 제173조에 의한 소송행위 추완에 의하여도 상소를 제기할 수도 있다. [2] 민사소송법 제451조 제1항 단서에 의하면 당사자가 상소에 의하여 재심사유를 주장하였거나 이를 알고 주장하지 아니한 때에는 재심의 소를 제기할 수 없는 것으로 규정되어 있는데, 여기에서 '이를 알고도 주장하지 아니한 때'란 재심사유가 있는 것을 알았음에도 상소를 제기하고도 상소심에서 그 사유를 주장하지 아니한 경우뿐만 아니라, 상소를 제기하지 아니하여 판결이 그대로 확정된 경우까지도 포함하는 것이라고 해석하여야 할 것이다. 그런데 위 단서 조항은 재심의 보충성에 관한 규정으로서, 당사자가 상소를 제기할 수 있는 시기에 재심사유의 존재를 안 경우에는 상소에 의하여 이를 주장하게 하고 상소로 주장할 수 없었던 경우에 한하여 재심의 소에 의한 비상구제를 인정하려는 취지인 점, 추완상소와 재심의 소는 독립된 별개의 제도이므로 추완상소의 방법을 택하는 경우에는 추완상소의 기간 내에, 재심의 방법을 택하는 경우에는 재심기간 내에 이를 제기하여야 하는 것으로 보이는 점을 고려하면, 공시송달에 의하여 판결이 선고되고 판결정본이 송달되어 확정된 이후에 추완항소의 방법이 아닌 재심의 방법을 택한 경우에는 추완상소기간이 도과하였다 하더라도 재심기간 내에 재심의 소를 제기할 수 있다고 보아야 한다.

재심제기기간의 제한은 민사소송법 제456조 제1항의 제한과 같은 조 제3항의 제한이 있는바, 둘 중 어느 하나에라도 저촉되면 재심의 제기는 허용되지 않는다.

제456조(재심제기의 기간) ① 재심의 소는 당사자가 판결이 확정된 뒤 재심의 사유를 안 날부터 30일 이내에 제기하여야 한다.
② 제1항의 기간은 불변기간으로 한다.
③ 판결이 확정된 뒤 5년이 지난 때에는 재심의 소를 제기하지 못한다.
④ 재심의 사유가 판결이 확정된 뒤에 생긴 때에는 제3항의 기간은 그 사유가 발생한 날부터 계산한다.

사안에서 제1항의 제한에는 저촉되지 않으나 제3항의 제한에 저촉되므로 甲은 재심을 제기할 수 없다. 제1항의 기간은 불변기간이나 제3항의 기간은 불변기간이 아니므로 재심의 추완도 불가능하다.

[대판 1992.5.26, 92다4079] 당사자가 상대방의 주소 또는 거소를 알고 있었음에도 불구하고 소재불명이라 하여 공시송달로 소송을 진행하여 그 판결이 확정되고 그 상대방 당사자가 책임질 수 없는 사유로 상소를 제기하지 못한 경우에는 선택에 따라 추완상소를 하거나 민사소송법 제422조 제1항 제11호의 재심사유가 있음을 이유로 재심의 소를 제기할 수 있다고 하더라도 재심의 소를 선택하여 제기하는 이상 같은 법 제426조 제3, 4항 소정의 제척기간 내에 제기하여야 하고 위 제척기간은 불변기간이 아니어서 그 기간을 지난 후에는 당사자가 책임질 수 없는 사유로 그 기간을 준수하지 못하였더라도 그 재심의 소제기가 적법히 추완될 수 없다.

위 대판 2011.12.22, 2011다73540에 따르면 상소의 추후보완도 재심의 제기와 함께 병존적으로 가능하지만, 이 점은 재심의 보충성에는 아무런 영향을 미치지 않는다. 결론적으로 甲은 재심을 제기할 수 없다.

Ⅱ. 乙

판례는 의제자백에 기한 판결편취의 경우 판결정본 송달이 무효이기 때문에, 그로 인하여 편취된 사위판결은 아직 확정되지 않았으므로, 확정판결을 대상으로 하는 재심의 대상이 될 수 없다고 한다.

[대판 1995.5.9, 94다41010] 제소자가 상대방의 주소를 허위로 기재함으로써 그 허위주소로 소송서류가 송달되어 그로 인하여 상대방 아닌 다른 사람이 그 서류를 받아 의제자백의 형식으로 제소자 승소의 판결이 선고되고 그 판결정본 역시 허위의 주소로 보내어져 송달된 것으로 처리된 경우에는 상대방에 대한 판결의 송달은 부적법하여 무효이므로 상대방은 아직도 판결정본의 송달을 받지 않은 상태에 있어 이에 대하여 상소를 제기할 수 있을 뿐만 아니라, 위 사위판결에 기하여 부동산에 관한 소유권이전등기나 말소등기가 경료된 경우에는 별소로서 그 등기의 말소를 구할 수도 있다.

결국 乙은 재심을 제기할 수 없다.

참고로, 상소의 제기는 가능하다. 유효한 판결정본의 송달이 있기까지는 상소기간의 진행이 시작되지 않기 때문에 사실상 乙은 상소제기기간의 제한을 받지 않는다. 위 판결에 기판력이 없으므로 바로 등기말소를 청구하는 방법도 가능하다.

III. 丙

사안과 같은 경우 丙은 민사소송법 제451조 제1항 제3호에 기하여 재심을 제기할 수 있다.

[대판 1994.1.11, 92다47632] 민사소송법 제422조 제1항 제3호 소정의 재심사유는 무권대리인이 대리인으로서 본인을 위하여 실질적인 소송행위를 하였을 경우뿐만 아니라 대리권의 흠결로 인하여 본인이나 그의 소송대리인이 실질적인 소송행위를 할 수 없었던 경우도 이에 해당한다 할 것인바(당원 1992.12.22. 선고 92재다259 판결 참조), 원심이 확정한 바와 같이 위 소유권이전등기청구사건이 참칭대표자의 불출석으로 인하여 변론종결되고 선고기일이 지정되었으나 피고 종중의 적법한 대표자가 변론기일소환장을 송달받지 못하여 그 사실을 몰랐기 때문에 실질적인 소송행위를 할 수 없었다면 이는 위에서 말하는 재심사유가 된다 할 것이다.

제3호에 기한 재심에는 재심제기기간의 제한의 예외가 인정된다.

제457조(재심제기의 기간) 대리권의 흠 또는 제451조 제1항 제10호에 규정한 사항을 이유로 들어 제기하는 재심의 소에는 제456조의 규정을 적용하지 아니한다.

제457조의 대리권의 흠은 제451조 제1항 제3호의 사유 전부가 아니라 그중 대리권이 전면적으로 흠결된 경우만을 의미하는바, 사안에서는 대리권이 전면적으로 흠결된 경우에 해당한다. 따라서 丙은 재심제기기간의 제한을 받지 않는다.

결론적으로 丙은 제3호에 기한 재심을 제기할 수 있다.

사례형 문제

상 법

61 법인격부인론

기본 사실관계

의약품 제조업을 영업목적으로 하는 갑주식회사(이하 '갑회사'라 함)는 비상장회사로서 주요주주가 가족으로 구성되었는데, 대표이사 A(60% 주식소유), 그의 처 A1(10% 주식소유)과 아들인 A2(20% 주식소유)가 이사직을 수행하였다.

2005. 5. 1. A는 B은행으로부터 자기명의로 5억 원을 대출받으면서 갑회사의 공장부지 및 영업설비를 담보로 제공하였고, 이렇게 빌린 5억 원 중 3억 원은 개인용도로 사용하고, 2억 원은 의약품의 매매, 위탁판매 및 중개를 목적으로 하는 을주식회사(이하 '을회사'라 함)를 설립하는 데 사용하였다. 을회사의 대표이사는 A1이 되었고, 을회사의 자본금은 A가 전액 납입하였음에도 불구하고 주주명부상으로는 A1이 100%의 주식을 소유하는 것으로 기재되었다. 을회사는 갑회사로부터 의약품을 공급받아 판매하여 매출을 올렸고, A는 을회사의 모든 영업활동에 관여하여 A1은 A의 지시대로 업무를 수행하였다. A는 을회사 영업자금을 자기 명의로 구하여 을회사에 제공하거나, 갑회사의 자금을 을회사의 영업에 사용하게 하였다. 또한 A는 양회사로부터 현금을 인출하여 개인 부동산투자에 사용하기도 하였다. 이 과정에서 갑회사와 을회사의 이사회 또는 주주총회는 개최되지 않았다.

2007. 5.경 갑회사에 대하여 의약품용 원재료를 외상으로 제공하고 있던 C는 외상채권을 실현하기 위하여 갑회사에게 2008. 6. 말까지 외상채무 8천만 원을 이행하지 않으면 법적 조치를 취하겠다고 통지하였고, 이에 대표이사 A는 D로부터 3천만 원을 빌려 이를 C에 대한 갑회사의 채무이행에 사용하였는데, 당시 D는 고리의 이자를 준다는 말에 A 명의의 차용증을 받고 자금을 제공하였지만 이 자금의 용도에 대하여는 알지 못하였다. 갑회사는 다수의 채무를 부담하고 있는 상태에서 2010. 6. 1. 부도가 나서 영업을 중단하였다.

병주식회사(이하 '병회사'라 함)는 2010. 3. 10. 갑회사와 같은 주소지인 안성시 신소현동(지번 생략)에서 의약품 제조 및 판매 등을 목적으로 설립되었고, 갑회사의 주소지와 영업 목적이 동일하고, 임원진으로는 E(갑회사에서 경리과장직 수행)가 대표이사, A2가 이사로 선임되었고, 주주는 A1, A2 및 E였다. 병회사는 B은행이 신청한 갑회사의 부동산과 기계류 등에 관한 부동산 임의경매절차에서 이를 10억 5천만 원에 낙찰받아 2011. 8. 20. 그 대금을 완납하였다.

2011. 9. 17. A는 병회사와 갑회사의 의약품제조방법에 관한 모든 기술 등 일체, 의약품 제조업 허가증 및 의약품 제조품목허가(신고)증 일체, 등록 및 인·허가 등에 관한 일체의 자료 및 권리와 의무를 대금 2억 원에 병회사에 양도하기로 하는 양도·양수계약(이하 '기술 등 양도계약'이라 함)을 체결하였다. 병회사는 위 대금 2억 원 중 1억 원은 갑회사가 부과받았던 과징금을 갑회사 대신 납부하는 방식으로 지급하고, 나머지 대금은 면제받았다. 위 양도계약으로 인하여 갑회사는 재산적 가치 있는 자산을 모두 소진하였다.

갑회사의 경리과장이었던 E는 자금력이 없는 데도 주도적으로 병회사를 설립하여 갑회사의 재산을 낙찰받고, 그 후 경영권을 A의 아들 A2에게 양도하였다. 위 부동산 등에 대한 위 낙찰대금 중 은행 대출금을 제외한 나머지 경매비용이나, 병회사의 설립비용 등과 관련하여 E의 자금출처가 분명하지 아니하며, E를 제외한 나머지 주주들은 모두 A의 처 또는 자녀로서, 당시 별다른 수입원은 없었다. 약사 자격이 있는 A는 병회사의 품질관리자로 임명되어 갑회사가 생산하던 것과 동일한 의약품을 생산하였고, 갑회사의 종전 거래처관계는 병회사가 동일하게 유지하였다.

문제 **1**

갑회사가 재산이 부족하여 C에 대한 채무를 이행을 하지 못하는 경우 및 A의 재산이 부족하여 D에 대한 채무를 이행하지 못하는 경우 C와 D가 채권을 회수하기 위한 방법은 무엇인가? (50점)

문제 **2**

갑회사의 주식 3%를 소유한 주주 A3는 B은행에 대한 갑회사의 담보제공행위에 관련하여 어떠한 조치를 취할 수 있는가? (20점)

문제 **3**

위 '기술 등 양도계약'에 대하여 갑회사의 채권자 C와 소주주 A3는 어떠한 대응수단을 갖는가? (30점)

해 설

문제 1

Ⅰ. 사안의 쟁점

갑회사의 재산이 채권자 C의 채권을 만족시킬 수 없을 경우 이에 대한 구제수단이 문제된다. 사안과 같이 갑회사가 A의 개인기업처럼 운영되는 경우 갑회사의 법인격을 부인한다면 갑회사 채권자의 채권은 A의 재산으로부터 만족 받을 수 있으므로 법인격부인론의 적용을 검토하여야 한다.

갑회사의 대표이사이면서 지배주주인 A에 대하여 채권을 가지고 있는 D는 A가 채무를 이행할 능력이 없을 경우 이에 대한 구제수단이 문제된다. A는 을회사를 설립하면서 실질적으로는 100% 지분을 갖는 1인회사의 주주이지만, 주주명부에는 A 대신 A1이 등재된 경우 을회사 주주의 결정 및 A와 을회사 사이에서 법인격을 부인하고 D의 채권을 만족시킬 수 있을 것인지 여부가 문제된다.

Ⅱ. 쟁점에 관한 검토

1. 법인격부인론의 적용

(1) 법인격부인론의 개념, 취지, 근거

법인격이란 권리의무의 주체가 될 수 있는 법률상의 자격을 의미하는데, 법인격이 부여된 단체는 자신의 명의로 권리의무의 주체가 되고, 법인의 구성원(사원)과는 독립한 법적 지위를 갖는다. 법인은 설립 시부터 그 구성원으로부터 독립된 법인격을 취득하며 법인의 청산에 의하여 법인격을 상실하게 된다. 법인격부인론이란 일정한 경우에 법인과 그 구성원을 분리하는 원칙을 배제하고 양자를 동일시하는 이론이다.

이 이론은 회사에 대하여 인정되는 법인격이 남용되는 경우에 회사의 법인격을 부인하고 회사의 법인격을 이용하여 부당한 결과를 꾀하는 구성원(사원)에게 책임을 귀속시키고자 전개되었다. 이 이론이 적용되기 위한 요건을 비롯한 구체적인 내용은 판례를 통하여 형성되어 왔는데, 관련 판례를 살펴보면 형식은 주식회사이나 그 실질은 주주의 개인기업에 불과하다고 본 소위 법인격 형해화의 사례($\frac{\text{대판 } 2001.1.19.}{97 \text{다} 21604}$), 해운기업상의 편의를 위하여 형식적으로 설립한 회사(이른바 편의치적)를 이용하여 권리를 주장한 사례($\frac{\text{대판 } 1988.11.22.}{87 \text{다카} 1671}$), 기존회사가 채무면탈의 목적으로 기업의 형태 · 내용이 실질적으로 동일한 신설회사를 설립하여 영업을 승계시킨 경우 신설회사가 독립된 법인격을 주장한 사례(대판 2004.11.12. 2002다66892) 등이 있다.

법인격부인론의 근거에 관하여는 권리남용의 금지(민법 제2조 제2항) 또는 신의칙(민법 제2조 제1항)에서 찾거나 회사의 법인성에 관한 상법 제171조의 제1항에서 찾는 견해 등이 주장되고 있다. 판례는 신의칙 또는 법인격의 남용에서 그 근거를 찾고 있다.

(2) 적용요건

1) 학 설

법인격부인론의 적용요건에 관하여 주주에 의한 완전한 회사지배와 계약 · 신의칙 · 법령위반 등의 불공정행위를 요건으로 보는 견해, 사원에 의한 지배(형태)요건과 자본불충분(공정)요건으로 분류하는 견해, 지배의 완전성과 재산의 혼용을 적용요건으로 보는 견해 등이 있다.

위 요건 중 공통되는 '주주에 의한 회사지배'의 요건은 법인격을 남용하는 주체에게 그에 따른 책임을 부과하기 위하여 요구된다. 회사재산을 편취하거나 회사채무의 면탈 또는 법률 적용을 회피하기 위한 업무집행을 하도록 경영진을 배후에서 조종하는 경우 그러한 행위는 회사경영에 지배권을 가진 자, 즉 지배주주의 회사에 대한 지배로부터 가능하다. 회사지배의 요건은 법인격남용에 따르는 책임을 부과하기 위하여 책임주체를 결정하기 위한 판단에 요구된다.

'공정성'에 관한 요건은 주식회사의 문제된 행위나 행태에 대하여 법적인 비난을 하기 위하여 필요하다. 법인격을 형해화시켜 지배주주가 회사재산을 개인적으로 편취하는 경우 이는 회사에 대한 위법행위로서 지배주주는 회사에 대하여 책임을 부담하지만, 이로부터 회사법인 격을 부인하는 결과를 도출하는 이유는 지배주주가 회사운영에 개입하여 그 운영에 전반적으로 불공정한 점이 포착되었기 때문이다. 또한 회사채무를 면탈하기 위하여 신회사를 설립하는 사례에서도 문제된 행위가 형식적으로 적법하더라도 그 내용면에서는 특정한 목적을 위하여 불공정한 행위가 개입되어 있다.

이러한 요건에 더하여 지배주주의 행위로 인하여 회사채권자의 손해가 발생할 것이 요구된다. 이는 회사지배권의 행사와 채권자의 손해 사이에 인과관계가 존재하여야 함을 의미한다. 회사지배권자는 지배권의 행사로부터 이익을 누리고 회사채권자는 손해를 입어야 한다.

2) 판 례

법원은 법인격부인론의 적용유형으로서 첫째, 회사가 법인격이 배후에 있는 타인의 개인 기업에 불과하거나, 둘째, 회사가 배후자에 대한 법률의 적용을 회피하기 위한 수단으로 함부로 이용될 것을 든다(대판 2001.1.19. 97다 21604: 오피스텔사건). 첫째의 유형(법인격 형해화 사례)을 판단하기 위하여 법원이 든 사정은 사례에서 동일하지는 않지만, 회사자본의 부실 정도, 회사를 지배하는 정도, 업무와 재산의 상호혼용 정도, 이사회와 주주총회 등 회사기관 운영의 실태가 고려되었다.[1]

둘째의 유형에 관하여는 특히 기존회사가 채무를 면탈하기 위하여 기업의 형태·내용이 실질적으로 동일한 신설회사를 설립하는 사례가 자주 문제되었다. 이 유형에서 법인격의 부인은 신설회사가 기존회사의 채무를 면탈할 의도로 신설회사를 설립한 것인지 여부 및 양회사가 동일한지 여부로 판단되었다. 법원은 채무면탈 의도에 관하여 기존회사의 폐업 당시 경영상태나 자산상황, 신설회사의 설립시점, 기존회사에서 신설회사로 유용된 자산의 유무와 그 정도, 기존회사에서 신설회사로 이전된 자산이 있는 경우 그 정당한 대가가 지급되었는지 여부 등 여러 사정을 종합적으로 고려하여 판단할 것을 제시하였다. 또한 기존회사와 신설회사가 동일한지 여부에 관하여는 양회사 주소지 및 영업목적의 동일성, 영업시설의 승계, 임원진과 주주의 동일성, 기존회사 근로자의 승계 여부 등으로 판단하였다(대판 2008.8.21, 2006다24438).

(3) 적용효과

법인격형해화 사례에서 법인격이 부인되면 회사의 독립된 존재가 부인되어 회사와 주주는 동일한 실체로 취급된다. 따라서 회사가 부담하는 채무는 주주의 채무로 되어 회사채권자는 주주에게도 책임을 추궁할 수 있다. 그렇지만 채권자가 주주에게 회사채무의 이행을 청구하는 경우 회사를 상대로 얻은 판결의 기판력과 집행력이 주주에게 확장되지는 않는다. 따라서 회사채권자는 주주에 대하여 다시 판결을 얻어야 한다. 한편 채무를 면탈하기 위하여 회사를 이용하는 사례에서는 양 회사의 독립한 법인격이 부인되어 채권자는 양 회사 모두에게 책임을 추궁할 수 있다.

2. 사안해결

(1) C의 구제수단

갑회사 채권자인 C는 갑회사의 법인격부인을 주장하여 갑회사의 C에 대한 채무의 이행을 지배주주인 A에게 청구할 수 있다. C는 갑회사의 법인격을 부인하기 위한 근거로서 다음의 사실을 주장·입증하여야 한다.

첫째, A가 갑회사를 완전하게 지배하였다는 점, 이는 갑회사가 가족회사이며 A가 60%의

---

[1] 예컨대 오피스텔사건에서는 피고 회사 주식양수 경위, 피고의 피고 회사에 대한 지배의 형태와 정도, 피고와 피고 회사의 업무와 재산에 있어서의 혼용 정도, 피고 회사의 업무실태와 지급받은 분양대금의 용도, 피고 회사의 오피스텔 신축 및 분양사업의 규모와 그 자산 및 지급능력에 관한 상황 등이다. 또 다른 사례(대판 2008.9.11, 2007다90982)에서는 문제가 되고 있는 법률행위나 사실행위를 한 시점을 기준으로 하여 회사와 배후자 사이에 재산과 업무가 구분이 어려울 정도로 혼용되었는지 여부, 주주총회나 이사회를 개최하지 않는 등 법률이나 정관에 규정된 의사결정절차를 밟지 않았는지 여부, 회사 자본의 부실 정도, 영업의 규모 및 직원의 수 등에 비추어 볼 때, 회사가 이름뿐이고 실질적으로는 개인영업에 지나지 않는 상태로 될 정도로 형해화될 것을 제시하였다.

지분권자인 대표이사라는 사실, 을회사를 만들어 갑·을 양 회사를 지배하여 영업활동에 이용한 사실, 이 과정에서 이사회 또는 주주총회를 개최하지 않고 개인기업처럼 운영한 사실을 들 수 있다.

둘째, 갑회사의 운영은 지배주주인 A에 의하여 불공정하게 운영되었다는 점이다. 이는 갑회사와 A가 완전 소유하는 을회사의 업무와 재산이 상호 혼용되어 구분이 안 된 사실, A가 B은행으로부터 대출을 받으면서 갑회사가 담보를 제공하도록 한 점 등 갑회사를 개인기업처럼 운영한 사실로부터 증명된다.

셋째, C는 갑회사로부터 자신의 채권을 만족 받을 수 없었는데, 이는 A가 갑회사의 자산을 자신의 채무에 대한 담보로 제공하거나 병회사에게 의약품제조에 관한 일체의 권리의무를 양도하였기 때문이었다. 따라서 갑회사의 채무불이행으로 인한 C의 손해와 갑회사에 대한 A의 지배권 행사 사이에는 인과관계가 인정된다.

(2) D의 구제수단

1) 법인격부인론의 역적용

D는 A에게 자금을 대여하였지만, A로부터 채무를 이행받지 못하였고, 강제집행할 재산도 부족하다. 이 상황에서 D의 권리구제수단으로서 A가 갑회사에서 차지하는 지배주주로서의 지위를 고려하여 법인격부인론의 적용을 검토할 수 있다. 법인격부인론은 회사의 책임을 주주에게 묻기 위한 이론인데, 거꾸로 주주의 책임을 회사에게 묻기 위한 것이 이른바 법인격부인론의 역적용이다.[2]

A가 갑회사를 운영하면서 개인 자금을 회사로 돌려 사용하는 등 개인재산과 회사재산이 구분없이 이용되었다면 A가 갑회사를 개인기업처럼 운영하는 실태를 포착하여 A의 채권자 D는 갑회사의 법인격을 부인하고 A의 채무를 이행할 것을 청구할 수 있다는 이론구성이 가능하다. 그러나 갑회사가 무자력하게 되었으므로 D는 법인격부인론의 역적용을 주장할 실익이 없다. A와 을회사 사이에서 을회사의 법인격을 부인하는 것도 검토될 수 있는데, A가 을회사를 지배한다는 점은 인정되지만, 을회사의 운영실태에 관한 사실관계가 제시되지 않았으므로 법인격부인론 요건의 일부만이 판단될 수 있어 이를 을회사에 적용할 수 없다.

2) 을회사에 대한 A의 지위와 D의 권리

A는 자신이 조달한 자금으로 을회사를 설립하면서 A1의 명의로 명의개서를 하였다. 주주

---

2) 법인격부인론의 역적용에 관련된 판례로서 대판 2008.8.21. 2006다62829: 개인이 회사를 설립하지 않고 영업을 하다가, 그와 영업 목적이나 물적 설비, 인적 구성원 등이 동일한 회사를 설립하였다고 하더라도 그가 새로 설립한 회사를 자기 마음대로 이용할 수 있는 지배적 지위에 있지 않는 한, 회사가 법인격의 배후에 있는 타인의 개인기업에 불과하거나 배후자에 대한 법적 책임을 회피하기 위한 수단으로 회사형태를 함부로 이용하고 있다고 할 수 없으므로, 이러한 경우 개인의 채권자는 법인격 남용을 이유로 개인에 대한 채무의 이행을 회사에 청구할 수 없다.

명부상의 명의주주는 A1이지만, 실질주주는 A이다. 이 경우 을회사의 주주를 누구로 보느냐가 문제된다. 실질주주인 A가 을회사의 주주로 볼 경우 D는 A의 위 주식에 대하여 채권에 기한 강제집행권을 행사할 수 있다.

학설과 판례는 실질적으로 자금을 제공하여 주식의 인수·납입을 한 자를 주주로 보기 때문에 D는 A의 주식을 압류하여 채권을 실행할 수 있다.

문제 ②

Ⅰ. 사안의 쟁점

A는 B은행으로부터 자기명의로 대출을 받으면서 갑회사의 재산을 담보로 제공하였는데, 만일 A가 대출채무를 이행하지 않을 경우 갑회사는 담보로 제공한 재산을 상실하게 되므로 위 담보제공행위는 갑회사의 손실로 귀결될 수 있다. 위 담보제공에 대한 대가로서 A가 갑회사에 대하여 어떠한 보상을 하였는지 여부는 사안에서 제시되지 아니하였으므로 위 거래로 인한 대표이사 A의 이익은 갑회사의 손해로 되는 이해충돌거래에 해당한다. 따라서 이는 상법 제398조가 규율하는 이사의 자기거래에 해당하여 해당법리에 관한 검토가 필요하다.

갑회사 소주주 A3는 A의 자기거래에 대하여 그 무효를 주장할 수 있는지, 갑회사에 대한 A의 책임을 추궁할 수 있는지 및 A의 을회사 설립행위에 대하여 어떠한 권리를 갖는지 여부가 문제된다.

Ⅱ. 쟁점에 관한 검토

1. 자기거래의 금지

(1) 의 의

상법은 이사가 회사와 거래하면서 회사이익을 침해하는 경우를 방지하기 위하여 자기거래를 금지하고, 이사회의 승인으로써 이를 허용한다($\frac{제398}{조}$). 자기거래가 되기 위하여 거래의 명의자는 문제되지 않고, 경제상의 이익을 누리는 자가 이사 또는 제3자이면 족하다.

(2) 금지의 유형

자기거래에 해당하는 유형의 거래에는 이사와 회사가 직접 거래당사자로 되는 직접거래, 이사가 직접 당사자는 아니지만, 거래의 효과로서 회사에 손해가 성립하고 이사에게 이익이 귀속되는 간접거래가 있다.

(3) 이사회의 승인

이사의 자기거래를 사전에 억제하는 수단으로서 상법은 이사회의 승인을 요구한다. 이사회의 승인을 위하여 미리 이사회에서 해당 거래에 관한 중요사실을 밝혀야 하고, 이사 3분의 2 이상의 수로써 승인받아야 하며, 그 거래의 내용과 절차는 공정하여야 한다($_{조}^{제398}$). 승인시기는 자기거래가 있기 전에 하여야 하며, 개개의 거래마다 개별적인 승인이 있어야 한다. 이사회의 승인 시 자기거래의 당사자인 이사는 특별이해관계인으로서 의결권을 행사할 수 없다($_{조의2}^{제391}$).

(4) 금지 위반의 효과

이사회의 승인 없이 자기거래가 이루어진 경우 그 거래는 무효이지만, 선의의 제3자가 관여한 경우에는 거래안전을 우선적으로 보호하기 위하여 그 거래는 유효로 된다($_{84다카1591}^{대판 1984.12.11.}$). 선의의 제3자가 존재하는 경우 회사가 제3자의 악의를 증명하여 그 거래를 무효로 만들 수 있다.

(5) 사안해결

갑회사 대표이사 A가 B은행으로부터 자기명의로 5억 원의 대출을 받으면서 갑회사가 담보를 제공하게 한 행위는 거래의 효과가 A에게 귀속하고 갑회사는 책임만을 부담하게 되어 A에 의한 자기거래이다. 그 유형은 갑회사와 B은행의 거래로 인하여 A가 이익을 보는 간접거래로 평가된다. 이에 관한 이사회의 사전승인은 없었으므로 위 담보제공행위는 자기거래의 금지를 위반하였다. 이 거래는 갑회사 내부적으로는 무효이지만, B은행이라는 제3자가 관여하고 있으므로 무효로 단정할 수 없다. 자기거래 위반의 효과로서 B은행이 자기거래임을 알면서 거래하였음이 증명된다면 위 담보제공행위는 무효로 될 수 있다. 위 사안에서 B은행이 갑회사에서 이사회의 승인이 없음을 알았거나 알 수 있었다는 사정은 드러나 있지 아니하다. 판례에 의하면 특별한 사정이 없는 한 거래 상대방으로서는 회사의 대표자가 거래에 필요한 회사의 내부절차는 마쳤을 것으로 신뢰하였다고 보는 것이 일반 경험칙에 부합하는 해석으로 본다($_{2012다73530}^{대판 2014.6.26.}$). B은행이 대출계약 시에 갑회사 이사회의 승인 없음을 알았거나 알 수 있었다는 사실은 이를 주장하는 갑회사가 증명책임을 부담한다.

자기거래의 금지를 위반하여 거래가 무효라는 주장은 회사 및 무효확인의 이익을 갖는 이해관계자가 할 수 있다고 본다. 소수주주 A3는 회사재산의 보전에 이해관계를 갖는 자이므로 위 담보제공거래의 무효확인을 청구할 수 있다.

2. 이사책임의 성립과 대표소송

(1) 이사책임의 성립

상법 제399조는 이사의 회사에 대한 책임을 규정하는데, 그 원인은 이사가 고의 또는 과실로 법령 또는 정관에 위반한 행위를 하거나 그 임무를 게을리 하는 경우이다. 상법이 이사에게 부과한 의무에 위반하거나 다른 법령이더라도 회사에 손해를 가하는 행위를 금지하는 것이라면 위 조항상의 법령에 해당한다. 정관위반행위와 임무를 게을리 하는 경우도 동일하게 판단된다.

(2) 대표소송

이사가 회사에 대하여 책임을 부담한다면 책임추궁의 주체는 감사 또는 감사위원회가 되어야 하지만($_{조}^{제394}$), 감사 또는 감사위원회와 이사 사이의 정실관계로 책임추궁이 어렵다. 이러한 경우 소수주주가 회사를 대표하여 책임을 추궁할 수 있게 마련된 것이 대표소송이다($_{조}^{제403}$). 대표소송을 제기하기 위해서는 발행주식총수의 100분의 1 이상을 가진 주주가 이유를 기재한 서면으로 회사에 대하여 이사의 책임을 추궁할 소의 제기를 청구하고, 회사가 이에 응하지 아니할 경우에 주주가 직접 소를 제기할 수 있다.

(3) 사안해결

사안에서 A는 자기거래 금지의무를 위반하여 갑회사에 손해를 발생시켰으므로 갑회사에 대하여 책임을 부담한다. 또한 다른 이사인 A1과 A2도 자기거래를 방지 못한 데 대하여 고의 또는 과실이 있다면 회사에 대한 책임이 성립한다. 이 책임에 대하여 주주 A3는 대표소송을 제기하기 위한 지분율요건을 충족하므로 상법이 정한 절차에 따라서 대표소송을 제기할 수 있다.

문제 ③

Ⅰ. 사안의 쟁점

위 기술 등 양도계약은 갑회사에게 불리한 것이었는데, 갑회사는 대금의 일부를 포기하는 등 양도대가를 전혀 얻지 못하여 재산을 모두 상실하게 되었다. 이는 병회사에게만 유리한 거래였다. 이러한 거래에 대응하기 위하여 갑회사 채권자인 C 및 소주주인 A3가 갖는 수단이 문제된다. C는 갑회사가 채무를 이행하지 않기 위하여 재산을 이전한 것에 대하여 채권자취소권을 행사할 수 있을지 여부가 검토되어야 하고, 또한 병회사의 주소지와 영업목적이 동일하며, 임원진과 주주 구성이 갑회사와 중복 또는 유사하다는 점에서 병회사의 독립된 법인격을 부인할 수 있을 것인지 여부가 검토되어야 한다.

Ⅱ. 쟁점에 관한 검토

1. 채권자취소권(C의 권리)

(1) 의 의

채권자취소권이란 채권의 담보인 채무자의 재산이 채무자의 법률행위로 인하여 부당하게 감소되어 채무자의 변제능력이 부족하게 되는 경우 채권자가 그 법률행위를 취소하고 채무자로부터 일탈된 재산을 회복시키는 채권자의 권리이다.

(2) 채권자취소권의 행사

채권자취소권을 행사하기 위한 요건으로서 첫째, 피보전채권이 존재하여야 하는데, 채권자의 채권은 사해행위 이전에 성립하여야 한다. 채권은 이행기가 도래하지 않았더라도 사해행위로부터 보호할 필요성이 있으면 되고, 원칙적으로 금전채권이 보호의 대상이다. 둘째, 채무자의 사해행위가 있어야 하는데, 채무자는 재산권을 목적으로 하는 법률행위를 하여야 하고, 채무자의 일반재산을 감소시켜 채권자가 충분한 변제를 받지 못하는 상태를 만들어야 한다. 셋째, 채무자의 사해의사는 책임재산에 감소가 생긴다는 단순한 인식만으로 충분하다. 넷째, 수익자·전득자의 악의가 있어야 하는데, 이는 사해행위 시 또는 전득 시에 채권자를 해한다는 사실을 알고 있었던 것을 의미한다.

위의 요건을 충족하면 채권자는 수익자 또는 전득자를 피고로 하여 재판상으로 채권자취소권을 행사하여야 한다.

채권자취소권행사의 효과로서 사해행위가 취소되어 그 결과 목적물이 다시 채무자에게 반환된다. 채권자취소권의 효과는 모든 채권자의 이익을 위한 것이므로 취소채권자는 그 행사로부터 직접 우선변제 받지 못한다. 채무자는 취소의 효과가 발생하지 않으므로 채무자가 권리를 취득하는 것은 아니다. 수익자(전득자)는 그 목적물의 명의를 채무자 앞으로 회복시킬 의무를 부담한다.

(3) 사안해결

갑회사의 채권자 C는 갑회사의 마지막 재산인 기술 등에 관한 권리가 양도됨으로써 자신의 채권을 만족 받을 재산이 없게 되었다. 이 경우 C는 채권자취소권을 행사하여 채무자인 갑회사의 재산양도행위를 취소하고 책임재산을 확보할 수 있다. 사안에서 채권자취소권을 행사하기 위한 요건은 충족된다. C에게 만족 받지 못한 채권이 존재하고, 갑회사의 양도행위는 C의 채권에 대한 사해행위가 되며, 갑회사 경리과장이 병회사 대표이사가 되었으므로 병은 C가 채권을 만족 받지 못하였고, 위 양도행위가 C의 채권을 해한다는 사실을 안다고 보아야 하므로, 이러한 사정은 채권자취소권의 행사요건을 충족시키는 것으로 보인다.

2. 법인격부인론의 적용여부

(1) 법인격부인론 적용요건

법인격부인론은 동일한 지배권자의 영향 하에 있는 다른 회사를 채무면탈을 목적으로 이용하는 경우에도 적용된다. 이러한 경우에 법인격부인론을 적용하기 위한 요건에 관하여는 아래의 추가 · 심화질문에서 서술한다.

(2) 사안해결

사안의 경우 갑회사와 병회사의 주소지 및 영업목적이 동일하고 임원진 및 주주구성이 유사하지만, 동일한 지배권자가 양회사를 완전지배하는 사정이 보이지 않고, 병회사가 갑회사의 부동산과 기계설비를 경매에서 낙찰받아 인수하였다는 점에서 양 회사를 동일하게 볼 수 없다. 따라서 C는 병회사가 위 '기술 등 양도계약'에서 정당한 대가를 지급하지 않은 불공정한 계약을 맺은 점은 인정되지만, 병회사의 법인격을 부인하여 갑회사에 대한 채권을 병회사에게 주장할 수는 없다고 본다.

3. 이사의 책임 및 주주의 대표소송(A3의 권리)

위 기술 등 양도계약 대금 중 1억 원은 그 지급이 면제되었는데, 그 결과 갑회사는 1억 원의 대가를 얻지 못하여 손해로 귀결되었다. 이러한 업무를 집행한 대표이사 A를 비롯한 갑회사의 이사들은 이에 대하여 책임을 부담한다. 이 책임을 추궁하기 위하여 주주인 A3가 대표소송을 제기할 수 있다.

추가 · 심화 질문

※ 위 사례에서 갑회사가 2010. 6. 1. 부도가 난 시점의 전후 사실관계를 다음의 사실관계로 대체하고 아래 질문에 답하시오.

새로운 사실관계

갑회사의 대표이사 A는 다수의 채무로 인하여 자금난을 겪게 되고, C가 갑회사의 제품원료, 재고상품 및 영업설비 등에 대하여 법적 조치를 취하겠다고 통보하자, 2009. 3. 10. A는 A1과 합의하여 갑회사의 제품원료 등을 포함한 영업설비 일체를 을회사에 양도하였고, 종업원들도 대부분 을회사로 고용되었다. 그러나 위 영업설비의 대가는 갑회사에 지급된 바 없었다. 갑회사는 2010. 6. 1. 부도가 났고, 2010. 10.경 사실상 폐업하였다.

문제

2009. 4. 1. 현재 갑회사의 채권자 C가 채권을 회수할 수 있는 방법은 무엇인가?

해 설

Ⅰ. 사안의 쟁점

자금난으로 어려움에 처한 갑회사는 채권자로부터 강제집행의 압력을 받게 되자 영업설비 일체를 을회사에 양도하였는데, 이 양도행위는 그 상대방이 갑회사 대표이사 A가 설립하고 지배하는 을회사라는 점에서 통상적인 양도행위로 볼 수 없다. 이는 갑회사의 채무를 면탈할 목적으로 이루어진 것으로 볼 수 있고, 이 경우에 을회사의 독립된 법인격을 부인하고 갑회사의 채권자가 을회사에 대하여 채권을 청구할 수 있을지 여부가 문제된다.

Ⅱ. 쟁점에 관한 검토

1. 채무면탈과 법인격부인론

(1) 의 의

기존회사의 채무를 면탈하기 위하여 회사를 설립하거나 다른 회사를 이용하는 경우 법인격부인론이 적용될 수 있다. 양회사를 지배하는 자가 한 회사의 채권자를 해하기 위하여 영업을 양도하고, 근로자도 이전시키는 경우 이는 채무면탈을 위하여 회사제도를 악용하는 행위로서 법인격부인론의 적용사례로 된다.

(2) 적용요건 및 효과

첫째, 한 회사가 채무를 면탈할 목적으로 다른 회사를 이용하여야 하는데, 채무면탈의 목적은 고의로 채무이행을 하지 않기 위하여 회사재산을 이전시키는 행위로부터 인정된다. 예컨대 영업용재산의 양도, 영업양도, 주요 기술자 등 근로자의 이전을 통하여 이루어진다.

둘째, 다른 회사를 이용하여야 하는데, 기존회사를 이용하든지 새로운 회사를 신설하는 방법이 사용된다. 판례에 의하면 기존회사를 이용하는 경우 양회사가 동일한 지배권자에 의하여 개인기업처럼 운영되는 사례에서 인정된 바 있으며(대구고법 2002.3.21. 2000나5542), 신회사를 설립하는 경우에는 양회사의 동일성이 인정되어야 한다.3)

셋째, 한 회사의 채권자는 채무면탈행위로 인하여 회사재산으로부터 자신의 채권을 실현할 수 없어야 한다.

위의 요건이 충족되는 경우 한 회사의 채권자는 다른 회사의 법인격부인을 주장하여 그 어느 쪽에 대하여서도 채무의 이행을 청구할 수 있다.

2. 사안해결

사안에서 갑회사 채권자 C가 채권실현을 통보하자 A는 영업설비를 일체를 을회사에게 양도하였고, 종업원도 이전시켰다. 이로 인하여 갑회사는 폐업하게 되었는데, 위 양도행위에는 채권자 C에 대한 채무 면탈의 목적이 인정된다. A는 갑회사와 을회사를 지배하는 자이고, 을회사는 채무면탈의 목적에 이용되었으므로 을회사가 독립된 법인격을 주장할 수 없다고 본다. 따라서 C는 을회사에 대하여도 자신에 대한 채무의 이행을 청구할 수 있다.

---

3) 채무면탈 목적으로 이용된 두 회사 사이에서 동일성을 인정하여 법인격을 부인하고 한 회사의 채권자는 양회사 모두에게 채권을 행사할 수 있다고 본 사례에서 양회사의 동일성을 판단하는 기준에 관한 법원의 판시내용에 관하여는 전술한 문제 1 Ⅱ. 1. 법인격부인이론의 적용 (2) 적용요건 2) 판례 참조.

62 주권발행 전 주식양도

기본 사실관계 [4)]

甲회사는 1993년경 마을버스 운송사업을 목적으로 설립된 비상장회사로서 발행주식총수는 5,000주이며, 주권은 발행되지 아니하였다. 甲회사의 주주 A는 2002. 10. 22. 자신의 보유주식 2,600주를 B에게 양도하고, 확정일자 없는 증서에 의하여 甲회사에게 양도 통지나 승낙의 요건을 갖추었으며, B 앞으로 명의개서가 이루어졌다. A는 2007. 11. 28. B에게 양도한 위 주식 2,600주를 C에게 이중으로 양도하였으며, C도 甲회사에 대하여 확정일자 없는 증서에 의하여 양도 통지나 승낙의 요건을 갖추었다. 같은 날 C의 요청에 따라 甲회사는 위 2,600주에 대하여 B의 명의를 말소하고 C 앞으로 명의개서를 하였다.

甲회사는 영업의 전부를 양도하기 위하여 2007. 12. 24. 임시주주총회를 개최하였는데 그 개최일까지 B나 C는 주식양도에 대하여 모두 확정일자 있는 증서에 의한 통지나 승낙의 요건을 갖추지 못하였다. 甲회사는 2007. 12. 26. 乙회사와 영업양도계약을 체결하고 영업 전부를 양도하였다. 다만 A는 그 이후인 2008. 9. 24. 비로소 C에 대한 주식양도사실을 내용증명우편으로 甲회사에 통지하였다.

문제 1

甲회사가 2007. 11. 28. C의 청구를 수용하여 B의 명의를 말소하고 C 앞으로 명의개서를 하여 준 것이 유효한가? (30점)

문제 2

2008. 9. 24. 확정일자 있는 증서에 의한 통지로 인하여 C에 대한 주식양도의 효력이 주식양도계약일인 2007. 11. 28.로 소급하는가? (10점)

---

4) 참조판례: 대판 2010.4.29, 2009다8863.

문제 ③

만일 甲회사가 2007. 11. 28. C의 명의로 명의개서를 한 후, 같은 날 甲회사가 신주를 발행하여 C에게 배정하였을 경우, B는 C에게 그 신주의 반환을 청구할 수 있는가? (20점)

문제 ④

위 제3문의 경우에 甲회사가 C에게 신주를 발행하면서 주권을 교부하였다면 그 주권의 효력은? (15점)

문제 ⑤

위 제4문에서 C로부터 2008. 3. 24. D에게 신주가 양도되어 D에게 주권이 교부되었을 경우 D는 당해 주식에 대한 권리를 취득하는가? (15점)

문제 ⑥

영업양도를 위한 2007. 12. 24. 임시주주총회에 대하여 B는 주주총회 참석통지도 받지 못하였고 총회에서 의결권도 행사하지 못하였다. 영업양도를 위한 위 주주총회결의는 유효한가? (10점)

해 설

문제 ①

I. 사안의 쟁점

주권을 발행하지 않은 甲회사의 주주인 A는 회사가 성립된 지 6개월이 지난 다음 B에게 주식을 양도하였으며, 그 후 이 주식을 다시 C에게 이중으로 양도하였다. B와 C 모두 확정일자 있는 증서에 의한 주식양도의 제3자에 대한 대항요건을 구비하지 못하였는데, 누구의 권리가 우선하는지가 문제된다. 즉, 주권발행 전 주식양도의 효력이 문제된다.

Ⅱ. 주권발행 전 주식양도

1. 주권발행 전 주식양도 제한의 의의 및 취지

주권발행 전의 주식양도를 제한하는 이유는 주식의 양도는 주권의 교부에 의하여야 하는데(제336조 제1항), 주권발행 전에는 적법한 주식의 양도방법이 없고 또한 이때는 대개 주주명부도 마련되지 않아 적절한 공시방법도 없으므로 주식거래의 안전을 기할 수 없기 때문이다. 뿐만 아니라 주권발행사무의 혼잡을 방지하는 데도 목적이 있다.

그러나 이러한 원칙을 관철하면 회사가 성립된 이후 또는 신주발행의 효력이 발생한 이후 상당한 기간이 지나도록 주권을 발행하지 아니한 경우에는 투자금을 회수할 수 없게 된다. 이에 따라 제335조 제3항은 주권발행 전 주식양도 제한에 관한 원칙을 유지하면서도, 주권을 발행해야 할 시점으로부터 6월이 경과한 후에는 주권 없이도 주식을 양도할 수 있도록 규정하고 있다.

2. 회사의 성립 후 또는 신주의 납입기일 후 6월 이내에 주권 없이 주식을 양도한 경우

(1) 회사성립 후 또는 신주납입기일 후 6개월 이내

당사자 간에는 유효하고, 회사에 대해서는 절대적으로 무효이다(제335조 제3항 본문). 회사의 성립 후 또는 신주의 납입기일 후 6월 이내에 주권 없이 주식을 양도한 경우에는 그러한 주식의 양도는 권리주와 같이 당사자 간에는 유효하지만 회사에 대하여 절대적으로 효력이 없다(제335조 제3항 본문). 따라서 회사가 주식양도를 승인을 하고 주주명부에 명의개서까지 하더라도 무효이고, 주식양수인은 회사에 대하여 주권의 발행·교부를 청구할 수 없다(대판 1981.9.8, 81다141).

다만 주식양도인의 회사에 대한 주권발행 및 교부청구권을 대위행사하여 주식양도인에게 주권발행·교부를 청구할 수 있을 뿐이다. 뿐만 아니라 회사가 주식양수인에게 주권을 발행하더라도, 이는 주권으로서의 효력이 발생하지 않는다(대판 1987.5.26, 86다카982, 983. 주권의 효력발생시기에 관한 교부시설). 그 결과 주식양수인이 주주총회에 참석하여 의결권을 행사하였다면 주주가 아닌 자가 의결권을 행사한 것이 되므로 그 정도에 따라 결의취소 또는 부존재의 원인이 된다. 또한 이러한 주식양수인은 주식양도인에 대하여 채권자에 불과하므로, 주주총회결의의 무효확인을 구할 법률상 이익도 없다. 위의 주권발행 전의 주식양도가 회사에 대하여 효력이 없다 하여도, 당사자 간에는 채권적 효력은 있다(통설).

(2) 6월 경과 후 주권이 발행되거나 발행되지 아니한 경우의 효력(무효의 치유)

주식양도가 회사의 성립 후 또는 신주의 납입기일 후 6월 이내에 주권이 발행되기 전에 있었으나, 6월이 경과하도록 회사가 주권을 발행하지 않았다면 양도의 흠이 치유된다. 판례도 주권발행 전에 한 주식의 양도가 회사성립 후 또는 신주의 납입기일 후 6월이 경과하기 전에 이루어졌다고 하더라도 그 이후 6월이 경과하고 그 때까지 회사가 주권을 발행하지 않았다면, 그 하자는 치유되어 회사에 대하여도 유효한 주식양도가 된다고 한다($\binom{대판\ 2002.3.15,}{2000두1850}$).

'6월이 경과한 후에 주권이 발행되었다면'(즉, 6월 내에 주권 불발행되어야 하며 만일 6월 내에 발행되면 무효) 동 주식양도는 하자가 치유되어 유효라고 본다. 왜냐하면 이를 무효라고 하면 양도인과 양수인이 6월 경과 후 주권발행 전에 재차 양도의 의사표시를 하여 제335조 제3항 단서의 규정에 의해 어차피 유효하게 된다. 이렇게 되면 공연히 절차만 번거롭게 할 뿐이며, 여전히 무효라고 할 경우 양수인의 보호에도 문제가 있기 때문이다.

3. 회사의 성립 후 또는 신주의 납입기일 후 6월 이후에 주권 없이 주식을 양도한 경우

(1) 효 력

회사의 성립 후 또는 신주의 납입기일 후 6월 이후에 주권 없이 주식을 양도한 경우에는 당사자 간에는 물론이고, 회사에 대하여도 유효한 주식양도가 된다($\binom{제335조}{제3항\ 단서}$). 따라서 이때의 주식양수인은 그가 적법하게 주식을 양수하였다는 사실을 입증하여 회사에 대하여 명의개서를 청구할 수 있고, 그 명의개서로써 회사에 대한 관계에서 주주로서의 권리를 행사할 자격을 갖추게 된다($\binom{대판\ 2012.11.29,}{2012다38780}$).

(2) 양도방법

상법은 주식양도의 효력을 인정하면서 그 양도방법에 관하여는 아무런 규정을 두고 있지 않다. 따라서 이때의 주식양도는 민법상 지명채권의 양도방법($\binom{민법\ 제}{450조}$)과 같이 당사자 사이의 의사표시에 의하여 이루어진다고 보는 것이 통설·판례이다($\binom{대판\ 2003.\ 10.}{24,\ 2003다29661}$). 그 결과 양도시기가 불분명하고 2중양도가 가능해지는 문제점이 발생한다.

(3) 대항요건

주식발행 전에는 주권이 없기 때문에 주권의 교부에 의해 양수자가 누리는 적법성의 추정($\binom{제336조}{제2항}$)은 인정되지 않는다. 그러므로 양수인은 2중양도 등에 대비하기 위하여 회사와 제3자에 대항하기 위한 대항요건을 갖출 필요가 있다.

회사에 대한 대항요건(주식의 소유관계에서 적법한 주주임을 주장하기 위한 대항력)은 민법 제 450조의 지명채권 양도의 대항요건에 준하여 회사에 통지 또는 회사의 승낙을 요한다고 보는 것이 통설·판례($\substack{대판\ 2002.9.10.\\2002다29411}$)이다. 그러나 회사에 대하여 주주권을 행사하기 위한 대항요건 (양수인이 향후 계속적으로 주주권을 행사하기 위한 대항요건)으로 명의개서를 요한다($\substack{제337조\\제1항}$). 제3 자에 대한 배타적인 대항요건으로는 확정일자 있는 증서에 의한 양도통지 또는 회사의 승낙 을 요한다($\substack{민법\ 제450조\ 제2항,\ 대판\\2003.10.24.\ 2003다29661}$).

(4) 양수인이 주식양도 사실을 회사에 통지하거나 승낙을 받았으나 명의개서를 하지 아니한 경우의 법률관계

판례에 따르면 당해 주식양도는 회사에 대해 효력이 있기 때문에($\substack{제335조\\제3항\ 단서}$) 명의개서 여부와 관계없이 회사의 주주가 되고, 그 후 당해 회사가 제3자에게 명의개서절차를 마치고 기명식 주권을 발행하였더라도 제3자가 주주가 되는 것은 아니다($\substack{대판\ 1996.8.20.\ 94다39598;\ 대판\ 1999.7.23.\\99다14808;\ 대판\ 2000.3.23.\ 99다67529}$).

이에 대해 주권발행 전 주식의 양도를 위한 지명채권 양도절차는 주권발행 후 주식양도에 있어서의 '주권의 교부'에 갈음할 뿐, 주권에 의한 양도에도 인정되지 않는 '명의개서에 갈음 하는 효과'를 가질 수 없다는 비판이 제기된다.

(5) 제1양수인이 회사에 대한 양도 통지 또는 승낙 요건을 갖추고 명의개서를 한 후, 제2양수인이 회사에 대한 양도 통지 또는 승낙 요건을 갖추고 회사에 명의개서를 청구할 수 있는가?

회사에 먼저 통지하거나 승낙을 받은 제1양수인의 권리가 우선하므로 제2양수인은 명의개 서를 청구할 수 없다. 만일 회사가 제2양수인의 청구를 받아들여 제2양수인에게 명의개서를 한 경우에는 위법하므로 회사에 대한 관계에서 주주의 권리를 행사할 수 있는 자는 여전히 제 1 주식양수인이다($\substack{대판\ 2010.4.29.\\2009다88631}$).

4. 사례에의 적용

甲회사는 성립 후 6개월이 경과하였지만 주권을 발행하고 있지 않으므로 주주는 지명채권 의 양도방식에 의하여 주식을 양도할 수 있다. 따라서 B는 2002. 10. 22. A로부터 주식을 양 도받은 후 A가 이를 甲회사에 통지하고, 명의개서가 이루어졌으므로 적법하게 주주권을 취득 한다. C가 그 후 주식을 이중으로 양수하여 회사에 대한 양도의 통지나 승낙의 요건을 갖추었 더라도 B의 권리가 우선한다. 또한 2008. 9. 24. 확정일자 있는 증서에 의하여 제3자에 대한 대항요건을 갖추었다고 할지라도 그 대항력은 소급하지 않으므로 역시 B에 대하여 대항할 수 없다. 따라서 C는 B에 대하여 우선적 지위에 있지 못하므로 B의 명의로 적법하게 마쳐진 명의개서를 말소하고 C명의로 명의개서를 하여 줄 것을 청구할 권리가 없다.

문제 2

I. 사안의 쟁점

A가 회사가 성립된 지 6개월인 지난 다음 B 및 C에게 순차적으로 이중으로 양도하고, B와 C는 각각 회사에 대한 대항요건을 구비하였다. A가 확정일자 있는 증서에 의한 통지로 C에 대한 주식양도사실을 甲회사에게 통지함으로써 C만이 주식양도의 제3자에 대한 대항요건을 구비하였는데, 이 대항요건이 주식양도계약일까지 소급하는지가 문제된다.

II. 주권발행 전 주식양도의 제3자에 대한 대항요건

1. 제3자에 대한 대항요건

주권발행 전 주식양도는 상법에 규정이 없으므로 민법상 지명채권의 양도방법$\left(\substack{민법 제\\450조}\right)$과 같이 당사자 사이의 의사표시에 의하여 이루어진다고 보는 것이 통설·판례이다$\left(\substack{대판 2003.10.24.\\2003다29661}\right)$.

회사에 대한 대항요건(주식의 소유관계에서 적법한 주주임을 주장하기 위한 대항력)은 민법상 지명채권 양도의 대항요건에 준하여 회사에 통지 또는 회사의 승낙을 요한다고 본다$\left(\substack{민법 제450조\\제1항, 대판}\right.$ $\left.\substack{2002.9.10.\\2002다29411}\right)$. 제3자에 대한 배타적인 대항요건으로는 확정일자 있는 증서에 의한 양도통지 또는 회사의 승낙을 요한다$\left(\substack{민법 제450조 제2항, 대판\\2003.10.24, 2003다29661}\right)$.

2. 제3자에 대한 대항요건의 소급여부

주식양도의 대항력은 소급하지 않으며 제1양수인이 적법하게 권리를 취득한다. 주식의 양도통지가 확정일자 없는 증서에 의하여 이루어짐으로써 제3자에 대한 대항력을 갖추지 못하였더라도 확정일자 없는 증서에 의한 양도통지나 승낙 후에 그 증서에 확정일자를 얻은 경우에는 그 일자 이후에는 제3자에 대한 대항력을 취득하는 것이나$\left(\substack{대판 2006.9.14.\\2005다45537}\right)$, 그 대항력 취득의 효력이 당초 주식 양도통지일로 소급하여 발생하는 것은 아니다$\left(\substack{대판 2010.4.29.\\2009다88631}\right)$.

3. 사례에의 적용

사례에서 A는 B에게 양도하였던 주식을 2007. 11. 28. C에게 이중으로 양도하였으나, C는 계약당시에는 甲회사에 대하여 확정일자 있는 증서에 의하여 양도 통지나 승낙의 요건을 갖추지 못하였다. 다만 A는 그 이후인 2008. 9. 24. 비로소 C에 대한 주식양도사실을 내용증명 우편으로 甲회사에 통지하여 제3자에 대한 대항요건을 구비하였으나, 그 효력은 장래에 대해서만 있기 때문에 주식양도계약시점인 2007. 11. 28.로 소급하지 않는다.

문제 ③

Ⅰ. 사안의 쟁점

2007. 11. 28.까지 B와 C는 주식양도에 대하여 민법 제450조 제2항에 의한 제3자에 대한 대항요건을 갖추지 못하였다. 따라서 B가 확정일자 없는 증서에 의한 양도 통지나 승낙의 요건을 갖추고 명의개서를 하였으므로 B가 C에 우선하여 권리를 행사할 수 있다. 따라서 C에 대한 신주의 배정은 광의의 실기주의 문제로서 진정한 권리자인 B가 C에게 신주반환을 청구할 수 있는 이론적 근거가 문제된다.

Ⅱ. 학설의 검토

C에 대한 명의개서는 위법이며, 이에 따라 진정한 권리자인 B가 신주를 배정받을 권리가 있다. 신주반환에 대한 근거로는 세 가지 견해가 제기된다.

1. 부당이득설

양도인은 '부당이득의 법리'에 의하여 그가 취득한 이익(신주발행가액과 시가의 차액)을 양수인에게 반환하면 되고 신주는 인도할 의무가 없다는 견해이다. 신주 자체의 반환이 인정되지 않으므로 양수인은 종래 양도인이 갖고 있던 회사에 대한 지위를 갖지 못하고, 양도인의 이득과 양수인의 손해 사이의 인과관계를 인정한다는 것도 곤란하다.

2. 사무관리설

양도인은 실질적인 권리자인 양수인의 사무관리자로서 이익 또는 신주를 취득한 것이므로, 사무관리의 법리에 의하여 양수인에게 이를 반환하여야 한다는 견해이다. 그러나 양도인에게 타인을 위한 의사가 있어야 하는데 양도인에게 관리의사가 없을 경우 사무관리 요건을 구비하지 못하는 난점이 있다.

3. 준사무관리설

양도인에게 사무관리의 의사가 없어서 민법상 사무관리로 보기는 어렵지만, 양도인은 신주주를 위하여 신주청약을 한 것으로 법적 의제는 가능하므로, 구주주를 준사무관리자로 보고 그에 따른 의무를 부담한다는 견해이다. 신주주는 유익비를 상환하고 양도인은 주주권 행사로 인한 모든 이익(신주, 또는 그 매각대금, 그 외 신주에 의해 얻은 이익 등)을 반환하여야 한다.

4. 검토 및 사례의 적용

양도인은 주주명부상의 형식주주로서 그 형식적 법률관계는 존재하고 있기 때문에 이를 법률상 원인이 없다고 보는 부당이득설은 타당하지 않다. 또한 양도인에게는 양수인을 위한 관리의사가 없는 경우가 많으므로 사무관리로 보는 것도 부당하다. 그러므로 준사무관리설이 가장 타당하다고 본다.

사례의 경우 B는 주금납입금을 C에게 상환하고 C는 배정받은 신주를 B에게 반환하여야 할 것이다.

문제 ④

Ⅰ. 사안의 쟁점

진정한 권리자가 아닌 C에게 신주가 발행되어 주권이 교부된 경우 그 주권의 효력을 묻고 있으므로, 주권의 효력발생시기가 문제된다.

Ⅱ. 주권발행의 효력발생시기

주권은 이미 유효하게 성립한 사원권을 표창하는 증권으로서 주권에 표창된 권리의 성립시기와 주권의 효력발생시기가 다르다. 주권의 효력발생시기에 따라 주주, 채권자, 선의취득자의 이해관계가 달라지는데 특히 주권의 선의취득과, 주주의 채권자에 의해 주권의 압류가 가능한지 여부에 대한 답이 달라진다. 주권의 효력발생시기를 언제로 볼 것인가는 어음행위의 성립시기를 언제로 볼 것인가(어음이론 또는 어음학설)와 유사한 문제인데, 세 가지의 견해가 있다.

1. 작성시설

회사가 주권을 작성한 때에 주권으로서의 효력이 발생한다고 보는 견해로 이는 어음이론에서 창조설에 대응하는 것이라고 볼 수 있다. 이 견해는 주주의 성명이 주권에 기재된 때에 주권으로서의 효력이 발생한다고 본다. 따라서 주권의 작성 후 주주에게 교부하기 전이라도 선의취득·압류·제권판결 등이 가능하다고 한다. 그러나 이 견해에 의하는 경우라도 상법상 주권발행시기(회사의 성립시 또는 납입기일: 제355조 제1항) 이전에 발행된 주권은 무효가 된다(제355조 제2항·제3항). 따라서 거래의 안전은 보호되나 주주의 보호에 문제가 있다.

2. 발행시설

회사가 주권을 작성하여(주주에게 교부한다는 의사로써) 누구에게든 (주주 이외의 자에게) 교부한다면 주권으로서의 효력이 발생한다고 보는 견해로, 어음이론에서 발행설(엄격하는 수정발행설)에 대응하는 견해라고 볼 수 있다. 이 견해는 회사가 주권을 교부하여야 그 효력이 발생한다고 보는 점에서 앞에서 본 작성시설과 다르고, 주주가 아니더라도 누구에게든 교부하기만 하면 그 효력이 발생한다는 점에서 교부시설과 다르다.

주권의 작성 후 회사의 의사에 기한 주권의 점유이전행위(임치 등)가 있게 되면 (주주가 주권을 취득하기 전이라도) 선의취득·압류·제권판결 등이 가능하나(작성시설과 동일), 주권의 작성 후 회사의 의사에 기하지 않은 주권의 점유이탈행위(도난 등)가 있게 되면 (주주가 주권을 취득하기 전에) 선의취득·압류·제권판결 등이 불가능하다(작성시설과 차이). 이 견해는 작성시설과 교부시설을 절충한 입장이나, 주주가 자기의 과실없이 주주권을 잃을 수 있다는 점 및 주주는 주권을 점유했던 일조차 없는데 '주권의 점유를 잃은 자'(제359조, 수표법 제21조)에 해당하여 제3자의 선의취득을 허용하게 되는데, 이는 선의취득제도의 본래의 취지에 어긋난다는 비판이 있다.

3. 교부시설(통설·판례)

회사가 주권을 작성하여 주주에게 교부한 때에 주권으로서의 효력이 발생한다고 보는 견해로, 이는 어음이론에서 교부계약설에 대응하는 견해라고 볼 수 있다. 주권의 작성 후 주주에게 교부하기 전에는 주권으로서의 효력이 발생하지 않으므로 선의취득·압류·제권판결 등이 불가능하다.

이 견해에 따르면 주주는 보호되나 거래의 안전에 문제가 있다. 우리나라의 통설은 주권은 어음·수표와는 달리 사단법적 법리가 지배하는 특수성이 있어 거래의 안전보다는 진정한 주주의 보호가 더 요청된다는 이유로 교부시설을 취하고 있다.

판례는 상법 제355조의 주권발행은 같은 법 제356조 소정의 형식을 구비한 문서를 작성하여 이를 주주에게 교부하는 것을 말하고 위 문서가 주주에게 교부된 때에 비로소 주권으로서의 효력을 발생하는 것이므로 회사가 주주권을 표창하는 문서를 작성하여 이를 주주가 아닌 제3자에게 교부하여 주었다 할지라도 위 문서는 아직 회사의 주권으로서의 효력을 가지지 못한다고 본다$\left(\begin{smallmatrix}\text{대판 2000.3.23.}\\\text{99다67529}\end{smallmatrix}\right)$.

4. 검 토

작성시설과 발행시설에 의하면 주권의 효력이 발생하는 시점이 빠르기 때문에 주권의 유통(선의취득)이 보호되는 반면, 회사가 정당한 주주에게 주권을 교부하기 전에 도난·분실 등으로 그 주권을 상실하였을 경우, 주주로서는 아무런 귀책사유도 없이 주권을 부당하게 상실하게 된다. 반면 교부시설에 의하면 주주의 권리는 보호되지만 거래의 안전은 소홀하게 된다. 주주에게 교부하기 전에 분실한 주권을 선의취득한 제3자는 회사 기타 양도인에 대한 손해배상청구나 부당이득반환청구에 의하여 보호받을 수 있기 때문에 통설과 판례의 입장인 교부시설이 타당하다고 본다.

5. 사례에의 적용

통설·판례인 교부시설에 따르면 주권은 진정한 주주에게 교부된 때에 그 효력이 발생하므로, 주권을 이중으로 양수받은 C는 진정한 권리자가 아니기 때문에 甲회사가 C에게 신주를 발행하여 주권을 교부하였더라도 그 주권은 효력이 없게 된다.

문제 5

Ⅰ. 사안의 쟁점

D로 신주가 양도되어 주권이 교부된 경우 D가 당해 주식에 대한 권리를 취득하는지 여부의 문제는 결국 D가 당해 주권을 선의취득할 수 있는가의 문제이다.

Ⅱ. 주권의 선의취득

1. 선의취득의 의의

주권의 선의취득이라 함은 주식을 양도한 자가 무권리자라 하더라도 일정한 요건 아래에서 양수인이 선의로 주권을 취득하였다면 양수인이 적법하게 주권을 취득하고 나아가 주주의 지위를 취득하게 되는 것을 말한다($^{제359}_{조}$). 주식의 양도는 주권의 교부를 통하여 이루어지므로 주권의 점유자는 적법한 소지인으로 추정된다($^{제336}_{조}$). 상법 제359조는 주권에 관해 수표법 제21조를 준용함으로써 주권의 선의취득을 허용하고 있는데, 주권의 선의취득은 주권의 점유에 인정되는 권리추정력에서 출발한다($^{제336조}_{제2항}$).

2. 요 건

(1) 주권의 유효

주권의 선의취득은 유효한 주권을 취득할 경우에만 인정된다. 따라서 위조된 주권, 실효된 주권은 선의취득의 대상이 아니다. 선의취득이 가능한 시기는 주권의 효력발생시기와 관련되는데, 통설·판례인 교부시설에 따르면 회사가 진정한 주주에게 교부한 주권이어야 선의취득의 대상이 된다.

(2) 무권리자로부터의 양수

양도인이 무권리자이어야 한다. 즉, 도품·유실물을 습득한 자로부터 주식을 양수하더라도 선의취득은 가능하다. 양도인이 적법한 권리자지만, 무능력자이거나 의사표시에 하자가 있어 취소한 때 또는 무권대리인에 의한 양도이므로 무효인 경우도 선의취득이 성립되는지 문제가 된다. 다수설은 양도인이 무권리자인 경우에 한하여 선의취득이 가능하다고 한다. 반면 소수설은 유권리자의 양도행위가 무효·취소된 때에도 선의취득이 가능하다고 본다. 판례는 주권을 무권대리인으로부터 양수받은 사안에 대하여 선의취득을 인정한다($^{대판 1997.12.12,}_{95다49646}$).

(3) 양도에 의한 취득

선의취득은 거래의 안전을 보호하기 위한 제도이므로 주식의 양도에만 있을 수 있다. 따라서 상속이나 회사합병에 의해 취득하는 경우에는 선의취득이 있을 수 없다.

(4) 양도방법의 구비

주식의 양도 자체는 적법하게 이루어져야 하므로 양수인에게 주권이 교부되어야 한다. 통상의 양도에서 주권의 교부는 현실의 인도뿐 아니라 간이인도, 목적물반환청구권의 양도에 의해서도 행해질 수 있다. 그러나 점유개정은 외관상 종전의 권리상태에 아무런 변화도 가져오지 않으므로 통설과 판례는 동산의 선의취득에 관해 점유개정에 의한 선의취득을 부정한다($^{대판 1964.5.5,}_{63다775}$). 주식거래에서는 동산물권의 거래에서보다 더욱 외관주의가 강하게 요청되므로 점유개정에 의한 선의취득은 허용할 수 없다.

목적물반환청구권의 양도에 의하여 주권의 선의취득에 필요한 요건인 주권의 점유를 취득하였다고 하려면, 양도인이 그 제3자에 대한 반환청구권을 양수인에게 양도하고 지명채권 양도의 대항요건($^{민법 제}_{450조}$)을 갖추어야 한다($^{대판 1999.1.26, 97다48906;}_{대판 2000.9.8, 99다58471}$).

(5) 양수인의 주관적 요건

양수인이 주권을 취득할 때 악의 또는 중대한 과실이 없어야 한다($^{제359조, 수표}_{법 제21조 단서}$). 양수인의 악의는 양도인이 무권리자임을 알았을 뜻하며, 중대한 과실은 이를 알지 못하는 데 거래상 필요한 주의를 현저하게 결하였음을 의미한다. 주권의 점유자는 적법한 소지인으로 추정되므로 ($^{제336조}_{제2항}$), 선의취득을 부인하는 자가 양수인의 악의 · 중과실에 대한 입증책임을 진다.

3. 선의취득의 효과

주권의 소지인은 선의취득의 요건을 갖춘 경우 적법하게 주권을 취득하고 그 주권에 표창된 주주권을 취득한다. 반면 원래의 권리자는 주주권을 상실하며, 주권에 대한 질권 등의 담보권도 소멸한다. 선의취득자가 회사에 대하여 주주권을 행사하기 위해서는 명의개서를 하여야 한다.

4. 사례에의 적용

교부시설에 따르면 주권은 진정한 주주에게 교부되어야 효력이 발생하는데, 사례의 경우 C는 진정한 주주가 아니므로 C에게 교부된 주권은 유효하지 않다. 따라서 D가 비록 무권리자인 C로부터 주식을 양도받아 주권을 교부받았고, 선의이며 무중과실이라고 하더라도, C에게 교부된 주권이 유효하지 않으므로 선의취득의 요건을 충족하지 못하여 D는 주권을 취득할 수 없다. 따라서 D는 주식에 대한 권리를 취득하지 못한다.

문제 ⑥

Ⅰ. 사안의 쟁점

사례에서 B는 52%의 주식을 가진 최대주주인데 영업양도를 위한 주주총회 특별결의에서 甲회사가 B에게 소집통지를 하지 아니한 경우 위 주주총회결의의 효력과 이를 다투는 방법이 문제된다.

Ⅱ. 영업양도를 위한 주주총회결의의 하자

1. 영업양도를 위한 주주총회결의의 요건

주식회사가 영업의 전부나 중요한 일부를 양도하는 때에는 주주총회에서 출석한 주주의 의결권의 3분의 2 이상의 수와 발행주식총수의 3분의 1 이상의 수로써 결의가 이루어져야 한다(제374조 제1항, 제434조).

2. 주주총회의 중대한 절차상 하자가 있을 때 하자소송

제1문에서 검토한 바와 같이 영업의 전부를 양도하기 위한 임시주주총회 개최일인 2007. 12. 24. B는 52%의 주식을 가진 주주인데, B에 대한 소집통지가 없었고 또한 B가 의결권을 행사하지 못하였으므로 위 주주총회 결의에 하자가 있다.

52%의 주식을 소유한 B에게 소집통지를 하지 않았으므로 중대한 절차상의 하자로 볼 수 있으며, 이는 주주총회결의부존재확인의 소의 원인이 된다(제380조). 결의부존재확인의 소에 대해서는 상법상 제소기간의 제한이 없고, B는 주주로서 소의 이익이 있는 자로서 당사자 적격을 갖추었으므로 회사를 상대로 결의부존재확인의 소를 제기할 수 있다.

3. 사례에의 적용

사례의 경우 영업의 전부를 양도하는 것이므로 주주총회의 특별결의가 필요하고, 52%의 주식을 소유한 B에게 주주총회의 소집통지를 하지 않은 것은 중대한 절차상의 하자이다. 따라서 B는 주주총회결의부존재확인의 소를 제기할 수 있다. 따라서 영업양도를 위한 임시주주총회 결의는 무효이고, 이에 근거한 영업양도계약도 무효이다.

추가 · 심화 질문

기본 사실관계

2010. 1. 10. 망 A(이하 '망인')의 공동상속인(B 포함)들이 모여 유언장의 내용에 따라 상속재산을 분할하기로 합의하였으며, 유언장의 기재에 의하면 망인이 자택 금고에 보관하고 있었던 甲회사 주식 2백만 주(이하 '상속대상 주식') 전부를 C가 취득하도록(또는 C에게 양도하도록) 되어

있었다. 그런데 피고 B가 망인의 생존 당시 그 중 30만주(이하 '이 사건 주식')의 주권을 가져갔다가 이를 분실하였다. 이에 따라 C는 위 합의 당시에는 '이 사건 주식'에 대해서는 주권의 점유를 취득하지 못하였다가 2012. 8.경 B로부터 그 주권(이하 '재발행 주권')을 교부받았다. 그런데 甲회사는 C가 위와 같이 재발행 주권을 교부받기 이전인 2012. 1. 11.경 주식의 액면금을 500원에서 5,000원으로 변경하는 주식병합을 실시하여 완료하였으며, 병합 이후 별도의 신주권을 발행하지는 않았다. 위 주식병합을 할 때 C는 재발행 주권을 점유하고 있지 않았으므로 이를 甲회사에 제출하지 않았다.

문제 ①

주식병합과 주권발행 전 주식양도[5)]
1. 위 주식병합 후 C가 B로부터 받은 '재발행 주권'의 효력은?
2. 위 주식병합 후 C는 '상속대상 주식' 중 '이 사건 주식'에 상응한 병합 후의 신주식에 대하여 그 소유권을 취득하는가?

해 설

문제 ① 1. 주식병합의 효력

주식병합이란 다수의 주식을 합하여 소수의 주식으로 하는 회사의 행위이다. 주식병합은 자본감소, 합병, 분할의 경우에 인정된다. 액면주식의 경우 1주의 금액은 정관의 절대적 기재사항이므로 주식병합을 위해서는 주주총회 특별결의가 필요하다($^{제289조 제1항 제4호,}_{제433조, 제434조}$). 주식을 병합할 경우에 회사는 1월 이상의 기간을 정하여 그 뜻과 그 기간 내에 주권을 회사에 제출할 것을 공고하고, 주주명부에 기재된 질권자에게는 개별적으로 통지하여야 한다($^{제440}_{조}$).

구주권을 제출할 수 없는 자가 있는 때에는 회사는 그 자의 청구에 의하여 3월 이상의 기간을 정하고 이해관계인에 대하여 그 주권에 대한 이의가 있으면 그 기간 내에 제출할 뜻을 공고하고 그 기간이 경과한 후에 신주권을 청구자에게 교부할 수 있다($^{제442조}_{제1항}$).

주식병합의 효력발생시기는 제출기간이 만료한 때이다. 그러나 채권자 이의절차가 종료하지 않은 때에는 그 종료한 때에 효력이 발생한다($^{제441조,}_{제232조}$). 이에 따라 제출되지 않은 주권은 병합절차의 완료로 효력이 상실된다.

사례의 경우 C가 B로부터 받은 재발행 주권은 병합절차에 제출되지 않았으며, 병합의 효

---

5) 참조판례: 대판 2012. 2. 9, 2011다62076, 62083.

력이 발생함으로써 실효된다.

문제 ① 2. 주식병합 이전에 주권의 교부 없이 한 주식양도의 효력

Ⅰ. 사안의 쟁점

주식병합 후 6개월이 경과한 후에도 신주권을 발행하지 아니한 경우에 주권발행 전 주식양도의 효력에 관한 법리($\frac{제335조}{제3항 \ 단서}$)를 주식병합의 경우에도 적용할 수 있는지 여부가 문제된다(판례: 적용). 즉, 구주권에 관한 주식양도의 합의가 주식병합 후 신주권에도 효력을 미치는지 여부이다. 또한 당사자 사이의 주식양도에 관한 의사표시가 주권의 발행 후 주식병합이 있기 전에 있었다고 하더라도 동일한 것인지 여부이다.

Ⅱ. 주권발행 전의 주식양도와 주식병합

1. 주권발행 전 주식양도

주권발행 전에는 원칙적으로 주식의 양도가 제한된다. 따라서 회사성립 후 또는 신주납입기일 후 6개월 이내에 주식을 양도하는 경우 당사자 간에는 유효하지만, 회사에 대해서는 절대적으로 무효이다($\frac{제335조}{제3항 \ 본문}$). 회사성립 후 또는 신주납입기일 후 6개월 이후에는 당사자 간에는 물론 회사에 대해서도 유효하다($\frac{제335조}{제3항 \ 단서}$).

이 경우 주식의 양도방법에 대해 상법에 규정이 없으므로 그 양도는 민법상 지명채권 양도방식에 따라 당사자 간의 의사표시에 의한다(통설, 판례). 이에 따라 회사에 대한 대항요건으로는 회사의 승낙 또는 회사에 통지가 필요하고($\frac{민법 \ 제450}{조 \ 제1항}$), 제3자에 대한 대항요건으로는 확정일자 있는 증서에 의한 통지나 승낙이 필요하다($\frac{민법 \ 제450}{조 \ 제2항}$). 여기서 회사에 대한 대항력이란 회사에 대해 적법한 양수인임을 주장하며 명의개서를 청구할 수 있다는 것을 말한다.

2. 주식병합 후 6개월이 경과한 경우에도 신주권을 발행하지 아니한 경우

주권발행 전에 한 주식의 양도가 회사성립 후 또는 신주의 납입기일 후 6월이 경과하기 전에 이루어졌다고 하더라도 그 이후 6월이 경과하고 그때까지 회사가 주권을 발행하지 않았다면, 그 하자는 치유되어 회사에 대하여도 유효한 주식양도가 된다($\frac{대판 \ 2002.3.15.}{2000두1850}$). 주식병합의 효력이 발생하면 구주권은 실효되고 회사는 신주권을 발행하여야 하며, 이에 따라 교환된 주권 역시 병합 전의 주식을 여전히 표창하면서 그와 동일성을 유지한다($\frac{대판 \ 2005.6.23.}{2004다51887}$). 주식병합이 있어 구주권이 실효되었음에도 주식병합 후 6월이 경과할 때까지 회사가 신주권을 발행하지 않은 경우에는 주권의 교부가 없더라도 당사자의 의사표시만으로 주식양도의 효력이 생긴다.

이는 당사자 사이의 주식양도에 관한 의사표시가 주권의 발행 후 주식병합이 있기 전에 있었다고 하더라도 마찬가지로서, 주식병합으로 실효되기 전의 구주권의 교부가 없는 상태에서 주식병합이 이루어지고 그로부터 6월이 경과할 때까지 회사가 신주권을 발행하지 않았다면 주식병합 후 6월이 경과한 때에 주식병합 전의 당사자 사이의 의사표시만으로 주식양도의 효력이 생긴다고 보아야 할 것이다(대판 2012.2.9. 2011
다62076, 62083).

3. 사례에의 적용

주식병합이 있기 전에 '이 사건 주식'에 관하여 이루어진 주식양도의 합의는 유효하다. 회사가 주식병합 후 6개월이 경과할 때까지 신주를 발행하지 아니한 경우 주권발행 전 주식양도와 마찬가지로 하자가 치유되어 회사에 대하여 대항할 수 있다. 甲회사가 2012. 1. 11. 실시된 주식병합의 효력이 발생한 후 6월이 경과하도록 신주권을 발행하지 않았으므로, 상법 제335조 제3항 단서에 의하여 원고는 주권의 교부 없이 이 사건 합의만으로도 이 사건 주식에 상응한 병합 후 주식의 소유권을 유효하게 취득한다고 보아야 한다.

문제 ❷

주권발행 전 주식의 양도인이 동일한 주식을 제2양수인에게 이중으로 양도하고, 제2양수인이 주주명부상 명의개서를 받음으로써 제1양수인이 회사에 대해 주주로서의 권리를 행사할 수 없게 된 경우, 제1양수인은 주식양도인에 대하여 손해배상책임을 추궁할 수 있는가?

해 설

주권발행 전 주식의 양도는 양도인과 양수인 사이의 주식 양도에 관한 의사의 합치, 즉 주식양도계약만으로 그 효력이 발생하므로, 주식양도계약이 체결됨으로써 바로 양도인은 양도의 목적이 된 주식을 상실하고 양수인이 이를 이전받아 그 주주가 된다. 이 때 양수인은 다른 특별한 사정이 없는 한 양도인의 협력 없이도 그 주식을 발행한 회사에 대하여 자신이 주식을 취득한 사실을 증명함으로써 명의개서를 청구할 수 있고, 그 명의개서로써 회사에 대한 관계에서 주주로서의 권리를 행사할 수 있다.

양도인은 주식 양도의 원인이 된 매매·증여 기타의 채권계약에 따라 양수인이 목적물인 주식에 관하여 완전한 권리 내지 이익을 누릴 수 있도록 할 의무를 진다. 그러므로 양도인은 이미 양도한 주식을 제3자에게 다시 양도 기타 처분함으로써 양수인의 주주로서의 권리가 침해되도록 하여서는 아니 된다.

양수인이 회사 이외의 제3자에 대하여 주식의 양도를 대항하기 위하여는 지명채권의 양도에 준하여 확정일자 있는 증서에 의한 양도의 통지 또는 그와 같은 승낙('제3자 대항요건')이 있어야 하므로, 양도인은 위와 같은 의무의 일환으로 양수인에 대하여 회사에 그와 같은 양도통지를 하거나 회사로부터 그러한 승낙을 받을 의무를 부담한다. 따라서 양도인이 제1양수인에 대하여 원인계약상의 의무를 위반하여 이미 자신에 속하지 아니하게 된 주식을 다시 제3자에게 양도하고 제2양수인이 주주명부상 명의개서를 받는 등으로 제1양수인이 회사에 대한 관계에서 주주로서의 권리를 제대로 행사할 수 없게 되었다면, 이는 그 한도에서 이미 제1양수인이 적법하게 취득한 주식에 관한 권리를 위법하게 침해하는 행위로서 양도인은 제1양수인에 대하여 그로 인한 불법행위책임을 진다고 할 것이다. 이러한 양도인의 책임은 주식이 이중으로 양도된 경우 양수인 간에 제3자 대항요건을 누가 먼저 구비하였는가에 의해 영향을 받지 아니한다($\binom{\text{대판 2012.11.29,}}{\text{2012다38780}}$).

기본 사실관계

건설업을 영위하는 A회사는 새롭게 유통업에 진출하기 위해서 파트너를 물색하던 중 B회사와 협상이 타결되어, 2015. 4. 1. A회사가 60%, B회사가 40%를 출자하여 甲회사를 설립하였다. A회사와 B회사는 합작투자계약에 다음과 같은 합의를 하였다.

① 甲회사의 이사회는 5명으로 구성하되, 4명은 A회사가, 1명은 B회사가 지명한다.

② 甲회사는 설립으로부터 5년간 이익배당을 하지 않는다.

③ A회사와 B회사는 甲회사 주식을 설립으로부터 5년간 제3자에게 양도할 수 없다.

④ A회사와 B회사가 어떠한 이유에서든 사업에서 철수하고자 하는 경우 甲회사는 일정 계산식에 의하여 계산된 가격에 그 주식을 매수한다.

甲회사의 정관에는 위 ③, ④의 내용이 기재되었으며, 이와 함께 이익배당을 이사회의 권한으로 하는 조항도 두었다. A회사, B회사, 甲회사는 모두 상법상 주식회사로서 비상장회사이며, 설립 당시 甲회사는 주권을 발행하지 않았다.

그러나 甲회사는 설립 후 사업환경이 갑자기 악화되면서 A회사와 B회사도 의견충돌이 생기게 되었다. 결국 설립으로부터 3개월이 지나지 않아 2015. 6.경 B회사는 사업에서 철수하기로 하고 위 합작투자계약서 및 정관상 약정된 주식매수청구권을 행사하고자 하였다. 그러나 甲회사는 이를 거부하였고, 이에 B회사는 주식을 제3자에게 양도하기 위해서 甲회사에 주권을 발행하여 줄 것을 청구하였다. 그러나 적대관계에 있던 A회사의 지시로 甲회사가 이마저 거절하자, 2015. 7. 1. B회사는 소유하던 甲회사 주식 전부를 C에게 양도하는 계약을 체결하고 이 사실을 확정일자 있는 문서로 甲회사에 통지하였다. C는 위 주식양수 당시에는 아무 조치를 취하지 않고 있다가, 향후 주주총회의 의결권을 행사하기 위해 2015. 12.경 甲회사에 명의개서를 청구하였다.

문제 ①

甲회사의 경영상태가 양호하여 배당가능이익이 발생하였고 A회사와 B회사가 의견충돌 없이 서로 주식을 보유한 상태로 2015년 말을 맞이하였다면, 2015년 말에 A회사 이사회는 주주에게 이익배당을 하기로 결정할 수 있는가? 만일 B회사가 이에 반대한다면 어떤 조치를 취할 수 있는가? (20점)

문제 ②

위 ③, ④의 내용이 기재된 甲회사의 정관의 효력을 검토하시오. (30점)

문제 ③

甲회사는 C의 명의개서 청구를 거절할 수 있는가? (40점)

문제 ④

A회사는 B회사의 위 주식양도와 관련하여 B회사에 계약위반을 이유로 손해배상을 청구할 수 있는가? (10점)

해 설

문제 ①

Ⅰ. 문제의 제기

사안에서 A회사와 B회사는 주주간계약으로 甲회사 설립으로부터 5년간 배당을 하지 않기로 합의하였다. 그러나 이는 어디까지나 A회사와 B회사 사이에 이루어진 계약이므로 이를 가지고 甲회사를 구속할 수 있는지 문제가 된다. 합작회사와 같은 폐쇄회사에서 주주가 원하는 질서를 어디까지 인정할 것인지와 관련된 문제이기도 하다.

Ⅱ. 주주간계약의 회사에 대한 효력

1. 의 의

주주간계약이란 회사 설립시 주주 사이에서 체결된 계약을 말한다. 실무상 합작회사의 설립과 같이 소수의 주주만 있는 경우 자주 체결된다. 그 내용은 크게 ① 주식의 양도를 제한하거나, 주주총회의 의결권 행사를 제한하는 등 주주의 권한에 관한 것과, ② 대표이사의 선임이라든지, 일정 사안에 대해서 특정 주주의 승인을 얻도록 하는 등 주주가 단독으로 결정할 수 없는 회사의 운영과 관련된 것으로 나눌 수 있다. 사안의 이익배당은 이사회의 권한이므로 후자의 유형에 속한다.

2. 주주간계약의 회사에 대한 구속력

(1) 학 설

우리나라의 학설은 일반적으로 주주간계약의 회사에 대한 구속력을 부정하는 입장을 취하고 있다. ① 주주가 주주간계약에서 정하는 양도제한을 위반하여 주식을 양도하였더라도, 회사는 그 주식의 양수인에 대하여 명의개서를 거부할 수 없으며, ② 주주가 의결권구속계약에 위반하여 의결권을 행사하였다고 하더라도 그 주주총회에는 아무런 하자가 없으며, ③ 회사 설립 이후 주주간계약과 달리 특정 주주나 그 지정하는 자가 대표이사로 선임되지 않더라도 주주는 그 자를 선임하라는 청구를 회사에 할 수 없다는 것이다.

학설은 명확한 논거를 제시하고 있지는 않지만, 이처럼 주주간계약의 회사에 대한 구속력을 부정하는 이론적 근거로는 ① 회사는 주주간계약의 당사자가 아니므로 그 효력이 직접 미치지 않고, ② 개인법적 거래로 단체적 법률관계에 혼란을 주는 것이 바람직하지 않을 뿐만 아니라, ③ 특히 이익배당과 같이 주주의 권한이 아닌 회사운영에 관한 사항에 대해서는 주주가 임의로 처분할 수 없다는 등의 논거를 생각할 수 있다.

(2) 검 토

합작회사와 같은 폐쇄회사에서는 다른 이해관계의 이익을 해하지 않는 한 당사자들이 원하는 질서를 가급적 존중하는 것이 바람직할 것이다. 그러나 학설에 따르면, A회사와 B회사 사이의 이익배당 금지약정은 甲회사를 구속하지 않으므로 甲회사 이사회는 자유롭게 이익배당을 할 수 있다. 이는 이사회의 권한남용이나 주의의무 위반이 되지 않는다. 따라서 B회사는 이익배당을 막기 위해서 어떤 조치를 취할 수 없고, 사후적으로 이사에게 책임을 물을 수도 없다.

Ⅲ. 甲회사에 대한 손해배상청구의 문제

1. 주주간계약의 채권적 효력

주주간계약이 당사자 사이에서 채권적 효력을 가지는지는 아직 일반적으로 정리가 되지 못하고 있다. 판례는 아래에서 서술하는 바와 같이 주주간 주식양도제한 약정을 다룬 것이 있을 따름이지만($\binom{대판 2008.7.10.}{2007다14193}$), 주주의 권한이 아닌 사항을 다룬 위 사실관계에는 바로 적용되기는 힘들다.

2. 검 토

주주간계약의 채권적 효력은 주주간계약의 유형에 따라 판단이 달라져야 할 것이다. 먼저 주주권을 제한하는 경우에는, 당사자들이 자신의 권한범위에 속하는 행위를 내용으로 하였기 때문에, 특별히 그 제한이 공서양속에 반하지 않는 한 채권적 효력은 인정될 수 있을 것이다. 반면 회사의 지배구조나 이사회의 권한에 관한 합의는, 소유와 경영의 분리라는 기관 구성의 이념 및 이사 또는 대표이사의 충실의무의 요청에 비추어, 그 채권적 효력도 부정하는 것이 타당하다.

3. 사안에의 적용

위 사실관계의 주주간계약은 이사회의 권한에 관한 합의이므로, A회사와 B회사 사이의 채권적 효력도 인정될 수 없다고 할 것이다. 이사는 회사에 대해서 주의의무를 지고 있으므로 그 주의의무를 제약하는 약정이 어떠한 형태로든 법적 강제력을 가지는 것은 곤란하기 때문이다. 따라서 B회사는 A회사에 대하여 손해배상을 청구할 수 없다.

문제 ②

Ⅰ. 양도금지 정관의 효력

주식회사 가운데는 소수의 주주가 인적 유대를 기초로 하여 조합적으로 운영되는 경우도 많다. 이 경우에 주식의 자유로운 양도를 제한할 필요성이 인정된다. 상법은 주식의 양도에 대해서 이사회의 승인을 얻는 방식으로 주식양도의 자유를 제한할 수 있도록 허용하고 있다($\binom{제335조}{제1항 단서}$). 여기서 나아가 정관에서 그 이외의 방법으로 주식의 양도를 제한하거나 일정 기간 주식의 양도를 금지할 수 있는가?

주식의 양도를 제한하는 문제는 위와 같은 폐쇄적 회사운영의 필요성과 투하자본의 회수수단으로서 주식양도의 보장이라는 대립하는 두 이익을 비교하여 결정할 문제이다. 통설은 주식회사에서 주식양도는 투하자본의 유일한 회수수단이라는 점을 강조하여, 주식양도의 제한은 어디까지나 예외적으로 인정되어야 한다고 본다. 그 결과 제335조 제1항 단서의 이사회 승인 이외의 방식으로 주식양도를 제한하는 것은 무효라고 본다. 따라서 위 사실관계의 정관규정 ③은 무효이다.

Ⅱ. 회사의 주식매수 정관의 효력

1. 문제의 제기

설문에서 정관규정 ④는 자기주식취득을 규정하고 있다. 상법상 자기주식취득에 관한 규정은 채권자의 보호를 위한 강행규정이므로, 그에 위반하는 내용으로 자기주식취득을 규정하였다면 무효가 된다. 따라서 위 정관규정이 제341조 이하의 규정에 부합하는지 여부를 살펴보아야 한다.

2. 배당가능이익으로 하는 자기주식취득과 부합하는가?

(1) 취득요건 및 방법

2011년 개정상법은 자기주식취득을 이익배당과 같이 회사재산의 반환으로 보아 배당가능이익의 한도에서 회사의 자유로운 자기주식취득을 허용하였다($\substack{제341 \\ 조}$). 이익배당과 같아야 한다는 점에서 취득의 재원 및 방법에 대한 규제가 중요하다. 취득재원은 상법상 배당가능이익을 한도로 하며, 그 한도에서는 취득수량에는 제한이 없다. 또한 취득방법은 주주평등의 원칙을 유지해야 한다. 설문과 같은 비상장회사는 공개매수와 비슷하게 모든 주주로부터 균등한 조건으로 취득하는 방법만이 가능하다($\substack{제341조 제1항 제2호, 시 \\ 행령 제9조 제1항, 제10조}$). 이는 일부 주주에게만 회사의 재산을 환급하는 것을 방지하는 취지이다.

(2) 설문 정관규정의 부합 여부

사실관계에서 정관규정 ④는 특정 주주로부터 회사가 주식을 취득한다는 내용만 두고 있다. 먼저 취득재원으로 배당가능이익이 있을 것을 전제하고 있지 않고 있다. 배당가능이익이 없더라도 자기주식을 취득할 수 있기 때문에 위 취득재원에 대한 규제를 위반하고 있다. 또한 취득방법 역시 특정 주주로부터의 환급을 예정하고 있으므로 주주평등이 달성되고 있지 않다. 어느 측면을 보더라도 위 정관규정은 배당가능이익으로 하는 자기주식취득으로 취급될 수 없다. 따라서 정관규정 ④는 강행규정 위반으로 무효이다.

3. 특정목적을 위한 자기주식취득에 부합하는가?

그렇다면 위 정관규정 ④가 유효로 될 수 있는 방법은 제341조의2에서 정하는 특정목적을 위한 자기주식취득에 해당하는 것밖에 없다. 그러나 주주에게 투하자본의 회수를 보장하는 것은 제341조의2의 특정목적에 포함되어 있지 않다. 특히 2011년 개정상법은 종래 인정되던 주식소각 목적의 자기주식취득 규정을 삭제하였는데, 당시 판례는 이 규정에 근거하여 장차 주식을 소각할 계획으로 자기주식을 취득하는 경우도 소각목적의 자기주식취득으로 보아 적법하다고 인정하고 있었다($\binom{대판\ 1992.4.14,}{90다카22698}$). 소각목적을 이렇게 확대해석하는 것에 대해서는 당시에도 비판이 많았지만, 2011년 상법개정으로 더 이상 유지될 수 없게 되었다.

따라서 정관규정 ④는 특정목적을 위한 자기주식취득으로 볼 수 없다. 판례도 주주간 분쟁을 해결하기 위해서 회사가 일부 주주에게 출자금 등을 환급해 주기로 하는 내용의 정관은 자기주식취득의 금지에 위반된다고 보고 있다($\binom{대판\ 2007.5.10,}{2005다60147}$). 결론적으로 정관규정 ④는 강행규정 위반으로 무효이다.

문제 ③

Ⅰ. 문제의 제기

C는 B회사로부터 주식을 양수하였으므로 다른 사정이 없다면 적법한 주주로서 甲회사에 대해서 명의개서청구권을 가진다. 설문에서 C의 법적 지위에 문제를 야기할 만한 사유로는 B회사가 주주간계약에 위반하여 주식을 양도했다는 점과, 그 양도가 주권의 교부가 아니라 지명채권 양도방법에 의해서 이루어졌다는 점이다. 이러한 사유로 인하여 C의 주주로서의 지위가 부정될 수 있는지 살펴본다.

Ⅱ. 주주간 양도금지약정 위반의 문제

1. 주주간 양도금지 약정의 효력

(1) 학 설

상법은 주식회사의 경우 투하자본의 회수의 방법으로서 주식의 양도를 기본으로 하고 있기 때문에, 주식의 양도를 당사자 사이에 또는 회사가 제한하는 것에 대해서 대단히 엄격한 입장을 취하고 있다. 이러한 맥락에서 학설은 주주간 양도제한을 하였다고 하더라도 그것이 회사에 대해서 구속력을 가진다고 보지 않는다. 이러한 결론은 회사가 약정의 당사자이거나 또는 그 약정의 내용을 정관에 기재하였다고 하더라도 마찬가지이다. 회사는 제335조 제1항 단서의 방식으로만 주식의 양도를 제한할 수 있기 때문이다.

(2) 판 례

판례는 양도제한 약정이 회사에 대하여 어떠한 효력을 가지는지 아직 명시적으로 판시한 바가 없다. 예를 들어, 당사자 사이의 채권적 효력을 인정한 위 2007다14193 판결 역시 양도제한 약정의 위반에 대한 위약금이 문제된 사안이었기 때문에, 회사에 대한 효력은 언급하고 있지 않다. 다만 그 원심에서 "그 제한계약은 계약당사자 사이에 채권적 효력을 발생시킴에 불과하고 그러한 제한에 위반하여 주식양도가 행하여진 경우 주식양도 자체는 원칙적으로 유효하므로, 회사는 제3자에 대하여 주식양도의 효력을 인정하여야 한다."라고 판시하여($\binom{부산}{고법}$ $\binom{2007.1.11,}{2005다13783}$), 주주의 투하자금 회수의 가능성과는 상관없이 회사에 대한 효력을 부정하고 있다.

2. 사안에의 적용

학설과 판례에 따르면, 주주가 양도제한 약정을 맺었다 하더라도, 그 약정은 회사에 대해서는 효력이 없고, 회사는 그 약정을 원용하여 주주에게 대항할 수 없다. 위 사실관계에 적용해 보면, 주식을 양수한 C는 회사와의 관계에서는 적법한 주주이며, 회사는 이를 부인할 적법한 사유를 갖지 못한다. 그렇다면 회사는 C의 명의개서 청구를 거절할 수 없다.

Ⅲ. 주권발행 전 주식양도의 문제

1. 주권발행 전 주식양도의 효력

(1) 원 칙

주식의 양도는 주권의 교부가 요구되므로($\binom{제336조}{제1항}$), 회사가 아직 주권을 발행하지 않았다면 주주는 주식을 양도할 방법이 없다. 그런데 이러한 원칙을 관철하면, 회사가 설립된 이후 또는 신주발행의 효력이 발생한 이후 상당한 기간이 지나도록 주권을 발행하지 않는 경우에는 사실상 주주의 투하자금 회수가 봉쇄되는 결과를 가져온다. 상법은 주권을 발행해야 할 시점으로부터 6월이 지난 경우에는 주권이 없이도 주식을 양도할 수 있도록 하여($\binom{제335조}{제3항 후단}$) 이러한 문제를 해결하고 있다. 그러나 6월 이전에는 이러한 예외가 적용되지 않으므로 주권이 없이는 주식을 양도할 수 없다.

(2) 사안에의 적용

본 사안은 2015. 4. 1. 설립으로부터 6월이 채 지나지 않은 2015. 7. 1. 주식의 양도가 이루어졌으므로 위 예외가 적용되지 않는다. 따라서 주권 없이 이루어진 주식양도는 회사에 대해서 효력이 없다(제335조 제3항 전단). 본 설문에서 확정일자 있는 문서로 A회사에 통지가 이루어졌다는 것도 결론에 아무 영향이 없다. 여기서 회사에 대해서 효력이 없다는 의미는 회사도 임의로 그 양도의 효력을 인정할 수 없다는 것으로 본다.

2. 하자의 치유

(1) 학설 및 판례

설립 또는 신주발행으로부터 6월이 지나면 주주는 주권 없이도 주식을 양도할 수 있다는 점에서, 회사성립 또는 신주의 납입기일 후 6월 이내에 주권발행 전 주식양도가 이루어져 무효인 경우, 이후 6월이 경과하게 되면 그 하자가 치유되는지가 문제된다. ① 이를 긍정하게 되면 주권발행 전 주식양도를 조장할 우려가 있다는 점을 들어 그 하자의 치유를 부정하는 견해가 있으나, ② 다수설은 어차피 6월이 경과한 다음에는 주권 없이도 양도할 수 있으므로, 그 하자의 치유를 부인하는 것은 다시 양도계약을 체결하도록 하는 번거로움만 가져올 뿐이라는 근거에서 하자의 치유를 긍정하는 견해를 취하고 있다. 판례도 다수설과 마찬가지로 하자의 치유를 인정하여, 설립 또는 신주발행으로부터 6월이 경과함으로써 회사에 대하여 효력이 생긴다고 본다(대판 2012.2.9, 2011 다62076, 62083).

(2) 사안에의 적용

C의 2015. 7. 1. 주식양수는 위에서 살펴본 바와 같이 무효이나, 설립으로부터 6월이 경과함으로써 그 하자가 치유되어 유효한 양도가 이루어진 것으로 되므로, C는 2015. 12.경에는 적법한 주주로서의 지위를 가지고 있다고 보아야 한다. 따라서 C는 자신의 주주권에 기초하여 회사에 명의개서를 청구할 수 있다.

IV. 결 어

C는 B회사로부터 주식을 양수하였고, 주주간계약에 위반하였다는 사정이나, 주권이 없이 양도가 이루어졌다는 사정은 회사에 대하여 양도의 효력을 부정할 근거가 되지 못한다. 甲회사는 적법한 주주인 C의 명의개서 청구를 거절할 수 없다.

문제 **4**

Ⅰ. 주식양도제한 약정의 채권적 효력

주주들 사이에 주식양도를 금지하는 약정을 한 경우, 당사자 사이에 채권적 효력은 인정되는가? 판례는 주주간 양도제한 약정이 주주의 투하자금 회수의 가능성을 전면적으로 부인하는 정도에 이르렀다면 무효라고 본다. 처음 판례는 회사의 설립으로부터 5년간 주식의 양도를 금지하는 약정에 대하여 단순히 무효라고 하면서 그 결과 회사는 양수인의 명의개서청구를 거절할 수 없다고 하여($\binom{대판 2000.9.26.}{99다48429}$), 그 무효의 의미가 주주 사이에도 효력이 없다는 것인지 불확실하였다. 그러나 이후 판례는 양도제한 약정의 내용이 주주의 투하자금 회수의 가능성을 전면적으로 부정하는 것이 아니라면 당사자 사이에서는 유효하다고 보았으므로($\binom{대판}{2008.7.10.}{2007다}{14193}$), 결국 그 무효란 주주 사이에 채권적 효력도 없다는 의미라고 보는 것이 타당하다.

Ⅱ. 사안에의 적용

A회사와 B회사 사이에 주주간계약이 당사자 사이에 채권적 효력을 가지기 위해서는 양도금지 기간이 주주의 투하자금 회사의 가능성을 전면적으로 부인한다고 볼 수 있을 정도가 되어서는 안 된다. 판례는 위에서 검토한 바와 같이 5년간의 양도금지는 투하자금의 회수가능성을 전면적으로 부정한다고 보았으므로, 본 사안의 양도제한 조항은 채권적 효력도 없다고 본다. 따라서 甲회사는 乙회사에 대하여 손해배상을 청구할 수 없다.

추가 · 심화 질문

문제 1

甲회사는 정관으로 주식의 양도는 이사회의 승인을 얻어야 한다고 규정하고 있다. B회사가 그 승인을 얻지 않고 C에게 주식을 양도한 경우 그 효력은 어떻게 되는가?

해 설

Ⅰ. 문제의 제기

주식의 양도를 제한하는 것은 주주가 그 투하자금을 회수하는 문제와 관련하여 중대한 제한이므로 상법은 이사회의 승인을 통한 제한만을, 정관의 규정을 전제로 하여 인정하고 있다(제335조 제1항 단서). 이사회에 대한 양도의 승인청구는 양도인(제335조의2) 또는 양수인(제335조의7) 모두 할 수 있으며, 서면으로 승인을 청구해야 한다. 그런데 이러한 승인을 청구하지 않고 바로 주식을 양도한 경우 그 효력은 어떻게 될 것인가? 제335조 제2항은 "회사에 대하여 효력이 없다."고 하고 있으므로 그 의미가 무엇인지 문제가 된다.

Ⅱ. 양도제한 위반의 효력

1. 회사에 대한 효력

상법은 이사회의 승인을 받지 않고 이루어진 주식양도는 "회사에 대하여 효력이 없다."고 규정하고 있다(제335조 제2항). 명의개서가 이루어지지 않은 경우의 효력으로 "회사에 대항하지 못한다."고 규정하고 있는 것과 비교하면(제337조 제1항. 편면적 효력), 제335조 제2항은 단순히 편면적 효력을 규정한 것이라고 볼 수 없다. 다시 말해서, 여기서 회사에 대하여 효력이 없다는 의미는 양수인이 회사에 대하여 주주임을 주장할 수 없을 뿐만 아니라, 회사도 양수인을 임의로 주주로 인정할 수 없다는 것으로 이해하여야 한다. 따라서 회사와의 관계에서는 언제나 양도인이 주주가 된다. 회사도 그 양도의 효력을 인정할 수 없다.

다만 주식의 양도에 대해서 총주주의 동의가 있거나 1인 회사에서 1인 주주가 주식을 양도한 경우에는 이사회의 승인이 없더라도 유효라고 해석하는 것이 통설이다. 정관에 의한 양도제한의 취지가 주주의 의사에 반하는 다른 주주의 참여를 배제하는 것에 있는데, 이 경우에는 그러한 사정이 없기 때문이다.

2. 채권적 효력

판례는 주식양도가 이사회의 승인을 얻지 않았다고 하더라도 양도인과 양수인 사이에서 채권적 효력을 인정하고 있다(대판 2008.7.10. 2007다14193). 정관에 의한 주식양도 제한의 취지가 양도인 이외의 주주의 이익을 보호하기 위한 것이므로, 양수인이 회사에 대하여 주주로서의 권한을 행사할 수 없는 이상 이러한 문제는 해결된 것이고, 여기서 나아가 굳이 양도의 당사자 사이에 효력을 부정할 필요는 없기 때문이다. 따라서 당사자 사이에서는 주식이 양도한 것처럼 법률관계가 형성된다. 일반적으로는 그 법적 근거로 양수인도 승인청구를 할 수 있다는 제335조의7을 든다.

문제 2

위 사안에서 2015. 7. 1. 주식을 양수한 C가 甲회사에 주권의 발행을 청구하여 甲회사가 주권을 발행하여 주었다고 하자. C는 2015. 12.경 이 주권을 D에게 교부하는 방식으로 주식을 양도할 수 있는가?

해 설

Ⅰ. 주권의 효력발생시기

1. 원 칙

주식의 양도는 원칙적으로 주권의 교부에 의한다(제336조 제1항). 그러나 주권의 교부가 이러한 효력을 가져오기 위해서는 먼저 주권이 적법하게 효력을 발생해야 한다. 주권이 언제 효력이 발생하는지에 대해서는, ① 회사가 주권을 작성한 때에 주권으로서의 효력이 발생한다고 하는 작성시설, ② 주권이 작성된 후 회사의 의사에 기하여 교부가 이루어지면 주권으로서의 효력이 발생한다는 발행시설, ③ 회사가 주권을 주주에게 교부한 때에 효력이 발생한다는 교부시설 등이 대립한다.

이러한 견해의 대립은 결국 주권의 효력발생시기를 앞당겨 거래의 안전을 보호할 것인가 아니면 이를 늦추어 정당한 주주의 권리를 보호할 것인가의 문제이다. 작성시설은 거래의 안전을, 교부시설은 정당한 주주의 권리보호에 더 중점을 두는 입장이다. 통설·판례는 교부시설을 취하고 있다(대판 2000.3.23. 99다67529). 따라서 주권이 정당한 주주에게 교부되기 전에는 주권으로서의 효력을 가지지 않고, 그 결과 선의취득이나 채권자에 의한 압류가 불가능하다.

2. 사안에의 적용

주권이 효력을 가지기 위해서는 "정당한 주주"에게 교부되어야 하는데, 설립으로부터 아직 6월이 경과하지 않은 2015. 7. 1. 당시에는 B회사의 C에 대한 주식양도는 무효이며, 이를 회사도 승인할 수 없다. 따라서 C는 주주가 아니기 때문에, 甲회사가 C에게 주권을 발행하여 주더라도 이는 무효이다. 무효인 주권은 주식을 수반하지 않기 때문에, D는 甲회사의 주식을 승계취득할 수 없을 뿐만 아니라 선의취득도 하지 못한다.

Ⅱ. 하자의 치유

본문에서 설명한 바와 같이 주권발행 전 주식양도라 하더라도 설립 또는 신주발행으로부터 6월이 경과된 경우에는 하자가 치유된다. 따라서 C는 2015. 12.경에는 적법한 주주의 지위를 이미 취득하였다고 볼 수 있다.

그러나 이러한 하자의 치유는 어디까지나 C에 대한 주식양도의 하자를 치유하는 것에 불과하다. 무효인 주권이 위의 기간의 경과로 유효한 주권으로 전환되는 것은 아니다. 따라서 C가 보유한 주권은 여전히 무효로서, 그 교부를 가지고 주식을 양도할 수는 없다. C는 적법한 주주이므로, 그 주식을 양도하기 위해서는 다시 甲회사로부터 주권을 발행받아 이를 교부하거나, 아직 주권이 발행되지 않았으므로 지명채권 양도방법에 의하여 주식을 양도할 수밖에 없다.

문제 ③

자기주식취득과 이익배당의 취급이 동일해야 하는 논리를 설명하라.

해 설

Ⅰ. 2011 개정상법의 논리

2011년 상법개정에서 배당가능이익으로 하는 자기주식취득이 허용된 것은 이러한 형태의 자기주식취득은 회사의 재산을 주주에게 반환한다는 점에서 이익배당과 다를 바가 없다는 것에 근거가 있다. 이익배당이 허용된다면 자기주식취득도 허용되어야 한다는 것이다. 자기주식취득이 주식의 매매라는 형식을 취하고, 주주의 입장에서 보유주식 수가 줄어들기 때문에 이익배당과 다르다고 생각할 수 있으나, 주주의 이해관계에 있어 중요한 것은 주식 수가 아니라 지분비율이다. 따라서 매매의 형식을 취한 결과 보유주식 수가 줄어든다는 것은 자기주식

취득의 경제적 실질과는 별 상관이 없다.

Ⅱ. 유상감자 및 이익배당과의 비교

예를 들어, 액면 500원으로 100주를 발행한 회사의 현재 자기자본 계정이 자본금 5만 원, 자본금잉여금은 없고, 이익잉여금으로는 이익준비금 3만 원, 임의적립금 2만 원으로 구성되어 있다고 하자. 회사의 순자산만 고려하면 주식의 가치가 1천원이 될 것이다. 회사가 이제 주주에게 모두 1만 원을 지급했다고 하자. 지급이 지분비례로 이루어졌다고 하면 주주의 부에는 아무런 변화가 없다. 회사가 이를 달성하는 방법은 다양하다.

① 회사가 자기자본 계정에서 1만 원을 줄일 수 있는 첫 번째 방법은 임의적립금을 1만 원 줄이는 것이다. 자본금과 주식 수에는 아무 변화가 없고, 100주의 가치는 주당 900원이 된다. 이익배당이다. ② 다른 방법으로는 이익준비금을 1만 원 줄이는 것을 생각할 수 있으나, 이러한 방법은 제460조에서 금지하고 있다. ③ 자본금을 재원으로 하는 것도 생각해 볼 수 있다. 1만 원의 가치에 해당하는 주식은 10주이므로, 1만 원이 환급되었다면 10주에 해당하는 가치가 환급되었다고 볼 수 있다. 따라서 주식 수를 90주로 줄이게 되는데, 이 경우 액면이 500원 그대로이므로 자본금은 4만 5천 원이 된다. 자본금이 5천원밖에 줄지 않았으므로, 나머지 5천 원은 감자차손이 된다. 유상감자이다. ④ 마지막으로 단순히 자기자본 계정 전체에서 1만 원을 차감하는 방식도 있다. 이를 자기주식취득이라고 한다. 아직 주식이 소각되지 않았으나, 주주 입장에서 보면 주식수가 줄어든 것과 마찬가지이다. 예를 들어, 자기주식을 소각하면 바로 유상감자를 한 것과 동일한 결과가 된다.

유상감자는 회사의 자본금이 감소되므로 채권자보호절차를 거쳐야 한다는 점에서 다른 절차와 구별되어야 할 실익이 있다고 하더라도, 주주의 지분비율에 비례적으로 이루어지는 자기주식취득과 이익배당을 서로 달리 규제하는 것은 타당하지 않다. 2011년 개정상법은 이러한 비판을 받아들인 것이다.

Ⅲ. 약간의 차이

자기주식취득과 이익배당의 경제적 실질이 동일하다고 하더라도 약간의 차이가 발생할 여지는 있다. 자기주식취득은 이익배당과 달리 매매의 형식을 취하기 때문에 주주가 자기주식취득에 응하지 않을 수 있다는 것이다. 그러나 이익배당의 경우에도 주주가 배당받은 현금으로 즉시 주식을 매수할 수 있다고 본다면 그 차이는 그렇게 크지 않다.

주방용품 등을 제조하는 상장회사인 갑회사 자본금 100억 원, 발행주식총수는 1천만 주이고, A가 대표이사, B, C, D 및 E는 이사직을 담당하였다. 갑회사의 지분관계는 대표이사인 A 30%, B 15% 그리고 C가 10%를 소유하였고, 나머지는 소수주주들이 소유하고 있다. 갑회사와 영업면에서 협력관계에 있는 을회사는 갑회사의 자금지원 요청에 따라서 갑회사의 증자에 참여하여 갑회사 발행주식총수의 5%를 소유하고 있다.

2013. 12. 1. 자금이 필요하게 된 을회사는 갑회사에게 10억 원의 자금대여를 요청하였는데, 대표이사 A가 자금부족을 이유로 이를 거절하자 을회사는 자신이 소유한 갑회사의 주식을 갑회사가 매입하지 않으면 위 주식을 시장에서 매도할 것이라는 의사를 표명하였다. 이에 A는 이사회를 소집하여 이를 논의하였고, 이 회의에서 참석이사 4인(E는 불참) 중 A, B와 D는 갑회사의 주식취득에 찬성하였고, C는 반대하였다. A와 B는 을회사와 사업상의 협력관계를 유지하기 위하여 위 주식의 매수를 주장하였고, A는 을회사의 협력으로 경영권을 유지하는 데 도움을 받아 왔다. 위 주식의 매수에 대하여 C는 자금난으로 작년도에도 이익배당을 못하였는데, 위 주식을 매수할 경우 회사의 자금난을 가중시킬 것이라고 주장하며 반대하였고, 이에 대하여 A는 위 주식을 신속히 다시 매도하여 갑회사의 재무에 부담을 주기 않겠다고 말하였다. 그 후 A는 갑회사가 을회사로부터 위 주식을 10억 원에 취득하는 계약을 맺고, 동년 12. 10. 그 대금을 지급하였지만, 주주명부상의 을회사 명의를 변경하지 않고 유지하면서 후일 위 주식의 매수인이 결정되면 그의 명의로 변경하기로 하였다. 위 대금의 지급 당시 갑회사 주식 5%의 시세는 약 9억 원이었다.

2014. 3. 15. 갑회사의 정기주주총회가 개최되어 결산안에 관한 결의에서 A는 을회사에게 대리인의 파견을 요청하였고, 을회사는 총무부장 F를 총회에 참여시켰으며, 그는 A의 지시대로 결산안에 찬성하였다. 그 결과 출석주주 의결권수의 60%가 찬성하여 결산안이 통과되었다.

동년 4. 15. A는 위 주식을 자기의 지인이면서 갑회사 주주인 G 및 H에게 자신이 을회사의 위임을 받아 위 주식을 양도하는 것으로 말하였고, 그 매도대가의 총액은 9억 원이며 현금 7억 원은 즉시 납입하고, 나머지 2억 원은 갑회사가 G와 H에게 각각 1억 원씩, 1년간 저리로

자금을 대여해 줄 것을 약속하였다. G와 H는 위 주식을 절반씩 매수하기로 하고, 동년 5. 15. 현금 7억 원 및 갑회사의 대여금에 의하여 대금을 납입하였지만, 갑회사는 위 대여금에 관하여 그 이자뿐만이 아니라 변제기가 지났음에도 불구하고 원금반환을 청구하지 않고 있다.

그 후 동년 10. 5. 대표이사 A는 임원진 선임 및 해임을 의안으로 한 주주총회를 소집하였고, 개최된 주주총회에서는 G와 H가 참석하여 의결권을 행사하였으며, 제안된 의안은 모두 의결되었다.

문제 ❶

갑회사가 을회사로부터 갑회사 주식의 5%를 취득한 것은 적법한가? (35점)

문제 ❷

위 주식취득이 유효함을 전제로 하고, 위 주식취득으로 인하여 갑회사가 입은 손해에 대한 책임은 어떻게 추궁할 수 있는가? (25점)

문제 ❸

2014. 3. 15.에 성립한 주주총회결의는 어떠한 문제점을 갖고 있는지 검토하시오. (25점)

문제 ❹

G와 H는 2014. 5. 15. 갑회사 주식을 취득하였는데, 그 효력 및 2014. 10. 5. 주주총회결의의 효력을 논하시오. (15점)

해 설

문제 ❶

Ⅰ. 사안의 쟁점

사안에서 갑회사가 을회사로부터 갑회사가 발행한 주식의 5%를 취득한 것은 상법상의 자기주식 취득에 해당한다. 상법상으로 자기주식의 취득은 그 취득재원에 관하여 제한을 받으며, 방법 면에서는 주주총회의 승인 및 균등한 조건에 의한 취득 등의 제한을 받는다. 위 사안에서 그 제한을 준수하였는지 여부 및 제한을 위반하여 자기주식을 취득하였을 경우에 그 효력이 문제된다.

Ⅱ. 쟁점에 관한 검토

1. 자기주식 취득의 제한

(1) 자기주식 취득제한의 취지

자기주식의 취득은 주식발행으로 얻은 자본금이 다시 회사 밖으로 유출된다는 점에서 자본금충실의 원칙에 반하며, 취득된 자식주식은 주가변동에 따른 가치 하락의 위험에 노출되어 있으며, 취득기회 및 대가의 불공정으로 인하여 주주평등에 반하게 된다는 문제가 있다. 그렇지만 상법은 자기주식의 취득이 적대적 M&A에 대한 방어수단 및 주가관리의 수단으로 활용될 수 있기 때문에 일정한 제한 하에 그 취득을 허용하고 있다(제341조).

(2) 재원의 제한

배당가능한 이익으로 자기주식을 취득한다면 자금유출로 인하여 회사채권자를 해하지 않으므로 상법은 직전 결산기의 대차대조표상 이익이 현존하여야 하고, 또한 해당 결산기에 이익이 예상되는 경우 그 취득을 허용한다(제341조 제1항, 제3항).

만일 해당 영업연도의 결산기에 배당가능이익이 없는 데에도 불구하고 회사가 자기주식을 취득한 경우 이사는 회사에 대하여 연대하여 배당가능이익을 초과하여 지급한 금액을 배상할 책임이 있다. 그러나 이사가 배당가능이익이 산출되지 못할 우려가 없다고 판단하고, 이에 관하여 주의를 게을리하지 아니하였음을 증명하면 그 책임을 벗어날 수 있다(동조 제4항).

(3) 방법상의 제한

1) 주주총회의 결의

회사가 자기주식을 취득하기 위해서는 미리 주주총회결의로 1. 취득할 수 있는 주식의 종류 및 수, 2. 취득가액의 총액의 한도, 3. 1년을 초과하지 아니하는 범위에서 자기주식을 취득할 수 있는 기간을 결정하여야 한다. 이사회의 결의로써 주주총회의 결의를 갈음할 수도 있는데, 이사회의 결의로 이익배당을 할 수 있다고 정관으로 정하고 있는 경우에 그러하다(제341조 제2항).

2) 취득방법

회사가 배당가능이익으로 자기주식을 취득하는 경우 그 취득은 거래소에서 시세가 있는 주식의 경우에는 거래소에서 취득하거나, 주식의 상환에 관한 종류주식의 경우 외에 각 주주가 가진 주식 수에 따라 균등한 조건으로 취득하는 것으로서 대통령령으로 정하는 방법에 의하여야 한다($^{제341조}_{제1항}$). 대통령령에 의하면 회사는 모든 주주에게 자기주식 취득의 통지 또는 공고를 하여 주식을 취득하거나, 「자본시장과 금융투자업에 관한 법률」 제133조부터 제146조까지의 규정에 따른 공개매수의 방법에 의하여 취득하여야 한다($^{상법시행령}_{제9조 제1항}$). 이러한 방법은 주주에게 동등한 매도기회를 부여하고 대가의 공정을 기하여 주주평등의 원칙에 반하지 않도록 하려는 것이다.

3) 회사명의와 회사계산으로 취득

회사는 자기명의와 자기계산으로 자기주식을 취득하여야 한다($^{제341조}_{제1항}$). 이는 자기주식취득의 주체에 관한 공시의 진정성을 확보하기 위한 것이다. 만일 회사가 '타인명의'로 자기주식을 취득한다면 이는 적법한 취득이 아니다.

(4) 특정목적에 의한 자기주식 취득의 허용

배당가능이익이 없는 경우 자기주식의 취득이 제한되지만 예외적으로 특정한 목적이 있는 경우에는 전술한 재원이나 방법상의 제한을 받지 않고 자기주식을 취득할 수 있다. 그러한 목적으로서 1. 회사의 합병 또는 다른 회사의 영업 전부의 양수로 인한 경우, 2. 회사의 권리를 실행함에 있어 그 목적을 달성하기 위하여 필요한 경우, 3. 단주(端株)의 처리를 위하여 필요한 경우, 4. 주주가 주식매수청구권을 행사한 경우가 있다($^{제342}_{조의2}$). 이러한 경우는 특정한 목적을 달성하기 위한 수단으로서 자기주식을 취득하는 것이므로 자기주식의 취득 자체에 대한 제한인 제341조가 적용되지 않는다.

2. 사안해결

갑회사와 을회사 사이의 갑회사 주식 5%의 거래가 갑회사에 대하여 적법한 자기주식의 취득으로 인정되려면 위에서 살펴본 바와 같이 일정한 요건을 충족시켜야 한다. 첫째, 취득재원이 직전 결산기의 배당가능이익 한도 내에 있거나, 해당 결산기에 배당가능이익의 산출이 예상되어야 한다. 사안에서 갑회사는 전년도에 이익배당을 못하였다고 반대한 이사 C의 발언으로부터 갑회사는 전년도와 현연도의 자금사정이 좋지 않은 것으로 추정된다. 따라서 사실관계는 명확한 것이 아니지만, 취득재원에 관한 요건은 충족되기 어렵다고 보인다.

둘째, 취득방법으로서 갑회사는 상장회사이므로 거래소에서 취득하거나 모든 주주에게 균등한 조건으로 취득하여야 한다. 사안에서 을회사만을 상대로 자기주식을 취득하는 것이므로 거래소에서 취득하거나 다른 주주와 균등한 조건으로 취득하지 않았다. 따라서 을회사를 상대로 한 거래는 명백히 위법한 자기주식의 취득으로 인정된다.

셋째, 갑회사의 명의 및 갑회사의 계산으로 취득하여야 한다. 사안에서 주주명부상의 을회사 명의를 변경하지 않고 그대로 두었고 취득대금 9억 원은 지급하였는데, 이는 갑회사의 계산으로 취득하면서 갑회사의 명의를 사용하지 않았으므로 이러한 자기주식 취득도 위법한 것으로 볼 수 있다.

결론적으로 갑회사의 자기주식 취득은 상법을 위반하여 위법한 것이고, 그 취득행위는 무효로 판단된다.

문제 2

Ⅰ. 사안의 쟁점

갑회사는 자기주식을 취득하면서 을회사에 10억 원을 지출하였지만, F와 G에게 다시 매도하여 9억 원을 회수하는 데 그쳤다. 또한 F와 G가 주식을 취득하는 자금으로 2억 원을 대여하였지만, 변제기가 지났음에도 이를 회수하지 않았다. 따라서 자기주식의 거래에서 회수하지 못한 자금은 3억 원인데, 이 중 1억 원은 자기주식의 매도대금으로부터 회수되지 못하였으므로 손해로 확정되었고, 대여금 2억 원은 F와 G에 대한 채권실행이 원활하지 못할 경우 손해로 확정될 가능성이 있다. 이러한 손해를 누구에게 추궁할 것인지 그리고 그 방법은 무엇인지가 문제된다.

Ⅱ. 쟁점에 관한 검토

1. 이사의 회사에 대한 책임

(1) 책임의 원인

이사가 고의 또는 과실로 법령 또는 정관에 위반한 행위를 하거나 그 임무를 게을리한 경우에 그 이사는 회사에 대하여 연대하여 손해를 배상할 책임이 있다($\frac{제399}{조}$). 이 조항이 충족되기 위하여 첫째, 법령 또는 정관에 위반하거나 임무를 게을리 하여야 한다. 상법은 경업금지와 회사기회유용금지 등처럼 이사의 의무를 규정하는데, 이를 위반하면 위 조항상의 법령을 위반한 행위가 된다. 또한 정관이 이사에게 일정한 행위의무를 부과하는 경우에도 이사는 이를 준수하여야 한다.

둘째, 이사가 법령 또는 정관을 위반하거나 임무를 게을리 하는 데 고의 또는 과실이 있어야 한다. 고의 또는 과실로 임무를 게을리 하는 경우로는 이사가 감독불충분으로 회사재산이 낭비되는 업무집행을 막지 못한 경우, 동일인 대출한도를 초과하여 대출하면서 충분한 담보를 확보하지 못함으로써 대출금을 회수하지 못한 결과가 발생한 경우 또는 평이사가 업무집행이 위법하다고 의심할 만한 사유가 있음에도 이를 방치한 경우 등을 들 수 있다.

셋째, 이사의 행위로 인하여 회사에 손해가 발생하여야 하고, 이사의 행위와 손해 사이에 상당인과관계가 존재하여야 한다.

(2) 책임의 주체

회사에 대하여 책임을 부담하는 자는 이사와 업무집행지시자 등$\binom{제401조}{조의2}$이다. 업무를 집행한 이사는 제399조에 의하여 직접 책임을 부담하게 되지만, 이사가 이사회의 승인을 거쳐서 업무를 집행한 경우 이사회에서 찬성한 이사도 연대하여 책임을 부담한다$\binom{제399조}{제2항}$.

(3) 책임의 추궁

이사의 회사에 대한 책임은 감사 또는 소수주주가 추궁할 수 있다. 감사는 회사와 이사 사이의 소를 대표하며$\binom{제394조}{제1항}$, 비상장회사의 경우 발행주식총수의 100분의 1 이상의 주식을 가진 주주가 회사에 대하여 이사에 대한 소의 제기를 청구할 수 있고, 회사가 이를 거절하는 경우 직접 대표소송을 제기할 수 있다$\binom{제403}{조}$. 상장회사의 경우에는 6개월 전부터 계속하여 상장회사 발행주식총수의 1만분의 1 이상에 해당하는 주식을 보유한 자가 대표소송을 제기할 수 있다$\binom{제542조}{의6 제6항}$.

2. 사안해결

사안에서 대표이사 A는 자기주식의 취득에 관한 업무를 수행함으로써 갑회사에 3억 원의 손해(미확정)를 발생시켰다. 또한 이사 B와 D도 이사회에서 자기주식의 취득에 찬성함으로써 자기주식의 취득행위에 가담하였다. 따라서 A, B 및 D는 연대하여 손해를 배상할 책임을 부담한다.

A, B 및 D에 대한 책임은 갑회사의 감사가 회사를 위하여 소를 제기하거나, 갑회사는 상장회사이므로 6개월 전부터 계속하여 갑회사 발행주식총수의 1만분의 1 이상에 해당하는 주식을 보유한 소수주주가 대표소송을 제기하여 추궁할 수 있다.

문제 3

Ⅰ. 사안의 쟁점

A는 을회사에 대리인을 파견을 요청하여 F가 참석하자 그가 의결권을 행사하도록 지시하였다. 이러한 의결권행사는 적법한 것인지 그리고 그 결과 결의의 효력은 어떠한지 여부가 문제된다.

Ⅱ. 쟁점에 관한 검토

1. 자기주식의 의결권 허용 여부

(1) 위법하게 취득한 자기주식의 의결권

자기주식의 취득에 관한 상법의 규정을 위반하여 자기주식을 취득하면 그 취득이 무효이므로 해당주식은 의결권을 행사할 수 없다. 만일 의결권을 행사하였다면 그 행사가 무효이므로 해당 의결권수는 발행주식총수 및 투표한 의결권수에서 공제되어야 한다($\binom{제371조}{제1항}$).

(2) 적법하게 취득한 자기주식의 의결권

상법이 허용하는 방법으로 자기주식을 취득하는 경우 자기주식의 의결권은 상법에 의하여 그 행사가 금지된다($\binom{제369조}{제2항}$). 만일 자기주식의 의결권이 행사되었다면 그 행사가 무효이므로 해당 의결권수는 발행주식총수 및 투표한 의결권수에서 공제되어야 한다($\binom{제371조}{제1항}$).

2. 의결권의 대리행사

주주는 자신이 직접 주주총회에 참석하지 않고 대리인에 의하여 의결권을 행사할 수 있다($\binom{제368조}{제2항}$). 의결권대리행사제도는 주주총회에 참석할 수 없는 주주의 의결권행사를 보장하기 위하여 인정된다. 대리인에 의한 의결권 행사가 적법하려면 주주의 의사에 의하여 대리인이 선임되어야 하며, 이 사실이 대리권을 증명하는 서면에 의하여 입증되어야 한다.

3. 사안해결

사안에서 갑회사는 을회사에게 대금을 지급하고 자기주식을 취득하였지만, 갑회사 명의로 취득하지 않았고, 취득재원은 직전결산기의 배당가능이익 한도 내에 있거나 해당 결산기에 배당가능이익의 산출이 예상되어야 하지만, 이러한 요건을 충족시키지 않았으며, 거래소에서 취득하지 않았고 모든 주주로부터 균등한 조건으로 취득하지 않았다. 따라서 갑회사의 자기주식 취득은 위법한 자기주식의 취득이다. 이처럼 위법하게 취득한 자기주식에 의한 의결권의 행사는 무효로 된다.

그런데 사안에서는 갑회사가 자기주식의 의결권을 행사한 것이 아니라 대표이사 A가 을회사로부터 대리인 F를 파견받아 그로 하여금 의안에 찬성하도록 시켰다. 주주명부에 위 주식의 명의가 을회사로 되어 있으므로 을회사가 대리인을 통하여 의결권을 행사한 것처럼 형식을 취하였지만, 실제로는 그렇게 볼 수 없다. 위 자기주식의 취득은 무효이므로 주식의 소유권은 여전히 을회사에 있고, 만일 을회사가 임의로 대리인을 파견하고 의결권을 행사하였다면 적법한 의결권의 행사로 볼 수 있다. 그러나 을회사의 대리인 파견 및 의결권의 행사는 을회사의 의사로 볼 수 없으므로 F의 의결권행사는 무효이고, 성립된 2014. 3. 15.의 주주총회결의는 결의하자의 원인을 갖는다. 위 자기주식은 발행주식총수의 5%에 해당하여 의결정족수에서 차지하는 비율로 보면 결의취소 소의 원인이 될 것으로 보인다.

문제 **4**

Ⅰ. 사안의 쟁점

A가 G와 H를 상대로 을회사로부터 위임받아 갑회사 주식을 양도하는 것으로 말하고 매수대금을 대여하였는데, 이로부터 G와 H는 을회사로부터 주식을 취득하는 것으로 신뢰할 수 있다. 위 주식은 갑회사가 취득하여 위법한 자기주식의 취득으로서 무효인 것인데, 만일 G와 H가 자기주식인 줄 모르고 위 주식을 취득하였다면 그 효력이 문제된다.

Ⅱ. 쟁점에 관한 검토

1. 위법한 자기주식 취득의 효력

자기주식의 취득에 관한 재원이 없거나, 취득방법에 관한 상법의 규정을 위반하여 위법한 자기주식의 취득이 성립한 경우 그 효력에 관하여 견해가 나뉘고 있다. 첫째, 무효설에 의하면 그러한 취득은 강행규정($\frac{제341}{조}$) 위반 및 주주평등 원칙에 위반한 회사의 행위임을 이유로 상대방의 선의·악의를 불문하고 언제나 무효로 본다(다수설). 둘째, 상대적 무효설에서는 자기주식 취득금지에 위반한 취득행위는 무효이지만, 선의의 제3자에게는 대항하지 못한다고 본다. 셋째, 유효설은 자기주식의 취득에 관한 상법규정을 단속규정으로 보고 이에 위반한 취득은 유효로 본다. 판례는 무효설을 취하고 있다($\frac{대판 2003.5.16,}{2001다44109}$).

자기주식의 취득은 경영진에 의하여 악용될 여지가 많고, 그 폐해가 커서 이를 규제하는 취지가 거래안전의 요청보다 강하다고 보아 위법한 자기주식의 취득은 무효로 보아야 한다.

2. 사안해결

G와 H는 갑회사가 자기주식을 양도하는 것으로 인식하지 않고 을회사로부터 주식을 양수하는 것으로 신뢰할 수 있다. 만일 G와 H가 자기주식인 줄 모르고 이를 취득하였다면, 위법한 자기주식 취득에 관한 학설 중 상대적 무효설이나 유효설에 의하여 이는 유효인 취득행위가 된다. 반면에 자기주식이라는 사실에 관하여 악의이든지, 위 학설 중 무효설 및 판례에 의하면 자기주식의 취득은 무효로 된다.

추가 · 심화 질문

※ 2013. 12. 1. 이하의 사실관계를 아래 사안으로 대체하고 질문에 답하시오.

기본 사실관계

을회사는 갑회사의 제품을 인도받아 판매를 대행하였는데, 지난 2년간 판매한 매출액은 10억 원에 달하였고, 이 금액은 모두 갑회사에 지급하여야 했지만, 을회사는 이 중 5억 원만을 지급하고 나머지 금액은 지체하고 있었다. 이 문제로 갑회사의 전무이사 A2와 을회사 대표이사 F는 2014. 1. 10. 만나 지체대금 및 이자 합계 5억 2천만 원에 대하여 동년 7. 10.까지 지급하고, 이를 담보하기 위하여 을회사가 소유하는 갑회사 주식 20만주의 소유권을 이전하며, 위 기한까지 채무를 갚으면 위 주식의 소유권을 반환하지만 채무를 이행하지 아니하면 위 주식의 소유권을 갑회사가 취득하기로 약속하였다. 이에 따라서 을회사는 위 주식에 관한 주권을 교부하였다. 그런데 위 기한이 지나도록 을회사가 대금채무를 이행하지 않자 동년 8. 10. 갑회사는 을회사에 대하여 을회사가 담보제공한 갑회사 주식 20만주의 대금을 위 7. 10.의 시세인 5억 1천만 원으로 계산한 후 위 지체대금의 변제로서 그 소유권을 취득하였음을 통보하였다.

동년 8. 20. A는 이사회를 개최하여 위 주식의 처분을 논의하면서 양수인으로서 갑회사와 거래관계에 있는 병회사의 대표이사 G를 소개하고, 병회사의 협력을 받기 위하여 G에게 시가

보다 20% 싼 가액으로 매도함이 갑회사를 위하는 것이라고 설득하였다. 그 결과 이사회에 참석한 이사 A, B, D 및 E는 찬성, C는 반대하였고, 결국 위 주식은 G에게 양도되었다.

문제 **1**

을회사가 소유하던 갑회사 주식 20만 주를 갑회사가 취득하는 것은 적법한가?

문제 **2**

위 주식 20만 주를 G에게 양도한 행위는 어떻게 평가되는가?

해 설

문제 **1**

Ⅰ. 사안의 쟁점

갑회사는 자사제품의 판매대행으로 인한 대금채권 및 이자 5억 2천만 원에 대하여 을회사로부터 갑회사 주식을 담보로 제공받았고 이를 8. 10.에 취득하였음을 통보하였는데, 이러한 취득이 어떠한 법리로 가능한 것인지, 즉 담보계약의 성질 및 그 불이행에 따르는 효과가 문제된다. 또한 갑회사는 담보권의 실행으로 인하여 자기주식을 취득하게 되었는데, 이러한 자기주식의 취득이 적법한 것인지 여부도 문제된다.

Ⅱ. 쟁점에 관한 검토

1. 주식의 양도담보

(1) 양도담보계약의 성립

양도담보란 채권담보의 목적으로 물건의 소유권을 채권자에게 이전하고, 채무자가 채무를 이행하지 아니하면 채권자가 목적물로부터 우선변제를 받고, 채무자가 채무를 이행하면 목적물을 채무자에게 반환함으로써 채권을 담보하는 비전형담보이다. 거래당사자들이 주식의 소유권을 이전하면서 기한까지 채무를 갚으면 주식을 돌려주고, 그렇지 못하면 주식을 돌려주지 않기로 약정하였다면, 이러한 계약은 주식에 대하여 양도담보계약이 성립한 것으로 볼 수 있다.

양도담보의 설정을 위하여 당사자는 양도담보에 관한 합의와 주권을 교부하면 되고, 양도담보권자가 주권을 계속 점유하면 회사 및 제3자에 대하여 대항할 수 있다.

(2) 양도담보계약의 성질

양도담보의 법적 성질에 관하여 부동산양도담보의 경우 채권담보의 목적으로 소유권을 이전하는 형식(등기설정)을 취하는데, 담보목적과 형식이 다르다는 점에 때문에 학설은 신탁적 소유권이전설과 담보물권설로 나누어져 있다. 신탁적 소유권이전설은 담보권자가 담보물의 소유권을 취득하고 내부적으로는 담보목적을 넘어 소유권을 행사하지 않을 채무를 부담하지만, 이를 제3자에게 양도하면 양수인은 선의·악의를 불문하고 목적물의 소유권을 유효하게 취득한다고 본다. 담보물권설은 양도담보에 의하더라도 소유권은 채무자에게 있고, 양도담보권자는 양도담보권이라는 제한물권을 취득할 뿐이라고 본다. 한편 '가등기담보 등에 관한 법률'은 담보권자가 청산금을 채무자에게 지급한 때 목적물의 소유권을 취득한다고 규정$\binom{\text{제4조}}{\text{제2항}}$하여 위 학설에도 영향을 주고 있다. 동법 시행 전에 판례는 신탁적 소유권이전설을 취하였으나, 그 후에는 담보물권설을 취하는 판례가 나오고 있다.

동산양도담보의 경우 판례는 위 법률의 시행 후에도 신탁적 소유권이전설을 취하고 있다$\binom{\text{대판 1993.12.28, 93다8719;}}{\text{대판 1995.7.28, 93다61338}}$. 6)

(3) 양도담보계약의 효력

양도담보권자는 담보권자에 대한 관계에서는 담보목적으로 담보물의 소유권을 취득하지만, 대외적으로는 그 소유권자로 된다.7) 양도담보권자가 담보물의 소유권을 제3자에게 양도하는 경우 제3자는 유효하게 이를 취득한다. 채무의 기한이 도래한 후까지 채무자의 채무불이행사실이 있으면 양도담보권자는 담보물을 정산한 후 담보물의 소유권을 확정적으로 취득하게 된다.

---

6) 대판 1993.12.28, 93다8719: 채권담보의 목적으로 주식이 양도되어 양수인이 양도담보권자에 불과하다고 하더라도 회사에 대한 관계에는 양도담보권자가 주주의 자격을 갖는다. 대판 1995.7.28, 93다61338: 주식 양도담보의 경우 양도담보권자가 대외적으로 주식의 소유권자라 할 것이므로, 양도담보 설정자로서는 그 후 양도담보권자로부터 담보 주식을 매수한 자에 대하여는 특별한 사정이 없는 한 그 소유권을 주장할 수 없는 법리라 할 것이고, 설사 그 양도담보가 정산형으로서 정산 문제가 남아 있다 하더라도 이는 담보 주식을 매수한 자에게 대항할 수 있는 성질의 것이 아니다.

7) 양도담보계약의 대외적 효과로서 양도담보권자는 담보물의 소유권을 취득하게 되는데, 주식 양도담보의 경우 담보권자가 회사에 대한 관계에서 주주로 취급된다. 대판 1993.12.28, 93다8719: 채권담보의 목적으로 주식이 양도되어 양수인이 양도담보권자에 불과하다고 하더라도 회사에 대한 관계에는 양도담보권자가 주주의 자격을 갖는다.

2. 자기주식의 취득이 인정되는 경우

(1) 배당가능이익에 의한 자기주식의 취득

상법은 회사가 자기명의로 배당가능한 이익의 범위에서 자기주식을 취득하는 것은 허용한다($\binom{제341}{조}$).8)

(2) 특정목적에 의한 자기주식의 취득

상법은 특정목적을 달성하기 위하여 자기주식을 취득하는 것을 허용한다. 그러한 목적에는 1. 회사의 합병 또는 다른 회사의 영업전부의 양수로 인한 경우, 2. 회사의 권리를 실행함에 있어 그 목적을 달성하기 위하여 필요한 경우, 3. 단주의 처리를 위하여 필요한 경우, 4. 주주가 주식매수청구권을 행사한 경우가 있다($\binom{제341}{조의2}$). 이러한 목적은 회사 또는 주주의 이익을 위하여 인정되는데, 그 과정에서 자기주식의 취득이 부득이 이루어지므로 이를 예외적으로 허용하여 그 목적을 달성하고자 한다.

3. 사안해결

사안에서 2014. 1. 10.에 성립한 갑회사와 을회사 사이의 계약이 양도담보계약인지 여부를 판단하여야 한다. 을회사가 갑회사에게 부담하는 5억 2천만 원의 지급채무에 대하여 을회사가 보유한 갑회사 주식 20만주를 담보로 제공하면서 그 소유권을 이전하고 기한까지 채무를 갚으면 다시 주식의 소유권을 반환하기로 약정하였으므로 이는 위 주식에 대한 양도담보계약으로 이해된다. 담보물권자가 담보물의 소유권을 제3자에게 이전하면 제3자는 그 소유권을 유효하게 취득할 수 있고, 채무자의 채무불이행 시에는 담보권자는 담보물을 정산한 후 그 소유권을 취득할 수 있다(신탁적 소유권이전설). 사안에서 갑회사는 담보물인 주식 20만 주를 을회사의 지체대금 5억 2천만 원과 정산하여 취득할 수 있다. 위 주식의 가치가 지체대금에 상응하고 이를 정산하였다면 갑회사는 그 주식취득에 관한 통보로써 주식의 소유권을 취득한다고 볼 수 있다.

그런데 갑회사는 양도담보의 실행으로 자기주식을 취득하게 되었으므로 이는 자기주식 취득금지에 해당한다. 자기주식의 질취 제한에 위반되는지 여부가 문제될 수 있으나, 대외적으로 소유권이 이전되는 형식으로 담보권을 설정하였으므로 질권설정만이 목적인 제341조의3의 적용대상이 아니다. 자기주식의 취득금지는 이를 허용하는 제341조의2 제2호의 '회사의 권리를 실행함에 있어 그 목적을 달성하기 위하여 필요한 경우'에 해당하는지 여부가 문제되는데, 담보권실행에 의한 자기주식의 취득은 그 취득금지를 규정한 상법규정을 피하여 이용

---

8) 배당가능이익의 범위에서 허용되는 자기주식의 취득에 관한 상세한 내용은 제1문을 참조.

될 가능성이 있으므로 위 문언은 엄격하게 해석되어야 한다. 이에 관하여 법원도 "...상법 제 341조 제3호가 규정한 회사의 권리를 실행함에 있어서 그 목적을 달성하기 위하여 필요한 때라 함은 회사가 그의 권리를 실행하기 위하여 강제집행, 담보권의 실행 등에 당하여 채무자에 회사의 주식 이외에 재산이 없는 때에 한하여 회사가 자기 주식을 경락 또는 대물변제 등으로 취득할 수 있다고 해석되며 따라서 채무자의 무자력은 회사의 자기 주식취득이 허용되기 위한 요건사실로서 자기주식 취득을 주장하는 회사에게 그 무자력의 입증책임이 있다..." $\binom{\text{대판 1977.3.8.}}{\text{76다1292}}$고 판단하여 위 조항을 엄격하게 적용하고 있다.

문제 ❷

Ⅰ. 사안의 쟁점

갑회사 대표이사 A는 자기주식으로 취득한 주식을 갑회사와 거래관계에 있는 병회사의 대표이사 G에게 시가보다 20% 싸게 양도하였는데, 이러한 자기주식의 처분은 특정인을 위한 것이고, 시가보다 싸게 처분한 점에서 그 효력이 문제된다.

Ⅱ. 쟁점에 관한 검토

1. 자기주식의 처분절차 및 방법

상법은 자기주식을 처분하는 절차에 관하여 처분할 주식의 종류와 수, 처분할 주식의 처분가액과 납입기일, 주식을 처분할 상대방 및 처분방법, 처분절차에 관한 사항이 정관에 규정이 없는 것은 이사회가 결정하도록 규정한다($\frac{\text{제}342}{\text{조}}$). 이처럼 처분절차 및 방법이 정관 또는 이사회에서 결정하도록 규정된 것은 절차의 투명성 및 합리성을 담보하기 위한 것이다. 특히 처분가액과 상대방은 회사이익 및 회사의 소유구조에 미치는 영향이 크므로 공개적으로 신중히 결정되어야 한다.

2. 주주평등의 원칙의 적용 여부

자기주식을 특정인에게 처분하는 것이 주주평등에 반한 것인지 여부에 관한 논란이 있다. 주주평등에 반한다는 견해는 이사회 결의만으로 다른 주주에게 매수기회를 주지 않고 특정인에게 자기주식을 처분하면 기존주주의 이익을 해한다고 본다. 반면 이 원칙에 반하지 않는다는 견해에서는 자기주식의 처분은 개인법적인 거래로서 단체법에 적용되는 주주평등의 원칙이 적용되지 않는다고 한다.

자기주식의 취득은 배당가능이익으로 취득하였든지 특정목적을 위하여 취득하였든지 취득대가로서 회사재산이 사용되었다. 회사재산은 모든 주주의 이익과 관련되므로 자기주식을 특정 주주에게만 양도하는 것은 부당하다. 따라서 모든 주주에게 그 취득의 기회가 제공되어야 한다고 본다.

3. 사안해결

사안에서 이사회의 결의로써 갑회사 협력업체인 병회사의 대표 G에게 자기주식을 처분하였는데, 일견 이러한 처분은 상법 제342조의 문언에 위반한 것이 아닌 것으로 보인다. 그러나 자기주식 취득 시에는 모든 주주에게 균등한 조건이라는 제한이 있는 점에 비추어 처분 시에도 이러한 점이 고려되어야 할 것으로 판단된다. 이사회 결의라는 절차요건 외에 주주평등 원칙에 부합하는 내용으로 자기주식이 처분되어야 적법하다.

또한 시가보다 20% 싸게 처분한 것은 그만큼 회사에 손해를 가져오는 것으로서 특정인에게 특혜를 준 것이다. 이러한 결정을 한 이사들은 상법 제399조에 의하여 회사에 대한 연대책임을 부담하여야 한다(본 [문제 2] 참고).

65 명의개서

甲회사는 12월 결산인 비상장회사로서 역시 비상장회사인 乙회사 발행주식총수의 5%를 투자
목적으로 소유하고 있다. 甲회사는 2015년도 정기주주총회를 2015. 3. 10. 개최하기로 결정
한 다음, 의결권 행사의 기준일을 2014. 12. 31.로 정하고, 2015. 1. 1.부터 2015. 3. 10.까지
주주명부를 폐쇄하였다. 그런데 甲회사의 15% 지분을 보유한 주주 A는 2014. 11. 10. 乙회사
에게 자신의 지분을 전부 양도하였다. 乙회사는 2014년이 지나도록 아무런 조치를 취하지 않
고 있다가 주주명부가 폐쇄되자 의결권 행사를 못할 수 있다고 생각하고, 2015. 1. 20.에서야
甲회사에 명의개서를 청구하였다. 그러나 甲회사는 주주명부 폐쇄기간임을 이유로 들어 명
의개서를 거부하였으며, 결과적으로 총회일인 2015. 3. 10.까지 명의개서가 이루어지지 않
았다.

결국 乙회사는 2015. 3. 10. 명의개서를 하지 못한 채로 甲회사의 주주총회를 맞이하게 되었
으며, 甲회사에 자신이 A로부터 주식을 양수했다고 주장하면서 다시 주주총회 참석 및 의결
권 행사를 요청하였으나 甲회사는 이를 허용하지 않고 주주총회를 강행하였다. 이 주주총회
에서는 A가 주주명부상의 주주로서 의결권을 행사하였으며, 액면의 5%에 해당하는 이익배당
이 결정되어 A에게도 소정의 이익배당이 이루어졌다(배당기준일 역시 2014. 12. 31.로 정했음).
乙회사는 이 주주총회결의의 효력을 문제로 삼고 있으며, 최소한 A에게 배당된 금액은 자신
에게 귀속되어야 한다고 주장하고 있다.

한편 乙회사 역시 2015. 3. 20. 주주총회를 개최하였는데, 甲회사는 자신이 보유한 5%의 의
결권을 행사하였다. 甲은 乙회사의 의결권 행사 기준일인 2014. 12. 31. 현재 주주명부상 주
주로 등재되어 있다.

문제 ①

2015. 3. 10. 이루어진 甲회사 주주총회결의의 효력을 검토하시오. (20점)

문제 ②

甲회사가 2015. 3. 10. 주주총회에서 乙회사의 요청을 받아들여 의결권 행사를 허용해 주었다면 이 주주총회결의의 효력은 어떻게 되는가? (20점)

문제 ③

乙회사는 위 이익배당과 관련하여 甲회사 또는 A에 대하여 어떠한 권리를 가지는가? (20점)

문제 ④

만일 乙회사가 2014. 12. 20. 甲회사에 명의개서를 청구하였는데 甲회사가 이를 거절하여 위와 같은 사건이 벌어졌다면 2015. 3. 10. 甲회사 주주총회의 효력은? (20점)

문제 ⑤

2015. 3. 20. 이루어진 乙회사 주주총회결의의 효력을 검토하시오. (20점)

해 설

문제 ①

Ⅰ. 문제의 제기

주주명부와 명의개서의 가장 중요한 효력은 주주명부에 양수인이 명의개서를 하지 않으면 회사에 대하여 주주권을 주장할 수 없다는 것이다(대항력, 제337조 제1항). 주주가 계속 변경되는 상황에서 회사를 둘러싼 법률관계를 간명하게 처리하기 위한 것이다. 여기서 중요한 점은 이렇게 명의개서가 되어 있어야 하는 시점은 주주권 행사의 기준일인 2014. 12. 31.이라는 점을 명확하게 이해하는 것이다. 따라서 본 사안에서 2015. 1. 20. 甲회사가 乙회사의 명의개서 청구를 거부하는 것은 乙의 주주권 행사와 관련이 없다. 예를 들어, 설사 甲회사가 명의개서를 해 주었더라도 乙회사는 의결권을 행사할 수 없는 것이다.

Ⅱ. 주주권 행사의 기준시

1. 기준일 제도의 의의

기준일이란 일정한 날에 주주명부에 기재된 자를 주주권을 행사할 주주로 확정하는 것을 말한다(제354조). 주주가 계속 변경되는 상황에서 주주총회 등 주주권의 행사와 관련하여 누가 주주인지를 확정하기 위한 제도이다. 폐쇄기간이 3월로 제한되는 것에 대응하여, 기준일은 그 권리를 행사할 날에 앞선 3월 내의 날이어야 한다(제354조 제3항). 실무에서는 12월 31일을 기준일로 하는 경우가 압도적으로 많으며, 그 결과 정기주주총회도 그 다음 해 3월 말에 집중되고 있다. 기준일 이후 반드시 주주명부의 폐쇄가 수반되어야 할 이유는 없으나, 실무상으로는 일단 주주를 확정한 다음에는 주주명부를 폐쇄하여 더 이상의 명의개서가 이루어지지 않도록 하는 것이 보통이다.

2. 사안에의 적용

본 사안에서 甲회사는 주주총회의 의결권 행사의 기준일을 2014. 12. 31.로 정하였으므로, 주주총회에서 의결권을 행사할 수 있는지는 오직 2014. 12. 31. 기준으로 회사에 대하여 주주권을 주장할 수 있는지만을 가지고 판단해야 한다. 주주명부의 대항력 또는 면책력의 관점에서 본다면, 2014. 12. 31. 甲회사의 주주명부상 주주로 기재되어 있는 자가 누구인지가 중요하고, 그 이후의 사정은 고려되지 않는다. 특히 폐쇄기간에 이루어진 명의개서 청구는 명의개서가 실제로 이루어졌는지 또는 회사의 거부가 부당한 것인지 등의 쟁점은 본 설문의 해결과 무관함을 유의하여야 한다.

Ⅲ. 주주총회결의의 효력

1. 명의개서의 면책력

(1) 원 칙

기준일 현재 명의개서가 되어 있는 주주는 회사에 대하여 주주권을 주장할 수 있으며(제337조 제1항), 주주로 추정된다. 그 논리적 귀결로서, 회사 측면에서도 회사가 주주명부에 기재된 자를 주주로 인정하여 그에게 주주로서의 권리를 부여하였다면 설사 그가 실제로는 진정한 주주가 아니라 하더라도 회사는 책임을 면한다(제353조 제1항). 이를 명의개서의 면책력이라고 한다. 예를 들어, 주주명부상의 주주에게 이익배당을 하였다면 회사는 다시 진정한 주주에게 이익배당금을 지급하지 않아도 되며, 주주명부상의 주주에게 주주총회에서 의결권을 행사하도록 하였다면 설사 그 자가 진정한 주주가 아니라고 하더라도 주주총회결의에는 아무런 하자가 없다.

(2) 회사가 형식주주인지 알고 있던 경우

그러나 주주명부의 추정력이란 실질관계를 희생시키면서 단체적 법률관계의 안정성을 보호하기 위한 것이므로, 회사가 쉽게 그 실질관계를 파악할 수 있는 상황에까지 적용할 것은 못된다. 판례도 회사가 주주명부상의 주주가 형식주주에 불과함을 알았거나 중대한 과실로 알지 못한 경우 주주권을 행사하도록 허용하였다면 그 의결권 행사는 위법하여 주주총회 결의취소의 사유가 된다는 입장을 취한다(대판 1998.9.8. 96다45818).

2. 사안에의 적용

본 사안에서 乙회사는 기준일인 2014. 12. 31. 현재 주주명부상 주주가 아니었으므로 甲회사에 대해서 주주권을 주장할 수 없으며, 甲회사도 기준일 현재 주주인 A에게 의결권을 행사하도록 함으로써 면책되므로 주주총회결의에는 아무 하자가 없다. 甲회사가 A가 단지 형식주주에 불과하다는 점을 알았는지 본 사안에서는 확실하지 않지만 단순히 乙회사로부터 명의개서 청구가 있다는 사실만 가지고 이를 인정하기는 어렵다.

문제 ②

I. 문제의 제기

乙회사는 2014. 12. 31. 기준일 현재 실질주주이지만 명의개서를 하고 있지 않다. 그런데 제337조 제1항이 명의개서를 하지 않은 양수인은 회사에 대해서 "대항하지 못한다"고만 규정하고 있기 때문에, 명의개서 미필주주가 회사에 대해서 주주임을 주장하지는 못하지만 회사는 주주로 인정할 수 있는 것이 아닌지 문제가 된다.

II. 명의개서 미필주주에 대한 의결권 인정 여부

1. 견해의 대립

(1) 학설 및 판례

이 문제에 대해서 학설은 나뉜다. 편면적 구속설(片面的 拘束說)은 법문에 충실하게 회사가 스스로 주주임을 인정하는 것은 무방하다고 본다. 제337조 제1항은 회사의 사무처리상 편의를 도모하기 위한 것이므로 회사 스스로 이익을 포기하는 것은 무방하다는 것을 근거로 제시한다. 반면 쌍면적 구속설(雙面的 拘束說)은 회사가 명의개서 미필주주를 주주로 인정하는 것은 허용될 수 없다고 한다. 회사가 형식주주와 실질주주 사이에서 누구를 주주로 인정할 것인지 선택할 수 있다면 주주평등의 원칙 및 법적 안정성을 해칠 뿐만 아니라, 제337조 제1항은 단순히 회사의 사무처리의 편의를 위한 것이 아니라 다수의 이해관계가 얽힌 법률관계의 획일적 처리라는 의미가 더욱 강하다는 것을 근거로 제시한다. 판례는 편면적 구속설의 입장에서 회사가 명의개서를 하지 않은 실질주주를 주주로 인정하는 것은 무방하다고 본다(대판 1989.10.24. 89다카14714). 법문에 충실한 해석이라고 할 수 있다.

(2) 검 토

명의개서의 효력이 주주권을 추정하는 것에 기초하고 있다는 점에서, 이를 항상 획일적으로 강제해야 한다고 보기는 어렵다. 회사가 그 이익을 포기하고 법률관계의 실질을 따르는 것을 막아야 할 이유가 없으므로 편면적 구속설이 타당하다.

2. 사안에의 적용

다수설 및 판례가 취하는 편면적 구속설에 따르면, 甲회사는 비록 乙회사가 2014. 12. 31. 현재 주주명부상 주주가 아니라 하더라도 乙회사에게 주주권을 인정할 수 있다. 다만 이 경우에도 어디까지나 주주인지 여부를 판단하는 기준시점은 기준일임을 주의해야 한다. 예를 들어, 乙회사가 기준일 이후에 A로부터 주식을 양수하였다면, 설사 주주총회일 현재 乙회사가 주식을 보유하고 있다고 하더라도 甲회사는 乙회사에게 의결권을 인정할 수 없다. 기준일 현재에는 乙회사가 실질주주가 아니었기 때문이다. 따라서 편면적 구속설 역시 기준일 제도와 관련하여 이해하는 것이 중요하다.

문제 3

I. 문제의 제기

乙회사가 배당기준일 시점에서 명의개서를 게을리한 결과, 위 면책력의 법리에 따라 甲회사의 A에 대한 배당금지급은 면책되므로 乙회사는 甲회사에 대해서는 다시 배당을 청구할 수 없다. 그러나 이 경우에도 그 배당금은 실질적으로 배당기준일 현재의 실질주주에게 귀속되어야 할 것이므로, 양수인이 양도인에게 지급받은 이익배당금의 반환을 청구할 수 있는 구제

수단이 마련되어야 할 것이다.

Ⅱ. 甲회사에 대한 청구

회사에 대한 관계에서는 명의개서의 단체법적 법리에 따라 해결된다. 다시 말해서, 회사에 대한 관계에서는 주주명부상 주주인 양도인이 이익배당에 관하여 주주로서의 권리를 가지고 회사는 주주명부상 주주인 양도인에게 배당함으로써 면책되므로, 양수인은 회사에 대해서 다시 이익배당을 청구할 수 없다(광의의 失期株). 명의개서의 면책력의 자연스러운 결론이다. 따라서 乙회사는 甲회사에 대해서 이익배당 청구는 물론이고 기타 손해배상 등 어떠한 청구도 할 여지가 없다.

Ⅲ. A에 대한 청구

1. 개인법적 청구의 가능성

이처럼 이익배당이 회사법적 법리에 따라 면책되는 경우에도, 실질적으로 배당기준일 현재 주식은 이미 양수인에게 이전되었으므로 그 이익배당금도 최종적으로는 양수인에게 귀속되는 결과가 되어야 한다는 것이 통설이다. 문제는 그 이론구성을 어떻게 할 것인가 하는 점인데, ① 양도인이 법률상 원인 없이 이득을 얻었다고 보고 양수인이 양도인에 대해서 부당이득의 반환을 청구할 수 있다고 하는 부당이득설(不當利得說), ② 사무관리의 법리에 따라 양도인은 그가 취득한 배당금 또는 신주를 양수인에게 반환하는 대신 그 행사에 소요된 비용을 유익비로 청구할 수 있다고 하는 사무관리설(事務管理說), ③ 사무관리설과 법률관계는 동일하지만 양도인에게 양수인을 위한 관리의사가 없었다는 점에서 법적 근거는 준사무관리가 되어야 한다는 준사무관리설(準事務管理說) 등이 대립한다.

양도인은 주주명부상 형식주주로서 그 형식적 법률관계는 존재하고 있으므로 이를 법률상 원인이 없다고 보는 것은 타당하지 않고, 양도인에게는 양수인을 위한 관리의사가 없는 경우가 많으므로 사무관리로 보는 것도 타당하지 않다. 따라서 이론적으로는 준사무관리설이 가장 무난하게 법률관계를 설명하고 있다고 본다.

2. 사안에의 적용

본 사안에서 乙회사는 배당기준일 현재 실질주주이므로, 형식주주에 불과한 A가 취득한 이익배당금에 대하여, 준사무관리의 법리에 따라 그 반환을 청구할 수 있으며, 다만 A는 그에 소요된 비용을 유익비로 상환받을 수 있다.

문제 **4**

Ⅰ. 문제의 제기

실질주주가 주주권을 행사할 수 있는지는 기준일 당시 주주명부상 주주였는지가 중요하므로, 실질주주가 그 이전에 명의개서 청구를 하였다면 명의개서를 하지 못한 것에 귀책사유가 없으므로 주주권을 박탈할 근거가 없어진다. 이 경우 실질주주는 어떻게 구제할 수 있는가? 회사가 본 사안처럼 정당한 이유 없이 부당하게 명의개서를 거절하고 있다면 양수인은 회사를 상대로 명의개서청구의 소를 제기할 수 있고, 손해배상을 청구할 수 있다. 여기서 나아가 바로 주주권을 인정할 수 있는가? 설문에서는 甲회사 주주총회의 효력을 묻고 있으므로 乙회사의 주주권 행사 가능성을 검토할 필요가 있다.

Ⅱ. 부당거절과 양수인의 주주권

1. 거절의 부당성 판단

여기서 양수인에게 주주의 지위가 인정되기 위해서는 명의개서의 거절이 부당하다는 것이 전제가 된다. 예를 들어, 당사자들 사이에 주식양도의 효력이 다투어지고 있는 상황이라면 회사가 명의개서를 거부한 것이 부당하지 않으므로, 회사가 주주명부에 등재되어 있는 자에게만 소집통지를 하였더라도 그 주주총회결의에는 하자가 없다고 보아야 한다(대판 1996.12.23, 96다32768, 32775, 32782 참조). 또한 명의개서청구권은 주식의 양수인에게 인정되는 것이므로, 그러한 권리가 없는 양도인이 양수인을 위하여 회사에 명의개서를 청구하는 경우에는 회사가 거부하더라도 부당거절이 되지 않는다는 점도 유의하여야 한다(대판 2010.10.14, 2009다89665).

2. 부당거절의 경우 주주권의 인정

(1) 학설 및 판례

본 사안과 같이 실질주주가 명의개서를 청구하였음에도 불구하고 회사가 부당하게 거부한 경우, 명의개서 의무를 게을리한 회사가 그 불이익을 양수인에게 돌리는 것은 신의칙에 반한다는 근거에서 양수인의 주주권 행사를 긍정하는 것이 통설이다. 판례도 마찬가지로 회사가 부당하게 명의개서를 거절하면서 실질주주에게 소집통지를 하지 않고 주주총회를 개최한 경우 그 결의에 하자가 있다고 보아(대판 1993.7.13, 92다40952), 명의개서를 마치지 않은 양수인에게 직접 주주권의 행사를 인정하고 있다.

(2) 사안에의 적용

본 사안에서 甲회사의 명의개서 부당거절로 인하여 양수인 乙회사는 바로 그 시점에서 주주권을 행사할 수 있다. 다시 말해서, 그 시점에서 마치 명의개서가 된 것과 같은 효과가 발생하는 것이다. 따라서 기준일인 2014. 12. 31. 현재 의결권을 행사할 수 있는 주주라고 보아야 하므로, 위 2015. 3. 10. 주주총회결의는 적법한 주주의 의결권을 인정하지 않았으므로 취소사유가 존재한다.

문제 **5**

Ⅰ. 주식의 상호소유와 의결권제한

주식의 상호소유란 두 회사가 서로 상대방 회사의 주식을 소유하고 있는 것을 가리키며, 서로 소유하는 상대방의 주식을 상호주(相互株)라고 한다. 모자회사 관계가 아니라면 주식의 취득이 금지되지는 않고, 상호주의 의결권이 제한된다($^{제369조}_{제3항}$). 회사지배의 왜곡에 있다는 점에서 그 의결권을 박탈하는 것으로 폐해를 방지하고자 하는 것이다. 본 사안에서 乙회사가 甲회사 지분의 10%를 초과하여 소유하고 있기 때문에, 甲회사가 가지는 乙회사 주식의 의결권이 없을 수 있다. 문제는 여기서 상호주의 기초가 되는 乙회사가 보유한 甲회사 주식이 2015년 乙회사 주주총회 시점에서 아직 명의개서가 되지 않아서 의결권을 행사할 수 없다는 점이다.

Ⅱ. 상호주 판단의 기준시점

1. 문제의 제기

의결권을 행사하는 시점에서 아직 상호주의 기초가 되는 주식의 명의개서가 이루어지지 않은 경우에도 의결권이 제한되는가? 본 사안과 같이, 乙회사가 甲회사 주식의 15%를 취득하였으나 아직 명의개서를 하지 않고 있다면, 甲회사가 보유하는 乙회사 주식의 의결권을 행사할 수 있는가 하는 문제이다.

2. 판 례

이에 대하여 학설은 아직 본격적인 논의가 없으나, 판례는 상호주 여부를 판단하는 기준시를 乙회사 주주총회시라고 하면서, 이 시점에서 乙회사가 실제로 甲회사의 주식을 소유하고 있다면, 그 기초가 되는 乙회사가 보유한 甲회사 주식의 명의개서가 이루어졌는지 여부와 상관없이 甲회사가 보유한 乙회사 주식은 상호주가 성립하여 의결권이 없다고 본다(대판 2009.1.30, 2006다31269).

물론 아직 명의개서가 되지 않았으므로 위 설문에서 살펴본 바와 같이 乙회사가 보유한 甲회사 주식에는 의결권이 생기지 않았다. 그러나 甲회사가 보유하는 乙회사 주식의 의결권을 그 상호주의 기초가 되는 주식의 형식적 의결권과 연결시킬 필연적 이유는 없다. 상호주의 규제취지에 비추어, 문제는 乙회사 주주총회에서 甲회사가 의결권을 행사할 때 乙회사가 이를 왜곡시킬 수 있는가 하는 것이기 때문이다. 이렇게 본다면 乙회사가 甲 주식을 15% 실질적으로 소유함으로써 甲회사의 의결권 행사에 사실상의 영향력을 행사할 수 있다는 점이 중요하다. 乙회사가 행사하는 사실상의 영향력은 자신이 보유하는 주식의 명의개서 여부와 상관이 없으므로, 판례의 입장이 상호보유 규제의 취지에 부합하는 해석이라고 하겠다.

3. 결 론

본 사안에서 乙회사의 주주총회시인 2015. 3. 20. 현재 乙회사가 甲회사의 주식을 15% 실질적으로 소유하고 있기 때문에, 甲회사가 보유한 乙회사 주식은 의결권이 없다. 따라서 乙회사가 그 의결권 행사를 허용하였다면 그 주주총회결의는 취소사유가 있다.

추가 · 심화 질문

문제 1

위 사안에서 A가 2015. 1. 20. 乙회사에 주식을 양도하였다면, 乙회사는 甲회사가 주주명부를 폐쇄한 이 시점에 명의개서를 청구할 수 있는가?

해 설

Ⅰ. 주주명부 폐쇄기간의 의의

주주명부의 폐쇄는 기준일 제도와 함께 주주권과 관련된 법률관계를 불확실성을 제거하기 위한 제도이다. 폐쇄기간에는 원칙적으로 명의개서가 이루어지지 않기 때문에 乙회사로서는 설사 주식을 양수하였다 하더라도 명의개서를 청구할 수 없다.

이처럼 지나치게 오랫동안 주주명부를 폐쇄하는 것은 실질적으로 주식양도를 금지하는 효과를 가지기 때문에, 주주명부의 폐쇄기간은 3월로 제한되며(제354조 제2항), 이는 정관으로도 연장할 수 없다. 회사가 폐쇄기간을 결정하면, 정관에 기간이 정해진 경우를 제외하고는 폐쇄기간 2주 전까지 이를 공고해야 한다(제354조 제4항). 주식을 취득하였으나 아직 명의개서를 하지 않고 있는 자의 이익을 보호하기 위함이다.

Ⅱ. 폐쇄기간의 명의개서 가능성

1. 전환청구 등

주주명부 폐쇄기간 동안에는 주주 또는 질권자의 권리를 변동시키는 일체의 기재가 금지되므로 폐쇄 직전에 주주명부에 기재된 자가 주주로 확정되는 결과가 된다. 그러나 주주권의 변동과 무관한 사소한 사항, 예를 들어 주소의 변경이나 법인의 대표자의 변경 등은 폐쇄기간 동안에도 가능하며, 특히 전환주식 또는 전환사채의 전환청구(제350조 제2항, 제516조 제2항), 신주인수권부사채의 신주인수권 행사(제516조의9) 등은 폐쇄기간 중에도 가능하다. 그러나 이렇게 폐쇄기간 동안 신주가 발행되더라도, 폐쇄기간의 취지에 비추어 그 신주는 폐쇄기간 중에 이루어진 주주총회의 결의에 관해서는 의결권이 없다.

2. 회사의 임의적 명의개서

폐쇄기간 중 명의개서는 금지되지만, 회사가 주주의 청구를 받아들여 임의로 명의개서를 한 경우 그 효력에 대해서는 견해가 나뉜다. 우선 회사가 임의로 명의개서를 할 수 있다고 하면 주주평등의 원칙에 반할 뿐만 아니라 명의개서를 둔 목적에도 어긋난다는 논거에서 명의개서는 확정적으로 무효가 된다는 무효설(無效說)과, 명의개서의 효력을 폐쇄기간 경과 후에 발생하도록 한다면 다시 명의개서를 청구하는 번거로움을 피할 수 있고, 특별히 다른 주주의 이익을 해치거나 명의개서 제도의 취지에 반하는 점도 없다는 논거에서 명의개서 자체는 유효하고, 다만 그 효력만 폐쇄기간 경과 후에 발생한다는 유효설(有效說)이 대립한다. 폐쇄기간 제도는 회사의 편의를 위한 것에 불과하다는 점에서 타당하다고 본다.

따라서 甲회사가 乙회사의 청구를 받아들여 2015. 1. 20. 명의개서를 하였다면 (기준일이 설사 없다 하더라도) 그 효력은 폐쇄기간이 경과한 다음 발생하므로, 그 직후에 이루어진 주주총회에서는 의결권을 행사할 수 없다.

문제 2

주주의 주주명부 열람청구에 대하여 회사가 이를 거부할 수 있는가?

해 설

Ⅰ. 주주명부 열람청구

주주가 의결권 대리행사권유 등 다른 주주의 신원을 파악해야 할 필요가 있는 경우 주주는 주주명부의 열람을 청구할 수 있다(제396조 제2항). 조문상으로는 주주가 쉽게 주주명부를 확보할 수 있는 것처럼 적고 있으나, 실제로는 주주의 열람청구를 회사가 거부하는 경우가 많다.

Ⅱ. 주주명부 열람청구의 거부사유

주주명부는 회계장부와 달리 경영정보의 측면이 약하기 때문에, 회계장부의 열람청구는 회사가 거부할 수 있는(제466조 제2항) 것과 달리, 주주명부에 관해서는 제396조 제2항에 회사의 거부에 대하여 아무런 언급이 없다. 따라서 주주명부도 주주의 청구가 부당하다면 회사는 그 열람청구를 거부할 수 있는지 논의가 있다. 판례는 회계장부의 경우와 마찬가지로, 주주명부에 대한 열람도 회사가 그 청구의 목적이 정당하지 않음을 입증하여 거부할 수 있다고 본다(대판 2010.7.22. 2008다37193).

여기서 문제는 "그 청구의 목적이 정당하지 않은 경우"가 무엇을 말하는가? 주주명부에서 열람할 정보란 주주의 성명, 주소, 주식 수 등에 국한되므로 회계장부와는 달리 정보의 유출로 인하여 회사의 이익을 침해할 가능성이 거의 없다. 따라서 목적의 정당성을 판단함에 있어서는 회계장부의 열람청구와는 다른 기준이 적용되어야 한다. 예를 들어, 주주의 청구가 회사를 압박함으로써 궁극적으로 적대적 기업인수를 시도하기 위한 것이라는 점은 회계장부의 경우에는 정당한 거부사유가 되었으나, 주주명부의 열람청구는 본래 의결권 대리행사권유를 통하여 회사의 경영권에 도전할 수 있도록 마련된 제도이므로, 적대적 기업인수가 목적이라는 것만 가지고는 거부할 수 있다고 보기 어렵다. 마찬가지로 주주가 경업자인 경우에도, 회계장부에 기재된 영업상 비밀은 경영에 이용할 가능성이 크지만, 주주명부에 기재된 주주의 인적사항은 경영에 별다른 의미가 없으므로 역시 거부사유로 보기 힘들다. 이렇게 본다면, 회사가 실제로 주주명부의 열람을 거부할 수 있는 사유란 사실상 거의 생각하기 힘들다.

Ⅲ. 실질주주명부의 열람청구

상장회사의 경우 대리행사권유를 위해서는 실질주주명부를 열람할 필요가 있어 그 열람청구가 문제되어 왔다. 최근 자본시장법은 위임장권유를 하는 주주가 회사에 실질주주명부의 열람청구를 할 수 있도록 명문의 규정을 두어(자본시장법 제152조의2 제1항 제1호), 일부 문제를 해결하였다. 그러나 그 이외의 경우에 회사에 대한 열람청구가 가능한지에 대해서는 아직 규정이 없다. 현재 하급심은 ① 자본시장법 제316조 제2항은 실질주주명부의 효력을 주주명부와 동일하다고 규정하고 있다는 점, ② 의결권을 실질주주가 행사한다는 점, ③ 실질주주명부에 접근할 수 없다면 주주로서는 의결권 대리행사권유에 상당한 곤란을 겪게 된다는 점 등을 들어 열람청구가 가능하다고 보는 것이 다수의 입장이다(서울중앙지법 2007. 3. 15. 2007카합654). 개인정보의 보호를 이유로 제396조의 적용을 부정하는 하급심도 있으나, 실질주주의 주민등록번호 등 개인정보는 제외하고 열람을 허용하면 되므로 열람청구 자체를 부정할 이유는 없다.

기본 사실관계 [9]

(1) 甲주식회사(이하 '甲회사'라 함)는 비상장회사로서 정관에 종합건설업 등을 목적으로 정하고 있는 주식회사이다. 甲회사의 대표이사는 A이며 甲회사의 총 발행주식은 700,000주이다. 甲회사의 주식의 주요 지분을 보면, A가 150,000주, 이사 B가 120,000주, 이사 C가 100,000주, 감사 D가 80,000주를 소유하고 있으며, E를 포함하여 기타 주주들이 250,000주를 소유하고 있다. 甲회사의 제13기 회계연도는 2003. 4. 1.부터 2004. 3. 31.까지인데, 그 기간 동안 甲회사는 적자를 기록하였고, 이에 대한 결산서는 甲회사의 2004년 6월 21일 정기주주총회에서 승인을 받았다.

(2) 甲회사는 2005. 9. 29. 주주들 전원이 참석한 가운데 임시주주총회를 개최하였다. 동 주주총회에서 회사의 적자에 관한 책임을 추궁하기 위해 '제13기 결산서 책임추궁 결의에 관한 건'에 대하여 표결하였다. 그런데 총 주식 700,000주 중 330,000주가 이에 찬성하였고, 대표이사 A, 이사 B, 이사 C를 포함한 총 370,000주가 동 안건에 반대하여 부결되었다. 甲회사는 2004. 5. 1.부터 회사 임원의 손해배상책임을 보전하기 위해 임원배상책임보험을 乙보험회사와 체결한 바 있다.

※ 위의 사례는 연속된 사실관계이지만, 아래 문제에 관해서는 각 문제의 연관성을 배제하고 답안을 작성하시오. - 쟁점연구형

문제 1

위의 사례 (1)에서 甲회사 주주 E는 2006. 9월경에 대표이사 A를 상대로, 2003년 7월 5일 체결한 계약 토목공사계약건이 원가에 미치치 못하는 경쟁수주로 인해 甲회사에 손실이 발생시켰다고 주장하면서, 이를 이유로 회사에 대한 대표이사 A의 책임을 묻는 소송을 제기하려 한다. E의 소송제기가 가능한지 여부 및 가능하다면 그 방법과 요건에 관해 설명하시오. (30점)

---

9) 사실관계 참조판례: 대판 2007.9.6, 2007다40000.

문제 ②

위의 사례 (2)의 주주총회결의의 효력에 관해 설명하시오. (30점)

문제 ③

위의 사례 (2)에서 甲회사 주주 E가 대표이사 A의 부적절한 회사경영으로 인해 2003년 하반기경 甲회사의 주식가격이 폭락하였고 이로 인해 자신이 재산상 피해를 입었다고 주장한다. E는 이를 이유로 2006. 9월경 대표이사 A를 피고로 하여 손해배상청구소송을 제기하였는바, 동 소송의 당부에 관해 설명하시오. (20점)

문제 ④

3번 문제에서 E의 청구가 정당하다고 가정할 경우 E는 乙보험회사를 상대로 보험금을 청구할 수 있는지 여부와 청구권의 소멸시효에 관해 설명하시오? (20점)

해 설

Ⅰ. 사안의 쟁점

1. 문제 1은 주식회사의 재무제표를 주주총회에서 승인한 후 2년이 경과한 시점에 이사의 책임의 책임을 추궁할 수 있는가 하는 점이 쟁점다. 상법 제450조는 이를 규정하면서 예외적인 경우로 이사의 부정행위를 들고 있어 경쟁수주행위와 횡령행위가 이에 해당하는가 하는 점이 문제되며 특히 경쟁수주행위에 관해서는 경영판단의 원칙도 문제된다.

2. 문제 2에서는 주주총회의 책임추궁결의가 상법 제450조에서 규정하는 '다른 결의'에 해당하는가 하는 점이 문제된다. 그리고 주주총회에 대표이사 등 업무집행자들이 의결권을 행사한 것이 특별이해관계인의 의결권 행사가 되어 주주총회결의의 효력에 영향을 미치는가 하는 점도 문제된다.

3. 문제 3에서는 A이사가 상법 제401조에 따라 제3자(E)에 대해 손해배상책임을 부담하는가가 문제된다. 다만 책임을 추궁함에 있어서 책임추궁결의가 부결되면 어떠한 영향을 받는지도 검토할 필요가 있다.

4. 문제 4는 임원배상책임보험에서 직접청구권문제로서, 직접청구권의 성질에 관한 학설 대립에 따라 소멸시효기간이 다르게 주장된다.

Ⅱ. 쟁점에 관한 검토

1. 재무제표 승인의 효과 (문제 1)

(1) 승인의 법적 성질과 효과

이사 · 감사 또는 감사위원회의 책임해제의 법적 성질에 관해 재무제표의 승인 결의의 부수적인 법정효과라고 보는 승인결의효과설과 2년의 기간을 제척기간으로 보는 제척기간설이 대립한다. 제척기간설은 기산점에 관해 다시 결의시점을 기산점으로 하는 제척기간설(통설)과 결산시를 기산점으로 하는 제척기간설이 대립된다. 정기총회에서 일단 재무제표를 승인하게 되면 그 직접적인 효과로서 재무제표가 확정되고, 이에 따라 이익 또는 손실의 처분이 확정된다. 정기총회가 재무제표를 승인하면, 그 후 2년 내에 임원의 책임을 추궁하거나 책임해제를 보류하는 결의가 없으면 이사와 감사 또는 감사위원회의 책임은 부정행위가 있는 경우를 제외하고 해제된 것으로 본다($\binom{\text{제450조, 제415}}{\text{조의2 제6항}}$).

(2) 책임제한의 예외: 부정행위

상법이 규정하는 책임제한에 대한 예외로서 부정행위가 있는 경우라 함은 회사에 대하여 악의 또는 중과실로 인하여 가해행위를 한 경우뿐만 아니라, 이사의 권한 내의 행위일지라도 당해 사정하에서 정당시될 수 없는 모든 행위를 뜻한다. 상법 제450조의 책임해제의 효과에 관해 책임해제가 미치는 범위는 재무제표에 기재되었거나 그것으로부터 알 수 있는 사항에 한한다는 판례가 있다. 즉 상법 제450조에 따른 이사의 책임해제는 재무제표 등에 기재되어 정기총회에서 승인을 얻은 사항에 한정되는데, 상호신용금고의 대표이사가 충분한 담보를 확보하지 아니하고 동일인 대출 한도를 초과하여 대출한 것은 재무제표 등을 통하여 알 수 있는 사항이 아니므로, 상호신용금고의 정기총회에서 재무제표 등을 승인한 후 2년 내에 다른 결의가 없었다고 하여 대표이사의 손해배상책임이 해제되었다고 볼 수 없다고 본 판례가 있다 ($\binom{\text{대판 2002.2.26.}}{\text{2001다76854}}$).

(3) 책임해제에 관한 증명책임

책임해제에 관한 증명책임은 책임해제를 주장하는 해당 이사 · 감사 또는 감사위원회에 있다. 따라서 이사 · 감사 또는 감사위원회는 그가 책임질 사항이 재무제표에 기재되었고 이러한 재무제표를 주주총회가 승인하였다는 사실을 증명하여야 책임해제될 수 있다는 것이 통설·판례의 입장이다($\binom{\text{대판 1969.1.28.}}{\text{68다305}}$).

(4) 사안에의 적용

위의 사례 (1)에서 甲회사 주주 E가 대표이사 A를 상대로, 2003년 7월 5일 체결한 계약 토목공사계약건이 원가에 미치치 못하는 경쟁수주로 인해 甲회사에 손실이 발생시켰다고 주장한 시점은 2006. 9월경이다. 甲회사가 2004년 6월 21일 정기주주총회에서 재무제표를 승인하였으므로 대표이사 A는 책임이 해제되었다고 볼 수 있다. 그리고 A의 경쟁수주로 인한 회사의 손실은 회사경영상 고의, 중과실에 의한 가해행위에 해당하지 않고 회사경영상 있을 수 있는 행위이므로 책임해제의 예외사항인 부정행위에 해당하지 않는다고 판단되므로 대표이사 A의 책임은 정기주주총회 후 2년이 경과함으로써 해제되었다고 본다.

2. 주총결의의 효력 (문제 2)

(1) 주총결의의 하자

위 사안에서 임시주주총회는 적법하게 소집되어 결의한 것으로 보인다. 다만 책임추궁의 대상자라 할 수 있는 이사, 감사가 주총결의에서 의결권을 행사한 것으로 보여 주주총회결의에 하자가 있는 것은 아닌지 하는 점이 문제된다.

(2) 특별이해관계인의 범위

총회의 결의에 관하여 특별한 이해관계가 있는 자는 의결권을 행사하지 못한다($\binom{\text{제368조}}{\text{제4항}}$). 총회의 의제에 관해 특별한 이해관계를 가진 주주, 예를 들어 중요재산 양도결의를 함에 있어서 중요재산의 양수인인 주주는 회사의 이익이 아닌 자신의 이익을 위해 의결권을 행사할 가능성이 높으므로 의결권을 제한하고 있다. 이러한 특별이해관계의 범위에 관해 학설이 대립되고 있는데, 법률상 특별이해관계로 제한하는 견해(법률상 이해관계설), 모든 주주가 아닌 특정 주주의 이해에 관계되는 경우로 해석하는 견해(특별이해관계설), 주주로서의 지위와 무관하게 개인적 이해관계를 가지는 경우로 해석하는 견해(개인법설) 등이 대립하고 있는데, 통설의 입장은 개인법설이다. 통설에 따르면 이사 등의 면책결의, 보수결정에 있어서 해당 지위에 있는 주주, 영업양도 등의 결의에서 거래상대방인 주주 등은 특별한 이해관계를 가지는 자로서 의결권이 없다. 그러나 주주가 주주의 입장에서 이해관계를 가지는 경우, 예컨대 이사·감사의 선임 또는 해임결의에 있어서 당사자인 주주, 재무제표의 승인결의에서 이사나 감사인 주주 등은 특별한 이해관계를 가지는 자에 해당하지 않는다고 본다.

(3) 적용범위

특별이해관계인은 직접 의결권을 행사하는 것이 제한됨은 물론 대리인을 통한 의결권행사도 당연히 제한된다. 뿐만 아니라 본인은 특별이해관계인이 아니나 대리인이 특별이해관계에 있을 경우 의결권이 제한되는가 하는 점에 관해서도 논의가 있다. 이에 관해 상법 제368조 제4항이 '특별한 이해관계가 있는 자'라고 하고 있지 주주에 한정하고 있지 않은 점, 대리인이 본인의 의사를 좇지 않더라도 의결권행사는 유효하고 의결권행사에 대리인의 이해관계가 반영될 수 있으므로 의결권이 제한된다고 본다. 그리고 주식의 신탁·명의신탁에서 주주가 이해관계를 가지는 경우뿐만 아니라 수탁자도 특별이해관계인이 될 수 있다고 본다.

(4) 책임추궁결의에서 특별이해관계인

주주총회가 재무제표를 승인한 후 2년 내에 이사와 감사의 책임을 추궁하는 결의를 하는 경우 당해 이사와 감사인 주주는 회사로부터 책임을 추궁당하는 위치에 서게 되어 주주의 입장을 떠나 개인적으로 이해관계를 가지는 경우로서 그 결의에 관한 특별이해관계인에 해당한다. 그러나 본 사안과 같이 "제13기 결산서 책임추궁 결의에 관한 건"이라는 주주총회의 안건은 구체적으로 위 기간 동안에 이사나 감사로 재임한 자들 전원의 책임을 추궁하려고 하는 것인지, 그 중 일부 이사나 감사만의 책임을 추궁하려고 하는 것인지, 나아가 어떠한 책임을 추궁하려고 하는 것인지 알 수 없어 해당 이사를 결의에 관한 특별이해관계인에 해당한다고 단정할 수 없다고 본다. 판례도 주주의 의결권은 주주의 고유하고 기본적인 권리이므로 특별이해관계인이라는 이유로 이를 제한하기 위해서는 그 결의에 관하여 특별한 이해관계가 있음이 객관적으로 명확하여야 하는데 유사한 사안에서 명확성이 없음을 이유로 특별이해관계인에 해당하지 않는다고 본 경우가 있다$\binom{\text{대판 2007.9.6.}}{\text{2007다40000}}$.

(5) 사안에의 적용

위 사안의 임시주주총회는 적법하게 소집되어 결의한 것이나, 책임추궁의 대상자라 할 수 있는 이사, 감사가 주총결의에서 의결권을 행사한 것으로 보여 주주총회결의에 하자가 있는 것은 아닌지 하는 점이 문제되었다. 하지만 앞서 소개한 판례와 같이 단순히 책임추궁이라고 결의를 하였을 뿐 책임추궁의 대상이 되는 이사, 감사가 특정되지 않으므로 이러한 주주총회에서 이사, 감사가 의결권을 행사하였다고 하여 주주총회의 결의에 하자가 있었다고 보기는 어렵다.

3. 이사의 주주에 대한 손해배상책임 (문제 3)

(1) 주주가 제3자에 포함되는지

회사의 부실경영으로 인한 주주의 손해가 상법 제401조의 이사의 책임범위에 포함되는지 여부에 관해 논란이 있고 3문은 이를 문의하고 있다. 주주가 상법 제401조의 제3자에 해당하는가 하는 점에 관해 주주는 회사의 구성원이므로 이에 포함되지 않는다고 해석될 수도 있지만 통설·판례는 주주도 상법 제401조의 제3자에 해당한다는 데에 일치되어 있다.

(2) 간접손해

제3자의 범위에 직접손해를 입은 주주가 포함된다는 점에서는 이견이 없으나, 간접손해를 입은 주주는 제한되는가 하는 점에 관해 견해가 대립되고 있다. 제한설은 회사가 입은 손해로 인하여 주주가 간접적으로 손해를 받은 경우는 회사가 배상을 받음으로써 주주의 손해는 간접적으로 보상되는 것이므로 주주는 이러한 경우 제3자에 포함될 수 없다고 한다. 왜냐하면 이 경우에도 주주를 제3자에 포함시킨다면 주주가 회사채권자에 우선하여 변제를 받는 불합리한 결과가 생기며, 주주의 간접손해는 대표소송 등으로 구제될 수 있기 때문이라고 한다. 제한부정설은 주주는 직접손해의 경우는 물론이고 간접손해의 경우에도 제3자에 포함된다고 본다. 이 견해는 제한설에 의하면 간접손해의 경우에는 대표소송 등의 방법으로 당해 주주의 손해는 구제될 수 있다고 하나, 대표소송은 소수주주권자만이 제기할 수 있고 담보가 요구될 수 있으므로 이와 별도로 주주의 손해배상청구를 인정할 실익이 있다고 한다. 판례는 회사의 대표이사가 회사재산을 횡령하여 회사재산이 감소함으로써 회사가 손해를 입고 결과적으로 주주의 경제적 이익이 침해되는 손해와 같은 주주의 간접손해는 상법 제401조 제1항에서 말하는 손해의 개념에 포함되지 않는다는 제한설을 따르고 있다(대판 2003.10.24, 2003다29661).

(3) 분식회계를 신뢰하여 주식을 취득한 주주

주식회사의 주주가 이사의 악의 또는 중대한 과실로 인한 임무해태행위로 직접 손해를 입은 경우에는 이사에 대하여 상법 제401조에 의하여 손해배상을 청구할 수 있으나, 이사가 회사의 재산을 횡령하여 회사의 재산이 감소함으로써 회사가 손해를 입고 결과적으로 주주의 경제적 이익이 침해되는 손해와 같은 간접적인 손해는 상법 제401조 제1항에서 말하는 손해의 개념에 포함되지 아니하므로 이에 대하여는 위 법조항에 의한 손해배상을 청구할 수 없다. 그러나 회사의 재산을 횡령한 이사가 악의 또는 중대한 과실로 부실공시를 하여 재무구조의 악화 사실이 증권시장에 알려지지 아니함으로써 회사 발행주식의 주가가 정상주가보다 높게 형성되고, 주식매수인이 그러한 사실을 알지 못한 채 주식을 취득하였다가 그 후 그 사실이 증권시장에 공표되어 주가가 하락한 경우에는, 주주는 이사의 부실공시로 인하여 정상주가보다 높은 가격에 주식을 매수하였다가 주가가 하락함으로써 직접 손해를 입은 것이므로, 이사에 대하여 상법 제401조 제1항에 의하여 손해배상을 청구할 수 있다(대판 2012.12.13. 2010다77743).

(4) 사안에의 적용

사안의 경우 E가 甲회사의 부실공시를 신뢰하고 주식을 취득하였다면 판례와 같이 E는 상법 제401조의 제3자에 포함되어 손해배상을 청구할 수 있다고 본다. 하지만 설문에서는 A의 부적절한 경영으로 E가 피해를 입은 것으로 보여 이 경우 E의 손해는 간접손해이므로 상법 제401조의 손해배상책임에 해당하지 않는다고 본다.

4. 책임보험에서 직접청구권 (문제 4)

(1) 직접청구권의 성질

직접청구권의 법적 성질에 관해 학설이 대립되고 있으며 판례도 혼선이 있었으나 현재 판례는 손해배상청구권설을 취하고 있다. 손해배상청구권설에 의하면, 보험자는 피보험자(가해자)의 손해배상채무를 중첩적으로 인수한 것으로 보고, 보험자·피보험자는 연대채무관계에 있어 양자의 채무는 동일하므로 직접청구권의 법적 성질은 손해배상청구권이라 이해한다. 보험자와 피해자간에는 보험관계가 성립하고 있지 않으므로 보험금청구권으로 볼 수 없으며, 보험자와 피해자간에는 보험계약시 보험자가 피해자에 대한 피보험자의 채무를 병존적으로 인수한 것으로 해석한다. 이에 반해 보험금청구권설은 책임보험계약에서 피해자는 법의 규정에 따라 피보험자가 책임을 질 사고로 입은 손해의 보상을 보험자에게 청구하는 것이므로 보험자에 대한 피해자의 보험금청구권은 손해보상청구권이지 손해배상청구권은 아니라 보고, 이는 법률의 규정에 따른 보험자에 대한 보험금청구권으로 본다. 보험계약 체결시에 아직 발생하지도 않은 채무의 병존적 인수라는 이론구성은 의제적이고, 제3자의 직접청구권도 결국 피보험자의 보험금청구권에 비롯하였다고 볼 때 보험금청구권설이 타당하다고 본다.

(2) 직접청구권의 소멸시효

직접청구권의 소멸시효기간은 직접청구권의 법적 성질을 어떻게 이해하느냐에 따라 달라진다. 손해배상청구권설에 따를 경우(다수설·판례) 일반 소멸시효기간은 손해배상채권과 동일하게 손해 및 가해자를 안 날로부터 3년, 불법행위를 한 날로부터 10년이 된다(제766조). 이에 반해, 보험금청구권설을 따를 경우 2년의 소멸시효가 적용된다(제662조). 직접청구권을 손해배상청구권으로 본다고 하더라도 보험자는 직접청구권으로 인해 더 불리해질 수는 없으므로 시효기간은 2년으로 보아야 한다는 견해도 있다. 소멸시효의 기산점에 관해서도, 손해배상청구권설에 따를 경우 민법 제766조의 규정에 따라 손해 및 가해자를 안 날 또는 불법행위를 한 날이 기산점이 되고, 보험금청구권설에 따를 경우 일반 보험금청구권과 동일하게 배상책임이 확정된 시점으로 보는 견해가 있다.

(3) 사안에의 적용

위에서 본 바와 같이 보험금청구권설에 따를 경우 소멸시효기간은 2년이 되는데 반해 손해배상청구권설에 따를 경우 소멸시효기간은 손해배상채권과 동일하게 손해 및 가해자를 안 날로부터 3년, 불법행위를 한 날로부터 10년이 된다. 다만 2014년 상법 개정으로 보험금청구권의 소멸시효가 3년으로 개정되었다. 직접청구권이 문제되는 사안에서 민법상 10년이 적용될 경우는 거의 없으므로 어느 학설을 따르나 3년의 소멸시효에 해당하게 되어 논의의 실익은 줄었다.

추가 · 심화 질문

Ⅰ. 이사, 감사의 책임면제, 해제 관련

문제 ①

상법 제450조는 이사나 감사의 책임해제에 관해 규정하면서 주식회사의 주주총회가 재무제표를 정기주주총회에서 승인한 후 2년이 경과하기 전에 다른 결의가 없을 것을 요건으로 하고 있다. 동 조항에서 명시하고 있는 "다른 결의"란 무엇을 의미하는가? 회사가 직접 이사, 감사의 책임을 추궁하든지 또는 주주들에 의해 대표소송이 제기되더라도 결의가 없는 이상 이사, 감사의 책임은 해제되는가?

해 설

재무제표를 정기주주총회에서 승인한 후 2년이 경과하기 전에 이사, 감사 등의 책임을 추궁할 경우 이사나 감사의 책임이 해제되지 않는데 책임추궁 방법에 관해 상법은 "결의"를 요구하고 있어 다른 결의가 이사, 감사의 책임면제의 소극적 요건으로 규정되어 있다. '다른 결의'란 책임해제를 부정하는 결의나 승인을 철회하는 결의뿐만 아니라 이사와 감사의 책임을 추궁을 위한 결의 등 널리 이사, 감사의 책임이 존재함을 전제로 하는 결의를 의미한다. 그렇다면 결의 없이 대표이사가 해당 이사의 책임을 추궁하는 경우라든가 주주가 대표소송을 제기하여 해당 이사 또는 감사의 책임을 추궁하는 경우에는 이사, 감사의 책임면제의 소극적 요건에 해당하지 않아 책임면제의 효과가 발생하는 것처럼 해석될 여지가 있다. 하지만 입법의 오류라 판단되며 "다른 결의"는 다른 결의 등 회사나 이사의 책임추궁행위가 없을 경우로 해석하여야 한다고 본다.

문제 ❷

이사나 감사의 책임을 총주주의 동의로 면제하는 경우 반드시 주주총회의 결의를 거쳐야 하는가?

해 설

상법에는 총주주 동의에 의한 이사, 감사의 책임 면제에 관해 허용하면서 면제 방법에 관해서는 주주총회결의 등 방법을 명시하지 않았다. 따라서 총주주의 책임 면제의 의사표시 즉 책임면제에 관한 동의가 있으면 되고 의사표시의 일반론에 따라 명시적·묵시적으로도 가능하다고 볼 수 있다. 이에 관해 판례는 상법 제399조 소정의 이사의 책임은 상법 제400조의 규정에 따라 총주주의 동의로 이를 면제할 수 있는데, 이 때 총주주의 동의는 묵시적 의사표시의 방법으로 할 수 있고 반드시 명시적·적극적으로 이루어질 필요는 없다고 보고 있다. 실질적으로는 1인에게 주식 전부가 귀속되어 있지만 그 주주 명부상으로만 일부 주식이 타인 명의로 신탁되어 있는 경우라도 사실상의 1인 주주가 한 동의도 총주주의 동의로 볼 것이다 $\binom{\text{대판 2002.6.14,}}{\text{2002다11441}}$.

Ⅱ. 특별이해관계인 관련

문제 ❶

앞의 사례에서 이사, 감사 모두가 특별이해관계를 가지는 자라고 가정할 경우 책임추궁을 위한 결의에서 의결정족수는 어떻게 계산되는가?

해 설

상법 제368조 제4항은 특별이해관계인은 의결권을 가지지 못한다고 규정하고 상법 제371조 제2항은 제368조 제4항에 따라 의결권을 행사할 수 없는 주식의 의결권 수는 출석한 주주의 의결권의 수에 산입하지 않도록 정하고 있다. 따라서 발행주식총수에는 포함되고 출석주주에는 포함되지 않게 된다. 따라서 총 700,000주 발행주식에는 영향이 없고 출석주주의 주식수는 370,000주가 배제되므로 출석주주의 주식수는 총 330,000주가 된다. 따라서 책임추궁의 결의를 하기 위해서는 보통결의의 요건에 따라 발행주식총수(700,000주)의 1/4의 요건과 출석주식수(330,000주)의 1/2의 요건을 구비하면 되므로, 결국 175,000주, 165,000주 중 높은 요건인 175,000주 이상이 찬성하면 책임추궁이 가능하다고 볼 수 있다. 다만 이에 반대하는 견해로는 상법 제371조 제2항을 입법오류로 보고 동조 제1항과 동일하게 발행주식총수에서 차감하는 것으로 보아야 한다는 견해(이철송, 회사법, 554면)도 있다.

문제 2

특별이해관계인이 의결권을 행사한 경우 특별이해관계인의 의결권을 배제하였더라도 결의에 변화가 없을 경우에도 주주총회결의의 하자는 있다고 보아야 하는가?

해 설

주주총회의 소집절차, 결의방식의 하자 등 주주총회결의의 형식적 하자는 그 존재만으로 주주총회결의에 하자가 있는 것으로 되고 그러한 하자가 반드시 결의의 결과에 영향을 미칠 것을 상법이 요구하고 있지는 않다. 따라서 설사 특별이해관계인의 의결권을 배제하였더라도 결의의 결과는 달라지지 않았을 경우에도 주주총회결의에는 결의방식의 하자가 존재하는 것으로 보아 결의취소의 소를 제기할 수 있다고 본다. 이에 관한 판례는 존재하지 않지만10) 유사한 취지의 판례로는 주주총회 소집통지를 일부 주주에게 하지 않은 경우 설사 그 주주가 소집통지를 받아 결의에 참가하더라도 투표결과에 영향을 미치지 못하는 경우에도 주주총회결의의 하자가 해소되지는 않는다고 보고 있다.

문제 3

이사회에서 결의를 함에 있어 특정 이사가 특별한 이해관계에 있을 경우 해당 이사의 의결권 행사는 제한되는가?

---

10) 이사회결의시 특별이해관계인이 참가한 사례에서 판례는 "회사의 3명의 이사 중 대표이사와 특별이해관계 있는 이사 등 2명이 출석하여 의결을 하였다면 이사 3명 중 2명이 출석하여 과반수 출석의 요건을 구비하였고 특별이해관계 있는 이사가 행사한 의결권을 제외하더라도 결의에 참여할 수 있는 유일한 출석이사인 대표이사의 찬성으로 과반수의 찬성이 있는 것으로 되어 그 결의는 적법하다."(대판 1992.4.14, 90다카22698)라고 보아 형식적 하자가 없는 것으로 보았다.

해 설

상법 제391조는 이사회의 결의방법에 관해 규정을 하고 있는데 동조 제3항은 제368조 제4항이 이사회의 결의방법에 준용된다고 명시하고 있다. 따라서 개인법설에 따라 이사회의 결의사항에 관해 개인적인 이해관계가 있는 이사는 동 결의에 특별이해관계에 있게 되어 의결권행사가 제한된다. 다만 이사회의 의결정족수는 두수주의에 기반을 두고 있으며, 일반결의의 경우 과반수 출석, 출석이사의 과반수 찬성이고 특별결의의 경우 과반수 출석, 출석의 2/3 이상의 찬성이 요구되는데, 의결권행사가 제한될 경우 출석의 효과는 인정되고 다만 결의의 효과만 부정된다고 보아야 하므로 찬성요건을 산정함에 있어서만 고려된다.

Ⅲ. 임원배상책임보험 관련

문제

만일 앞의 사례에서 임원배상책임보험에 피보험자로 가입한 대표이사 A가 중과실로 제3자에게 손실을 입혔다고 한다면 상법 제659조의 보험자 면책사유에 따라 보험자는 면책되는가?

해 설

손해보험에서 보험사고가 보험계약자 또는 피보험자의 중과실에 의해 발생한 경우 보험자는 상법 제659조에 따라 면책된다. 하지만 임원배상책임보험의 담보범위에 이사의 제3자에 대한 책임이 포함되어 있고 동 책임은 이사에 적어도 중과실이 있는 경우에만 성립하므로 해석상 임원배상책임보험에는 적어도 제3자에 대한 이사의 책임과 관련해서는 상법 제659조가 제한적이라 해석된다. 상법 제659조를 해석함에 있어 고의에 의한 보험사고를 보상한다고 약정한 경우 이는 사회상규에 반하여 그러한 보험계약은 무효이지만 보험계약자나 피보험자의 중과실에 의한 보험사고로 인한 손해를 보상한다고 약관에서 정한 경우 이는 유효라고 본다. 따라서 앞서 본 해석론은 상법 제659조의 취지에 반하지 않고 상법 제401조와 관련한 임원배상책임보험의 취지에 타당한 해석이라 할 수 있다.

67 영업용재산의 양도

기본 사실관계

교육용 온라인 영어학습 프로그램(이하 '프로그램'이라 함)을 제작하여 초중등학교 또는 학원에 제공하는 사업을 하던 A와 설립중인 갑회사의 발기인대표인 B는 2010. 2. 5. 위 프로그램에 관한 매매계약을 체결하였는데, 갑회사가 설립되면 갑회사가 위 프로그램을 인수하기로 하고 그 금액은 10억 원으로 책정하였다. 설립중 갑회사는 A를 비롯한 발기인 6인만으로 구성되었고, 변태설립사항에 관한 정관기재 없이 신속히 진행되어, 2010. 3. 5. 설립등기를 얻었다. 설립 이후 1주일이 경과하여 갑회사가 위 프로그램을 양수하면서 5억 원을 지급하였고, 잔금은 6개월 후에 지급하기로 하였다. 그 후 B는 2010. 6. 10. 대표이사직을 사직하고 당일 C가 새로 대표이사로 선임되었다. 갑회사는 설립 시에 시작한 온라인 영업교육서비스 영업 외에도 온라인 및 네트워크게임 개발사업 그리고 컴퓨터보안사업까지 영업을 확대해 자본금 20억 원, 프로그램개발 담당직원만 35여 명인 수준으로 성장하였다.

대표이사 C는 게임 및 보안부문의 사업을 강화하기 위하여 영어교육사업을 중지하기로 하고, 사업양수인을 구하기로 결정하였다. 그 후 C의 대학동기이자 어학교육사업을 하는 을회사 대표이사 D가 위 사업에 관심을 가지자, 양자는 위 프로그램부문의 양도 및 해당부문의 업무를 수행하는 근로자 10명의 전직에 관한 거래를 논의하였다. C는 이에 관하여 이사 및 주요주주가 모인 모임에서 의견을 나누었는데, 이사 및 주요주주의 대부분이 이 거래에 찬성하자, 2014. 5. 20. C는 을회사 대표이사 D와 위 프로그램에 관한 일체의 권리 및 운영노하우를 양도하며, 프로그램 개발자 및 근로자들도 모두 을회사가 고용을 승계하기로 계약을 맺었고, 그 양도대금은 8억 원이었다. 그런데 이 계약을 체결하는 과정에서 위 프로그램에 가입한 회원 수를 실제보다 부풀려 책정함으로써 C는 을회사로부터 1억 원을 더 수령하였고, D는 이를 알면서 묵인하였다.

한편 을회사는 자본금 12억 원에 주주 25인으로 구성되었는데, 이들은 전현직 교사 출신이거나, 현직 학원강사들이었다. 이들 중 D1을 비롯한 일부 주주는 D가 이사회를 개최하여 갑회사로부터 위 프로그램 등을 인수하는 결정을 하였다는 소식을 듣고 사장 D를 면담한 후, 프로그램의 문제점을 지적하며 그 양수를 반대하였고, 이를 논의하기 위한 주주총회의 개최를 요구하였다. 2014. 6. 5. 개최된 을회사의 주주총회에서 위 양수계약을 논의한 결과, 온라인 영어교육사업이 을회사의 영업에 필요한 사업이라는 점에 많은 주주들이 찬성표를 주어 출석주주 의결권수의 찬반비율은 72:26으로써 위 계약이 승인되었다.

문제 ①

갑회사 발기인대표 B가 A와 맺은 계약에 대하여 갑회사가 책임을 부담하는 근거를 들고, 갑회사의 주주 E가 갑회사가 위 프로그램을 양수한 행위에 반대하는 경우 그는 상법상으로 어떠한 권리주장이 가능한가? (40점)

문제 ②

갑회사가 위 프로그램을 을회사에 양도한 계약의 효력은 어떠한가? (35점)

문제 ③

D1 등 위 프로그램의 양수를 반대하는 주주가 을회사를 위하여 취할 수 있는 수단은 무엇인가? (25점)

해 설

문제 ①

Ⅰ. 사안의 쟁점

A는 설립 전 갑회사의 발기인대표이던 B와 자신이 개발한 위 프로그램을 갑회사에 매도하는 계약을 맺었고 그 이행은 갑회사가 설립 후에 하기로 하였다. 이러한 발기인의 계약은 일정한 요건 하에서 성립된 회사로 이전하는데, 이에 관한 설립중 회사의 법리가 검토되어야 한다. 또한 위 프로그램 매입계약은 상법상으로 재산인수계약인데, 재산인수계약으로서 요건이 충족되는지 여부가 문제된다.

Ⅱ. 쟁점에 관한 검토

1. 발기인과 맺은 계약의 이전

발기인이 맺은 계약이 성립된 회사의 인수행위 또는 추인 없이도 성립된 회사로 포괄적으로 이전되는 관계를 설명하기 위하여 설립중 회사와 성립된 회사는 동일하다는 동일성설이 일반적으로 인정되고 있다. 이에 의하면 그러한 이전을 위하여 몇 가지 요건이 충족되어야 한다.

첫째, 해당계약이 설립중 회사가 창립된 이후에 체결되어야 하고, 설립중 회사는 발기인이 1주 이상 인수한 시점에서 창립된다. 이 시점 이전에 이루어진 발기인의 계약은 계약 당시 발기인의 자격에 따라서 발기인 개인 또는 발기인조합에 귀속되고, 성립된 회사에 승계되지 않으므로 이를 성립된 회사에 귀속시키기 위해서는 별개의 이전행위가 필요하다.

둘째, 발기인이 설립중 회사의 대표자격 또는 기관 지위에서 설립중 회사의 명의로 계약을 체결하여야 한다. 그런데 이 형식은 엄격히 요구되는 것이 아니고 거래 상대방이 인식할 수 있으면 충족된다$\left(\begin{smallmatrix}대판 1970.8.31.\\70다1357\end{smallmatrix}\right)$.

셋째, 발기인이 자신의 권한범위 내에서 계약을 체결하여야 하는데, 발기인의 권한 범위에 관하여는 학설이 대립한다. 회사설립을 직접 목적으로 하는 행위만 할 수 있다는 견해, 회사설립을 위하여 법률상·경제상으로 필요한 행위를 할 수 있다는 견해, 회사설립을 위하여 법률상·경제상으로 필요한 행위뿐만이 아니라 회사성립 후의 개업을 위한 개업준비행위도 할 수 있다는 견해 등이 있다. 개업준비행위로 인한 채무에 대하여 성립 후 회사의 책임을 인정한 판례가 있다$\left(\begin{smallmatrix}대판 1970.8.31.\\70다1357\end{smallmatrix}\right)$.

상법은 발기인의 권한을 설립행위에 한정하여 규정하지만 설립행위의 범위가 명확한 것이 아니므로 발기인은 설립을 위하여 법률적·경제적으로 필요한 행위도 할 수 있다고 봄이 타당하다. 재산인수 등 법정된 경우는 제외하고 상법이 규정을 두지 않은 한, 설립중 채권자를 보호하기 위하여 발기인의 권한범위를 넓게 인정할 수 없다고 본다. 성립된 회사는 상법이 정한 발기인의 권한 범위에서 책임을 부담한다고 보는 것이 설립중 법률관계가 성립된 회사로 귀속되는 문제를 명확히 해결하는 데 적절하다.

2. 재산인수계약의 성립

(1) 주식회사의 설립과 변태설립사항

주식회사는 정관작성, 주식인수 및 출자의 이행, 기관구성, 설립경과의 조사 그리고 설립등기로 이어지는 일련의 과정을 거쳐서 설립된다. 설립방법으로는 발기인이 설립 시 발행되는 주식 전부를 인수하는 발기설립과 발기인이 일부를 인수하고 나머지는 모집하는 모집설립이 있고, 변태설립사항이 있는지 여부에 따라서 단순설립과 변태설립으로 나누기도 한다.

상법은 정관의 상대적 기재사항으로서 변태설립사항을 규정하는데, 1. 발기인이 받을 특별이익과 이를 받을 자의 성명, 2. 현물출자를 하는 자의 성명과 그 목적인 재산의 종류, 수량, 가격과 이에 대하여 부여할 주식의 종류와 수, 3. 회사성립 후에 양수할 것을 약정한 재산의 종류, 수량, 가격과 그 양도인의 성명, 4. 회사가 부담할 설립비용과 발기인이 받을 보수액이 그러하다. 이러한 사항은 그 금액이나 이익을 과도하게 책정하거나 재산을 과대평가하는 경우 성립될 회사의 재산적 기초를 해하므로 상법은 정관에 구체적인 내용을 기재하게 하고, 이를 검사인, 공증인 또는 감정인 및 이사 또는 감사에 의하여 조사를 받게 하여 공정한 설립절차를 담보하고자 한다($\binom{\text{제290조, 제298조 제4항 내지 제}}{\text{300조, 제313조 제2항, 제314조}}$).

(2) 재산인수의 성립

1) 재산인수의 의의

재산인수란 발기인이 회사 성립을 조건으로 일정한 재산을 회사성립 후에 양수하기로 하는 경우 그 계약을 말한다($\binom{\text{제290조}}{\text{제3호}}$). 발기인은 회사 성립 전 재산인수에 관한 계약을 맺고 회사 성립 후 회사가 그 재산을 양수하게 된다. 재산인수는 현물출자와 마찬가지로 재산에 관하여 과대평가가 있게 되면 성립될 회사의 이익을 침해하므로 현물출자와 동일하게 변태설립사항으로서 규제된다. 이렇게 함으로써 재산인수가 현물출자의 탈법행위로 이용되는 것을 방지한다. 현물출자는 출자행위로서 주식의 인수 및 재산의 납입이 이루어지지만, 재산인수는 재산에 관한 개인법상의 거래로서 회사는 그 대가로 주식이 아닌 금전 등을 교부하게 된다.

2) 정관에 기재되지 않은 재산인수와 추인

재산인수는 변태설립사항으로서 정관의 상대적 기재사항이므로 반드시 정관에 기재되어야 그 효력을 발생한다. 만일 정관에 기재되지 않았다면 그 재산인수의 효력이 어떠한지 문제된다. 원칙적으로는 무효이지만, 성립 후 회사가 추인할 수 있는지 여부에 관하여 견해가 나뉘고 있다.

이에 관하여 회사가 재산인수를 추인할 수 없다고 보는 견해에서는 그 추인을 인정한다면 자본금충실의 원칙을 해하고 상법 제290조의 취지를 무의미하게 하여 결과적으로 재산인수의 탈법행위를 인정하게 된다고 한다. 반면에 추인을 인정하는 견해에서는 무권대리행위의 추인($\binom{\text{민법 제}}{\text{130조}}$)과 동일하게 추인할 수 있고, 그 방법은 사후설립 규정($\binom{\text{제375}}{\text{조}}$)을 유추적용하여 주주총회의 특별결의로써 가능하다고 본다. 판례는 재산인수가 동시에 사후설립에 해당하는 경우 주주총회의 특별결의에 의한 추인이 가능하다고 본다($\binom{\text{대판 1992.9.14.}}{\text{91다33087}}$).

추인을 인정한다면 비록 주주총회의 특별결의를 거친다고 하더라도 회사재산에 대한 침해를 막을 수 없고, 변태설립사항에 관하여 상법이 구현하고자 하는 발기인에 대한 견제도 실현될 수 없으므로 추인을 할 수 없다고 본다. 회사의 성립 후 재산인수의 대상인 재산은 회사가 새로운 계약에 의하여 당연히 취득할 수 있다.

3. 사안해결

(1) 발기인과 맺은 계약의 효력

사안에서 B는 발기인대표 자격으로 A와 계약을 맺었고, 계약의 내용은 프로그램의 양수로서 무체재산권이 대상이며, 성립 후 회사가 이행하는 것으로 하였다. 설립중 발기인대표가 맺은 계약이 동일성설에 따라서 성립된 회사로 이전하기 위하여 전술한 바처럼 일정한 요건이 충족되어야 하는데, 설립중 회사의 창립시기에 관한 요건을 충족하였는지 여부는 사안에 제시되어 있지 않다. 발기인의 자격은 B가 발기인대표로서 행위하였으므로 충족되었고, 위 계약이 발기인의 권한범위 내인지 여부는 프로그램의 취득이 영업을 위한 것으로 개업준비행위이므로 발기인의 권한범위에 관한 학설 중 설립에 필요한 법률적·경제적 행위를 할 수 있다는 견해를 취하면 이는 발기인 권한범위를 넘는 것이 된다. 그러나 개업준비행위를 할 수 있다는 견해를 취하면 위 요건을 충족한다. 학설에 따라서 위 프로그램 구입계약이 발기인의 권한 범위 내에 있다고 보면 위 계약은 성립회사에 승계되고 반대견해에서는 그렇지 않다고 보게 된다.

(2) 정관 기재 없는 재산인수의 효력

그런데 위 계약은 상법상으로 재산인수계약에 해당하는지 여부가 판단되어야 한다. 개업준비행위에 속하는 재산인수는 상법이 규정하므로 전술한 학설에 의한 해결보다 상법에 의한 해결이 우선되어야 한다. 먼저 위 프로그램은 재산권으로서 거래대상이므로 재산인수의 대상이 되는 재산이고, 위 계약이 A와 설립중인 갑회사 발기인대표 B 사이에 체결되고 이를 성립 후 회사가 이행하므로 이는 상법상 재산인수계약에 해당한다. 변태설립사항으로서 재산인수가 유효하기 위해서는 계약의 내용이 정관에 기재되어야 하고 이에 관한 조사가 요구되는데, 사안에서 갑회사의 설립절차는 정관에 변태설립사항이 기재됨이 없이 진행되어 위 재산인수계약은 상법 위반으로 무효로 된다. 위 재산인수계약의 무효를 확인할 이익을 갖는 자는 누구든지 그 무효를 주장할 수 있고, 따라서 갑회사의 주주 F는 회사재산의 보호를 위하여 위 재산인수계약의 무효확인의 소를 제기할 수 있다.

Ⅰ. 사안의 쟁점

사안에서 B는 영어교육사업의 양도에 관하여 이사 및 주요주주의 모임에서 의견을 구하였을 뿐, 이사회 및 주주총회를 개최하여 그 의결을 거치지 않았다. 위 프로그램 및 교육사업부문의 근로자 전직을 포함하는 양도계약은 갑회사의 중요한 자산의 양도($^{제393조}_{제1항}$)인지 여부, 그리고 영업의 중요한 일부의 양도($^{제374조 제}_{1항 제1호}$)인지 여부가 문제된다. 이에 해당한다면 B는 이사회 결의뿐만이 아니라 주주총회의 특별결의를 거쳐서 위 계약을 체결하여야 한다.

Ⅱ. 쟁점에 관한 검토

1. 영업용재산의 양도절차

(1) 서 언

중요한 영업용재산을 양도하는 경우 이를 결정하는 절차로서 대표이사의 결정, 이사회의 승인 및 주주총회의 승인결의가 요구될 수 있다. 대표이사가 단독으로 결정하는 사항은 일상적으로 반복되는 사항으로서 대표이사 단독으로 결정하여도 문제가 없는 경우이고, 이사회의 결의사항은 전문가로서 이사들의 회의를 거쳐 신중하고 합리적인 의사결정이 필요한 중요사항이다. 주주총회의 결의사항은 회사운명 또는 주주 전체의 이익에 중대한 영향을 미치는 사항이 대상이다. 이들 기관들 중 어느 기관이 결정할 것인가는 상법, 정관 및 이사회규정의 해석에 의하여 결정된다.

(2) 이사회 승인사항인 영업용재산의 양도

1) 제393조의 이사회 권한사항

이사회의 승인사항이 되는 영업용재산의 양도인지 여부를 판단하는 첫째의 기준은 상법 제393조의 이사회권한사항이다. 동 조항에 의하면 중요한 자산의 처분 및 양도, 대규모 재산의 차입, 지배인의 선임 또는 해임과 지점의 설치·이전 또는 폐지 등 회사의 업무집행은 이사회의 결의사항이다. 영업용재산과 관련하여 위 조항은 중요한 자산의 처분 및 양도와 대규모 재산의 차입을 정하는데, 중요한 자산 및 대규모 재산을 어떻게 결정할 것인지 여부가 관건이다. 이에 관하여 정관 또는 이사회규정이 기준을 정하면 그것이 기준이 될 수 있지만, 그러한 기준이 있더라도 위 조항이 우선하여 적용되어야 한다.

2) 판 례

대법원은 위 조항상의 '중요한 자산의 처분'에 해당하는지 여부는 당해 재산의 가액, 총자산에서 차지하는 비율, 회사의 규모, 회사의 영업 또는 재산의 상황, 경영상태, 자산의 보유목적, 회사의 일상적 업무와 관련성, 당해 회사에서의 종래의 취급 등에 비추어 대표이사의 결정에 맡기는 것이 상당한지 여부에 따라 판단하여야 할 것이고, 중요한 자산의 처분에 해당하는 경우에는 이사회가 그에 관하여 직접 결의하지 아니한 채 대표이사에게 그 처분에 관한 사항을 일임할 수 없는 것이므로 이사회규정상 이사회 부의사항으로 정해져 있지 아니하더라도 반드시 이사회의 결의를 거쳐야 한다고 판시하였다(대판 2005.7.28, 2005다3649).

(3) 주주총회 승인사항인 영업용재산의 양도

1) 영업양도의 개념과 학설

영업용재산의 양도가 제374조의 영업양도에 해당하는지 여부에 관하여 견해가 대립된다. 형식설에 의하면 위 조항을 상법총칙 제41조의 영업양도와 동일하게 해석하여 법해석의 통일성 및 안정성을 꾀하고자 한다. 이 설에 의하면 영업용재산의 양도는 주주총회의 결의대상이 아니다. 실질설에 의하면 양규정의 입법목적이 다르므로 동일하게 해석할 필요가 없다고 보고, 영업용재산의 양도에 주주총회의 결의가 필요하다고 본다. 절충설에 의하면 원칙적으로 형식설을 취하지만, 주주의 이익을 보호하기 위하여 제374조의 적용범위에 사실상의 영업양도를 포함시키자고 한다.

영업용재산의 양도에는 양수하는 거래상대방의 신뢰 보호 및 영업용재산이 회사에서 차지하는 비중에 따라서 좌우되는 주주의 이익에 대한 보호가 경합하여 문제된다. 양자의 이익을 균형있게 고려하는 절충설이 타당하다.

2) 판 례

대법원은 절충설을 취하는데, 상법 제374조 제1항 제1호 '영업의 전부 또는 중요한 일부의 양도'에 관하여 일정한 영업목적을 위하여 조직되고 유기적 일체로 기능하는 재산의 전부 또는 중요한 일부를 총체적으로 양도하는 것을 의미하는 것으로서, 이에는 양수 회사에 의한 양도 회사의 영업적 활동의 전부 또는 중요한 일부분의 승계가 수반되어야 하는 것이므로 단순한 영업용 재산의 양도는 이에 해당하지 않으나, 다만 영업용 재산의 처분으로 말미암아 회사 영업의 전부 또는 일부를 양도하거나 폐지하는 것과 같은 결과를 가져오는 경우에는 주주총회의 특별결의가 필요하다고 판시하였다(대판 1997.4.8, 96다54249, 54256).

2. 사안해결

갑회사에서 위 프로그램이 가치를 갖는 교육사업부문이 갑회사의 중요한 자산임에는 분명하다. 위 교육사업부문을 매도하는 계약은 이사회의 승인을 거쳐서 체결되어야 하며, 이미 체결된 계약은 이사회의 승인이 없음을 이유로 그 무효를 주장할 수 있다. 다만 이사회의 승인이 없는 대표행위는 거래상대방이 이사회의 결의 없음을 모르고 모르는 데 과실이 없다면 무효로 되지 않는다.

한편 위 교육사업부문은 8억 원의 매도가치를 가지고, 갑회사의 자본금이 20억 원이므로 위 부문은 갑회사에서 중요한 영업부문으로도 인정된다. 따라서 위 부문의 양도에는 이사회의 승인을 얻어야 할 것으로 본다. 또한 제374조 제1항 제1호 '영업의 중요한 일부양도'에도 해당한다고 본다. 위 부문의 가치가 자본금의 절반에 근접하고, 그 양도로써 교육용사업부문이 완전히 양도되어 두 개의 영업부문 중 한 개의 사업이 없어지므로 주주들의 이해에도 중요하다. 따라서 위 양도는 주주총회의 특별결의사항이고, 사안에서 그 승인결의가 없었으므로 위 매매계약은 무효이다. 이는 무효확인의 이익을 갖는 갑회사의 주주 또는 채권자 등이 주장할 수 있다.

결국 위 사안에서 프로그램 양도계약은 이사회 또는 주주총회의 승인이 없기 때문에 무효로 될 수 있다.

문제 ③

Ⅰ. 사안의 쟁점

을회사는 프로그램 등을 인수하기 위하여 이사회 및 주주총회를 개최하여 승인하였으므로 갑회사와 같은 절차상의 문제는 없다. 그러나 B는 계약체결 과정에서 프로그램 가입회원수를 부풀리는 방법으로 매수대금을 책정하여 을회사는 1억 원 초과지급하였는데, D는 이 사실을 알면서도 묵인하였다. 이는 D가 을회사를 대표하면서 을회사의 손해로 거래 상대방인 갑회사에게 유리하게 한 것이다. 이러한 대표행위로 인하여 을회사가 입은 손해를 보전하기 위하여 을회사의 주주인 D1이 취할 수 있는 수단을 검토하여야 한다.

Ⅱ. 쟁점에 관한 검토

1. 이사의 회사에 대한 책임

(1) 의 의

이사는 회사에 대하여 위임계약상의 선량한 관리자의 주의의무($\binom{\text{제382조}}{\text{제2항}}$) 및 충실의무($\binom{\text{제382}}{\text{조의3}}$)를 부담한다. 이사는 동종의 업무를 담당하는 이사의 평균적인 주의의무를 기울여서 업무를 수행하여야 하며, 법령과 정관의 규정에 따라 회사를 위하여 그 직무를 충실하게 수행하여야 한다. 만일 이사가 이러한 의무를 위반하여 회사 또는 제3자에게 손해를 가하게 되면 그로 인한 손해배상책임을 부담한다.

(2) 이사의 회사에 대한 책임의 성립

이사는 고의 또는 과실로 법령 또는 정관에 위반한 행위를 하거나 그 임무를 게을리한 경우 회사에 대하여 연대하여 손해배상할 책임을 부담한다($\binom{\text{제399}}{\text{조}}$). 위 책임이 성립하기 위하여 첫째, 법령 또는 정관위반이나 임무를 게을리하여야 한다. 법령을 위반한 경우로는 예컨대 상법을 위반하여 자기주식을 취득한 경우가 있고, 정관을 위반한 경우로는 정관에 정한 주주총회 정족수를 위반하여 결의를 성립시키고 결의에 따른 업무를 집행한 경우를 들 수 있다. 임무를 게을리한 경우로 분식결산에 관한 우려가 있음에도 불구하고 이에 대한 조사를 게을리한 경우가 있다. 둘째, 법령 등을 위반하거나 임무를 게을리한 경우와 회사손해 사이에 상당한 인과관계가 있어야 한다.

(3) 책임자

회사에 대하여 손해배상책임을 부담하는 자는 행위를 한 이사 및 그 행위가 이사회의 승인을 얻어 이루어진 경우 이사회 결의에 찬성한 이사도 연대하여 동일한 책임을 진다($\binom{\text{제399조}}{\text{제2항}}$). 이사에게 업무집행을 지시한 자도 행위를 한 이사와 연대하여 책임을 부담한다($\binom{\text{제401}}{\text{조의2}}$).

2. 사안해결

을회사 대표이사 D는 갑회사 대표이사 C와 친분이 있고, 위 프로그램 등의 매매계약 대금이 과도하게 책정된 것을 알면서도 묵인하여 을회사가 1억 원의 손해를 입도록 방치하였다. D는 을회사의 대표이사로서 위와 같은 업무집행으로 인하여 을회사가 입은 손해에 대하여 손해배상책임을 부담한다. 위 계약을 승인한 을회사의 이사회에서 찬성한 이사들에게 D와 동일한 책임을 물을 수 있는지가 문제되는데, D외의 다른 이사들이 위 계약을 승인하면서 이사로서 주의의무를 다하였는지 여부가 판단되어야 한다. 해당이사들이 프로그램에 가입한 회원수가 과다책정된 사실을 용이하게 발견할 수 있었는지 여부가 판단되어야 하는데, 회원명단를 확보하고 회원의 프로그램 이용 여부 등은 계약과 관련된 서류로부터 쉽게 알 수 있으므로 회원수의 과다책정은 상당한 주의를 기울이면 알 수 있었을 것으로 생각된다. 따라서 이를 간과하여 위 계약에 찬성한 이사들은 을회사에 대하여 D와 연대하여 손해배상책임을 부담한다.

추가 · 심화 질문

문제

갑회사는 위 프로그램의 양도 이후 2015. 2. 10. 다시 영어교육과 온라인 게임을 결합한 사업을 시작하였고, 이 사실을 안 을회사는 갑회사에 항의하였고, 갑회사는 경업금지에 관한 약정이 없었다고 항변하였다. 이 문제는 어떻게 해결되어야 하는가? 단 위 프로그램 등의 양도계약은 다툼 없이 종결된 것을 전제로 한다.

해 설

Ⅰ. 사안의 쟁점

갑회사는 을회사와 온라인 영어학습 프로그램 및 해당부문 직원을 모두 을회사에 양도 또는 전직시키는 계약을 맺었다. 그 후 갑회사가 영어교육과 온라인 게임을 결합한 사업을 시작한다면 이는 을회사의 교육사업과 경쟁하는 행위가 될 수 있고, 따라서 영업양도에 관한 상법 규정에 반하는 것인지 여부의 문제가 발생한다. 즉 이 거래가 상법상의 영업양도로서 상법 제41조 이하의 규정이 적용될 것인지 문제된다.

Ⅱ. 쟁점에 관한 검토

1. 영업양도의 의의

영업양도란 영업의 동일성을 유지하면서 영업용재산 및 재산적 가치가 있는 사실관계로 이루어진 조직적 · 기능적 재산으로서 영업재산 일체의 이전을 목적으로 하는 채권계약이다.

영업의 동일성이 유지되면서 양도되어야 하므로 양수인은 양도인 한 것과 동일한 영업을 할 수 있어야 하며, 조직적·기능적 재산으로서 영업재산 일체가 양도대상이므로 개개의 영업용재산이나 단순한 영업용재산의 양도와는 구분된다.

2. 영업양도의 절차 및 영업양도 계약의 효과

영업양도의 양도인은 상인이어야 하고 양수인은 상인이 아니어도 되는데, 이 경우 양수인은 영업을 양수하여 상인이 된다. 영업양도계약은 양당사자의 합의로 체결되며, 당사자가 회사인 경우에는 의사결정절차가 필요하다. 주식회사의 경우에는 영업양도 또는 양수에 관하여 주주총회의 특별결의가 필요하다($\binom{제374조}{제1항}$).

영업양도계약이 체결되면 양도인은 영업을 이전할 의무를 부담하고, 양수인은 양수대금을 지급할 의무를 부담한다. 영업의 이전은 영업재산의 이전에 의하는데, 개개의 영업재산에 대한 이전행위가 필요하다. 부동산의 경우 등기, 동산은 인도, 채권은 그 종류에 따라서 채무자에 대항요건을 갖추거나(지명채권), 배서(지시채권) 또는 교부(무기명채권)가 필요하다.

3. 영업양도의 효과

(1) 양도인의 경업금지의무

상법은 영업을 양도한 경우에 당사자 간에 다른 약정이 없으면 양도인은 10년간 동일한 특별시·광역시·시·군과 인접 특별시·광역시·시·군에서 동종영업을 하지 못한다고 규정한다($\binom{제41조}{제1항}$). 이는 영업양도의 실효성을 보장하고 양수인을 보호하기 위한 것이다. 양도인이 동종영업을 하지 아니할 것을 약정한 때에는 동일한 특별시·광역시·시·군과 인접 특별시·광역시·시·군에 한하여 20년을 초과하지 아니한 범위내에서 그 효력이 있다($\binom{동조}{제2항}$). 위 의무를 위반하면 양수인은 양도인의 비용을 그 위반을 제거하고 적당한 처분을 법원에 청구할 수 있으며($\binom{민법 제389}{조 제3항}$), 양도인에게 손해배상을 청구할 수 있다($\binom{민법 제389}{조 제4항}$).

(2) 영업상의 채권자 및 채무자의 보호

양도인의 영업상의 채권자는 영업양도계약에 양도인의 채무인수에 관한 사항이 없더라도 양수인이 양도인의 상호를 계속 사용하는 경우에는 영업양도사실을 알지 못하여 채권을 회수할 기회를 놓칠 수 있다. 이 경우 채권자를 보호하기 위하여 상법은 채권자에 대하여 양수인도 변제할 책임을 규정한다($\binom{제42조}{제1항}$).

또한 상법은 영업양수인이 양도인의 상호를 계속사용하지 않더라도 양도인의 영업으로 인한 채무를 인수할 것을 광고한 때에는 채무인수에 관한 외관을 야기하였으므로 양수인에게 변제할 책임을 부과한다$\binom{제44}{조}$.

4. 사안해결

(1) 영업의 일부양도

사안에서 갑회사는 서울시 광진구 중곡동에서 영어교육사업, 온라인 및 게임네트워크 개발사업 그리고 컴퓨터보안사업의 영업을 하고 있었는데, 이 중 영어교육사업부문을 같은 구 소재 을회사에 양도하였다. 한 회사가 여러 개의 영업부문을 가지고, 개별 영업부문이 다른 부문과 독립하여 운영되는 경우 한 부문의 양도가 상법상의 영업양도인지 여부가 문제된다.

영업양도에 관하여는 상법총칙 제41조 이하와 제374조가 규율하는데, 제41조는 영업양도의 효과를 규정하며, 제374조는 주식회사에서 영업양도에 관한 의사결정절차를 규정하고 있다. 수개의 영업부문 중 독립된 한 부문을 양도하는 경우 영업의 중요한 일부로서 제374조가 적용될 수 있다. 이 경우 제41조 이하의 규정도 적용될 것인지 여부에 관한 검토가 필요하다. 제41조 이하에서 영업 전체의 양도를 전제로 규정한 조항이 있는데, 바로 상호속용 시 양도인의 채권자보호에 관한 규정이다. 상호는 영업과 함께 양도할 수 있으므로$\binom{제25조}{제1항}$ 영업의 일부 부문의 양도로는 양도할 수 없고, 상호의 속용은 영업 전체가 양도된 경우에 가능하다. 따라서 제42조 제1항은 영업 전체의 양도를 전제로 한 규정이다.

그렇다면 양도인의 경업금지$\binom{제41}{조}$도 제42조 제1항처럼 영업 전체의 양도를 전제로 하는지가 문제된다. 학설은 견해가 나뉘고 있다. 영업양도계약은 양수인이 양도인의 영업과 동일한 영업을 할 수 있도록 구성된다는 점을 고려한다면, 여러 영업부문이 아닌 일부부문의 양도라도 해당부문의 영업에 대한 상법의 경업금지 규정도 적용되어야 할 것으로 본다.

대법원은 영업양도라 함은 일정한 목적에 의하여 조직화된 업체 즉 인적·물적 조직을 그 동일성을 유지하면서 일체로서 이전하는 것으로서, 영업의 일부만의 양도도 가능하고 이러한 영업양도가 이루어진 경우에는 원칙적으로 해당 근로자들의 근로관계가 양수하는 기업에 승계된다고 판시하여 영업의 일부양도 시에도 상법총칙이 적용되는 것으로 보고 있다$\binom{대판 1994.11.18.}{93다 18938}$.

(2) 경업금지의무의 적용 여부

사안에서 위 프로그램양도계약은 단순히 학습프로그램만의 양도가 아니라 해당프로그램의 운용방법 및 운용직원들까지 양도하고 또한 프로그램에 가입한 회원의 명단까지 양도하였다. 을회사는 온라인 교육프로그램으로 운영되는 영업부문를 양수함으로써 갑회사가 하던 해당영업과 동일한 영업을 할 수 있게 되었다. 이는 상법총칙상의 영업양도로 판단된다.

그런데 갑회사가 게임사업과 결합한 영어교육사업을 한다면, 종전의 온라인 영어학습사업의 노하우를 잘 아는 갑회사가 을회사와 경쟁을 하게 됨은 명확하다. 비록 사업이 온라인상의 영업으로 이루어진다고 하더라도 회원은 초중학교 및 학원이므로 회원확보를 위한 경쟁은 지역을 기반으로 한다. 따라서 온라인교육사업의 경우에도 경업금지의무를 부과하는 제41조가 적용될 수 있다. 서울특별시 광진구에 소재지를 갖는 갑회사는 상법 제41조 제1항에 해당하여 서울특별시에서 10년 동안 영어교육사업을 할 수 없다.

68 주식매수청구권

기본 사실관계

상장회사인 甲주식회사는 2014. 12. 31. 현재 대표이사인 X가 20%, Y가 10%를 보유하고 있으며(Y는 회사에서 아무 직책도 맡고 있지 않다), 나머지 지분은 소액주주들 사이에 분산되어 있다. 甲회사는 영업을 전문화하는 방편으로 전체 영업의 30% 정도를 차지하는 출판영업 부문을 乙주식회사에 매각하기로 하고, 2015. 1. 10. 영업양도 계약을 체결한 다음 이를 정기주주총회에서 승인받기로 하였다. 甲회사는 이를 위하여 상법상 요구되는 이사회 등 절차를 모두 준수하였다. 乙회사는 Y가 51% 지분을 보유하고 있으며, 나머지 49%는 합작 파트너인 Z가 49%를 보유하고 있다.

2015년 정기주주총회를 위해서 甲회사는 2015. 2. 10. 정기주주총회 통지를 하면서, 그 의안에 乙회사에게 출판영업을 매각하는 안건을 포함시켰다. 이 통지를 수령한 주주 A, B, C는 위 의안에 대해서 반대의 의사표시와 함께 자신의 보유주식 전부에 관하여 주식매수청구권을 행사할 것임을 2015. 3. 5. 회사에 서면으로 통지하였다. A는 2014. 12. 5. 무의결권 우선주 2,000주를 취득한 주주이고, B, C는 같은 날 각각 보통주 3,000주를 취득하고 2014. 12. 31. 현재 명의개서를 한 상태이다.

甲회사의 2015. 3. 25. 정기주주총회에서는 X, Y를 포함하여 51% 의결권을 가진 주주가 참석하였으며, 참석한 의결권의 80%가 찬성하여 위 출판영업의 양도를 승인하는 결의가 이루어졌다. X, Y도 모두 찬성하였다. B는 주주총회에 참석하지 않았으며, C는 주주총회에 참석하였으나 마음이 바뀌어 위 영업양도에 찬성하였다. 이후 A, B, C는 모두 주식매수청구권을 행사하면서 주당 2만 원이 공정가액이라고 주장하였으나, 甲회사는 이 금액이 너무 높다고 하면서 주당 5천 원을 주장하고 있다.

문제 ①

위 2015. 3. 25. 이루어진 주주총회결의의 효력을 검토하라. (20점)

문제 ②

A, B, C의 주식매수청구권 행사는 타당한지 검토하라. (40점)

문제 ③

B, C의 주식은 위 주주총회의 반대표 또는 찬성표에 산입되는가? (10점)

문제 ④

A의 주식매수청구권 행사가 적법하다고 전제한다. A의 주식매수청구에 대하여 매수가격의 협상이 계속 결렬되어 2년이 지나서야 법원의 결정으로 매수가격이 1만 2천 원으로 결정되었다. A는 지연손해금을 청구할 수 있는가? (30점)

해 설

문제 ①

Ⅰ. 문제의 제기

주주총회결의가 유효한지 검토하기 위해서는 두 가지 관점에서, 즉 그 절차가 적법하게 이루어졌는지와 당해 주주총회에서 의결권의 행사 등 실체적인 결의요건이 갖추어졌는지를 검토해야 한다. 설문에서 甲회사는 주주총회 개최일의 2주 이전인 2015. 2. 10. 소집통지를 하였으며 특별히 제365조 소정의 통지절차에 하자를 의심하게 만드는 사실관계는 보이지 않는다. 따라서 실체적 결의요건을 갖추었는지 여부가 쟁점이 된다.

Ⅱ. 특별결의 요건

1. 특별결의가 요구되는지 여부

회사가 중요한 영업의 일부를 양도하는 경우에는 주주총회의 특별결의를 거쳐야 한다 ($\binom{제374조}{제1항}$). 따라서 甲회사 입장에서 양도되는 출판업이 중요한지가 문제된다. 상법은 중요성의 판단기준을 제시하고 있지는 않으나, 일반적으로 실무에서는 자산 또는 매출의 20% 이상인 영업은 회사에 중요한 것으로 이해하고 있다. 사안의 출판업은 甲회사 영업에서 30% 정도의 비중을 가지고 있으므로 중요하다고 보는 것이 타당하다. 그렇다면 위 영업양도는 주주총회의 특별결의가 요구된다.

2. 특별결의의 성립

특별결의는 출석주주 의결권의 3분의 2 이상과 발행주식총수의 3분의 1 이상으로써 하는 결의를 말한다($\frac{제434}{조}$). 설문에서 출석한 주주의 의결권의 80%가 찬성하였으므로 전자는 충족되었으며, 51% 주주가 참석하였으므로 후자의 요건도 충족되었다. 따라서 위 주주총회 특별결의는 다른 사정이 없는 한 성립되었다고 할 수 있다.

Ⅲ. 특별이해관계인

1. 의 의

주주가 당해 안건과 특별한 이해관계가 있어 주주총회에서 의결권의 행사가 회사의 이익과 무관하게 이루어질 우려가 있는 경우 그 의결권의 행사가 제한된다($\frac{제368조}{제4항}$). 이를 특별이해관계인이라고 한다. 설문에서 Y는 영업을 양수하는 乙회사의 51% 지분을 보유하고 있으므로 甲회사의 주주총회에서 甲회사의 이익보다 乙회사의 이익을 추구할 가능성이 높다. 이러한 이유에서 Y가 특별이해관계인으로서 의결권이 제한된다면 위 주주총회 특별결의는 취소가 가능하다.

2. 특별이해관계의 판단

(1) 원 칙

특별이해관계가 무엇을 의미하는지에 대하여는, ① 모든 주주의 이해관계에 관련되지 않고 특정주주에게만 이해관계가 있는 경우라는 특별이해관계설, ② 그 결의에 의하여 권리의무의 득실이 생기는 등 법률상 특별한 이해관계가 생기는 경우라는 법률상 이해관계설 등이 있으나, ③ 통설 및 판례는 특정한 주주가 주주의 입장을 떠나서 개인적으로 이해관계를 가지는 경우를 의미한다는 개인법설을 취한다($\frac{대판 2007.9.6.}{2007다40000}$). 개인법설의 핵심은 주주의 개인적 이해관계와 회사의 지배에 관한 이해관계를 구분하는 것이며, 이하에서는 이 견해에 따라 판단한다.

(2) 사안에의 적용

영업양수의 경우 그 상대방이 양도회사의 주주라면 그 상대방이 자신의 이익을 위하여 의결권을 행사할 가능성이 높다. 이 경우 그 상대방은 영업양수로부터 금전적 이익을 얻게 되므로 그 이해관계는 개인적 이해관계로 보는 것이 타당하다.

문제는 위 사안에서 영업을 양수하는 乙회사가 직접 甲회사의 지분을 가지고 있는 것이 아니라 乙회사의 지배주주인 Y가 甲회사의 지분을 가지고 있다는 것이다. 이 경우에도 경제적으로 보면 Y의 이해관계는 크게 달라질 것으로 생각되지 않으므로 특별이해관계가 인정되는 것이 타당할 수 있다. 그러나 판례는 법적 형식을 중시하여, 계열사간 영업양도에서 그 지배주주는 특별이해관계인이 아니라는 하급심이 있다($\binom{부산고법 2004.1.16.}{2003나12328}$). 이론적으로도 양수회사와 관련된 자에게 특별이해관계를 인정하기 시작하면 그 경계를 어디에서 그을 것인지 분명하지 않다는 문제도 있다. 특별이해관계인이 주주의 의결권을 제한하는 법리라는 점에 주목한다면 그 판단을 엄격하게 할 필요도 있다. 따라서 이 사안에서 Y는 그 경제적 실질에도 불구하고 제368조 제4항의 특별이해관계는 없다고 보아야 할 것이다.

그렇다면 Y의 의결권 행사에는 아무 문제가 없고, 甲회사의 영업양도의 주주총회 특별결의도 아무 하자가 없다.

문제 ②

Ⅰ. 주식매수청구권의 인정 여부

1. 주식매수청구권의 의의

반대주주의 주식매수청구권은 주주총회에서 주주의 이해관계에 중대한 영향을 미치는 일정한 사항이 결의된 경우 그 결의에 반대하는 주주가 회사에 대하여 자기의 소유주식의 매수를 청구할 수 있는 권리이다. 소수파 주주에게 출자를 회수하여 회사로부터 나갈 수 있는 퇴사권(exit right)을 인정한 것이다.

2. 주식매수청구권이 인정되는 사안

본래 상법은 주주의 투하자본의 회수의 방법으로 주식양도를 원칙으로 하고 있기 때문에, 주주가 퇴사하고 싶다고 해서 항상 회사에 주식매수청구를 할 수 있는 것은 아니고, 주주의 이해관계에 중대한 영향을 미치는 사항에만 인정된다. 상법은 회사에 구조적 변화를 가져오는 영업양수도($\binom{제374조}{의2 제1항}$), 합병($\binom{제522}{조의3}$), 분할합병($\binom{제530조의}{11 제2항}$), 주식교환($\binom{제360}{조의5}$), 주식이전($\binom{제360}{조의22}$) 등에만 주식매수청구권을 인정하고 있을 뿐이며, 특별결의사항이더라도 정관변경, 자본금감소, 분할, 해산 등의 경우에는 주식매수청구권을 인정하고 있지 않다. 설문에서 甲회사는 영업양도의 양도인이므로 그 주주인 A, B, C에게는 주식매수청구권이 인정된다.

Ⅱ. 청구권자

1. 문제의 제기

주식매수청구권을 행사할 수 있는 주주는 반대주주에 국한된다(제374조의2 제1항). 주식매수청구를 위해서 주주총회 전에 회사에 대하여 반대의 의사를 통지하도록 하고 있는 것도 같은 맥락이다. 주주가 당해 사안에 대해서 반대를 해야 하기 때문에, 이와 관련하여 ① A와 같이 주주총회에서 의결권을 행사할 수 없는 무의결권 주주의 경우, ② B와 같이 주주총회에 아예 참석하지 않아 반대표를 던질 기회가 없었던 경우, ③ C와 같이 반대의 통지는 하였으나 이후 주주총회에 출석하여 사안에 찬성한 경우에 주식매수청구권이 인정되는지 여부가 문제된다. 이하 각 쟁점을 살펴본다.

2. A의 경우

A는 무의결권 주식을 보유하고 있다. A에게도 주식매수청구권이 인정될 수 있는지 분명하지 않다. 그러나 주식매수청구권이 단순히 주주총회에서 반대표를 행사하는 것에 한 대가라고 이해할 수 없고, 회사의 결정을 따르고 싶지 않은 주주에게, 그것이 주주의 이해관계에 매우 중대한 상황이라면, 회사관계에서 탈퇴할 수 있도록 한 것이라고 보는 것이 타당하다. 그렇다면 의결권이 없더라도 영업양도와 같은 중요한 의사결정의 경제적 효과는 동일하게 미치기 때문에, 이 경우에도 주식매수청구권이 인정되는 것이 타당하다. 통설 역시 의결권이 없거나 제한되는 종류주식을 보유한 주주도 주식매수청구권을 가진다고 본다. 자본시장법 제165조의5 제1항은 이러한 취지를 명문으로 규정하고 있으며, 상법에서도 이를 명문으로 인정하자는 상법개정안이 논의되기도 하였다. 결론적으로 A는 주식매수청구권을 행사할 수 있다고 본다.

다만 A로서는 주식매수청구권을 행사하기 위해서는 최소한 주주총회가 개최된다는 것과 주식매수청구권의 내용 및 행사방법이 통지되어야 할 것이다. 그러나 무의결권 주식에 대해서는 주주총회 소집의 통지가 이루어지지 않기 때문에 무의결권 주주가 이를 알 수 없다는 문제가 있다. 따라서 주식매수청구권이 발생하는 주주총회에서는 무의결권 주주에게도 소집의 통지를 생략할 수 없다고 해석하는 것이 타당하다.

3. B의 경우

주식매수청구권이 단순히 주주총회에서 반대표를 행사하는 것에 한 대가는 아니기 때문에 주주가 반드시 주주총회에 출석하여 반대의 투표를 할 필요는 없다는 것이 통설이다. 무의결권 주주에게도 주식매수청구권이 인정되는 것과 맥락을 같이 한다. 주식매수청구권에서 회사의 의사결정에 반대한다는 표시는 제374조의2 제1항의 반대의 통지로써 하는 것이므로, B가 이러한 통지를 한 이상 B는 반대주주로 취급되는 것이고, 그 이후 주주총회에 출석하지 않더라도 주식매수청구권이 인정된다.

4. C의 경우

C와 같이 반대의 통지와 달리 실제 주주총회에서 찬성을 한 주주의 경우에는 어떻게 취급할 것인지 문제가 된다. 주주의 찬반의 의사는 항사 바뀔 수 있는 것이므로 반대의 통지를 하였다고 해서 주주가 자유롭게 의사를 정할 자유가 박탈되는 것은 아니다. 문제는 주주총회에서 찬성의 투표를 한 주주를 반대주주라고 볼 것인지 여부인데, 이 경우에는 주주가 자유롭게 의사를 변경하여 당해 안건에 대해서 찬성의 뜻을 표시한 것으로 보아야 할 것이다. 따라서 C는 반대의 통지와 상관없이 주식매수청구권이 인정되지 않는다.

Ⅲ. 주식매수청구권의 절차

1. 서면통지

결의에 반대하는 주주는 주주총회 전에 회사에 대하여 서면으로 결의에 반대한다는 의사를 통지해야 한다(제374조의2 제1항). 그 결과 회사는 주식매수청구권의 행사가 어느 정도 규모가 될 것인지 예측할 수 있고, 반대주주의 현황을 파악하여 주주총회에서의 표결에도 대비할 수 있게 된다. 설문에서 주식매수청구권을 행사할 수 있는 A, B는 이러한 서면통지를 이행하였으므로 주식매수청구권을 행사할 수 있다.

2. 서면의 매수청구

반대의 통지를 한 주주는 총회의 결의일로부터 20일 이내에 서면으로 회사에 대하여 주식의 매수를 청구해야 한다(제374조의2 제1항). 이 기한이 경과하면 매수청구를 할 수 없으므로 결국 주식매수청구권이 소멸하는 효과가 생긴다. 설문에서는 매수청구를 어느 시점에 하였는지 분명하지 않은데, A, B가 서면으로 2015. 3. 25.부터 20일 이내에 매수청구를 한 것을 전제로 A, B의 주식매수청구권 행사는 타당하다.

문제 ③

Ⅰ. B의 경우

1. 문제의 제기

주주가 주주총회 이전에 미리 반대의 통지를 한 다음 주주총회에 출석하지 않은 경우 이를 주주총회에서 반대표에 가산해야 하는가의 문제가 있다. B의 경우 주주총회에 참석하지는 않았지만 당해 사안에 대하여 반대의 뜻을 표시하였기 때문이다.

2. 학 설

학설은 대립한다. ① 이를 반대표에 가산해야 한다는 견해는, 어떤 형태로든 주주가 반대의 뜻을 표시한 이상 단체법적 의사결정에 반영해야 한다고 주장한다. 예를 들어, 60% 주주가 반대의 통지만 하고 출석하지 않은 상황에서, 나머지 40% 주주가 출석하여 찬성한다면 반대가 더 많음에도 불구하고 의안이 가결되는 문제가 있다는 것이다. ② 이를 반대표에 가산할 수 없다는 주장은 주식매수청구권를 위한 반대의 통지는 적법한 의결권의 행사방법이 아니라는 점을 강조한다.

3. 검 토

현행법상 주주총회에 출석하지 않고 의결권을 행사할 수 있는 방법은 서면투표와 전자투표만 인정된다. 그런데 만일 반대의 통지만 한 주주를 반대표에 가산하게 되면 일부의 주주에 대하여만 소정의 절차에 따르지 않고 서면투표를 인정하는 결과가 되므로, 이를 출석한 주식이나 반대한 주식으로 볼 수 없다. 반대표에 가산해야 한다는 견해는 반대의 통지를 한 주주는 당해 안건을 반대한다는 전제를 하고 있으나, 주주가 마음을 바꾸어 주주총회에서 찬성표를 던질 수 있음을 감안한다면 그 전제가 타당하다고 볼 수 없다. 결론적으로 B의 의결권은 반대표에 가산될 수 없다.

Ⅱ. C의 경우

반대의 통지는 주식매수청구권을 행사하기 위한 요건에 불과하고, 그 자체가 주주의 의사를 확정적으로 표시한 것은 아니다. 따라서 C와 같이 주주는 이후 주주총회에 출석하여 찬성표를 던질 수 있으며, 이 경우 이는 찬성표에 당연히 가산된다.

문제 **4**

Ⅰ. 문제의 제기

A가 지연손해금을 청구할 수 있다는 의미는 회사가 이행지체 상태라는 것이다. 그러나 아직 매수가격이 결정되지 않았으므로, 어떻게 회사가 지급하지 않고 있는 것을 이행지체로 의율할 수 있는지 문제가 된다.

Ⅱ. 회사의 매수대금 지급의무

1. 주식매수청구권 행사의 효력

제374조의2 제2항은 회사가 주식을 "매수해야 한다"고만 규정하고 있기 때문에 주주가 주식매수청구를 한 경우 어떠한 효력이 발생하는지 견해가 나뉜다. 주식매수청구는 단지 회사에 대하여 매매계약에 관한 협의의무를 생기게 할 뿐이라는 견해도 있으나, 통설 및 판례는 주식매수청구권을 형성권으로 보아, 주주가 매수청구를 하게 되면 회사의 승낙 여부와 상관없이 주주와 회사 사이에 매매계약이 체결되는 것이고, 그 결과 회사는 법정기간 내에 계약을 이행할 의무만 남는다고 한다(대판 2011.4.28. 2009다72667). 여기서 법정기간은 비상장회사는 2개월(제374조의2 제2항), 상장회사는 1개월(자본시장법 제165조의5 제2항)이다. 주식매수청구권이 주주의 퇴사권을 인정한 것이라는 점에서 본다면, 회사의 의사와 상관없이 퇴사할 수 있어야 하므로, 통설 및 판례와 같이 형성권으로 이해하는 견해가 타당하다.

2. 지연손해금의 기산점

주주가 매수청구를 하면, 그 자체로 매매계약이 체결되고 회사에 주식매수의무가 발생하며, 그 이행기는 비상장회사의 경우 2개월 또는 상장회사의 경우 1개월이 경과함으로써 도래한다. 따라서 회사는 이 기간 내에 대금을 지급해야 하며, 지연손해금도 이 시점에서 기산된다는 것이 통설 및 판례이다.

그런데 설문과 같이 회사와 주주 사이에 협상이 실패하여 매수가격이 위 법정기간 이내에 결정되지 않을 수 있다. 그러나 이 경우에도 가액만 확정되지 않았을 뿐 대금지급의무는 법정기한을 기한으로 하여 부담하는 것이므로, 이 기한이 도래한 때로부터 지체책임을 진다. 판례도 법정기한은 매매대금 지급의무의 이행기를 정한 것이라고 하면서, 설사 협상이 실패하여 매수가액이 확정되지 않은 경우에도 마찬가지라고 본다(대판 2011.4.28. 2009다72667). 따라서 2년이 지나서 법원에서 매수가격이 1만 2천 원으로 결정되면, 그 지연손해금은 주식매수청구로부터 1개월(甲

회사가 상장회사이므로)이 경과한 시점부터 계산하여 가산한다.

Ⅲ. 결   론

A는 주식매수청구권의 요건을 갖춘 이상, 매수청구로부터 1개월이 경과한 시점부터 매수가격에 법정이율을 곱한 금액을 지연손해금으로 청구할 수 있다.

추가 · 심화 질문

문제 ①

상장회사인 甲회사에서 주주 A가 합병 결정을 한 이사회가 있은 다음 주식을 매수하였다면 그 주식에 대해서 주식매수청구권을 행사할 수 있는가? (자본시장법 문제이므로 생략하여도 무방함)

해 설

Ⅰ. 문제의 제기

본래 주식매수청구권은 회사의 중요한 정책에 반대하는 경우에 탈퇴권을 인정하는 것이다. 그런데 주주가 합병 사실을 알고서 주식을 매수하였다면 이러한 전제가 성립되기 힘들다. 상장회사는 자본시장법에서 이러한 경우에 주식매수청구권을 제한하는 규정을 두고 있으므로 이를 간단히 살펴본다.

Ⅱ. 상장회사의 특칙

1. 내 용

상장회사는 합병 등에 관한 이사회결의가 수시공시사항이므로 주주총회 이전에 시장에 공시가 이루어진다. 합병 등의 사실을 알고 단기적인 차익을 목적으로 주식을 취득하는 자는 보호할 필요가 없다는 취지에서, 주주가 주식매수청구권을 행사하기 위해서는 이사회결의가 공시되기 이전에 주식을 취득하였거나 또는 공시된 날의 다음 영업일까지 매매계약의 체결 등 주식취득에 관한 법률행위를 하였음을 증명해야 한다(^{자본시장법 제165조의5 제1} ^{항, 시행령 제176조의7 제2항}). 결국 공시 이후에 주식을 취득한 자에게는 주식매수청구권을 인정하지 않겠다는 것이다.

따라서 주주 A가 합병결정을 한 이사회가 있은 다음, 그 이사회결의의 공시 이전에 주식을 취득하였거나, 최소한 그 공시 다음 영업일까지 주식의 매매계약은 체결되어 있었어야 주식매수청구권을 행사할 수 있다.

2. 검 토

주식매수청구권은 실제로 합병 등 거래에 있어서 장애요소로 작용하는 경우가 많다. 주주의 위와 같은 기회주의적 행동을 허용한다면 이 문제가 더 커질 것이다. 자본시장법의 규정은 가급적 주식매수청구권의 행사를 줄이고자 등장한 것이다.

그러나 이러한 태도는 다음과 같은 이유에서 바람직하지 않다고 판단된다. ① 우선 자본시장법 규정은 주주가 합병 등의 사실을 알고 있었다는 것을 요구하지 않고 단지 공시 이후에 주식을 취득한 것만 가지고 주식매수청구권의 행사를 제한한다. 그러나 합병 등에 관한 공시가 있었다고 하여 반드시 주주가 이를 알고 있는 것은 아니다. ② 설사 합병 등의 사실을 알고서 주식을 취득하였다고 해서 보호의 필요성이 없다고 단정할 수도 없다. 이사회결의 이후에도 합병 등이 실제로 주주총회 단계까지 진행될 수 있을지, 합병조건이 어떻게 결정될지는 불확실하고, 주주로서도 처음에는 합병 등에 참여하고자 주식을 취득하였을 수 있는 등 주식취득의 실제 동기는 다양할 것이기 때문이다.

문제 ❷

상장회사 주주는 언제나 시장에서 주식을 매도할 수 있으므로 회사에 대한 주식매수청구권은 인정되어서는 안 된다는 주장이 있다. 타당한가?

해 설

Ⅰ. 문제의 제기

주식매수청구권은 주주에게 회사의 단체법적 법률관계로부터 벗어날 수 있는 길을 마련해 준 것이다. 그러나 상장회사의 경우 주주는 언제나 공개시장에서 주식을 매도함으로써 투하자본을 회수할 수 있기 때문에, 회사의 정책이 마음에 들지 않으면 시장에서 주식을 매도하면 그만이다. 여기에 추가로 주식매수청구권을 인정할 필요가 있는지 의문을 제기할 수 있다. 특히 주식매수청구권이 많이 발생하게 되면 합병 등 구조조정에 있어서는 회사에 부담이 될 수 있고 경우에 따라서 거래를 포기하게 만들 수도 있기 때문에 이를 제한적으로 인정해야 한다는 주장도 있다.

Ⅱ. 주장에 대한 비판적 검토

1. 주식매수청구권의 기능

주식매수청구권은 일반적으로 소주주주의 보호수단으로 이해되고 있지만, 그러한 기능 이외에 회사의 중요한 의사결정이 기업가치를 증가시키는 방향으로 이루어질 수 있도록 하는 기능을 한다. 예를 들어, 다수파 주주나 경영진이 기업가치를 감소시키는 구조조정을 추진하는 경우, 주식매수청구권이 다량으로 발생하면 회사가 그 자금을 조달하기 쉽지 않을 수 있기 때문이다. 이를 예상하게 되면 경영진은 이러한 구조조정을 할 수 없을 것이다. 이처럼 주식매수청구권은 회사의 중요한 의사결정의 장애물이 아니라 다수파 주주나 경영진의 기회주의적 행동을 억지하는 역할을 한다.

그런데 만일 주주가 탈퇴하고자 할 때 그 자금을 회사가 부담하는 것이 아니라 주식시장에서 매수인이 지급한다면 다수파 주주나 경영진의 부담이 생기지 않기 때문에 기회주의적 행동을 억지하지 못하게 된다.

2. 시장가격에 의한 탈퇴의 문제

주식매수청구권을 행사하게 되면 주식의 공정가액이 얼마인지 결정하게 된다. 당사자들이 합의하지 못하면 결국 법원에서 결정하게 되는데, 상장회사의 경우에는 시장에서 이미 가격이 형성되어 있으므로 이 가격에 주주가 탈퇴하면 될 것이다. 상장회사의 주주는 언제는 시장에서 주식을 매도할 수 있기 때문에 주식매수청구권이 인정되지 않는 것을 미국에서는 "market exception"이라고 한다. 시장이 법원보다 더 효율적이라는 점에서 델라웨어 주 등 미국의 여러 주에서 채택하고 있다.

그러나 이 방법은 소수주주의 보호라는 측면에서도 문제가 있다. 시장이 효율적이라면 회사의 의사결정이 즉각 시장가격에 반영되기 때문이다. 시장을 통하여 탈퇴하고자 하는 주주는 자신이 반대하는 구조조정에 관한 의사결정이 이미 반영된 주가에 매각할 수밖에 없다. 그 결과 소수주주는 그 회사의 의사결정의 영향으로부터 차단되지 못한다.

기본 사실관계 ▸11)

(1) 甲주식회사(이하 '甲회사'라 함)는 발행주식 총수가 150만주인 비상장 금융회사이다. 2014. 3. 2. 이사회에서 주택저당채권 유동화부문에 관한 영업 전부를 乙회사에 양도하는 내용의 결의와 함께 이를 결의하기 위한 주주총회 소집을 결정하였다. 이에 따라 2014. 3. 17. 소집된 주주총회에는 전체 발행주식 총수의 90% 이상이 출석하여 80%의 주식을 가진 주주들이 위 영업양도에 찬성함으로써 乙회사에 주택저당채권유동화에 관한 영업 전부를 순자산가치에 따라 양도하기로 하는 결의를 하였다. 그리고 같은 날 乙회사와 사이에 양도일 당시의 영업을 순자산가치에 따라 양도하기로 하는 내용의 영업양도계약을 체결하였다.

(2) A, B, 乙회사는 甲회사의 주주로서, A는 甲회사 총 발행주식의 10%를, B는 5%, 乙회사는 20%를 소유하고 있었다. A, B는 2014. 3. 15. 甲회사에 대하여 영업양도 반대의사를 통지한 다음, A는 2014. 3. 16., B는 2014. 3. 25. 각자가 가진 주식 전부에 대하여 피고에 대하여 주식매수청구를 하였다. 다만, 2014. 3. 17. 개최된 甲회사의 주주총회에서 乙회사와 A는 참석하여 乙회사는 찬성의 의사표시를 A는 반대의 의사표시를 하였고 B는 주주총회의 출석하지 않았다.

(3) A과 B는 甲회사에 주식매수청구에 따른 주식매수대금 지급을 청구하였다. 그러나 2014. 5. 25.까지 주식매수대금에 관해 A, B와 甲회사간에 합의가 이뤄지지 않아 A가 관할법원에 매수가액 결정을 청구한 상태이다.

문제 1

甲회사의 주주총회의 안건에 따른 상법상 의결정족수에 관해 설명하시오. (20점)

문제 2

영업양도를 위한 甲회사 주주총회결의는 유효한가? 만일 유효하지 않다면 그 효력을 부인하기

---

11) 사실관계 참조판례: 대판 2011.4.28, 2010다94953.

위한 상법상 조치는? (40점)

문제 ③

만일 영업의 매수주체가 乙회사가 아닌 C회사(甲회사의 주식을 보유하고 있지 않음)였다고 한다면, A, B가 행사하는 주식매수청구권의 법적 성질에 관해 설명하시오. 그리고 각각의 권리행사가 적법한지를 검토하고 만일 2014. 7. 15. 법원에 의해 매수가액이 결정되었다면, 甲회사는 언제부터 주식매수대금에 대한 지연이자를 지급하여야 하는가? (30점)

문제 ④

만일 A, B의 주권은 교부되지 않은 상태로 주식매수청구권을 행사하기 이전부터 계속하여 甲회사가 명의개서대리인인 C은행에 예탁되어 있었다면, A, B의 주식매수청구권에 관한 논의를 설명하시오. (10점)

해 설

Ⅰ. 사안의 쟁점

위 사안에서 甲회사는 영업부문 전부의 양도를 위해 주주총회를 개최하였는데 이러한 결의가 상법 제374조가 규정하는 영업의 전부 또는 중요한 일부의 양도에 해당하는지가 문제된다. 만일 동조에 해당한다면 주주총회의 총회의 특별결의가 요구되고 이에 따른 의결정족수를 구비하여야 한다. 다만 甲회사가 추진하는 영업부문의 양도의 상대방인 乙회사는 주주총회결의에 이해관계가 있고, 동 주주총회결의에서 乙회사는 특별이해관계인에 해당하여 의결권 행사의 제한이 문제된다. 그리고 A, B는 영업양도에 반대한 주주인데 주주총회에 출석하지 않고도 주식매수청구권을 행사할 수 있는지 하는 주식매수청구권의 행사절차에 관한 쟁점과 주식매수청구권을 행사하면 회사에 매수의무가 발생하는 것인지 아니면 매수의 효과가 바로 발생하고 대금결정의무만 문제되는 것인지 하는 주식매수청구권 행사의 법적 효력이 문제된다. 아울러 예탁증권에 관한 주식매수청구권의 행사에 있어 동시이행항변권은 제한되는가 하는 점이 문제된다.

Ⅱ. 쟁점에 관한 검토

1. 주주총회의 의결정족수 (문제 1)

(1) 영업부문의 전부양도

상법 제374조 제1항 제1호에서 특별결의사항으로 규정하는 '회사의 영업의 전부 또는 중요한 일부를 양도'에서 영업이 무엇을 의미하는가? 즉, 영업이란 사실관계를 포함한 조직적 일체로서의 영업재산의 총체만을 의미하는가 아니면 단순한 물건과 권리의 집합체인 영업용재산도 포함되어 영업용재산의 양도에 주주총회의 특별결의가 요구되는지에 관해 학설이 대립되고 있다. 영업용재산의 양도는 영업양도와 구별되므로 주주총회 특별결의가 불필요하다는 불요설(부정설)과 영업용재산의 양도라도 영업 전부 또는 일부를 양도하거나 폐지하는 것과 같은 결과를 가져오는 경우에는 특별결의가 필요하다는 필요설(긍정설)이 대립하고 있으며, 판례도 필요설을 따르고 있다. 즉 판례는 단순한 영업용재산의 양도는 영업양도에 해당하지 않으나 그로 인해 회사영업의 전부 또는 일부를 양도하거나 폐지하는 것과 같은 결과를 가져오는 경우에는 주주총회의 특별결의가 필요하다고 하여 필요설의 입장에 서 있다. 회사의 영업의 양도나 폐지와 같은 결과를 초래하는 경우로서 판례는 소금의 생산 등을 목적으로 하는 회사가 염전을 양도한 경우($\binom{\text{대판 1958.5.22,}}{\text{4290민상460}}$), 회사의 유일무이한 재산의 처분행위($\binom{\text{대판 1962.10.25,}}{\text{62다538}}$) 등을 이에 해당한다고 보았다. 그리고 상법 제374조에서 규정하고 있는 영업의 일부라 함은 회사의 영업 전부는 아니고 일정한 영업부문이더라도 특정 영업부문 전부를 양도하는 것을 의미한다.

(2) 특별결의의 의결정족수

상법 제374조의 결의사항을 주주총회가 결의하기 위해서는 특별정족수가 요구된다. 특별결의의 의결정족수는 주주총회에 출석한 주주의 의결권의 2/3 이상 그리고 발행주식총수의 3분의 1 이상의 동의를 얻어야 의결되게 된다($\binom{\text{제434}}{\text{조}}$). 특별결의사항에 관해 상법은 1995년 개정에서 의사정족수요건을 삭제하였으며 정관에 의해 결의요건을 가중 혹은 완화한 경우 그 효력이 문제된다. 본 규정은 강행법규로 해석되어 요건을 완화하는 것은 보통결의보다 가중된 결의요건을 정한 상법의 취지가 몰각되므로 무효이나 가중하는 것은 유효하다고 본다. 특별결의사항으로는 정관의 변경, 영업의 전부 또는 중요한 일부의 양도, 영업 전부의 임대 또는 경영위임, 타인과 영업의 손익을 같이 하는 계약 기타 이에 준하는 계약의 체결·변경 또는 해약, 다른 회사의 영업 전부의 양수, 다른 회사의 영업에 중대한 영향을 미치는 다른 회사의 영업일부의 양수($\binom{\text{제374}}{\text{조}}$), 이사 또는 감사의 해임($\binom{\text{제385조 제1}}{\text{항, 제415조}}$), 자본의 감소($\binom{\text{제438}}{\text{조}}$) 등을 상법에 규정하고 있다. 상법에 규정이 없는 사항으로서 회사의 자본금을 초과하는 채무를 부담하는 계약을 체결하는 행위에 주주총회의 특별결의가 요구되는가가 판례상 문제되었으나 특별결의사항으로 보지 않았다$\binom{\text{대판 1978.2.28.}}{\text{77다868}}$.

(3) 사안에의 적용

사안에서 甲회사는 자산유동화 부문 전부를 양도하고 있는데 영업양도라 함은 반드시 회사의 영업전체를 의미하는 것은 아니므로 甲회사의 자산유동화 부문의 양도도 이로 인하여 동 영업을 양도하거나 폐지한 것과 동일한 효과가 발생하므로 상법 제374조가 규정하고 있는 영업의 중요한 일부 양도로 볼 수 있고 이를 위해서는 주주총회의 특별결의가 요구된다. 그러므로 영업부문을 양도하기 위해서는 주주총회의 특별결의가 요구되고 특별결의의 의결정족수는 甲회사 발생주식 총수의 1/3, 출석주주 주식의 2/3 이상이다. 따라서 甲회사의 발행주식 총수가 150만주이므로 최소한 50만주 이상의 찬성과 당해 주주총회에 출석한 주주의 주식 총수의 2/3 이상의 찬성을 얻어야 한다.

2. 주주총회결의의 효력 (문제 2)

(1) 특별이해관계인

1) 총회의 결의에 관하여 특별한 이해관계가 있는 자는 의결권을 행사하지 못한다$\binom{\text{제368조}}{\text{제4항}}$. 총회의 의제에 관해 특별한 이해관계를 가진 주주, 예를 들어 중요재산 양도결의를 함에 있어서 중요재산의 양수인인 주주는 회사의 이익이 아닌 자신의 이익을 위해 의결권을 행사할 가능성이 높으므로 의결권을 제한하고 있다. 여기서 주주와 주주총회의 의제 간에 어떠한 관계에 있을 때 특별이해관계가 인정되는가에 관해 법률상 특별이해관계로 제한하는 법률상 이해관계설, 모든 주주가 아닌 특정주주의 이해에 관계되는 경우로 해석하는 특별이해관계설, 주주로서의 지위와 무관하게 개인적 이해관계를 가지는 경우로 해석하는 개인법설 등이 대립하고 있다. 통설과 판례의 입장은 개인법설이다.

2) 통설에 따르면 이사 등의 면책결의, 보수결정에 있어서 해당 지위에 있는 주주, 영업양도 등의 결의에서 거래상대방인 주주 등은 특별한 이해관계를 가지는 자로서 의결권이 없다. 그러나 주주가 주주의 입장에서 이해관계를 가지는 경우, 예컨대 이사·감사의 선임 또는 해임결의에 있어서 당사자인 주주, 재무제표의 승인결의에서 이사나 감사인 주주 등은 특별한 이해관계를 가지는 자에 해당하지 않는다고 본다. 특별이해관계인은 직접 의결권을 행사하는 것이 제한됨은 물론 대리인을 통한 의결권행사도 당연히 제한된다.

(2) 주총결의 취소의 소

1) 주주총회결의의 하자

특별이해관계인이 주주총회의 결의에 참여한 경우 주주총회결의의 효력은 어떻게 되는가? 이는 의결권이 제한된 자가 결의에 참여한 것이 되므로 주주총회의 결의방법에 하자가 있는 것이 된다. 이와 같이 총회소집절차 또는 결의방법이 법령 또는 정관을 위반하거나 현저하게 불공정한 경우 등 절차상의 하자가 있거나 결의내용이 정관에 반하는 내용상의 하자가 있을 경우, 주주 · 이사 · 감사는 주주총회 결의취소의 소를 제기할 수 있다$\binom{제376}{조}$.

2) 원고 적격

결의취소의 소의 원고, 즉 제소권자는 주주 · 이사 · 감사로 제한된다. 미리 주주에게 통지하지 아니한 사항에 관한 결의에 가담한 주주가 그 결의의 취소를 구함이 곧 신의성실의 원칙 및 금반언의 원칙에 반한다고 볼 수 없어$\binom{대판 1979.3.27.}{79다19}$, 결의참여 주주도 제소할 수 있다고 보았다. 결의 당시 주주가 아니더라도 제소 당시의 주주이면 족하다는 것이 통설이고, 주주명부상의 주주만 의미하고 명의개서 전 주식양수인은 소구할 이익이 없다고 본다$\binom{대판 1991.5.28.}{90다6774}$. 결의에 의한 주주의 개별적 불이익 유무를 묻지 않으며$\binom{대판 1998.5.12.}{98다4569}$, 주주는 다른 주주에 대한 소집절차의 하자를 이유로 주주총회결의 취소의 소를 제기할 수도 있다$\binom{대판 2003.7.11.}{2001다45584}$.

3) 주총결의 취소의 소의 제소기간

결의취소의 소의 제소기간에 관해 주주총회결의가 있은 날로부터 2월 내에 제기할 수 있다$\binom{제376조}{제1항}$. 그리고 결의취소의 소의 제소절차에 관해 회사법상의 소의 일반규정을 준용하고 있다$\binom{제376조}{제2항}$. 결의의 날로부터 2월 내에 제소하도록 하여 제소기간을 제한하고 있어 이는 권리행사의 제척기간을 정한 것으로 해석된다. 판례에 따르면 주총결의 무효확인의 소를 제기한 후 제소기간이 경과한 후 동 소송을 주주총회결의 취소의 소로 변경하더라도 적법한 소송으로 보고 있다.

(3) 소송의 성격

주주총회결의취소의 소는 제소권자와 제소기간을 제한한다는 점에서 결의취소의 소의 법적 성질을 형성의 소로 이해하는 것이 판례 · 통설의 입장이다. 형성의 소의 성질을 가지고 있으므로 일정한 주주총회결의에 취소의 원인이 있다는 사실은 항변으로 주장할 수 없고 독립된 소송인 주주총회결의취소의 소만으로 주장할 수밖에 없다고 본다.

(4) 사안에의 적용

위 사안에서 甲회사의 주주인 乙회사는 자산유동화 부문의 양수인이므로 주주의 지위와 무관하게 영업부문 양도계약의 상대방으로서 지위를 가지고 이는 개인법상의 이해관계라 할 수 있다. 따라서 개입법상의 이해관계를 가지는 乙회사는 위 결의의 특별이해관계인에 해당한다. 그럼에도 불구하고 특별이해관계인인 乙회사는 甲회사의 주주총회에 출석하여 의결권을 행사하였으므로 동 결의는 의결권 없는 자가 의결권을 행사한 것이 되고, 주주총회결의는 취소의 원인인 하자를 가지고 있다고 볼 수 있다. 따라서 동 결의의 효력을 부인하기 위해서는 항변으로는 부족하고 동 주주총회결의에 관해 甲회사의 이사, 감사, 주주는 결의성립의 날로부터 2월 내에 관할법원에 주총결의취소의 소를 제기할 수 있다.

3. 주식매수청구권의 성질과 효력 (문제 3)

(1) 주식매수청구권의 성질

영업양도 등 주식회사의 주주총회에서 중요한 의사결정을 할 경우 그러한 결의에 반대하는 주주의 이익을 보호하기 위해 상법은 반대주주의 주식매수청구권을 부여하고 있다. 영업양도, 합병, 포괄적 주식교환, 이전 결의 등에 반대하는 주주에게 인정되는 매수청구권의 법적 성질은 일방적 의사표시에 의해 일정한 효과가 발생한다는 점에서 형성권으로 이해하는 것이 통설이자 판례의 입장이다.

(2) 주식매수청구권 행사의 효과

주주의 주식매수청구에 따라 발생하는 효과에 관해서는 견해가 대립한다. 매매계약성립설은 매수청구권은 형성권으로서 회사가 2월 이내에 매수하여야 한다는 것은 2월 이내에 이행을 하여야 한다는 뜻으로 해석하여야 한다는 견해이다. 이에 반해, 매수협의설은 매수청구권의 행사로 회사에 대하여 매수가액협의의무를 생기게 할 뿐이라 본다. 판례는 매매계약성립설에 따르고 있는바, 영업양도에 반대하는 주주의 주식매수청구권에 관하여 규율하고 있는 상법 제374조의2 제1항 내지 제4항의 규정 취지에 비추어 보면, 영업양도에 반대하는 주주의 주식매수청구권은 이른바 형성권으로서 그 행사로 회사의 승낙 여부와 관계없이 주식에 관한 매매계약이 성립하고, 상법 제374조의2 제2항의 '회사가 주식매수청구를 받은 날로부터 2월'은 주식매매대금 지급의무의 이행기를 정한 것이라고 해석한다. 그리고 이러한 법리는 위 2월 이내에 주식의 매수가액이 확정되지 아니하였다고 하더라도 다르지 아니하다고 본다$\left(\substack{\text{대판 2011.4.28.} \\ \text{2010다94953}}\right)$.

(3) 반대주주의 주주총회 출석 요부

영업양도 등에 반대한 주주, 즉 영업의 전부 또는 중요한 일부의 양도, 영업 전부의 임대 또는 경영위임, 타인과 영업의 손익전부를 같이 하는 계약 기타 이에 준하는 계약의 체결·변경 또는 해약, 다른 회사의 영업전부의 양수, 회사의 영업에 중대한 영향을 미치는 다른 회사의 영업일부의 양수 등의 결의사항에 반대하는 주주는 주주총회 전에 회사에 대하여 서면으로 그 결의에 반대하는 의사를 통지한 경우에는 그 총회의 결의일로부터 20일 내에 주식의 종류와 수를 기재한 서면으로 회사에 대하여 자기가 소유하고 있는 주식의 매수를 청구할 수 있다($\substack{제374 \\ 조의2}$). 상법은 반대주주는 서면으로 사전에 반대의 의사를 통지하고 주총결의 후 서면에 의한 주식매수청구 할 것만 요구하고 주주총회에 출석하여 반대의 결의를 할 것을 요구하고 있지 않다.

(4) 사안에의 적용

위 사안에서 A, B 둘 다 유동화 사업부문에 대한 영업양도에 반대하였으므로 각각은 甲회사에 대하여 주식매수청구권을 행사할 수 있다. 다만 A는 주주총회에 출석하여 반대의 의사표시를 하였으나, B는 주주총회에 출석하지 않았지만 주주총회 출석여부가 주식매수청구권에 영향을 주는 것은 아니므로 A, B 모두 주식매수청구권을 행사할 수 있다고 본다. 판례에 따르면 A, B가 회사에 대해 서면으로 주식매수청구권을 행사하면 주식매매계약이 체결된 것이 되어 이행의무가 발생하고 이를 이행하지 않을 경우 회사는 이행지체의 책임을 부담한다. 위 사안에서는 A는 2014. 3. 16. B는 2014. 3. 25. 각자가 가진 주식 전부에 대하여 피고에 대하여 주식매수청구를 하였으므로 바로 주식매매계약이 체결된 것이 되고 이 시점 이후부터 2월이 경과한 시점인 2014. 5. 17. 동년 5. 26.부터 甲회사는 A, B 각각에게 이행지체의 책임을 부담한다.

4. 예탁증권에 대한 주식매수청구권 (문제 4)

(1) 주권의 제출

주식매수청구권을 행사함에 있어서는 행사 주주는 주권을 회사에 제출하여야 하는데 주주의 주권제출의무와 회사의 매수대금지급의무는 동시이행항변의 관계에 있다. 따라서 회사는 주주가 주권을 제출하지 않을 경우 매수가액이 협의되었다고 하더라도 주식매수대금지급의무에 대한 이행지체에 놓이게 되지 않는다.

(2) 동시이행항변권

영업양도에 반대하는 주주들의 주권이 금융기관에 예탁되어 있을 경우 반대주주들이 주식매수청구권을 행사한다면 동시이행관계가 어떻게 되는가 하는 점이 문제된다. 이에 관해 최근 판례는 회사가 공정한 매매대금을 지급함과 동시에 언제든지 자신들이 소지하고 있는 주권을 인도하겠다는 취지의 서면을 회사에 제출한 사안에서, 반대주주들이 주식매수청구권을 행사한 날부터 2월이 경과하였을 당시 회사에 주식매수대금 지급과 동시에 주권을 교부받아 갈 것을 별도로 최고하지 않았더라도 주권 교부의무에 대한 이행제공을 마쳤다고 보아 회사의 동시이행 항변을 배척하였다(대판 2011.4.28.　2010다94953).

(3) 사안에의 적용

사안에서는 사실관계가 분명하게 명시되어 있지는 않지만 만일 판례에서 판시하고 있는 바와 같이 예탁 증권에 대해 주권을 인도하겠다는 취지를 서면으로 밝혔다면 회사는 언제든지 주권을 교부받을 수 있으므로 동시이행항변을 이유로 주식매수대금의 지급을 거절할 수 없다.

추가·심화 질문

Ⅰ. 영업용재산의 양도 관련

문제 1

주주총회의 특별결의가 요구되는 영업용재산의 양도시에 주주총회결의를 거치지 않고 대표이사가 영업용재산을 양도하였다면 양도거래의 효력은 어떠한가?

해 설

대표이사의 재산양도행위는 일종의 전단적 대표행위가 된다. 법률에 의해 주주총회의 결의를 거쳐야 하는 거래가 주주총회의 결의가 없거나 무효인 주주총회를 거친 경우 주주총회의 결의를 흠결한 대표이사의 전단적 대표행위의 효력에 관해서는 통설, 판례가 무효로 본다. 만일 주주총회가 개최되었지만 주주총회의 무효의 하자가 있거나 취소의 하자가 있어 무효취소의 소가 제기되었고 동 판결이 확정되었다면 주주총회의 결의에 흠결이 있는 상태에서 이뤄진 양도행위의 효력도 무효이다. 왜냐하면 주총결의하자의 소의 승소판결은 소급효를 가지므로(제376조, 제380조, 제190조) 그러한 전단적 대표행위도 소급적으로 무효가 된다.

문제 2

주주총회의 특별결의가 요구되는 영업용재산의 양도시 주주총회의 특별결의를 얻었더라도 상법 제393조에 따라 이사회의 결의도 거쳐야 하는가? 이를 거치지 않았을 경우 이 역시 전단적 대표행위가 되어 이사회결의를 거치지 않았음을 알고 있는 상대방에 대해서는 회사가 거래의 무효를 주장할 수 있는가?

해 설

상법 제393조는 중요한 자산의 처분 및 양도시에 이사회의 결의를 요구하고 있다. 하지만 주주총회의 결의가 요구되는 경우 주주총회에서 양도의 결의를 하였다면 이사회의 결의는 불필요하다고 본다. 왜냐하면 주주총회나 이사회는 주식회사의 의사결정기구로서 서로 권한 또는 업무를 배분하는 관계에 있어 양자의 결의를 모두 요구하는 경우를 상법은 규정하고 있지 않기 때문이다. 만일 이사회의 결의와 주주총회의 결의의 결과가 상반될 경우 만일 대표이사의 업무집행이 이뤄졌다면 그 효력이 매우 모호해진다는 점에서도 주식회사의 양 의사결정기관의 업무가 중첩되어서는 안된다. 요컨대 영업용재산을 양도함에 있어 동 재산을 양도할 경우 영업을 폐지하거나 양도한 것과 동일한 효과가 발생한다면 이 경우에는 상법 제374조가 적용되어 주주총회의 특별결의가 요구되고 이사회결의는 요구되지 않고, 그 정도에 이르지 않는 중요한 자산의 처분행위는 상법 제393조에 따라 이사회결의만 요구되고 주주총회의 결의는 불필요하다고 본다.

Ⅱ. 주주총회결의의 하자 관련

문제 1

자본감소의 주주총회결의사유의 하자가 있을 경우 주주는 주주총회결의 취소의 소를 제기하여야 하는가 아니면 자본감소절차 무효확인의 소를 제기하여야 하는가?

해 설

자본감소, 회사합병·분할·분할합병, 주식교환·주식이전 등의 절차에는 주주총회의 특별결의가 필요하고, 정관에서 신주발행을 주주총회의 결정사항으로 한 경우 신주발행에는 주주총회의 결의가 필요하다. 이들 주주총회에 하자가 있는 경우 각 이해관계인은 주주총회결의의 하자를 다투는 소를 제기하여야 하는가 아니면 감자무효, 합병무효, 분할무효, 주식교환·이전무효, 신주발행무효의 소 등 특수한 소를 제기하여야 하는가? 양 소송을 비교하면, 판결의 효력에 있어서는 대세적 불소급효가 있다는 점에서 유사하지만 주주총회결의의 하자에 관한 소는 결의일로부터 2월 내에 제기하여야 하는 데 비하여, 위 특수한 소는 등기일(신주발행의 경우는 신주발행일)로부터 6월 내에 제기할 수 있는 점에서 차이가 있다. 양자의 관계에 관해 흡수설은 후속행위에 주어진 효력에 의해 분쟁이 궁극적으로 해결될 수 있으므로 주주총회의 결의의 하자는 후속행위의 하자로 흡수되는 것으로 보아 후속행위의 무효를 주장하는 소만을 제기할 수 있다고 보는 견해이다. 다만 특수한 소송이 일반 주주총회결의의 하자에 관한 소를 흡수하되 결의하자에 관한 소의 제기기간(2월)이 경과한 후에는 하자가 치유되었으므로 이를 이유로 특수한 소송도 제기할 수 없다고 본다. 이에 대해, 병용설은 결의하자에 관한 소의 제기기간 경과 전에는 양 소송제도 중 어느 것이나 자유로이 선택하여 제기할 수 있고 그 중 어느 하나라도 확정되면 자본감소·합병·신주발행이 무효로 된다는 견해이다. 자본감소절차와 관련하여 판례는 주주총회의 자본감소결의에 취소 또는 무효의 하자가 있다고 하더라도 그 하자가 극히 중대하여 자본감소가 존재하지 아니하는 정도에 이르는 등의 특별한 사정이 없는 한 자본감소의 효력이 발생한 후에는 자본감소무효의 소에 의해서만 다툴 수 있다 $\left(\begin{smallmatrix}대판\ 2012.2.11.\\2009다83599\end{smallmatrix}\right)$고 하여 흡수설을 따르고 있다.

추가 질문

신주발행을 함에 있어 이사회결의가 요구되는데 이사회결의에 흠결이 있는 경우 신주발행무효의 소를 제기하여야 하는지 아니면 이사회결의 무효확인의 소를 제기하여야 하는가?

해 설

판례는 신주발행절차와 관련하여 이사회결의에 흠결이 있는 경우에도 신주발행이 효력이 발생한 이후에는 신주발행무효의 소에 의해서만 효력을 다툴 수 있다고 보고 있다. 판례는 한편, 상법 제429조는 신주발행의 무효는 주주·이사 또는 감사에 한하여 신주를 발행한 날로부터 6월 내에 소만으로 이를 주장할 수 있다고 규정하고 있으므로, 설령 이사회나 주주총회

의 신주발행 결의에 취소 또는 무효의 하자가 있다고 하더라도 그 하자가 극히 중대하여 신주
발행이 존재하지 아니하는 정도에 이르는 등의 특별한 사정이 없는 한 신주발행의 효력이 발
생한 후에는 신주발행무효의 소에 의하여서만 다툴 수 있다고 한다(대판 2004.8.20. 2003다20060).

문제 ❷

주주총회결의에 하자가 존재하였고 아직 하자가 제거 또는 보완되지 않았을 경우에도 법원이 제
반 사정을 참작하여 원고의 청구를 재량기각할 수 있는가?

해 설

상법 제379조는 결의취소의 소가 제기된 경우에 결의의 내용, 회사의 현황과 제반사정을
참작하여 그 취소가 부적당하다고 인정한 때에는 법원은 그 청구를 기각할 수 있다고 정하고
있어 주주총회결의 취소의 소에 재량기각의 요건을 정하고 있다. 그 밖에 제530조의11 제1항
및 제240조는 분할합병무효의 소에 관하여 상법 제189조를 준용하고 있고 상법 제189조는
"설립무효의 소 또는 설립취소의 소가 그 심리 중에 원인이 된 하자가 보완되고 회사의 현황
과 제반 사정을 참작하여 설립을 무효 또는 취소하는 것이 부적당하다고 인정한 때에는 법원
은 그 청구를 기각할 수 있다."고 규정하고 있다. 상법 제379조와 제189조를 비교하면 후자는
하자가 보완될 것을 요건으로 하고 있다는 점에서 차이가 있다. 그렇다면 하자의 보완이 불가
능할 경우에는 설사 회사의 현황과 제반 사정을 참작하더라도 분할합병무효의 소의 경우 재
량기각은 불가능한가 하는 점이 문제될 수 있다. 이에 관해 법원은 분할합병무효의 소를 재량
기각하기 위해서는 원칙적으로 그 소 제기 전이나 그 심리 중에 원인이 된 하자가 보완되어야
할 것이나, 그 하자가 추후 보완될 수 없는 성질의 것인 경우에는 그 하자가 보완되지 아니하
였다고 하더라도 회사의 현황 등 제반 사정을 참작하여 분할합병무효의 소를 재량기각할 수
있다고 보았다(대판 2004.4.27. 2003다29616 참조). 이렇게 볼 때 하자가 보완될 수 없는 경우에도 재량기각이 가능
하다고 본다.

문제 ❸

이사로 선임된 자가 자신이 선임된 주주총회 결의의 무효확인의 소송에서 회사를 대표할 수 있
는가? 만일 동 이사에 의해 소송이 수행된 이후 이사선임 주주총회결의가 무효로 확정될 경우
진행되었던 소송행위의 효력은 어떠한가?

해 설

　주주총회결의 취소의 소는 형성소송의 성질을 가지고 있지만 주주총회결의 무효확인의 소는 확인소송이므로 선결문제로 다툴 수 있다는 점에서 무효확인의 대상이 된 주주총회에서 선임된 자가 회사를 대표할 경우 소송행위의 무효를 주장할 수 있다고 해석될 여지가 없지 않다. 하지만 판례는 회사의 이사선임 결의가 무효 또는 부존재임을 주장하여 그 결의의 무효 또는 부존재확인을 구하는 소송에서 회사를 대표할 자는 현재 대표이사로 등기되어 그 직무를 행하는 자라고 할 것이고, 그 대표이사가 무효 또는 부존재확인청구의 대상이 된 결의에 의하여 선임된 이사라고 할지라도 그 소송에서 회사를 대표할 수 있는 자임에는 변함이 없다고 보고 있다. 그리고 상법 제380조, 제190조에 의하면 이사선임결의 무효확인판결이 확정되더라도 그 결의에 의하여 선임된 이사가 그 판결확정 전에 회사의 대표자로서 행한 소송행위에는 아무런 영향이 미치지 않음이 명백하고, 상법 제380조의 규정은 결의부존재확인의 소송에도 준용된다 할 것이므로, 이사선임결의 부존재확인소송에 있어서도 결의부존재 확인의 판결은 그 결의에 의하여 선임된 이사가 그 이전에 한 소송행위에는 아무런 영향을 미치지 아니한다고 보았다(대판(전) 1983.3.22. 82다카1810).

70 이사회결의의 하자

기본 사실관계

갑회사는 부동산개발업을 영업목적으로 하는데, 대표이사 A, 이사로는 B, C, D, E 및 F가 있다. 지분소유관계로는 A가 40%, B와 C가 각기 20%씩, F와 G가 각기 10%씩 소유하고 있다. 2014. 2. 10. A는 이사 B, C 및 D에게 이사회 소집통지를 하였는데, 평소 이사회에 출석하지 않는 E를 제외한 나머지 이사에게만 소집통지를 하였다. E는 B와 C의 추천에 의하여 이사로 선임되었으나, 회사업무를 전혀 수행하지 않았으며 이사회회의록에 형식적인 날인만 하곤 하였다. 다음 날 2. 11. A, B, C 및 D가 참석하여 개최된 이사회에서 갑회사 부동산 10곳 중 재산가치 순서로 3순위인 건물 및 그 부지를 이사 C에게 양도하는 계약을 논의하였는데, 위 건물은 상점이 입주해 있었다. 갑회사의 다른 토지 또는 건물은 모두 주택용이었음에 비하여 위 토지에는 유일하게 상가건물로서 이용되고 있었다. 이 계약에 관하여 A, C 및 D는 찬성하였고 B는 반대하였다. A는 E에게 전화로 찬부를 물어 찬성의사를 확인한 후 위 계약이 승인되었음을 선포하였다. 또한 A는 위 계약을 승인받기 위한 주주총회를 소집하면서 해외여행 중인 G에게는 소집통지를 하지 아니하였고, 동년 3. 5. 갑회사 사무실에서 개최된 주주총회에서 위 토지의 양도 건은 A, C 및 F가 찬성하였고, A는 승인결의가 성립하였음을 선포하였다. 이에 따라서 A는 갑회사를 대표하여 C와 토지의 매매계약을 체결하였다.

그 후 대표이사 A는 갑회사가 관리하는 연립주택의 일부를 다른 이사들과 의논함이 없이 자신의 지인들에게만 값싸게 임차한 일로 다른 이사의 반발을 일으켰고, 특히 이사 B가 A와 대립하였다. 이사 B는 이사회 소집권을 가진 A에게 위 건물임차 건에 관하여 대표이사의 해명이 필요하다고 주장하여 이사회의 소집을 요구하였고, A는 2014. 5. 1. 이사회 소집을 통지하였다. 그 후 동년 5. 10. 개최된 이사회에서 A는 위 건물임차 건에 관하여 해명하였으나 이사 B는 회사에 매우 불리한 계약임을 이유로 A의 사퇴를 주장하였지만, A는 이를 묵살하고 회의를 종료시켰다. 이에 B는 A의 대표이사직 해임안을 의안으로 이사회소집을 요구하였고, A는 이사 전원에게 소집통지를 하였다. 동년 5. 20. 개최된 이사회에서 A의 대표이사직 해임안에 관하여 A, B, C, D 및 F는 참석하였고, E는 C에게 의결권의 대리행사를 위임하였다. 이사회의 논의결과 참석이사 4인 중 A와 C, C가 대리한 E는 반대, B, D와 F는 찬성하여 의장 A는 과반수 미달을 이유로 부결을 선언하였다.

동년 10. 1. 건강이 나빠진 A는 갑회사의 대표이사 및 이사직을 사임하고, 자신의 주식 전부를 H에게 양도하였다. 동년 11. 10. 개최된 갑회사의 주주총회 및 이사회에서 H는 갑회사의 이사 및 대표이사로 선임되었고, 동년 11. 20. C는 H에게 위 토지의 양도계약의 이행을 청구하였다.

문제 ①

2014. 2. 11.에 성립한 이사회결의 및 동년 3. 5.에 성립된 주주총회결의는 적법한가? (60점)

문제 ②

2014. 5. 20.에 성립한 대표이사해임안 부결결의는 적법한가? (20점)

문제 ③

대표이사 H는 C와의 토지양도계약의 이행에 반대하는데, C의 청구에 어떻게 대항할 수 있는가? (20점)

해 설

문제 ①

Ⅰ. 사안의 쟁점

문제의 이사회 및 주주총회는 갑회사와 C와 사이에 갑회사 토지에 관한 양도계약을 승인할 것인지 여부를 다루고 있다. 이 거래는 갑회사와 이사와의 거래이므로 자기거래이고 이는 이사회의 승인이 있어야 효력을 가진다. 이사회 소집통지를 하면서 이사 E가 명목상의 이사임을 이유로 소집통지를 하지 않은 것, 일부 이사의 의사를 전화로 확인한 것, 소집통지 다음날 이사회의 개최 및 거래당사자인 C가 이사회 표결에 참여한 것이 문제된다. 또한 위 토지가 갑회사의 중요재산으로 보아 그 양도계약을 주주총회에서 승인하는 경우에 주주에 대한 소집절차의 준수 여부 및 주주인 C가 표결에 참여한 행위가 문제된다.

Ⅱ. 쟁점에 관한 검토

1. 이사회결의의 효력

(1) 이사회 의의

이사회는 업무집행에 관한 의사를 결정하고 이사의 직무집행을 감독하는 기관으로서 이사로 구성된다. 이사회는 대표이사와 함께 업무집행기관에 속하나 업무에 관한 의사결정기관이라는 점에서 집행기관인 대표이사와 구분된다.

(2) 이사회 소집절차

이사회는 원칙적으로 각 이사가 소집하지만, 이사회의 결의로 특정이사에게 소집권을 위임할 수 있다($\binom{제390조}{제1항}$). 소집권자가 아닌 다른 이사는 소집권을 가진 이사에게 이사회 소집을 요구할 수 있고, 소집권을 가진 이사가 정당한 이유없이 이사회 소집을 거절하는 경우에는 다른 이사가 이사회를 소집할 수 있다($\binom{동조}{제2항}$).

이사회 소집은 회일을 정하고 그 1주간 전에 각 이사 및 감사에 대하여 통지를 발송하여야 하며($\binom{동조}{제3항}$), 이사 및 감사 전원의 동의가 있는 때에는 이러한 절차 없이 언제든지 회의할 수 있다($\binom{동조}{제4항}$).

(3) 자기거래의 이사회 승인

자기거래는 미리 이사회에서 해당 거래에 관한 중요사실을 밝히고 이사회의 승인을 받아야 하며, 이사회의 승인은 이사 3분의 2 이상의 수로써 하여야 하고, 그 거래의 내용과 절차는 공정하여야 한다($\binom{제398}{조}$). 자기거래의 취지는 이사가 자신의 지위 또는 정보를 이용하여 회사이익을 해하면서 자신의 이익을 추구하는 행위를 제한하려는 것이다. 이를 위하여 상법은 이사회에서 자기거래를 승인하도록 규제한다.

(4) 특별한 이해관계인의 의결권제한

주주총회결의에 특별한 이해관계가 있는 자는 의결권을 행사하지 못한다는 규정이 이사회결의에 준용되므로($\binom{제391조\ 제3항,}{제368조\ 제3항}$), 이사 중에서 의안에 특별한 이해관계를 가진 자는 의결권의 행사가 배제된다. 이 규정도 이사회결의의 공정성을 담보하기 위한 것이다.

특별한 이해관계의 의미에 관하여도 주주총회결의의 특별이해관계에 관한 학설이 그대로 적용된다. 즉 결의에 의하여 권리의무가 발생 또는 상실되는 법률적인 이해관계로 보는 견해, 모든 이사가 아닌 특정한 이사의 이해에만 관련되는 경우로 보는 견해 및 이사가 이사의 입장을 떠나서 개인적으로 가지는 이해관계로 보는 견해로 나뉠 수 있다(개인법설, 통설).

개인법설에 의하면 주주총회에서 이사면책결의에서 해당이사인 주주, 영업양도 승인결의에서 양도계약의 상대방인 주주와 이사보수결정에 관한 결의에서 이사인 주주 등은 결의에 특별한 이해관계를 갖는 자로서 의결권을 행사할 수 없다. 마찬가지로 이사회에서도 의안이 이사면책결의라면 해당이사, 영업양도계약의 승인이라면 당사자인 이사는 특별이해관계인이다. 이사보수 결정의 경우 모든 이사의 이해가 관련되는데, 이사보수결정은 이사회결의로 효력을 발생하지 않고, 주주총회에서 결정되므로($\frac{제388}{조}$) 특별이해관계인의 법리를 적용할 실익은 없다. 그렇지만 이사보수를 공정하게 결정하기 위하여 이사회의 위원회($\frac{제393}{조의2}$)로서 사외이사로 구성된 보수결정위원회를 거친다면 이사회결의의 공정성을 추구하였다는 평가를 받을 수 있다.

(5) 사안검토

사안에서 이사회를 소집하면서 이사 E에 대한 소집통지가 없었는데, E는 회사업무를 전혀 수행하지 않았고, 이사회회의록에 형식적으로 날인만 하는 자였다. E는 이사로 선임만 되었을 뿐 실제로 회의에 참석하지 않은 사실을 알 수 있고, 이러한 명목상의 이사에게 소집통지를 하지 않은 것이 이사회소집절차의 하자를 구성하는지 문제된다. 비록 명목상의 이사라 할지라도 이사로서 이사회구성원이라면 그에게 소집통지를 하지 않은 것은 절차상의 하자로 보아야 한다. E는 이사회에 불참하였지만, 그의 의사가 전화로 확인되었는데, 전화확인행위의 적법성 여부에 상관없이 소집통지 자체가 없다는 하자는 존재한다.

소집통지 다음 날 이사회를 소집한 행위는 갑회사 정관에 이를 허용하는 규정이 있거나, 이사 및 감사 전원의 동의가 있는 때 적법하다($\frac{제390조\ 제3}{항\ 단서,\ 제4항}$). 사안에서 그러한 정관이 있다거나 이사 및 감사 전원의 동의가 있었는지 여부는 확인되지 않았다. 따라서 어떠한 사실관계가 있었는지 여부에 따라서 소집절차에 하자가 추가될 수 있다.

위 이사회에 자기거래의 당사자인 이사 C가 참여하였는데, 그는 거래당사자로서 거래승인에 개인적인 이해관계를 가지므로 상법이 규제하는 특별한 이해관계를 가진 자이다. 따라서 C는 이사회에서 의결권을 행사할 수 없음에도 의결권을 행사하였으므로 성립된 이사회결의는 하자를 가진다. 결의에 필요한 정족수는 이사 2/3 이상의 수이고($\frac{제398}{조}$), 갑회사 이사는 5인이므로 정족수는 4인 이상 찬성인데, 위 이사회결의는 A, B, C 및 D, 4인이 출석하여 A, C 및 D, 3인이 찬성하였지만, C는 의결권이 제한되는 자이므로 적법한 찬성의 수는 2인에 불과하여 정족수에 미달하였다.

이러한 하자를 고려하건대 위 이사회결의는 무효의 원인을 갖는다.

2. 주주총회결의의 효력

(1) 영업용토지의 양도와 주주총회의 승인

영업용재산이 회사 영업에서 중요한 일부를 구성할 경우 이를 양도할 경우 주주총회의 승인이 필요하며, 이를 위하여 주주총회의 특별결의를 요한다.[12] 그 취지는 해당재산의 양도가 영업에 영향을 미치며 주주 전체의 이익 감소와 관련될 수 있으므로 주주총회 특별결의로써 다수 주주의 승낙을 얻으려는 데 있다.

(2) 주주총회의 소집절차와 의결권행사

주주총회가 소집되기 위하여는 이사회의 소집결정과 소집권자에 의한 소집이 필요하다 $\left(\begin{smallmatrix}\text{제362조,}\\\text{제363조}\end{smallmatrix}\right)$. 소집권자는 주주총회일의 2주 전에 각 주주에게 서면으로 통지를 발송하거나 각 주주의 동의를 받아 전자문서로 통지를 발송하여야 한다.

의결권의 행사와 관련하여 총회의 결의에 관하여 특별한 이해관계가 있는 자는 의결권을 행사하지 못하며 $\left(\begin{smallmatrix}\text{제368조}\\\text{제3항}\end{smallmatrix}\right)$, 그 의결권수는 출석주주의 의결권수에 산입되지 않는다 $\left(\begin{smallmatrix}\text{제371조}\\\text{제2항}\end{smallmatrix}\right)$.

(3) 사안해결

위 사안에서 상가건물 및 그 부지를 양도하는 계약에 관하여 주주총회를 소집하였는데, 부동산개발업을 하는 갑회사로서 상가건물과 그 부지는 중요한 영업의 일부이고 이를 양도하는 계약은 주주총회의 승인을 얻어야 한다 $\left(\begin{smallmatrix}\text{제374조 제}\\\text{1항 제1호}\end{smallmatrix}\right)$. 이에 따라 대표이사 A는 주주총회를 소집하면서 해외여행 중인 점을 고려하여 주주 G에게 소집통지를 하지 않았다. 이는 모든 주주에게 동등하게 소집통지를 규정한 제363조의 위반이다.

또한 위 주주총회에서 계약의 당사자인 이사 C가 주주로서 결의에 참여하였는데, 이는 결의에 특별한 이해관계인으로서 의결권을 행사할 수 없는 주주가 의결권을 행사한 것이다. 따라서 위 결의는 의결권 없는 자가 투표하여 의결정족수에 영향을 미친 하자를 갖는다. C의 의결권수가 발행주식총수 중 20%에 달하므로 그 만큼 출석주주 의결권수 및 찬성의결권수에서 공제하여야 한다. 결국 위 주주총회결의는 소집통지의 일부흠결 및 결의방법의 상법위반을 이유로 결의취소 소의 원인이 된다고 판단된다.

---

[12] 영업용재산의 양도를 위하여 주주총회의 승인을 요하는지 여부에 관하여 문제 67 참조.

문제 **2**

Ⅰ. 사안의 쟁점

대표이사 A의 해임안을 다룬 이사회에서 이사 E는 자신의 의결권을 C가 대리행사하도록 위임하였는데, 이사회의 의결권을 대리행사할 수 있는지 여부 및 대표이사 해임안에 대하여 문제된 대표이사가 의결권을 행사할 수 있는지 여부가 문제된다.

Ⅱ. 쟁점에 관한 검토

1. 이사회 의결권의 대리행사 여부

주주총회에서 주주의 의결권은 대리행사할 수 있는데, 이사회에서 이사도 그 의결권을 대리인이 행사하게 할 수 있는지 여부가 문제된다. 이사는 이사회 구성원으로서 의안에 관한 결정할 직무를 담당하는 자이므로 스스로 회의에 출석하여 전문가로서 토의 및 결의에 참여하여야 한다. 이러한 지위 때문에 이사 의결권의 대리행사는 허용되지 않는다고 보는 견해가 통설 및 판례($\binom{대판 1982.7.13.}{80다2441}$)이다. 다만 정관에서 달리 정하는 경우를 제외하고 이사회는 이사의 전부 또는 일부가 직접 회의에 출석하지 아니하고 모든 이사가 음성을 동시에 송수신하는 원격통신수단에 의하여 결의에 참가하는 것을 허용할 수 있다. 이 경우 당해 이사는 이사회에 직접 출석한 것으로 본다($\binom{제391조}{제2항}$).

2. 대표이사 해임안결의와 대표이사의 의결권행사

대표이사 해임안 결의에 해당 대표이사가 참여할 수 있는지 여부가 문제된다. 만일 대표이사가 투표한다면 당연히 반대표를 행사할 것이고, 이는 공정한 표결을 저해할 수도 있다. 이사회결의에는 주주총회결의에 관한 특별이해관계인의 의결권행사 제한규정이 준용되므로($\binom{제391조\ 제3항,}{제368조\ 제3항}$), 대표이사해임결의에도 위 법리가 준용된다. 따라서 대표이사해임결의에 관하여 해당 대표이사가 특별한 이해관계인인지 여부가 문제이다.

통설인 개인법설에 의하면 이사의 선임과 해임처럼 사단관계에서 발생하는 이해관계는 개인적인 이해관계가 아니라고 평가되므로 대표이사의 해임도 동일하게 판단된다.

3. 사안해결

위 사안에서 이사 E가 C에게 이사회 의결권에 관한 대리행사를 위임하였는데, 이사는 직무의 성질상 직접 의결권을 행사하여야 하고, 대리인에 의한 대리행사는 할 수 없다고 본다.

따라서 C가 E의 의결권을 대리행사한 것은 무효이다. 이렇게 무효가 된 수를 고려하면 위 이사회결의는 찬반의 수는 2:3으로서 결의 성립에 필요한 출석이사의 과반수($\frac{제391조}{제1항}$)를 얻은 것이 된다. 따라서 대리인의 표결을 반대표에 산입하여 결정한 2014. 5. 20.의 이사회결의는 의결정족수의 산출에 잘못이 있는 것이고, 이로 때문에 이사회결의는 무효확인의 대상이 된다고 본다.

문제 ③

Ⅰ. 사안의 쟁점

새로이 갑회사의 대표이사로 취임한 H가 전 대표이사 A가 체결한 토지양도계약의 효력을 어떻게 부정할 수 있는지 그리고 그 방법이 무엇인지 문제된다. 위 양도계약은 이사의 자기거래로서 이사회의 승인 여부, 그리고 중대한 영업의 일부로서 주주총회의 승인 여부가 문제되므로 이사회 또는 주주총회 결의의 효력을 다투는 방법이 문제이다.

Ⅱ. 쟁점에 관한 검토

1. 자기거래 승인에 관한 이사회결의의 효력

자기거래에 관하여 이사회의 승인 없거나 승인에 하자가 있어서 무효로 되는 경우 그 거래는 무효로 된다. 그러나 선의의 제3자가 관여한 경우에는 거래안전을 우선적으로 보호하기 위하여 그 거래는 유효로 보는 것이 통설 및 판례($\frac{대판 1984.12.11.}{84다카1591}$)이다. 선의의 제3자가 존재하는 경우 회사가 제3자의 악의를 증명하여 그 거래를 무효로 만들 수 있다.

2. 영업의 중요한 일부양도에 관한 주주총회결의의 효력

대표이사는 영업의 중요한 일부양도 시 주주총회의 특별결의로써 그 승인을 얻고 집행하여야 한다. 만일 주주총회의 특별결의로써 그 양도에 관한 승인을 얻지 못한 채 양도를 하면 그 양도가 무효로 되고, 성립된 주주총회의 결의에 하자가 있어서 무효 또는 취소가 되어도 마찬가지로 그 양도는 무효로 된다.

3. 사안해결

문제 1에서 전술한 바처럼 위 자기거래 승인에는 특별한 이해관계인 이사 C가 참여하여 정족수를 만족시키지 못하므로 위 이사회결의는 무효의 원인을 갖는다. H는 이러한 이사회결의 무효를 다툴 수 있고, 그 방법으로 2014. 2. 11.의 이사회결의 무효확인의 소를 제기할 수 있다. 이 소송에 의하여 자기거래는 무효로 될 수 있지만, 선의의 제3자가 존재하는 경우에는 유효로 될 수 있다. 그러나 위 사안에서 갑회사와 C만이 거래당사자로 등장하므로 선의의 제3자는 없는 것으로 보인다.

또한 2014. 3. 5.에 개최된 주주총회결의는 지분율 10%를 가진 주주 G에게 소집통지를 하지 않은 점은 소집절차에 관한 위법이고, 특별이해관계를 갖는 C가 결의에 참여하여 의결권을 행사할 수 없는 주주가 의결권을 행사한 점에서 결의방법에 위법이 있었다. 이러한 하자는 결의취소 소의 원인이 되지만, 결의취소 소의 제소기간이 결의 후 2개월 이내이고 H가 대표이사로 취임한 것은 2개월을 경과한 2014. 11. 10.이므로 결의취소의 소를 제기할 수 없다. 결국 H는 자기거래가 이사회의 승인을 얻지 않았음을 이유로 위 거래의 무효확인을 청구할 수 있다.

추가 · 심화 질문

※ 갑회사가 그 소유토지를 이사 C에게 양도한 배경 및 사실관계가 다음과 같이 전개된 경우 아래 질문에 답하시오.

기본 사실관계

갑회사의 대표이사인 A와 이사 C는 회사 경영권을 둘러싸고 지속적으로 대립하여 왔는데, 이러한 분쟁을 근원적으로 해결하기 위하여 C는 갑회사와 별도로 독자적인 영업을 하기로 계획하고, A에게 갑회사가 그의 주식소유지분에 상응하는 재산을 양도할 것을 제안하였다. 이 제안에 대하여 A도 갑회사가 C의 주식을 양수하여 주식을 소각시키거나 위 주식을 A가 양수함으로써 스스로 갑회사를 명실상부하게 소유 경영하는 것이 좋겠다고 생각하였다. 이렇게 A와 C의 생각이 일치하자 A는 C가 요구하는 갑회사 토지 중 C의 출자액에 가장 근접하는 가치를 가진 위 토지를 C에게 양도하기로 하였다.[13]

---

13) 이 사안은 대판 1992. 4. 14. 90다카22698을 참조한 것임.

문제 🔴

A는 갑회사 토지를 C에게 양도하고 C의 주식을 갑회사가 취득하는 계약을 체결하고, C의 주식을 소각하기로 하였다. 이러한 주식소각은 유효한가? 또한 주식소각을 위하여 어떠한 절차를 밟아야 하는가?

해 설 🔴

Ⅰ. 사안의 쟁점

주식의 소각은 주주의 소유주식 가치에 해당하는 회사재산을 양도하고 회사가 해당주식을 취득하여 소각하는 방법은 자본금 감소의 방식으로 가능하다. 자본금 감소는 주주와 회사채권자의 이익에 영향을 미치므로 엄격한 절차 하에서 허용된다. 위 사안에서 자본금 감소의 방법 및 절차가 문제된다.

Ⅱ. 쟁점에 관한 검토

1. 자본금 감소의 의의

자본금 감소란 회사가 주식발행을 통하여 조성한 자본금을 감소하는 것을 말한다. 자본금이 감소하면 회사가 보유하여야 할 재산이 감소하게 되어 회사채권자와 주주의 이해에 영향을 주게 된다. 따라서 상법은 자본금 감소에 관하여 엄격한 절차를 규정하고 있다.

2. 자본금 감소의 방법

(1) 주금액 또는 자본금액의 감소

액면주식이 발행된 경우 자본금 감소는 주금액 감소, 주식수 감소 및 양자를 병행시키는 방법이 있다. 주금액을 감소시키더라도 새로운 주금액은 100원 이상이어야 한다($\frac{제329조}{제3항}$). 1주의 금액은 정관기재사항이므로 주금액을 감소시키려면 주주총회의 특별결의를 얻어야 한다.

무액면주식의 경우에는 주금액이 없으므로 자본금액을 임의로 낮추는 방법을 사용한다.

(2) 주식수의 감소

주식수의 감소에는 주식의 병합과 소각의 방법이 있다. 주식의 병합은 다수 주식을 합하여 소수의 주식으로 만드는 방법인데, 일정한 기간을 정하여 주권제출을 공고하고 개별주주와

질권자에게 주식병합의 통지를 해야 한다($^{제440}_{조}$). 병합에 적합하지 않은 부분(단주)은 경매하여 각 주수에 따라 그 대금을 종전의 주주에게 지급하여야 한다($^{제443}_{조}$).

주식소각이란 특정주식을 절대적으로 소멸시키는 방법이다. 주식의 소각은 주주의 승낙을 요하는지 여부에 따라서 임의소각과 강제소각으로 나뉘고, 회사가 대가를 주는지 여부에 따라서 유상소각과 무상소각으로 나뉜다.

3. 자본금 감소의 절차

(1) 주주총회 특별결의

자본금 감소는 주주에게 중대한 이해관계가 있으므로 주주총회의 특별결의가 요구된다($^{제438}_{조\ 제1항}$). 그러나 자본금 결손의 보전을 위한 경우에는 주주총회의 보통결의에 의한다. 이러한 경우에는 재무구조개선을 위하여 감자절차를 간소하게 할 필요가 있다.

(2) 채권자 보호절차

자본금 감소가 유상에 의한 주식취득으로 이루어지는 경우 회사의 순재산을 감소시키고, 무상에 의한 경우에도 감소된 만큼 이익배당한도가 늘게 되어 회사재산이 감소될 우려가 있다. 이는 회사재산에 의한 담보력을 약화시켜 채권자에게 불리하다. 따라서 상법은 채권자보호절차로서 채권자이의절차를 정한다.

회사는 자본금 감소에 관한 주주총회 결의가 있은 날부터 2주 내에 회사채권자에 대하여 이의가 있으면 이를 제출할 것을 공고하고 알고 있는 채권자에 대하여는 따로따로 이를 최고하여야 한다($^{제439조\ 제2항,}_{제232조\ 제1항}$). 이의를 제출한 채권자가 있는 때에는 회사는 그에게 변제 또는 상당한 담보를 제공하거나 이를 목적으로 하여 상당한 재산을 신탁회사에 신탁하여야 한다($^{제232조}_{제3항}$).

(3) 주식에 대한 조치

액면주식의 경우에 주금액을 감소시킬 때에는 주주로부터 주권을 제출받아 권면액을 정정한다.

주식을 병합하는 경우에는 주권제출에 관한 공고 및 통지 후 구주권을 제출받고 신주권을 교부한다($^{제440조,}_{제442조}$).

주식을 소각하는 경우 임의소각 시에는 주권을 제출받거나 주식을 시장에서 매입하고 주식실효절차를 밟아서 한다. 강제소각 시에는 주권제출을 공고 및 통지하여 한다($^{제343조\ 제2}_{항,\ 제440조}$).

4. 사안해결

대표이사 A와 이사 C는 갑회사의 경영과 관련하여 대립하다가 C가 출자지분가치에 해당하는 갑회사 재산의 양도를 제안하였고, A는 이를 승낙하여 갑회사 토지의 양도와 C 주식의 취득이라는 거래가 성립하였다. 갑회사는 이렇게 취득한 자기주식을 소각하려고 한다. 이는 유상으로 자기주식을 취득하는 것인데, 주식의 유상취득은 배당가능이익으로 하거나 자본금 감소의 방법으로 가능하다. 사안에서 배당가능이익에 관한 내용이 없고, 위 주식은 소각될 예정이므로 이는 자본금 감소의 방법에 의한 것으로 판단된다.

그런데 위와 같이 A와 C만이 합의한 자본금 감소는 다른 주주 또는 회사채권자에 대한 관계에서 그들의 이익을 해할 수 있어서 그들에게 매우 불리한 것이다. 다른 주주들에게 평등하게 주식을 매도할 기회를 주고, 매수대가를 지급하여야 유효한 자본금 감소절차가 될 수 있다. 또한 회사채권자를 배려한 채권자보호절차도 밟아야 한다.

따라서 위 거래가 자본금 감소절차로서 유효하기 위해서는 A와 C만의 합의 외에 주주총회의 특별결의 및 채권자보호절차를 밟아야 한다. 이러한 절차를 밟지 않은 시점에서 위 거래는 무효로 볼 수밖에 없다. 그러나 추후에 그 절차를 밟는다면 위 거래는 자본금 감소절차의 일부로서 유효로 된다고 본다. 또한 C만의 주식을 갑회사가 취득하는 데 대하여 다른 모든 주주의 동의도 필요하다고 본다. 자본감소에 대한 주주총회의 특별결의는 자본감소의 결정에 필요하지만, 특정주주의 주식을 매수하는 방법에 의한 자본감소는 주주평등에 반하는 결과를 가져오므로 다른 모든 주주의 동의가 있어야 그 위법성을 피할 수 있다고 본다.

기본 사실관계 ▶14)

甲회사는 2010 2. 1. 코스닥시장 상장회사인 乙회사로부터 乙회사의 기명식 보통주식 100만 주를 50억 원에 제3자배정 방식으로 인수하는 계약을 체결하고, 같은 날 주식대금을 납입하였다. 또한 같은 날 위 신주인수계약과 관련하여 甲회사와 乙회사의 대표이사를 겸임하면서 丙회사의 이사인 A, 그리고 丙회사 등의 명의로 연대보증계약서가 작성되었는데 그 내용은 다음과 같다. 다만, 丙회사를 대표하여서는 A의 지시를 받은 丙회사의 전무 B가 丙회사의 대표이사 C 명의로 위 계약서를 작성하였다.

제1조 (발행조건)

乙회사가 발행하는 주식의 발행조건은 다음과 같다.

1.–4. 생략

5. 1주당 발행가액: 5,600원

제4조 (Put Option)15)

1. 甲회사는 다음 각 호의 하나에 해당하는 사정이 발생하는 경우 A 또는 丙회사에 대한 서면 요청으로, 乙회사로부터 인수한 주식 중 甲회사가 요청 당시 보유하고 있는 잔여 주식을 A 또는 丙회사가 양수할 것을 청구할 수 있다. 이 경우 양수가격은 제1조에서 정한 주식의 발행가에 주금납입 완료일로부터 양수대금 지급일까지 기간 동안의 금리 연 10%에 해당하는 금액을 추가한 가격으로 한다.

가.–나. 생략

다. 乙회사로부터 인수한 주식의 발행 이후 매월의 마지막 코스닥 장중거래 가능일을 기산일로 하여 그 기산일로부터 소급한 최근 1개월 가중 산술 평균주가가 제1조에서 정한 주식의 발행가(5,600원)의 50% 미만이 되는 경우

---

14) 참조판례: 대판 2013.7.11, 2013다16473.

15) Put Option이라 함은 옵션거래에서 특정한 기초자산(주식, 채권, 금리, 통화 등)을 미리 정한 가격으로 장래의 특정 시점 또는 그 이전에 팔 수 있는 권리를 매매하는 계약을 말한다. 콜옵션(Call Option)은 이와 반대로 살 수 있는 권리를 매매하는 계약을 말한다. 이때 옵션은 강제의무가 아니라 선택권이 있으므로, 거래당사자의 이해에 따라 불리한 경우에는 옵션을 행사할 권리를 포기할 수 있다.

A는 丙회사의 설립자이며, 연대보증계약서가 작성된 2010. 2. 1. 경에는 丙회사의 등기된 이사로서 그 직위가 丙회사의 경영지원부문 사장이었으며, 丙회사 지분 27%를 소유한 최대주주였다. 또한 A는 乙회사의 대표이사이다. 丙회사는 상장회사로 자본금액 100억 원이고 발행주식총수는 100만주이며, 20억 원 이상을 보증하는 경우 이사회결의에 의하도록 정관에서 규정하고 있다.

계약체결은 乙회사의 D 부장이 2010. 2. 1. 甲회사를 방문하여 위 연대보증계약서를 작성하였는데, D 부장이 乙회사와 丙회사의 회사 인감 등이 날인된 신주인수계약서, 연대보증계약서, 이사회의사록, 법인인감증명서 등을 준비하여 왔다. A의 지시를 받은 丙회사의 전무 B가 이 사건 연대보증계약서에 丙회사 대표이사 C 명의의 인감을 날인하여 乙회사 D 부장에게 교부하였다. 甲회사의 직원인 F가 乙회사의 D 부장을 통해 위 서류 등을 교부받는 과정에서 그 권한을 의심할 만한 사정은 보이지 않는다.

2011. 1. 31.을 기산일로 하여 이로부터 소급한 최근 1개월 가중 산술 평균주가가 2,610원이 되자, 甲회사는 2011. 2. 1. 丙회사와 A에게 주가 하락폭이 발행가(5,600원)의 50%를 초과하게 되었다는 이유로 위 연대보증계약 제4조 제1항 다호에서 정한 바에 따라 발행가에 주금납입일인 2010. 2. 1.부터 2011. 1. 31.까지 연 10%에 해당하는 금액을 추가한 금액인 55억 원을 지급할 것을 통지하였다.

문제 1

丙회사는 전무 B가 丙회사의 대표이사가 아니므로 위 연대보증계약을 체결할 권한이 없기 때문에 위 계약은 丙회사에 대하여 효력이 없다고 주장한다. 丙회사의 주장은 정당한가? (25점)

문제 2

丙회사는 위 연대보증계약은 丙회사가 그 이사인 A가 대표이사로 있는 乙회사를 위하여 채무를 부담하는 것이므로 丙회사 이사회의 승인이 있어야 하는데, 丙회사 이사회의 적법한 결의가 없었으므로 무효라고 주장한다. 丙회사의 주장은 정당한가? (25점)

문제 3

丙회사는 위 연대보증계약이 丙회사의 영리목적과 관계없이 A나 乙회사의 이익을 위한 것으로써 A가 대표권을 남용한 것이므로 무효라고 주장한다. 丙회사의 주장은 정당한가? (25점)

문제 4

만일 위 연대보증계약을 체결할 때 丙회사의 이사회결의가 없었고 이사회의사록도 제출되지 아니하였다면, 丙회사는 책임을 면하는가? (25점)

해 설[16]

문제 1

Ⅰ. 사안의 쟁점

丙회사를 대리하여 연대보증계약을 체결한 B전무가 제395조의 표현대표이사의 요건을 충족하는지 여부가 문제된다. 또한 표현대표이사가 자신의 명의가 아니라 대표이사의 명의로 법률행위를 한 경우에도 제395조가 적용되는지도 쟁점이다.

Ⅱ. 표현대표이사

1. 의 의

표현대표이사라 함은 대표이사가 아니면서 회사의 승인 하에 대표이사로 오인될 만한 명칭, 즉 사장·부사장·전무이사·상무이사 기타 회사의 대표권이 있다고 믿을 만한 명칭을 사용하여 대표행위를 한 자를 말한다($\binom{제395}{조}$).

2. 표현대표이사의 적용요건

(1) 외관의 존재

표현대표이사로 인정되기 위해서는 표현적 명칭을 사용하는 등 외관이 존재하여야 한다. 표현대표이사가 이사의 자격이 없더라도 적용된다. 제395조는 표현대표이사가 그의 이름으로 행위한 경우는 물론이고 대표이사의 이름으로 행위한 경우에도 적용된다. 그리고 이 경우

---

16) 문제 1 내지 문제 4에 걸쳐 공통적으로 丙회사가 연대보증계약을 체결한 것이 丙회사의 권리능력 범위 내인지 여부에 대한 점도 추가적인 쟁점으로 언급할 필요가 있을 것이다.

상대방의 악의 또는 중대한 과실은 표현대표이사의 대표권이 아니라 대표이사를 대리하여 행위를 할 권한이 있는지에 관한 것이다(대판 2011.3.10, 2010
다100339 등 참조).

(2) 외관의 허락(회사의 귀책사유)

회사가 표현적 명칭을 사용하도록 허락하거나 묵인하는 등 외관의 허락에 대해 회사에 귀책사유가 있어야 한다. 이사의 자격도 없는 사람이 임의로 표현대표이사의 명칭을 사용하고 있는 것을 알면서도 아무런 조치를 취하지 아니한 채 그대로 방치하여 소극적으로 묵인한 경우에도 유추적용된다(대판 1998.3.27,
97다34709 등).

(3) 표현대표이사의 대표행위

표현대표이사가 적용되는 행위는 대표이사의 권한 내에 속하는 대표행위에 국한된다.

(4) 외관의 신뢰

외관을 신뢰하는데 제3자의 선의가 있어야 한다. 제3자의 범위는 직접의 거래상대방 뿐만 아니라, 그 명칭을 신뢰하고 거래한 모든 제3자를 포함한다. 선의란 표현대표이사가 대표권이 없음을 알지 못하는 것을 말하는 것이지, 반드시 형식상 대표이사가 아니라는 것을 알지 못하는 것에 한정할 필요는 없다(대판 1998.3.27,
97다34709).

한편 표현대표이사와 거래한 제3자가 선의인 동시에 무과실일 것을 요구하는가에 대해서는 견해가 나뉜다. 즉, ① 민법 제125조 또는 제129조의 표현대리와 마찬가지로 보호되는 제3자는 선의·무과실인 경우에 한하고 선의이더라도 과실이 있는 자는 보호할 필요가 없다는 견해와, ② 법문에 충실하여 선의이면 과실유무에 상관없이 보호되어야 한다는 견해, ③ 법문상 무과실을 요구하는 것은 무리지만 중대한 과실이 있는 때에는 악의에 준하여 보호할 필요가 없다는 견해 등이다(중과실면책설: 대부분의 판례). 근거는 제395조는 제3자의 정당한 신뢰를 보호하는 것인데 표현대표이사의 대표권에 관하여 의심할만한 사유가 있음에도 불구하고 중대한 과실이 있는 경우 보호할 가치가 없다는 것이다. 여기서 '중대한 과실'이라 함은 표현대표이사가 그의 이름으로 행위를 한 경우에 상대방이 조금만 주의를 기울였더라면 표현대표이사가 회사를 대표할 권한 없이 행위함을 알 수 있었음에도 주의를 게을리하여 그 권한 없음을 알지 못함으로써 거래통념상 요구되는 주의의무를 현저히 위반한 것으로서, 공평의 관점에서 상대방을 구태여 보호할 필요가 없다고 봄이 상당하다고 인정되는 상태를 말한다. 제3자의 악의에 대한 입증책임은 책임을 면하려는 회사측에서 부담한다는 것이 통설과 판례이다.

3. 표현대표이사 제도 적용의 효과

회사는 표현대표이사의 행위에 대하여 대표권 있는 이사가 한 것과 같이 제3자에게 책임을 진다. 표현대표이사의 행위로 인하여 회사가 책임을 진 결과 손해를 입은 경우에 회사는 당해 표현대표이사에 대하여 손해배상청구권을 행사할 수 있다. 그 이유는 당해 행위가 대내적으로 권한을 일탈한 것임은 물론 회사가 명의사용을 허락한 것이 그 표현대표이사의 무권대리행위까지 허락한 것은 아니기 때문이다. 무권대리에 관한 민법의 적용여부에 관하여 견해가 대립되지만, 제3자의 철회권 및 회사의 추인권에 관하여는 상법에 규정이 없으므로 민법의 규정을 적용할 수 있을 것이다.

4. 사례에의 적용

丙회사의 설립자이자 최대주주이면서 경영지원부문 사장인 A와 丙회사의 전무 B는 표현적 명칭을 사용하였고, 丙회사가 이의 사용을 허락하였으므로 귀책사유가 있으며, 표현대표이사인 B가 대표행위로서 연대보증계약을 체결하였다. 丙회사가 甲회사에 대하여 B가 丙회사의 대표이사를 대리하여 대표행위를 할 권한이 없다는 점을 알았거나 알지 못한 데에 중대한 과실이 있다는 점을 증명하지 못하였으므로 丙회사는 제395조에 따른 책임을 면할 수 없다.

문제 **②**

Ⅰ. 사안의 쟁점

丙회사의 연대보증행위가 丙회사의 이사인 A에 대하여 자기거래에 해당하는지 여부가 문제된다. 또한 회사의 대표이사가 이사회 승인 없이 이른바 자기거래행위를 한 경우, 회사가 그 거래의 무효를 제3자에게 주장하기 위하여 부담하는 증명책임의 범위 및 이 경우 제3자의 '중대한 과실'의 의미가 문제된다.

Ⅱ. 이사의 자기거래

1. 의 의

이사의 자기거래란 이사 등이 회사를 상대방으로 하여 자기 또는 제3자의 계산으로 하는 거래를 말한다(제398조). 자기거래는 불공정하게 이루어질 우려가 크므로 일단 이사회의 승인을 받게 함으로써 자기거래임을 공개하고, 이에 대해 이사회의 사전적 감시 및 사후의 책임추궁($_{조}^{제399}$)을 용이하게 하는 것이다.

2. 자기거래의 성립요건

자기거래 주체에는 이사, 주요주주 및 그 소정의 특수관계인이 포함된다($_{호\ 내지\ 제5호}^{제398조\ 제1}$). 주요주주라 함은 '발행주식총수의 100분의 10 이상을 소유하는 자 또는 이사·집행임원·감사의 선임과 해임 등 상장회사의 주요 경영사항에 대하여 사실상의 영향력을 행사하는 주주'를 말한다($_{제2항\ 제6호}^{제542조의8}$). 자기거래의 제한은 이사의 지위남용으로 인해 회사가 손실을 입는 것을 예방하기 위한 제도로서 이사의 선관주의의무에 기초한 제도이므로, 상법 제398조가 적용되기 위해서는 이사 또는 제3자의 거래상대방이 이사가 직무수행에 관하여 선량한 관리자의 주의의무 또는 충실의무를 부담하는 '당해 회사'이어야 한다.

'자기 또는 제3자의 계산으로'라고 함은 누구의 이름으로 회사의 상대방이 되어 거래하였느냐는 묻지 않고 손익의 귀속주체가 자기 또는 제3자임을 의미한다. 거래는 실질적으로 이사와 회사 간에 이해충돌을 생기게 할 염려가 있는 거래이면, 형식상 이사와 회사 간의 거래이든(직접거래) 회사와 제3자간의 거래이든(간접거래) 불문한다(통설).

자기거래에 대한 이사회의 사전 승인은 이사 3분의 2 이상의 수로써 하여야 하며($_{본문\ 제2문}^{제398조}$), 그 거래당사자인 이사는 특별한 이해관계가 있는 자이므로 의결권을 행사하지 못한다($_{3항,\ 제368}^{제391조\ 제}$ $_{4항}^{조\ 제}$). 이사회에 해당 거래에 관한 중요사실을 밝히고 이사회의 승인을 받아야 하며, 거래의 내용과 절차는 공정하여야 한다. 중요사실이란 거래의 내용 및 '자기 또는 제3자를 위한 것'이라는 사실을 말한다.

3. 위반시 거래의 효력

유효설은 상법 제398조를 명령규정이라고 해석하여 이에 위반한 거래도 유효하고, 다만 이사의 대내적 책임문제만 생긴다고 한다. 그 근거로는 이사회의 승인 여부는 순수한 회사내부의 사정인데, 이에 따라 대외적 행위의 효력이 좌우되는 것은 거래의 안전에 비추어 부당하다는 것이다. 반면 무효설은 회사의 이익보호에 역점을 두어 상법 제398조를 강행규정으로 보고 이사회의 승인 없는 자기거래는 무효라고 보며, 선의의 제3자는 선의취득규정에 의하여 보호된다고 한다.

통설·판례인 상대적 무효설에 따르면 자기거래는 회사와 이사 등 간에는 무효이나, 자기거래에 관련되는 선의의 제3자와 회사의 사이에서는 유효라고 본다. 그리고 증명책임을 회사에 부담시킨다. 즉, 회사가 자기거래임을 이유로 무효를 주장할 경우 이사회의 승인이 없었다는 점과 이 점에 대한 상대방의 악의를 회사가 증명해야 한다($_{73다954}^{대판\ 1973.10.31,}$).

4. 사례에의 적용

사례의 경우 甲회사와 乙회사 간의 신주인수계약에 丙회사가 연대보증을 하는 것은 乙회사에게는 이익이 되지만, 丙회사에게는 불이익이 되는 이해충돌거래이다. 또한 丙회사의 연대보증은 A의 지시에 따라 이루어졌는데, A는 乙회사의 대표이사이면서, 丙회사의 이사이므로 간접거래에 해당하는 유형으로서 제398조 제1항 제1호에 따라 자기거래에 해당한다.

자기거래에 해당하는 경우 상법 제398조에 따라 丙회사의 이사회에서 미리 해당 거래에 관한 중요사실을 밝히고 이사 3분의 2 이상의 승인을 받아야 하고, 거래의 내용과 절차는 공정해야 하지만, 이러한 절차를 거치지 않았으므로 乙회사와 丙회사 간에는 무효이다. 그러나 제3자인 甲회사에 대하여 무효를 주장하기 위해서는 丙회사는 甲회사가 위 연대보증계약에 丙회사의 이사회 결의가 없었다는 사실을 알았거나 알 수 있었다는 점을 증명해야 하는데, 사례에서는 이에 관한 언급이 없으므로 丙회사는 연대보증책임을 면할 수 없다.

문제 ③

Ⅰ. 사안의 쟁점

주식회사의 대표이사가 대표권의 범위 내에서 자기나 제3자의 이익을 위하여 그 권한을 남용하여 한 행위의 효력이 문제된다. 대표권 남용은 회사에 책임이 귀속되는 경우에 문제되므로, 자기거래나 전단적 대표행위로 인하여 회사의 책임이 부정되는 때에는 대표권 남용은 성립할 수 없다. 그러므로 대표권 남용은 통상 예비적 항변사유가 된다.

Ⅱ. 대표권 남용

1. 의 의

대표권의 남용이란 외관상으로는 대표이사의 권한 내의 적법한 행위이지만, 주관적으로는 자기 또는 제3자의 이익을 도모하는 행위로서 회사에 손실을 끼치는 행위를 말한다.

2. 대표권 남용행위의 요건

(1) 대표행위의 외관

외관상으로는 대외적으로 적법한 행위이어야 한다. 대표이사가 내부석으로 가해진 대표권의 제한을 초과하거나 법상 필요한 절차를 거치지 아니한 행위는 위법한 행위이므로 대표권의 남용에 해당하지 아니한다. 예컨대, 공동대표이사 중 1인이 단독으로 대표행위를 하거나$\binom{제389조}{제2항}$, 대표이사가 이사회의 승인 없이 경업을 하거나$\binom{제397}{조}$· 자기거래를 하는 것$\binom{제398}{조}$은 비록 자기 자신의 이익을 위하여 한 것이라도 대표권의 남용이 아니고 바로 위법한 행위이다. 그러나 판례는 이사의 자기거래금지의 위반과 대표권남용의 경합을 인정한다$\binom{대판 1989.1.31.}{87누760}$. 상대적 무효설에 의하여 제3자가 보호받는 경우에는 자기거래는 유효하므로 회사는 대표권남용을 주장할 수 있고, 제3자가 보호받지 못한 경우에는 자기거래가 무효이므로 그 자체로 위법한 행위라고 볼 것이다.

(2) 자기 또는 제3자의 이익

자기 또는 제3자의 이익을 위한 행위이어야 한다. 예컨대, 대표이사가 자기 개인의 채무를 변제하기 위하여 회사 명의로 어음을 발행하거나$\binom{대판 1990.3.13.}{89다카24360}$, 대표이사가 자기의 친지가 발행한 어음을 회사 명의로 보증하여 주는 것과 같다$\binom{대판 1988.8.9.}{86다카1858}$. 자기 또는 제3자의 이익은 외부에 표현됨을 요하지 아니하며, 그 행위로 인해 회사에 생겨나는 경제적 효과를 가지고 판단한다.

(3) 회사의 손해

대표행위의 결과 회사에 손실을 주고 자기 또는 제3자에게 이익이 있어야 한다. 회사에 손해가 없으면 대표권의 남용은 성립하지 않는다. 예컨대, 위법하게 주권발행 전 주식을 양도한 자에게 대표이사가 사익을 위해 승낙을 하더라도 이로써 회사에 손해가 발생하는 것은 아니므로 대표권의 남용이 아니다$\binom{대판 2006.9.14.}{2005다45537}$.

3. 대표권 남용행위의 효력

대표권 남용행위는 그 행위가 객관적으로 대표권의 범위 내의 행위인 이상 유효한 것으로 해석하여야 한다. 그러나 행위의 상대방 또는 제3자가 남용행위임을 안 때에는 회사가 그 악의를 증명하여 무효를 주장할 수 있다는 것이 통설·판례이다. 회사가 무효를 주장할 수 있는 근거에 관해서는 견해가 대립한다.

(1) 학 설

ⅰ) 권리남용설은 남용행위도 객관적으로는 대표권의 범위 내의 행위이므로 상대방이 악의(또는 중과실)이더라도 그 행위 자체는 유효하지만, 악의(또는 중과실)인 상대방이 이에 의해 얻은 권리를 회사에 대해 행사하는 것은 권리남용이 되거나 신의칙에 위반하므로 허용될 수 없다는 입장이다. ⅱ) 대표권제한설(내부적 제한설)은 남용행위를 대표권에 대한 회사의 내부

적 제한을 위반한 행위로 보고, 상대방이 악의인 경우 회사가 무효를 주장할 수 있으나, 선의인 때에는 무효를 주장하지 못한다는 것이다. ⅲ) 상대적 무효설(이익형량설)의 경우 남용행위는 법상의 의무(선관주의의무)를 위반한 행위이므로 기본적으로는 무효이지만, 거래의 안전을위해 선의의 상대방에 대해서는 무효를 주장할 수 없다고 하는 입장이다. ⅳ) 판례는 심리유보설을 취하여 대표권의 남용행위를 일종의 비진의표시로 보아 대표권을 남용하고자 하는 대표이사의 진의를 상대방이 알았거나 알 수 있었을 때(상대방의 선의, 무과실)에는 민법 제107조제1항 단서를 유추적용하여 거래를 무효로 본다(민법 제107조 제2항).

비진의표시설을 취할 때에는 과실 있는 선의의 상대방이 악의의 상대방과 같이 취급된다는 점(민법 제107조 제1항 단서)이 특색이고, 그 밖의 점에서는 기본적으로 남용행위도 선의의 상대방에 대해서는 유효하고 악의의 상대방에 대해서는 무효라는 점에서 각 학설이 일치한다. 권리남용설과 심리유보설의 차이점은 선의인 거래상대방에게 과실이 있을 경우 그 거래가 유효인지 무효인지 여부인데, 권리남용설은 무효의 범위를 좁게 보기 때문에 유효로 보지만, 심리유보설은 민법 제107조 제1항 단서를 준용하여 유효로 본다.

(2) 판 례

1987년 판례는 권리남용설을 취했으나(대판 1987.10.13. 86다카1522), 그 이후에는 일관되게 비진의표시설을 취하고 있다(대판 1993.6.25. 93다13391). 주식회사의 대표이사가 그 대표권의 범위 내에서 한 행위는 설령 대표이사가 회사의 영리목적과 관계없이 자기 또는 제3자의 이익을 도모할 목적으로 그 권한을 남용한 것이라 할지라도 일단 회사의 행위로서 유효하고, 다만 그 행위의 상대방이 대표이사의 진의를 알았거나 알 수 있었을 때에는 회사에 대하여 무효가 되는 것이다(대판 2008.5.15. 2007다23807).

4. 증명책임

대표권남용을 이유로 대표행위의 무효를 주장할 때에는 그 무효를 주장하는 자가 대표권의 남용이라는 사실, 상대방이 악의라는 사실을 입증하여야 한다.

5. 사례에의 적용

이 사건 연대보증계약의 체결 과정에 비추어 丙회사의 등기상 이사이면서 경영지원부문 사장인 A가 B에게 지시하여 丙회사 대표이사 명의로 연대보증계약서를 작성하였으므로 A는 丙회사의 표현대표이사의 요건을 충족한다. A는 丙회사의 표현대표이사로서 자신이 대표이사로 있는 乙회사 또는 자신의 이익을 위하여 연대보증을 하였으므로 대표권의 남용에 해당한다. 대표권의 남용이 있을 때 판례인 비진의표시설에 따르면 대표권을 남용하고자 하는 대표이사의 진의를 상대방이 알았거나 알 수 있었을 때(상대방의 선의 무과실)에는 민법 제107조

제1항 단서를 유추적용하여 거래를 무효로 본다(민법 제107).

사례에서는 A가 丙회사의 영리목적과 관계없이 자신 또는 자신이 대표이사로 있는 乙회사의 이익을 도모할 목적으로 연대보증계약을 체결하였음을 甲회사가 알았거나 알 수 있었다는 丙회사의 증명이 없으므로 丙회사는 연대보증책임을 면하지 못한다.

문제 ③

Ⅰ. 사례의 쟁점

丙회사의 정관에 따르면 20억 원 이상의 보증계약을 체결할 경우 이사회결의를 거치도록 하고 있으나, 이러한 결의 없이 연대보증을 하였으므로 대표권 제한을 위반한 행위의 효력이 문제된다.

Ⅱ. 대표권 제한

1. 의의 및 유형

대표권의 제한은 법률상 주주총회나 이사회결의가 필요한 법률상 제한과, 법률상 대표이사가 독자적으로 할 수 있는 행위이지만 정관이나 이사회결의에 의해 주주총회나 이사회결의를 요하도록 하는 내부적 제한으로 구분된다. 법률상 제한의 경우 주주총회의 결의요건을 위반한 때에는 무효로 보며, 이사회 결의요건을 위반한 때에는 내부적인 문제는 무효이고, 대외적인 거래인 때에는 상대방이 선의·무과실이면 유효로 본다(대판 2011.4.28, 2009다47791). 사례는 내부적 제한에 관한 것으로서 상법은 대표이사의 권한에 관한 제한은 선의의 제3자에 대항하지 못한다고 규정하고 있다(제389조 제2항, 제209조 제2항).

2. 대표권에 관한 내부적 제한을 위반한 대표행위의 효력

(1) 정관 또는 이사회결의에 의한 대표권 제한

법상 대표이사가 독자적으로 결정할 수 있는 행위이지만, 정관이나 이사회결의에 의하여 주주총회나 이사회 결의를 요하도록 대표권을 제한하는 경우이다. 내부적 제한은 선의의 제3자에게 대항하지 못한다(제389조 제3항→ 제209조 제2항). 즉, 대표이사가 내부적 제한을 위반하여 대표행위를 한 경우, 상대방이 대표권의 제한이 있음을 알지 못하였다면 회사가 거래의 무효를 주장할 수 없다. 이는 거래의 안전을 위해서이다. 회사가 상대방의 악의를 증명해야 한다.

(2) 내부적 제한을 위반하여 대표이사가 주주총회 또는 이사회의 결의 없이 집행한 경우 효력

회사의 이익보호를 중시하여 무효로 보는 견해와, 거래의 안전을 중시하여 유효로 보는 견해가 있지만, 원칙적으로 무효이지만 선의(악의 또는 과실이 없는 한)의 제3자에게 대항할 수 없다는 상대적 무효설(제309조 제3항, 제209조 제2항; 이 사회결의 부존재를 주장할 수 없다)이 통설·판례이다. 즉, 제3자가 이사회결의가 없음을 알거나 알 수 있었을 경우가 아니라면 유효하다는 것이다. 상대적 무효설을 취하면서도 내부적 제한의 경우에는 이사회결의가 없는 사실에 관한 '과실 있는 선의'도 보호되지만, 법률에 의한 제한의 경우에는 단순한 선의로는 부족하고 과실이 없어야 보호된다는 견해도 제기된다.

판례는 '법'상 요구되는 이사회의 결의를 결여하거나 하자가 있는 경우와 대표행위의 '내부적 제한'의 경우를 구분하지 않고, 이사회의 결의를 거치지 아니하였음을 상대방이 알았거나 알 수 있었을 때(악의 또는 과실 있는 선의)에는 거래가 무효라고 한다. 즉 법률상 제한과 내부적 제한을 구분하지 않고 선의·무과실인 제3자만 보호한다(대판 2009.3.26. 2006다47677).

3. 거래의 무효로 인한 대표이사와 회사의 손해배상책임

제3자가 이사회의 결의가 없음을 알지 못한 데 대하여 과실이 있는 경우 해당 거래는 무효이지만, 이 경우 대표이사가 이사회의 결의를 거치지 않고 거래를 함으로써 거래상대방이 손해를 입은 것이므로, 제389조 제3항에 의해 준용되는 제210조에 따라 대표이사의 불법행위에 대하여 대표이사와 회사가 연대하여 손해배상책임을 진다(대판 2009.3.26. 2006다47677).

4. 사례에의 적용

丙회사의 정관상 20억 원 이상의 보증계약은 이사회결의를 거치도록 하고 있으므로, 이를 흠결한 위 연대보증계약은 대표권의 내부적 제한을 위반한 전단적 대표행위이다. 丙회사와 乙회사 간에는 무효이지만, 甲회사에 대해 무효를 주장하기 위해서는 甲회사가 이사회결의가 없었다는 점에 대해 알았거나 알 수 있었다는 점을 증명해야 한다. 사례의 경우 丙회사의 증명이 없었으므로 위 연대보증계약은 유효라고 본다.

추가 · 심화 질문

문제 ❶

위 사례에서 丙회사의 정관에는 중요한 자산의 처분에 관하여 정관에 규정을 두지 않고 있는데, A가 丙회사의 중요한 자산을 丙회사의 이사회결의 없이 처분하였다면 그 처분행위는 유효한가?

해 설

Ⅰ. 사례의 쟁점

주식회사의 중요한 자산의 처분은 상법상 이사회 결의로 하여야 한다($\binom{제393조}{제1항}$). 따라서 丙회사의 중요한 자산을 처분하기 위해서는 정관에 규정이 없더라도 이사회 결의를 거쳐야 하는데, 이를 흠결한 경우 대표권에 대한 법률상 제한이 문제된다.

Ⅱ. 대표권 제한

1. 의 의

대표권의 제한은 법률상 주주총회나 이사회결의가 필요한 법률상 제한과, 법률상 대표이사가 독자적으로 할 수 있는 행위이지만 정관이나 이사회결의에 의해 주주총회나 이사회결의를 요하도록 하는 내부적 제한으로 구분된다. 사례는 법률상 제한에 관한 것이다.

2. 대표권에 관한 법률상의 제한을 위반한 경우 대표행위의 효력

법률상 주주총회나 이사회의 결의가 요건으로 되어 있는 경우(예컨대 영업양도 · 사후설립 · 사채발행 · 신주발행 등)에는 대표이사는 주주총회 또는 이사회의 결의를 얻어서 대표행위를 하여야 한다.

(1) 주주총회의 결의 요건을 위반한 경우

법률에 의하여 주주총회 결의를 요하는 사항(영업양도, 사후설립 등)에 대하여 결의를 흠결한 대표이사의 행위의 효력에 관하여는 제3자의 주관적 요건과 무관하게 무효로 본다(상대방이 선의 · 무과실인 경우에도 무효). 왜냐하면 그러한 법률의 규정은 강행법규라고 보아야 하고 또한 제3자도 이를 미리 예견하고 있다고 볼 수 있으며 법률에 의하여 주주총회의 결의사항으로 규정된 사항은 회사(또는 주주)의 이익을 위하여 아주 중요한 사항이므로 제3자보다는 회사(또는 주주)를 보호하는 것이 이익교량의 면에서 타당하기 때문이다.

(2) 이사회 결의 요건을 위반한 경우

법률의 규정에 의하여 이사회의 결의를 요하는 행위를 이사회결의 없이 한 경우, 그 대표행위의 효력은(하자가 있는 이사회결의의 후속행위의 효력과 동일) 내부적인 문제(지배인의 선임, 감사위원의 선임)에 그치는 경우에는 무효이다. 대외적인 거래(예: 중요자산의 처분, 사채발행)는 거래안전의 고려에서 상대방이 선의·무과실인 경우에는 유효라는 것이 통설·판례의 입장이다($\begin{smallmatrix}대판 2011.4.28.\\2009다47791\end{smallmatrix}$). 즉, 상대방이 당해 거래가 이사회의 결의를 요한다는 사실 그리고 이사회 결의가 없거나 무효인 사실을 알고 있거나 알 수 있었을 경우가 아니면 유효하다. 이는 회사가 이를 증명하여야 한다.

신주발행이나 사채발행과 같은 집단적 행위는 제3자의 선의·악의에 의하여 개별적으로 그 효력이 달라지는 것으로 볼 수 없고 획일적으로 보아야 하므로 항상 유효로 보는 견해와 반대 견해가 있다. 거래의 안전과 무관한 준비금의 자본전입은 항상 무효이다.

3. 사례에의 적용

丙회사의 중요자산의 처분은 상법상 이사회 결의사항으로서($\begin{smallmatrix}제393조\\제1항\end{smallmatrix}$) 이를 위반한 것은 대표권에 관한 법률상의 제한을 위반한 것으로 이사회 결의요건을 흠결한 것이다. 중요자산의 처분은 대외적 거래이므로 상대방이 선의·무과실인 경우에 유효이다. 위 거래의 무효를 주장하려면 丙회사가 거래상대방의 악의나 과실을 증명하여야 하는데, 사례에서는 그에 관한 증명이 없으므로 위 중요자산의 처분행위는 유효하다.

문제 ②

G는 2010. 5. 1. 丙회사 주식 20,000주를 구입하여 보유하고 있다. G는 A를 상대로 丙회사에 입힌 손해를 배상하도록 하려고 한다. 상법상 책임을 추궁하는 방법은?

해 설

Ⅰ. 사례의 쟁점

A는 丙회사의 이사이자 최대주주이면서 경영지원부문 사장(표현대표이사)이다. 따라서 A는 丙회사에 대하여 이사로서 선관주의의무를 부담하며, A가 자기거래나 대표권 제한에 관한 사

항을 위반하거나 대표권을 남용하는 것은 선관주의의무 위반이 된다. 따라서 제399조에 따라 丙회사는 A에게 입은 손해배상을 청구할 수 있다. 만일 회사가 이러한 청구를 하지 않는 경우 주주인 G가 대표소송을 제기할 수 있는지 여부가 쟁점이다.

Ⅱ. 이사의 회사에 대한 손해배상책임

이사가 고의 또는 과실로 법령 또는 정관에 위반한 행위를 하거나 그 임무를 게을리한 때에는 그 이사는 회사에 대하여 연대하여 손해를 배상할 책임이 있다($\binom{제399조}{제1항}$). 이사는 회사에 대하여 수임인으로서 선관의무를 부담하고($\binom{제382조\ 제2항,}{민법\ 제681조}$) 또한 충실의무를 부담하므로($\binom{제382}{조의3}$) 채무불이행으로 인한 손해배상책임($\binom{민법\ 제}{390조}$)을 지고, 또 불법행위의 요건을 갖춘 때에는 불법행위로 인한 손해배상책임($\binom{민법\ 제}{750조}$)을 진다.

Ⅲ. 대표소송

1. 의 의

대표소송이란 회사가 이사 등에 대한 책임추궁을 게을리 할 경우 주주가 회사를 위하여 이사 등의 책임을 추궁하기 위해 제기하는 소이다. 대표소송의 대상이 되는 이사의 책임범위는 이사가 회사에 부담하는 모든 채무를 포함한다.

2. 행사절차

소수주주는 먼저 대표소송을 제기하기 전에 이유를 기재한 서면으로 회사에 대하여 이사의 책임을 추궁할 소를 제기할 것을 청구할 수 있다($\binom{제403조}{제1항\cdot2항}$). 이 청구는 주주의 권리인 동시에 대표소송제기의 요건이기도 하다. 회사가 이사를 상대로 하는 소송은 감사($\binom{감사위원회를\ 두는\ 경우에}{는\ 감사위원회,\ 제415조의}$ $\binom{2\ 제}{7항}$)가 대표하므로 청구는 감사에게 하여야 한다($\binom{제394조}{제1항}$).

감사가 이 청구를 받은 날로부터 30일 내에 소를 제기하지 아니한 때에는 소수주주는 즉시 회사를 위하여 소를 제기할 수 있다($\binom{제403조}{제3항}$). 그러나 이 기간의 경과로 인하여 회사에 회복할 수 없는 손해가 생길 염려가 있는 경우에는 회사에 대해 청구하지 아니하고, 또 청구를 했더라도 30일을 기다릴 필요없이 즉시 소를 제기할 수 있다($\binom{제403조}{제4항}$).

제소주주의 요건으로는 비상장주식의 경우 발행주식총수(무의결권주식 포함)의 100분의 1 이상의 주식을 가진 소수주주($\binom{제403조}{제1항\ 전단}$)에 한하여 제소할 수 있다. 상장회사의 경우 6개월 전부터 계속하여 상장회사 발행주식총수(무의결권주식 포함)의 1만분의 1 이상을 보유한 소수주주이다($\binom{제542조}{의6\ 제6항}$). 제소요건의 충족시기는 소제기시점이며, 그 보유주식이 제소 후 이러한 주식비율 미만으로 감소한 경우(발행주식을 보유하지 않게 된 경우를 제외한다)에도 제소의 효력에는 영향이 없다($\frac{\text{제403조}}{\text{제5항}}$).

IV. 사례에의 적용

사례의 경우 A는 丙회사에 대하여 이사로서 선관주의의무를 부담하며, A가 자기거래나 대표권 제한에 관한 사항을 위반하거나 대표권을 남용하는 것은 선관주의의무 위반하여 임무를 게을리 하였다. 따라서 丙회사는 A에 대하여 회사가 입은 손해배상을 청구할 수 있다($\frac{\text{제399조}}{\text{제1항}}$). 丙회사의 책임추궁에 대하여 A는 경영판단의 원칙에 따른 항변을 할 수 있으나, 이러한 항변은 법령위반행위에는 적용되지 아니하고 임무해태에만 적용된다.

丙회사는 상장법인이고 G는 6개월 이상 2% 주식을 보유하고 있으므로 제542조의6 제6항에 따른 6개월 이상 1만분의 1 이상을 보유하여야 하는 제소요건을 충족하고 있다. 따라서 먼저 대표소송을 제기하기 전에 이유를 기재한 서면으로 丙회사에 대하여 이사의 책임을 추궁할 소를 제기할 것을 청구하고($\frac{\text{제403조 제}}{\text{1항 · 제2항}}$), 감사가 이 청구를 받은 날로부터 30일 내에 소를 제기하지 아니한 때에는 G는 즉시 丙회사를 위하여 대표소송을 제기할 수 있다($\frac{\text{제403조}}{\text{제3항}}$).

72 표현대표이사

기본 사실관계 ▲17)

甲주식회사(이하 '甲회사'라 함)는 2004. 2.경 당시 A의 장남인 B가 대표이사, 처인 C과 2남인 D가 각 이사, A가 감사로 각 재직하고 있어 A의 가족들로 구성된 가족회사이다. 甲회사는 주유소 영업을 해오면서, B 등을 비롯한 A의 가족들이 직간접적으로 주유소 운영에 관여하여 왔다. 甲회사는 위 주유소를 다른 사람에게 임대하기 위해 甲회사의 주주총회에서 정관을 변경하여 그 목적 사업에 임대업을 추가하기로 하고, 이를 위해 甲회사의 주주들로서 대표이사인 B 그리고 C, D 등이 그들의 인감도장과 인감증명서 등을 A에게 교부하는 등으로 A에게 위 정관변경작업을 위임하였다.

A는 이를 기화로 甲회사의 목적 사업에 임대업을 추가하는 외에 자신(A)을 대표이사로 선임하였다는 내용의 2004. 2. 14.자 정기주주총회의사록과 이사회회의록을 작성하여 그 법인변경등기까지 마쳤다. 2004. 2. 15. A가 甲회사의 대표이사로서 E와 사이에 위 주유소에 관한 임대차계약을 체결하였다. 甲회사의 대표이사이던 B 등을 비롯하여 甲회사의 운영에 관여하던 다른 가족들이 아무런 이의를 제기하지 않은 채 위 임대차계약에 기한 차임을 수령하였다. 그 후 A는 甲회사의 대표이사로서 X와 위 주유소에 관한 매매계약을 체결하고 매매대금을 수령하였다.

문제 1

A를 甲회사의 이사로 선임한다는 주주총회결의의 효력에 관해 설명하시오. (20점)

문제 2

A의 대표이사 자격에 관해 검토하시오. (10점)

---

17) 사실관계 참조판례: 대판 2009.3.12, 2007다60455.

문제 ③

B 등이 A를 상대로 이사 및 대표이사로서의 직무집행정지 등을 구하는 가처분신청을 하였고, 그 결정이 있었지만 위 가처분결정이 甲회사의 법인등기부에 등기되어 외부에 공시되지는 않았다면 가처분결정에 반하는 위 부동산 매매계약의 효력에 관해 설명하시오. (10점)

문제 ④

X는 甲회사를 상대로 부동산 매매계약에 기해 부동산에 관한 소유권이전등기절차의 이행을 구하였다. X의 청구의 정당성에 관해 검토하시오. (40점)

문제 ⑤

만일 위 부동산이 회사의 유일한 재산이었다고 한다면 추가적으로 검토할 사항에 관해 설명하시오. (20점)

해 설

Ⅰ. 사안의 쟁점

(1) 본 사안에서는 주총결의가 적법하게 이뤄지지 않아 주총결의의 하자, 주장방법, 효력 등이 먼저 문제되고, (2) 이에 따라 이사의 자격과 대표이사의 자격이 문제된다. (4) 그리고 주총결의가 무효 또는 부존재인 경우 무효 또는 부존재인 주총결의에 의한 대표이사의 행위의 효력이 문제된다. 여기서 이사가 아닌 자의 행위에 대해 표현대표이사 규정을 적용함에 있어서 회사의 귀책사유 인정여부, 이사자격요부 등과 관련하여 문제된다. 등기부상의 대표이사로 등재된 A의 행위에도 표현대표이사제도가 적용되는가 하는 점도 문제된다. (3) 그리고 이 경우 부실등기에 관한 규정의 적용도 검토할 필요가 있으며, 가처분결정의 효력과 가처분결정이 있을 경우 표현대표이사제도의 적용이 달라지는가 하는 점, 사실상의 이사의 책임도 부수적으로 문제된다. (5) 아울러 부동산매매행위에 표현대표이사 또는 부실등기에 관한 규정을 적용함에 있어서 해당 재산이 중요한 영업의 일부에 해당하여 주주총회 특별결의가 요구되는지도 문제된다.

Ⅱ. 쟁점에 관한 검토

1. 주총결의의 효력 (문제 1)

(1) 소집절차와 결의방법

주주총회는 원칙적으로 이사회의 주총소집결의에 따라 대표이사가 소집한다. 주총개최일 2주전에 서면으로 주총의안이 기재된 서면을 기명주주에게 발송하여야 하고 무기명주주에게는 3주전에 소집공고를 하여야 한다. 주주총회는 상법의 규정에 따라 보통결의사항, 특별결의사항, 특수결의사항 각각 의결정족수를 달리하고 있다. 주주총회에서 결의가 있으면 이를 주주총회의사록에 의사의 경과요령과 결과를 기재하고 총회의장과 출석이사가 기명날인 또는 서명하여야 한다$\left(\substack{\text{제}373\\\text{조}}\right)$.

(2) 소집절차, 결의방법의 하자

주주총회 소집절차와 결의방법에 하자가 있을 경우 주주총회결의취소의 소 또는 주주총회결의 부존재확인의 소를 제기할 수 있다. 전자는 형성의 소(통설, 판례)로서 주주 또는 이사, 감사가 제소권자이고 결의일로부터 2개월 내에 소를 제기하여야 하나, 후자는 확인의 소로서 (통설, 판례) 제소권자나 제소기간의 제한은 없다. 결의취소의 원인이 있을 경우 이를 선결문제로 다툴 수 없으나 결의 부존재의 원인이 있을 경우 다른 사건에서 선결문제로 다툴 수 있다. 소집절차나 결의방법이 법령이나 정관에 위반하거나 현저하게 불공정한 경우 결의취소의 소의 대상이 되고$\left(\substack{\text{제}376\\\text{조}}\right)$, 이를 넘어 총회결의가 존재한다고 볼 수 없을 정도로 중대한 하자가 있을 경우에는 결의부존재확인의 소의 원인이 된다$\left(\substack{\text{제}380\\\text{조}}\right)$. 주총결의 취소의 소나 부존재확인의 소에서 원고승소판결이 확정되면 판결의 효력은 주주총회결의시점으로 소급하고 대세효를 가진다$\left(\substack{\text{제}376\text{조 제}2\\\text{항, 제}380\text{조}}\right)$.

(3) 사안에의 적용

A는 자신이 위탁받은 甲회사의 정관변경 외에 자신을 이사로 선임하였다는 내용의 정기주주총회의사록과 대표이사로 선임한다는 이사회회의록을 작성하여 그 법인변경등기까지 마쳤다. 이는 일부 주주에게 소집절차를 흠결한 경우 등에 해당하는 총회결의취소의 원인이 아니라 총회결의가 도저히 존재한다고 볼 수 없는 중대한 흠결이 있다고 보아 주주총회부존재 확인의 소의 대상이 된다. 따라서 제소권자나 제소기간의 제한이 없이 소익이 있는 자는 주주총회결의 부존재확인의 소를 제기할 수 있고 원고승소판결이 확정되면 판결의 효력은 주주총회일인 2004. 2. 14.에 소급하여 주주총회결의는 효력이 없게 된다.

2. 대표이사의 자격 – 이사회결의의 하자 (문제 2)

(1) 이사회의 소집철차, 결의방법

이사회는 원칙적으로 각 이사가 소집하며 회일 1주간 전에 각 이사 및 감사에 대하여 통지를 발송하여야 한다. 통지방법에는 제한이 없으므로 주주총회 소집통지와 달리 구두나 전화에 의한 소집도 가능하며, 이사 및 감사 전원의 동의가 있는 때에는 소집절차 없이 이사회를 개최할 수 있다. 이사회의 결의방법은 일반결의의 경우 이사 과반수의 출석과 출석이사 과반수의 찬성으로 결의하며, 특별결의 즉 이사의 자기거래 승인이나 회사의 사업기회이용을 승인하는 결의는 이사 2/3의 찬성이 있어야 한다.

(2) 이사회결의의 하자

이사회 소집절차나 결의방법에 하자가 있을 경우 그 하자를 주장하는 방법에 관해 상법에는 특별한 규정을 두고 있지 않아 소송법상 일반적인 무효확인의 소에 의해 하자를 다툴 수 있다.

(3) 사안에의 적용

대표이사는 이사회에서 이사 중에서 선임되므로 대표이사 선임은 이사회결의사항에 해당한다. 본 사안에서 A가 이사회를 개최함이 없이 이사회회의록을 무단으로 작성하였으므로 이사회결의에 무효원인이 있을 뿐만 아니라 대표이사로 선임하기 위해서는 이사 자격이 전제되는데 문제 1에서 살펴본 바와 같이 이사선임결의가 무효이므로 대표이사 선임결의도 당연히 무효로 된다. 따라서 A는 대표이사의 자격을 가지지 못한다.

3. 가처분결정에 반하는 매매의 효력 (문제 3)

(1) 가처분의 개념

이사 선임행위에 하자가 있어 이사선임결의 무효·취소의 소가 제기된 경우 판결확정시까지 법원은 당사자의 신청에 의해 가처분으로써 이사의 직무집행을 정지시키거나 직무대행자를 선임할 수 있다($\frac{제407조}{제1항}$). 이를 이사직무집행정지가처분이라 하며 본안소송인 이사선임결의 무효·취소의 소가 확정되기 전에 임시적 처분의 성질을 가지며 본점과 지점의 소재지에서 등기를 하여야 한다. 상법 제407조는 주주총회 결의무효확인의 소와 취소의 소의 경우에만 가처분을 신청할 수 있는 것으로 정하고 있다. 하지만 주주총회결의부존재확인의 소의 경우에도 이사 직무집행을 정지시킬 필요가 존재하고 취소원인과 부존재원인은 양자간에 본질적 차이가 있다기보다는 하자의 정도의 차이에 지나지 않으므로 동조는 주주총회부존재의 경우에도 유추적용된다고 본다.

(2) 가처분의 효력

이사직무집행정지 가처분이 있고 이를 본점 또는 지점에 등기한 경우에는 가처분에 반하는 행위의 효력은 절대적 무효이며 가처분이 취소되더라도 소급해서 유효로 되는 것은 아니다(대판 2008.5.29. 2008다4537). 이 경우 직무집행을 정지당한 이사가 한 거래행위에 관해 표현대표이사가 성립할 수 있는가 하는 점이 문제된다. 통상적인 대표이사의 선임등기와는 달리 가처분은 특정한 경우 대표이사의 직무집행을 막기 위해서 도입된 제도인 만큼 표현대표이사제도의 적용은 없다고 본다. 그리고 직무집행정지 가처분된 이사와 거래한 상대방은 선의에 중과실이 있다고 볼 수 있으므로 표현대표이사제도는 적용되지 않는다고 본다. 그리고 판례도 선의의 제3자라 하더라도 보호받지 못한다고 하고 있다(대판 1992.5.12. 92다5638).

(3) 사안에의 적용

본 사안에서 A의 이사선임 주주총회의 효력에 하자가 있으므로 주주총회결의 부존재의 원인이 존재하고 이사의 직무집행정지 가처분에 관한 상법 제407조가 유추적용된다고 본다. 법원이 신청을 받아들여 이사직무집행정지 가처분결정을 하고 이를 본점에 등기하였다면(제407조 제3항) 이후 A의 행위는 절대적으로 무효가 된다. 설사 표현대표이사의 요건을 갖추고 있다고 하더라도 X의 신뢰는 보호될 수 없어 부동산 매매계약은 무효라고 본다. 그러나 본 사안에서는 이사직무집행정지의 가처분결정은 있었지만 이를 본점에 등기하지 않아 공시방법을 갖추지 않았으므로 상법 제37조에 따라 이로써 선의의 제3자에 대항할 수 없다고 본다.

4. X의 청구의 정당성 (문제 4)

(1) 쟁점 정리

X의 부동산 이전등기청구의 정당성은 부동산 매매계약의 효력에 의존한다. 위 사안에서 부동산매매계약은 甲회사의 부동산에 관해 대표이사가 아닌 자에 의해 체결되었으므로 효력이 없다. 다만 계약상대방인 X가 A를 대표이사로 신뢰하였을 뿐만 아니라 회사 등기부에도 A가 대표이사로 등기되어 있으므로 X의 신뢰는 보호가치가 있다고 할 수 있다. 이러한 거래상대방의 보호를 위해 상법은 표현대표이사제도와 부실등기에 대한 책임규정을 두고 있어 이하에서는 이들 규정을 적용할 수 있는지 하는 점에 관해 살펴본다. 아울러 부수적인 쟁점으로 A의 책임도 살펴본다.

(2) 표현대표이사

1) 상법 제395조 관련 쟁점

표현대표이사에 관한 상법 제395조가 적용되기 위해서는 대표이사의 외관이 존재하여야 하고 거래상대방이 대표이사의 행위로 신뢰하여야 하며, 회사에 대표이사 외관에 대한 귀책사유가 있어야 한다. 본 사안에서도 부적법한 대표이사 A가 대표이사로서 직함을 사용하였고, 거래상대방인 X도 대표이사로 신뢰하였다고 판단된다. 다만 회사에 귀책사유가 존재하였는가 하는 점과 상법 제395조가 이사의 자격을 가지지 않는 자에게도 적용할 수 있는지, 등기제도와의 관계 등이 문제된다.

2) 회사의 귀책사유

회사에 귀책사유가 있다고 하기 위해서는 회사가 표현적 명칭의 사용을 허락하여야 한다. 회사가 표현대표이사의 명칭을 부여하거나 그러한 명칭의 사용을 허락한 경우에만 상법 제395조가 적용되고, 그 행위자가 임의로 그 명칭을 사용하여 한 거래행위에 대해서는 회사는 아무런 책임을 부담하지 않는다. 외관부여방식은 명시적인 경우는 물론 묵시적으로 허용한 경우에도 귀책사유가 인정된다. 예를 들어 표현대표이사의 거래행위를 결제한다든지 성사된 거래에 대해 수수료를 지급하는 등의 경우가 묵시적 외관부여의 예에 해당한다. 회사가 명칭 사용을 명시적·묵시적으로 허락하지 않았지만 제3자가 그러한 명칭을 사용하고 있다는 사실을 알고 방치한 경우에도 회사에 책임이 발생하는가 하는 점에 관해 견해가 대립되고 있으며, 판례는 방치하여 소극적으로 묵인한 경우에도 표현대표이사의 규정이 유추적용된다고 보았다(대판 1992.7.28. 91다35816). A는 무권한자이고 A 스스로 대표이사를 사칭하였으므로 甲회사에 귀책사유를 인정하기 어려운 점이 없지 않다. 하지만 A는 甲회사를 사실상 운영해 왔던 자이므로 A에 의해 외관이 현출된 경우에는 회사에 귀책사유가 있다고 판단하는 것이 타당하다고 본다. 본 사례에서도 의사록을 작성하는 등 주주총회결의의 외관을 현출시킨 자가 사실상 회사의 운영을 지배하는 자인 경우와 같이 주주총회결의 외관 현출에 회사가 관련된 것으로 보아야 할 경우에는 회사에 귀책사유가 있다고 인정하였고 이는 타당하다고 본다.

3) 이사 아닌 자에 적용

상법 제395조 법문은 표현대표이사제도를 적용하기 위해서는 대표이사의 직함에 해당하는 명칭을 사용하는 자가 이사인 경우로 제한하는 것처럼 보인다. 하지만 통설, 판례는 이사의 자격을 가진 자는 물론이고 이사가 아니더라도 대표이사에 해당하는 직함을 사용한 경우에는 표현내표이사제도가 유추적용된다는 입장이다.

4) 판 례

주주총회를 소집, 개최함이 없이 의사록만을 작성한 주주총회결의로 대표자로 선임된 자의 행위에 대하여 의사록 작성으로 대표자격의 외관이 현출된 데에 대하여 회사에 귀책사유가 있음이 인정될 경우 상법 제395조에 따라 회사에게 그 책임을 물을 수 있고$\binom{\text{대판 1992.8.18,}}{\text{91다14369 등 참조}}$, 이 경우 의사록을 작성하는 등 주주총회결의의 외관을 현출시킨 자가 사실상 회사의 운영을 지배하는 자인 경우와 같이 주주총회결의 외관 현출에 회사가 관련된 것으로 보아야 할 경우에는 회사에 귀책사유가 있다고 인정할 수 있다고 보았다$\binom{\text{대판 2009.3.12,}}{\text{2007다60455}}$.

5) 본 사안에의 적용

표현대표이사가 한 거래행위에 관해서는 상법 제395조에 따라 회사가 책임을 부담한다. 따라서 본 사안에서 A를 이사로 선임한 주주총회는 부존재하므로 A는 진정한 대표이사가 아니나, 대표이사의 직함을 사용하였고 甲회사에도 귀책사유가 존재하였으며 부동산 거래행위의 상대방인 X가 이를 신뢰하였으므로 표현대표이사의 요건을 갖추었다고 판단되므로 A의 부동산 매매행위는 유효하고 이에 대해 甲회사는 책임을 부담한다고 본다.

(3) 부실등기에 따른 책임

1) 상법 제39조와 쟁점

상법은 공시의 원칙의 표현으로 등기제도를 두고 있는데, 부실한 등기가 이뤄진 경우 외관신뢰보호의 원칙의 구현으로서 부실등기에 관한 책임규정을 상법 제39조에 두고 있다. 동조는 등기권리자가 고의 또는 과실로 사실과 상위한 사항을 등기한 경우에 그 상위를 선의의 제3자에게 대항할 수 없도록 정하고 있다. 동조가 적용되기 위해서는 ① 부실등기라는 외관이 존재하여야 하고, ② 부실등기를 제3자가 신뢰하여야 하고(선의의 제3자), ③ 부실등기에 관해 등기신청권자의 귀책사유(고의, 과실)가 있어야 한다. 귀책사유의 유무 판단은 대표이사(대표사원)을 기준으로 판단하여야 한다는 것이 판례이다. 본 사안에서는 부실등기가 존재하였다는 점, 상대방의 선의성은 사안에서 보는 바와 같이 인정되는데 甲회사에 부실등기에 관한 귀책사유가 존재하는지는 명확하지 않다. 위 사안에서는 대표이사 자격이 없는 A에 의해 이뤄졌으므로 엄밀하게 보면 등기신청권자에 의한 등기가 아니지만 판례는 위 사안과 유사한 대표이사 선임에 관한 주주총회결의의 취소 전에 이뤄진 거래에 관해 상법 제39조를 적용하고 있다.

2) 본 사안에의 적용

A는 甲회사의 대표이사로 등기된 자로서 X는 등기부상의 신뢰에 따른 책임을 甲회사에 물을 수 있다고 본다. 다만 부실등기에 따른 책임이 성립되기 위해서는 부실등기가 존재하고,

부실등기에 대한 신뢰가 있어야 하며, 부실등기에 대한 회사의 귀책사유가 존재하여야 한다. 이들 요건은 앞서 표현대리의 성립요건과 거의 유사하며 본 사안에서는 모두 인정된다고 본다. 특히 회사의 귀책사유가 문제될 수 있지만 전 주주가 인감도장과 인감증명서를 맡겼다는 점에서 귀책사유를 인정할 수 있다고 본다. 따라서 甲회사는 X에 대해서 부실등기의 책임을 부담한다고 본다.

(4) 사실상의 이사의 책임

부동산 거래행위가 유효하다면 A에 대해서는 별도의 청구권을 가진다고 볼 수 없다. 그런데 부동산 거래행위가 무효일 경우 X가 A에 대해 상법 제401조에 따른 책임을 물을 수 있는가 하는 점이 문제되는데, A는 甲회사의 적법한 대표이사가 아니어서 상법 제401조의 책임이 발생하기는 어렵다. 그러나 A는 甲회사를 사실상 운영하여 왔으므로 상법 제401조의2 제1호의 표현이사에 해당하여 사실상의 이사의 책임을 부담한다고 볼 수 있다. 그 밖에 민법상 불법행위책임이 성립할 수 있지만 사실상 이사의 책임은 상법 제401조의 책임과 동일한 책임이므로 통설·판례의 입장에 따라 법정책임으로 이해되고 불법행위책임과 경합한다고 볼 수 있다.

5. 영업용재산의 양도 (문제 5)

(1) 상법 제374조 취지

1) 쟁 점

영업양도의 경우 주주총회 특별결의를 거칠 것을 요구하고 이를 거치지 않은 대표이사의 거래행위는 전단적 대표행위로서 무효이다. 영업용재산을 양도할 경우 원칙적으로 주주총회의 특별결의가 요구되지 않지만 영업의 중요한 일부를 양도할 경우 상법 제374조는 주주총회의 특별결의를 요구하고 있다. 영업용재산의 양도에 주주총회의 특별결의가 요구되는가에 관해 필요설과 불요설이 대립되고 있다.

2) 학설 및 판례

불요설은 영업용재산을 중요 재산이라 하더라도 영업재산의 총체적 양도라 할 수 있는 영업양도에는 포함되지 않으므로 주주총회 특별결의는 불필요하다는 입장이다. 이에 반해 필요설은 영업용재산의 양도라 하더라도 사실상 영업의 폐지나 양도의 효과가 발생하는 경우에는 주주총회의 특별결의가 필요하다는 견해이다. 판례는 단순한 영업용재산의 양도에는 특별결의가 필요하지 않지만 영업용재산을 양도함으로써 회사의 영업 전부 또는 일부의 양도, 폐지의 결과를 가져오는 경우에는 특별결의가 필요하다는 입장이다.

(2) 표현대표이사 등과 상법 제374조의 관계

앞서 본 바와 같이 표현대표이사제도가 적용되거나 부실등기규정이 적용되어 회사의 책임이 발생하는 경우 동 사안이 영업의 중요한 일부에 해당할 경우 다시 주주총회 특별결의를 거쳐야 하는지가 문제된다. 생각건대 표현대표이사제도 또는 부실등기제도의 보호를 받는 상대방이라 하더라도 정상적인 대표이사와 거래보다 더 보호받을 특별한 이유도 없으므로 이 경우에도 상법 제374조 요건인 주주총회 특별결의를 거칠 것이 요구되고 이를 흠결한 경우 거래행위는 무효라 할 수 있다.

(3) 사안에의 적용

본 사안에서 주유소가 甲회사의 유일한 재산이라 한다면 판례에 따를 때 영업의 중요한 일부에 해당하고 이를 양도하기 위해서는 주주총회의 특별결의가 요구된다. 이는 무권한 대표행위에 관해 회사가 책임을 부담하는 있는 표현대표 또는 부실등기책임의 경우에도 동일하므로 본 사안과 같이 주주총회의 특별결의가 없었다면 X의 선의, 악의를 불문하고 위 거래는 효력이 없다.

추가 · 심화 질문

문제 ①

대표이사가 A로 등기되어 있다면 대표이사로 등기되어 있지 않은 B가 설령 대표이사로 행세하더라도 상법 제37조의 등기의 적극적 효력이 적용되어 표현대표이사제도는 적용될 여지가 없는가?

해 설

I. 쟁 점

대표이사를 포함하여 상법상 이사의 성명 · 주민등록번호는 상업등기사항이다(제317조 제2항 제8호). 그렇다면 대표이사로 등기되지 않은 자가 대표행위를 할 경우 상업등기부의 효력을 정한 상법 제37조의 소극적 공시력, 또는 제39조 부실등기의 효력으로 해결하면 되고 표현대표이사제도는 불필요한 제도가 아닌가 하는 의문이 든다. 표현대표이사제도는 등기되어 있지 않은 자의 대표행위를 신뢰한 상대방을 보호하는 제도이어서 등기부를 열람하지 아니한 과실이 있는 상대방이 보호되어 상법 제37조와 일면 모순되는 것으로 보인다. 양 규정의 충돌에 관해 표현대표이사의 경우에는 등기사항에 대한 선·악의 문제는 고려하지 않는다는 점에 견해가 일치하므로, 결국 상법 제37조가 적용되지 않고 표현대표이사제도가 우선적으로 적용되는 근거가 무엇인가 하는 점만 문제될 뿐이다.

Ⅱ. 논   의

이에 관해 이차원설(二次元說)은 등기의 적극적 공시의 효력은 등기기초사실(진정한 대표이사가 등기되어 있다는 점)이 있을 때 이를 공시하는 효과가 있는 것이지, 그 외 여타사실은 없다는 것(권한 없는 자가 대표이사가 아니라는 점)을 공시하는 것은 아니므로 위 두 제도는 각기 차원을 달리한다고 한다. 정당사유설은 거래상대방이 대표이사라는 명칭에 의하여 대표권이 있는 것으로 오인한 것은 상법 제37조 제2항의 정당한 사유에 속하기 때문에 그 상대방에 대하여는 적극적 공시의 효력이 발생하지 않는다고 하는 견해이나 현재 이 견해를 주장하는 자는 없다. 예외설은 상법 제395조는 제37조의 예외규정이라 이해하는 견해이다. 판례는 상법 제395조와 상업등기와의 관계를 헤아려 보면, 본조는 상업등기와는 다른 차원에서 회사의 표현책임을 인정한 규정이라고 해야 옳으므로 이 책임을 물음에 상업등기가 있는지 여부는 고려의 대상에 넣어서는 안 된다 하여(대판 1979.2.13. 77다2436), 이차원설을 따르고 있다.

Ⅲ. 결   론

생각건대 상업등기부에 대표이사를 공시하게 되어 있지만, 대표이사로 공시되지 않은 자에 대해서는 대표이사가 아니라는 사실상의 추정력이 발생하더라도 대표이사가 아니라는 사실을 공시하였다고 보기는 어렵다. 따라서 등기되지 않은 자가 대표이사가 아니라는 점에 소극적 공시의 효력이 발생한다고 볼 수 없으므로 양 규정은 직접적으로 충돌한다고 보기 어렵다는 점에서 이차원설이 타당하다고 본다. 요컨대 표현대표이사제도나 표현지배인제도는 등기제도를 통한 거래상대방의 보호와 실제 거래에서 요청되는 거래상대방보호의 필요성간의 간극을 메워 주는 기능을 한다고 볼 수 있다.

문제 ❷

상법 제395조에는 표현대표이사가 성립하기 위해서는 '이사'일 것을 요구하고 있는데 이사가 아닌 자가 대표이사로 행세한 경우 또는 이사 아닌 자가 대표이사의 명의로 거래행위를 한 경우에도 표현대표이사제도가 적용되는가?

해 설

Ⅰ. 외관의 존재

회사를 대표할 권한이 있는 자로 보이는 자와 한 거래행위만 보호를 받는다. 표현대표이사는 거래의 통념상 회사대표권의 존재를 표시하는 것으로 인정될 만한 명칭 예컨대 사장·부사장·전무·상무에 한하지 않고, 회장·총재·은행장·이사장 등과 같이 일반관행에 비추어 대표권이 있는 것으로 사용되는 모든 명칭을 포함한다. 상법은 외관을 사용하는 자가 이사의 자격을 갖추어야 하는 것으로 규정하고 있는데, 해석상 이사자격을 요하지 않는다고 보는 것이 통설·판례이다. 이사 자격이 없는 자의 행위일 경우에도 거래상대방을 보호할 필요성이 있으므로 통설의 입장이 타당하다고 본다. 하지만 상법이 이사일 것을 명시하고 있으므로 이사가 아닌 자에게 상법 제395조가 직접 적용된다기보다는 유추적용된다는 것이 판례의 입장이다.

Ⅱ. 진정한 대표이사(타인)의 명의로 행위한 경우

1. 표현대표이사가 대표권이 없으면서 자기명의(상무·전무 등)로 대표권에 속하는 행위를 제3자와 한 경우에는 상법 제395조가 바로 적용되나, 표현대표이사가 대표이사인 타인명의로 행위한 경우에도 상법 제395조가 적용될 수 있는가가 문제된다. 이는 무권대행으로서 명의의 위조가 되는데, 이때 피위조자(회사)의 책임을 인정하는 근거를 상법 제395조에 의할 것인가 또는 민법상 표현대리에 관한 규정에 의할 것인가가 문제된다.

2. 부정설은 이때에 상법 제395조를 적용하면 제3자의 2단계의 오해, 즉 대표권에 관한 오해와 다른 대표이사의 대행권에 관한 오해가 보호되는데, 이는 상법 제395조가 의도하는 바가 아니라고 설명한다. 긍정설은 행위자 자신이 표현대표이사인 이상 그가 사용한 명칭이 어떠한 것인지를 불문하고 회사의 책임을 인정하는 것이 거래의 안전상 타당하다는 점, 표현대표이사가 표현대표이사의 명칭으로 거래하여야만 상법 제395조가 적용된다고 하면 동일한 행위가 그 명칭 여하에 따라 효과가 다르게 되어 균형을 잃게 되므로 부당하다는 점에서 표현대표이사제도를 적용하여야 한다는 입장이다. 판례는 표현적 행위자가 대표이사의 명의로 행위한 경우 초기에 민법상의 표현대리의 문제로 보아 표현대표이사제도의 적용을 부정하였으나, 최근 판례에서는 제395조의 표현대표이사 규정을 유추적용하고 있다.

문제 3

표현대표이사의 명의로 발행된 약속어음의 수취인으로부터 회사를 발행인으로 믿고 어음을 취득한 제3자에 대해서도 회사는 표현대표이사의 행위에 대한 책임을 부담하는가?

해 설

표현대표이사의 어음행위와 제3자의 범위 회사를 대표할 권한이 없는 표현대표이사가 다른 대표이사의 명칭을 사용하여 어음행위를 한 경우, 회사가 책임을 지는 선의의 제3자의 범위에는 표현대표이사로부터 직접 어음을 취득한 상대방뿐만 아니라, 그로부터 어음을 다시 배서양도받은 제3취득자도 포함된다(대판 2003.9.26. 2002다65073).

문제 4

공동대표이사 중 1인이 제3자에 대하여 단독으로 대표행위를 한 경우에도 표현대표이사에 관한 법리를 적용할 수 있는가?

해 설

이에 관해 부정설은 이를 긍정하면 공동대표이사의 목적이 사실상 유명무실해진다고 한다. 긍정설은 부정설에 따를 경우 이사가 아닌 자의 표현대표행위에 대하여도 회사의 책임을 물으면서, 표현대표이사가 아니라 진정한 대표권을 가진 공동대표이사의 행위에 대하여는 회사에 대해 표현책임을 묻지 못하게 되어 형평에 맞지 않게 된다는 견해로서 통설이다. 판례는 회사가 공동으로만 회사를 대표할 수 있는 공동대표이사에게 대표이사라는 명칭의 사용을 용인 내지 방임한 경우에는 회사가 이사자격이 없는 자에게 표현대표이사의 명칭을 사용하게 한 경우이거나 이사자격 없이 그 명칭을 사용하는 것을 알고서도 용인상태에 둔 경우와 마찬가지로, 회사는 상법 제395조에 의한 표현책임을 면할 수 없다고 보아 긍정설을 따르고 있다(대판 1991.11.12. 91다19111).

기본 사실관계

서울특별시에 소재한 甲백화점주식회사(이하 '甲회사'라 한다)는 2010. 4. 10. 乙광역시에서 백화점 등을 운영하기 위하여 乙백화점주식회사(이하 '乙회사'라 한다)를 자회사로서 설립하여 그 주식 전부를 보유하고 있었고, 乙회사는 2010년경부터 甲회사의 상표를 사용하여 백화점 등을 운영하였다. 甲회사는 乙회사 설립 당시부터 계약을 통하여 상품구매를 대행하고 경영 일반을 관리하면서 乙회사를 사실상 乙광역시에 위치한 甲회사의 지점처럼 운영하였고, 대외적으로도 그와 같이 인식되었다.

甲회사와 乙회사는 모두 상장회사가 아닌 주식회사이다. 甲회사의 발행주식총수는 2,000만주이며, 乙회사의 설립당시 자본금은 5억 원(액면금액 5,000원, 10만주 발행)이었다. 乙회사는 2012년 말에 금융비용 증가로 자금조달 및 회사 운영에 어려움을 겪게 되자 이를 해결하기 위하여 甲회사와 협의하여 2013. 3. 30. 유상증자를 결정하였다. 기명식 보통주식 1주당 5,000원에 50만주(25억 원)를 기존 주주들에게 주주배정방식으로 유상증자를 하여 총 자본금을 30억 원(60만주)으로 확충하고자 하였다.

甲회사는 2013. 4. 20. 이사회를 개최하여 유상증자에 참여 여부를 논의하였다. 甲회사의 자금담당이사가 甲회사의 부채비율이 높아 외부차입금의 조달을 통하여 타 법인에 출자하는 것은 甲회사의 재무상황이나 乙회사의 영업수익 전망 등에 비추어 바람직하다 않다는 자세한 보고를 한 후, 충분한 토의를 거쳐 A를 제외한 甲회사 이사 3분의 2 이상의 수로써 유상증자에 참여하지 않기로 의결하고, 이를 乙회사에 통보하였다.

이에 乙회사는 실권주 처리를 위한 이사회를 개최하여 이를 당시 甲회사의 최대주주의 장남이자 甲회사의 이사인 A에게 배정하였다. 이에 따라 A가 2013. 4. 23. 신주인수를 통하여 乙회사의 주식 83.3%(50만주)를 취득하게 되었고, 甲회사의 지분은 16.7%(10만주)로 감소하였다.

A는 甲회사의 지배주주인 B의 아들로서 甲회사의 특수관계인이어서 구태여 乙회사를 甲회사로부터 분리하여 경영하거나 甲회사와 경쟁할 이유가 없었고, 실제로 甲회사는 A의 신주인수로 인하여 지배주주의 지위를 잃고 2대 주주가 되었음에도 乙회사는 여전히 甲회사와 동일한

기업집단에 소속되어 있었다. 乙회사는 A의 신주인수 후에도 甲회사와 동일한 상표를 사용하고 甲회사에 판매물품의 구매대행을 위탁하였으며, 전과 동일하게 甲회사의 경영지도를 받으면서 甲회사와 협력하였고, 甲회사도 신주인수 전과 마찬가지로 상표 사용 및 경영지도에 대한 대가로 乙회사로부터 매년 일정액의 경영수수료를 받았다.

문제 ①

위 사례에서 A가 乙회사의 주식을 인수하여 지배주주가 된 것이 甲회사에 대하여 상법상 경업금지의무를 위반하였는가? (35점)

문제 ②

A가 乙회사의 주식을 인수하여 지배주주가 된 것이 甲회사의 기회를 유용한 것인가? (35점)

문제 ③

A가 乙회사의 주식을 인수하여 지배주주가 된 것이 甲회사의 자기거래에 해당하는가? (20점)

문제 ④

甲회사 주주 B(200,000주 보유)와 C(50,000주 보유)는 甲회사의 이사인 A가 甲회사의 기회를 유용하여 회사에 손해를 초래하였다고 2013.11.1. 甲회사에게 A의 책임을 추궁할 소의 제기를 청구하였으나 甲회사가 소를 제기하지 않자, 이들은 2013.12.15. 甲회사를 위하여 소를 제기하였다. 그 후 C는 50,000주의 주식을 전량 매각하였다. 이 경우 B와 C는 위 소송에서 당사자 적격을 가지는가? (10점)

해 설[18]

문제 ①

Ⅰ. 사안의 쟁점

A는 乙회사의 100% 주식을 보유한 모회사인 甲회사의 이사이다. 따라서 A는 甲회사에 대

---

18) 참조판례: 대판 2013.9.12. 2011다57869.

하여 경업금지의무를 부담하는데($\substack{제397조 \\ 제1항}$), 동종영업을 하는 乙회사의 이사 또는 대표이사가 아니라 지배주주가 되는 것이 경업금지의무의 대상이 되는지 문제된다. 또한 백화점 영업을 지역을 달리하여 하고 있는 경우에 그것만으로 경업이 부정되는지도 문제된다. 또한 乙회사가 실질적으로 甲회사의 지점 내지 영업부문으로 운영되고 공동의 이익을 추구하는 관계에 있을 때에도 이익충돌이 되어 경업금지의 대상이 되는지도 문제된다.

Ⅱ. 경업금지의무

1. 의 의

이사는 이사회의 승인이 없으면 자기 또는 제3자의 계산으로 회사의 영업부류에 속한 거래를 하거나 동종영업을 목적으로 하는 다른 회사의 무한책임사원이나 이사가 되지 못한다($\substack{제397 \\ 조 제1항}$). 이사의 경업피지의무는 법정의 부작위의무인데, 협의의 경업피지의무와 겸직금지의무로 구분된다.

2. 이사회의 승인

이사회의 승인이 있으면 경업 · 겸직이 가능하다. 이사가 1명 또는 2명만 있는 회사에서는 주주총회의 결의로 승인한다($\substack{제383조 \\ 제4항}$). 이사회의 승인은 사전의 승인을 뜻한다고 본다. 사후의 추인은 일종의 책임면제와 같은 효과를 가져오므로 상법 제400조에서 이사의 책임면제에 총주주의 동의를 요하는 것과 대비해 균형이 맞지 않기 때문이다. 경업을 하고자 하는 이사는 특별한 이해관계가 있는 자($\substack{제391조 제3항, \\ 제368조 제4항}$)로서 이사회에서 의결권을 행사하지 못한다.

3. 금지내용

(1) 경업금지

자기 또는 제3자의 계산으로 회사의 영업부류에 속한 거래를 하지 못한다($\substack{제397조 \\ 제1항 전단}$). 누구의 명의로 거래하는가는 불문하며, 손익의 귀속주체가 자기 또는 제3자이어야 한다. 제3자의 계산으로 할 경우란 이사가 제3자의 위탁을 받아 거래를 하거나 제3자의 대리인으로 거래하는 경우이다. 이사가 별도의 회사를 설립하여 그 회사로 하여금 경업을 수행하게 한 경우, 이사가 이미 경업을 하고 있는 회사의 주식을 취득하여 지배주주가 된 경우($\substack{대판 2013.9.12. \\ 2011다57869}$)에도 본조의 적용대상이다.

영업부류에 속하는 거래란 정관상의 사업목적에 국한하지 않고 사실상 회사의 영리활동의 대상이 되어 있는 것은 모두 포함한다. 보조적 상행위는 회사의 영리활동 자체는 아니므로 경업금지의 대상이 아니다. 2011년 개정상법에서는 제397조의2가 신설되어 비영업적 거래는 동조의 기회유용으로 포섭될 수 있으므로 제397조의 경업은 영업으로 하는 거래만을 포함한다고 해석하여야 한다.

(2) 겸직금지

이사는 이사회의 승인이 없으면 '동종영업을 목적으로 하는 다른 회사'의 무한책임사원이나 이사가 되지 못한다(제397조 제1항 후단).

4. 위반효과

이사가 이사회의 승인 없이 경업 또는 겸직을 하는 것으로 금지위반의 요건은 충족되며, 이로 인해 회사에 손해가 발생하였음을 요하지 않는다. 따라서 회사에 손해가 발생하지 않더라도 회사는 손해배상청구만 할 수 없을 뿐 다른 효과는 주장할 수 있는 것이다.

경업금지위반으로 회사에 손해가 발생한 경우에 이사는 회사에 대해 손해를 배상하여야 한다(제399조). 경업 또는 겸직은 상법 제385조 제2항에서 말하는 법령에 위반한 중대한 사실이므로 손해배상 없이 이사를 해임할 수 있는 사유가 되며(제385조 제1항, 대판 1992.5.12, 92다5638), 소수주주가 법원에 해임을 청구할 수 있는 사유가 된다(제385조 제2항). 이사가 겸직을 사임했다 하더라도 같다(동 판례). 이사가 이사회의 승인을 받지 않고 경업거래를 하여도 거래 자체는 유효하다. 이는 거래 상대방이 위반의 사실을 알고 있어도 마찬가지이다. 경업피지의무위반은 경우에 따라 상법상의 특별배임죄(제622조 제1항)를 구성할 수 있다(서울고등법원 1982.1.13, 82노2105).

5. 개입권

이사가 경업을 한 경우에만 인정되는 회사의 권리이다. 회사는 경업거래가 이사 자신의 계산으로 한 것인 때에는 이를 회사의 계산으로 한 것으로 볼 수 있고, 제3자의 계산으로 한 것인 때에는 그 이사에 대하여 이로 인한 이득의 양도를 청구할 수 있다(제397조 제2항). 개입권은 손해배상청구권에 영향을 미치지 않는다.

개입권은 회사의 일방적 의사표시에 의하여 효력이 발생하므로 형성권이지만, 행사의 효과는 채권적이다(채권적귀속설). 즉, 이사와 제3자 간의 거래는 여전히 유효하며, 이사는 그 경제적 효과를 회사에 귀속시킬 의무를 부담하는데 불과한 것이지, 회사가 직접 거래당사자가 되는 것은 아니다. 개입권은 이사회의 결의에 의하여 대표이사가 행사한다(제397조 제2항). 대표이사가 이를 게을리 하면 주주는 대표소송을 제기할 수 있다고 본다(제403조).

개입권은 거래가 있은 날로부터 1년 이내에 행사하여야 하며(제397조 제3항), 이것은 제척기간이다. 개입권을 행사할 경우 그 효과는 회사가 이사에 대하여 거래의 경제적 효과를 회사에 귀속시키도록 청구할 채권을 발생시키는데 그치고, 회사가 거래의 상대방에 대하여 직접적으로 계약당사자가 되는 것은 아니다. 따라서 이사는 거래의 결과로 취득한 물건의 소유권이나 채권을 회사에 인도하거나 이전할 의무를 진다.

개입권과 손해배상청구권을 택일하는 규정이 없는 우리 상법에서는 양자를 동시에 행사할 수 있다고 해석된다(제17조 제3항의 유추적용). 개입권은 영업상의 손실을, 손해배상은 그 밖의 손실을 회복시키는 데 적절한 수단이 될 것이다.

6. 불공정한 경업의 승인

이사회가 경업을 승인하였다고 해서 경업의 타당성이 의제되는 것은 아니다. 경업의 결과 회사에 손해가 발생한다면, 당해 이사는 경업을 자제해야 할 의무를 위반하였으므로 책임을 져야 함은 물론(제399조 제1항), 이는 이사회가 승인해서는 안 되는 행위이므로 승인에 찬성한 이사들이 책임을 진다(제399조 제2항).

7. 사례에의 적용

경업금지의 대상이 되는 이사는 경업 대상 회사의 이사, 대표이사가 되는 경우뿐만 아니라 그 회사의 지배주주가 되어 그 회사의 의사결정과 업무집행에 관여할 수 있게 되는 경우에도 자신이 속한 회사 이사회의 승인을 얻어야 한다. 따라서 甲회사의 이사인 A는 乙회사의 지배주주가 되어 乙회사의 의사결정과 업무집행에 관여할 수 있게 되었으므로 甲회사의 이사회의 승인을 얻어야 한다.

동종영업부류에 속한 거래를 판단하는데 있어서 서로 영업지역을 달리하고 있다고 하여 그것만으로 두 회사가 경업관계에 있지 아니하다고 볼 것은 아니다. 서울과 乙광역시에 서로 영업지역이 다르다고 하여 그것만으로 경업관계의 성립이 부정되는 것은 아니다.

그 이외에 두 회사의 지분소유 상황과 지배구조, 영업형태, 동일하거나 유사한 상호나 상표의 사용 여부, 시장에서 두 회사가 경쟁자로 인식되는지 여부 등 거래 전반의 사정에 비추어 볼 때 경업 대상 여부가 문제되는 乙회사가 실질적으로 이사(A)가 속한 甲회사의 지점 내지 영업부문으로 운영되고 공동의 이익을 추구하는 관계에 있다면 두 회사 사이에는 서로 이익충돌의 여지가 있다고 볼 수 없고, 이사인 A가 乙회사의 주식을 인수하여 지배주주가 되려는 경우에는 상법 제397조가 정하는 바와 같은 이사회의 승인을 얻을 필요가 없다(대판 2013.9.12. 2011다57869).

문제 2

Ⅰ. 사안의 쟁점

우선 모회사인 甲회사의 이사 A가 자회사인 乙회사의 주식을 인수하여 지배주주가 된 것이 甲회사의 회사기회를 유용한 것인지 문제된다. 회사기회의 경우 이사 총수의 3분의 2 이상의 결의를 통한 승인을 받아야 하는데, 사안의 경우 회사기회를 포기한다는 결의만 있었고 A의 신주취득을 승인한 결의는 없었다. 이러한 이사회의 회사기회 포기의 결의도 회사기회를 승인한 것으로 보아야 하는지가 문제된다.

Ⅱ. 회사기회의 유용금지

1. 의 의

이사는 이사회의 승인 없이 현재 또는 장래에 회사의 이익이 될 수 있는 회사의 사업기회를 자기 또는 제3자의 이익을 위하여 이용하여서는 아니 된다(제397조의2 제1항). 회사기회 유용금지는 대기업의 일감몰아주기에 따른 부작용을 시정하기 위한 것으로 투명한 기업 경영을 통하여 공정한 사회를 구현하는 데에 그 취지가 있다.

2. 회사의 사업기회로 인정되기 위한 요건

회사의 사업기회란 ⅰ) 현재 또는 장래에 회사의 이익이 될 수 있는 것(제397조의2 제1항 본문), ⅱ) 직무를 수행하는 과정에서 알게 되거나 회사의 정보를 이용한 사업기회(동 조항 제1호), ⅲ) 회사가 수행하고 있거나 수행할 사업과 밀접한 관계가 있는 사업기회(동 조항 제2호)이다.

사례의 경우 ① 乙회사의 신주인수의 기회는 乙회사의 지배력을 유지하여 乙지역에서 백화점업을 강화할 수 있게 되므로 현재 또는 장래에 甲회사에 이익이 될 수 있는 사업기회이므로 ⅰ)의 요건을 충족하고, ② 乙회사의 신주발행 계획을 甲회사의 이사회에서 논의하였으므로 직무를 수행하는 과정에서 알게 된 정보에 해당하여 ⅱ)의 요건을 충족하며, ③ 甲회사와 乙회사는 동일한 백화점업에 종사하므로 밀접한 관련이 있는 사업기회이므로 ⅲ)의 요건을 충족한다. 따라서 A가 乙회사의 지배주주가 된 것은 甲회사의 사업기회에 해당한다. 회사기회의 이용주체는 이사, 집행임원(제408조의9, 제397조의2)이며, 주요주주는 포함되지 않는다.

회사기회에 해당하면 회사기회를 이용하기 위해서는 이사의 3분의 2 이상으로 사전승인이 필요하며, 특별이해관계에 있는 이사는 배제된다. 이사회의 승인은 이사가 사업기회를 이용할 수 있는 요건에 불과하고, 이사책임을 면제하는 효과가 있는 것은 아니다. 이사회는 장차 회사의 기회를 이용할 경우와 이사로 하여금 이용하게 할 경우의 득실을 예측하여 승인여부를 판단하여야 한다.

3. 위반행위의 효과

이사회의 승인 없이 이루어진 회사기회를 유용한 거래의 효력은 경업금지와 마찬가지로 유효하다. 상법은 기회유용금지 위반행위에 대하여 손해배상책임만 부과할 뿐이며, 개입권이나 이익반환제도를 두고 있지 않다.

이사가 이사회의 승인 없이 회사기회를 이용하여 회사에 손해를 가한 때 손해배상책임을 부담한다. 이사회의 승인이 있더라도 회사가 손해를 입은 경우에는 당해 이사는 제399조에 따라 손해배상책임을 지는 것이 원칙이다. 제397조의2 제2항은 "제1항을 위반하여 회사에 손해를 발생시킨 이사 및 승인한 이사는 연대하여 손해를 배상할 책임이 있으며 …"라고 규정하여 해석상 문제를 야기한다. 이는 제400조 제2항의 책임제한이 될 수 있는지와 관련하여 현실적으로 중요한 의미를 가진다.[19]

"제1항을 위반하여"라 함은 승인이 없었던 경우뿐만 아니라, 선관주의의무에 위반하여 승인이 이루어진 경우까지 포함할 수밖에 없다. 그러나 이 경우에도 승인한 이사가 중한 책임을 지면서도 책임제한도 되지 않는 문제는 피할 수 없다. 입법론적으로 제397조의2 제2항에서 승인한 이사의 책임을 삭제함으로써 승인을 얻지 않고 사업기회를 이용한 이사만 그 적용범위로 하여야 한다.

이사회의 승인 유무를 불문하고 이사의 기회유용과 회사의 손해는 이사의 책임을 추궁하는 자가 증명해야 한다. 제397조의2 제2항은 기회의 이용으로 인해 이사 또는 제3자가 얻은 이익을 회사의 손해로 추정한다(증명책임이 전환됨으로써 제399조에 비해 이사에게 중한 책임이 부과된다). 상법 제400조 제2항은 이사의 손해배상책임을 제한할 수 있도록 규정하면서 제397조의2에 해당하는 경우에는 책임제한을 불허하고 있다.

4. 사례에의 적용

모회사인 甲회사의 이사 A가 자회사인 乙회사의 신주를 인수하여 지배주주가 되어 乙회사의 사업에 진출하는 것은 甲회사의 사업기회를 이용한 것에 해당한다. 다만 이 사례에서는 사업기회가 甲회사의 이사회에 사전에 보고되어, 적절한 정보와 충분한 논의를 거쳐 특별이해

---

19) 제1항에 위반하였다 함은 이사회의 승인을 받지 않았다고 보는 것이 자연스러운 해석이다. 그리고 승인한 이사라 함은 선관주의의무를 위반하여 승인함으로써 회사에 손해를 입힌 이사를 말한다. 그러나 이렇게 해석하면 ① 이사회의 승인이 있었던 경우, 승인한 이사는 제397조의2 제2항에 따라 보다 중한 책임을 부담하는 반면, 사업기회를 이용한 이사는 제399조의 일반적인 책임을 지고, ② 승인한 이사는 제400조 제2항의 단서가 적용되어 이사의 책임제한이 되지 않는데 비하여, 사업기회를 이용한 이사는 제399조가 적용되므로 책임제한이 된다는 점에서 균형이 맞지 않는다.

관계에 있는 이사인 A를 제외한 나머지 이사들의 3분의 2 이상의 결의를 통하여 신주인수를 포기하기로 결정하였다. 따라서 甲회사 이사들의 이러한 경영판단은 존중되어야 할 것이다. 甲회사의 이사회가 사업기회에 관하여 충분한 정보를 수집·분석하고 정당한 절차를 거쳐 회사의 이익을 위하여 의사를 결정함으로써 그러한 사업기회를 포기하였다면 그 의사결정과정에 현저한 불합리가 없는 한 그와 같이 결의한 이사들의 경영판단은 존중되어야 할 것이다. 따라서 이 경우에는 어느 이사가 그러한 사업기회를 이용하게 되었더라도 그 이사나 이사회의 승인 결의에 참여한 이사들이 이사로서 선량한 관리자의 주의의무 또는 충실의무를 위반하였다고 할 수 없다(대판 2013.9.12, 2011다57869).

위 사례에서는 사업기회 포기에 대한 결의는 있었지만, 이사 A가 사업기회를 이용하는데 대한 승인은 없었다. 이 경우도 이사회의 승인으로 보아야 하는가? 이에 대해 별도의 이사회의 승인이 있어야 한다는 견해가 제기될 수 있지만, 회사기회 유용금지 규정의 취지는 사업기회를 회사에게 우선적으로 제공하기 위한 것이고, 이사회가 회사기회를 포기하기로 결정하였다면 이러한 우선적 기회를 사용한 것이므로 제397조의2에서 말하는 승인에 해당하고, 이사는 사업기회를 이용할 수 있을 것이다.

문제 ③

Ⅰ. 사안의 쟁점

자기거래에 해당하기 위해서는 최소한 거래 당사자 중 일방이 이사가 속한 당해 회사이어야 한다. 사례의 경우 甲회사의 이사인 A가 乙회사의 지배주주가 된 것이 甲회사의 측면에서 자기거래에 해당하는지 여부가 문제된다.

Ⅱ. 자기거래

1. 의 의

이사의 자기거래란 이사 등이 회사를 상대방으로 하여 자기 또는 제3자의 계산으로 하는 거래를 말한다(제398조). 이사 등은 회사의 업무집행에 관여하여 그 내용을 잘 아는 자이므로 이사가 회사와 거래한다면 이사 또는 제3자의 이익을 위하여 회사의 이익을 희생하기 쉽다. 따라서 상법은 이사 등이 자기 또는 제3자의 계산으로 회사와 거래를 하는 것을 원칙적으로 금지하고, 다만 예외적으로 이를 하는 경우에는 이사회[20]의 승인(이사 수의 3분의 2 이상)을 얻어

---

[20] 이사가 1명 또는 2명인 소규모 주식회사의 경우에는 이사회가 없으므로 주주총회의 승인을 받아야 한다(제383조 제

야 하는 것으로 규정하고 있다($\binom{제398조}{본문}$).

2. 자기거래의 적용요건

자기거래의 거래주체의 범위에는 이사, 주요주주 및 그 소정의 특수관계인을 포함한다. 이
사($\binom{제398조}{제1호}$)는 상근, 비상근을 가리지 않고 모든 이사가 이에 해당된다. 이사와 같은 권한을 갖
는 상법 제386조 제1항의 퇴임이사, 제386조 제2항의 일시이사, 그리고 법원의 가처분에 의
하여 선임된 직무대행자($\binom{제407조}{제1항}$)도 상법 제398조의 이사에 해당된다. 주요주주라 함은 '발행주
식총수의 100분의 10 이상을 소유하는 자 또는 이사·집행임원·감사의 선임과 해임 등 상장
회사의 주요 경영사항에 대하여 사실상의 영향력을 행사하는 주주'를 말한다($\binom{제542조의8}{제2항 제6호}$). 자기
거래에 해당하는 주요주주는 "제542조의8 제2항 제6호에 따른 주요주주"이므로 상장회사의
주요주주이다. 따라서 비상장회사의 경우에 주요주주와 회사 간의 거래는 자기거래에 해당하
지 않는다고 해석되어 입법의 오류라는 지적이 있다. 비상장회사의 주요주주를 자기거래 제
한대상에서 배제하여야 할 이유가 없으므로 포함된다고 해석해야 할 것이다. 특수관계인
($\binom{제398조 제2호}{내지 제5호}$)은 이들의 배우자, 직계존비속, 이들이 50% 이상의 주식을 소유한 회사 등이다.

상법은 '자기 또는 제3자의 계산으로'라고 규정하고 있으므로 누구의 이름으로 회사의 상
대방이 되어 거래하였느냐는 묻지 않는다. 이사와 회사 간에 이해충돌을 생기게 할 염려가 있
는 거래이면, 형식상 이사와 회사 간의 거래이든(직접거래) 회사와 제3자 간의 거래이든(간접
거래) 불문한다(통설).

3. 회사와의 거래(이사 등의 거래상대방)

자기거래의 제한은 이사의 지위남용으로 인해 회사가 손실을 입는 것을 예방하기 위한 제
도로서 이사의 선관주의의무에 기초한 제도이므로, 상법 제398조가 적용되기 위해서는 이사
또는 제3자의 거래상대방이 이사가 직무수행에 관하여 선량한 관리자의 주의의무 또는 충실
의무를 부담하는 당해 회사이어야 한다. 간접거래라고 하더라도 일방 당사자는 문제된 이사
등과 제398조의 관계로 관련되는 회사이어야 한다.

자회사가 모회사의 이사와 거래를 한 경우에는 설령 모회사가 자회사의 주식 전부를 소유
하고 있더라도 모회사와 자회사는 상법상 별개의 법인격을 가진 회사이고, 그 거래로 인한 불
이익이 있더라도 그것은 자회사에게 돌아갈 뿐 모회사는 간접적인 영향을 받는 데 지나지 아
니하므로, 자회사의 거래를 곧바로 모회사의 거래와 동일하게 볼 수는 없다($\binom{대판 2013.9.12.}{2011다57869}$). 따라
서 모회사의 이사와 자회사의 거래는 모회사와의 관계에서 상법 제398조가 규율하는 거래에

4항).

해당하지 아니하고, 모회사의 이사는 그 거래에 관하여 모회사 이사회의 승인을 받아야 하는 것이 아니다.

4. 사례에의 적용

A는 甲회사의 이사이며 乙회사의 신주를 인수하는 거래를 하였기 때문에 제398조에 따라 선관주의의무 또는 충실의무를 부담해야 하는 甲회사와 거래한 것이 아니므로 당해 거래에 대하여 甲회사의 이사회의 승인을 받아야 하는 것은 아니다.

문제 ④

Ⅰ. 사안의 쟁점

이사가 회사에 임무를 게을리 하여 손해를 입힌 경우 회사는 당해 이사에 대하여 손해배상 책임을 추궁할 수 있다($\substack{제399 \\ 조}$). 회사가 직접 청구를 하지 않는 경우 일정한 요건을 충족한 주주는 회사에 대하여 소송의 제기를 서면으로 신청하고, 회사를 이를 이행하지 않는 경우 주주대표소송을 제기할 수 있다. 사례의 경우 이러한 주주대표소송의 원고적격 요건과 이를 충족해야 하는 시기가 문제된다.

Ⅱ. 대표소송의 제소권자

1. 제소주주의 요건

비상장주식의 경우 발행주식총수(무의결권주식 포함)의 100분의 1 이상의 주식을 가진 소수주주($\substack{제403조 \\ 제1항 전단}$)에 한하여 제소할 수 있다. 상장회사의 경우 6개월 전부터 계속하여 상장회사 발행주식총수(무의결권주식 포함)의 1만분의 1 이상을 보유한 소수주주이다($\substack{제542조 \\ 의6 제6항}$).

2. 제소요건의 충족시기

이러한 주식비율은 소제기시점에서 보유하면 되고, 그 보유주식이 제소 후 이러한 주식비율 미만으로 감소한 경우(발행주식을 보유하지 않게 된 경우를 제외한다)에도 제소의 효력에는 영향이 없다($\substack{제403조 \\ 제5항}$).

주식을 전혀 보유하지 않게 된 경우에는 당사자적격이 없으므로 소를 각하하여야 한다. 다만 다른 주주 또는 회사가 이미 공동소송참가를 한 경우에는 그 참가인에 의해 소송은 계속된다. 판례는 주주인 원고가 제소요건을 결하여 각하판결이 선고되기 이전에 회사가 공동소송 참가를 하는 것은 적법하다고 한다(대판 2002.3.15, 2000다9086).

3. 사례에의 적용

사례의 경우 甲회사는 비상장법인이므로 발행주식총수의 100분의 1 이상을 가진 소수주주가 제소권을 갖는다. B와 C는 제소당시 2,000만주 중 150,000주와 50,000주를 보유하여 1% 이상인 당사자 적격요건을 충족하였다. 그러나 C가 제소 후 주식을 매각함에 따라 주주의 지위를 상실하였으므로 C는 원고적격을 상실하며, C가 제기한 부분의 소를 각하하여야 한다. C가 제소 후 주식을 매각하여 B의 주식비율이 100분의 1 미만으로 감소하더라도 제소의 효력에는 영향이 없다(제403조 제5항).

추가 · 심화 질문

문제 ❶

(Ⅰ) 경업의 대상이 되는 회사가 영업을 개시하지 못한 채 영업준비작업을 추진하고 있는 단계에 있는 경우에도 상법 제397조 제1항 소정의 "동종영업을 목적으로 하는 다른 회사"에 해당하는 가?

(Ⅱ) 자본금 2,000억 원인 상장회사의 이사가 동종영업을 목적으로 하는 다른 회사를 설립하고 다른 회사의 이사 겸 대표이사가 되어 영업준비작업을 한 경우 이사의 해임에 관한 상법 제385조 제2항 소정의 "법령에 위반한 중대한 사실"이 있는 경우에 해당하는가?

해 설

Ⅰ. 영업준비단계에 있는 회사도 '동종영업을 목적으로 하는 다른 회사'에 해당하는지 여부

이사의 경업금지의무를 규정한 상법 제397조 제1항의 규정취지는 이사가 그 지위를 이용하여 자신의 개인적 이익을 추구함으로써 회사의 이익을 침해할 우려가 큰 경업을 금지하여, 이사로 하여금 선량한 관리자의 주의로써 회사를 유효적절하게 운영하여 그 직무를 충실하게 수행하여야 할 의무를 다하도록 하려는 데 있으므로, 경업의 대상이 되는 회사가 아직 영업을 개시하지 못한 채 공장의 부지를 매수하는 등 영업의 준비작업을 추진하고 있는 단계에 있다 하여 위 규정에서 말하는 "동종영업을 목적으로 하는 다른 회사"가 아니라고 볼 수는 없다.

Ⅱ. 이사의 해임 및 영업준비작업에의 참여가 겸직금지에 해당하는지 여부

1. 이사의 해임

이사의 해임은 주주총회의 결의에 따라 하는 해임결의와 법원의 판결에 의하는 해임판결로 구분된다.

(1) 해임결의

주주총회는 특별결의로 언제든지 이사를 해임할 수 있다$\binom{\text{제385조}}{\text{제1항}}$. 해임대상인 이사가 주주이더라도 그 주주는 '특별한 이해관계가 있는 자'$\binom{\text{제368조}}{\text{제4항}}$가 아니므로 의결권을 행사한다. 해임의 효과는 해임되는 이사에게 해임의 고지를 한 때에 발생하는 것이지, 해임결의로 즉시 발생하는 것이 아니다. 임기가 정해진 이사를 정당한 이유 없이 그 임기만료 전에 해임할 때에는 그 이사는 회사에 대하여 해임으로 인한 손해의 배상을 청구할 수 있다$\binom{\text{제385조}}{\text{제1항 단서}}$.

(2) 소수주주의 해임청구(해임판결)$\binom{\text{제385조 제2항,}}{\text{제542조의6 제3항}}$

이사가 직무에 관하여 '부정행위 또는 법령이나 정관에 위반한 중대한 사실'이 있음에도 불구하고 주주총회에서 그 해임을 부결한 때에는, 발행주식총수의 100분의 3 이상에 해당하는 주식을 가진 주주는 그 결의가 있은 날로부터 1월 내에 본점소재지의 지방법원에 그 이사의 해임을 청구할 수 있다$\binom{\text{제385조 제}}{\text{2항·제3항}}$. 이사가 부정행위를 하더라도 대주주의 비호를 받아 해임결의가 부결되는 경우 이를 시정하기 위한 것이다. 상장회사의 경우에는 6월 전부터 계속하여 발행주식총수의 10,000분의 50(자본금이 1천억 원 이상인 상장회사의 경우에는 10,000분의 25) 이상에 해당하는 주식을 보유한 주주가 그 이사의 해임청구의 소를 제기할 수 있다$\binom{\text{제542조의6 제}}{\text{3항, 동법 시행}}$$\binom{\text{령 제}}{\text{32조}}$.

해임청구는 의결권 행사를 전제로 하는 것이 아니므로 의결권 없는 주주도 할 수 있다. 해임청구사유는 부정행위 또는 법령·정관의 위반을 요하므로 단순한 임무해태는 해임청구의 사유가 될 수 없다. '부정행위'란 의무에 위반하여 회사에 손해를 발생시키는 고의의 행위를 말한다. '법령 또는 정관에 위반한 행위'라 함은 주의의무와 같은 일반적인 의무위반을 가리키는 것이 아니고, 특정한 위법행위(정관위반행위)를 발한나$\binom{\text{이사회의 승인 없는 겸업금지위반, 자}}{\text{기거래 등; 대판 1990.11.2, 90마745}}$.

2. 영업준비작업에의 참여가 제379조 제1항의 겸직금지에 해당하고, 이사의 해임사유가 되는지 여부

회사의 이사가 회사와 동종영업을 목적으로 하는 다른 회사를 설립하고 다른 회사의 이사 겸 대표이사가 되어 영업준비작업을 하여 오다가 영업활동을 개시하기 전에 다른 회사의 이사 및 대표이사직을 사임하였다고 하더라도 이는 상법 제397조 제1항 소정의 경업금지의무를 위반한 행위이다. 그러므로 특별한 다른 사정이 없는 한 이사의 해임에 관한 상법 제385조 제2항 소정의 "법령에 위반한 중대한 사실"이 있는 경우에 해당한다(대판 1993.4.9. 92다53583). 주주총회에서 이사의 해임을 부결한 때에는, 사례의 경우 자본금 1천억 원 이상인 상장회사이므로 6월 전부터 계속하여 발행주식총수의 10,000분의 25 이상에 해당하는 주식을 보유한 주주가 그 이사의 해임청구의 소를 제기할 수 있다(제542조의6 제3항, 동법 시행령 제32조). 해임의 소는 주주총회 결의가 있는 날로부터 1월 내에 회사 본점소재지의 지방법원에 제기하여야 한다(제385조 제2항·제3항).

문제 ②

주식회사 이사의 겸직금지의무(제397조 제1항)와 상업사용인의 겸직금지의무(제17조 제1항)가 다른 점은 무엇인가?

해 설

이사의 겸직금지의무가 상업사용인의 그것과 다른 점은, 겸직금지의 대상이 상업사용인의 경우는 '다른 모든 회사의 무한책임사원·이사 또는 다른 상인의 사용인'이나, 주식회사의 이사의 경우는 '동종영업을 목적으로 하는 다른 회사의 무한책임사원·이사'에 한한다는 점이다. 따라서 상업사용인의 경우 무제한설에 의하면 상업사용인은 이종영업을 목적으로 하는 다른 회사의 무한책임사원이나 이사도 될 수 없으나, 주식회사의 이사의 경우는 이종영업을 목적으로 하는 다른 회사의 무한책임사원이나 이사가 될 수 있다. 또 법문에 의하면 상업사용인은 다른 모든(동종영업이든, 이종영업이든) 상인의 상업사용인이 될 수 없으나, 주식회사의 이사는 다른 모든 상인의 상업사용인이 될 수 있을 것 같다. 그러나 상업사용인의 겸직금지의무에서 볼 때, 주식회사의 이사는 다른 상인의 상업사용인이 될 수 없다고 본다. 동종영업을 목적으로 한다 함은 경업에서의 '회사의 영업부류'와 같이 해석한다. 따라서 이사의 겸직금지의무는 동 상업사용인의 겸직금지의무보다 범위가 좁다.

74 이사의 자기거래

기본 사실관계 ▶21)

(1) 甲회사는 물류, 해운, 창고, 복합운송주선을 영업으로 하는 주식회사이고, 乙회사는 대형 해양플랜트수출을 영업으로 하는 주식회사이다. 甲회사와 乙회사는 물류센터 운용계약을 체결하면서, 甲회사는 乙회사에 물류센터를 임대하고 乙회사는 甲회사에 임차보증금 50억 원을 지급하기로 약정하였다. 乙회사는 위 운용계약을 체결하는 과정에 위 운용계약이 종료한 시점에 甲회사가 부담하게 될 乙회사가 지급한 임차보증금 반환채무의 이행에 관한 담보를 甲회사에 요구하였다.

(2) 甲회사의 대표이사 A는 乙회사의 요청에 따라 2008. 11. 1. 甲회사의 임차보증금 반환채무의 지급에 대한 보증을 목적으로 丙보험사와 보험계약을 체결하였다. 보험계약의 내용은 피보험자를 乙회사로 하고 보험가입금액을 50억 원, 보험기간 2008. 11. 1.부터 2011. 12. 31.까지로 하고 보험사고를 甲회사의 임차보증금 반환채무의 불이행으로 정하였다. 甲회사와 丙보험사간 위 보험계약을 체결하면서, 丙보험사는 보험금 지급시 丙보험사가 행사하게 될 구상권을 담보하기 위한 보증인을 甲회사에 요구하였다. 이에 따라 丁회사, A 등은 甲회사가 위 보험계약과 관련하여 丙보험사에 부담하는 구상채무에 대하여 연대보증계약을 체결하였다. 乙회사는 甲회사가 위 운용계약이 종료되었음에도 임차보증금 반환채무를 이행하지 않자 丙보험사에 위 보증보험계약에 따라 보험금의 지급을 요청하였고, 丙보험사는 2010. 5. 28. 乙보험사에 보험금 50억 원을 지급하였다.

(3) 丁회사는 주식회사이며 甲회사나 丁회사 모두 비상장회사이다. A는 甲회사와 丁회사의 대표이사를 겸하고 있었으며, 甲회사와 丙보험사간에 체결된 보험계약의 약관에는, 보험자가 보험계약자의 채무불이행에 따라 피보험자에게 보험금을 지급한 경우 보험자는 보험계약자에게 구상권을 행사할 수 있음을 정하고 있었다.

---

21) 사실관계 참조판례: 대판 2014.6.26, 2012다73530.

문제 ①

甲회사와 丙보험사가 체결한 보험계약상의 보험사고가 발생한 경우 보험금지급의무와 연대보증계약과의 관계에 관해 설명하시오. (20점)

문제 ②

丙보험사와 丁회사와 체결한 연대보증계약의 효력에 관해 설명하시오. (40점)

문제 ③

만일 丁회사의 규모에 비해 부담하게 될 연대채무가 과중할 경우 丙보험사와 丁회사와 체결한 연대보증계약의 효력에 관해 추가적으로 고려할 사항에 관해 설명하시오. (20점)

문제 ④

丁회사가 연대보증채무를 부담함으로 인해 입은 손해에 관해 A에게 배상책임을 물을 수 있는지 검토하시오. (20점)

해 설

Ⅰ. 甲회사와 丙보험사간의 보험계약 (문제 1)

1. 사안의 쟁점

甲회사와 丙보험사가 체결한 보험계약은 임차보증금 이행채무를 이행하지 않을 경우 그로 인한 손해를 담보하는 이행보증보험계약으로 판단된다. 보증보험계약을 체결할 때 연대보증이 흔히 요구되는데 보증보험과 연대보증계약이 서로 상충하는 관계에 있지 않은가 하는 점이 쟁점이다.

2. 보증보험계약

(1) 보증보험의 개념

이행보증보험계약을 포함하여 보증보험계약은 보험계약자의 채무불이행으로 인한 손해의 보상을 담보하는 타인을 위한 손해보험계약으로서 최근 상법이 개정되어 상법상의 손해보험의 한 종류가 되었다. 보증보험계약은 그 보험사고가 보험계약자의 고의, 과실로 발생한다는 점이 특징적이며 따라서 도덕적 위험이 문제되며, 보험사고의 우연성, 상법 제659조와의 관계 등 보증보험계약의 보험성에 관해서도 논란이 있다.

(2) 보증보험의 성질

채무자인 보험계약자의 고의, 과실에 의한 채무불이행으로 인한 손해를 담보하는 보증의 실질을 가진 보증보험계약의 보험사고에 우연성이 있다고 할 수 있는가 논란의 여지가 있다. 하지만 일반적으로 보험사고의 우연성이라는 것은 보험계약 성립시에 그러한 사고가 생길 가능성은 있으나 생길지 또는 생기지 않은 채 끝날 것인지가 미확정인 상태에 있는 것으로 본다. 보험사고의 우연성은 어떤 자의 의사와 관계없는 사고라는 의미에서의 우연성을 뜻하는 것이 아니라고 본다. 따라서 보험사고가 보험계약자의 의사에 의해서 발생하는 보증보험에서도 보험사고의 우연성이 부인되지는 않으므로 보험사고의 우연성이라는 관점에서 보증보험의 보험성에는 아무런 문제가 없다고 본다. 그리고 상법 제659조와의 관계도 논란이 되었으나 상법 제726조의6 제2항에서 보증보험에는 상법 제659조 제1항을 적용하지 않는다는 적용배제조항을 둠으로써 입법적으로 해결되어 문제는 없다고 본다. 대법원 판례도 보증보험은 보증의 실질을 가지고 보험의 형식으로 운영되는 보험계약으로 보고 있다.

(3) 보증보험계약에서 구상권

보증보험의 보험사고는 보험계약자의 고의, 과실로 보험사고가 발생하므로 도덕적 위험이 문제된다. 따라서 보증보험의 보험사고를 고의로 발생하지 않도록 하기 위해서는 제도적 장치가 요구되며 이는 보험계약자가 보험사고를 유발할 수 있는 유인을 제거함으로써 가능하다. 따라서 보증보험계약을 체결한 보험계약자가 보험사고를 발생시킨 경우에는 보험자는 다시 보험계약자에게 구상권을 행사할 수 있도록 약관에서 정하고 있으며 이는 보증의 실질에 부합하는 보험자의 권리라 할 수 있다. 개정 상법도 보증적 특성을 반영하여 그 성질에 반하지 아니하는 범위에서 보증채무에 관한 민법 규정을 준용하고 있어(제726조의7), 보험사고가 발생한 경우 보험금을 지급한 보험자는 보증인과 동일하게 구상권을 행사할 수 있다.

3. 사안에의 적용

본 사안에서도 甲회사와 丙보험사가 체결한 이행보증보험계약에서 구상권 행사를 담보하기 위해 丁회사와 A는 丙보험사와 연대보증계약을 체결한 것을 이해할 수 있다. 결과적으로 보험료를 납부한 보험계약자에 대한 구상권 행사가 되어 보험의 효용이 문제될 수 있지만 이는 보증보험이 다른 보험계약과 달리 손해보상에 그치지 않고 신용을 보완하는 특성에서 비롯되어 보험성과 충돌하지 않는다.

Ⅱ. 丙보험사와 丁회사간의 연대보증계약 – 자기거래 (문제 2)

1. 쟁 점

A는 甲회사와 丁회사의 대표이사를 겸직하고 있고 丙보험사와 丁회사와 체결한 연대보증계약은 A가 甲회사의 이익을 위하여 체결하였다. 상법 제398조는 이사가 자기 또는 제3자의 이익을 위해 회사와 거래하는 경우를 자기거래로 정하고 회사의 이익보호를 위해 이사회의 승인을 받도록 하고 있는데, 겸직 대표이사가 양사를 대표해서 체결하는 계약도 자기거래에 포함되고 동일하게 회사의 이익이 보호될 필요가 있다.

2. 이사의 자기거래

(1) 의 의

이사나 주요주주 등은 이사회의 사전승인이 있는 때에 한하여 자기 또는 제3자의 계산으로 회사와 거래할 수 있다($\substack{제398 \\ 조}$). 개정전 상법에서는 이사가 자기 또는 제3자의 계산으로 회사와 하는 거래를 자기거래라 하고, 이 경우 자기거래에 관한 규정을 두어 민법 제124조의 자기거래제한규정의 적용을 배제하였다. 회사를 대표하는 이사가 회사와 거래하는 경우 자기계약 또는 쌍방대리가 되어 회사의 이익의 희생으로 이사 자신 또는 제3자의 이익을 추구할 가능성이 높으므로, 회사의 이익보호를 위해 이사회의 승인을 얻도록 규정하고 있다. 개정 상법에서는 ① 자기거래의 범위를 확장하여 이사뿐만 아니라 주요주주 등이 회사와 거래를 할 경우에도 이사회의 승인을 요하도록 하였으며, ② 이사회의 승인은 사후승인이 아닌 사전승인이어야 할 것을 명시하였고, ③ 이사회의 승인을 받음에 있어 관련 이사 등은 자기거래의 중요사실에 관해 개시의무를 부여하고 있으며, ④ 이사회 승인결의는 특별결의일 것과 함께 ⑤ 자기거래의 내용과 절차가 공정할 것을 요구하고 있다.

(2) 이익충돌염려

이사회의 승인을 얻어야 가능한 이사 등의 자기거래는 이사가 자기 또는 제3자의 계산으로 회사와 하는 거래로서 성질상 회사와 이사간에 이익충돌의 염려가 있는 재산적 거래에 한정된다. 판례가 들고 있는 예로는, 회사의 채무부담행위($\substack{대판 2002.7.12. \\ 2002다20544}$), 별개인 두 회사의 대표이사를 겸하고 있는 자가 두 회사 사이의 매매계약을 체결한 경우($\substack{대판 1996.5.28. \\ 95다1201}$), 회사의 이사에 대한 채무부담행위$\binom{\text{대판 1992.3.31,}}{\text{91다16310}}$, 별개 회사의 대표이사를 겸직하고 있는 자가 어느 일방회사의 채무에 관하여 타 회사를 대표하여 연대보증을 한 경우$\binom{\text{대판 1984.12.11,}}{\text{84다카1591}}$ 등이다. 이렇게 볼 때 이사회의 승인을 얻어야 하는 이사의 자기거래에는 이사와 회사간의 직접거래는 물론, 이사의 채무에 대하여 연대보증을 하는 행위와 같이 회사와 제3자간의 거래이지만 회사의 신용을 이용함으로써 회사와 이사간의 이익충돌의 염려가 있는 간접거래도 포함된다.

(3) 이사회의 승인

1) 사전승인

이사회의 이사의 자기거래에 대한 승인은 사전승인이어야 한다는 것이 개정전 상법에서도 통설이었는데 개정 상법은 사전승인이어야 한다는 점을 명시하고 있다. 사후승인을 허용할 경우 거래 후 다른 이사에게 사후승인을 강요할 염려가 있으며 회사의 승인 여부에 따라 거래의 효력이 결정되어 상대방의 이익보호에도 문제가 있다고 본다. 이사회는 개개의 거래에 관하여 회사의 이익을 해할 염려가 있는지를 구체적으로 검토한 후 개별적 승인만 허용되고 포괄적 승인은 원칙적으로 허용되지 않는다. 다만 계속 반복되는 동종동형의 정형적 거래에 대해서는 제한적으로 이사회가 합리적이라고 인정되는 범위 내에서 거래의 종류·금액·기간 등을 정하여 다소 포괄적으로 승인할 수 있다고 본다.

2) 개시의무

이사회가 이사 등의 자기거래를 승인함에 있어 경업금지의무에서와 동일하게 당해 이사 등은 이사회가 승인할지 여부를 판단할 수 있는 중요한 자료, 예컨대 이사의 경업거래의 상대방·목적물·수량·가액, 겸직하는 회사의 종류·성질·규모·거래범위 등 중요사항의 개시의무가 있다고 본다. 판례도 이사와 회사 사이의 이익상반거래가 비밀리에 행해지는 것을 방지하고 그 거래의 공정성을 확보함과 아울러 이사회에 의한 적정한 직무감독권의 행사를 보장하기 위해서는 그 거래와 관련된 이사는 이사회의 승인을 받기에 앞서 이사회에 그 거래에 관한 자기의 이해관계 및 그 거래에 관한 중요한 사실들을 개시하여야 할 의무가 있다고 할 것이라 보았다$\binom{\text{대판 2007.5.10,}}{\text{2005다4291}}$.

3) 공정성

개정 상법은 자기거래에 관해 그 거래의 내용과 절차는 공정하여야 한다는 규정을 두고 있다. 자기거래 내용의 공정성은 회사의 이익보호에 관한 문제가 되고 이는 절차적 정당성뿐만 아니라 이사회결의를 거쳤더라도 회사이 이이이 보호되는 결의일 것을 요구하고 있다. 이는 결국 이사의 선관주의의무 또는 충실의무를 주의적으로 한번 더 규정한 것으로 이해된다. 다음으로 절차의 공정성은 앞서 설명한 개시의무를 포함하여 자기거래의 승인절차의 공정성을 의미한다고 본다. 이사회의 소집절차나 결의방법의 공정성은 이사회결의의 효력으로서 문제가 될 수 있으므로 특별한 의미를 가진다고 보기 어렵고 이는 자기거래의 승인을 반대하는 이사의 의견개진기회를 보장하고 회사의 이익에 반한다는 주장에 대한 충분한 검토가 있었는지 등 이사회의 승인절차에서의 공정성을 의미한다고 본다. 개정전 상법하에서 판례도 만일 이러한 사항들이 이사회에 개시되지 아니한 채 그 거래가 이익상반거래로서 공정한 것인지 여부가 심의된 것이 아니라 단순히 통상의 거래로서 이를 허용하는 이사회의 결의가 이루어진 것에 불과한 경우 등에는 이를 가리켜 상법 제398조 전문이 규정하는 이사회의 승인이 있다고 할 수는 없다고 보았다(대판 2007.5.10. 2005다4284).

(4) 제한위반거래의 효력

이사 등이 이사회의 승인 없이 자기거래를 한 경우 그 효력에 관해 상법에 특별한 규정이 없으므로 학설이 대립하고 있다. 논의는 자기거래에 관해 이사회 승인을 얻게 함으로써 보호되는 회사이익과 이러한 절차를 위반한 거래의 상대방의 이익의 이익형량의 문제이다. 유효설은 자기거래규정을 효력규정이 아닌 명령규정으로 이해하고 이사회의 승인 없이 이루어진 자기거래는 유효하고, 다만 당해 이사의 해임사유, 손해배상책임의 문제가 될 뿐이라는 견해(명령규정설)이다. 상대적 무효설은 이사회의 승인을 얻지 못한 자기거래는 원칙적으로 효력을 가지지 못하나 선의의 제3자에 대하여는 그 거래의 무효를 주장할 수 없다는 견해로서 다수설이다. 판례는 대내적으로 무효이고 대외적으로는 원칙적으로 유효이지만 악의, 중과실 있는 제3자에게 대항할 수 있다는 입장이다. 즉 회사의 대표이사가 이사회의 승인 없이 한 이른바 자기거래행위는 회사와 이사 간에서는 무효이지만, 회사가 위 거래가 이사회의 승인을 얻지 못하여 무효라는 것을 제3자에 대하여 주장하기 위해서는 거래의 안전과 선의의 제3자를 보호할 필요상 이사회의 승인을 얻지 못하였다는 것 외에 제3자가 이사회의 승인 없음을 알았다는 사실을 증명하여야 할 것이고, 비록 제3자가 선의였다 하더라도 이를 알지 못한 데 중대한 과실이 있음을 증명한 경우에는 악의인 경우와 마찬가지라고 할 것이며, 이 경우 중대한 과실이라 함은 제3자가 조금만 주의를 기울였더라면 그 거래가 이사와 회사 간의 거래로서 이사회의 승인이 필요하다는 점과 이사회의 승인을 얻지 못하였다는 사정을 알 수 있었음에도 불구하고, 만연히 이사회의 승인을 얻은 것으로 믿는 등 거래통념상 요구되는 주의의무에 현저히 위반하는 것으로서 공평의 관점에서 제3자를 구태여 보호할 필요가 없다고 봄이 상당하다고 인정되는 상태로 본다(대판 2004.3.25. 2003다64688).

3. 사안에의 적용

甲회사와 丁회사를 모두 대표하는 甲회사의 이익을 위하여 丁회사를 대표하여 丙보험사와 연대보증계약을 체결하였다. 이는 일종의 간접거래의 형태를 지닌 자기거래에 해당하여 상법 제398조에 따른 이사회의 결의가 요구된다. 이사회결의를 흠결하고 체결된 연대보증계약은 원칙적으로 유효이지만 丙보험사가 이사회결의가 흠결되었음을 알았거나 중대한 과실로 알지 못한 경우에는 丁회사는 연대보증계약의 무효를 주장할 수 있다.

Ⅲ. 이사회의 결의 (문제 3)

1. 사안의 쟁점

丁회사가 부담하게 될 연대채무가 丁회사의 규모에 비해 과중할 경우에는 상법 제393조에 따라 연대채무를 부담하기 위해서는 대표이사의 결의만으로 부족하고 이사회의 결의를 요하게 되는지 여부가 문제된다. 이 경우 연대채무를 부담하는 계약 자체가 자기거래라 한다면 이사회승인이 요구되므로 이사회결의와 이사회승인 간에 어떠한 관계가 있는지 하는 점이 문제된다.

2. 상법 제393조

동조는 회사가 대규모 재산의 차입을 할 경우 이사회의 결의를 요한다. 사안과 같이 대규모의 자산의 차입은 아니지만 연대보증을 하는 경우에도 대규모일 경우 상법 제393조가 적용되어 이사회의 결의가 요구되는지 하는 점이 문제된다. 대규모 차입에 해당하는지 여부를 판단함에 있어 판례는, 당해 차입재산의 가액, 회사의 규모, 회사의 영업 또는 재산의 상황, 경영상태, 당해 재산의 차입목적 및 사용처, 회사의 일상적 업무와 관련성, 당해 회사에서의 종래의 취급 등 여러 사정에 비추어 대표이사의 결정에 맡기는 것이 상당한지 여부에 따라 판단하여야 한다고 보았다(대판 2008.5.15. 2007다23807). 연대보증행위도 직접채무를 부담하게 된다는 점에서 차입행위와 실질이 동일하므로 대규모 연대보증행위에도 이사회의 결의가 요구된다고 본다.

3. 전단적 대표행위

연대보증행위가 상법 제393조에 해당한다고 한다면 이사회결의 없는 연대보증계약은 전단적 대표행위에 해당한다. 전단적 대표행위의 효과에 관해 유효설, 무효설, 상대적 무효설, 상대적 유효설 등 학설이 대립되지만, 판례는 주식회사의 대표이사가 이사회의 결의를 거쳐야 할 대외적 거래행위에 관하여 이를 거치지 아니한 경우라도, 이와 같은 이사회 결의사항은 회사의 내부적 의사결정에 불과하다 할 것이므로, 그 거래 상대방이 그와 같은 이사회 결의가 없었음을 알았거나 알 수 있었을 경우가 아니라면 그 거래행위는 유효하다 할 것이다(대판 2005.7.28.

$\frac{2005}{\text{다}3649}$). 이때 거래 상대방이 이사회 결의가 없음을 알았거나 알 수 있었던 사정은 이를 주장하는 회사가 주장·증명하여야 할 사항에 속하므로 특별한 사정이 없는 한 거래 상대방으로서는 회사의 대표자가 거래에 필요한 회사의 내부절차는 마쳤을 것으로 신뢰하였다고 보는 것이 일반 경험칙에 부합하는 해석이라 할 것이다($\frac{\text{대판 2009.3.26.}}{\text{2006다47677}}$).

4. 이사회승인과 이사회결의의 관계

상법 제398조에서는 자기거래에 이사회승인을 요구하고 있고 제393조에서는 대규모차입행위에 이사회결의를 요구하고 있다. 그렇다면 대규모차입행위가 자기거래일 경우 양조항에 따라 두 번의 이사회결의, 승인이 요구되는가? 생각건대 자기거래의 승인을 받기 위해서는 개시의무를 부담하고 공정성요건이 있을 뿐만 아니라 이사회의 특별결의를 받아야 하므로 이사회결의로 이사회승인 요건을 충족하였다고 보기 어렵다. 하지만 자기거래로서 이사회의 승인을 받았다면 설사 그 거래가 대규모차입거래라 하더라도 이미 그 규모 등은 개시되었을 것이므로 다시 이사회결의가 요구되지는 않는다고 본다.

5. 사안에의 적용

丁회사의 규모에 비해 과중한 연대채무를 부담하는 것은 엄격하게 볼 때 대규모 차입거래는 아니지만 이에 준하는 거래이다. 본 사안의 연대채무계약은 대규모 차입거래를 판단하는 판례의 기준인 대표이사의 결정에 맡기기에 부적절하다고 판단되므로 상법 제393조에 따라 이사회의 승인이 요구된다. 그리고 이를 이사회결의 없이 집행하였더라도 동 거래는 원칙적으로 유효이지만 상대방이 이사회결의가 없음을 알았거나 알 수 있었을 경우에는 무효이다. 다만 자기거래로서 연대보증계약에 관해 이사회의 승인을 받았다면 이에 관해 다시 이사회결의가 요구된다고 보기는 어렵다.

Ⅳ. A의 丁회사에 대한 손해배상책임 (문제 4)

1. 사안의 쟁점

丁회사가 연대보증채무를 부담함으로써 丁회사는 丙보험사로부터 이에 근거하여 구상청구를 받고 있다. 丁회사가 구상채무를 이행할 경우 이를 다시 주채무자인 甲회사에 다시 구상할 수 있지만 그 실효성은 불투명하다. 따라서 丁회사는 구상채무 이행만으로 손해를 보았다고 할 수 있는지 그리고 이사회승인 없이 A는 자기거래를 함으로써 상법규정에 위반하여 상법 제399조의 이사의 회사에 대한 책임이 성립하는지 문제된다.

2. 이사의 회사에 대한 책임

(1) 책임의 성질

이사의 회사에 대한 책임의 법적 성질에 관해 법령위반행위를 하면 이사의 과실 유무를 불문하고 책임을 부담한다는 무과실책임설과 이사에게 과실이 있는 경우에만 회사에 대한 책임이 발생한다는 과실책임설이 대립하고 있다. 과실책임이 사법의 일반원칙이고 유능한 경영진을 확보하기 위해서는 과실책임설이 타당하다고 보며 통설, 판례도 과실책임설을 따르고 있다. 최근 상법을 개정하여 '고의 또는 과실로'라는 요건이 추가되어 현재는 과실책임설로 해석할 수밖에 없다고 본다.

(2) 책임의 요건

상법 제399조에 따른 책임이 발생하기 위해서는 이사가 고의 또는 과실로 법령 또는 정관에 위반한 행위를 하거나 임무를 게을리 하여 회사에 손해를 발생시켜야 한다. 이사가 회사에 대해 부담하고 있는 선량한 관리자의 주의의무를 위반하여 회사에 손해를 발생시킨 경우이사는 회사에 대해 손해를 배상할 책임을 부담한다. 특히 이사가 경업금지의무를 위반하거나 이사회 승인 없이 자기거래를 한 경우가 대표적인 법령위반행위라 할 수 있다. 다만 이사의 회사에 대한 책임의 한계로서, 이사가 경영판단에 따라 업무를 집행한 경우 결과적으로 회사에 손해를 발생시켰더라도 경영판단이 권한의 범위 내에서 일정한 조건을 충족한 경우 법원은 이사에게 손해배상책임을 지울 수 없다는 경영판단의 원칙을 받아들인 판례도 나타나고 있다. 그러나 판례는 이사의 법령위반행위에 대해서는 경영판단의 원칙을 적용할 수 없음을 명백히 하고 있다.

(3) 배상책임

이사의 업무집행이 상법 제399조의 요건을 충족하는 경우 이사는 회사에 대하여 손해배상책임을 부담한다. 다만 이사의 손해배상책임은 손해분담의 공평이라는 손해배상제도의 이념에 비추어 그 손해배상액을 제한할 수 있다는 것이 판례의 입장이며 상법은 제400조 제2항에서 이사의 손해배상책임액을 정관으로 제한할 수 있음을 정하고 있다. 그리고 회사가 이사의 책임을 추궁하지 않을 경우 주주가 대표소송제도($^{제403}_{조}$)를 이용하여 이사의 책임을 추궁할 수 있다.

3. 사안에의 적용

丁회사는 丙보험사로부터 연대보증채무에 근거하여 구상채무를 이행하여야 한다. 丁회사의 대표이사인 A는 자기거래를 함에 요구되는 이사회 승인을 얻지 않아 법령에 위반하였고 그로 인해 회사에 손해가 발생하였으므로 회사에 대해 손해배상책임을 부담한다. 그리고 위 사안은 법령위반이 문제되었으므로 경영판단의 원칙이 적용될 여지도 없다.

추가 · 심화 질문

I. 상호주식 관련

문제 ①

甲회사는 乙회사의 발행주식총수의 40%를 보유하고 있다. 乙회사가 A로부터 甲회사 발행주식 총수의 8%를 취득하는 계약을 체결하였다면 동 계약의 효력과 취득한 주식의 의결권은 어떠한 가?

해 설

甲회사는 乙회사의 발행주식총수의 40%를 보유하고 있으므로 모자관계에 있지 않다. 모자관계가 아닌 회사 간의 주식의 상호소유에 관해 상법은 규정을 두고 있지만 甲회사가 乙회사의 주식의 10% 이하를 취득할 경우에는 이에 해당하지 않는다. 따라서 위 주식취득계약은 유효하고 취득하는 주식의 의결권은 제한되지만($\binom{제369조}{제3항}$) 취득하는 주식이 10%를 초과하지 않았으므로 甲회사가 기존에 가지고 있던 주식의 의결권 행사에는 제한이 없다.

문제 ②

甲회사는 乙회사의 발행주식총수의 40%를 보유하고 있다. 乙회사가 A로부터 甲회사 발행주식 총수의 12%를 취득하는 계약을 체결하였다면 동 계약의 효력과 취득한 주식의 의결권은 어떠한 가? 다만 乙회사가 주식을 취득하면서 甲회사에 아무런 통지를 하지 않았다.

해 설

甲회사가 乙회사의 주식의 10%를 초과하여 취득할 경우에는 취득하는 甲회사는 乙회사에 취득사실을 통지할 의무를 부담한다$\binom{제342}{조의3}$. 그리고 甲회사는 乙회사의 모회사에 해당하지 않으므로 乙회사가 甲회사의 주식을 취득할 수는 있지만 취득주식의 의결권행사는 제한된다$\binom{제369조}{제3항}$. 상법 제342조의3의 통지의무의 취지에 관해 판례는 회사가 다른 회사의 발행주식총수의 10분의 1 이상을 취득하여 의결권을 행사하는 경우 경영권의 안정을 위협받게 된 그 다른 회사는 역으로 상대방 회사의 발행주식의 10분의 1 이상을 취득함으로써 이른바 상호보유주식의 의결권제한규정$\binom{제369조}{제3항}$에 따라 서로 상대 회사에 대하여 의결권을 행사할 수 없도록 방어조치를 취하여 다른 회사의 지배가능성을 배제하고 경영권의 안정을 도모하도록 하기 위한 것으로 본다.

문제 3

위의 사례에서 乙회사가 甲회사의 주식을 취득한 것이 아니라 의결권을 대리행사하기 위해 의결권을 위임받은 경우에도 乙회사는 상법 제342조의3에 따라 통지의무를 부담하는가?

해 설

이에 관해 판례는 상법 제342조의3은 회사가 다른 회사의 발행주식총수의 10분의 1 이상을 취득하여 의결권을 행사하는 경우 경영권의 안정을 위협받게 된 그 다른 회사는 역으로 상대방 회사의 발행주식의 10분의 1 이상을 취득함으로써 이른바 상호보유주식의 의결권 제한 규정$\binom{제369조}{제3항}$에 따라 서로 상대 회사에 대하여 의결권을 행사할 수 없도록 방어조치를 취하여 다른 회사의 지배가능성을 배제하고 경영권의 안정을 도모하도록 하기 위한 것으로서, 특정 주주총회에 한정하여 각 주주들로부터 개별안건에 대한 의견을 표시하게 하여 의결권을 위임받아 의결권을 대리행사하는 경우에는 회사가 다른 회사의 발행주식총수의 10분의 1을 초과하여 의결권을 대리행사할 권한을 취득하였다고 하여도 위 규정이 유추적용되지 않는다고 보았다$\binom{대판 2001.5.15,}{2001다12973}$.

Ⅱ. 자기거래 관련

문제

만일 甲, 丁회사가 모두 상장회사였다고 한다면 위의 사례와 같이 甲, 丁회사가 모두 비상장회사인 경우 위 연대보증계약의 효력에 어떠한 차이가 있는가? 만일 상장회사인 丁회사가 甲회사에 신용공여를 하였다면 신용공여계약의 효력은 어떠한가?

해 설

1. 상장회사의 이해관계인과의 거래

상법은 최근 사업연도 말 현재의 자산총액이 2조 원 이상인 상장회사($^{상법시행령}_{제14조\ 제4항}$)는 최대주주, 그의 특수관계인 및 그 상장회사의 특수관계인으로서 대통령령으로 정하는 자를 상대방으로 하거나 그를 위하여 신용거래는 금지되지만 기타 일정규모 이상의 거래는 이사회승인을 요건으로 허용하고 있다. 즉, i) 단일 거래규모가 대통령령으로 정하는 규모 이상인 거래, ii) 해당 사업연도 중에 특정인과의 해당 거래를 포함한 거래총액이 대통령령으로 정하는 규모 이상이 되는 경우의 해당 거래를 하려는 경우에는 이사회의 승인을 받아야 한다($^{제542조}_{의9\ 제3항}$). 이사의 자기거래금지규정이 있어 이사회승인이 당연히 요구됨에도 불구하고 본 조항을 둔 이유는 아래에서 보는 바와 같이 주주총회에의 보고 등의 절차적 규제를 위함이라 이해된다. 즉 대규모 상장회사가 이해관계인과 일정규모 이상의 거래를 할 경우 상장회사는 이사회의 승인결의 후 처음으로 소집되는 정기주주총회에 해당 거래의 목적·상대방, 그 밖에 대통령령으로 정하는 사항을 보고하여야 한다($^{제542조}_{의9\ 제4항}$). 따라서 상법 제398조에 따른 이사회 사전승인 이외에도 정기주주총회에 이해관계인과의 거래에 관해 보고하도록 함으로써 자기거래에 대한 사후적 규제를 도입하였다. 대규모회사의 자기거래금지는 이사회의 승인을 얻은 경우 거래가 가능하다는 점에서 본질적으로 이사의 자기거래에 해당하고 단지 주주총회에의 보고의무를 규정함에 취지가 있다고 볼 수 있다. 따라서 대규모회사가 본조의 자기거래를 이사회의 승인 없이 한 경우 그 효과는 앞서 본 이사의 자기거래금지 위반과 동일하게 해석할 수도 있지만(상대적 무효설), 거래상대방이 이해관계인으로 한정되므로 선의의 제3자 보호의 필요성이 적고 예외규정을 따로 두고 있다는 점에서 원칙적으로 무효로 봄이 타당하다고 본다(무효설).

2. 신용공여계약이 효력

상장회사는 주요주주 및 그의 특수관계인($^{상법시행령}_{제13조\ 제4항}$), 이사, 사실상의 이사($^{제401조}_{의2\ 제1항}$), 감사 등을 상대방으로 하거나 그를 위하여 신용공여를 하여서는 안 된다($^{제542조}_{의9\ 제1항}$). 여기서 신용공여라 함은 금전 등 경제적 가치가 있는 재산의 대여, 채무이행의 보증, 자금지원적 성격의 증권매입, 그 밖에 거래상의 신용위험이 따르는 직접적·간접적 거래로서 대통령령으로 정하는 거래를 의미한다. 위 규정에서 금지하고 있는 금전 등의 대여행위에는 상장법인이 그 이사 등을 직접 상대방으로 하는 경우뿐만 아니라, 그 금전 등의 대여행위로 인한 경제적 이익이 실질적으로 상장법인의 이사 등에게 귀속하는 경우와 같이 그 행위의 실질적인 상대방을 상장법인의 이사 등으로 볼 수 있는 경우도 포함된다고 해석하여야 한다고 보았다($^{대판\ 2013.5.9.}_{2011도15854}$). 이는 신용거래금지에 관해서도 자기거래와 유사하게 일종의 간접거래를 포함시켜 금지하려는 취지로 볼 수 있다. 다만 일정한 경우 신용거래를 허용하는 것이 바람직하므로 그에 대한 예외규정을 두고 있다. 상법은 이해관계인에 대한 신용공여를 금지시키면서 이사회승인에 의한 예외조항을 두지 않은 취지로 보아서는 이를 위반한 경우 그 사법적 효력도 부정하는 강행법규로 이해된다. 특히 신용거래의 거래상대방이 이해관계인이라는 점에서 거래상대방보호도 크게 문제되지 않으므로 이해관계인에의 신용공여는 항상 무효하다고 볼 수 있다.

3. 자회사와 모회사간의 거래에 관한 판례

구 상법 제398조가 이사와 회사 간의 거래에 대하여 이사회의 승인을 받도록 정한 것은 이사가 그 지위를 이용하여 회사와 직접 거래를 하거나 이사 자신의 이익을 위하여 회사와 제3자 간에 거래를 함으로써 이사 자신의 이익을 도모하고 회사 또는 주주에게 손해를 입히는 것을 방지하고자 하는 것이므로, 위 규정이 적용되기 위해서는 이사 또는 제3자의 거래상대방이 이사가 직무수행에 관하여 선량한 관리자의 주의의무 또는 충실의무를 부담하는 당해 회사이어야 한다. 한편 자회사가 모회사의 이사와 거래를 한 경우에는 설령 모회사가 자회사의 주식 전부를 소유하고 있더라도 모회사와 자회사는 상법상 별개의 법인격을 가진 회사이고, 그 거래로 인한 불이익이 있더라도 그것은 자회사에게 돌아갈 뿐 모회사는 간접적인 영향을 받는 데 지나지 아니하므로, 자회사의 거래를 곧바로 모회사의 거래와 동일하게 볼 수는 없다. 따라서 모회사의 이사와 자회사의 거래는 모회사와의 관계에서 구 상법 제398조가 규율하는 거래에 해당하지 아니하고, 모회사의 이사는 그 거래에 관하여 모회사 이사회의 승인을 받아야 하는 것이 아니라 보았다(대판 2013.9.12, 2011다57869).

기본 사실관계 [22]

(1) 甲금융사의 대표이사 A는 계열사인 乙주식회사(이하 '乙회사'라 함)와 사이에, 甲금융사가 乙회사에 금원을 대출하여 주면 乙회사는 그 대출금을 건네받아 그 돈으로 甲금융사가 유상 증자를 위하여 발행할 신주를 인수하기로 하고, 乙회사의 대출금 상환을 위한 담보로 위 주식을 甲금융사에게 제공하기로 하였다. 甲금융사는 乙회사에 대출하였고 乙회사는 대출금으로 甲금융사 발행 신주를 인수하였으며 주식은 甲금융사에 담보로 제공하였다.

(2) 甲금융사가 乙회사에 주식인수자금을 대출을 하면서 만일 甲금융사가 관할 당국으로부터 영업정지처분결정을 받는 경우에 乙회사는 위 인수한 주식의 소유권을 甲금융사에 귀속시키고, 乙회사의 대출금 상환의무를 소멸시키는 통지를 할 수 있으며 이로써 대출금의 상환이 완료된 것으로 한다는 내용의 약정을 하였다. 乙회사는 甲금융사의 주식을 인수한 후 경기불황에 따른 계속된 영업실적 악화로 파산하게 되었고 甲금융사는 乙회사가 보유하면서 甲금융사가 담보로 가지고 있던 甲금융사의 주식을 강제집행하여 취득하였다.

문제 ❶

위 대출계약 및 신주인수행위의 효력에 관해 설명하시오. (30점)

문제 ❷

甲금융사의 대표이사인 A의 책임을 논하시오. (30점)

문제 ❸

甲금융사가 A에 대해 손해배상책임을 묻자, A는 대출을 심사함에 있어 통상의 합리적인 금융기관의 임원이 그 당시의 상황에서 적합한 절차에 따라 회사의 최대이익을 위하여 신의성실에 따

---

22) 사실관계 참조판례: 대판 2007.7.26, 2006다33609.

라 직무를 수행하였고 그 의사결정과정 및 내용이 현저하게 불합리하지 않았다고 항변하고 있다. A는 甲금융사에 손해배상책임을 부담하는가? (20점)

문제 ④

甲금융사의 A에 대한 손해배상채권의 소멸시효에 관해 설명하시오. (10점)

문제 ⑤

만일 甲금융사의 신주발행이 금융감독당국의 증자명령에 근거하여 이뤄졌다면 법원은 이를 근거로 대표이사 A의 손해배상액을 제한할 수 있는가? (10점)

해 설

I. 사안의 쟁점

甲금융사는 계열사인 乙회사에 자금을 대출하였고 乙회사는 동 자금을 이용하여 甲금융사의 유상증자에 참여하였다. 그러면서 유상증자에 참여하여 배정받은 주식을 甲금융사에 대출자금에 대한 담보로 제공하였다. 위 대출계약과 이에 이은 신주인수행위를 통해 甲금융사는 증자를 하여 장부상으로는 자본이 증가하였지만 실질적으로는 자본이 증가하지 않았다는 점에서 가장납입과 유사해 보인다. 뿐만 아니라 결국 甲회사의 재원으로 甲회사의 증자가 이뤄졌다는 점에서 실질적으로 자기주식의 취득으로 볼 여지도 있다. 가장납입 또는 자기주식의 취득에 해당하는 행위를 한 甲금융사의 대표이사인 A는 이러한 행위에 관해 회사에 대해 어떠한 책임을 부담하는지, 이러한 위법행위에 경영판단의 원칙이 적용될 수 있는지, 甲금융사에 대한 대표이사 A의 책임의 소멸시효기간은 A의 책임의 법적 성질에 의존하는바 소멸시효기간을 어떻게 보아야 하는지, 손해배상액 산정에 있어 일정한 고려를 할 수 있는지 하는 점을 묻고 있다. 이하에서는 이들 쟁점에 관해 문제의 순서에 따라 검토한다.

Ⅱ. 쟁점에 관한 검토

1. 신주인수행위의 효력 (문제 1)

(1) 가장납입의 효력

일시차입금에 의해 납입이 이루어진 경우 납입행위로서 효력에 관해서는 학설이 대립되고 있다. 무효설은 차입금에 의한 납입도 유효하지만 회사의 설립 후에 모두 인출하여 반환할 의도로 납입하였다면 이는 자본의 확보와 충실을 위하여 법정한 강행법규의 탈법행위이고, 납입금의 차입과 반환은 하나의 계획된 납입가장행위로 무효라 보는 견해이다. 이에 반해 유효설은 위장납입의 경우에도 차입금이기는 하나 주금액의 납입으로 사실상 금원의 이동이 있었는데, 발기인의 주관적 의도를 이유로 주금납입의 효력을 좌우함은 부당하여 위장납입을 유효하다고 본다. 이 견해는 납입금 상당금액 차입 후 납입행위와 회사설립등기 후에 이를 인출하여 채무의 변제를 위해 사용하는 반환행위를 분리하여, 반환행위는 발기인이 회사의 자본으로 자신의 채무를 변제하는 것이므로 형법상의 배임죄, 업무상 횡령죄, 상법상의 특별배임죄에 해당하나, 차입 후 납입행위 자체는 합법적이라고 보고 있다. 판례는 일시적인 차입금으로 단지 주금납입의 외형을 갖추고 회사설립이나 증자 후 곧바로 그 납입금을 인출하여 차입금을 변제하는 주금의 가장납입의 경우에도 금원의 이동에 따른 현실의 불입이 있는 것이고, 설령 그것이 실제로는 주금납입의 가장 수단으로 이용된 것이라고 할지라도 이는 그 납입을 하는 발기인 또는 이사들의 주관적 의도의 문제에 불과하므로, 이러한 내심적 사정에 의하여 회사의 설립이나 증자와 같은 집단적 절차의 일환을 이루는 주금납입의 효력이 좌우될 수 없다고 보았다(대판 1997.5.23. 95다5790).

(2) 발행회사의 대여자금에 의한 발행회사 주식의 인수

본 사안에서 주식의 인수자금은 통상의 가장납입에서와 달리 제3자로부터 차입이 이뤄지지 않았고 신주 발행회사로부터 차입이 이뤄졌다는 점에 특색이 있다. 그리고 발행 신주를 차입금에 대한 담보로 제공하고 있어 결국 회사의 자금으로 주식에 관한 권리를 회사가 인수한 것과 유사한 결과를 낳고 있다. 이는 실질적인 자기주식의 취득행위로서 성질을 가진다고 볼 수 있고 주식인수행위 자체에 제3자의 자금이 아니라 회사의 자금이 이용된다는 점에서 자본충실의 원칙에 정면으로 반하게 된다. 따라서 회사의 대여자금에 의한 자기주식의 인수행위는 가장납입으로서 효력을 가질 수 없다고 보아야 한다. 판례도 회사가 제3자의 명의로 회사의 주식을 취득하더라도, 그 주식 취득을 위한 자금이 회사의 출연에 의한 것이고 그 주식 취득에 따른 손익이 회사에 귀속되는 경우라면, 상법 기타의 법률에서 규정하는 예외사유에 해당하지 않는 한, 그러한 주식의 취득은 회사의 계산으로 이루어져 회사의 자본적 기초를 위태

롭게 할 우려가 있는 것으로서 상법 제341조, 제625조 제2호, 제622조가 금지하는 자기주식의 취득에 해당한다고 보았다(대판 2003.5.16, 2001다44109 참조).

(3) 자기주식 취득

발행회사의 대여자금에 의한 발행회사의 주식취득은 제3자 명의에 의한 주식취득의 외형을 가지나 실질적으로 회사자금의 출연에 의한 회사의 주식 취득이라 볼 수 있어 자기주식 취득에 해당하는가 하는 점이 문제된다. 통설, 판례 모두 제3자의 명의이지만 회사의 계산으로 취득하는 경우에도 이를 자기주식에 해당하는 것으로 보고 있다. 제3자가 발행회사의 대여자금에 의해 발행회사의 주식을 취득하고 대여자금에 대한 담보도 제3자의 재산이 아니라 발행회사의 주식일 경우 이는 실질적으로 회사의 계산으로 주식을 취득한 것으로 볼 수 있어 자기주식의 취득에 해당한다고 볼 수 있다. 앞서 소개한 판례에서도 회사가 제3자의 명의로 회사의 주식을 취득하더라도, 그 주식 취득을 위한 자금이 회사의 출연에 의한 것이고 그 주식 취득에 따른 손익이 회사에 귀속되는 경우라면, 자기주식의 취득에 해당한다고 보았다(대판 2003.5.16, 2001다 44109 참조). 다만 자기주식 취득의 금지에 관한 상법 규정이 개정되어 현행 상법은 이를 제한적으로 허용하고 있어 취득재원이 배당가능이익이었는지 여부만 문제된다고 볼 수 있다.

(4) 사안에의 적용

문제의 사안에서 乙회사가 甲금융사의 신주를 인수하였지만 취득재원이 甲금융사가 대여한 자금이고 대여자금에 대한 담보 역시 乙회사의 별개의 재산이 아니라 인수한 신주이다. 따라서 신주인수에 대한 손익이 모두 회사에 귀속된다는 점에서 이는 乙회사의 명의로 甲금융사의 계산에 의한 甲금융사의 신주를 인수한 것이라 할 수 있다. 따라서 이는 판례가 판시하고 있는 바와 같이 가장납입의 한 유형으로서 자본충실의 원칙에 반해 무효라고 할 수 있다. 그리고 자기주식 취득에 관한 규정이 개정되어 만일 甲금융사가 배당가능이익으로서 자금을 대여하였을 경우 자기주식 취득으로 보아 유효할 수 있지 않는가 하는 의문이 제기될 수도 있지만 이는 문제의 사안은 단순히 주식의 취득행위가 아니라 신주의 발생행위가 문제되었으므로 신주발생은 가장납입으로서 무효라 본다.

2. 대표이사 A의 책임 (문제 2)

(1) 이사의 회사에 대한 책임

이사가 법령 또는 정관에 위반한 행위를 하거나 임무를 해태하여 회사에 손해를 발행케 한 경우에는 이사는 회사에 대하여 연대하여 손해배상책임을 부담한다. 회사에 대한 이사의 손해배상책임은 법령·정관의 위반이 원인이 된 책임과 임무해태가 원인이 된 책임으로 구분할 수 있다. 이사가 법령 또는 정관에 위반한 행위를 한 경우란 예컨대 상법에 위반한 자기주식 취득($\stackrel{제341}{조}$), 경업금지의무 위반거래 · 위반겸직($\stackrel{제397}{조}$), 이사회의 승인 없는 자기거래($\stackrel{제398}{조}$), 인수인과 통모하여 현저하게 불공정한 발행가액에 의한 주식인수($\stackrel{제424조}{의2 \ 제3항}$), 위법배당의안의 제출($\stackrel{제462}{조}$) 등이다.

(2) 책임의 성질

법령 · 정관 위반으로 인한 이사의 회사에 대한 손해배상책임의 법적 성질에 관해 무과실책임설 · 과실책임설 · 절충설 등 학설이 대립하고 있었다. 판례는 상법 제399조에 따른 책임은 채무불이행에 해당한다고 보고 있어 과실책임설을 따른다고 볼 수 있다($\stackrel{대판 \ 2007.7.26,}{2006다33609}$). 손해배상책임은 과실책임이 원칙이고 과실책임주의의 예외를 인정하려면 명문의 규정이 있어야 하고, 무과실책임으로 볼 경우 책임이 과중하여 유능한 경영인의 확보가 곤란하다는 등을 이유로 이사가 법령 또는 정관에 위반한 행위를 한 경우 부담하는 책임은 과실책임으로 이해하는 견해가 다수설이고 타당하다고 본다. 개정 상법은 다수설에 따라 '이사가 고의 또는 과실로 법령 또는 정관에 위반한 행위'라고 개정함으로써 과실책임설을 따르고 있다. 그리고 이사의 법령 또는 정관에 위반한 행위가 이사회의 결의에 의한 것인 때에는 그 결의에 찬성한 이사도 연대책임을 지며, 결의에 참가한 이사로서 이의를 한 기재가 의사록에 없는 자는 결의에 찬성한 것으로 추정한다($\stackrel{제399조 \ 제}{2항, \ 제3항}$). 최근 판례는 업무담당이사의 업무집행이 위법하다고 의심할 만한 사유가 있음에도 불구하고 평이사가 감시의무를 위반하여 이를 방치한 때에는 이로 말미암아 회사가 입은 손해에 대하여 배상책임을 면할 수 없다고 판시한 바 있다($\stackrel{대판 \ 1985.6.25,}{84다카1954}$).

(3) 손해의 발생

상법 제399조의 이사의 회사에 대한 책임이 성립하기 위해서는 이사의 법령위반행위 등으로 회사에 손해가 발생하여야 하고 이사의 행위와 회사의 손해 간에 인과관계가 존재하여야 한다. 즉 이사의 고의, 과실에 의한 법령 · 정관 위반행위 또는 임무해태행위로 인해 회사에 손해가 발생하고 양자 간에 인과관계가 있을 경우 이사의 회사에 대한 손해배상책임이 발생한다. 다만 발생손해가 통상손해일 경우 문제가 없으나 특별손해일 경우 민법 제393조가 적용될 것인가 하는 점이 문제된다. 앞서 본 바와 같이 상법 제399조의 이사의 회사에 대한 책임을 이사의 수임자로서의 위무위반에 따르는 과실책임으로 이해할 경우 위 민법 제393조도 적용된다고 본다.

(4) 사안에의 적용

위 사례에서 주식인수는 가장납입이라는 상법에 반하는 행위이므로 甲금융사의 대표이사

A는 고의 또는 과실로 법령에 위반한 행위를 하였다고 볼 수 있다. 그러나 가장납입만으로 회사의 손해가 발생하였다고 볼 수 있는가 하는 점은 논란의 여지가 있지만, 위 사례와 같이 대출행위에 대한 담보를 자기주식으로 설정하고 이를 포괄적으로 가장납입으로 구성한 상태에서, 대출을 받은 乙회사가 파산을 하였다면 회사의 손해가 현실화하였다고 볼 수 있다. 하지만 이는 특별손해에 해당하게 되어 乙회사의 파산을 A가 예측할 수 있었는지 여부가 문제되고 이를 예측하였다면 A는 손해배상책임을 부담하게 된다고 본다.

3. 경영판단의 원칙과 A의 책임 (문제 3)

(1) 경영판단의 원칙

경영판단의 원칙(business judgment rule)이란 회사의 이사가 경영판단에 따라 업무를 집행한 경우 결과적으로 회사에 손해를 발생시켰더라도 경영판단이 권한의 범위 내에서 일정한 조건을 충족한 경우 법원이 이사에게 손해배상책임을 지울 수 없다는 영미법상의 원칙이다. 경영판단의 원칙을 우리 법상 적용할 수 있는가에 관해 학설이 대립되고 있다. 긍정설은 위임의 본지에 따라 선량한 관리자의 주의를 충분히 한 경우, 그로 인한 회사의 손실은 불가항력적인 것이므로 경영판단의 원칙을 충족하는 이사의 행위는 무과실의 행위로서 임무해태에 해당하지 않는 행위로 이해한다. 부정설은 우리나라에는 지배주주나 경영진에 대한 시장을 통한 감시기능이 제대로 발달되어 있지 않기 때문에 이사의 책임을 엄격하게 하고 주주의 이익을 보호하기 위해 사법부의 철저한 심사가 반드시 필요하다는 점에서 그 도입을 반대하는 견해이다. 판례는 임원의 경영판단은 허용되는 재량의 범위 내의 것으로서 회사에 대한 선량한 관리자의 주의의무 내지 충실의무를 다한 것으로 볼 것이라고 하여 경영판단의 원칙을 받아들이고 있다($\binom{대판\ 2002.6.14,}{2001다52407}$). 다만 판례도 이사가 법령에 위반한 행위에 대하여는 원칙적으로 경영판단의 원칙이 적용되지 않는다($\binom{대판\ 2007.7.26,}{2006다33609}$).

(2) 사안에의 적용

A가 대출을 심사함에 있어 통상의 합리적인 금융기관의 임원이 그 당시의 상황에서 적합한 절차에 따라 회사의 최대이익을 위하여 신의성실에 따라 직무를 수행하였고 그 의사결정과정 및 내용이 현저하게 불합리하지 않았을 경우에는 경영판단의 원칙이 적용될 수 있다. 하지만 위 사안에서 甲금융사 대표이사 A의 대출행위는 가장납입의 일환이었으므로 법령에 반하는 행위이므로 경영판단의 원칙이 적용되지 않는다고 본다.

4. A의 책임의 소멸시효 (문제 4)

(1) 이사의 회사에 대한 손해배상책임의 소멸시효

앞서 본 바와 같이 이사의 책임은 과실책임으로서 성질을 가지고 있다는 다수설, 판례가 타당하다. 이에 따르면 상법 제399조의 이사의 회사에 대한 책임은 위임관계상 의무위반으로 인한 채무불이행의 책임에 해당하므로 10년의 소멸시효기간이 경과함으로써 소멸한다. 그 밖에 민법상 일반적 소멸원인이 적용되겠지만 상법 제406조는 책임면제에 관한 규정을 두고 있고, 제450조는 책임해제에 관한 규정을 두고 있다. 따라서 소멸시효기간이 경과하기 전이라도 총주주의 동의가 있으면 책임을 면제시킬 수 있고 주식회사의 정기총회에서 재무제표 등을 승인한 후 2년 내에 다른 결의가 없으면 회사는 이사 등의 책임을 해제한 것으로 간주된다.

(2) 사안에의 적용

甲금융사가 대한 대표이사 A의 손해배상책임은 10년이 경과하면 소멸시효가 완성된다. 이사의 회사에 대한 손해배상책임의 소멸시효는 회사의 손해가 발생한 시점부터 발생하는데, 위 사안에서 손해의 발생시점을 가장납입을 위해 대출한 시점으로 볼 것인지 아니면 담보로 자기주식을 취득한 시점으로 볼 것인지 또는 乙회사가 파산한 시점으로 볼 것인지 다툼의 여지가 있다. 하지만 앞선 질문에서 본 것과 같이 甲금융사의 구체적 손해는 乙회사가 파산함으로써 발생하므로 소멸시효의 기산점은 乙회사의 파산시점으로 보아야 한다.

5. A의 손해배상액의 산정 (문제 5)

(1) 손해배상액의 경감

이사가 법령 또는 정관에 위반한 행위를 하거나 그 임무를 게을리함으로써 회사에 대하여 손해를 배상할 책임이 있는 경우에 그 손해배상의 범위를 정함에 있어서는, 당해 사업의 내용과 성격, 당해 이사의 임무위반의 경위 및 임무위반행위의 태양, 회사의 손해 발생 및 확대에 관여된 객관적인 사정이나 그 정도, 평소 이사의 회사에 대한 공헌도, 임무위반행위로 인한 당해 이사의 이득 유무, 회사의 조직체계의 흠결 유무나 위험관리체제의 구축 여부 등 제반 사정을 참작하여 손해분담의 공평이라는 손해배상제도의 이념에 비추어 그 손해배상액을 제한할 수 있다(대판 2007.7.26, 2006다33609). 최근 상법이 개정되어 이사가 책임을 부담하는 경우에도 일정한 예외적인 경우를 제외하고는 정관으로 손해배상금액을 제한할 수 있도록 하고 있다.

(2) 사안에의 적용

위 사안에서 甲금융사의 신주발행이 금융감독당국의 증자명령에 근거하여 이뤄졌다면 증자가 불가피하였다고 볼 수 있어 법원은 이를 근거로 대표이사 A의 손해배상액을 제한할 수 있다고 볼 여지가 없지 않다. 하지만 증자명령은 있었지만 이를 가장납입의 형태로 진행할 이유는 없었다는 점에서 이를 근거로 대표이사 A의 손해배상책임을 제한할 수는 없다고 본다.

추가 · 심화 질문

Ⅰ. 이사의 회사에 대한 책임 관련

문제

업무담당이사의 업무집행이 위법하다고 의심할 만한 사유가 있음에도 불구하고 평이사가 이를 방치하였고 이로 말미암아 회사가 손해를 입은 경우 이사의 회사에 대한 손해배상책임에 관해 설명하시오.

해 설

이사는 다른 이사에 대한 감시의무를 부담하는데, 감시의무를 위반하여 다른 이사와 대표이사의 임무해태로 인한 회사의 손해발생을 방지하지 못한 경우 그에 대한 감시의무를 해태한 것으로 손해배상책임을 부담할 수 있다고 보는 견해가 있다. 대법원도 업무담당이사의 업무집행이 위법하다고 의심할 만한 사유가 있음에도 불구하고 평이사가 감시의무를 위반하여 이를 방치한 때에는 이로 말미암아 회사가 입은 손해에 대하여 배상책임을 면할 수 없다고 판시한 바 있다(대판 1985.6.25, 84다카1954). 이사가 기울여야 할 주의의무의 정도는 회사의 업종·규모 등 제반 여건에 따라 그 정도를 달리한다. 임무해태에 대한 증명책임은 일반원칙에 따라 이사의 책임을 주장하는 자에게 있다는 것이 다수설이고, 판례의 입장이다(대판 2007.9.20, 2007다25865). 따라서 이사의 책임을 주장하는 자가 이사의 임무해태의 사실, 회사의 손해, 임무해태와 손해의 인과관계를 증명하여야 한다.

Ⅱ. 이사의 제3자에 대한 책임 관련

문제 ❶

甲주식회사의 대표이사 A가 회사의 공금을 횡령한 사실이 언론에 밝혀지면서 甲주식회사의 주가가 폭락하였다. 甲주식회사의 주주가 주가폭락에 따른 손해에 관해 대표이사 A에게 손해배상책임을 물을 수 있는가?

해 설

상법 제401조의 회사의 제3자에 대한 책임에서 제3자의 범위에 직접손해를 입은 주주가 포함된다는 점에서는 이견이 없으나, 간접손해를 입은 주주는 제한되는가에 관해 견해가 대립되고 있다. 제한설은 회사가 입은 손해로 인하여 주주가 간접적으로 손해를 받은 경우는 회사가 배상을 받음으로써 주주의 손해는 간접적으로 보상되는 것이므로 주주는 이러한 경우 제3자에 포함될 수 없다고 한다. 왜냐하면 이 경우에도 주주를 제3자에 포함시킨다면 주주가 회사채권자에 우선하여 변제를 받는 불합리한 결과가 생기며, 주주의 간접손해는 대표소송 등으로 구제될 수 있기 때문이라고 한다. 제한부정설은 주주는 직접손해의 경우는 물론이고 간접손해의 경우에도 제3자에 포함된다고 본다. 제한설에 의하면 간접손해의 경우에는 대표소송 등의 방법으로 당해 주주의 손해는 구제될 수 있다고 하나, 대표소송은 소수주주권자만이 제기할 수 있고 담보가 요구될 수 있으므로 이와 별도로 주주의 손해배상청구를 인정할 실익이 있다고 한다. 판례는 회사의 대표이사가 회사재산을 횡령하여 회사재산이 감소함으로써 회사가 손해를 입고 결과적으로 주주의 경제적 이익이 침해되는 손해와 같은 주주의 간접손해는 상법 제401조 제1항에서 말하는 손해의 개념에 포함되지 않는다는 제한설을 따르고 있다(대판 2003.10.24. 2003다29661). 판례에 따를 경우 위 사안에서 주주의 손해는 간접손해가 되어 상법 제401조가 적용되지 않아 대표이사 A는 주주에 대해 손해배상책임을 부담하지 않는다고 본다.

문제 ❷

甲주식회사의 대표이사 A가 회사의 회계를 분식하여 부실공시가 있어 주가가 높게 형성된 주식을 취득하여 주주가 된 B가 이후 분식회계사실이 공표되어 주가가 폭락함으로써 손해를 입었다. B는 대표이사 A에 대해 주식폭락에 따른 손해의 배상을 청구할 수 있는가?

해 설

회사의 재산을 횡령함으로 인해 회사가 손해를 입음으로써 주주가 입게 되는 손해는 간접 손해이지만, 횡령한 이사가 악의 또는 중대한 과실로 부실공시를 하여 주가를 높게 형성시켰고 이를 믿고 취득한 주식이 횡령, 부실공시 등이 공표되어 주가가 하락한 경우에는 이사에 대하여 상법 제401조 제1항에 의하여 손해배상을 청구할 수 있다는 것이 판례의 입장이다. 판례는 주식회사의 주주가 이사의 악의 또는 중대한 과실로 인한 임무해태행위로 직접손해를 입은 경우에는 이사에 대하여 구 상법 제401조에 의하여 손해배상을 청구할 수 있으나, 이사가 회사의 재산을 횡령하여 회사의 재산이 감소함으로써 회사가 손해를 입고 결과적으로 주주의 경제적 이익이 침해되는 손해와 같은 간접적인 손해는 상법 제401조 제1항에서 말하는 손해의 개념에 포함되지 아니하므로 이에 대하여는 위 법조항에 의한 손해배상을 청구할 수 없다. 그러나 회사의 재산을 횡령한 이사가 악의 또는 중대한 과실로 부실공시를 하여 재무구조의 악화 사실이 증권시장에 알려지지 아니함으로써 회사 발행주식의 주가가 정상주가보다 높게 형성되고, 주식매수인이 그러한 사실을 알지 못한 채 주식을 취득하였다가 그 후 그 사실이 증권시장에 공표되어 주가가 하락한 경우에는, 주주는 이사의 부실공시로 인하여 정상주가보다 높은 가격에 주식을 매수하였다가 주가가 하락함으로써 직접 손해를 입은 것이므로, 이사에 대하여 상법 제401조 제1항에 의하여 손해배상을 청구할 수 있다고 보았다 $\binom{대판 2012.12.13.}{2010다77743}$.

문제 ❸

甲주식회사의 대주주 A는 이사의 지위에 있지 않지만 대표이사를 직함을 사용하여 회사의 업무를 집행하다 회사에 손해가 발생하였다. 이로 인한 회사의 손해에 관해 회사는 A에게 어떠한 책임을 물을 수 있는가?

해 설

1) 그룹총수 등 회사에 대한 자신의 영향력을 이용하여 이사에게 업무집행을 지시한 자나 이사의 이름으로 직접 업무를 집행한 자, 이사가 아니면서 명예회장·회장·사장·부사장·전무·상무·이사 기타 업무를 집행할 권한이 있는 것으로 인정될 만한 명칭을 사용하여 회사의 업무를 집행한 자(사실상의 이사)는 지시하거나 집행한 업무에 관하여 회사·제3자에 대한 손해배상책임, 대표소송 등의 제도를 적용함에 있어 이사로 본다$\binom{제401조}{의2 제1항}$. 상법은 사실상 이사를 업무집행에 관여하는 형태에 따라 업무집행지시자, 무권대행자, 표현이사 등의 세 가

지 유형으로 규정하고 있다.

2) 특히 표현이사란 이사가 아니면서 명예회장·회장·사장·부사장·전무·상무·이사 기타 회사의 업무를 집행할 권한이 있는 것으로 인정될 만한 명칭을 사용하여 회사의 업무를 집행한 자를 말한다. 명예회장이나 회장과 같은 명칭을 사용하고 있는 표현이사는 기업집단에서 개별 회사의 이사는 아니지만, 기업집단의 업무에 관여하고 있는 자뿐만 아니라 개별 회사에서 직함을 사용하여 업무를 집행하고 있는 자도 포함한다. 표현이사는 상법 제395조의 표현대표이사와 구성요건이 거의 비슷하다. 하지만 상법 제401조의2 제1항 제3호의 표현이사규정은 당해 표현이사로 하여금 책임을 부담하게 하는 규정이나, 표현대표이사제도는 회사의 책임을 묻기 위한 규정이어서 취지를 달리한다. 뿐만 아니라 표현대표이사제도는 외관책임의 원리에 따라 상대방의 신뢰가 요구되지만, 표현이사의 책임은 상대방의 신뢰와는 무관한 행위책임적 성질을 가지고 있다. 위 사례에서 A는 표현이사에 해당하여 이사는 아니지만 회사에 대해 상법상 사실상의 이사의 책임을 부담한다. 사실상의 이사의 회사나 제3자에 대한 책임의 요건, 효과, 추궁방법, 면제·해제 등은 이사의 회사에 대한 손해배상책임과 동일하다(제401조의2 제1항).

Ⅲ. 대표소송에 관해

문제 ❶

甲은행(주식회사)의 이사인 A, B는 乙회사에 대한 대출 관련 이사회에 출석하여 신용조사 결과 상환능력이 미흡하다는 사정을 충분히 알 수 있었음에도 불구하고 담보제공 약속만 믿고 담보를 취득함이 없이 대규모 신규대출하는 결의에 이의를 제기하지 않았다. 乙회사의 경영이 부실하여 甲은행은 乙회사에 대한 대출금을 회수할 수 없게 되자 A, B는 이사에서 해임되었다. 甲은행의 주주인 C는 회사에 대해 A, B의 책임을 추궁하도록 요청하였지만 甲은행은 A, B의 책임을 추궁하지 않고 있다. 甲은행의 주주 C가 할 수 있는 조치는?

해 설

1) A, B는 甲은행의 이사로서 은행에 대해 선량한 관리자의 주의의무를 부담한다. 그런데 이를 위반하여 대출에 협조하였으므로 감시의무 위반이 있었다고 판단되어 A, B는 상법 제399조에 따라서 甲은행에 대해 손해배상책임을 부담한다. 甲은행이 적극적으로 이사 A, B의 책임을 추궁하지 않을 경우 주주는 상법 제403조에 따라 대표소송을 제기할 수 있다. 대표소송이란 회사에 대한 이사의 책임을 추궁하기 위하여 소수주주에 의해 제기된 소송을 의미한다(제403조). 회사를 경영하는 자가 이사이므로 이사에 의해 대표되는 회사가 이사의 책임을 추궁

하길 기대하기는 어렵다. 이러한 제도적 한계를 극복하고자 도입된 제도가 대표소송제도로서 소수주주권자가 회사를 대표하여 이사의 책임을 추궁하는 소송을 제기할 수 있도록 하고 있다. 대표소송을 제기하기 위해서는 우선 소수주주가 대표소송을 제기하는 이유를 기재한 서면으로(제403조 제2항) 이사책임추궁의 소를 제기할 것을 회사에 청구할 수 있다. 회사가 주주의 청구를 받은 날로부터 30일 내에 소를 제기하지 아니한 때에는 소수주주는 즉시 회사를 위하여 소를 제기할 수 있다(제403조 제3항).

2) 대표소송은 제3자의 소송담당의 성질을 가지므로 판결의 효력은 원·피고는 물론 회사에도 미친다. 즉 주주대표소송의 주주와 같이 다른 사람을 위하여 원고가 된 사람이 받은 확정판결의 집행력은 확정판결의 당사자인 그 원고가 된 사람과 다른 사람 모두에게 미치므로, 주주대표소송의 주주는 집행채권자가 될 수 있다(대결 2014.2.19, 자 2013마2316). 대표소송을 제기한 주주가 승소한 때에는 그 주주는 회사에 대하여 소송비용 및 그 밖에 소송으로 인하여 지출한 비용 중 상당한 금액의 지급을 청구할 수 있다. 이 경우 소송비용을 지급한 회사는 해당 이사 또는 감사에 대하여 구상권이 있다(제405조 제1항). 악의의 패소원고는 회사에 대해 손해배상책임을 부담한다(제405조 제2항).

문제 ❷

〈문제 1〉의 사례에서 C가 회사를 대표해서 제기한 소송에서 C가 A, B와 결탁해서 소송을 잘못 수행할 경우 甲은행이 할 수 있는 소송상의 조치는?

해 설

이와 같은 위험으로부터 회사를 보호하기 위해 회사는 대표소송에 소송참가할 수 있다. 회사의 대표소송 참가권한을 보장하기 위해 상법은 대표소송을 제기한 주주는 소를 제기한 후 지체 없이 회사에 대하여 소송고지를 하여야 한다고 정하고 있다(제404조). 그리고 대표소송이 제기된 경우에 원고와 피고의 공모로 인하여 소송의 목적인 회사의 권리를 사해할 목적으로써 판결을 하게 한 때에는 회사 또는 주주는 확정한 종국판결에 대하여 재심의 소를 제기할 수 있다(제406조). 이사책임을 추궁하는 소는 소송참가제도가 있음에도 불구하고 원고와 피고의 공모에 의하여 불공정한 결과가 발생할 염려가 크므로 민사소송법의 재심제도에도 불구하고 상법에 특칙을 두고 있다고 이해된다.

문제 ③

위의 사례에서 만일 甲은행이 소송참가한 후 소송중 C가 주식을 타인에게 양도하였다면 위 회사를 대표한 소송에 관해 법원은 어떠한 판단을 하여야 하는가?

해 설

판례는 대표소송을 제기한 주주 중 일부가 주식을 처분하는 등의 사유로 주식을 전혀 보유하지 아니하게 되어 주주의 지위를 상실하면, 특별한 사정이 없는 한 그 주주는 원고적격을 상실하여 그가 제기한 부분의 소는 부적법하게 되고, 이는 함께 대표소송을 제기한 다른 원고들이 주주의 지위를 유지하고 있다고 하여 달리 볼 것은 아니라고 보았다(대판 2013.9.12. 2011다57869).

| 기본 사실관계 |

甲회사는 2010 1. 10. 설립되었으며 주주는 A, B(최대주주), C(2대주주), D와 기타 소수주주들로 구성된 비상장회사이다. 그 후 2013. 5. 경 甲회사는 정당한 절차를 거쳐 정관을 변경하여 아래와 같은 규정을 정관에 두고 이를 등기하였다.

◎ 정관규정

〈신주의 발행에 관한 사항〉

① 주주는 그가 가진 주식 수에 따라 신주의 배정을 받을 권리가 있다.

② 제1항에 불구하고 이사회의 결의로써 주주 이외의 자에게 신주를 배정할 수 있다. 다만, 이 경우에는 신기술의 도입, 재무구조의 개선 등 회사의 경영상 목적을 달성하기 위하여 필요한 경우에 한한다.

〈주식양도에 관한 사항〉

기존의 주주 이외의 자에 대한 주식의 양도는 이사회의 승인을 얻어야 한다.

2013. 6. 20.경 甲회사의 2대주주인 C가 주식을 매집하여 최대주주가 되려고 하자, 종래 최대주주인 B에 의해 선임된 이사들은 B의 경영권을 방어할 의도 하에 신규 사업 모색을 위한 자금 마련을 명분으로 내세워 이사회를 개최하여 아래와 같은 내용을 포함하여 乙회사에게 제3자 배정방식으로 신주를 발행하기로 하였다. 당시 甲회사는 乙회사로부터 기술을 도입할 필요성이 특별히 없었을 뿐 아니라, 제3자 배정방식의 신주발행을 통하여 재무구조를 개선하는 등 경영상 목적을 달성하기 위한 필요성 또한 없었다.

이사회결의 당시 甲회사 주식의 시가는 5만원 상당이었는데, 乙회사는 甲회사의 주식을 시가 이하로 인수할 경우, 종래 甲회사의 경영진에게 우호적으로 의결권을 행사하기로 甲회사의 이사들과 약속하였다. 이후 甲회사는 위 이사회의 결의에 따라 신주발행절차를 진행하였고, 乙회사는 甲회사가 발행한 신주 전부를 인수하고 인수대금 전액을 납입하였다.

◎ 이사회가 결정한 발행사항(기타의 발행사항은 모두 유효하게 결정된 것으로 본다)

1) 발행할 주식의 종류: 보통주식 5백만 주
2) 신주의 액면금액 5천원, 발행가액 1만원
3) 신주의 인수인: 乙회사
4) 신주의 납입기일: 2013. 6. 22.

2013. 6. 30. 주주 D는 그가 가진 주식 30만주 중 일부에 해당하는 주식 20만주를 甲회사의 주주가 아닌 E에게 양도하였다. 이에 E는 2013. 7. 1. 양수한 주식의 종류와 수를 기재한 서면으로 甲회사에 대하여 승인을 청구하였으나, 甲회사는 2013. 8. 5.이 경과하도록 승인 여부에 관하여 통지하지 않았다. 이에 E는 甲회사에 대하여 주식양도에 대한 승인을 요청하지 않고 2013. 8. 20.경 다시 위 주식 20만주를 A에게 양도하였다.

문제 ①

A는 2013. 7. 25.경 甲회사가 乙회사에게 발행한 신주의 효력을 다투기 위하여 법원에 신주발행 무효의 소를 제기하였다. A가 제기한 위 소는 인용될 수 있는가? (20점)

문제 ②

위 사안에서 만일 위 신주발행절차가 아직 완료되지 않은 상태라고 가정하면 甲회사의 주주가 甲회사에 대하여 위 신주발행으로 인한 불이익을 예방하기 위하여 취할 수 있는 조치는? (20점)

문제 ③

甲회사의 주식 10%에 해당하는 주식을 가진 소수주주는 甲회사에 대하여 乙회사가 인수한 신주의 인수가액과 발행당시 시가와의 차액에 상당하는 금액을 乙회사로부터 반환받을 것을 요구하였는데, 甲회사가 이를 소홀히 하자 형식적(절차적) 요건을 모두 충족하여 乙회사를 상대로 대표소송을 제기하고 위 금액을 甲회사에 반환할 것으로 청구하였다. 乙회사는 이를 반환해야 할 의무가 있는가? (20점)

문제 ④

A는 E로부터 양수한 甲회사의 주식에 대한 소유권을 유효하게 취득하는가? (20점)

문제 ⑤

위 사안과 달리 만약 甲회사가 E의 양도승인청구에 대하여 2013. 7. 20.경 이사회결의로써 승인을 거절하고 그러한 거절 통지가 E에게 도달하였다면, E가 주식매수대금 회수를 위하여 甲회사를 상대로 취할 수 있는 조치는? (20점)

해 설

문제 ①

Ⅰ. 사안의 쟁점

신주발행무효의 소의 제소요건의 충족여부가 쟁점이 된다. 무효의 사유와 관련하여 신주발행이 법령이나 정관에 위반되는지가 문제되는데, 정관상 제3자에게 신주인수권을 부여한 규정의 효력이 우선 쟁점이 되고, 경영권 방어 목적의 신주인수권 부여, 현저히 불공정한 가액에 의한 신주발행의 효력이 쟁점이 된다.

Ⅱ. 신주발행무효의 소

1. 신주발행무효의 소의 절차적 요건

신주발행무효는 주주·이사 또는 감사(원고)에 한하여, 신주를 발행한 날로부터 6월 내(제소기간)에, 회사(피고)를 상대로 하는, '소'만으로 주장할 수 있다($\frac{제429}{조}$). 신주발행무효의 소의 법적 성질은 '형성의 소'이다.

소의 전속관할($\frac{제186}{조}$), 소제기의 공고($\frac{제187}{조}$), 소의 병합($\frac{제188}{조}$), 하자의 보완과 청구의 기각($\frac{제189}{조}$), 패소원고의 손해배상책임($\frac{제191}{조}$), 무효판결의 등기($\frac{제192}{조}$)에 관하여는 회사의 설립무효의 소에 관한 규정이 준용된다($\frac{제430}{조}$). 또한 제소주주의 담보제공의무($\frac{제377}{조}$)는 주주총회결의취소의 소에 관한 규정이 준용된다($\frac{제430}{조}$).

2. 신주발행의 무효원인

(1) 신주발행 무효원인의 판단기준

신주가 일단 발행되면 그 인수인의 이익을 고려할 필요가 있고 또 발행된 주식은 유가증권으로서 유통되는 것이므로 거래의 안전을 보호해야 할 필요가 크고, 신주를 무효로 함으로써 거래의 안전과 법적 안정성을 해칠 위험이 큰 점을 고려할 때, 무효원인은 엄격하게 해석하여야 한다. 따라서 법령이나 정관의 중대한 위반 또는 현저한 불공정이 주식회사의 본질이나 회사법의 기본원칙에 반하거나 기존 주주들의 이익과 회사의 경영권 내지 지배권에 중대한 영향을 미치는 경우로서 신주와 관련된 거래의 안전, 주주 기타 이해관계인의 이익 등을 고려하더라도 도저히 묵과할 수 없는 정도라고 평가되는 경우에 한하여 신주의 발행을 무효로 할 수 있다($\binom{\text{대판 2010.4.29.}}{\text{2008다65860}}$).

(2) 제3자에게 신주인수권을 부여한 정관의 효력

제3자에게 신주인수권을 부여하는 정관의 규정은 예측이 가능한 정도로 구체적이어야 하고 단순히 이사회의 결의로 제3자에게 신주를 발행할 수 있도록 정한 정도로는 제3자 배정의 구체적 합리성을 보장할 수 없으므로 무효라고 본다($\binom{\text{대판 2004.6.25. 2000다37326 – 전환사}}{\text{채발행에 관한 판례이나 법리가 동일함}}$).

(3) 경영권 방어 목적의 신주발행의 효력

주식회사가 신주를 발행함에 있어 신기술의 도입, 재무구조의 개선 등 회사의 경영상 목적을 달성하기 위하여 필요한 범위 안에서 정관이 정한 사유가 없는데도 회사의 경영권 분쟁이 현실화된 상황에서 경영진의 경영권이나 지배권 방어라는 목적을 달성하기 위하여 제3자에게 신주를 배정하는 것은 상법 제418조 제2항을 위반하여 주주의 신주인수권을 침해하는 것이다($\binom{\text{대판 2009.1.30.}}{\text{2008다50776}}$).

(4) 현저하게 불공정한 가액에 의한 인수

주식회사의 본질에 반하고 기존주주들의 이익과 회사의 경영권 등에 중대한 영향을 미치는 것이어야 하므로 단순히 불공정가액에 의한 인수라고 하여 신주발행유지청구와 마찬가지로 무효로 보기는 어렵다. 따라서 인수인의 책임과 이사의 책임에 의해 보전이 가능하다면 무효사유로 볼 것은 아니다. 그러나 그 금액이 현저하고 인수인의 자력이 부족하여 전보시킬 방법이 없다면 무효로 볼 수 있을 것이다.

3. 신주발행무효판결의 효력

신주발행무효판결이 확정된 때에는 법률관계의 획일적 처리를 위하여 대세적 효력이 인정되고($\binom{\text{제430조, 제}}{\text{190조 본문}}$), 또한 거래의 안전을 기하기 위하여 그 신주발행은 판결이 확정된 때부터 장래에 대하여 그 효력이 없게 된다($\binom{\text{제431조}}{\text{제1항}}$). 즉, 소급효를 인정하지 않는다.

4. 사안에의 적용

사안의 경우 이사회결의에 의해 제3자배정 방식으로 신주를 발행하려면 정관 규정에 따라 신기술의 도입, 재무구조의 개선 등 회사의 경영상 목적을 달성하기 위하여 필요한 경우에 한하여야 하는데, 이러한 사유가 없었을 뿐만 아니라 오로지 경영권 방어목적으로 제3자배정 방식으로 신주를 발행한 것이므로 판례에 따르면 무효이다.

또한 신주의 발행가액도 시가 5만 원보다 훨씬 낮은 1만 원에 발행함으로써 불공정한 가액으로 발행하였다. 불공정가액에 의한 발행이라고 하더라도 인수인인 乙회사의 책임과 이사의 책임에 의해 보전할 수 있다면 무효사유로 볼 것은 아니다. 그러나 그 금액이 현저하게 불공정하고 인수인 등의 자력이 부족하여 전보시킬 방법이 없다면 무효로 본다.

문제 **2**

Ⅰ. 사안의 쟁점

신주발행유지청구권의 요건과 효과가 문제된다($\frac{제424}{조}$).

Ⅱ. 신주발행유지청구권

1. 의 의

회사가 법령 · 정관에 위반하거나 현저하게 불공정한 방법에 의하여 주식을 발행함으로써, 이로 인하여 주주가 불이익을 받을 염려가 있는 경우에 사전적 예방조치로서 그 주주는 회사에 대하여 신주발행을 유지할 것을 청구할 수 있다($\frac{제424}{조}$).

2. 요 건

ⅰ) 회사가 '법령 또는 정관에 위반'하거나 '현저하게 불공정한 방법'에 의하여 주식을 발행하여야 한다($\frac{제424}{조}$). ⅱ) ⅰ)로 말미암아 '주주가 불이익을 받을 염려'가 있어야 한다($\frac{제424}{조}$).

3. 절 차

신주발행유지의 청구권자는 불이익을 입을 염려가 있는 '주주'(단독주주도 무방)이다. 피청구권자는 '회사'이다. 신주발행유지청구는 사전조치이므로 신주발행의 효력이 생기는 '납입기일의 다음날($\frac{제423조}{제1항}$) 이전'에(즉 납입기일까지) 행사하여야 한다.

신주발행유지청구의 방법에 대하여도 상법상 특별한 규정이 없으므로 이사의 위법행위유지청구의 경우와 같이 '소'에 의해서 할 수도 있고, '소 이외의 방법'(의사표시)에 의하여 할 수도 있다고 본다.

4. 효 과

주주의 신주발행유지청구가 있게 되면 회사(이사회)는 위법 또는 불공정 여부를 심사하여 그 유지여부를 결정해야 한다. 이 때 회사가 유지를 결정한 경우에는 지금까지 진행되어 온 신주발행절차의 전부가 효력이 없게 되고 또 앞으로 신주발행절차를 계속할 수 없는가? 신주발행유지청구권을 단독주주에게도 인정한 점과 관련하여 볼 때 이의 효과는 지나친 것이므로, 회사는 위법 또는 불공정한 사항을 시정하여 신주발행절차를 속행할 수 있다고 보는 것이 보다 더 현실에 맞는 것으로 본다.

회사가 주주의 신주발행유지청구를 무시하고 신주발행절차를 속행한 경우에 그 효력은 어떤가? 이에 대하여는 소에 의한 경우와, 소 이외의 방법(의사표시)에 의한 경우로 나누어 그 효력을 볼 수 있다.

ⅰ) 신주발행유지의 소가 제기되어 이에 기한 유지의 판결이나 가처분이 있음에도 불구하고 이에 위반하여 한 신주발행은 무효가 된다고 본다(통설). ⅱ) 신주발행유지청구를 소 이외의 방법(의사표시)으로 한 경우에 이를 무시하고 한 신주발행은 무효원인이 되지 않고, 다만 이사의 책임$\binom{제401}{조}$이 생길 뿐이다(통설). 이 때 주주는 회사를 상대로 손해배상을 청구할 수도 있는데, 이로 인하여 회사에게 손해가 생겼다면 신주발행을 한 이사는 회사에 대하여 손해배상책임이 있다$\binom{제399}{조}$.

5. 사안에의 적용

사안의 경우 신주발행절차가 아직 완료되기 이전이므로 1주 이상을 가진 주주는 회사에 대하여 신주발행유지청구를 하기 위하여 소를 제기하거나 의사표시의 방법으로 할 수 있다.

문제 **3**

Ⅰ. 사안의 쟁점

현저하게 불공정한 가액에 의해 신주를 인수한 인수인의 책임이 문제된다$\binom{제424}{조의2}$.

Ⅱ. 통모인수인의 책임

1. 의 의

통모인수란 신주인수인이 이사와 통모하여 현저하게 불공정한 발행가액으로 주식을 인수하는 것을 말한다. 통모인수인의 차액지급책임을 부과하는 목적은 자본충실, 주주이익의 보호, 이사회의 신중한 단주·실권주 처리, 총회꾼의 횡포에 대처 등이다.

2. 불공정한 가액으로 주식을 인수한 인수인의 책임

(1) 책임발생의 요건

첫째, '발행가액이 현저하게 불공정'하여야 한다. 둘째, 주식인수인이 이사와 「통모」하여야 한다. 셋째, 이상의 요건에 해당하는 사실은 원고인 회사 또는 대표소송을 제기하는 주주가 입증하여야 한다.

(2) 적용범위

통모인수인의 책임은 제3자 배정이나 모집에 의한 신주발행의 경우에 거의 대부분 적용된다. 이 제도는 특정한 주식인수인이 불공정하게 유리한 가격으로 인수함으로써 다른 주주의 주식가치를 희석화시키는 것을 방지하기 위한 것이다. 주주배정의 경우에는 시가와 발행가의 차액으로 인한 이익은 구주의 희석화로 인한 손실과 상계되므로 적용되지 아니한다.

(3) 인수인의 책임과 이사의 책임과의 관계

인수인의 책임은 이사가 임무해태로 인해 지는 회사에 대한 손해배상책임($\binom{제399}{조}$) 또는 주주에 대한 책임($\binom{제401}{조}$)에 영향을 미치지 아니한다($\binom{제424조}{의2\ 제3항}$). 이 때 인수인의 책임과 이사의 책임과의 관계에 관하여 다수설은 상법 제424조의2의 통모인수인의 책임과 이사의 회사에 대한 이러한 책임은 부진정연대채무의 관계에 있다고 본다. 반면 소수설은 이사의 손해배상책임과 통모인수인의 차액지급책임은 서로 성질을 달리하고 서로 영향을 미치지 않으므로($\binom{제424조}{의2\ 제3항}$), 상호 독립된 채무이고 부진정연대채무가 아니라고 한다.

(4) 책임추궁의 방법

원래는 회사가 통모인수인의 이러한 책임을 추궁하여야 할 것이나, 이사와 통모한 자에 대하여 회사가 그 책임을 추궁하는 것은 사실상 기대할 수 없으므로 주주의 대표소송이 인정된다($\binom{제424조의2\ 제2항,}{제542조의6\ 제6항}$). 이는 신주발행유지청구권과 차이점이다.

대표소송을 제기할 수 있는 소수주주는 비상장회사의 경우에는 발행주식총수의 100분의 1 이상에 해당하는 주식을 보유한 자인데(제424조의2 제2항, 제403조), 상장회사의 경우에는 6개월 전부터 계속하여 발행주식총수의 10,000분의 1 이상에 해당하는 주식을 보유한 자이다(제542조의6 제6항).

3. 사안에의 적용

甲회사는 비상장회사이므로 사안에서 10%를 가진 소수주주는 제소적격을 충족한다. 위 사안에서는 대표소송의 형식적 요건을 충족하고 있으므로 '발행가액의 현저한 불공정'과 주식인수인인 乙회사와 甲회사의 이사가 통모한 점을 입증하여야 한다. 사안에서 시간 5만 원의 주식을 1만 원으로 발행하였으므로 발행가액이 현저하게 불공정하며, 乙회사가 시가 이하로 인수할 경우 甲회사의 경영진에게 우호적으로 의결권을 행사하기로 甲회사의 이사들과 통모하였으므로 요건을 충족하여 乙회사는 시장가격 5만 원과 발행가액 1만 원의 차액인 4만 원에 신주 5백만 주를 곱한 금액은 2,000억 원의 차액을 반환해야 할 것이다.

문제 4

Ⅰ. 사안의 쟁점

정관에 의한 주식양도 제한의 효력과 양도제한을 위반한 양도의 효력과 관련하여 이사회의 승인통지가 없는 경우, 승인의 효력이 있으므로 주식양도는 유효한 것이 쟁점이다. 소규모의 주식회사에서 주주 상호간의 인적 관계를 존중하여 회사가 바라지 않는 주주의 참여를 막아 경영의 안전을 도모하기 위하여 인정된 것이다.

Ⅱ. 정관에 의한 주식양도의 제한

1. 제한의 방법 및 양도제한의 유효성

주식의 양도는 원칙적으로 자유이지만, 정관이 정하는 바에 따라 이사회의 승인을 얻도록 할 수도 있다(제335조 제1항 단서). 정관의 규정으로 주식양도를 제한하는 경우에도 주식양도를 전면적으로 금지하는 규정을 둘 수는 없고, 또한 이러한 내용을 회사와 주주 사이에서 또는 주주들 사이에서 약정을 하였다 하여도 회사에 대한 관계에서는 무효이다(대판 2000.9.26, 99다48429).

2. 양도제한의 요건

회사가 이사회의 승인을 얻어 주주의 주식양도를 제한하기 위해서는 먼저 정관에 이를 규정하여야 한다. 정관의 규정에 의하여 주식양도를 제한한 경우 그 규정은 주식청약서$\binom{\text{제302조}}{\text{제2항 제}}$ $\binom{\text{5호}}{\text{의2}}$와 주권$\binom{\text{제356조}}{\text{제6호의2}}$에 기재하고 또 등기하여$\binom{\text{제317조 제2}}{\text{항 제3호의2}}$ 이를 공시하여야 한다.

주식의 양도제한규정은 주식을 매매나 증여에 의하여 양도한 경우에만 적용되며, 상속이나 합병과 같은 포괄승계에는 적용되지 않는다. 비상장주식에만 적용된다. 이사회의 승인 없이 주식을 양도한 경우에는, 그 주식양도는 회사에 대하여 효력이 없다$\binom{\text{제335조}}{\text{제2항}}$. 당사자 간에는 유효하다

3. 양도승인의 절차

(1) 주주(양도인)의 양도승인의 청구

주식의 양도에 관하여 정관의 규정에 의하여 이사회의 승인을 얻어야 하는 경우에, 주식을 양도하고자 하는 주주(양도인)는 회사에 대하여 양도의 상대방 및 양도하고자 하는 주식의 종류와 수를 기재한 서면으로 양도의 승인청구를 할 수 있다$\binom{\text{제335조}}{\text{의2 제1항}}$. 승인청구는 반드시 서면으로 하여야 하므로 구두로 하는 것은 효력이 없다.

(2) 승인여부의 통지

회사는 주주로부터 승인청구가 있는 날로부터 1월 이내에 이사회의 결의를 거쳐 그 승인여부를 서면으로 통지하여야 한다$\binom{\text{제335조}}{\text{의2 제2항}}$. 회사가 주주에게 1월의 기간 내에 이사회의 승인절차를 밟아 승인여부를 서면으로 통지를 하지 않으면 회사는 그 주식의 양도에 관하여 이사회의 결의를 거쳐 승인한 것으로 본다$\binom{\text{제335조}}{\text{의2 제3항}}$.

(3) 양수인의 승인청구

주식의 양도에 관하여 정관의 규정에 의하여 이사회의 승인을 얻어야 하는 경우에, 이사회의 승인 없이 주식을 취득한 자(양수인)도 회사에 대하여 그 주식의 종류와 수를 기재한 서면으로 취득의 승인을 청구할 수 있다$\binom{\text{제335조}}{\text{의7 제1항}}$.

4. 사안에의 적용

주식을 주주 이외의 자에게 양도하고자 하는 주주(D) 또는 주주 아닌 양수인(E)은 서면으로 이사회의 승인을 얻어야 하는데, E는 승인을 신청하였고, 회사가 1월 이내에 통지를 하지 않은 경우이므로 D의 E에 대한 주식양도는 유효하다. 따라서 E는 주식을 적법하게 취득하여 주

주가 된다. 한편, A는 이미 주주이므로 E로부터 A에게 주식을 양도하기 위해서는 별도 이사회의 승인을 얻을 필요가 없다. 따라서 E로부터 A에 대한 주식양도는 유효하다.

<hr>

문제 5

Ⅰ. 문제의 제기

주식매수가 거절된 경우 주주는 회사에 대하여 양도 상대방의 지정을 청구하거나 또는 주식매수청구권을 선택적으로 행사할 수 있다(제335조 의2 제4항).

Ⅱ. 양도상대방의 지정청구

1. 지정청구

양도승인을 청구한 주주 또는 취득승인을 청구한 양수인(이하 '주주 또는 양수인'이라 함)이 회사로부터 주식양도의 승인거부의 통지를 받은 때에는, 그 통지를 받은 날로부터 20일 내에 회사에 대하여 양도의 상대방의 지정 또는 그 주식의 매수를 청구할 수 있다(제335조의2 제4항, 제335조의7 제2항).

2. 회사의 지정 및 지정통지

주주 또는 양수인이 회사에 대하여 양도상대방의 지정을 청구한 경우에는, 회사는 이사회의 결의에 의하여 이를 지정하고 그 청구가 있는 날부터 2주간 내에 주주 및 지정된 상대방에게 서면으로 이를 통지하여야 한다(제335조의3 제1항, 제335조의7 제2항). 만일 회사가 상대방의 지정청구가 있는 날로부터 2주간 내에 주주 또는 양수인에게 상대방지정의 통지를 하지 아니한 때에는 그 주식의 양도에 관하여 이사회의 승인이 있는 것으로 본다(제335조의3 제2항, 제335조의7 제2항).

3. 지정매수인의 매도청구

주식양도의 상대방으로 지정된 자(피지정자, 지정매수인)는 지정통지를 받은 날로부터 10일 이내에 주주 또는 양수인에 대하여 서면으로 그 주식을 자기에게 매도할 것을 청구할 수 있다(제335조의4 제1항, 제335조의7 제2항). 피지정자의 이러한 매도청구권은 형성권이다.

그러나 피지정자가 지정통지를 받은 날로부터 10일 이내에 주주에 대하여 주식매도를 청구하지 아니한 때에는 그 주식의 양도에 관하여 이사회의 승인이 있는 것으로 본다(제335조의4 제2항, 제335조의3 제2항, 제335조의7 제2항).

4. 매수가격의 결정

피지정자가 주식매도를 청구한 경우에 주식의 매도가액은 주주 또는 양수인과 매도청구인 (피지정자) 사이의 협의로 결정된다$\binom{\text{제335조의5 제1항,}}{\text{제335조의7 제2항}}$. 매도청구를 받은 날로부터 30일 이내에 협의가 이루어지지 아니한 때에는, 회사 또는 주주는 법원에 대하여 매도가액의 결정을 청구할 수 있는데, 이 때 법원은 회사의 재산상태 기타의 사정을 참작하여 공정한 가액으로 이를 산정하여야 한다$\binom{\text{제335조의5 제2항, 제335조의7}}{\text{제2항, 제374조의2 제4항·제5항}}$.

Ⅲ. 주식매수청구

1. 매수청구권 행사 요건 및 행사의 효과

주주가 회사로부터 주식양도의 승인거부의 통지를 받은 날부터 20일 내에 회사에 대하여 그 주식의 매수를 청구할 수 있다$\binom{\text{제335조}}{\text{의2 제4항}}$. 회사가 주주로부터 주식매수청구를 받은 경우에는, 회사는 그 청구를 받은 날로부터 2월 이내에 그 주식을 매수하여야 한다$\binom{\text{제335조의6, 제}}{\text{374조의2 제2항}}$.

이 때 주주가 매수청구를 하더라도 회사와 매매계약이 체결되는 것은 아니며, 다만 회사에게 매수가격협의의무를 생기게 하는 것이라고 보는 견해가 있다. 그러나 다수설·판례는 주식매수청구권의 성질이 형성권이므로, 주주가 매수청구를 하면 회사의 승낙 여부와 상관없이 회사와 주주 사이에 매매계약이 체결되고, 그 결과 회사는 법정기간 내에 계약을 이행할 의무만 남는다고 한다$\binom{\text{대판 2011.4.28,}}{\text{2009다72667}}$.

판례에 따르면 2월 이내에 매매대금을 지급해야 한다. 즉 2월의 기간은 매매대금지급의무의 이행기를 정한 것으로 해석한다$\binom{\text{대판 2011.4.28,}}{\text{2009다72667}}$. 2월이 경과하면 지연손해금을 지급해야 한다.

2. 매수가격의 결정

주식의 매수가액은 회사와 주주간의 협의로 결정된다$\binom{\text{제335조의6, 제374}}{\text{조의2 제3항 본문}}$. 회사가 주주로부터 주식매수청구를 받은 날로부터 30일 이내에 당사자 간에 주식의 매수가액에 대하여 협의가 이루어지지 아니하는 경우에는, 회사 또는 주식의 매수를 청구한 주주는 법원에 대하여 매수가액의 결정을 청구할 수 있는데, 이 때 법원은 회사의 재산상태 그 밖의 사정을 참작하여 공정한 가액으로 이를 산정하여야 한다$\binom{\text{제335조의6, 제374}}{\text{조의2 제4항·제5항}}$.

Ⅳ. 사안에의 적용

E가 2013. 7. 1. 甲회사에 양도승인청구를 하고, 甲회사가 2013. 7. 20. 승인거절 통지를 한 경우, 주주인 E는 甲회사에 대하여 양도 상대방 지정 또는 주식매수청구권을 행사할 수 있다($^{제335조}_{의2 제4항}$). E는 이를 선택적으로 청구할 수 있다.

추가 · 심화 질문

문제 ①

위 사례에서 甲회사의 이사회가 乙회사에게 신주를 배정하면서 신주인수대금의 일부를 현물출자로 납입하도록 정하는 것도 가능한가?

해 설

Ⅰ. 쟁 점

신주발행시 현물출자에 관하여 정관에 근거를 요하는 규정이 없다. 상법 제416조 제4호에서 신주발행에 관한 이사회 결정사항의 하나로서 "현물출자자의 성명, 목적재산의 종류 · 수량 · 가액 그리고 이에 대하여 부여할 주식의 종류와 수"를 열거하고 있을 뿐이다. 그러나 상법에 다른 규정이 있거나 정관으로 주주총회에서 결정하기로 한 경우에는 그에 따른다($^{제416}_{조 본문}$). 주주 아닌 제3자의 현물출자도 이사회결의에 의하여 정할 수 있는지가 문제된다.

Ⅱ. 학설과 판례

1. 제1설과 판례

이사회결의만으로 현물출자를 받을 수 있고, 주주의 신주인수권을 무시한 채 이에 상응하는 신주를 발행할 수 있다고 본다($^{대판 1989.3.14.}_{88누889}$).

2. 제2설

제1설과 판례처럼 해석하면 신주인수권은 법률이나 정관의 규정으로만 제한할 수 있다는 원칙($\binom{제418조}{제2항}$)을 이사회결의로 무력화시키는 중대한 예외가 생긴다. 이사회는 언제든지 현물출자의 형태를 취하여 회사의 지배구조를 변경할 수 있게 되는데, 이는 중대한 주주권의 침해이다. 따라서 상법 제416조 제4호에서 열거하는 결정사항들은 주주의 신주인수권과 관련된 문제가 상위 차원의 규범에서 해결된 후, 그 실행을 위한 절차를 규정한 것으로 보아야 한다. 그러므로 주주의 신주인수권에 변동을 가져오는 현물출자는 정관의 규정 또는 이에 갈음하는 주주총회 특별결의를 거쳐야 한다고 해석한다.

Ⅲ. 경영상의 목적

현물출자에 대해서는 주주의 신주인수권에 관한 제418조 제1항이 적용되지 않고 따라서 정관에 규정이 없더라도 제3자 배정이 가능하지만, 제418조 제2항 단서의 "경영상의 목적"은 요구된다. 이때의 경영상 목적은 해당 현물을 취득하여야 할 경영상의 목적을 말한다. 주주에 대한 공시의 필요성도 인정되기 때문에 제418조 제4항도 적용된다.

Ⅳ. 사안에의 적용

현물출자를 통해 신주인수대금을 납입하는 경우 주주배정이 아니고 제3자 배정인 경우에는 주주의 신주인수권에 관한 제418조 제1항은 적용되지 않지만 제2항의 경영상의 목적은 적용된다. 따라서 甲회사의 이사회는 乙회사의 해당 현물을 취득하여야 할 경영상의 목적이 있는 경우에만 현물출자를 허용할 수 있을 것이다.

문제 2

신주인수대금을 현물로 납입하면서 검사인의 조사절차를 이행하지 아니한 경우 그 효력은?

해 설

Ⅰ. 신주에 대한 납입 및 현물출자의 이행

현물출자를 하는 자는 납입기일에 지체 없이 출자의 목적인 재산을 인도하고 권리의 설정 또는 이전에 등기나 등록을 요하는 것은 그 서류를 완비하여 교부하여야 한다($\binom{제425조, 제305조 제}{3항, 제295조 제2항}$).

Ⅱ. 현물출자의 조사 및 조사 면제

현물출자를 하는 자가 있는 경우에 이사는 이를 조사하게 하기 위하여 검사인의 선임을 법원에 청구하여야 한다(제422조 제1항 본문). 이 경우 공인된 감정인의 감정으로 검사인의 조사에 갈음할 수 있다(제422조 제1항 단서).

그러나 현물출자자가 ⅰ) 제416조 제4호의 현물출자의 목적인 재산의 가액이 자본금의 5분의 1을 초과하지 아니하고 대통령령으로 정함 금액(5천만 원, 시행령 제14조 제1항)을 초과하지 아니하는 경우, ⅱ) 제416조 제4호의 현물출자의 목적인 재산이 거래소의 시세 있는 유가증권인 경우 제416조 본문에 따라 결정된 가격이 대통령령으로 정한 방법으로 산정된 시세(시행령 제14조 제2항)를 초과하지 아니하는 경우, ⅲ) 변제기가 돌아온 회사에 대한 금전채권을 출자의 목적으로 하는 경우로서 그 가액이 회사장부에 적혀 있는 가액을 초과하지 아니하는 경우, ⅳ) 그 밖에 ⅰ)부터 ⅲ)까지의 규정에 준하는 경우로서 대통령령으로 정하는 경우(시행령에 규정 없음)의 어느 하나에 해당하는 경우에는 검사인에 의한 조사나 공인된 감정인의 감정을 받을 필요가 없다(제422조 제2항).

Ⅲ. 법원의 심사

법원은 검사인의 보고서 또는 감정인의 감정결과를 심사하여 부당하다고 인정한 때에는 이를 변경하여 이사와 현물출자자에게 통고할 수 있다(제422조 제3항). 이러한 법원의 통고에 현물출자자가 불복하는 경우에는 2주 내에 그 주식의 인수를 취소할 수 있는데(제422조 제4항), 통고가 있은 후 2주 내에 주식의 인수를 취소하지 않으면 그 통고에 따라 변경된 것으로 본다(제422조 제5항).

Ⅳ. 검사절차 위반의 효과

검사인에 의한 검사절차(또는 공인된 감정인의 감정절차)를 거치지 않았다고 하더라도 그 사유만으로는 이미 경료된 신주발행 및 변경등기의 당연무효사유(제429조)가 되는 것은 아니다. 다만, 현물출자가 현저하게 과대평가된 경우에는 무효사유가 된다.

문제 ❸

위 사례에서 2013. 6. 20. 甲회사가 신주를 제3자 배정이 아니라 주주에게 배정하는 방식으로 발행하기로 정하고 납입기일을 2013. 7. 4.로 정한 경우, A는 자신의 신주인수권을 B에게 양도할 수 있는가?

해 설

Ⅰ. 구체적 신주인수권의 양도성

주주는 그에게 부여된 구체적 신주인수권을 행사하여 주식을 청약·납입할 수 있으나, 발행가액에 상당하는 자금이 없거나 부족한 경우에는 이러한 신주인수권의 전부 또는 일부를 포기하지 않을 수 없다. 그러나 주주가 신주인수권을 양도할 수 있다면, 그가 신주의 청약과 납입을 하지 않더라도 신주인수권을 양도함으로써 그 차액을 얻을 수 있기 때문에 이는 주주에게 매우 유리하다.

신주인수권은 그 배정기준일과 청약일의 간격을 최단기로 하더라도 2주간의 시차가 있으므로($\frac{\text{제419조}}{\text{제3항}}$), 권리의 존속기간으로 보아 양도를 허용할 실익이 있다. 상법은 신주인수권증서에 의해 양도할 수 있게 한다.

Ⅱ. 신주인수권의 양도요건

주주의 신주인수권은 정관 또는 이사회결의(정관상 주주총회의 결의로 신주발행을 할 수 있도록 규정된 경우에는 주주총회의 결의)로 이를 양도할 수 있음을 정한 경우에만, 회사에 대한 관계에서 유효하게 양도할 수 있다($\frac{\text{제416조}}{\text{제5호}}$).

'주주'의 신주인수권은 양도할 수 있지만, 제3자의 신주인수권을 양도할 수 있는지에 관해서는 견해가 대립한다.

Ⅲ. 정관 또는 이사회결의로 신주인수권의 양도를 정하지 않은 경우에 주주는 이를 양도할 수 있는가?

소수설(판례): 채권양도의 방법과 효력으로써 이를 양도할 수 있다고 본다. 구체적 신주인수권은 채권적 성질을 갖는 권리이기 때문에 당연히 양도성이 있고, 회사가 승낙하면 그 양도는 회사에 대하여도 효력이 있다($\frac{\text{대판 1995. 5. 23.}}{\text{94다36421}}$). 주주의 비례적 이익을 보호하기 위한 것이므로 성질상 이사회결의로 좌우할 것이 아니다.

다수설: 소수설에 의하면 상법 제416조 제5호가 무의미하게 되고 또 신주인수권의 양도방법을 정한 상법 제420조의3은 강행규정으로 보아야 하므로, 이 경우 신주인수권의 양도는 회사에 대하여는 효력이 없다. 회사가 승인하여도 회사에 대하여 효력이 없고 권리주 양도의 효력만이 있다.

Ⅳ. 신주인수권의 양도방법

신주인수권의 양도는 신주인수권증서의 교부에 의하여서만 할 수 있다$\binom{제420조}{의3\ 제1항}$. 신주인수권증서의 점유자는 적법한 소지인으로 추정 받으므로, 이러한 점유자로부터 악의나 중과실 없이 이것을 양수한 자는 신주인수권을 선의취득한다$\binom{제336조}{제2항}$.

정관 또는 이사회결의로 신주인수권의 양도를 정하지 않은 경우에는 지명채권양도의 방법과 효력으로 신주인수권을 양도할 수 있다$\binom{대판\ 1995.5.23.}{94다36421}$.

77 전환사채

기본 사실관계

코스닥시장에 주식을 상장하였고, 자동차용부품제조업을 하는 갑회사의 주요주주로는 A(지분율 20%), B(18%) 및 C(15%)가 있고, 대표이사는 A, 이사는 D1, D2, D3, D4, D5 및 D6이다. 갑회사의 정관에는 전환사채의 발행에 관하여 다음과 같은 규정이 있다.

제14조 (전환사채의 발행)

① 이 회사는 다음 각호의 어느 하나에 해당하는 경우 이사회 결의로 주주 외의 자에게 전환사채를 발행할 수 있다.

1. 사채의 액면총액이 50억 원을 초과하지 않는 범위 내에서 신기술의 도입, 재무구조의 개선 등 회사의 경영상 목적을 달성하기 위하여 필요한 경우 제10조 제1항 제1호(※주주의 신주인수권 조항) 외의 방법으로 특정한 자(이 회사의 주주를 포함한다)에게 사채를 배정하기 위하여 사채인수의 청약을 할 기회를 부여하는 방식으로 전환사채를 발행하는 경우

2. 사채의 액면총액이 50억 원을 초과하지 않는 범위 내에서 제10조 제1항 1호 외의 방법으로 불특정 다수인(이 회사의 주주를 포함한다)에게 사채인수의 청약을 할 기회를 부여하고 이에 따라 청약을 한 자에 대하여 사채를 배정하는 방식으로 전환사채를 발행하는 경우

② 제1항 제2호의 방식으로 사채를 배정하는 경우에는 이사회의 결의로 다음 각 호의 어느 하나에 해당하는 방식으로 사채를 배정하여야 한다.

1. 사채인수의 청약을 할 기회를 부여하는 자의 유형을 분류하지 아니하고 불특정 다수의 청약자에게 사채를 배정하는 방식

2. 주주에 대하여 우선적으로 사채인수의 청약을 할 수 있는 기회를 부여하고 청약되지 아니한 사채가 있는 경우 이를 불특정 다수인에게 사채를 배정받을 기회를 부여하는 방식

3. 투자매매업자 또는 투자중개업자가 인수인 또는 주선인으로서 마련한 수요예측 등 관계 법규에서 정하는 합리적인 기준에 따라 특정한 유형의 자에게 사채인수의 청약을 할 수 있는 기회를 부여하는 방식

③ 전환으로 인하여 발행할 주식은 보통주로 하며, 전환가액은 주식의 액면금액 또는 그 이상의 가액으로 사채발행 시 이사회가 정한다.

④ 전환을 청구할 수 있는 기간은 당해 사채의 발행일 후 12월이 경과하는 날로부터 그 상환기일의 직전 일까지로 한다. 그러나 위 기간 내에서 이사회의 결의로써 전환청구기간을 조정할 수 있다.

A는 주주 B가 추천하여 이사가 된 D5와 D6가 해외출장을 간 기회를 이용하여 2013. 3. 4. 긴급히 이사회의 개최를 통지하였고 2013. 3. 5. 이사회를 개최하고 출석이사 5인 중 3인의 동의를 얻어 전환사채를 주주가 아닌 을회사와 병회사에게 발행하기로 결정하였는데, 그 발행에 반대한 2인의 이사는 기존에 발행한 전환사채 액면총액이 20억 원이고, 새로 발행하는 전환사채 액면총액이 50억 원이므로 이는 정관 제14조 제1항 제1호를 위반하는 점을 주장하였다. 위 이사회가 결정한 전환사채의 발행내용은 다음과 같다.

총발행액은 50억 원, 발행목적은 업무용부지를 구입하기 위한 자금조달, 발행일 2013. 3. 8., 배정은 을회사(갑회사의 자회사임)에게 25억 원 그리고 사업상으로 협력관계에 있는 병회사에게 25억 원이며, 전환사채의 이자율은 4%, 전환가액은 주식의 액면가인 500원, 만기는 2015. 3. 8., 전환으로 발행할 주식은 보통주이며, 전환기간은 2014. 3. 8.부터 2015. 3. 7.까지로 하였다. 위 전환사채 발행일 현재 갑회사의 발행주식총수는 3천만 주이며, 주가시세는 1주 1,500원이다.

을회사와 병회사는 2014. 3. 10. 전환사채의 전환권을 행사하여 신주를 발행받은 결과 갑회사의 발행주식총수는 1천만 주 증가하여 4천만 주로 되었고, 이 중 갑회사와 을회사는 각각 12.5%를 소유하게 되었다. 전환사채의 주식 전환 후 지분율이 18%에서 13.5%로 감소된 B는 위 전환사채발행은 A가 을회사와 병회사의 협력을 얻어 갑회사에 대한 지배력을 강화한 수단에 불과하다고 주장하였다.

문제 ❶

2013. 3. 5. 이사회의 결정은 전환사채 발행의 효력에 어떠한 영향을 미치는가? (25점)

문제 ❷

위 전환사재발행의 목석은 전환사채 발행의 효력에 어떠한 영향을 미치는가? (15점)

문제 ③

위 전환사채 발행의 경우 전환가액은 주식의 액면가인 500원이고, 발행된 전환사채의 액면총액은 70억 원인데, 이러한 전환가액 및 전환사채 액면총액은 상법상으로 어떻게 평가할 수 있는가? (35점)

문제 ④

위 전환사채 발행의 효력은 어떠하며 이를 주장하는 방법은 무엇인가? (25점)

해 설

문제 ①

Ⅰ. 사안의 쟁점

2013. 3. 5. 이사회는 긴급히 개최되었는데, 이사 총수 7인 중 D5와 D6가 해외 출장 중인 시기에 개최되어 두 사람은 이사회에 참석할 수 없었다. A는 두 사람이 공석인 기회를 이용하였으므로 이는 적법한 이사회의 소집절차를 거치지 않은 것이다. 이사회의 소집절차에 문제가 있는 경우 해당 이사회의 결의는 하자를 갖는데, 이 하자가 전환사채의 발행에 어떠한 영향을 미치는지 여부가 검토되어야 한다.

Ⅱ. 쟁점에 관한 검토

1. 이사회 소집절차

이사회는 각 이사가 소집할 수 있고, 이사회결의로 소집할 이사를 정한 경우에는 그 이사가 소집한다(제390조 제1항). 일반적으로 대표이사에게 소집권이 부여된다. 이사회의 소집은 회일의 1주일 전에 각 이사 및 감사에게 소집통지를 발송하여 하지만, 정관으로 이 기간을 단축할 수 있고, 이사 및 감사 전원의 동의가 있는 경우에는 이러한 절차 없이 소집할 수 있다(동조 제3항, 제4항).

2. 이사회결의 하자와 전환사채발행의 효력

(1) 업무집행에 관한 의사결정절차와 그 업무집행행위의 효력

대표이사가 이사회 또는 주주총회의 승인을 얻어서 업무집행을 하여야 하는 경우 그러한 승인을 얻지 않았거나 승인결의에 하자가 있는 경우 그 행위의 효력이 문제된다. 대표이사 업무집행의 효력이 회사내부에만 미치는 경우 이는 업무집행에 관한 의사결정이 없는 것이므로 무효이다. 그러나 회사외부에 효력이 미치는 경우에는 거래의 안전과 관련하여 문제된다.

(2) 전단적 대표행위의 효력

주주총회 또는 이사회의 결의를 거치지 않은 대표행위를 전단적 대표행위라고 하는데, 법률로 주주총회의 승인을 요구하는 경우 회사 또는 주주의 이익을 우선하는 상법의 취지로 보아 주주총회의 승인을 얻지 않았다면 대표이사의 행위는 무효로 된다. 그렇지만 법률이나 정관 등 회사내부규정에 의하여 이사회의 승인을 요구하는 경우 그 승인 없이 이루어진 대표행위는 그 상대방(제3자)이 이사회 승인이 없는 데 대하여 선의인 한 유효로 판단된다. 이 경우는 회사 또는 주주의 이익보다는 거래안전에 대한 배려가 더 강하게 요구되기 때문이다(통설, 판례).

그런데 신주발행이나 사채발행의 경우처럼 집단적 행위의 경우에는 위와 달리 규율된다. 상대방의 선의·악의라는 주관적 사정에 의하여 집단적 행위의 효력이 달라진다고 보면 법률관계의 안정을 기할 수 없으므로 이 경우에는 선의·악의를 묻지 않고 언제나 유효로 판단된다.

3. 전환사채발행유지청구권

(1) 의의 및 행사요건

회사가 법령 또는 정관에 위반하거나 현저하게 불공정한 방법에 의하여 전환사채를 발행함으로써 주주가 불이익을 받을 염려가 있는 경우 상법은 해당주주에게 회사에 대한 전환사채 발행유지청구권을 부여한다(제516조, 제424조).

주주는 위법하거나 불공정한 방법으로 전환사채가 발행됨으로써 지분율의 하락 또는 주식가치의 하락에 의한 손해가 예상되면 전환사채발행유지청구권을 행사하여 그 발행을 저지할 수 있다. 이 권리는 사전적 조치이므로 신주발행의 효력이 생기기 전인 전환사채의 납입기일까지 행사하여야 한다.

(2) 행사의 효과

주주가 전환사채의 유지를 회사에 대하여 의사표시로써 청구하면 회사는 그 유지 여부를 결정하여야 하는데, 이사가 그 유지청구를 거부하고 전환사채의 발행을 계속하면, 이는 전환사채발행의 무효원인이 되지는 않고, 이사의 책임이 발생한다고 본다. 만일 주주가 유지청구의 소를 제기하여 판결이 난 경우라면 회사는 이를 따라야 하며, 이를 위반하여 전환사채를 발행하면 그 발행은 무효로 된다.

4. 사안해결

(1) 이사회결의의 하자

사안에서 대표이사 A는 이사 D5와 D6가 해외출장을 간 기회를 이용하여 이사회를 소집하였는데, 일부이사를 제외한 채 이사회를 소집하는 것과 회일의 1일 전에 소집통지한 것은 이사회의 소집통지기간을 준수하지 않은 상법 위반에 해당한다. 또한 출석이사 5인 중 3인의 찬성으로 전환사채의 발행이 결정되었는데, 만일 이사 전원이 적법하게 소집되어 출석하였다면 위 결의결과는 달리 성립될 수도 있으므로 위 이사회결의는 무효의 원인을 갖는 것으로 판단된다.

(2) 전환사채 발행의 효력

위 전환사채의 발행은 대표이사 A가 문제 있는 이사회결의를 거쳐서 진행하였는데, 이사회결의의 하자가 전환사채의 발행에 어떠한 영향을 주는지 문제된다. 전환사채의 발행은 신주발행처럼 집단적 거래행위이고, 회사의 내부의사결정절차의 흠결이나 하자는 그 효력에 영향을 주지 않으므로 전환사채의 발행은 유효로 평가된다. 그러나 위 전환사채의 발행이 아직 효력을 발생하기 전, 즉 납입기일이 지나지 않은 경우라면 갑회사 주주는 이사회소집절차의 법령위반을 이유로 전환사채발행의 유지를 청구할 수 있다.

문제 2

Ⅰ. 사안의 쟁점

사안에서 갑회사는 주주 이외의 자에게 전환사채를 배정하였고, 그 자금조달의 목적은 업무용부지의 구입이었다. 전환사채는 주식으로 전환할 수 있는 권리가 인정되므로 실질적으로는 신주발행과 동일한 효과를 갖는다. 따라서 주주 이외의 자에게 발행하는 경우 주주의 신주인수권에 대한 침해가 문제되므로 상법은 엄격한 요건 하에서 이를 허용한다. 즉 경영상의 목적이 요구되는데, 위 업무용부지의 구입자금을 위한 전환사채의 발행이 이에 해당하는지 여부가 문제된다.

Ⅱ. 쟁점에 관한 검토

1. 전환사채 제3자 발행의 요건

(1) 절차적 요건

전환사채를 주주 이외의 제3자에게 발행하기 위하여 정관에 이에 관한 근거가 있어야 하며, 그렇지 않은 경우에는 주주총회가 그 발행을 결정한다($\binom{제513조}{제3항}$). 구체적으로 정관에 근거를 두거나 주주총회가 결정할 사항은 발행할 수 있는 전환사채의 액, 전환의 조건, 전환으로 인하여 발행할 주식의 내용과 전환을 청구할 수 있는 기간이다.

이렇게 규정을 둔 것은 전환사채의 제3자 발행은 주주의 신주인수권을 침해하므로 사전에 주주들의 합의를 반영한 정관규정을 두거나, 주주총회의 특별결의로 주주의 동의를 얻게 한 것이다.

(2) 실체적 요건

상법은 절차적으로 정관이나 주주총회의 결의를 요하는 것 외에도 신기술의 도입, 재무구조의 개선 등 회사의 경영상 목적을 달성하기 위하여 필요한 경우에 한하여 전환사채의 발행을 허용한다($\binom{제513조\ 제3항\ 제2문,}{제418조\ 제2항\ 단서}$). 이는 제3자에 대한 전환사채의 발행이 남용되는 것을 방지하기 위하여 절차적 요건 외에 전환사채 발행의 내용 면에서 엄격한 제한을 가한 것이다.

2. 사안해결

(1) 경영상의 목적 여부

사안에서 전환사채는 갑회사의 정관에 그 발행의 근거를 두고 있고, 이사회의 구체적인 발행사항의 결정에 의하여 발행됨으로써 발행에 관한 절차적 요건은 충족하고 있다. 문제는 발행목적인데, 그 발행이 업무용부지의 구입자금을 위한 것이므로 이 목적이 경영목적의 달성을 위하여 필요한 것인지 여부가 판단되어야 한다.

사안에서 업무용부지가 회사경영상의 목적 달성에 얼마나 필요한 것인지 여부는 밝혀지지 않았지만, 자동차용부품제조업을 하는 갑회사에게 업무용부지는 현재에 필요한 것이 아니라 장래에 일정한 시설의 신축을 전제로 필요한 것이므로 전환사채를 발행하여 시급히 자금을 조달해야 할 필요성이 적다고 보인다.

(2) 경영권 분쟁에 이용되었는지 여부

일부 이사가 출장중인 기회를 이용하여 이사회를 개최한 것은 전환사채의 발행이 정당한 경영상의 목적이 아닌 다른 목적을 위하여 이용된 것으로 추정된다. 최대주주인 A의 지분율이 20%이고, 위 전환사채에 반발하는 B의 지분율이 18%이므로 양자는 갑회사의 지배권에 관하여 경쟁하는 위치에 있다. 만일 양자가 갑회사의 지배권 향배에 관하여 다툼을 벌여왔다면 그러한 상황에서 A가 전환사채를 자기의 세력을 확대하는 수단으로 이용하였을 가능성이 크고, 이러한 수단으로 전환사채가 이용된 경우 그 효력은 충분히 문제될 수 있다.

대법원은 회사의 경영권 분쟁이 현재 계속중이거나 임박해 있는 등 오직 지배권의 변경을 초래하거나 이를 저지할 목적으로 전환사채를 발행하거나, 주식회사의 본질이나 회사법의 기본원칙에 반하거나 기존 주주들의 이익과 회사의 경영권 내지 지배권에 중대한 영향을 미치는 경우로서 전환사채와 관련된 거래의 안전, 주주 기타 이해관계인의 이익 등을 고려하더라도 도저히 묵과할 수 없는 정도라고 평가되는 경우에 한하여 전환사채의 발행 또는 그 전환권의 행사에 의한 주식의 발행을 무효로 할 수 있다고 본다(대판 2004.6.25. 2000다37326).

위 사안의 경우 전환사채의 발행이 경영상 목적달성의 필요성보다는 지배권의 유지 또는 강화를 위하여 이용되었다면 전환사채발행무효의 원인이 된다고 본다.

문제 ③

I. 사안의 쟁점

전환가액은 사채권자가 전환권을 행사하여 사채와 교환하여 발행받는 신주의 발행가액에 해당한다. 위 전환사채는 주식으로의 전환가액은 500원이고, 발행 시 주가로는 1,500원이므로 만일 이 시세가 전환권 행사시까지 유지된다면 사채권자는 전환된 신주 1개당 1,000원의 이익을 얻을 수 있다. 사채권자는 시가로 주식을 매수한 주주보다 매우 유리한 조건으로 신주는 얻게 되고, 기존주주는 사채권자에게 발행된 신주만큼 지분율이 하락하거나 주가가 하락하는 불이익을 입는다. 또한 전환사채의 액면총액에 관한 정관규정은 총액 50억 원으로 정하였는데, 위 전환사채의 발행으로 20억 원이 초과되었고 이는 정관에 위반하는 결과로 되었다. 이와 관련하여 전환사채의 발행조건과 이에 관한 정관규정이 갖는 의미가 검토되어야 한다.

Ⅱ. 쟁점에 관한 검토

1. 전환사채의 발행총액, 전환가액과 그 발행의 효력

(1) 발행총액의 결정

전환사채는 자금조달의 수단이고, 제3자에 대한 발행은 불특정 다수인에 대한 공모방식이 아닌 경우에는 신속히 필요한 자금을 조달하기 위하여 이용된다. 전환사채의 발행총액는 회사가 필요로 하는 자금규모와 상대방이 인수할 수 있는 수준에서 결정되며, 주식으로 전환을 전제로 발행되므로 기존주주의 지분율 및 주가에 영향을 준다.

(2) 전환가액의 결정과 주주권

전환가액은 전환권의 행사로 인하여 발행되는 신주의 기준금액으로서 전환사채의 발행총액을 전환가액으로 나눈 만큼의 주식이 발행되게 된다. 전환가액이 낮게 책정될 경우 높은 경우보다 많은 수의 주식이 발행되어 사채권자가 이익을 더 얻게 됨은 당연하다. 또한 시세가 있는 주식의 경우 전환권의 행사 여부는 주가에 따라서 달라진다. 주가가 전환가액보다 높은 경우 사채권자는 전환권을 행사하여 주식을 취득하는 것이 유리하다. 따라서 전환사채를 성공적으로 발행하여 자금을 조달하려면 전환가액을 주가보다 낮게 책정하여 사채권자에게 유리하게 하면 된다.

그런데 전환권의 행사로 주식이 발행되면 기존 주주는 영향을 받게 된다. 전환권 행사로 인한 신주발행은 기존 주식의 주가에 영향을 주고, 기존 주주의 지분율에도 영향을 준다. 따라서 기존주주를 보호하려면 전환가액은 가능하면 주식의 실제 가치에 일치하도록 설정되어야 한다.

(3) 상법의 규율과 판례

전환가액을 어떻게 결정하고 어느 수준으로 설정할 것인지 여부는 전환사채를 매수할 수요자 및 기존 주주의 이익에 영향을 주는 중요한 사항이다. 이에 관하여 상법은 구체적으로 규율하지 않는다. 즉 상법에 의하면 전환사채의 전환조건에 관하여 주주배정에 의한 발행의 경우 정관에 규정이 없는 것은 이사회가 이를 결정하도록 하고(제513조 제2항), 제3자 발행의 경우에는 정관에 규정이 없으면 제434조의 결의로써 정하도록 규정하고 있다(동조 제3항). 위 조항에 의하면 전환가액의 결정절차는 정관 또는 이사회(주주배정절차의 경우)이거나 정관 또는 주주총회(제3자배정절차의 경우)이다. 전환가액을 어느 수준으로 결정할 것인가에 관하여 상법은 정관에 규정이 없으면 이사회 또는 주주총회가 결정하도록 위임하였다.

제3자배정방식의 경우 전환가액의 결정에 관하여 정관에 "주식의 액면금액 또는 그 이상의 가액으로 사채발행 시 이사회가 정한다."라고 정한 경우 대법원은 정관에 일응의 기준을 정해 놓고 이에 기하여 전환사채의 구체적인 전환의 조건 등은 그 발행 시마다 정관에 벗어나지 않는 범위에서 이사회에서 결정하도록 위임하는 방법을 취하는 것도 허용된다고 보며, 이러한 정관의 규정은 상법 제513조 제3항이 요구하는 최소한도의 요건을 충족하고 있는 것이라고 봄이 상당하고, 그 기준 또는 위임방식이 지나치게 추상적이거나 포괄적이어서 무효라고 볼 수는 없다고 판시하였다($\binom{대판\ 2004.6.25.}{2000다37326}$).

(4) 낮은 전환가액의 효력 및 이에 대한 책임

전환사채의 발행 시 주식시세보다 낮게 책정된 전환가액으로 인하여 기존 주주의 이익을 해하는 결과를 가져오는 경우 전환사채 발행의 효력에 영향을 줄 것인지 문제된다. 시세보다 낮은 금액은 사채권자를 유인하여 자금조달의 편의에는 기여하는 긍정적인 면이 있고, 주식 시세는 변동성이 있으므로 시세보다 낮은 금액 때문에 전환사채의 발행 자체가 영향을 받는 것으로 볼 수는 없다. 그러나 사채권자에게 지나치게 유리하게 책정된 전환가액은 기존 주주의 이익을 해하므로 이는 이사에게 주주에 대한 책임문제를 발생시킬 수 있다.

또한 이사와 통모하여 현저하게 불공정한 발행가액으로 주식을 인수한 자는 회사에 대하여 공정한 발행가액과의 차액에 상당한 금액을 지급할 의무가 있으므로($\binom{제516조\ 제1항,\ 제}{424조의2\ 제1항}$), 전환가액이 불공정한 것으로 인정된다면 공정한 가액과의 차액에 대하여 회사에 책임을 져야 한다. 이는 주주가 대표소송으로 책임을 물을 수 있다($\binom{제516조\ 제1항,\ 제}{424조의2\ 제2항}$).

2. 정관이 정한 액면총액을 위반한 전환사채의 발행

(1) 의 의

전환사채의 액면총액은 과도하게 전환사채가 발행되는 것을 방지하여 기존주주의 이익을 보호하려는 취지는 가진다. 그 액면총액에 대하여 정관에 규정을 둔 것은 주주들이 그 한도금액까지는 용인하겠다는 의미를 가지므로 이를 초과하여 전환사채가 발행된다면 이는 주주의 신뢰에 반한 것으로서 정관위반이며, 그 효력이 문제된다.

(2) 정관위반과 전환사채 발행의 효력

정관에 위반한 전환사채 발행의 효력에 관한 문제는 그 발행의 효력이 발생하기 전에는 전환사채발행유지청구의 대상이 되지만,23) 그 효력이 발생한 이후에는 그 효력의 유무를 판단하여야 한다. 이 문제는 회사내부질서를 위반한 대표이사의 전단적 대표행위의 효력과 관련

---

23) 제1문의 해설 참조.

하여 판단되어야 한다. 정관규정은 회사내부의 규정이고 이를 정하는 기관은 주주총회이므로 정관 위반은 주주총회의 결정에 위반한 경우로 볼 수 있다. 따라서 전단적 대표행위의 관한 논의가 여기에 적용될 수 있다.

주주총회의 동의가 없는 전환사채 발행의 효력에 관하여 다음과 같은 관점이 있을 수 있다. 첫째는 전환사채의 발행이 집단적 거래행위이므로 거래안전을 우선하여 정관을 위반한 전환사채의 발행이더라도 이를 유효로 보는 것이다. 둘째는 발행총액에 관한 정관규정은 주주들이 정한 것이므로 이를 우선하여 이에 위반한 전환사채발행은 무효로 보는 것이다. 이 문제를 풀기 위하여 위 관점은 모두 고려되어야 한다. 전환사채는 사채로 발행된 후 전환권이 행사되기 전단계인 사채단계에서는 거래안전에 대한 요청이 강한 집단적 거래행위이므로 그 발행은 유효로 보아야 하지만, 전환권행사 후 발행된 주식이 경영권확보 등에 이용된 경우에는 위 전환사채의 발행은 부당한 목적과 결부되어 전환사채발행의 무효원인이 된다고 본다.

3. 사안해결

(1) 전환가액 500원의 평가

전환가액의 결정에 관하여 상법은 정관, 이사회 또는 주주총회에 위임하는데, 사안에서 갑회사는 전환사채를 제3자배정방식으로 발행하였고, 갑회사의 정관에 전환가액은 주식의 액면금액 또는 그 이상의 가액으로 사채발행 시 이사회가 정한다고 규정한다($\binom{정관 제14}{조 제3항}$). 이에 따라서 갑회사 이사회는 전환가액을 액면가인 500원으로 정하였는데, 당시 주가가 1,500원이므로 갑회사로서는 전환사채 수요자에게 유리하게 정하여 자금조달의 편의를 꾀하였다. 이러한 전환가액은 기존주주의 이익을 해하는 것이다. 그렇다고 이러한 전환가액이 전환사채 발행의 효력을 좌우하지는 않는다고 본다. 다만 기존주주에게 불리한 전환가액을 정한 이사는 주주에게 손해배상책임 문제 및 불공정하게 주식을 인수한 자의 회사에 대한 책임문제를 발생시킨다고 본다.

(2) 정관에 위반한 사채발행총액의 평가

사안에서 갑회사 정관이 정한 전환사채 발행총액은 50억 원인데, 발행된 전환사채의 액면총액은 70억 원으로서 20억 원이 초과되었다. 이로써 만일 전환권이 모두 행사된다면 20억 원에 해당하는 신주가 발행되는 것이고, 그만큼 기존주주의 이익이 침해된다. 정관을 위반한 이러한 전환사채의 발행은 집단적 거래행위로서 거래안전을 위하여 이를 무효로 볼 수 없다. 그러나 전환권이 행사된 후 전환사채가 지배권확보 등 부당한 목적에 이용되었음이 명백해진다면 위 정관에 반한 발행은 전환사채발생의 무효 원인이 될 수 있다고 본다.

문제 **4**

Ⅰ. 사안의 쟁점

전환사채는 전환권 행사로써 신주가 발행되므로 신주발행에 준하여 취급된다. 그 발행의 하자를 다투는 방법이 문제된다.

Ⅱ. 쟁점에 관한 검토

1. 전환사채발행유지청구

상법은 회사가 법령 또는 정관에 위반하거나 현저하게 불공정한 방법에 의하여 전환사채를 발행함으로써 주주가 불이익을 받을 염려가 있는 경우 주주에게 회사에 대한 전환사채발행유지청구권을 부여한다($\binom{제516조,}{제424조}$). 이 청구권은 회사를 상대로 소 또는 의사표시에 의하여 행사할 수 있는데, 전환사채의 발행이 효력을 발생하기 전에 행사되어야 한다.24)

2. 전환사채발행무효의 소

(1) 신주발행 무효 소의 적용

전환사채 발행의 무효에 관하여 상법은 규정을 두지 않고 있다. 이에 관하여 법원은 전환사채의 속성으로부터 신주발행무효의 소에 관한 상법규정을 적용한다. 즉 전환사채는 전환권의 행사에 의하여 장차 주식으로 전환될 수 있는 권리가 부여된 사채로서, 이러한 전환사채의 발행은 주식회사의 물적 기초와 기존 주주들의 이해관계에 영향을 미친다는 점에서 사실상 신주를 발행하는 것과 유사하므로, 전환사채의 발행의 경우에도 신주발행무효의 소에 관한 상법 제429조가 유추적용된다고 봄이 상당하다고 한다($\binom{대판\ 2004.6.25,}{2000다37326}$).

(2) 전환사채발행의 무효 원인

전환사채발행무효의 소는 전환사채가 발행된 후에 이를 무효로 판단하므로 거래의 안전과 법적 안정성을 해할 위험이 크다. 이 때문에 무효원인은 가급적 엄격하게 해석할 것이 요구된다.

대법원은 무효원인에 관하여 "…법령이나 정관의 중대한 위반 또는 현저한 불공정이 있어 그것이 주식회사의 본질이나 회사법의 기본원칙에 반하거나 기존 주주들의 이익과 회사의 경

---

24) 전환사채발행유지청구권의 행사에 관한 상세한 내용은 문제 1의 해설 참조.

영권 내지 지배권에 중대한 영향을 미치는 경우로서 전환사채와 관련된 거래의 안전, 주주 기타 이해관계인의 이익 등을 고려하더라도 도저히 묵과할 수 없는 정도라고 평가되는 경우에 한하여 전환사채의 발행 또는 그 전환권의 행사에 의한 주식의 발행을 무효로 할 수 있을 것이며, 그 무효원인을 회사의 경영권 분쟁이 현재 계속 중이거나 임박해 있는 등 오직 지배권의 변경을 초래하거나 이를 저지할 목적으로 전환사채를 발행하였음이 객관적으로 명백한 경우에 한정할 것은 아니다."라고 판시하였다(대판 2004.6.25. 2000다37326).

3. 신주발행무효의 소

전환사채의 전환권이 행사되어 신주가 발행되면 이는 신주발행무효의 소로써 그 발행상의 문제를 시정할 수 있다. 신주발행무효의 원인으로서는 주식회사의 본질에 반하는 중대한 위법행위가 그 대상이 된다. 예컨대 수권주식총수를 초과하는 신주발행이나 정관이 인정하지 않는 종류주식의 발행 등이 있다. 현저하게 불공정한 방법에 의한 신주발행도 무효원인이 될 수 있는데, 오직 지배권변동만을 목적으로 하는 경우가 그러하다.

전환사채발행무효의 소 이외에 신주발행무효의 소를 인정할 수 있는지 여부가 문제될 수 있다. 전환사채의 발행과 신주의 발행은 서로 관련되지만, 다른 절차로 진행되므로 해당절차에 독자적인 무효원인이 존재한다면 그 효력은 별개로 판단될 수 있다고 본다. 단 신주발행의 무효원인은 전환권이 행사된 이후 신주발행 단계에서 인정되는 하자원인이 판단되어야 할 것으로 본다.

4. 사안해결

위 전환사채의 발행은 전환가액을 500원으로 정하여 주식시가보다 1,000원이 저렴하여, 기존주주의 이익을 해하고 있다. 또한 최대주주인 대표이사 A가 위법한 이사회의 결의를 거쳐 제3자배정 방법을 이용하여 2대주주의 지분율을 하락시키는 결과를 가져왔다.

위 전환사채의 발행에서 이사회소집을 위법하게 한 것은 이사회결의 결과에 영향을 미쳤고, 또한 전환사채발행유지청구권이 적시에 행사되지 못하게 하는 데에도 일조했다. 특히 전환사채를 제3자배정 방식으로 발행하면서 경영상의 목적이 정당하지 않은 점도 인정된다. 전체적으로 평가하면 A가 지배권을 강화시키기 위한 수단으로 전환사채를 발행한 것으로 판단된다. 따라서 위 전환사채의 발행은 전환사채발행 무효 소의 원인을 가진다고 본다.

위 전환사채의 발행에 반발하는 B는 전환사채발행 무효의 소를 제기하면서 전환권행사기간 전이라면 신주발행금지가처분을 신청할 수 있다.

기본 사실관계

A, B, C 및 乙회사는 전자부품 제조를 목적으로 하는 甲회사를 설립하여 운영하던 중 영업사정이 어려워지자 2015. 5. 무렵 A가 대주주 및 대표이사로 있는 乙회사와의 사이에, 甲회사를 소멸회사, 乙회사를 존속회사로 하여, 소규모합병 방식으로 합병하도록 합병계약을 하였다. 甲회사는 비상장회사이고, 乙회사는 상장회사인데, 이미 乙회사는 甲회사의 20% 지분을 보유하고 있었다. 자본시장법 규정에 따라 합병비율을 계산하기 위해 산정한 주당 가치는 甲회사 10,000원, 乙회사 20,000원이며, 두 회사의 2015. 5. 현재 주주 구성은 다음과 같다. 그러나 사실 甲회사의 공정한 기업가치는 주당 5,000원이었으며, A가 합병비율을 甲회사에 유리하게 정하기 위해서 관련 자료를 조작한 것이었다.

甲회사		乙회사	
A	400주 (40%)	A	600주 (20%)
B	200주 (20%)	D	300주 (10%)
C	200주 (20%)	乙회사 (자기주식)	300주 (10%)
乙회사	200주 (20%)	기타 소액주주	1,800주 (60%)
발행주식총수	1,000주 (100%)	발행주식총수	3,000주 (100%)

乙회사는 A가 대표이사로 있는데, 위 흡수합병계약은 이사회 만장일치로 통과되었다. 이 사실을 알게 된 D는 이 합병을 반대하면서 乙회사에 주식매수청구권을 행사하였으나 주주총회가 개최되지 않았다는 이유로 인정되지 않았다. 이에 D는 이후 책임추궁 등에 이용할 목적으로 乙회사의 회계장부에 대한 열람 및 등사를 구하는 가처분을 신청하였으나(열람 등 청구를 위한 주식소유비율은 충족하고 있다고 가정한다), 법원은 이러한 가처분은 본안의 목적을 달성하기 위한 것이라는 이유로 기각하였다. 이후 계획에 따라 합병절차가 진행되어 2015. 9. 힙병등기가 경료되었다.

그러나 전자제품제조 사업부문은 乙회사에 합병된 이후에도 영업사정이 나아지지 않았고 점차 乙회사의 운영에도 큰 부담이 되기 시작하였다. 사실 A는 이 분야의 수익성이 계속 악화되고 있다는 것을 잘 알고 있었으나, 甲회사에 투입한 자신의 자금을 회수할 목적으로 위 합병을 추진한 것이었다. 그러나 A는 이 사실이 알려지면 책임을 추궁당할 것을 염려하여 위 합병 이후에도 전자제품제조 영업의 수익 관련 지표를 조작하여 계속 수익이 발생하는 것처럼 乙회사의 재무제표를 작성하고, 이를 포함한 사업보고서를 작성하여 주주총회에 보고하면서 관련 공시를 하여 왔다. 결국 乙회사는 계속된 영업부진을 이기지 못하고 2017. 7. 파산에 이르게 되었다.

문제 ①

乙회사가 위 합병계약에 따라 소규모합병을 하려면 합병신주를 어떻게 배정하여야 하는가? 다만 이 합병계약은 필요하다면 합병대가로 현금을 지급하되 乙회사 자기주식은 가능하면 이용하지 않도록 작성되었으며, 합병비율은 위 주당가치에 기초하여 산정되었다고 가정한다. (30점)

문제 ②

D의 주식매수청구권의 행사를 거절한 乙회사의 조치는 타당한가? (10점)

문제 ③

D의 가처분 신청을 기각한 법원의 판단은 정당한가? (20점)

문제 ④

乙회사 주주 D는 위 합병의 효력을 다투고자 한다. D가 취할 수 있는 조치의 결과가 어떻게 될 것인지 검토하라. (20점)

문제 ⑤

E는 2017. 4. 공개된 재무제표를 보고 주식시장에서 乙회사의 주식을 매수하였다. E는 A에 대해서 어떠한 청구를 할 수 있는가? 다만 자본시장법 등 상법 이외의 법에 의한 청구는 제외한다. (20점)

해 설

Ⅰ. 문제의 제기

甲회사와 乙회사의 합병계약은 소규모합병이다. 소규모합병이 되기 위해서는 합병으로 인하여 발행되는 신주의 규모가 존속회사의 발행주식총수의 10% 이하가 되어야 하고($\binom{제527조}{의3 제5항}$), 합병교부금이 존속회사 순자산가액의 5%를 초과할 수 없다($\binom{제527조의3}{제1항 단서}$). 甲회사가 乙회사 규모의 6분의 1에 해당하므로 원래의 소규모합병의 취지에는 부합하지 않지만, 乙회사는 이미 보유하고 있는 甲회사 주식 및 합병교부금을 이용하여 위 조건에 위반하지 않는다면 소규모합병을 이용할 수 있다.

Ⅱ. 합병비율 및 합병신주의 규모

먼저 甲회사와 乙회사 사이의 합병비율을 정해야 한다. 설문에서 기업가치가 甲회사 10,000원, 乙회사 20,000원으로 주어져 있으며, 이에 기초하여 합병비율이 정해졌다고 하므로, 합병비율은 甲회사 주식 2주에 대해서 乙회사 주식 1주를 지급하는 것이다. 따라서 일반적인 경우라면 甲회사의 1,000주에 乙회사의 합병신주 500주가 발행될 것인데, 이는 乙회사 주식 3,000주의 6분의 1에 해당하므로 소규모합병의 요건인 존속회사 발행주식총수의 10% 이하를 충족하지 못한다. 따라서 다른 방법을 이용하여 이 요건을 충족시키는 것이 이 문제의 핵심이다.

Ⅲ. 소규모합병의 요건 검토

1. 존속회사 발행주식총수의 10% 이하

소규모합병은 합병신주의 규모가 존속회사 발행주식총수의 10% 이하일 경우에만 가능하다($\binom{제527조}{의3 제1항}$). 이는 본래 소멸회사 "소규모"의 기준을 정한 것이지만, 합병신주를 가지고 판단하기 때문에 사실상 소규모가 아닌 회사의 합병에도 이용할 수 있다.

설문에서는 먼저 포합주식에 합병신주를 배정하지 않음으로써 발행되는 합병신주의 규모를 줄일 수 있다. 포합주식이란 존속회사가 보유하는 소멸회사의 주식을 말한다. 乙회사가 보유하는 甲회사 주식 200주를 말한다. 포합신주에 합병신주를 배정할지 여부는 합병계약에서 자유롭게 정할 수 있으므로($\binom{\text{대판 2004.12.9.}}{\text{2003다69355}}$), 설문에서는 乙회사에 배정될 100주를 생략할 수 있어, 합병신주의 규모는 400주가 된다.

소규모합병의 판단기준이 합병으로 발행되는 신주이므로 구주, 즉 乙회사가 보유하는 자기주식을 합병대가로 활용하면 합병신주의 규모를 줄일 수 있다. 그러나 설문에서 이 방법은 가능하면 사용하지 말고 대신 합병교부금을 먼저 활용하라고 주문하고 있다. 합병신주를 乙회사 발행주식총수의 10% 이하로 만들기 위해서는 합병신주를 300주까지 발행할 수 있으므로, 나머지 100주를 현금으로 지급해야 한다. 乙회사 주식 100주에 해당하는 금액은 2백만 원인데, 이처럼 합병교부금을 이용하여 소규모합병을 하는 것을 방지하기 위해서 합병교부금의 규모도 제한되므로 이를 다시 검토해야 한다.

2. 합병교부금의 규모

소멸회사 주주에게 지급하는 합병교부금의 총액이 존속회사 순자산액의 5%를 초과하면 소규모합병을 할 수 없다($\binom{\text{제527조의3}}{\text{제1항 단서}}$). 존속회사가 미리 소멸회사의 주식을 취득하여 포합주식을 확보하는 것도, 소멸회사 주식에 대하여 금전으로 대가를 지급한다는 점에서 보면 합병교부금과 다르지 않지만, 판례는 합병교부금의 범위를 여기까지 확대하고 있지는 않다($\binom{\text{대판}}{\text{2004.12.9.}}$ $\binom{\text{2003다}}{\text{69355}}$).

설문에서 존속회사인 乙회사의 순재산가액은 6천만 원이고 그 5%는 3천만 원이므로, 합병교부금 2백만 원은 위 요건을 충족한다. 따라서 합병교부금 2백만 원을 지급함으로써 소규모합병을 달성할 수 있다.

3. 존속회사의 반대주주의 존재 검토

존속회사의 20% 이상의 주식을 소유한 주주가 서면으로 합병에 반대하는 의사를 통지하면 소규모합병을 할 수 없다($\binom{\text{제527조}}{\text{의3 제4항}}$). 주주총회의 결의를 거치지 않아도 되는 이유가 합병이 주주의 이해관계에 중요한 변화를 초래하지 않는다는 것에 있는데, 상당한 지분을 가진 주주가 반대한다면 그러한 전제가 잘못되었다는 것이다.

설문에서는 분명하지 않으나 10% 주주인 D만 합병에 반대한 것으로 나와 있으므로, 이것만으로는 위 요건에 해당하지 않는다. 따라서 반대주주의 존재로 인하여 소규모합병이 문제되지는 않는다.

Ⅳ. 결   론

설문에서는 합병교부금을 가지고도 소규모합병의 요건을 충족시킬 수 있으므로 따로 乙회사의 자기주식을 합병대가로 활용할 필요가 없다. 결론적으로 합병계약에서는 甲회사 보유한 乙회사 주식에는 합병신주를 배정하지 않고, 나머지 800주에 대해서는 우선 乙회사 주식 300주를 A 150주, B 75주, C 75주 이렇게 배정하고 나머지는 합병교부금 2백만 원을 A 1백만 원, B, C 각 50만 원씩 지급하는 것으로 되어 있을 것이다. 다만 교부금을 특정 주주에게만 지급하는 것은, 설사 공정한 가치평가에 의하여 이루어졌다고 하더라도 주주평등의 원칙에 위반될 소지가 있으므로, 이렇게 지분비례에 의하여 배정되어야 할 것이다.

문제 ②

Ⅰ. 주식매수청구권의 인정 여부

위 문제에서 합병거래를 소규모합병으로 구성할 수 있었다. 소규모합병이란 존속회사가 발행하는 합병신주가 존속회사 발행주식총수의 10% 이하인 경우로서, 존속회사의 주주총회 승인을 요하지 않는다(제527조의3 제1항). 그 취지는 존속회사 입장에서는 합병의 규모가 너무 작아서 주주의 이해관계에 영향을 주는 유의미한 변화가 아니라는 것이다. 존속회사 주주의 입장에서는 아예 주주의 이해관계 자체가 부정되는 상황이므로, 반대주주의 주식매수청구권을 인정해야 할 이유가 없다(제527조의3 제5항). 따라서 존속회사인 乙회사의 주주인 D는 주식매수청구권을 행사할 수 없으므로, 위 조치는 타당하다.

Ⅱ. 반대주주가 20% 이상인 경우

존속회사의 20% 이상의 주식을 소유한 주주가 서면으로 합병에 반대하는 의사를 통지하면 소규모합병을 할 수 없으나(제527조의3 제4항), 이 문제와는 상관이 없다.

문제 ③

Ⅰ. 문제의 제기

설문에서 D는 합병의 효력을 다투고 대표이사에게 책임을 추궁하기 위해서 乙회사의 재무 상황에 대한 정보를 얻을 필요가 있다. 이 경우 D가 회사의 회계서류의 열람 및 등사를 청구할 수 있는지, 그리고 그 청구를 가처분의 형태로 할 수 있는지 문제된다.

Ⅱ. 소수주주의 회계장부 열람·등사 청구권

1. 의의 및 청구권자

회사의 재무제표나 감사보고서 등만 가지고는 회사의 재무상황을 정확하게 알기 어려운 경우가 많기 때문에, 상법은 그 원시자료인 회계장부 자체를 주주가 열람·등사할 수 있도록 하고 있다($\frac{제466}{조}$). 그러나 회계정보는 회사의 이익을 위해서 비밀로 유지되어야 할 필요도 있기 때문에, 상법은 이를 소수주주권으로 하는 한편 회사의 판단으로 열람·등사를 거부할 수 있도록 하고 있다. 회계장부의 열람·등사를 청구할 수 있는 주주는 상장회사의 경우 6월간 보유를 조건으로 하여 자본금총액 1,000억 원 미만인 회사는 발행주식총수의 0.1% 이상, 그 이상인 회사는 0.05% 이상을 보유하는 주주이다($\frac{제542조}{의6 제4항}$).

2. 청구의 절차

주주가 열람·등사를 청구하기 위해서는 그 이유를 붙인 서면을 미리 회사에 제출해야 한다($\frac{제466조}{제1항}$). 절차의 신중을 기함과 동시에 회사로 하여금 거부에 관한 판단을 쉽게 할 수 있도록 하기 위함이므로, 그 이유는 구체적으로 기재해야 한다($\frac{대판 1999.12.21.}{99다137}$). 막연히 회사의 경영상태를 점검한다거나 대표이사의 부정이 의심된다거나 하는 정도의 추상적 이유만으로는 부족하고, 회사의 경영상태의 악화나 대표이사의 부정이 의심되는 구체적 사유를 적시해야만 회계장부의 열람·등사가 허용된다.

3. 열람·등사의 거부

회사는 주주의 열람·등사청구가 부당함을 입증하여 이를 거부할 수 있다. 판례는 A회사가 경쟁관계에 있는 B회사의 경영권을 장악하기 위해서 열람·등사를 청구한 사안에서, "주주의 열람·등사의 청구가 회사업무의 운영 또는 주주 공동의 이익을 해치거나, 주주가 회사의 경쟁자로서 그 취득한 정보를 경업에 이용할 우려가 있거나, 회사에 지나치게 불리한 시기를 택하여 행사하는 경우" 등에는 주주의 청구가 부당하다고 본 것이 있다($\frac{대판 2004.12.24.}{2003마1575}$). 반면 대표소송 또는 해임청구 등 주주로서의 감시권한을 행사하기 위해서 열람·등사를 하는 것이 인정된다면, 단지 청구하는 주주가 적대적 기업인수를 시도하고 있다는 사정만 가지고는 청구가 부당하다고 볼 수 없다는 판례도 있다($\frac{대판 2014.7.21.}{2013마657}$).

4. 사안에의 적용

사안에서 D는 소수주주권의 요건을 갖추고 있으므로, D는 그 구체적인 이유를 붙인 서면을 제출하여 회계장부의 열람·등사를 청구할 수 있다. D의 청구는 합병의 무효 또는 대표이사의 책임추궁을 위한 것이므로 청구가 부당하다고 인정되기 힘들 것이다.

Ⅲ. 회계장부의 열람·등사를 명하는 가처분

1. 문제의 제기

회사가 정당한 이유 없이 열람·등사를 거부하는 경우 주주는 열람·등사청구의 소를 제기할 수 있다. 그런데 사안에서는 이를 본안으로 하여 이행청구의 소를 제기한 것이 아니라 회계장부의 열람·등사를 가처분으로 신청한 것이다. 이 경우 사실상 본안소송의 목적을 완전히 달성할 수 있다는 점에서, 이러한 형태의 가처분 신청이 허용될 수 있는지 문제가 된다.

2. 단행적 가처분의 허용 여부

(1) 학설 및 판례

일반적으로 회사를 둘러싼 많은 법적 분쟁은 본안소송이 아니라 가처분의 형태로 해결되는 경우가 많다. 그것은 일단 가처분의 결과가 정해지면 다른 이해관계자에게도 그 가처분에 따른 법적 기대가 형성되어, 굳이 본안소송을 제기하지 않더라도 그 가처분의 결과를 전제로 법률관계가 전개되기 때문이다.

특히 주주의 의결권행사 금지, 회계장부 및 주주명부의 열람·등사 등은 소위 단행적 또는 만족적 가처분, 즉 본안소송을 통하여 얻고자 하는 목적을 가처분의 신청취지로 하는 형태로 제기된다. 신청인이 승소한 경우에는 이미 목적을 달성하였으므로 다시 본안소송을 제기할 실익이 없고, 신청인이 패소한 경우에는 승소한 측에서 가처분결정에 근거하여 다양한 조치를 취할 수 있는 시간이 생기기 때문에 신청인이 이후 본안소송을 제기하더라도 원하는 결과를 얻을 가능성이 낮아진다. 그 결과 많은 분쟁이 가처분에서 최종적인 승패가 결정되는 현상을 보이고 있다.

이러한 가처분은 가처분 이후 더 이상 본안소송을 제기할 필요가 없게 된다는 점에서 권리보전을 위한 응급적 조치라고 하는 보전처분의 속성상 그 적법성에 의문이 있다. 이에 대하여 학설은, 이러한 가처분은 본안소송의 목적을 완전히 달성해 버리는 것이어서 허용될 수 없다는 부정설과, 가처분의 잠정성을 엄격하게 해석할 필요는 없고 나중에 채권자가 본안소송에서 패소하는 경우 적어도 손해배상의무는 생긴다는 점에서 허용되어야 한다는 긍정설이 있다. 판례는 회계장부 열람·등사청구권을 피보전권리로 하여 당해 회계장부의 열람·등사를 명하는 가처분도 허용된다는 입장을 확립하고 있다(대판 1999.12.21, 99다137). 나중에 본안소송에서 패소가 확정되면 손해배상청구권이 인정되는 등 가처분으로서의 잠정적인 측면이 있다는 것이다.

(2) 사안에의 적용

사안에서 법원은 위 가처분에 대해서 본안의 목적을 달성하기 위한 것이라는 이유로 기각하였다. 판례의 입장에 비추면 이러한 단행적 또는 만족적 가처분의 경우에도 가처분이 허용되는 것이므로 위 결정은 잘못되었다.

3. 보전의 필요성

단행적 가처분에 대해서 판례와 같이 긍정설을 취하는 경우, 어느 경우에 보전의 필요성이 인정되는지 문제가 된다. 보전의 필요성은 채권자가 그 필요성을 소명해야 할 것인데, 단순히 회사가 장부나 서류를 폐기, 변조할 우려가 있다는 점만으로는 부족하고, 이 가처분을 얻지 못하면 채권자에게 특히 현저한 손해가 발생할 것이라는 긴급한 사정이 있음이 소명되어야 할 것이다. 본 사안에서는 아예 처음부터 단행적 가처분이라는 이유로 허용되지 않았으나, 이러한 가처분이 허용된다는 전제에서 본다면 D는 이러한 보전의 필요성도 아울러 소명해야 할 것이다.

문제 ④

Ⅰ. 문제의 제기

합병비율이 공정하지 않으면 합병으로 인하여 관계되는 주주들 사이에 부의 이전이 발생한다. 설문에서 甲회사의 공정가치가 5,000원이었는데 이를 자본시장법에 따라 10,000원으로 정하였으므로, 결과적으로 甲회사의 주주가 이익을 얻고 乙회사의 주주가 동액의 손해를 입은 것이 된다. 乙회사의 주주로서는 그 구제수단으로서, 합병무효의 소를 제기하여 합병을 무효화할 수 있는지, 이 합병을 추진한 A에 대해서 손해배상책임을 추궁할 수 있는지 문제가 된다.

Ⅱ. 합병비율의 불공정 판단

먼저 설문에서는 합병비율이 불공한지 여부가 선결문제가 된다. 합병에서는 자본시장법에서 정하고 있는 합병비율을 사용하였는데, 자본시장법상의 합병비율이라고 해서 합병비율의 공정성을 보장하지는 않는다. 그러나 법에서 정한 기준을 준수하였음에도 그 효력을 부인한다면 법적 불확실성이 높아져서 바람직하지 않다. 판례도 이러한 관점에서 자본시장법에 따라 합병비율을 정하였다면, 그 산정이 허위자료나 터무니없는 추정에 근거하는 등 사유가 없는 한, 합병비율을 불공정하다고 보지 않는다(대판 2008.1.10, 2007다64136).

그러나 설문은 단순히 자본시장법에서 정한 기준에 따라 계산한 것이 아니라, 甲회사의 가치를 높이기 위해서 관련 자료를 조작한 것이다. 허위자료를 이용했거나 추정에 있어 중대한 오류를 범한 것으로서, 자본시장법의 산식을 이용했다는 것을 가지고 면책될 수 없다. 따라서 합병비율은 불공정하다.

이렇게 합병비율이 소멸회사 주주에게 유리하면 현물출자의 과대평가 또는 신주의 제3자 저가발행과 같은 논리로 존속회사 주주로부터 소멸회사 주주로 富의 이전이 발생한다. 이에 따라 존속회사 주주의 구제수단으로 다음 두 가지를 생각할 수 있다.

Ⅲ. 합병무효의 소

1. 의　의

합병절차에 하자가 있는 경우 일반원칙에 따라 무효 또는 취소를 허용한다면 다수의 이해관계가 얽힌 법률관계에 불안정을 초래하게 된다. 따라서 합병무효의 주장은 오직 합병무효의 소로써만 할 수 있도록 하고 있다(제529조 제1항). 이는 형성의 소로서, 합병등기로부터 6월 내에 한하여 주주·이사·채권자 등 제소권자가 제기할 수 있다. 무효원인은 상법이 따로 열거하고 있지 않지만, 일반적으로 합병계약의 하자, 채권자보호절차의 불이행, 주주총회의 승인결의의 하자 등이 인정되고 있다. 본 설문에서 합병비율의 불공정도 합병무효의 소의 원인이 되는지에 대해는 다툼이 있다.

2. 합병비율의 불공정이 합병무효의 원인이 될 수 있는지 여부

(1) 학설 및 판례

손해를 입은 존속회사 또는 소멸회사 주주가 합병무효의 소를 제기할 수 있는지에 대해서는 견해가 나뉜다. 합병무효의 소는 단순히 주식매수청구권과 같이 주주의 이익을 보호하는 수준이 아니라, 아예 거래 전체를 무효로 하기 때문이다. 이렇게 주주는 주식매수청구권으로 보호되기 때문에 합병비율의 불공정은 합병무효의 원인이 될 수 없다고 하는 견해도 있지만, 합병비율은 합병대가를 의미하는 것으로서 합병에서 가장 중요한 요소이므로 합병무효를 인정해야 한다는 견해도 유력하다. 판례는 합병비율이 "현저하게" 불공정하다면 주주 등은 제529조의 합병무효의 소를 제기할 수 있다고 본다(대판 2008.1.10, 2007다64136).

(2) 검 토

합병비율의 불공정을 합병무효의 원인으로 보는 판례는 다음과 같은 이유에서 타당하다고 하기 어렵다.

① 합병비율이 불공정한 경우 합병무효는 효율적인 구제수단이 되기 어렵다. 먼저 주주의 이해관계는 주식매수청구권으로 보호되는 것이 타당하기 때문이다. 합병이 주주총회 특별결의에 의한 승인을 얻었다는 것으로부터, 대부분의 주주는 합병 자체 및 합병비율에 찬성하였음을 알 수 있다. 이 경우 일부 주주가 합병비율에 불만을 가지고 있다는 이유로 합병을 무효로 만드는 것은, 설사 그 합병비율이 법원이 판단하기에 불공정한 경우라 하더라도 전체 주주의 이익에 부합하지 않을 가능성도 있다.

② 합병이란 실질적으로 소멸회사를 출자하는 것이다. 여기서 합병비율의 불공정은 합병 신주 발행의 관점에서 본다면 출자되는 재산의 부당평가 또는 신주의 현저한 저가발행과 동일한 경제적 효과를 가진다. 그런데 신주발행의 무효원인은 거래의 안전을 고려하더라도 도저히 묵과할 수 없을 정도의 하자가 있는 경우에만 인정하는 것이 판례의 태도이며($^{대판}_{2004.6.25.}$ $^{2000다}_{37326}$), 이에 따르면 출자재산이 부당하게 평가되었다거나 발행가액이 불공정하다고 해서 신주발행의 무효원인이라고 하기 어렵다. 같은 논리에서, 특히 거래의 안전이 더 중시될 수밖에 없는 합병에서 신주의 발행가액의 불공정을 이유로 합병이 무효가 될 수 있다고 하는 것은 논리적으로 균형에 맞지 않는다.

(3) 결 어

현재 판례에 따르면 D는 합병무효의 소를 제기할 수 있으나, 위에서 상술한 바와 같이 이러한 판례는 이론적으로 타당하지 않다고 생각된다.

문제 5

Ⅰ. 이사의 제3자에 대한 책임

E는 단순히 주식시장에서 乙회사의 주식을 매수한 것이지 A로부터 직접적인 불법행위가 있었던 것은 아니다. 이처럼 이사의 행위가 제3자에 대하여 직접적인 불법행위의 요건을 갖추지 못하였다 하더라도, 상법은 이사의 업무 집행이 제3자의 이해관계에 영향을 주는 경우가 많다는 점을 고려하여 제3자의 손해를 배상하도록 하고 있다($^{제401}_{조}$). 이사의 제3자에 대한 손해배상책임은 불법행위책임이 아니라 상법이 특별히 이사의 행위를 통제하기 위해서 마련한 법정책임이라는 것이 통설이자 판례이다($^{대판\ 2006.12.22.}_{2004가63354}$).

Ⅱ. 손해배상책임의 인정 여부

1. 고의 또는 중과실에 의한 임무해태

이사가 제3자에 대하여 책임을 지기 위해서는 고의 또는 중대한 과실에 의한 임무해태가 있어야 한다. 고의 또는 중과실은 회사에 대한 임무해태에 관하여만 존재하면 되는데, 임무해태는 단순히 결과를 가지고 판단하는 것이 아니라 그 주관적 요건을 포함한다고 본다. 따라서 임무해태를 판단함에 있어서는 경영판단원칙이 적용되고, 고의 또는 중과실에 의한 임무해태가 있었다는 입증책임은 원고인 제3자가 부담한다. 설문에서 A는 책임추궁을 염려하여 전자제품제조 영업의 수익 관련 지표를 조작하였으며, 이에 기초한 재무제표를 공시함으로써 회사에 대하여 임무를 해태하였다.

2. 주주의 직접손해

제401조의 제3자는 채권자 이외에 주주도 포함하는 것은 견해가 일치되어 있으나, 손해에 직접손해 이외에 간접손해도 포함되는지는 견해가 나뉜다. 주주의 간접손해에 대하여 제401조가 적용되는지에 대하여, 통설은 대표소송은 소수주주권으로 되어 있고 담보제공 등의 요건이 있어 사실상 주주의 보호에 충분하지 않다는 점을 들어 주주의 간접손해에 대하여도 제401조가 적용되어야 한다고 보지만, 판례는 반대로 주주의 간접손해는 제401조에서 말하는 손해의 개념에 포함되지 않는다고 한다($\binom{대판\ 1993.1.26,}{91다36093}$). 회사가 손해배상을 받게 되면 주주의 간접손해는 자동적으로 전보된다는 점에서 판례의 입장이 타당하다.

그렇다면 무엇이 직접손해와 간접손해를 구별하는 것이 중요하다. 직접손해는 회사에 손해가 발생하지 않고 제3자에게 직접적으로 발생한 손해를 말하고, 간접손해는 일단 회사에 손해가 발생하고 그 결과 경제적으로 제3자가 손해를 입은 효과가 생기는 것을 말한다. 설문에서 회사가 허위로 주식청약서를 작성하거나 부실공시를 하여 주식을 인수하도록 한 경우가 전형적인 주주의 직접손해에 해당하며($\binom{대판\ 2012.12.23,}{2010다77743}$), 단순히 주가가 이미 이루어진 주의의무 또는 충실의무 위반사실을 반영한 것에 그치는 경우라면 주주의 간접손해에 불과하다.

Ⅲ. 결   어

설문은 주주의 직접손해에 해당하므로, 투자자는 A의 고의 또는 중과실을 입증하여 제3자에 대한 손해배상책임을 추궁할 수 있다.

문제 ①

합병을 하면서 주주총회의 승인을 받지 않아도 되는 경우가 있는가? 그 이유는 무엇이고, 그 경우 반대하는 주주는 주식매수청구를 할 수 있는가?

해 설

Ⅰ. 주주총회 승인결의의 요부

회사법은 합병과 같이 주주의 이해관계에 중요한 영향을 주는 거래는 주주총회의 승인을 얻도록 하고 있으며, 반대주주에게 주식매수청구권을 인정하는 방식으로 소수주주의 이익을 보호하고 있다. 그러나 이러한 절차는 회사 입장에서는 번거롭기도 하거니와 많은 비용이 들기 때문에, 사실상 그 의미가 없는 경우에까지 강제할 것은 아니다. 이러한 측면에서 상법은 주주총회의 승인결의를 요하지 않고 이사회의 결의만으로 합병을 할 수 있는 두 가지 예외를 인정하고 있는데, 바로 간이합병과 소규모합병이다.

Ⅱ. 간이합병

1. 주주총회 승인 여부

간이합병이란 ① 소멸회사의 총주주의 동의가 있거나, ② 존속회사가 이미 소멸회사 발행주식총수의 90% 이상을 소유하는 경우에 이용할 수 있으며($\substack{제527조 \\ 의2 \ 제1항}$), 소멸회사 주주총회의 승인결의 없이 이사회의 승인만으로 합병할 수 있다. 이러한 요건을 충족하면 소멸회사 주주의 입장에 보면 소멸회사의 주주총회는 사실상 형식에 불과하므로 군이 주주총회를 개최할 필요가 없다는 것이다. 존속회사 주주의 입장에서도 예를 들어 자회사를 90% 이상 소유하고 있다면 합병을 하는 것이 경제적 실질을 크게 바꾸는 것은 아니지만, 존속회사 주주총회에 대해서는 아무 규정이 없으므로 주주총회 특별결의가 요구된다.

2. 소멸회사 반대주주의 주식매수청구권

소멸회사 주주총회가 개최되지 않더라도, 소멸회사 주주 입장에서는 합병이 중요한 사건이므로, 소멸회사의 반대주주에게는 주식매수청구권이 인정된다($\substack{제522조 \\ 의3 \ 제2항}$). 존속회사가 소멸회사의 100% 지분을 소유하지 않는 이상 소멸회사에 합병에 반대하는 소액주주가 존재할 수 있는데, 이러한 소액주주는 합병으로 이해관계에 중대한 영향을 받기 때문이다. 그런데 소멸회사의 주주총회가 개최되지 않으므로, 반대주주가 주식매수청구권을 행사하기 위해서는 회사에 서면으로 합병에 반대하는 의사를 통지해야 한다(제522조 의3 제2항).

Ⅲ. 소규모합병

소규모합병이란 존속회사가 발행하는 합병신주가 존속회사 발행주식총수의 10% 이하인 경우를 말한다(제527조 의3 제1항). 소규모합병은 존속회사의 주주총회 승인을 요하지 않는다. 합병신주가 존속회사 발행주식총수의 10% 이하라는 것은 존속회사의 기업가치가 소멸회사보다 10배 이상이라는 것을 의미하므로, 결국 존속회사 입장에서는 합병의 규모가 너무 작아서 주주의 이해관계에 영향을 주는 유의미한 변화가 아니라는 것이다. 소규모합병은 간이합병의 경우와 달리 존속회사 주주의 이해관계 자체가 부정되는 상황이므로, 반대주주라 하더라도 주식매수청구권이 인정되지 않는다(제527조 의3 제5항). 반면 소멸회사 입장에서 소규모합병은 통상의 합병과 다름이 없다. 따라서 소멸회사는 당연히 주주총회 특별결의에 의한 승인이 있어야 하고 반대주주의 주식매수청구권도 인정된다.

문제 ②

합병대가를 현금으로 지급하는 방식으로 소수주주를 축출할 수 있다. 그 방법을 간단히 설명하고 어떤 문제가 있는지 지적하라.

해 설

Ⅰ. 교부금합병의 의의

교부금합병이란 합병대가의 전부 또는 일부를 금전 또는 그 대체물로 지급하는 거래를 말한다(제523조 제4호). 종래 상법도 합병교부금을 인정하고 있었으나, 실무상 단주처리를 위한 경우 등에만 예외적으로 이용되고 있었고, 판례도 합병대가의 상당 부분을 금전으로 지급하는 것은 불가능하다고 이해하고 있었다(대판 2003.2.11, 2001다14351 참조). 그러나 2011년 상법개정으로 명문으로 교부금합병이 인정되었다. 이렇게 소멸회사 주주에게 전부 금전을 지급하게 되면 사실상 존속회사가 소멸회사의 자산을 매수한 것과 다름이 없게 되고, 존속회사의 소유구조가 전과 같이 그대로 유지된다. 나아가 이러한 교부금합병을 통하여 한 회사에서 지배주주가 소액주주를 축출할 수도 있다.

Ⅱ. 소액주주 축출

1. 축출방법

합병과정에서 일부 주주에게는 합병신주를, 다른 일부 주주에게는 현금을 지급하는 것은 주주평등의 원칙에 반하기 때문에 주주총회 특별결의가 있다고 하더라도 허용되기 어렵다. 이렇게 주주평등의 원칙이 강제되는 이상 합병 과정에서 지배주주와 소액주주를 차별하는 것이 불가능하다고 생각할 수 있으나, 실제로는 이러한 제한을 회피하여 주주를 차별적으로 취급할 수 있으며(squeeze-out merger), 이를 이용하여 한 회사에서 소액주주를 그 의사에 반하여 축출할 수도 있다. 미국에서도 이러한 방법이 많이 이용된다.

예를 들어, X회사의 지배주주인 P회사가 다른 소액주주를 축출하고자 한다면 X회사를 P회사에 합병시키면서 X회사의 소액주주에게 합병대가로 금전을 지급하면 된다. 지배주주인 P회사에 대해서도 합병대가인 현금을 지급할 수도 있고 그렇지 않을 수도 있겠지만 결과에는 차이가 없다. 만일 X회사의 지배주주가 개인이라면, 지배주주가 보유한 X 주식을 전부 출자하여 새로이 Y회사를 만들면 위 사례와 같아진다. 그 다음 Y회사를 존속회사, X회사를 소멸회사로 하여 교부금합병을 하면 지배주주가 Y회사, 즉 사실상 과거의 X회사와 동일한 회사를 100% 지배하게 된다.

2. 문제점

이러한 소액주주 축출은 두 가지의 문제가 있다. 우선 제360조의24 이하에서 지배주주에게 소액주주의 주식을 강제로 취득할 수 있는 권한도 부여하고 있기 때문에, 단지 교부금합병이 소액주주를 축출하는 방법으로 사용될 수 있다는 것만 가지고는 문제라고 하기 힘들다. 그러나 제360조의24에 의하여 소액주주를 축출하기 위해서는 주주가 지배주주의 요건, 즉 95% 지분보유의 요건을 충족해야 한다(제360조의 24 제1항). 따라서 이러한 기준을 충족하지 못한 경우에 교부금합병을 이용하여 소액주주를 축출하는 것이 상법에서 허용되는 것인지의 문제가 있다.

설사 소액주주 축출이 허용된다고 보더라도, 합병 과정에서 소액주주에게 공정한 가액으로 보상이 이루어져야 한다. 그러나 일반적으로 비상장회사에 있어서 주식의 공정가치를 두고 회사와의 사이에 합의가 이루어지기 힘들고, 법원노 이를 판단할 전문싱을 깆추지 못한 경우가 많다. 이러한 상황에서 소액주주는 불공정한 가액으로 축출될 위험도 크다. 특히 비슷하게 주식매수청구권을 행사하는 반대주주는 자발적으로 거래를 선택한 것에 비하여, 소액주주 축출에서는 당사자의 의사에 반하여 거래가 강제되고, 지배주주가 그 시기를 선택할 수 있다는 점에서 공정가치에 의한 보상이 더욱 훼손될 우려가 높다. 따라서 그 판단기준도 주식매수청구권과 비교하여 더 엄격하게 설정되어야 한다.

기본 사실관계

甲회사의 대표이사인 E는 2010. 11.경 甲회사의 경영상태가 좋지 않아 관급공사의 입찰을 받을 수 없는 상황에 처하자 경영지도사인 A에게 甲회사의 전기공사업 부문만을 분할하여 관급공사만을 전문으로 입찰하는 새로운 회사를 설립해 줄 것을 의뢰하였다. A는 甲회사로부터 전기공사업 부문을 분할하여 乙회사에 합병시키기로 하고 2010. 11. 28.자 아래와 같이 분할합병계약서를 작성하였다.

〈분할합병계약서의 주요 조항〉

제1조 ② 乙회사는 甲회사의 영업 일부인 전기공사업 부문의 제반 면허, 장비 및 인원, 계약권리 및 하자보수 등의 권리의무를 포괄적으로 승계한다.

제2조 ① 甲회사는 2010. 11. 28. 현재의 재산목록을 기초로 하여 제6조에 정한 분할합병기일에 분할되는 영업에 관한 권리의무 일체를 乙회사에게 인계하고, 乙회사는 이를 승계한다.

② 甲회사의 전기공사공제조합 출자좌수에 관한 모든 보증채무 및 융자 일체를 乙회사가 승계하기로 한다.

A는 2010. 11. 28. 甲회사의 총 발행주식을 보유하고 있던 B(최대주주), C 및 E로부터 위임을 받아 위 분할합병계약서에 대하여 甲회사의 주주총회 승인결의가 있었다는 내용의 주주총회 의사록을 작성하였다. 그 후 2010. 12. 1. 일간신문에 "乙회사는 상법 제530조의9 제2항의 결의절차를 밟아 상법 제530조의9 제1항의 출자재산 이외의 채무에 대하여는 연대책임을 부담하지 않기로 결의하였으므로 회사분할합병에 이의가 있는 채권자는 공고게재일로부터 1개월이내에 회사에 이의를 제출하라."는 취지의 분할합병공고를 마쳤다. 이 과정에서 B 및 D를 포함한 甲회사의 채권자들에 대한 개별적 최고절차는 이루어지지 아니하였다. 乙회사와 甲회사는 2011. 3. 12. 甲회사의 전기공사업 부문을 乙회사에게 분할합병하는 내용의 회사분할 및 분할합병등기를 경료하였다.

한편, 위 분할합병계약서에는 甲회사가 출자한 재산에 관한 채무만을 乙회사가 부담한다는 취지가 기재되어 있지 아니하고, 甲회사의 총 발행주식을 실질적으로 보유한 B, C 및 E의 승인 내지 주주총회의사록 작성 위임은 그러한 취지가 누락된 위 분할합병계약서에 대하여 이루어진 것에 불과하였다. 즉, 甲회사가 출자한 재산에 관한 채무만을 乙회사가 부담한다는 취지가 기재된 분할합병계약서가 작성되어 이에 대한 甲회사의 주주총회의 승인이 이루진 것은 아니었다.

B는 甲회사의 최대주주이면서 또한 2010. 9. 15. 甲회사에게 금 5억 원을 대여하였으나 상환받지 못하고 있으며, D는 2010. 9. 11. 금 2억 원을 甲회사에게 대여하였으나 상환받지 못하고 있다. B와 D는 甲회사의 사채명부에 기재되어 있다.

문제 ❶

B는 乙회사가 甲회사의 채무에 대하여 연대책임을 부담하여야 한다고 주장한다. B의 주장은 정당한가? (30점)

문제 ❷

D가 위 분할합병의 효력을 부인하려면 상법상 어떠한 조치를 취할 수 있는가? (30점)

문제 ❸

乙회사가 甲회사의 채무를 전혀 승계하지 않기로 합의하여 그 내용을 분할합병계약서에서 기재하고 이에 대해 甲회사의 주주총회 특별결의를 거쳐 승인하는 한편 甲회사의 채권자에 대한 채권자보호절차를 취한 경우, 이러한 합의는 유효한가? (20점)

문제 ❹

甲회사는 수취인을 백지로 하는 약속어음을 발행하였는데, 대표이사인 E가 제1배서인으로 F에게 배서·양도하였고, 이후 순차적으로 F1, F2, F3에게 배서·양도되었다. 甲회사는 당좌거래 정지처분을 받았고, 이에 F는 2010. 12. 1. 최종소지인인 F3에게 상환의무를 이행한 다음 어음을 소지하게 되었다. 이 경우 甲회사는 F에게 분할합병에 대해 개별적인 최고를 통한 채권자 이의절차를 거쳐야 하는가? (20점)

해 설24)

문제 1

Ⅰ. 사안의 쟁점

분할 또는 분할합병으로 인하여 설립되는 회사 또는 존속하는 회사는 분할 또는 분할합병 전의 회사채무에 관하여 원칙적으로 연대하여 변제할 책임이 있다(제530조 의9 제1항). 그러나 주주총회 특별결의를 통해 분할을 하는 경우에는 설립된 회사가 분할되는 회사의 채무 중에서 출자한 재산에 관한 채무만을 부담할 것을 정할 수 있다(제530조 의9 제2항). 분할합병의 경우에도 존립중의 회사 가 분할되는 회사의 채무에 대해서 마찬가지로 정할 수 있다(제530조 의9 제3항). 여기서 분할당사회사들 이 연대책임을 배제하기 위하여 어떠한 요건을 구비해야 하는지가 문제된다.

Ⅱ. 연대책임의 배제

1. 의 의

연대책임의 원칙을 엄격하게 고수한다면 회사분할제도의 활용을 가로막을 수 있다. 따라 서 상법은 연대책임의 원칙에 대한 예외를 인정하여 분할회사가 분할계획서 또는 분할합병계 약서에 신설회사 또는 존속회사가 분할회사의 채무 중에서 출자한 재산에 관한 채무만을 부 담할 것을 정하여 주주총회 특별결의에 의한 승인을 받고, 소정의 채권자보호절차를 취하는 경우에는 분할당사회사의 연대책임을 배제하고 있다(제530조의9 제2항 내지 제4항, 제 527조의5, 제232조 제2항 및 제3항).

2. 연대책임 배제의 요건

(1) 분할계획서 또는 분할합병계약서의 정함과 주주총회 특별결의(제530조의9 제2항, 제3항)

분할당사자간에 배분·승계하는 채무의 내용이 분할계획서 또는 분할합병계약서에서 특 정되고(제530조의6 제1 항 제6호, 제7호), 주주총회 특별결의를 통하여 승인을 얻어야 한다(제530조의3 제1항, 제2항, 제434 조; 대판 2010.8.26, 2009다95769).

연대책임의 배제에 관해서는 분할채무관계에 있음을 주장하는 측에서 증명해야 한다. 즉, 단순분할의 경우 신설회사, 분할합병의 경우에는 상대방회사 및 분할 후 존속회사 등이 될 것 이다. 채권자이의를 최고하는 공고에서 분할책임을 진다고 선언했다고 해서 책임분할의 효과

---

25) 참조판례: 대판 2010.8.26, 2009다95769.

가 생기는 것은 아니다(전게 판례).

(2) 채권자보호절차 필요

채권자보호절차가 필요한 이유는 분할 전의 책임재산이 분할 후 수개의 회사로 분리되므로 책임주체가 특정회사로 제한된다면 채권자를 위한 책임재산이 감소되기 때문이다. 단순분할의 경우에 채권자보호절차를 밟지 않는다면 분할계획에 연대책임의 배제에 관한 규정을 두었더라도 이 규정은 채권자에 대해서는 무효이고, 채권자에 대해 당사회사들은 제530조의9 제1항에 따라 연대책임을 진다. 반면, 분할합병의 경우에는 연대책임의 배제 여부를 불문하고 항상 채권자보호절차를 밟아야 하며($^{제530조의9 \ 제4}_{항, \ 제527조의5}$), 이를 흠결할 경우 분할합병무효의 사유가된다.

채권자보호절차는 분할의 승인결의가 있는 날로부터 2주 내에 채권자에 대하여 분할에 이의가 있으면 1월 이상의 기간 내에 이를 제출할 것을 공고하는 것인데, 특히 회사가 알고 있는 채권자에 대하여는 이를 개별적으로 최고하여야 하며, 이를 게을리 한 경우에는 제530조의9 제1항에 따라 연대책임을 져야 한다($^{제530조의9 \ 제4항, \ 제527조의5;}_{대판 \ 2004.8.30. \ 2003다25973}$). 이의를 제출한 채권자가 있는 때에는 회사는 그 채권자에 대하여 변제 또는 상당한 담보를 제공하거나 이를 목적으로 상당한 재산을 신탁회사에 신탁하여야 한다($^{제527조의5,}_{제232조 \ 제3항}$).

알고 있는 채권자에는 회사의 장부 기타 근거에 의하여 그 성명과 주소가 회사에 알려져 있는 자는 물론이고 대표이사 개인이 알고 있는 채권자도 포함된다($^{대판 \ 2011.9.29.}_{2011다38516}$).

3. 사례에의 적용

사례의 경우 분할합병계약서에는 甲회사가 출자한 재산에 관한 채무만을 乙회사가 부담한다는 취지가 기재되어 있지 아니하고, 주주총회의사록 작성 위임은 연대책임 배제 취지가 누락된 위 분할합병계약서에 대하여 이루어진 것에 불과하다. 또한 甲회사는 사채명부상의 채권자로서 회사가 알고 있는 사채권자인 B에게 개별적인 최고절차를 이행하지 않았으므로 연대책임 배제의 효과가 발생하지 아니하며, 乙회사는 甲회사의 채무에 관하여 甲회사와 연대책임을 부담하여야 한다. 그러므로 B의 주장은 정당하다.

> 문제 **2**

I. 사례의 쟁점

위 사례의 경우 분할합병에서 회사가 알고 있는 채권자인 D에게 개별적인 최고절차를 밟지 않음으로써 채권자보호절차를 이행하지 아니하였다. 분할합병을 하기 위해서는 연대책임의 배제 여부와 관계없이 채권자보호절차를 거쳐야 하는데, 甲회사는 이러한 절차를 흠결하였으므로 위 분할합병은 분할(합병)무효의 소의 원인이 된다.

Ⅱ. 분할무효의 소

회사분할에 무효의 원인이 있을 경우에는 다음과 같이 분할무효의 소로 다툴 수 있다. 분할무효의 소에 관해서는 합병무효의 소에 관한 규정이 준용된다(제530조의11 제1항, 제529조, 제239조, 제240조).

1. 무효의 원인

(1) 실체법상 무효원인

상법은 분할무효의 원인에 관하여 아무런 규정이 없다. 분할계획서 또는 분할합병계약서의 내용이 사법상의 일반원칙인 선량한 풍속 기타 사회질서에 반하는 경우, 또는 강행법규에 위반되거나 현저히 불공정한 경우에는 무효원인이 된다.

(2) 분할절차상 무효원인

분할계획서 또는 분할합병계약의 승인결의에 흠이 있는 경우, 분할의 상대방회사의 형태에 관한 적법성을 결한 경우, 분할계획서의 절대적 기재사항의 누락, 분할대차대조표의 공시의무를 위반한 경우 등이다. 그 이외에서 채권자 보호절차를 생략하거나 분할회사의 주주에게 현저하게 불공정한 주식배정을 하는 경우 분할의 무효원인이 된다.

단순분할의 경우 채권자보호절차를 거치지 않은 경우 판례는 분할무효의 사유로 보지 않고 연대책임이 부활한다는 입장이다(대판 2004.8.30. 2003다25973). 그러나 분할합병의 경우에는 연대책임의 배제와 무관하게 채권자보호절차가 요구되므로, 채권자보호절차를 흠결하는 때에는 분할합병무효의 사유로 보아야 할 것이다.

2. 소의 성질

분할의 무효는 소만으로 주장할 수 있으므로 형성의 소이다.

3. 제소권자

분할의 무효는 각 회사의 주주, 이사, 감사, 청산인, 파산관재인 또는 분할을 승인하지 않은 채권자가 제기할 수 있다(제530조의11 제1항, 제529조 제1항). 주주, 이사는 존속하는 분할회사, 신설회사 또는 분할합병에 있어서의 상대방회사의 주주, 이사를 뜻한다. 또한 단순분할의 경우 채권자보호절차 위반은 분할무효의 사유가 되지 않고 연대책임이 부활하는데 그치므로, 여기서 '분할을 승인하지 않은 채권자'는 분할합병을 승인하지 않은 채권자를 말한다.

4. 피 고

분할에 관련된 모든 회사가 판결의 효력을 받고 또 그 효력은 획일적으로 확정되어야 하므로 분할로 인해 신설된 회사, 존속하는 회사 모두를 공동피고로 하는 필요적 공동소송이 되어야 한다.

5. 제소기간 및 공고, 담보제공 등

분할무효의 소는 분할등기 후 6월 내에 제기하여야 한다$\binom{\text{제530조의}}{\text{11, 제529조}}$. 소제기가 있으면 공고를 하여야 하고, 수 개의 소가 제기되면 병합심리를 하여야 하며, 법원의 재량기각이 인정되고, 원고가 패소할 경우 손해배상책임을 지는 점 등은 합명회사의 설립무효의 소에 관한 규정이 준용된다$\binom{\text{제530조의11 제1항, 제}}{\text{240조, 제186조~제191조}}$. 법원은 회사의 청구에 의하여 소제기자에게 상당한 담보의 제공을 명할 수 있다$\binom{\text{제530조의11 제1항, 제237}}{\text{조, 제176조 제3항 · 제4항}}$.

6. 무효판결의 효력

무효판결에는 대세적 효력이 있어 소를 제기하지 않은 주주 등에 대하여도 효력이 있다$\binom{\text{제530}}{\text{조의11 제1항, 제240}}_{\text{조, 제190조 본문}}$. 분할무효의 판결에는 소급효가 없으므로 판결 확정 전에 생긴 회사와 주주 및 제3자 간의 권리의무에는 영향을 미치지 않는다$\binom{\text{제530조의11 제1항, 제}}{\text{240조, 제190조 단서}}$.

분할 후 무효판결확정시까지 존속회사 또는 신설회사가 부담한 채무와 취득한 재산의 처리에 대해서는 합병무효에 관한 규정을 준용하여 조정한다. 즉, 존속회사 또는 신설회사가 분할 후 부담하는 채무에 관하여는 분할당사회사가 연대하여 책임을 지고, 취득한 재산은 분할당사회사의 공유로 한다. 이 경우 각 회사의 협의로 그 부담부분 또는 지분을 정하지 못하는 때에는 법원이 그 청구에 의하여 분할당시의 각 회사의 재산상태 기타의 사정을 참작하여 이를 정한다$\binom{\text{제530조의11 제1}}{\text{항 본문, 제239조}}$.

Ⅲ. 사례에의 적용

甲회사는 乙회사와 분할합병을 추진하면서 사채명부에 기재된 채권자인 D에 대하여 개별적인 최고절차를 이행하지 아니하였다. 분할합병의 경우 채권자보호절차는 甲회사가 연대책임의 배제 요건을 설정하는 것과 무관하게 항상 거쳐야 하는 절차이므로 이를 흠결한 위 분할합병은 분할무효의 소의 원인이 될 수 있다. 따라서 채권자인 D는 분할무효의 소를 제기할 수 있다.

Ⅰ. 문제의 제기

상법은 분할이나 분할합병의 경우 분할당사회사가 원칙적으로 분할회사의 채무에 관하여 연대책임을 부담하도록 규정하고 있다(제530조의9 제1항). 그러나 분할계획서 또는 분할합병계약서에 신설회사 또는 존립중의 회사가 분할회사의 채무 중에서 '출자한 재산에 관한 채무'만을 부담할 것을 정하여 주주총회 특별결의를 통한 승인을 받고, 채권자보호절차를 이행하는 경우 분할당사회사의 연대책임을 배제할 수 있도록 규정하고 있다(제530조의9 제2항 내지 제4항, 제527조의5, 제232조 제2항 및 제3항). 이에 따라 신설회사 또는 존립중의 회사가 분할회사의 채무를 전혀 승계하지 않거나, 또는 초과하거나 미달하여 승계한 경우에는 모두 연대책임이 배제되지 않는지 여부가 문제된다.

Ⅱ. 연대책임의 배제를 위한 채무승계의 범위

1. 출자한 재산에 관한 채무

출자한 재산이라 함은 조직적 일체성을 가진 영업, 즉 특정한 영업과 그 영업에 필요한 재산을 말한다. '출자한 재산에 관한 채무'란 신설회사 또는 존립회사가 분할회사로부터 승계한 영업에 관한 채무로서 당해 영업에 직접적으로 관계된 채무뿐만 아니라 그 영업을 수행하기 위하여 필요한 적극재산과 관련한 모든 채무가 포함된다(대판 2010.8.19. 2008다92336).

2. 연대책임 배제의 범위

상법은 신설회사 또는 존립회사가 분할회사의 채무 중에서 출자한 재산에 관한 채무만을 부담하고, 분할회사는 신설회사 또는 존립회사가 부담하지 아니하는 채무만을 부담하는 경우에 한하여 연대책임의 배제를 인정하고 있다(제539조의9 제2항, 제3항).

이 규정의 해석에 대해 일부 학설은 분할당사회사가 분할계획서 또는 분할합병계약서의 정함에 따라 각기 승계한 채무에 관해서만 분할책임을 질 수 있다는 것으로 해석한다. 또는 제530조의9 위반이 경미한 경우 연대책임의 배제를 부인하지 않고, 경우를 나누어 신설회사 또는 존립회사가 출자한 재산의 채무를 초과하여 부담하는 경우에는 그 초과분을 가산한 채무에 관하여, 미달하는 경우에는 출자한 채무에 관하여 각각 연대책임을 지는 것으로 해석하는 견해도 있다. 그러나 판례에 따르면 신설회사 또는 존립회사가 분할 또는 분할합병 전의 회사채무를 전혀 승계하지 않기로 하는 내용의 합의는 "신설회사 또는 존립중의 회사가 분할회사의 채무 중에서 출자한 재산에 관한 채무만을 부담할 것"을 정한 경우가 아니므로 $\binom{\text{제530조의}}{\text{9의 위반}}$, 채권자보호절차를 거쳤는지 여부를 불문하고 채권자에 대한 관계에서는 아무런 효력이 없다. 따라서 신설회사 또는 존립회사는 분할 또는 분할합병 전의 회사채무에 대하여 분할되는 회사와 연대책임을 진다$\binom{\text{대판 2006.10.12,}}{\text{2006다26380}}$.

3. 사례에의 적용

분할합병계약서에서 연대책임의 배제를 기재하고 이에 대해 甲회사의 주주총회 특별결의를 거쳐 승인하는 한편 甲회사의 채권자에 대한 채권자보호절차를 취하였지만, 乙회사가 甲회사의 채무를 전혀 승계하지 않기로 합의한 것은 "존립중의 회사가 분할회사의 채무 중에서 출자한 재산에 관한 채무만을 부담할 것"을 정한 경우에 해당하지 않으므로 연대책임 배제의 효력이 인정되지 않는다. 따라서 당해 합의는 무효이고, 乙회사는 甲회사의 채무에 대하여 甲회사와 연대책임을 부담한다.

문제 **4**

Ⅰ. 문제의 제기

분할합병의 경우 채권자보호절차는 연대책임의 배제와 상관없이 필요한 요건이다. 분할합병을 하기 위해서 甲회사는 주주총회의 분할합병계약서 승인일로부터 2주간 내에 채권자들에게 분할에 이의가 있으면 1월 이상의 기간 내에 이를 제출할 것을 공고하여야 하고, '알고 있는 채권자'에 대해서는 개별적으로 최고하여야 한다. 여기서 문제는 F가 甲회사가 알고 있는 채권자에 해당하는지 여부이다.

Ⅱ. 채권자보호절차 중 알고 있는 채권자의 범위

1. 의 의

알고 있는 채권자의 범위에 배서인도 회사의 채권자라고 할 수 있는지, 그리고 대표이사가 개인적으로 알고 있는 경우에도 분할회사가 알고 있다고 볼 수 있는지가 문제된다.

2. 학설 및 판례

개별 최고가 필요한 '회사가 알고 있는 채권자'라 함은 채권자가 누구이고 채권이 어떠한 내용의 청구권인지가 대체로 회사에게 알려져 있는 채권자를 말하는 것이고, 회사에 알려져 있는지 여부는 개개의 경우에 제반 사정을 종합적으로 고려하여 판단하여야 할 것인데, 회사의 장부 기타 근거에 의하여 성명과 주소가 회사에 알려져 있는 자는 물론이고 회사 대표이사 개인이 알고 있는 채권자도 이에 포함된다(대판 2011.9.29.
2011다38516).

그러나 임시주주총회 효력정지 가처분을 신청한 주주나, 실질주주명부에 기재되어 있는 주주에 대해서는 '회사가 알고 있는 채권자'에 해당하지 않는다고 보았다(대판 2010.8.19.
2008다92336).

3. 사례에의 적용

채권자에 대한 개별최고는 甲회사의 주주총회 승인일인 2010. 11. 28.부터 2주간 내에 이루어져야 한다. F는 2010. 12. 1. 상환의무를 이행하고 어음을 다시 소지하게 된 것이므로, F는 개별 최고 기간에 甲회사에 대하여 어음금 청구권을 갖는 채권자였다. 판례에 따르면 대표이사 개인이 알고 있는 채권자도 회사가 알고 있는 채권자에 포함된다. 따라서 甲회사는 F에게 개별적인 최고절차를 거쳐야 한다.

추가 · 심화 질문

문제 ①

위 사례에서 주주 C가 위 분할합병에 대해 반대하는 경우 주식매수청구권을 행사할 수 있는가?

해 설

Ⅰ. 사안의 쟁점

상법은 분할합병의 경우에는 분할회사와 상대방회사의 주주에게 주식매수청구권을 인정하고 있으나(제530조의11 제2
항, 제522조의3), 단순분할 및 물적분할의 경우에는 분할회사의 주주에게 주식매수청구권을 인정하지 않는다.

그 이유는 단순분할의 경우 종전의 회사재산과 영업이 물리적 및 기능적으로 나누어질 뿐 주주의 권리는 신설회사에 그대로 미치므로 주주의 권리에 구조적인 변화가 생기지 않기 때문이다. 반면 분할합병의 경우에는 회사의 재산, 영업이 다른 회사와 통합되므로 주주의 관점에서는 합병과 동질의 구조변화이다. 반대절차 및 매수절차는 합병에서와 같다.

Ⅱ. 주식매수청구권

분할합병의 경우 회사의 재산과 영업이 다른 회사와 통합되므로 회사합병시 주식매수청구권에 관한 규정이 준용되어(제530조의11 제2항, 제522조의3), 분할합병에 반대하는 주주에게 주식매수청구권이 인정된다. 합병과 다른 점은 분할 또는 분할합병의 승인을 위한 주주총회에서는 의결권 배제·제한에 관한 종류주식의 주주도 의결권이 있으므로(제530조의3 제3항), 이들 주주도 의결권을 행사할 수 있다.

분할합병에 관한 이사회결의가 있는 때에는 그 결의에 반대하는 주주는 분할합병계약서에 대한 주주총회 승인결의 이전에 회사에 대하여 서면으로 반대하는 의사를 통지한 경우에는 그 주주총회 결의일로부터 20일 이내에 주식의 종류와 수를 기재한 서면으로 회사에 대하여 자기가 소유하고 있는 주식의 매수를 청구할 수 있다.

문제 ❷

甲회사는 중공업 사업을 영위하는 회사로 그 중 조선업 사업부문을 분할하여 乙회사를 신설하여 승계하고 잔존 부문을 甲회사에 존속시키는 회사분할을 하였다. 분할계획서에는 乙회사는 甲회사가 출자한 재산에 관한 채무만을 부담한다고 규정하여 연대책임을 배제하는 내용이 포함되었고, 이에 대해 주주총회 특별결의를 거치고 채권자 이의절차를 거쳐 분할등기가 경료되었다. A는 甲회사의 실질주주명부상의 주주로서 분할 전 甲회사의 분식회계에 의해 자본시장법상의 손해를 입었다. A는 乙회사에 대하여 甲회사의 손해배상채무를 추궁할 수 있는가?

해 설

Ⅰ. 사안의 쟁점[26]

회사분할의 경우 신설회사 또는 존속회사가 분할회사의 채무 중에서 "출자한 재산에 관한 채무"만을 부담할 것으로 정하여 일정한 절차를 거쳐 연대책임을 배제할 수 있다(제530조의9 제2항 내지 제4항, 제527

---

26) 참조판례: 대판 2010.8.19, 2008다92336.

^{조의5, 제232조} ^{제2항 및 제3항}). 甲회사가 분식회계로 인하여 A에 부담하는 자본시장법상 손해배상채무가 이러한 "출자한 재산에 관한 채무"에 해당하는지 여부가 문제이다. 이에 해당할 경우 연대책임이 배제되더라도 乙회사는 A에 대한 甲회사의 채무를 부담하여야 한다. 또한 실질주주명부상의 주주로서 자본시장법상 손해배상채권자인 A가 채권자이의절차상 개별적인 통지가 필요한 '알고 있는 채권자에 해당하는지 여부가 문제된다.

Ⅱ. 출자한 재산에 관한 채무

분할되는 회사가 '출자한 재산'이라 함은 분할되는 회사의 특정재산을 의미하는 것이 아니라 조직적 일체성을 가진 영업, 즉 특정의 영업과 그 영업에 필요한 재산을 의미한다. '출자한 재산에 관한 채무'라 함은 신설회사가 분할되는 회사로부터 승계한 영업에 관한 채무로서 당해 영업 자체에 직접적으로 관계된 채무뿐만 아니라 그 영업을 수행하기 위해 필요한 적극재산과 관련된 모든 채무가 포함된다(^{대판 2010.8.19,} _{2008다92336}).

위 회사분할은 중공업 사업부문을 분할하여 조선업 사업부문을 승계하는 乙회사를 신설하며, 잔존 사업부문은 존속회사인 甲회사에게 존속시키는 것이다.

'출자한 재산에 관한 채무'라 함은 신설회사로 이전되는 분할회사의 조선업 사업부문의 영업자산 등에 관한 채무이다. 따라서 甲회사가 분식회계로 인하여 주식투자자인 A에 대하여 부담하게 된 손해배상채무가 위와 같이 乙회사에 이전되는 영업자산 등에 관한 것이라고 보기 어렵다. 그러므로 회사분할로 인하여 신설된 乙회사가 甲회사의 A에 대한 손해배상채무를 승계하지 않으므로 연대책임을 부담하지 않는다.

Ⅲ. 알고 있는 채권자

甲회사의 분식회계로 인하여 모든 주주에게 손해가 발생하는 것이 아니고 분식회계와 인과관계 있는 거래기간 중 주식을 취득한 일부 주주에 한하여 손해배상책임이 인정되어 채권자로서의 지위를 겸하게 된다. 그러나 실질주주명부에는 관리번호, 사업자등록번호, 보통주 및 우선주 수량, 주주의 이름과 주소만 기재되어 있을 뿐이어서, 비록 A가 회사분할을 위한 임시주주총회를 위하여 작성된 실질주주명부에 주주로서 등재되어 있었다 하더라도, 甲회사로서는 실질주주명부상 주주인 A가 주주 이외에 채권자의 지위까지 겸하는 자라는 사실을 알 수 있었다고 볼 수 있다.[27] 따라서 분할 전 회사의 분식회계로 손해를 입었음을 주장하는 실질주주명부상 주주인 A가 상법 제530조의9 제4항, 제527조의5 제1항에 정한 채권자보호절

---

27) 이러한 현상은 甲회사의 불법행위가 회사분할 이후 나중에 발견되는 경우에 주로 발생할 것이다.

차에서 분할에 대한 이의 여부를 개별적으로 최고하여야 하는 분할 전 회사가 '알고 있는 채권자'에 해당한다고 볼 수 없다.

80 상사매매 · 어음의 기한후배서

기본 사실관계

乙회사는 스마트폰에 사용되는 특수부품을 제조하여 시중에 판매하는 회사인데, 2015. 5. 10. 甲회사와의 사이에 甲회사가 지정하는 기능을 가지도록 위 특수부품을 제조하여 2만 개를 납품하기로 계약하였다. 乙회사는 계약상 납기일인 2015. 6. 10. 甲회사에 위 제품을 모두 납품하였고, 甲회사는 그 매매대금조로 만기를 2015. 8. 20.로 하여 액면 4천만 원의 약속어음을 발행하여 주었다. 乙회사의 대표이사 A는 친구인 B가 사업자금의 융통에 어려움을 겪는 것을 보고, 2015. 7. 1. 아무 원인관계 없이 신용을 제공할 목적으로 위 어음을 B에게 배서양도하여 주면서, 이 어음을 유통시켜 자금을 마련한 다음 사정이 좋아지면 갚으라고 하였다. B는 2015. 8. 1. 피배서인을 기재하지 않고 이를 C에게 배서양도하였다.

그런데 甲회사는 위 특수부품을 인도받고 즉시 그 하자유무에 관하여 검사하지 아니한 채 보관하다가 2개월 가까이 경과한 2015. 8. 10.경에서야 위 특수부품이 甲회사가 지정한 내용대로 제작되지 않아서 원래 요구한 기능을 수행하지 못한다는 것을 발견하였다. 甲회사는 이 특수부품을 전량 사용할 수 없게 되자, 이를 乙회사에 반환하면서 위 계약을 해제하겠다고 통지하였다. 이와 함께 매매대금조로 발행한 어음을 결제할 수 없다는 뜻도 전달하였다. 위 어음을 소지하고 있던 C는 만기가 하루 지난 2015. 8. 21. 피배서인란에 자신의 성명을 기재하고 이 어음을 甲회사에 지급제시하였으나 甲회사는 위 매매계약이 2015. 8. 10.경 해제되었다는 이유로 그 지급을 거절하였으며, 지급거절증서도 작성되었다. 이에 C는 이 어음을 계속 보유하고 있다가 2015. 9. 10. 이를 D에게 배서양도하였다.

乙회사는 위 반환된 특수부품을 위탁매매업자인 丙회사에 매도를 위탁하는 계약을 체결하면서, 원래 개당 2천 원에 납품한 것이었으니 수요가 부족함을 고려하더라도 최소한 1,500원까지는 받아달라고 하였다. 그러나 계약을 체결한 다음 갑자기 위 특수부품의 시장가격이 급락한 결과, 丙회사는 이를 개당 1,200원 이상으로는 매도할 수 없음을 알게 되었다.

문제 **1**

甲회사의 계약해제가 적법한지 검토하라. (20점)

문제 **2**

D는 위 약속어음의 적법한 소지인으로 추정되는가? (10점)

문제 **3**

甲회사는 C의 어음금 청구를 거절할 수 있는가? 다만 이 문제에서는 제1문의 결론과 상관없이 甲회사의 계약해제가 적법하게 이루어졌다고 가정한다. (15점)

문제 **4**

D가 乙회사에 상환청구를 하였다면, 乙회사는 이를 거절할 수 있는가? (40점)

문제 **5**

丙회사가 乙회사에게 위탁매매수수료를 받을 수 있는 방법을 설명하라. 다만 민법상 사정변경의 원칙은 적용되지 않는다고 가정한다. (15점)

해 설

문제 **1**

I. 문제의 제기

乙회사가 甲회사에게 납품한 특수부품에 하자가 있으므로, 민법상 甲회사는 하자담보책임을 물어 乙회사에 대금감액청구권, 계약해제권, 손해배상청구권 등을 행사할 수 있다. 그런데 상거래는 신속하게 법률관계를 확정할 필요가 있다는 점에서, 상법은 상사매매에 있어서 매수인에게 목적물을 즉시 검사하여 그 하자를 매도인에게 통지할 것을 요구하고 있다($\frac{제69}{조}$). 甲회사는 2개월간 이러한 의무를 해태하였으므로 이것이 매수인의 의무를 위반한 것인지 문제된다.

Ⅱ. 매수인의 목적물 검사 및 통지의무

1. 의 의

상사매매의 매수인은 목적물을 수령하면 즉시 이를 검사해야 하며, 문제가 있으면 이를 즉시 매도인에게 통지해야 한다(제69조). 이를 해태하는 경우 수량부족 또는 물건의 하자에 관한 담보책임을 물을 수 없다. 이러한 특칙을 둔 이유는 목적물을 수령하고 나서 상당기간이 지나게 되면 하자를 조사하는 것이 쉽지 않아 그 분쟁의 해결이 곤란해지고, 또 그 하자가 인정되는 경우 매도인으로서는 이미 전매의 기회를 상실하였을 가능성이 크기 때문이다. 결국 거래의 신속을 도모하고자 한 것이다.

2. 요건의 검토

(1) 일반적인 요건

제69조가 적용되기 위해서는 ① 상인간의 상사매매에 의하여, ② 목적물을 실제로 수령해야 하고, ③ 목적물에 수량부족이나 물건의 하자가 있어야 하며, ④ 매도인이 수량부족이나 물건의 하자에 대해서 악의가 아니어야 한다. 설문에서 ① 甲회사와 乙회사가 모두 상인인 것은 분명하고, ② 甲회사가 매매의 목적물을 수령하여 보관하였고, ③ 특수부품은 甲회사가 요구한 사항에 부합하지 않는 물건의 하자가 존재하며, ④ 설문에서 확실하지는 않으나, 乙회사가 그러한 하자를 알고 있었다는 추측을 할 수 있는 자료는 없다. 그렇다면 일응 제69조가 적용되어 甲회사가 즉시 검사 및 통지를 하지 않은 이상 甲회사는 계약해제를 할 수 없다고 볼 여지가 있다.

(2) 부대체물의 경우

그런데 매매의 목적물이 부대체물인 경우에는 제69조가 적용될 수 없다는 논의가 있다. 특정인의 수요를 만족시키기 위하여 부대체물을 제작하여 공급하기로 하는 약정은 도급계약의 성격이 강하기 때문이다. 민법에서도 일반적으로 제작물공급계약의 목적물이 대체물인 경우에는 매매로, 부대체물인 경우에는 도급으로 해석하고 있다. 도급계약이나 임대차계약에서는 검사 및 통지의무가 인정되지 않는다는 것이 판례의 입장이므로(대판 1995.7.14. 94다38342), 설문의 목적물을 부대체물로 보면 제69조가 적용되지 않는다고 보아야 한다. 제69조가 매도인이 신속하게 목적물을 회수하여 제3자에게 전매함으로써 손해를 줄일 기회를 주는 것을 중요한 목적으로 한다는 점에서 본다면, 부대체물의 공급계약은 전매의 가능성이 거의 없기 때문에 도급으로 보는 것이 타당하다. 판례도 같다$\left(\substack{\text{대판 1987.7.21.}\\\text{86다카2446}}\right)$.

3. 결 론

甲회사가 주문한 특수부품은 甲회사의 목적을 달성하기 위하여 특수한 기능을 첨가한 것으로서 부대체물에 해당하고, 그렇다면 제69조가 적용되지 않고 민법상의 하자담보책임 규정에 따라 해결되므로, 甲회사의 계약해제는 적법하다.

문제 ②

Ⅰ. 문제의 제기

어음의 소지인이 배서의 연속을 입증하게 되면 적법한 소지인으로 추정되는데$\left(\substack{\text{어음법 제}\\\text{16조 제1항}}\right)$, 이를 양도배서의 자격수여적 효력이라고 한다. 그 결과 소지인은 권리의 행사를 위해서 자신이 적법하게 어음을 취득한 사실을 입증할 필요가 없다$\left(\substack{\text{대판 1968.12.24.}\\\text{68다2050}}\right)$.

배서의 연속은 어음 문면의 기재에 의해서만 판단한다. 설문에서 D까지 계속 배서양도가 이루어졌으나, B가 C에게 백지식배서를 하였으므로 이 경우 배서의 연속이 인정되는지 문제가 된다. 또한 D에게 이루어진 배서는 기한후배서이므로 그 경우에도 자격수여적 효력이 인정되는지도 검토해야 한다.

Ⅱ. 적법한 소지인으로 추정되는지 여부

1. 백지식배서

피배서인을 기재하지 않고 이루어진 배서를 白地式背書라고 하는데, 배서연속의 중간에 백지식배서가 남아 있는 경우에도 백지식배서 이후의 배서인은 백지식배서의 피배서인으로 간주되고$\left(\substack{\text{어음법 제16조}\\\text{제1항 제4문}}\right)$, 최후의 배서가 백지이면 어음의 점유자가 적법한 소지인으로 추정된다$\left(\substack{\text{어음법 제16조}\\\text{제1항 제2문}}\right)$.

그러나 설문에서 C는 피배서인란에 자신의 이름을 기재하였고, 그렇다면 어음의 문면상의 기재만 보면 백지식배서가 더 이상 남아있지 않다. 배서의 연속의 판단은 문면의 기재만으로 하는 것이므로, 설문의 상황이라면 백지식배서의 효과를 따짐이 없이 바로 甲회사, 乙회사, B, C, D 순서로 배서의 연속이 인정된다.

2. 기한후배서의 자격수여적 효력

C의 양도배서는 지급거절된 이후에 이루어졌으므로 기한후배서이다. 기한후배서는 법이 예정하는 유통기간 이후에 이루어진 배서이므로 어음법의 유통보호장치가 적용되지 않고 지명채권양도의 효력만 있다(어음법 제20조 제1항). 자격수여적 효력도 지시증권의 유통성을 보호하기 위한 것이므로 지명채권양도의 효력밖에 없는 기한후배서에는 인정되지 않는 것이 자연스럽다. 그러나 기한후배서도 권리이전적 효력이 있고 양도배서의 형식을 취한다는 점에서, 자격수여적 효력을 인정하는 것이 통설 및 판례이다(대판 1961.7.27. 4293민상735). 따라서 배서가 연속되었다면 기한후배서 여부와 상관없이 피배서인은 적법한 소지인으로 추정된다.

3. 결 론

D는 기한후배서에 의하여 어음을 양도받았으나 자격수여적 효력은 인정된다. 어음의 문면상으로 보면 D까지 이어지는 배서의 연속에는 아무 문제가 없으므로 결국 D는 적법한 소지인으로 추정된다.

문제 ③

Ⅰ. 문제의 제기

甲회사의 계약해제는 어음법상 인적항변에 해당한다. 인적항변은 원칙적으로 절단되는 것이지만, 소지인에게 악의의 항변이 성립한다면 소지인에게 대항할 수 있다. 본 사안에서는 소지인이 어음을 양도받을 당시 아직 인적항변이 성립하지 않았기 때문에, 악의의 항변이 성립하기 위한 주관적 요건이 언제 존재하여야 하는지가 문제된다.

Ⅱ. 甲회사의 계약해제와 인적항변의 절단

甲회사의 계약해제가 적법하므로 甲회사는 원칙적으로 乙회사에게 매매대금을 지급할 의무가 없다. 그러나 어음법 제17조는 이러한 항변을 가지고 乙회사 이후의 권리자에게는 대항할 수 없다는 원칙을 두고 있다. 이를 인적항변의 절단이라고 하며, 어음의 유통을 보호하기 위한 어음법싱의 특칙이다. 통설인 정책설에 따르면, 인적항변을 절단시키는 것은 어음에 표창된 권리외관을 믿고 거래한 자를 보호하기 위하여 정책적으로 인정된 것이라고 한다. 다만 양수인에게 害意가 존재하는 경우에는 예외적으로 항변이 절단되지 않는다(害意의 抗辯).

어음법은 무엇인 인적항변인지에 대해서 명확한 규정을 두지 않으면서, 다만 "인적 관계로 인한 항변"이라고만 하고 있다($\frac{어음법}{제17조}$). 여기서 인적관계라는 의미를 채무자와 채권자 사이에 어음관계 바깥에서 발생한 사유라는 정도로 이해하면, 원인관계가 해제되었다는 항변은 전형적인 인적항변이 된다. 따라서 甲회사는 매매계약 해제의 항변으로서 원칙적으로 乙회사에 대해서만 대항할 수 있을 뿐, C에 대해서는 대항할 수 없다. 다시 말해서, 매매계약을 해제를 가지고 C에 대해서 어음금 지급을 거절할 수 없다.

Ⅲ. 악의의 항변

1. 의 의

甲이 어음금의 지급을 거절할 수 있으려면 C에게 악의의 항변이 성립하여야 한다. 여기서 악의의 항변이란 소지인이 채무자를 해할 것을 알고 어음을 취득한 경우로서, 인적항변이 절단되지 않는다($\frac{어음법}{제17조}$). 이러한 취득자는 보호할 가치가 없기 때문에 다시 원칙으로 돌아가 항변이 붙은 채로 권리가 양도된다는 것이다.

여기서 "채무자를 해할 것을 알고"의 의미에 대해서는, ① 소지인과 그 전자 사이에 채무자를 해할 의사로써 사기적 합의가 있어야 한다는 공모설(共謀說), ② 소지인이 단순히 항변의 존재를 알면 된다는 악의설(惡意說)도 있으나, ③ 통설 및 판례는 항변의 존재사실을 단순히 아는 것만으로는 부족하고, 자신이 어음을 취득함으로써 항변이 절단되고 그 결과 채무자를 해하게 된다는 사실을 알아야 한다는 해의설(害意說)을 취하고 있다($\frac{대판 1996.5.14.}{96다3449}$). 제네바 통일조약에서 위 문구를 만들 때 공모나 악의로 해석되는 것을 배제하려는 의도에서 이러한 문구를 채택하였기 때문에, 해의설을 취하는 것은 당연하다.

2. 해의의 기준시

소지인의 해의 여부를 결정하는 시기는 어음의 취득시이다. 어음의 취득시에 알지 못한 항변으로 소지인에게 대항할 수 있다고 하면 유통을 해하기 때문이다. 따라서 C가 어음을 양도받은 2015. 8. 1.에는 8. 10. 이루어진 계약해제 사실을 알 수 없었을 것이므로 원칙적으로 해의가 성립할 수 없다. 악의의 항변이 성립하기 위한 항변사유는 반드시 어음의 취득시에 존재해야 하는 것은 아니지만, 최소한 그 원인사실을 알고 있었어야 하는데 설문에서 C에게는 이러한 사정도 보이지 않는다.

3. 사안에의 적용

C는 해의라는 주관적 요건을 갖추지 못하였을 뿐만 아니라, 기준시인 2015. 8. 1.에는 계

약해제를 위한 기초적인 원인사실도 알지 못하고 있었던 것으로 보인다. 그렇다면 C에게는 악의의 항변이 성립하지 않아, 甲회사는 乙회사와의 계약해제를 가지고 C에게 대항할 수 없다.

문제 ④

Ⅰ. 문제의 제기

D는 기한후배서에 의하여 어음을 취득하였으므로 담보적 효력이 인정되지 않지만 배서인 C에게 이미 상환청구권이 발생하였다면 이를 양도받아 행사할 수 있다. 그러므로 문제는 C가 상환청구권을 가지는지 하는 것이다. 특히 C의 지급제시가 적법하게 이루어졌는지가 문제가 된다. 이렇게 하여 D에게 상환청구권이 발생하였다고 하더라도 乙회사는 어음금의 지급을 거절할 수 있는 항변사유를 가질 수 있다. 설문에서는 융통어음의 항변과 대표권남용의 항변이 문제가 된다.

Ⅱ. 기한후배서의 담보적 효력

기한후배서는 어음법상 유통의 보호범위 바깥에 있으므로 담보적 효력이 인정되지 않는다. 다만 기한후배서가 이루어지기 전에 이미 배서인이 거절증서를 작성하여 상환청구권을 가지고 있었다면 이 상환청구권은 기한후배서에 의하여 피배서인에게 지명채권 양도방식으로 양도될 수 있다. 따라서 설문에서 C가 상환청구권을 이미 가지고 있었다면 D는 이를 양도받았으므로 乙회사에 상환청구를 할 수 있다.

Ⅲ. C의 상환청구권 발생

1. 실질적 요건

상환청구를 하기 위해서는 어음의 소지인이 지급제시기간 내에 적법한 지급제시를 하였음에도 불구하고 지급이 거절되어야 한다. 설문에서는 만기를 하루 지난 2015. 8. 21. C의 지급제시가 이루어졌는데, 어음의 지급제시기간 또는 거절증서 작성기간은 "지급할 날+2거래일"이므로($_{38조 제1항}^{어음법 제}$), 이 기간 내에 이루어진 C의 지급제시는 적법하여 상환청구권을 보전한다 ($_{조 제3항 참조}^{어음법 제44}$).

2. 형식적 요건

상환청구는 원칙적으로 거절증서의 작성으로 지급거절을 입증해야 한다. 지급거절이 다른 증거에 의해서 입증되더라도 거절증서가 작성되지 않으면 상환청구권을 행사할 수 없다(어음법 제44조). 설문에서는 거절증서가 작성되었으므로 문제가 없다.

3. 결 론

C는 적법한 지급제시기간에 지급제시를 하여 거절증서를 작성하였으므로 상환청구권을 가지게 되었고, 이 상환청구권은 기한후배서에 의하여 D에게 양도되었으므로 D는 이를 가지고 乙회사에 상환청구를 할 수 있다.

Ⅳ. 乙회사의 항변

1. 융통어음의 항변

(1) 의 의

융통어음이란 상거래가 원인이 아니라 타인의 자금융통을 목적으로 하여 발행 또는 배서된 어음을 말한다. 설문에서 乙회사는 B의 자금조달에 협조하기 위해서 소지하고 있던 어음을 배서하였는데, B는 이 어음을 은행 또는 대부업체에 어음할인을 하여 현금을 조달하거나, 제3자에 대한 채무의 변제조로 사용하는 식으로 자금을 융통하게 된다. 본래는 B가 이렇게 자금을 융통한 다음 어음의 만기 전에 이를 변제하고 어음을 회수하여 乙회사에 반환하여야 하지만, 이렇게 원만하게 해결되지 못한 경우에 乙회사가 어음상의 채무를 부담하는지가 문제된다.

(2) 항변의 인정 여부

乙회사가 B에게 융통어음의 항변을 제출할 수 있음은 당연한데, 이를 B 이후의 소지인에 대해서도 주장할 수 있는가에 대해서는 생각해 볼 점이 있다. 통설 및 판례는 그 이후의 소지인의 주관적 요건에 상관없이 乙회사는 융통어음이라는 항변을 가지고 대항할 수 없다고 하며, 이는 어음의 취득이 기한후배서에 의하여 이루어진 경우에도 마찬가지라는 입장을 취하고 있다(대판 2001.8.24. 2001다28176). 판례는 이를 인적항변으로 구성하면서, 다만 제3자가 융통어음이라는 사정을 알았다고 하더라도 그러한 인식만으로는 어음법 제17조 단서에서 말하는 해의를 인정할 수 없다고 한다(대판 1995.9.15. 94다54856). 융통어음이란 원래 乙회사의 신용을 이용하자는 것이므로 乙회사의 제3자에 대한 채무부담이 전제이기도 하거니와, 설사 제3자가 융통어음이라는 사실을 알았다고 하더라도 그것은 어음이 배서된 취지를 제대로 안 것에 불과하기 때문이다. 융통어음이란 원래는 어음이 발행되지 말았어야 하는 사유가 아니라는 점에서 전형적인 인적항변과 달리 그 사유를 알았다는 점은 문제가 되지 않는다.

융통어음의 항변은 이처럼 소지인의 주관적 의사와 상관없이 B 이후의 소지인에게는 대항할 수 없는데, 설문에서는 D가 자금융통의 목적을 알지 못하는 것으로 보이기 때문에 처음부터 주관적 요소조차 생각할 필요가 없다. 따라서 乙회사는 융통어음이라는 항변으로 D의 상환청구를 거절하지 못한다.

2. 대표권 남용

(1) 의 의

설문에서 乙회사 대표이사 A는 개인적 이해관계로 인하여 B에게 어음을 교부하였다. 이렇게 대표이사가 회사가 아니라 자기 또는 제3자의 이익을 위해서 대표권을 남용하는 경우, 그 효과를 회사에게 귀속시킬 수 있는지 문제된다. 대표이사의 행위가 객관적으로 대표권의 범위에서 이루어진 이상 원칙적으로 그 행위는 회사의 행위로서 당연히 유효하며, 주관적 의도가 무엇이었는지는 중요하지 않지만, 거래의 상대방이 이러한 주관적 의도를 알았거나 알 수 있었다면 회사는 무효를 주장할 수 있으며, 이를 대표권 남용이라고 한다.

(2) 대표권남용 인정 여부

대표권남용을 인정하는 근거로 거래상대방의 권리남용에 해당한다는 권리남용설이 있으나, 다수설 및 판례는 민법 제107조 제1항 단서를 유추적용하는 심리유보설의 입장을 취한다 (대판 2001.10.30. 2001다51879). 따라서 거래상대방이 대표권남용을 알았거나 알 수 있었을 경우에는 거래가 무효가 된다.

어음행위에 대해서도 대표권남용이 적용될 수 있지만, 설문에서는 D가 위 대표권남용의 사실을 알 수 없었기 때문에 해당되지 않는다고 보아야 할 것이다. 따라서 乙회사는 D에게 대표권남용을 가지고서도 항변할 수 없다. 결론적으로 D는 상환청구권을 가지며 乙회사는 D의 상환청구를 거절할 어떤 항변도 가지고 있지 않다.

문제 ⑤

Ⅰ. 문제의 제기

본 사안에서는 위탁매매인이 위탁자가 지정한 가격을 준수하지 않았다. 이 경우 위탁매매의 효력을 위탁자가 인수해야 할 의무는 없다. 丙회사가 위탁매매수수료를 받을 수 있기 위해서는 위탁매매의 효력을 乙회사가 인수하도록 해야 하는데, 그 방법으로서 자신이 그 손실을 부담하는 방법을 생각할 수 있다.

Ⅱ. 위탁매매인의 지정가격준수의무

위탁매매의 위탁자가 매매가격의 상한 또는 하한을 정한 경우 이렇게 지정된 가격은 위임의 본지에 해당하므로 위탁매매인이 반드시 준수해야 한다(제106조). 이를 지정가격준수의무라 한다. 만일 위탁매매인이 지정가격을 위반한 경우, 즉 지정가격보다 낮은 가격으로 매도하거나 높은 가격으로 매수한 경우에는 그 손실을 위탁자가 부담해야 할 이유가 없으므로, 원칙적으로 위탁자는 그 매매계약을 자기 계산으로 하지 않을 수 있다. 다만 위탁매매인은 여전히 자기 명의로 거래한 것이므로 그 거래는 위탁매매인과 상대방 사이에서는 여전히 유효하게 된다.

Ⅲ. 위탁매매인의 구제수단

위탁매매인으로서는 가격손실은 어쩔 수 없지만 위탁매매수수료를 얻기 위해서, 위탁자에 대해서 위 거래를 위탁자가 지정한 조건으로 이루어진 것으로 할 수 있다(제106조 제1항). 위탁매매인이 그 손실을 부담하게 되면 위탁자에게 그 경제적 효과를 귀속시킬 수 있다는 의미이다. 따라서 丙회사는 乙회사의 요구대로 개당 1,500원에 매도한 것으로 하여 乙회사에 매매대금을 지급하고, 그에 따른 위탁매매수수료를 청구할 수 있다. 위탁자로서도 실질적으로는 지정가액이 준수된 것처럼 되기 때문에 불만이 없다.

Ⅳ. [참고] 개입권

위탁매매인이 수수료를 확보하는 다른 방법으로는 아예 처음부터 위탁매매인이 직접 거래상대방이 되는 방법도 있다(제107조). 그러나 개입권은 거래소의 시세가 있는 물건 또는 유가증권에 한하여 인정되기 때문에, 본 사안에서는 개입권은 문제되지 않는다.

추가 · 심화 질문

문제 ❶

설문에서 甲회사에 납품된 특수부품이 검사를 하더라도 그 하자를 즉시 발견할 수 없다면 甲회사는 어떻게 하여야 하는가?

해 설

I. 즉시 발견할 수 없는 하자의 경우

상사매매의 매수인은 목적물을 수령하면 즉시 이를 검사해야 하며, 문제가 있으면 이를 즉시 매도인에게 통지해야 한다(제69조). 그런데 예외적으로 매매 목적물에 즉시 발견할 수 없는 하자가 있는 경우에는 하자통지기간이 목적물을 수령한 날로부터 6개월로 연장된다. 매수인에게 과도한 불이익을 주지 않도록 하기 위함이다. 사과의 과심이 썩어 있는 경우를 즉시 발견할 수 없는 하자로 인정한 판례가 있다(대판 1993.6.11, 93다7174, 7181). 따라서 甲회사는 6개월 이내에 하자를 발견하여 통지하면 된다.

II. 6개월 이내에 발견할 수 없는 하자의 경우

1. 학설 및 판례

만일 매수한 물건의 하자가 6개월 이내에 발견할 수 없는 성질의 것이라면 하자통지기간이 연장되는지에 대해서는 견해가 나뉜다. 제69조 역시 임의규정이므로 이처럼 숨은 하자의 경우에는 당사자 사이에 특약으로 담보책임 기간을 연장시키는 경우가 보통이겠으나, 그러한 특약이 없는 경우가 문제가 된다. 매수인이 검사하려고 해도 6개월 이내에 하자를 찾아낼 수 없다면 법이 불가능한 것을 요구하는 것이라고 볼 여지도 있기 때문이다.

학설 및 판례는, ① 하자의 성질상 6개월이 지나도 그 하자가 드러나지 않는 경우 제69조가 적용되면 매도인이 아예 담보책임 자체를 면하는 결과가 된다고 하면서 민법상 하자담보책임을 물을 수 있다는 소수설도 있으나, ② 다수설 및 판례는 6개월 지난 이후에 하자를 발견한 경우 매수인에게 아무런 과실이 없더라도 매도인은 담보책임을 면한다고 본다(대판 1999.1.29, 98다1584).

2. 검 토

제69조의 문언은 민법상 하자담보책임의 제척기간을 6개월로 하고 다만 그 기산점을 하자를 안 날이 아니라 목적물을 수령한 날로 정하는 것처럼 되어 있다. 제69조를 단기의 제척기간으로 이해하는 것은 일단 이러한 문언에 부합할 뿐만 아니라, 상사매매의 전문성 및 신속성 등을 고려할 때 입법재량을 벗어났다고 보기도 힘들다. 따라서 목적물 수령으로부터 6개월 이후에는 하자담보책임을 물을 수 없다고 보아야 한다. 결국 매수인으로서는 이런 사정이 예상되면 담보책임의 기간을 연장했어야 하는 것이고, 그렇지 못했다면 그 손실은 매수인이 부담해야 한다는 것이다.

문제 ②

설문에서 B가 금융의 목적을 달성한 다음 위 어음을 반환받았다고 하자. 그런데 다시 B가 자금융통을 위하여 X에게 이 어음을 배서양도하였다. 乙회사는 X에 대하여 융통어음이라는 사실로 대항할 수 있는가?

해 설

I. 융통계약위반의 항변

융통어음의 항변은 제3자의 주관적 사정과 상관없이 제3자에게 대항할 수 없다는 것이다. 그러나 융통어음의 피배서인과의 사이에 융통계약이 존재하고 피배서인이 이러한 융통계약을 위반하였다는 항변은 단순히 융통어음의 항변이 아니라 어음법 제17조의 일반적인 인적항변으로서, 제3자의 해의가 인정된다면 제3자에게도 대항할 수 있다.

II. 사 례

융통계약위반의 항변으로 판례가 인정한 사례를 보면 다음과 같다. ① 甲이 乙을 위해서 융통어음을 발행하였는데, 乙이 甲에게 그 액면금액과 같은 금액의 약속어음을 담보로 교부하였고 그 어음이 부도처리된 경우, 융통어음을 양수한 제3자가 그 어음이 융통어음이라는 사실 및 그와 교환으로 교부된 담보어음이 지급거절되었다는 사실을 알고 있었다면, 甲은 그 제3자에 대하여 융통어음의 항변으로 대항할 수 있다($\binom{대판 1995.1.20.}{94다50489}$).

② 甲이 乙에게 신용을 제공할 목적으로 수표에 배서한 경우, 乙로서는 이를 사용하여 금융의 목적을 달성한 다음 이를 반환받은 때에는 甲의 배서를 말소할 의무를 부담하는 것이므

로, 乙이 그 배서를 말소하지 않고 이를 다시 금융의 목적을 위해서 제3자에게 양도한 경우, 제3자가 그 수표가 융통수표였고, 이미 그 목적을 달성한 이후 다시 사용되는 것이라는 점을 알고 있었다면, 甲은 제3자에 대하여 이러한 사정을 가지고 대항할 수 있다$\left(\begin{smallmatrix} \text{대판 2001.12.11.} \\ \text{2000다38596} \end{smallmatrix}\right)$.

Ⅲ. 결 론

두 번째 판례와 같이 B는 乙회사와의 사이에 융통의 목적이 달성된 다음에는 乙회사에 어음을 반환할 의무를 부담한다고 보아야 한다. 이를 위반하였으므로 乙회사는 B에 대해서 이 위반에 따른 인적항변을 가지고, 이는 융통계약위반의 항변으로서 어음법 제17조의 일반적인 인적항변이므로 X의 해의를 전제로 하여 X에게도 대항할 수 있다.

문제 ❸

위탁매매인이 파산하면 위탁매매계약으로 취득한 물건은 어떻게 처리되는가?

해 설

Ⅰ. 문제의 제기

위탁매매에서 대외적으로 거래는 위탁매매인의 명의로 이루어지기 때문에, 위탁매매인이 위탁자를 위해서 물건 또는 유가증권을 점유하는 경우 대외적으로는 이를 위탁매매인의 소유가 되고, 위탁자는 단순히 채권적 청구권만 가질 것이다. 그러나 이렇게 되면 위탁매매인이 재산을 위탁자에게 이전하지 않은 상태에서 파산하거나 강제집행을 당하는 경우, 위탁자는 위탁매매인의 다른 채권자들과 동등한 지위에서 자신의 채권을 주장할 수밖에 없게 된다. 처음부터 위탁계약이 없었더라면 위탁매매인의 점유도 없었을 것이므로 위탁자를 단순히 채권자로 취급하는 것이 형평에 반한다. 이러한 측면에서 상법은 일정한 범위에서 위탁물을 위탁자의 소유로 본다.

Ⅱ. 위탁물의 귀속

1. 의 의

위탁매매에서 위탁매매인의 배후에 있는 위탁자의 직접적 이익을 고려하여$\left(\begin{smallmatrix} \text{대판 2011.7.14.} \\ \text{2011다31645} \end{smallmatrix}\right)$, 위탁물은 위탁자의 소유로 본다$\left(\begin{smallmatrix} \text{제103} \\ \text{조} \end{smallmatrix}\right)$.

그 결과 위탁매매인이 위탁자로부터 받거나 거래상대방으로부터 취득한 물건 또는 유가증권을 점유하다가 파산절차 또는 회생절차로 들어간 경우, 위탁자는 환취권을 행사할 수 있다. 또한 위탁매매로 인한 거래상대방에 대한 채권에 대해서도 대체적 환취권을 행사하여 상대방으로 하여금 그 급부의 이행을 위탁자에게 하도록 청구할 수 있다. 위탁매매인의 채권자가 위탁물에 대해서 강제집행을 하는 경우에도 위탁자는 제3자 이의의 소를 행사할 수 있다.

2. 적용범위

제103조는 위탁매매인의 채권자와의 관계에서 위탁자의 이익을 보호하는 것이기 때문에, 오직 위탁매매인의 채권자의 관계에서만 적용된다. 다시 말해서, 위탁자의 채권자는 제103조의 적용범위에서 제외된다. 위탁자의 채권자에 대해서는 위탁매매인이 점유하는 물건 또는 유가증권은 위탁매매인의 소유이므로, 위탁자의 채권자는 이에 대해서 강제집행을 할 수 없다. 위탁자의 채권자는 위탁자가 위탁매매인에 대하여 가지는 물건 또는 유가증권의 반환채권을 압류할 수 있기 때문에 그 필요성도 없다.

여기서 위탁매매인의 채권자에 거래상대방은 포함되지 않는다는 것이 통설이다. 위탁매매인이 상대방으로부터 물건을 매수하고 아직 대금을 지급하지 않고 있는 상황에서, 그 경제적 이익의 귀속주체인 위탁자가 그 물건의 소유권을 주장하는 것은 공평의 관념에 반하기 때문이다.

Ⅲ. 결 론

위탁매매인이 파산한 경우, 위탁매매인이 위탁매매계약으로 인하여 위탁자로부터 받거나 거래상대방으로부터 취득한 물건 또는 유가증권은 파산절차 또는 회생절차에서 위탁자의 소유로 본다. 따라서 위탁자는 환취권을 행사하여 그 물건 또는 유가증권을 회복할 수 있다. 위탁매매인의 채권자는 이에 대해서 강제집행을 할 수 없다.

변호사시험

기록형

기록형 문제

제1회

【문　　제】

귀하는 서울 서초구 서초동 2022 법가빌딩 2층에 개업한 법무법인 대한 구성원 변호사 마은만이다. 귀하는 2014. 12. 8. 장옥정에게 <의뢰인 상담일지>에 기재된 내용과 같이 상담을 해주고 장옥정으로부터 사건을 수임하면서 첨부서류를 자료로 받았다. 의뢰인을 위하여 법원에 제출할 소장을 아래 작성요령에 따라 작성하시오.　　　　　　　[175점]

【작성요령】

1. 소장 작성일 및 소 제기일은 2014. 12. 31.로, 관할법원은 각 청구의 공통의 관할 법원으로 한다.

2. 의뢰인의 의사와 요구에 최대한 부합하는 소장을 작성하되, 기록상 상대방이 제기할 것으로 예상되는 주장을 고려하여 법령 및 판례에 따를 때 일부라도 패소하는 부분이 생기지 않도록 한다(필요한 경우에는 소장에서 미리 반박한다).

3. 공동소송의 요건은 모두 갖추어진 것으로 전제한다.

4. 청구원인은 피고별로 구분하여 기재하되, 이미 앞에서 한 피고에 대한 청구에 관하여 언급한 사실 또는 법률관계가 다른 피고에 대한 청구에서 다시 문제되는 때에는 반복하여 기재하지 아니하고 앞의 기재를 원용하는 것으로 갈음하고, 주요사실이 분명히 드러나도록 기재한다.

5. 당사자는 반드시 소송상 자격(원고, 피고 등)으로 지칭하고, 원고나 피고가 여러 명인 경우에는 소송상 자격 및 이름으로 지칭한다(피고1과 같이 지칭하지 않음).

6. 상담결과 청취된 사실관계는 모두 진실한 것으로 간주하고, 첨부서류의 진정성립을 의심할만한 사유는 없는 것으로 간주하며, 사실관계는 기록에 나타나 있는 것으로 한정한다.

7. 증거방법란과 첨부서류란은 "(생략)"으로 표시하고 기재하지 아니한다(필요할 경우 청구원인란에서 해당 증거방법을 적절한 방법으로 제시하는 것은 무방함).

[참고자료]

각급 법원의 설치와 관할구역에 관한 법률 (일부)

[시행 2014. 12. 30.] [법률 제12879호, 2014. 12. 30., 일부개정]

제4조(관할구역) 각급 법원의 관할구역은 다음 각 호의 구분에 따라 정한다. 다만, 지방 법원 또는 그 지원의 관할구역에 시·군법원을 둔 경우 「법원조직법」 제34조 제1항 제1호 및 제2호의 사건에 관하여는 지방법원 또는 그 지원의 관할구역에서 해당 시·군법원의 관할구역을 제외한다.

1. 각 고등법원·지방법원과 그 지원의 관할구역: 별표 3

[이하 생략]

[별표 3] 고등법원·지방법원과 그 지원의 관할구역 (일부)

고 등 법 원	지 방 법 원	지 원	관 할 구 역
서 울	서 울 중 앙		서울특별시 종로구·중구·강남구·서초구·관악구·동작구
	서 울 동 부		서울특별시 성동구·광진구·강동구·송파구
	서 울 남 부		서울특별시 영등포구·강서구·양천구·구로구·금천구
	서 울 북 부		서울특별시 동대문구·중랑구·성북구·도봉구·강북구·노원구
	서 울 서 부		서울특별시 서대문구·마포구·은평구·용산구
		수 원	수원시·오산시·용인시·화성시. 다만, 소년보호사건은 앞의 시 외에 성남시·하남시·평택시·이천시·안산시·광명시·시흥시·안성시·광주시·안양시·과천시·의왕시·군포시·여주시·양평군
		성 남	성남시·하남시·광주시
		여 주	이천시·여주시·양평군
		평 택	평택시·안성시
		안 산	안산시·광명시·시흥시
		안 양	안양시·과천시·의왕시·군포시
대 전	대 전		대전광역시·연기군·금산군
		홍 성	보령시·홍성군·예산군·서천군
		공 주	공주시·청양군
		논 산	논산시·계룡시·부여군
		서 산	서산시·태안군·당진군
		천 안	천안시·아산시

의뢰인 상담일지

법무법인 대한

서울 서초구 서초대로 452 법가빌딩 2층
☎ 532-5678, 팩스 532-5790, 전자우편 ma@daehan.com

접수번호	2014-233	상담일시	2014. 12. 8.
상 담 인	장옥정	내방경위	지인 소개, 소제기 의뢰
관할법원		사건번호 (법원, 검찰)	

【 상 담 내 용 】

1. 장옥정은 2008년 11월경 그 소유의 대지를 민인현에게 임대해주었고, 민인현은 그 지상에 건물을 신축하였다. 그 건물에서 엄나인이라는 사람이 선경스틸이라는 철재 가공업체를 운영하였다.

2. 장옥정은 위 임대차기간이 만료되어 갈 무렵 원산개발이라는 부동산개발사로부터 좋은 조건에 대지 매입 제의를 받고 2013년 10월경 원산개발과 사이에 부동산매매계약을 체결하는 한편, 민인현과 선경스틸에 임대차기간이 종료하면 건물을 철거해 줄 것을 요청하였다. 당시 선경스틸이 이미 영업이 잘 되지 아니하여 사실상 폐업상태에 있었으므로 철거가 신속하게 이루어지지 아니할 것으로 우려되어 철거를 구하는 소도 제기해두었다.

3. 이후 장옥정은 원산개발로부터 매매대금 중 잔금 일부까지 지급받았으나 잔금지급일 원산개발이 잔금을 다 준비해오지 못하였고, 어차피 장옥정도 건물 철거를 하지 못한 상태였으므로 잔금 중 1억 5천만 원은 건물 철거가 이루어질 때까지 유예해 주기로 하면서 우선 대지 소유권만 원산개발에게 넘겨주었다.

4. 이후 장옥정이 2009년 2월 하순 건물철거 판결을 받아 철거집행 전 임대차보증금을 반환하였는데, 2013. 11. 9.경 엄나인이라는 사람 명의로 가압류 통지를 받은 일이 있어 법무사를 통하여 임대차보증금을 법원에 공탁하되, 2013. 10. 20. 이후에는 월 차임을 지급받지 못하였으므로 그때까지의 연체차임을 공제한 나머지 돈 8천만 원만을 공탁하는 방법으로 반환하였다. 장옥정은 바로 집행을 시도하였으나, 엄나인이 이번에는 선경스틸의 대리인이라며, 위 공탁은 무효이고 임차보증금 전액

을 반환하여야 하며 그 이외에 건물도 보상해야 비로소 철거할 수 있다고 다투어 건물철거가 이루어지지 못하였다.

5. 그런데 그 무렵 원산개발이 잔금 1억 5천만 원을 줄 테니 속히 철거를 마치라고 독촉해오기 시작하였고, 장옥정은 수차례 말미를 달라고 사정하다가 결국 원산개발에게 5월까지는 철거를 마치겠다는 각서를 써주었다. 장옥정은 엄나인과 협의하는 과정에서 결국 각서상 기한마저 넘겼는데, 원산개발이 바로 계약이 "해지"되었다고 통보해왔다. 이에 장옥정도 원산개발이 계약을 위반하였음을 이유로 "계약해지"를 통보하였다.

6. 이후에도 장옥정은 민인현, 선경스틸, 원산개발과 사이의 분쟁을 원만히 해결하기 위하여 노력하였으나, 엄나인이 보상요구를 되풀이하고 원산개발도 일단 계약금의 배액을 배상한 뒤 계약을 계속 진행할지 여부를 논의할 수 있다는 입장을 고수하다가 근래에는 원산개발의 사주가 바뀌면서 아예 그 일대 토지개발을 포기하고 다른 일을 추진하여 아예 협의가 중단된 상태이다.

7. 엄나인은 민인현의 지인인데 구체적인 관계는 알지 못한다. 엄나인은 건물을 보상해주고 건물을 가져가면 된다고 주장하고 있다.

8. 한편, 장옥정이 원산개발 앞으로 소유권이전등기를 해준 위 대지에 관하여 등기부 등본을 떼보니 최근 원산개발 구 사주 명의로 가압류등기가 마쳐져 있었다.

9. 건물 신축공사에는 2억 3천만 원 상당이 든 것으로 알고 있고, 2013년 11월경 건물 시가는 2억 원, 2014년 3월경 건물 시가는 2억 1천만 원, 2014년 10월경 건물 시가는 2억 2천만 원 상당이며, 위 건물은 위 대지 전부를 부지로 사용하고 있는데, 그 차임의 시세는 위 기간 내내 보증금이 없을 때 월 700만 원, 보증금 1억 원일 때 월 500만 원 상당이다.

【의뢰인의 요구사항】

1. 원산개발과의 매매계약을 청산하고, 가능한 한 완전한 원상회복을 받고 싶다.

2. 민인현과의 임대차계약을 청산하고 건물 소유권을 확보하고 싶다. 그 이외에 그동안 대지 이용을 하지 못한데 대한 손해도 보상받고 싶다.

등기사항전부증명서(현재 사항) - 토지

[토지] 충청남도 당진시 송악읍 한진리 174-2   고유번호 ****-****-******

【표 제 부】 (토지의 표시)

표시번호	접 수	소재지번	지 목	면 적	등기원인 및 기타사항
1 (전2)	1993년3월15일	충청남도 당진시 송악읍 한진리 174-2	대	450㎡	부동산등기법시행규칙부칙 제3조 제1항의 규정에 의하여 2001년7월14일 전산이기

【갑   구】 (소유권에 관한 사항)

순위번호	등기목적	접 수	등기원인	권리자 및 기타사항
1 (전2)	소유권이전	1993년3월15일 제1423호	1992년5월30일 매매	소유자 장옥정 630417 - ******* 경기도 안산시 단원구 초지동 44
				부동산등기법시행규칙부칙 제3조 제1항의 규정에 의하여 2001년7월14일 전산이기
2	소유권이전	2014년2월14일 제1914호	2013년10월13일 매매	소유자 주식회사 원산개발 **** - ***** 대전광역시 유성구 대학로 364, 4층 (구성동, 오르다빌딩)
3	부동산가압류	2014년10월3일 제13728호	2014년10월1일 대전지방법원 서산지원 2014카단13927 가압류결정	채권자 이명보 591010 - ******* 서울 종로구 사직로8길 89-1 (내자동)

── 이 하 여 백 ──

수수료 금 1,000원 영수함
관할등기소 대전지방법원 서산지원 당진등기소 / 발행등기소 서울중앙지방법원 등기국

이 증명서는 등기기록의 내용과 틀림없음을 증명합니다.

서기 2014년 10월 07일

법원행정처 등기정보중앙관리소 전산운영책임관

* 실선으로 그어진 부분은 말소사항을 표시함.   *등기기록에 기록된 사항이 없는 갑구 또는 을구는 생략함.

문서 하단의 바코드를 스캐너로 확인하거나 인터넷등기소(http://*****.go.kr)의 발급확인 메뉴에서 발급확인번호를 입력하여 위·변조 여부를 확인할 수 있습니다. 발급확인번호를 통한 확인은 발행일부터 3개월까지 5회에 한하여 가능합니다.

발행번호.1136001100493607201096125OSLBO114951WOG295021311122   1/1   발행일 2014/10/07

등기사항전부증명서(말소사항 포함) - 건물

[건물] 충청남도 당진시 송악읍 한진리 174-2 　　　　　　　고유번호 ****-****-******

【표 제 부】 (건물의 표시)

표시번호	접 수	소재지번	건물내역	등기원인 및 기타사항
1	2009년2월20일	충청남도 당진시 송악읍 한진리 174-2	철골조 샌드위치패널지붕 2층 근린생활시설 1층 200㎡ 2층 167.5㎡	

【갑　　구】 (소유권에 관한 사항)

순위번호	등기목적	접 수	등기원인	권리자 및 기타사항
1	소유권보존	2009년2월20일 제1752호		소유자 민인현 760507 - ******* 충남 당진시 송악읍 한진리 100-1 송악연립 201호

―― 이 하 여 백 ――

수수료 금 1,000원 영수함
관할등기소 대전지방법원 서산지원 당진등기소 / 발행등기소 서울중앙지방법원 등기국

이 증명서는 등기기록의 내용과 틀림없음을 증명합니다.

서기 2014년 10월 07일

법원행정처 등기정보중앙관리소 전산운영책임관

* 실선으로 그어진 부분은 말소사항을 표시함.　　*등기기록에 기록된 사항이 없는 갑구 또는 을구는 생략함.

문서 하단의 바코드를 스캐너로 확인하거나 인터넷등기소(http://*****.go.kr)의 발급확인 메뉴에서 발급확인번호를 입력하여 위·변조 여부를 확인할 수 있습니다. 발급확인번호를 통한 확인은 발행일부터 3개월까지 5회에 한하여 가능합니다.

발행번호11360011004936072010961250SLBO114951WOG295021311123　1/1　발행일 2014/10/07

부동산임대차계약서

부동산의 표시 : 충청남도 당진시 송악읍 한진리 174의2 450㎡

제1조 위 부동산을 임대차함에 있어 임대인과 임차인은 쌍방 합의하에 아래 각 조항과 같은 조건으로 계약한다.

보증금	일억 (100,000,000)원	월세 금액	사백만(4,000,000)원 (매월 20일 선불)
계약금	일금 원정을 계약당일 임대인에게 지불하고		
중도금	일금 원정을 년 월 일 지불하고		
잔액금	일금 104,000,000 원정을 2008년 11월 20일 중개인 입회하에 지불키로 함. 위 금액을 전액 수령함. 2008. 11. 20. 장옥정 ㊞		

제2조 부동산은 2008년 11월 20일 인도하기로 한다.
제3조 임대기간은 2008년 11월 20일부터 2013년 11월 19일까지로 한다.
제4조 임차인은 이 계약으로 인한 권리를 타에 양도, 전대할 수 없다.
제5조 임차인은 임대인의 승인 없이는 토지의 형상을 변경할 수 없다.

특약사항 :   1. 임차인은 자기 비용으로 임차지상에 건물을 축조하여 영업을 할 수 있다. 임대차가 종료하면 원상회복하여 반환하여야 한다.
        2. 임차인은 임대차기간 동안 토지와 건물에 대한 제세공과금은 모두 책임지며, 법령을 위반하여 임대인이 여하한 불이익도 받게 해서는 안 된다.

위 계약조건을 틀림없이 지키기 위하여 본 계약서를 2부 작성하여 각자 1부씩 보관한다.

2008년 11월 10일

임 대 인	주소	서울특별시 동작구 여의도동 662		
	성명	장 옥 정 ㊞	주민등록번호	630417 - 2341667
임 차 인	주소	충청남도 당진시 송악읍 한진리 100의 1번지 송악연립 201호		
	성명	민 인 현 ㊞	주민등록번호	760507 - 2038154

不 動 産 賣 買 契 約 書

매도인과 매수인 쌍방은 아래 표시 부동산에 관하여 다음 계약내용과 같이 매매 계약을 체결한다.

1. 부동산의 표시

所 在 地	충남 당진시 송악읍 한진리 174의 2				
土　地	지　목	대지		面　積	450 ㎡
建　物	구조·용도			面　積	

2. 계약내용

제1조 위 부동산의 매매에 대하여 매도인과 매수인은 합의에 의하여 매매대금을 아래와 같이 지불하기로 한다.

賣買代金	金　伍億 원(₩500,000,000) 整	單位	
契約金	金　伍仟萬 원(₩50,000,000) 整을 계약시 지불하고		
中渡金	金　貳億 원(₩200,000,000) 整은 2013년 12월 13일 지불하고		
殘　金	金　貳億伍仟萬 원(₩250,000,000) 整은 2014년 2월 13일 지불한다.		

제2조 매도인은 매수인으로부터 매매대금의 잔금을 수령함과 동시에 매수인에게 소유권 이전등기에 필요한 모든 서류를 교부하고 이전등기에 협력하여야 하며, 위 대지를 나대지 상태로 인도하여야 한다.

제3조 매도인은 위 부동산에 설정된 저당권, 지상권, 임차권 등 소유권의 행사를 제한하는 사유가 있거나, 조세공과 기타 부담금의 미납금 등이 있을 때에는 잔금 수수일까지 그 권리의 하자 및 부담 등을 제거하여 완전한 소유권을 매수인에게 이전하여야 한다. 다만 승계하기로 합의하는 권리 및 금액은 그러하지 아니한다.

제4조 위 부동산의 전부 또는 일부가 그 인도전에 천재지변 등 불가항력의 사유로 멸실, 훼손된 경우와 공용수용 등 당사자 쌍방의 책임 없는 사유로 부담이 과하여졌을 경우 그 손실은 매도인의 부담으로 한다. 다만 매수인의 수령지체 중에 위와 같은 사유가 발생한 경우 그 손실은 매수인의 부담으로 한다.

제5조 매도인이 계약을 위반한 때에는 계약금의 배액을 상환하고, 매수인이 계약을 위반한 때에는 계약금을 몰취한다. 매도인이 중도금을 지불받을 때까지, 매도인은 계약금의 배액을 상환하고, 매수인은 계약금을 포기하고 이 계약을 해제할 수 있다.

이 계약을 증명하기 위하여 계약서 2부를 작성하여 계약당사자가 이의 없음을 확인하고 각자 날인한다.

2013년 10월 13일

매 도 인	주　　　소	서울시 동작구 상도동 643-2 풀그린빌라 401호				
	주민등록번호	630417-2341667	전화	02-523-****	성명	장 옥 정
매 수 인	주　　　소	㈜원산개발 (대전 유성구 구성동 524-3 오르다빌딩 4층)				
	주민등록번호		전화	02-668-****	성명	대표이사 이명보

서 울 중 앙 지 방 법 원

결   정

사   건   2013카단23303   채권가압류

채 권 자   엄나인 (780101-2834212)

　　　　　　　서울 용산구 서부이촌동 205 탑스빌 A동 404호

채 무 자   민인현 (760507-2038154)

　　　　　　　당진시 송악읍 한진리 100-1 송악연립 201호

제3채무자   장옥정 (630417-2341667)

　　　　　　　서울 동작구 상도동 643-2 풀그린빌라 401호

주   문

채무자의 제3채무자에 대한 별지 목록 기재 채권을 가압류한다.

제3채무자는 채무자에게 위 채권을 지급하여서는 아니된다.

채무자는 다음 청구금액을 공탁하고 가압류의 집행정지 또는 그 취소를 신청할 수 있다.

청구채권의 내용   2013. 4. 약정금

청구금액   100,000,000 원

이   유

이 사건 채권 가압류신청은 이유 있으므로 담보로 별지 첨부의 지급보증위탁계약을 체결한 문서를 제출받고 주문과 같이 결정한다.

2013. 11. 3.

판사   강   초   코

목   록

채무자와 제3채무자 사이에서 2008. 11. 10. 당진시 송악읍 한진리 174-2 대지에 관하여 체결된 임대차계약상 임차보증금 반환청구권 금 100,000,000원. 끝.

영 수 증 (확 약 서)

수 신 : 장 옥 정 님

  당사는 송악읍 대지 매매와 관련하여 잔금 2억 5천만 원 정 중 금일 1억 원만 을 지급하고 등기를 받되, 지상 건물이 철거되어 대지를 인도받게 되면 나머지 1억 5천만 원을 지체 없이 지급하기로 확약하며, 만일 당사가 이를 위반할 때 에는 그 즉시 계약금 일체를 포기하고 등기도 환원할 것임을 확인합니다.

2014. 2. 13.

원산개발 대표이사 이 명 보 〔印〕

대 전 지 방 법 원   서 산 지 원

제 11 민사부

판   결

사   건   2013가합16324 건물철거

원   고   장옥정

　　　　　 서울 동작구 상도동 643-2 풀그린빌라 401호

피   고   민인현

　　　　　 당진시 송악읍 한진리 100-1 송악연립 201호

변론종결   2014. 2. 14.

판결선고   2014. 2. 21.

주   문

1. 피고는 원고에게 별지 목록 기재 건물을 철거하고, 같은 목록 기재 토지를 인도
   하라.

2. 소송비용은 피고가 부담한다.

3. 제1항은 가집행할 수 있다.

청 구 취 지

주문과 같다.

이   유

원고가 별지 목록 제1 기재 토지(이하 '이 사건 토지'라고 한다)를 소유하고 있고 피고가 위 토지상에 별지 목록 제2 기재 건물(이하 '이 사건 건물'이라고 한다)을 신축하여 소유하고 있는 사실에 대해서는 당사자 사이에 다툼이 없다. 그러므로 피고는 특별한 사정이 없는 한 원고에게 위 건물을 철거하고, 위 토지를 인도할 의무가 있다.

이에 대하여 피고는 원고로부터 이 사건 토지를 임차하였고 그 임대차계약이 묵시적으로 갱신되었으므로 위 토지를 점유할 정당한 권원이 있다고 항변하므로 살피건대, 을 제1호증의 기재에 변론 전체의 취지를 종합하면, 피고가 2008. 11. 10. 원고로부터 이 사건 토지를 임대차기간 2008. 11. 20.부터 2013. 11. 19.까지로 정하여 임차한 사실은 이를 인정할 수 있으나, 다른 한편 갑 제1호증의 기재에 변론 전체의 취지를 종합하면, 원고가 임대차기간이 만료되기 전인 2013. 10. 20. 피고에게 위 임대차계약의 갱신을 거절하는 취지의 통지를 한 사실을 인정할 수 있으므로, 피고의 주장은 이유 없다.

따라서 이 사건 토지의 소유권에 기하여 이 사건 건물의 철거와 토지의 인도를 구하는 원고의 이 사건 청구는 모두 이유 있어 이를 인용하기로 하고, 소송비용 부담에 관하여는 민사소송법 제98조, 가집행선고에 관하여는 민사소송법 제213조를 적용하여 주문과 같이 판결한다.

재판장   판사   권재규   _____

판사   지세광   _____

판사 고 호   _____

목 록

1. 당진시 송악읍 한진리 174-2 대 450㎡

2. 위 지상 철골조 샌드위치패널지붕 2층 근린생활시설

 1층 200㎡

 2층 167.5㎡. 끝.

확 정 증 명 원

사 건   2013가합16324 건물철거
원 고   장옥정
피 고   민인현

위 당사자 간 귀원 2013가합16324 건물철거 사건에 관하여 2014. 2. 21. 선고된 판결이 2014.
3. 10. 확정되었음을 증명하여 주시기 바랍니다.

2014. 3. 11.

신청인 원고 장옥정 (장옥정)

대전지방법원 서산지원 귀중

위 사실을 증명합니다.

2014. 3. 6.

대전지방법원 서산지원 (대전지방법원 서산지원 법원주사)

법원주사 한상진

[제1-1호 양식]

금전 공탁서(변제 등)

공 탁 번 호	2014년 금 제479호		2014년 3월 19일 신청	법령조항	민법487, 민사 집행법297
공 탁 자	성 명 (상호, 명칭)	장 옥 정	피 공 탁 자	성 명 (상호, 명칭)	민 인 현
	주민등록번호 (법인등록번호)	630417-2341667		주민등록번호 (법인등록번호)	760507-2038154
	주 소 (본점, 주사무소)	서울시 동작구 상도로50 길 66-1, 401호(상도동, 풀 그린빌라)		주 소 (본점, 주사무소)	충남 당진시 송악읍 한진 1길 292-75, 402호(한진리, 동강맨션)
	전화번호	010-****-****		전화번호	010-****-****

공 탁 금 액	한글 팔천만원 정	보 관 은 행	신한은행 서산지원출장소
	숫자 80,000,000원		

공탁원인사실	공탁자와 피공탁자 사이의 2008. 11. 10. 송악읍 한진리 174-2 임대차계약 의 기간만료를 원인으로 하는 임대보증금반환채무. 임차인 수령불능 및 서울중앙지방법원 2013카단23303호 채권가압류결정.

비고(첨부서류 등)	☐ 계좌납입신청 ☐ 공탁통지 우편료 원

1. 공탁으로 인하여 소멸하는 질권, 전세권 또는 저당권 2. 반대급부 내용	

위와 같이 신청합니다.　　　　　　　대리인 주소
　　　　　　　　　　　　　　　　　전화번호
공탁자 성명 장 옥 정 인(서명)　　　성명　　　　　　　　인(서명)

위 공탁을 수리합니다.
공탁금을　2014년　3월　19일까지 위 보관은행의 공탁관 계좌에 납입하시기 바랍니다.
위 납입기일까지 공탁금을 납입하지 않을 때는 이 공탁 수리결정의 효력이 상실됩니다.

　　　　　　　　　　　　2014년　　3월　　19일

　　　　　　　　대전지방법원 서산지원 공탁관 서 은 지　(인)

(영수증) 위 공탁금이 납입되었음을 증명합니다.

　　　　　　　　　　　　2014년　　3월　　19일

　　　　　공탁금 보관은행(공탁관) 신한은행 서산지원출장소장 강미룡(인)

통 고 서

장 옥 정 사장님 귀하

 장 사장님과의 오랜 인연이 부동산개발업자의 꾀임으로 좋지 못하게 끝나게 되어 유감입니다. 지난 재판 중 미처 대응하지 못하였으나, 법률상 부동산임대가 끝나면 임대인이 건물을 매수해주어야 하므로, 건물을 매수해주실 것을 구하는 바입니다. 그러므로 철거하시더라도 비용을 드릴 수 없음은 물론, 일체의 보상을 구할 예정이오니 양지하시기 바랍니다. 장 사장님께서도 아시는 바와 같이 건물 신축비용으로 소요된 돈만 23,000만원입니다.

 한편, 민인현 씨가 최근 법원에서 8,000만원이 공탁되었다는 통지를 받은바 있으나, 민인현 씨와 엄나인 사장은 임대차기간 종료일 건물에서 퇴거하여 이를 전혀 이용하고 있지 아니하고, 또 그 무렵 엄나인이 임대보증금을 가압류하여 나중에 압류하면 엄나인에게 그 돈 전액을 지급하여야 하므로, 일부만 공탁한 것은 결단코 인정할 수 없습니다.

 그러므로 건물보상금과 임대보증금 합계 33,000만원을 민인현 씨의 대리인(가압류채권자)인 엄나인 씨에게 지급해주시기 부탁드립니다.

2014. 3. 24.

민인현 (690317-1076453) [絃閔 印璘]

충청남도 당진시 송악읍 한진리 457의3 동강맨션 402호

위 대리인

엄나인 (780101-2834212) [璘嚴 印娜]

서울특별시 용산구 서부이촌동 205 탑스빌 A동 404호

우 편 물 배 달 증 명 서

수취인의 주거 및 성명			
장옥정 서울특별시 동작구 상도로50길 66-1, 401호(상도동, 풀그린 빌라)			
접수국명	서울용산	접수연월일	2014년 3월 24일
접수번호	제 8067 호	배달연월일	2014년 3월 25일
적 요 　본인 수령 　*장옥정*		2014. 3. 25. 서울동작우체국장	

<h1 align="center">통고에 대한 답변</h1>

민인현 씨 귀하

가정이 평화롭고 사업도 번창하시길 빕니다.

각설하고, 지난 3. 24.자 통고서에서 건물 보상과 보증금을 요구하신데 대하여 답하겠습니다. 먼저, 건물 보상에는 응할 수 없습니다. 당초부터 원상회복하기로 하는 조건 하에 임대하였을 뿐 아니라, 법원도 그 정당성을 인정하여 판결까지 내려졌습니다. 철거해야 할 건물에 대하여 오히려 보상을 요구하는 데는 응할 수 없습니다. 다음, 임대보증금도 반환을 마쳤습니다. 이미 보증금 잔액 전부를 공탁하였음은 공탁 통지를 면밀히 검토하시고 저간의 사정을 되돌아보시면 잘 아시리라 믿습니다.

이미 본건 대지는 다른 곳에 매도하여 개발될 수밖에 없는 상황이 되었습니다. 영업도 중단하신 것으로 알고 있습니다. 건물 철거에 협조해주시기 바랍니다.

2014. 3. 25.

장 옥 정 배상

최 고 서

수 신 : 장 옥 정 님

　당사는 송악읍 대지 매매와 관련하여 잔금 2억 5천만 원 정 중 금일 1억 원을을 이미 지급하였고, 나머지 1억 5천만 원도 지상 건물이 철거되면 즉시 지급할 만반의 준비를 다 하고 기다리고 있습니다만, 법원 판결을 받은 뒤에도 건물주의 저지 등으로 아직까지 철거가 지연됨을 안타깝게 생각합니다. 건물 철거 문제를 조속히 해결해주시기를 부탁드리며, 2014. 5. 10.까지 건물 철거 문제가 잘 해결되지 아니하면 부득이 법적 조치에 들어갈 수밖에 없음을 알려드리오니 양지하시기 바랍니다.

2014. 4. 5.

원산개발 대표이사 　이 　명 　보 　(株)開發元山 代表理社

추 가 약 정

"갑"과 "을" 사이의 송악읍 대지 매매 건과 관련하여 "을"은 수개월째 건물 철거의무를 이행하지 못하고 있음을 인정하고, 2014. 5. 10.까지 건물을 철거시키지 못하는 경우 당연히 "을"의 책임으로 계약이 자동으로 해지됨에 일체 이의하지 아니하기로 확약하며, "갑"은 이를 수락함.

2014. 4. 23.

"갑"   원산개발 대표이사 이명보   表開(株)理發元社代山

"을"   장옥정

통 보 서

수 신 : 장 옥 정 님

    당사는 2014. 2. 23.자 추가약정에 따라 2013. 10. 13.자 송악읍 대지 매매
계약이 수신인("을")의 귀책사유로 자동 해지되었음을 통보합니다.

2014. 5. 11.

원산개발 대표이사 이 명 보   表開(株)
理發元
社代山

통보에 대한 답변

당초 귀사의 적극적인 요청에 따라 진행된 금번 매매가 이와 같이 불미스럽게 된 점 깊이 유감으로 생각합니다. 귀사는 잔금지급기일에 매매대금 5억원 중 3억5천만원만 지급하고 나머지 1억5천만원을 준비하지 못하였고, 이후에도 건물 철거 건은 잔금지급이 이루어져야 가능한 것임에도 끝까지 1억5천만원을 준비해오지 않은 채 일방적으로 더는 못 기다리겠다며 계약해지를 통보하였습니다. 이에 본인은 귀하에게 더는 계약을 원만히 마무리할 의사도 능력도 없는 것으로 간주하고, 귀하의 책임으로 계약이 해지되었음을 분명히 하고자 합니다.

2014. 5. 28.

장 옥 정 배상 〔장옥정〕

등기번호	00*****	등기사항전부증명서(말소사항)
등록번호	******-*******	

상 호	주식회사 착한개발(변경 전 상호: 주식회사 원산개발)	2014. 9. 27. 변경
		2014. 9. 27. 등기
본 점	대전 유성구 구성동 524-3 오르다빌딩 4층	2014. 1. 1. 변경
	대전 유성구 대학로 364, 4층 (구성동, 오르다빌딩)	2014. 9. 27. 등기

공고방법 대전 시내에서 발행하는 일간 충남일보에 게재한다.	. . 변경
	. . 등기

1주의 금액 금 5,000원	. . 변경
	. . 등기

발행할 주식의 총수 40,000주	. . 변경
	. . 등기

발행주식의 총수와 그 종류 및 각각의 수	자본의 총액	변경 연월일 등기 연월일
발행주식의 총수 20,000주 보통주식 15,000주 우선주식 5,000주	금 100,000,000 원	. . 변경
		. . 등기

목 적
1. 부동산개발업 2. 부동산분양업 3. 부동산임대업 4. 제1호 내지 제3호에 부대되는 업무

임원에 관한 사항
이사 이명보 ******* - ******* 원인 취임 연 월 일 2010년 01월 21일
감사 이순 ******* - ******* 원인 취임 연 월 일 2010년 01월 21일
이사 이명보 ******* - ******* 원인 퇴임 연 월 일 2014년 09월 21일
감사 이순 ******* - ******* 원인 퇴임 연 월 일 2014년 09월 21일
이사 한재희 ******* - ******* 원인 취임 연 월 일 2014년 09월 21일
감사 안민영 ******* - ******* 원인 취임 연 월 일 2014년 09월 21일

4010915313667289567922482064   1   1000   1   발행일 2014/10/07   1/2

기타사항
- 생 략 -

회사성립연월일	2010년 01월 21일

등기용지의 개설사유 및 연월일	
설립	2010년 01월 21일 등기

—— 이 하 여 백 ——

수수료 1,000원 영수함   대전지방법원 등기과

등기사항증명서입니다. {다만 신청이 없는 경우에는 효력이 없는 등기사항과 지배인(대리인), 지점(분사무소)의 등기사항을 생략하였습니다.}

대전지방법원 등기과 등기관

대전지방
법원등기과
등기관의인

4010915313667289567922482064   1   1000   1   발행일 2014/10/07   2/2

소　　장

원　고　　　　장옥정 (630417-2341667)

　　　　　　　　서울 동작구 상도로50길 66-1, 401호 (상도동, 풀그린빌라)[1]

　　　　　　　　소송대리인　법무법인 대한, 담당변호사 마은만

　　　　　　　　서울 서초구 서초대로 452, 2층 (서초동, 법가빌딩)[2]

　　　　　　　　Tel. (02) 532-5678, Fax. (02) 532-5790, e-mail. ma@daehan.com

피　고　　　1. 주식회사 착한개발(변경 전 상호 주식회사 원산개발)[3]

　　　　　　　　　대전 유성구 대학로 364, 4층 (구성동, 오르다빌딩)

　　　　　　　　　대표자 이사 한재희[4]

　　　　　　　2. 이명보 (1959. 10. 10.생)[5]

　　　　　　　　　서울 종로구 사직로8길 89-1 (내자동)

　　　　　　　3. 민인현 (760507-2038154)

　　　　　　　　　당진시 송악읍 한진1길 292-75, 402호 (한진리, 동강맨션)

소유권말소등기 등 청구의 소[6]

청 구 취 지

1. 원고에게,

가. 피고 주식회사 착한개발은 원고로부터 400,000,000원 및 그 중 50,000,000원에 대하여
는 2013. 10. 13.부터, 200,000,000원에 대하여는 2013. 12. 13.부터, 100,000,000원에

---

1) 우편물배달증명서에 기재된 위 주소가 가장 최근의 것이다.
2) 도로명 주소는 의뢰인 상담일지에 나와 있다.
3) 법률관계가 발생한 시점과 현재의 상호가 다르므로(법인등기부등본-등기사항전부증명서) 괄호 안에 변경전 상호를
   적는다.
4) 종전의 대표자 이사 이명보가 아닌 현재의 대표자를 적어야 한다. 이 회사는 자본금이 1억 원에 불과히여 1인 이사를
   둔 회사이므로(법인등기부등본-등기사항전부증명서) 1인 이사가 대표자이다(상법 제383조 제1항 단서, 제6항). 이때
   에는 대표이사가 아니라 대표자 이사라고 적는다.
5) 이명보는 주민등록번호가 나오지 아니하므로 생년월일을 적었다.
6) 주된 청구를 적고 "등 청구의 소"를 붙이면 된다. 소유권이전등기 등 청구의 소로 해도 좋다.

대하여는 2014. 2. 13.부터 각 다 갚는 날까지 연 6%의 비율에 의한 돈을 지급받음과 동시에 원고에게 별지 목록 제1항 기재 토지에 관하여 대전지방법원 서산지원 당진등기소 2014. 2. 14. 접수 제1914호로 마친 소유권이전등기의 말소등기절차를 이행하고,

　나. 피고 이명보는 제1의 가.항 기재 말소등기에 관하여[7] 승낙의 의사표시를 하라.[8]

2. 피고 민인현은,

가. 원고로부터 210,000,000원을 지급받음과 동시에 원고에게,

　(1) 별지 목록 제2항 기재 건물에 관하여 2014. 3. 12. 매매를 원인으로 하는 소유권이전등기절차를 이행하고,

　(2) 별지 목록 제2항 기재 건물 및 같은 목록 제1항 기재 토지를 인도하며,

나. 원고에게 2014. 3. 20.부터 제2의 가.(2)항 기재 인도를 마칠 때까지 월 7,000,000원의 비율에 의한 돈을 지급하라.

3. 소송비용은 피고들이 부담한다.

4. 제2의 가.(2)항 및 나.항은 각 가집행할 수 있다.[9]

청 구 원 인

1. 피고 주식회사 착한개발, 이명보에 대한 청구

가. 피고 주식회사 착한개발에 대한 소유권이전등기 말소 청구

(1) 원고는 2013. 10. 13. 피고 주식회사 착한개발(당시 상호는 주식회사 원산개발입니다)과 사이에 원고 소유의 당진시 송악읍 한진리 174-2 대 450㎡(별지 목록 제1항 기재 토지, 이하 이

---

7) 자신의 가압류등기(대전지방법원 서산지원 당진등기소 2004년 10월 3일 접수 제13728호 부동산가압류기입등기)의 말소에 대하여 승낙하는 것이 아님에 주의할 것.

8) 일반적으로 말소등기에 이해관계가 있는 제3자에 대한 승낙의 의사표시 청구는 그의 등기에 대한 말소등기청구로 바꾸어 쓸 수 있다. 그러나 이명보의 등기는 법원이 촉탁하여 한 부동산가압류등기로서 이명보가 말소등기를 신청한다 하여 말소되는 것이 아니므로 승낙의 의사표시를 구함이 옳다.

9) 제1항의 청구와 제2의 가.(1)항의 청구는 모두 의사의 진술을 명하는 청구로 확정되어야 비로소 효력이 있으므로 가집행선고를 할 수 없다. 제2의 가.(2) 및 나.항의 청구는 모두 가집행선고가 가능하다. 동시이행조건이 붙어있다 하더라도 가집행선고를 하는데 소장이 없다.

사건 대지라 합니다)에10) 관하여 매매대금을 5억 원으로 하되, 계약금 5천만 원은 계약 당일, 중도금 2억 원은 2013. 12. 13., 잔금 2억5천만 원은 나대지 상태의 인도와 상환으로 2014. 2. 13. 각 지급하기로 하며, 매도인이 계약을 위반하는 경우 계약금의 배액을 상환하기로 하는11) 내용의 토지매매계약(이하 '이 사건 매매계약'이라 합니다)을 체결하고, 피고 주식회사 착한개발로부터 같은 날 위 계약금을, 2013. 12. 13. 위 중도금을 각 지급받았습니다.

(2) 피고 주식회사 착한개발이 잔금을 전액 준비하지 못하고 원고도 이 사건 대지 위에 철골조 샌드위치패널지붕의 2층 근린생활시설(별지 목록 제2항 기재 건물, 이하 '이 사건 건물'이라 합니다)이 축조되어 있어 이 사건 대지를 그 즉시 나대지로 인도할 수 없었기에 원고는 2014. 2. 13. 피고 주식회사 착한개발로부터 잔금 중 1억 원만을 지급받고 피고 주식회사 착한개발에게 대전지방법원 서산지원 당진등기소 2014. 2. 14. 접수 제1914호로 소유권이 전등기(이하 '이 사건 소유권이전등기'라 합니다)를 마쳐주면서, 나머지 1억 5천만 원은 원고가 이 사건 건물을 철거하여 대지를 나대지로 인도하는 것과 상환으로 지급받기로 하였습니다.

(3) 이후 원고는 피고 착한개발 주식회사로부터 수차례 이 사건 건물의 철거와 대지의 인도를 독촉 받아오다가 2014. 4. 23. 피고 착한개발 주식회사와 사이에, 원고가 2014. 5. 10.까지 건물을 철거시키지 못하는 경우 별다른 조치를 취하지 아니하더라도 이 사건 매매계약이 원고의 책임 있는 사유로 자동으로 해제되는 것으로 하기로 합의하였는데,12) 결국 2014. 5. 10.까지 이 사건 대지를 나대지 상태로 인도하지 못하여 이 사건 매매계약이 자동으로 해제되었습니다.

(4) 그러므로 피고 착한개발 주식회사는 특별한 사정이 없는 한 이 사건 매매계약의 해제로 인한 원상회복으로 원고에게 이 사건 소유권이전등기의 말소등기절차를 이행할 의무가 있습니다. 그런데 다른 한편, 원고는 피고 착한개발 주식회사에게 이 사건 매매계약의 해제로 인한 원상회복으로 계약금 5천만 원, 중도금 2억 원, 잔금 중 1억 원 및 이에 대하

---

10) 목적물로 기재할 때에는 도로명 주소가 아닌 지번 주소를 씀이 원칙이다.

11) 배액상환조항(손해배상액의 예정)을 따로 두었고, 이 부분도 계산에 넣는 바이므로, 여기에 약정 내용을 적었다.

12) 이른바 자동해제조항이 있는 경우에도 판례는 원칙적으로 (반대채무의 이행을 제공하여) 지체에 빠뜨려야 비로소 해제가 되는 것이고, 상대방의 이행제공 내지 그 준비 여부를 묻지 아니하고 곧바로 해제된다는 취지로 해석하기 위해서는 특별한 사정이 있어야 한다고 한다. 대판 1992.10.27, 91다32022; 대판 1996.3.8, 95다55467; 대판 2008.11.29, 2007다576 등 참조(손해배상액의 예정과 관련하여 자동해제된다고 한 경우 해제권 유보조항으로 해석한 대판 1982. 4.27, 80다851 등과는 맥락을 달리 함에 주의). 그러나 사안의 경우 상대방은 자신의 잔금지급의무의 이행준비를 마친 상태에서 그 취지를 최고하였고, 상대방이 이행을 현실 제공하였다 하더라도 원고가 그의 인도의무를 이행할 수 없는 상황이었다. 따라서 특별한 사정이 있다고 보아 자동해제를 인정함이 타당하다. 한편, 당사자는 "해지"라고 하고 있으나, 계속적 계약이 아니므로 해제에 해당한다.

여 각 그 받은 날인13) 그 중 5천만 원에 대하여는 2013. 10. 13., 2억 원에 대하여는 2013. 12. 13., 나머지 1억 원에 대하여는 2014. 2. 13.부터 각 다 갚는 날까지 상법이 정하는 연 6%의 비율에 의한 법정이자와 약정 위약금(이 사건 매매계약은 원고의 책임 있는 사유에 의하여 해제되었습니다) 5천만 원을 각 지급할 의무가 있으며, 위 두 의무는 서로 동시이행관계에 있는바,14) 원고는 피고 착한개발에게 원고로부터 위 각 금원을 지급받음과 동시에 이 사건 소유권이전등기의 말소등기절차를 이행할 것을 구합니다.

나. 피고 이명보의 가압류등기

(1) 한편, 피고 이명보는 이 사건 매매계약이 해제된 뒤인 2014. 9. 21.까지 피고 착한개발 주식회사의 대표이사로 재직한 자로서 위와 같은 계약해제 경위 내지 사실을 잘 알면서도 이 사건 대지에 관하여 위 이 사건 매매계약 해제 후인 2014. 10. 3. 대전지방법원 서산지원 당진등기소 접수 제13728호로 부동산가압류 기입등기를 마쳤습니다.

(2) 그러므로 피고 이명보는 원고에게 이 사건 소유권이전등기의 말소등기에 관하여 승낙의 의사표시를 할 의무가 있는바,15) 원고는 그 이행을 구합니다.

2. 피고 민인현에 대한 청구

가. 소유권이전등기 및 인도청구

원고는 2008. 11. 10. 피고 민인현과 사이에 원고 소유의 이 사건 대지에 관하여 임대기간은 2008. 11. 20.부터 2012. 11. 19.까지, 월 차임은 4,000,000원, 차임지급시기는 매월 20일(선급), 임대보증금은 100,000,000원으로 한 건물 소유 목적의 토지 임대차계약(이하 '이 사건 임대차계약'이라 합니다)을 체결하고, 이에 따라 2008. 11. 20. 피고 민인현으로부터 임대보증금 100,000,000원 및 제1회 월 차임 4,000,000원 합계 104,000,000원을 지급받은 다음, 피고 민인현에게 이 사건 대지를 인도하였습니다.

피고 민인현은 이 사건 임대차계약에 따라 이 사건 대지 위에 이 사건 건물을 신축하여 2009. 1. 20. 그 앞으로 소유권보존등기를 마쳤습니다.

원고는 이 사건 임대차계약상 임대기간 만료 전인 2013. 10. 20. 피고에게 그 갱신을 거절하는 취지의 통지를 하여 위 계약이 2013. 11. 19. 기간만료로 종료하였습니다.

---

13) 민법 제548조 제2항.
14) 민법 제549조. 손해배상의무도 함께 동시이행관계에 있다. 대판 1996.7.26, 95다25138, 25145.
15) 판례는 해제의 효과로 대항할 수 없는 제3자에 가압류채권자도 포함되나, 그가 해제 후 등기 전 이해관계를 맺은 경우 악의라면 해제의 효과로 대항할 수 있다고 한다. 대판 2000.1.14, 99다40937 및 대판 1985.4.9, 84다카130, 131; 대판 1996.11.15, 94다35343; 대판 2005.6.9, 2005다6341.

그런데 피고 민인현이 2014. 3. 12. 원고에게 건물매수청구의 의사표시를 해와(피고 민인현의 대리인 엄나인은 그 이후에도 계속하여 같은 주장을 반복하였습니다), 원고와 피고 민인현 사이에 이 사건 건물에 관하여 건물매수청구권을 행사한 2014. 3. 당시 이 사건 건물 시가인 210,000,000원을 매매대금으로 하는[16] 매매계약이 성립하였습니다(이 사건 임대차계약에는 임대차가 종료하면 원상회복하여 반환하기로 하는 특약이 있으나 이는 건물매수청구권을 배제하는 한도에서는 효력이 없습니다).[17]

그러므로 피고 민인현은 원고로부터 매매대금 210,000,000원을 지급받음과 동시에 원고에게, 이 사건 건물에 관하여 2014. 3. 12. 매매를 원인으로 하는 소유권이전등기절차를 이행하고 이 사건 건물 및 대지를 인도할 의무가 있는바, 원고는 그 이행을 구합니다(원고는 피고 민인현을 상대로 이 사건 건물의 철거를 구하는 소를 제기하여 2014. 2. 21. 승소판결을 받고 이 판결이 그 무렵 확정되었습니다만, 토지인도 및 건물철거소송에서 패소한 임차인도 건물매수청구권을 행사할 수 있으므로 이에 터 잡은 이 사건 청구는 위 판결의 기판력에 저촉되지 아니합니다).[18]

나. 부당이득반환청구

피고 민인현이 이 사건 건물을 소유하여 이 사건 대지를 사용·수익함으로써 그 차임 상당의 부당이득을 하고 있음은 이미 본바와 같습니다.[19]

나아가 부당이득의 수액에 관하여 보겠습니다.

원고는 이 사건 임대차계약이 기간만료로 종료함에 따라 임대차보증금 100,000,000원을 반환하고자 하였으나, 피고 민인현이 이 사건 임대차가 종료한 뒤인 2013. 11. 20. 이후에도 이 사건 대지를 사용·수익하여 당시 (임대차보증금이 1억 원일 때) 차임 시세 월 5,000,000원 상당의 부당이득을 취해왔고,[20] 그 이외에 소외 엄나인이 2013. 11. 3. 서울중앙지방법원 2013카단23303호로 피고 민인현의 원고에 대한 임차보증금반환청구권 전액에 대하여 채권가압류결정을 받아, 위 결정이 그 무렵 제3채무자인 원고에게 송달되었으므로,[21] 2014. 3. 19. 피공탁자를 피고 민인현, 공탁근거조항을 민법 제487조, 민사집행법 제297조로 하여 대전지방법원 서산지원 2014년금제479호로 위 부당이득금을 공제한 80,000,000원=

---

16) 건물매수청구를 한 경우 그 매매대금은 매수청구권 행사 당시의 시가이다. 대판 2002.11.13. 2002다46003, 46027, 46010.

17) 건물매수청구에 관한 민법 제643조는 편면적 강행규정이므로 이를 배제하기로 하는 약정이 있다 하더라도 특별한 사정이 없는 한 그 효력이 없다. 대판 1991.4.23. 90다19695; 대판 1998.5.8. 98다2389.

18) 대판 1995.12.26. 95다42195.

19) 건물의 경우 그 소유만으로 부당이득이 있는 것으로 보므로, 실제로 사용하고 있지 아니하다는 점은 항변이 되지 아니한다. 건물매수청구를 한 임차인도 건물을 실제로 양도할 때까지는 부당이득반환의무를 진다. 대판 1997.3.14. 95다15728. 한편, 동시이행의 항변권이 있으므로 손해배상은 구할 수 없다.

20) 보증금이 있을 때에는 보증금을 전제로 차임 상당 부당이득을 셈하여야 한다.

21) 채권가압류의 효력발생요건이므로 적어주어야 한다.

임대차보증금 100,000,000원 - (5,000,000원 × 4개월)을 공탁하는 것으로 갈음하였습니다. 한편, 이 사건 대지의 임차보증금이 없을 때의 차임 시세는 2014. 3. 20. 이후 현재에 이르기까지 월 7,000,000원 상당입니다.[22]

그러므로 피고 민인현은 원고에게 2014. 3. 20.부터 이 사건 대지를 인도할 때까지 월 7,000,000원의 비율에 의한 부당이득금을 반환할 의무가 있는바, 원고는 그 이행을 구합니다.

3. 결   론

이상과 같은 이유에서 본 청구에 이르렀사오니, 청구취지와 같은 판결을 해주시기 바랍니다.

입 증 방 법

(생 략)

첨 부 서 류

(생 략)

2014. 12. 31.

원고의 소송대리인 법무법인 대한, 담당변호사 마은만

대전지방법원 서산지원 귀중

---

22) 보증금이 혼합공탁에 의하여 전액 만족되었으므로, 보증금이 없을 때의 차임 시세에 따라 부당이득액을 셈한다.

[별지]

목 록

1. 당진시 송악읍 한진리 174-2 대 450㎡
   [도로명주소: 당진시 송악읍 한진2길 113-1]23)

2. 위 지상 철골조 샌드위치패널지붕 2층 근린생활시설
   1층 200㎡
   2층 167.5㎡.

끝.

---

23) 지번 주소를 앞에 적고 도로명 주소를 대괄호 안에 병기한다.

기록형 문제

제2회

【문　　제】

귀하는 서울 양천구 신월로 13 정풍빌딩 3층에 "나목종합법률사무소"라는 상호로 개업한 변호사 나목들이다. 귀하는 2014. 12. 8. 박신혜에게 <의뢰인 상담일지>에 기재된 내용과 같이 상담을 해주고 박신혜로부터 사건을 수임하면서 첨부서류를 그 자료로 받았다. 의뢰인을 위하여 법원에 제출할 소장을 아래 작성요령에 따라 작성하시오.　　　　[175점]

【작성요령】

1. 소장 작성 및 소 제기일은 2014. 12. 31.로 한다.
2. 의뢰인의 의사와 요구에 최대한 부합하는 소장을 작성하되, 기록상 상대방이 제기할 것으로 예상되는 주장을 고려하여 법령 및 판례에 따를 때 일부라도 패소하는 부분이 생기지 않도록 한다. 그 주장이 받아들여질 수 없는 것인 때에는 주장을 적시하고 소장에서 미리 반박한다.
3. 청구취지에 부동산 등이 기재되어야 하는 경우 별지를 활용한다.
4. 청구원인은 주요사실이 분명히 드러나도록 기재하되, 불필요한 반복이 없게 한다.
5. 당사자는 반드시 소송상 자격(원고, 피고 등)으로 지칭하고, 원고나 피고가 여러 명인 경우에는 소송상 자격 및 이름으로 지칭한다(피고1과 같이 지칭하지 않음).
6. 상담결과 청취된 사실관계는 모두 진실한 것으로 간주하고, 첨부서류의 진정성립을 의심할만한 사유는 없는 것으로 간주하며, 사실관계는 기록에 나타나 있는 것으로 한정한다.
7. 증거방법란과 첨부서류란은 "(생략)"으로 표시하고 기재하지 아니한다(필요할 경우 청구원인란에서 해당 증거방법을 적절한 방법으로 제시하는 것은 무방함).

[참고자료]

각급 법원의 설치와 관할구역에 관한 법률 (일부)

[시행 2014. 12. 30.] [법률 제12879호, 2014. 12. 30., 일부개정]

제4조(관할구역) 각급 법원의 관할구역은 다음 각 호의 구분에 따라 정한다. 다만, 지방법원 또는 그 지원의 관할구역에 시·군법원을 둔 경우 「법원조직법」 제34조 제1항 제1호 및 제2호의 사건에 관하여는 지방법원 또는 그 지원의 관할구역에서 해당 시·군법원의 관할구역을 제외한다.

1. 각 고등법원·지방법원과 그 지원의 관할구역: 별표 3

[이하 생략]

[별표 3] 고등법원·지방법원과 그 지원의 관할구역 (일부)

고등법원	지방법원	지원	관할구역
서울	서울중앙		서울특별시 종로구·중구·강남구·서초구·관악구·동작구
	서울동부		서울특별시 성동구·광진구·강동구·송파구
	서울남부		서울특별시 영등포구·강서구·양천구·구로구·금천구
	서울북부		서울특별시 동대문구·중랑구·성북구·도봉구·강북구·노원구
	서울서부		서울특별시 서대문구·마포구·은평구·용산구
	수원		수원시·오산시·용인시·화성시. 다만, 소년보호사건은 앞의 시 외에 성남시·하남시·평택시·이천시·안산시·광명시·시흥시·안성시·광주시·안양시·과천시·의왕시·군포시·여주시·양평군
		성남	성남시·하남시·광주시
		여주	이천시·여주시·양평군
		평택	평택시·안성시
		안산	안산시·광명시·시흥시
		안양	안양시·과천시·의왕시·군포시

의뢰인 상담일지

나목종합법률사무소

서울 양천구 신월로 13 정풍빌딩 303호

☎ 02-2205-3487~8, 팩스 02-2205-3489, 전자우편 namd@namoklaw.com

접 수 번 호	2014-309	상 담 일 시	2014. 12. 8.
상 담 인	박신혜	내 방 경 위	지인 소개, 소제기 의뢰
관 할 법 원		사건번호 (법원, 검찰)	

【 상 담 내 용 】

1. 의뢰인은 안양 일대에서 음식점 영업을 하기로 하고 2013년 8월경 이전부터 알고 지내던 이수로에게 상의하였는데, 이수로가 마침 안양시 동안구 갈산동 1403-3의 대지와 그 지상건물을 매수하여 두었다면서 4억 원이면 팔 생각이 있다고 하여 이에 응하여 위 토지와 지상건물을 4억 원에 매수하였다. 그 중 계약금 4천만 원은 당일 자기앞수표로 주었고, 중도금 없이 잔금을 그 해 말에 주고 대지를 인도받고 소유권이전등기도 받기로 하였다.

2. 그런데 이수로가 잔금 지급일이 거의 다 되어 전화하여 약속한 날짜에 소유권이전 등기를 해주기 어렵겠다고 전해왔다. 이야기를 들어보니, 이수로도 손온유로부터 위 부동산을 매수한 것인데, 이수로와 사이에 분쟁이 있던 그의 채권자들이 가압류를 하여 손온유가 이수로에게 소유권이전등기를 해줄 수 없게 되었다는 것이었다.

3. 의뢰인은 일단 알았으니 빨리 해결하고 연락 달라고 이야기하면서, 이미 개업준비를 진행하고 있었는데, 가능하면 인도라도 빨리 해주면 좋겠다고 하였으나 이수로가 말을 얼버무리고 전화를 끊어 확답을 받지는 못하였다.

4. 이후 해를 넘기고도 별 연락이 없어 불안해진 의뢰인은 몇 군데 문의하여 2014년 3월 법무사를 통하여 위 대지 및 건물에 관하여 처분금지가처분을 해두었다.

5. 그런데 얼마 지나지 아니하여 손온유와 이수로 공동명의로 그들 사이의 매매계약을 해제하였다는 통보가 오고 이수로가 의뢰인에게 미안하게 되었다면서 의뢰인과의 매매계약도 없던 것으로 하자고 요구해왔다.

6. 의뢰인으로서는 그렇게 할 마음이 없고 이미 이곳에 개업하기 위하여 다른 곳은 알아보지도 않고 여러 달을 기다렸으므로 꼭 이곳에서 음식점을 하고 싶어 이수로에게 다시 한 번 인도를 요구하는 한편 곧 잔금도 입금하겠다고 알렸고, 2014. 4. 20. 이전부터 알고 있던 이수로의 계좌에 잔금을 입금한 다음 이수로에게 전화로 잔금 입금 사실을 알렸다.

7. 그러나 이수로는 위 부동산이 이미 다른 사람에게 넘어갔고 자신도 계약금을 반환하였다면서 다시 한 번 계약 해제를 주장하였다. 이에 놀란 의뢰인이 확인해보니 같은 날 위 대지 및 건물 모두 이주호라는 사람 앞으로 등기가 되어 있었고, 다음 날 법원에서 손온유가 이수로를 대리하여 의뢰인 앞으로 공탁을 하고 계약을 해제하였다는 취지의 통지도 받았다.

8. 이후로 의뢰인은 이수로와 사이에 연락이 끊겼고, 어쩌다 전화를 해도 언쟁만 계속하는 상황이 되었다.

9. 한편, 의뢰인은 2013년 5월경 이수로로부터 2억 원을 빌리면서 의뢰인 소유의 집에 근저당권을 설정해준 일이 있다. 이후 의뢰인은 수차례에 걸쳐 그 중 상당부분을 변제하였으나, 아직 남은 돈도 있다.

10. 주변에 알아본바 2014년 초부터 10월 현재까지 문제가 된 갈산동 대지 및 건물의 차임 시세는 보증금이 없을 때 월 4,400,000원 정도이다.

【의뢰인의 요구사항】

1. 가능하다면 위 대지와 건물을 인도받고 등기도 하고 싶다. 즉시 집행될 수 없다하더라도 일단 집행권원이라도 확보하여 두기를 원한다. 만일 대지와 건물을 인도받거나 등기를 받는 것이 불가능하다면 계약을 해지하고 그간 들인 돈이라도 반환받고자 한다. 어느 쪽이든 인도받지 못하여 입은 손해에 대한 배상도 받고 싶다.

2. 이수로와의 채무관계도 이 기회에 모두 정리하고 근저당권도 말소하고 싶다.

등기사항전부증명서(현재 사항) - 토지

[토지] 경기도 안양시 동안구 갈산동 1403-3   고유번호 ****-****-******

【표 제 부】 (토지의 표시)

표시번호	접 수	소재지번	지 목	면 적	등기원인 및 기타사항
1 (전2)	1999년3월15일	경기도 안양시 동안구 갈산동 1403-3 [도로명주소] 경기도 안양시 동안구 흥안대로 344	대	530 ㎡	부동산등기법시행규칙부칙 제3조 제1항의 규정에 의하여 2001년7월 14일 전산이기

【갑 구】 (소유권에 관한 사항)

순위번호	등기목적	접 수	등기원인	권리자 및 기타사항
1 (전2)	소유권이전	1999년3월15일 제899호	1998년11월30일 매매	소유자 손온유 740509 - ******* 경기도 안양시 동안구 갈산동 1403-3
				부동산등기법시행규칙부칙 제3조 제1항의 규정에 의하여 2001년7월14일 전산이기
2	부동산처분 금지가처분	2014년3월15일 제1523호	2014년3월15일 수원지방법원 안양 지원 2014카단867 처분금지가처분결정	채권자 박신혜 770415 - ***** 서울 강서구 강서로 693, 12동 1302 호(등촌동, 등촌아파트)
3	소유권이전	2014년4월20일 제1833호	2014년2월20일 매매	소유자 이주호 750817 - ******* 서울 강남구 양재대로 247, 1322호 (양재동, 리더스빌)

—— 이 하 여 백 ——

수수료 금 1,000원 영수함
관할등기소 수원지방법원 안양지원 안양등기소 / 발행등기소 서울남부지방법원 등기과

이 증명서는 등기기록의 내용과 틀림없음을 증명합니다.

서기 2014년 10월 07일

법원행정처 등기정보중앙관리소 전산운영책임관

* 실선으로 그어진 부분은 말소사항을 표시함.   *등기기록에 기록된 사항이 없는 갑구 또는 을구는 생략함.

문서 하단의 바코드를 스캐너로 확인하거나 인터넷등기소(http://*****.go.kr)의 발급확인 메뉴에서 발급확인번호를 입력하여
위·변조 여부를 확인할 수 있습니다. 발급확인번호를 통한 확인은 발행일부터 3개월까지 5회에 한하여 가능합니다.

발행번호11360011004936072010961250SLBO114951WOG295021311122   1/1   발행일 2014/10/07

등기사항전부증명서(현재 사항) - 건물

[건물] 경기도 안양시 동안구 갈산동 1403-3 　　　　　고유번호 ****-****-******

【표 제 부】 (건물의 표시)

표시번호	접 수	소재지번	건물내역	등기원인 및 기타사항
1	2010년5월25일	경기도 안양시 동안구 갈산동 1403-3 [도로명주소] 경기도 안양시 동안구 흥안대로 344	철골조 샌드위치패널지붕 2층 근린생활시설 1층 370㎡ 2층 340.5㎡	

【갑　　구】 (소유권에 관한 사항)

순위번호	등기목적	접 수	등기원인	권리자 및 기타사항
1	소유권보존	2010년5월25일 제1752호		소유자 손온유 740509 - ******* 경기도 안양시 동안구 갈산동 1403-3
2	부동산처분 금지가처분	2014년3월15일 제1524호	2014년3월15일 수원지방법원 안양지원 2014카단867 처분금지가처분결정	채권자 박신혜 770415 - ***** 서울 강서구 강서로 693, 12동 1302호(등촌동, 등촌아파트)
3	소유권이전	2014년4월20일 제1834호	2014년2월20일 매매	소유자 이주호 750817 - ******* 서울 강남구 양재대로 247, 1322호 (양재동, 리더스빌)

─── 이 하 여 백 ───

수수료 금 1,000원 영수함
관할등기소 수원지방법원 안양지원 안양등기소 / 발행등기소 서울남부지방법원 등기과

이 증명서는 등기기록의 내용과 틀림없음을 증명합니다.

서기 2014년 10월 07일

법원행정처 등기정보중앙관리소 전산운영책임관

* 실선으로 그어진 부분은 말소사항을 표시함.　　*등기기록에 기록된 사항이 없는 갑구 또는 을구는 생략함.

문서 하단의 바코드를 스캐너로 확인하거나 인터넷등기소(http://*****.go.kr)의 발급확인 메뉴에서 발급확인번호를 입력하여 위·변조 여부를 확인할 수 있습니다.
발급확인번호를 통한 확인은 발행일부터 3개월까지 5회에 한하여 가능합니다.

발행번호1136001100493607201096125SLBO114951WOG295021311123　　1/1　　발행일 2014/10/07

不 動 産 賣 買 契 約 書

매도인과 매수인 쌍방은 아래 표시 부동산에 관하여 다음 계약내용과 같이 매매 계약을 체결한다.

1. 부동산의 표시

所 在 地	경기도 안양시 동안구 갈산동 1403의 3				
土 地	지 목	대지		面 積	530 ㎡
建 物	구조·용도	철골조 근린생활시설		面 積	710.5 ㎡

2. 계약내용

제1조 위 부동산의 매매에 대하여 매도인과 매수인은 합의에 의하여 매매대금을 아래와 같이 지불하기로 한다.

賣買代金	金 四億	원(₩400,000,000) 整		單位	
契約金	金 四仟萬	원(₩ 40,000,000) 整을 계약시 지불하고			
中渡金	金	원(₩) 整은 년 월 일 지불하고			
殘 金	金 參億六仟萬	원(₩360,000,000) 整은 2013년 12월 10일 지불한다.			

제2조 매도인은 매수인으로부터 매매대금의 잔금을 수령함과 동시에 매수인에게 소유권 이전등기에 필요한 모든 서류를 교부하고 이전등기에 협력하여야 한다.

제3조 매도인은 위 부동산에 설정된 저당권, 지상권, 임차권 등 소유권의 행사를 제한하는 사유가 있거나, 조세공과 기타 부담금의 미납금 등이 있을 때에는 잔금 수수일까지 그 권리의 하자 및 부담 등을 제거하여 완전한 소유권을 매수인에게 이전하여야 한다. 다만 승계하기로 합의하는 권리 및 금액은 그러하지 아니한다.

제4조 위 부동산의 전부 또는 일부가 그 인도전에 천재지변 등 불가항력의 사유로 멸실, 훼손된 경우와 공용수용 등 당사자 쌍방의 책임 없는 사유로 부담이 과하여졌을 경우 그 손실은 매도인의 부담으로 한다. 다만 매수인의 수령지체 중에 위와 같은 사유가 발생한 경우 그 손실은 매수인의 부담으로 한다.

제5조 매도인이 계약을 위반한 때에는 계약금의 배액을 상환하고, 매수인이 계약을 위반한 때에는 계약금을 몰취한다. 매도인이 중도금을 지불받을 때까지, 매도인은 계약금의 배액을 상환하고, 매수인은 계약금을 포기하고 이 계약을 해제할 수 있다.

※ 매도인의 매도자격을 증명하기 위하여 매매계약서와 중도금 영수증 사본 각 1부를 첨부함.

이 계약을 증명하기 위하여 계약서 2부를 작성하여 계약당사자가 이의 없음을 확인하고 각자 날인한다.

2013년 8월 10일

매도인	주 소	경기도 광명시 일직동 900-2					
	주민등록번호	681020-1134669	전화	***-****-****	성명	이 수 로	(인)
매수인	주 소	서울특별시 강서구 등촌동 1200 등촌아파트 12동 1302호					
	주민등록번호	770415-2039333	전화	**-****-****	성명	박 신 혜	(인)

不 動 産 賣 買 契 約 書

매도인과 매수인 쌍방은 아래 표시 부동산에 관하여 다음 계약내용과 같이 매매 계약을 체결한다.

1. 부동산의 표시

所在地		경기도 안양시 동안구 갈산동 1403의 3			
土 地	지 목	대지	面 積	530 ㎡	
建 物	구조·용도	철골조 근린생활시설	面 積	710.5 ㎡	

2. 계약내용

제1조 위 부동산의 매매에 대하여 매도인과 매수인은 합의에 의하여 매매대금을 아래와 같이 지불하기로 한다.

賣買代金	金 參億九仟萬 원(₩390,000,000) 整	單位	
契約金	金 參仟萬 원(₩ 30,000,000) 整을 계약시 지불하고		
中渡金	金 壹億 원(₩100,000,000) 整은 2013년 7월 10일 지불하고		
殘 金	金 貳億六仟萬 원(₩260,000,000) 整은 2013년 10월 10일 지불한다.		

제2조 매도인은 매수인으로부터 매매대금의 잔금을 수령함과 동시에 매수인에게 소유권 이전등기에 필요한 모든 서류를 교부하고 이전등기에 협력하여야 하며, 위 대지를 나대지 상태로 인도하여야 한다.

제3조 매도인은 위 부동산에 설정된 저당권, 지상권, 임차권 등 소유권의 행사를 제한하는 사유가 있거나, 조세공과 기타 부담금의 미납금 등이 있을 때에는 잔금 수수일까지 그 권리의 하자 및 부담 등을 제거하여 완전한 소유권을 매수인에게 이전하여야 한다. 다만 승계하기로 합의하는 권리 및 금액은 그러하지 아니한다.

제4조 위 부동산의 전부 또는 일부가 그 인도전에 천재지변 등 불가항력의 사유로 멸실, 훼손된 경우와 공용수용 등 당사자 쌍방의 책임 없는 사유로 부담이 과하여졌을 경우 그 손실은 매도인의 부담으로 한다. 다만 매수인의 수령지체 중에 위와 같은 사유가 발생한 경우 그 손실은 매수인의 부담으로 한다.

제5조 매도인이 계약을 위반한 때에는 계약금의 배액을 상환하고, 매수인이 계약을 위반한 때에는 계약금을 몰취한다. 매도인이 중도금을 지불받을 때까지, 매도인은 계약금의 배액을 상환하고, 매수인은 계약금을 포기하고 이 계약을 해제할 수 있다.

이 계약을 증명하기 위하여 계약서 2부를 작성하여 계약당사자가 이의 없음을 확인하고 각자 날인한다.

2013년 4월 10일

매도인	주 소	경기도 안양시 동안구 갈산동 1403의 3				성명	손 온 유	(印)
	주민등록번호	740509-2044116	전화	***-****-****				
매수인	주 소	경기도 광명시 일직동 900-2				성명	이 수 로	(印)
	주민등록번호	681020-1134669	전화	***-****-****				

領 收 證

금 일억 (100,000,000) 원정

안양시 동안구 갈산동 1403의 3 대지 및 그 지상 건물의 매매 대금 중도금으로 정히 영수함.

2013. 7. 10.

영수인 손순슈 [印 柳孫印穩]

경기도 안양시 동안구 갈산동 1403의3

이수로 귀하

수 원 지 방 법 원   안 산 지 원

결   정

사   건   2013카단12669 소유권이전청구권가압류

채 권 자   변정우

　　　　　서울 강남구 언주로 620, 에이(A)동 803호 (역삼동, 파크애비뉴)

채 무 자   이수로

　　　　　광명시 일직로 34 (일직동)

제3채무자   손온유

　　　　　안양시 동안구 홍안대로 344 (갈산동)

주   문

채무자의 제3채무자에 대한 별지 목록 기재 부동산의 소유권이전등기청구권을 가압류한다.

제3채무자는 채무자에게 위 부동산에 관한 소유권이전등기절차를 이행하여서는 아니된다.

채무자는 다음 청구금액을 공탁하고 가압류의 집행정지 또는 그 취소를 신청할 수 있다.

청구채권의 내용   2012. 9. 약정금

청구금액   100,000,000 원

이   유

　 이 사건 소유권이전청구권 가압류신청은 이유 있으므로 담보로 별지 첨부의 지급보증위탁계약을 체결한 문서를 제출받고 주문과 같이 결정한다.

2013. 10. 4.

판사   강   연   수

목   록

채무자와 제3채무자 사이에 2013. 4. 10. 안양시 동안구 갈산동 1403-3 대지 및 그 지상 건물에 관하여 체결된 매매계약상 소유권이전등기청구권. 끝.

수 원 지 방 법 원   안 산 지 원

결   정

사 건   2013카단13007 채권가압류

채 권 자   변정우

　　　　　서울 강남구 언주로 620, 에이(A)동 803호 (역삼동, 파크애비뉴)

채 무 자   이수로

　　　　　광명시 일직로 34 (일직동)

제3채무자 손온유

　　　　　안양시 동안구 흥안대로 344 (갈산동)

주   문

채무자의 제3채무자에 대한 별지 목록 기재 채권을 가압류한다.

제3채무자는 채무자에게 위 채권에 관한 지급을 하여서는 아니된다.

채무자는 다음 청구금액을 공탁하고 가압류의 집행정지 또는 그 취소를 신청할 수 있다.

청구채권의 내용 2012. 9. 약정금

청구금액   100,000,000 원

이   유

이 사건 채권 가압류신청은 이유 있으므로 담보로 별지 첨부의 지급보증위탁계약을 체결한 문서를 제출받고 주문과 같이 결정한다.

2013. 10. 10.

판사   강   연   수

목   록

금 100,000,000원

채무자와 제3채무자 사이에 2013. 4. 10. 안양시 동안구 갈산동 1403-3 대지 및 그 지상 건물에 관하여 체결된 매매계약이 해제되는 경우 계약금 및 중도금반환청구권. 끝.

수 원 지 방 법 원   안 산 지 원

결　　　정

사　　　건　　2014카단867 부동산처분금지가처분

신 청 인　　박신혜

　　　　　　　서울 강서구 강서로 693, 12동 1302호 (등촌동, 등촌아파트)

피신청인　　손온유

　　　　　　　안양시 동안구 홍안대로 344 (갈산동)

주　　　문

피신청인은 별지 목록 기재 각 부동산에 대하여 매매, 증여, 저당권설정 그 밖의 일체
의 처분행위를 하여서는 아니된다.

피보전권리의 내용　　신청외 이수로와 피신청인 사이의 2013. 4. 10. 매매를 원인으로
　　　　　　　　　　　　한 소유권이전청구권

이　　　유

　이 사건 부동산처분금지가처분신청은 이유 있으므로 담보로 별지 첨부의 지급보증위탁
계약을 체결한 문서를 제출받고 주문과 같이 결정한다.

2014.　3.　15.

판사　　문　희　찬

목   록

1. 안양시 동안구 갈산동 1403-3 대 530㎡

   [도로명주소 안양시 동안구 홍안대로 344]

2. 위 지상 철골조 샌드위치패널지붕 2층 근린생활시설

   1층 370㎡, 2층 340.5㎡.   끝.

계약해지통보 및 등기말소최고

박 신 혜 사장님 귀하

 박신혜 사장님, 그간 건강하셨는지요. 연락이 늦어져 송구합니다.

 아시는 바와 같이 안양시 동안구 갈산동 대지 및 건물은 저 이수로가 손온유 씨로부터 매수한 것입니다. 그런데 제가 불민한 탓에 그 사이 가압류가 몇 건 들어와 손온유 씨로부터 등기를 넘겨받을 수 없게 되었습니다. 법원으로부터 지난 2014. 3. 18. 사장님께서 위 대지와 건물에 대하여 가처분을 하였다는 통보를 받았습니다. 이에 손온유 씨가 몹시 언짢아하며 거래를 할 수 없게 되었으니 계약을 포기해달라고 요구하였고, 저도 동의하여 오늘, 즉 2014. 4. 7.자로 손온유 씨와 저 사이의 매매계약을 해지하기로 합의하였는바, 이에 알려드립니다.

 아무쪼록 좋은 뜻으로 시작한 일이 이렇게 잘못 되다보니 여기까지 오게 된 점 사과드리고, 그간의 인연을 생각하여 널리 혜량하여 주시기 부탁드립니다. 또한 이제 온유 씨는 저와 아무런 상관이 없어졌으므로 가처분등기도 속히 말소해주시길 부탁드립니다. 그리고 말씀드리기 송구하오나 이로써 저와 박 사장님 사이의 매매계약도 더 진행할 수 없게 되었으므로 빠른 시일 내에 만나 계약을 해지하는 것으로 정리하였으면 합니다.

2014. 4. 7.

이수로 (681020-1134669)
경기도 광명시 일직동 900-2

함께 통보함. 손온유 (740509-2044116) 柳孫印穩
경기도 안양시 동안구 갈산동 1403의 3

최 고 서

이 수 로 씨 귀하

  수로 씨 보내신 계약해지통보 및 등기말소최고는 잘 받아보았습니다.

  모르는 사이도 아닌데, 갈산동 매매 건이 시작되고 나서는 이런 방식으로 밖에 연락할 수 없게 되어 유감이네요.

  아시다시피 저는 수로 씨만 믿고 이미 몇 달째 개업 준비를 다 해둔 채 손해를 감수하며 기다려왔습니다. 그 사이 몇 차례나 등기가 안 되면 인도라도 해달라고 부탁하지 않았습니까. 그때마다 수로 씨는 곧 해결해줄 것처럼 이야기하였는데, 이제 와서 계약을 해지해달라니 당혹스러울 뿐입니다.

  저로서는 이미 발생한 손해라도 줄이려면 어떻게든 이 계약을 진행하는 수밖에 없는 상황입니다. 이해해주시기 바랍니다. 잔금은 곧 늘 거래하던 수로 씨 계좌로 입금하겠습니다. 수로 씨도 그 돈으로 어떻든 손 선생님을 설득하고 문제를 해결해 문제없이 넘겨받을 수 있도록 도와주세요. 가처분은 이렇게라도 해두지 않으면 나중에 문제를 해결할 수 없다고 하여 어쩔 수 없이 해둔 것입니다. 문제가 해결되면 당연히 말소하겠습니다. 원만하게 해결할 수 있기를 바랍니다.

2014. 4. 13.

박 신 혜 (770415-2039333)

서울특별시 강서구 등촌동 1200 등촌아파트 12동 1302호

우 편 물 배 달 증 명 서

수취인의 주거 및 성명
이수로
경기도 광명시 일직로 34 (일직동)

접수국명	서울등촌	접수연월일	2014년 4월 14일
접수번호	제 7779 호	배달연월일	2014년 4월 15일
적 요 　본인 수령 　이수로		2014. 4. 15. 서울등촌우체국장	

[제2-1호 양식]

금전 공탁서

공 탁 번 호		2014년 금 제 14083 호	2014년 4월 20일 신청	법령조항	민법제487조
공 탁 자	성 명 (상호, 명칭)	이수로	피 공 탁 자	성 명 (상호, 명칭)	박신혜
	주 소 (본점, 주사무소)	경기도 광명시 일직로 34		주 소 (본점, 주사무소)	서울특별시 강서구 강서로 693, 120동 1302호 (등촌동, 등촌아파트)
				주민등록번호 (법인등록번호)	770415-2039333
공 탁 금 액		한글 팔천만원 숫자 80,000,000원	보 관 은 행		신한은행 안산단원지점
공 탁 원 인 사 실		공탁자는 피공탁자와 사이에 2013. 8. 10. 체결된 경기도 안양시 동안구 소재 대지 및 지상 건물 매매계약을 계약금의 배액을 상환하고 해제하고자 하나 피공탁자가 그 수령을 거부하여 변제공탁합니다.			
1. 공탁으로 인하여 소멸하는 질권, 전세권 또는 저당권 2. 반대급부 내용					

위와 같이 통지합니다.   대리인 주소 경기도 안양시 동안구 갈산동 1403-3

    공탁자 성명 이수로   인(서명)   성명   손온유   인(서명)

---

1. 위 공탁금이 2014년 4월 20일 납입되었으므로 [별지] 안내문의 구비서류 등을 지참하시고, 우리 법원 공탁소에 출석하여 공탁금 출급청구를 할 수 있습니다.

   귀하가 공탁금 출급청구를 하거나, 공탁을 수락한다는 내용을 기재한 서면을 우리 공탁소에 제출하기 전에는 공탁자가 공탁금을 회수할 수 있습니다.

2. 공탁금 출급청구시 구비서류 등

   ※ [별지] 안내문을 참조하시기 바랍니다.

3. 공탁금은 그 출급청구권을 행사할 수 있는 때로부터 10년 내에 출급청구를 하지 않을 때에는 특별한 사유(소멸시효 중단 등)가 없는 한 소멸시효가 완성되어 국고로 귀속되게 됩니다.

4. 공탁금에 대하여 이의가 있는 경우에는 공탁금 출급청구를 할 때에 청구서에 이의유보 사유 (예컨대 "손해배상금 중의 일부로 수령함" 등)를 표시하고 공탁금을 지급받을 수 있으며, 이 경우에는 후에 다른 민사소송 등의 방법으로 권리를 주장할 수 있습니다.

5. 공탁통지서는 재발급 되지 않으므로 잘 보관하시기 바랍니다.

               2014 년   4 월   20 일 발송

        수원지방법원   안산지원   공탁관   김 해 준

          (문의전화 :   031-210-****   )

차 용 증

차용인 : 박신혜

대여인 : 이수로

 차용인은 대여인으로부터 하기(下記)와 같이 금원을 차용하고, 정해진 조건에 따라 이를 성실히 변제할 것을 확약함.

1. 금 2억 원을 정히 차용함.

2. 이자율: 월 1%

3. 변제기: 2013. 11. 10.

4. 특약사항: 상기(上記) 대여금상환채무를 담보하기 위하여 차용인 박신혜 소유의 서울특별시 강서구 등촌동 등촌아파트 120동 1302호에 채권최고액을 2억6천만 원 정으로 하는 1순위 근저당권을 설정해주기로 하고, 법무사비용 및 등기비용은 모두 차용인 박신혜가 부담하기로 함.   위 동의함.

2013. 5. 10.

차용인 박 신 혜 (770415-2039333) (인)

서울특별시 강서구 등촌동 1200

등촌아파트 12동 1302호

이수로 氏 귀하

등기사항전부증명서(현재 사항) - 집합건물

[건물] 서울특별시 강서구 등촌동 1200 등촌아파트 12동 제13층 제1302호   고유번호 ****-****-****

【 표 제 부 】		(1동의 건물의 표시)		
표시번호	접 수	소재지번, 건물명칭 및 번호	건 물 내 역	등기원인 및 기타사항
1	2009년 9월 25일	서울특별시 강서구 등촌동 1200 등촌아파트 12동 [도로명주소] 서울특별시 강서구 강서로 693, 12동	철근콘크리트조 스라브지붕 14층 아파트 지층 2563.750㎡ 1층 2587.750㎡ 2층 2587.750㎡ 3층 2587.750㎡ 4층 2587.750㎡ 5층 2587.750㎡ 6층 2587.750㎡ 7층 2587.750㎡ 8층 2587.750㎡ 9층 2587.750㎡ 10층 2587.750㎡ 11층 2587.750㎡ 12층 2587.750㎡ 13층 2587.750㎡ 14층 2587.750㎡	

(대지권의 목적인 토지의 표시)				
표시번호	소 재 지 번	지 목	면 적	등기원인 및 기타사항
1 (전2)	1. 서울특별시 강서구 등촌동 1200	대	235356.7㎡	2009년 9월 25일

【 표 제 부 】		(전유부분의 건물의 표시)		
표시번호	접 수	소재지번, 건물명칭 및 번호	건 물 내 역	등기원인 및 기타사항
1	2009년 9월 25일	제13층 제1302호	철근콘크리트조 143.75㎡	도면편철장 제1책 246장

(대지권의 표시)			
표시번호	대지권종류	대지권비율	등기원인 및 기타사항
1	1. 소유권대지권	581723.13분의 143.75	2009년 9월 25일 대지권 2009년 9월 25일 등기

【갑　　　구】				(소유권에 관한 사항)
순위번호	등 기 목 적	접　　수	등 기 원 인	권 리 자 및 기 타 사 항
1	소유권보존	2009년 9월 25일 제21063호		소유자 박신혜 770415-******* 서울 강서구 등촌동 1200 등촌아파트 12동 1302호

【을　　　구】				(소유권 이외의 권리에 관한 사항)
순위번호	등 기 목 적	접　　수	등 기 원 인	권리자 및 기타사항
1	근저당권설정	2013년 5월 10일 제16778호	2013년 5월 10일 설정계약	채권최고액 금 260,000,000원 채무자 박신혜 770415-******* 서울 강서구 등촌동 1200 등촌아파트 12동 1302호 근저당권자 이수로 681929-******* 광명시 일직동 900-2

—— 이 하 여 백 ——

수수료 금 1,000원 영수함
관할등기소 서울남부지방법원 등기과 / 발행등기소 서울남부지방법원 등기과

이 증명서는 등기기록의 내용과 틀림없음을 증명합니다.

서기 2014년 10월 07일

법원행정처 등기정보중앙관리소 전산운영책임관

* 실선으로 그어진 부분은 말소사항을 표시함.　　*등기기록에 기록된 사항이 없는 갑구 또는 을구는 생략함.

문서 하단의 바코드를 스캐너로 확인하거나 인터넷등기소(http://*****.go.kr)의 발급확인 메뉴에서 발급확인번호를 입력하여 위·변조 여부를 확인할 수 있습니다.
발급확인번호를 통한 확인은 발행일부터 3개월까지 5회에 한하여 가능합니다.

발행번호.11360011004936072010961250SLBO114951WOG295021311123　1/1　발행일 2014/10/07

입 금 증(무통장입금, 타행입금, 연동입금, 다계좌용)					신한은행
박신혜 귀하		2013년 10월 10일 (10:16)			
은행명	계좌번호	입금액	수수료	송금번호	받으시는 분
신한은행 광명사거리	34104-0380814	62,000,000	0	048052	이수로

위와 같이 입금되었습니다. 다만 타행 계좌 입금은 뒷면의 타행입금의뢰약관에 따라 처리됩니다. 감사합니다.   신한은행 등촌지점   02)2775-2000 취급직원 함진규

입 금 증(무통장입금, 타행입금, 연동입금, 다계좌용)					신한은행
박신혜 귀하		2014년 1월 10일 (12:34)			
은행명	계좌번호	입금액	수수료	송금번호	받으시는 분
신한은행 광명사거리	34104-0380814	33,000,000	0	061832	이수로

위와 같이 입금되었습니다. 다만 타행 계좌 입금은 뒷면의 타행입금의뢰약관에 따라 처리됩니다. 감사합니다.   신한은행 등촌지점   02)2775-2000 취급직원 함진규

입 금 증 (무통장입금, 타행입금, 연동입금, 다계좌용)   신한은행

박신혜 귀하   2014년 4월 20일 (10:01)

은행명	계좌번호	입금액	수수료	송금번호	받으시는 분
신한은행 광명사거리	34104-0380814	360,000,000	0	018562	이수로

위와 같이 입금되었습니다. 다만 타행 계좌 입금은 뒷면의 타행입금의뢰약관에 따라 처리됩니다. 감사합니다.   신한은행 등촌지점 02)2775-2000 취급직원 최한성

입 금 증 (무통장입금, 타행입금, 연동입금, 다계좌용)   신한은행

박신혜 귀하   2014년 6월 10일 (15:11)

은행명	계좌번호	입금액	수수료	송금번호	받으시는 분
신한은행 광명사거리	34104-0380814	46,000,000	0	023842	이수로

위와 같이 입금되었습니다. 다만 타행 계좌 입금은 뒷면의 타행입금의뢰약관에 따라 처리됩니다. 감사합니다.   신한은행 등촌지점 02)2775-2000 취급직원 최한성

소 장

원 고 　 박신혜 (770415-2039333)

서울 강서구 강서로 693, 12동 1302호 (등촌동, 등촌아파트)

소송대리인 　변호사 나목들[1]

서울 양천구 신월로 13, 303호 (정풍빌딩)

Tel. (02) 2205-3487~88, Fax. (02) 2205-3489,

e-mail. namd@namoklaw.com

피 고 　 1. 이수로 (681020-1134669)

광명시 일직로 34 (일직동)[2]

2. 손온유 (740509-2044116)

안양시 동안구 홍안대로 344 (갈산동)[3]

소유권이전등기 등 청구의 소[4]

청 구 취 지

1. 별지 목록 제1, 2항 기재 각 부동산에 관하여,

가. 피고 손온유는 소외 변정우와 피고 이수로 사이의 수원지방법원 안산지원 2013. 10. 4.자 2013카단12669호 소유권이전청구권가압류의 집행이 해제되면, 피고 이수로로부터 260,000,000원을 지급받음과 동시에 피고 이수로에게 2013. 4. 10. 매매를 원인으로 한 소유권이전등기절차를 이행하고,

나. 피고 이수로는 원고에게 2013. 8. 10. 매매를 원인으로 한 소유권이전등기절차를 이행하라.

---

1) 법무법인이 아닌 것으로 보이므로 이와 같이 적는다.
2) 피고 이수로의 주소는 우편물배달통지서와 금전공탁통지서에 나와 있다.
3) 피고 손온유의 주소는 각 가압류 및 가처분결정에 나와 있다.
4) 그 밖에 손해배상 등 청구의 소, 근저당권설정등기말소 등 청구의 소도 가능하다.

2. 피고 이수로는 원고에게 2014. 4. 21.부터 별지 목록 제1, 2항 기재 각 부동산을 인도할 때까지 월 4,400,000원의 비율에 의한 돈을 지급하라.

3. 피고 이수로는 원고로부터 80,000,000원 및 이에 대한 2014. 6. 11.부터 다 갚는 날까지 월 1%의 비율에 의한 돈을 지급받은 다음, 별지 제3항 기재 부동산에 관하여 2013. 5. 10. 접수 제16778호로 마친 근저당권설정등기의 말소등기절차를 이행하라.

4. 소송비용은 피고들이 부담한다.

5. 제2항은 가집행할 수 있다.5)

청 구 원 인

1. 이 사건 대지 및 건물에 관한 청구

가. 각 소유권이전등기청구

(1) 원고는 2013. 8. 10. 피고 이수로와 사이에 별지 목록 제1, 2항 기재 부동산(이하 '이 사건 대지 및 건물'이라 합니다)에 관하여 매매대금을 4억 원으로 한 매매계약(이하 '이 사건 제1매매'라 합니다)을 체결하면서, 계약금 4천만 원은 계약 당일, 잔금 3억 6천만 원은 2013. 12. 10.에 각 지급하기로 약정하고, 이에 따라 같은 날 피고 이수로에게 계약금 4천만 원을 지급하였습니다.

(2) 한편, 피고 이수로는 2013. 4. 10. 피고 손온유와 사이에 피고 손온유 소유의 이 사건 대지 및 건물에 관하여 매매대금을 3억 9천만 원으로 한 매매계약(이하 '이 사건 제2매매'라 합니다)을 체결하면서, 계약금 3천만 원은 계약 당일, 중도금 1억 원은 2013. 7. 10., 잔금 2억 6천만 원은 2013. 10. 10.에 각 지급하기로 약정하고, 이에 따라 피고 손온유에게 같은 날 계약금 3천만 원, 2013. 7. 10. 중도금 1억 원을 각 지급하였습니다.

(3) 그런데 소외 변정우가 2013. 10. 4. 피고 이수로를 상대로 수원지방법원 안산지원 2013카단12669호로 피고 이수로의 피고 손온유에 대한 이 사건 제2매매계약상 소유권이전청구권에 대하여 가압류결정(이하 '이 사건 가압류'라 합니다)을 받았고, 그 무렵 위 가압류결정이

---

5) 제1, 3항의 청구는 모두 의사의 진술을 명하는 청구로서 확정되어야 비로소 효력이 있으므로 가집행선고를 할 수 없다.

제3채무자 피고 손온유에게 송달되었습니다.[6]

(4) 한편, 원고는 2014. 4. 10. 피고 이수로에게 이 사건 제1매매계약상 잔금 3억6천만 원을 지급하였습니다.

(5) 그렇다면 피고 이수로는 원고에게 이 사건 제1매매계약을 원인으로 하는 소유권이전등기절차를 이행할 의무가 있고,[7] 피고 손온유는 이 사건 가압류의 집행이[8] 해제되면[9] 피고 이수로로부터 이 사건 제2매매계약상 잔금 260,000,000원을 지급받음과 동시에 피고 이수로에게 이 사건 제2매매를 원인으로 한 소유권이전등기절차를 이행할 의무가 있으며, 원고는 피고 이수로에 대한 이 사건 제1매매계약상 소유권이전청구권을 보전하기 위하여 피고 이수로를 대위하여 피고 손온유에게 이 사건 제2매매계약상 소유권이전을 청구할 수 있다 할 것입니다.

나. 손해배상청구

(1) 한편 피고 이수로는 원고가 앞서 본 바와 같이 2014. 4. 10. 이 사건 제1매매계약상 매매대금을 완납하였음에도 원고에게 이 사건 대지 및 건물을 인도하지 아니하고 있어, 원고가 이 사건 건물의 차임 상당의 손해를 입고 있습니다.

(2) 한편, 이 사건 건물의 2014년 4월경부터 10월경까지 차임은 월 4,400,000원 상당이고, 그 이후에도 같을 것으로 추정됩니다.[10]

(3) 그렇다면 피고 이수로는 원고가 이 사건 제1매매계약상 매매대금을 완납한 다음 날인[11] 2014. 4. 11.부터 원고에게 이 사건 대지 및 건물을 인도할 때까지 월 4,400,000원의 비율에 의한 손해를 배상할 의무가 있습니다.

---

6) 가압류결정은 제3채무자에게 송달되어야 효력이 발생한다.

7) 피고 이수로에 대한 소유권이전청구권을 피보전권리로 하여 피고 손온유에게 대위청구를 하는 것이므로 청구취지의 기재순서와는 반대로 피보전권리에 관한 부분, 즉 피고 이수로에 대한 청구를 먼저 적었다.

8) 가압류가 아님에 주의. 가령 해방공탁으로 소유권이전청구권에 대한 가압류 집행만 해제되어도 소유권이전에는 별 문제가 없게 된다.

9) 원고가 청구하는 금전채권이 제3자에 의하여 가압류되었다는 점은 판결절차에서는 항변사유가 되지 아니하고 집행절차에서 가압류가 없을 것이 집행조건이 되어 집행정지를 구할 수 있을 뿐이다(그러나 추심명령이 제3채무자에게 송달되면 당사자적격을 잃고, 전부명령이 확정되면 아예 채권을 잃는다). 그러나 원고가 구하는 소유권이전청구권이 제3자에 의하여 가압류된 경우 그 승소판결은 의사의 진술을 명하는 판결로 확정되면 곧바로 효력이 있고, 별도의 집행절차가 없어, 이와 같은 해결이 불가능하다. 판례는 이러한 경우 소유권이전청구권가압류의 집행이 해제될 것을 조건으로 청구를 인용하여야 한다고 한다.

10) 장래의 손해도 청구하는 취지이므로 장래의 차임액도 주장하여야 한다. 통상 현재의 차임액이 계속되리라고 추정된다.

11) 매매계약에서 인도 또는 대금지급지연으로 인한 손해배상을 구할 때에는 민법 제587조가 적용되는 결과 반대급여인 대금지급 또는 인도를 제공하였다는 것만으로는 부족하고, 실제 대금지급 또는 인도가 이루어졌다는 점을 주장, 증명하여야 한다(대판 2004다8210, 80다211).

다. 피고들의 예상되는 주장에 대한 검토

(1) 이에 대하여 피고들은 먼저, 이미 피고들이 2014. 4. 7. 이 사건 제2매매계약을 해제하기로 합의하였으므로 원고의 각 소유권이전등기청구는 이유 없다고 주장할 수 있습니다. 그러나 원고는 피고 이수로를 대위하여 2014. 3. 15. 수원지방법원 안양지원 2014카단867호로 피고 손온유 소유의 이 사건 대지 및 건물에 대하여 부동산처분금지가처분결정을 받아 같은 날 집행되었고, 그 무렵 피고들에게 통지되었습니다. 따라서 피고 이수로는 그 뒤에 이루어진 피고 손온유와 사이의 제2매매계약 합의해제로 원고에게 대항할 수 없습니다 (민법 제405조 제2항).12)

(2) 또한 피고들은 피고 손온유가 2014. 4. 20. 피고 이수로를 대리하여 이 사건 제1매매계약에 따라 원고를 피공탁자로 그 계약금의 배액인 80,000,000원을 공탁(수원지방법원 안산지원 2014년금제14083호)하고 이 사건 제1매매계약을 해제하였다고 주장할 수 있습니다. 그러나 원고는 그 전인 2014. 4. 15. 피고 이수로에게 잔금을 지급할 것임을 통지하고 2014. 4. 20. 잔금을 지급하였고, 공탁통지, 즉 해약금약정에 의한 해제의 의사표시는 그 뒤에 수령하였으므로,13) 위 주장도 이유 없습니다.

(3) 끝으로 피고들은 이 사건 대지 및 건물에 관하여 2014. 4. 20. 소외 이주호 앞으로 각 소유권이전등기가 마쳐졌고, 이로써 각 소유권이전등기는 불능이 되었다고 주장할지 모릅니다. 그러나 앞서 언급한 바와 같이 원고가 위 각 소유권이전등기 전 미리 이 사건 대지 및 건물에 관하여 피고 이수로를 대위하여 부동산처분금지가처분결정을 받아 그 집행을 마쳐두었으므로, 소외 이주호에 대한 소유권이전으로 원고에게 대항할 수 없습니다.14)

2. 이 사건 근저당권에 관한 청구

(1) 한편, 원고는 2013. 5. 10. 피고 박신혜와 사이에 원고가 피고 박신혜로부터 2억 원을 약

---

12) 채권자대위권 행사의 통지가 이루어진 뒤에는 채무자도, 제3채무자도 피대위권리를 처분하지 못한다. 다만, 이는 합의해제에 한하여 그러하고, 법정해제권까지 제한되는 것은 아니다[대판(전) 2012.5.17, 2011다87235]. 사안에서는 피고 손온유와 피고 이수로가 서로 의무의 일부를 이행하지 아니하고 있고, 소유권이전청구권 가압류가 이루어졌다 하여 이행불능이라고 단정하기는 어려우므로 여전히 피고들 사이의 상호 채무는 동시이행관계에 있어 법정해제권의 요건은 충족하지 아니한다고 보인다.

13) 해약금약정에 의한 해제(민법 제565조)가 이루어지기 위해서는 매도인은 계약금의 배액의 제공과 해제의 의사표시가, 매수인은 계약금 포기의 의사표시와 해제의 의사표시가 있어야 하고, 이는 각 도달하여야 한다. 그 전에 이행에 착수하면 해약금 약정에 의한 해제는 불가능하다. 특히 이행기 전 착수가 이행의 착수에 해당하는지에 관하여는 대판 2006.2.10, 2004다11599 참조.

14) 피고 손온유에 대하여 소유권이전등기를 명하는 판결을 받으면 등기관이 직권으로 가처분에 반하는 이주호 명의의 소유권이전등기를 말소하고 피고 이수로, 원고로의 각 소유권이전등기를 한다. 그러므로 소외 이주호에 대한 등기말소청구는 불필요하다. 나아가 사안에는 피고 손온유와 소외 이주호 사이의 매매가 무효라고 볼 만한 사정이 전혀 나타나 있지 아니하다.

정이자율 월 1%, 변제기 2013. 11. 10.로 정하여 차용하되(이하 '이 사건 대여'라 합니다), 이 사건 대여금상환채무의 담보로 원고 소유의 별지 목록 제3항 기재 부동산에 관하여 근저당권을 설정해주기로 약정하고, 이에 따라 같은 날 피고 박신혜로부터 2억 원을 지급받고 별지 목록 제3항 기재 부동산에 관하여 피고 이수로에게 서울남부지방법원 2013. 5. 10. 접수 제16778호로 채권최고액 2억6천만 원, 채무자 원고, 근저당권자 피고 이수로로 한 제1순위 근저당권설정등기를 마쳐주었습니다(이하 '이 사건 근저당권'이라 합니다).

(2) 원고는 피고 이수로에게 2013. 10. 10. 62,000,000원, 2014. 1. 10. 33,000,000원, 2014. 6. 10. 46,000,000원을 지급하였습니다. 원고가 기한의 이익을 포기하고[15] 2013. 10. 10. 지급한 62,000,000원은 변제기까지의 약정이자 12,000,000원(= 원금 200,000,000원 × 6개월 × 약정이자율 월 1%) 및 원금 중 50,000,000원에 순차 충당되었고, 2014. 1. 10. 지급한 33,000,000원은 남은 원금 150,000,000원에 대한 그때까지의 약정지연손해금 3,000,000원(= 150,000,000원 × 2개월 × 약정지연손해금율[16] 월 1%) 및 원금 중 30,000,000원에 순차 충당되었으며, 2014. 6. 10. 지급한 46,000,000원은 남은 원금 120,000,000원에 대한 그때까지의 약정지연손해금 6,000,000원(= 120,000,000원 × 5개월 × 월 1%) 및 원금 중 40,000,000원에 순차 충당되었습니다.

(3) 그렇다면 이 사건 근저당권의 피담보채무로는 대여원금 80,000,000원 및 이에 대한 위 최종 일부 변제일 다음날인 2014. 6. 11.부터 다 갚는 날까지 월 1%의 비율에 의한 돈이 남아 있을 뿐이므로, 피고 이수로는 원고로부터 위 돈을 지급받은 다음[17] 원고에게 이 사건 근저당권설정등기의 말소등기절차를 이행할 의무가 있습니다.

3. 결   론

이상과 같은 이유에서 본 청구에 이르렀사오니, 청구취지와 같은 판결을 해주시기 바랍니다.

---

15) 기한은 채무자를 위한 것으로 추정되므로 채무자는 그 이익을 포기할 수 있으나 상대방의 이익을 해하지 못한다(민법 제153조). 따라서 기한 전 변제를 한 경우에는 변제기까지의 약정이자를 보탠 뒤 변제충당을 하여야 한다.

16) 변제기가 도래하였으므로 이자가 아니라 지연손해금이다. 판례는 이자율에 관한 약정이 있고 지연손해금율에 관한 약정이 없는 경우 특별한 사정이 없는 한 이자율에 관한 약정이 지연손해금에도 적용되는 것으로 보므로(대판 2013. 4. 26, 2011다50509), 그것이 그대로 약정지연손해금율이 된다.

17) 담보말소는 피담보채무를 변제한 뒤에 구할 수 있다. 즉, 피담보채무가 선이행채무이다.

입 증 방 법

(생 략)

첨 부 서 류

(생 략)

2014. 12. 31.

원고의 소송대리인 변호사 나목들

수원지방법원 안산지원 귀중[18]

---

18) 관할법원으로는 피고들의 보통재판적(민사소송법 제2조, 제3조)인 수원지방법원 안산지원, 수원지방법원 안양지원 (어느 쪽도 무방하다, 민사소송법 제25조), 부동산 소재지 법원(민사소송법 제20조)인 수원지방법원 안양지원, 금전채 권의 의무이행지(민법 제467조 제2항)인 원고 주소지 법원(민사소송법 제8조)인 서울남부지방법원이 가능하다.

[별지]

목 록

1. 안양시 동안구 갈산동 1403 대 530㎡
   [도로명주소: 안양시 동안구 흥안대로 344][19]

2. 위 지상 철골조 샌드위치패널지붕 2층 근린생활시설
   1층 370㎡
   2층 340.5㎡.

3. 서울 강서구 등촌동 1200 등촌아파트 12동 제13층 제1302호
   [1동의 건물의 표시]
   소재지번, 건물명칭 및 번호: 서울 강서구 등촌동 1200 등촌아파트 12동
   　　　　　　　　　　　　　　[도로명주소: 서울 강서구 강서로 493, 12동]
   건물내역: 철근콘크리트조 스라브지붕 14층 아파트 지층 2563.750㎡,
   　　　　　1층 내지 14층각 2587.750㎡
   [대지권의 목적인 토지의 표시]
   서울 강서구 등촌동 1200 대 235356.7㎡
   [전유부분의 건물의 표시]
   제13층 제1302호 철근콘크리트조 143.75㎡
   [대지권의 표시]
   대지권의 종류: 소유권대지권
   대지권비율: 581723.13분의 143.75

   　　　　　　　　　　　　　　　　　　　　　　　　　　　　　끝.

---

19) 지번 주소를 앞에 적고 도로명 주소를 대괄호 안에 병기한다.

기록형 문제

제3회

[문제]

귀하는 청주시 산남동에 있는 '법무법인 개신'이란 이름의 로펌 소속변호사 '정대한'이다. 귀하는 2014. 10. 2. 법무법인을 방문한 '이한국'과 [의뢰인 상담일지]에 기재된 내용과 같은 상담을 하고 그로부터 [첨부서류]를 자료로 수령하였다. 이한국은 위 사건을 위 법무법인에 의뢰하였고 담당변호사로 귀하를 지정하길 원한다. 귀하가 담당변호사로서 의뢰인을 위하여 법원에 제출할 소장을 아래와 같은 작성요령에 따라 작성하라. (175점)

[작성요령]

1. 소장 작성일 및 소 제기일은 2014. 10. 15.이다.
2. 의뢰인의 의사와 요구에 최대한 부합하는 내용으로 소장을 작성하되, 법령 및 판례에 따라 일부라도 패소하는 부분이 생기지 않도록 하라.
3. 상담 결과 청취된 사실관계는 모두 진실한 것으로 간주하고, 첨부서류의 진정성립에 의심할 만한 사유는 없는 것으로 간주하며, 사실관계는 본 기록에 나타나 있는 것으로 한정하라.
4. 공동소송의 요건은 충족한 것으로 전제하라.
5. 예비적, 선택적 청구는 하지 않는다.
6. 부동산 또는 동산의 표시가 필요한 경우 별지 목록을 만들지 말고 소장의 해당 부분에 직접 표기하라.
7. 청구원인은 주요사실이 분명히 드러나도록 기재하고, 주요사실의 증명과 무관한 간접사실은 기재하지 않는다. 다만, 기록상 상대방이 소송 중 제기할 것으로 예상되는 주장 중 이유가 없다고 판단되는 부분은 소장에 적절히 반박하라.
8. 소장의 형식에 맞게 소장을 작성하라.

[참고자료1]

이자제한법 제2조 제1항의 최고이자율에 관한 규정

「이자제한법」 제2조제1항에 따른 금전대차에 관한 계약상의 최고이자율은
연 30퍼센트로 한다.

부칙 <제20118호, 2007.6.28>
이 영은 2007년 6월 30일부터 시행한다.

「이자제한법」 제2조제1항에 따른 금전대차에 관한 계약상의 최고이자율은
연 25퍼센트로 한다. <개정 2014.6.11>

부칙 <제25376호,2014.6.11>
제1조(시행일) 이 영은 2014년 7월 15일부터 시행한다.
제2조(적용례) 이 영은 이 영 시행 후 최초로 계약을 체결하거나 갱신하는
분부터 적용한다

[참고자료2]
* 2014.7.1. 시행된 충청북도 청주시 설치 및 지원특례에 관한 법률에 따라
충청북도의 청주시와 청원군을 각각 폐지하고 폐지된 충청북도 청주시 일
원과 청원군 일원에 충청북도 청주시를 설치하였다.
* 통합청주시에 흥덕구, 서원구, 청원구, 상당구를 두었다.
* 통합청주시 출범에 따라 기존의 청주시에 있던 상당구, 흥덕구와 청원군이
폐지되고 위 4개의 구를 설치하였다.

[참고자료3]

각급 법원의 설치와 관할구역에 관한 법률 (일부)

제4조(관할구역) 각급 법원의 관할구역은 다음 각 호의 구분에 따라 정한다. 다만, 지방법원 또는 그 지원의 관할구역에서 시·군법원을 둔 경우 「법원조직법」 제34조 제1항 제1호 및 제2호의 사건에 관하여는 지방법원 또는 그 지원의 관할구역에서 해당 시·군법원의 관할구역을 제외한다.

1. 각 고등법원·지방법원과 그 지원의 관할구역 : 별표 3
2. 특허법원의 관할구역 : 별표 4
3. 각 가정법원과 그 지원의 관할구역 : 별표 5
4. 행정법원의 관할구역 : 별표 6
5. 각 시·군법원의 관할구역 : 별표 7
6. 항소사건(抗訴事件) 또는 항고사건(抗告事件)을 심판하는 지방법원 본원 합의부 및 지방법원 지원 합의부의 관할구역 : 별표 8
7. 행정사건을 심판하는 춘천지방법원 및 춘천지방법원 강릉지원의 관할구역 : 별표 9

[별표 3]

고등법원·지방법원과 그 지원의 관할구역

고등법원	지방법원	지원	관 할 구 역
서울	서울중앙		서울특별시 종로구·중구·강남구·서초구·관악구·동작구
	서울동부		서울특별시 성동구·광진구·강동구·송파구
	서울남부		서울특별시 영등포구·강서구·양천구·구로구·금천구
	서울북부		서울특별시 동대문구·중랑구·성북구·도봉구·강북구·노원구

	서울 서부		서울특별시 서대문구·마포구·은평구·용산구
	의정부		의정부시·동두천시·양주시·연천군·포천시, 강원도 철원군. 다만, 소년보호사건은 앞의 시·군 외에 고양시·파주시·남양주시·구리시·가평군
		고 양	고양시·파주시
		남 양 주	남양주시·구리시·가평군
	인 천		인천광역시
		부 천	부천시·김포시
	수 원		수원시·오산시·용인시·화성시. 다만, 소년보호사건은 앞의 시 외에 성남시·하남시·평택시·이천시·안산시·광명시·시흥시·안성시·광주시·안양시·과천시·의왕시·군포시·여주시·양평군
		성 남	성남시·하남시·광주시
		여 주	이천시·여주시·양평군
		평 택	평택시·안성시
		안 산	안산시·광명시·시흥시
		안 양	안양시·과천시·의왕시·군포시
	춘 천		춘천시·화천군·양구군·인제군·홍천군. 다만, 소년보호사건은 철원군을 제외한 강원도
		강 릉	강릉시·동해시·삼척시
		원 주	원주시·횡성군
		속 초	속초시·양양군·고성군
		영 월	태백시·영월군·정선군·평창군
대 전	대 전		대전광역시·세종특별자치시·금산군
		홍 성	보령시·홍성군·예산군·서천군
		공 주	공주시·청양군
		논 산	논산시·계룡시·부여군
		서 산	서산시·태안군·당진시
		천 안	천안시·아산시
	청 주		청주시·진천군·보은군·괴산군·증평군. 다만, 소년보호사건은 충청북도
		충 주	충주시·음성군
		제 천	제천시·단양군
		영 동	영동군·옥천군

대 구	대 구		대구광역시 중구·동구·남구·북구·수성구·영천시·경산시·칠곡군·청도군
		서 부	대구광역시 서구·달서구·달성군, 성주군·고령군
		안 동	안동시·영주시·봉화군
		경 주	경주시
		포 항	포항시·울릉군
		김 천	김천시·구미시
		상 주	상주시·문경시·예천군
		의 성	의성군·군위군·청송군
		영 덕	영덕군·영양군·울진군
부 산	부 산		부산광역시 중구·동구·영도구·부산진구·동래구·연제구·금정구
		동 부	부산광역시 해운대구·남구·수영구·기장군
		서 부	부산광역시 서구·북구·사상구·사하구·강서구
	울 산		울산광역시·양산시
	창 원		창원시 의창구·성산구·진해구, 김해시. 다만, 소년보호사건은 양산시를 제외한 경상남도
		마 산	창원시 마산합포구·마산회원구, 함안군·의령군
		통 영	통영시·거제시·고성군
		밀 양	밀양시·창녕군
		거 창	거창군·함양군·합천군
		진 주	진주시·사천시·남해군·하동군·산청군
광 주	광 주		광주광역시·나주시·화순군·장성군·담양군·곡성군·영광군
		목 포	목포시·무안군·신안군·함평군·영암군
		장 흥	장흥군·강진군
		순 천	순천시·여수시·광양시·구례군·고흥군·보성군
		해 남	해남군·완도군·진도군
	전 주		전주시·김제시·완주군·임실군·진안군·무주군. 다만, 소

		년보호사건은 전라북도
	군 산	군산시 · 익산시
	정 읍	정읍시 · 부안군 · 고창군
	남 원	남원시 · 장수군 · 순창군
제 주		제주시 · 서귀포시

의뢰인 상담일지

법무법인 개신

청주시 서원구 두꺼비로 234, 304호(산남동)

전화: 043-245-1234 팩스: 043-245-1244 전자우편: jslaw@gmail.com

접수번호	2014-152	상담일시	2014. 10. 2. 11:00
상 담 인	이 한 국	내방경위	지인 소개, 소제기 의뢰
관할법원		사건번호 (법원, 검찰)	

<의뢰인 요구사항>

이한국은 지금까지 여러 사람과 몇 가지 분쟁들이 있었으나 여태껏 해결한 것이 없다. 좋은 로펌에 사건을 의뢰했고 유능한 정대한 변호사가 담당변호사로 지정되었으니 가능하다면 '1개의 소송'을 통하여 모든 분쟁을 일괄 해결하고 싶다며, 이한국의 조카인 이수원은 너무 괘씸하여 반드시 피고로 지정해 달라고 요구함.

<상담내용>

1. 이한국은 청주시 개신동에서 출판업을 하는 자인데, 2008. 7. 말경 거래처인 인쇄업자 신현에게 사업자금 1억 원을 빌려주면서 1년 후 변제받기로 하였다. 한편 돈을 빌려줄 당시 신현의 지인 우진현이 연대보증인이 되었다. 신현은 대여원금은 물론 이자도 전혀 변제하지 않았다.

이한국은 수차례 신현에게 빌려간 돈을 갚으라고 독촉했지만, 신현은 묵묵부답이었다.

2. 이에 이한국은 보증인 우진현의 집(확인결과 우진현은 2013.12. 경 교통사고로 사망했고, 집에는 노모, 처, 외아들이 거주하며, 망 우진현에게는 재산이 많아서 상속인들이 상속포기를 할리는 없다)을 직접 찾아가 우진현의 가족에게 그 간의 사정을 설명하고 신현 대신 돈을 갚으라 했더니, 그로부터 며칠 후 위 우진현의 처 오현경은 내용증명을 보내와 연대보증채무를 이행할 수 없다는 취지의 주장을 했다.

3. 이한국은 위 신현에 대한 대여금채권을 확보하기 위해 얼마 전부터 신현의 재산을 수소문해 본 결과, 신현이 자신의 유일한 재산인 청주시 용정동 땅을 친구 사이인 이현룡에게 매각한 사실을 알게 되었다.

4. 이에 이한국은 이현룡에게 위 용정동 땅 등기를 조속히 원소유자이자 채무자인 신현에게 돌려놓으라는 통보를 보냈다. 이현룡은 선의로 토지를 정당히 당시 시세로 매수한 것이고 매수 후 위 토지가 담보하고 있던 신현의 채무를 대위변제까지 해 주었으므로, 그 어떤 요구도 응할 수 없다는 취지로 답변하였다.

5. 이한국은 2006경 낙찰 받은 청주시 개신동 땅이 있었는데, 주식투자에 빠진 조카 이수원이 이한국 모르게 이한국의 인감도장을 도용해서 위 땅의 소유권을 본인명의로 이전한 후 곧바로 정몽룡에게 매각하여 등기를 넘겨주었다.

6. 등기부를 보면, 위 개신동 땅을 이수원으로부터 매수한 정몽룡은 얼마 뒤에 위 땅에 관한 근저당권을 이복자에게 설정해 주었고, 이복자는 그로부터 약 1년이 지나 위 근저당권을 금천새마을금고에게 양도하였다.

7. 이한국은 2013. 초순경 위 사정을 알고는 조카인 이수원을 형사고소 하여 이수원은 사문서위조 등으로 처벌을 받았다.

8. 한편 위 개신동 땅의 점유는 2006.경 낙찰 이후 이한국이 계속 점유하고 있기 때문에 토지인도를 구할 필요는 없는 상태이며, 이한국은 잘못된 등기들만 바로잡아 원래의 상태로 소유권이 회복되기를 원하고 있다.

9. 위 개신동 땅 위에는 2층 건물이 하나 있는데, 이 역시 이한국이 2006.경

위 땅과 함께 낙찰 받은 것이다.

10. 그 후로 이한국은 위 건물 중 2층은 사무실로 사용하고 있으며, 1층 부분은 자신이 보험업 사무실로 사용하다가 2012. 초순경 최수영으로부터 보증금을 받고 2년 기간으로 임대해 주었다.

11. 이후 임차인 최수영은 건물 1층 내부시설 공사를 마친 다음 오리고기식당을 운영해 왔다. 그런데 최수영은 2013. 봄경 발생한 조류독감으로 식당운영이 잘 되지 않자 같은 해 여름 무렵부터 월차임을 내지 않고 있다.

12. 이에 이한국은 2013. 말경 최수영에게 임대차계약을 해지하겠다며 하루빨리 건물 1층을 인도 할 것을 통보했더니, 최수영은 이런저런 이유를 대며 건물인도에 응하지 않겠다고 답변하였다.

13. 한편 이한국이 최근 업자에게 확인했더니, 최수영이 건물 1층 내부를 변경한 부분의 철거 및 복구비용이 꽤 들어갈 것으로 보인다.

주 민 등 록 표
(등   본)

충청북도 청주시장

세대주 성명(한자)	이 한 국 (李 韓 國)	세대구성 사유 및 일자	전입 1989.03.14

번호	주 소	전입일 변 동	변 동 일 사 유
현주소	충청북도 청주시 청원구 충청대로 991, 201동 501호 (율량동)	------	2011.10.31. 도로명주소

== 공 란 ==

번호	세대주 관계	성 명(한자) 주민등록번호	전 입 일	변 동 일	변동사유
1	본인	이 한 국 (李 韓 國) 680501-1072114			
2	처	김 희 순 (金 嬉 淳) 670109-2136322	1998.04.19	1998.04.19	전입
3	자	이 정 호 (李 晶 鎬) 920827-1031128		1992.08.27	출생등록
4	자	이 효 진 950617-2031321		1995.06.17	출생등록

== 이 하 여 백 ==

충청북도 청주시장 | 청 주 시
장 의 인

도로명주소 검색 결과 (8건)

	도 로 명 주 소	지 번
1	충청북도 청주시 상당구 호미로 201번길, 108동 303호(용정동)	충청북도 청주시 상당구 용정동 885 대지아파트 108동 303호
2	충청북도 청주시 서원구 내수동로 18번길, 201동 201호(개신동)	충청북도 청주시 서원구 개신동 71-11 호암아파트 201동 201호
3	충청북도 청주시 흥덕구 봉명로 249, 302동 203호(봉명동)	충청북도 청주시 흥덕구 봉명동 621-23 봉명주공아파트 302동 203호
4	충창북도 청주시 청원구 직지대로 107, 106동 808호(우암동)	충청북도 청주시 청원구 우암동 321 우암아파트 106동 808호
5	충청북도 청주시 상당구 새빛로 267(금천동)	충청북도 청주시 상당구 금천동 823-2
6	충청북도 청주시 흥덕구 봉명로 357, 203호(봉명동)	충청북도 청주시 흥덕구 봉명동 63-13 봉명연립 203호
7	충청북도 청주시 상당구 중고개로 241, 202동 303호(영운동)	충청북도 청주시 상당구 영운동 124 호반아파트 202동 303호
8	충청북도 청주시 청원구 청풍대로 1761(오창읍)	충청북도 청주시 청원구 오창읍 장대리 123

차용증

대여자 : 이 한 국 (1968.5.1.생)

　　　　청주시 상당구 율량동 1721 산호아파트 201동 501호

차용인 : 신 현 (1971.2.11.생)

　　　　청주시 상당구 용정동 885 대지아파트 108동 303호

금　액 : 일금 1억 원

이　자 : 월 3% (이자는 매달 말일 지급)

변제일 : 2009. 7. 30.

- 차용인은 오늘 자로 대여자로부터 위와 같이 차용하기로 하고 위 돈을 지급받았
　으므로 앞으로 확실히 변제해 나가겠습니다.

- 연대보증인은 위 채무의 지급을 연대보증합니다.

2008. 7. 31.

차용인 신 현 ㉞

연대보증인 우진현 ㉞

생년월일 : 1970년 6월 6일

주소 : 청주시 흥덕구 개신동 71-11 호암아파트 201동 201호

채 권 자 이한국 귀하

독촉장

수신인 : 신 현

　　　　청주시 상당구 용정동 885 대지아파트 108동 303호

1. 본 통고인은 거래처인 귀하가 인쇄업 사업자금이 부족하다고 하여 2008. 7. 31.
   귀하에게 금 1억 원을 대여한 바 있습니다.

2. 그럼에도 본 통고인은 현재까지 원금은 물론 약속한 이자를 한 푼도 받지 못했
   습니다.

3. 이에 통고인은 본 내용증명을 통해 귀하에게 조속한 변제를 독촉하는 바, 만일
   상당한 기간 내 변제를 하지 않을 경우 민,형사상 법적 조치를 취해 나갈 것이라
   는 점을 양지하시기 바랍니다.

　　　　　　　　　　　　　　2014.　 7.　 7.

통고인 : 이한국　(이한국인)

　　　　청주시 상당구 율량동 1721 산호아파트 201동 501호

청주우체국
2014. 7. 7.
14 - 12340

이 우편물은 2014년 7월 7일 등기 제12340호에
의하여 내용증명 우편물로 발송하였음을 증명함

　　　　청주우체국장　(청주우체국장의인인)

우 편 물 배 달 증 명 서

수취인의 주거 및 성명

청주시 상당구 호미로 201번길, 108동 303호(용정동)
신 현

접수국명	청주	접수연월일	2014년 7월 7일
접수번호	제12340호	배달연월일	2014년 7월 9일

적 요
본인 수령
　　　　신 현 (신현)

2014. 7. 11

청주우체국장　　(청주우체국장의인인)

답변서

수신인 : 이한국

      청주시 상당구 율량동 1721 산호아파트 201동 501호

1. 먼저, 귀하로부터 빌린 돈을 제때에 갚지 못했던 점은 유감스럽게 생각합니다.

2. 하지만 그 때로부터 너무 많은 시간이 흘렀습니다. 귀하도 평소 법에 대해서는 일가견이 있다고 말씀해 오셨으므로 "권리 위에서 잠자는 자는 보호받을 수 없다"는 법언을 충분히 이해하실 것이며, 귀하의 채권은 이미 소멸하였습니다.

3. 즉, 귀하의 대여금채권은 상사시효 5년이 적용된다고 본인은 유능한 법무사에게 들었는바, 현재 각각의 변제일로부터 5년도 넘는 기간이 이미 지난 상태이므로, 귀하는 이제 본인에게 권리 주장을 하실 수 없습니다.

4. 이 점 양지하시기 바라며, 불필요한 내용증명은 그만 보내시기를 부탁드립니다.

2014. 8. 9.

발신인 : 신현

      청주시 상당구 용정동 885 대지아파트 108동 303호

청주우체국

2014. 8. 9.

14 - 18230

이 우편물은 2014년 8월 9일 등기 제18230호에 의하여 내용증명 우편물로 발송하였음을 증명함

      청주우체국장

청주우체국장의인인

경고장

수신인 : 이한국

       청주시 상당구 율량동 1721 산호아파트 201동 501호

1. 우선, 2013.12.18. 발생한 교통사고로 인해 가장을 잃음으로써 가족 모두가 슬픔에 잠겨 있는데, 귀하는 저희 집을 며칠 전 예고도 없이 찾아와서 어린 아들이 보는 앞에서 본인에게 남편의 보증빚을 갚으라고 큰 소리를 쳤는바, 다시 그런 불상사가 재발된다면 본인은 형사고소도 불사할 것임을 엄중히 경고 드립니다.

2. 본론으로 들어가 그날의 귀하의 말씀이 다 진실이라도, 본인이 법률사무소에 다니는 조카에게 문의를 해 본 결과, 본인이나 우진현의 상속인들은 보증빚을 갚아야 할 이유가 없다는 사실을 확인하였기에, 본 내용증명을 보내는 것입니다.

3. 즉, 귀하가 주채무자인 신현에게 언제 어떤 독촉장을 보내고 또 그로부터 어떤 답변을 들었는지는 자세히 알 길은 없으나, 그러한 신현에 대한 조치는 보증인인 우진현 측에게 아무런 효력이 없는 것이므로, 결국 보증인인 우진현의 상속인들의 보증채무는 법이 정한 소멸시효가 이미 도과되었습니다.

4. 따라서 귀하는 우진현의 상속인들에게 법적으로 그 어떤 권리주장도 하실 수 없는 상태이므로, 다시는 절대 연락을 하거나 방문을 하지 말아주시기 바랍니다.

2014. 8. 20.

발신인 : 오현경

       청주시 흥덕구 개신동 71-11 호암아파트 201동 201호

서청주우체국 2014. 8. 20. 14 - 19456	이 우편물은 2014년 8월 20일 등기 제19456호에 의하여 내용증명 우편물로 발송하였음을 증명함 서청주우체국장 서청주 우체국 장의인

가	족

가 족 관 계 증 명 서

등록기준지	전주시 완산구 완산대로 207번길 1612(효자동)

구분	성명	출생연월일	주민등록번호	성별	본
본인	우진현(禹眞賢) 사망	1970년 06월 06일	700606-1678901	남	

가족사항

구분	성명	출생연월일	주민등록번호	성별	본
부	우태진 사망	1942년 04월 12일	420412-1345678	남	
모	현숙희	1945년 07월 19일	450719-2789012	여	
배우자	오현경(吳賢慶)	1972년 12월 06일	721206 - 2345678	여	
자녀	우수영(禹秀永)	2008년 7월 6일	080706-3456789	남	

위 가족관계증명서는 가족관계등록부의 기록사항과 틀림없음을 증명합니다.

2014년 9월 5일

전 주 시 장   전주시
장의인
민원용

등기사항전부증명서(말소사항 포함) - 토지

【토지】 충청북도 청주시 상당구 용정동 77-7　　　　고유번호 1213-1034-42358

[표 제 부] (토지의 표시)

표시번호	접 수	소재지번	지 목	면 적	등기원인 및 기타사항
1 (전2)	1983년6월2일	충청북도 청주시 상당구 용정동 77-7	대	150m²	부동산등기법시행규칙부칙 제3조 제1항의 규정에 의하여 2001년 7월14일 전산이기

[갑 구] (소유권에 관한 사항)

순위번호	등기목적	접 수	등기원인	권리자 및 기타사항
1 (전5)	소유권이전	1999년7월20일 제5793호	1999년7월19일 매매	소유자 신현 710211-******* 청주시 상당구 용정동 885 대지아파트 108동 303호
				부동산등기법시행규칙부칙 제3조 제1항의 규정에 의하여 2001년7월14일 전산이기
2	소유권이전	2013년8월23일 제13579호	2013년8월22일 매매	소유자 이현룡 670123-******* 청주시 흥덕구 봉명동 621-23 봉명주공아파트 302동 203호 매매가액 금 200,000,000원

[을 구] (소유권 이외의 권리에 관한 사항)

순위번호	등기목적	접 수	등기원인	권리자 및 기타사항
~~1~~	~~근저당권설정~~	~~2010년7월20일 제11211호~~	~~2010년7월18일 설정계약~~	~~채권최고액 금140,000,000원~~ ~~채무자 신현~~ ~~청주시 상당구 용정동 885 대지아파트 108동 303호~~ ~~근저당권자 금천새마을금고~~ ~~청주시 상당구 금천동 823-2~~
2	1번 근저당권 설정등기말소	2013년9월15일 제17239호	2013년9월13일 확정채권 변제	

- 이 하 여 백-

수수료 금 1,000원 영수함 관할등기소 청주지방법원 동청주등기소/ 발행등기소 청주지방법원 동청주등기소

이 증명서는 등기기록의 내용과 틀림없음을 증명합니다.
서기 2014년 10월 03일
법원행정처 등기정보중앙관리소 전산운영책임관

* 실선으로 그어진 부분은 말소사항을 표시함.　　* 등기기록에 기록된 사항이 없는 갑구 또는 을구는 생략함

문서 하단의 바코드를 스캐너로 확인하거나, 인터넷등기소(http://****.go.kr)의 발급확인 메뉴에서 발급 확인번호를 입력하여 위·변조 여부를 확인할 수 있습니다. 발급확인번호를 통한 확인은 발행일로부터 3개월까지 5회에 한하여 가능합니다.

발행번호
1136001100219107201096I250SLBO114951WOG295021311124

1/1　　발행일 2014/10/03

대 법 원

등기환원 이행최고

수신인 : 이현룡 (1967년 1월 23일생)

      청주시 흥덕구 봉명동 621-23 봉명주공아파트 302동 203호

1. 본인은 청주시 상당구 용정동 77-7번지 땅의 소유자였던 신현에게 2008.경 1억 원을 빌려주고도 돈을 받지 못한 신현의 채권자입니다.

2. 본인은 신현에 대한 채권을 회수하기 위해 최근에 신현의 재산을 확인해 본 결과, 신현에게 위 용정동 땅이 유일한 재산이라는 것을 알게 되었고 또한 얼마 전 신현과는 절친관계인 귀하가 신현으로부터 위 땅의 등기를 이전받은 것도 알게 되었습니다.

3. 법을 아는 분에게 물어보시면 아시겠지만, 신현의 위 용정동 땅 매각행위는 본인과 같은 채권자들을 해하는 행위에 해당되므로, 귀하는 위 땅을 신현에게 환원해야 합니다.

4. 바라건대, 조속히 소유등기를 신현에게 돌려놓으시길 바라며 이 때문에 귀하를 상대로 소송까지 가는 불상사가 없기를 바랍니다.

2014.   8.   18.

발신인 : 이한국 ㉐

      청주시 상당구 율량동 1721 산호아파트 201동 501호

이 우편물은 2014년 8월 18일 등기 제18246호에 의하여 내용증명 우편물로 발송하였음을 증명함

청주우체국장 ㉐

청주우체국

2014. 8. 18.

14 - 18246

최고서에 대한 회신

수신인 : 이한국

      청주시 상당구 율량동 1721 산호아파트 201동 501호

1. 귀하의 2014. 8. 18.자 내용증명에 대한 답변입니다.

2. 귀하는 본인과 신현과의 2013. 8.경 용정동 77-7번지 땅의 매매행위가 잘못된 것이라고 운운하시는데 본인은 아래와 같은 이유로 귀하의 요구에 응할 생각이 전혀 없으니, 제대로 법을 아는 사람에게 다시 꼭 좀 확인하시어 선의로 매수한 생사람을 잡는데 시간낭비 하지 마시기 바랍니다.

3. 본인은 2013. 신현으로부터 용정동 땅을 매수할 때 정한 매매대금은 2억 원으로, 이는 당시 시세이며 그 시세에서 한 푼도 깎지 않았습니다. 따라서 위 매매행위는 잘못된 행위가 아닙니다.

4. 더구나 신현에게 물어보니, 귀하는 신현에 대한 채권을 담보하기 위하여 재산이 넉넉한 연대보증인까지 만들었다고 들었는바, 충분한 자력이 있는 연대보증인까지 있는 채권임에도 불구하고 본인이 적법하게 매수한 땅을 내놓으라고 하는 것은 천부당만부당한 말씀입니다.

5. 무엇보다 본인은 신현으로부터 용정동 땅을 매수한 이후 위 땅에 설정되어 있던 금천새마을금고의 근저당권을 말소시키면서 신현의 피담보채무 1억2,000만 원을 모두 위 금고에 대위변제해 줌으로써 신현에 대해 1억2000만원의 채권을 갖고 있는 사람입니다. 그런 본인에게 신현의 채권자에 대한 잘못된 행위를 했으니 등기를 원상대로 환원해 주라니, 이렇게 상식에 어긋나는 요구가 세상천지 어디에 있습니까?

2014.

이 우편물은 2014년 8월 24일 등기 제20000호에 의하여 내용증명 우편물로 발송하였음을 증명함

서청주우체국장

서청주
우체국
장의인

발신인 : 이현룡 (이현룡인)

서청주우체국
2014. 8. 24.
14 - 20000

대위변제확인서

당 금고는 채무자 신현(생년월일: 1971.2.11.생)에 대하여 2010. 7. 18. 청주시 상당구 용정동 77-7 대 150m²를 담보로 1억 원을 대출한 바 있는데, 2013. 9. 13.현재 기준 위 신현의 대출원리금 채무 1억2,000만 원을 이현룡으로부터 전액 변제받았음을 확인합니다.

2014. 9. 13.

금천새마을금고

청주시 상당구 금천동 823-2

대표자 이사장 민진수　금천새마을금고이사장의인

한국감정원 - ISO 0001 인증

감 정 평 가 서

물 건 명	청주시 상당구 용정동 77-7 대 150㎡
감정평가서 번 호	한국부감-123-987

알리는 말씀

본 감정평가서는 감정의뢰 목적 이외에 사용하거나 타인(감정의뢰인 또는 담보감정시 확인 은행 이외의 자)이 사용할 수 없을 뿐 아니라 복사, 개작, 전재할 수 없으며 한국감정원은 이로 인한 결과에 대하여 책임을 지지 아니합니다.

한 국 감 정 원
KOREA APPRAISAL BOARD

부동산 평가부 TEL.(02)2189-0000
FAX.(02)562-0000
http://www.korea.co.kr

부 동 산 평 가 표
APPRAISAL STATEMENT

본 감정평가서는 40년 전통의 출자 감정평가 전문기관인 한국감정원에서 「부동산 가격공시 및 감정평가에 관한 법률」 등 관련법규에 따라 성실·공정하게 작성하였습니다.

평가가액	가격시점	가 액	
	2013. 8. 22	₩200,000,000	
	2014. 8. 4.	₩210,000,000	

평가의뢰인	이한국	평가목적	
채무자		제출처 (채권기관)	이한국
평가조건	가격시점 당시를 기준함		

목록표시 근거	등기사항전부증명서	가격시점	조사기관	작성일자
		2013. 8. 22. 2014. 8. 4.		2014. 8. 8.

평가내용	종 별	면적 또는 수량	단가		평가가액
			가격시점	가액	
	토지 (청주시 상당구 용정동 77-7 대지)	150㎡	2013. 8. 22.	1,333,333원/㎡	200,000,000원
	같은 토지	150㎡	2014. 8. 4.	1,400,000원/㎡	210,000,000원
			이 하 여 백		

위 평가결과는 평가 가격시점을 기준으로 하여 전후 4월 이내 시점의 가격으로도 활용할 수 있습니다.

조사자	장 기 원	감정평가사	안 영 희
장기원		안영희	

등기사항전부증명서(말소사항 포함) - 토지

[토지] 청주시 서원구 개신동 522　　　　　고유번호 1213-1004-45678

[표 제 부] (토지의 표시)

표시번호	접 수	소재지번	지 목	면 적	등기원인 및 기타사항
1 (전3)	1999년6월2일	청주시 흥덕구 개신동 522	대	180㎡	부동산등기법시행규칙부칙 제3조 제1항의 규정에 의하여 2001년 7월14일 전산이기

[갑 구] (소유권에 관한 사항)

순위번호	등기목적	접수	등기원인	권리자 및 기타사항
1 (전1)	소유권보존	1970년4월30일 제2846호		소유자 이성민 560412-******* 의정부시 용현동 60-8 용현연립주택 201호
				부동산등기법시행규칙부칙 제3조 제1항의 규정에 의하여 2001년7월14일 전산이기
2	~~임의경매 개시결정~~	~~2006년1월20일 제474호~~	~~2006년1월19일 청주지방법원의 임의경매개시결정 (2006타경123)~~	~~채권자 주식회사 인민은행 서울시 마포구 공덕동 41~~
3	소유권이전	2006년11월18일 제6789호	2006년11월10일 임의경매로 인한 매각	소유자 이한국 680501-******* 청주시 상당구 율량동 1721 산호아파트 201동 501호
4	2번임의경매 개시결정 등기말소	2006년11월18일 제6789호	2006년11월10일 임의경매로 인한 매각	
5	소유권이전	2012년9월21일 제13213호	2012년9월20일 매매	소유자 이수원 831206-******* 청주시 사당구 우암동 321 우암아파트 106동 808호 매매가액 금 450,000,000원
6	소유권이전	2012년10월4일 제21321호	2012년10월2일 매매	소유자 정몽룡 740511-******* 청주시 흥덕구 봉명동 63-13 봉명연립 203호 매매가액 금 500,000,000원

* 실선으로 그어진 부분은 말소사항을 표시함.　　* 등기기록에 기록된 사항이 없는 갑구 또는 을구는 생략함

문서 하단의 바코드를 스캐너로 확인하거나, 인터넷등기소(http://****.go.kr)의 발급확인 메뉴에서 발급 확인번호를 입력하여 위·변조 여부를 확인할 수 있습니다. 발급확인번호를 통한 확인은 발행일로부터 3개월까지 5회에 한하여 가능합니다.

발행번호 11360011002191072010961250SLBO114951WOG295021311124　　　1/2　　　발행일 2014/10/03

대 법 원

[을 구] (소유권 이외의 권리에 관한 사항)

순위번호	등기목적	접수	등기원인	권리자 및 기타사항
1	근저당권설정	2002년7월20일 제5793호	2002년7월18일 설정계약	채권최고액 금300,000,000원 채무자 이성만 의정부시 용현동 60-8 용현연립주택 201호 근저당권자 주식회사 인민은행 서울시 마포구 공덕동 41 공동담보 건물 청주시 흥덕구 개신동 522
2	1번 근저당권 설정등기말소	2006년11월18일 제6789호	2006년11월10일 임의경매로 인한 매각	
3	근저당권설정	2012년11월25일 제25181호	2012년11월23일 설정계약	채권최고액 금320,000,000원 채무자 정몽룡 청주시 흥덕구 봉명동 63-13 봉명연립 203호 근저당권자 이복자 640315-******* 충북 청원군 오창읍 장대리 123
3-1	3번 근저당권 이전	2013년11월16일 제28127호	2013년11월13일 확정채권양도	근저당권자 금천새마을금고 청주시 상당구 금천동 823-2

- 이 하 여 백-

수수료 금 1,000원 영수함 관할등기소 청주지방법원 등기과/ 발행등기소 청주지방법원 등기과

이 증명서는 등기기록의 내용과 틀림없음을 증명합니다.
서기 2014년 10월 03일
법원행정처 등기정보중앙관리소 전산운영책임관

등기정보
중앙관리
소전산운
영책임관

* 실선으로 그어진 부분은 말소사항을 표시함.   * 등기기록에 기록된 사항이 없는 갑구 또는 을구는 생략함

문서 하단의 바코드를 스캐너로 확인하거나, 인터넷등기소(http://****.go.kr)의 발급확인 메뉴에서 발급 확인번호를 입력하여 위·변조 여부를 확인할 수 있습니다. 발급확인번호를 통한 확인은 발행일로부터 3개월까지 5회에 한하여 가능합니다.

발행번호 11360011002191072010961250SLBO114951WOG295021311124   1/2   발행일 2014/10/03

대 법 원

청 주 지 방 법 원
판   결

사   건   2014고단7512 사문서위조, 위조사문서행사 등
피 고 인   이수원(831206-1*******), 회사원
                주거 청주시 상당구 우암동 321 우암아파트 106동 808호
                등록기준지 충북 보은군 탄부면 매화리 123
검   사   한송이
변 호 인   변호사 이유리(국선)
판 결 선 고   2014. 5. 18.

주   문

피고인을 징역 10월에 처한다.

이   유

범 죄 사 실

　피고인은 공소외 이한국의 조카로서, 이한국 소유인 청주시 흥덕구 개신동 522 대 180 m² 를 이한국으로부터 매수한 바 없음에도, 주식투자 실패로 인한 부채를 위 토지를 팔아 면해볼 생각으로 위 토지에 대한 등기를 자신의 명의로 이전하기로 마음먹고,

1. 사문서 위조

　행사할 목적으로, 2012. 9. 20. 10:00경 청주시 상당구 율량동 1721 산호아파트 201동 501호 공소외 이한국의 집을 방문하여 위 이한국 몰래 서랍에 보관중인 인감도장을 찾아낸 다음, 이한국 명의의 청주시 흥덕구 개신동 522 대 180m²에 관한 매도증서의 매수인란에 피고인의 이름을 기재한 다음, 매도인란에 볼펜으로 매도인의 성명 '이한국', 주민등록번호 '680501-1072114', 주소'청주시 상당구 율량동 1721 산호아파트 201동 501호'라고 각 기재한 후 위와 같이 몰래 찾아내어 소지하고 있던 이한국 명의의 인장을 찍어 권리의무에 관한 사문서인 이한국 명의의 매도증서 1장을 위조하고,

2. 위조사문서행사

　2012. 9. 20. 14:00경 청주지 흥덕구 산남동 1122 소재 청주지방법원 등기과에서 피고인 명의로 소유권이전등기를 경료하기 위하여, 위조사실을 모르는 성명불상의 등기소 직원에게 위와 같이 위조된 매도증서 1장을 마치 진정하게 작성한 것처럼 교부하여 이를 행사하고,

3. 공정증서원본불실기재 및 불실기재공정증서원본행사

　2012. 9. 20. 14:00경 위 청주지방법원 등기과 접수실에서, 사실은 이한국이 피고인에게 위 토지를 매도한 사실이 없음에도 불구하고, 위조한 이한국 명의의 매도증서를 첨부하여 피고인을 위 토지에 대한 소유자로 하는 소유권이전등기신청서를 작성·접수하여, 2012. 9. 21. 시간불상경 그 정을 모르는 위 등기소 담당직원으로 하여금 위 토지에 대하여 피고인 앞으로 소유권이전등기를 마치게 함으로써, 공무원에게 허위신고를 하여 공정증서원본인 부동산등기부에 불실의 사실을 기재하게 하고, 그 때 이를 그곳에 비치하게 하여 행사하였다.

증거의 요지
1. 피고인의 법정진술
1. 피고인에 대한 각 경찰 피의자신문조서
1. 고소장
1. 위조된 매도증서
1. 등기부 등본

법령의 적용
1. 범죄사실에 대한 해당 법조
　　형법 제231조(사문서위조의 점), 제234조(위조사문서행사의 점), 제228조 제1항(공정증서원본불실기재의 점), 형법 제229조, 제228조 제1항(불실기재공정증서원본행사의 점)
1. 형의 선택
　　각 징역형 선택
1. 경합범가중
　　형법 제37조 전단, 제38조 제1항 제2호, 제50조

이상의 이유로 주문과 같이 판결한다.

　　　　　　　　판사　　　　　윤갑수 _____

청 주 지 방 법 원
제 3 형사부
판   결

사 건		2014노5134 사문서위조, 위조사문서행사 등
피 고 인		이수원(831206-1******), 회사원
		주거 청주시 상당구 우암동 321 우암아파트 106동 808호
		등록기준지 충북 보은군 탄부면 매화리 123
검 사		고도리
항 소 인		피고인
변 호 인		변호사 윤미라(국선)
제 1심 판 결		청주지방법원 2014. 5. 18. 선고 2014고단7512 판결
판 결 선 고		2014. 8. 22.

주   문

피고인의 항소를 기각한다.

이   유

피고인의 이 사건 항소요지는 원심의 형량이 너무 무거워 부당하다는 것이나, 기록을 살펴보아도 원심의 양형이 부당하다고 보이지는 않으므로, 피고인의 항소는 이유 없다. 그러므로 이를 기각하기로 하여 주문과 같이 판결한다.

재판장	판사	조용해	_____
	판사	김탁구	_____
	판사	최윤철	_____

확 정 증 명 원

사 건 2014고단7512 사문서위조, 위조사문서행사 등
피 고 인 이수원

　위 피고인에 대한 귀원 2014고단7512(2014노5134) 사문서위조, 위조사문서행사 등 사건에 관하여 2014. 5. 18. 선고된 판결이 항소기각 판결로 2014. 8. 29. 확정되었음을 증명하여 주시기 바랍니다.

2014. 9. 18.

신청인 고소인 이한국

청주지방법원 귀중

위 사실을 증명합니다. 2014. 9. 18. 청주지방법원 법원주사 고소해 (청주지방 법원법원 주사의인)

내용증명

수신인 : 1. 정몽룡(1974.5.11.생)

　　　　　　청주시 홍덕구 봉명동 63-13 봉명연립 203호

　　　　2. 이복자 (1964.03.15.생)

　　　　　　충북 청원군 오창읍 장대리 123

　　　　3. 금천새마을금고

　　　　　　청주시 상당구 금천동 823-2

1. 본인은 청주시 홍덕구 개신동 522 소재 대지의 진짜 소유자 입니다.

2. 위 토지의 본인 소유명의를 2012.경 이수원이 자신명의로 등기를 넘겨갔으나, 이는 이수원이 본인 몰래 위조하여 매도서류를 만들어 가져간 것으로 법적으로 무효입니다.

3. 따라서 무효인 이수원 명의의 소유권등기에 기초하여 만들어진 귀하들의 등기는 모두 무효인바, 하루빨리 스스로 말소해 주시기를 원합니다.

4. 참고로, 이수원이 사문서위조죄로 실형 처벌을 받은 형사판결문도 함께 보내드리오니, 의심되시면 확인해 보시기 바랍니다. (... 첨부 판결문은 중복되므로 생략 ...)

2014.　9.　2.

발신인 : 이한국 (이한국인)

　　　　청주시 상당구 율량동　1721 산호아파트 201동 501호

이 우편물은 2014년 9월 2일 등기 제23987호에 의하여 내용증명 우편물로 발송하였음을 증명함

청주우체국장 (청주우체국장의인인)

청주우체국
2014. 9. 2.
14 -23987

내용증명에 대한 회신

수신인 : 이한국

　　　　청주시 상당구 율량동 1721 산호아파트 201동 501호

　본인은 공인중개사를 통해 생면부지의 이수원을 만나 이수원 명의의 등기를 믿은 죄밖에 없고, 매매대금 5억 원이란 본인의 전재산을 이수원에게 주고 등기를 넘겨 받았으므로, 법적으로도 선의취득을 한 것입니다. 대한민국에 민주주의와 정의가 살아있다면 본인의 권리는 보장되리라 확신합니다.

　　　　　　　　　　　2014.　9.　10.

발신인 : 정몽룡 (정몽룡인)

　　　　청주시 흥덕구 봉명동 63-13 봉명연립 203호

서청주우체국
2014. 9. 10.
14 - 24565

이 우편물은 2014년 9월 10일 등기 제24565호에 의하여 내용증명 우편물로 발송하였음을 증명함

　　　　　서청주우체국장

서청주우체국장인인

답변서

수신인 : 이 한 국

　　　　청주시 상당구 율량동　1721 산호아파트 201동 501호

1. 먼저, 본인 이복자는 2012. 11.경 청주시 흥덕구 개신동 522 대 180㎡ 대지의 토지등기부상 정몽룡 소유명의를 믿고 2억5,000만 원을 정몽룡에게 빌려주면서 그 담보로 근저당권을 설정 받은 것이므로, 선의의 제3자이므로 귀하에게 대항할 수 있습니다.

2. 다음으로, 저희 금천새마을금고는 2012. 2.경 이복자에게 신용대출금 2억4000만원을 대여하였으나 이후 그 원리금 변제가 제대로 이루어지지 않아 이복자에게 담보를 요구하였는바, 그 협의의 결과로 2013. 11.경 위 이복자의 정몽룡에 대한 위 개신동 대지 근저당권을 양수받게 되었습니다. 이처럼 저희 금고 역시 위 토지에 대한 등기부를 신뢰한 선의의 제3자이므로, 귀하의 근저당권 말소요구에 응할 수 없음을 알려드립니다.

　　　　　　　　　　　　　　　　2014.　9.　11.

발신인1 : 이복자 (이복자인)

　　　　충북 청원군 오창읍 장대리 123

발신인2 : 금천새마을금고

　　　　청주시 상당구 금천동 823-2

　　　　이사장 민진수 (금천새마을금고이사장인인)

청주우체국
2014. 9. 11.
14 - 23488

이 우편물은 2014년 9월 11일 등기 제23488호에 의하여 내용증명 우편물로 발송하였음을 증명함

　　　　　　　　청주우체국장 (청주우체국장인인인)

등기사항전부증명서(말소사항 포함) - 건물

[건물] 충청북도 청주시 서원구 개신동 522　　　고유번호 1213-1004-45678

[표 제 부] (토지의 표시)

표시번호	접 수	소재지번	건물내역	등기원인 및 기타사항
1	2002년9월5일	충청북도 청주시 흥덕구 개신동 522	철골조 샌드위치패널지붕 2층 근린생활시설 1층 150㎡ 2층 120㎡	

[갑 구] (소유권에 관한 사항)

순위번호	등기목적	접수	등기원인	권리자 및 기타사항
1	소유권보존	2002년9월5일 제8825호		소유자 이성민 560412-******* 의정부시 용현동 60-8 용현연립주택 201호
2	임의경매 개시결정	2006년1월20일 제474호	2006년1월19일 청주지방법원의 임의경매개시결정 (2006타경123)	채권자 주식회사 인민은행 서울시 마포구 공덕동 41
3	소유권이전	2006년11월18일 제6789호	2006년11월10일 임의경매로 인한 매각	소유자 이한국 680501-******* 청주시 상당구 율량동 1721 산호아파트 201동 501호
4	2번임의경매 개시결정 등기말소	2006년11월18일 제6789호	2006년11월10일 임의경매로 인한 매각	

[을 구] (소유권 이외의 권리에 관한 사항)

순위번호	등기목적	접수	등기원인	권리자 및 기타사항
1	근저당권설정	2002년7월20일 제5793호	2002년7월18일 설정계약	채권최고액 금300,000,000원 채무자 이성민 의정부시 용현동 60-8 용현연립주택 201호 근저당권자 주식회사 인민은행 서울시 마포구 공덕동 41 공동담보 토지 청주시 흥덕구 개신동522
2	1번 근저당권 설정등기말소	2006년11월18일 제6789호	2006년11월10일 임의경매로 인한 매각	

- 이 하 여 백-

수수료 금 1,000원 영수함 관할등기소 청주지방법원 등기과/ 발행등기소 청주지방법원 등기과

이 증명서는 등기기록의 내용과 틀림없음을 증명합니다.
서기 2014년 10월 03일
법원행정처 등기정보중앙관리소 전산운영책임관

* 실선으로 그어진 부분은 말소사항을 표시함.　　* 등기기록에 기록된 사항이 없는 갑구 또는 을구는 생략함

문서 하단의 바코드를 스캐너로 확인하거나, 인터넷등기소(http://****.go.kr)의 발급확인 메뉴에서 발급 확인번호를 입력하여 위·변조 여부를 확인할 수 있습니다. 발급확인번호를 통한 확인은 발행일로부터 3개월까지 5회에 한하여 가능합니다.

발행번호 11360011002191072010961250SLBO114951WOG295021311124　　1/1　　발행일 2014/10/03
대 법 원

건물임대차계약서

부동산의 표시: 청주시 흥덕구 개신동 522번지 건물, 1층 150㎡

제1조 위 부동산을 (전세/월세)로 사용함에 있어 쌍방 합의하에 아래와 같은 조건으로 계약한다.

보증금	100,000,000원정	월세금액	3,000,000원정(매월 말일 후불함)
계약금	일금 원정을 계약당일 임대인에게 지불하고		
중도금	일금 원정을 년 월 일 지불하고		
잔금	일금 원정을 년 월 일 소개인 임회하에 지불키로 함.		
	계약 당일 보증금은 수령함 (이한국)		

제2조 부동산은 2012년 2월 28일 인도하기로 한다.
제3조 임대기간은 2012년 2월 28일부터 2014년 2월 27일까지로 한다
제4조 임차인은 이 계약으로 인한 권리를 타에 양도, 전대할 수 없다.
제5조 임차인은 임대인의 승인 없이는 건물의 형상을 변경할 수 없다.

특약사항:
1. 임대기간은 2년으로 하되 임대기간 만료 후 당사자 간 특별한 의사표시가 없으면 갱신된다.
2. 임차인은 본 임대차계약이 종료한 경우 건물인도 전에 본인의 부담으로 원상복구를 해야 한다.
3. 임차인은 토지에 대한 임대차기간의 제세공과금을 모두 책임지며, 법령을 위반하여 임대인이 여하한 불이익도 받게 해서는 안 된다.

위 계약조건을 틀림없이 지키기 위하여 본 계약서를 2부 작성하여 각자 1부씩 보관한다.

2012년 2월 20일

임대인 : 이 한 국 (이한국)

임차인 : 최 수 영 (최수영)

임대차계약 해지통보

수신인 : 최 수 영 (1958.7.13.생)

　　　　청주시 상당구 영운동 124 호반아파트 202동 303호

1. 수신인의 무궁한 건승을 빕니다.

2. 수신인께서는 통보인 본인 소유의 청주시 흥덕구 개신동 522번지 건물 1층을 2012. 2.경 임차한 후 매달 월세 300만 원을 매월 말일 지급하기로 했음에도 2013. 7. 31. 해당월세를 납입한 후로는 전혀 월세를 미납하고 있습니다.

3. 이에 본인이 그 동안 수회에 걸쳐 수신인을 만나 독촉을 하였음에도 미납 월세 가 납부되지 않는 상황이므로, 어쩔 수 없이 본인은 본 내용증명으로 임대차계약 을 해지하는 바입니다.

4. 따라서 수신인께서는 조속히 1층 건물을 원상복구 하신 다음 명도를 해 주시기 바랍니다.

2013.　12.　8.

통보인 : 이한국

　　　　청주시 상당구 율량동 1721 산호아파트 201동 501호

청주우체국
2013. 12. 8.
13 - 32345

이 우편물은 2013년 12월 8일 등기 제32345호에 의하여 내용증명 우편물로 발송하였음을 증명함

청주우체국장

청주우
체국장
인인인

우 편 물 배 달 증 명 서

수취인의 주거 및 성명

청주시 상당구 영운동 124 호반아파트 202동 303호
최수영

접수국명	청주	접수연월일	2013년 12월 8일
접수번호	제32345호	배달연월일	2013년 12월 10일

적 요
본인 수령
   최 수 영 (최수영인)

2013. 12. 11

청주우체국장 (청주우체국장인인인)

해지통보에 대한 회신

수신인 : 이한국   (1968.5.1.생)

   청주시 상당구 율량동 1721 산호아파트 201동 501호

1. 예수님이 탄생하신 날 전야를 맞아 귀하에게도 늘 축복이 함께 하시길 빕니다.

2. 먼저, 조류독감으로 식당운영이 계속 적자가 나서 월차임을 연체하고 있는 점은 매우 죄송스럽게 생각합니다.

3. 하지만 아직 보증금 1억 원이 충분하므로, 여기에서 미납된 월세를 공제하면 되고 그렇다면 공제 후에도 보증금이 상당한 액수가 남아있음에도, 귀하께서 월차임이 일부 연체되었다는 이유로 일방적으로 해지하는 것은 부당합니다.

4. 백보 양보하여, 설령 귀하의 해지가 적법하더라도 본인은 다음과 같은 사유로 '점유할 정당한 권원'이 있기에, 귀하의 건물인도에 전혀 응할 생각이 없습니다.

   본인은 임차당시 매우 노후된 1층 부분을 개량하고 사무실을 고급음식점으로 개량하는 각종 공사(화장실개량, 내·외부 도색, 내부인테리어, 주방공사 등)를 완료하였는바, 그 개량공사에 든 비용이 약 1억 원이나 됩니다. 결국 이는 유익비에 해당하고 본인은 위 비용을 받을 때까지 유치권을 행사할 수 있습니다.

2013.   12.   24.

발신인 : 최수영 (최수영인)

   청주시 상당구 영운동 124 호반아파트 202동 303호

청주우체국
2013. 12. 24.
13 - 33345

이 우편물은 2013년 12월 24일 등기 제33345호에 의하여 내용증명 우편물로 발송하였음을 증명함

청주우체국장 (청주우체국장 인인인)

견적서

공사명 : 청주시 흥덕구 개신동 522 건물 1층 내부시설 철거 및 훼손부분 복구공사

공사금액 : 금 2,000만 원

위 공사에 관하여 위와 같은 공사비용이 소요됨을 확인하며, 별첨과 같은 공사상세
견적내역표를 제출합니다.

(... 별첨 내역표 생략 ...)

2014년 5월 10일

상 호 : 에이에스건설

주 소 : 청주시 상당구 북문로1가 458 에이에스빌딩 3층

전 화 : 043) 235- 4567

대 표 : 김현수 (김현수
인인인)

소   장

원 고   이 한 국 (1968.5.1.생[1])
          청주시 청원구 충청대로 991, 201동 501호(율량동)[2]
          소송대리인[3] 법무법인 개신[4]
          담당변호사 정대한
          청주시 서원구 두꺼비로 234, 304호(산남동)

피 고   1.[5] 신 현 (1971.2.11.생)
             청주시 상당구 호미로 201번길, 108동 303호(용정동)
          2. 오 현 경 (1972.6.19.생)
             청주시 서원구 내수동로 18번길, 201동 201호(개신동)
          3. 우 수 영 (2008.7.6.생)[6]
             청주시 서원구 내수동로 18번길, 201동 201호(개신동)
          4. 이 현 룡 (1967.1.23.생)
             청주시 흥덕구 봉명로 249, 302동 203호(봉명동)
          5. 이 수 원 (1983.12.6.생)[7]
             청주시 청원구 직지대로 107, 106동 808호(우암동)
          6. 정 몽 룡 (1974.5.11.생)
             청주시 흥덕구 봉명로 357, 203호(봉명동)
          7. 금천새마을금고[8]
             청주시 상당구 새빛로 267(금천동)

---

[1] 개인정보보호법에 따라 주민등록번호의 수집이 금지되므로 원고를 특정하기 위해 생년월일만 적시하도록 한다.
[2] 도로명주소법에 따라 2014.1.1.부터는 도로명주소를 적시해야 한다.
[3] 원고의 수가 단수인 경우 소송대리인이라고 적시하면 충분하고 원고 소송대리인이라고 적시하지 않지만 원고의 수가 복수이면 원고들 소송대리인이라고 적시한다.
[4] 법무법인 개신과 개신 법무법인은 전혀 다른 법무법인이다.
[5] 원고 또는 피고의 수가 복수인 경우 번호를 붙여 표시한다.
[6] 우수영이 원고라면 '미성년자이므로 법정대리인 친권자 모 오현경'이라고 적시해야 하지만 피고가 미성년자인 경우 피고를 특정하기만 하면 되고 법정대리인에 관한 적시는 따로 필요하지 않다.
[7] 이수원의 경우, 진정명의회복을 원인으로 한 소유권이전등기절차를 구하는 경우에는 피고가 될 수 없고 말소등기절차를 구하는 경우에만 피고가 될 수 있다.
[8] 근저당권의 양도에 의한 부기등기는 기존의 주등기인 근저당권설정등기에 종속되어 주등기와 일체를 이루는 것이어서 근저당권설정등기가 당초 원인무효인 경우 주등기인 근저당권설정등기의 말소만 구하면 되고 그 부기등기는 별도로 말소를 구하지 않더라도 주등기의 말소에 따라 직권으로 말소되는 것인바(대판 1995.5.26, 95다7550) 근저당권의 양수인인 이준은 피고적격이 없다.

대표자 이사장 민진수

8. 최 수 영 (1958.7.13.생)

청주시 상당구 중고개로 241, 202동 303호(영운동)

대여금 등 청구의 소9)

청 구 취 지

1. 원고에게,

가. 피고 신현, 피고 오현경은 연대하여 금 6,000만 원, 피고 신현, 피고 우수영은 연대하여 금 4,000만 원 및 위 각 금원에 대하여 2009. 7. 31.부터 다 갚는 날까지 연 30%의 비율에 의한 금원을 지급하고,

나. 청주시 서원구 개신동 522 대 180㎡에 관하여,

(1) 피고 이수원은 청주지방법원 2012.9.21. 접수 제13213호로 마친 소유권이전등기의,

(2) 피고 정몽룡은 청주지방법원 2012.10.4. 접수 제21321호로 마친 소유권이전등기의,

(3) 피고 금천새마을금고는 청주지방법원 2012.11.25. 접수 제25181호로 마친 근저당권설정등기의,

각 말소등기절차를 이행하고,

다. 피고 최수영은,

(1) 원고로부터 금 8,000만 원을 지급받음과 동시에 청주시 서원구 개신동 522 지상 철골조 샌드위치패널지붕 2층 근린생활시설 1층 150㎡, 2층 120㎡ 중 1층 150㎡를 인도하고,

(2) 2013. 8. 1부터 위 건물 인도일까지 월 300만 원의 비율에 의한 금원을 지급하고.

라. 피고 이현룡은 금 9,000만 원 및 이에 대한 이 건 판결확정일 다음날부터 다 갚는 날까지 연 5%의 비율에 의한 금원을 지급하라.

2. 피고 신현과 피고 이현룡 사이에 청주시 상당구 용정동 77-7 대 150㎡에 관하여 2013. 8. 22. 체결된 부동산매매계약을 금 9,000만 원 한도 내에서 취소한다.

---

9) 여러 개의 청구가 있는 경우 대표되는 청구를 기재 한 후 '등'을 기재하면 된다.

3. 소송비용은 피고들이 부담한다.
6. 위 제1의 가항, 다항은 가집행할 수 있다.
   라는 판결을 구합니다.

청 구 원 인

1. 대여금 청구

가. 금전소비대차계약

출판업을 하는 원고는 거래처인 인쇄업자 피고 신현에게 2008. 7. 31. 금 1억 원을 사업자금 명목으로 이자 월 3%(이자는 매월 말일 지급), 변제기 2009. 7. 30.으로 정하여 대여해 주었습니다.

나. 연대보증계약

소외망 우진현은 원고와 위 대여금 채무에 관하여 2008.7.31. 연대보증하기로 하는 내용의 연대보증계약을 체결하였습니다.
위 망인은 2013. 12. 18. 교통사고로 사망하였고, 동인의 사망으로 인해 위 연대보증 채무는 2013. 12. 18. 위 망인의 처인 피고 오현경에게 5분의 3, 아들인 피고 우수영에게 5분의 2 비율로 상속되었습니다.

다. 이행관계

피고 신현은 위와 같이 원고로부터 금원을 차용한 후 변제기가 지났음에도 불구하고 원금은 물론 이자를 한 푼도 지급하지 않고 있습니다.

라. 이행청구

피고 신현은 원고에게 금 1억 원과 이에 대한 약정이자 및 지연손해금을 지급할 의무가 있으며, 피고 오현경, 피고 우수영은 원고와의 연대보증계약에 따라 각자의 상속지분 범위 내에서 피고 신현과 연대하여 원금과 약정이자 및 지연손해금을 시급할 의무기 있습니다. 그러므로 원고에게, 피고 신현, 피고 오현경은 연대하여 금 6,000만 원[10], 피고 신현, 피

---

10) 1억 원(상속채무) × 3/5(피고 오현경의 상속지분)

고 우수영은 연대하여 금 4,000만 원[11] 및 위 각 금원에 대하여 2009. 7. 31.[12]부터 다 갚는 날까지 연 30%의 비율에 의한 금원[13]을 지급할 의무가 있습니다.[14]

마. 피고들의 예상되는 주장

1) 주채무에 대한 소멸시효완성 주장

피고 신현은 원고의 대여금채권이 상사채권이므로 상법 제64조 소정의 상사시효가 완성되었고, 따라서 위 대여금채권은 소멸시효 완성으로 인해 소멸되었다고 주장할 수 있습니다.

위 대여금채권의 변제기가 2009. 7. 30.이므로 그로부터 상사시효기간인 5년이 도과한 시점에서 소송이 제기되었다면 일응 소멸시효완성으로 인해 위 채권이 소멸되었다고 할 수 있습니다. 한편, 원고는 소멸시효완성 전인 2014. 7. 7. 피고 신현에게 청주우체국 2014. 7. 7. 접수 제12340호로 내용증명우편인 독촉장을 발송하였고, 위 독촉장은 2014. 7. 9. 피고 신현에게 도달되었습니다.

소멸시효완성 전에 이행을 최고한 후 6개월 이내에 소를 제기한 경우 이행을 청구한 때로부터 시효가 중단되므로 위 대여금채권은 2014. 7. 9. 소멸시효가 중단되었고, 따라서 위 대여금채권이 소멸시효완성으로 인해 소멸되었다는 피고 신현의 예상되는 주장은 이유 없습니다.

2) 연대보증채무에 대한 소멸시효완성 주장

피고 오현경, 피고 우수영은 원고로부터 2014. 8.경까지 어떠한 이행청구도 받은 바 없다며 주채무자인 피고 신현에 대한 시효중단의 효력은 보증인에게 아무런 효력이 없으므로 원고에 대한 위 피고들의 연대보증채무는 소멸시효완성으로 인해 소멸되었다는 주장을 할 수 있습니다.

그러나 민법 제440조에 의하면 주채무자에 대한 시효의 중단은 보증인에 대해 그 효력이

---

11) 1억 원(상속채무) × 2/5(피고 우수영의 상속지분)

12) 변제기인 2009. 7. 30.까지의 이자채권은 민법 제163조 제1호 소정의 단기소멸시효 완성으로 인해 청구하여서는 아니 되고 2009. 7. 31.부터 다 갚는 날까지의 지연손해금채권(소멸시효기간 10년)을 청구할 수 있을 뿐이다.

13) 이자제한법 및 이자제한법 제2조 제1항의 최고이율에 관한 규정에 의하면 2007. 6. 30.부터 2014. 7. 14.까지는 연 30%, 2014. 7. 15.부터 그 이후는 연 25%의 이율을 초과하지 않는 범위 내의 약정이율만이 유효하고 그 범위를 초과하는 약정이율은 무효이다. 따라서 약정이율이 연 36%라고 하더라도 위 최고이율을 초과하는 부분은 청구할 수 없다. 다만 개정된 위 규정의 부칙에 의하면'이영은 2014. 7. 15.부터 시행한다. 이 영은 이 영 시행 후 최초로 계약을 체결하거나 갱신하는 분부터 적용한다'고 규정하고 있는바, 2014.7.15. 이전에 체결된 금전소비대차계약에 기초한 지연손해금청구는 이전의 규정을 적용해야 하므로 위 영의 시행 이후에도 30%의 이율을 적용한 지연손해금을 청구하여야 한다.

14) '원고에게, 피고 신현은 금 1억 원, 위 피고와 연대하여 위 금원 중 피고 오현경은 금 6,000만 원, 피고 우수영은 금 4,000만 원 및 위 각 금원에 대하여 2009. 7. 31.부터 다 갚는 날까지 연 30%의 비율에 의한 금원을 각 지급하라.'고 청구할 수도 있다.

있다고 규정하고 있습니다. 따라서 위에서 본 바와 같이 주채무자인 피고 신현에게 소멸시효중단의 효력이 발생한 이상 연대보증채무를 부담하고 있는 피고 오현경, 피고 우수영에 대한 별도의 소멸시효중단 조치가 없었더라도 소멸시효는 중단되었다고 할 것입니다.

2. 사해행위취소

가. 사해행위취소권 발생

앞에서 본 바와 같이 원고는 피고 신현에 대하여 금 1억원의 대여금 채권과 이에 대한 지연손해금채권을 가지고 있습니다.[15]

피고 신현은 원고에 대해 위와 같은 채무를 부담하고 있음에도 불구하고 위 채무를 원고에게 변제하지 않고 있던 중 유일한 재산인 청주시 상당구 용정동 77-7 대 150㎡에 관하여 피고 이현룡과 2013. 8. 22. 매매계약을 체결하고, 청주지방법원 동청주등기소 2013. 8. 23. 접수 제13579호로 소유권이전등기절차를 경료해 주었습니다.

위 매매계약을 체결할 당시 피고 신현은 시가 2억 원 정도의 위 부동산이 유일한 재산이었는데, 위 부동산을 담보로 제공하여 피고 금천새마을금고로부터 대출금 1억 원을 대여받고 위 부동산에 근저당권설정등기를 경료해 주었습니다. 따라서 위와 같이 소극재산이 적극재산을 초과하는 상태에서 피고 신현이 위 부동산에 관하여 매매계약을 체결한 행위는 원고에 대하여 사해행위라 할 것이고, 피고 이현룡은 피고 신현의 절친한 친구로서 위와 같은 사정을 잘 알면서도 위 부동산을 취득한 악의의 수익자라고 할 것입니다.

채무자가 자기의 유일한 재산인 부동산을 매각하여 소비하기 쉬운 금전으로 바꾸는 행위는 특별한 사정이 없는 한 채권자에 대하여 사해행위가 되고, 이 경우 채무자의 사해의사는 추인되는바, 원고에 대하여 대여금채무를 부담하고 있는 피고 신현은 원고를 해한다는 것을 알면서 자신의 유일한 재산인 위 부동산을 매각하였으므로, 원고는 수익자인 피고 이현룡을 상대로 채권자취소권을 행사하고 그 원상회복을 구할 수 있습니다.

나. 사행위취소 및 원상회복

1) 사해행위취소

근저당권이 설정되어 있는 부동산에 관하여 사해행위가 이루어진 후 변제 등에 의하여 근저당권설정등기가 말소된 경우 채권자는 부동산의 가액에서 근저당권의 피담보채권액 등을 공제한 잔액의 한도에서 사해행위를 취소하고 그 잔액을 반환받을 수 있습니다.

---

15) 채권자취소권을 행사하기 위해서는 피보전채권의 존재, 채무자의 사해행위로서의 법률행위, 채무자의 무자력, 채무자의 악의, 수익자 내지 전득자의 악의가 필요하다.

위 부동산의 현재시가는 금 2억 1,000만 원이고, 위 사해행위 당시 이미 위 부동산에 대하여 청주지방법원 동청주등기소 2010. 7. 20. 접수 제11211호로 근저당권설정등기가 경료되었는데 피고 이현룡이 위 부동산을 매수한 후인 2013. 9. 13. 대출원리금 채무 1억 2,000만 원을 변제하고 위 근저당권설정등기를 말소하였으므로 사해행위 취소의 범위는 금 9,000만 원[16) 한도 내라고 할 것입니다.

2) 원상회복

사해행위취소에 따른 원상회복으로 원물반환을 하게 되면 원고가 부당한 이득을 얻게 되므로 원고는 위 부동산의 수익자인 피고 이현룡에게 가액배상을 구하는 것인바, 위 피고는 원고에게 위 피고가 얻은 수익인 금 9,000만 원 및 이에 대한 지연손해금을 반환할 의무가 있다고 할 것입니다.

3) 소 결

그렇다면 피고 신현과 피고 이현룡 사이에 위 부동산에 관하여 2013. 8. 22. 체결된 부동산매매계약은 금 9,000만 원 한도 내에서 취소되어야 하고, 피고 이현룡은 원고에게 금 9,000만 원 및 이에 대한 이 판결 확정일 다음날부터 다 갚는 날까지 민법 소정의 연 5%의 비율에 의한 지연손해금을 지급할 의무가 있습니다.

다. 피고 이현룡의 예상되는 주장

1) 피고 이현룡은 위 부동산을 객관적인 시세로 매수하였고, 원고의 피고 신현에 대한 대여금 채권에 대해서는 자력이 있는 연대보증인이 존재하므로 피고 신현의 위 부동산 매도행위는 사해행위에 해당하지 않는다고 주장할 수 있습니다.

그러나 피고 이현룡이 객관적 시가로 위 부동산을 매수하였다고 하더라도 피고 신현이 채무초과 상태에서 유일한 재산인 위 부동산을 소비하기 쉬운 금전으로 매각한 행위는 사해행위에 해당한다고 할 것이고, 자력이 있는 연대보증인이 존재한다고 하더라도 물적 담보와 같이 우선변제권이 보장되는 것이 아니므로 채무자의 자력산정에 영향을 미칠 수 없게 된다는 점을 고려할 때, 피고 이현룡이 피고 신현의 위 부동산 매객행위를 사해행위가 아니라고 주장하는 것은 이유 없다고 할 것입니다.

2) 피고 이현룡은 피고 금천새마을금고에 대한 근저당권채무를 모두 변제하고 위 부동산에 설정되어 있던 근저당권설정등기를 말소하였으므로 원상회복을 할 필요가 없다는 취지의

---

16) 사실심변론종결당시의 시가 2억 1,000만 원(일응 변론종결당시와 가까운 소제기 당시의 시가)에서 변제한 근저당권의 피담보채무액 1억 2,000만 원을 공제하면 사해행위취소는 9,000만 원의 한도 내로 제한된다.

주장을 할 수 있습니다.

그러나 채무를 변제하고 위 부동산에 설정된 근저당권을 말소하였다는 사실은 원상회복 방법으로 원물반환을 구할 수 없다는 사유에는 해당되지만 원물반환이 아닌 가액반환까지 구할 수 없다는 사유에 해당되지는 않습니다.

3. 소유권이전등기말소 등 청구

가. 피고 이수원에 대한 청구

원고는 2006. 11. 10. 청주시 서원구 개신동 522 대 180㎡에 관하여 청주지방법원 2006타경 123 임의경매사건에서 낙찰을 받아 매각대금을 납입하고 소유권을 취득하였습니다.

피고 이수원은 2012. 9. 20. 원고의 인감도장을 도용하여 부동산매도용 임감증명서를 교부받은 후 청주지방법원 2012. 9. 21. 접수 제13213호로 자신 명의의 소유권이전등기를 경료받았습니다.

위 피고는 아무런 권한 없이 원고 명의의 문서를 작성하여 위와 같이 자신 명의로 소유권이전등기를 경료받았다는 이유로 청주지방법원에서 사문서위조죄 등으로 징역 10월의 실형선고를 받았고 그 판결은 그대로 확정되었습니다.

그렇다면 피고 이수원은 원고에게 위 부동산에 관하여 청주지방법원 2012. 9. 21. 접수 제13213호로 경료한 소유권이전등기의 말소등기절차[17]를 이행할 의무가 있습니다.[18]

나. 피고 정몽룡에 대한 청구

피고 정몽룡은 피고 이수원으로부터 청주시 서원구 개신동 522 대 180㎡을 매수한 후 위 부동산에 관하여 청주지방법원 2012. 10. 4. 접수 제21321호로 2012. 10. 2. 매매를 원인으로 한 소유권이전등기를 자신 명의로 경료한 바 있습니다.

피고 정몽룡 명의의 위 소유권이전등기는 무효인 피고 이수원 명의의 소유권이전등기에 터 잡아 이루어진 무효의 등기라 할 것이므로 피고 정몽룡은 원고에게 위 등기의 말소등기절차를 이행할 의무가 있습니다.[19]

---

17) 원인행위가 없었으므로 원고가 소유권에 기한 방해제거청구권을 행사하여 피고 이수원에 대해 소유권이전등기말소등기절차이행청구를 할 수 있다.

18) 원고가 이수원을 반드시 피고로 지정해 달라고 요구하고 있으므로 이수원을 상대로 소유권이전등기말소등기절차이행청구를 하여야 한다.

19) 피고 정몽룡을 상대로 진정명의회복을 원인으로 한 소유권이전등기절차이행청구를 할 수도 있을 것이다.

다. 피고 금천새마을금고에 대한 청구

피고 정몽룡은 2012. 11. 23. 소외 이복자와 채무자 피고 정몽룡, 근저당권자 소외 이복자, 채권최고액 3억 2,000만 원으로 하는 근저당권설정계약을 체결하고 청주시 서원구 개신동 522 대 180㎡에 관하여 청주지방법원 2012. 11. 25. 접수 제25181호로 근저당권설정등기를 경료하였습니다.

피고 금천새마을금고는 근저당권자인 소외 이복자로부터 2013. 11. 13. 확정채권양도를 받은 후 청주지방법원 2013. 11. 16. 접수 제28127호로 위 근저당권설정등기에 대한 근저당권이전의 부기등기를 경료하였습니다.

소외 이복자 명의의 근저당권설정등기 및 피고 금천새마을금고로의 근저당권이전등기는 모두 무효인 등기에 터 잡아 이루어진 등기로서 무효라고 할 것입니다.

그런데 위와 같이 채권이 양도된 경우 피고 적격자는 양수인이고, 말소의 대상이 되는 등기는 주등기이므로,[20] 피고 금천새마을금고는 원고에게 위 부동산에 관하여 청주지방법원 2012. 11. 25. 접수 제25181호로 경료한 근저당권설정등기의 말소등기절차를 이행할 의무가 있다고 할 것입니다.

라. 피고들의 예상되는 주장

피고 정몽룡은 선의로 위 부동산을 매수한 것이므로 위 부동산을 선의취득하였다고 주장할 수 있고, 피고 금천새마을금고는 자신이 등기부를 신뢰한 선의의 제3자이므로 자신에 대해 근저당권말소 요구를 하는 것은 상당하지 않다는 취지의 주장을 할 수 있습니다.

우리 법제에서는 동산의 경우와 달리 부동산의 경우에는 선의취득의 대상으로 규정하고 있지 않을 뿐만 아니라 등기부를 신뢰하였다고 하여 그에 대한 공신력을 인정하고 있지 아니하므로 피고들의 위와 같은 주장은 이유 없다고 할 것입니다.

4. 임대목적물 반환청구 등

가. 임대차계약관계

1) 임대인인 원고와 임차인인 피고 최수영은 2012. 2. 20. 청주시 서원구 개신동 522 지상 철

---

20) 근저당권 이전의 부기등기는 기존의 주등기인 근저당권설정등기에 종속되어 주등기와 일체를 이루는 것이어서, 피담보채무가 소멸된 경우 또는 근저당권설정등기가 당초 원인무효인 경우 주등기인 근저당권설정등기의 말소만 구하면 되고 그 부기등기는 별도로 말소를 구하지 않더라도 주등기의 말소에 따라 직권으로 말소되는 것이며, 근저당권 양도의 부기등기는 기존의 근저당권설정등기에 의한 권리의 승계를 등기부상 명시하는 것 뿐으로, 그 등기에 의하여 새로운 권리가 생기는 것이 아닌 만큼 근저당권설정등기의 말소등기청구는 양수인만을 상대로 하면 족하고 양도인은 그 말소등기청구에 있어서 피고 적격이 없으며, 근저당권의 이전이 전부명령 확정에 따라 이루어졌다고 하여 이와 달리 보아야 하는 것은 아니다(대판 2000. 4. 11, 2000다5640).

골조 샌드위치패널지붕 2층 근린생활시설 1층 150㎡, 2층 120㎡ 중 1층 150㎡부분(이하 '임차건물'이라 함)에 관하여 보증금 1억 원, 월세 300만 원, 임대기간 2012. 2. 28.부터 2014. 2. 27.로 하는 내용의 임대차계약을 체결하면서, 임대인은 임차인의 승인 없이는 건물의 형상을 변경할 수 없으며, 임대차 계약이 종료한 경우 건물인도 전에 임차인의 부담으로 원상복구하여야 한다고 약정하였습니다.[21]

위와 같이 임대차계약을 체결한 후 원고는 2012. 2. 28. 위 임차건물을 피고 최수영에게 인도하였고, 피고 최수영은 2013. 7.말까지는 임대차계약에 따른 월세를 원고에게 지급하였지만 2013. 8. 1.부터 현재까지는 월세를 전혀 지급하지 않고 있습니다.

2) 원고는 피고 최수영에게 수차례에 걸쳐 월세를 지급할 것을 촉구하였으나 위 피고는 미지급된 월세를 지급하지 아니 하였는바, 원고는 2013. 12. 8. 임차인이 2기의 차임액에 달하는 때에는 임대인은 계약을 해지할 수 있다는 민법 제640조에 따라 임대차계약을 해지한다는 임대차계약해지 통지서를 보냈고, 그 통지서는 2013. 12. 10. 위 피고에게 도달하였습니다.

3) 위 피고는 위 임차 목적물을 사용하면서 임차목적물을 훼손·변경하였고, 이를 원상복구하는데 2,000만 원 상당의 공사금액이 필요한 상태입니다.

4) 그렇다면 피고 최수영은 원고에게 원고로부터 보증금 1억 원에서 위 원상회복에 소요되는 금 2,000만 원을 공제한 금 8,000만 원을 지급받음과 동시에[22] 임차건물을 인도하고, 2013. 8. 1.부터 위 건물 인도일까지 월 300만 원의 비율에 의한 임료 및 부당이득금을 지급할 의무가 있습니다.[23]

나. 피고의 예상되는 주장

1) 피고 최수영은 미지급된 월세를 보증금에서 공제하면 되므로 차임 연체를 이유로 임대차계약을 해지하는 것은 상당하지 않다는 취지의 주장을 할 수 있습니다.

임차보증금이 임차인의 월세, 손해배상금 등의 지급을 담보하는 것은 사실이나 임대차계약이 존속하는 동안은 미지급된 차임 등을 임차보증금에서 공제할 수 있는 권리는 임대인만이 가지고 있다고 할 것입니다. 따라서 임대인인 원고가 차임 연체를 이유로 임대차계약을

---

21) 임대차계약에 따른 의무이행을 청구하는 경우 원고 소유인 사실은 요건사실이 아니다. 본 건 사안의 경우 상가건물임대차보호법 제2조 제1항의 대통령령으로 정하는 보증금액을 초과하는 임대차이므로 위 법의 적용을 받지 아니한다.

22) 임대보증금반환의무와 임차건물 인도의무는 동시이행관계에 있다.

23) 피고 최수영은 원고로부터 금 8,000만 원을 2013. 8. 1.부터 임차건물의 인도일까지 월 300만 원의 비율에 의한 금원을 공제한 나머지 금원을 지급받음과 동시에 원고에게 임차건물을 인도할 의무가 있다고 설시하는 것도 올바른 표현이라고 할 수 있다. 다만 일반적으로 미지급된 월 300만 원의 비율에 의한 금원에 대해서는 지연이자를 청구하지 않는다. 만약 청구를 한다면 청구취지가 복잡해지므로 시험용으로는 적합하지 않기 때문이다.

해지한 이상 임차보증금의 존재여부와 상관없이 그 임대차계약은 해지되었다고 할 것입니다.

2) 피고 최수영은 임차건물을 사무실에서 고급음식점으로 개량하는데 공사비로 금 1억 원이 소요되었으므로 원고가 위 피고에게 유익비 1억 원을 반환하여야 하고, 위 피고는 위 임차 건물에 대해 유익비에 기초한 유치권을 갖고 있으므로 원고로부터 유익비를 지급받을 때 까지 임차건물을 유치할 수 있는 권리가 있다는 취지의 주장을 할 수 있습니다.

사무실을 고급음식점으로 개량하는 공사는 임차건물의 객관적 가치를 증대시키는 행위에 속하지 않고, 위 피고가 자신의 영업을 영위하기 위한 것에 불과하므로 위 공사금은 유익 비에 해당하지 않습니다.

가사 일백보를 양보하여 위 공사비가 유익비에 해당한다고 하더라도 원고와 위 피고 사이 의 임대차약정에 의하면 임차인은 임대인의 승인 없이 형상을 변경하지 못하며 임대차계 약이 종료되는 경우 원상으로 회복하여 반환하기로 한 바 있으므로 위 피고는 사전에 유 익비반환청구권을 사전에 포기한 것입니다.

그렇다면 위 피고는 원고에게 유익비반환을 구할 아무런 권리가 없고, 더불어 유익비에 기 초한 유치권을 주장할 수 없다고 할 것이므로 위 피고의 유익비반환 및 유치권 주장은 이 유 없다고 할 것입니다.

5. 결   론

이상의 이유로 원고는 피고들에 대해 청구취지 기재와 같은 청구를 합니다.

증 거 방 법[24]

(생략)

첨 부 서 류

(생략)

---

24) 입증방법, 증명방법이라고 표기할 수도 있다.

2014. 10. 15.

원고 소송대리인
법무법인 개신
담당변호사 정대한 ㉑

청주지방법원 귀중

기록형 문제

제4회

[문제]

귀하는 제주시 이도2동에 있는 '법무법인 개신'이란 이름의 로펌 소속변호사 '윤새별'이다. 귀하는 2015. 3. 10. 법무법인을 방문한 '강노을'과 [의뢰인 상담일지]에 기재된 내용과 같은 상담을 하고 그로부터 [첨부서류]를 자료로 수령하였다. 강노을은 위 사건을 위 법무법인에 의뢰하였고 담당변호사로 귀하를 지정하길 원한다. 귀하가 담당변호사로서 의뢰인을 위하여 법원에 제출할 소장을 아래와 같은 작성요령에 따라 작성하라. (175점)

[작성요령]

1. 소장 작성일 및 소 제기일은 2015. 3. 15.이다.

2. 의뢰인의 의사와 요구에 최대한 부합하는 내용으로 소장을 작성하되, 법령 및 판례에 따라 일부라도 패소하는 부분이 생기지 않도록 하라.

3. 상담 결과 청취된 사실관계는 모두 진실한 것으로 간주하고, 첨부서류의 진정성립에 의심할 만한 사유는 없는 것으로 간주하며, 사실관계는 본 기록에 나타나 있는 것으로 한정하라.

4. 공동소송의 요건은 충족한 것으로 전제하라.

5. 예비적, 선택적 청구는 하지 않는다.

6. 부동산 또는 동산의 표시가 필요한 경우 별지 목록을 만들지 말고 소장의 해당 부분에 직접 표기하라.

7. 청구원인은 주요사실이 분명히 드러나도록 기재하고, 주요사실의 증명과 무관한 간접사실은 기재하지 않는다. 다만, 기록상 상대방이 소송 중 제기할 것으로 예상되는 주장 중 이유가 없다고 판단되는 부분은 소장에 적절히 반박하라.

8. 소장의 형식에 맞게 소장을 작성하라.

[참고자료]

각급 법원의 설치와 관할구역에 관한 법률 (일부)

제4조(관할구역) 각급 법원의 관할구역은 다음 각 호의 구분에 따라 정한다. 다만, 지방법원 또는 그 지원의 관할구역에서 시·군법원을 둔 경우 「법원조직법」 제34조 제1항 제1호 및 제2호의 사건에 관하여는 지방법원 또는 그 지원의 관할구역에서 해당 시·군법원의 관할구역을 제외한다.

1. 각 고등법원·지방법원과 그 지원의 관할구역 : 별표 3

2. 특허법원의 관할구역 : 별표 4

3. 각 가정법원과 그 지원의 관할구역 : 별표 5

4. 행정법원의 관할구역 : 별표 6

5. 각 시·군법원의 관할구역 : 별표 7

6. 항소사건(抗訴事件) 또는 항고사건(抗告事件)을 심판하는 지방법원 본원 합의부 및 지방법원 지원 합의부의 관할구역 : 별표 8

7. 행정사건을 심판하는 춘천지방법원 및 춘천지방법원 강릉지원의 관할구역 : 별표 9

[별표 3]

고등법원·지방법원과 그 지원의 관할구역

고등법원	지방법원	지원	관할구역
서울	서울중앙		서울특별시 종로구·중구·강남구·서초구·관악구·동작구
	서울동부		서울특별시 성동구·광진구·강동구·송파구
	서울남부		서울특별시 영등포구·강서구·양천구·구로구·금천구
	서울북부		서울특별시 동대문구·중랑구·성북구·도봉구·강북구·노원구

	서 울 서 부		서울특별시 서대문구·마포구·은평구·용산구
	의정부		의정부시·동두천시·양주시·연천군·포천시, 강원도 철원 군. 다만, 소년보호사건은 앞의 시·군 외에 고양시·파주시 ·남양주시·구리시·가평군
		고 양	고양시·파주시
		남 양 주	남양주시·구리시·가평군
	인 천		인천광역시
		부 천	부천시·김포시
	수 원		수원시·오산시·용인시·화성시. 다만, 소년보호사건은 앞 의 시 외에 성남시·하남시·평택시·이천시·안산시·광명 시·시흥시·안성시·광주시·안양시·과천시·의왕시·군 포시·여주시·양평군
		성 남	성남시·하남시·광주시
		여 주	이천시·여주시·양평군
		평 택	평택시·안성시
		안 산	안산시·광명시·시흥시
		안 양	안양시·과천시·의왕시·군포시
	춘 천		춘천시·화천군·양구군·인제군·홍천군. 다만, 소년보호사 건은 철원군을 제외한 강원도
		강 릉	강릉시·동해시·삼척시
		원 주	원주시·횡성군
		속 초	속초시·양양군·고성군
		영 월	태백시·영월군·정선군·평창군
대 전	대 전		대전광역시·세종특별자치시·금산군
		홍 성	보령시·홍성군·예산군·서천군
		공 주	공주시·청양군
		논 산	논산시·계룡시·부여군
		서 산	서산시·태안군·당진시
		천 안	천안시·아산시
	청 주		청주시·진천군·보은군·괴산군·증평군. 다만, 소년보호사 건은 충청북도
		충 주	충주시·음성군
		제 천	제천시·단양군
		영 동	영동군·옥천군

대 구	대 구		대구광역시 중구·동구·남구·북구·수성구·영천시·경산시·칠곡군·청도군
		서 부	대구광역시 서구·달서구·달성군, 성주군·고령군
		안 동	안동시·영주시·봉화군
		경 주	경주시
		포 항	포항시·울릉군
		김 천	김천시·구미시
		상 주	상주시·문경시·예천군
		의 성	의성군·군위군·청송군
		영 덕	영덕군·영양군·울진군
부 산	부 산		부산광역시 중구·동구·영도구·부산진구·동래구·연제구·금정구
		동 부	부산광역시 해운대구·남구·수영구·기장군
		서 부	부산광역시 서구·북구·사상구·사하구·강서구
	울 산		울산광역시·양산시
	창 원		창원시 의창구·성산구·진해구, 김해시. 다만, 소년보호사건은 양산시를 제외한 경상남도
		마 산	창원시 마산합포구·마산회원구, 함안군·의령군
		통 영	통영시·거제시·고성군
		밀 양	밀양시·창녕군
		거 창	거창군·함양군·합천군
		진 주	진주시·사천시·남해군·하동군·산청군
광 주	광 주		광주광역시·나주시·화순군·장성군·담양군·곡성군·영광군
		목 포	목포시·무안군·신안군·함평군·영암군
		장 흥	장흥군·강진군
		순 천	순천시·여수시·광양시·구례군·고흥군·보성군
		해 남	해남군·완도군·진도군
	전 주		전주시·김제시·완주군·임실군·진안군·무주군. 다만, 소

			년보호사건은 전라북도
		군 산	군산시·익산시
		정 읍	정읍시·부안군·고창군
		남 원	남원시·장수군·순창군
	제 주		제주시·서귀포시

의뢰인 상담일지

법무법인 개신

제주시 남광북5길 3(이도2동)

전화: 064-745-1234 팩스: 064-745-1244

전자우편: gslaw@gmail.com

접수번호	2015-152	상담일시	2015. 3. 10. 11:00
상 담 인	강 노 을	내방경위	지인 소개, 소제기 의뢰
관할법원		사건번호 (법원, 검찰)	

<의뢰인 요구사항>

강노을은 지금까지 여러 사람과 몇 가지 분쟁들이 있었으나 여태껏 해결한 것이 없다. 좋은 로펌에 사건을 의뢰했고 유능한 윤새별 변호사가 담당변호사로 지정되었으니 가능하다면 '1개의 소송'을 통하여 모든 분쟁을 일괄 해결하고 싶다고 요구함.

<상담내용>

1. 민초록은 이파랑으로부터 이자는 월 2%, 변제기는 2012.9.17.로 정하여 1억원을 차용하였다. 이파랑은 차용금과 그 이자의 반환을 담보할 부동산을 요구하였고, 민초록은 절친한 친구인 강노을에게 도와줄 것을 부탁하였다. 강노을은 친한 친구인 민초록의 부탁을 거절하지 못하여 이파랑과 근저당권설정계약을 체결하고 자신 소유인 제주시 한림읍 한림리 1315-4 대 1800㎡를 담보로 제공하여 제주지방법원 2010.9.23. 접수 제21611호로 채권최고액 1억5000만원, 채무자를 민초록으로 하는 근저당권설정등기를 마쳐주었다. 민초록은 1

년치 이자는 지급하였으나 경제적인 어려움으로 인해 그 이후의 이자를 지급하지 못했고 변제기일이 지나도록 차용금을 변제하지 못했다. 이파랑은 민초록에게 경매신청을 하겠다고 통지하였고, 그 통지를 받은 민초록은 강노을에게 손실을 끼칠 수는 없는 일이라고 생각했기에 자신이 살던 집을 매각하여 마련한 매각대금으로 차용금과 밀린 이자 및 지연손해금을 모두 변제하였다. 이파랑은 민초록으로부터 차용금과 이자 및 지연손해금을 모두 변제받았으므로 당연히 근저당권을 말소해주어야 하는데 아직까지도 이를 말소해주지 않고 있다.

2. 강노을은 자신 소유인 제주시 한림읍 한림리 1315-4에 연접해 있는 같은 리 1315-2 부동산을 매수한 후 두 필지를 합필하여 그 지상에 쇼핑센터를 건립할 예정이다. 강노을은 2014.11.15. 김분홍과 제주시 한림읍 한림리 1315-2 대 1200㎡를 매수하기로 하는 부동산계약을 체결하였다. 그 부동산계약의 내용은 매매대금을 2억원으로 하되, 계약일에 계약금으로 2000만원, 2015.1.15. 중도금으로 8000만원, 2015.3.15. 잔금으로 1억원을 지급하기로 하는 것이었고, 소유권이전등기에 필요한 서류는 잔금지급과 상환으로 교부하며 매수인이 매매대금 지급을 지체하는 경우에는 월 2%의 비율에 의한 지연손해금을 지급하기로 하는 것이었다.
　강노을은 계약일에 계약금을, 중도금지급기일에 중도금의 일부인 3000만원을 지급하였으나 경제적인 사정이 어려워져 잔여중도금 5000만원과 잔금 1억원은 아직까지 지급하지 못하였다.
　김분홍은 아직까지 위 부동산에 관한 소유권이전에 필요한 서류를 교부하지 않고 있고 위 부동산의 인도를 거절하고 있다.

3. 강노을은 한노랑으로부터 한노랑 소유인 제주시 애월읍 애월리 240 소재 몽생이카페의 인테리어공사를 수주하였다. 인테리어공사대금은 2억원, 준공예정일은 2014.6.12.로 정하였고 공사대금은 2014.6.12.에 일시금으로 지급하기로 하였다. 강노을은 공사계약기간 내에 공사를 마친 후 한노랑에게 공사대금의 지급을 요청하였으나 한노랑은 갑작스런 사정이 생겼다며 2014.12.31.까지 공사대금전액과 월 2%의 비율에 의한 지연손해금을 지급하겠다며 양해를 구해

왔다. 강노을은 한노랑에게 2014.12.31.까지 지급유예를 해주는 대신에 공사대금 및 지연손해금의 지급을 담보할 수 있는 담보물을 제공해줄 것을 요구하였고, 한노랑은 자신 소유의 부동산에 가등기를 해주겠다고 하였다. 가등기를 설정해 주기로 한 한노랑 소유의 제주시 애월읍 애월리 154 대 800㎡는 시가가 2억원 정도인데 중국인들이 제주도 부동산을 매집하는 현상이 장기화될 것이기에 몇 년 후에는 부동산지가가 폭등할 것이라 예상된다.

강노을과 한노랑은 2014.6.30. 한노랑이 2014.12.31.까지 공사대금 및 지연손해금을 변제하지 못하게 되는 경우 제주시 애월읍 애월리 154 대 800㎡의 소유권을 강노을에게 양도하기로 하는 매매예약을 체결하였고, 한노랑은 위 부동산에 관하여 제주지방법원 2014.7.1. 접수 제31721호로 소유권이전청구권 보전을 위한 가등기를 마쳐주었다.

한노랑은 지금까지 공사대금 및 지연손해금을 지급하지 않고 있다.

4. 강노을은 2003.3.30. 이종사촌 누나인 최하양에게 2억5000만원을 빌려주었는데 2013.7.1. 1억5000만원 변제받았지만 아직까지 나머지 1억원은 변제받지 못하고 있다.

강노을은 2013.10.5. 초등학교 동창회에서 만난 동창들과 밤늦게까지 술을 마시다 초등학교 동창이자 최하양의 동생으로서 강노을과 이종사촌간인 최보라와 말다툼을 벌이게 되었는데 말다툼 과정에서 강노을이 최보라를 밀어 넘어뜨렸고, 최보라는 뒤로 넘어지면서 머리를 탁자에 심하게 부딪치게 되었고, 이로 인해 두부좌상 등의 상해를 입었다. 강노을은 술이 깬 이후 위 최보라를 찾아가 백배사죄하면서 최보라와 강노을에 대해 민형사상의 책임을 묻지 않기로 하는 내용의 합의를 하고 합의금 3500만원을 지급하기로 약정하였다.

최보라는 강노을이 위 합의금의 지급을 지체하자 2013.11.1. 3500만원의 채권을 최하양에게 양도하면서 같은 날 강노을에게 채권양도통지를 하였고 강노을은 2013.11.3.에 채권양도통지서를 받아보았다.

최하양은 2014.5.15. 자신의 강노을에 대한 양수금채권과 강노을의 최하양에 대한 대여금채권을 대등액에서 상계한다는 의사표시를 하였고 강노을은 2014.5.17.에 상계의사표시 통지서를 받아 보았다.

최하양은 자신의 채무가 이미 소멸시효완성으로 인해 소멸하였다고 주장하는데 괘씸하기 그지없는 일이다.

5. 이파랑의 주소는 제주시 한경면 두신로 84이다.

6. 제주시 애월읍 애월리 154 부동산은 경제적인 손해를 감수하고서라도 반드시 소유하고 싶은 부동산이므로 위 부동산의 소유권을 취득하고 싶다.

등기사항전부증명서(말소사항 포함) - 토지

[토지] 제주시 한림읍 한림리 1315-4   고유번호 1213-1004-45678

[표 제 부] (토지의 표시)

표시번호	접 수	소재지번	지 목	면 적	등기원인 및 기타사항
1 (전3)	1999년6월2일	제주시 한림읍 1315-4	대	1800㎡	부동산등기법시행규칙부칙 제3조 제1항의 규정에 의하여 2001년 7월14일 전산이기

[갑 구] (소유권에 관한 사항)

순위번호	등기목적	접수	등기원인	권리자 및 기타사항
1 (전1)	소유권보존	1970년4월30일 제2846호		소유자 주재영 560412-******* 제주시 사라동 60-8 사라연립주택 201호
				부동산등기법시행규칙부칙 제3조 제1항의 규정에 의하여 2001년7월14일 전산이기
2	임의경매 개시결정	2006년1월20일 제474호	2006년1월19일 제주지방법원의 임 의경매개시결정 (2006타경123)	채권자 주식회사 한민은행 서울시 마포구 공덕동 41
3	소유권이전	2006년11월18일 제6789호	2006년11월10일 임의경매로 인한 매각	소유자 이명희 680501-******* 제주시 제민동 76 제민아파트 201동 501호
4	2번임의경매 개시결정 등기말소	2006년11월18일 제6789호	2006년11월10일 임의경매로 인한 매각	
5	소유권이전	2007년3월16일 제234호	2007년3월15일 매매	소유자 김새롬 831123-******* 서울 동대문구 이문동 341 이문아파트 202동 303호
6	소유권이전	2009년9월21일 제13213호	2009년9월20일 매매	소유자 강노을 780618-******* 제주시 한림읍 한림리 163-2

* 실선으로 그어진 부분은 말소사항을 표시함.   * 등기기록에 기록된 사항이 없는 갑구 또는 을구는 생략함

문서 하단의 바코드를 스캐너로 확인하거나, 인터넷등기소(http://****.go.kr)의 발급확인 메뉴에서 발급 확인번호를 입력하여 위·변조 여부를 확인할 수 있습니다. 발급확인번호를 통한 확인은 발행일로부터 3개월까지 5회에 한하여 가능합니다.

발행번호 11360011002191072010961250SLBO114951WOG295021311124   1/2   발행일 2015/3/03

대 법 원

[을 구] (소유권 이외의 권리에 관한 사항)				
순위번호	등기목적	접수	등기원인	권리자 및 기타사항
~~1~~	~~근저당권설정~~	~~2002년7월20일~~ ~~제5793호~~	~~2002년7월18일~~ ~~설정계약~~	~~채권최고액 금300,000,000원~~ ~~채무자 주재영~~ ~~제주시 사라동 60-8 사라연립주택 201호~~ ~~근저당권자 주식회사 한민은행~~ ~~서울시 마포구 공덕동 41~~ ~~공동담보 서귀포시 동홍동 522~~
2	1번 근저당권 설정등기말소	2006년11월18일 제6789호	2006년11월10일 임의경매로 인한 매각	
3	근저당권설정	2010년9월23일 제21611호	2010년09월18일 설정계약	채권최고액 금150,000,000원 채무자 민초록 제주시 아라동 63-13 아라연립 203호 근저당권자 이파랑 750315-******* 제주시 한경면 장대리 181-23

- 이 하 여 백-

수수료 금 1,000원 영수함 관할등기소 제주지방법원 등기과/ 발행등기소 제주지방법원 등기과

이 증명서는 등기기록의 내용과 틀림없음을 증명합니다.
서기 2015년 03월 03일
법원행정처 등기정보중앙관리소 전산운영책임관

등기정보
중앙관리
소전산운
영책임관

* 실선으로 그어진 부분은 말소사항을 표시함.   * 등기기록에 기록된 사항이 없는 갑구 또는 을구는 생략함

문서 하단의 바코드를 스캐너로 확인하거나, 인터넷등기소(http://****.go.kr)의 발급확인 메뉴에서 발급 확인번호를 입력하여 위·변조 여부를 확인할 수 있습니다. 발급확인번호를 통한 확인은 발행일로부터 3개월까지 5회에 한하여 가능합니다.

발행번호 11360011002191072010961250SLBO114951WOG295021311124   1/2   발행일 2015/03/03

대 법 원

등기사항전부증명서(말소사항 포함) - 토지

[토지] 제주시 한림읍 한림리 1315-2   고유번호 1213-1004-45676

[표 제 부] (토지의 표시)

표시번호	접 수	소재지번	지 목	면 적	등기원인 및 기타사항
1 (전3)	1999년6월2일	제주시 한림읍 1315-2	대	1200㎡	부동산등기법시행규칙부칙 제3조 제1항의 규정에 의하여 2001년 7월14일 전산이기

[갑 구] (소유권에 관한 사항)

순위번호	등기목적	접수	등기원인	권리자 및 기타사항
1 (전1)	소유권보존	1970년2월18일 제324호		소유자 주재영 560412-******* 제주시 사라동 60-8 사라연립주택 201호
				부동산등기법시행규칙부칙 제3조 제1항의 규정에 의하여 2001년7월14일 전산이기
2	소유권이전	1999년1월20일 제174호	1999년1월18일 매매	소유자 김승식 610119-******* 제주시 오라1동 1421-11 오라아파트 202동 207호
3	소유권이전	2001년11월18일 제18311호	2001년11월10일 매매	소유자 윤경호 680821-******* 제주시 아라2동 432
4	소유권이전	2006년06월20일 제7531호	2006년06월19일 매매	소유자 이민호 720412-******* 제주시 사라동 228
5	소유권이전	2007년1월19일 제111호	2007년1월19일 매매	소유자 김정식 631108-******* 서귀포시 서홍동 361-2
6	소유권이전	2010년11월15일 제12171호	2010년11월15일 매매	소유자 김분홍 711118-******* 서귀포시 법환동 2011

* 실선으로 그어진 부분은 말소사항을 표시함.   * 등기기록에 기록된 사항이 없는 갑구 또는 을구는 생략함

문서 하단의 바코드를 스캐너로 확인하거나, 인터넷등기소(http://****.go.kr)의 발급확인 메뉴에서 발급 확인번호를 입력하여 위·변조 여부를 확인할 수 있습니다. 발급확인번호를 통한 확인은 발행일로부터 3개월까지 5회에 한하여 가능합니다.

발행번호 11360011002191072010961250SLBO114951WOG295021311124   1/1   발행일 2015/3/03

대 법 원

[을 구] (소유권 이외의 권리에 관한 사항)

순위번호	등기목적	접수	등기원인	권리자 및 기타사항
1	근저당권설정	2003년5월21일 제3793호	2003년5월21일 설정계약	채권최고액 금120,000,000원 채무자 윤경호 제주시 아라2동 432 근저당권자 주식회사 한민은행 서울시 마포구 공덕동 41
2	1번 근저당권 설정등기말소	2005년07월23일 제7421호	2005년07월23일 확정채권변제	
3	근저당권설정	2009년10월20일 제19213호	2009년10월18일 설정계약	채권최고액 금150,000,000원 채무자 김정식 서귀포시 서홍동 361-2 근저당권자 윤두수 621011-******* 제주시 오라2동 67-2
4	3번 근저당권 설정등기말소	2012년04월23일 제3222호	2012년04월23일 확정채권변제	

- 이 하 여 백-

수수료 금 1,000원 영수함 관할등기소 제주지방법원 등기과/ 발행등기소 제주지방법원 등기과

이 증명서는 등기기록의 내용과 틀림없음을 증명합니다.
서기 2015년 03월 03일
법원행정처 등기정보중앙관리소 전산운영책임관

등기정보
중앙관리
소전산운
영책임관

* 실선으로 그어진 부분은 말소사항을 표시함.   * 등기기록에 기록된 사항이 없는 갑구 또는 을구는 생략함

문서 하단의 바코드를 스캐너로 확인하거나, 인터넷등기소(http://****.go.kr)의 발급확인 메뉴에서 발급 확인번호를 입력하여 위·변조 여부를 확인할 수 있습니다. 발급확인번호를 통한 확인은 발행일로부터 3개월까지 5회에 한하여 가능합니다.

발행번호 11360011002191072010961250SLBO114951WOG295021311124   1/2   발행일 2015/03/03

대 법 원

등기사항전부증명서(말소사항 포함) - 토지

[토지] 제주시 애월읍 애월리 154   고유번호 1213-1014-34216

[표 제 부] (토지의 표시)

표시번호	접 수	소재지번	지 목	면 적	등기원인 및 기타사항
1 (전3)	1997년7월12일	제주시 애월읍 154	대	800㎡	부동산등기법시행규칙부칙 제3조 제1항의 규정에 의하여 2001년 7월14일 전산이기

[갑   구] (소유권에 관한 사항)

순위번호	등기목적	접수	등기원인	권리자 및 기타사항
1 (전1)	소유권보존	1970년11월22일 제6321호		소유자 민수영 420818-******* 제주도 북제주군 애월읍 애월리 221 부동산등기법시행규칙부칙 제3조 제1항의 규정에 의하여 2001년7월14일 전산이기
2	소유권이전	1987년09월20일 제11174호	1999년09월19일 매매	소유자 문지현 580110-******* 제주도 북제주군 애월읍 애월리 725
3	소유권이전	1998년11월16일 제28390호	1998년11월16일 매매	소유자 백장미 650929-******* 제주시 오라2동 365-11
4	소유권이전	2002년08월11일 제17531호	2002년08월09일 매매	소유자 박근희 721212-******* 제주시 사라동 524-14
5	소유권이전	2010년06월08일 제19214호	2010년06월05일 매매	소유자 한노랑 720604-******* 제주시 애월읍 애월리 428
6	소유권이전청 구권가등기	2014년07월01일 제31721호	2014년06월30일 매매예약	가등기권자 강노을 780618-******* 제주시 한림읍 한림로 681

* 실선으로 그어진 부분은 말소사항을 표시함.   * 등기기록에 기록된 사항이 없는 갑구 또는 을구는 생략함

문서 하단의 바코드를 스캐너로 확인하거나, 인터넷등기소(http://****.go.kr)의 발급확인 메뉴에서 발급 확인번호를 입력하여 위·변조 여부를 확인할 수 있습니다. 발급확인번호를 통한 확인은 발행일로부터 3개월까지 5회에 한하여 가능합니다.

발행번호 11360011002191072010961250SLBO114951WOG295021311124   1/1   발행일 2015/3/03

대법원

[을　　구]　 (소유권 이외의 권리에 관한 사항)

순위번호	등기목적	접수	등기원인	권리자 및 기타사항
~~1~~	~~근저당권설정~~	~~2003년5월21일~~ ~~제3793호~~	~~2003년5월21일~~ ~~설정계약~~	~~채권최고액 금100,000,000원~~ ~~채무자 박근화~~ ~~제주시 사라동 524-14~~ ~~근저당권자 주식회사 한수풀상호신용금고~~ ~~제주도 북제주군 한림읍 한림리 111~~
2	1번 근저당권 설정등기말소	2010년06월07일 제17491호	2010년06월06일 확정채권변제	
3	~~근저당권설정~~	~~2012년10월20일~~ ~~제29213호~~	~~2012년10월18일~~ ~~설정계약~~	~~채권최고액 금70,000,000원~~ ~~채무자 한노랑~~ ~~제주시 애월읍 애월리 428~~ ~~근저당권자 탐라은행~~ ~~제주시 사라동 1881-15~~
4	3번 근저당권 설정등기말소	2013년10월21일 제32111호	2013년10월17일 확정채권변제	

- 이 하 여 백-

수수료 금 1,000원 영수함 관할등기소 제주지방법원 등기과/ 발행등기소 제주지방법원 등기과

이 증명서는 등기기록의 내용과 틀림없음을 증명합니다.
서기 2015년 03월 03일
법원행정처 등기정보중앙관리소 전산운영책임관

등기정보
중앙관리
소전산운
영책임관

* 실선으로 그어진 부분은 말소사항을 표시함.　　* 등기기록에 기록된 사항이 없는 갑구 또는 을구는 생략함

문서 하단의 바코드를 스캐너로 확인하거나, 인터넷등기소(http://****.go.kr)의 발급확인 메뉴에서 발급 확인번호를 입력하여 위·변조 여부를 확인할 수 있습니다. 발급확인번호를 통한 확인은 발행일로부터 3개월까지 5회에 한하여 가능합니다.

발행번호 11360011002191072010961250SLBO114951WOG295021311124　　　1/2　　발행일 2015/03/03

대 법 원

한국감정원 - ISO 0001 인증

감 정 평 가 서

물 건 명	제주시 애월읍 애월리 154 대 800㎡
감정평가서 번 호	한국부감-123-987

알리는 말씀

본 감정평가서는 감정의뢰 목적 이외에 사용하거나 타인(감정의뢰인 또는 담보감정시 확인 은행 이외의 자)이 사용할 수 없을 뿐 아니라 복사, 개작, 전재할 수 없으며 한국감정원은 이로 인한 결과에 대하여 책임을 지지 아니합니다.

한 국 감 정 원
KOREA APPRAISAL BOARD

부동산 평가부 TEL.(02)2189-0000
FAX.(02)562-0000
http://www.korea.co.kr

부 동 산 평 가 표
APPRAISAL STATEMENT

본 감정평가서는 40년 전통의 출자 감정평가 전문기관인 한국감정원에서「부동산 가격공시 및 감정평가에 관한 법률」등 관련법규에 따라 성실·공정하게 작성하였습니다.

평가가액	가격시점	가 액
	2014. 6. 30.	₩200,000,000
	2015. 3. 1.	₩200,000,000

평가의뢰인	강 노 을	평가목적	
채무자		제출처 (채권기관)	강 노 을
평가조건	가격시점 당시를 기준함		

목록표시 근거	등기사항전부증명서	가격시점	조사기관	작성일자
		2014. 6. 30. 2015. 3. 1.		2015. 3. 9.

평가내용	종 별	면적 또는 수량	단가 가격시점	단가 가액	평가가액
	토지 (제주시 애월읍 애월리 154 토지)	800㎡	2014. 6. 30.	250,000원/㎡	200,000,000원
	같은 토지	800㎡	2015. 3. 1.	250,000원/㎡	200,000,000원
			이 하 여 백		

위 평가결과는 평가 가격시점을 기준으로 하여 전후 4월 이내 시점의 가격으로도 활용할 수 있습니다.

조사자	장 기 원	감정평가사	안 영 희
장기원		안영희	

不 動 産 賣 買 契 約 書

매도인과 매수인 쌍방은 아래 표시 부동산에 관하여 다음 계약내용과 같이 매매 계약을 체결한다.

1. 부동산의 표시

所 在 地	제주시 한림읍 한림리 1315-2				
土 地	지 목	대지		面 積	1200 ㎡
建 物	구조·용도			面 積	

2. 계약내용

제1조 위 부동산의 매매에 대하여 매도인과 매수인은 합의에 의하여 매매대금을 아래와 같이 지불하기로 한다.

賣買代金	金 貳億 원(₩200,000,000) 整	單位	
契 約 金	金 貳仟萬 원(₩20,000,000) 整을 계약시 지불하고		
中 渡 金	金 八仟萬 원(₩80,000,000) 整은 2015년 1월 15일 지불하고		
殘 金	金 壹億 원(₩100,000,000) 整은 2015년 3월 15일 지불한다		

제2조 매도인은 매수인으로부터 매매대금의 잔금을 수령함과 동시에 매수인에게 소유권 이전등기에 필요한 모든 서류를 교부하고 이전등기에 협력하여야 하며, 위 대지를 나대지 상태로 인도하여야 한다.

제3조 매도인은 위 부동산에 설정된 저당권, 지상권, 임차권 등 소유권의 행사를 제한하는 사유가 있거나, 조세공과 기타 부담금의 미납금 등이 있을 때에는 잔금 수수일까지 그 권리의 하자 및 부담 등을 제거하여 완전한 소유권을 매수인에게 이전하여야 한다. 다만 승계하기로 합의하는 권리 및 금액은 그러하지 아니한다.

제4조 매수인이 매매대금 지급을 지체한 경우에는 월 2%의 지연손해금을 부담한다.

제5조 매도인이 계약을 위반한 때에는 계약금의 배액을 상환하고, 매수인이 계약을 위반한 때에는 계약금을 몰취한다. 매도인이 중도금을 지불받을 때까지, 매도인은 계약금의 배액을 상환하고, 매수인은 계약금을 포기하고 이 계약을 해제할 수 있다.

이 계약을 증명하기 위하여 계약서 2부를 작성하여 계약당사자가 이의 없음을 확인하고 각자 날인한다.

2014년 11월 15일

매도인	주 소	서귀포시 일주동로 8638				
	생 년 월 일	1971.11.18.생	전화	010-4321-4321	성명	김분홍 (인)
매수인	주 소	제주시 한림읍 한림로 681				
	생 년 월 일	1978.6.18. 생	전화	010-1234-1234	성명	강노을 (인)

領　收　證

금 삼천만 (30,000,000) 원정

제주시 한림읍 한림리 1315-2 대 1200㎡의 매매대금 중도금의
일부로 정히 영수함.

2015.　　1.　　15.

영수인　**김분홍**　[인]

서귀포시 일주동로 8638

강 노 을 귀하

차 용 증

차용인 : 민초록

대여인 : 이파랑

 차용인은 대여인으로부터 하기(下記)와 같이 금원을 차용하고, 정해진 조건에 따라 이를 성실히 변제할 것을 확약함.

1. 금 일억 원을 정히 차용함.
2. 이자율: 월 2%
3. 변제기: 2012. 9. 17.
4. 특약사항: 상기(上記) 대여금상환채무를 담보하기 위하여 강노을 소
　　　　　 유의 제주시 한림읍 한림리 1315-4 대 1800㎡에 채권최
　　　　　 고액을 1억5천만 원 정으로 하는 1순위근저당권을 설정해
　　　　　 주기로 하고, 법무사비용 및 등기비용은 모두 차용인 민초
　　　　　 록이 부담하기로 함.

2010. 9. 18.

차용인 민 초 록　(민초록)　　　　물상보증인 강 노 을　(강노을)

이파랑 귀하

답 변 서

오늘 자네가 보낸 통지서를 받아 보았네.

자네의 도움으로 이파랑으로부터 1억원을 차용했었는데 2010년9월18일부터 2011년9월17일까지의 이자는 모두 지급을 했지만 2011년9월18일부터의 이자와 원금을 지급하지 못하였고, 이로 인해 이파랑으로부터 근저당권을 실행하겠다는 통지를 받은 사실이 있다네. 친구에게 손실을 끼칠 수 없었기에 나는 내가 살던 집을 급하게 팔았고 2013년5월17일에 차용금 1억원과 차용금에 대한 이자 및 지연이자 4000만원을 이파랑에게 변제하였다네. 그러므로 이파랑에 대한 나의 채무는 전혀 남아 있지 않다네. 따라서 이파랑은 근저당권을 말소해 주었어야 하는데 아직도 근저당권을 말소해 주지 않은 것은 이파랑의 잘못이라고 할 수 있네. 나도 이파랑을 만나면 빨리 근저당권을 말소해달라고 얘기해 볼 것이니 자네도 이파랑에게 근저당권을 말소해달라고 요구하도록 하게.

어찌되었든 나 때문에 걱정을 끼치게 된 점은 미안하게 생각하네.

모쪼록 건강하고 자주 보도록 하세나.

2015. 2. 1.

민 초 록 ⊙민초록

강 노 을 귀하

통 지 서

본인과 귀하는 제주시 한림은 한림리 1315-2 부동산에 관하여 부동산매매계약을 체결한 바 있습니다. 귀하는 계약일에 계약금을 지급하기는 하였지만 중도금 지급기일인 2015.1.15.에 중도금 8000만원을 지급하여야 함에도 불구하고 그 일부인 3000만원만 지급한 채 아직까지 나머지 중도금과 잔금을 지급하지 않고 있습니다.

귀하는 미지급한 중도금과 잔금을 조속한 시일 내에 지급해야 할 것인바, 만일 잔금지급기일까지 지급하지 않으면 본인은 부득이 귀하와의 계약을 해약할 수밖에 없음을 알려드립니다.

2015. 2. 25.

통지인 김 분 홍 ㊞

제주우체국
2015. 2. 25.
15 -2987

강 노을 귀하

이 우편물은 2015년 2월 25일 등기 제2987호에 의하여 내용증명 우편물로 발송하였음을 증명함

제주우체국장 ㊞

차 용 증

차용인은 다음과 같은 조건으로 귀하로부터 2억5000만원을 차용합니다.

금액 : 2억5000만원
이자 : 없음
변제기 : 없음
특약 : 차용인은 최대한 빠른 시간 내에 차용금을 변제하기로 함.

2003년 3월 30일

차용인 최 하 양 [최하양인]

강 노을 귀하

영 수 증

금 일억오천만원을 정히 영수함

2013년 7월 1일

영수인 강 노 을 ⟨강노을⟩

최하양 귀하

통 지 서

본인은 2013년10월5일 귀하를 비롯한 초등학교 동창들과 동창회 참석 후 뒷풀이로 밤늦게까지 술을 마신 적이 있는데, 귀하가 술에 취해 본인에게 시비를 걸다가 본인을 밀어 넘어뜨렸고, 그로 인해 본인이 뒤로 넘어지면서 머리를 탁자에 심하게 부딪쳐 두부좌상 등의 상해를 입은 바 있음은 귀하도 잘 알 것입니다.

본인은 귀하가 백배사죄하면서 용서를 구했기에 민형사상의 책임을 묻지 않기로 하는 합의를 하여 주었는데 귀하는 아직까지도 그 합의를 하면서 약정한 합의금 3500만원을 지급하지 않고 있습니다.

본인은 본인의 언니로서 귀하와는 이종사촌지간인 최하양에게 오늘 자로 귀하에 대한 채권 모두를 양도하고자 합니다. 따라서 귀하는 3500만원을 최하양에게 변제하시기 바랍니다.

2013년 11월 1일

통지인 최 보 라 〔최보라인〕

강노을 귀하

통 지 서

본인은 2003년 3월 30일 귀하로부터 2억5000만원을 차용하였고, 그 중 1억5000만원을 변제하였으므로 아직까지 1억원의 채무가 남아 있으나, 그 채무는 10년의 소멸시효기간이 도과하였으므로 이미 소멸하였습니다. 귀하에게는 미안하기 그지없는 일이기는 하나 이미 채무가 소멸하였으므로 본인이 귀하에게 채무를 변제할 의무는 없다고 할 것입니다.

그리고 본인은 귀하에 대해 3500만원의 양수금채권을 갖고 있습니다. 즉 귀하에 대해 채무변제의무가 없고 오히려 귀하에 대해 3500만원의 채권을 갖고 있는 상태입니다.

본인이 귀하에게 부담하고 있던 채무가 소멸하였다고 하더라도 1억원을 변제하지 못한 도의적 책임이 있는 것은 사실이라고 생각합니다. 그래서 본인은 본인이 귀하에 대해 갖고 있는 채권액과 본인이 부담하였던 채무액을 대등액에서 상계하고자 합니다.

2014. 5. 15.

통지인 최 하 양 [최하양인]

강 노 을 귀하

최 고 서

수신인 : 최하양

　　　　서귀포시 중정로 123

본인은 귀하에게 2억5000만원을 이자약정 없이 대여함에 있어 변제기를
정하지 않은바 있습니다. 귀하는 본인에게 금1억5000만원은 변제하였으
나 아직까지 나머지 1억원은 변제하지 않고 있습니다. 그러므로 본인은
귀하에게 2014.5.31.까지 대여잔금 1억원을 지급해 줄 것을 최고하오니
위 기일까지 1억원을 지급해주시기 바랍니다.

2014. 4. 30.

최고인 강 노을 강노을

최하양 귀하

이 우편물은 2014년 4월 30일 등기 제13155호에
의하여 내용증명 우편물로 발송하였음을 증명함

제주우체국장 제주우체국장의인인

<table>
<tr><td colspan="4" align="center">우 편 물 배 달 증 명 서</td></tr>
<tr><td colspan="4">수취인의 주거 및 성명
최하양
서귀포시 중정로 123</td></tr>
<tr><td>접수국명</td><td>제주</td><td>접수연월일</td><td>2014년 4월 30일</td></tr>
<tr><td>접수번호</td><td>제 13155 호</td><td>배달연월일</td><td>2014년 5월 1일</td></tr>
<tr><td colspan="2">적 요
　　본인 수령
　　최하양</td><td colspan="2" align="center">2014. 5. 3.
제주우체국장
제주우
체국장
인인인</td></tr>
</table>

주 민 등 록 표

(등 본)

이 등본은 세대별 주민등록표의 원본
내용과 틀림없음을 증명합니다.

2015년 3월 2일

제주특별자치도 제주시장

세대주 성명 (한자)	강노을(姜노을)		세 대 구 성 사유 및 일자	전입세대구성 2009 - 09 - 08	
번호	주 소 (통/ 반)			전입일/ 변동일	
				변 동 사 유	
현주소	제주특별자치도 제주시 한림읍 한림로 681			2012-08-18	2012-08-18 전입
	== 이 하 여 백 ==				
번호	세대주 관계	성명(한자) 주민등록번호	전입일/변동일	변동사유	
1	본인	강노을(姜노을) 780618-*******			
2	처	유태숙(柳泰淑) 801107-*******			
3					
	== 이 하 여 백 ==				

서류발행일 2015년 3월 2일

제주특별자치도 제주시장

제주특별
자치도제
주시장인

〔수입증지가 인영(첨부)되지 아니한 증명은 그 효력을 보증할 수 없습니다〕

부 동 산 매 매 예 약 서

매도인과 매수인 쌍방은 아래 표시 부동산에 관하여 다음 예약 내용과 같이 매매예약을 체결한다.

1.부동산의 표시

부동산	제주시 애월읍 애월리 154		
지목	대지	면 적	800㎡

2. 계약내용

- 매도인은 매수인에게 2014.12.31.까지 제주시 애월읍 애월리 240 소재 몽생이카페의 인테리어공사대금 2억원과 준공일의 다음날인 2014.6.13.부터 월 2%의 비율에 의한 지연손해금을 지급하지 못하는 경우 위 부동산의 소유권을 매수인에게 양도한다.
- 매도인은 매수인에게 위 부동산에 대한 소유권이전청구권 보전을 위한 가등기를 해주기로 한다.

본 예약을 증명하기 위하여 예약 당사자가 이의 없음을 확인하고 입회인 입회 하에 각각 서명·날인, 간인한 후 각 1통씩 보관한다.

2014년 6월 30일

매도인	주 소	제주시 애월읍 일주서로 6320					한노랑인
	주민등록번호	720604-*******	전 화	010-7213-2315	성명	한노랑	
매수인	주 소	제주시 한림읍 한림로 681					강노을인
	주민등록번호	780618-*******	전 화	(064) 231 - 2175	성명	강노을	
김판술 입회 하에 쌍방 직접 합의함 김판술(681117 - *******)							김판술인

청 구 서

수취인 : 한노랑
　　　　제주시 애월읍 일주서로 6320

본인은 귀하로부터 2014.1.13. 귀하 소유인 제주시 애월읍 애월리 240 소재 몽생이카페의 인테리어공사를 공사대금은 2억원(준공일에 일시금으로 지급하기로 함), 준공예정일은 2014.6.12.로 정하여 수주한 바 있습니다.

본인은 귀하와의 약정에 따라 2014.6.12. 위 인테리어공사를 완료한 후 귀하에게 위 카페를 인도한 바 있는데, 귀하는 아직까지도 공사대금을 지급하지 않고 있습니다.

본인은 귀하에게 인테리어공사대금의 지급을 청구하오니 조속한 시일 내에 지급해주시기 바랍니다.

만일 귀하가 이번 달까지 공사대금을 지급하지 않으면 본인은 어쩔 수 없이 법적조치를 취할 수밖에 없음을 알려 드립니다.

2014. 6. 25.

청구인 강 노 을 (강노을인)

한노랑 귀하

소　장

원　고　　강노을 (1978.6. 18.생)[1]

　　　　　제주시 한림읍 한림로 681[2]

　　　　　소송대리인[3] 법무법인 개신[4]

　　　　　담당변호사 윤새별

　　　　　제주시 남광북5길 3

피　고　　1.[5] 이파랑 (1975.3.15.생)

　　　　　　제주시 한경면 두신로 84

　　　　　2. 김분홍 (1971.11.18.생)

　　　　　　서귀포시 일주동로 8638

　　　　　3. 한노랑 (1972.6.4.생)

　　　　　　제주시 애월읍 일주서로 6320

　　　　　4. 최하양 (1973.7.7.생)

　　　　　　서귀포시 중정로 123

대여금등 청구의 소[6]

청 구 취 지

1. 원고에게,

가. 피고 이파랑은 제주시 한림읍 한림리 1315-4 대 1800㎡에 관하여 제주지방법원 2010. 9.

---

1) 개인정보보호법에 따라 주민등록번호의 수집이 금지되므로 원고를 특정하기 위해 생년월일만 적시하도록 한다.
2) 도로명주소법에 따라 2014. 1. 1.부터는 도로명주소를 적시해야 한다.
3) 원고의 수가 단수인 경우 소송대리인이라고 적시하면 충분하고 원고 소송대리인이라고 적시하지 않지만 원고의 수가 복수이면 원고들 소송대리인이라고 적시한다.
4) 법무법인 개신과 개신 법무법인은 전혀 다른 법무법인이다.
5) 원고 또는 피고의 수가 복수인 경우 번호를 붙여 표시한다.
6) 소유권이전등기절차이행 등 청구의 소, 근저당권설정등기말소등기절차이행 등 청구의 소, 부동산 인도 등 청구의 소 라고 표기할 수도 있다.

23. 접수 제21611호로 마친 근저당권설정등기에 대하여 2013. 5. 17. 확정채권변제를[7] 원인으로 한 말소등기절차를 이행하고,

나. 피고 김분홍은 원고로부터 금 1억 5,200만 원을 지급받음과 동시에 제주시 한림읍 한림리 1315-2 대 1,200㎡에 관하여 2014. 11. 15. 매매를 원인으로 한 소유권이전등기절차를 이행하고, 위 부동산을 인도하고,

다. 피고 한노랑은 제주시 애월읍 애월리 154 대 800㎡에 관하여 제주지방법원 2014. 7. 1. 접수 제31721호로 마친 소유권이전등기청구권보전을 위한 가등기에 기하여 이 건 소장부본 송달일자 매매를 원인으로 한[8] 소유권이전등기절차를 이행하고, 위 부동산을 인도하고,

라. 피고 최하양은 금 6,500만 원 및 이에 대한 2014. 6. 1.부터 이 건 소장부본 송달일까지는 연 5%, 그 다음 날부터 다 갚는 날까지는 연 20%의 각 비율에 의한 금원을 지급하라.

2. 소송비용은 피고들이 부담한다.

3. 위 제1항의 나. 다. 중 부동산 인도부분과 제1항의 라.부분은 가집행할 수 있다.[9][10]

라는 판결을 구합니다.

청 구 원 인

1. 피고 이파랑에 대한 청구

가. 계약관계

소외 민초록은 2010. 9. 18. 피고 이파랑과 위 피고로부터 금 1억 원을 차용하면서 이자는 월 2%, 변제기는 2012. 9. 17.로 하는 내용의 금전소비대차계약을 체결하였고, 원고는

---

7) 저당권의 경우는 '변제'라고 표기하여야 하나 근저당권의 경우에는 '확정채권변제'라고 표기하여야 한다. 말소등기절차 이행을 구하는 경우에도 사실과 등기의 불일치가 후발적인 경우에는 등기원인을 기재하여야 한다.
8) 이 건 소장부본 송달로서 매매예약완결권을 행사하였으므로 매매계약은 이 건 소장부본 송달 시에 있게 된다.
9) 의사의 진술을 구하는 청구는 가집행 대상이 되지 않는다.
10) 동시이행판결, 선이행판결에 대하여도 가집행선고를 할 수 있다. 동시이행관계에 있는 반대급부의 이행은 집행개시의 요건이고 선이행관계에 있는 반대급부의 이행은 조건에 해당하므로 집행문부여의 요건이 된다.

절친한 친구인 위 소외인의 부탁에 따라 위 피고와 위 계약일에 위 차용원리금 반환채무를 담보하기 위한 근저당권설정계약을 체결하면서 자신의 소유인 제주시 한림읍 한림리 1315-4 대 1,800㎡에 관하여 제주지방법원 2010. 9. 23. 접수 제21611호로 채권최고액 1억 5,000만 원, 채무자를 민초록으로 하는 근저당권설정등기를 경료하였습니다.[11]

나. 이행관계

소외 민초록은 위 피고에게 2011. 9. 17.까지의 이자는 모두 지급하였으나 경제적인 사정의 악화로 인해 그 다음 날부터의 이자를 한 푼도 지급하지 못하였고 위 변제기일이 지나서까지도 위 차용금을 지급하지 못하였습니다. 위 소외인은 위 부동산에 관한 근저당권을 실행하겠다는 피고 이파랑의 통지를 받게 되자 원고에게 손실을 끼칠 수 없다는 판단 아래 자신이 살던 집을 매각하여 자금을 마련한 후 2013. 5. 17. 위 차용금 1억 원과 위 차용금에 대한 이자 및 지연손해금 4,000만 원(1억 원 × 0.02 × 20개월)을 변제하였고, 따라서 위 근저당권의 피담보채무는 전액 변제되었습니다.[12]

다. 이행청구

피고 이파랑은 원고에게 위 부동산에 관하여 경료한 근저당권설정등기에 대하여 2013. 5. 17. 확정채권변제를[13] 원인으로 한 말소등기절차를 이행할 의무가 있습니다.[14]

2. 피고 김분홍에 대한 청구

가. 계약관계

원고는 2014. 11. 15. 피고 김분홍과 위 피고 소유인 제주시 한림읍 한림리 1315-2 대 1,200㎡에 관하여 매도인을 김분홍으로, 매수인을 강노을로 하고, 매매대금을 2억 원으로 하되 계약일에 계약금으로 2,000만 원을, 2015. 1. 15. 중도금으로 8,000만 원을, 2015. 3. 15. 잔금으로 1억 원을 각 지급하기로 하며, 소유권이전등기에 필요한 서류는 잔금지급과 상환으로 교부하고 매수인이 매매대금 지급을 지체한 경우에는 월 2%의 비율에 의한 지연손해금을 지급하기로 하는 내용의 부동산매매계약을 체결하였습니다.

---

[11] 근저당권설정등기말소절차이행을 구하는 전제로서 근저당권설정계약 및 근저당권설정등기 내용을 기재하여야 한다.
[12] 근저당권존속기간의 만료, 기본계약상 결산기의 도래, 당사자의 합의, 기본계약의 해지 등에 의하여 계속적 거래관계가 종료하면 그때까지의 잔존채권으로 피담보채권이 확정된다.
[13] 등기원인을 기재함에 있어 저당권의 경우에는 '변제'라고 기재하지만 근저당권의 경우에는 '확정채권변제'라고 기재한다.
[14] 소유권에 기한 방해배제청구로써 말소등기절차이행을 구하는 것이다.

나. 이행관계

원고는 위 계약일에 계약금을, 중도금 지급기일에 중도금 중 일부인 3,000만 원을 위 피고에게 각 지급하였으나 경제적인 사정의 악화로 인해 중도금 중 일부인 5,000만 원과 잔금은 아직까지 지급하지 못하고 있습니다.

한편 위 피고는 현재까지도 위 부동산에 관한 소유권이전등기에 필요한 서류를 교부하지 않고 있을 뿐만 아니라 위 부동산의 인도마저 거부하고 있습니다.

다. 이행청구

피고 김분홍은 원고로부터 나머지 중도금 5,000만 원 및 이에 대한 중도금 지급기일 다음 날인 2015. 1. 16.부터 잔금지급기일인 2015. 3. 15.까지의 약정 지연손해금 200만 원 (5,000만 원 × 0.02 × 2개월)과 잔금 1억 원을 합한 금 1억 5,200만 원을 지급받음과 동시에,[15] 원고에게 위 부동산에 관하여 2014. 11. 15. 매매를 원인으로 한 소유권이전등기를 이행할 의무가 있고, 위 부동산을 인도할 의무가 있습니다.

라. 상대방 주장에 대한 대응

피고 김분홍은 원고가 중도금의 일부만을 지급한 채 나머지 부분 및 잔금을 아직 지급하지 않고 있음을 사유로 채무불이행에 기한 계약해제를 주장할 수 있습니다.

매수인이 매매계약의 대금지급의무의 이행을 지체하고 있다고 하더라도, 매도인이 미리 자기 채무를 이행하지 아니할 의사를 표명하지 아니한 이상, 매도인이 매수인의 채무불이행을 이유로 매매계약을 해제하기 위하여는 매수인에게 소유권이전등기에 필요한 서류 등을 현실적으로 제공하거나 그렇지 않더라도 소유권이전등기에 필요한 제반 서류를 준비하여 두고 매수인에게 그 수령을 최고함으로써 자신의 채무이행의 제공을 마치고 그러한 상태를 계속 유지하고 있어야 할 것입니다.[16]

원고는 피고 김분홍에게 중도금의 일부를 지급함으로써 이행의 착수를 한 상태인 바, 동시이행의 관계에 있는 쌍무계약에 있어서 상대방의 채무불이행을 이유로 계약을 해제하려고 하는 자는 동시이행관계에 있는 자기 채무의 이행을 제공하여야 하는 것인데,[17] 위 피고는 원고에게 위 부동산의 소유권이전등기에 필요한 제반서류를 교부한 바도 없고, 그 서류를 준비한 후 원고에게 그 수령을 최고한 바가 없다는 점을 고려할 때 매매계약의 해

---

15) 매수인이 선이행하여야 할 중도금지급을 하지 아니한 채 잔대금지급일을 경과한 경우에는 매수인의 중도금 및 이에 대한 지급일 다음날부터 잔대금지급일까지의 지연손해금과 잔대금의 지급채무는 매도인의 소유권이전등기의무와 특별한 사정이 없는 한 동시이행관계에 있다(대판 1991.3.27. 90다19930).
16) 대판 2009.3.26. 2008다94646.
17) 대판 2008.4.24. 2008다3053.

제를 운운하는 위 피고의 주장은 그릇되다 아니 할 수 없습니다.

3. 피고 한노랑에 대한 청구

가. 계약관계

원고는 2014. 1. 13. 피고 한노랑으로부터 위 피고 소유의 제주시 애월읍 애월리 240 소재 몽생이카페의 인테리어공사를 수주하면서 위 피고와 인테리어공사대금은 2억 원, 준공예정일은 2014. 6. 12.까지로 하되 인테리어공사대금은 2014. 6. 12.에 일시금으로 지급하기로 하는 내용의 공사계약을 체결하였습니다. 원고가 위 준공예정일에 위 계약에 따른 인테리어공사를 마쳤음에도 불구하고 위 피고는 공사대금을 한 푼도 지급하지 않았습니다. 원고는 피고에게 위 공사대금의 지급을 종용하자 위 피고는 위 공사대금과 월 2%의 지연손해금을 2014. 12. 31.까지 변제하겠다며 위 공사대금 및 지연손해금을 담보하기 위해 자신 소유의 부동산에 가등기를 설정해 주겠다고 하였습니다. 그러므로 원고와 위 피고는 2014. 6. 30. 위 피고가 위 공사대금 및 지연손해금을 2014. 12. 31.까지 변제하지 못하게 될 경우 제주시 애월읍 애월리 154 대 800㎡의 소유권을 원고에게 양도하기로 하는 매매예약을[18] 체결하였고, 이에 따라 위 피고는 원고에게 위 부동산에 관하여 제주지방법원 2014. 7. 1. 접수 제31721호로 소유권이전청구권 보전을 위한 가등기를 마쳐주었습니다.[19]

나. 이행관계

위 피고는 현재까지 위 공사대금 2억 원 및 이에 대한 2014. 6. 13.부터 다 갚는 날까지의 월 2%의 비율에 의한 지연손해금을 변제하지 않고 있습니다.

다. 이행청구

원고는 위 피고에게 이 건 소장부본 송달로서, 위 부동산의 가액이 피담보채권인 공사대금 및 지연손해금에 미달하여 정산금이 없고, 따라서 위 부동산을 확정적으로 원고의 소유로 귀속시키겠다는 취지의 정산통지를 하고,[20] [21] 예약완결권을 행사합니다.[22] 그러므로 피

---

[18] 순수한 매매예약이 아니라 대물변제예약의 일환으로 이루어진 것이다.

[19] 가등기담보법은 차용물의 반환에 관하여 다른 재산권을 이전할 것을 예약한 경우에 적용되므로 공사대금채권을 담보하기 위하여 경료된 가등기담보에는 그 법은 적용되지 아니한다고 할 것인바, 이 사건 가등기담보의 피담보채권은 공사대금채권에 해당하므로 이 사건 가등기담보의 실행에 가등기담보법의 적용은 없다고 할 것이다. 그리고 가등기담보법은 대물변제 등의 예약 당시를 기준으로 재산권의 가액이 차용액 및 이자의 합산액을 초과하는 때에만 적용되므로 그 적용여부를 판단하기 위해서는 반드시 예약당시를 기준으로 재산권의 가액과 차용액 및 이자를 산정하여야 한다.

[20] 민법 제607조, 제608조 및 가등기담보법은 대물변제예약 당시의 재산권 가액이 차용액 및 그 이자 합산액을 초과한

고 한노랑은 원고에게 제주시 애월읍 애월리 154 대 800㎡에 관하여 제주지방법원 2014. 7. 1. 접수 제31721호로 마친 소유권이전등기청구권 보전을 위한 가등기에 기하여 이 건 소장부본 송달일자 매매를 원인으로 한 소유권이전등기절차를 이행할 의무가 있고,23) 위 부동산을 인도할 의무가 있습니다.

라. 상대방 주장에 대한 대응

피고 한노랑은 원고에 대한 공사대금채무를 담보하기 위해 이 건 부동산에 가등기를 설정한 것이므로 가등기담보 등에 관한 법률 제3, 4조상의 청산절차를 거치지 않고는 원고가 이 건 소유권이전등기절차이행을 구할 수 없다는 취지의 주장을 할 수 있습니다.

그러나 가등기담보 등에 관한 법률은 차용물의 반환에 관하여 차주가 차용물을 갈음하여 다른 재산권을 이전할 것을 예약할 때 그 재산의 예약 당시 가액이 차용액과 이에 붙인 이자를 합산한 액수를 초과하는 경우에 적용(가등기담보 등에 관한 법률 제1조 참조)되는 것인데, 본 건의 경우 원고의 피고 한노랑에 대한 채권은 공사대금채권으로서 차용물이 아니고, 매매예약 당시의 위 부동산 가액이 공사대금 및 이에 대한 지연손해금에 미치지 못하는 경우이므로 위 법의 적용대상이 아니라 할 것입니다. 따라서 위 법 적용을 전제로 한 위 피고의 주장은 그릇되다 아니 할 수 없습니다.

4. 피고 최하양에 대한 청구

가. 대여금 채권

원고는 2003. 3. 30. 이종사촌 누나인 피고 최하양에게 변제기 및 이자의 약정 없이 2억 5,000만 원을 대여하였는데 2013. 7. 1. 위 피고로부터 1억 5,000만 원 변제받았지만 아

경우에만 적용되는데, 애초부터 그 적용이 없는 비소비대차상의 채권 담보를 위한 가등기담보 등의 경우에는 설사 재산권 가액이 채무액에 미달하더라도 대물변제 특약이 없는 한 역시 정산절차를 요하는 약한 의미의 양도담보로 추정된다는 것이 대법원 입장이다. 이 경우 채권자는 채무자 등에게 재산권 가액이 미달하여 정산금이 없다는 취지의 통지를 하는 방법으로 정산통지를 하여야 하는바, 본 건의 경우 소장송달로서 정산금이 없다는 취지의 통지를 하였다.

21) 재산권 평가액이 피담보채권액에 미달하는 경우에는 채무자에게 그와 같은 내용의 통지를 하는 등 정산절차를 마쳐야 하며, 귀속정산의 통지방법에는 아무런 제한이 없어 구두로든 서면으로든 가능하고, 담보부동산의 평가액이 피담보채권액에 미달하는 경우에는 청산금이 있을 수 없으므로 귀속정산의 통지방법으로 부동산의 평가액 및 채권액을 구체적으로 언급할 필요 없이 그 미달을 이유로 채무자에 대하여 담보권의 실행으로 그 부동산을 확정적으로 채권자의 소유로 귀속시킨다는 뜻을 알리는 것으로 족하다(대판 2001.8.24, 2000다15661).

22) 대물변제예약 완결의 의사표시는 특별한 방식을 요하는 것이 아니고 예약 의무자에 대한 의사표시로 할 수 있다(대판 1997.6.27, 97다12488).

23) 가등기담보등에관한법률은 재산권 이전의 예약에 의한 가등기담보에 있어서 그 재산의 예약 당시의 가액이 차용액 및 이에 붙인 이자의 합산액을 초과하는 경우에 한하여 그 적용이 있다 할 것이므로, 가등기담보부동산에 대한 예약 당시의 시가가 그 피담보채무액에 미치지 못하는 경우에 있어서는 같은 법 제3, 4조가 정하는 청산금평가액의 통지 및 청산금지급 등의 절차를 이행할 여지가 없다(대판 1993.10.26, 93다27611). 본 건 사안의 경우 가등기담보부동산의 예약 당시의 시가가 피담보채무액에 미치지 못하므로 가등기담보법 상의 청산절차를 취할 여지가 없는 것이다.

직까지 나머지 1억 원은 변제받지 못하고 있습니다.[24]

나. 채권양도

원고는 2013. 10. 5. 초등학교 동창회에서 만난 동창들과 밤늦게까지 술을 마시다 초등학교 동창이자 피고 최하양의 동생으로서 원고와 이종사촌지간인 소외 최보라와 말다툼을 벌이게 되었는데 말다툼 과정에서 원고가 위 소외인을 밀어 넘어뜨렸고, 위 소외인이 뒤로 넘어지면서 머리를 탁자에 심하게 부딪치게 되었고, 그로 인해 두부좌상 등의 상해를 입은 바 있습니다. 원고는 술이 깬 이후 위 소외인을 찾아가 백배사죄하면서 위 소외인과 원고에 대해 민형사상의 책임을 묻지 않기로 하는 합의를 하고 합의금 3,500만 원을 지급하기로 약정한 바 있습니다.

위 소외인은 원고가 위 합의금의 지급을 지체하자 2013. 11. 1. 위 3,500만 원의 손해배상채권을 피고 최하양에게 양도하면서 같은 날 원고에게 위 채권양도통지를 하였고, 그 통지는 같은 달 3. 원고에게 도달하였습니다.

다. 상 계

피고 최하양은 2014. 5. 15. 자신의 원고에 대한 위 양수금채권과 원고의 피고 최하양에 대한 대여금채권을 대등액에서 상계한다는 의사표시를 하였고,[25] 그 의사표시는 같은 달 17. 원고에게 도달한 바 있습니다.

피고 최하양의 양수금채권은 그 본질이 불법행위로 인한 손해배상채권인 바, 불법행위로 인한 손해배상채권은 불법행위시에 발생하고 그 이행기가 도래하는 것이므로[26] 위 양수금채권의 이행기는 2013. 10. 5.입니다. 한편, 원고의 피고 최하양에 대한 대여금채권은 기한의 정함이 없는 채권으로서 채권성립과 동시에 반환청구가 가능하므로 2003. 3. 30.이 이행기입니다.

그렇다면 이행기가 늦게 도래하는 2013. 10. 5.이 상계적상일이고, 2013. 10. 5. 당시 자동채권인 피고 최하양의 원고에 대한 양수금채권은 3,500만 원이며,[27] 2013. 10. 5. 당시

---

24) 금전소비대차에서 당사자 간에 이자에 대한 약정이 없는 경우에 채무자는 이자를 지급할 의무가 없고 원금만 반환하면 된다. 다만 상인 간에는 그러한 약정이 없는 경우에 연 6%의 법정이자를 청구할 수 있지만 본 건의 경우에는 당사자들이 상인이 아니므로[이자지급의무가] 없다.

25) 피고 최하양의 원고에 대한 양수금채권은 불법행위로 인한 손해배상채권이므로 이를 수동채권으로 하여 원고가 상계할 수는 없으나 피고 최하양이 이를 자동채권으로 하여 원고의 대여금채권과 상계하는 것은 가능하다.

26) 대판 1994.2.25, 93다38444.

27) 불법행위로 인한 손해배상채무는 그 성립과 동시에, 또 채권자의 청구 없이도 당연히 이행지체가 되므로 2013. 10. 5.부터 3,500만 원에 대한 지연손해금이 당연히 가산되어야 하나 그 이행기에 곧바로 상계처리되었으므로 상계의 대상이 되는 채권은 손해배상합의금 3,500만 원이다.

수동채권인 원고의 피고 최하양에 대한 대여금채권은 1억 원이었습니다.[28] 따라서 자동채권 3,500만 원을 수동채권 1억 원에서 상계하면 원고의 피고 최하양에 대한 대여금채권은 6,500만 원이 남습니다.

라. 이행청구

반환시기의 약정이 없는 소비대차의 경우 대주는 상당한 기간을 정하여 반환을 최고하여야 하므로 차주는 상당한 기간이 경과한 때부터 지체책임을 지게 됩니다. 그런데 원고는 상계의 의사표시를 수령하기 전인 2014. 4. 30. 피고 최하양에게 같은 해 5. 31.까지 대여잔금 1억원을 지급해 줄 것을 최고하였으므로 피고 최하양은 위 대여잔금 6,500만 원 및 이에 대한 상당한 기간이 경과한 후인 2014. 6. 1.부터 이 건 소장부본 송달일까지는 민법이 정한 연 5%의, 그 다음날부터 다 갚는 날까지는 소송촉진 등에 관한 특례법이 정한 연 20%의 각 비율에 의한 지연손해금을 지급할 의무가 있습니다.

마. 상대방 주장에 대한 대응

피고 최하양은 원고의 위 피고에 대한 대여금채권이 소멸시효 완성으로 인해 소멸되었다고 주장할 수 있습니다. 위 대여금채무는 변제기에 대한 약정이 없으므로 기한의 정함이 없는 채무이고, 기한의 정함이 없는 채무는 채권성립시부터 소멸시효가 진행하므로 위 대여금채권이 성립한 2003. 3. 30.부터 10년이 경과한 2013. 3. 30. 그 소멸시효가 완성되었으므로 위 피고의 주장이 일응 일리가 있다고 할 것입니다.

그러나 피고 최하양은 소멸시효 완성 후인 2013. 7. 1. 위 대여금채무 2억 5,000만 원 중 1억 5,000만 원을 원고에게 변제하였는바, 채무자가 시효완성 후에 채무를 변제하였다면 특별한 사정이 없는 한 시효완성의 사실을 알고 그 이익을 포기한 것으로 추정되며,[29] 일부변제의 경우에 다른 특별한 사정이 없는 한 잔존채무에 대해서도 승인을 한 것으로 보아 일부변제는 채무 전체에 대한 시효이익의 포기로 보고 있습니다.[30] 따라서 피고 최하양이 대여금채무 2억 5,000만 원 중 일부인 1억 5,000만 원을 변제조로 지급한 것은 원고에 대한 대여금채무 전체에 대하여 시효이익을 포기한 것으로 보아야 할 것이므로 피고 최하양의 소멸시효 주장은 이유가 없습니다.

---

28) 위 대여금채권은 이자의 약정이 없었으므로 원고가 그 지급을 청구할 때까지는 지연손해금이 발생하지 않는다.
29) 대판 1967.2.7. 66다2173.
30) 대판 1993.10.26. 93다14936.

5. 결 론

이상과 같은 이유로 원고는 피고들에 대해 청구취지 기재와 같은 청구를 합니다.

증 거 방 법

(생략)

첨 부 서 류

(생략)

2015. 3. 15.

원고 소송대리인
법무법인 개신
담당변호사 윤새별 ㉞

제주지방법원 귀중

기록형 문제

제5회

【문 제】

귀하(변호사 김상승)는 이 사건의 담당변호사로서 의뢰인 김일환과 상담일지 기재와 같은 내용으로 상담하고, 첨부서류를 자료로 받았다. 귀하는 의뢰인의 요구사항 및 이익에 최대한 부합하는 소장을 작성하되, 청구원인을 작성함에 있어 먼저 청구원인사실을 중심으로 기재한 다음 기록 내용에 비추어 피고(들)가 법령 및 판례에 따라 제기할 것으로 예상되는 주장 및 항변을 정리하고 각 그에 대한 반론을 개진하시오. (175점)

【작성요령】

1. 본 기록 내에 나타나 있는 사실관계 및 증거자료만을 기초로 하고, 별도의 법률행위 또는 사실행위를 한 것을 전제로 하지 말 것.
2. 사실관계 주장은 첨부된 자료 중 증거로 신청·제출이 가능한 자료를 토대로 하여 증거법상 법원에 의하여 인정받을 가능성이 있다고 판단되는 내용으로 한정할 것.
3. 각종 서류는 모두 적법하게 작성되었고, 기록상 일자의 요일은 실제 요일과 무관하게 토요일 또는 공휴일이 없는 것을 전제로 할 것.
4. 법리적인 주장은 현행 법령 및 대법원 판례의 태도에 비추어 받아들여질 가능성이 없다고 판단되는 내용은 제외하며, 귀하가 소를 제기하는 경우 상대방은 적극적으로 응소하는 것을 전제로 할 것.
5. 소장의 기재사항 중 증거방법 및 첨부서류란을 생략하여도 무방함.
6. 청구취지에 부동산을 표시하는 경우에는 반드시 청구취지 본문에 기재하고, 별지로 처리하지 말 것.
7. 금전청구를 하는 경우 구체적 증명이 없으면 나타난 자료만으로 일응 청구하고 소송 중에 정확한 증거신청을 할 것을 전제로 청구할 것.
8. 소장의 작성일 및 소(訴) 제기일은 2015. 10. 6.로 할 것.

[참고자료]

각급 법원의 설치와 관할구역에 관한 법률 (일부)
[시행 2014.12.30.] [법률 제12879호, 2014.12.30., 일부개정]

제4조(관할구역) 각급 법원의 관할구역은 다음 각 호의 구분에 따라 정한다. 다만, 지방법원 또는 그 지원의 관할구역에 시·군법원을 둔 경우 「법원조직법」 제34조 제1항 제1호 및 제2호의 사건에 관하여는 지방법원 또는 그 지원의 관할구역에서 해당 시·군법원의 관할구역을 제외한다.
1. 각 고등법원·지방법원과 그 지원의 관할구역: 별표 3
2. ~7. 생략

[별표 3] 고등법원·지방법원과 그 지원의 관할구역 (일부)

고등법원	지방법원	지원	관할구역
서울	서울중앙		서울특별시 종로구·중구·강남구·서초구·관악구·동작구
	서울동부		서울특별시 성동구·광진구·강동구·송파구
	서울남부		서울특별시 영등포구·강서구·양천구·구로구·금천구
	서울북부		서울특별시 동대문구·중랑구·성북구·도봉구·강북구·노원구
	서울서부		서울특별시 서대문구·마포구·은평구·용산구
	의정부		의정부시·동두천시·구리시·남양주시·양주시·연천군·포천시·가평군, 강원도 철원군. 다만, 소년보호사건은 앞의 시·군 외에 고양시·파주시
		고양	고양시·파주시
	인천		인천광역시. 다만, 소년보호사건은 앞의 광역시 외에 부천시·김포시
		부천	부천시·김포시
	수원		수원시·오산시·용인시·화성시. 다만, 소년보호사건은 앞의 시 외에 성남시·하남시·평택시·이천시·안산시·광명시·시흥시·안성시·광주시·안양시·과천시·의왕시·군포시·여주군·양평군
		성남	성남시·하남시·광주시
		여주	이천시·여주시·양평군
		평택	평택시·안성시
		안산	안산시·광명시·시흥시
		안양	안양시·과천시·의왕시·군포시

상 담 일 지

접수번호	2015민145	상담일	2015. 10. 2.
상담인	김일환	연락처	010-1234-5619
담당변호사	김상승	사건번호	

【상담내용】

1. 의뢰인 김일환은 건축자재 도매업을 영위하는 (주)일환건업의 대표이사로서, 위 회사는 건축자재 소매업을 영위하는 최이준에게 건축자재를 공급하고 1억 7,000 만 원의 대금채권을 가지고 있다.

2. 의뢰인이 최이준에 대하여 대금지급을 요구하자 최이준은 자금사정이 어렵다고 하면서 약속어음 공정증서를 작성하여 주고, 아울러 사무실 및 창고에 관한 임대 차계약서를 교부하였다.

3. 의뢰인은 최이준으로부터 교부받은 각 임대차계약서상 임대차보증금반환채권에 관하여 2건의 전부명령을 신청하였고, 각 전부명령이 채무자 최이준에게 송달되 었으나 불복하지 않아 확정되었다.

4. 의뢰인은 전부명령에 따라 각 전부금채무자에 대하여 전부금을 청구하였으나 각 전부금채무자들은 이런저런 이유를 대면서 그 이행을 하지 않고 있다.

【의뢰인의 요구사항】

의뢰인은 2건의 전부명령을 근거로 판결을 받아 그 집행을 통하여 가능한 빠른 시일 내에 채권을 회수하게 해달라면서 사건을 의뢰하였다.

【첨부서류】

1. 공정증서(약속어음)

2. 결정(채권압류 및 전부)

3. 신청서(송달증명, 확정증명)

4. 등기사항전부증명서(토지)

5. 부동산임대차계약서(토지)

6. 영수증

7. 전부금지급촉구서(발신 : 일환건업, 수신 : 박태봉)

8. 우편물배달증명서

9. 내용증명(발신 : 박태봉, 수신 : 일환건업)

10. 차용증(최이준)

11. 채권양도양수통지서

12. 결정(채권압류 및 전부)

13. 확정증명원

14. 부동산임대차계약서(건물)

15. 등기사항전부증명서(건물)

16. 전부금지급촉구서(발신 : 일환건업, 수신 : 정명호·정성호)

17. 우편물배달증명서

18. 내용통지서(발신 : 정명호·정성호, 수신 : 일환건업)

19. 사실확인서(최이준)

20. 등기사항전부증명서(일환건업)

법무법인 다일종합법률사무소
변호사 박조정, 양화해, 서온유, 김상승, 이승소
서울 동대문구 양진대로 777
전화 : 961-1543 팩스 : 961-1544 이메일 : sskim@daillaw.com

[제20호 서식] **공증인가 법무법인 제일**

증서 2015 년 제 2357 호

공 정 증 서

210㎜×297㎜ 인쇄용지(특급) 70g/㎡

약 속 어 음

(주)일환건업 귀하   ₩ 170,000,000

金   일억칠천만   원정

위의 금액을 귀하 또는 귀하의 지시인에게 이 약속어음과 상환하여 지급하겠습니다.

발 행 일   2015년 7월 10일   주 소   서울 서초구 서초동 123
지급기일   2015년 7월 10일   발행인   최이준 ㉑
발 행 지   서울특별시   주 소
지급장소   서울특별시   발행인
                                   주 소
                                   발행인

[제24-1호 서식]

증서 2015 년 제 2357 호	
어음공정증서	
관계자의 표시	
관계	촉탁인(발행인)
성명(명 칭)	최이준
주소(소재지)	서울특별시 서초구 서초동 123
직업 ——————— 주민등록번호	670929-1324574
관계	촉탁인(수취인)
성명(명 칭)	(주)일환기업
주소(소재지)	서울특별시 동대문구 이문동 365
직업 ——————— 주민등록번호	
관계	
성명(명 칭)	
주소(소재지)	
직업 주민등록번호	
관계	
성명(명 칭)	
주소(소재지)	
직업 주민등록번호	

위 촉탁인(발행인)   은 본직에 대하여 이 증서에 부착된 어음의

발행 및 기명날인을 자인하며, 위 어음의 소지인에게 위 어음금의 지급을 지체

할 때에는 즉시 강제집행을 받더라도 이의가 없음을 인낙하는 취지의 공정증서

작성을 수취인   과 함께 촉탁하고 각 서명 날인하였다.

촉탁인(발행인)	최이준 (印)
촉탁인(수취인)	(주)일환기업 대표이사 김일환 (印)

[제24-2호 서식]

 위 촉탁인들이 제시한 주민등록증(자동차운전면허증)

에 의하여 그 사람들이 틀림없음을 인정하였다.

대리권은 본인의 인감증명서가 첨부된 위임장에 의하여 이를 인정하였다.

본 직은 이에 위 어음에 대하여 즉시 강제집행할 것을 인낙한 이 공정증서를

2015 년 7 월 10 일 이 사무소에서 작성하였다.

같은 날 본 직은 이 사무소에서 위 촉탁인들의 청구에 의하여 정본은 수취인

 (주)일환건업 에게 등본은 발행인 최이준 에게 각 작성 교부한 바

각자 이를 수령하였다.

공증인가 법무법인 제일

서울 동대문구 회기동 2

공증담당변호사 박상우

210㎜×297㎜ 인쇄용지(특급) 70g/㎡

[제12호 서식]

증서 2015 년 제 2357 호
2015 년 7 월 10 일
공증인가 법무법인 제일
서울 동대문구 회기동 2
공증담당변호사 박 상 우 (朴相友 公證印)

서 울 중 앙 지 방 법 원
결   정

사   건   2015타채20102 채권압류 및 전부

채 권 자   주식회사 일환건업

　　　　　　서울특별시 동대문구 신이문로 33(이문동)

　　　　　　대표이사 김일환

채 무 자   최이준 (670929-1324574)

　　　　　　서울특별시 서초구 서초동 123

제3채무자   박태봉

　　　　　　서울특별시 서초구 서초동 234

주   문

채무자의 제3채무자에 대한 별지 기재 채권을 압류한다.

제3채무자는 채무자에 대하여 별지 기재 채권의 지급을 하여서는 아니 된다.

채무자는 위 채권의 처분과 영수를 하여서는 아니 된다.

위 압류된 채권은 지급에 갈음하여 채권자에게 전부한다.

청구금액

금100,000,000원(공증인가 법무법인 제일 증서 2015년 제2357호에 의한 약속어음금)

이   유

채권자가 위 청구금액을 변제받기 위하여 공증인가 법무법인 제일 증서 2015년 제2357

호 약속어음 공정증서의 집행력 있는 정본에 터 잡아 한 이 사건 신청은 이유 있으므

로 주문과 같이 결정한다.

정 본 입 니 다.

2015. 7. 22.

법원주사 서영진 ㊞

2015. 7. 22.

사법보좌관   김효종   ㊞

주의 : 1. 전부명령이 제3채무자에게 송달될 때까지 다른 채권자가 압류, 가압류 또는 배당요구를 한 때
         에는 전부명령은 효력이 없습니다.
      2. 전부명령은 확정되어야 효력이 있습니다.
민사집행법 제223조, 제227조, 제229조

[별지]

압류할 채권

금 100,000,000원정

채무자(임차인)가 아래 임대차계약이 종료되는 경우에 제3채무자(임대인)에 대하여 가지는 임대차보증금반환채권 중 위 금액.

임대차목적물 서울특별시 서초구 서초동 233 대 280㎡, 임대차보증금 100,000,000원, 임대차기간 2013. 9. 1.~2015. 8. 31. 끝.

신 청 서 (*해당사항을 기재하고 해당번호란에 'O'표)

사건번호   2015타채20102 채권압류 및 전부

신 청 인(채권자)   (주)일환건업
피신청인(채무자)   최이준
제 3 채 무 자   박태봉

집행문부여인지액   원
송달증명인지액 500원
확정증명인지액 500원

1. 집행문부여신청
위 사건의(판결, 결정, 명령, 화해조서, 인낙조서, 조정조서) 정본에 집행문을 부여 ~~하여 주시기 바랍니다.~~

2. 송달증명원
위 사건의 결정 정본이 2015. 7. 25. 제3채무자에게, 2015. 8. 2. 채무자에게 각 송달되었음을 증명하여 주시기 바랍니다.

3. 확정증명원
위 사건의 결정이 2015. 8. 10.자로 확정되었음을 증명하여 주시기 바랍니다.

2015. 9. 26.

위 (2항, 3항)   신청인   (주)일환건업 대표이사 김일환

서울중앙지방법원   귀중

7137

위 (송달, 확정) 사실을 증명합니다.
위 증명합니다
2015년 9월 26일
서울중앙지방법원
법원주사 박영진

등기사항전부증명서(말소사항 포함) - 토지

[토지] 서울특별시 서초구 서초동 233

고유번호 1146-1988-0231118

【 표 제 부 】		(토지의 표시)			
표시번호	접 수	소 재 지 번	지 목	면 적	등기원인 및 기타사항
1 (전2)	1983년4월11일	서울특별시 서초구 서초동 233	대	280m²	부동산등기법 제177조의6 제1항의 규정에 의하여 2000년 9월 15일 전산이기

【 갑 구 】			(소유권에 관한 사항)	
순위번호	등 기 목 적	접 수	등기원인	권리자 및 기타사항
1 (전3)	소유권이전	1982년11월20일 제2278호	1982년9월22일 매매	소유자 김은성 421221-2****** 서울 서초구 반포동 423
				부동산등기법 제177조의6 제1항의 규정에 의하여 2000년 9월 15일 전산이기
2	소유권이전	2003년2월14일 제107330호	2003년1월13일 매매	소유자 박태봉 621123-1****** 서울특별시 서초구 서초동 234

--- 이 하 여 백 ---

* 실선으로 그어진 부분은 말소사항을 표시함.   * 등기부에 기록된 사항이 없는 갑구 또는 을구는 생략함.

문서 하단의 바코드를 스캐너로 확인하거나, 인터넷등기소(http://www.iros.go.kr)의 발급확인 메뉴에서 발급확인번호를 입력하여 위·변조 여부를 확인할 수 있습니다. 발급확인번호를 통한 확인은 발행일로부터 3개월까지 5회에 한하여 가능합니다.

발행번호 123456789A123456789B123456789D445   1/2   발급확인번호 ALTQ-COHX-3570   발행일 2015/10/02

[토지] 서울특별시 서초구 서초동 233 고유번호 1146-1988-0231118

수수료 금 1,000원 영수함   관할등기소 서울중앙지방법원 등기국/
                                   발행등기소 법원행정처 등기정보중앙관리소

이 증명서는 부동산 등기기록의 내용과 틀림없음을 증명합니다.
서기   2015년 10월 02일
법원행정처 등기정보중앙관리소   전산운영책임관

* 실선으로 그어진 부분은 말소사항을 표시함.   * 등기부에 기록된 사항이 없는 갑구 또는 을구는 생략함.

문서 하단의 바코드를 스캐너로 확인하거나, 인터넷등기소(http://www.iros.go.kr)의 발급확인 메뉴에서 발급확인번호를 입력하여
위·변조 여부를 확인할 수 있습니다. 발급확인번호를 통한 확인은 발행일로부터 3개월까지 5회에 한하여 가능합니다.

발행번호 123456789A123456789B123456789D445   2/2   발급확인번호 ALTQ-COHX-3570   발행일 2015/10/02

부동산 임대차계약서

임대인과 임차인은 임대인 소유인 아래 임대차 물건에 대하여 아래 조항과 같이 임대차계약을 체결한다.

제1조 (賃貸借 物件)

　　임대차 목적물은 서울특별시 서초구 서초동 233 대 280㎡이다.

제2조 (用途制限)

　　① 임차인은 임차물건을 건축자재판매업 목적에 사용하기 위하여 임차하며 기타의 목적으로 사용할 수 없다.

　　② 사용목적에 관한 인·허가는 임차인의 책임으로 한다.

제3조 (賃貸借 期間)

　　임대차계약기간은 2013년 9월 1일부터 24개월간 유효하며 2015년 8월 31일로서 종료한다.

제4조 (賃貸料)

　　임차인은 임대인에게 월세로 금 이백만원(2,000,000)을 매월 1일(선불) 지급한다.

제5조 (賃貸借保證金)

　　① 임대차보증금은 금 일억 원(100,000,000)으로 하며, 임차인은 본 계약 체결과 동시에 임대인에게 위 금액을 지급한다.

　　② 임차인에게 임대료 연체, 기타 본 계약에 의한 채무의 불이행 또는 손해배상 채무가 있을 때는 임차인의 동의 없이 임대차보증금으로 충당할 수 있다.

제6조 (增·改築部分의 所有權歸屬과 原狀回復 및 日的物返還)

① 임차인이 임차건물을 증·개축하거나 변조하였을 때에는 임대인의 승낙 유무에 불구하고 그 부분은 임대인의 소유로 귀속된다.

② 임대차 종료일에 임차인은 임대차목적물을 원상복구하여 반환하여야 하고, 임대인은 임대차보증금을 반환한다.

제7조 (管理維持費)

임차인은 계약 체결과 동시에 당해 월분의 관리비를 납부하여야 한다.

제8조 (損害賠償金)

임차인이 임대차 종료 후 어떠한 사정으로 자기 소유물 또는 재산을 반출하지 못하였거나 임대차목적물을 원상으로 복구하지 못하였을 경우 그로 인한 임대인의 손해를 배상하여야 한다.

제9조 (讓渡禁止)

임차인은 임차권을 임대인의 승낙없이 제3자에게 양도하지 못한다.

2013. 8. 20.

賃貸人 ： 박태봉 ㊞

서울특별시 서초구 서초동 234

賃借人 ： 최이준 ㊞

서울특별시 서초구 서초동 234

公認仲介士(立會人) ： 서울특별시 서초구 서초동 56-3 참빛공인중개소

공인중개사 최무성 ㊞

領　收　證

일억 (100,000,000) 원정

서울특별시 서초구 서초동 233 대 280㎡에 대한 임대차보증금으로 정히 영수함.

2013. 8. 20.

영수인　박태봉

최이준　귀하

전부금지급촉구서

발신인 : (주)일환건업 대표이사 김일환

　　　　서울특별시 동대문구 이문동 778

수신인 : 박태봉

　　　　서울특별시 서초구 서초동 234

삼가 건승하옵고,

당사는 최이준에 대한 채권자로서 법원으로부터 최이준의 귀하에 대한 임대차보증금반환채권 중 1억 원에 대하여 압류 및 전부명령을 받았고, 법원으로부터 그 결정문이 귀하에게 송달된 것으로 알고 있습니다.

전부명령은 최이준의 임대차보증금반환채권이 채권자인 당사에게 귀속되는 민사집행법상 조치로서, 귀하는 임대차보증금을 당사에 지급하여야 합니다. 당사가 파악하기로 귀하와 최이준의 임대차계약은 조만간 종료될 것인바, 당사에서 소를 제기하기 전에 임의이행하기를 바랍니다.

전부명령에 관하여는 법률사무소에 문의하시면 당사에서 최이준의 임대차보증금에 대한 권리를 갖게 된 사실을 알게 될 것입니다.

부디 법원에서 만나는 불미스러운 일이 발생하지 않기를 간절히 기원합니다.

2015. 8. 26.

(주)일환건업

주식회사
일환건업
대표이사
의 직인

이 우편물은 2015-08-26
제3112902073568호에 의하여
내용증명 우편물로 발송하였음을 증명함
서울동대문우체국장　　대한민국 KOREA

우편물배달증명서

수취인의 주거 및 성명

서울특별시 서초구 서초동 234

박태봉

접수국명	서울동대문	접수연월일	2015년 8월 26일
등기번호	제3112902073568호	배달연월일	2015년 8월 27일
적 요	수취인과의 관계 본인 수령 박 태 봉		서울동대문 2015.08.28 1018604 우 체 국 (배달증명우편물 배달국 일부인)

내 용 증 명

발신 : 박태봉

　　　서울특별시 서초구 서초동 234

수신 : (주)일환건업 대표이사 김일환

　　　서울특별시 동대문구 이문동 778

귀하가 보낸 내용증명은 잘 받았습니다.

본인은 법학전공자로서 전부명령에 관하여는 익히 잘 알고 있는바, 본인도 최이 준에 대하여 3,000만 원의 채권을 가지고 있고(별첨 차용증 참조) 그 범위 내에 서 상계할 것이므로 귀하가 주장할 수 있는 채권의 범위는 7,000만 원이 될 것 입니다. 더욱이, 귀하가 신청하여 법원이 발령한 전부명령을 본인이 송달받을 때 임차인 최이준의 다른 채권자에 대한 채권양도통지서도 함께 내용증명우편으 로 송달받았습니다. 따라서 본인은 귀하에게 임대차보증금 전액을 지급할 수 없 는 상황이며, 채권양수인의 양수채권액과 귀사의 채권액에 안분비례하여 지급하 려고 계획 중입니다. 다만, 임차인 최이준이 임대차목적물을 본인에게 이미 인 도하였으므로 자금이 준비되는 대로 귀하와 다른 채권자에 대하여 각 채권액에 비례하여 지급하려고 합니다. 자금이 준비되면 다시 연락하겠습니다.

첨부서류 : 차용증, 채권양도통지서 각 1통

　　　　　　2015. 9. 5.

　　　　발신인　　박태봉

이 우편물은 2015-09-05
제22111902073568호에 의하여
내용증명 우편물로 발송하였음을 증명함
서초우체국장
　　　　　　　대한민국 KOREA

#첨부 1

차 용 증

차용액 : 일금 삼천만 원정(₩30,000,000)

차용인 : 최이준 (670929-1324574)
　　　　서울 서초구 서초동 123

1. 위 차용인은 대여자 박태봉(서울특별시 서초구 서초동 234)으로부터 상기 금
   액을 차용하고 본 차용증을 작성합니다.

2. 위 차용인은 2015년 9월 15일까지 반드시 위 차용금을 변제하겠습니다.

2015년 6월 15일

차용인 최이준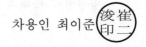

채권자 박태봉　　귀중

 # 첨부 2   **채권양도양수통지서**

채권의 표시 : 최이준 (670929-1324574, 서울 서초구 서초동 123)이 박태봉 (생년월일 : 1962년 11월 23일, 주소 : 서울 서초구 서초동 234)에 대하여 가지는 서울 서초구 서초동 233 대 280㎡에 관한 임대차보증금반환채권 100,000,000원 전부.

채권자 최이준은 양수인 이을석(수원시 권선구 금곡동 211 엘지빌리지 207동 709호)에게 위 채권 전액을 양도하였으므로, 귀하께서는 위 돈을 양수인에게 지급하여 주시기 바랍니다.

별첨 : 채권양도계약서, 채권양도통지위임장

2015. 7. 24.

통고인 채권자 최이준의 대리인 이을석 ㉕
      경기도 수원시 권선구 금곡동 211 엘지빌리지 207동 709호

박태봉 귀하
서울특별시 서초구 서초동 234

이 우편물은 2015-07-24
제31129020732351호에 의하여
내용증명 우편물로 발송하였음을 증명함
서수원우체국장
●대한민국 KOREA

서 울 중 앙 지 방 법 원
결   정

사   건   2015타채20103 채권압류 및 전부

채 권 자   주식회사 일환건업

　　　　　서울특별시 동대문구 신이문로 33(이문동)

　　　　　대표이사 김일환

채 무 자   최이준 (670929-1324574)

　　　　　서울특별시 서초구 서초동 123

제3채무자   1. 정명호 (641224-1998823)

　　　　　　서울특별시 서초구 효령로35길 45

　　　　　2. 정성호 (641224-1998824)

　　　　　　서울특별시 서초구 효령로35길 46

주   문

채무자의 제3채무자들에 대한 별지 기재 채권을 압류한다.

제3채무자들은 채무자에 대하여 별지 기재 채권의 지급을 하여서는 아니 된다.

채무자는 위 채권의 처분과 영수를 하여서는 아니 된다.

위 압류된 채권은 지급에 갈음하여 채권자에게 전부한다.

청구금액

금70,000,000원(공증인가 법무법인 제일 증서 2015년 제2357호에 의한 약속어음금)

이   유

채권자가 위 청구금액을 변제받기 위하여 공증인가 법무법인 제일 증서 2015년 제2357

호 약속어음 공정증서의 집행력 있는 정본에 터 잡아 한 이 사건 신청은 이유 있으므

로 주문과 같이 결정한다.

정 본 입 니 다.

2015. 7. 23.

법원주사 서영진 ㊞

서울중
앙지방
법원인

2015. 7. 23.

사법보좌관   김효종 ㊞

주의 : 1. 전부명령이 제3채무자에게 송달될 때까지 다른 채권자가 압류, 가압류 또는 배당요구를 한 때

에는 전부명령은 효력이 없습니다.

2. 전부명령은 확정되어야 효력이 있습니다.

민사집행법 제223조, 제227조, 제229조

[별지]

압류할 채권

금70,000,000원정

채무자(임차인)가 아래 임대차계약이 종료되는 경우에 제3채무자(임대인)에 대하여 가지는 임대차보증금반환채권 중 위 금액.

임대차목적물 서울특별시 서초구 효령로35길 26 철근콘크리트조 평슬래브지붕 2층 근린생활시설 중 1층 130㎡, 임대차보증금 100,000,000원, 임대차기간 2013. 9. 1.~2015. 8. 31. 끝.

송달 및 확정 증명원

채권자(신 청 인)   (주)일환건업
채무자(피신청인)   최이준
제 3 채 무 자   정명호 외 1

수입인지
첨부

위 당사자간 귀원 2015타채20103 채권압류 및 전부 사건에 관하여 2015. 7.
23. 채권압류 및 전부명령이 있었는바, 위 결정이 2015. 7. 26. 제3채무자에게,
2015. 8. 3. 채무자에게 각 송달되었고, 2015. 8. 11. 확정되었음을 증명하여
주시기 바랍니다.

위 증명합니다.
2015년 8월 16일
서울중앙지방법원
법원주사 서영진

2015년 8월 16일

채권자   (주)일환건업 대표이사 김일환 ㊞

서울중앙지방법원 귀중

부동산 임대차 계약서

본 부동산에 대하여 임대인과 임차인 쌍방은 합의에 의하여 다음과 같이 임대차계약을 체결한다.

1. 부동산의 표시

소 재 지	서울특별시 서초구 효령로35길 26				
면 적	130㎡	전용면적	㎡	대지권	㎡
임대할 부분	근린생활시설 건물 1층 전체				

2. 계약내용

제1조 위 부동산의 임대차계약에 있어 임차인은 보증금 및 차임을 아래와 같이 지불하기로 한다.

보 증 금	金 일억 원정 (₩100,000,000)	
계 약 금	金 일천만 원정은 계약시 지불하고 영수함	(호정 인명) (호정 인성)
중 도 금	金 원정은 년 월 일에 지불한다.	
잔 금	金 구천만 원정은 2013년 9월 1일에 지불한다. **2013년 8월 31일 영수함**	(호정 인명) (호정 인성)
차 임	金 원정은 매월 말일에(선불 , 후불)로 지불한다.	

제2조 임대인은 위 부동산을 임대차 목적(사무실 용도)으로 사용 수익할 수 있는 상태로 하여 2013년 8월 31일까지 임차인에게 인도하며, 임대차기간은 인도일 다음날부터 2015년 8월 31일까지 (24)개월로 한다.

제3조 임차인은 임대인의 동의 없이 위 부동산의 용도나 구조를 변경하거나 전대 또는 담보제공, 임차권 또는 보증금의 양도를 하지 못하며 임대차목적 이외 용도에 사용할 수 없다.

제4조 임차인이 2회 이상 차임 지급을 연체하거나, 제3조를 위반하였을 경우 임대인은 본 계약을 해지할 수 있다.

제5조 임대차계약의 종료일에 임차인은 위 부동산을 원상으로 회복하여 임대인에게 반환하며, 임대인은 보증금을 임차인에게 반환한다.

제6조 임차인이 임대인에게 중도금(중도금이 없을 때는 잔금)을 지불하기 전까지는 임대인은 계약금의 배액을 상환하고, 임차인은 계약금을 포기하고 이 계약을 해제할 수 있다.

제7조 공인중개사는 계약 당사자간의 채무불이행에 대해서는 책임지지 않는다. 또한 중개수수료는 본 계약의 체결과 동시에 임대인과 임차인 쌍방이 각각(환산기액의 %

를) 지불하며, 공인중개사의 고의나 과실 없이 계약당사자간의 사정으로 본 계약이 해제되어도 중개수수료를 지급한다.

제8조 [공인중개사의 업무 및 부동산 거래신고에 관한 법]제25조3항의 규정에 의거 중개대상물 확인설명서를 작성하여 _____년 ____월 ____일 공제증서사본을 첨부하여 거래당사자 쌍방에 교부한다.

<특약사항>

본 계약에 대하여 계약 당사자는 이의 없음을 확인하고 각자 서명 또는 날인 후 임대인, 임차인, 공인중개사가 각 1통씩 보관한다.

서초세무서 확정일자 2013. 9. 1.

2013년 8월 15일

임 대 인	주 소	서울 서초구 효령로35길 45						(정명호 印)
	주민등록번호	641224-1998823	전화	010-6589 -5423	성명	정명호		
임 대 인	주 소	서울 서초구 효령로35길 46						(정성호 印)
	주민등록번호	641224-1998824	전화	010-7789 -5423	성명	정성호		
임 차 인	주 소	서울 서초구 서초동 123						(최이준 印)
	주민등록번호	670929-1324574	전화	010-3765 -8523	성명	최이준		
공인중개사	사무소소재지							(안무영 印)
	등록번호			사무소명칭	우리공인중개소			
	전화번호			대표자성명	안무영			

등기사항전부증명서(말소사항 포함) - 건물

[건물] 서울특별시 서초구 서초동 111

고유번호 1146-1988-023111

【 표 제 부 】 (건물의 표시)

표시번호	접 수	소 재 지 번	건 물 내 역	등기원인 및 기타사항
1	2001년3월31일	서울특별시 서초구 서초동 111 [도로명주소] 서울특별시 서초구 효령로35길 26	철근콘크리트조 평슬래브지붕 2층 근린생활시설 1층 130㎡ 2층 100㎡ 3층 100㎡ 4층 70㎡	

【 갑 구 】 (소유권에 관한 사항)

순위번호	등 기 목 적	접 수	등기원인	권리자 및 기타사항
1	소유권보존	2001년3월31일 제112330호		공유자 지분 2분의 1 정명호 641224-1****** 서울특별시 서초구 서초동 134 지분 2분의 1 정성호 641224-1****** 서울특별시 서초구 서초동 135

--- 이 하 여 백 ---

* 실선으로 그어진 부분은 말소사항을 표시함.   * 등기부에 기록된 사항이 없는 갑구 또는 을구는 생략함.

문서 하단의 바코드를 스캐너로 확인하거나, 인터넷등기소(http://www.iros.go.kr)의 발급확인 메뉴에서 발급확인번호를 입력하여 위·변조 여부를 확인할 수 있습니다. 발급확인번호를 통한 확인은 발행일로부터 3개월까지 5회에 한하여 가능합니다.

발행번호 123456789A123456789B123456789D334   1/2   발급확인번호 ALTQ-COHX-3570   발행일 2015/10/02

대법원

[건물] 서울특별시 서초구 서초동 111   고유번호 1146-1988-023111

수수료 금 1,000원 영수함   관할등기소 서울중앙지방법원 등기국/
                                                                발행등기소 법원행정처 등기정보중앙관리소

이 증명서는 부동산 등기기록의 내용과 틀림없음을 증명합니다.
서기   2015년 10월 02일
법원행정처 등기정보중앙관리소   전산운영책임관

---

* 실선으로 그어진 부분은 말소사항을 표시함.   * 등기부에 기록된 사항이 없는 갑구 또는 을구는 생략함.

문서 하단의 바코드를 스캐너로 확인하거나, 인터넷등기소(http://www.iros.go.kr)의 발급확인 메뉴에서 발급확인번호를 입력하여
위·변조 여부를 확인할 수 있습니다. 발급확인번호를 통한 확인은 발행일로부터 3개월까지 5회에 한하여 가능합니다.

발행번호 123456789A123456789B123456789D334   2/2   발급확인번호 ALTQ-COHX-3570   발행일 2015/10/02

전부금지급촉구서

발신인 : (주)일환건업 대표이사 김일환
　　　　서울특별시 동대문구 이문동 778
수신인 : 정명호, 정성호
　　　　서울 서초구 효령로35길 45

삼가 건승하옵고,

당사는 최이준에 대한 채권자로서 법원으로부터 최이준의 수신인에 대한 임대차보증금반환채권 중 7,000만 원에 대하여 압류 및 전부명령을 받았고, 법원으로부터 그 결정문이 수신인에게 송달된 것으로 알고 있습니다.

전부명령은 최이준의 임대차보증금반환채권이 채권자인 당사에게 귀속되는 민사집행법상 조치로서, 수신인은 임대차보증금을 당사에 지급하여야 합니다. 당사가 파악하기로 수신인과 최이준의 임대차계약은 조만간 종료될 것인바, 당사에서 소를 제기하기 전에 임의이행하기를 바랍니다.

전부명령에 관하여는 법률사무소에 문의하시면 당사에서 최이준의 임대차보증금에 대한 권리를 갖게 된 사실을 알게 될 것입니다.

부디 법원에서 만나는 불미스러운 일이 발생하지 않기를 간절히 기원합니다.

2015. 8. 26.

(주)일환건업

> 이 우편물은 2015-08-26
> 제3112902073567호에 의하여
> 내용증명 우편물로 발송하였음을 증명함
> 서울동대문우체국장　🌏대한민국 KOREA

우 편 물 배 달 증 명 서

수취인의 주거 및 성명

서울특별시 서초구 효령로35길 45

정명호

접수국명	서울동대문	접수연월일	2015년 8월 26일
등기번호	제3112902073567호	배달연월일	2015년 8월 27일
적 요	수취인과의 관계 본인 수령 정 명 호	서울동대문 2015.08.28 1018604 우 체 국 (배달증명우편물 배달국 일부인)	

내 용 통 지 서

수신 : (주)일환건업 대표이사 김일환

　　　　서울특별시 동대문구 신이문로 33(이문동)

발신 : 정명호, 정성호

　　　　서울특별시 서초구 서초동 134

　　삼가 건승하옵고, 귀하가 발신인들에게 보내신 전부금지급촉구서에 대한 답변입니다. 발신인들은 서울특별시 서초구 서초동 111 소재 건물의 소유자들로서 임대차보증금 1억원에 최이준에게 위 건물 1층 전체를 임대하였으며, 쌍방이 아무런 이의를 제기하지 않은 상태에서 계약기간이 종료되어 임대차계약은 계속되고 있습니다. 그리고 발신인들은 2015. 9. 4. 임차인의 요청으로 임대차목적 건물에 갔는데, 임차인 최이준의 과실로 2015. 9. 3. 건물에 화재가 발생하였고 이를 수리하는데 4,000만 원이 소요된다는 사실에 관하여 위 최이준의 확인을 받았습니다. 따라서 위 손해금은 임대차보증금에서 공제되어야 하는 것입니다(별첨 확인서 참조). 한편, 법원으로부터 2015. 7. 26. 전부명령을 송달받아 그 사실을 알게 되었으나, 부동산사무실에 문의하니 임대차계약서에 의하면 임대차보증금은 양도할 수 없도록 약정하고 있으므로 귀하에게 임대차보증금반환채권이 귀속될 수는 없다는 것입니다. 또한, 귀하의 전부명령을 배달하는 집배원이 최이준의 채권자라는 김갑수의 채권가압류결정도 함께 배달하였는데, 귀하가 주장하는 금액 7,000만원과 김갑수가 주장하는 3,000만원을 합하면 발신인이 최이준에게 내어주어야 할 임대보증금 잔액 6,000만원을 초과하게 되므로 귀하의 전부명령은 무효라는 것입니다(별첨 채권가압류결정 참조). 이 점 양지하시기 바라며 귀하의 법률문제는 최이준과 해결하시기 바랍니다.

첨부서류 : 사실확인서, 채권가압류결정

2015. 9. 5.

발신인　정명호(정명 호인)　정성호(정성 호인)

이 우편물은 2015-09-05
제3102073151292호에 의하여
내용증명 우편물로 발송하였음을 증명함
서울서초우체국장　　대한민국 KOREA

별첨1

사 실 확 인 서

본인은 서울 서초구 효령로35길 26번 건물 1층의 임차인으로서, 본인의 과실로 2015. 9. 3. 위 건물에 화재가 발생하였으며, 화재로 인하여 건물이 훼손되었고 이를 수리하는데 4,000만원의 비용이 필요하다는 견적을 전문업체로부터 받았습니다.

따라서 위 손해금에 관하여 임대인이 임대차보증금에서 공제하더라도 아무런 이의가 없음을 확인합니다.

첨부서류 : 수리비견적서 1부

2015. 9. 4

사실확인자 임차인 최이준 ㉘

(670929 - 1324574)

서울 서초구 서초동 123

임대인 정명호, 정성호 귀중

별첨2

서울북부지방법원
결   정

사   건   2015카단18205 채권가압류

채 권 자   김갑수 (680920-1547663)

　　　　　　서울 동대문구 회기동 102

채 무 자   최이준 (670929-1324574)

　　　　　　서울 서초구 서초동 123

제3채무자   1. 정명호 (641224-1998823)

　　　　　　　서울 서초구 효령로35길 45

　　　　　　2. 정성호 (641224-1998824)

　　　　　　　서울 서초구 효령로35길 46

주   문

채무자의 제3채무자들에 대한 별지 기재 채권을 가압류한다.

제3채무자들은 채무자에 대하여 별지 기재 채권의 지급을 하여서는 아니 된다.

채무자는 위 채권의 처분과 영수를 하여서는 아니 된다.

채무자는 다음 청구금액을 공탁하고 집행정지 또는 그 취소를 신청할 수 있다.

청구채권의 내용 대여금

청구금액 금 30,000,000원

이   유

이 사건 채권가압류 신청은 이유 있으므로 담보로 3,000,000원을 공탁하게 하고 주문과

같이 결정한다.

정 본 입 니 다.
2015. 7. 23.
법원주사 서용택

2015. 7. 23.

판사 최남근 ㉑

※ 1. 이 가압류 결정은 채권자가 제출한 소명자료를 기초로 판단한 것입니다.
   2. 채무자는 이 결정에 불복이 있을 경우 가압류이의나 취소신청을 이 법원에 제기할 수 있습니다.

별   지

금30,000,000원

채무자(임차인)가 아래 임대차계약이 종료되는 경우에 제3채무자(임대인)에 대하여 가지는 임대차보증금반환채권 중 위 금액.

　　임대차목적물 : 서울특별시 서초구 효령로35길 26 철근콘크리트조 평슬래브지붕 2

　　　　　　　　층 근린생활시설 중 1층 130㎡

　　임대차보증금 : 100,000,000원

　　임대차기간 : 2013. 9. 1.~2015. 8. 31. 끝.

등기사항전부증명서(현재사항) [제출용]

등기번호	012931
등록번호	134911-0027485

상 호	주식회사 일환건업	. . . 변경
		. . . 등기
본 점	서울특별시 동대문구 이문동 778	. . . 변경
		. . . 등기
	서울특별시 동대문구 신이문로 33(이문동)	2011.10.31. 도로명주소
		2011.10.31. 등기

공고방법	서울시내에서 발행하는 일간신문 매일경제신문에 게재한다.	. . . . . .

1주의 금액 금 5,000 원	. . . . . .

발행할 주식의 총수 300,000주	. . . . . .

발행주식의 총수와 그 종류 및 각각의 수	자본의 총액	변경연월일
		변경연월일
발행주식의 총수 100,000주 보통주식 100,000주	금 500,000,000 원	. . . . . .

목   적
1. 건축자재 도, 소매업 2. 산업기계 및 플랜트 설계 제작업(자동화설비 포함) 3. 기계설비 및 강구조물 설계 제작업 4. 인테리어 및 광고물 관련 설계 제작 시공업 5. 전기, 전자, 기계, 토목, 건축에 관련한 도, 소매업 6. 재활용 및 환경설비 설계제작 일체 7. 부동산임대업 8. 합성수지의 제조, 가공 및 판매업 9. 수출입업 및 동 대행업 10. 경제성 식물의 제재 및 판매업 11. 물품매도 확약서 발행업 12. 위 각호에 관련한 부대사업 일체

[인터넷 발급] 문서 하단의 바코드를 스캐너로 확인하거나, 인터넷등기소(http://www.iros.go.kr)의 발급확인 메뉴에서 발급확인번호를 입력하여 위·변조 여부를 확인할 수 있습니다.
발급확인번호를 통한 확인은 발행일로부터 3개월까지 5회에 한하여 가능합니다.

발급확인번호 0583-AANG-GKKC

0000514857625357951234567 89A123456789B123456789C334 1 발행일 2015/10/02   - 1/2 -

등기번호	012931

임원에 관한 사항

이사 김일환 570131-1******
　　　2014 년 08 월 13 일　중임　　　2014 년 08 월 27 일　등기

공동대표이사 김일환 570131-1****** 서울 동대문구 장안벛꽃로3길 17, 107동 1102호(휘경동, 동일하이빌)
　　　2014 년 08 월 13 일　중임　　　2014 년 08 월 27 일　등기

이사 김숙희 600213-2******
　　　2014 년 08 월 23 일　중임　　　2014 년 09 월 07 일　등기

공동대표이사 김숙희 600213-2****** 서울 동대문구 장안벛꽃로3길 17, 107동 1102호(휘경동, 동일하이빌)
　　　2014 년 08 월 23 일　중임　　　2014 년 09 월 07 일　등기

회사성립연월일	1997 년 05 월 22 일

등기기록의 개설 사유 및 연월일
　　상업등기처리규칙 부칙 제2조 제1항의 규정에 의하여 구등기로부터 이기
　　　　　　　　　　　　　　　　　　　2001 년 08월 21일 등기

--- 이 하 여 백 ---

수수료 1,000원 영수함

　　관할등기소 : 서울북부지방법원 동대문등기소 / 발행등기소 : 법원행정처 등기정보중앙관리소

이 증명서는 등기기록의 내용과 틀림없음을 증명합니다. [다만, 신청이 없는 지점·지배인에 관한 사항과 현재 효력이 없는 등기사항의 기재를 생략하였습니다.]
서기　2015년 10월 02일
법원행정처 등기정보중앙관리소　　　　　전산운영책임관

* 실선으로 그어진 부분은 말소(변경, 경정)된 등기사항입니다.　　* 등기사항증명서는 컬러로 출력 가능함.
[인터넷 발급] 문서 하단의 바코드를 스캐너로 확인하거나, 인터넷등기소(http://www.iros.go.kr)의 발급확인 메뉴에서 발급확인번호를 입력하여 위·변조 여부를 확인할 수 있습니다.
발급확인번호를 통한 확인은 발행일로부터 3개월까지 5회에 한하여 가능합니다.

발급확인번호 0583-AANG-GKKC
 발행일 2015/10/02
- 2/2 -

기록 끝

소　　장

원　고　　　주식회사 일환건업1)

　　　　　　서울 동대문구 신이문로 33(이문동)2) 3)

　　　　　　공동대표이사 김일환, 김숙희4)

　　　　　　소송대리인5) 법무법인6) 다일종합법률사무소

　　　　　　서울 동대문구 양진대로 777

　　　　　　담당변호사7) 김상승

　　　　　　전화 : 961-1543　팩스 : 961-1544　이메일 : sskim@daillaw.com

피　고8)　　1. 박태봉9)

　　　　　　서울 서초구 서초동 234

---

1) 법인을 당사자로 표시하는 경우에 법인명, 주소, 대표자의 순으로 각 행을 달리하여 기재하는 것이 보통이다(사법연수원, 민사실무Ⅰ, 2015, 52~53면; 사법연수원, 민사실무Ⅱ, 2015, 45~46면). 법인의 명칭은 법인 등기기록과 동일하게 기재하여야 하고(특히 '주식회사'의 위치에 주의), "주식회사"를 "(주)"로 기재하여서는 안 되며, 법인등록번호·대표이사의 주민등록번호·대표이사의 주소 등은 기재하지 않는다(민사실무Ⅰ, 52면), (민사실무Ⅱ, 35면 각주 41).

2) 주소를 기재하는 목적은 당사자의 특정과 이에 따른 토지관할의 결정과 아울러 소송서류의 송달 장소를 특정하기 위한 것이며, 도로명 주소를 원칙으로 기재하되 지번 주소를 기재하는 경우에도 대단지 아파트와 같이 동명과 아파트 이름만으로도 특정하기에 충분할 때에는 군이 지번의 표시를 할 필요가 없으나, 구체적인 동·호수는 반드시 명기하여야 한다(민사실무Ⅱ, 38, 39면).

3) 재판서에는 특별시·광역시·도는 "서울"·"부산"·"경기" 등으로 표시하고 시는 도 표시를 하지 않으며, 읍·면에는 소속 시·군을 기재하게 되어 있는바(재판서 양식에 관한 예규 제10조), 소장을 작성할 때에도 재판서 기재방식에 따른다(민사실무Ⅰ, 45면).

4) 법인 등기기록상 공동대표이사로 되어 있으므로 반드시 모든 공동대표이사를 표시하여야 한다(민사실무Ⅰ, 52면). 반면에, 등기사항증명서상 대표이사가 2인 이상으로 되어 있으나 공동대표이사가 아니면 모든 대표이사를 기재하거나 그중 한 사람만 기재해도 무방하다.

5) 소송대리인의 표시는 실제의 소송수행자를 명백히 하고 송달을 용이하게 하기 위하여 요구되는 임의적 기재사항으로, 소송대리인의 성명과 주소 외에 연락 가능한 전화번호, 팩스번호, 이메일 주소도 기재한다(민사실무Ⅰ, 54면). 다만, 판결서에서는 변호사인 소송대리인의 주소를 기재하지 않는 것이 보통이다(민사실무Ⅱ, 48면).

6) 법무법인은 변호사법과 다른 법률에 따른 변호사의 직무에 속하는 업무를 수행하며, 법무법인은 다른 법률에서 변호사에게 그 법률에 정한 자격을 인정하는 경우 그 구성원이나 구성원 아닌 소속 변호사가 그 자격에 의한 직무를 수행할 수 있을 때에는 그 직무를 법인의 업무로 할 수 있다(변호사법 제49조).

7) 법무법인은 법인 명의로 업무를 수행하며 그 업무를 담당할 변호사를 지정하여야 하고, 담당변호사는 지정된 업무를 수행할 때에 각자가 그 법무법인을 대표한다. 다만, 구성원 아닌 소속 변호사에 대하여는 구성원과 공동으로 지정하여야 한다. 담당변호사를 지정한 경우에는 지체 없이 이를 수임사건의 위임인에게 서면으로 통지하여야 한다. 법무법인이 담당변호사를 지정하지 않은 경우에는 구성원 모두를 담당변호사로 지정한 것으로 본다(변호사법 제50조).

8) 동일한 지위에 있는 당사자가 2인 이상인 경우에는 맨 앞 사람 성명 앞에 그 지위(예 : 원고, 피고)를 한 번만 적고 각 성명 앞에 일련번호를 기재하는 것이 보통이다(민사실무Ⅰ, 46면).

9) 자연인을 당사자로 표시하는 경우 과거에는 당사자의 성명을 기재한 다음 괄호 안에 주민등록번호를 기재하였으나 개인정보보호법의 취지에 따라 개정된 재판서 양식에 관한 예규(재판예규 제1477호)는 2015. 1. 1.부터 민사사건의 판결서에는 당사자 등의 주민등록번호를 기재하지 않고 성명과 주소만 기재하며, 동명이인이 있을 때에는 생년월일이나 한자성명을 기재하도록 하고 있다. 다만, 예외적으로 등기·등록의 의사표시를 명하는 판결서나 공유물분할판결서에는 종전처럼 당사자 등의 성명, 주소뿐 아니라 주민등록번호도 기재하고 주민등록번호를 알 수 없는 경우에는 생년월일이나 한자성명을 기재한다(민사실무Ⅱ, 33면). 소장도 판결서의 기준을 따르면 된다(민사실무Ⅰ, 44면).

 2. 정명호

　　서울 서초구 효령로35길 45[10)

 3. 정성호

　　서울 서초구 효령로35길 46

 4. 최이준

　　서울 서초구 서초동 123

전부금등[11) 청구의 소

청 구 취 지

1. 피고 박태봉은 원고에게 100,000,000원[12) 및 2015. 9. 1.부터 이 사건 소장 부본 송달일까지는 연 6%의, 그 다음날부터 다 갚는 날까지 연 20%의 각 비율에 의한 금원을 지급하라.

2. 가. 피고 정명호, 정성호는 각자[13) 피고 최이준으로부터 서울 서초구 효령로35길 26 철근콘크리트조 평슬래브지붕 2층 근린생활시설 중 1층 130㎡을 인도받음과 동시에 원고에게 60,000,000원을 지급하고,

　　나. 피고 최이준은 피고 정명호, 정성호에게[14) 가.항 기재 건물을 인도하라.[15)

---

10) 동일한 당사자에 대하여 기록상 나타나 있는 주소가 2개 이상인 경우에는 현재의 주소로 추정되는 최신 주소를 기재하여야 할 것이다. 본 기록상 피고 정명호와 정성호의 주소가 2개씩 나타나 있는바, 각 지번 주소와 도로명 주소로서 같은 위치를 나타내는 것으로 보이지만 최근에 사용되고 있는 도로명 주소가 더 적절하다.

11) 청구가 병합된 경우에는 그 중 대표적인 사건명과 "등"을 기재하는바(민사실무Ⅰ, 57면), 주된 전부금청구 외에 건물인도청구도 포함되어 있다.

12) 청구취지는 판결의 주문에 대응하는 것으로서, 주문의 기재방법과 같이 간단·명료, 무색·투명하게 기재하여야 하는바, 금전의 지급을 청구하는 경우에 급부의 법적 성질 및 종류 등을 표시하지 않지만, 가사소송의 판결 주문에서 위자료 등과 함께 재산분할로서 금전의 지급을 명하는 경우에는 재산분할을 위자료 등과 구별하기 위하여 "재산분할로서 000원, 위자료로서 000원" 등을 표시한다(민사실무Ⅱ, 57~58면). 이자나 지연손해금을 청구하는 경우 이미 발생한 이자를 계산하여 원금에 포함시킬 수도 있는바, 이 경우에는 소송물가액에 반영되어 첨부할 인지의 금액이 증가되는 문제가 있는 반면, 이행기가 도래한 이자에 대한 지연손해금을 구할 수 있는 장점이 있다.

13) 건물의 공유자가 건물을 임대하고 임대차보증금을 수령한 경우, 특별한 사정이 없는 한 그 임대는 각자 공유지분을 임대한 것이 아니고 임대목적물을 다수의 당사자로서 공동으로 임대한 것이고 그 보증금 반환채무는 성질상 불가분채무에 해당된다(대판 1998.12.8, 98다43137). 피고들 사이에 중첩관계가 있는 채무임에도 불구하고 중첩관계를 표시하지 않으면 각 피고별로 독립적인 의무액으로 표시된 것이어서 각 의무액의 산술적 단순 합산액의 지급을 청구하면 안 된다(대판 1984.6.26, 84다카88, 89). 피고들 사이에 중첩관계가 인정되고 그 중첩관계가 불가분채무 또는 부진정연대채무 등인 경우에는 "공동하여"라는 문구를 부가한다. 다만, "각자"라고 기재하는 것이 종래의 실무상 관례였다(민사실무Ⅱ, 81면).

14) 채권자가 채권자대위권에 의하여 채무자의 권리를 재판상 행사하는 경우에는 피고(제3채무자)로 하여금 채무자에게 이행할 것을 청구하여야 하고 직접 원고에게 이행할 것을 청구하지 못하는 것이 원칙이다. 다만, 금전의 지급 또는 물건의 인도를 목적으로 하는 채권과 같이 변제의 수령을 요하는 경우에는 피고(제3채무자)로 하여금 채무자가 아닌 원고에게 직접 이행할 것을 청구할 수도 있다(대법원 1966. 7. 26. 선고 66다892 판결, 대법원 1995. 5. 12. 선고 93다59502 판결; 민사실무Ⅱ, 127면).

3. 소송비용은 피고들이 부담한다.[16]
4. 제1항 및 제2항은 가집행할 수 있다.[17][18]
    라는 판결을 구합니다.

청 구 원 인

1. 피고 박태봉에 대한 청구

가. 전부금 청구

1) 피고 최이준은 2013. 8. 20. 피고 박태봉으로부터 서울 서초구 서초동 233 대 280㎡(이하 '이 사건 토지'라고 약칭함)을 임대차보증금 100,000,000원, 임대차기간 2013. 9. 1.부터 2015. 8. 31.까지로 정하여 임차하면서 보증금 100,000,000원을 모두 지급하였고, 그 무렵 토지를 인도받았습니다(갑 제1호증 : 부동산임대차계약서, 갑 제2호증 : 부동산등기사항전부증명서).[19]

2) 한편, 원고는 2015. 5. 31. 공증인가 법무법인 제일 증서 2015년 제2357호로 작성된 집행력 있는 약속어음공정증서 정본에 기초하여 2015. 7. 22. 서울중앙지방법원 2015타채20102호로 피고 최이준의 피고 박태봉에 대한 위 임대차보증금 반환채권 100,000,000원에 대하여 압류 및 전부명령을 받고, 위 압류 및 전부명령이 2015. 7. 25. 제3채무자인 피고 박태봉에게, 같은 해 8. 2. 채무자인 피고 최이준에게 각 송달[20]된 후 2015. 8. 10. 확정되었습니다(갑 제3호증 : 공정증서, 갑 제4호증의 1 : 채권압류 및 전부명령, 갑 제4호증의 2 : 신청서, 갑 제5호증의 1 : 전부금지급촉구서, 갑 제5호증의 2 : 우편물배달증명서).[21]

---

15) 임대인은 임대차목적물을 인도받기 전에는 임대차보증금의 반환을 거부할 수 있는 동시이행의 항변권을 가지므로, 임대차보증금반환채권에 관하여 전부명령을 받은 전부채권자는 전부금채권을 보전하기 위하여 임대인을 대위하여 임차인에게 목적물의 인도청구를 할 수 있다(대법원 1989. 4. 25. 선고 88다카4253, 4260 판결).
16) 법원은 사건을 완결하는 재판을 할 때에는 반드시 직권으로 그 심급의 소송비용 부담에 관한 재판을 하여야 하는바(민사소송법 제104조), 당사자에게는 법률상 소송비용 부담의 재판을 구할 신청권이 없으나 실무상 직권 발동을 촉구하는 의미에서 청구취지에 기재한다(민사실무Ⅰ, 95면). 최근에는 "피고(들)의 부담으로 한다"라고 쓰지 않는다.
17) 재산권 청구에 관한 판결에는 상당한 이유가 없는 한 당사자의 신청 유무를 불문하고 법원이 직권으로 가집행선고를 하여야 하는바(민사소송법 제213조), 원고는 반드시 이를 신청하여야 하는 것은 아니지만 법원의 직권 발동을 촉구하는 의미에서 청구취지에 기재하는 것이 실무상의 관행이다(민사실무Ⅰ, 95면). 다만, 등기청구 등 의사의 진술을 명하는 판결은 가집행이 불가능하므로 등기청구에 관하여 가집행을 구할 수 없다(민사실무Ⅱ, 177면, 179면).
18) 동시이행판결에 대하여도 가집행의 선고를 할 수 있다(민사실무Ⅱ, 177면 각주 5). 동시이행관계에 있는 반대급부의 이행(또는 이행제공)은 집행개시의 요건이기 때문이다(민사집행법 제41조 제1항).
19) 법률문장은 '주어+일자+상대방+목적물+행위'의 순서 및 형태로 구성하여 기재하는 것이 일반적이다.
20) 전부명령은 확정되어야 효력이 있고(민사집행법 제229조 제7항), 전부명령이 즉시항고권자인 채무자에게 송달되지 않으면 확정될 수 없으므로 채무자에 대한 송달도 확정의 전제로서 기재하였다.

3) 그렇다면 위 임대차는 2015. 8. 31. 기간만료로 종료되었으며, 피고 최이준은 피고 박태봉에게 이 사건 토지를 이미 인도하였으므로, 피고 박태봉은 원고에게 상행위로 인하여 발생한 임대차보증금 반환채무 100,000,000원을 지급할 의무가 있고, 이에 대하여 위 채무의 변제기 다음날인 2015. 9. 1.부터 이 사건 소장 부본 송달일까지는 상법이 정하는 연 6%의, 그 다음날부터 소송촉진등에 관한 특례법이 정하는 연 20%의 각 비율에 의한 지연손해금을 가산하여 지급할 의무가 있다고 할 것입니다.

나. 예상되는 피고의 주장에 대한 반론

1) 상계 항변

가) 피고 박태봉은 2015. 6. 15. 피고 최이준에 대하여 30,000,000원을 대여하고 그 반환채권을 가지고 있으므로 피고 박태봉의 피고 최이준에 대한 임대차보증금반환의무와 이와 대등액에서 상계하며, 채무자에 대한 항변으로 전부채권자에 대하여 대항할 수 있다고 주장할 수 있습니다.[22]

나) 민법 제498조는 "지급을 금지하는 명령을 받은 제3채무자는 그 후에 취득한 채권에 의한 상계로 그 명령을 신청한 채권자에게 대항하지 못한다"라고 규정하고 있는바, 채권압류명령을 받은 제3채무자가 압류채무자에 대한 반대채권(자동채권)을 가지고 있는 경우에 상계로써 압류채권자에게 대항하기 위해서는, 압류의 효력 발생 당시에 대립하는 양 채권이 상계적상에 있거나, 그 당시 반대채권(자동채권)의 변제기가 도래하지 아니한 경우에는 그것이 피압류채권(수동채권)의 변제기와 동시에 또는 그보다 먼저 도래하여야 합니다.[23]

다) 살피건대, 피고 박태봉이 위와 같은 상계를 함에 있어서 상계적상은 자동채권인 대여금채권의 변제기가 도래하는 2015. 9. 15.에 존재하고[24] 원고가 신청한 압류의 효력은 2015.

---

21) 전부금 청구의 요건사실은 ① 피전부채권의 존재, ② 전부명령, ③ 제3채무자에 대한 송달·확정이다(사법연수원, 요건사실론, 2011, 136면). 한편, 피전부채권인 임대차보증금반환채권의 존재에 대한 요건사실은 ① 임대차계약의 체결, ② 임대차보증금의 지급, ③ 임대차의 종료이다(사법연수원, 요건사실론, 2011, 110면).

22) 상계권은 형성권이므로 소송 외에서 행사하였다면 실체법상 효력은 이미 발생하였으나 이러한 사실도 변론에서 주장하지 않으면 법원이 이를 근거로 판결할 수 없다(주장책임).

23) 대판(전) 2012.2.16, 2011다45521.
한편, 금전채권에 대한 압류 및 전부명령이 있는 때에는 압류된 채권은 동일성을 유지한 채로 압류채무자로부터 압류채권자에게 이전되고, 제3채무자는 채권이 압류되기 전에 압류채무자에게 대항할 수 있는 사유로써 압류채권자에게 대항할 수 있는 것이므로, 제3채무자의 압류채무자에 대한 자동채권이 수동채권인 피압류채권과 동시이행의 관계에 있는 경우에는, 압류명령이 제3채무자에게 송달되어 압류의 효력이 생긴 후에 자동채권이 발생하였다고 히더라도 제3채무자는 동시이행의 항변권을 주장할 수 있다. 이 경우에 자동채권이 발생한 기초가 되는 원인은 수동채권이 압류되기 전에 이미 성립하여 존재하고 있었던 것이므로, 그 자동채권은 민법 제498조의 '지급을 금지하는 명령을 받은 제3채무자가 그 후에 취득한 채권'에 해당하지 않는다고 봄이 상당하고, 제3채무자는 그 자동채권에 의한 상계로 압류채권자에게 대항할 수 있다(대판 2010.3.25, 2007다35152).

24) 첨부서류 차용증 참조.

7. 25.에 발생하였으므로[25] 압류의 효력 발생 당시에 대립하는 양 채권이 상계적상에 있지 않았을 뿐만 아니라 위 상계적상 당시 자동채권의 변제기가 피압류채권(수동채권)의 변제기인 2015. 8. 31.보다 나중에 도달하였으므로, 피고 김태봉은 상계로 원고에게 대항할 수 없습니다.

2) 채권양도통지서의 동시송달 주장

가) 피고 박태봉은 원고의 채권압류 및 전부명령을 수령할 당시 동시에 피고 최이준으로부터 위 임대차보증금 전액에 관한 다른 채권자에 대한 채권양도통지서를 수령하였고, 원고와 위 채권양수인 상호간에는 법률상의 지위가 대등하므로 공평의 원칙상 각 채권액에 안분하여 지급할 의무가 있을 뿐이라고 주장할 수 있습니다.

나) 살피건대, 채권양도 통지, 압류명령 등이 제3채무자에 동시에 송달되어 그들 상호간에 우열이 없는 경우에도 그 채권양수인, 압류채권자는 모두 제3채무자에 대하여 완전한 대항력을 갖추었다고 할 것이므로, 그 전액에 대하여 채권양수금, 압류전부금 또는 추심금의 이행청구를 하고 적법하게 이를 변제받을 수 있고, 제3채무자로서는 이들 중 누구에게라도 그 채무 전액을 변제하면 다른 채권자에 대한 관계에서도 유효하게 면책되는 것이 법리입니다.[26] 다만, 양수채권액과 압류된 채권액의 합계액이 제3채무자에 대한 채권액을 초과할 때에는 그들 상호간에는 법률상의 지위가 대등하므로 공평의 원칙상 각 채권액에 안분하여 이를 내부적으로 다시 정산할 의무가 있을 뿐이며, 이로써 전부채권자인 원고에게 대항할 수는 없는 것입니다.[27]

2. 피고 정명호, 정성호, 최이준에 대한 청구

가. 피고 정명호, 정성호의 전부금 지급의무

1) 피고 최이준은 2013. 8. 15. 피고 정명호, 정성호로부터 서울 서초구 효령로35길 26 철근콘크리트조 평슬래브지붕 2층 근린생활시설 중 1층 130㎡(이하 '이 사건 건물'라고 약칭함)을 임대차보증금 100,000,000원, 임대차기간 2013. 9. 1.부터 2015. 8. 31.까지로 정하여 임차하면서 보증금 중 10,000,000원을 지급하고, 같은 달 31. 이 사건 건물을 인도받으면서

---

25) 압류명령은 제3채무자와 채무자에게 송달하여야 하며, 압류명령이 제3채무자에게 송달되면 압류의 효력이 생기는바(민사집행법 제227조 제2항, 제3항), 첨부서류 신청서에 의하면 채권압류 및 전부명령이 2015. 7. 25. 제3채무자에게 송달된 사실을 알 수 있다.

26) 대판(전) 1994. 4. 26, 93다24223.

27) 위 93다24223 전원합의체 판결. 한편, 채권양도통지와 채권가압류결정 정본이 동시에 제3채무자에게 도달된 경우에 양수인의 양수금청구에 대하여 채무자가 채권양도통지와 채권가압류결정 정본을 동시에 송달받은 사실로써 대항할 수 있다는 취지의 대판 1987. 8. 18, 87다카553은 위 전원합의체판결로 폐기되었다.

위 피고들에게 보증금 중 나머지 90,000,000원을 지급하였습니다(갑 제6호증 : 부동산임대 차계약서, 갑 제7호증 : 부동산등기사항전부증명서).**28)**

2) 한편, 원고는 2015. 5. 31. 공증인가 법무법인 제일 증서 2015년 제2357호로 작성된 집 행력 있는 약속어음공정증서 정본**29)**에 기초하여 2015. 7. 23. 서울중앙지방법원 2015타 채20103호로 피고 최이준의 피고 정명호, 정성호에 대한 위 임대차보증금 반환채권 중 70,000,000원에 대하여 압류 및 전부명령을 받고, 위 압류 및 전부명령이 2015. 7. 26. 제3채무자인 위 피고들에게, 같은 해 8. 3. 채무자인 피고 최이준에게 각 송달**30)**된 후 2015. 8. 11. 확정되었습니다(갑 제8호증의 1 : 채권압류 및 전부명령, 갑 제8호증의 2 : 확정증 명원, 갑 제9호증의 1 : 전부금지급촉구서, 갑 제9호증의 2 : 우편물배달증명서).**31)**

3) 그렇다면 위 임대차는 2015. 8. 31. 기간만료로 종료되었으므로 피고 정명호, 정성호 는 피고 최이준으로부터 이 사건 건물을 인도받음과 동시에 원고에게 임대차보증금 중 70,000,000원을 지급할 의무가 있습니다. 다만, 임대차보증금은 성질상 임대차 종료 후 목적물을 인도할 때까지 임대차와 관련하여 발생하는 차임, 부당이득 등 임차인의 모 든 채무를 담보하는 것이므로, 임대차보증금 반환채권에 대한 전부명령의 유무 및 송달 시기와 차임 또는 부당이득 등 발생시기 사이의 선후를 불문하고, 임대인은 임대차보증 금에서 위 차임, 부당이득 등의 금액을 공제한 잔액만을 반환할 의무가 있습니다.**32)** 그 런데 임차인 피고 최이준의 과실로 임대차목적물인 건물이 훼손되었고 그로 인한 손해

---

28) 재판부의 이해를 돕기 위하여 주장사실 말미에는 그 사실에 부합하는 증거번호를 괄호 안에 기재하는 것이 실무례이 나, 시험답안 작성시에는 생략해도 무방하다.

29) 공증인, 법무법인, 법무법인(유한) 또는 법무조합이 어음, 수표에 부착하여 강제집행을 인낙한 취지를 적어 작성한 증 서(민사집행법 제56조 제4호)는 집행권원으로 되는데 이를 집행증서라고 한다. 집행증서는 일정한 요건을 갖추면 집 행권원이 되어 집행력이 있으나 기판력은 없으므로 증서에 적힌 청구가 당초부터 불성립, 무효인 경우에도 청구에 관 한 이의의 소를 제기할 수 있고(같은 법 제59조 제3항), 채권자는 집행증서 있는 청구권에 관하여도 확인 또는 이행의 소를 제기할 수 있다.

30) 전부명령은 확정되어야 효력이 있고(민사집행법 제229조 제7항), 전부명령이 즉시항고권자인 채무자에게 송달되지 않으면 확정될 수 없으므로 채무자에 대한 송달도 확정의 전제로서 기재하였다.

31) 전부금 청구의 요건사실은 ① 피전부채권의 존재, ② 전부명령, ③ 제3채무자에 대한 송달·확정이다(요건사실론, 136면). 한편, 피전부채권인 임대차보증금반환채권의 존재에 대한 요건사실은 ① 임대차계약의 체결, ② 임대차보증 금의 지급, ③ 임대차의 종료이다(요건사실론, 110면).

32) 대판 1987.6.9, 87다68; 대판 1988.1.19, 87다카1315; 대판 1998.4.24, 97다56679; 대판 1998.10.20, 98다31905 등. 임대차보증금 반환채권과 같은 조건부채권에 대하여 전부명령이 있을 경우, ① 전부금 채권은 전부채권자와 제3채무 자 사이에서는 제3채무자인 임대인의 채권이 발생하는 것을 해제조건으로 하는 것으로서 임대인의 채권을 공제한 잔 액에 관하여만 전부명령이 유효하게 되나, ② 전부채권자와 채무자 사이에서 그 실체적 효력(권리이전효와 변제효) 이 언제 발생하는지에 관하여는 견해의 대립이 있다. 송달시설은 제3채무자 송달시를 기준으로 전부명령상의 청구금 액 전체에 관하여 실체적 효력이 확정적으로 발생하게 되어 사후에 발생한 사유로 집행채권의 전액을 변제받지 못 하더라도 이미 발생한 집행채권의 소멸효과에는 영향이 없게 된다고 하고, 절충설은 제3채무자 송달시를 기준으로 전 부명령상의 청구금액 전체에 관하여 일단 실체적 효력이 발생하게 되나, 사후에 발생한 사유로 집행채권액의 전액을 변제받지 못하는 경우에는 민사집행법 제231조 단서가 적용된다고 보아 집행채권의 소멸효과가 소급적으로 실효된다 고 한다. 대법원은 절충설과 같은 입장을 취하고 있다(대판 2001.9.25, 99다15177; 대판 2002.7.12, 99다68652; 대판 2004.8.20, 2004다24168).

40,000,000원이 발생하였으므로, 원고는 임대차보증금 중 60,000,000원(100,000,000원-40,000,000원)만 청구하는 것입니다.

4) 한편, 건물의 공유자가 건물을 임대하고 임대차보증금을 수령한 경우, 특별한 사정이 없는 한 그 임대는 각자 공유지분을 임대한 것이 아니고 임대목적물을 다수의 당사자로서 공동으로 임대한 것이고 그 보증금 반환채무는 성질상 불가분채무에 해당된다고 보아야 할 것이므로,33) 공동임대인 피고 정명호와 정성호는 각자 원고에게 위 금원을 지급할 의무가 있습니다.

나. 피고 최이준의 건물인도의무

앞서 살핀 바와 같이 피고 최이준과 피고 정명호, 정성호 사이에 체결된 위 임대차계약이 기간만료로 종료되었으므로 피고 최이준은 피고 정명호, 정성호에게 위 건물을 인도할 의무가 있는바, 원고는 위 피고들에 대하여 전부금채권을 가지고 있고 위 피고들은 피고 최이준에게 위 건물의 인도를 청구하지 않고 있으므로, 원고는 피고 정명호, 정성호에 대한 전부금 채권을 보전하기 위하여 위 피고들을 대위하여 피고 최이준에 대하여 위 건물의 인도를 청구하는 바입니다.34)

다. 예상되는 피고들의 주장에 대한 반론

1) 대위청구의 부적법 주장

가) 원고는 피고 최이준의 피고 정명호, 정성호에 대한 전부금채권을 보전하기 위하여 위 피고들을 대위하여 피고 최이준에게 임대차목적물인 이 사건 건물의 인도를 구하는바, 이에 대하여 피고들은 피대위자인 피고 정명호, 정성호이 무자력이 아니므로 채권자대위권을 행사할 보전의 필요성이 없어 위 소는 부적법하다고 주장할 수 있습니다.

나) 그러나, 전부채권자가 임대인에 대하여 그 전부받은 임대차보증금 반환채권의 이행을 청구하기 위하여 임차인의 임대차목적물 인도가 이행되어야 할 필요가 있어서 임대인을 대위하여 임차인에게 그 인도를 구하는 경우에는 임대차보증금 반환채권의 보전과 채무자인 임대인의 자력 유무는 관계가 없어 임대인의 무자력을 그 요건으로 하지 않습니다.35)

---

33) 대판 1998.12.8, 98다43137.
34) 채권자대위청구의 요건사실은 ① 피보전채권의 존재, ② 피보전채권의 변제기 도래, ③ 보전의 필요성, ④ 대위할 채권에 대한 채무자의 권리불행사, ⑤ 대위할 채권의 존재이다.
35) 대판 1989.4.25, 88다카4253, 4260 참조.

2) 압류의 경합으로 인한 전부명령의 무효 주장

가) 위 피고들은 피고 최이준의 채권자 소외 김갑수가 2015. 7. 23. 서울북부지방법원 2015 카단18205호로 피고 최이준의 피고 정명호, 정성호에 대한 위 임대차보증금 반환채권 중 30,000,000원에 대하여 채권가압류결정을 받고, 위 결정이 2015. 7. 26. 제3채무자인 위 피고들에게 송달되었고, 위 피압류채권은 임대보증금 1억 원에서 화재로 인한 손해배상금 4,000만 원을 공제한 6,000만 원에 불과하므로 압류가 경합하여 민사집행법 제229조 제5항에 따라 원고의 위 전부명령은 무효라고 주장할 수 있습니다.

나) 그러나, 장래의 불확정채권에 대하여 압류가 중복된 상태에서 전부명령이 있는 경우 그 압류의 경합으로 인하여 전부명령이 무효가 되는지의 여부는 나중에 확정된 피압류채권액을 기준으로 판단할 것이 아니라 전부명령이 제3채무자에게 송달된 당시의 계약상의 피압류채권액을 기준으로 판단하여야 합니다.[36] 위 채권가압류결정과 전부명령이 제3채무자에게 송달된 2015. 7. 26.을 기준으로 할 때 피압류채권인 계약상 임대차보증금액은 1억 원이므로 압류의 경합이 없어 위 전부명령은 유효한 것입니다.[37] 따라서 피고들의 위 주장은 이유 없습니다.

3) 양도금지특약으로 인한 전부명령의 무효 주장

가) 위 피고들은 피고 최이준과 임대차계약 체결 당시 임대차보증금 반환채권의 양도를 금지한다는 특약을 하였고(갑 제6호증 : 임대차계약서 제3조), 원고 역시 이러한 사실을 알고 있었으므로 원고의 위 전부명령은 이러한 특약에 위배되어 무효라고 주장할 수 있습니다.

나) 그러나, 당사자 사이에 양도금지의 특약이 있는 채권이더라도 전부명령에 의하여 전부되는 데에는 지장이 없고, 양도금지의 특약이 있는 사실에 관하여 집행채권자가 선의인가 악의인가는 전부명령의 효력에 영향을 미치지 못하는 것인바, 이와 같이 양도금지특약부 채권에 대한 전부명령이 유효한 이상, 그 전부채권자로부터 다시 그 채권을 양수한 자가 그 특약의 존재를 알았거나 중대한 과실로 알지 못하였다고 하더라도 채무자는 위 특약을 근거로 삼아 채권양도의 무효를 주장할 수 없습니다.[38]

---

36) 대판 2010.5.13, 2009다98980.
37) 대판 2010.5.13, 2009다98980. 동일한 채권에 대하여 두 개 이상의 채권압류 및 전부명령이 발령되어 제3채무사에게 동시(同時)에 송달된 경우 당해 전부명령이 채권압류가 경합된 상태에서 발령된 것으로서 무효인지의 여부는 그 각 채권압류명령의 압류액을 합한 금액이 피압류채권액을 초과하는지를 기준으로 판단하여야 하므로 전자가 후자를 초과하는 경우에는 당해 전부명령은 모두 채권의 압류가 경합된 상태에서 발령된 것으로서 무효로 될 것이지만 그렇지 않은 경우에는 채권의 압류가 경합된 경우에 해당하지 아니하여 당해 전부명령은 모두 유효하게 된다.
38) 대판 2003.12.11, 2001다3771.

4) 임대차계약의 묵시적 갱신 주장

가) 위 피고들은 위 임대차의 기간이 만료한 2015. 8. 31. 후에도 피고 최이준이 이 사건 건물을 계속 점유·사용하고 이에 대하여 위 피고들이 상당한 기간 내에 이의하지 아니함으로써 위 임대차가 묵시적으로 갱신되어 아직 존속 중이므로 원고의 전부금 청구는 이유없다고 주장할 수 있습니다.

나) 그러나, 위 피고들의 주장과 같이 위 임대차가 기간 만료 후에 묵시적으로 갱신되었다고 하더라도[39] 임대차보증금 반환채권이 전부된 이 사건에서 피고들 주장의 위 묵시적 갱신의 시점이 위 임대차보증금 반환채권에 대한 전부명령의 효력 발생일인 2015. 8. 3.보다 후임이 분명하므로 그러한 갱신의 효과는 위 임대차보증금 반환채권을 전부받은 원고에 대하여는 미칠 수 없다고 할 것입니다.

3. 결   어

이상과 같은 이유로 원고는 청구취지와 같은 판결을 구하고자 이 청구에 이르게 된 것입니다.

증 거 방 법[40]

1. 갑 제1호증 : 부동산임대차계약서(토지)

1. 갑 제2호증 : 부동산등기사항전부증명서(토지)

1. 갑 제3호증 : 공정증서

1. 갑 제4호증의 1 : 채권압류 및 전부명령

　　　　　　　2 : 신청서

---

39) 임대차보증금 반환채권이 양도된 경우에는 그 후 임대인과 임차인이 임대차계약을 갱신하거나 기간을 연장하였어도 그 합의의 효과는 양수인에 대하여 미칠 수 없는바(대법원 1989. 4. 25. 선고 88다카4253, 4260 판결), 이러한 법리의 취지가 임대차의 기간만료 후에는 임대차보증금 반환채권을 현실적으로 행사할 수 있으리라는 양수인의 기대를 적절히 보호할 필요가 있다는 점에 있음을 고려하면, 여기에서 말하는 갱신에는 당사자 사이의 합의에 의한 갱신뿐만 아니라 민법 제639조 제1항의 규정에 의한 묵시적 갱신도 포함되는 것으로 해석하는 것이 상당하다.

　　　　또한 전부명령은 권리이전효가 있고 전부채권자도 양수인과 마찬가지로 정당한 신뢰가 보호되어야 할 입장이므로 위와 같은 법리는 전부명령에 의하여 임대차보증금 반환채권이 전부된 경우에도 동일하다고 본다. 따라서 채권양도나 전부명령이 있는 경우에는 양수인·전부채권자에게 대항할 수 있는 유효한 갱신의 합의가 있었다는 사실(즉, 양수·전부가 있기 전에 갱신의 약정이 있었다는 사실)이 권리행사저지 항변의 요건사실이 된다.

40) 일반적으로 입증방법(가장 많이 사용됨), 증거방법, 증명방법 등이 혼용되나 민사소송법 제274조 제2항은 증거방법이라는 용어를 사용하므로 법률용어에 충실하게 증거방법이라는 용어를 사용하였다. 시험문제의 경우에는 보통 작성요령에서 증거방법은 생략해도 무방하다는 지시가 있는 것이 보통이며, 본 문제에서도 생략해도 무방하다고 지시하였다.

　　　　최이준의 사실확인서 및 차용증 등은 피고가 을호증으로 제출할 서증으로서, 원고가 굳이 제출할 필요가 없다.

1. 갑 제5호증의 1 : 전부금지급촉구서
　　　　　　　　2 : 우편물배달증명서
1. 갑 제6호증 : 부동산임대차계약서(건물)
1. 갑 제7호증 : 부동산등기사항전부증명서(건물)
1. 갑 제8호증의 1 : 채권압류 및 전부명령
　　　　　　　　2 : 확정증명원
1. 갑 제9호증의 1 : 전부금지급촉구서
　　　　　　　　2 : 우편물배달증명서

첨 부 서 류[41]

1. 소장 부본 : 4통
2. 위 증거방법 : 각 4통
3. 법인등기사항증명서 : 1통

2015. 10. 6.

원고의 소송대리인
법무법인 다일종합법률사무소
담당변호사　김상승 ㊞

서울북부지방법원[42]　귀중

---

41) 증거방법(입증방법) 외에 소장에 첨부할 서류로서 상대방에게 교부될 용도로 상대방 수에 해당하는 소장 부본 및 증거방법과 당사자가 법인인 경우 그 실체를 확인하기 위한 법인등기사항증명서 등을 소장에 첨부한다. 시험문제의 경우에는 보통 작성요령에서 첨부서류는 생략해도 무방하다는 지시가 있는 것이 보통이며, 본 문제에서도 생략해도 무방하다고 지시하였다.

42) 민사소송법 제2조(보통재판적)에 따라 피고들의 보통재판적 관할 법원인 서울중앙지방법원에도 관할이 인정되나, 의무이행지의 특별재판적 규정(민사소송법 제8조)에 따라 원고의 주소지(보통재판적 소재지)를 관할하는 서울북부지방법원에도 관할이 인정되며, 특히 변호사가 서울 동대문구 회기동에 사무소를 두고 있는 점에 비추어 서울북부지방법원이 합리적 선택이라고 할 것이다.

【문   제】

귀하(변호사 김상승)는 이 사건의 담당변호사로서 의뢰인 박민철과 상담일지 기재와 같은 내용으로 상담하고, 첨부서류를 자료로 받았다. 귀하는 의뢰인의 요구사항 및 이익에 최대한 부합하는 참가신청서를 작성하되, 참가이유를 작성함에 있어 상대방(원고 또는 피고)이 참가요건의 흠결에 대한 주장을 제기할 것으로 예상되는 경우에는 그에 대하여 반론하고, 청구원인을 작성하는 경우에는 먼저 청구원인사실을 중심으로 기재한 다음 기록 내용에 비추어 원고 또는 피고가 법령 및 판례에 따라 제기할 것으로 예상되는 주장 및 항변을 정리하고 그에 대하여 반론하시오. (175점)

【작성요령】

1. 본 기록 내에 나타나 있는 사실관계 및 증거자료만을 기초로 하고, 별도의 법률행위 또는 사실행위를 한 것을 전제로 하지 말 것.
   단, 의뢰인의 요구를 충족하기 위하여 특정 권리의 행사가 필요한 경우에는 참가신청서를 통하여 행사할 것.
2. 사실관계 주장은 첨부된 자료 중 증거로 신청·제출이 가능한 자료를 토대로 하여 증거법상 법원에 의하여 인정받을 가능성이 있다고 판단되는 내용으로 한정할 것.
3. 각종 서류는 모두 적법하게 작성되었고, 기록상 일자의 요일은 실제 요일과 무관하게 토요일 또는 공휴일이 없는 것을 전제로 할 것.
4. 법리적인 주장은 현행 법령 및 대법원 판례의 태도에 비추어 받아들여질 가능성이 없다고 판단되는 내용은 제외하며, 귀하가 참가신청을 하는 경우 이에 대하여 상대방은 적극적으로 소송에 임하는 것을 전제로 할 것.
5. 참가신청서의 기재사항 중 증거방법 및 첨부서류란을 생략하여도 무방함.
6. 참가신청서의 작성일 및 접수일은 2015. 10. 18.로 할 것.

[참고 법령]

의료법 제48조(설립 허가 등)

① 제33조제2항에 따른 의료법인을 설립하려는 자는 대통령령으로 정하는 바에 따라 정관과 그 밖의 서류를 갖추어 그 법인의 주된 사무소의 소재지를 관할하는 시·도지사의 허가를 받아야 한다.

② 의료법인은 그 법인이 개설하는 의료기관에 필요한 시설이나 시설을 갖추는 데에 필요한 자금을 보유하여야 한다.

③ 의료법인이 재산을 처분하거나 정관을 변경하려면 시·도지사의 허가를 받아야 한다.

④ 이 법에 따른 의료법인이 아니면 의료법인이나 이와 비슷한 명칭을 사용할 수 없다.

의료법 시행령 제21조(재산 처분 또는 정관 변경의 허가신청)

법 제48조제3항에 따라 의료법인이 재산 처분이나 정관 변경에 대한 허가를 받으려면 그 허가신청서에 보건복지부령으로 정하는 서류를 첨부하여 그 법인의 주된 사무소의 소재지를 관할하는 시·도지사에게 제출하여야 한다. 다만, 법률 제4732호 의료법중개정법률 부칙 제11조에 해당하는 국가로부터 공공차관을 지원받은 의료법인의 경우에는 이를 시·도지사를 거쳐 보건복지부장관에게 제출하여야 한다.

의료법 시행규칙 제54조(기본재산의 처분허가신청)

① 영 제21조에 따라 의료법인이 기본재산을 매도·증여·임대 또는 교환하거나 담보로 제공(이하 "처분"이라 한다)하려는 경우에는 기본재산의 처분허가신청서에 다음 각 호의 서류를 첨부하여 처분 1개월 전에 시·도지사에게 제출하여야 한다.

1. 이유서

2. 처분재산의 목록 및 감정평가서(교환인 경우에는 쌍방의 재산에 관한 것이어야 한다)

3. 이사회의 회의록

4. 처분의 목적, 용도, 예정금액, 방법과 처분으로 인하여 감소될 재산의 보충 방법 등을 적은 서류

5. 처분재산과 전체재산의 대비표

② 시·도지사는 제1항의 신청에 따라 허가를 할 때에는 필요한 조건을 붙일 수 있다.

[서식 예시]

보조참가신청서

사　건　　2015가합00000
원　고　　○○○
참가신청인　　○○○
　　　　　주소
　　　　　소송대리인
피　고　　○○○
참가신청인　　○○○
　　　　　주소
　　　　　소송대리인

참 가 취 지

위 사건에 관하여 보조참가신청인의 소송대리인은 민사소송법 제71조에 의하여 원고 (피고)를 보조하기 위하여 소송에 참가하고자 신청하오니 허가하여 주시기 바랍니다.

참 가 이 유

첨 부 서 류
(생략)

2015. . .
원고(피고) 보조참가신청인의 소송대리인
변호사 ○○○ ㊞

○○지방법원　제○민사부(민사○단독)　귀중

[서식 예시]

독립당사자참가신청서

사 건   2015가합00000
원 고   ○○○
         주소
피 고   ○○○
         주소
참가신청인   ○○○
             주소
             소송대리인

참 가 취 지

위 사건에 관하여 참가신청인의 소송대리인은 민사소송법 제79조에 의하여 ○○을(를) 상대방으로 하여 독립당사자참가인으로 소송에 참가하고자 신청합니다.

참 가 이 유

청 구 취 지

청 구 원 인

증 거 방 법
(생략)

2015. . .
독립당사자참가인의 소송대리인
변호사 ○○○ ㊞

○○지방법원 제○민사부(민사○단독) 귀중

[서식 예시]

공동소송참가신청서

사　건　2015가합00000
원　고　○○○
　　　　주소
피　고　○○○
　　　　주소
참가신청인　○○○
　　　　　주소
　　　　　소송대리인

참 가 취 지

위 사건에 관하여 참가신청인은 민사소송법 제83조에 의하여 원고(피고)의 공동소송인으로 소송에 참가하고자 신청합니다.

참 가 이 유

청 구 취 지

청 구 원 인

증 거 방 법
(생략)

2015.　.　.
원고(피고) 공동참가인의 소송대리인
변호사 ○○○ ㊞

○○지방법원　제○민사부(민사○단독)　귀중

상 담 일 지

접수번호	2015민165	상담일	2015. 10. 14.
상담인	박민철	연락처	010-1234-5619
담당변호사	김상승	사건번호	

【상담내용】

1. 의뢰인은 의료장비 제조 및 판매업을 영위하는 갑을메디컬(주)의 대표이사로서 의료법인 다나음이 새로이 건물을 신축하여 병원을 확장하여 개원한다고 하므로 의료장비를 공급하고 그 대금채권 3억 원을 가지고 있다.

2. 의뢰인은 위 의료법인이 최신 자기공명영상장치(MRI)를 추가로 공급해 달라고 요구함에 따라 대금 5억 원에 매도하기로 계약하고 계약금으로 1억 원만 받은 채 장비를 납품하였다.

3. 의료법인은 병원을 순조롭게 개원하지 못하였고, 추가로 납품한 최신 자기공명영상장치(MRI)의 대금 중 중도금 및 잔금을 지급하지 못하고 있다.

4. 김수철은 의뢰인 회사의 직원으로 일하던 중 얼마 전에 퇴사한 후 독립하여 의뢰인과 동일한 영업을 하고 있으며 상호도 유사하게 사용하고 있으나 상당한 기간 동안 직원으로 일했던 점 및 의뢰인의 회사와 거래하고 있다는 점을 고려하여 용인하고 있다.

5. 의뢰인은 위 의료법인으로부터 의료장비 공급대금 위 3억 원을 지급받지 못하고 있던 중 의료법인이 소유하고 있는 중고 자기공명영상장치(MRI)를 위 대금의 지급에 갈음하여 매수하기로 위 의료법인의 이사장과 구두 약정하였다.

6. 위 의료법인의 이사장은 의료법의 규정상 의료법인이 그 기본재산을 처분하려면 시·도지사의 허가를 받아야 하는데, 기본재산인 위 중고 자기공명영상장치(MRI)의 매각에 관하여는 이미 허가를 받았다고 하면서 허가서를 이메일로 보내와 의뢰인 회사 측에서 이를 확인하였다.

7. 의뢰인은 위 중고 자기공명영상장치(MRI)에 관한 매매계약서를 작성하기 위하여

위 의료법인의 이사장과 만나기로 약속하였는데, 급한 다른 일정이 있어 마침 의뢰인의 회사를 방문한 김수철에게 의뢰인의 인장을 날인한 매매계약서 초안을 교부하면서 위 의료법인 이사장의 날인을 받아올 것을 부탁하였다.

8. 김수철은 위 의료법인 이사장으로부터 날인을 받은 후 매매계약서를 돌려주지 않고 있는데, 나중에 위 의료법인 이사장으로부터 김수철이 자신이 대표이사로 있는 회사가 매수인인 것처럼 위 계약서의 일부를 변경하고 인장을 날인한 후 의료법인에 대하여 매매를 원인으로 한 권리를 주장한다고 들었다.

9. 위 의료법인 이사장의 말대로 실제 김수철이 대표이사로 있는 (주)갑을메디컬렌탈이 의료법인 다나음을 상대로 동산인도소송을 제기하였고, 위 이사장이 그 소송서류를 의뢰인에게 교부하였다.

10. 의뢰인은 위 의료법인에 대하여 매수한 중고 자기공명영상장치(MRI)의 인도를 요구하였으나 (주)갑을메디컬렌탈이 가처분을 하였을 뿐만 아니라 현재 소송이 진행 중이라는 이유로 이를 거부하였다.

【의뢰인의 요구사항】

(주)갑을메디컬렌탈이 의료법인 다나음을 상대로 제기한 소송절차에 참가하여 일거에 분쟁을 해결하되 위 두 대의 자기공명영상장치(MRI)에 대한 권리를 최대한 실현할 수 있도록 판결을 받아달라고 한다.

【첨부서류】

1. 의료장비매매계약서
2. 의료장비설치확인서
3. 소장
4. 건물 임대차계약서

5. 영수증

6. 의료장비양도계약서

7. 의료장비매매계약서

8. 답변서

9. 사실확인서(박민철)

10. 의료장비매매계약서(사본)

11. 기본재산처분허가서

12. 나의 사건 검색

13. 등기사항전부증명서(갑을메디컬 주식회사)

14. 등기사항전부증명서(주식회사 갑을메디컬렌탈)

15. 등기사항전부증명서(의료법인 다나음)

법무법인 다일종합법률사무소

변호사 박조정, 양화해, 서온유, 김상승, 이승소

서울 동대문구 양진대로 777

전화 : 961-1543 팩스 : 961-1544 이메일 : sskim@daillaw.com

의료장비매매계약서

아래 표시 의료장비에 대하여 매도인 갑을메디컬 주식회사를 "갑"으로 하고, 매수인 의료법인 다나음을 "을"로 하여 "갑"과 "을" 양당사자는 다음과 같이 매매계약을 체결한다.

| 품명 : 자기공명영상장치(MRI)   모델명 : Achieva 3.0T TX |
| 제품번호 : PA2015-112233   제조연월 : 2015. 1.   제조사 : Philips |

제1조【매매대금】

매매대금은 금 오억(500,000,000)원으로 정하고 매수인 "을"은 매도인 "갑"에 대하여 아래와 같은 방법으로 이를 지급한다.

계약금 1억원은 계약 당일에 지급하고, 중도금 2억원은 2015년 8월 31일에, 잔금 2억원은 2015년 9월 30일까지 지급하며, 위 대금이 완불되기까지 위 의료장비의 소유권은 매도인 "갑"에게 귀속된다.

제2조【매도인의 의무】

매도인 "갑"은 매수인 "을"이 계약 후 1주일 내에 본건 의료장비를 매수인 "을"이 지정하는 장소에 인도하여야 한다.

제3조【계약의 해제】

"갑"과 "을" 양당사자의 어느 한 쪽이 계약상의 채무이행의 제공을 하기 전까지는 매수인 "을"은 계약금을 포기하고 매도인 "갑"은 계약금의 배액을 제공하여 본 계약을 해제할 수 있다.

제4조【손해의 배상】

양 당사자 중 일방이 본 계약을 위반하였을 경우 그 손해배상액은 제3조의 기준에 따른다.

제5조【즉시해제】

양 당사자 중 일방이 본 계약을 위반하였을 경우 상대방은 최고의 절차없이 곧 계약을 해제할 수 있고, 이로 인하여 발생한 손해배상을 청구할 수 있다.

본 계약을 증명하기 위하여 계약서 2통을 작성하고 계약당사자간 이의없음을 확인하고 각자 기명날인한 후 각 1통씩 보관한다.

2015년 3월 5일

갑 : 갑을메디컬 주식회사
　　서울 강남구 논현로33길 93(역삼동)
　　대표이사 박민철 (印)

을 : 의료법인 다나음
　　서울 동대문구 신이문로 33(이문동)
　　이사장 김일환 (印)

의료장비설치확인서

아래 표시 의료장비에 대하여 2015년 3월 5일자 매매계약에 의하여 매도인 갑을메디컬 주식회사가 매수인 의료법인 다나음이 지정한 일자에 지정된 장소에 이상 없이 설치되었음을 확인합니다.

- 아   래 -

품명 : 자기공명영상장치(MRI)
모델명 : Achieva 3.0T TX
제품번호 : PA2015-112233
제조연월 : 2015. 1.
제조사 : Philips

2015년 3월 10일

의료법인 다나음
서울 동대문구 신이문로 33(이문동)
이사장 김일환 (인)

갑을메디컬 주식회사 귀중

소　장

원고　주식회사 갑을메디컬렌탈

　　　서울특별시 노원구 노원로 433(상계동)

　　　대표이사 김수철

　　　전화 : 010-2768-9077

피고　의료법인 다나음

　　　서울특별시 동대문구 신이문로 33(이문동)

　　　이사장 김일환

동산인도 청구의 소

청 구 취 지

1. 피고는 원고에게 별지 목록 1. 기재 의료장비 및 별지 목록 2. 기재 의료장비를 모두 인도하라.

2. 소송비용은 피고의 부담으로 한다.

3. 제1항은 가집행할 수 있다.

　라는 판결을 구합니다.

7137

접수
No. 7137
2015. 9. 3.
서울북부지방법원
민사접수실

청 구 원 인

1. 원고는 의료기기 판매 및 대여업을 영위하는 회사로서 2015. 3. 20. 피고로부터 피고가 개원을 준비하고 있던 병원 건물 중 1층 101호를 의료기기 판매업을 목적으로 임차하면서 임대차보증금으로 4억 원을 지급하였습니다(갑제1호증 : 임대차계약서,

갑제2호증 : 영수증 참조).

2. 피고는 시간이 지나도록 병원을 개원하지 못하였고, 이에 원고는 피고에게 계약의 파기를 주장하면서 보증금 반환을 요구하자 피고는 2015. 7. 15. 원고에게 위 보증금 반환채무의 변제에 갈음하여 별지 목록 1. 기재 의료장비(이하 "의료장비Ⅰ"이라고 약칭합니다)를 양도하였고(갑제3호증 : 의료장비계약서 참조), 원고는 그 무렵 의료장비Ⅰ에 대하여 피고를 점유보조자로 한 직접점유를 취득하거나, 피고를 점유매개자로 한 간접점유를 취득함으로써 의료장비Ⅰ의 소유권을 취득하였습니다. 원고는 피고에 대하여 소유권에 기초하여 민법 제213조를 근거로 의료장비Ⅰ의 인도를 청구합니다.

3. 가사 원고에게 의료장비Ⅰ의 소유권이 인정되지 않는 경우라도, 위 의료장비양도계약은 원고가 피고에 대한 위 보증금반환채권의 담보를 위하여 의료장비Ⅰ의 소유권을 이전받고 이를 점유개정의 방법으로 인도받으며, 향후 원고가 권리실행을 하여 원고의 피고에 대한 위 채권에 충당하고 나머지 금액을 피고에게 반환 정산하기로 하는 취지의 동산양도담보계약을 체결한 것이라고 할 것입니다. 원고는 예비적으로 동산양도담보계약에 기초하여 피고에 대하여 의료장비Ⅰ의 인도를 청구합니다.

4. 한편, 원고는 2015. 8. 5. 피고로부터 별지 목록 2. 기재 의료장비(이하 "의료장비Ⅱ"이라고 약칭합니다)을 대금 2억 원에 매수하기로 하면서 그 대금의 지급은 원고가 피고에게 의료장비를 공급하고 받지 못한 대금 2억 원의 변제와 갈음하기로 하였습니다(갑제4호증 : 의료장비매매계약서 참조). 따라서 원고는 피고에 대하여 위 매매계약에 기하여 의료장비Ⅱ의 인도를 청구합니다.

5. 이와 같이 피고는 원고에게 별지 목록 기재 각 동산을 인도할 의무가 있음에도 불구하고 이를 이행하지 않고 있으므로 청구취지와 같은 판결을 구하고자 이 청구에 이른 것입니다.

입 증 방 법

1. 갑제1호증 : 임대차계약서
2. 갑제2호증 : 영수증
3. 갑제3호증 : 의료장비양도계약서
4. 갑제4호증 : 의료장비매매계약서

첨 부 서 류

1. 소장 부본 : 1통
2. 위 입증방법 : 각 1통
3. 인지의 현금납부서 : 1통
4. 송달료납부서 : 1통

2015.　9.　　.

원고　주식회사 갑을메디컬렌탈
대표이사 김수철 (印)

서울북부지방법원　　귀중

[별지]

목   록

1. 품   명 : 자기공명영상장치(MRI)
   모 델 명 : Achieva 3.0T TX
   제품번호 : PA2015-112233
   제조연월 : 2015. 1.
   제 조 사 : Philips

2. 품   명 : 자기공명영상장치(MRI)
   모 델 명 : Avanto 2.0
   제품번호 : SA2009-453211
   제조연월 : 2009. 10.
   제 조 사 : Siemens 끝.

건물 임대차계약서

임대인 의료법인 다나음(이하 "갑"이라 한다)과 임차인 주식회사 갑을메디컬렌탈(이하 "을"이라 한다)은 아래와 같이 건물 임대차계약을 체결한다.

제1조【건물의 표시】
1. 소재지 : 서울특별시 동대문구 신이문로 33(이문동)
2. 면 적 : 1층 중 150㎡

제2조【보증금】
보증금은 일금 4억원정 (₩400,000,000)으로 정하고 "을"은 이 계약성립과 동시에 "갑"에게 지급하기로 한다.

제3조【임대료】
임대료는 병원이 개원한 날로부터 1개월 55만 원으로 정하고 "을"은 매월 말일까지 "갑"에게 지급하기로 한다.

제4조【존속기간】
이 임대차계약의 존속기간은 병원 개원일로부터 2년간(년   월   일)으로 한다.

제5조【양도】
"을"은 "갑"의 승낙 없이 이 건물의 전부 혹은 일부라도 다른 사람에게 양도 또는 전대해서는 안된다.

제6조【건물유지비】
이 건물에 관계되는 세금이나 공과금 및 건물유지에 관계되는 수리비는 "갑"이 부담한다.

제7조【건물형태】
"을"은 "갑"의 승낙 없이 마음대로 건물의 형태를 조작하거나 바꿀 수 없다.

제8조【계약의 해지】
"을" 이 제4조를 위반하거나 또는 임대료지불을 2개월 이상 연체했을 때에는 "갑"은 최고장을 내지 않고도 이 계약을 해지할 수 있다.

제9조【보증금의 반환】
보증금은 "을"이 해당 건물을 명도 했을 때 반환한다.
다만, 임대료의 체납이 있을 때에는 그에 충당한다.

제10조【특약사항】
상기 계약 일반사항 이외에 아래 내용을 특약사항으로 정하며, 일반사항과 특약사항이 상충되는 경우에는 특약사항을 우선하여 적용하도록 한다.

갑 제 1 호증

위와 같이 계약을 체결하고 계약서 2통을 작성, 서명 날인 후 "갑"과 "을"이 각각 1통씩 보관한다.

계약일자 : 2015년 3월 20일

(갑)　　주　　소 :　서울특별시 동대문구 신이문로 33(이문동)

　　　　생년월일 :

　　　　성　　명 :　의료법인 다나음 이사장 김일환 (인)

　　　　연 락 처 :　02-957-1305

(을)　　주　　소 :　서울특별시 노원구 노원로 433(상계동)

　　　　생년월일 :

　　　　성　　명 :　주식회사 갑을메디컬렌탈 대표이사 김수철 (인)

　　　　연 락 처 :　02-910-3353

領　收　證

　　　사억 (400,000,000) 원정

서울특별시 동대문구 신이문로 33(이문동) 소재 7층 병원 건물 101호
150㎡에 대한 임대차보증금으로 정히 영수함.

갑
제
2
호
증

2015. 3. 20.

영수인　의료법인 다나음
이사장 김일환 (煥金逸印)

주식회사 갑을메디컬렌탈　귀하

의료장비양도계약서

채권자 갑과 채무자 을 사이에 다음과 같은 계약을 체결한다.

제1조 을이 갑에 대하여 부담하는 임대차보증금반환채무 금 4억원을 담보하기 위하여 을 소유의 다음 의료장비를 갑에게 양도(점유개정)한다.

> 품명 : 자기공명영상장치(MRI)   모델명 : Achieva 3.0T TX
> 제품번호 : PA2015-112233   제조연월 : 2015. 1.   제조사 : Philips

제2조 을은 위 의료장비에 대하여 담보물로 제공하는데 일체의 부담이 없음을 보증한다.

제3조 갑은 위 의료장비를 을에게 계약서 작성과 동시에 무상으로 빌려준 것으로 한다. 을은 목적물인 의료장비를 그 용법에 따라 선량한 관리자의 주의를 다하여 사용하여야 한다.

제4조 을은 목적물인 의료장비를 사용하는 도중의 공과금과 수리비 및 기타 일체의 비용을 부담한다.

제5조 목적물인 의료장비가 멸실되거나 훼손될 경우에는 을은 갑에게 통지하여야 하며, 갑의 청구가 있을 때에는 을은 담보를 추가로 제공하여야 한다.

제6조 을이 본 계약을 위반하는 때에는 기한의 이익을 상실함과 동시에 채무를 즉시 완전 변제하여야 한다.

제7조 을이 채무를 이행하지 아니할 때에는 갑은 을에게 목적물인 의료장비의 반환을 청구할 수 있다. 이 때 갑은 목적물인 의료장비를 임의로 처분하고 또 공정한 가격으로 평가하여 스스로 취득하고 그 처분가격이나 평가액을 채무의 전부나 일부에 충당할 수 있다.

위 계약의 증거로 이 증서 2통을 작성하여 쌍방이 각 1통씩 보관한다.

갑의 제3 변호증

2015년 7월 15일

갑 : 주식회사 갑을메디컬렌탈　　　　　　을 : 의료법인 다나음
　　서울 노원구 노원로 433(상계동)　　　　　서울 동대문구 신이문로 33(이문동)
　　대표이사 김수철 (哲金印修)　　　　　　이사장 김일환 (煥金印逸)

의료장비매매계약서

아래 표시 의료장비에 대하여 매도인 의료법인 다나음을 "갑"으로 하고, 매수인 갑을메디컬 주식회사를 "을"로 하여 "갑"과 "을" 양당사자는 다음과 같이 매매계약을 체결한다.

품명 : 자기공명영상장치(MRI)　　모델명 : Avanto 2.0
제품번호 : SA2009-453211　　제조연월 : 2009. 10.　　제조사 : Siemens

제1조【매매대금】 *2억원*

　매매대금은 금 삼억(300,000,000)원으로 정하고 매수인 "을"은 매도인 "갑"에 대하여 아래와 같은 방법으로 이를 지급한다. "을"이 "갑"에 대하여 가지는 장비대금채권 합계 위 매매대금과 동일한 금액의 지급에 갈음한다.

제2조【매도인의 의무】

　매도인 "갑"은 매수인 "을"이 계약 후 요청하는 일자에 본건 의료장비를 반출하는데 모든 협조를 다 하여야 하고, 하자가 없다는 것을 보증한다.

제3조【계약의 해제】

　"갑"과 "을" 양당사자의 어느 한 쪽이 계약상의 채무이행의 제공을 하기 전까지는 매수인 "을"은 계약금을 포기하고 매도인 "갑"은 계약금의 배액을 제공하여 본 계약을 해제할 수 있다.

제4조【비용의 부담】

　본 계약상의 의료장비의 인도 등에 관한 비용 기타 본 계약에 기인하여 발생한 매매에 관한 일체의 비용은 매도인의 부담으로 한다.

제5조【즉시해제】

　양 당사자 중 일방이 본 계약을 위반하였을 때에는 상대방은 최고의 절차없이 곧 계약을 해제할 수 있고, 이로 인하여 발생한 손해배상을 청구할 수 있다.

　본 계약을 증명하기 위하여 계약서 2통을 작성하고 계약당사자간 이의없음을 확인하고 각자 기명날인한 후 각 1통씩 보관한다.

2015년 8월 5일

주식회사 갑을메디컬렌탈

갑 : 의료법인 다나음　　　　　　　　　　을 : 갑을메디컬 주식회사
　　서울 동대문구 신이문로 33(이문동)　　　　서울 강남구 논현로33길 93(역삼동)
　　이사장 김일환　　　　　　　　　　　　　대표이사 박민철

2015가합12345 동산인도(서울북부, 제2민사부)

답 변 서

원고 주식회사 갑을메디컬렌탈
피고 의료법인 다나음

위 당사자간 귀원 2015가합12345 동산인도 청구사건에 관하여 피고 의료법인 다나음
은 다음과 같이 답변서합니다.

청구취지에 대한 답변

1. 원고의 청구를 모두 기각한다.

2. 소송비용은 원고가 부담한다.

　라는 판결을 구합니다.

7712

청구원인에 대한 답변

1. 의료장비 I 의 인도청구에 대한 답변

가. 먼저 원고는 피고로부터 의료장비 I 을 양수하여 그 소유권을 취득하였으므로 소유
권에 기하여 인도를 청구한다고 주장합니다. 그러나 원고와 피고가 체결한 장비양도
계약은 원고의 피고에 대한 위 채권의 담보를 목적으로 하여 이루어진 것이지, 위
채권의 변제에 갈음하여 이 사건 의료장비 I 의 소유권을 피고에게 넘기는 대물변제
계약이 아니라고 할 것입니다. 그렇지 않다고 하더라도 원고는 유체동산인 위 의료
장비를 인도 받은 바 없으므로 원고는 위 의료장비의 소유권을 취득하지 못하였다고

할 것입니다. 따라서 원고의 위 주장은 이유 없습니다.

나. 또한, 원고는 예비적으로 피고와 의료장비Ⅰ에 관하여 양도담보계약을 체결하였고, 피고가 원고에 대하여 부담하는 피담보채무의 변제기가 지나도록 이행하지 않고 있으므로 그 인도를 청구한다고 주장합니다. 그러나 의료법 제13조는 '의료인의 의료업무에 필요한 기구·약품 기타 재료는 이를 압류하지 못한다'고 규정하고 있는 한편, 제48조 제3항은 '의료법인은 그 재산을 처분하거나 변경하고자 할 때에는 시·도지사의 허가를 받아야 한다'고 규정하고 있습니다. 그런데 위 각 규정의 취지에 비추어 보면, 의료법인의 재산에 관한 처분에 요구되는 시·도지사의 허가는 처분계약의 효력 발생요건으로 보아야 할 것입니다(대법원 2006. 3. 23. 선고 2004다25727 판결 등 참조). 따라서 위 의료장비양도담보계약은 의료법인인 피고의 재산처분행위에 해당하여 주무관청의 허가를 받아야 비로소 유효하게 됩니다. 그런데 피고는 의료장비Ⅰ에 관한 의료장비양도계약에 관하여 주무관청의 허가를 받은 사실이 없습니다. 따라서 위 의료장비양도계약은 무효이고, 이 계약에 기초한 원고의 예비적 청구도 이유 없다고 할 것입니다.

2. 의료장비Ⅱ의 인도청구에 대한 답변

가. 원고는 피고로부터 의료장비Ⅱ를 매수하였다고 주장하면서 매매계약에 기하여 그 인도를 청구한다고 주장합니다. 그러나 피고는 의료장비Ⅱ의 처분에 관하여 주무관청의 허가를 받아 매각계약을 체결하려고 하였던 것은 사실이지만, 원고와 매매계약을 체결한 사실은 없습니다.

나. 원고가 제시하는 매매계약서에는 마치 원고가 매수인인 것처럼 기재되어 있는 것은 사실이지만, 그 계약서를 작성하기 전에 이미 갑을메디컬(주)에게 대금 3억 원에 매도하기로 구두로 약속한 상태에서 위 회사를 대리하여 원고의 대표이사가 피고와 매매계약서를 작성하기로 하였던 것인데(을제1호증, 을제2호증 참조), 피고가 계약서 작성에 관하여 전적으로 원고측에게 맡기고 세부적인 내용을 확인하지 않았는바, 원

고가 피고를 속이고 계약서에 원고가 마치 매수인인 것처럼 기재하였던 것뿐입니다. 갑제4호증 계약서 중 원고의 날인 및 수정 부분은 모두 피고와 합의 없이 원고가 일방적으로 행한 것입니다.

다. 피고는 갑을메디컬(주)에게 주무관청의 허가를 받아 매도의 의사를 표시하였을 뿐이며 위 회사를 매수인으로 알고 있을 뿐 원고와 매매계약을 체결한 사실이 없습니다. 따라서 원고의 매매계약에 기한 인도청구는 이유 없다고 할 것입니다.

3. 결론

이상과 같은 이유로 원고의 청구는 모두 이유 없으므로 마땅히 기각되어야 할 것입니다.

입 증 방 법

1. 을제1호증 : 사실확인서
1. 을제2호증 : 의료장비매매계약서(초안, 사본)
1. 을제3호증 : 기본재산처분허가서

2015. 10. .

피고   의료법인 다나음
이사장 김일환 ㊞

서울북부지방법원 제2민사부   귀중

사실확인서

사실확인자

   갑을메디컬 주식회사

   서울특별시 강남구 논현로33길 93(역삼동)

   대표이사 박민철

당사는 의료법인 다나음에 대하여 3억원의 장비대금채권을 가지고 있던 중 의료법인 다나음의 이사장 김일환과 구두로 의료장비를 위 대금지급에 갈음하여 매수하기로 약정하였습니다. 그리고 그 업무를 주식회사 갑을메디컬렌탈의 대표이사 김수철에게 부탁하고 아울러 당사가 작성한 의료장비매매계약서 초안에 당사 대표이사의 인장을 날인하여 의료법인 다나음 이사장의 인장 날인을 받아 오도록 하였습니다. 그런데 김수철은 위 부탁을 받은 후 위 계약서를 당사에 돌려주지 않고 있는 상태이며, 의료법인 다나음 이사장 김일환으로부터 김수철이 계약서를 일부 위조하였다는 사실을 듣게 되었습니다. 이는 김수철의 명백한 위법행위로 인한 것으로서 의료장비매매계약은 의료법인 다나음과 당사 사이에 체결되었다는 사실을 확인합니다.

※첨부 : 의료장비매매계약서(사본)

2015년 10월 15일

갑을메디컬 주식회사

대표이사 박민철 (철박 印민)

을 제 1 호증

의료장비매매계약서

사본

아래 표시 의료장비에 대하여 매도인 의료법인 다나음을 "갑"으로 하고, 매수인 갑을메디컬 주식회사를 "을"로 하여 "갑"과 "을" 양당사자는 다음과 같이 매매계약을 체결한다.

품명 : 자기공명영상장치(MRI)   모델명 : Avanto 2.0
제품번호 : SA2009-453211   제조연월 : 2009. 10.   제조사 : Siemens

제1조【매매대금】
　매매대금은 금 삼억(300,000,000)원으로 정하고 매수인 "을"은 매도인 "갑"에 대하여 아래와 같은 방법으로 이를 지급한다. "을"이 "갑"에 대하여 가지는 장비대금채권 합계 위 매매대금과 동일한 금액의 지급에 갈음한다.

제2조【매도인의 의무】
　매도인 "갑"은 매수인 "을"이 계약 후 요청하는 일자에 본건 의료장비를 반출하는데 모든 협조를 다 하여야 하고, 하자가 없다는 것을 보증한다.

제3조【계약의 해제】
　"갑"과 "을" 양당사자의 어느 한 쪽이 계약상의 채무이행의 제공을 하기 전까지는 매수인 "을"은 계약금을 포기하고 매도인 "갑"은 계약금의 배액을 제공하여 본 계약을 해제할 수 있다.

제4조【비용의 부담】
　본 계약상의 의료장비의 인도 등에 관한 비용 기타 본 계약에 기인하여 발생한 매매에 관한 일체의 비용은 매도인의 부담으로 한다.

제5조【즉시해제】
　양 당사자 중 일방이 본 계약을 위반하였을 때에는 상대방은 최고의 절차없이 곧 계약을 해제할 수 있고, 이로 인하여 발생한 손해배상을 청구할 수 있다.

　본 계약을 증명하기 위하여 계약서 2통을 작성하고 계약당사자간 이의없음을 확인하고 각자 기명날인한 후 각 1통씩 보관한다.

2015년 8월 5일

갑 : 의료법인 다나음　　　　　　　　　　　을 : 갑을메디컬 주식회사
　　서울 동대문구 신이문로 33(이문동)　　　　서울 강남구 논현로33길 93(역삼동)
　　이사장 김일환　　　　　　　　　　　　　대표이사 박민철

을제2호증

기본재산처분허가서

법 인 명	의료법인 다나음	대표자	김일환
소 재 지	서울특별시 동대문구 신이문로 33 (이문동)		
처분재산	품　　명 : 자기공명영상장치(MRI) 모델명 : Avanto 2.0 제품번호 : SA2009-453211 제조연월 : 2009. 10. 제 조 사 : Siemens		
처분종류	매도		

의료법 제41조 제3항, 동법시행령 제19조 및 동법시행규칙 제40조의 규정에 의하여 의료법인 기본재산의 처분을 허가합니다.

을 제 3 호증

2015년 7월 20일

서울특별시 동대문구청장　（서울동대문구청장의직인）

본 사이트에서 제공된 사건정보는 법적인 효력이 없으니 참고자료로만 활용하시기 바랍니다.
보다 상세한 내용은 해당 법원에 문의하시기 바랍니다.

| 사건일반내역 | 사건진행내역 | ≫ 인쇄하기 | ≫ 나의 사건 검색하기 |

▶ 사건번호 : 서울북부지방법원 2015가합12345

○기본내용   ≫ 청사배치

사건번호	2015가합12345	사건명	동산인도
원 고	주식회사 갑을메디컬렌탈	피 고	의료법인 다나음
재판부	제2민사부 (02-910-3114)		
접수일	2015.09.03.	종국결과	
원고소가	600,000,000	피고소가	
수리구분	제소	병합구분	없음
상소인		상소일	
상소각하일			
송달료, 보관금 종결에 따른 잔액조회		사건이 종결되지 않았으므로 송달료, 보관금 조회가 불가능합니다.	

○최근기일내용   ≫ 상세보기

일 자	시 각	기일구분	기일장소	결 과
		지정된 기일내용이 없습니다.		

최근 기일 순으로 일부만 보입니다. 반드시 상세보기로 확인하시기 바랍니다.

○최근 제출서류 접수내용   ≫ 상세보기

일 자	내 용
2015. 10. 06.	피고 의료법인 다나음 답변서 제출

최근 제출서류 순으로 일부만 보입니다. 반드시 상세보기로 확인하시기 바랍니다.

○당사자내용

구 분	이 름	종국결과	판결송달일
원 고	주식회사 갑을메디컬렌탈		
피 고	의료법인 다나음		

- 이하 생략 -

▲ TOP

등기사항전부증명서(현재사항) [제출용]

등기번호	012931		
등록번호	134911-0027485		
상　호	갑을메디컬 주식회사	．．．변경	
		．．．등기	
본　점	서울특별시 강남구 역삼동 123	．．．변경	
		．．．등기	
	서울특별시 강남구 논현로33길 93(역삼동)	2011.10.31. 도로명주소	
		2011.10.31. 등기	

공고방법	당 회사의 인터넷 홈페이지 www.kapul.co.kr에 한다. 다만 전산장애 또는 그 밖의 부득이한 사유로 회사의 인터넷 홈페이지에 공고를 할 수 없는 때에는 서울특별시에서 발행되는 서울경제신문에 게재한다.	2010.05.29. 변경
		2010.06.01. 등기

1주의 금액　금 500 원	．．．

발행할 주식의 총수　100,000,000주	．．．
	．．．

발행주식의 총수와 그 종류 및 각각의 수		자본의 총액	변경연월일
			변경연월일
발행주식의 총수	10,000,000주	금 5,000,000,000 원	．．．
보통주식	10,000,000주		．．．

목　　적

1. 의료장비 제조 및 판매업
2. 의료용구 제조 및 판매업
3. 건강보조기구 제조 및 판매업
4. 의료재료 제조 및 판매업
5. 전자상거래업
6. 부동산매매업 및 임대업
7. 수출입업, 무역대리업 및 수출입대행업
8. 수출입업 및 동 대행업
9. 병, 의원 경영관리 및 대행업
10. 위 각호에 관련한 부대사업 일체

[인터넷 발급] 문서 하단의 바코드를 스캐너로 확인하거나, 인터넷등기소(http://www.iros.go.kr)의 발급확인 메뉴에서 발급확인번호를 입력하여 위·변조 여부를 확인할 수 있습니다. **발급확인번호**를 통한 확인은 발행일부터 3개월까지 5회에 한하여 가능합니다.

발급확인번호 0583-AANG-GKKC

0000514857625357951234567 89A123456789B123456789C334　1　발행일 2015/10/14

- 1/2 -

등기번호	012931

임원에 관한 사항

이사 박민철 570131-1******
    2014 년 08 월 13 일 중임   2014 년 08 월 27 일 등기

대표이사 박민철 570131-1****** 서울 동대문구 장안벛꽃로3길 17, 107동 1102호(휘경동, 동일하이빌)
    2014 년 08 월 13 일 중임   2014 년 08 월 27 일 등기

이사 양윤지 631122-2******
    2014 년 08 월 23 일 중임   2014 년 09 월 07 일 등기

회사성립연월일	1997 년 05 월 22 일

등기기록의 개설 사유 및 연월일
    상업등기처리규칙 부칙 제2조 제1항의 규정에 의하여 구등기로부터 이기
                  2001 년 08월 21일 등기

--- 이 하 여 백 ---

수수료 1,000원 영수함

    관할등기소 : 서울북부지방법원 동대문등기소 / 발행등기소 : 법원행정처 등기정보중앙관리소

이 증명서는 등기기록의 내용과 틀림없음을 증명합니다. [다만, 신청이 없는 지점·지배인에 관한 사항과 현재 효력이 없는 등기사항의 기재를 생략하였습니다.]
서기 2015년 10월 14일
    법원행정처 등기정보중앙관리소   전산운영책임관

* 실선으로 그어진 부분은 말소(변경, 경정)된 등기사항입니다.   * 등기사항증명서는 컬러로 출력 가능함.
[인터넷 발급] 문서 하단의 바코드를 스캐너로 확인하거나, 인터넷등기소(http://www.iros.go.kr)의 발급확인 메뉴에서 발급확인번호를 입력하여 위·변조 여부를 확인할 수 있습니다.
발급확인번호를 통한 확인은 발행일로부터 3개월까지 5회에 한하여 가능합니다.

발급확인번호 0583-AANG-GKKC

0000514857625357951234567889A123456789B123456789C334 1 발행일 2015/10/14

등기사항전부증명서(현재사항) [제출용]

등기번호	0131789
등록번호	139745-0048425

상　호	주식회사 갑을메디컬렌탈	．．．변경
		．．．등기
본　점	서울특별시 노원구 상계동 223	．．．변경
		．．．등기
	서울특별시 노원구 노원로 433(상계동)	2011.10.31. 도로명주소
		2011.10.31. 등기

공고방법	당 회사의 인터넷 홈페이지 www.kapulrental.co.kr에 한다. 다만 전산장애 또는 그 밖의 부득이한 사유로 회사의 인터넷 홈페이지에 공고를 할 수 없는 때에는 서울특별시에서 발행되는 서울경제신문에 게재한다.	2010.05.29. 변경
		2010.06.01. 등기

1주의 금액　금 500 원	．．．
	．．．

발행할 주식의 총수　100,000,000주	．．．
	．．．

발행주식의 총수와 그 종류 및 각각의 수		자본의 총액	변경연월일
			변경연월일
발행주식의 총수 보통주식	1,000,000주 1,000,000주	금 500,000,000 원	．．．

목　　적

1. 의료장비 제조 및 판매업
2. 의료용구 제조 및 판매업
3. 건강보조기구 제조 및 판매업
4. 의료재료 제조 및 판매업
5. 전자상거래업
6. 부동산매매업 및 임대업
7. 수출입업, 무역대리업 및 수출입대행업
8. 수출입업 및 동 대행업
9. 병, 의원 경영관리 및 대행업
10. 위 각호에 관련한 부대사업 일체

[인터넷 발급] 문서 하단의 바코드를 스캐너로 확인하거나, 인터넷등기소(http://www.iros.go.kr)의 발급확인 메뉴에서 발급확인번호를 입력하여 위·변조 여부를 확인할 수 있습니다. 발급확인번호를 통한 확인은 발행일로부터 3개월까지 5회에 한하여 가능합니다.

발급확인번호 0583-AANG-GKKC

0000514857625357951234567 89A123456789B123456789C334　1　발행일 2015/10/14

- 1/2 -

등기번호	0131789

임원에 관한 사항

이사 김수철 631205-1******
    2014 년 05 월 13 일 중임   2014 년 05 월 27 일 등기

대표이사 김수철 631205-1****** 서울특별시 노원구 상계로45길 48, 101동 301호(상계동, 청구아파트)
    2014 년 05 월 13 일 중임   2014 년 05 월 27 일 등기

이사 강민영 640123-2******
    2014 년 08 월 23 일 중임   2014 년 09 월 07 일 등기

회사성립연월일	2000 년 05 월 01 일

등기기록의 개설 사유 및 연월일
    상업등기처리규칙 부칙 제2조 제1항의 규정에 의하여 구등기로부터 이기
                              2001 년 08월 21일 등기

--- 이 하 여 백 ---

수수료 1,000원 영수함

    관할등기소 : 서울북부지방법원 동대문등기소 / 발행등기소 : 법원행정처 등기정보중앙관리소

이 증명서는 등기기록의 내용과 틀림없음을 증명합니다. [다만, 신청이 없는 지점·지배인에 관한 사항과 현재 효력이 없는 등기사항의 기재를 생략하였습니다]
서기 2015년 10월 14일
법원행정처 등기정보중앙관리소   전산운영책임관

* 실선으로 그어진 부분은 말소(변경, 경정)된 등기사항입니다.   * 등기사항증명서는 컬러로 출력 가능함.
[인터넷 발급] 문서 하단의 바코드를 스캐너로 확인하거나, 인터넷등기소(http://www.iros.go.kr)의 발급확인 메뉴에서 발급확인번호를 입력하여 위·변조 여부를 확인할 수 있습니다.
발급확인번호를 통한 확인은 발행일로부터 3개월까지 5회에 한하여 가능합니다.

발급확인번호 0583-AANG-GKKC

 0000514857625357951234567789A123456789B123456789C334 1 발행일 2015/10/14

등기번호	000165
등록번호	1647331-000018

등기사항전부증명서(현재유효사항) [제출용]

상 호	의료법인 다나음	. . .변경
		. . .등기
본 점	서울특별시 동대문구 신이문로 33(이문동)	. . .변경
		. . .등기

목   적
1. 의료기관의 설치 운영
2. 무의촌 순회진료사업
3. 영세민 구료사업
4. 의료요원의 훈련 및 양성
5. 의학 연구 개발 및 보급
6. 기타 목적달성을 위하여 필요한 부대사업

임원에 관한 사항
이사 김일환 570131-1******
　　　2014 년 05 월 22 일　취임　　2014 년 06 월 27 일　등기
이사장 김일환 570131-1****** 서울 동대문구 장안벚꽃로3길 17, 107동 1102호(휘경동, 동일하이빌)
　　　2014 년 05 월 22 일　취임　　2014 년 06 월 27 일　등기
이사 김숙희 600213-2******
　　　2014 년 05 월 22 일　취임　　2014 년 06 월 27 일　등기

법인성립연월일	2008년 05월 22일

등기기록의 개설 사유 및 연월일	
2008년 05월 22일 법인 설립	2008년 05월 23일 등기

--- 이 하 여 백 ---

수수료 1,000원 영수함
　　　관할등기소 : 서울북부지방법원 동대문등기소 / 발행등기소 : 법원행정처 등기정보중앙관리소

이 증명서는 등기기록의 내용과 틀림없음을 증명합니다. [다만, 신청이 없는 지점·지
배인에 관한 사항과 현재 효력이 없는 등기사항의 기재를 생략하였습니다]

서기 2015년 10월 14일
　　법원행정처 등기정보중앙관리소　　　　　　전산운영책임관

* 실선으로 그어진 부분은 말소(변경, 경정)된 등기사항입니다.　　* 등기사항증명서는 컬러로 출력 가능함.
[인터넷 발급] 문서 하단의 바코드를 스캐너로 확인하거나, 인터넷등기소(http://www.iros.go.kr)의 발
급확인 메뉴에서 발급확인번호를 입력하여 위·변조 여부를 확인할 수 있습니다.
발급확인번호를 통한 확인은 발행일로부터 3개월까지 5회에 한하여 가능합니다.

발급확인번호 0583-AANG-GKKC
0000514857625357951234567890A123456789B123456789C334 1 발행일 2015/10/14
- 1/1 -

기록 끝

독립당사자참가신청서

사 건   2015가합12345 동산인도[1]

원 고   주식회사 갑을메디컬렌탈
          서울 노원구 노원로 433 (상계동)
          대표이사 김수철

피 고   의료법인 다나음
          서울 동대문구 신이문로 33 (이문동)
          대표자 이사장 김일환

참가신청인[2]   갑을메디컬 주식회사
          서울 강남구 논현로33길 93 (역삼동)
          대표이사 박민철
          소송대리인 법무법인 다일종합법률사무소
          서울 동대문구 양진대로 777
          담당변호사 김상승
          전화 : 961-1543 팩스 : 961-1544 이메일 : sskim@daillaw.com

참 가 취 지

위 사건에 관하여 참가신청인의 소송대리인은 민사소송법 제79조에 의하여 원고 및 피고를 상대방으로 하여[3] 독립당사자참가인으로 소송에 참가하고자 신청합니다.

---

1) 소장 작성 시에는 아직 소가 제기되기 전이므로 사건번호가 불명이지만, 독립당사자참가신청은 이미 제기된 소에 참가하는 것이므로 사건번호를 기재한다.
2) 참가신청서가 제출되기 전이므로 참가신청인으로 표시하였으며, 참가 이후에는 독립당사자참가인이 되므로 청구취지 이하에서는 참가인으로 표시하였다.
3) 원고 및 피고 쌍방에 대하여 청구하는 쌍면참가의 취지이다.

참 가 이 유

1. 원고의 별지 목록 1. 기재 의료장비 인도청구에 대한 참가

가. 원고는, 주위적으로 별지 목록 1. 기재 의료장비가 자신의 소유임을 주장하면서 소유권에 기하여, 예비적으로 위 의료장비에 관하여 동산양도담보계약을 체결하였다고 주장하면서 양도담보권에 기하여 피고에 대하여 위 의료장비의 인도를 청구하고 있는바, 위 의료장비는 원고의 소유가 아니고 독립당사자참가신청인(이하 '참가신청인'으로 약칭함)의 소유이므로 이 신청에 이른 것입니다.[4]

나. 이에 대하여 원고 및 피고는 원고의 주위적, 예비적 동산인도청구 중 주위적 청구만이 소유권에 기초한 참가신청인의 주장과 양립하지 않는 관계에 있는데, 참가신청인의 주장은 원고의 모든 청구와 양립 불가능한 것이 아니므로 부적법하여 각하되어야 한다고 주장할 수 있습니다.

다. 그러나 독립당사자참가 중 권리주장참가는 소송 목적의 전부나 일부가 자기의 권리임을 주장하면 되는 것이므로 참가하려는 소송에 여러 개의 청구가 병합된 경우에는 그 중 어느 하나의 청구라도 참가신청인의 주장과 양립하지 않는 관계에 있으면 그 본소청구에 대한 참가가 허용된다고 할 것이고, 양립할 수 없는 본소청구에 관하여 본안에 들어가 심리한 결과 이유가 없는 것으로 판단된다고 하더라도 참가신청이 부적법하게 되는 것은 아니라고 할 것입니다.[5]

2. 원고의 별지 목록 2. 기재 의료장비 인도청구에 대한 참가

가. 원고는, 피고가 2015. 8. 5. 매도인으로서 별지 목록 2. 기재 의료장비에 관하여 체결한 매매계약상 매수인이 원고라고 주장하면서 위 매매계약에 기하여 피고에 대하여 위 의료장비의 인도를 청구하고 있으나, 위 매매계약의 매수인은 원고가 아니라 참가신청인이며, 위 매매계약에 의한 인도청구권은 참가인에게 있으므로 이 신청에 이른 것입니다.

나. 이에 대하여 원고 및 피고는, 독립당사자참가신청은 실질적으로 신소의 제기이기 때문에 일반소송요건을 갖추어야 적법한데,[6] 참가신청인이 매수인으로서의 권리 또는 그 지위의 불안·위험을 해소시키기 위해서는 곧바로 피고를 상대로 하여 인도청구의 소를 제기

---

4) 독립당사자참가 중 권리주장참가는 원고의 본소청구와 참가인의 청구가 그 주장 자체에서 양립할 수 없는 관계라고 볼 수 있는 경우에 허용될 수 있는 것이다(대결 2005.10.17. 자 2005마814).

5) 대판 2007.6.15. 2006다80322, 80339.

6) 이시윤, 신민사소송법, 박영사, 2014, 785면.

하는 것이 근본적으로 분쟁을 해결하는 가장 유효·적절한 방법이고, 진정한 매수인이 누구인지는 인도청구의 선결문제로서 참가신청인이 위 의료장비를 매수한 사실이 밝혀지면 위 매매를 원인으로 한 인도를 구하는 참가신청인의 청구가 인용되고, 동시에 이와 양립되지 아니하는 원고의 청구는 당연히 배척되어 참가신청인의 매수인으로서의 권리 또는 그 지위의 불안·위험은 제거될 수 있기 때문에, 매수인으로서의 권리의무가 원고에게 있지 않고 참가신청인에게 있다는 확인을 구할 법률상의 이익이 없으므로 참가신청은 부적법하여 각하되어야 한다고 주장할 수 있습니다.

다. 그러나, 자기의 권리 또는 법률상의 지위가 타인으로부터 부인당하거나 또는 그와 저촉되는 주장을 당함으로써 위협을 받거나 방해를 받는 경우에는 그 타인을 상대로 그 권리 또는 법률관계의 확인을 구할 이익이 있다고 할 것인바,7) 원고는 피고와 사이에 체결된 매매계약의 매수당사자가 자신이라고 주장하면서 그 인도를 구하고 있고 이에 대하여 참가신청인이 그 매수당사자라고 주장하는 경우에 참가신청인은 원고에 의하여 자기의 권리 또는 법률상의 지위를 부인당하고 있고, 그 불안을 제거하기 위하여 매수인으로서의 권리의무가 참가신청인에 있다는 확인의 소를 제기하는 것이 유효·적절한 수단이므로 확인의 이익이 인정된다고 할 것입니다.8)

라. 가사, 참가신청인의 원고에 대한 소유권확인청구가 확인의 이익이 인정되지 않아 부적법한 경우라고 하더라도, 민사소송법 제79조 제1항은 소송목적의 전부나 일부가 자기의 권리라고 주장하는 제3자는 당사자의 양 쪽 또는 한 쪽을 상대방으로 하여 당사자로서 소송에 참가할 수 있다고 규정함으로써 독립당사자참가의 편면참가를 명시적으로 인정하고 있는바, 참가신청인의 피고에 대한 청구가 적법한 이상 참가신청은 적법하다고 할 것입니다.

3. 결   어

이상과 같이 원고의 이 사건 소송의 목적이 모두 참가신청인의 권리이며, 이 사건 소송의 결과에 의하여 참가신청인은 권리의 침해를 받을 수 있으므로 이 신청에 이른 것입니다.

---

7) 대판 1988.3.8, 86다148(본소), 149(반소), 150(참가), 86다카762(본소), 763(반소), 764(참가).
8) 이 사건의 모델이 된 위 86다148(본소), 149(반소), 150(참가), 86다카762(본소), 763(반소), 764(참가) 판결도 이와 같은 취지로 판시하였으며, 원고의 피고에 대한 인도청구권과 참가인의 피고에 대한 인도청구권은, 당사자참가가 인정되지 아니하는 2중매매 등 통상의 경우와는 달리 하나의 계약에 기초한 것으로서 어느 한쪽의 이전등기청구권이 인정되면 다른 한쪽의 이전등기청구권은 인정될 수 없는 것이므로 그 각 청구가 서로 양립할 수 없는 관계에 있음은 물론이고, 이는 하나의 판결로써 모순 없이 일시에 해결할 수 있는 경우에 해당한다고 할 것이므로 이 사건 당사자참가는 적법하다고 아니할 수 없다고 하였다.

청 구 취 지

1. 가. 별지 목록 1. 기재 동산이 독립당사자참가인의 소유임을 확인한다.9)

   나. 피고는 독립당사자참가인에게 제1의 가.항 기재 동산을 인도하라.

2. 가. 피고가 2015. 8. 5. 매도인으로서 별지 목록 2. 기재 동산에 관하여 체결한 매매계약상 매수인의 지위가 독립당사자참가인에게 있음을 확인한다.10)

   나. 피고는 독립당사자참가인에게 제2의 가.항 기재 동산을 인도하라.

3. 소송비용 중 참가로 인한 부분은 원고와 피고가 부담한다.11)

4. 제1의 나.항 및 제2의 나.항은 가집행할 수 있다.

   라는 판결을 구합니다.

청 구 원 인

1. 별지 목록 1. 기재 의료장비에 관한 청구

가. 원고에 대한 소유권확인 청구

1) 독립당사자참가인(이하 "참가인"이라 약칭함)은 2015. 3. 5. 피고에게 별지 목록 1. 기재 의료장비(이하 "의료장비Ⅰ"이라 약칭함)를 대금 5억 원에 매도하면서 계약금 1억 원은 계약 당일 수령하고 중도금 2억 원은 2015. 8. 31.에, 잔금 2억 원은 2015. 9. 30.에 각 지급받기로 약정하였으며, 2015. 3. 10. 피고가 지정하는 바에 따라 그 인도를 마쳤습니다(병 제1호증12): 의료장비매매계약서, 병 제2호증 : 의료장비설치확인서).

---

9) 확정판결의 기판력은 그 판결의 주문에 포함된 것, 즉 소송물로 주장된 법률관계의 존부에 관한 판단의 결론 그 자체에만 생기는 것이고, 판결이유에 설시된 그 전제가 되는 법률관계의 존부에까지 미치는 것은 아니고, 건물철거 및 토지인도청구권을 소송물로 하는 소송은 소유권 자체의 확정이 아니라 건물철거청구권 및 토지인도청구권의 존부만을 목적으로 할 따름이므로 그 소송에서 부동산의 권리귀속에 관한 판단이 있었다고 하더라도 그 기판력은 판결주문에 표시된 건물철거청구권 및 토지인도청구권에 국한되고 판결이유 중의 부동산 권리귀속에 관한 판단 부분에까지 미치지는 않으므로(대판 2010.12.23, 2010다58889), 원고와 참가인 사이에 소유권이 참가인에게 있다는 판단의 기판력을 위해서는 이와 같은 청구가 필요하다. 이 사건의 모델이 된 위 2006다80322, 80339 판결의 제1심 판결도 이와 같은 취지로 판결하였다.

10) 원고와 참가인 사이에 매수인의 지위가 참가인에게 인정된다는 판단의 기판력을 위해서는 이와 같은 청구가 필요하다(위 2010다58889 판결 참조). 이 사건의 모델이 된 위 86다148(본소), 149(반소), 150(참가), 86다카762(본소), 763(반소), 764(참가) 판결도 이와 같은 취지로 판시하였다.

11) 원고 패소, 독립당사자참가인 승소인 판결에서 소송비용은 "소송비용 중 본소로 인한 부분은 원고가 부담하고, 참가로 인한 부분은 원고와 피고가 부담한다."라고 기재한다(사법연수원, 민사실무Ⅱ, 2015, 173면).

12) 서증을 제출하는 경우 원고가 제출하는 것은 "갑", 피고가 제출하는 것은 "을", 독립당사자참가인이 제출하는 것은 "병"의 부호와 서증의 제출순서에 따른 번호를 붙여야 한다(민사소송규칙 제107조 제2항).

2) 참가인과 피고는 위 매매계약을 체결하면서 대금이 완불되기까지 매매목적 의료장비 I 의 소유권은 매도인인 참가인에게 귀속된다는 소유권유보 약정을 하였는바, 피고는 위 매매계약에 따라 계약금만 지급하였을 뿐 중도금 및 잔금을 지급하지 않고 있습니다. 따라서 의료장비 I 의 소유권은 참가인에게 있는 것입니다. 그런데 원고는 주위적으로 의료장비 I 의 소유권 자신에게 있음을 주장하면서 소유권에 기하여 피고에 대하여 위 의료장비의 인도를 구하고 있으므로, 참가인은 위 의료장비의 소유권이 참가인에게 있음을 확인받고자 하는 것입니다.

3) 확인의 소는 권리보호요건으로서 확인의 이익이 있어야 하고 그 확인의 이익은 원고의 권리 또는 법률상의 지위에 현존하는 불안·위험이 있고 그 불안·위험을 제거함에는 피고를 상대로 확인판결을 받는 것이 가장 유효·적절한 수단일 때에만 인정되는바,13) 독립당사자참가인의 권리 또는 법률상 지위가 원고로부터 부인당하거나 또는 그와 저촉되는 주장을 당함으로써 위협을 받거나 방해를 받는 경우에 독립당사자참가인은 원고를 상대로 자기의 권리 또는 법률관계의 확인을 구할 이익이 인정된다고 할 것입니다.14)

나. 피고에 대한 인도청구

앞서 살핀 바와 같이 피고는 계약 당일 계약금 1억 원만 지급하였을 뿐 그 변제기가 도과하였음에도 불구하고 중도금 2억 원 및 잔금 2억 원 합계 4억 원을 현재까지 지급하지 않고 있는바, 참가인은 위 매매계약에 대한 해제의 의사를 표시합니다.15) 따라서 피고는 참가인에게 원상회복의무16)를 부담할 뿐만 아니라 위 매매계약을 체결하면서 대금을 완불하기까지 그 소유권은 매도인인 참가인에게 유보하는 특약을 하였으므로, 피고는 참가인에게 의료장비 I 을 인도할 의무가 있다고 할 것입니다.

---

13) 대판 1991.12.10, 91다14420.

14) 대판 2012.6.28, 2010다54535, 54542.

15) 매수인이 대금을 지급하지 않으면, 매도인은 계약을 해제할 수 있고 유보된 소유권에 기하여 목적물의 반환을 청구할 수 있다. 매수인이 목적물을 점유할 채권적 권리를 가지기 때문에 소유권에 기한 반환청구권을 행사하려면 계약을 해제하여야 한다. 할부거래에 관한 법률 제11조 제3항도 할부거래업자는 재화 등의 소유권이 할부거래업자에게 유보된 경우 그 할부계약을 해제하지 아니하고는 그 반환을 청구할 수 없다고 규정하고 있다. 한편, 계약해제의 효과인 원상회복청구권을 근거로 인도청구할 수도 있다.

16) 의료법 제48조 제3항에 따르면 의료법인은 그 재산을 처분하고자 할 경우 시·도지사의 허가를 받아야 하고, 법인의 기본재산 처분에 있어 주무관청의 허가를 얻지 않은 경우에는 그 채권적 효력뿐만 아니라 물권적 효력도 발생하지 않는다는 것은 앞서 살핀 바와 같으므로, 법인의 기본재산에 관한 매매계약에 기하여 소유권이전등기 또는 인도를 청구하는 경우에는 매매계약 사실 외에 주무관청의 허가사실까지 주장·입증하여야 하나(사법연수원, 요건사실론, 2015, 50면), 이 경우에는 원상회복 또는 유보된 소유권에 기하여 인도청구를 하는 것이므로 주무관청의 허가는 요건사실이 아니다.

다. 예상되는 원고의 주장에 대한 반론

1) 원고의 소유권 승계취득 주장

원고는 2015. 7. 15. 피고로부터 의료장비 I 을 양수하는 계약을 체결하고 그 인도를 받았으므로 소유권을 취득하였다고 주장할 수 있습니다.

그러나, 동산 매매에서 그 대금을 모두 지급할 때까지는 목적물의 소유권을 매도인이 그대로 보유하기로 하면서 목적물을 미리 매수인에게 인도하는 이른바 소유권유보약정이 있는 경우에는, 다른 특별한 사정이 없는 한 매수인 앞으로의 소유권 이전에 관한 당사자 사이의 물권적 합의는 대금이 모두 지급되는 것을 정지조건으로 하여 행하여진다고 해석됩니다. 따라서 그 대금이 모두 지급되지 아니하고 있는 동안에는 비록 매수인이 목적물을 인도받아도 목적물의 소유권은 위 약정대로 여전히 매도인에게 있는 것이고 매수인은 소유권을 취득하지 못하며, 이는 매수인이 매매대금의 상당 부분을 지급하였다고 하여도 다를 바 없습니다.[17] 한편, 피고는 답변서에서 의료법 소정의 의료법인의 재산에 관한 처분에 요구되는 시·도지사의 허가를 얻지 않아 원고와 피고 사이에 체결된 매매계약이 무효라고 주장하는바,[18] 참가인은 이를 원용하며, 이러한 점에 비추어 보더라도 원고는 위 의료장비의 소유권을 취득하지 못하였습니다. 따라서 원고의 위 주장은 이유 없습니다.

2) 원고의 소유권 선의취득 주장

의료장비 I 의 소유권이 참가인에게 유보되어 있어 피고에게 소유권이 인정되지 않는 경우라도, 원고는 2015. 7. 15. 무권리자인 피고로부터 의료장비 I 을 매수하는 계약을 평온, 공연, 선의, 무과실로 체결하였으므로 그 소유권을 선의취득하였다고 주장할 수 있습니다.

그러나, 동산의 선의취득에 필요한 점유의 취득은 점유개정에 의한 점유취득만으로서는 그 요건을 충족할 수 없습니다.[19] 더욱이, 민법 제197조 제1항은 점유자의 선의, 평온, 공

---

[17] 대판 2010.2.11, 2009다93671. 대금이 모두 지급되면 그 정지조건이 완성되어 별도의 의사표시 없이 바로 목적물의 소유권이 매수인에게 이전되는 반면, 대금이 모두 지급되지 않았다면 매수인이 목적물을 다른 사람에게 양도하더라도, 양수인이 선의취득의 요건을 갖추거나 소유자인 소유권유보매도인이 후에 처분을 추인하는 등의 특별한 사정이 없는 한 그 양도는 목적물의 소유자가 아닌 사람이 행한 것으로서 효력이 없어서, 그 양도로써 목적물의 소유권이 매수인에게 이전되지 않는다.

[18] 앞서 살핀 바와 같이 의료법 제48조 제3항에 따르면 의료법인은 그 재산을 처분하고자 할 경우 시·도지사의 허가를 받아야 하는바, 위 규정은 의료법인이 그 재산을 부당하게 감소시키는 것을 방지함으로써 항상 그 경영에 필요한 재산을 갖추고 있도록 하여 의료법인의 건전한 발달을 도모하여 의료의 적정을 기하고 국민건강을 보호 증진케 하려는 구 의료법의 입법 목적을 달성하기 위하여 둔 효력규정이라고 할 것이다(대판 2008.9.11, 2008다32501). 그 외에 법인의 기본재산 처분과 관련하여 민법 제42조 제2항, 제45조 제3항, 사립학교법 제28조 제1항, 공익법인의 설립·운영에 관한 법률 제11조 제3항, 사회복지사업법 제23조 제3항 등에 주무관청의 허가를 받도록 규정하고 있고, 이러한 경우 주무관청의 허가를 거치지 않은 경우에는 그 채권적 효력뿐만 아니라 물권적 효력도 발생하지 않는 것이 판례의 확립된 견해이다(요건사실론, 50면).

[19] 대판 1978.1.17, 77다1872.

연은 추정하는 것으로 규정하고 있으나 무과실에 관하여는 규정이 없으므로 이는 선의취득을 주장하는 자에게 입증책임이 있다고 할 것인바, 원고는 무과실에 관한 자료도 제출한 사실이 없습니다. 따라서 원고의 위 주장은 이유 없습니다.

3) 피고의 해제 무효 주장

피고는, 이행지체로 인한 계약의 해제는 민법 제544조 전단 규정에 의하여 상당한 기간을 정하여 그 이행을 최고하고 그 기간 내에 이행하지 아니한 때에 비로소 가능하다고 주장할 수 있습니다.

그러나, 참가인과 피고가 체결한 계약에서 "양 당사자 중 일방이 본 계약을 위반하였을 경우 상대방은 최고의 절차 없이 곧 계약을 해제할 수 있다"고 약정하고 있으므로 피고의 위 주장은 이유 없습니다(병 제1호증 : 의료장비매매계약서 제5조).[20]

4) 피고의 계약금 원상회복 주장

피고는, 매도인인 참가인의 계약해제가 인정되는 경우라도 매도인은 원상회복의무를 부담하므로 이미 수령한 계약금을 원상회복으로 반환할 의무가 있고, 매수인인 피고의 인도의무는 매도인의 위 원상회복의무와 동시에 이행되어야 한다고 주장할 수 있습니다.

그러나, 위 매매계약서 제4조는 매수인이 채무를 불이행하는 경우에 그 손해배상액은 같은 계약서 제3조에 따라 계약금을 몰취한다는 취지의 약정을 담고 있습니다. 이에 따르면 피고가 대금지급의무를 이행하지 않음으로써 위 손해배상액예정에 따라 계약금은 몰취되어 그 원상회복을 구할 수 없게 되었습니다. 따라서 피고의 위 주장은 이유 없습니다.

2. 별지 목록 2. 기재 의료장비에 관한 청구

가. 원고에 대한 매수인의 지위확인 청구

1) 참가인은 2015. 8. 5. 피고로부터 별지 목록 2. 기재 의료장비(이하 "의료장비 II"라 약칭함)를 대금 3억 원에 매수하고, 그 대금의 지급은 참가인이 그 이전에 피고에 대하여 가지고 있던 같은 금액의 채권을 변제받는 것과 갈음하기로 약정하였습니다. 그리고 피고는 위 의료장비의 매각에 관하여 주무관청으로부터 허가를 받았습니다.[21]

---

[20] 할부거래에 관한 법률 제11조 제1항은 소비자가 할부금 지급의무를 이행하지 아니하면 할부거래업자는 할부계약을 해제할 수 있고, 이 경우 할부거래업자는 그 계약을 해제하기 전에 14일 이상의 기간을 정하여 소비자에게 이행할 것을 서면으로 최고하여야 한다고 규정하고, 제43조는 위 제11조 규정을 위반한 약정으로서 소비자에게 불리한 것은 효력이 없다고 규정하나, 위 법률은 할부계약 또는 선불식 할부계약에 의하여 제공되는 재화 등을 소비생활을 위하여 사용하거나 이용하는 소비자 등과 사업자 사이의 거래에 적용되는 것이므로(위 법률 제2호 제5호 참조), 이 사건 거래는 위 법률의 적용대상이 아니라고 할 것이다.

[21] 법인의 기본재산 처분에 있어 주무관청의 허가를 얻지 않은 경우에는 그 채권적 효력뿐만 아니라 물권적 효력도

2) 확인의 소는 권리보호요건으로서 확인의 이익이 있어야 하고, 자기의 권리 또는 법률상의
지위가 타인으로부터 부인당하거나 또는 그와 저촉되는 주장을 당함으로써 위협을 받거
나 방해를 받는 경우에는 그 타인을 상대로 그 권리 또는 법률관계의 확인을 구할 이익이
있다고 할 것이며, 원고는 피고와 사이에 체결된 매매계약의 매수당사자가 자신이라고 주
장하면서 그 인도를 구하고 있고 이에 대하여 참가인이 그 매수당사자라고 주장하는 경우
에 참가인은 원고에 의하여 자기의 권리 또는 법률상의 지위를 부인당하고 있으므로 확인
의 이익이 인정된다는 점은 앞서 살핀 바와 같습니다.22)

나. 피고에 대한 매매계약에 기한 인도청구

위 매매계약에 따라 매도인인 피고는 매수인인 참가인에게 의료장비Ⅱ를 인도할 의무가
있다고 할 것입니다.

다. 예상되는 원고의 주장에 대한 반론

1) 원고는 갑 제4호증(의료장비매매계약서)을 근거로 위 계약에 따라 피고로부터 의료장비Ⅱ를
매수한 매매계약의 당사자는 원고라고 하면서, 그 근거로 처분문서가 진정하게 성립한 것
으로 인정되는 이상 법원은 그 기재 내용을 부인할 만한 분명하고도 수긍할 수 있는 반증
이 없는 한 그 처분문서에 기재되어 있는 문언대로 의사표시의 존재와 내용을 인정하여야
한다고 주장할 수 있습니다.23)

2) 서증은 문서에 표현된 작성자의 의사를 증거자료로 하여 요증사실을 증명하려는 증거방
법이므로 우선 그 문서가 거증자에 의하여 작성자로 주장되는 자의 의사에 의하여 작성된
것임이 밝혀져야 하고, 이러한 형식적 증거력이 인정되지 않으면 이를 증거로 쓸 수 없는
것입니다.24) 처분문서의 진정성립이 인정되면 법원은 그 문서의 기재 내용에 따른 의사표
시의 존재 및 내용을 인정하여야 하나,25) 원고를 매수인으로 한 위 의료장비매매계약서는
피고의 원고에 대한 매도의사가 존재하지 않으므로 그 진정성립이 인정되지 않습니다. 참
가인은 의료장비Ⅱ를 피고로부터 매수하기로 피고의 이사장과 구두 약정한 후 그에 대한
매매계약서를 작성하기 위하여 원고의 대표이사 김수철에게 참가인의 인장을 날인한 매
매계약서 안을 교부하면서 피고의 날인을 받아오라고 부탁하였으나, 위 김수철이 위임의

발생하지 않는다는 것은 앞서 살핀 바와 같으므로, 법인이 기본재산에 관한 매매계약에 기하여 소유권이전등기 또는
인도를 청구하는 경우에는 매매계약 사실 외에 주무관청의 허가사실까지 주장·입증하여야 한다(요건사실론, 50면).
22) 위 86다148(본소), 149(반소), 150(참가), 86다카762(본소), 763(반소), 764(참가) 판결.
23) 대판 2012.4.26, 2011다105867.
24) 대판 2011.5.26, 2011다9655.
25) 대판 2010.11.11, 2010다56616.

취지에 반하여 위 매매계약서 안의 일부를 변경하여 원고의 날인을 하였던 것입니다. 따라서 위 의료장비에 관한 매매계약에 있어 피고의 매도의사는 참가인에 대한 것으로서 그 매수인은 원고가 아니라 참가인이라고 할 것입니다.

3) 가사 원고를 매수인으로 한 위 의료장비매매계약서의 진정성립이 인정되는 경우라도, 처분문서의 기재 내용을 부인할 만한 분명하고도 수긍할 수 있는 반증이 인정될 경우에는 그 기재 내용과 다른 사실을 인정할 수 있습니다.[26] 원고가 제시하는 갑 제4호증(의료장비매매계약서)은 당사자인 피고도 이를 알지 못하는 사이에 작성된 것으로서 피고도 그 진정성립을 부정하고 있는바, 이는 그 기재 내용을 부인할 만한 분명하고도 수긍할 수 있는 반증된다고 할 것입니다.

3. 결   어

이상과 같은 이유로 참가인은 청구취지와 같은 판결을 구하고자 이 청구에 이르게 된 것입니다.

증 거 방 법

(생략)

첨 부 서 류

(생략)

---

26) 위 2010다56616 판결.

2015. 10. 18.

참가신청인의 소송대리인
법무법인 다일종합법률사무소
담당변호사 김상승 ㉑

서울북부지방법원 제2민사부[27] **귀중**

---

[27] 소장 작성시에는 아직 소가 제기되기 전이므로 재판부가 불명이지만, 독립당사자참가신청은 이미 제기된 소에 참여하는 것이므로 재판부를 기재한다.

[별지]

목 록

1. 품　　명 : 자기공명영상장치(MRI)
  모 델 명 : Achieva 3.0T TX
  제품번호 : PA2015-112233
  제조연월 : 2015. 1.
  제 조 사 : Philips

2. 품　　명 : 자기공명영상장치(MRI)
  모 델 명 : Avanto 2.0
  제품번호 : SA2009-453211
  제조연월 : 2009. 10.
  제 조 사 : Siemens

끝.

김준호(총괄위원장)

연세대학교 법과대학 학사, 동 대학원 석사, 박사
독일 Bonn대학 방문연구교수
사법시험, 입법고시, 행정고시, 외무고시 시험위원
연세대학교 법학전문대학원 교수

[주요 논저]
민법강의(제21판)(법문사, 2015)
민법총칙(제9판)(법문사, 2015)
물권법(제8판)(법문사, 2015)
채권법(제6판)(법문사, 2015)

강구욱

서울대학교 법과대학 학사
제28회 사법시험 합격, 사법연수원 수료(18기)
부산지법 부장판사
한국외국어대학교 법학전문대학원 교수

권영준

서울대학교 법과대학 학사, 동 대학원 석사, 박사
미국 Harvard Law School LL.M.
제35회 사법시험 합격, 사법연수원 수료(25기)
판사
서울대학교 법학전문대학원 교수

[주요 논저]
UNCITRAL 담보등기제도 실행에 관한 지침 연구(한국
　법제연구원, 2013)
Introduction to Korean Law (공저) (Springers, 2012)
권리의 변동과 구제(민법2)(박영사, 2011)

김상중

고려대학교 학사, 동 대학원 석사
독일 쾰른(Köln)대학교 법과대학 박사(Dr. iur.)
고려대학교 법학전문대학원 교수

[주요 논저]
지적재산권 침해로 인한 손해배상책임(재산법연구 31권
　3호, 2014)
계약의 무효, 취소와 해제와 제3자의 보호(민사법학 59
　호, 2012)
불법행위의 사전적 구제수단으로서 금지청구권의 소고
　(비교사법 17권 4호, 2010)

김순석

성균관대학교 법과대학 학사, 석사, 박사
미국 Southern Methodist Law School LL.M.
미국 University of Pennsylvania Law School LL.M.
한국기업법학회 회장
전남대학교 법학전문대학원 교수

[주요 논저]
주식 및 자본금 제도(전남대학교출판부, 2015)
상법판례 백선(공저)(법문사, 2014)
전자주주총회(전남대학교출판부, 2008)

김재범

고려대학교 법과대학 학사, 동 대학원 석사, 박사
미국 위스콘신대학교 로스쿨 방문교수
독일 뮌헨대 법과대학 방문교수
한국경영법률학회 회장
경북대학교 법학전문대학원 교수

[주요 논저]
상법판례 백선(공저)(법문사, 2014)
주주총회 판례연구(동방문화사, 2008)
신주발행 등의 공정성에 관한 연구(상사법연구 제30권
　2호, 2011)

김태관

연세대학교 법과대학 학사, 동 대학원 석사, 박사
제41회 사법시험 합격, 사법연수원 수료(31기)
변호사, 중재인
부산지방국세청 국세심사위원
동아대학교 법학전문대학원 교수

김태선

서울대학교 법과대학 학사
Duke University Law School (LL.M.)
제40회 사법시험 합격, 사법연수원 수료(30기)
미국 New York주 변호사시험 합격
변호사
중앙대학교 법학전문대학원 교수

박동진

연세대학교 법과대학 학사, 동 대학원 석사

독일 München대학교 법과대학 Dr. iur.
연세대학교 법학전문대학원 교수

[주요 논저]
제조물책임법 개정시안의 중요내용(비교사법 20권 3호, 2013.8)
Korean Divorce Law : Can a Spouse Guilty of Marital Misconduct get a Divorce without the Consent of Other Spouse? The International Survey of Family Law(2010)
손해배상액의 산정(민사법학 제36호, 2007.5)
손해배상법의 지도원리와 기능(비교사법 제11권 제4호, 2004.12)

박재완
서울대학교 법과대학 학사
미국 캘리포니아 주립대 버클리 분교 법학석사(LL.M.)
제31회 행정고시 재경직 합격
제31회 사법시험 합격, 판사
대법원 재판연구관
사법정책자문위 전문위원회 위원
한양대학교 법학전문대학원 교수

[주요 논저]
개인채무자회생실무(공저)(2004)
교통·산재 손해배상소송실무(공저)(1994)

서인겸
경희대학교 법과대학 학사, 동 대학원 석사
국민대학교 대학원(박사과정, 민법) 수료
제38회 사법시험 합격, 사법연수원 수료(제28기)
변호사
법조윤리협의회 전문위원
경희대학교 법학전문대학원 교수

송옥렬
서울대학교 법과대학 학사
Harvard Law School LL.M. SJD
서울대학교 법학전문대학원 교수

[주요 논저]
상법강의(제5판)(홍문사, 2015)

안병하
연세대학교 법과대학 학사, 동 대학원 석사
독일 트리어(Trier)대학교 법과대학 LL.M., Dr. iur.
강원대학교 법학전문대학원 교수

[주요 논저]
인격권의 재산권적 성격: 퍼블리시티권 비판 서론(민사법학 제45-1호, 2009.6)
민법사례의 효율적 풀이를 위한 일 제언(강원법학 제33권, 2011.6)
위자료 기능의 새로운 이해(사법, 2012.9)
인격권 침해와 부당이득반환 – 침해구제의 측면에서 본 퍼블리시티권 도입 불필요성(민사법학 제68호, 2014.9)

오지용
경희대학교 법과대학 학사
경희대학교 국제법무대학원 법학석사
청주대학교 대학원 법학박사
제29회 사법시험 합격, 사법연수원 수료(19기)
변호사
충북대학교 법학전문대학원 교수

이동진
서울대학교 대학원 법학박사
제42회 사법시험 합격, 사법연수원 수료(제32기)
판사
서울대학교 법학전문대학원 교수

[주요 논저]
주석민법 총칙(2)(제4판)(2010)
주해친족법(1)(2015)

이점인
동아대학교 법과대학 학사, 동 대학원 법학박사
American University Law School (LL.M.)
제30회 사법시험 합격, 사법연수원 수료(20기)
미국 New York주 변호사회(NSBA) 소속 변호사
법무법인 가람 대표변호사
민사법의 이론과 실무학회 회장 역임
한국 법학교수회 사무총장
법학전문대학원협의회 LEET 연구사업단장
한국재산법학회 회장
동아대학교 법학전문대학원 교수

전병서
서울대학교 법과대학 학사
일본 와세다대 박사과정 수료
제32회 사법시험 합격, 사법연수원 수료(22기)
법무부 법조직역 제도개선 특별분과위원회 위원
사법시험, 변호사시험 출제위원

한국민사소송법학회 총무이사
중앙대학교 법학전문대학원 교수

[주요 논저]
기본강의 민사소송법(홍문사, 2015)
민사소송법연습(법문사, 2012)

정경영
서울대학교 법과대학 학사, 석사, 박사
한국금융법학회 회장, 한국지급결제학회 회장
성균관대학교 법학전문대학원 교수

[주요 논저]
상법판례 백선(공저)(법문사, 2014)
전자금융거래와 법(박영사, 2007)
상법학강의(박영사, 2009)

정상현
성균관대학교 법과대학 학사, 동 대학원 석사, 박사
America University(USA), Washington College of
　　Law, Visiting Scholar
사법시험, 변호사시험 출제위원
성균관대학교 법학전문대학원 교수

[주요 논저]
반사회적 대리권 남용행위의 법률관계 고찰(2014)
무권대리인책임의 근거에 관한 시론(2013)
불법원인급여제도론(2002, 대한민국학술원 우수학술도
　　서 선정)

제철웅
서울대학교 법과대학 학사, 동 대학원 석사, 박사
사법시험, 변호사시험 출제위원
한양대학교 법학전문대학원 교수

[주요 논저]
주석 민법 채권총칙(공저)(한국사법행정학회, 2013)
채무불이행과 부당이득의 최근 동향(공저)(박영사, 2013)
담보법(율곡출판사, 2011)
민법연습(공저)(홍문사, 2010)

최진수
서울대학교 법과대학 학사
제26회 사법시험 합격, 사법연수원 수료(16기)
대법원 재판연구관, 사법연수원 교수
서울중앙지방법원 부장판사
사법시험, 변호사시험 출제위원
서울지방국세청 송무국장
변호사

[주요 논저]
요건사실과 주장증명책임(진원사, 2015)

변호사시험 민사법 - 사례형·기록형 연습 -

2015년 8월 10일 초판 인쇄
2015년 11월 10일 초판 2쇄 발행

	저 자	법학전문대학원협의회 법학전문대학원 민사법 교수 20인
	발행인	배 효 선
발행처	도서 출판	法 文 社

주 소 10881 경기도 파주시 회동길 37-29
등 록 1957년 12월 12일/제2-76호(윤)
전 화 (031)955-6500~6 FAX (031)955-6525
E-mail (영업)bms@bobmunsa.co.kr
　　　　(편집)edit66@bobmunsa.co.kr
홈페이지 http://www.bobmunsa.co.kr

조 판 법 문 사 전 산 실

정가 49,000원　　　　　　　ISBN 978-89-18-08492-3

불법복사는 지적재산을 훔치는 범죄행위입니다.
이 책의 무단전재 또는 복제행위는 저작권법 제136조 제1항에 의거, 5년 이하의
징역 또는 5,000만원 이하의 벌금에 처하게 됩니다.

※ 저자와의 협의하에 인지를 생략합니다.